组合桥面结构的理论与实践

牟廷敏 等

著

上海科学技术出版社

图书在版编目（CIP）数据

组合桥面结构的理论与实践 / 牟廷敏等著. -- 上海：
上海科学技术出版社，2022.10
　　ISBN 978-7-5478-5836-3

Ⅰ. ①组… Ⅱ. ①牟… Ⅲ. ①组合体系桥—桥面—结构工程 Ⅳ. ①U448.21②U443.31

中国版本图书馆CIP数据核字(2022)第159193号

组合桥面结构的理论与实践

牟廷敏　等　著

上海世纪出版（集团）有限公司
上海科学技术出版社　出版、发行
(上海市闵行区号景路159弄A座9F-10F)
邮政编码201101　　www.sstp.cn
上海雅昌艺术印刷有限公司印刷
开本 889×1194　1/16　印张 31.75
字数：900 千字
2022 年 10 月第 1 版　2022 年 10 月第 1 次印刷
ISBN 978-7-5478-5836-3/U・132
定价：295.00 元

本书如有缺页、错装或坏损等严重质量问题，请向工厂联系调换

内容提要

本书根据工程应用经验，结合实际工程需要，以解决工程实际难题为出发点，通过论述桥面铺装材料、结构的试验，并结合现场施工过程的总结，提出了从构造设计到混凝土材料制备，再到施工工艺的桥面铺装技术应用方案；通过对不同组合桥面结构模型进行力学试验、有限元分析及计算方法的研究，提出了从试验到设计，再到施工的钢-混组合桥面结构技术应用方案，为读者呈现了组合桥面结构研究的全过程和具体设计方法。

本书适合桥梁设计施工相关工程技术人员、科学研究人员、教学人员等参考阅读。

主要研究人员

范碧琨　赵人达　梁　健　丁庆军　康　玲　李　胜
占玉林　郑旭峰　何骄阳　王萧碧　孙才志　赵艺程
李成君　田　波　刘振宇　倪春梅　周孝军　邹　圻
范　翊　汪　洋　许　诺　王　欢　柏灏原　李　畅
宋瑞年　李　伟　张　翼　何易修　曹攀攀

前言

随着中国国民经济的发展,交通基础设施建设规模不断增大,作为公路重要组成部分的桥梁建设向着大跨度、高耐久、绿色环保、投资大的方向发展。而桥面结构作为桥梁结构的重要组成部分,承受车辆轮压、阳光、雨水等作用,其工作状态将直接影响桥梁的使用性能。在日益增长的交通需求下,传统的桥面结构已经难以满足更高的桥梁建设要求。

根据山区桥梁建设和长期使用要求,近20年来,平面型钢-混凝土组合桥面板、复合强劲型桥面铺装整平层、波折型钢-混凝土组合桥面板三种组合桥面结构先后被开发。平面型钢-混凝土组合桥面板依托2006年建成通车的广东佛山东平大桥开展研究,其相关成果已经应用在超过70座各种类型的桥梁中;复合强劲型桥面铺装整平层依托2012年建成通车的四川雅西高速公路流沙河大桥开展研究,其相关成果已经应用在各类桥梁,应用桥梁总计长度超过100 km;波折型钢-混凝土组合桥面板依托2020年建成通车的四川泸州车辆大桥、2021年建成通车的重庆云阳东互通立交桥等工程开展研究,其相关成果已经应用在拱桥和混凝土简支梁桥上,应用桥梁总长度超过5 km。

结合工程需要开展研究的过程中,作者带领团队先后承担了建设部科技项目"钢-混凝土组合结构在桥梁工程中的应用试验研究"和四川省交通运输科技项目"钢-混凝土组合正交异性桥面板的技术开发与应用研究""钢-混凝土组合桥面板国家专利技术推广应用研究""桥面铺装整平层复合强化技术及工程应用研究""新型等效厚度钢-混凝土组合桥面板技术开发研究""长效轻型钢-混凝土组合桥面系的结构与材料技术开发研究""基于强劲组合桥面铺装的最佳结构厚度及材料技术研究"等科研项目,在组合桥面结构的高性能混凝土材料、结构构造、施工工艺和计算理论等方面,取得了较好成果,支持了大量工程建设和使用。相关成果获四川省等省部级科学技术发明一等奖和科学技术进步一等奖、二等奖超过6项,国家授权发明专利达10余项,编制了四川省和中国公路学会等部门主管的技术标准4部。本项成果是四川省公路设计研究院团队及联合相关科研机构和建设施工单位全体参加人员的集体贡献。

本书共分为4篇。

第1篇内容为桥面组合结构概述,主要包含了复合强劲型桥面铺装整平层结构、平面型钢-混凝土组合桥面结构、波折型钢-混凝土组合桥面结构技术的研究背景、技术问题、技术成果和主要工程应用等内容。

第2篇内容围绕复合强劲型桥面展开,主要包含了复合强劲型桥面结构构造、试验研究和相关工程应用等内容。

第3篇内容围绕平面型钢-混凝土组合桥面板展开，主要包含了平面型钢-混凝土组合桥面板结构构造、试验研究和相关工程应用等内容。

第4篇内容围绕波折型钢-混凝土组合桥面板展开，主要包含了波折型钢-混凝土组合桥面板结构构造、试验研究和相关工程应用等内容。

作者在本书相关内容研究和编写过程中，受到了四川省公路规划勘察设计研究院有限公司谢邦珠教授级高工、西南交通大学赵人达教授、西南交通大学占玉林教授、武汉理工大学丁庆军教授及其团队成员等专家的帮助和指导，他们为本书成稿提供了大量的图片和资料。谨向在本书科学研究和编写过程中给予大力支持、帮助的前辈、专家和同行表示衷心的感谢。

在目前桥面结构建设需求日益复杂的背景下，希望本书能为交通行业桥面结构技术的应用起到抛砖引玉的作用，为交通行业绿色、低碳发展及国家"碳达峰、碳中和"战略的实施尽绵薄之力。

由于作者能力有限，书中存在错误，恳请专家和学者批评指正。

作者

目 录

第1篇 桥面组合结构概述

第1章 桥面结构概述 　003

1.1 常用桥面结构 　003
1.2 桥面组合结构 　003

第2章 桥面组合结构特点 　005

2.1 复合强劲型桥面铺装整平层结构 　005
　2.1.1　研究背景 　005
　2.1.2　主要技术问题 　006
　2.1.3　主要技术成果 　006
　2.1.4　主要工程应用 　013

2.2 平面型钢-混凝土组合桥面结构 　019
　2.2.1　研究背景 　019
　2.2.2　主要技术问题 　020
　2.2.3　主要技术成果 　021
　2.2.4　主要工程应用 　030

2.3 波折型钢-混凝土组合桥面结构 　032
　2.3.1　研究背景 　032
　2.3.2　主要技术问题 　034
　2.3.3　主要技术成果 　034
　2.3.4　主要工程应用 　046

2.4 组合桥面结构的技术前景 　046
　2.4.1　技术应用前景 　046
　2.4.2　技术发展前景 　047

第 2 篇　复合强劲型桥面铺装技术

第 3 章　复合强劲型桥面结构构造 　052

3.1　整平层结构构造 　053
3.2　界面连接构造 　053
3.3　桥面连续处理 　054
3.4　伸缩缝槽口整平层构造 　054
3.5　桥台处整平层构造 　054
3.6　整平层表面切缝 　055
3.7　整平层表面填缝 　055

第 4 章　复合强劲型桥面试验研究 　056

4.1　整平层低收缩高韧性水泥混凝土材料 　056
4.1.1　研究概况 　056
4.1.2　多功能复合外加剂的开发 　057
4.1.3　高韧性低收缩混凝土的设计与制备 　061

4.2　整平层层间强劲连接结构试验研究 　069
4.2.1　组合结构抗压性能 　070
4.2.2　组合结构抗拉性能 　072
4.2.3　组合结构抗折性能 　074
4.2.4　组合结构抗弯性能 　077
4.2.5　组合结构疲劳性能 　079

4.3　上面层应力吸收结构层试验研究 　083
4.3.1　研究概况 　083
4.3.2　基于防水黏结应力吸收的桥面铺装结构分析 　086
4.3.3　高黏高弹改性沥青的制备技术 　089
4.3.4　防水黏结应力吸收层材料的制备 　096
4.3.5　防水黏结应力吸收与铺装技术研究 　102

第 5 章　复合强劲型桥面工程应用 　108

5.1　工程应用的背景技术 　108
5.1.1　设计技术 　108
5.1.2　施工技术 　109

5.2　雅西高速公路连家湾大桥 　109
5.2.1　工程概况 　109
5.2.2　试验设计配合比 　109
5.2.3　施工工艺 　110

	5.2.4　使用效果	114
5.3	雅西高速公路南瓜 2 号大桥	114
	5.3.1　工程概况	114
	5.3.2　施工状况	115
5.4	雅西高速公路喇嘛溪沟大桥	115
	5.4.1　工程概况	115
	5.4.2　施工状况	116
5.5	雅西高速公路何家沟大桥	117
5.6	雅西高速公路硝土岗大桥	117
5.7	雅西高速公路流沙河大桥	117
	5.7.1　工程概况	117
	5.7.2　施工状况	118
5.8	广南高速公路碗石沟大桥、孙家沟大桥等	118
	5.8.1　工程概况	118
	5.8.2　施工工艺	119
	5.8.3　养护技术	121
	5.8.4　施工过程监控	121
5.9	遂西高速公路	123
	5.9.1　工程概况	123
	5.9.2　施工工艺	123
	5.9.3　施工过程	124

本篇小结　126

第 3 篇　平面型钢-混凝土组合桥面板

第 6 章　平面型钢-混凝土组合桥面板结构构造与承载力计算　131

6.1　结构构造　131
- 6.1.1　普通型钢-混凝土组合桥面板构造　131
- 6.1.2　横向体外预应力钢-混凝土组合桥面板构造　137
- 6.1.3　等厚度超薄钢-混凝土组合桥面板构造　139

6.2　承载力计算　140
- 6.2.1　桥面系格子梁应力计算　141
- 6.2.2　桥面板的设计参数影响分析研究　143
- 6.2.3　桥面板是否参与受力的影响　147
- 6.2.4　承托高度的影响　150
- 6.2.5　桥面板混凝土厚度的影响　154
- 6.2.6　桥面板 PBL 板间距的影响　158
- 6.2.7　桥面板底层钢板厚度的影响　161

  6.2.8 桥面板混凝土强度等级的影响 …… 165
  6.2.9 收缩徐变及非线性温差的影响 …… 168
  6.2.10 承载力计算结果 …… 170

第7章 平面型钢-混凝土组合桥面板试验研究 171

7.1 普通型组合桥面板足尺模型试验研究 …… 171
  7.1.1 承受负弯矩的足尺模型试验 …… 171
  7.1.2 承受正弯矩的足尺模型试验 …… 198

7.2 普通型组合桥面板缩尺模型试验研究 …… 218
  7.2.1 试验目的和依据 …… 218
  7.2.2 试验概况 …… 219
  7.2.3 试验结果与分析 …… 228
  7.2.4 有限元对比分析 …… 264
  7.2.5 理论设计计算方法研究 …… 274
  7.2.6 结果 …… 278

7.3 预应力组合桥面板缩尺模型试验研究 …… 281
  7.3.1 依托工程 …… 281
  7.3.2 试验目的和依据 …… 282
  7.3.3 试验概况 …… 282
  7.3.4 试验结果与分析 …… 285
  7.3.5 有限元分析与计算方法 …… 299
  7.3.6 结果与展望 …… 307

7.4 等厚度超薄桥面板负弯矩模型试验研究 …… 308
  7.4.1 试验目的和依据 …… 308
  7.4.2 试验概况 …… 308
  7.4.3 试验结果与分析 …… 313
  7.4.4 有限元分析 …… 322
  7.4.5 模型试验分析与计算方法 …… 324
  7.4.6 结果与展望 …… 326

第8章 平面型钢-混凝土组合桥面板工程应用 328

8.1 在拱桥的应用 …… 328
  8.1.1 广东佛山东平大桥 …… 328
  8.1.2 四川合江长江一桥 …… 332
  8.1.3 广安官盛渠江大桥 …… 335
  8.1.4 广西六钦高速公路钦江大桥 …… 336
  8.1.5 广西来宾马滩红河大桥 …… 336

8.2 在梁桥的应用 …… 336
  8.2.1 云南冷都河大桥 …… 336

8.2.2 成都三环路武侯枢纽全互通立交桥 338
8.2.3 重庆三环高速公路綦江互通式立交桥 338
8.2.4 成仁高速公路绕城路枢纽互通立交桥 338
8.3 在斜拉桥的应用 338
8.4 在旧桥改造中的应用 340
8.4.1 原桥设计概况 340
8.4.2 改造措施 341

本篇小结 344

第4篇 波折型钢-混凝土组合桥面板

第9章 波折型钢-混凝土组合桥面板结构构造与承载力计算 348

9.1 结构构造 348
9.1.1 底钢板 349
9.1.2 封头锚固钢板 349
9.1.3 剪力键 350
9.1.4 钢筋 351
9.1.5 混凝土板 351

9.2 承载力计算 351
9.2.1 工程背景 351
9.2.2 总体设计 353
9.2.3 计算结果 355

第10章 波折型钢-混凝土组合桥面板试验研究 357

10.1 不同底钢板厚度正弯矩模型试验研究 357
10.1.1 试验目的和依据 357
10.1.2 试验概况 357
10.1.3 试验结果与分析 361
10.1.4 有限元分析 374
10.1.5 模型试验分析与计算方法 389
10.1.6 结果与展望 393

10.2 不同钢筋直径正弯矩模型试验研究 395
10.2.1 试验目的和依据 395
10.2.2 试验概况 395
10.2.3 试验结果与分析 400
10.2.4 有限元分析 432
10.2.5 模型试验分析与计算方法 437

  10.2.6 结果与展望 ········ 439

10.3 负弯矩模型试验研究 ········ 440
  10.3.1 试验目的和依据 ········ 440
  10.3.2 试验概况 ········ 441
  10.3.3 试验结果与分析 ········ 445
  10.3.4 有限元分析 ········ 467
  10.3.5 模型试验与有限元计算结果对比 ········ 470
  10.3.6 结果与展望 ········ 471

10.4 疲劳模型试验研究 ········ 471
  10.4.1 试验目的和依据 ········ 471
  10.4.2 试验概况 ········ 472
  10.4.3 试验结果与分析 ········ 476
  10.4.4 结果与展望 ········ 478

第 11 章 波折型钢-混凝土组合桥面板工程应用   479

11.1 在梁桥的应用 ········ 479
  11.1.1 内威荣高速立交桥 ········ 479
  11.1.2 中小跨度组合钢梁桥 ········ 484
  11.1.3 重庆云阳东互通立交桥 ········ 486

11.2 在拱桥的应用 ········ 489
  11.2.1 四川泸州车辋大桥 ········ 489
  11.2.2 沿江高速瓦石窝大桥 ········ 490

本篇小结   492

参考文献   493

第1篇

桥面组合结构概述

第 1 章

桥面结构概述

进入 21 世纪以来,中国的经济得到了快速发展。建设社会主义现代文明,实现中华民族的伟大复兴,离不开交通运输行业的大力发展。建立发达的交通网络,有利于加强全国各地经济和文化交流。我国山区、江河、湖泊等分布较广,数量较多,在修建公路时不可避免地会遇到要架桥的情况。我国桥梁工程建设规模庞大,在工程造价上约占公路总造价的 10%~20%,桥梁工程往往是设计最复杂、施工难度最大、公路建设最重要的环节。现代城市交通高速发展,大中型城市都建设了发达的桥梁立体交通网络,桥梁的高速发展也离不开新颖结构和新型材料的发展。

1.1 常用桥面结构

改革开放至今,公路桥梁获得了高速发展,混凝土原材料可以就地取材、人工现场制备而成,特别适合劳动力价格便宜、工业化程度较低的建设条件,因此我国 99% 的桥梁是混凝土桥梁。混凝土桥梁一般采用 T 梁翼缘板或箱梁顶板作为桥面板。由于工业化程度较低,钢筋混凝土桥面板很难制造得平顺,为了行车安全平整度需要,一般设置桥面混凝土整平层,其厚度一般约为 10 cm,有利于调整桥面线形。早期混凝土桥梁的桥面,一般采用混凝土桥面铺装。随着经济发展,后来建造的混凝土桥面,在桥面整平层顶面再铺装 7 cm 厚沥青混凝土面层。因此,混凝土桥面结构总厚度约为 35 cm。

近 30 年来,随着经济发展和交通基础设施建设需求的变化,桥梁跨度不断增加,混凝土桥面结构重量太大、经济性差,还会造成主体结构跨越难度增加。为了提高现代桥梁的跨越能力,大跨度桥梁多采用钢结构主梁以实现技术经济合理性。因此,数量较少的特殊大跨度桥梁的桥面结构采用了正交异性钢桥面结构和预制叠合桥面结构。

正交异性桥面板结构和预制叠合桥面结构技术在我国的发展相对较晚,应用比例远远小于大部分发达国家。我国作为最大的发展中国家,经济的快速发展使公路运输繁忙,重载车辆数量多,正交异性桥面板疲劳损伤、桥面铺装寿命短、预制桥面板纵横湿接缝耐久性差等问题突出。由于没有较好的技术解决方案,桥面结构使用寿命短,维修整治费用高,忙于维修而频发交通中断,道路通行能力和行车舒适性受到了制约。因此,需要在钢梁与传统组合梁之间,寻求能够平衡技术性能与经济指标的新结构。从一些工程实践和相关研究成果看,组合桥面结构与钢主梁的正交异性钢桥面板或混凝土桥面板比较,可以满足上述技术性能与经济指标要求,在钢主梁与传统组合梁之间寻得竞争优势。

1.2 桥面组合结构

桥面组合结构,是指基于混凝土主梁、钢结构主梁的,以减轻钢桥面结构自重、提升钢桥面板整体性能为目标的,立足于混凝土主梁上整平层结构采用复合强劲型桥面铺装整平层结构、钢结构主梁上桥面板采用平面型钢-混凝土组合桥面板、混凝土主梁与钢结构主梁采用波折型钢-混凝土组合桥面板的桥面组合结构形式。桥面组合结构采用普通钢纤维混凝土,将原来 20~30 cm 厚的混凝土板变为 10~15 cm 厚的组合桥面板。从结构局部受力看,桥面组合结构在满足结构第二、第三系统受力的条件下,结构的整平层、底钢板及内加劲肋的相关焊缝应力幅较低,抗疲劳性能大幅提升。从桥梁结构总体受力与材料用量看,与传统混凝土桥面结构比较,减小了混凝土板厚度,减少了自重,提高了结构整体性,同时适当增加了钢材用量;与传统的正交异性钢桥面结构比较,增加了普通钢纤维混凝土,提高了整体性,减少了钢材用量,同时适当增加了结构重量。

根据材料、构造及施工方法不同,桥面组合结构的极限承载能力、抗疲劳性能等力学性能也不同,结构构件的重量及造价也会有所差异。采用单一指标无法简单评判结构的优点和缺点。需要根据不同桥梁规模、不同结构体系、不同建设条件和不同设计原则等情况,综合比较后才能做出正确的判断。

第 2 章

桥面组合结构特点

2.1 复合强劲型桥面铺装整平层结构

2.1.1 研究背景

桥面铺装整平层内设置的钢筋网的主要作用是避免混凝土因收缩变形而开裂,提高桥面铺装整平层整体性。但是由于钢筋网片作业面积大,并且预制主梁安装平整度差,因此会导致钢筋网片无法安装在桥面铺装整平层中间,钢筋网片"沉底",不仅无法避免桥面铺装整平层混凝土收缩变形,而且会在主梁和桥面铺装整平层间形成"隔离层",桥面铺装整平层与主梁无法全面积紧密结合,同时,浇筑混凝土体量小、混凝土输送和浇筑困难,从而加剧了桥面铺装整平层开裂破坏,如图2-1所示。

图 2-1 钢筋网片不符合规范要求导致开裂凿除的案例

提高桥面铺装整平层整体性能、延长寿命,是提高沥青混凝土面层使用寿命的重要保证。基于钢筋网片施工困难、实际工程中钢筋网片对桥面铺装整平层质量贡献不大的现实,提出了取消钢筋网片、提高桥面铺装整平层强度和与主梁及沥青混凝土面层间的层间结合力,形成共同受力的桥梁结构,即复合强劲型桥面铺装整平层结构技术。

2.1.2 主要技术问题

2.1.2.1 复合强化的整平层新型结构体系

根据桥面铺装施工和使用现状，开发整平层新型结构体系，取消钢筋网片，发展低收缩高韧性整体强度高的整平层，提出界面强化连接技术措施，确保界面可靠连结。根据整平层混凝土性能要求，发展复合外加剂进行减缩、增韧、防裂，掺混杂纤维，研究制备低收缩高韧性混凝土，提高整平层整体强度，并提出合理的养护技术措施。

2.1.2.2 界面连接强化技术

研究剪力键设置方式、与主梁界面状况对界面连接力学性能的影响，提出与主梁界面强韧化技术措施；研究高黏高弹改性沥青的制备方法，结合适量碎石撒布，形成防水黏结应力吸收层，增强与沥青混凝土界面连接、阻止裂缝向面层反射。

2.1.2.3 施工工艺与质量控制技术

通过工程应用总结提升，提出桥面铺装层整平层施工工艺与质量控制技术措施，包括混凝土制备、运输、浇筑、振捣与养护、切缝等，为提升工程质量提供技术支撑。

2.1.3 主要技术成果

2.1.3.1 复合强劲型桥面铺装整平层的结构体系

提出的采用整体强度高、收缩量低、韧性好的整平层，整平层与梁体的界面连接、整平层与沥青混凝土面层连接的应力吸收连接层，共同组成了新型的复合强劲整平层结构体系，如图2-2所示。

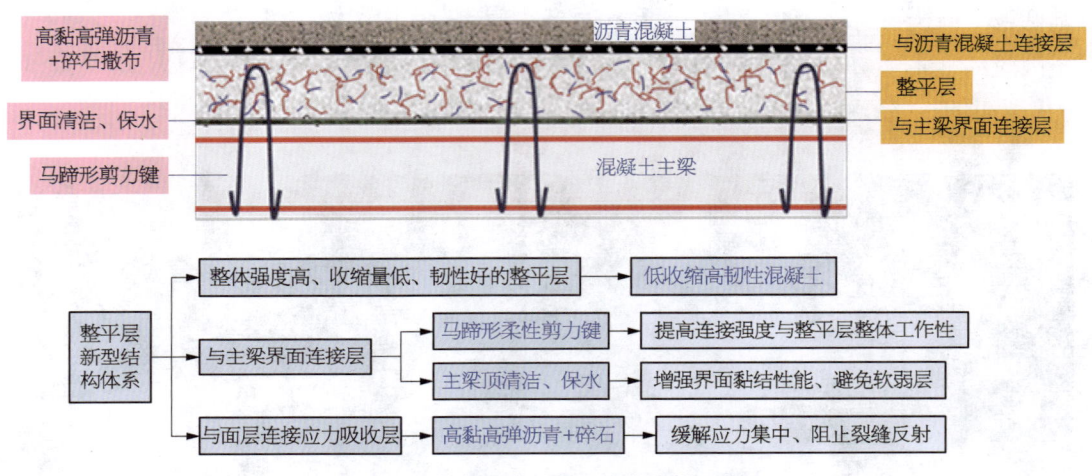

图2-2 复合强劲型桥面铺装结构示意图

1) 组成结构特点

（1）整平层：采用低收缩高韧性混凝土，整体强度高、收缩量小、抗裂性与弯曲柔韧性好。

（2）与主梁界面连接层：主梁顶面设置马蹄形柔性剪力键，既增强了整平层与主梁的连接强度，又提高了整平层混凝土整体协同工作性能；主梁顶面经充分保水浸透、清洁除尘处理，保证了界面无软弱层，避免干缩分层，提高了界面黏结能力。

（3）与面层沥青混凝土黏结层：整平层顶面铺设防水应力吸收层，增强与沥青混凝土的连接性能，并阻止裂缝向面层反射。

2) 技术优势

（1）取消了钢筋网片，避免因主梁顶面积水、污物难以清理而形成软弱层，削弱界面连接。

（2）采用直径为8mm的马蹄形柔性剪力键，避免了剪力键复位时折断。

（3）采用界面黏结复合强化技术，层间结合可靠，提高了整平层新型结构体系的整体协同工工作性能。

2.1.3.2 整平层混凝土配合比设计

提出了掺加减缩增韧新外加剂、控制混凝土水泥用量、掺入多锚点钢纤维混凝土技术和采用厚型塑料薄膜及时覆盖养护的技术，满足了整体强度更高、收缩量更低、韧性更好的整平层混凝土性能要求，见表2-1。

1) 减缩增韧外加剂

（1）减缩型外加剂。以环氧化合物和烷基聚氧乙烯醚为外加剂减缩组分，其亲水基团与水分子相互吸引溶于水，憎水基团与水分子相互排斥，降低毛细孔中水的表面张力，从而减小收缩量。试验表明：掺加减缩剂后明显减少了混凝土的收缩量，90 d 收缩率降低 33.3%；与聚丙烯腈纤维复掺后，效果更加明显，90 d 收缩率降低 47.6%。

表 2-1 具有减缩性能外加材料的对比分析表

配合比/(kg·m⁻³)						减水剂/%	减缩剂/%
水	水泥	粉煤灰	聚丙烯腈纤维	砂	石		
160	280	100	0	793	1 052	0.7	0
160	280	100	0	793	1 052	0.7	0.1
160	280	100	0.8	793	1 052	0.8	0.1

掺减缩剂对混凝土收缩影响

（2）增加混凝土韧性。以具有超长分子链的硅氧烷和聚醚基团为外加剂增韧组分。随增韧组分增加，C—S—H胶凝聚合度和分子链增加，且加强了C—S—H胶凝层间的连接，混凝土弯曲韧性明显提高（图 2-3）。

2）掺混杂纤维

（1）纤维种类的优选：与聚丙烯纤维相比，聚丙烯腈纤维具有密度大、分散性与亲水性好、抗拉强度与弹性模量更高、延伸率与耐老化性优、比表面积与根数多、与混凝土握裹力强等特点，因此桥面铺装整

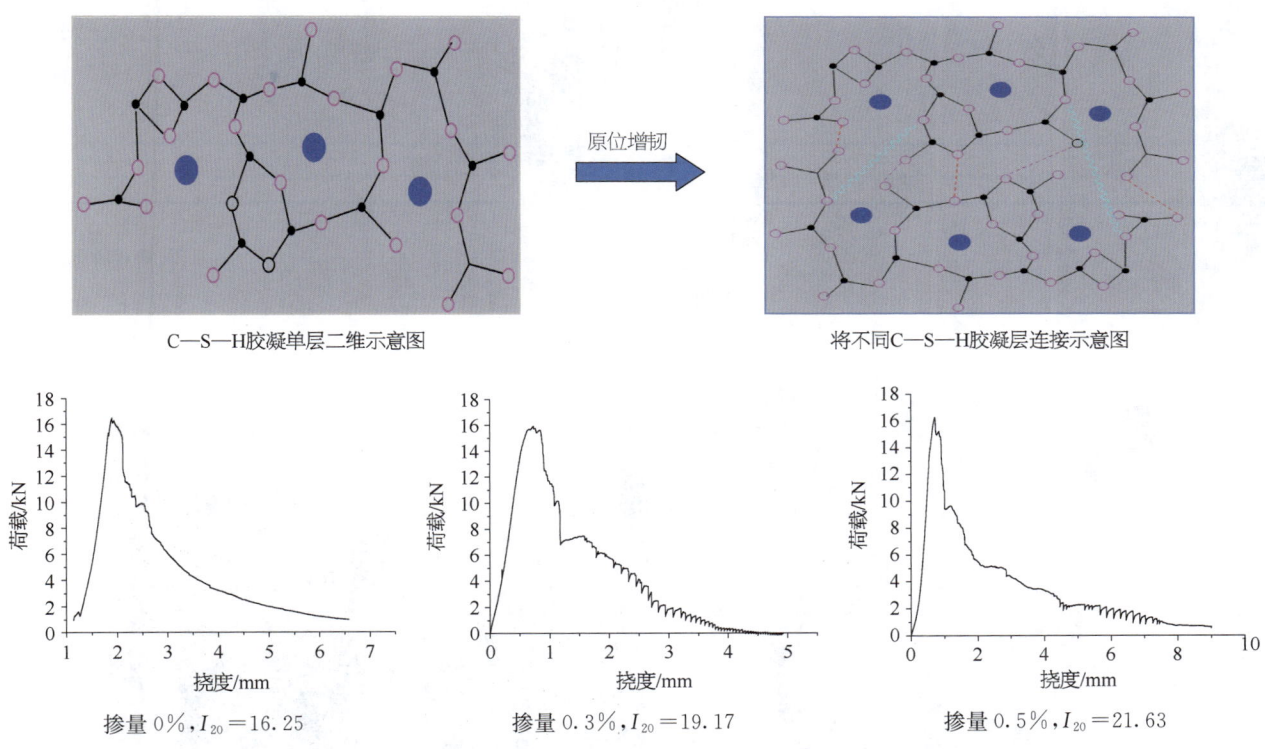

图 2-3 增韧原理及不同掺量增韧剂混凝土构件荷载-挠度曲线

平层混凝土应采用聚丙烯腈纤维；多锚点带压痕的粗短型钢纤维，表面有明显压痕，具有与混凝土基体黏结强度高、耐磨性好、分散性好、不易结团等特点(表2-2)。

表2-2 不同纤维种类及型号对混凝土性能的影响

编号	水/(kg·m⁻³)	水泥/(kg·m⁻³)	砂/(kg·m⁻³)	碎石/(kg·m⁻³)	多锚点/(kg·m⁻³)	铣削型/(kg·m⁻³)	抗压强度/MPa	抗折强度/MPa	磨耗量/(kg·m⁻²)
1	150	406	620	1178	0	50	53.2	7.2	1.30
2	150	406	620	1178	50	0	54.0	7.6	1.19
3	150	406	620	1178	0	78	58.3	8.3	0.96
4	150	406	620	1178	78	0	60.6	8.9	0.89

(2) 混杂纤维混凝土力学性能：对比单掺钢纤维、聚丙烯腈纤维与混掺纤维的弯曲韧性，混杂纤维混凝土试件初裂荷载、初裂挠度与弯曲韧性指数均更高，柔韧性更好(表2-3)。疲劳荷载应力比分别取0.6、0.7、0.8，拟定了3组不同类型纤维混凝土的疲劳试验，结果显示混杂纤维混凝土试件破坏时疲劳次数更高，抗疲劳性能更好(表2-4)。

表2-3 不同纤维种类的弯曲韧性试验结果

编号	纤维品种	纤维掺量/(kg·m⁻³)	初裂荷载/kN	初裂挠度/mm	弯曲韧性 η_5	弯曲韧性 η_{10}	弯曲韧性 η_{30}
1			14.2	0.10	1.0	1.2	1.3
2	聚丙烯腈纤维	1.0	14.9	0.11	2.3	3.8	1.8
3	钢纤维	78	17.5	0.12	4.0	7.1	18.2
4	聚丙烯腈+钢纤维	1.0+46.8	16.7	0.12	5.4	10.3	20.1

表2-4 不同纤维种类的疲劳性能试验结果

纤维类型	应力比/万次		
	0.6	0.7	0.8
聚丙烯腈(0.8 kg/m³)	130	30	0.4
钢纤维(40 kg/m³)+聚丙烯腈纤维(0.8 kg/m³)	>200	80	1.1
不掺纤维	50	2	0.2

3) 控制水泥用量

利用研究提出的复合多功能减水剂，掺加聚丙烯腈纤维与多锚点型钢纤维，掺加粉煤灰等矿物掺和料，采用基于额定粉体材料的密实骨架堆积法进行配合比设计，合理选用水胶比制备强度高、收缩小、抗渗与耐磨性好的整平层混凝土(表2-5、表2-6)。

表2-5 不同材料组成设计的混凝土配合比设计表

单位：kg/m³

编号	水泥	粉煤灰	砂	碎石	水	减水剂	纤维类型	
							钢纤维	聚丙烯腈
1	380	40	774	1115	150	4.0	40	0.8
2	340	80	774	1115	150	3.9		0.8

表2-6 不同材料组成设计的混凝土性能

编号	抗压强度/MPa		抗折强度/MPa		磨耗值/(kg·m⁻²)	氯离子渗透系数/10^{-12}	28 d干缩率
	7 d	28 d	7 d	28 d			
1	45.3	55.7	7.0	8.3	0.86	1.53	$2.05×10^{-4}$
2	41.2	52.5	5.1	6.5	1.03	1.46	$2.57×10^{-4}$

4) 整平层的覆盖养护

整平层混凝土浇筑后立即覆盖厚型塑料薄膜保湿养护，以抑制混凝土表面的水分蒸发，控制混凝土塑性开裂，提高耐久性能(图2-4)。

(a) 不覆盖塑料薄膜

(b) 覆盖塑料薄膜

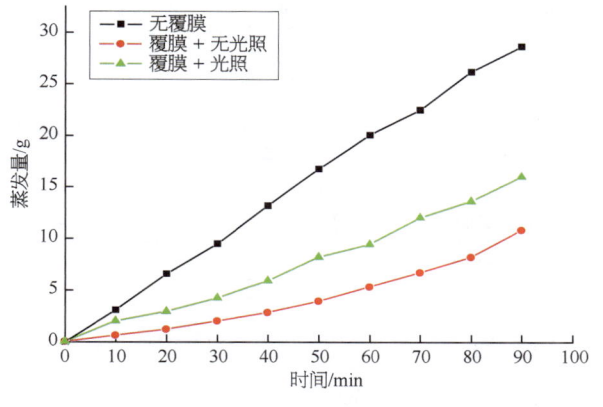

(c) 覆盖时间与失水关系

图 2-4　覆盖塑料薄膜养护对比分析

塑料薄膜技术要求：必须能整体覆盖施工铺装宽度，且厚度一般为 0.08~0.15 mm，具体要求见表 2-7。

表 2-7　养护用塑料薄膜技术指标要求

试验指标项目		技术要求
3 d 有效保水率/%		≥90
一次性保水时间/d		≥7
保温性能（用膜内温度与外界环境温度之差）		≥4 ℃
用养生膜养护的抗压强度比（与标准养护比较）/%	3 d	≥95
	7 d	≥95
单位面积吸蒸馏水量/(kg·m^{-2})		≥0.5

2.1.3.3　界面连接强化结构构造技术

整平层结构的使用寿命，不仅取决于本身的整体强度、收缩量、韧性，同时也取决于整平层与梁体和沥青混凝土面层的连接强度。本节提出的在梁体设置柔性马蹄剪力键，清洗和浸透梁体表面后再及时浇筑混凝土的技术，增强了整平层与梁体的界面连接力；同时，在整平层顶面设置防水黏结应力吸收层，保证沥青混凝土与整平层的连接力。

1）整平层与主梁界面的连接构造

提出了梁顶埋设柔性剪力键、界面清洁除尘与保水浸透技术，揭示了剪力键形状和间距、梁体与整平层界面情况对整平层力学性能的影响规律。

（1）无剪力键：主梁顶表面与整平层结合的抗拉、抗折、抗弯强度的能力强弱顺序为主梁顶面界面保水浸透＞主梁顶面干净干燥＞主梁顶面局部有积水＞主梁顶面局部有泥沙；主梁顶面的界面情况，对于层间组合强度、养护早期抗压强度影响较小，主梁顶面连接界面有泥沙、积水时，对界面连接强度影响较显著。因此，主梁顶面的界面应清洁除尘、洒水浸透而不能有积水（图 2-5）。

（2）有剪力键：主梁顶面的连接界面干净、浸透状态下，主梁顶面连接界面设置剪力键的组合结构抗压、抗拉、抗折与抗弯强度，均比不设置剪力键的组合结构强度高；马蹄形闭合剪力键对主梁顶面连接界面强度的贡献均大于 L 形开口剪力键。同时，设置不同剪力键的间距试验研究表明，剪力键间距为 500 mm 时的抗折强度较 300 mm 时高（图 2-6）。

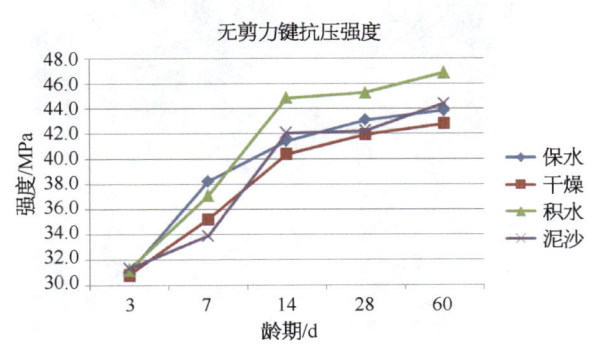
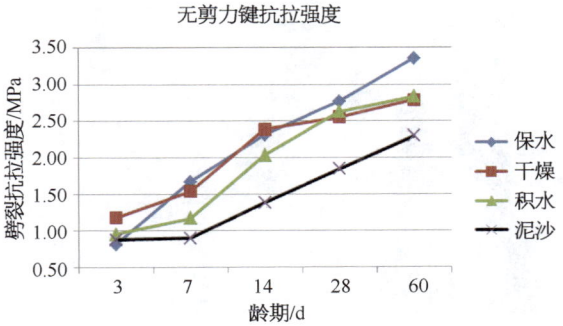

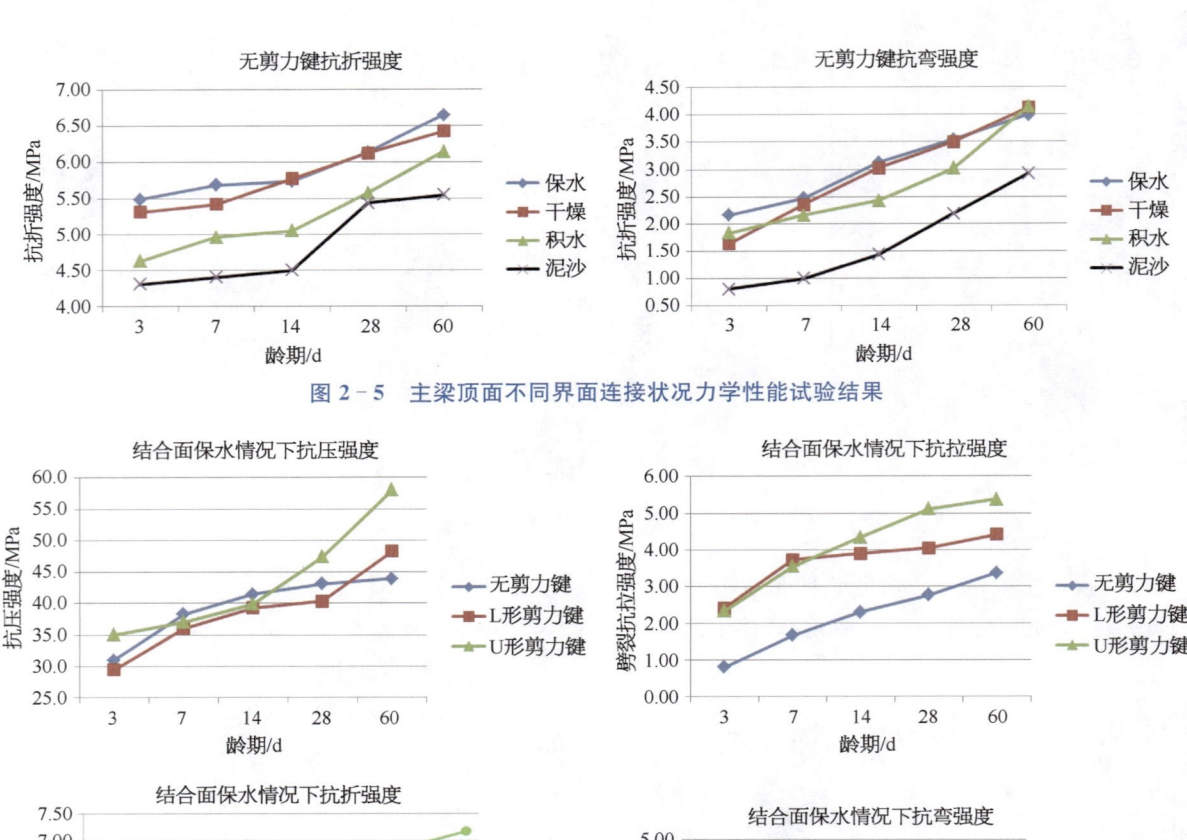

图2-5 主梁顶面不同界面连接状况力学性能试验结果

图2-6 主梁顶面不同界面连接状况抗剪力试验成果

因此,提出采用 φ8 马蹄形剪力键,间距 50 cm×50 cm(图2-7),增强铺装层整体受力性能及与梁体黏结性能;梁体顶面用水冲洗清洁和浸透(图2-8),保证结合面间无软弱层,确保新混凝土与梁体间结合紧密。

(3)疲劳试验验证:车辆荷载作用下铺装层表面出现的拉应力容易引起铺装破坏,通过模型试验,论证了新型整平层结构的疲劳性能,试验加载时铺装层处于弯拉受力区,加载示意与测试现场如图2-9所示。

图2-7 采用马蹄形柔性剪力键

图2-8 连接界面保水、清洁

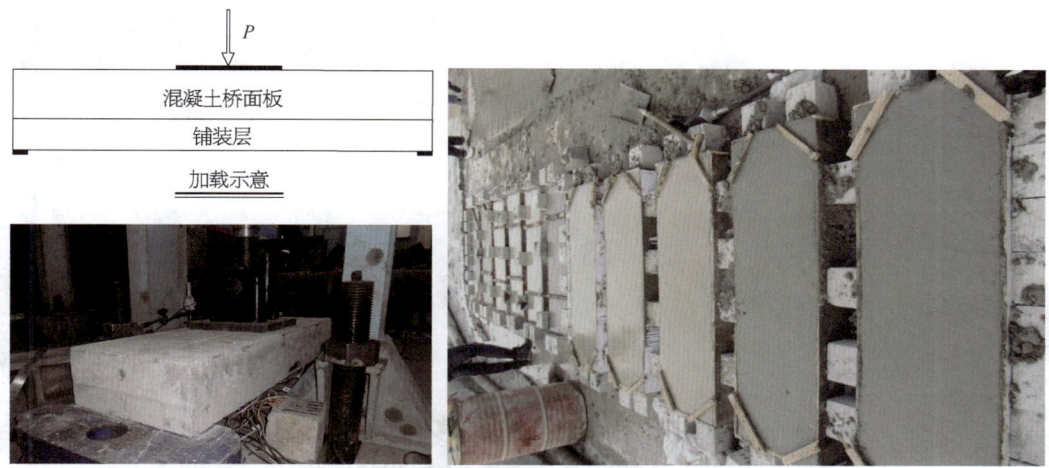

图 2-9 疲劳试验测试

采用界面连接强化的整平层结构疲劳寿命均超过 200 万次,比采用钢筋网构件的疲劳寿命大很多,且马蹄形剪力键对提高疲劳寿命的贡献略大于 L 形剪力键(表 2-8)。

表 2-8 不同整平层结构疲劳寿命

铺装层结构形式	剪力键形状	剪力键间距/mm	疲劳寿命/万次
钢筋网+素混凝土	无剪力键		164
	L 形($\phi 9$)	500	181
	马蹄形($\phi 6$)	500	204
高韧性低收缩混凝土	无剪力键		173
	L 形($\phi 9$)	500	215
	马蹄形($\phi 6$)	500	223

另外,从表 2-9 可以看出,主梁顶面的马蹄形剪力键间距为 400~1000 mm 时,复合强劲型桥面铺装整平层结构的疲劳寿命大于 200 万次,间距越大,复合强劲型桥面铺装整平层结构的疲劳寿命降低,且间距超过 500 mm 时,疲劳寿命明显降低。因此,主梁顶面的马蹄形剪力键间距不宜超过 500 mm。

表 2-9 马蹄形剪力键间距与疲劳寿命的影响规律

铺装层结构形式	马蹄形剪力键间距/mm	疲劳寿命/万次
高韧性低收缩混凝土	400	231
	500	224
	600	213
	1000	209

2) 整平层与沥青混凝土面层界面的连接构造

采用橡胶类改性剂制备高黏高弹改性沥青,在整平层顶面洒铺高黏高弹改性沥青量为 2.2~2.5 kg/m²;同时,在整平层顶面已经洒铺的高黏高弹改性沥青面上,再及时撒布颗粒粒径为 9.5~13.2 mm、撒布量为 14~16 kg/m² 的碎石,从而在整平层与沥青混凝土面层间形成防水黏结应力吸收层,该应力吸收层的剪切强度大于 1.47 MPa、拉拔强度大于 0.61 MPa,形成了加强的面层连接结构构造(图 2-10),有效避免层间连接界面开裂。

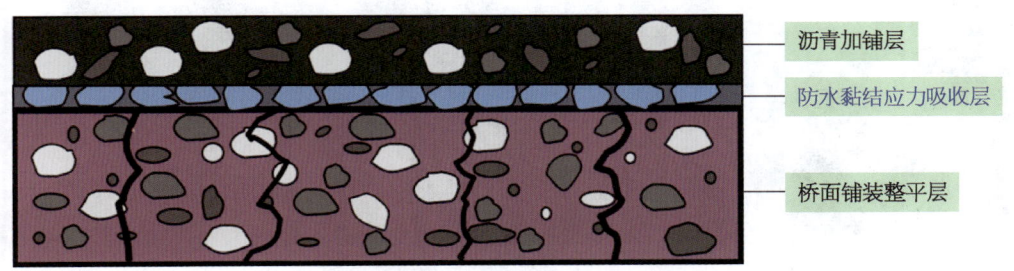

图 2-10 应力吸收层连接构造的结构图

模型试验测试(图2-11)成果表明：①混凝土板破坏时，沥青混凝土底面的换算应力为0.415 MPa，应力吸收层底面的换算应力0.934 MPa，该应力吸收层降低应力幅达到2.25倍，既降低了应力集中，又阻止了裂缝向沥青混凝土面层发展；②采用高黏高弹应力吸收层的铺装结构，沥青混凝土底面开裂的疲劳次数为30 500次，无应力吸收层时的疲劳次数为6 760次，提高抗疲劳次数4倍以上，应力吸收效果优良。

(a) 试件初始状态　　(b) 试件破坏状态　　(c) 卸载裂缝恢复状态

图2-11　设置应力吸收层的模型试验破坏过程

2.1.3.4　施工工艺与质量控制技术

通过工程应用总结，建立了桥面铺装整平层施工工艺。

1) 主梁顶面的界面处理

清理主梁顶面、提前1 h用水浸透顶面并不得积水，将梁体顶面剪力键钢筋复位(图2-12)。

(a) 主梁顶面清洁、保水　　(b) 剪力键复位

图2-12　主梁顶面界面处理

2) 混凝土拌合质量控制

在正式生产前，测定砂石含水量，标定计量设备，验证配合比，满足要求后进行生产。按拟定的投料顺序投放原材料，拌合3 min左右，检测工作性能，满足要求后出料运输到现场(图2-13)。

(a) 投放钢纤维　　(b) 投放聚丙烯腈纤维　　(c) 运输前检验

图2-13　整平层混凝土拌合质量控制

3) 混凝土浇筑

混凝土从运输车里放出后直接摊铺,从低处向高处浇筑,用振平梁提浆振平,低洼处及时补料、找平,严禁事后用水泥浆体填补(图2-14)。整平后严禁再次人工抹平、收光。

(a) 混凝土布料

(b) 混凝土振平

图2-14 整平层混凝土浇筑

4) 混凝土养护、切缝

(1) 抹平后在5 min内用宽幅、厚型薄膜覆盖养护,养护时间不宜小于4 d。

(2) 整平层混凝土浇筑后70~80 h内完成应沿桥墩墩顶处切缝,横桥向切缝缝深为20 mm、缝宽为3 mm(图2-15)。

(a) 整平后及时覆盖塑料薄膜

(b) 桥墩处横向中心位置切缝

图2-15 复合强劲型桥面铺装整平层的养护和切缝

2.1.4 主要工程应用

桥面铺装整平层复合强化技术从2010年9月在雅西高速公路冕宁连家湾大桥实施以来,经过近一年的监测、观测和总结,2011年先后在雅西高速公路、广南高速公路近10 km桥梁上推广应用。2013年,在遂广高速公路、遂西高速公路上近30 km桥梁上推广应用。根据推广应用的深入研究和制定的四川省地方规范,2017年,在江津习水古蔺高速公路等工程上应用。推广应用表明,开发的复合强劲型桥面铺装整平层技术,不仅工序工艺简单、质量控制环节少,而且结构体系完整、整体质量好、使用效果良好。近10年来的使用表明,没有发现任何病害和维修工作,效果很好。技术成果主要应用工程详见表2-10。

表2-10 2018年12月前使用复合强劲型桥面铺装整平层技术的混凝土桥梁一览表

序号	桥 名	跨径/m	全长/m	建成日期	备注
1	冕宁连家湾桥	13	66	2010.12	雅安—西昌
2	石棉南瓜2号桥	20、30	2666	2012.04	雅安—西昌
3	石棉喇嘛溪沟桥	30、40	562	2012.04	雅安—西昌
4	汉源何家沟桥	30	398	2012.04	雅安—西昌
5	汉源硝土岗桥	30	542	2012.04	雅安—西昌
6	汉源流沙河桥	50	1998	2012.04	雅安—西昌
7	苍溪常家岩桥	30、40	1080	2011.12	广元—南充
8	苍溪溜漕沟桥	25	300	2011.12	广元—南充
9	苍溪郑家浩桥	40	440	2011.12	广元—南充
10	苍溪谢家沟桥	25、40	620	2011.12	广元—南充
11	苍溪孙家沟桥	50	750	2011.12	广元—南充
12	苍溪碗石沟桥	30、40	660	2011.12	广元—南充
13	蓬安快活岭桥	40	52	2014.06	遂宁—广安
14	蓬安肖家沟桥	40	54	2014.06	遂宁—广安
15	蓬安黄家沟桥	30、40	348	2014.06	遂宁—广安
16	蓬安金桥互通E匝道桥	30	45	2014.06	遂宁—广安
17	蓬安唐家沟桥	30、40	500	2014.06	遂宁—广安
18	蓬安苟家院子桥	30、40	592	2014.06	遂宁—广安
19	蓬安杨家沟桥	20	166	2014.06	遂宁—广安
20	桃子湾桥	20	126	2014.06	遂宁—广安
21	蓬安王家湾桥	30	372	2014.06	遂宁—广安
22	蓬安樟树坡村桥	20	346	2014.06	遂宁—广安
23	蓬安连家坝桥	20	272	2014.06	遂宁—广安
24	蓬安华签寺左幅桥	30	344	2014.06	遂宁—广安
25	蓬安华签寺右幅桥	30	314	2014.06	遂宁—广安
26	蓬安下角湾桥	30	192	2014.06	遂宁—广安
27	蓬安上角湾左幅桥	20	130	2014.06	遂宁—广安
28	蓬安上角湾右幅桥	20	130	2014.06	遂宁—广安
29	蓬安邓家湾左幅桥	20	173	2014.06	遂宁—广安
30	蓬安邓家湾右幅桥	20	153	2014.06	遂宁—广安
31	蓬安油房沟桥	20	172	2014.06	遂宁—广安
32	蓬安三凤互通E匝道桥	20	70	2014.06	遂宁—广安
33	蓬安新开寺桥	20	126	2014.06	遂宁—广安
34	蓬安岳家沟桥	20	126	2014.06	遂宁—广安
35	蓬安S304跨线左幅桥	20、25	109	2014.06	遂宁—广安
36	蓬安S304跨线右幅桥	20、25	109	2014.06	遂宁—广安

(续表)

序号	桥　　名	跨径/m	全长/m	建成日期	备注
37	蓬安蒋家祠堂桥	20	86	2014.06	遂宁—广安
38	蓬安周家沟桥	20	159	2014.06	遂宁—广安
39	蓬安磨盘山左幅桥	30	402	2014.06	遂宁—广安
40	蓬安磨盘山右幅桥	30	192	2014.06	遂宁—广安
41	蓬安庙子沟左幅桥	30	882	2014.06	遂宁—广安
42	蓬安庙子沟右幅桥	30	792	2014.06	遂宁—广安
43	蓬安紫精湾桥	20	131	2014.06	遂宁—广安
44	蓬安蓬南互通E匝道桥	25	81	2014.06	遂宁—广安
45	蓬安姜石坝桥	20	210	2014.06	遂宁—广安
46	蓬安家沟桥	20	146	2014.06	遂宁—广安
47	蓬安郑家坝桥	20	106	2014.06	遂宁—广安
48	武胜小河沟桥	20	276	2014.06	遂宁—广安
49	武胜宋家堰桥	20	226	2014.06	遂宁—广安
50	武胜尼姑庵桥	20	166	2014.06	遂宁—广安
51	武胜黄家塝桥	20	152	2014.06	遂宁—广安
52	武胜赛马互通E匝道桥	25	35	2014.06	遂宁—广安
53	武胜瓦屋湾左幅桥	25	215	2014.06	遂宁—广安
54	武胜瓦屋湾右幅桥	25	189	2014.06	遂宁—广安
55	武胜洞塘沟村桥	25	226	2014.06	遂宁—广安
56	武胜穿兰渝铁路右线桥	20	192	2014.06	遂宁—广安
57	武胜穿兰渝铁路左线桥	20	147	2014.06	遂宁—广安
58	武胜万古河桥	20	106	2014.06	遂宁—广安
59	武胜G212跨线桥	20、25	201	2014.06	遂宁—广安
60	武胜金牛互通主线E匝道桥	30	43	2014.06	遂宁—广安
61	武胜金牛互通红旗村桥	20	66	2014.06	遂宁—广安
62	武胜水堤坝桥	20	86	2014.06	遂宁—广安
63	武胜吴家湾桥	20	86	2014.06	遂宁—广安
64	武胜蛮子洞桥	20	146	2014.06	遂宁—广安
65	武胜郭家沟桥	20	66	2014.06	遂宁—广安
66	武胜青岩水库桥	20	192	2014.06	遂宁—广安
67	武胜米汤沟桥	40	412	2014.06	遂宁—广安
68	武胜瓦窑湾桥	20	106	2014.06	遂宁—广安
69	武胜余家沟左幅桥	40	292	2014.06	遂宁—广安
70	武胜余家沟右幅桥	40	332	2014.06	遂宁—广安
71	武胜彭家沟桥	30	278	2014.06	遂宁—广安
72	武胜新桥沟桥	30	376	2014.06	遂宁—广安
73	武胜马鞍山桥	30	136	2014.06	遂宁—广安
74	武胜黑岩村桥	30	374	2014.06	遂宁—广安

(续表)

序号	桥 名	跨径/m	全长/m	建成日期	备注
75	武胜枢纽互通2号桥	16、22	84	2014.06	遂宁—广安
76	武胜西互通E匝道桥	20	211	2014.06	遂宁—广安
77	武胜宋家桥	20	166	2014.06	遂宁—广安
78	武胜踏水河桥	30	98	2014.06	遂宁—广安
79	武胜芝麻沟桥	30	38	2014.06	遂宁—广安
80	武胜高屋基桥	30	31	2014.06	遂宁—广安
81	武胜梨子园左幅桥	30	132	2014.06	遂宁—广安
82	武胜梨子园右幅桥	30	132	2014.06	遂宁—广安
83	武胜水姑庙桥	30	193	2014.06	遂宁—广安
84	武胜水姑庙桥	20	90	2014.06	遂宁—广安
85	武胜望桥村桥	30	98	2014.06	遂宁—广安
86	岳池高桥村桥	30	338	2014.06	遂宁—广安
87	岳池陈家院子左幅桥	20	94	2014.06	遂宁—广安
88	岳池陈家院子右幅桥	20	34	2014.06	遂宁—广安
89	岳池岳川公路跨线桥	20	48	2014.06	遂宁—广安
90	岳池普安镇跨线桥	30	83	2014.06	遂宁—广安
91	岳池水口边桥	20	86	2014.06	遂宁—广安
92	岳池六方碑桥	30	98	2014.06	遂宁—广安
93	岳池余家桥	30	98	2014.06	遂宁—广安
94	岳池会仙桥右幅1号桥	20	169	2014.06	遂宁—广安
95	岳池会仙桥左幅1号桥	20	132	2014.06	遂宁—广安
96	岳池会仙桥左幅2号桥	20	212	2014.06	遂宁—广安
97	岳池会仙桥右幅2号桥	20	173	2014.06	遂宁—广安
98	岳池魏家沟桥	30	218	2014.06	遂宁—广安
99	岳池爱情湾左幅桥	30	278	2014.06	遂宁—广安
100	岳池爱情湾右幅桥	30	311	2014.06	遂宁—广安
101	岳池S203跨线右幅桥	30	128	2014.06	遂宁—广安
102	岳池S203跨线左幅桥	30	158	2014.06	遂宁—广安
103	岳池黄马头桥	30	466	2014.06	遂宁—广安
104	岳池齐福互通跨线桥	25	86	2014.06	遂宁—广安
105	岳池张家水库桥	25	133	2014.06	遂宁—广安
106	广安梨山梁子桥	40	169	2014.06	遂宁—广安
107	广安庙子沟桥	40	329	2014.06	遂宁—广安
108	广安跨铁路桥	40	605	2014.06	遂宁—广安
109	广安红土地互通左幅桥	35、45	520	2014.06	遂宁—广安
110	广安红土地互通右幅桥	33、45	520	2014.06	遂宁—广安
111	广安红土地互通1号桥	20、25	72	2014.06	遂宁—广安
112	广安红土地互通2号桥	20、25	72	2014.06	遂宁—广安

(续表)

序号	桥　　名	跨径/m	全长/m	建成日期	备注
113	广安红土地互通 3 号桥	30、45	183	2014.06	遂宁—广安
114	广安红土地互通 4 号桥	20	43	2014.06	遂宁—广安
115	广安红土地互通 E 线桥	30、33	687	2014.06	遂宁—广安
116	广安红土地互通 F 线桥	25	128	2014.06	遂宁—广安
117	广安红土地互通 1 号桥	25、33	161	2014.06	遂宁—广安
118	广安红土地互通 2 号桥	20、25	66	2014.06	遂宁—广安
119	遂宁涪山坝桥	20	171	2014.06	遂宁—西充
120	遂宁双江河桥	20、40	489	2014.06	遂宁—西充
121	遂宁鲜家沟左幅桥	20	289	2014.06	遂宁—西充
122	遂宁鲜家沟右幅桥	20	309	2014.06	遂宁—西充
123	蓬溪双江互通左线桥	33、58	1 068	2014.06	遂宁—西充
124	蓬溪双江互通右线桥	38、66	1 082	2014.06	遂宁—西充
125	蓬溪双江互通 A 匝道桥	20	345	2014.06	遂宁—西充
126	蓬溪双江互通 B 匝道桥	20、30	571	2014.06	遂宁—西充
127	蓬溪双江互通 C 匝道桥	45、58	775	2014.06	遂宁—西充
128	蓬溪双江互通 D 匝道桥	20	146	2014.06	遂宁—西充
129	蓬溪双江互通 E 匝道桥	20	269	2014.06	遂宁—西充
130	蓬溪双江互通 F 匝道桥	20	65	2014.06	遂宁—西充
131	蓬溪双江互通 G 匝道桥	20	166	2014.06	遂宁—西充
132	蓬溪双江互通 H 匝道桥	20、23	351	2014.06	遂宁—西充
133	蓬溪烂泥沟左幅桥	30	580	2014.06	遂宁—西充
134	蓬溪烂泥沟右幅桥	30	582	2014.06	遂宁—西充
135	蓬溪芝溪河左幅桥	30、40	722	2014.06	遂宁—西充
136	蓬溪芝溪河右幅桥	30、40	748	2014.06	遂宁—西充
137	蓬溪柏垭湾桥	20	289	2014.06	遂宁—西充
138	蓬溪小槽沟桥	30	190	2014.06	遂宁—西充
139	蓬溪明月互通左幅桥	30、20	208	2014.06	遂宁—西充
140	蓬溪明月互通右幅桥	30、20	188	2014.06	遂宁—西充
141	蓬溪 E 匝道三汊河桥	20	132	2014.06	遂宁—西充
142	蓬溪广井沟左幅桥	20	212	2014.06	遂宁—西充
143	蓬溪广井沟右幅桥	20	232	2014.06	遂宁—西充
144	蓬溪熊家院子桥	20	176	2014.06	遂宁—西充
145	蓬溪碧山庙桥	30	223	2014.06	遂宁—西充
146	蓬溪北干线桥	20	126	2014.06	遂宁—西充
147	蓬溪金竹湾桥	20	214	2014.06	遂宁—西充
148	蓬溪附西桥	20	34	2014.06	遂宁—西充
149	蓬溪赤城湖 1 号桥	30	582	2014.06	遂宁—西充
150	蓬溪后坝沟桥	20	34	2014.06	遂宁—西充

(续表)

序号	桥　名	跨径/m	全长/m	建成日期	备注
151	蓬溪赤城湖2号桥	30	254	2014.06	遂宁—西充
152	蓬溪陈家院子左幅桥	20	211	2014.06	遂宁—西充
153	蓬溪陈家院子右幅桥	20	191	2014.06	遂宁—西充
154	蓬溪蓬溪北互通跨线桥	30	106	2014.06	遂宁—西充
155	蓬溪付家桥桥	20	66	2014.06	遂宁—西充
156	蓬溪干井湾桥	20	126	2014.06	遂宁—西充
157	南充张家湾桥	20	209	2014.06	遂宁—西充
158	南充郭家湾桥	20	183	2014.06	遂宁—西充
159	南充皂角垭桥	20	110	2014.06	遂宁—西充
160	南充七宝寺互通左幅桥	20、30	113	2014.06	遂宁—西充
161	南充七宝寺互通右幅桥	20、30	113	2014.06	遂宁—西充
162	南充水井湾桥	30	248	2014.06	遂宁—西充
163	南充大堰坎桥	30	192	2014.06	遂宁—西充
164	南充梨子沟桥	20	169	2014.06	遂宁—西充
165	南充李家沟桥	20	166	2014.06	遂宁—西充
166	南充老林沟桥	20	206	2014.06	遂宁—西充
167	西充何家沟桥	20	146	2014.06	遂宁—西充
168	西充栗子沟桥	20	66	2014.06	遂宁—西充
169	西充莲花穴桥	20	66	2014.06	遂宁—西充
170	西充栀子坝桥	20	186	2014.06	遂宁—西充
171	西充麻沟湾左幅桥	20	207	2014.06	遂宁—西充
172	西充麻沟湾右幅桥	20	233	2014.06	遂宁—西充
173	西充杨村沟右线桥	20	306	2014.06	遂宁—西充
174	西充杨村沟左线桥	20	286	2014.06	遂宁—西充
175	西充互通跨线桥	20、25	161	2014.06	遂宁—西充
176	西充互通跨线D匝道桥	20	186	2014.06	遂宁—西充
177	西充上跨G212左幅桥	24、34	258	2014.06	遂宁—西充
178	西充上跨G212右幅桥	24、34	254	2014.06	遂宁—西充
179	西充上跨八一南气管桥	20	86	2014.06	遂宁—西充
180	西充袁家户右线桥	20	406	2014.06	遂宁—西充
181	西充袁家户左线桥	20	406	2014.06	遂宁—西充
182	西充碑垭沟左幅桥	20	368	2014.06	遂宁—西充
183	西充碑垭沟右幅桥	20	328	2014.06	遂宁—西充
184	西充任家坝桥	20	206	2014.06	遂宁—西充
185	西充马川井村桥	20	69	2014.06	遂宁—西充
186	西充李家户桥	20	126	2014.06	遂宁—西充
187	西充太平互通A匝道1号桥	33、58	430	2014.06	遂宁—西充
188	西充太平互通A匝道2号桥	16	26	2014.06	遂宁—西充

(续表)

序号	桥　　名	跨径/m	全长/m	建成日期	备注
189	西充太平互通 C 匝道桥	16	26	2014.06	遂宁—西充
190	西充太平互通 D 匝道桥	33、35	636	2014.06	遂宁—西充
191	西充太平互通广南路桥	16	26	2014.06	遂宁—西充
192	习水袁家庙大桥	40	920	2018.03	习水—古蔺
193	习水临江庙大桥	40	560	2018.03	习水—古蔺
194	荥经石滓经河大桥	140	386	2018.10	雅安—西昌
195	荥经黑石沟大桥	200	820	2018.10	雅安—西昌
196	荥经腊八斤大桥	200	1 140	2018.10	雅安—西昌

2020年以来，该项技术成果已经在四川峨汉高速公路、四川资铜高速公路、四川抢险救灾桥梁和危旧桥梁改造升级工程中推广应用，推广应用桥梁工程总里程已经超过 100 km。

2.2 平面型钢-混凝土组合桥面结构

2.2.1 研究背景

桥面板作为桥梁结构的重要组成部分，直接承受车辆轮压，其工作状态将直接影响到桥梁的使用性能。现阶段桥梁中应用最广泛的是普通钢筋混凝土桥面板、钢桥面板、叠合桥面梁。然而，随着桥梁跨越能力的不断提高，普通钢筋混凝土桥面板就显得越来越笨重（图 2-16、图 2-17），桥面板的重量在桥梁总恒载中占了很大比例，于是对桥面板的发展提出了轻质高强的要求；正交异性钢桥面板自重轻、承载能力大、易于加工制造和安装，广泛运用于大跨度钢箱斜拉桥和悬索桥上，但是钢桥面板抗弯刚度小，在车辆作用下易产生较大的局部变形，导致其上的沥青铺装层开裂，存在铺装层高温稳定性差、易老化、寿命短等技术难题（图 2-18、图 2-19），因此对桥面板的发展提出了铺装层耐久性高的要求；

图 2-16　普通钢筋混凝土桥面板

图 2-17　普通钢筋混凝土桥面板病害

图 2-18　正交异性钢桥面板

图 2-19　钢桥面板铺装病害

叠合桥面梁纵横接缝较多，可能产生的病害多（图 2-20、图 2-21），因此对桥面板的发展又提出了整体性好的要求。以上各种桥面板应用现状如图 2-22 所示。

图 2-20　叠合桥面梁

图 2-21　混凝土湿接缝病害

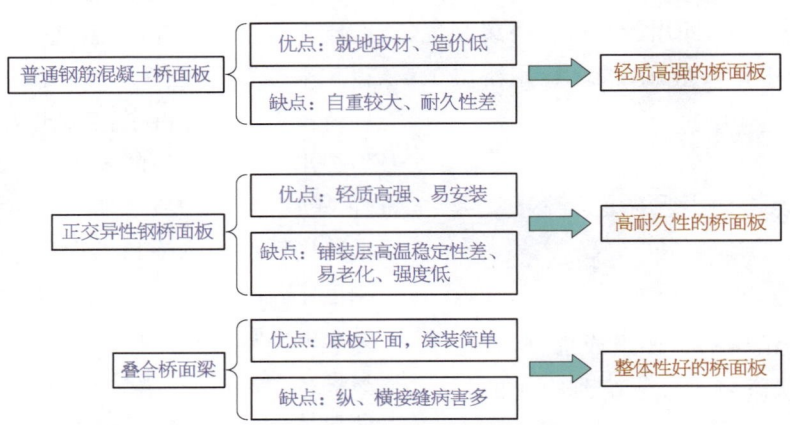

图 2-22　各桥面板应用现状

2.2.2　主要技术问题

为了充分发挥三种常见桥面板的优势，结合钢材与混凝土两者的优点，作者团队于 2002 年提出了"钢-混凝土组合桥面板"的概念，进行了大量基础工程应用研究，并联合西南交通大学赵人达教授团队，针对新结构的构造参数、计算方法、工作性能等展开了更深入的研究。研究的主要技术问题如图 2-23 所示，主要包括：①钢-混凝土组合桥面梁合理构造技术研究；②钢-混凝土组合桥面板受力机理模型试验研究和极限承载力计算方法研究；③钢-混凝土组合桥面梁施工技术研究。

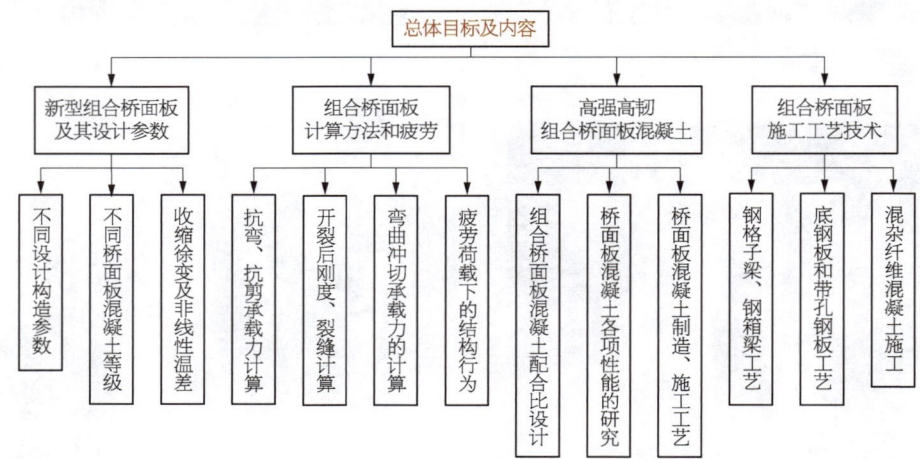

图 2-23　平面型钢-混凝土组合桥面板主要技术问题

2.2.3 主要技术成果

2.2.3.1 平面型钢-混凝土组合桥面板的构造技术

1）结构构造

针对钢筋混凝土桥面板过重、钢桥面板寿命过短、叠合桥面板既重且耐久性差的技术难题，综合三种桥面板特点，新的平面型钢-混凝土组合桥面板不仅解决了原来桥面板耐久性差的技术难题，同时保证了桥面板重量与钢桥面板一致。

平面型钢-混凝土组合桥面板，是指由底钢板和带孔加劲钢板、栓钉形成的组合结构，并通过带孔钢板（PBL）、栓钉与后浇筑的混杂纤维混凝土形成钢-混凝土组合桥面板，最后浇筑沥青混凝土面层（图2-24、图2-25）。

图2-24　平面型钢-混凝土组合桥面板钢结构示意

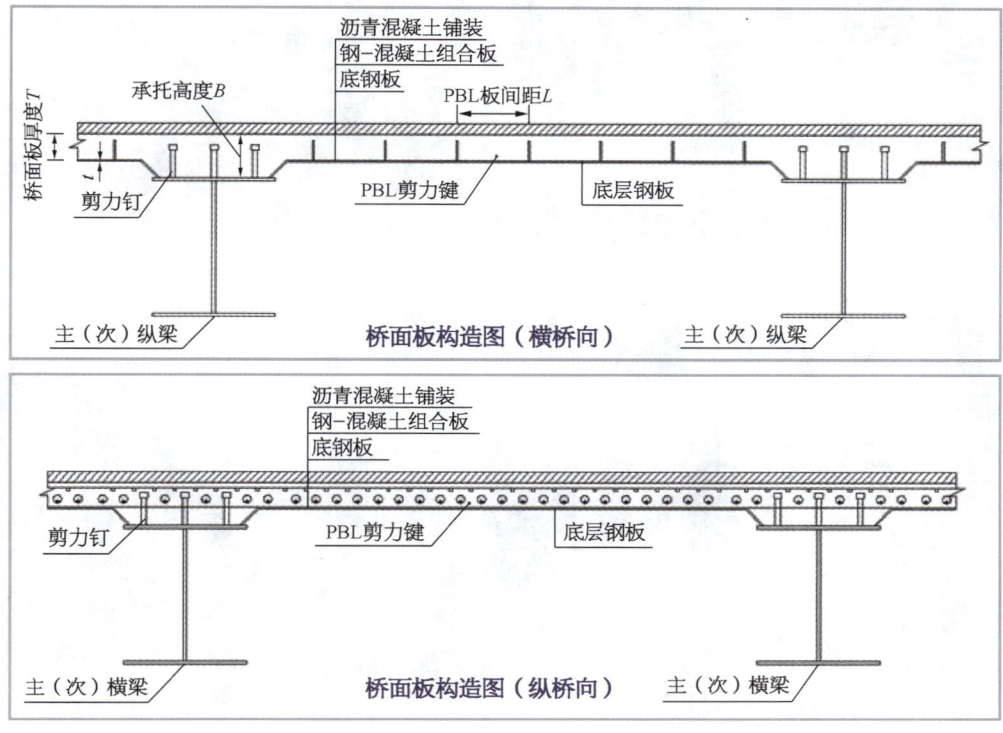

图2-25　平面型钢-混凝土组合桥面板构造（广东东平大桥）

2）技术优势

平面型钢-混凝土组合桥面板能够满足现代结构功能的需求，在桥梁结构领域具有重要的意义和广阔的发展前景，具有明显技术优势，如图2-26所示。

（1）新结构没有U肋，焊缝处无疲劳问题，钢筋混凝土板为钢板与沥青面层的过渡连接层，面层耐久性长，且钢筋混凝土板参与受力，主梁用钢量少。

（2）新结构型式将原正交异性钢桥面板下的U肋取消，底钢板底面形成平面，顶面上设置带孔钢板再浇混凝土，简化了钢结构的涂装防腐工艺，施工时底钢板可作为浇筑混凝土的永久模板，节省了模板安装与拆除的工序，加快施工进度。

（3）使用阶段由于剪力连接件的存在，发挥了底钢板与混凝土的组合效应，底钢板可以部分替代下层受力钢筋，减少了钢筋用量和制作加工工作量；与混凝土桥面板相比，平面型钢-混凝土组合桥面板可以减少混凝土用量，减轻结构自重，有利于桥梁抗震需要。

(a) 传统桥面板模板工程量大

(b) 组合桥面板底钢板代替模板

(c) 传统正交异性桥面板加劲肋

(d) 组合桥面板加劲肋

(e) 普通桥面板混凝土用量高

(f) 组合桥面板混凝土用量低

图 2-26 平面型钢-混凝土组合桥面板的技术优势

3）构造参数要求

考虑到平面型钢-混凝土组合桥面板构造参数复杂，为避免由于参数设置不合理导致的施工质量问题，团队基于实际工程经验，开展了组合桥面板不同参数设置的受力特性分析（表 2-11），具体内容包括组合桥面板是否参与受力、承托高度的影响、桥面板混凝土厚度的影响、桥面板 PBL 板间距的影响、桥面板底层钢板厚度的影响、桥面板混凝土等级的影响。组合桥面板模型及模型试件如图 2-27、图 2-28 所示。

表 2-11 平面型组合桥面板受力特性分析参数设置

研究内容	计算内容
桥面板是否参与受力	是、否
承托高度/cm	16、20、24
桥面板混凝土厚度/cm	10、14、18
PBL 间距/cm	25、40、55
底钢板厚/mm	6、8、10
桥面板混凝土等级	C30、C40、C50

第2章 桥面组合结构特点

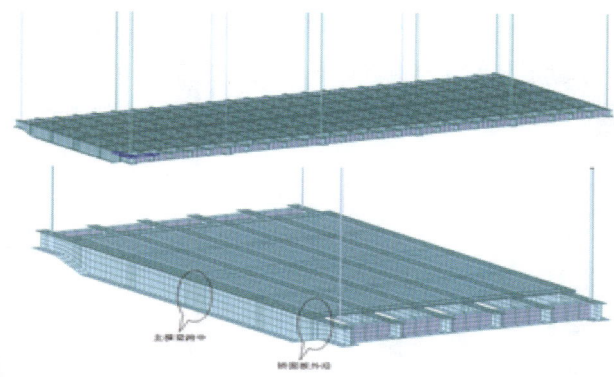

图 2-27 组合桥面板有限元模型

图 2-28 组合桥面板模型试件

基于分析结果，研究了不同参数之间的匹配关系，提出了平面型钢-混凝土组合桥面板的构造参数要求，见表 2-12。

表 2-12 平面型钢-混凝土组合桥面板构造参数

参数名称		指标
底钢板	厚度/mm	8～10
带孔钢板	厚度/mm	6～10
	间距/cm	35～45
	开孔直径/mm	5～6
	孔中心距/cm	12～15
	混凝土保护层/mm	≥10
栓钉	间距	15～30
	混凝土保护层/mm	≥15
钢筋	直径/mm	12～16
	受拉区配筋率/%	2.4
总厚度	标准截面/cm	10～15
	承托截面/cm	22～28

2.2.3.2 平面型钢-混凝土组合桥面板的计算方法及疲劳性能

1) 模型试验

通过近 30 件的足尺模型试验和疲劳验证，建立数学、物理模型分析，结合工程实测数据及结果分析，提出的钢-混凝土组合桥面板构件极限承载能力、刚度等理论计算方法，发展完善了一系列钢-混凝土组合桥面板试件。

(1) 单向板正、负弯矩作用下静力模型试件：共 14 块。

(2) 双向板正、负弯矩作用下静力模型试件：共 17 块。

(3) 广东佛山东平大桥 1∶1 正弯矩区域疲劳试验：1→5→25→…→200 万次。

(4) 广东佛山东平大桥 1∶1 负弯矩区域疲劳试验：1→5→…→200→210→300 万次。

其中，单向板试件试验（图 2-29、图 2-30）采用 3 分点加载模式，最大控制荷载约为 380 kN，开裂荷载约为 50 kN；双向板试件采用板中心集中加载模式，最大控制荷载约为 1 500 kN，开裂荷载约为 50 kN；通过倒置试件，考察模型负弯矩作用效应。

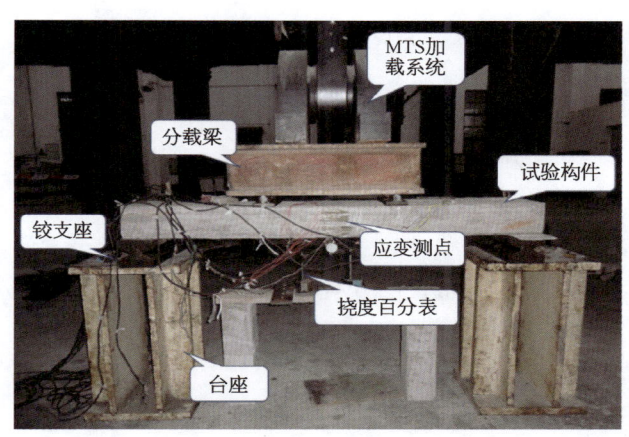

图 2-29 单向板加载试验

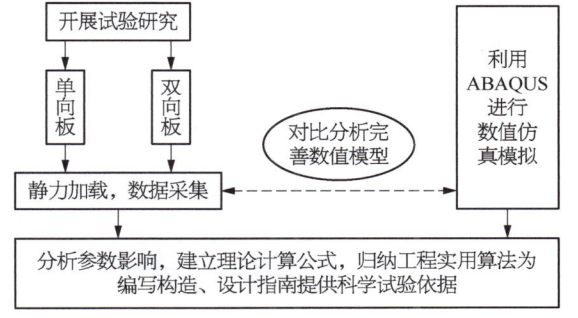

图 2-30 组合桥面板试验设计思路

基于模型试验数据及有限元分析,平面型钢-混凝土组合桥面板的主要力学性能描述如下:

(1) PBL 顺跨度方向布置时可以有效地抵抗剪切力,提高承载力;垂直跨度方向布置时,易发生剪切破坏,若需设置垂直跨度方向的 PBL 时,则应增大剪跨比;在组合板内必须配置一定数量的钢筋,尤其需要配置穿过孔洞的贯穿钢筋,避免出现脆性破坏,如图 2-31～图 2-34 所示。

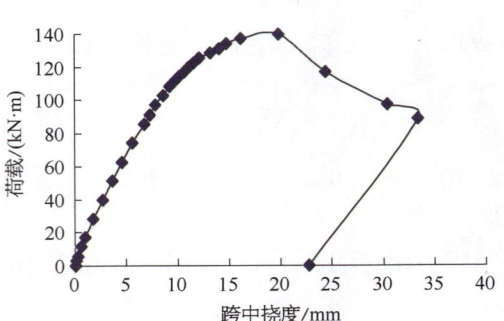

图 2-31 PBL 顺跨度方向布置且配筋的跨中荷载-挠度曲线

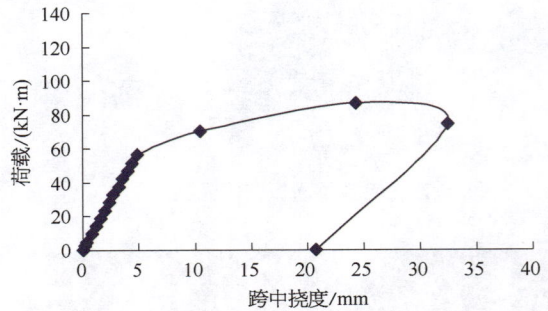

图 2-32 PBL 垂直跨度方向布置且配筋的跨中荷载-挠度曲线

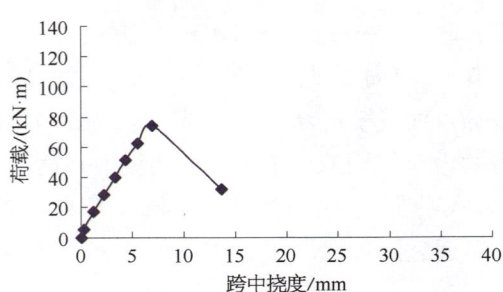

图 2-33 PBL 顺跨度方向布置且不配筋的跨中荷载-挠度曲线

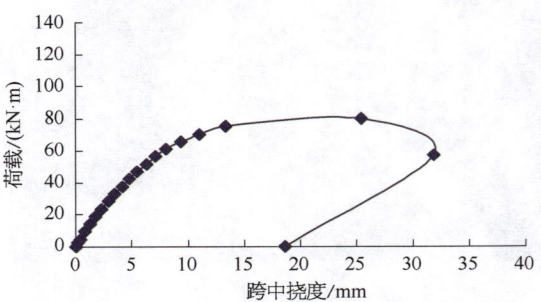

图 2-34 PBL 垂直跨度布置且增大剪跨比的跨中荷载-挠度曲线

(2) 对于承受负弯矩作用的钢-混凝土组合板,其承载能力与纵向钢筋的配筋率、开孔钢板的布置方向有密切关系;在达到极限荷载时,纵向受拉钢筋和沿跨度方向布置的开孔钢板的受拉缘均屈服,而垂直跨度方向布置的开孔钢板则对承载力贡献不大,如图 2-35～图 2-38 所示。

(3) 增加底钢板厚度对组合双向桥面板承载力提高最为有效,加密开孔钢板的布置间距、增加混凝土板厚度也能在一定程度提高组合桥面板承载力,如图 2-39～图 2-42 所示。

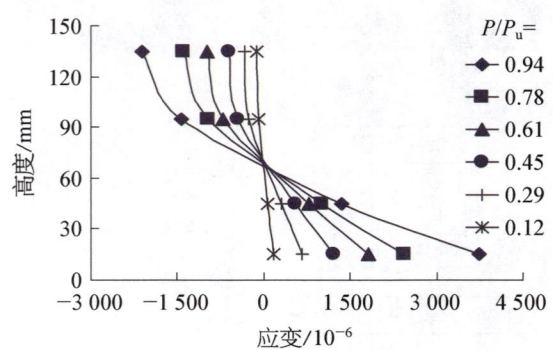

图 2-35 不同荷载作用下截面变形曲线

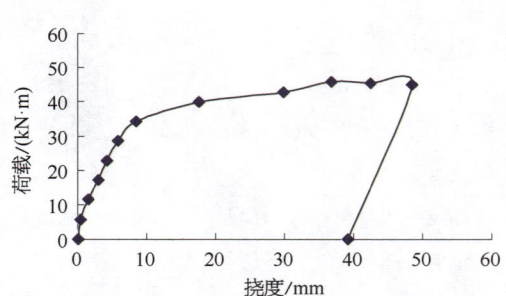

图 2-36 PBL 顺跨度方向布置且配筋的荷载-挠度曲线(负弯矩作用)

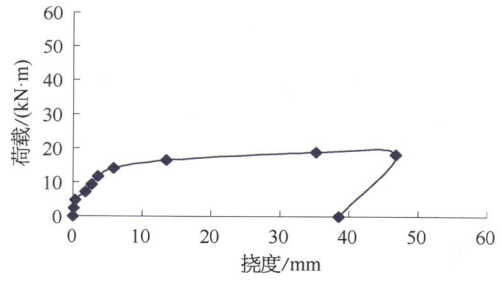

图 2-37　PBL 顺跨度方向布置且不配筋的荷载-挠度曲线(负弯矩)

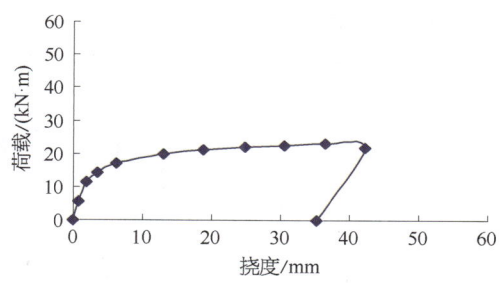

图 2-38　PBL 垂直跨度布置且配筋的荷载-挠度曲线(负弯矩)

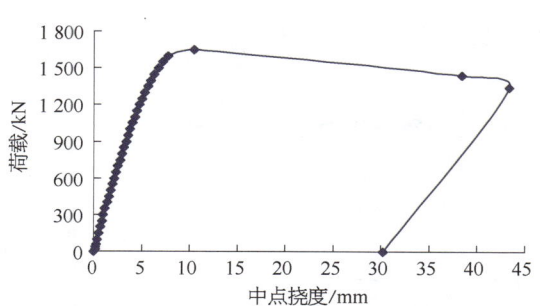

图 2-39　标准试件中点荷载-挠度曲线

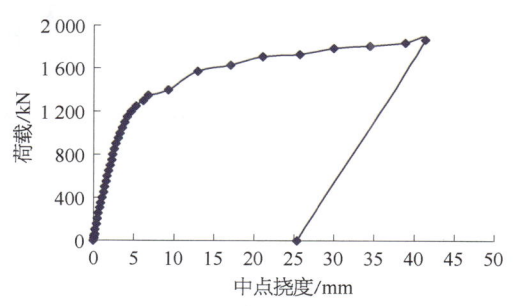

图 2-40　底板最厚试件荷载-挠度曲线

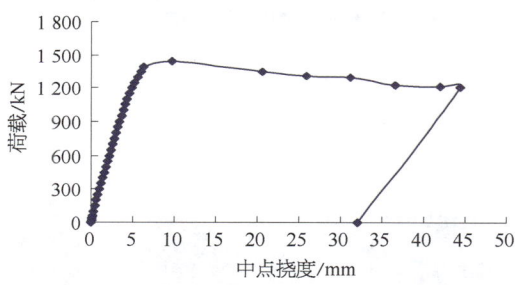

图 2-41　PBL 加密试件中点荷载-挠度曲线

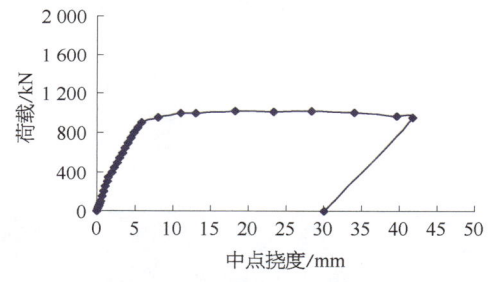

图 2-42　底板最薄试件荷载-挠度曲线

2）实用计算方法

(1) 正弯矩截面抗弯承载力计算方法如下，试验如图 2-43 所示。

图 2-43　组合桥面板正弯矩模型试验

中性轴在混凝土中（图 2-44）：$\gamma_0 M_d \leqslant f_{cd} b x_c \left(h_0 - \dfrac{x_c}{2}\right) + f_{sd} A_s (h_0 - a_s), h_0 = h_c + t/2$

中性轴在底钢板中（图 2-45）：$\gamma_0 M_d \leqslant f_{cd} b x_c \left(h_0 - \dfrac{x_c}{2}\right) + f_{sd} A_s (h_0 - a_s), h_0 = h_c + t/2$

（2）负弯矩截面抗弯承载力计算方法如下，试验如图 2-46 所示。

中性轴在混凝土中（图 2-47）：$\gamma_0 M_d \leqslant f_{sd} A_s (h_c - x_c - a_s) + \dfrac{1}{2} f_{cd} b x_c^2 + f_d b t \left(\dfrac{t}{2} + x_c\right)$

$f_{sd} A_s = f_{cd} b x_c + f_d b t$

中性轴在底钢板中（图 2-48）：$\gamma_0 M_d \leqslant f_{sd} A_s (h - x_s - a_s) + \dfrac{1}{2} f_d b x_s^2 + \dfrac{1}{2} f_d b (t - x_s)^2$

$f_d b x_s = f_d b (t - x_s) + f_{sd} A_s$

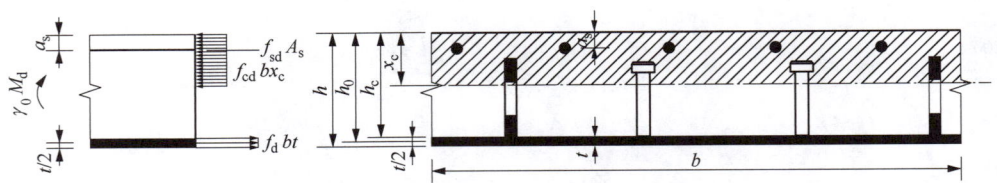

图 2-44　组合桥面板截面中性轴在混凝土中

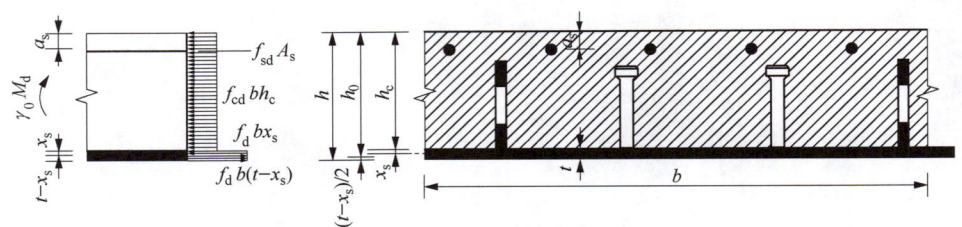

图 2-45　组合桥面板截面中性轴在底钢板中

图 2-46　组合桥面板负弯矩模型试验

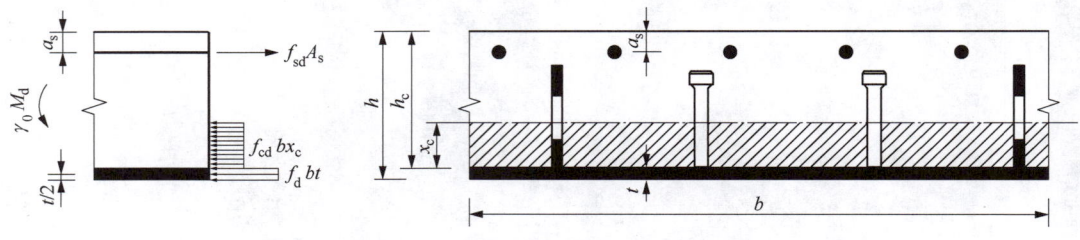

图 2-47　组合桥面板截面中性轴在混凝土中（负弯矩作用）

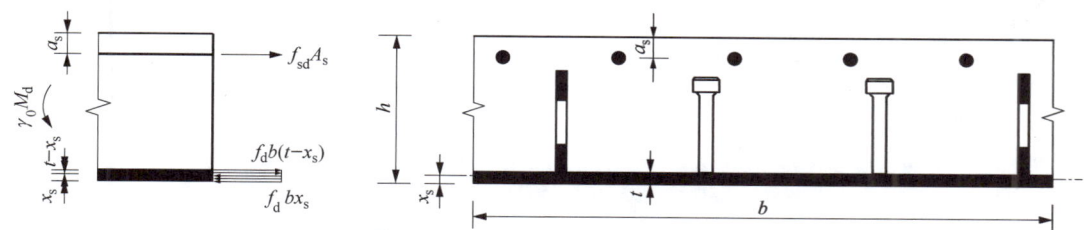

图 2-48 组合桥面板截面中性轴在底钢板中(负弯矩作用)

(3) 斜截面抗剪承载力计算方法。平行于带孔钢板方向的剪力由混凝土 V_{uc} 和底钢板 V_{us} 共同承担,其抗剪承载力可表达为

$$\gamma_0 V_d \leqslant V_{uc} + V_{us}$$

试验可知,混凝土的开裂模式和钢筋混凝土构件类似,参照《混凝土结构设计规范》中斜截面承载力的计算公式:

$$V_{uc} = \frac{1.75}{1+\lambda} f_{td} b h_0$$

抗剪试验表明,有 20% 的底钢板达到钢材的塑性抗剪强度,来抵抗竖向剪力,因此取

$$V_{us} = 0.2 f_{vp} b t$$

根据相关研究成果,垂直于带孔钢板方向的抗剪承载能力按整体抗剪能力计算,其计算式为

$$\gamma_0 V_d \leqslant 0.07 f_{cd} W_r h_0$$

(4) 剪力键承载力计算方法。剪力键受剪承载力计算方法由推出试验与梁试验结果推导,依据相应研究结果,对栓钉剪力键和带孔钢板剪力键的承载力计算方法进行了规定:

栓钉剪力键承载力:$\gamma_0 V_{zd1} = \gamma_0 \cdot 0.43 A_{sl} \sqrt{E_c f_{cd}} \leqslant 0.7 A_{sl} f_{dl}$

带孔钢板承载力:

① 无贯穿钢筋时:$V_{zd2} = \dfrac{4.31A - 121.0 \times 10^3}{\gamma}$,

$$A = \frac{\pi d_p^2}{4} \sqrt{\frac{t_0}{d_p}} f_{cd}$$

② 有贯穿钢筋时:$V_{zd2} = \dfrac{1.85A - 106.0 \times 10^3}{\gamma}$,

$$A = \frac{\pi (d_p^2 - d_{st}^2)}{4} f_{cd} + \frac{\pi d_{st}^2}{4} f_{st}$$

同时,应验算带孔钢板孔间钢板抗剪承载力与带孔钢板焊缝承载能力:

孔间钢板抗剪承载力:$V_s = \dfrac{5}{3} \cdot \dfrac{f_y}{\sqrt{3}} A_w \geqslant V_{zd2}$

焊缝承载力:$N_v = f_f^w l_w h_e \geqslant V_{zd2}$

(5) 正、负弯矩作用下组合桥面板的疲劳性能(图 2-49~图 2-56)。通过多次讨论,钢-混凝土组合桥面板的模型试验依托东平大桥,共制作两类模型:模型 A、模型 B。其中模型 A 模拟实际结构的负弯矩区域,包含一根次横梁及其顶部混凝土板;模型 B 模拟实际结构的正弯矩区域,即两根次横梁之

图 2-49 正弯矩作用下疲劳试验模型

图 2-50 负弯矩作用下疲劳试验模型

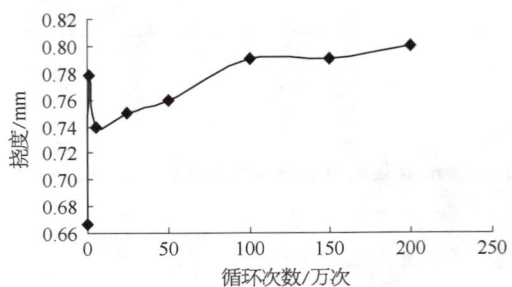

图 2-51 正弯矩最大挠度与循环次数的关系

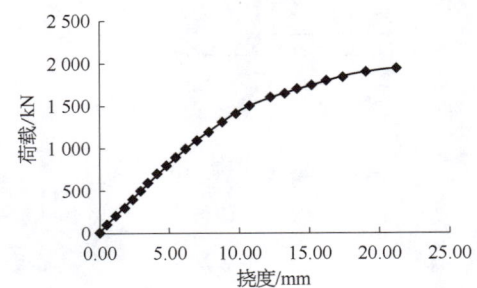

图 2-52 正弯矩作用下荷载-挠度关系曲线

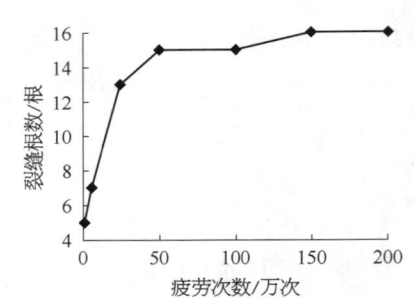

图 2-53 负弯矩疲劳工况裂缝根数发展曲线

图 2-54 负弯矩作用下试件开裂图示

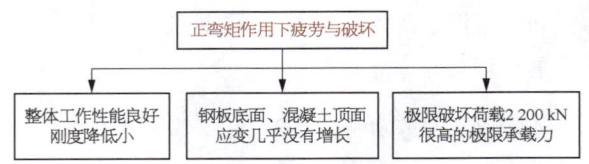

图 2-55 正弯矩作用下组合桥面板疲劳与破坏性能

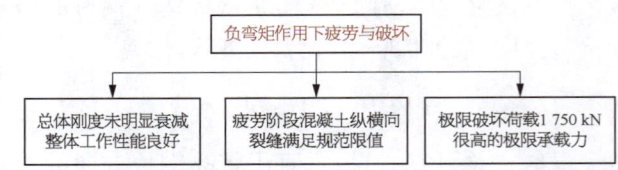

图 2-56 负弯矩作用下组合桥面板疲劳与破坏性能

间的区域。两类模型均先做静载试验,再做 200 万次的疲劳试验,最后做静力破坏试验。试验证明,在正、负弯矩作用下,平面型钢-混凝土组合桥面板随着疲劳循环次数的增加,刚度降低小,整体刚度好;疲劳试验期间裂缝增长符合规范要求,且均具有很高的极限承载能力。

2.2.3.3 施工及质量控制技术

平面型钢-混凝土组合桥面板具有底钢板较薄、钢筋穿孔周期长、混杂纤维混凝土输送难度大的特点,底钢板设置反弯变形、逐级加密焊接带孔钢板的工艺,解决了底钢板焊接变形量大的难题;先穿底层钢筋,再铺设上层钢筋网片,保证穿钢筋的空间和位置,克服了钢筋穿孔周期长的问题;采用多锚点的短钢纤维、控制掺量不大于 55 kg/m³,以及合理进行配合比设计等技术,保证了混凝土竖直泵送高度可达 200 m,水平距离可达 500 m。

1) 底钢板和带孔钢板工艺技术

平面型钢-混凝土组合桥面板的底钢板和带孔钢板较薄、较长,加工、制造和焊接时变形较大,为解决这一技术问题,研究提出了相应的质量控制技术措施:①底钢板预先设置 10～15 mm 的反变形(图 2-57);②带孔钢板间距较近,采用逐级加密焊接的工艺,例如当设置带孔钢板的间距为 40 cm 时,可采用间距由 160 cm→80 cm→40 cm 的焊接工艺,同时采用间断错位双面焊缝,先焊外表面、再焊内表面(图 2-58)。经模型试验及有限元计算分析表明,上述技术措施可操作性强,且有效减小了底钢板焊接变形量。

2) 钢筋的施工工艺和质量控制技术

组合桥面板钢筋种类繁多、构造复杂,施工采用分层法,首先布置带孔钢板孔内钢筋,其次布置上层纵向受力钢筋,最后布置顶层分布钢筋(图 2-59)。经工程实践证明,该施工方法效果良好,可操作性强,保证穿钢筋的空间和位置,克服了钢筋穿孔周期长的问题。

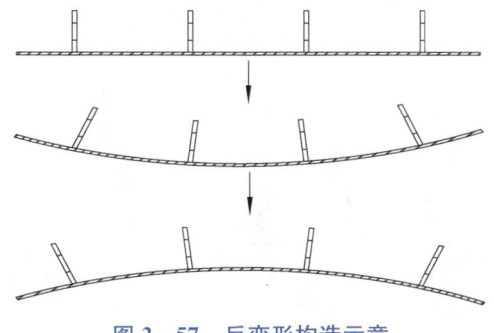

图 2-57 反变形构造示意

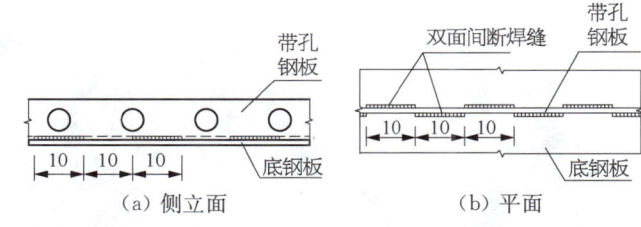

图 2-58 带孔钢板与底钢板间断错位双面焊缝构造示意（单位：cm）

图 2-59 组合桥面板钢筋分层布置效果

3）混凝土的施工工艺和质量控制技术

桥面板直接承受车辆荷载和阳光直接照射，桥面同时承受拉、压、弯、剪和扭的作用，受力复杂，采用高韧、高强混杂纤维混凝土技术，进一步提高了桥面板的耐久性能。高韧、高强混杂纤维混凝土技术，是指在钢-混凝土组合桥面板的混凝土中复掺聚丙烯腈纤维和钢纤维，形成高强高韧的混杂纤维混凝土（图 2-60）。

提出的高强高韧桥面板混杂纤维混凝土中复掺了钢纤维与聚丙烯腈纤维，而纤维的掺入可能会影响混凝土施工时的泵送性能。因此，特别提出采用多锚点的短钢纤维（图 2-61），控制掺量不大于 55 kg/m³，合理进行配合比设计，避免钢纤维在混凝土拌合时成团，保证了混凝土竖直泵送高度可达 200 m，水平距离可达 500 m。

施工效果如图 2-62 所示。

图 2-60 混杂纤维混凝土拌合物

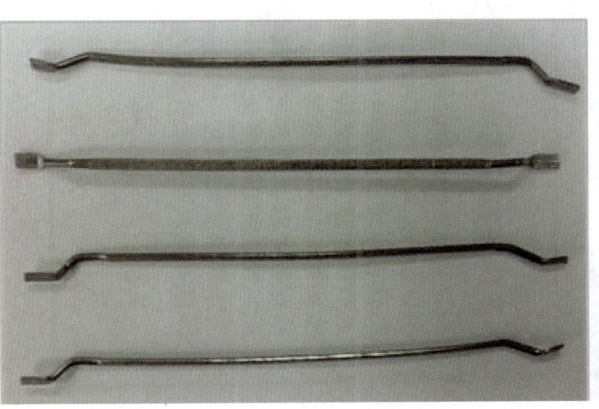

图 2-61 多锚点的短钢纤维

图 2-62 合江长江一桥桥面板混凝土施工效果

2.2.4 主要工程应用

平面型钢-混凝土组合桥面板最早应用在广东佛山东平大桥,以该桥为依托工程开展了平面型钢-混凝土组合桥面板足尺和系列缩尺模型试验研究,揭示了正弯矩区段和负弯矩区段模型的静载极限承载能力及计算方法,并模拟动载开展了疲劳试验。系列试验表明:平面型钢-混凝土组合桥面板具有自重轻、整体性强、疲劳应力幅低、抗疲劳强度高、极限承载能力大、经济指标低和易于施工等特点。

广东佛山东平大桥于 2003 年开展设计,2004 年 3 月开始施工,2006 年 9 月建成通车,使用至今,平面型钢-混凝土组合桥面板和 5 cm 沥青混凝土没有任何病害,未进行任何维修,使用效果很好,获得了行业和社会的一致认同。受该桥建设成果影响,平面型钢-混凝土组合桥面板先后推广应用在钢管混凝土拱桥、钢筋混凝土拱桥、斜拉桥、悬索桥、立交桥和旧桥桥面改造等工程,推广应用工程见表 2-13。

表 2-13 平面型钢-混凝土组合桥面板工程推广应用一览表

序号	桥型	桥名	主跨跨径/m	全桥总长/m	板厚/cm	建成日期
1	拱桥	广东佛山东平大桥	300	578	12/20	2006.10
2	拱桥	成都绕城府河大桥(旧桥)	130	130	14	2012.12
3	拱桥	四川合江长江一桥	530	841	15/24	2013.10
4	拱桥	贵州凯里清水江大桥	110	260	12/20	2015.10
5	拱桥	四川广安官盛渠江大桥	320	796	13/23	2019.02
6	拱桥	四川合江长江公路大桥	507	668	15/24	2021.06
7	拱桥	四川屏山西宁河大桥	510	510	15	在建
8	拱桥	四川雷波溜筒河大桥	325	490	19	在建
9	拱桥	四川雷波约五拉达大桥	260	404	19	在建
10	拱桥	四川雷波上乌角大桥	310	332	15/24	在建
11	拱桥	四川屏山大河沟大桥	280	303	15/24	在建
12	拱桥	四川雷波西苏角大桥	350	568	19	在建
13	拱桥	广西平南三桥	575	575	15/24	2020.12
14	拱桥	广西钦江大桥	252	1 087	14/24	2013
15	拱桥	广西马滩红水河特大桥	336	553	16/25	2018
16	拱桥	广西沙尾左江特大桥	360	969	14/24	2021.12
17	拱桥	广西金钗红水河特大桥	280	500	15/25	2021.12

(续表)

序号	桥型	桥 名	主跨跨径/m	全桥总长/m	板厚/cm	建成日期
18	拱 桥	贵州凯里市清水江大桥	110	260	12/22	2015.10
19	悬索桥	四川金阳卡哈洛金沙江大桥	1030	1776	15	在建
20	斜拉桥	贵州凯里同心村2号大桥	97	176	15/27	2019.12
21	斜拉桥	四川屏山金沙江大桥	680	1288	16/25	在建
22	立交桥	成都成仁立交桥	41	107	15/40	2012.09
23	立交桥	成都草金立交桥	23、27	587	13/33	2012.10
24	立交桥	重庆綦江立交桥	60	60	15	2015.12
25	立交桥	四川雅康高速草坝立交桥	50	110	15/27	2016.08
26	立交桥	成都三绕东坡永丰枢纽	47	472	15/27	2016.10
27	立交桥	成都三绕浦江天华枢纽	51	153	15/27	2016.10
28	立交桥	四川雅西高速石棉立交桥A匝道桥	44	88	18	2017.10
29	立交桥	四川成乐高速扩容绵竹北立交桥BE匝道桥	60	240	20	2017.12
30	立交桥	四川雅康高速对岩立交桥	65、70	292	14/25	2018.06
31	立交桥	四川成安渝高速成洛立交桥	30、33	335	15/35	2018.06
32	立交桥	四川雅康高速康定升航立交桥	25、30、35、40、45	3980	18	2019.10
33	立交桥	四川泸渝高速特兴立交桥	59、60、70	381	18/29	2019.12
34	立交桥	成都武侯立交桥	40	430	15/24	2012.01
35	立交桥	成都经济区环线高速公路都江堰立交桥	30、35、32	424	18	2021.10
36	立交桥	成都经济区环线高速公路玉堂南立交桥	54、38、47、51	304	18	2021.12
37	立交桥	成都天府国际机场高速公路华龙立交桥	43	399	18	2020.12
38	立交桥	四川成乐高速扩容绵竹北立交桥主线桥	62	124	19	2020.09
39	立交桥	四川成乐高速扩容绵竹北立交桥C匝道桥	60	60	19	2020.09
40	立交桥	四川成乐高速扩容绵竹立交桥	60	120	19	2020.09
41	立交桥	四川成乐高速扩容符溪北立交桥	55、57	112	19	2019.11
42	立交桥	四川成乐高速扩容青龙场立交桥	40、50	1070	19	2019.11
43	立交桥	四川巴万高速官渡立交桥	40	80	15/27	2021.01
44	立交桥	四川九绵高速平通立交桥	20、60	679	18	在建
45	立交桥	四川九绵高速平武立交桥	25、30	701	18	在建
46	立交桥	四川峨汉高速乌史立交桥	35、40	1163	18	在建
47	立交桥	四川天邛高速文山立交桥	40、50、60、70	700	18	在建
48	立交桥	四川成南高速入城段龙港立交桥	40、52、60	877	18	在建
49	立交桥	四川成南高速入城段石板滩立交桥	50	100	18	在建
50	立交桥	四川泸古金高速永乐立交桥	40、50、60	400	18	在建
51	梁 桥	四川官盛新区临港都市产业园跨线桥	50	50	15/27	2018.02
52	梁 桥	四川汶川克枯大桥	30、40	6431	15	2018.12
53	梁 桥	泸黄高速跨线大桥	25、30	480	18	2019.12
54	梁 桥	四川红原大桥	30	3900	15	在建
55	梁 桥	四川九绵高速沟家湾大桥	110	230	19	在建

(续表)

序号	桥型	桥 名	主跨跨径/m	全桥总长/m	板厚/cm	建成日期
56	梁 桥	四川九绵高速花园坝大桥	110	190	19	在建
57	梁 桥	四川九绵高速桑园子大桥	110	190	19	在建
58	梁 桥	四川九绵高速阳塘坝大桥	110	230	19	在建
59	梁 桥	成都天府国际机场高速公路	30、40、50	3 576	19	2021.10
60	梁 桥	四川德都高速公路都江堰立交桥	30	335	19	2021.12
61	梁 桥	四川215线大件过境公路临江河大桥	50	50	27	在建
62	梁 桥	四川云南丽香高速冷都3号大桥	70	150	15	2021.09
63	梁 桥	四川泸州长江大桥（旧桥）	40、20	220	18	2020.09
64	梁 桥	四川苍溪县嘉陵江百利大桥	40	1 015	18	在建
65	梁 桥	四川德阳人民渠桥	50	50	18	在建
66	梁 桥	四川成乐高速扩容跨线天桥	47.2、50、55	618	18	2021.12
67	梁 桥	川九路灾后恢复重建工程	30、40	480	18	2021.12
68	梁 桥	四川泸石高速得妥大桥、磨岗岭2号大桥	70	1 540	18	在建
69	梁 桥	成洛立交上跨、下穿桥	32.5	120.5	15/25	2018.06
70	梁 桥	川汶路校场1号大桥	77	82	0.08/18	2019.05
71	梁 桥	达宣路张家湾跨线大桥	60	70	0.08/18	2021.06
72	梁 桥	德会高速跨线桥	50、60	175	0.08/18	在建
73	梁 桥	沿江高速跨线桥	50、55、65	186	0.08/18	在建

2.3 波折型钢-混凝土组合桥面结构

2.3.1 研究背景

2.3.1.1 工程背景

复杂地形、地质灾害、地震和恶劣气候等诸多不利环境因素组合，形成了十分复杂的山区建设条件，导致山区公路桥梁数量多、位置分散，桥梁建设的总体规模大、单体工程规模小。在建设条件复杂、建设规模特殊的双因素组合和驱动下，常规桥面板施工质量保证率低、耐久性差，导致桥面板承载能力低、维修更换频繁，这样既增加了养护维修成本，又严重影响公路通行能力，且山区公路网密度小，一座桥梁断道维修对整个路网的通行能力会造成极大影响，容易引起社会不满。

2.3.1.2 技术背景

常规的桥梁桥面结构主要有混凝土桥面板、叠合桥面板和钢桥面板。混凝土桥面板的自重大、施工工序复杂、受气候环境影响大，导致桥面板整体性差，富余承载能力低，如图2-63、图2-64所示。

图2-63 混凝土桥面板工序复杂

图2-64 混凝土桥面板质量控制差

叠合桥面板的预制精度、板梁匹配度要求较高，安装速度慢，纵、横湿接缝施工点多面广，质量控制难、病害多，结构整体性差，如图2-65、图2-66所示。

钢桥面板通常是由U形加劲肋（U肋）和桥面盖板组成，其对材料和施工要求极高（图2-67），在荷载作用下，U肋与盖板、与横隔板连接的焊缝极易产生疲劳开裂。此外，钢桥面板刚度低，沥青混凝土铺装在行车荷载与高温的耦合作用下，钢板与沥青层间的界面极易发生推移；在水与空气的共同作用下，钢板表面的防水黏结层易遭受破坏，钢桥面板锈蚀进而降低钢板与沥青混凝土之间的界面黏结强度，从而发生推移、拥包、脱落等病害，导致该结构的使用耐久性差（图2-68），并且钢桥面板用钢量大、造价高。

图2-65 叠合桥面板预制精度要求高

图2-66 叠合桥面板接缝数量多

图2-67 钢桥面板施工要求高

图2-68 钢桥面板耐久性差

为了克服上述三种常见桥面板的缺点，将三种常见桥面板的优势充分发挥，结合钢材与混凝土两者的特点，团队于2002年提出了"平面型钢-混凝土组合桥面板"新结构，该桥面板是由平直底钢板和带孔钢板（PBL）、栓钉与后浇筑的混杂纤维混凝土形成的组合桥面板，如图2-69所示，并开展了大量的研究工作，已成功应用于东平大桥（2006年通车）、合江长江一桥（2012年通车）、成都草金路立交桥

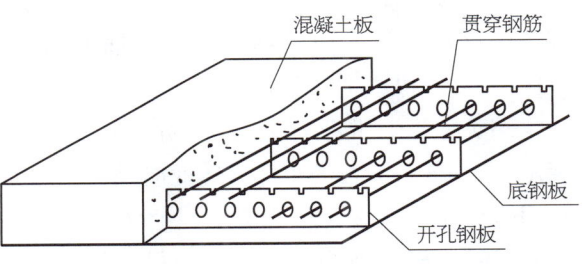

图2-69 平面型钢-混凝土组合桥面板

（2012年通车）等70余座桥梁工程建设，使用效果良好。

但平面型钢-混凝土组合桥面板加工制作安装必须按照钢结构桥梁的工艺工序流程开展施工，为了降低钢-混凝土组合桥面板施工过程中钢构件制造、安装和涂装等施工工序和施工难度，在平面型钢-混凝土组合桥面板的基础上，提出了波折型钢-混凝土组合桥面板，即将底钢板加工成波折型钢板，通过增加肋高达到增加桥面板整体截面高度，提高截面抗弯刚度的目的。波折型钢-混凝土组合桥面板的截面平均厚度较薄，仅为17 cm，但是其承载能力与平面型桥面板等效，其构造如图2-70所示。

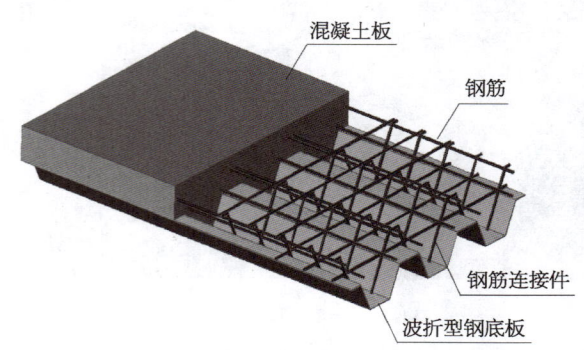

图2-70　波折型钢-混凝土组合桥面板

2.3.2　主要技术问题

为解决常规桥面板施工质量保证率低、耐久性差，导致桥面板承载能力低、维修更换频繁、养护维修成本高的工程建设难题，同时为了降低钢-混凝土组合桥面板施工过程中钢构件制造、安装和涂装等工序的施工难度，需要开展新型等效厚度钢-混凝土组合桥面板技术开发研究。

基于实际工程经验及有限元计算分析，开展不同参数设置的模型试验，进行波折型钢-混凝土组合桥面板受力特性分析。波折型钢-混凝土组合桥面板与梁体连接的连接部位多为负弯矩受力区域，应特别分析该部位纵横向钢筋及弯起钢筋的布置方法。同时，结合纵横向钢筋构造位置，在波折板与主梁连接端头处设置带孔封头钢板，防止混凝土浇筑时漏出，以保证桥面板的整体工作性能。

通过模型试验验证及有限元计算模拟，建立数学、物理模型分析，结合工程实测数据及结果分析，提出波折型钢-混凝土组合桥面板构件的极限承载能力、刚度等计算方法，并通过疲劳试验验证其疲劳性能，以解决新型组合桥面板结构的设计计算技术难题。

2.3.3　主要技术成果

2.3.3.1　波折型钢-混凝土组合桥面板的构造技术

1）一般构造

经过充分的调查研究、试验验证和工程实践，在现有平面型钢-混组合桥面板的基础上提出了波折型钢-混凝土组合桥面板，该桥面板由波折型钢板、钢筋连接件、纵横受力钢筋，以及强度等级为C30或C40的现浇高性能混凝土组成，等效厚度约17 cm，该结构不仅自重轻、刚度大、承载能力高、耐久性好，而且焊接工艺简化，工程造价低。

2）底钢板与主梁的连接

波折型钢-混凝土现浇组合桥面板与钢筋混凝土梁应固结连接。重庆云阳东互通立交桥主梁采用预应力混凝土I形梁，为了实现混凝土梁与底钢板的连接，采用在I形梁顶面预埋10 cm宽钢板，钢板与梁体预埋钢筋焊接，波折钢板与主梁的连接构造如图2-71所示。

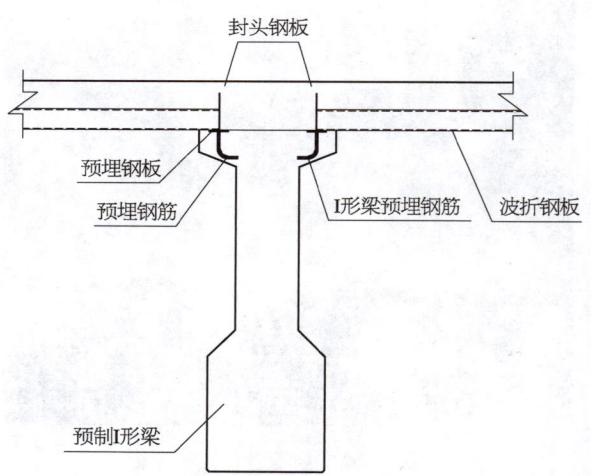

图2-71　桥面板与主梁连接构造示意图

构造要求应满足：①梁体预埋钢筋的纵向间距宜为20 cm，预埋钢板的顶面应连续平整，底部混凝土应浇筑密实；②波折底钢板与预埋钢板焊接连接，且波折底钢板与预埋钢板之间的间隙不宜大于1 mm，以避免超标间隙多道焊接薄板，形成过多的内部和外观缺陷，导致承载力降低、耐久性变差。

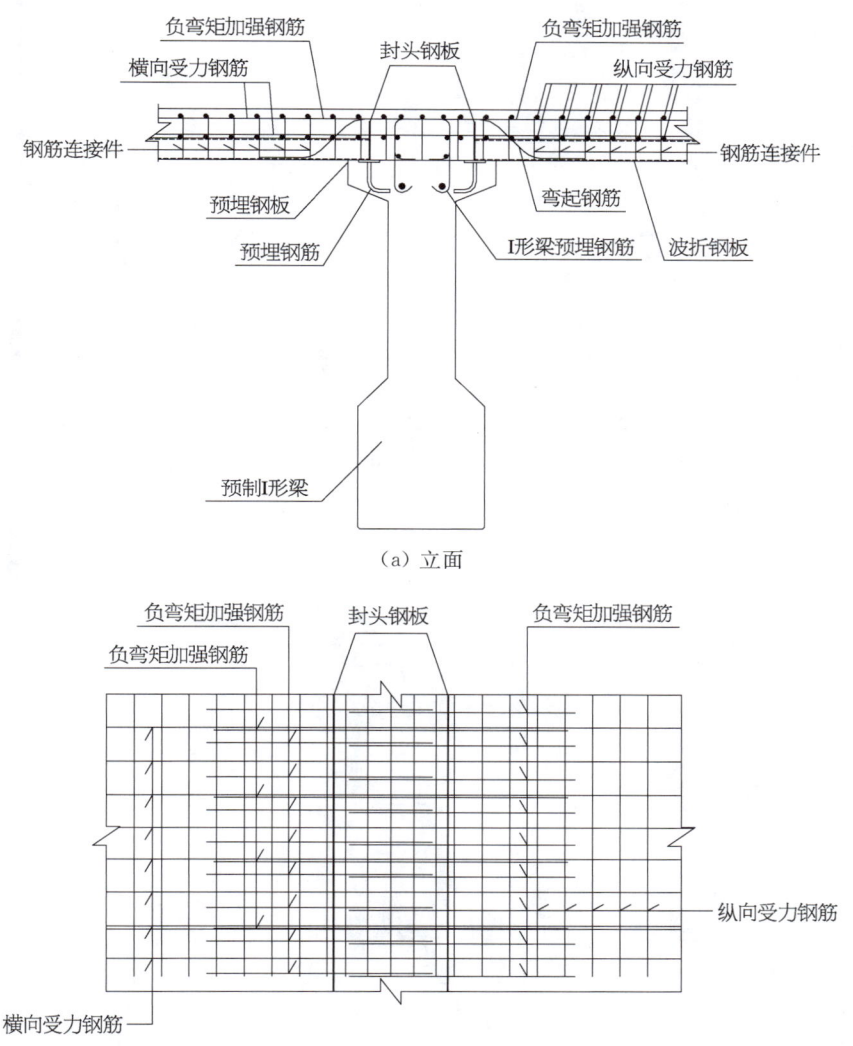

图 2-72 桥面板负弯矩区段钢筋构造示意图

3) 负弯矩区的钢筋构造

桥面板负弯矩区的钢筋构造如图 2-72 所示，波折型钢-混凝土组合桥面板在负弯矩区段，宜设置弯起钢筋和负弯矩加强钢筋，弯起钢筋和负弯矩加强钢筋的直线段应延伸至负弯矩区以外，且应与梁顶预埋钢筋绑扎或焊接牢固。

桥面板负弯矩区的纵、横向受力钢筋应通长设置，钢筋直径不宜小于 12 mm，平行于板肋方向上缘的钢筋直径不宜小于 16 mm、垂直于板肋方向下缘的钢筋直径不宜小于 16 mm。

桥面板负弯矩区的受拉钢筋配筋率宜大于 2%，受拉钢筋长度应延伸至负弯矩区以外。

波折型钢-混凝土组合桥面板应设置钢筋连接件，钢筋直径宜为底钢板厚度的 2~3 倍，钢筋连接件宜采用 HRB400 钢筋，连接件间距宜为 10~15 cm，钢筋连接件与波折底钢板的腹板宜采用双面焊或错位两面焊焊接，双面焊或错位两面焊的焊缝总长度不宜小于 40 mm，构造示意如图 2-73 所示。

4) 封头钢板与波折钢板和预埋钢板的连接

封头钢板的主要作用是封闭波折钢板与主梁预埋钢板间的空隙，防止混凝土浇筑时漏出。因此，封头钢板应能完全密封，防止漏浆。封头钢板设计为梯形钢板，一侧与波折钢板焊接，另一侧底边与主梁预埋钢板焊接，封头钢板与波折底钢板的下缘应齐平，当端部封头钢板与波折型底钢板不能与主梁顶面密贴时应进行修磨。封头钢板与波折钢板及预埋钢板的连接构造及封头钢板大样如图 2-74 所示。

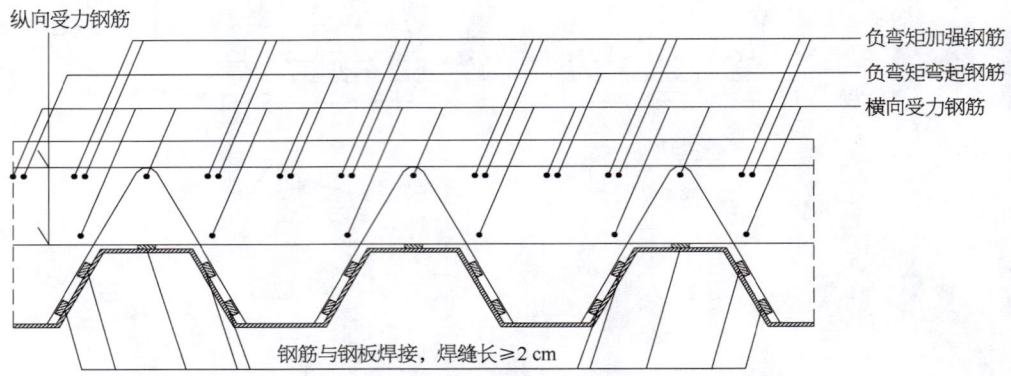

图 2-73　桥面板钢筋连接件与波折钢板焊接构造示意图

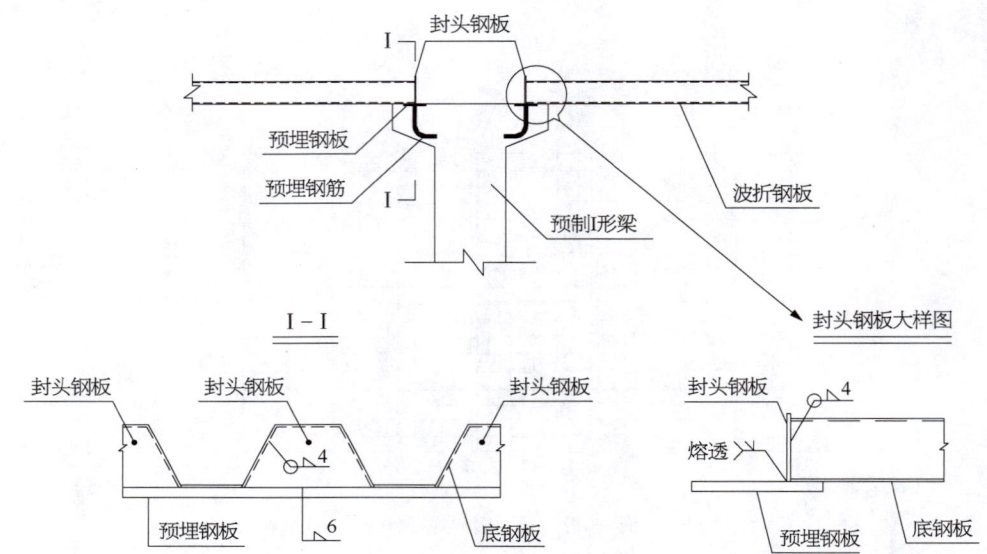

图 2-74　封头钢板与波折钢板及预埋钢板的连接构造示意图(单位：mm)

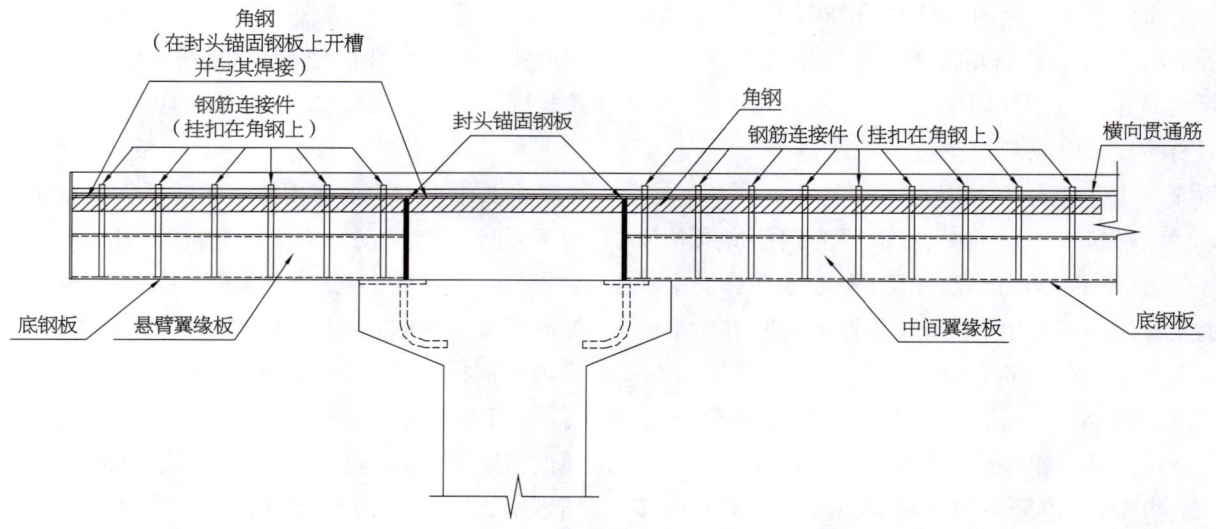

图 2-75　悬臂翼缘内骨架构造立面示意图

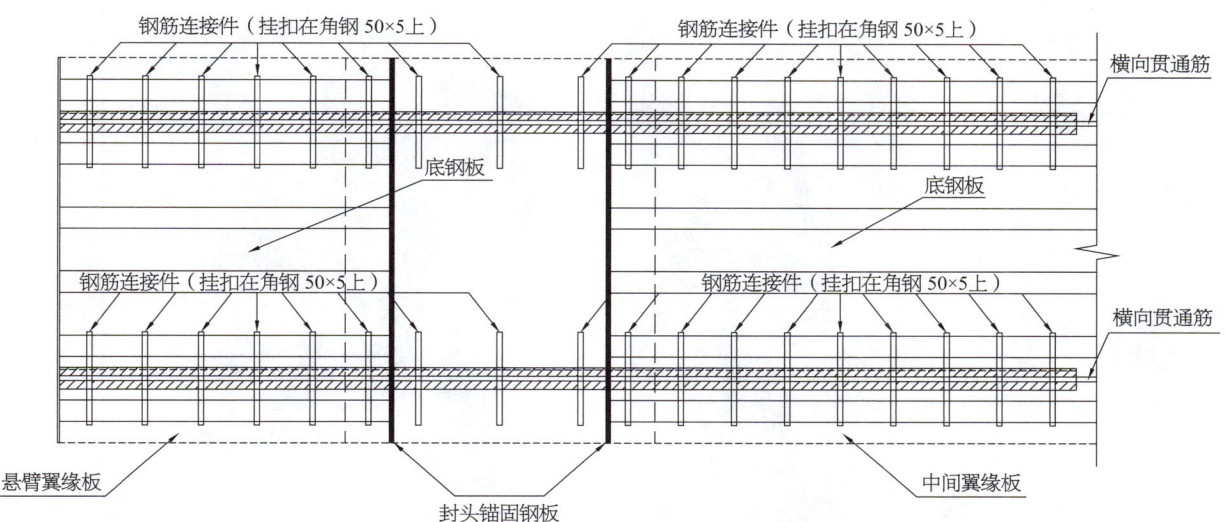

图 2-76 悬臂翼缘内骨架构造平面示意图(单位:mm)

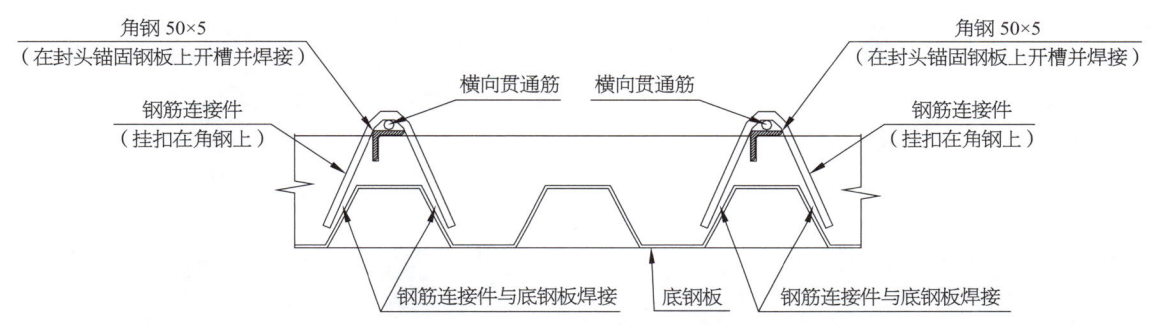

图 2-77 悬臂翼缘内骨架构造横断面示意图(单位:mm)

5) 悬臂板的构造

悬臂翼缘施工需要在高空安装、拆除支架和模板等工序,实施困难、安全风险高。根据波折型钢-混凝土组合桥面板的结构特点,提出了悬臂翼缘内骨架构造(图 2-75~图 2-77),该构造由角钢、钢筋连接件和封头锚固钢板构成。该构造利用封头钢板作为角钢的中支承,角钢的一端与外侧封头钢板固定连接,另一端通过钢筋连接件与底钢板固定连接。该构造利用了桥面板的既有构造形成模板,不需要另外设置支架和模板,即可完成悬臂翼缘的架设,实现了无支架、无模板化施工,降低了高空施工安全风险,经济性好。同时,内骨架在使用阶段可与悬臂翼缘共同受力,从而使组合桥面板的负弯矩承载力至少提高 13%。

6) 构造参数

通过模型试验,研究了不同波折底钢板厚度、不同钢筋剪力键直径、不同焊接强度的匹配关系。提出了波折底钢板厚度 4~5 mm,钢筋连接件间距 10~15 cm、直径 12~16 mm、焊缝总长度不小于 40 mm、负弯矩区受拉钢筋配筋率大于 2%,桥面板总厚度 15~22 cm 等构造要求,见表 2-14。

表 2-14 波折型钢-混凝土组合桥面板主要构造参数

参数名称		指标
底钢板	厚度/mm	4~5
	对角线平整度/mm	3
钢筋	直径/mm	12~16
	受拉区配筋率/%	2
钢筋连接件	间距/cm	10~15
	直径/mm	12~16
	焊缝长度/mm	≥40
总厚度	标准截面/cm	15~22

7) 底钢板涂装体系

波折型钢-混凝土组合板用于钢格子梁、钢箱梁等钢结构时,采用与主梁相同的防腐涂装(图 2-78);用于混凝土梁时,采用耐候钢(图 2-79),则无须涂装,减少了施工工序。

图 2-78 桥面板防腐体系与主体钢结构相同

图 2-79 桥面板采用耐候钢结构

2.3.3.2 波折型钢-混凝土组合桥面板受力行为及计算方法

1）模型试验和实桥测试验证

作者团队开展了 4 批次，共计 27 件模型试验，研究了波折型钢-混凝土组合桥面板的正、负弯矩力学行为、接头的力学行为和疲劳性能，如图 2-80 所示。

(a) 试验模型制作中

(b) 试验模型制作完成

(c) 模型加载试验中

(d) 模型加载完成丧失承载力

图 2-80 桥面板力学性能试验

同时,结合科研项目依托工程,开展了实桥测试验证,并和模型试验成果进行了分析研究。

2) 正弯矩力学模型试验和极限承载能力计算方法

(1) 正弯矩力学模型试验。组合桥面板的正弯矩承载力试验表明:桥面板破坏形态为弯曲破坏,如图 2-81~图 2-84 所示。受拉区混凝土先出现裂缝,随着荷载不断增大,跨中钢板屈服受压区混凝土压溃。波折型钢-混凝土组合板受力全过程可近似划分为弹性阶段、塑性阶段和破坏阶段,弹、塑性阶段满足平截面假定,进入塑性阶段后,随着荷载的增加,截面底部应变增大,应变分布曲线出现弯曲,中性轴逐渐上移。组合桥面板的整体截面变形协调一致,且承载力高、刚度大。

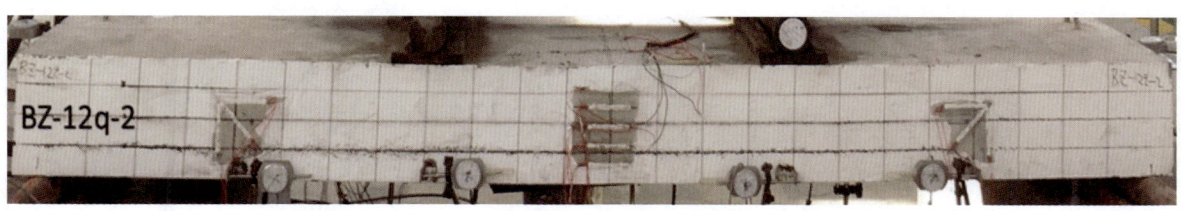

图 2-81 试件破坏后的挠曲形态

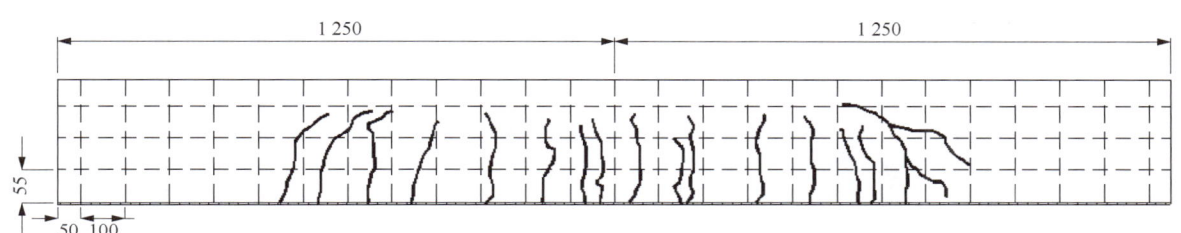

图 2-82 试件破坏后的裂缝分布

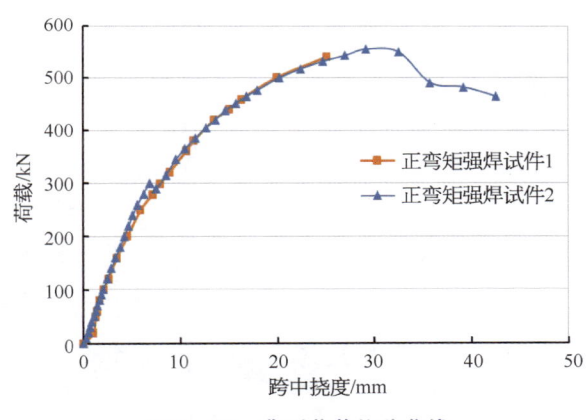

图 2-83 典型荷载位移曲线

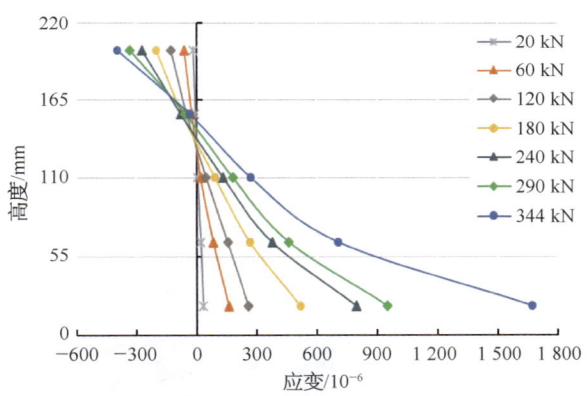

图 2-84 典型截面应变分布曲线

(2) 正弯矩极限承载力计算方法。根据波折型钢-混凝土组合钢-混凝土组合桥面板力学规律,提出了波折型钢-混凝土组合桥面板的正弯矩承载力计算方法。波折型桥面板正弯矩截面抗弯承载力计算,应满足下列规定:

承受正弯矩的波折型桥面板,当 $f_d A_s \leqslant f_{cd} b h_c + f'_{sd} A'_{sd}$ 时,中性轴位于波折型桥面板的混凝土顶板内(图 2-85),抗弯承载力应按下式计算:

$$\gamma_0 M_d \leqslant 0.8 f_{cd} x_c b \left(h_0 - \frac{x_c}{2} \right) + 0.8 f'_{sd} A'_{sd} (h_0 - a_s)$$

(2-1)

式中　x_c——波折型桥面板受压区高度(mm),按下式计算,当 $x_c > 0.55 h_0$ 时,取 $x_c = 0.55 h_0$:

$$f_d A_s = f_{cd} b x_c + f'_{sd} A'_{sd}$$

　　　　h_0——波折型桥面板有效高度(mm),即从波折型底钢板重心至混凝土受压边缘的距离;

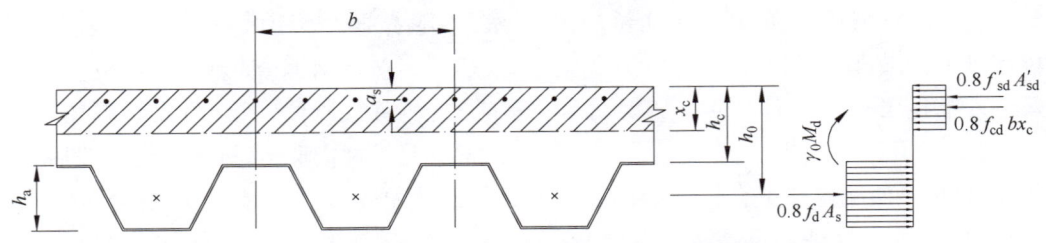

图 2‑85　正弯矩截面抗弯承载力计算（中性轴位于混凝土顶板内）

b——波折型桥面板单位宽度（mm）；
A_s——波折型底钢板截面面积（单位宽度内）（mm^2）；
f_{cd}——混凝土抗压强度设计值（MPa）。

承受正弯矩的波折型桥面板，当 $f_d A_s > f_{cd} b h_c + f'_{sd} A'_{sd}$ 时，中性轴在波折型底钢板内（图 2‑86），抗弯承载力应按下式计算：

$$\gamma_0 M_d \leqslant 0.8 f_{cd} b h_c Y_1 + 0.8 f'_{sd} A'_{sd} \left(Y_1 + \frac{h_c}{2} - a_s\right) + 0.8 A'_s f'_d Y_2 \quad (2\text{-}2)$$

式中　x_c——混凝土受压区高度（mm），按下式计算：
$f_{cd} b h_c + f'_{sd} A'_{sd} + f'_d A'_s = (A_s - A'_s) f_d$

A'_s——波折底钢板受压区面积（mm^2）；
Y_1——波折底钢板受拉区截面拉应力合力至受压区混凝土板截面压应力合力的距离（mm）；
Y_2——波折底钢板受拉区截面拉应力合力至波折底钢板受压区截面压应力合力的距离（mm）。

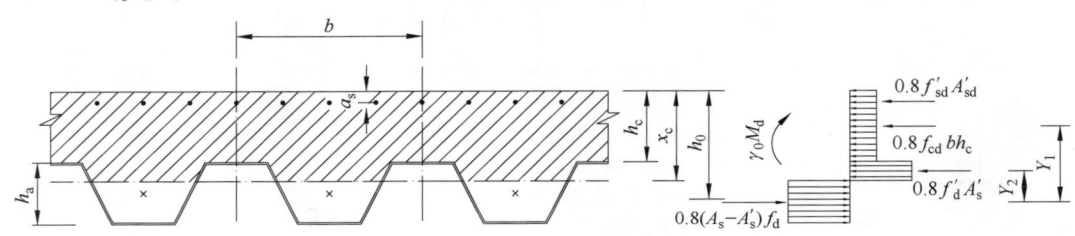

图 2‑86　正弯矩截面抗弯承载力计算（中性轴位于底钢板内）

3）负弯矩力学模型试验和极限承载能力计算方法

（1）负弯矩力学模型试验。组合桥面板的负弯矩力学行为规律与正弯矩类似，同样呈现典型的弯曲破坏形式，如图 2‑87～图 2‑90 所示，受拉区混凝土先出现裂缝，随着荷载不断增大，下缘混凝土裂缝增多且缝宽增大，最终受压区波折板与模拟主梁上翼缘钢板相交处波折底钢板翘曲。截面基本符合平截面假定。

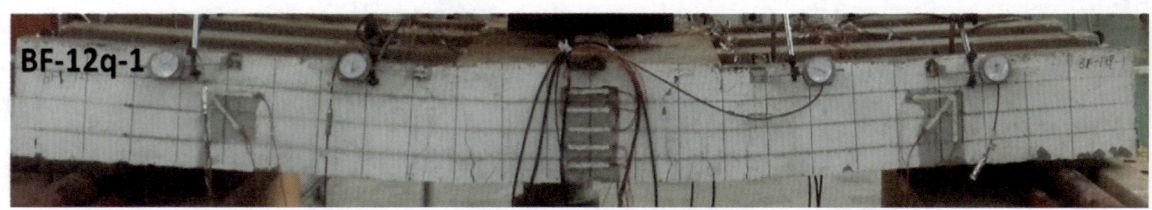

图 2‑87　试件破坏后的挠曲形态

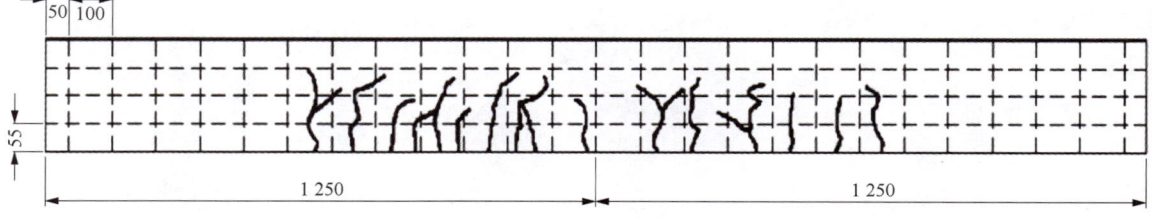

图 2‑88　试件破坏后的裂缝分布

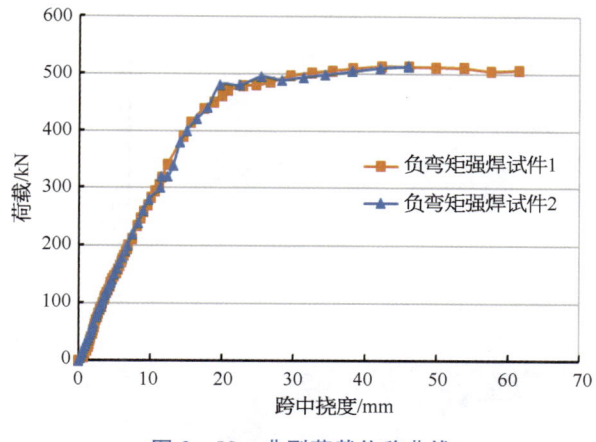

图 2-89 典型荷载位移曲线

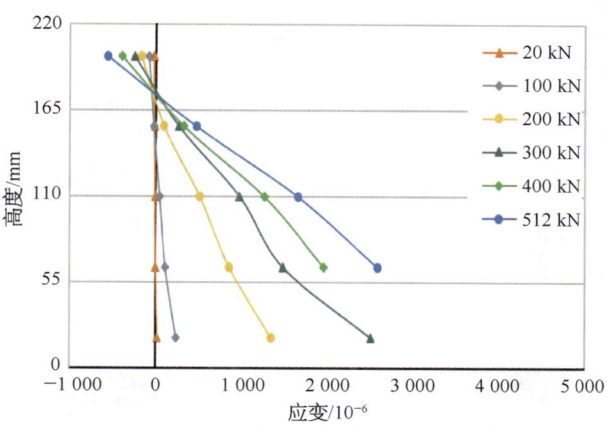

图 2-90 典型截面应变分布曲线

(2) 负弯矩极限承载力计算方法。根据波折型钢-混凝土组合钢-混凝土组合桥面板力学规律，提出了波折型钢-混凝土组合桥面板的负弯矩承载力计算方法。波折型桥面板负弯矩截面抗弯承载力计算应满足下列规定。

承受负弯矩的波折型合桥面板，当 $f_{sd}A_{sd} \geqslant f'_d A'_s + f_{cd}A_{cd}$ 时，中性轴位于波折型桥面板的混凝土顶板内（图 2-91），抗弯承载力应按下式计算：

$$\gamma_0 M_d \leqslant 0.8 f_{sd} A_{sd} Y_3 + 0.8 f'_d A'_s Y \quad (2-3)$$

式中 x_c——混凝土受压区高度（mm），按如下计算：

$$f_{sd}A_{sd} = f'_d A'_s + f_{cd}A_{cd}$$

$$A_{cd} = (x_c - h_a) \cdot b + \left(a + \frac{h_a}{\tan\alpha}\right)h_a$$

A_{cd}——受压区混凝土的截面面积（单位宽度）；

Y_3——受拉钢筋应力作用点至受压混凝土截面应力合力的距离；

Y——波折底钢板截面应力合力至混凝土受压区截面应力合力的距离。

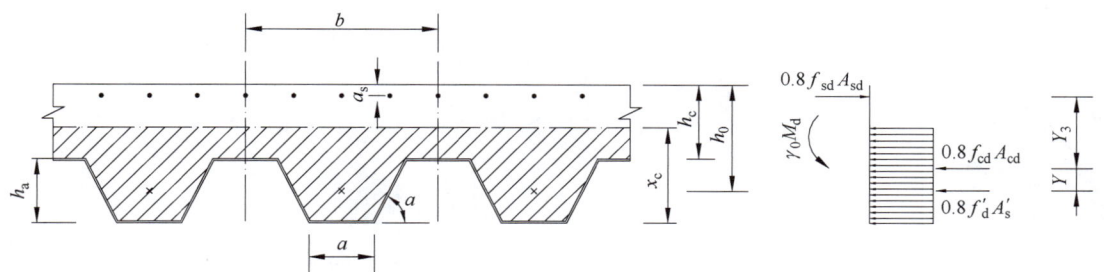

图 2-91 负弯矩截面抗弯承载力计算（中性轴位于混凝土顶板内）

承受负弯矩的波折型桥面板，当 $f_{sd}A_{sd} < f'_d A'_s + f_{cd}A_{cd}$ 时，中性轴位于波折底钢板内（图 2-92），抗弯承载力应按下式计算：

$$\gamma_0 M_d \leqslant 0.8 f_{sd}A_{sd} Y_3 + 0.8 f_d (A_s - A'_s) Y_1 \\ - 0.8 f'_d A'_s (Y_2 - Y_1) \quad (2-4)$$

式中 x_c——混凝土受压区高度，按如下计算：

$$f_{sd}A_{sd} + f_d(A_s - A'_s) = f'_d A'_s + f_{cd}A_{cd}$$

$$A_{cd} = nx_c\left(a + \frac{x_c}{\tan\alpha}\right)$$

4) 抗剪及剪力键的力学模型试验和极限承载能力计算方法

(1) 抗剪及剪力键的力学模型试验。各批次模型试验均未出现剪切破坏的情况，且试验表明：钢筋连接件的焊缝长度与组合桥面板的承载力成正比，焊缝长度 30 mm 时的承载力比 10 mm 时提高 50%，如图 2-93~图 2-96 所示。

(2) 抗剪承载力及剪力键抗剪实用计算方法。总结波折型钢-混凝土组合钢-混凝土组合桥面板力学规律，提出了波折型钢-混凝土组合桥面板抗剪承

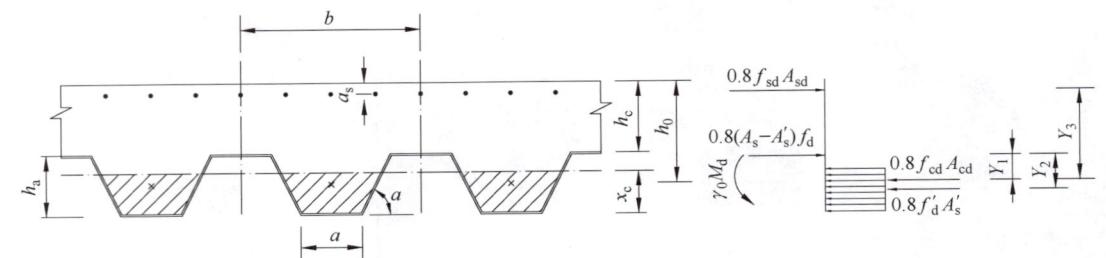

图 2-92　负弯矩截面抗弯承载力计算（中性轴位于底钢板内）

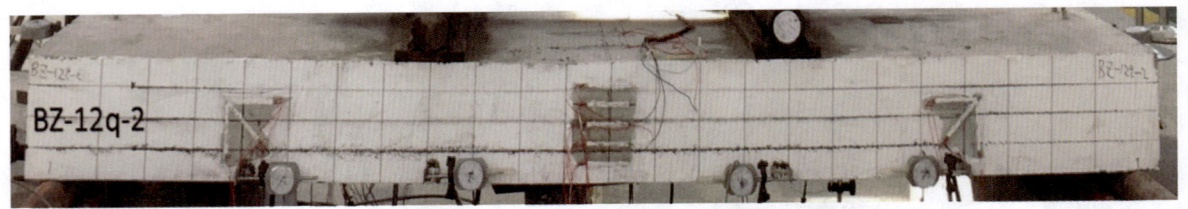

图 2-93　强焊试件破坏后的挠曲状态

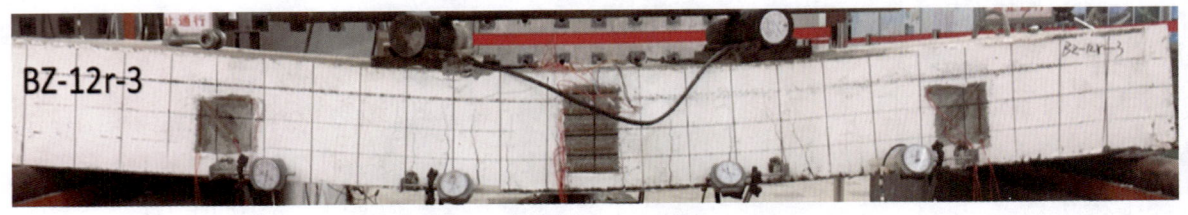

图 2-94　弱焊试件破坏后的挠曲状态

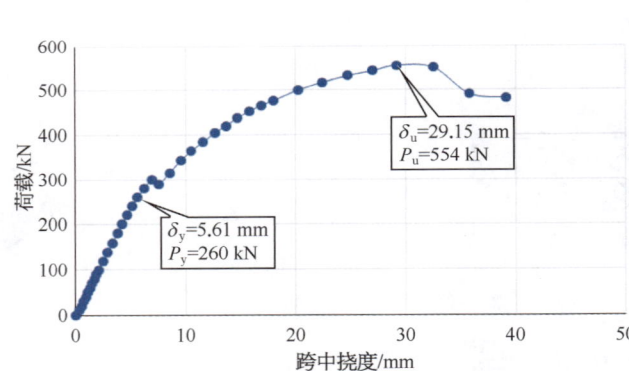

图 2-95　焊缝 30 mm 试件荷载-跨中挠度曲线

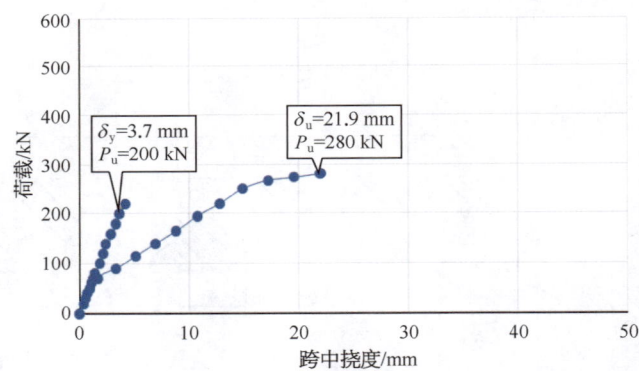

图 2-96　焊缝 10 mm 试件荷载-跨中挠度曲线

载力及剪力键抗剪实用计算方法。

波折型桥面板，垂直于波折方向的斜截面抗剪承载力应按下式计算：

$$\gamma_0 V_d \leqslant 0.07 f_{cd} W_r h_0 \quad (2-5)$$

式中　V_d——波折型桥面板斜截面上的剪力设计值（N）；

W_r——波折型桥面板剪力作用范围内的有效肋宽（mm）（图 2-97）；

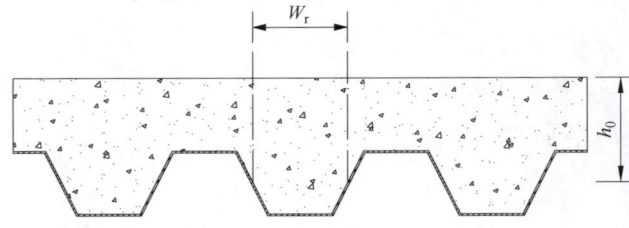

图 2-97　剪力作用范围内有效肋宽示意图

h_0——波折型桥面板的有效高度，即从波折底钢板重心至混凝土受压边缘的距离（mm）。

波折型桥面板,钢筋连接件的抗剪承载力应按下计算:

$$V_{zd1} = 0.43 A_{sl}\sqrt{E_c f_{cd}} \leqslant 0.7 A_{sl} f_{d1} \quad (2-6)$$

式中 V_{zd1}——单个钢筋连接件抗剪承载力设计值(N);

A_{sl}——单个钢筋连接件钢筋截面面积(mm^2);

E_c——混凝土弹性模量(MPa);

f_{cd}——混凝土的轴心抗压强度设计值(MPa);

f_{d1}——钢筋连接件的抗拉强度设计值(MPa)。

5) 波折型钢-混凝土组合桥面板疲劳性能试验

疲劳试验表明:在正负弯矩疲劳荷载作用下,200万次以内,组合桥面板的弯曲刚度基本不衰减,不出现疲劳问题,如图2-98、图2-99所示。

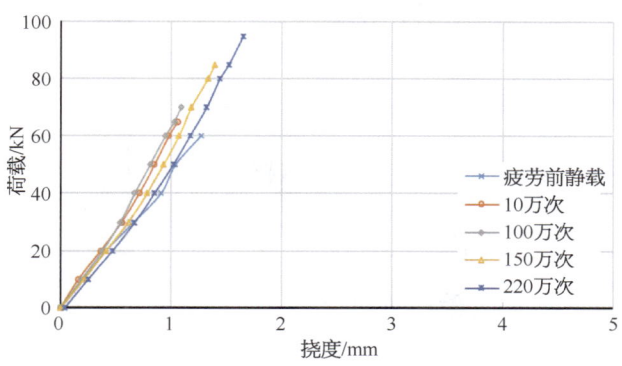

图2-98 正弯矩强焊试件循环次数-刚度衰减情况

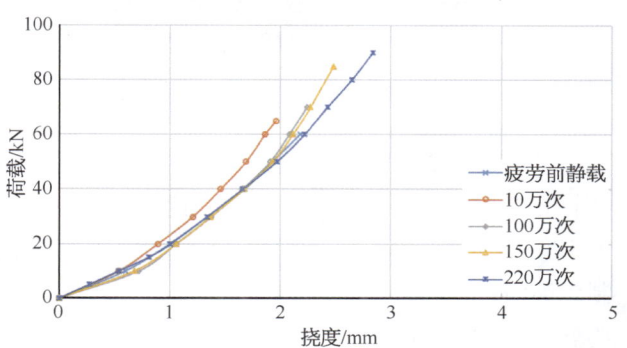

图2-99 负弯矩强焊试件循环次数-刚度衰减情况

2.3.3.3 施工及质量控制技术

1) 波折底钢板的加工制造及精度控制

钢板通过平整机进行轧制,完成初平和精平,在板材开卷校平线上,设置高速剪板机,经整平后的钢板通过剪板机快速准确裁切成需要的尺寸。按设计图纸要求,采用钢卷尺测量每一道波折尺寸和位置,并标记折线位置,再用角磨机在标记处切出折弯点,采用折弯机进行多次反复折压成型,如图2-100所示。

(a) 初平

(b) 精平

(c) 下料切割

(d) 角磨机标记折弯点

(e) 底钢板弯折成型

(f) 成型好的波折底钢板

图 2-100　波折底钢板的加工制造流程

采用折弯机成型时,由于要进行多次反复折压(图 2-101),钢板放置位置不同,温度或者加载角度发生微小变化,都会对波形产生较大的影响,精度控制较为困难。经多次折弯试验,提出加工质量控制要点:①从中间开始,分别向两侧弯折,以减小累积变形;②控制上模与弯折点位置误差不超过 0.5 mm,加载角度的误差不超过 0.5°;③加工前应培训工人加工技术要点和精度要求,并先制作小样,检验满足要求后方可进行批量生产。对成型好的波折底钢板,检验斜对角线方向平整度允许偏差不超过±0.5 mm(图 2-102)。

图 2-101　底钢板弯折成型

图 2-102　斜对角线平整度检验

2) 波折底钢板的安装

底钢板安装前,先在桥下拼装场完成封头钢板与波折底钢板的组装焊接,当端部封头钢板与波折型底钢板不能与主梁顶面密贴时应进行修磨;波折底钢板安装时,先在纵横格子梁上放出底钢板四个顶点位置,然后用吊机吊起底钢板至安装位置,人工调整并精确定位,最后将封头锚固钢板与纵横格子梁焊接,如图 2-103~图 2-106 所示。

图 2-103　封头钢板与底钢板焊接

图 2-104　钢梁底钢板安装

图 2‑105　混凝土梁底钢板安装

图 2‑106　封头钢板与主梁焊接

3) 悬臂板的安装

悬臂翼缘施工时，先将底钢板吊装到位，人工精确定位底钢板，并与梁顶预埋钢板焊接，然后安装翼缘内骨架角钢，将角钢插入封头锚固钢板槽口并焊接牢固，最后将钢筋剪力键扣挂在角钢上，并与波折底钢板焊接，形成混凝土浇筑的模板，如图 2‑107～图 2‑110 所示。实桥试验表明，悬臂翼缘内骨架构造具有较大的刚度，且承载能力强。

图 2‑107　悬臂底钢板安装

图 2‑108　悬臂翼缘内骨架安装

图 2‑109　翼缘内骨架支点

图 2‑110　悬臂翼缘钢筋安装

4) 钢筋连接件的焊接

波折型钢‑混凝土组合桥面板采用钢筋连接件，钢筋连接件与波折底钢板的腹板采用双面焊或错位两面焊焊接（图 2‑111），焊缝总长度不宜小于 40 mm。在施工场地、人员安排、吊装设备等满足要求的条件下，钢筋连接件可在厂内完成焊接工作，再与波折底钢板一同架设。一方面焊接质量更有保障，另一方面降低了底钢板与纵横梁的焊缝应力。

5) 质量控制技术

通过工艺试验和工程实践总结，提出了混凝土

图 2-111 钢筋连接件的焊接

拌合物、波折底钢板制造及安装、混凝土浇筑及养护的质量检查及验收指标要求,见表 2-15。

表 2-15 波折型钢-混凝土组合桥面板验收技术指标

验收项目		规定值或允许偏差	检验办法
混凝土拌合物	浇筑坍落度/cm	≤18	坍落度桶法
	扩展度/cm	≥45	
波折底钢板	板肋高/mm	+2,−1 波高≥80 mm	
	对角线平整度/mm	≤3	检查全部
底钢板与主梁的接触误差	局部脱空间隙/mm	≤1	底钢板与纵、横梁上翼缘或预埋钢构件顶面的间隙
	局部脱空面/mm²	≤220	
养护	覆盖薄膜时间/min	≤5	整平后距覆膜时间
	拆除薄膜时间/d	≥4	
混凝土表面平整度/mm		±5	3 m 直尺法
桥面板总厚度/mm		±5	

2.3.4 主要工程应用

波折型钢-混凝土组合桥面板不仅重量轻、整体性好、用钢量更加节约,而且施工工序少、质量控制简单,同时适用钢结构和混凝土结构主梁,经过四川泸州车辆大桥、重庆云阳东互通立交桥等工程实际应用,现在已经推广应用在沿江高速公路瓦石窝大桥、成都—乐山扩容改造高架桥等工程,推广应用前景广阔,见表 2-16。

表 2-16 波折型钢-混凝土组合桥面板工程推广应用一览表

桥型	桥名	主跨跨径/m	全桥总长/m	板厚/cm	建成年份
梁桥	重庆云阳东互通立交桥A、B、D、E匝道桥	30、40	516	25	2021
拱桥	泸州车辆大桥	220	256	25	2020
梁桥	成都天府国际机场高速公路1号桥	40	40	25	2020
拱桥	沿江高速瓦石窝大桥	95	95	35	在建
拱桥	乐西高速五彝湾大桥	140	140	35	在建
拱桥	乐西高速罗成依达大桥	120	120	35	在建

2.4 组合桥面结构的技术前景

2.4.1 技术应用前景

复合强劲型桥面铺装整平层技术,不仅解决了桥面铺装施工工序较多,钢筋安装难以控制设计位置和浇筑混凝土输送困难等的难题,工程造价至少可以减少 20 元/m²,施工速度可以提高 1.5 倍。而且该结构层的最小厚度可以控制在 30 mm 以内,为主梁顶面凹凸不平且最薄处厚度仅为 30 mm、旧桥改造需减轻二期恒载重量等建设需求提供了解决方案,可满足桥面整平层最小厚度为 30 mm 的建设要求。因此,该项目技术具有广阔的应用市场。随着工业化技术的不断发展,当主梁顶面平整度足够满足直接铺装沥青混凝土面层时,该项技术在桥梁建设中的应用还可以继续为已经投入使用的桥梁改造提供持续的技术支撑。

平面型钢-混凝土组合桥面技术应用在钢主梁时,主梁与二期恒载的总体重量与钢桥面梁相当,工程造价与钢筋混凝土桥面梁相当,加工制造和施工难度更低,不仅提高了桥面梁整体性能和桥面板的总体刚度,而且克服了钢桥面板焊接疲劳寿命和桥面铺装维修周期长的难题。该桥面结构需要钢结构加工制造和涂装的工业化队伍施工,对于山区中小跨度数量较多的桥梁,发展采用工厂集中制造、验收,配送至现场安装并浇筑混凝土的工业化施工流程,另外还需要进一步开展管理制度的完善工作。

波折型钢-混凝土组合桥面板技术,既可以应用于混凝土主梁上,也可以应用于钢主梁上,现浇混凝土后不仅桥面板整体性更好,而且重量较混凝土桥面板减轻约30%,工程造价与钢筋混凝土桥面板相当,特别是对山区半径小于200 m的平曲线上的预制混凝土主梁桥和钢主梁桥,解决了主梁横向超高使横向坡度不断变化,导致主梁横隔板对接和湿接缝顺接困难、主梁弯曲度难于把控等难题;同时,该结构的底钢板位于桥面底部,免于污水侵蚀而可采用耐候钢结构,减少了钢结构现场加工制造和工业化涂装的过程,更加适合在山区数量多、规模小的桥梁工程中推广应用。

2.4.2 技术发展前景

三种桥面技术均采用现浇高韧性的普通C40混凝土。复合强劲型桥面铺装整平层施工,利用已经安装的混凝土主梁作为浇筑高韧性的普通C40混凝土的支架保证施工的平整度。平面型钢-混凝土组合桥面板和波折型钢-混凝土组合桥面板,利用已经安装合格的钢主梁、钢-混凝土结构主梁或混凝土主梁作为浇筑高韧性的普通C40混凝土的支架保证施工的平整度。因此,这三种桥面板施工的平整度均较高。

现有一般桥梁的桥面沥青混凝土铺装厚度一般为80~120 mm,对现有规范规定的沥青混凝土厚度铺装在这三种桥面板上是否最合理,作者团队(简称"团队")开展了近15年研究。采用断裂力学、试验力学、工程经济学和施工效率等多维度和多指标研究和评价表明,在复合强劲型桥面铺装整平层、平面型钢-混凝土组合桥面板、波折型钢-混凝土组合桥面板上,沥青混凝土铺装最佳厚度为50 mm,并形成了初步研究报告和工程应用,现仍在观察和监测桥梁使用状况。

这三种桥面板的沥青混凝土最佳铺装厚度为50 mm,应用的代表工程分别为2012年4月建成通车的雅西高速公路流沙河大桥、2006年9月建成通车的广东佛山东平大桥和2020年7月建成通车的四川泸州车辆大桥。经过连续多次检测,50 mm的沥青混凝土铺装质量完好,没有维修,桥面板状况良好。

第 2 篇

复合强劲型桥面铺装技术

中小跨径的简支梁桥、悬臂梁桥和城市高架桥、立交桥等梁式桥，主梁结构大多采用混凝土梁，梁体预制安装或现浇完成以后，要对桥面进行铺装。混凝土桥面铺装的整平层是桥梁上部结构的一个重要组成部分，直接承受着车辆等外部荷载，起到使车辆等外部集中荷载均匀分布、使结构协同受力、保护梁体及桥梁下部结构、保证行车舒适性等作用。桥梁设计中一般要求铺装层混凝土的强度不能低于主梁梁体混凝土强度，而且要保证铺装层混凝土和主梁梁体紧密地结合成为一个整体，共同承受外部荷载的作用。因此，桥面铺装层混凝土要有足够的强度，较大的刚度，优良的抗裂、抗冲击、耐磨等性能，还要与上层沥青混凝土和下层主梁梁体结构保持良好的整体性。但是受混凝土主梁桥面铺装整平层混凝土自身特有的受力情况及施工收缩状态和施工工艺等特点的影响，铺装层混凝土具有厚度薄、脆性大、易开裂等缺点。

由于桥梁交通量大、重载车辆多、超载现象严重，桥面铺装层材料性能和施工不符合设计要求等原因，桥面铺装层混凝土经常在服役不久便出现损坏的现象，而维修混凝土桥面铺装层的费用又远超修建时的投资费用。湖北省某高速公路的一座桥梁在通车后不久，桥面铺装层就出现严重开裂，大小裂缝总计达 66 条，开裂面积约为铺装层面积的 27%；南京某公路桥桥面铺装层在半年内先后维修两次，维修费用高达 2000 多万元；某海湾大桥通车 60 d 内即出现了桥面铺装层开裂现象，两年后，行车道已有 3/4 铺装面积需要修补。

目前桥梁工程中，在混凝土梁上的桥面铺装整平层混凝土，一般采用钢筋剪力键加设钢筋网片的钢筋混凝土结构形式。《公路桥梁设计规范》对混凝土梁桥面铺装整平层的混凝土厚度、强度等级和钢筋网直径、网格间距等都提出了要求。但是从多年的桥梁施工情况和应用现状来看，这种结构形式存在着诸多的问题。

为了集中批量生产，提高工程质量，加快施工进度，主梁梁体一般采用梁场预制、现场安装的施工方案，在主梁安装完成后浇筑铺装层混凝土，这会造成主梁和铺装层两层混凝土龄期有很大差距，导致混凝土的收缩、徐变等体积变形不协调一致，加之主梁混凝土和铺装整平层混凝土之间的界面情况在施工时复杂多变，桥梁整体结构受到的自身恒载和外部荷载也多种多样，两层混凝土之间存在拉、压、弯、剪、扭的复杂受力情况，造成两层混凝土因变形不一致脱黏，进而开裂。

在桥面铺装施工过程中，现场焊接的钢筋网片网格间距不等，钢筋间焊点易脱开，导致钢筋网片制作质量差；现场桥面铺装施工钢筋网片，安装绑扎不精细，导致钢筋网片安装质量差；同时，钢筋网片下建筑垃圾和积水难以清理，导致主梁混凝土和铺装层混凝土间连接强度降低，严重影响桥面铺装质量。

混凝土梁在工地梁场预制，由于预制精度较差，使主梁顶板凸凹不平，在浇筑铺装整平层混凝土时，容易出现铺装厚薄不一的现象，有些部位混凝土的厚度超过设计厚度 2 倍，引起铺装层混凝土受力和变形的不协调，造成铺装层开裂。

在铺装层施工过程中，由于车辆的碾压、人为的踩踏，使钢筋网片紧贴梁体的顶面，出现钢筋网"沉底"的现象，大大降低了钢筋网对桥面铺装整平层混凝土力学性能的贡献。

在施工过程中，为了使钢筋网片不紧贴梁体顶面，而在钢筋网片下支垫预制砂浆垫块，但是砂浆垫块不密实、强度较低，易被压碎。而桥面铺装层厚度非常薄，被压碎的砂浆垫块存在于混凝土中，会使铺装层混凝土局部强度降低，而用于支垫钢筋网的垫块数量较多，在车辆等外部动荷载反复作用下，容易产生疲劳破坏，引起开裂。

桥面铺装整平层面积大，由于桥面铺装结构本身的特点及施工条件的限制，一般情况下，铺装整平层面积一半以上面积会受到太阳的直射，浇筑后水分散失很快，极易造成混凝土干缩裂缝；同时，很多桥面铺装层在浇筑完成后由于养护不到位等因素造成铺装层混凝土提前开裂。

第 3 章

复合强劲型桥面结构构造

由于我国西部山区桥梁施工条件艰险、重载交通量大、运营条件恶劣,桥面铺装作为直接接触荷载的部位普遍存在开裂、坑洞和钢筋外露等病害,一般运营 8~10 年,甚至更短时间即需维修,耐久性能严重不足,严重影响了道路通行能力和行车安全。

原有桥面铺装整平层由梁体预埋筋、钢筋网片和混凝土构成,如图 3-2a 所示,钢筋网片整体质量差、钢筋网片下垃圾和积水无法清理,加上材料输送车辆碾压、施工人员踩踏导致钢筋网片"沉底",既无法约束整平层混凝土收缩,又弱化了界面连接强度,造成桥面铺装整平层质量差,耐久性低,如图 3-1 所示。开发轻型复合强劲型桥面铺装整平层结构及桥面铺装整平层复合强化技术,保证施工质量,才能切实有效地提高桥梁的耐久性。

(a) 梁体预制精度差、厚度不均

(b) 钢筋网下砂浆垫块被压碎

(c) 钢筋网绑扎不规范

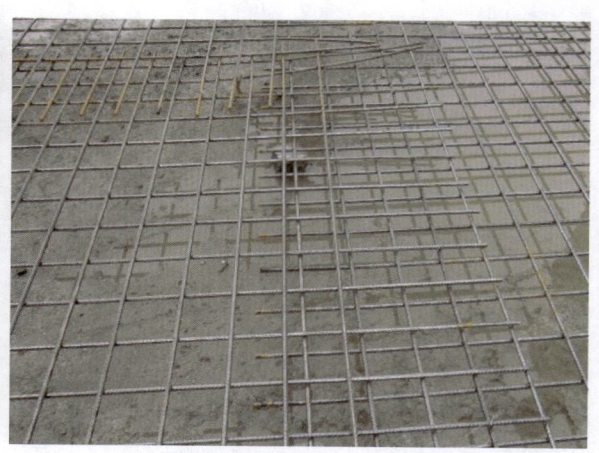

(d) 网下积水难以清理

(e) 车辆碾压,钢筋网"沉底"

(f) 钢筋网"沉底"、裂纹多而返工

图 3‑1　混凝土梁桥面铺装施工问题

3.1　整平层结构构造

通过对大量桥面铺装长期的调查、测试和分析,提出了取消钢筋网片的复合强劲型桥面铺装整平层新型结构体系,其中复合强化技术指掺入复合外加剂和混杂纤维,按密实骨架法进行集料、矿物掺和料组成设计制备高性能混凝土,通过强化界面连接和保水养护工艺,提高整平层强度、整体性和耐久性的成套技术。该技术适用于厚度 6~15 cm 厚、且混凝土密度小于 2 600 kg/m³ 的整平层。复合强劲型桥面铺装结构体系如图 3‑2b 所示。

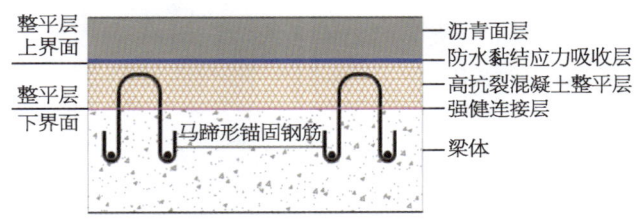

(a) 原有混凝土桥面铺装结构　　　(b) 复合强化桥面铺装结构

图 3‑2　桥面铺装结构

复合强劲型桥面铺装与原有桥面铺装相比具有以下优点:①整平层采用韧性好、收缩量低、抗裂性能好的混杂纤维混凝土;②整平层下界面通过埋设于梁体内的马蹄形锚固钢筋和界面激活技术形成强健连接层;③整平层上界面采用界面防水黏结应力吸收层,共同组成了该新型桥面铺装结构体系。该结构不但提高了整平层强度和整体性,而且在上、下界面构成应力吸收层和强健连接层,即由原来的单层变为三层结构,由面层到梁体,各结构层刚度渐变、顺适。

该结构的技术特点:①混凝土掺入少量混杂纤维,不需专人施工钢筋网片,工程成本低;②取消钢筋网片,不再担心钢筋网片施工的位置和对混凝土运输的影响,而且下界面清理、清洗等更容易,质量易保证;③采用马蹄形柔性锚固钢筋,不但锚固效果好,而且不易因施工反复弯折而破坏。

由于桥面铺装整平层上面覆盖有沥青混凝土面层,因此耐磨性和强度不是整平层混凝土的关键指标,复合强劲型桥面铺装整平层的关键技术目标是提高混凝土的抗裂性、韧性、工作性能、黏结性能和耐久性能等。当直接采用整平层做桥面铺装面层,或特殊桥梁的桥面铺装整平层采用该新型结构时,应通过专题试验并在专门技术人员指导下实施。

3.2　界面连接构造

整平层与梁顶的连接力是保证整平层及面层耐久性最重要的技术指标,当连接力无法满足整平层受力要求时,将造成严重的质量问题。

为保证整平层与主梁顶面的紧密连接,一般可在主梁顶面设置间距不大于 50 cm×50 cm 的 $\phi 8$ 的闭合环形锚固钢筋,其构造如图 3-3 所示;并且在桥梁铺装整平层施工以前,应对梁体表面的垃圾、污物和松散结构进行清理、清洗和凿除,并保水浸透 1 h 以上,在铺装过程中,应随时洒水保证梁顶表面湿润,但不应存在积水。

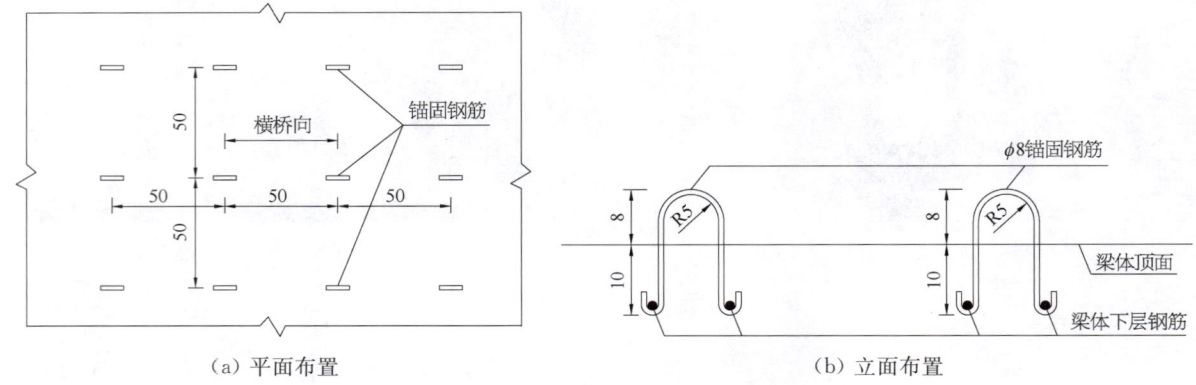

图 3-3 梁顶锚固钢筋构造示意图(单位:cm)

3.3 桥面连续处理

整平层复合强化技术只取消了铺装层中的钢筋网片,桥面连续处的钢筋直径、间距与位置的设计仍应符合结构受力要求,并应符合设计文件的规定。

桥面连续的纵向钢筋应交错布置,交错长度宜大于 50 cm,当桥面连续处梁端之间的间距大于 8 cm 时,宜配置双层钢筋,或加大钢筋直径,并按桥面连续和构造设计规定施工,其构造如图 3-4 所示。

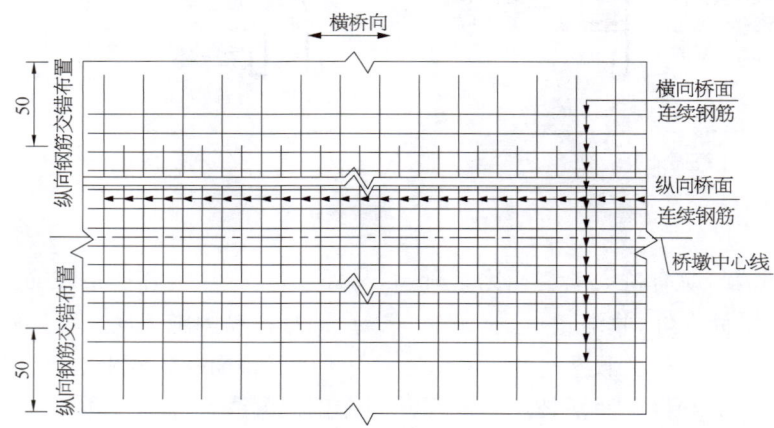

图 3-4 桥面连续钢筋构造(单位:cm)

施工时,桥面连续处的钢筋网格尺寸、间距和位置应符合设计要求。为保证整平层的质量,桥面连续的底模不得侵占整平层的位置,应安装牢固、密封,防止模板变形和漏浆。

3.4 伸缩缝槽口整平层构造

伸缩缝槽口处混凝土配合设计应掺入 0.7~0.9 kg/m³ 的聚丙烯腈纤维和 40~80 kg/m³ 的钢纤维。伸缩缝槽口处的整平层内应设置 D9 焊接钢筋网片,其网格间距 10 cm×10 cm。

3.5 桥台处整平层构造

由于桥台搭板与路基连接处材质不同、刚度差异大,桥面铺装在汽车荷载作用下,刚度不同的两种材料会产生不同的变形量,使得桥面铺装在桥台搭板与路基连接处容易出现开裂等破坏。

为减少桥台搭板与路基连接处的病害,桥台整平层内应设置 D9 焊接钢筋网片,其网格间距 10 cm×10 cm,钢筋网片距离混凝土顶面的净保护层厚度宜为 3.5 cm,钢筋搭接宜采用平搭法连接。

桥台整平层混凝土应掺入 $0.7\sim0.9\ \text{kg/m}^3$ 的聚丙烯腈纤维和 $60\sim90\ \text{kg/m}^3$ 的钢纤维,以增强桥台整平层混凝土变形能力。

在搭板与路基结合处,整平层的焊接钢筋网片应深入路基的铺装内,其长度不宜小于 2 m;并在距离整平层下缘 5 cm 处增设一层钢筋网片并伸入路基和桥台搭板内,其长度不宜小于 1.5 m,其构造如图 3-5 所示。

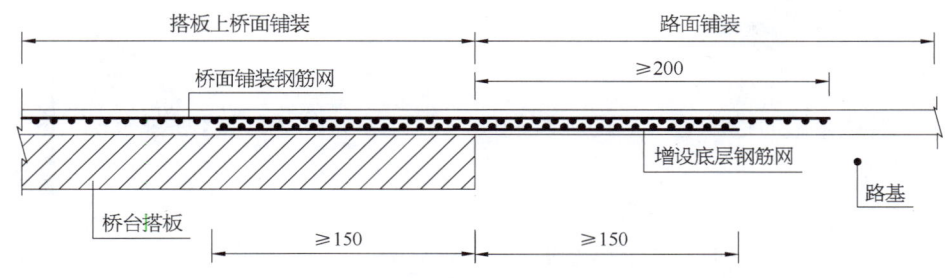

图 3-5　搭板与路基结合处整平层钢筋构造(单位:cm)

3.6　整平层表面切缝

墩顶的整平层应设置一道横桥向切缝,桥墩间的整平层宜按每 10 cm 间距设置横桥向切缝;切缝应与防撞护栏断缝对齐。墩顶的整平层切缝必须在整平层混凝土浇筑后 70~80 h 内完成,桥墩间的整平层的切缝应在 7 d 内完成。整平层切缝的深度宜为 2 cm,宽度宜为 3 mm。

切缝前应精确放线,采用专用切割机,并严格控制行走轨道顺直度,确保切缝线形顺直、均匀。

3.7　整平层表面填缝

整平层切缝完成后,应及时清理、清洗和烘干,确保缝内干净、干燥。填缝材料宜选用弹性好、黏结性高、温度稳定性可靠的塑性材料。填缝材料灌注后的 3 h 内,应采取遮盖等措施,保护好填缝材料和桥面不受污染。

第 4 章

复合强劲型桥面试验研究

为了保证复合强劲型桥面铺装整平层的强度和耐久性能,分别从整平层低收缩高韧性水泥混凝土材料、与主梁间的强劲连接结构、与沥青混凝土面层间的应力吸收结构层等三个方面开展相关试验研究。分别研究复合强劲型桥面铺装结构低收缩高韧性水泥混凝土材料制备技术,主梁剪力键结构和界面状况对界面连接力学行为技术,高黏高弹改性沥青应力吸收层的制备技术。

4.1 整平层低收缩高韧性水泥混凝土材料

4.1.1 研究概况

4.1.1.1 国内外研究现状

翁兴中、蔡良才通过平板抗裂性能试验,对比了不同掺量和型号的聚丙烯腈纤维对道路混凝土抗裂性能的影响。试验结果表明,聚丙烯腈纤维的掺入使混凝土具有良好的早期抗裂性能,裂缝数量随着纤维掺量的增加几乎呈线性关系减少,裂缝面积随纤维长度的增加而减少。

对比素混凝土、钢纤维混凝土、聚丙烯腈纤维混凝土及钢纤维+聚丙烯腈纤维混杂纤维混凝土的早期塑性开裂性能,证明聚丙烯腈纤维在混凝土中能起到良好的阻裂效果,并且随着纤维掺量的增加,阻裂效果增强;钢纤维+聚丙烯腈纤维的抗裂效果最好,从试验的对比还发现:钢纤维体积掺量 0.5%、聚丙烯腈纤维体积掺量 0.1% 时,抗裂效果最好。通过试验分析得出,纤维的阻裂机理主要是:防止混凝土内部微裂纹的扩展及阻止混凝土内部裂缝与裂缝之间的贯通。

苏跃宏、于海霞研究发现在混凝土中掺入 120 kg/m³ 的钢纤维,混凝土的抗压强度、抗冲击强度、体积稳定性能、抗拉强度和抗弯强度分别提高了 15%、300%、20%、60% 和 90%。

河北工业大学的赵晓燕硕士,开展了新老混凝土连接性能的研究,通过对比是否添加剪力键和是否有界面剂对先后两次浇筑成型的某试件的剪切强度的影响,发现在有剪力键的情况下,界面剂对组合试件的抗剪强度基本没有影响。通过试验还发现,钢筋连接件对组合试件的连接强度有很大的影响:界面植入钢筋连接件试件的剪切强度为不植入钢筋连接件试件剪切强度的 3.49 倍,且为完整混凝土试件剪切强度的 1.15 倍。

武汉理工大学的胡建勤博士通过研究指出,混凝土浇筑初期开裂主要是温度变形和自收缩引起,后期开裂则主要是干燥收缩引起。他研究发现在补偿收缩混凝土中,掺和料使混凝土膨胀率降低,杜拉纤维可以提高混凝土的体积稳定性,显著提高劈裂抗拉强度。施工和养护对混凝土抗裂防渗性能有重要影响;对于复合抗裂防水高性能混凝土,湿养护时间不宜低于 14 d。同时,研制出由无机抗裂材料与有机减水保塑外加剂按一定比例复合而成的抗裂材料,大幅度提高了混凝土的抗裂防渗性能。

大连理工大学的郭磊硕士,研究发现减缩剂在水泥基材料应用中不仅有物理作用,可降低孔溶液的表面张力而减小浆体收缩,同时还具有化学作用,生成的胶凝体覆盖在水泥石表面,延缓水泥水化,减缓浆体微结构形成及强度发展,减缩剂的掺入有效降低了水泥浆体的表面张力,在掺量为 5%、$w/c = 1.0$ 时,水泥浆体的表面张力降低到了 42 mN/m 左右,且随着减缩剂浓度的增大,降低表面张力的效果更加明显。

4.1.1.2 研究内容与目的

(1) 通过探讨并研究外加剂中减缩、增韧、黏度调节组分的机理及对混凝土工作性能、体积稳定性能、弯曲韧性等的影响,在高效减水组分的基础上复配出具有减缩、增韧等多功能的复合外加剂。

(2) 通过采用聚丙烯腈纤维和钢纤维混掺在更大程度上提高混凝土的韧性,限制混凝土的收缩,制备出韧性高、收缩小、各向同性且与桥面板黏结性能好的混凝土,并提出高韧性低收缩混凝土的制备方法。

(3) 通过研究剪力键形状、间距、界面情况对梁体和铺装层混凝土整体结构黏结强度和抗弯拉疲劳寿命的影响,提出采用高韧性低收缩混凝土梁桥面铺装层结构。

4.1.2 多功能复合外加剂的开发

针对混凝土梁桥面铺装层对混凝土性能的要求,采用分子结构中带有锚固基团的C—C主链和聚酯、聚醚、聚丙烯酸酯等聚合物侧链组成的聚羧酸高效减水组分为母体,对具有减缩、增韧、黏度调节等作用的组分进行研究和优化设计,开发出适用于制备高韧性低收缩桥面铺装层混凝土的复合型外加剂。

4.1.2.1 减缩

钢筋网片在混凝土梁桥面铺装层中起到的力学作用主要是增强混凝土纵向和横向的承载力,提高铺装层混凝土的抗弯性能,限制收缩,防止铺装层大面积开裂,然而在桥面使用过程中,铺装层受到复杂力系的耦合作用,各个方向都会产生收缩,都有开裂的可能。因此,需要研究混凝土收缩的机理,通过改善混凝土本身结构组成情况来降低混凝土收缩,使混凝土各向同性、匀质。

混凝土产生干燥收缩和自收缩的原因主要是新拌混凝土中含有大量毛细孔,这些毛细孔中充满了自由水,在混凝土硬化的过程中,大量的自由水通过毛细孔蒸发,由于水的表面张力作用而使水分在毛细孔中形成弯曲的凹液面,产生附加压力造成毛细孔孔径变小,从而引起混凝土干燥收缩和自收缩。弯曲凹液面下的附加压力与毛细孔中水的表面张力、水在毛细孔壁上的浸润角、毛细孔半径存在如下关系:

$$\Delta p = \frac{2\delta\cos\theta}{r} \quad (4-1)$$

式中 Δp ——弯曲凹液面下的附加压力;
   δ ——水的表面张力;
   θ ——水在毛细孔壁上的浸润角;
   r ——毛细孔半径。

从式(4-1)可以看出,Δp 由三个变量 δ、θ、r 决定,其中 θ 和 δ 与浸润在毛细孔中的液体有关,通常情况下,毛细管中充满水,纯水的表面的张力为 72 mN/m,如果可以通过改变毛细管中液体的成分,大大降低其表面张力,那么混凝土的干燥收缩和自收缩也会大幅度降低,这就是减缩剂的工作原理。减缩剂的主要组成成分是低级醇的环氧化合物和烷基聚氧乙烯醚,含有亲水的极性基团和憎水的非极性基团,亲水基团与水分子相互吸引溶于水,憎水基团与水分子相互排斥,减缩剂存在于混凝土的毛细管内,可以降低水的表面张力。

4.1.2.2 增韧

增韧聚合物主要组成成分为对氨基甲酸酯嵌段共聚物进行改性处理后得到的一种具有超长分子链的硅氧烷和聚醚基团(图4-1)。增韧聚合物的超长分子链相互缠结形成网络状骨架体系,镶嵌在水泥石之中可以提高混凝土的机械强度及韧性,同时网络骨架结构自身的变形可以起到吸收结构应变能的作用,混凝土在受到外力冲击,结构内部形成微裂纹后,增韧聚合物耗散应变能而使微裂纹的扩展需要吸收更多的能量才能实现,从而起到对混凝土增韧的效果。

通过图4-2所示图谱可以看出,随SBT—ITM掺量增加,C—S—H胶凝聚度和分子链长增加。

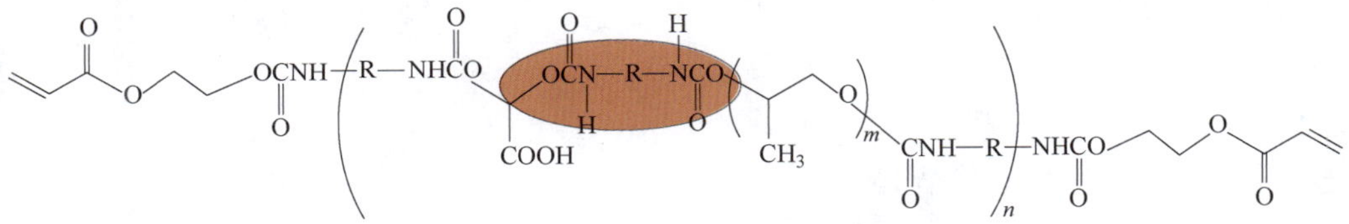

图4-1 增韧剂分子

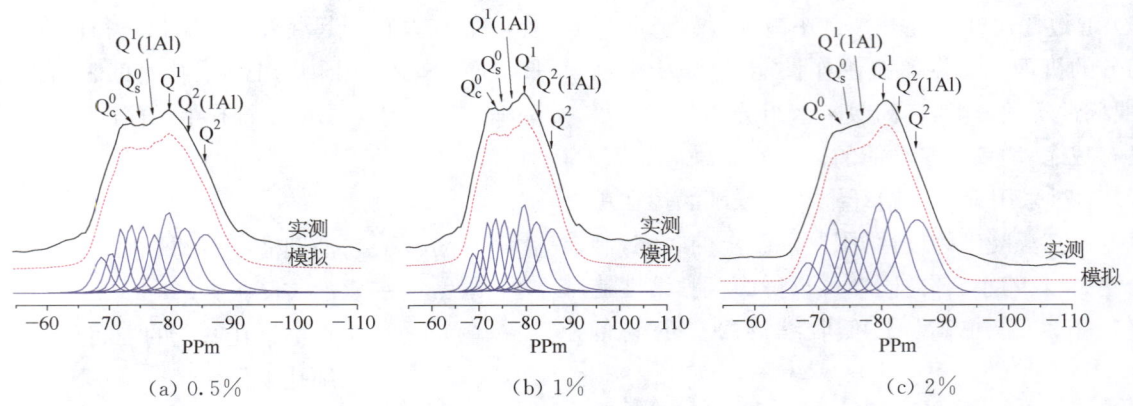

图 4-2 不同掺量增韧剂的 BFS—C—PC 体系 C—S—H 胶凝 29Si NMR 图谱

4.1.2.3 黏度调节

山区桥梁受地形影响，设计线性不可避免地会出现比较大的纵坡和横坡，桥梁施工时，如果混凝土坍落度过大，会导致桥面铺装层混凝土在浇筑的过程中出现纵坡或横坡较低处混凝土铺装层厚度较大，而纵坡或横坡较高处混凝土铺装层厚度较薄的现象，影响施工质量，因而要求混凝土坍落度不能过大，且混凝土要具有比较好的黏聚性和整体性。另外，由于机制砂级配较差，细度模数较大，颗粒棱角分明，引起混凝土拌合物包裹性能、黏聚性能不良，影响混凝土的和易性，在实际生产中，需要加大外加剂用量和用水量，在混凝土振捣时，容易引起矿物掺和料上浮而影响混凝土的耐磨性能，且混凝土拌合物易泌水、离析等。因此，需要调整外加剂中的黏度调节组分，保证浇筑混凝土是均匀的整体，不出现骨料下沉而导致的离析现象，提高梁体和铺装层的黏结性能，以保证桥梁施工质量。

外加剂中黏度调节组分分子结构中的羟基和醚键上的氧原子可以与水泥浆体中自由水分子形成氢键，将水泥浆体中的自由水变成结合水，使得水泥浆体中的自由水减少，增加水泥浆体的黏度，从而起到保水、增黏的作用。

4.1.2.4 减缩组分对混凝土体积稳定性能的影响

在相同的混凝土配合比基础上，通过在混凝土中掺入胶凝材料重量 0.1%、0.3%、0.5% 的减缩剂，并与普通混凝土的干燥收缩对比，得到表 4-1 的试验结果。

表 4-1 减缩剂对混凝土性能的影响

减缩剂掺量/%	拌合物状态	初始坍落度/mm	1 h 坍落度/mm	干燥收缩率/10⁻⁶				
				3 d	7 d	28 d	60 d	180 d
0	黏稠	120	100	92	149	269	368	539
0.1	良好	135	120	73	137	235	302	485
0.3	良好	140	130	58	95	209	279	449
0.5	松散	150		40	82	197	262	416

从试验结果可以看出，随着减缩剂掺量的增加，混凝土拌合物的坍落度增大，甚至出现离析的状态，收缩率明显降低。其中减缩剂掺量为 0.3% 时，3 d 干燥收缩率比空白组降低了 34%，180 d 干燥收缩率降低了 16%。说明减缩剂的掺入可以大大降低混凝土的干燥收缩。

4.1.2.5 增韧组分对混凝土性能的影响

1) 力学性能

在相同的混凝土配合比基础上，通过在混凝土中掺入胶凝材料重量的 0.3%、0.5%、0.7% 的增韧剂，研究增韧性对混凝土抗压强度的影响（表 4-2）。

表 4-2 增韧组分对混凝土抗压强度的影响

增韧剂掺量/%	抗压强度/MPa	
	7 d	28 d
0.3	46.6	57.6
0.5	43.4	55.4
0.7	41.8	53.8

从表 4-2 可以看出，随着增韧剂掺量提高，混

凝土抗压强度略有降低。

2) 界面黏结

在扫描电子显微镜不同放大倍数下，对混凝土中骨料和水泥浆体界面结合的情况进行观测，观测结果如图4-3所示［图中"/"前面的数字表示增韧剂掺量(%)，"/"后面的数字表示放大倍数］。

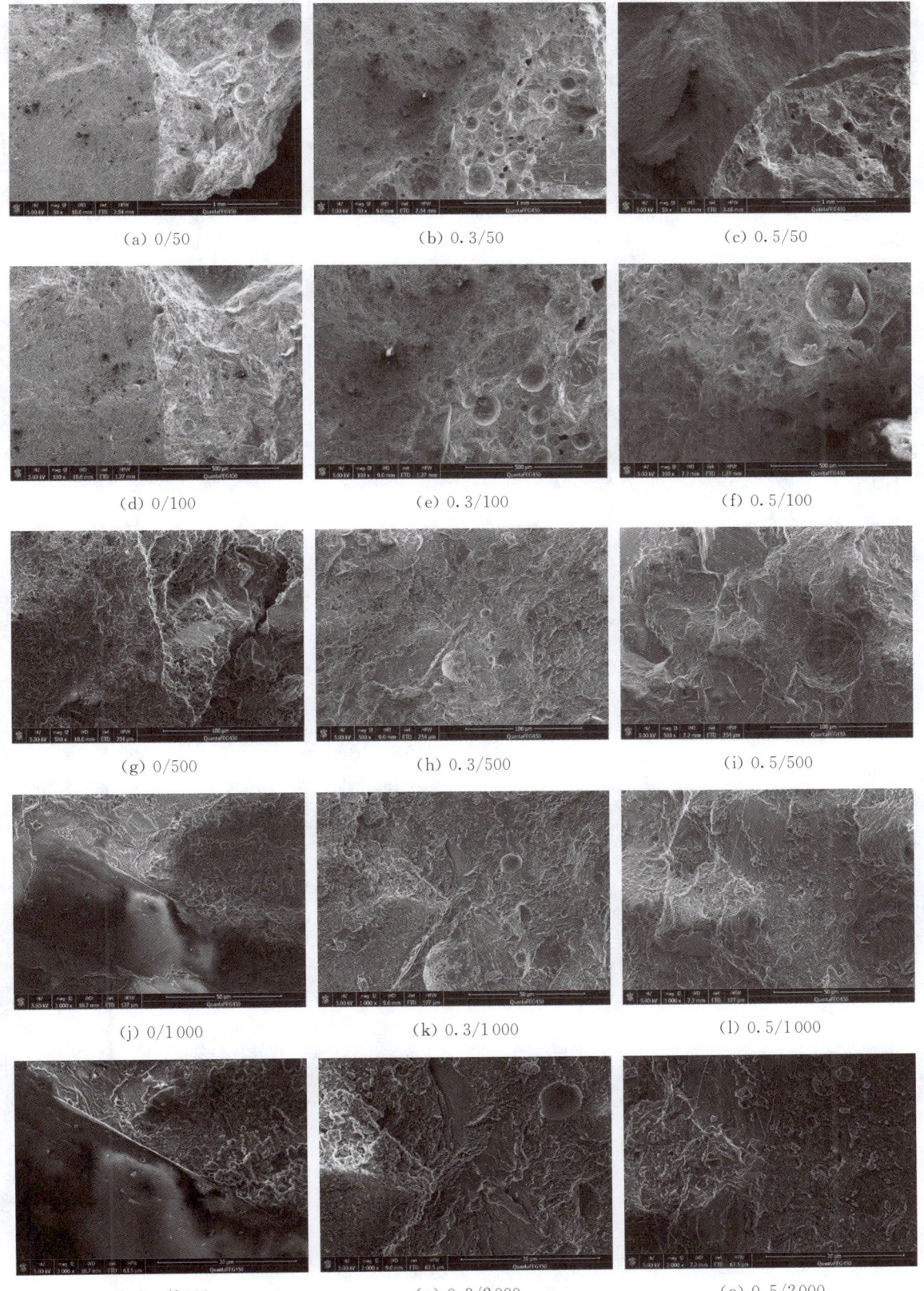

(a) 0/50　　　　　　　　(b) 0.3/50　　　　　　　　(c) 0.5/50

(d) 0/100　　　　　　　(e) 0.3/100　　　　　　　(f) 0.5/100

(g) 0/500　　　　　　　(h) 0.3/500　　　　　　　(i) 0.5/500

(j) 0/1 000　　　　　　(k) 0.3/1 000　　　　　　(l) 0.5/1 000

(m) 0/2 000　　　　　　(n) 0.3/2 000　　　　　　(o) 0.5/2 000

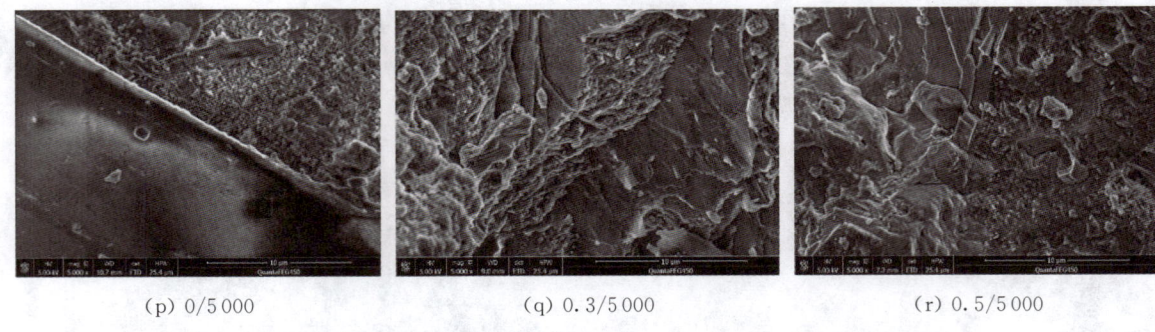

(p) 0/5 000　　　　　　　　(q) 0.3/5 000　　　　　　　　(r) 0.5/5 000

图 4-3　混凝土骨料和水泥浆体界面扫描电子显微镜照片

从图 4-3 可以看出，在放大 500 倍到 5 000 倍的普通混凝土照片中都可以很清楚地观察到骨料和水泥砂浆界面；而添加 0.3%增韧剂的混凝土在放大 50 倍下可以清楚地看到骨料与水泥砂浆界面，当放大到 100 倍时界面变得模糊，放大到超过 500 倍时已经无法辨别出骨料和水泥砂浆界面，说明增韧剂的添加使骨料和水泥砂浆的结合变得紧密，使混凝土具有更好的一体性；添加 0.5%增韧剂的混凝土在放大 100 倍时只能通过气泡和孔洞分辨出骨料和水泥砂浆界面，放大到 500 倍时，分辨不出两者的界面，说明随着增韧剂掺量的提高，水泥砂浆和骨料黏结得更加紧密，混凝土的一体性得到更进一步的提高，各部分连接紧密的混凝土的韧性比普通混凝土也得到了很大程度的提高。

3) 弯曲韧性

纤维混凝土的韧性是指基体在开裂后仍能继续变形并保持一定承载力的能力。通常用混凝土试件荷载-挠度曲线下与面积有关的参数来衡量。

按照《纤维混凝土试验方法标准》测试钢纤维混凝土的弯曲韧性指数，试件尺寸为 100 mm×100 mm×400 mm。荷载-挠度曲线示意如图 4-4 所示。

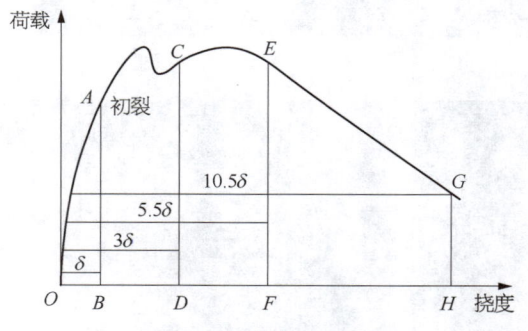

图 4-4　荷载-挠度曲线示意图

将直尺与荷载-挠度曲线的线性部分重叠确定初裂点 A，A 点的横坐标为初裂挠度 δ，以 O 为原点，按 1.0、3.0、5.5、10.5 初裂挠度的倍数，在横轴上确定点 B、D、F、H，分别求得 OAB、$OACD$、$OAEF$、$OAGH$ 的面积，则弯曲韧性指数：

$$I_5 = \frac{S_{OACD}}{S_{OAB}} \tag{4-2}$$

$$I_{10} = \frac{S_{OAEF}}{S_{OAB}} \tag{4-3}$$

$$I_{20} = \frac{S_{OAGH}}{S_{OAB}} \tag{4-4}$$

以三个试件的计算平均值作为该组试件的弯曲韧性指数。不加纤维的素混凝土加载到极限荷载，试件出现裂缝后就无法再承受荷载，发生脆性断裂，荷载-挠度曲线在升高到最高点后，会突然下降到 0；加入纤维的混凝土，在试件出现裂缝后，存在于断裂面上的纤维会继续承受拉应力而延缓裂缝的扩展，使混凝土表现为延性破坏，荷载-挠度曲线缓慢降下来。

图 4-5 所示为不同掺量增韧剂钢纤维混凝土的荷载-挠度曲线。增韧剂掺量为相对于胶凝材料的质量百分比，且除增韧剂掺量外，其他原材料的配合比都相同。

将数据导入 Origin 中，用积分的方法求出各曲线对应 I_{20} 的 OAB 和 $OAGH$ 的面积，然后计算得到弯曲韧性指数 I_{20}，分别为：普通混凝土 I_{20}=16.25，添加 0.3%增韧剂 I_{20}=19.17，添加 0.5%增韧剂 I_{20}=21.63。添加 0.5%增韧剂的混凝土弯曲韧性指数 I_{20} 比普通混凝土最高提高了 33%，可见增韧剂的添加对混凝土弯曲韧性有很大的提高。

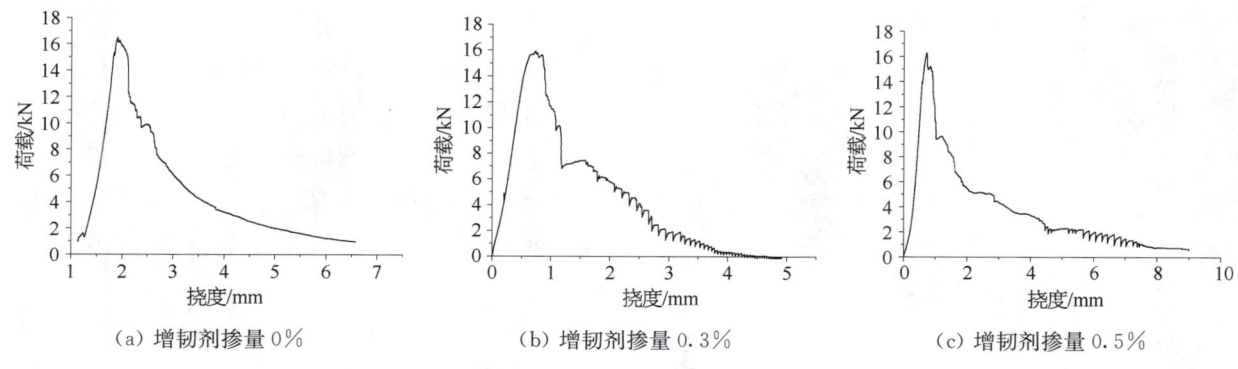

图 4-5 不同增韧剂掺量钢纤维混凝土的荷载-挠度曲线

4.1.2.6 黏度调节组分对混凝土工作性能的影响

表 4-3 外加剂黏度调节组分对混凝土工作性能影响

掺量/‰	初始坍落度/mm	1 h 坍落度/mm
0	110	90
0.01	115	100
0.03	125	105
0.05	130	120
0.07	120	110

注:掺量为黏度调节组分与胶凝材料总量的比。

表 4-3 试验结果表明,黏度调节组分对混凝土工作性能有很大的影响,随着掺量的增加,混凝土的坍落度先上升后下降,当黏度调节组分的掺量为 0.05‰时,混凝土的工作性能最符合施工要求。

4.1.3 高韧性低收缩混凝土的设计与制备

4.1.3.1 原材料

(1) 水泥。广安某水泥有限公司生产的 P·O42.5 水泥,主要性能指标见表 4-4。

表 4-4 水泥的主要性能指标

标准稠度用水量/%	凝结时间/min		抗压强度/MPa		安定性
	初凝	终凝	3 d	28 d	
26.6	175	274	30.5	51	合格

(2) 粉煤灰。四川某粉煤灰开发有限公司生产的 Ⅱ 级粉煤灰,主要性能指标见表 4-5。

表 4-5 粉煤灰的主要性能指标　　单位:%

细度(0.045 mm 筛余)	需水量比	烧失量	含水量
9.8	99	2.4	0.6

(3) 粗集料。四川省某县砂石厂生产的 5~16 mm 和 16~26.5 mm 连续级配卵石破碎型碎石,主要性能指标见表 4-6。

表 4-6 粗集料的主要性能指标

规格	表观密度/(kg·m^{-3})	堆积密度/(kg·m^{-3})	含泥量/%	针片状含量/%	压碎值/%
5~16 mm	2 633	1 560	0.3	4.1	9.2
16~26.5 mm	2 620	1 500	0.2	3.0	9.0

(4) 细集料。四川省某县砂石厂生产的 0~5 mm 卵石破碎型机制砂,主要性能指标见表 4-7。

表 4-7 细集料的主要性能指标

表观密度/(kg·m^{-3})	堆积密度/(kg·m^{-3})	小于 0.075 mm 颗粒含量/%	亚甲蓝 MBV 值/(g·kg^{-1})
2 712	1 592	2.0	1.0

(5) 外加剂。成都某公司 JX-S 聚羧酸高效减水减缩增韧外加剂,固含量 21%,减缩增韧组分 0.5%,减水率 30%。

(6) 钢纤维。钢纤维采用重庆某厂家生产的多锚点钢纤维,主要技术指标见表 4-8。

表 4-8 钢纤维的主要技术参数

长度/mm	直径/mm	比重/(kg·m^{-3})	抗拉强度/MPa	弹性模量/MPa
30	0.5~0.8	7.85	600~800	200 000

(7) 聚丙烯腈纤维。采用深圳某公司生产的聚丙烯腈纤维,主要技术指标见表 4-9。

表 4-9　聚丙烯腈纤维主要技术指标

直径/μm	长度/mm	比重/(g·cm^{-3})	抗拉强度/MPa	弹性模量/GPa	断裂伸长率/%	纤维数/(根·kg^{-1})
12.7	6	1.18	500~600	7~9	20~26	11亿

4.1.3.2　高韧性低收缩混凝土制备

1) 高韧性低收缩混凝土配合比初步设计

依据四川省公路工程技术指南——《水泥混凝土桥面铺装技术指南》中对桥面铺装层混凝土性能的要求：初始坍落度 120~140 mm，1 h 坍落度 100~120 mm，浇筑时坍落度大于 100 mm，初凝时间一般应大于 3 h；桥面铺装混凝土一般宜采用 C40 强度等级，混凝土 28 d 抗压强度不小于 48 MPa；对于加铺沥青混凝土的面层的桥面铺装层，纤维增强混凝土 28 d 抗折强度不小于 5.5 MPa；按照《普通混凝土长期性能和耐久性能试验方法》进行混凝土的干缩试验，混凝土 28 d 收缩率不大于 4.0×10^{-4} 进行混凝土的设计。

采用密实骨架堆积理论对混凝土的配合比进行初步设计。选用容积为 5 L 的桶，用粉煤灰填充 0~5 mm 卵石破碎型机制砂，通过几组试验，得出粉煤灰填充机制砂容重最大时的填充比例；然后利用最佳比例的粉煤灰和机制砂填充 5~16 mm 连续级配卵石破碎型碎石，确定最佳填充比例；继续用这个最佳填充比例，填充 16~26.5 mm 连续级配卵石破碎型碎石，再次得到最佳比例。根据混凝土强度及工作性能的要求确定胶凝材料用量、水胶比等，然后通过水胶比调整优化、胶凝材料体系的优化、调整砂率和外加剂掺量等，最终确定高韧性低收缩混凝土的最佳配合比。

通过密实骨架堆积理论得到的高韧性低收缩混凝土的初步配合比见表 4-10。

表 4-10　高韧性低收缩桥面铺装层混凝土的初步配合比

单位：kg/m³

水泥	粉煤灰	机制砂	大石	小石	水
350	50	825	328	765	132

注：大石为 16~26.5 mm 连续级配卵石破碎型碎石，小石为 5~16 mm 连续级配卵石破碎型碎石。

2) 水胶比的优化

水胶比影响着混凝土的工作性能和强度，由于混凝土梁桥面铺装层要求初始坍落度 120~140 mm。如果水胶比过大，混凝土强度无法保证，还会造成混凝土初始坍落度过大，使桥面浇筑出现厚薄不一的情况，影响桥面铺装的施工质量；如果水胶比过小，则混凝土太黏，流动性不好，影响混凝土罐车的现场运输和在桥面上的浇筑，对施工造成影响。

在密实骨架堆积理论设计出的初步配合比的基础上，设计表 4-11 的试验，调整高韧性低收缩混凝土的水胶比，结果见表 4-12。

表 4-11　水胶比调整试验混凝土配合比

单位：kg/m³

组别	水胶比	水泥	粉煤灰	机制砂	大石	小石	水	外加剂/%
1	0.31	350	50	825	328	765	124	1.6
2	0.33	350	50	825	328	765	132	1.5
3	0.35	350	50	825	328	765	140	1.5

注：大石为 16~26.5 mm 连续级配卵石破碎型碎石，小石为 5~16 mm 连续级配卵石破碎型碎石。

表 4-12　水胶比调整试验混凝土性能

组别	水胶比	初始坍落度/mm	1 h 坍落度/mm	抗压强度/MPa	
				7 d	28 d
1	0.31	110	90	48.4	60.2
2	0.33	130	120	45.8	58.7
3	0.35	160	130	38.2	49.5

从试验结果可以看出，当水胶比为 0.31 时，初始坍落度太小，施工时，混凝土罐车很难将混凝土放出并浇筑，不满足施工要求；当水胶比为 0.35 时，初始坍落度过大，容易造成桥面浇筑时出现厚薄不一的情况；当水胶比为 0.33 时，初始工作性能和 1 h 后坍落度都满足施工要求。因此，桥面铺装高韧性低收缩混凝土的水胶比采用 0.33。

3) 胶凝料体系的优化

胶凝材料的用量对混凝土的工作性能、强度及耐久性能等都具有很重要的影响。在密实骨架堆积理论设计出的初步配合比的基础上，设计表 4-13 的试验，调整高韧性低收缩混凝土的胶凝材料用量，试验结果见表 4-14。

表 4–13　胶凝材料调整试验混凝土配合比

单位：kg/m³

组别	水泥	粉煤灰	机制砂	大石	小石	水	外加剂/%	水胶比
2	350	50	825	328	765	132	1.5	0.33
4	350	40	825	328	765	128.7	1.5	0.33
5	340	50	825	328	765	128.7	1.5	0.33
6	330	60	825	328	765	128.7	1.5	0.33

注：大石为 16～26.5 mm 连续级配卵石破碎型碎石，小石为 5～16 mm 连续级配卵石破碎型碎石。

表 4–14　胶凝材料调整试验混凝土性能

组别	初始坍落度/mm	1 h坍落度/mm	抗压强度/MPa 7 d	抗压强度/MPa 28 d	抗折强度/MPa 7 d	抗折强度/MPa 28 d	干燥收缩率/10⁻⁶ 3 d	7 d	14 d	28 d
2	130	120	45.8	58.7	4.6	6.9	76	133	152	247
4	130	120	43.2	55.2	4.5	6.8	76	114	152	235
5	135	120	42.6	53.3	4.1	6.5	57	95	133	209
6	140	130	39.7	47.6	4.1	6.3	57	90	133	198

表 4–14 的试验结果表明，降低粉煤灰用量 10 kg/m³ 后，对混凝土的工作性能、强度和体积稳定性能没有太大的影响，这是由于采用的 Ⅱ 级粉煤灰，需水量比大，品质较差的原因。而在保持胶凝材料总量不变的前提下，降低水泥用量后，可以明显降低混凝土的收缩，同时强度也会有所降低，综合考虑桥面铺装对混凝土工作性能、强度和体积稳定性能的要求，采用第 5 组配合比。

4）砂率的优化

机制砂对混凝土工作性能有较大的影响，由于卵石破碎型机制砂中石粉含量较高，级配较差，细度模数较大，颗粒棱角分明，易引起混凝土拌合物包裹性能、黏聚性能不良，影响混凝土的和易性，需要调整混凝土砂率以获得拌合物最佳工作状态。

根据密实骨架堆积理论设计的集料组成初步配合比，以及水胶比和胶凝材料优化调整的基础上，设计表 4–15 的试验，调整高韧性低收缩混凝土的砂率，试验见表 4–16。

表 4–16 的试验结果表明，48% 砂率配制的混凝土状态最好，若砂率太大，则需要更多的浆体才能将粗骨料包裹住，且由于机制砂多孔，还会吸附一部分浆体，从而对混凝土拌合物的初始工作状态产生

表 4–15　砂率调整试验混凝土配合比　单位：kg/m³

组别	砂率/%	水泥	粉煤灰	机制砂	大石	小石	水	外加剂/%
5	43	340	50	825	328	765	128.7	1.5
7	41	340	50	786	339	792	128.7	1.5
8	45	340	50	863	316	738	128.7	1.5
9	48	340	50	921	299	698	128.7	1.5
10	50	340	50	959	288	671	128.7	1.5

注：大石为 16～26.5 mm 连续级配卵石破碎型碎石，小石为 5～16 mm 连续级配卵石破碎型碎石。

表 4–16　砂率调整试验混凝土性能

组别	砂率/%	拌合物状态	初始坍落度/mm	1 h坍落度/mm	抗压强度/MPa 7 d	抗压强度/MPa 28 d	抗折强度/MPa 7 d	抗折强度/MPa 28 d
5	43	包裹性不好	135	120	42.6	53.3	4.1	6.5
7	41	散、包裹性差	140	125	42.0	51.2	4.2	6.3
8	45	略有点散	140	120	43.2	52.5	4.3	6.3
9	48	黏聚性好	140	120	44.3	53.5	4.3	6.4
10	50	干、流动性差	125	110	42.7	52.6	4.2	6.5

不利影响，同时砂率大也会造成混凝土收缩增大；如果砂率太小，混凝土拌合物中浆体太少，会造成没有足够的浆体包裹石子，混凝土拌合物黏聚性不够，导致粗骨料外漏，混凝土没有较好的完整性，影响施工和桥面铺装质量。

5）混杂纤维技术

桥面铺装层混凝土直接承受着车辆等活荷载的冲击作用，要求混凝土具有非常好的耐磨性能、抗冲击性能，以及较好的韧性。聚丙烯腈纤维掺入混凝土中，可以提高混凝土的抗弯拉韧性，提高混凝土的抗磨损能力。聚丙烯腈纤维所形成的三维乱向支撑作用可以在混凝土受到外力冲击的时候吸收部分冲击能，提高混凝土的抗冲击性能。大量的纤维均匀分布在混凝土中还可有效降低混凝土表面泌水，从而减小混凝土中孔隙率，提高混凝土的整体性，防止出现浆体和骨料的离析，在一定程度上也提高混凝土的抗渗性能，可以更好地保护梁体，提高桥梁的使用寿命。钢纤维可以提高混凝土的抗折强度和弯曲韧性。由于聚丙烯腈纤维和钢纤维大量分散于混凝土基体中，混凝土收缩时产生的拉应力会被纤维分

散,抑制微裂纹的产生和已有裂纹的扩展,从而提高混凝土的抗裂性能。

采用以上混凝土的最优配合比,设计表4-17的试验,研究纤维对混凝土性能的影响。其中,耐磨性试验按照《公路工程水泥及水泥混凝土试验规程》进行,抗裂试验按照《普通混凝土长期性能和耐久性能试验方法标准》进行。

表4-17 不同纤维混凝土的性能

组别	钢纤维掺量/(kg·m^{-3})	聚丙烯腈纤维掺量/(kg·m^{-3})	28d抗折强度/MPa	28d劈裂抗拉强度/MPa	磨耗值/(kg·m^{-2})	初裂时间/h	裂缝宽度/mm	弯曲韧性指数 I_{20}
9	0	0	6.4	4.6	2.5	9	0.07	
11	78	0	8.1	5.5	2.4	11	0.05	24.3
12	40	0.8	7.2	5.1	2.0	16	0.02	21.6
13	0	0.8	6.4	4.7	2.2	14	0.02	

注:除纤维外,其他原材料都采用上面试验的最优配合比。

表4-17的试验结果表明,钢纤维的掺入可以有效提高混凝土抗折强度、劈裂抗拉强度、延缓混凝土裂缝出现的时间和宽度;聚丙烯腈纤维和钢纤维复掺可以进一步延缓裂缝的产生,减小裂缝的宽度,减小混凝土的磨耗值。根据桥面铺装层对混凝土性能的要求,每方混凝土掺加40 kg钢纤维和0.8 kg聚丙烯腈纤维的试验方案为最优方案。

试验采用的钢纤维是表面具有明显压痕的多锚点钢纤维,其断裂强度高、握裹力强,能与混凝土各组分材料均匀混合,分布在纤维"弯钩"处的多个锚固点及纤维表面的压痕可以紧密地镶嵌在混凝土浆体中,加强浆体和骨料的连接。图4-6所示为钢纤维与水泥浆体的结合面。

试验采用的聚丙烯腈纤维具有良好的水溶性,能在水中均匀分散。在混凝土拌合站拌合时,将聚丙烯腈纤维和砂、石骨料一起投入混凝土拌合机内,通过骨料的反复击打分散,聚丙烯腈纤维均匀地分布在混合料中,不会产生结团的现象,保证了聚丙烯腈纤维在混凝土中形成乱向分布体系。图4-7所示为聚丙烯腈纤维截面形状,聚丙烯腈纤维的截面为花生形状,在混凝土拌合物中具有很好的握裹性能。而且每千克聚丙烯腈纤维含有高达11亿根纤维,如此巨大数量的纤维在混凝土中高度分散,形成庞大的乱向分布体系,对阻碍混凝土内部微裂纹的产生和扩展具有很好的效果。

图4-6 钢纤维与水泥浆体的结合面

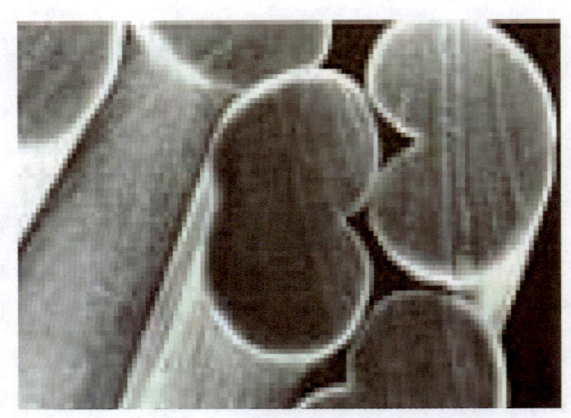

图4-7 聚丙烯腈纤维的截面形状

6) 高韧性低收缩混凝土的性能

经过试验调整优化,最终确定了高韧性低收缩桥面铺装层混凝土的配合比,见表4-18,混凝土的性能见表4-19。

表4-18 高韧性低收缩混凝土配合比 单位:kg/m³

水泥	粉煤灰	砂	大石	小石	水	外加剂/%	钢纤维	聚丙烯腈纤维
340	50	921	299	698	128.7	1.5	40	0.8

注:大石为16~26.5 mm连续级配卵石破碎型碎石,小石为5~16 mm连续级配卵石破碎型碎石。

表4-19 高韧性低收缩混凝土的性能

初始坍落度/mm	1h坍落度/mm	抗压强度/MPa		抗折强度/MPa		干燥收缩率/10^{-6}				弯曲韧性指数 I_{20}
		7d	28d	7d	28d	7d	28d	60d	180d	
130	120	45.2	55.4	4.8	7.2	83	204	268	426	21.6

所制备的混凝土工作性能、力学性能和体积稳定性能均满足要求。

4.1.3.3 混杂纤维混凝土收缩、徐变性能

1) 试验情况

（1）水泥。某品牌 P·O42.5 水泥；某品牌 PⅡ硅酸盐水泥。

（2）砂。巴河中砂，细度模数 2.8。

（3）石。某品牌 5～20 mm 连续级配碎石，压碎值 8%，针片状含量 7%。

（4）减水剂。聚羧酸系高效减水剂，固含量 30%。

（5）粉煤灰。某Ⅰ级粉煤灰，需水量比 96%。

（6）钢纤维。某品牌 CW05 钢纤维，抗拉强度 1 000 MPa。

（7）聚丙烯腈纤维。某品牌聚丙烯腈纤维，抗拉强度 800 MPa。

该试验的 C40～C60 混凝土见表 4-20、表 4-21。

表 4-20　C40～C60 混凝土配合比

单位：kg/m³

编号	水泥	粉煤灰	纤维		减水剂	砂	石	水
			钢纤维	聚丙烯腈纤维				
C40-1	430				3.44	800	1 061	150
C40-2	345	85			3.01	800	1 061	150
C40-3	345	85	40	0.5	3.87	794	1 054	150
C50-1	480				4.32	790	1 047	144
C50-2	385	95			3.84	790	1 047	144
C50-3	385	95	60		3.84	790	1 047	144
C50-4	385	95		0.9	4.80	783	1 040	144
C60-1	485				5.10	770	1 022	148
C60-2	430	60			4.59	770	1 022	148
C60-3	430	60	78		5.61	764	1 016	148
C60-4	430	60		1.0	5.61	764	1 016	148

注：C40、C50 用 P·O42.5 水泥，C60 用 PⅡ硅酸盐水泥。

2) 混凝土收缩性能影响因素分析

收缩是指由于混凝土中所含水分的变化、化学反应及温度降低等因素引起的混凝土体积缩小，其与混凝土的荷载历史无关，通过改变混凝土中的应力条件是无法消除收缩的。影响收缩的因素主要有以下五个：

表 4-21　C40～C60 混凝土力学、收缩、徐变性能

编号	收缩性能/10^{-4}			360 d 徐变系数	力学性能/MPa		
	7 d	56 d	90 d		3 d	7 d	28 d
C40-1	5.87	7.63	7.98	2.08	33.9	41.2	54.3
C40-2	3.99	5.96	6.25	1.82	29.7	38.9	52.6
C40-3	2.79	4.65	4.97	1.63	31.2	40.5	53.9
C50-1	6.01	7.21	7.45	1.59	39.8	51.5	64.3
C50-2	4.22	6.09	6.36	1.37	35.9	48.7	63.2
C50-3	4.03	5.47	5.96	1.22	36.7	49.5	63.9
C50-4	3.13	4.57	5.06	1.34	35.7	49.5	62.9
C60-1	6.28	7.42	7.73	1.28	47.6	59.8	71.4
C60-2	4.57	6.45	6.57	1.13	42.6	56.7	70.8
C60-3	3.91	4.92	5.65	0.98	43.9	58.3	72.6
C60-4	3.21	4.69	5.13	1.09	42.8	57.1	71.2

注：徐变均为混凝土养护 7 d 后加载测试。

（1）水泥品种。水泥性质对混凝土收缩的影响很小，水泥的化学成分对收缩并无影响。但石膏掺量不足的水泥会表现出较大的收缩，从水泥缓凝的观点出发，石膏最佳掺量一般是以导致最小收缩的石膏掺量为宜。高铝水泥混凝土的收缩量与普通水泥混凝土相接近，但收缩发生的速度要快得多。

（2）水灰比、水泥用量、含水量。单位体积混凝土的水泥用量相同时，水灰比愈大则收缩也愈大；含水量愈大则收缩也愈大；当用水量不变时，单位体积的水泥用量愈大则收缩也愈大。

（3）骨料。其对水泥石的收缩起约束作用，混凝土的收缩 Es 对净水泥浆收缩 Eo 的比取决于混凝土的骨料含量 Va。骨料含量愈大则收缩愈小。自然干骨料一般是不发生收缩的，但某些石料在干燥过程中也会收缩，这种收缩性骨料一般有较大的吸水性。轻骨料混凝土的收缩大，主要是轻骨料弹性模量低，对水泥石收缩的约束较小所致。粒径小于 75 mm 的细料含量多的轻骨料将导致混凝土具有大的空隙率和收缩量。

（4）养护条件。混凝土的收缩往往持续很长时间，甚至在 28 年以后还在继续收缩。收缩的速度则随时间而急剧降低。延长潮湿养护时间可以延滞收缩的进程。水泥水化得愈充分则阻凝收缩的未水化水泥就愈少，因而延长养护时间会导致加大收缩，这

时强度与抵抗开裂的能力却有提高。但随着强度的提高，徐变有所降低，因而由徐变所缓解的收缩应力亦将减少。蒸汽养护可以减少混凝土的收缩，高压蒸汽养护更能显著地减少混凝土的收缩。

（5）加劲水泥混合物。纤维混合物对开裂有较好的控制作用，但是由于纤维混合物一般截面较薄，导致碳化收缩加剧并将增加干燥收缩。

3）矿物掺和料对混凝土收缩的影响

（1）原材料。原材料为重庆某水泥厂的 42.5R 级（比表面积 420 m²/kg）水泥、重庆某搅拌站生产的磨细矿渣粉（比表面积 370 m²/kg）、掺量为 1.0% 的聚羧酸高效减水剂、自来水。

（2）试验配合比及工作性试验结果。混凝土的强度等级为 C40，其配合比见表 4-22，收缩值见表 4-23。

表 4-22　C40 混凝土配合比　　单位：kg/m³

编号	水泥	粉煤灰	矿粉	砂	石	水	减水剂	引气剂
1-1	330			640	1245	158.4		
1-2	264	66	54	660	1280	172.8	1	
1-3	180	180		645	1251	144	1	
1-4	200	126		645	1251	130.4	1	
1-5	200	180		645	1251	152	1	0.003

表 4-23　不同配合比 C40 混凝土的收缩值

编号	水泥	粉煤灰掺量/%	矿渣掺量/%	引气剂	不同龄期的收缩率/10⁻⁶						
					1 d	3 d	7 d	14 d	28 d	56 d	90 d
1-1	100	0	0	0	90	125	220	280	353	420	508
1-2	80	20	0	0	82	109	205	260	310	365	440
1-3	50	50	0	0	79	102	170	246	325	350	420
1-4	50	35	15	0	80	104	210	252	354	401	460
1-5	53	47	0	0.003	82	110	173	250	330	348	430

由图 4-8 可知，不同混凝土的早期收缩（1 d、3 d）基本相同，7 d 后，各组混凝土收缩趋势开始增大，添加掺和料的混凝土后期收缩值明显降低。当在基准混凝土（编号 1-1）中掺入一定量的粉煤灰后，收缩降低值较大，且在一定量范围内，随粉煤灰量的增加，水泥量减少越多，混凝土的收缩减小也越多。当矿渣和粉煤灰复掺时（编号 1-4），混凝土的收缩比单掺粉煤灰的略有增加。当粉煤灰和引气剂复掺时（编号 1-5），收缩比单掺粉煤灰混凝土的略有增加，但后期相比基准混凝土收缩值降低较大。

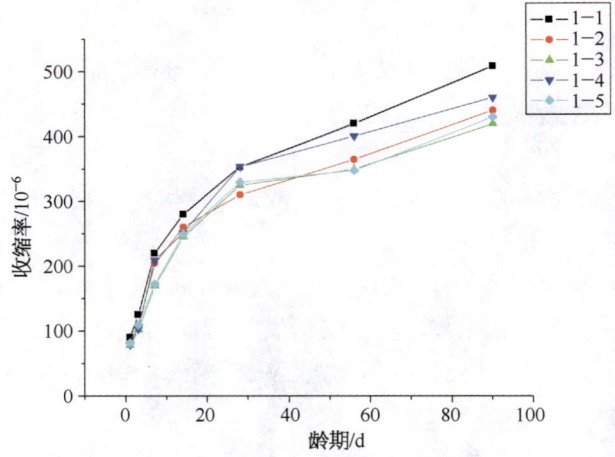

图 4-8　不同配合比 C40 混凝土的收缩

4）水泥种类对混凝土收缩性能的影响

表 4-24　不同水泥混凝土的收缩值　　单位：%

水泥品种	标准养护条件				干燥空气			
	1 d	3 d	7 d	28 d	1 d	3 d	7 d	28 d
P·P	0.005	0.012	0.029	0.031	0.020	0.040	0.075	0.083
P·O	0.016	0.036	0.076	0.082	0.031	0.066	0.115	0.125
P·S	0.007	0.016	0.039	0.043	0.021	0.039	0.083	0.095
P·F	0.007	0.015	0.031	0.038	0.022	0.044	0.076	0.089

由表 4-24 和图 4-9 可知，采用普通硅酸盐水泥收缩值较小，火山灰质硅酸盐水泥有明显的收缩，粉煤灰水泥和矿渣水泥的收缩值差别不大。

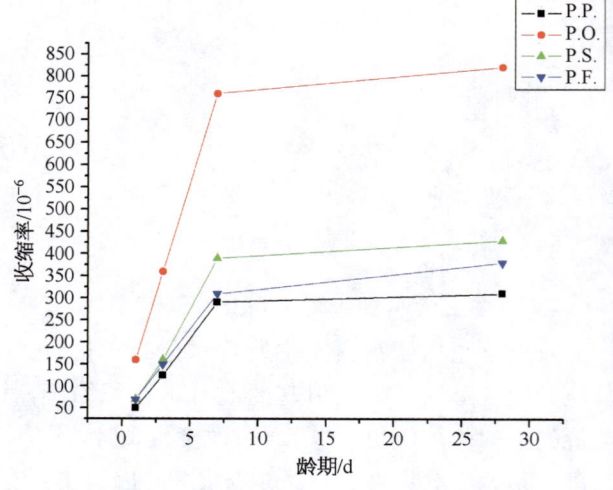

图 4-9　不同水泥混凝土的收缩（标准养护）

5) 膨胀剂对混凝土收缩的影响

为了改善混凝土的抗渗防裂性能,采用膨胀剂可以提高混凝土在潮湿环境下的抗渗防裂能力。因此对膨胀剂的掺量进行试验,以得出膨胀剂的最佳掺量。试验结果见表4-25。

表4-25 不同膨胀剂掺量混凝土的收缩值

单位:%

膨胀剂掺量/%	标准养护条件				干燥空气			
	1d	3d	7d	28d	1d	3d	7d	28d
0	0.005	0.012	0.029	0.031	0.020	0.040	0.075	0.083
6	0.003	0.005	0.008	0.010	0.018	0.062	0.085	0.102
8	0.003	0.005	0.006	0.008	0.018	0.065	0.109	0.123
10	0.003	0.004	0.006	0.007	0.018	0.065	0.122	0.129
12	0.003	0.004	0.005	0.006	0.018	0.064	0.125	0.135

由图4-10可知,对于掺膨胀剂的混凝土,在标准养护条件下,由于有充足的水分,膨胀剂作用发挥,混凝土收缩小;但在干燥环境下,混凝土收缩达到甚至超过不掺膨胀剂的混凝土。因此可知,对处于地下或潮湿环境中的混凝土,掺入膨胀剂可以起到膨胀补偿收缩、防渗抗裂的作用,且在6%~12%的掺量变化中,随着掺量的增加,膨胀值增大,稳定性较好,其最佳的掺量为8%~10%;而对于干燥环境中的混凝土,掺入膨胀剂不仅起不到膨胀防裂作用,而且收缩值比不掺入膨胀剂更大。因此在配制潮湿环境中的混凝土或地下混凝土时,优选8%~10%的膨胀剂配料,使刚性防水起到最优效果。

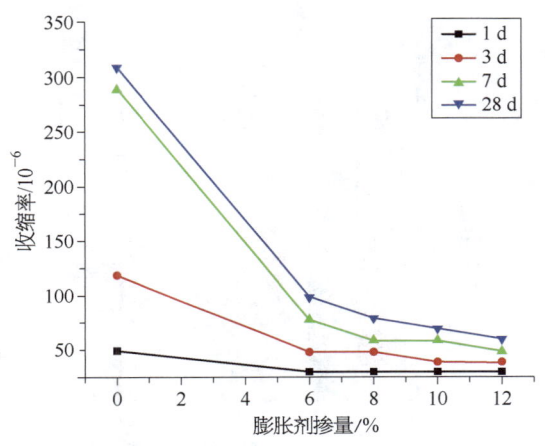

图4-10 不同掺量膨胀剂混凝土的收缩率

6) 防水剂对混凝土收缩的影响

为确保在潮湿环境和干燥环境的混凝土都具有防水抗裂的能力,有的工程采用掺加防水剂的措施来改善混凝土的防水抗裂性能,为了选择合理的掺量,经过对比,选用甲基硅酸钠作为防水剂,并对其掺量进行了试验,以找到最适合于工程应用的掺量。试验结果见表4-26。

表4-26 不同掺量有机硅防水剂混凝土的收缩值

单位:%

有机硅防水剂掺量/%	标准养护条件				干燥空气			
	1d	3d	7d	28d	1d	3d	7d	28d
0	0.005	0.012	0.029	0.031	0.020	0.040	0.075	0.083
0.5	0.004	0.012	0.024	0.029	0.011	0.024	0.031	0.037
1.0	0.004	0.012	0.020	0.027	0.011	0.023	0.031	0.035
1.5	0.004	0.012	0.020	0.027	0.011	0.023	0.030	0.035
2.0	0.004	0.012	0.020	0.025	0.011	0.022	0.029	0.034
2.5	0.004	0.012	0.020	0.023	0.011	0.022	0.029	0.034
3.0	0.004	0.012	0.020	0.023	0.011	0.022	0.031	0.035

由图4-11可知,掺加有机硅防水剂后的混凝土试件在标准养护和干燥空气中28d的收缩值相差不大,随着防水剂掺量的增加,收缩值逐渐变小,但超过2.5%后收缩值基本不变,因此,掺加2.5%的有机硅防水剂,对于配制纤维防裂混凝土具有较理想的效果,能使这种适应性很强的刚性防裂措施发挥作用。

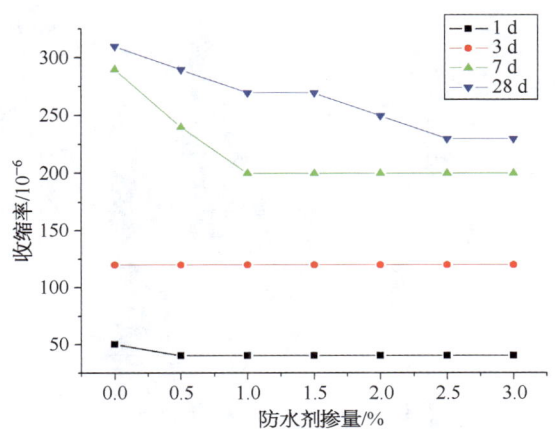

图4-11 不同掺量防水剂混凝土的收缩

7) 混凝土徐变的影响因素分析

混凝土徐变是在持续荷载作用下,混凝土结构的变形随时间不断增加的现象。一般以徐变系数 φ 表示：$\varphi=f/\varepsilon$（f 为徐变变形，ε 为弹性变形）。一般认为混凝土产生徐变的机理是由水泥石的黏弹性和水泥石与骨料之间的塑性性质的综合结果。具体来说，主要由于持续荷载的作用使胶凝体中水分缓慢地压出，水泥石的黏性流动，微细空隙的闭合，结晶内部的滑动，微细裂缝的发生等各种因素的累加。

结合国内外试验研究结果，证明混凝土徐变有以下规律：①加荷期间大气湿度越低，气温越高，徐变越大；②混凝土中水泥用量越多，或者水灰比越大，徐变越大；③使用结构越不密实骨料的混凝土，由于级配不良、空隙较多，徐变越大；④水泥活性越低，结晶体形成慢而少，徐变越大，徐变大致随所用水泥品种按下列顺序增加——早强水泥、高强水泥、普通硅酸盐水泥、矿渣硅酸盐水泥；⑤加荷应力越大，徐变越大；⑥加荷时混凝土龄期越短，徐变越大，持荷时间越长，徐变越大；⑦结构尺寸越小，徐变越大。

8) 骨料对混凝土徐变的影响

混凝土的徐变主要来自水泥浆体，骨料起限制徐变的作用，骨料的弹性模量越高，对水泥浆体徐变的约束就越大；骨料的孔隙率越大，混凝土的徐变也越大。轻骨料由于弹性模量较小，其混凝土徐变较大。骨料种类对混凝土徐变的影响见表 4-27 和图 4-12。

表 4-27　骨料种类对混凝土徐变的影响

岩石种类	强度等级	弹性模量/GPa	徐变度/($10^{-6}\cdot MPa^{-1}$)	徐变度均值/($10^{-6}\cdot MPa^{-1}$)
正长岩	C30	27.5	111.2	
	C40	29.2	101.7	100.6
	C50	31.0	88.3	
玄武岩	C30	36.4	114.0	
	C40	37.9	96.5	98.1
	C50	39.9	83.8	
白云岩	C30	46.8	73.5	
	C40	49.6	60.4	62.7
	C50	52.7	54.1	

表 4-27 和图 4-12 的结果表明，混凝土的弹性模量随着混凝土强度等级的提高而提高，徐变随强度等级的提高而降低；骨料对混凝土徐变的影响依正长岩、玄武岩、白云岩而减小。因此，可以通过选择骨料种类，在一定范围内提高混凝土的徐变值。

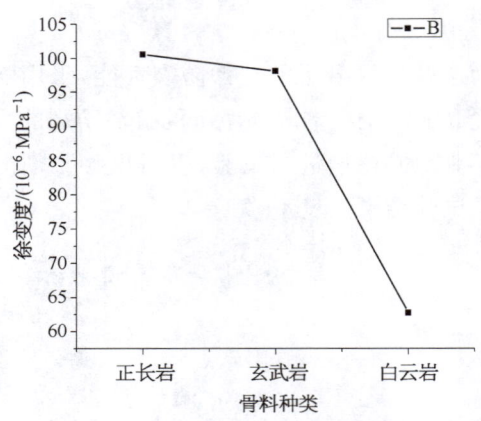

图 4-12　骨料种类对混凝土徐变的影响

9) 聚丙烯纤维和钢纤维对混凝土徐变的影响

由表 4-20、表 4-21 的试验结果可知，聚丙烯纤维和钢纤维的加入能明显降低混凝土的徐变系数，在 C40 混凝土中掺入混杂纤维使其徐变系数降低 21.63%；在 C50、C60 混凝土中掺入聚丙烯腈纤维使其徐变系数分别降低了 15.7% 和 14.8%，掺入钢纤维使其徐变系数分别降低了 23.3% 和 23.4%。以上结果说明在混凝土中掺入纤维能够降低其徐变，具体如图 4-13、图 4-14 所示。

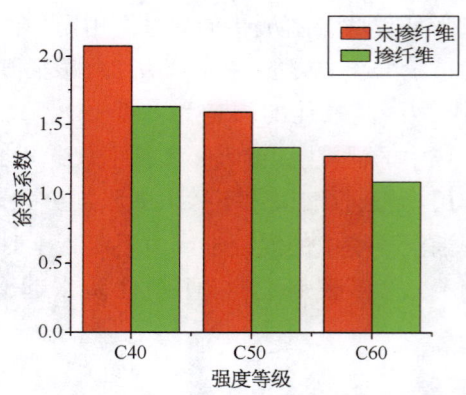

图 4-13　聚丙烯腈纤维对混凝土徐变影响

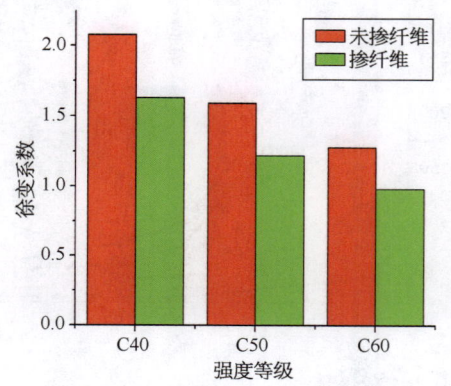

图 4-14　钢纤维对混凝土徐变的影响

10) 矿物掺和料对混凝土徐变的影响

由表4-20、表4-21的试验结果可知，C40、C50、C60混凝土掺入粉煤灰与未掺粉煤灰的相比，徐变系数分别降低了12.5%、13.8%、11.7%，具体如图4-15所示。

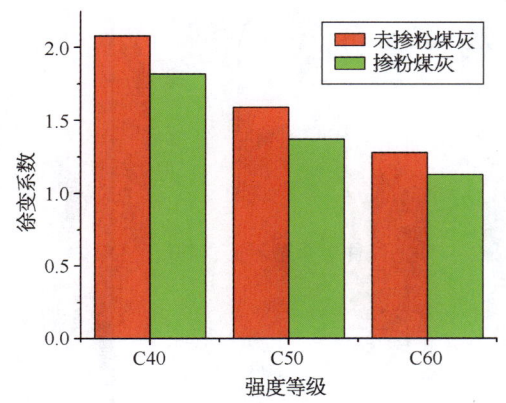

图4-15 粉煤灰对混凝土徐变的影响

11) 混凝土强度对其徐变的影响

由表4-20、表4-21的试验结果可知，对于未掺粉煤灰和纤维的混凝土的徐变系数，C40、C50、C60分别为2.08、1.59、1.28，C40到C50徐变系数下降23.6%，C50到C60下降19.5%；徐变系数随着混凝土强度等级的提高而降低。由表4-27中各个强度等级下的混凝土徐变度可以得到同样的结果，具体如图4-16所示。

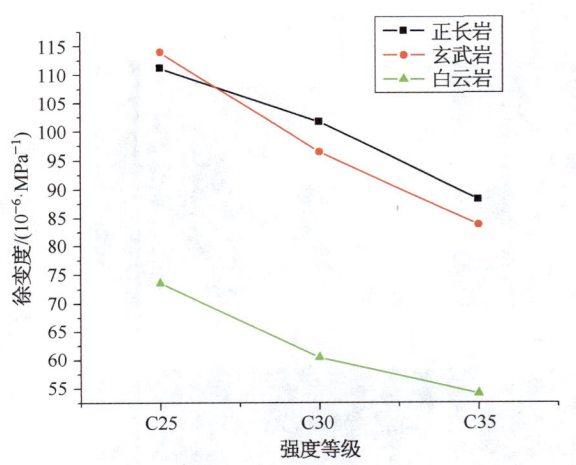

图4-16 强度对混凝土徐变的影响

通过上述的C40~C60混凝土的徐变、收缩性能试验结果可知：

（1）收缩：①混凝土的收缩值随着龄期的增加而增大；②加入粉煤灰后，混凝土的收缩减小，减少了混凝土开裂；③加入钢纤维和聚丙烯纤维后的混凝土收缩均减小，提高了混凝土的体积稳定性能和抗裂性能，其中聚丙烯腈纤维对于收缩值的降低贡献较大。

（2）徐变：①混凝土的360 d徐变系数随着混凝土强度的增加而减小；②加入粉煤灰后，有利于减小混凝土的360 d的徐变系数；③加入聚丙烯腈纤维对徐变系数的降低有一定的作用，但降低幅度不大，加入钢纤维后，有利于降低混凝土的徐变系数。

4.2 整平层层间强劲连接结构试验研究

在混凝土梁上浇筑混凝土桥面铺装层时，由于工程经济性和桥梁自重荷载的限制，桥面铺装层厚度一般在10 cm左右，且面积大，厚度不均，长厚比极不匹配，加之桥面的曲线半径、纵坡、超载车辆、气候等多种条件的影响，桥面铺装层混凝土受到拉、压、弯、剪、扭等复杂的应力体系作用，混凝土梁桥面铺装层是桥梁结构中受力最复杂的结构部位之一。且浇筑完成龄期不同，桥梁施工结合面积大，在实际桥梁施工的过程中可能会出现不同的浇筑界面，针对桥梁铺装层混凝土施工中不同的界面处理情况、钢筋剪力键形状、间距等，开展界面情况对梁体混凝土和铺装层混凝土连接力学性能的影响研究，对指导实际桥梁施工具有非常重要的意义。

为了加强梁体和铺装层混凝土的连接，使桥面铺装层混凝土和梁体作为一个整体协同受力，在混凝土梁预制的过程中将主梁钢筋伸出梁体顶面，弯成一定的形状，形成剪力键。在混凝土梁上常用的两种剪力键为马蹄形剪力键和L形剪力键，其结构尺寸和布置如图4-17、图4-18所示。

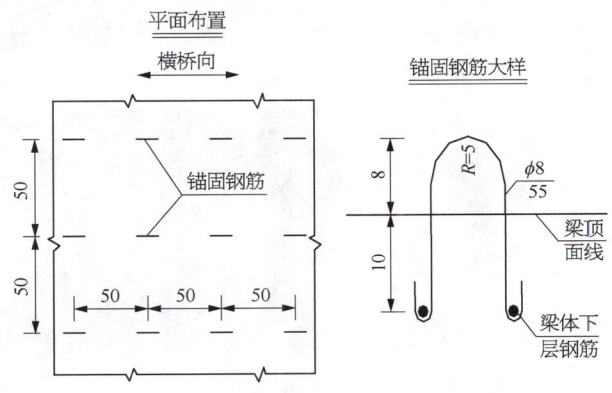

图4-17 马蹄形剪力键尺寸（单位：cm）

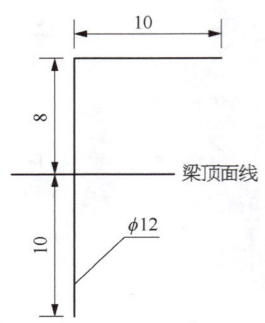

图 4-18　L 形剪力键尺寸(单位：cm)

4.2.1　组合结构抗压性能

桥面铺装层是桥梁直接承受车辆等外部压力的结构部位，外部因素对桥面形成的压力是首先要考虑的因素。

4.2.1.1　试验试件

为了模拟梁体和铺装层混凝土组合结构的受力情况，采用制备出的高韧性低收缩混凝土，制作尺寸为 150 mm×150 mm×150 mm 的抗压试件，在不同龄期分两次浇筑完成。试验时，先浇筑一半(厚度 75 mm)混凝土，然后植入钢筋剪力键(或不植入)，标准养护 7 d 后采用同样的配合比浇筑剩余 75 mm，形成中间有分界面的试件，分别标准养护 3 d、7 d、14 d、28 d 和 60 d 后进行抗压试验。为了研究梁体和铺装层结合面的力学性能，试验时受压面与结合面垂直。

界面剪力键采用 L 形和马蹄形两种形状，分别研究其对界面黏接力学性能的影响。剪力键按照比例缩小，L 形剪力键采用 φ9 钢筋制作，马蹄形剪力键采用 φ6 钢筋制作，在界面上植入一个剪力键。试件中马蹄形和 L 形剪力键尺寸及埋设方式如图 4-19、图 4-20 所示。

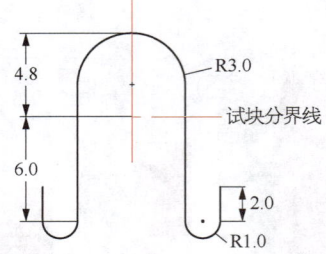

图 4-19　试件中马蹄形剪力键尺寸(单位：cm)

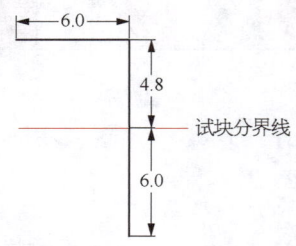

图 4-20　试件中 L 形剪力键尺寸(单位：cm)

由于桥面铺装层施工面积大、厚度不均等因素，在混凝土梁桥面铺装施工中，有可能出现多种界面情况，所以结合桥面铺装现场施工的实际情况，研究混凝土梁桥面在干净干燥、有泥沙、保水和有积水情况下，梁体和铺装层结合结构的力学性能。试验过程如图 4-21 所示。

(a) 界面没有剪力键　　(b) 马蹄形剪力键　　(c) L 形剪力键

(d) 浇筑上层混凝土　　(e) 完整试件　　(f) 抗压试验

图 4-21　复合强劲型桥面整平层层间强劲连接结构抗压性能试验过程

4.2.1.2 试验结果

养护龄期达到28d以后将混凝土试件从标准养护室中取出,进行抗压强度测试。梁体和铺装层混凝土界面情况对抗压强度的影响试验结果见表4-28~表4-32和图4-22。

表4-28 3d抗压强度　　　单位：MPa

剪力键形状	界面情况			
	有泥沙	干净干燥	保水	有积水
无剪力键	31.3	30.8	31	31.2
L形(ϕ9)	27.3	29.2	29.5	29.9
马蹄形(ϕ6)	32.7	33.3	35.1	31.7

表4-29 7d抗压强度　　　单位：MPa

剪力键形状	界面情况			
	有泥沙	干净干燥	保水	有积水
无剪力键	33.9	35.2	38.3	37.1
L形(ϕ9)	36.1	35.9	36.1	34.2
马蹄形(ϕ6)	32.9	37.3	37	33.7

表4-30 14d抗压强度　　　单位：MPa

剪力键形状	界面情况			
	有泥沙	干净干燥	保水	有积水
无剪力键	42.1	40.4	41.4	44.9
L形(ϕ9)	39.9	39.9	39.3	41.6
马蹄形(ϕ6)	33.8	41.1	39.9	38.0

表4-31 28d抗压强度　　　单位：MPa

剪力键形状	界面情况			
	有泥沙	干净干燥	保水	有积水
无剪力键	42.2	41.9	43.1	45.3
L形(ϕ9)	42.7	44.3	40.3	44.4
马蹄形(ϕ6)	43.3	48.6	47.4	43.6

表4-32 60d抗压强度　　　单位：MPa

剪力键形状	界面情况			
	有泥沙	干净干燥	保水	有积水
无剪力键	44.4	42.8	43.9	46.9
L形(ϕ9)	46.3	47.8	48.3	47.5
马蹄形(ϕ6)	48.4	52.4	58.1	49.3

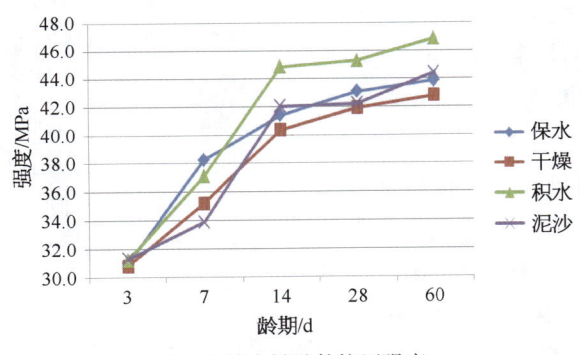

(a) 无剪力键试件抗压强度

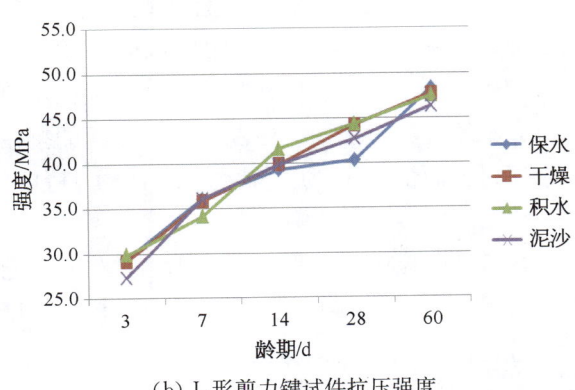

(b) L形剪力键试件抗压强度

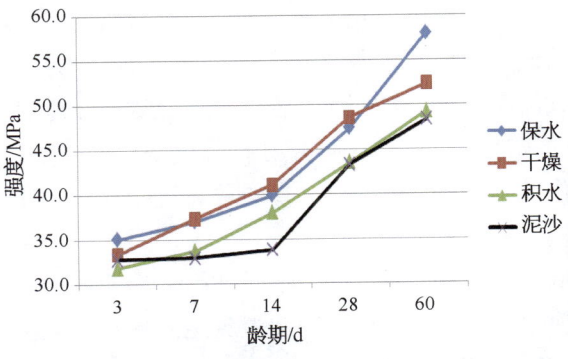

(c) 马蹄形剪力键试件抗压强度

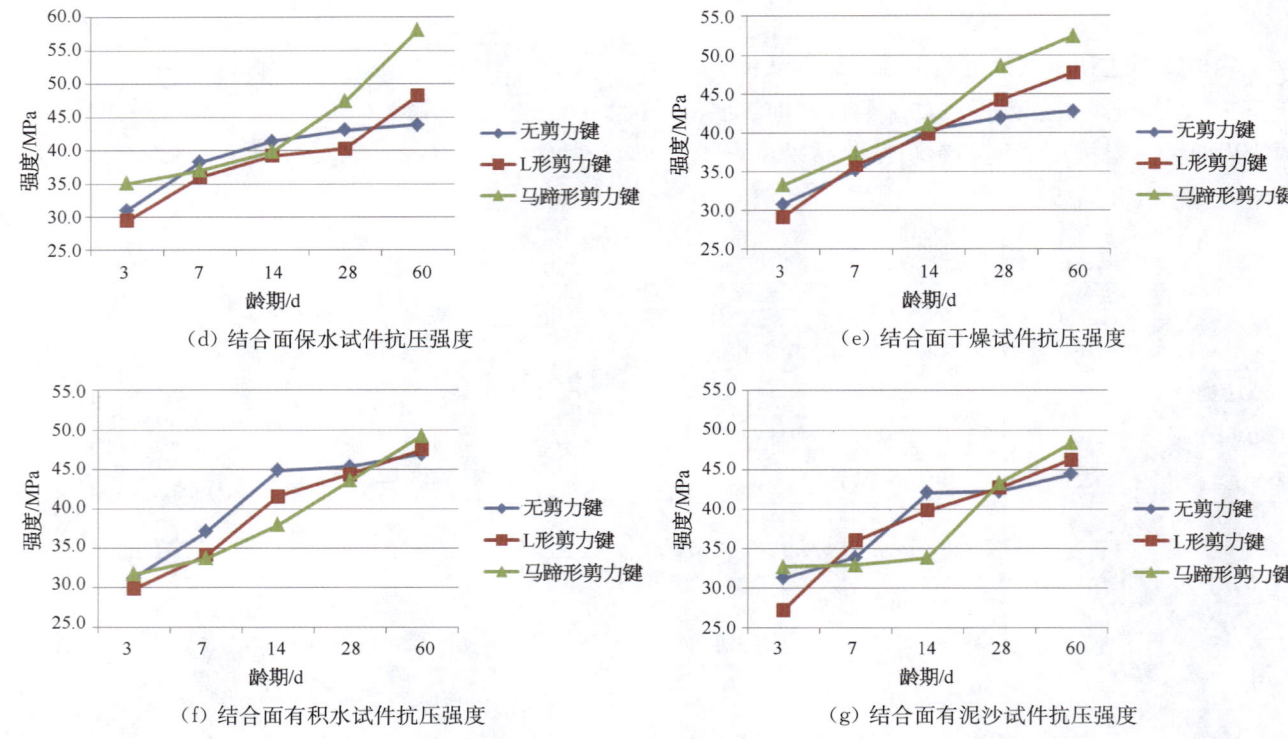

(d) 结合面保水试件抗压强度　　　　(e) 结合面干燥试件抗压强度

(f) 结合面有积水试件抗压强度　　　　(g) 结合面有泥沙试件抗压强度

图 4-22　梁体和铺装层混凝土界面情况对抗压强度的影响试验结果

从试验结果可以看出，界面情况对梁体和铺装层组合结构早期抗压强度影响较小，对后期抗压强度影响较大，这是由于组合结构的早期抗压强度主要取决于强度较低的后浇筑的铺装层混凝土，后期（60 d）梁体和铺装层混凝土强度都已发挥出来，界面情况对组合结构抗压强度起主要作用。60 d 龄期，界面干燥、有泥沙及有积水的组合结构抗压强度明显低于界面保水的组合结构；在界面植有马蹄形剪力键的情况下，界面保水的抗压强度比干燥界面的抗压强度高 10.8%，比有泥沙界面的抗压强度高 20%，比有积水界面的抗压强度高 17.8%，因此界面保水情况为最理想的施工条件。

界面保水情况下 60 d 抗压强度，植有马蹄形剪力键的试件比没有剪力键的试件高 32%，比 L 形剪力键高 20%，这是因为马蹄形剪力键采用柔性较好的 $\phi 6$ 钢筋制作，L 形剪力键采用刚性的 $\phi 9$ 钢筋制作，在混凝土硬化后期，L 形剪力键会在结构中形成较大的应力集中。

从组合结构的抗压性能来分析，采用柔性的马蹄形剪力键并在施工桥面铺装混凝土时保持混凝土梁顶面干净、用水充分浸透但不存在积水的情况为最佳的施工条件。

4.2.2　组合结构抗拉性能

由于主梁梁体与桥面铺装层混凝土浇筑龄期相差较大，在浇筑铺装层混凝土时，主梁梁体已经基本完成收缩、徐变等体积变形，主梁混凝土会对新浇筑的铺装层混凝土的收缩产生一定约束作用而造成接触面上存在剪应力。另外，车辆荷载也会引起主梁、铺装层混凝土之间的剪应力，当剪应力值大于梁体和铺装层混凝土黏结抗剪强度时，会造成两层混凝土结合面脱黏、损坏。因此两层混凝土要有良好的黏结效果，以保证有足够的抗剪强度。

一般认为普通混凝土的抗剪强度和抗拉强度数值相差不多，《混凝土结构设计规范》在板的抗冲切设计、梁柱等构件斜截面和扭曲截面承载力计算中就使用混凝土抗拉强度来替代抗剪强度。本节通过研究梁体混凝土和铺装层混凝土黏结面的抗拉强度来探讨界面情况对两层混凝土黏结抗剪性能的影响规律。

劈裂抗拉试验按照《普通混凝土力学性能试验方法标准》进行，制作和前述试验完全相同的试件进行劈裂抗拉试验。试验结果见表 4-33～表 4-37 和图 4-23。

表4-33　3d劈裂抗拉强度　　　单位：MPa

剪力键形状	界面情况			
	有泥沙	干净干燥	保水	有积水
无剪力键	0.88	1.18	0.82	0.96
L形($\phi 9$)	2.21	2.93	2.41	2.08
马蹄形($\phi 6$)	1.72	2.26	2.34	2.17

表4-34　7d劈裂抗拉强度　　　单位：MPa

剪力键形状	界面情况			
	有泥沙	干净干燥	保水	有积水
无剪力键	0.90	1.54	1.68	1.17
L形($\phi 9$)	3.04	3.06	3.73	2.87
马蹄形($\phi 6$)	2.24	3.45	3.55	3.38

表4-35　14d劈裂抗拉强度　　　单位：MPa

剪力键形状	界面情况			
	有泥沙	干净干燥	保水	有积水
无剪力键	1.39	2.38	2.31	2.04
L形($\phi 9$)	3.29	3.38	3.89	3.70
马蹄形($\phi 6$)	2.67	4.20	4.34	3.88

表4-36　28d劈裂抗拉强度　　　单位：MPa

剪力键形状	界面情况			
	有泥沙	干净干燥	保水	有积水
无剪力键	1.85	2.55	2.76	2.62
L形($\phi 9$)	3.31	4.11	4.05	3.82
马蹄形($\phi 6$)	3.09	4.93	5.11	4.21

表4-37　60d劈裂抗拉强度　　　单位：MPa

剪力键形状	界面情况			
	有泥沙	干净干燥	保水	有积水
无剪力键	2.29	2.79	3.36	2.83
L形($\phi 9$)	3.46	4.24	4.42	4.31
马蹄形($\phi 6$)	3.48	4.95	5.38	4.40

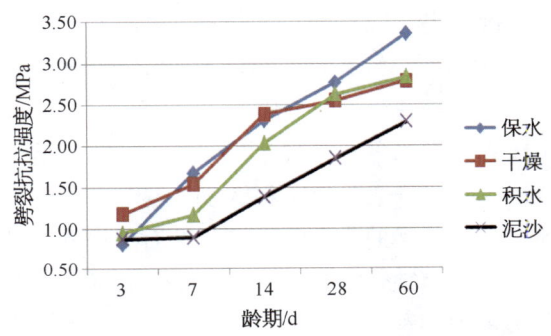

(a) 无剪力键试件抗拉强度

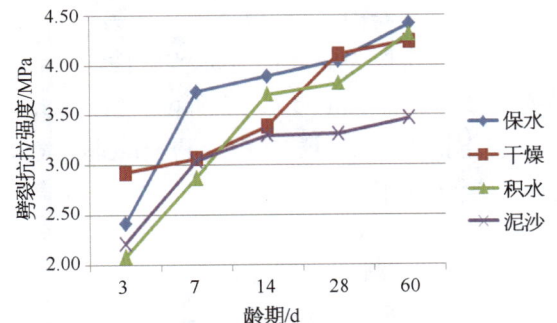

(b) L形剪力键试件抗拉强度

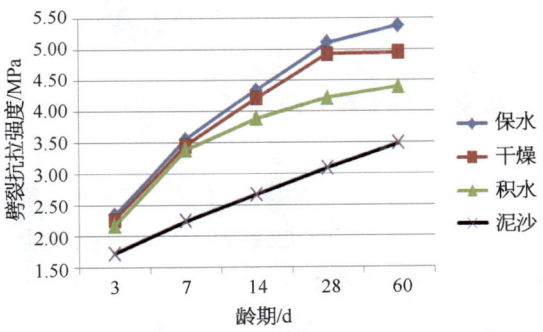

(c) 马蹄形剪力键试件抗拉强度

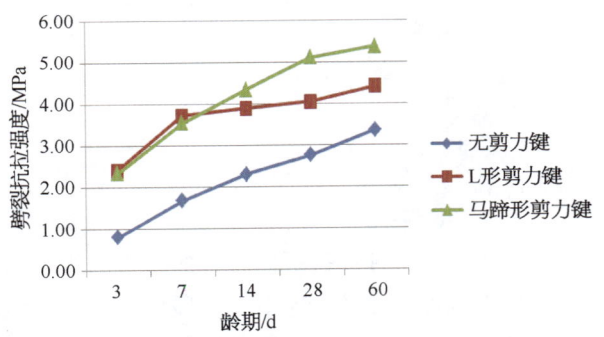

(d) 结合面保水试件抗拉强度

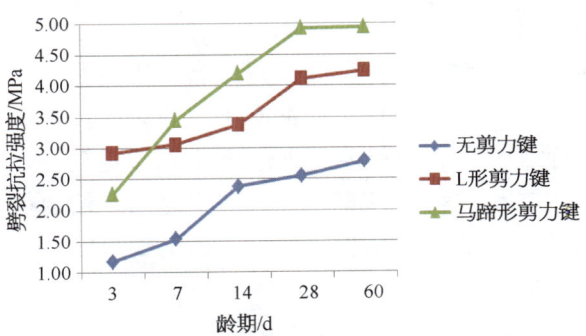

(e) 结合面干燥试件抗拉强度

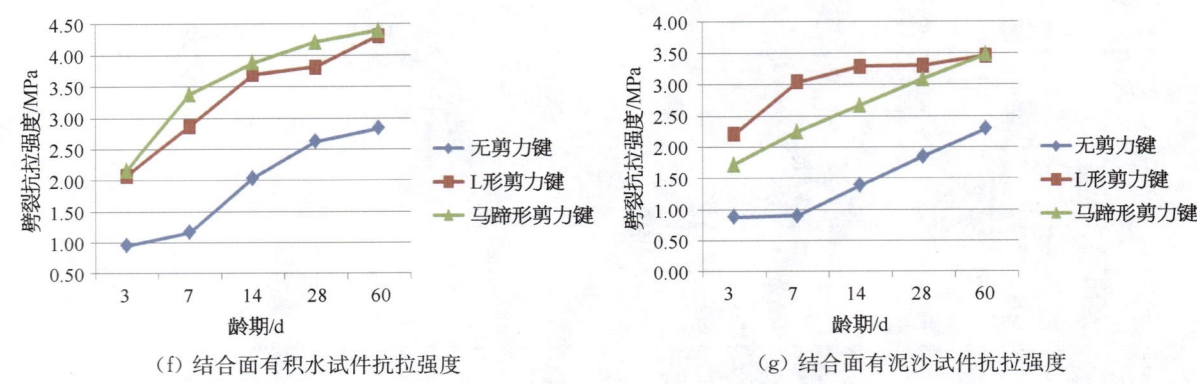

(f) 结合面有积水试件抗拉强度　　　　(g) 结合面有泥沙试件抗拉强度

图 4-23　组合结构抗拉性能劈裂抗拉试验结果

从试验结果可以看出，无论是植入 L 形剪力键、马蹄形剪力键或不植入剪力键，界面保水的组合结构抗拉强度都是最大的。60 d 龄期，界面植入马蹄形剪力键的组合结构，其在界面保水情况下的抗拉强度比界面干燥时高 8.6%，比界面有积水时高 22.2%，比界面有泥沙时高 54.6%。

在界面保水的情况下，界面植入马蹄形剪力键组合结构的抗拉强度比不植入剪力键时高 60%，比植入 L 形剪力键时高 21.2%；在界面干燥和有积水的情况下，马蹄形剪力键试件的抗拉强度也明显高于 L 形剪力键和无剪力键试件，这是由马蹄形剪力键的形状特征所决定的：浇筑的铺装层钢纤维混凝土嵌入其马蹄形结构中，当界面受到拉应力时，马蹄形结构可以起到比 L 形结构更大的阻止界面相对运动的作用，从而大大加强了两层混凝土之间的抗拉强度。

在混凝土梁体上浇筑铺装层混凝土时，如果梁体处于干燥状态，梁体混凝土会吸收新浇筑混凝土中的水分，使界面区域附近的新浇筑混凝土缺乏足够的水分，阻碍混凝土中水泥水化产生强度，极易造成界面结合区域黏结不牢固而开裂，影响桥面铺装的质量和寿命；而界面存在积水或者泥沙则会造成梁体和铺装层之间的薄弱环节，也会对界面黏结产生不利影响；在浇筑铺装层混凝土之前先对预制梁体进行洒水保湿，使梁体顶面充分润湿，以达到良好的黏结效果。因此，从梁体和铺装层之间黏结的抗拉强度来看，采用界面保水情况下的马蹄形剪力键为最佳施工方案。

4.2.3　组合结构抗折性能

大跨度预应力简支混凝土梁，由于梁体自重、铺装层重量和行车荷载等的作用，会在跨中形成较大的正弯矩，梁体底部混凝土处于拉应力区；在桥墩顶部位置由于梁体自重等因素会形成较大的负弯矩，使得桥面铺装层混凝土处于拉应力区。弯拉应力的作用是造成铺装层开裂的一个重要原因，因此梁体和铺装层组合整体在较大弯矩情况下要有足够的开裂极限强度。

4.2.3.1　试验试件

为了模拟铺装层混凝土受到弯拉应力作用时的力学行为，拟采用 150 mm×150 mm×550 mm 的试件，在不同龄期分两次浇筑完成。试验时，先浇筑底层的一半试件，然后在界面上植入钢筋剪力键（或不植入），标准养护 7 d 后浇筑上层的另外一半试件，形成以纵截面作为分界面的完整试件，然后再分别标准养护 3 d、7 d、14 d、28 d 和 60 d 后，把试件放置到混凝土抗折强度测试夹具上进行试验，试验时铺装层混凝土在下，梁体混凝土在上，使铺装层混凝土受拉，加载示意如图 4-24 所示。

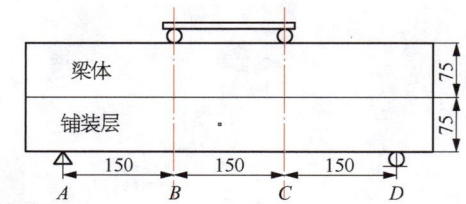

图 4-24　抗折试件加载示意图（单位：mm）

4.2.3.2　试验结果

由混凝土试件在抗折试验时的受力分析可知，在对混凝土试件加载的过程中，BC 段之间为纯弯段，梁的横截面上只有正应力，没有剪应力，梁体的下表面受到最大的拉应力，当拉应力超过混凝土的极限抗拉强度时，混凝土开裂。本节设置两种剪力键间距（300 mm 和 500 mm），研究剪力键间距对组合结构抗弯拉性能的影响规律。剪力键布置如图 4-25、图 4-26 所示，试验结果见表 4-38~表 4-42 所示。

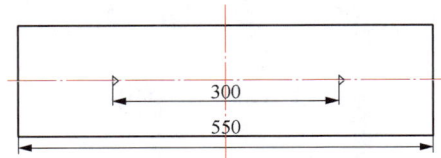

图 4-25　间距 300 mm 剪力键布置图（单位：mm）

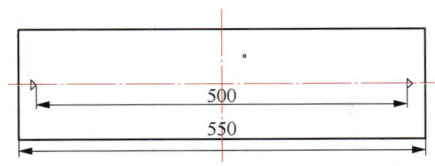

图 4-26　间距 500 mm 剪力键布置图（单位：mm）

表 4-38　3 d 抗折强度　　　单位：MPa

剪力键形状	剪力键间距/mm	界面情况			
		有泥沙	干净干燥	保水	有积水
无剪力键		4.31	5.32	5.49	4.63
L形(φ9)	500	4.25	4.72	4.60	4.28
	300	4.52	4.71	4.79	4.54
马蹄形(φ6)	500	3.22	3.48	3.43	4.15
	300	3.21	4.30	4.88	4.18

表 4-39　7 d 抗折强度　　　单位：MPa

剪力键形状	剪力键间距/mm	界面情况			
		有泥沙	干净干燥	保水	有积水
无剪力键		4.41	5.43	5.69	4.96
L形(φ9)	500	4.67	4.90	5.29	4.73
	300	4.54	4.96	5.09	4.76
马蹄形(φ6)	500	4.76	4.69	5.13	4.72
	300	4.87	4.72	5.18	4.97

表 4-40　14 d 抗折强度　　　单位：MPa

剪力键形状	剪力键间距/mm	界面情况			
		有泥沙	干净干燥	保水	有积水
无剪力键		4.50	5.77	5.74	5.05

（续表）

剪力键形状	剪力键间距/mm	界面情况			
		有泥沙	干净干燥	保水	有积水
L形(φ9)	500	5.02	5.14	5.51	4.82
	300	5.34	5.28	5.23	4.87
马蹄形(φ6)	500	4.87	5.00	5.30	4.75
	300	4.93	4.81	5.25	5.22

表 4-41　28 d 抗折强度　　　单位：MPa

剪力键形状	剪力键间距/mm	界面情况			
		有泥沙	干净干燥	保水	有积水
无剪力键		5.44	6.12	6.13	5.58
L形(φ9)	500	5.58	5.28	5.60	5.23
	300	5.51	6.46	5.90	6.13
马蹄形(φ6)	500	6.12	6.55	6.22	6.14
	300	5.61	5.27	5.37	5.77

表 4-42　60 d 抗折强度　　　单位：MPa

剪力键形状	剪力键间距/mm	界面情况			
		有泥沙	干净干燥	保水	有积水
无剪力键		5.55	6.42	6.65	6.14
L形(φ9)	500	6.18	6.56	6.67	6.29
	300	5.67	6.54	6.41	6.21
马蹄形(φ6)	500	6.54	6.73	7.16	6.66
	300	6.26	6.62	6.94	6.48

将上述试验结果绘制成图 4-27，U1 表示间距 500 mm 的马蹄形剪力键，U2 表示间距 300 mm 马蹄形剪力键；L1 表示间距 500 mm 的 L 形剪力键，L2 表示间距 300 mm 的 L 形剪力键。

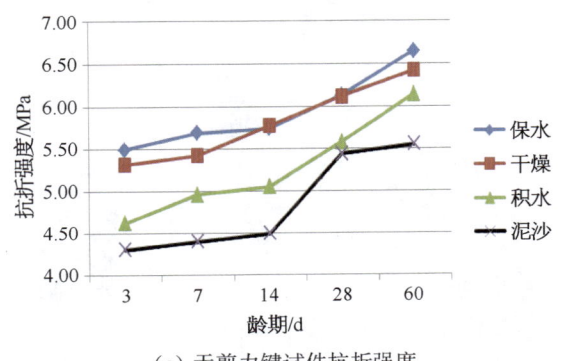

(a) 无剪力键试件抗折强度

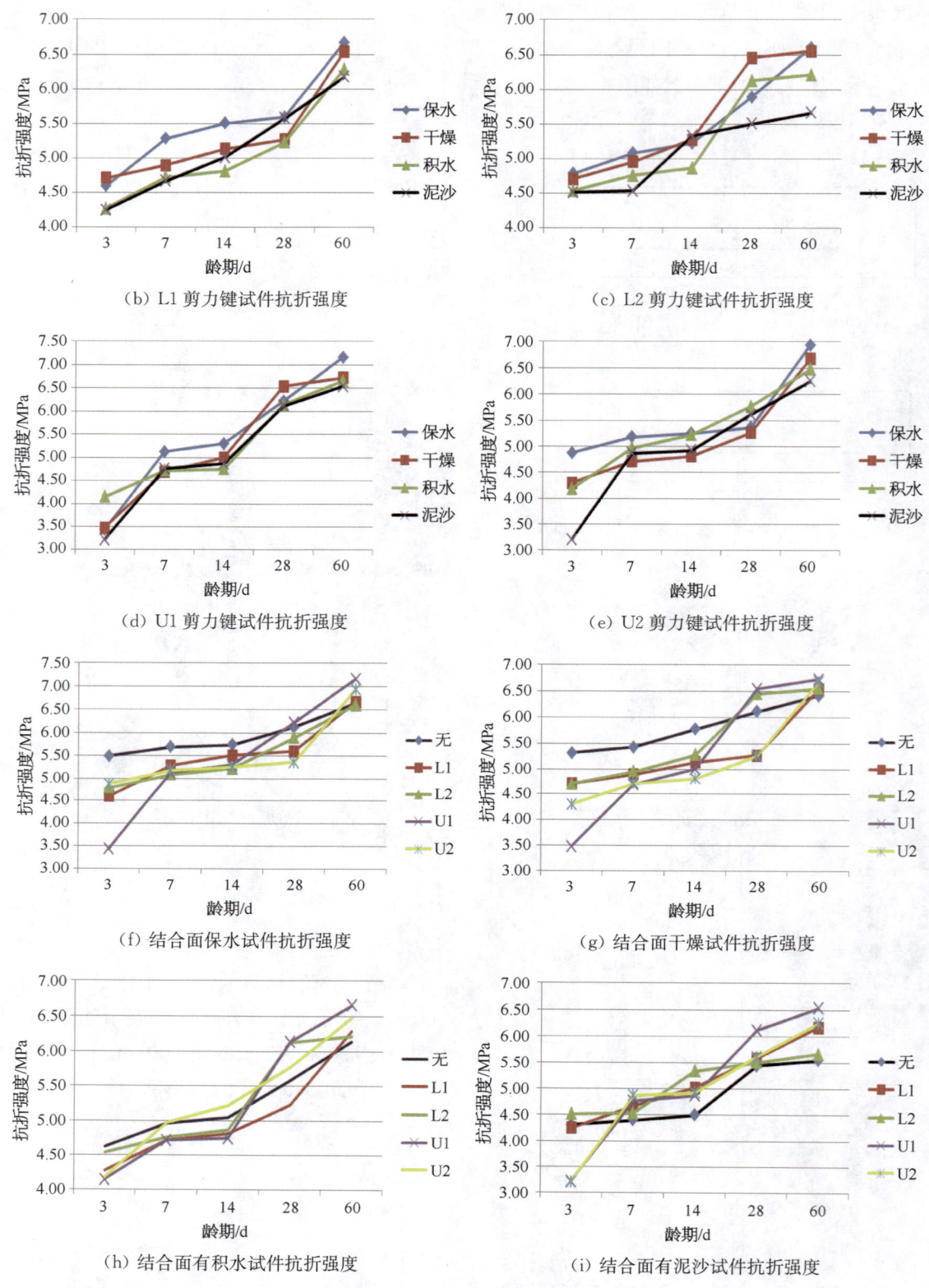

(b) L1 剪力键试件抗折强度　　(c) L2 剪力键试件抗折强度

(d) U1 剪力键试件抗折强度　　(e) U2 剪力键试件抗折强度

(f) 结合面保水试件抗折强度　　(g) 结合面干燥试件抗折强度

(h) 结合面有积水试件抗折强度　　(i) 结合面有泥沙试件抗折强度

图 4-27　组合结构抗折性能试验结果

从试验结果可以看出，在界面没有剪力键的情况下，界面处理情况对梁体和铺装层整体的抗折强度有较大的影响；在界面植入剪力键后，界面处理情况对整体结构的抗折强度影响不明显，但从后期强度来看，界面保水的试件比其他三种界面试件的抗折强度高。这是由于铺装层混凝土受到较大拉应力开裂后,由于钢纤维的存在,结构呈现延性破坏,当裂缝扩展到梁体和铺装层界面的时候,界面处理情况会对裂缝的扩展产生影响。

植入间距为 500 mm 马蹄形剪力键的试件,界面保水时的抗折强度比界面干燥时高 6.4%,比有积水的高 7.5%;剪力键间距小于 500 mm 时,剪力键间距对组合结构的抗折强度影响不大;马蹄形剪力键试件的抗折强度略高于 L 形剪力键试件,在界面保水情况下,间距为 500 mm 的马蹄形剪力键比间距为 500 mm 的 L 形剪力键抗折强度高 7%。

4.2.4 组合结构抗弯性能

4.2.4.1 试验试件

设计采用 150 mm×150 mm×550 mm 的试件,先浇筑 150 mm×150 mm×275 mm 一半试件,然后在界面上植入钢筋剪力键(或不植入),标准养护 7 d 后浇筑另一半试件,形成以横截面作为分界面的完整试件,然后再分别标准养护 3 d、7 d、14 d、28 d 和 60 d 后,把试件放置到混凝土抗折强度测试夹具上进行试验,试验过程如图 4-28、图 4-29 所示。

图 4-28　界面植入剪力键

图 4-29　抗折试验

4.2.4.2 试验结果

试验结果见表 4-43～表 4-47 和图 4-30。由混凝土试件在抗折试验时的受力分析可知,组合结构受到弯拉应力时,中性轴上半部分混凝土受压应力作用,下半部分受拉应力作用,当拉应力超过梁体和铺装层混凝土界面黏结的抗拉强度时,组合结构破坏。界面处理情况和剪力键的设置对混凝土弯拉强度有着至关重要的作用。

表 4-43　3 d 抗弯强度　　单位:MPa

剪力键形状	界面情况			
	有泥沙	干净干燥	保水	有积水
无剪力键	0.81	1.64	2.17	1.84
L形(ϕ9)	1.28	2.51	2.45	2.30
马蹄形(ϕ6)	1.51	2.71	2.77	2.52

表 4-44　7 d 抗弯强度　　单位:MPa

剪力键形状	界面情况			
	有泥沙	干净干燥	保水	有积水
无剪力键	1.00	2.65	2.98	2.17
L形(ϕ9)	1.50	2.73	2.64	2.51
马蹄形(ϕ6)	2.26	3.15	2.85	2.74

表 4-45　14 d 抗弯强度　　单位:MPa

剪力键形状	界面情况			
	有泥沙	干净干燥	保水	有积水
无剪力键	1.44	3.03	3.13	2.44
L形(ϕ9)	1.63	3.31	3.23	2.85
马蹄形(ϕ6)	2.58	3.45	3.52	3.11

表 4-46　28 d 抗弯强度　　单位:MPa

剪力键形状	界面情况			
	有泥沙	干净干燥	保水	有积水
无剪力键	2.19	3.49	3.54	3.02
L形(ϕ9)	2.23	3.56	3.68	3.32
马蹄形(ϕ6)	3.10	3.75	3.78	4.19

表 4-47　60 d 抗弯强度　　单位:MPa

剪力键形状	界面情况			
	有泥沙	干净干燥	保水	有积水
无剪力键	2.93	3.97	3.99	4.24
L形(ϕ9)	3.25	4.13	4.37	4.22
马蹄形(ϕ6)	3.52	4.43	4.52	4.43

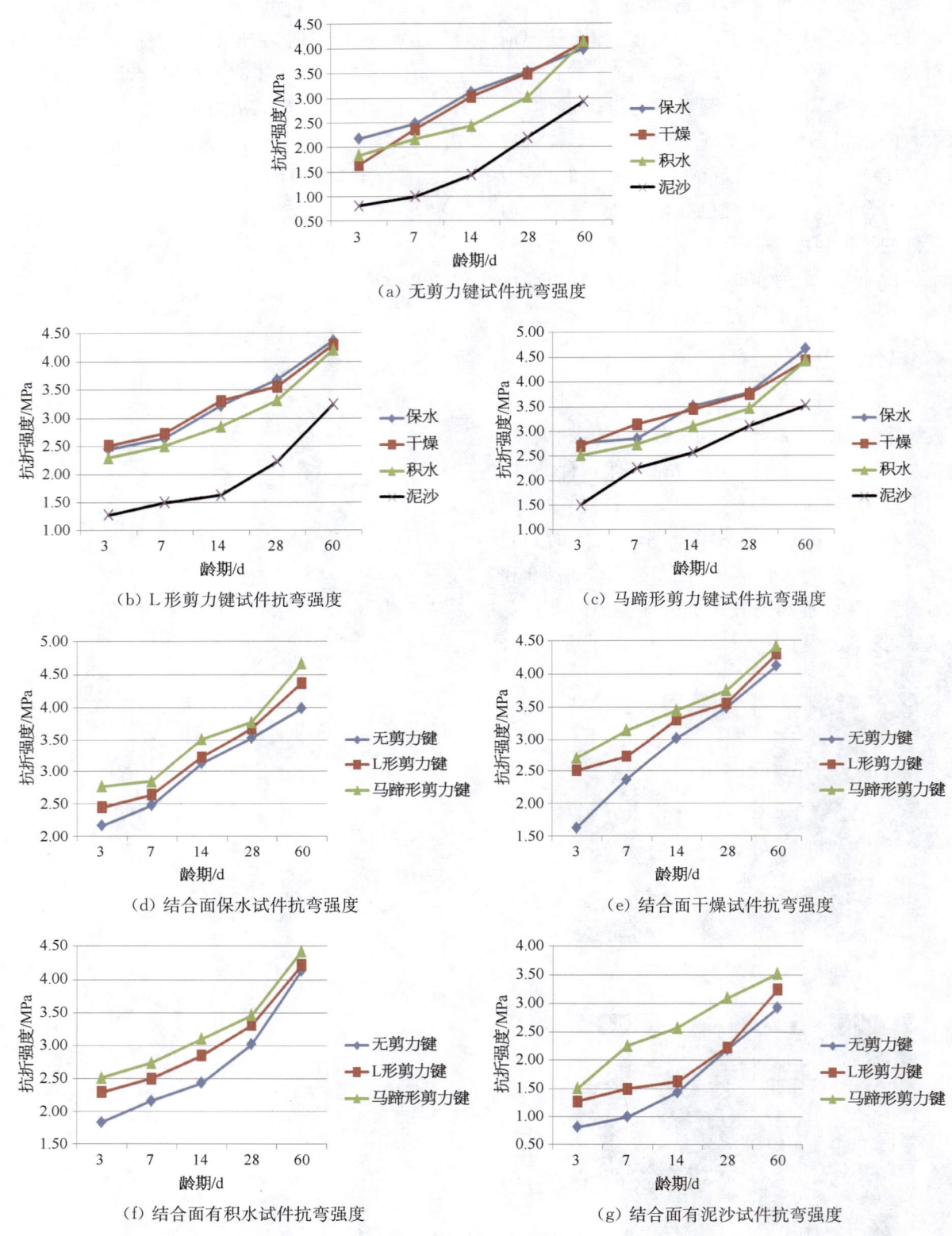

图 4-30 组合结构抗弯性能试验结果

由于试验工艺条件的限制,以横截面为界面的组合结构在浇筑铺装层混凝土时,难以保证界面存在积水。从试验结果可以看出,剪力键布置相同的组合结构,界面保水和有积水试件的抗弯拉强度高于界面干燥和有泥沙试件;在保水情况下,界面植有马蹄形剪力键试件的抗弯拉强度比植 L 形剪力键试件高 6.8%，比没有剪力键的试件高 17%，这和前述试验结果一致，验证了马蹄形剪力键对梁体和铺装层界面黏结抗弯拉性能的贡献优于 L 形剪力键。

因此，从梁体和铺装层整体结构的抗弯强度来看，界面保水并植入马蹄形剪力键为最佳的施工方案。

4.2.5 组合结构疲劳性能

在实际使用的过程中，桥梁每天都承受着重荷载车辆的反复作用，而桥梁是按照恒载和动载在极限情况下的静荷载载设计的，车辆的反复荷载不会超过这个极限荷载，但是桥梁在这样的反复的荷载作用下，结构内部的损伤劣化会不断累积，当累积到一定程度以后，桥梁结构会发生疲劳破坏，疲劳破坏是脆性破坏，破坏之前没有明显的变形，也没有任何征兆。例如 1967 年，美国弗吉尼亚 Point Pleasant 的"银桥"(Silver Bridge)突然坍塌，造成 46 人死亡，坍塌原因是一根拉杆在疲劳荷载作用下，内部缺陷扩展到临界尺寸；1980 年，英国北海 Ekofisk 油田的一个钻井平台发生倒塌，导致 127 人落水，38 人丧生，事故是由于在疲劳荷载作用下，一根支撑管与支腿连接处的裂缝扩展导致断裂，从而引发的。因此，探究组合结构的疲劳性能对材料和结构的优化设计很有必要。

4.2.5.1 试验参数

疲劳破坏是指结构或构件在外部荷载反复加载和卸载作用下，材料内部的损伤劣化随着加卸载次数的增加不断累积，最终导致破坏的现象。材料的静载破坏是在外荷载超过材料所能承受的极限荷载时引起的破坏，而引起疲劳破坏的荷载比材料的极限荷载要小很多，但就是在这样比较小的荷载的反复作用下，使材料内部的损伤不断累积，最终导致材料的疲劳破坏。

疲劳试验按照应力水平的大小可以分为高周疲劳和低周疲劳。高周疲劳是指材料所承受的应力水平远远低于其屈服强度，在施加循环荷载的过程中，材料处于弹性变形范围之内，疲劳寿命高于 10^5 次，高周疲劳应选取应力作为主要控制方式；低周疲劳是指材料所承受的应力水平接近或大于其屈服强度，材料的疲劳寿命低于 10^5 次，低周疲劳加载过程中，会引起材料较大的塑性变形，应选取应变作用主

要控制方式。

本节疲劳加载试验加载波形采用正弦波 $[F(t) = A + B\cos\omega t]$（图 4-31），加载过程中参数主要有正弦波荷载的峰值 S_{max}，谷值 S_{min}，平均应力 S_m，应力幅 ΔS，加载频率 f，应力水平 r，循环应力比 S_a，试件的极限荷载 σ_{max}，各参数之间的关系见式（4-5）～式（4-8）：

$$S_m = \frac{S_{max} + S_{min}}{2} \quad (4-5)$$

$$\Delta S = S_{max} - S_{min} \quad (4-6)$$

$$r = \frac{S_{max}}{\sigma_{max}} \quad (4-7)$$

$$S_a = \frac{S_{min}}{S_{max}} \quad (4-8)$$

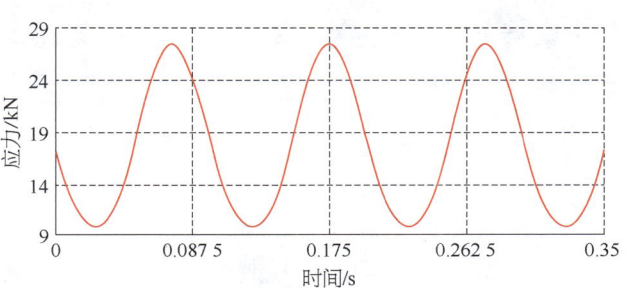

图 4-31 疲劳试验加载正弦波

1) 应力水平

本节采用控制应力的方式进行加载，疲劳试验的应力水平 r 根据试件的疲劳循环周次决定，以试件的疲劳寿命达到 10^5 数量级为依据。试验时采取 0.7 的应力水平。

2) 循环应力比

当循环应力比 $S_a = 0$ 时，为脉冲循环；当 $S_a = 1$ 时，$S_{max} = S_{min}$ 为静荷载。疲劳试验的循环应力比 S_a 一般在 0～1 之间，对于用于路面、桥面的混凝土，考虑桥梁在实际使用中的受力情况，循环应力比一般取 0.1。

3) 加载频率

美国混凝土协会的研究报告指出，当混凝土疲劳试验的循环应力比高于 0.75 时，加载频率对疲劳寿命有很大的影响；而当循环应力比为 0.75 及以下时，加载频率在 1～15 Hz 之间对混凝土构件疲劳寿命的影响可以忽略。本节试验采用频率为 10 Hz 的

正弦波加载。

试验时,先用砂纸将铺装层表面中部位置沿与纵轴向 45°方向打磨光滑,再用酒精将打磨的表面擦拭干净,在试件下表面沿跨中位置的横向贴三个应变片,以监测加载的均匀性,应变片布置如图 4-32 所示,采用 MTS250KN 疲劳试验机加载,如图 4-33 所示。

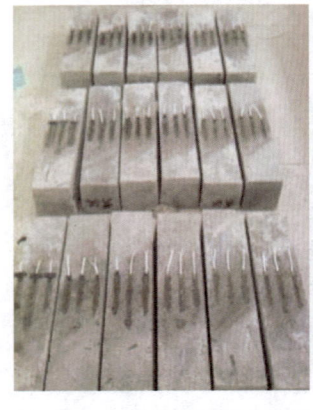 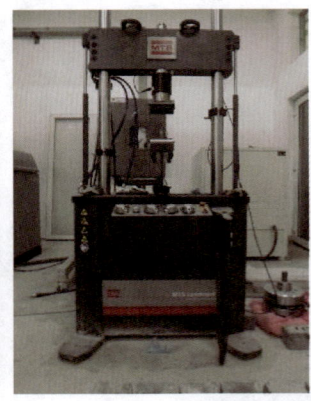

图 4-32　试件上粘贴应变片　　图 4-33　MTS250KN 疲劳试验机

4) 试件设计

材料在发生破坏时所施加的应力循环次数称为材料的疲劳寿命,桥面铺装层材料的疲劳性能要满足桥梁设计使用年限内疲劳寿命的要求,而桥面铺装层依附于主梁梁体,与梁体一起协同受力,因此,只有研究铺装层和梁体的组合结构,才能更真实地反映桥面铺装层的实际受力状况。为探讨剪力键形状、间距对梁体和铺装层形成的组合结构整体疲劳寿命的影响,设计了两类不同尺寸结构模型试件:150 mm×150 mm×550 mm 和 1 400 mm×450 mm×180 mm,混凝土梁体与铺装层分层浇筑,界面采用保水养护,两类模型试件详细特征参数见表 4-48、表 4-49。

表 4-48　150 mm×150 mm×550 mm 组合结构模型试件

单位:mm

铺装层结构形式	剪力键形状	剪力键间距
钢筋网+素混凝土	无剪力键	
	L 形(φ9)	500
	马蹄形(φ6)	500
高韧性低收缩混凝土	无剪力键	
	L 形(φ9)	500
	马蹄形(φ6)	500

表 4-49　1 400 mm×450 mm×180 mm 组合结构模型试件

单位:mm

铺装层结构形式	马蹄形剪力键间距
高韧性低收缩混凝土	400
	500
	600
	1 000

(1) 尺寸为 150 mm×150 mm×550 mm 的组合结构模型试件。铺装层采用两种结构形式:钢筋网+素混凝土+剪力键、高韧性低收缩混凝土+剪力键。铺装层素混凝土中不掺加纤维,其他原材料及配合比与高韧性低收缩混凝土相同;钢筋网片采用 φ12 带肋钢筋焊接,网格间距为 100 mm×100 mm;剪力键采用 L 形和马蹄形两种,间距均为 500 mm,在铺装层混凝土内埋深 60 mm。按实际工程中主梁与桥面铺装的施工顺序,先浇筑模拟主梁的底板(75 mm 厚混凝土),并按设计间距埋入剪力键,7 d 后浇筑剩余 75 mm 铺装层混凝土,两层之间形成有分界面的组合结构模型试件。对于有钢筋网片的试件,浇筑铺装层混凝土时埋入钢筋网片,以研究剪力键形状及铺装层结构形式对组合结构疲劳寿命的影响,如图 4-34 所示。

 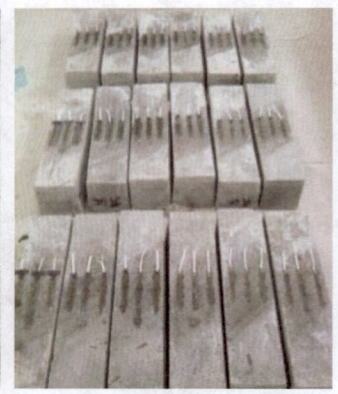

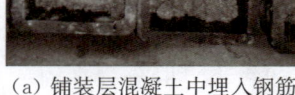

(a) 铺装层混凝土中埋入钢筋网片　　(b) 制作完成的试件

图 4-34　尺寸为 150 mm×150 mm×550 mm 的组合结构试件制作

(2) 尺寸为 1 400 mm×450 mm×180 mm 的组合结构模型试件。铺装层只采用"高韧性低收缩混凝土+剪力键"一种形式。模拟梁体的底层混凝土厚度 100 mm,铺装层混凝土厚度 80 mm,为了确保底板在试验过程中不先出现破坏,在其中加设钢筋网,钢筋直径 ϕ12,网格间距 100 mm×100 mm。剪力键采用马蹄形(钢筋直径 10 mm,剪力键高 80 mm),间距分别为 400 mm、500 mm、600 mm 和 1 000 mm,以研究剪力键间距对组合结构疲劳寿命的影响,剪力键按照设计间距焊接在梁体钢筋网上。模型试件制作采用分层浇筑,先浇筑底板混凝土,7 d 后浇筑铺装层混凝土;剪力键在铺装层混凝土内埋深 60 mm。模型试件如图 4-35 所示。

(a) 剪力键焊接在底板钢筋网上　　(b) 铺装层混凝土浇筑完毕

图 4-35　尺寸为 1 400 mm×450 mm×180 mm 的组合结构试件制作

4.2.5.2　疲劳性能试验

疲劳试验的控制参数主要包括加载频率、加载波形、加载应力水平、循环应力比等。疲劳试验前先进行静力试验,以静载破坏时的极限荷载为参考,根据疲劳试验测试采取的应力比,得到疲劳试验控制荷载,进行疲劳试验测试。

1) 静力试验

静力试验加载如图 4-36 所示,加载速率 2 kN/10 s,测得各试件极限破坏荷载,为疲劳试验加载参数确定提供依据,测试结果见表 4-50、表 4-51,试件测试龄期为 180 d。

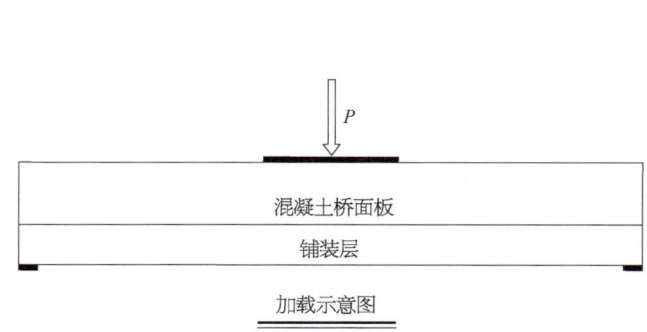
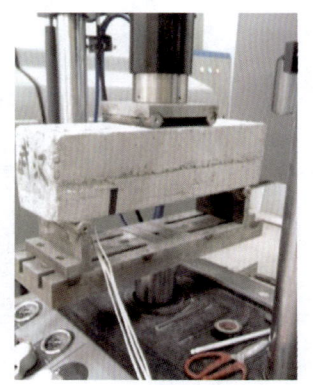

图 4-36　静力加载测试

表 4-50　150 mm×150 mm×550 mm 模型试件静载试验结果

铺装层结构形式	剪力键形状	剪力键间距/mm	极限荷载/kN	铺装层结构形式	剪力键形状	剪力键间距/mm	极限荷载/kN
钢筋网＋素混凝土	无剪力键		54.3	高韧性低收缩混凝土	无剪力键		58.5
	L形(ϕ9)	500	56.6		L形(ϕ9)	500	61.2
	马蹄形(ϕ6)	500	57.0		马蹄形(ϕ6)	500	61.9

表4-51 1 400 mm×450 mm×180 mm 模型试件静载试验结果

铺装层结构形式	马蹄形剪力键间距/mm	极限荷载/kN
高韧性低收缩混凝土	400	55.3
	500	54.7
	600	50.8
	1 000	47.6

从表4-50可以看出,对于尺寸为150 mm×150 mm×550 mm的组合结构模型试件,无论采用"钢筋网+素混凝土+剪力键"铺装方案,还是"高韧性低收缩混凝土+剪力键"铺装方案,剪力键的加设均可提高构件的抗弯拉承载力,且马蹄形剪力键对构件承载力的提高相对更有利;采用"高韧性低收缩混凝土+剪力键"铺装方案的构件抗弯承载力,高于"钢筋网+素混凝土+剪力键"铺装方案构件,可见高韧性低收缩混凝土对构件的抗弯性能有较大的改善。由表4-51可知,对于尺寸为1 400 mm×450 mm×180 mm的组合结构模型试件,随着剪力键间距增大,组合结构的抗弯拉承载力降低,剪力键间距从400 mm增加到500 mm,降低不明显;超过500 mm时,抗弯拉强度明显降低。

2) 动力试验

疲劳试验加载如图4-37所示,以静力加载时测得的各试件极限荷载为疲劳试验加载时的控制荷载,疲劳试验采用正弦波加载 $[F(t)=A+B\cos\omega t]$,加载频率4 Hz,应力比取0.7,循环应力比取0.1,试验结果见表4-52、表4-53。

图4-37 疲劳试验测试

表4-52 150 mm×150 mm×550 mm 组合结构试件疲劳寿命

铺装层结构形式	剪力键形状	剪力键间距/mm	疲劳寿命/次
钢筋网+素混凝土	无剪力键	—	1 639 429
	L形(ϕ9)	500	1 812 367
	马蹄形(ϕ6)	500	2 038 699
高韧性低收缩混凝土	无剪力键	—	1 734 784
	L形(ϕ9)	500	2 152 952
	马蹄形(ϕ6)	500	2 233 954

从表4-52的试验结果可以看出,对于尺寸为150 mm×150 mm×550 mm的组合结构模型试件,采用"高韧性低收缩混凝土+剪力键"铺装方案试件的疲劳寿命均超过200万次,比采用"钢筋网+素混凝土+剪力键"试件的疲劳寿命大,且马蹄形剪力键

表4-53 1 400 mm×450 mm×180 mm 组合结构试件疲劳寿命

铺装层结构形式	马蹄形剪力键间距/mm	疲劳寿命/次
高韧性低收缩混凝土	400	2 313 895
	500	2 239 757
	600	2 129 358
	1 000	2 094 670

对提高组合结构疲劳寿命的贡献略大于L形剪力键。

从表4-53的试验结果可以看出,对于尺寸为1 400 mm×450 mm×180 mm的组合结构模型试件,剪力键间距400~1 000 mm,各构件的疲劳寿命均超过200万次,且随着剪力键间距增大,组合结构的疲劳寿命降低,剪力键间距从400 mm增加到500 mm,降低不明显;超过500 mm时,疲劳寿命明显降低。因此，剪力键间距不宜超过 500 mm。

综上可知，混凝土桥面铺装层采用"高韧性低收缩混凝土＋剪力键"方案，无论是静力性能还是疲劳性能，均优于"钢筋网＋素混凝土＋剪力键"方案，且应力比取 0.7 时，疲劳加载次数超过 200 万次，满足工程设计要求。所以，在混凝土桥面铺装层中可以取消钢筋网片，而采用高韧性低收缩混凝土，并通过剪力键强化铺装层与梁体的截面连接，提高受力性能与耐久性能。

4.3 上面层应力吸收结构层试验研究

随着我国交通事业的快速发展，桥梁建设规模不断扩大。然而，如何提高桥面铺装沥青混凝土的耐久性能，成为制约桥梁整体耐久性能的难题。传统沥青基材料在高温条件下变形较大，进而造成桥面铺装层极易产生推移、拥包等病害，并逐步造成铺装层的大面积破坏。造成桥梁桥面铺装耐久性能差的因素有以下几个：

（1）桥面板的防水。沥青铺装层属于透水性材料，水分渗入路面内部并到达混凝土面板，不但会造成桥面铺装层的破坏及沥青铺装层与桥面混凝土的脱黏，而且极易造成预应力混凝土桥面板产生钢筋锈蚀等病害，影响整个桥梁结构的耐久性。

（2）低黏结性。由于预应力混凝土板上层沥青基铺装层与混凝土板的黏结力较差，在高温条件下极易产生推移或拥包等病害，影响其耐久性和行车舒适性。

（3）反射裂缝的产生。混凝土桥面板与湿接缝混凝土变形不一致会造成桥面板的开裂，而为降低桥梁自重，桥面沥青铺装层一般不超过 10 cm，这使混凝土板接缝及桥面板裂缝造成的反射裂缝极易扩展到道路表面，水分沿裂缝渗入桥面，进一步加剧桥面铺装的破坏，影响桥面板的耐久性。因此，研究开发适合水泥混凝土桥面铺装的集防水、黏结和应力吸收作用于一体的铺装材料，并对其铺装结构进行优化，对桥梁结构耐久性能的进一步提高具有重要意义。

4.3.1 研究概况

4.3.1.1 国外桥面防水材料的研究与应用现状

20 世纪 20 年代，丹麦和美国堪萨斯州率先在混凝土桥面上使用了防水材料，桥面防水技术由此提出。20 世纪 60 年代，美国大量混凝土结构桥梁出现了钢筋锈蚀、冻融破坏等病害，究其原因是由于水直接与混凝土板发生接触，通过混凝土裂缝渗入桥梁内部，直接与混凝土内部钢筋和集料发生反应，造成桥梁大面积破坏。这直接促使对桥梁建设中使用的混凝土与钢筋的质量提出更高的要求，并要求对桥面进行防水处理。与此同时，桥面防水薄膜（多以沥青基柔性防水材料为主）开始广泛应用于混凝土桥面的铺装。桥面防水薄膜的设置使混凝土桥梁的病害得以明显降低，因此英国于 1965 年开始强制规定在混凝土桥面必须设置防水系统，1970 年颁布的道路和桥梁工作规范中也对桥面防水系统与防水材料做出了明确的规定。在美国，美国联邦公路局于 1972 年开始要求在联邦政府资助的混凝土桥梁项目上强制设置以高分子柔性材料为主体的防水薄膜，但是由于这种防水薄膜自身极易破损，未能达到较为理想的防水效果，因此在随后的 20 年中，混凝土桥梁的损害事件仍然时有发生。1979 年美国联邦审计署的工程质量报告指出，设置合理的桥面防水层是提高混凝土桥梁结构使用性能及耐久性的最有效方法之一。

时至今日，世界各国仍在致力于开发使用性能更为优良、使用寿命更长的桥面防水材料。德国、瑞士等欧洲国家的研究工作者针对各自混凝土桥面的特点相继提出了采用废旧橡胶粉改性沥青及高分子聚合物改性沥青等新型桥面防水材料；日本混凝土桥面主要采用"高分子聚合物改性沥青薄膜＋板状防水材料＋橡胶沥青黏结剂＋水泥混凝土"或者"高分子聚合物改性沥青薄膜＋三层氯丁橡胶防水材料＋氯丁橡胶黏结剂＋水泥混凝土"；印度混凝土桥面上一般加铺一层大于 50 mm 的功能磨耗层，以防止桥面发生结构破坏；丹麦的桥面采用"环氧树脂黏结剂＋OGFC 沥青混凝土＋SMA-13 沥青混凝土"的组合铺装形式；法国要求桥梁必须设置由高分子聚合物制成的防水涂料或卷材制备而成的桥面防水层。

4.3.1.2 国内桥面防水材料的研究与应用现状

中国于 1950 年左右设计建造的桥梁就有铺设"三油两毡"防水层的历史，但在 70 年代遭到大规模破坏。改革开放初期，国内新建的大型桥梁大多采用在混凝土桥面板涂抹聚合物防水涂料并加铺沥青基防水卷材的方式进行防水保护,取得了较好的使用效果。

我国普遍使用的桥面防水层材料分为柔性防水材料和刚性防水材料两大类,其中柔性防水材料主要由涂料型和卷材型组成,而刚性防水材料以结晶型为主。普遍使用的涂料型防水材料有阳离子HB-5沥青基桥面防水涂料、聚合物水泥类防水涂料(JS涂料)、聚氨酯类防水涂料等;卷材型防水材料有APP改性沥青桥梁专用防水卷材、SBS改性沥青防水卷材、聚氯乙烯防水卷材等;结晶型防水材料有FM-SN水泥基渗透结晶型防水涂料、单组分聚氨酯渗透结晶防水材料等。以上各种防水材料的适用范围、使用方法及防水特性均有不同:①涂料型防水材料的特点是施工整体性好,可使整个作业面无衔接缝,但施工速度较慢,在恶劣天气及低温严寒地区条件下不宜使用;②卷材型防水材料的特点是施工速度较快,防水材料自身抗拉强度高,但其与混凝土桥面板的黏结性能较差,并且在施工过程中会出现连接缝,易造成渗水情况,造成防水层失效;③结晶型防水材料于混凝土内部形成结晶体,具有黏结性能好、防水性能优等特点,但由于混凝土自身极易产生形变并开裂,从而破坏结晶型防水材料的整体防水效果,制约了其推广使用。目前,我国桥面防水材料的使用规范仍参照房屋防水规范,由于使用环境的差异,导致桥面防水效果不甚理想,进而影响了桥梁使用的安全性和耐久性。

目前,国内外均未制定桥面防水结构的设计规范。国外虽然应用较为广泛,但均处于试验设计及经验计算阶段,更偏向于应用,而国内学者认为桥面防水层仅为桥面铺装层的一部分,并未对其进行独立的设计与研究。

4.3.1.3 基于应力吸收的桥面铺装材料的研究与应用

混凝土桥面拼接处由于温度应力形变量不一致而极易产生裂缝,从而造成桥面沥青铺装层产生反射裂缝。为防止反射裂缝的产生,国内外学者先后在众多混凝土桥梁进行了试验研究。目前防治桥面反射裂缝的措施主要有:①增加桥面沥青铺装层的厚度;②采用玻璃纤维土工格栅应力吸收材料形式;③加铺应力吸收混合料等方法。1970年,美国联邦公路局针对沥青加铺层极易产生反射裂缝的技术问题进行研究,该计划主要研究沥青加铺层厚度、沥青种类、纤维掺加种类及掺加量对混凝土板裂缝的应力缓解情况影响分析。研究发现,采用改性沥青制备纤维增强沥青混合料及对混凝土裂缝进行修补对减少反射裂缝具有较为明显的作用。

(1)增加沥青加铺层厚度。本方法是通过增加沥青厚度的办法使得路面柔性增加,减小车辆荷载在混凝土裂缝处的应力集中现象,并且加铺层厚度的增加直接增加了反射裂缝的路径,从而达到增加裂缝反射时间的目的,提高路面的使用寿命。但是桥梁设计荷载有限,荷载直接限制了桥梁铺装层的最大铺装厚度,而且过厚的沥青铺装层直接增加了桥梁的工程造价,因此这种方式在桥梁建设中并没有得到广泛的应用。

(2)设置玻璃纤维土工格栅应力吸收材料。由于玻璃纤维土工格栅的各项同性,使得反射裂缝应力通过网格分散,降低了混凝土裂缝处的应力集中现象。加之纤维加筋沥青混凝土明显提高了铺装层材料自身的抗拉强度,在一定程度上也起到了延缓反射裂缝的产生与扩展的作用。但是由于玻璃纤维土工格栅造成了沥青加铺层与混凝土层的黏结性不足,加之玻璃纤维土工格栅的网格结构本身不具有防水功能,因此这种方式大多在路面改造工程中使用,极少用于桥梁铺装。

(3)设置应力吸收中间层。应力吸收中间层材料最早由美国沥青协会提出,专门运用于治理混凝土路面及桥面的反射裂缝问题。应力中间层主要利用沥青材料的低模量特点,使得裂缝区域的集中应力分散到混凝土板上方的薄膜层中,减小应力峰值,从而降低上层铺装材料的底面拉应力,降低沥青铺装层产生反射裂缝的可能性,而且应力中间层的沥青自身性质使其本身具备了较为优良的防水性能,并能够解决混凝土层与沥青层黏结性不足的问题,因此在国外得到了广泛的应用。然而,我国一直没有研究出与之相匹配的沥青胶结材料,限制了其在我国的进一步推广。

4.3.1.4 主要技术问题

国内外混凝土梁结构形式桥梁在未达到使用年限即发生破坏的情况较为普遍,我国已建成的混凝土结构桥梁大多产生了钢筋锈蚀、冻融破坏、沥青铺装层脱黏、路面产生反射裂缝等病害。经研究发现,大量混凝土结构桥梁破坏均是由于水分从铺装层反射裂缝渗入桥面板,造成混凝土板损坏从而进一步影响上层铺装结构及桥梁整体结构,因此在铺装层和桥梁混凝土面板之间设置中间层显得尤为重要。国内外部分混凝土结构桥梁的破坏情况见表4-54。

表4-54 国内外桥梁桥面破坏情况

桥梁名称	桥型	年份	破损现象
武汉长江二桥	斜拉桥(混凝土箱形梁)	1995年	反射裂缝,钢筋锈蚀
黄石长江大桥	钢-混凝土连续梁	1995年	钢构件锈蚀,混凝土冻融破坏,反射裂缝
九江长江大桥	钢构混凝土梁	1991年	钢构件锈蚀,混凝土板开裂,铺装层反射裂缝
Harp Road 桥(美国)	钢筋混凝土叠合梁	1996年	预应力钢筋锈蚀
明港中央大桥(日本)	悬索桥(混凝土桥面板)	1998年	桥面反射裂缝

桥面铺装中间层应具备以下性能:①具有优良的防水性能、抗高低温性能及耐腐蚀性能;②具有优良的黏结性能,能够为混凝土板与沥青铺装层之间提供足够的黏结力;③具有优良的应力吸收性能,防止或延缓铺装层出现反射裂缝,延长桥面的使用寿命。

4.3.1.5 研究背景

四川省雅安至西昌高速公路,该高速公路工程全长 240 km,全线桥梁 279 座,桥梁总长 91 km,其中简支梁桥梁总长约 84 km。该工程沿线地区夏季炎热、高温多雨、交通量大、温差变化大,对桥梁的行车安全性和舒适性提出了极高的要求。分析以下几种桥面中间层铺装方案认为:①采用阳离子 HB-5 沥青基桥面防水涂料作为桥面中间层材料,此材料具有优良的防水性能,但是其黏结性能不足,夏季高温条件下极易造成上层沥青材料与混凝土板发生脱黏,而造成沥青铺装材料产生推移、拥包的病害,并且由于其不具备应力吸收作用,混凝土板产生的裂缝极易使得上层沥青铺装材料产生反射裂缝,使其失去防水作用;②设置玻璃纤维土工格栅+纤维加筋沥青混凝土结构,由于玻璃纤维土工格栅的大空隙特性使得其不具备防水特性,

上层沥青混凝土渗下水分会直接透过玻璃纤维土工格栅与混凝土板发生作用,从而造成桥面破坏;③设置应力吸收中间层,但由于国内没有开发出与之匹配的沥青基胶结材料,因此材料需要进口,成本过高。

因此,结合雅西高速公路连家弯大桥工程实践,需要开发一种新型的适用于施工便捷、造价低廉、耐久性好的铺装中间层材料和结构形式。

4.3.1.6 主要研究内容

针对目前混凝土桥面铺装过程存在的问题,提供一种桥面铺装中间层材料及结构的设计方法,具体为:①研究防水黏结应力吸收材料防止反射裂缝产生的作用机理,依据材料力学强度理论及 ANSYS 有限元分析,研究反射裂缝的形成及扩展机理,以及桥面沥青铺装层厚度、防水黏结应力吸收层厚度及防水黏结应力吸收层模量对混凝土板裂缝处的应力及应变影响规律,从力学角度对防水黏结应力吸收材料的研制提出要求;②研究防水黏结应力吸收层的作用机理,通过沥青与石料的交互作用模型、沥青黏弹性变形力学模型及沥青蠕变疲劳性能力学模型对防水黏结应力吸收用高黏高弹改性沥青的开发及防水黏结应力吸收材料的开发提供理论依据;③研发防水黏结应力吸收层用高黏高弹改性沥青,优选沥青改性主剂、增黏组分、增韧组分及增容稳定组分,并研究不同组分对沥青性能的影响规律,制备出高黏度改性沥青母液,随后对橡胶粉取代高黏度改性沥青母液中的改性主剂进行可行性分析,并对橡胶粉细度、拌合温度及拌合时间进行研究,为高黏高弹改性沥青的批量生产提供技术指导;④利用高黏高弹改性沥青制备防水黏结应力吸收桥面铺装中间层材料,通过铺装层黏结性试验、全厚式车辙试验及组合疲劳试验研究不同碎石撒布粒径(防水黏结应力吸收层厚度)、碎石撒布量及沥青洒铺量对防水黏结应力吸收材料使用性能影响规律,开发出防水黏结应力吸收材料;⑤根据依托工程特点,对比目前桥面铺装普遍采用的玻璃纤维土工格栅结构、乳化沥青桥面防水结构及防水黏结应力吸收桥面铺装结构,优选出适合桥梁使用的桥面铺装方案,形成基于防水黏结应力吸收的桥面铺装的成套施工技术。

通过本节研究,力求在提高混凝土桥梁耐久性

和使用寿命的同时,对整个桥梁的行车安全性和行车舒适性进一步改善。

4.3.2 基于防水黏结应力吸收的桥面铺装结构分析

4.3.2.1 材料的强度理论

按照其物理本质划分,材料的破坏可分为脆断和屈服两类形式。因此,材料的强度理论也分为脆断破坏理论和屈服失效理论。防水黏结应力吸收材料及上层沥青铺装层兼有弹性体与塑性体的性质。因此,需利用脆断破坏理论和屈服失效理论进行综合分析。

1) 脆断破坏理论

这一理论根据最大正应力理论经过修正得到。该理论认为材料脆断破坏的决定因素是最大拉应力 σ_1,即无论在何种应力作用下,只要受力体上的三个主应力中最大拉应力 σ_1 超过了材料的拉应力极限值 σ_u,材料就会发生脆断破坏。按照这一强度理论的观点,脆断破坏的条件是

$$\sigma_1 = \sigma_u \qquad (4-9)$$

由于在材料使用过程中存在安全系数,因此将材料的极限破坏应力 σ_u 除以安全系数就可以得到材料的最大许可应力 $[\sigma]$,这就是脆断破坏理论的内容:

$$\sigma_1 \leqslant [\sigma] \qquad (4-10)$$

2) 屈服失效理论

屈服失效理论又称形状改变比能理论,该理论认为形状改变比能 u_f 是引起材料屈服的决定因素,即认为无论在何种应力作用下,只要受力体内任意一处的形变改变比能 u_f 达到了材料的极限破坏值 u_{fu},受力体该点就会发生屈服破坏。试验研究发现,在拉伸试验过程中,截面上的正应力达到材料的最大破坏应力时,材料即会出现屈服现象,因此通过拉伸试验来确定材料的 u_{fu}。材料的形状改变比能 u_f 计算方法:

$$u_f = \frac{1+v}{6E}[(\sigma_1-\sigma_2)^2+(\sigma_2-\sigma_3)^2+(\sigma_3-\sigma_1)^2] \qquad (4-11)$$

在简单拉伸作用下,$\sigma_1=\sigma_s$,$\sigma_2=\sigma_3=0$,即可以得到材料的极限值 u_{fu}:

$$u_{fu} = \frac{1+v}{6E}(2\sigma_s^2) \qquad (4-12)$$

按照形状改变比能理论,当 $u_f = u_{fu}$ 时,材料即会出现屈服破坏,因此化简式(4-11)和式(4-12),得

$$\sigma_s = \sqrt{\frac{(\sigma_1-\sigma_2)^2+(\sigma_2-\sigma_3)^2+(\sigma_3-\sigma_1)^2}{2}} \qquad (4-13)$$

考虑材料本身使用时的使用安全系数,形状改变比能所建立的强度条件为

$$\sqrt{\frac{(\sigma_1-\sigma_2)^2+(\sigma_2-\sigma_3)^2+(\sigma_3-\sigma_1)^2}{2}} \leqslant [\sigma] \qquad (4-14)$$

式中 σ_1、σ_2、σ_3——受力体危险点的三个主应力。

3) 摩尔-库伦理论

这一理论主要分析了材料在剪切应力作用下的破坏规律,定义如下:

$$\tau = c + \sigma \tan\varphi \qquad (4-15)$$

式中 τ——界面剪应力值;
σ——法向主应力值;
c——材料自身黏聚力值;
φ——内摩擦角。

假设主应力存在 $\sigma_1 > \sigma_2 > \sigma_3$,则式(4-15)可改写为

$$(\sigma_1-\sigma_3) = 2c\cos\varphi + (\sigma_1+\sigma_3)\sin\varphi \qquad (4-16)$$

因此,材料发生剪切破坏的条件为

$$\tau \leqslant [\tau] \qquad (4-17)$$

式中 $[\tau]$——材料的剪切强度。

根据以上强度理论,考虑防水黏结应力吸收材料的破坏机理需重点考虑混凝土裂缝处铺装层的最大主应力 σ_1 和等效应力 σ_e,同时兼顾由于剪切应力造成的剪应力破坏。

4.3.2.2 基于防水黏结应力吸收的桥面铺装结构应力分析

1) 桥面有限元计算模型与材料参数

桥面铺装由桥面混凝土板、防水黏结应力吸收

层和沥青铺装层组成。根据混凝土桥面结构铺装特点,采用弹性层状体分析理论对桥面应力分布进行分析。混凝土板及沥青铺装层采用 Solid 70 各项同性实体单元模拟,防水黏结应力吸收材料由于厚度很小,因此采用 Shell 63 三维薄膜单元进行应力及形变分析。

为反映半无限大空间特点,因此选取桥面混凝土板的尺寸为 10.0 m×6.6 m×0.25 m,防水黏结应力吸收层以及沥青铺装层长度为 8 m,宽度为 4.6 m;车轮荷载为 BZZ100,单轮标准压强为 0.7 MPa,并在路面边缘裂缝处进行加载。材料性能指标见表 4-55。荷载作用方式及有限元网格划分如图 4-38、图 4-39 所示。

表 4-55　各层材料结构计算参数

结构层名称	弹性模量/MPa	泊松比	材料厚度/cm
沥青铺装层(SMA-13)	800~1400	0.2~0.3	4~10
防水黏结应力吸收层	100~600	0.3~0.4	0.2~2
混凝土基层	35 000	0.15	25

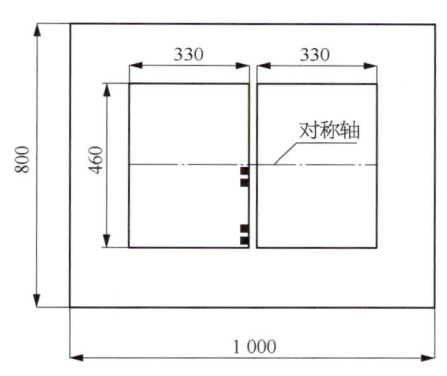

图 4-38　荷载平面位置图(单位:cm)

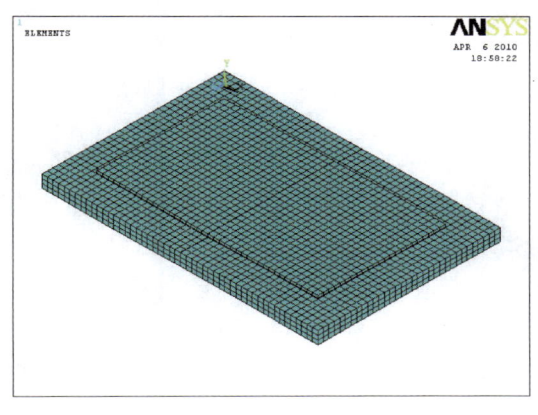

图 4-39　铺装网络划分图

2) 沥青铺装层厚度对铺装层底面应力影响分析

沥青铺装层的厚度对减小铺装层底面应力有明显的作用,铺装层越厚,荷载作用距离越长,底面应力越小。然而,单一地通过增加铺装层厚度并不是阻止反射裂缝产生的最好方式。一方面,桥梁的静荷载限制了桥面铺装层的厚度;另一方面,沥青铺装层本身阻止裂缝扩展的能力较差,通过增加裂缝扩展距离的方法阻止反射裂缝产生的效果也不太理想。下面对混凝土桥面直接铺装沥青铺装层进行应力分析,并对不同铺装层厚度对混凝土裂缝处的应力及弯沉差影响规律进行分析,如图 4-40、图 4-41 所示。

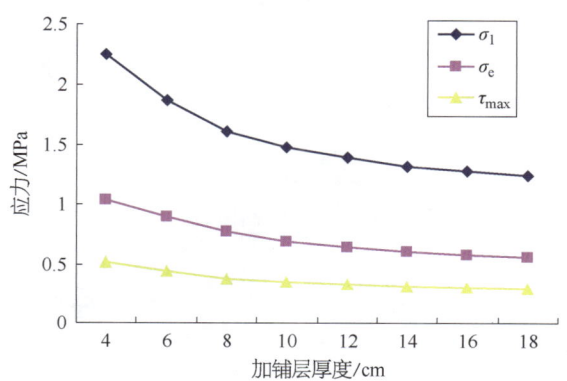

图 4-40　铺装层荷载应力随铺装层厚度变化图

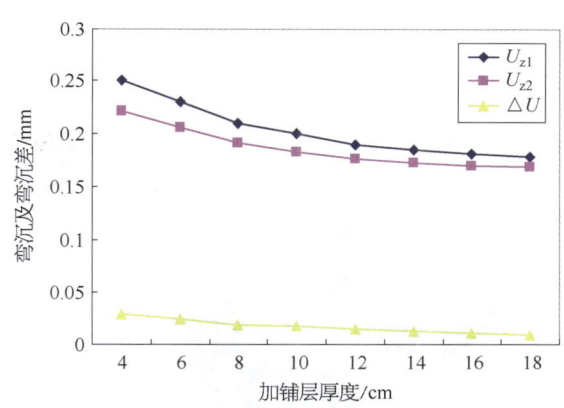

图 4-41　弯沉及弯沉差随铺装层厚度变化图

由图 4-40 可以看出,最大主应力 σ_1、等效应力 σ_e 及最大剪应力 τ_{max} 随着铺装层厚度的增加逐渐变小,说明通过增加沥青铺装层厚度的方法可以有效地减小铺装层底面的应力。但是随着铺装层厚度的增加,铺装层底面的应力减小幅度逐渐减小。其中,当铺装层厚度由 4 cm 增加至 10 cm 时,各项应力减小最为明显,而当铺装层厚度达到 18 cm 时,最大主应力 σ_1 仍然有 1.39 MPa,说明单纯采取增加铺装层厚度的办法对阻止反射裂缝产生的效果有限。由图 4-41 可以看出,随着铺装层厚度的增加,铺装层底面的弯沉值及弯沉差均呈现减小的趋势,但是减小的趋势并不明显。说明通过增加铺装层厚度降低铺装层底面弯沉差及对增加路面抗车辙性能贡献不大。因此综合考虑技术、经济等方面的因素,铺装层的厚度在 6~10 cm 范围内,配合其他防裂措施效果会更好。

图 4-42 及图 4-43 所示为沥青铺装层厚度为 9 cm 时的 ANSYS 等效应力分析示意图。此时,沥青铺装层底面的等效应力 σ_e 为 0.712 MPa,较铺装层厚度为 4 cm 时的等效应力 σ_e 减小了 30% 以上。

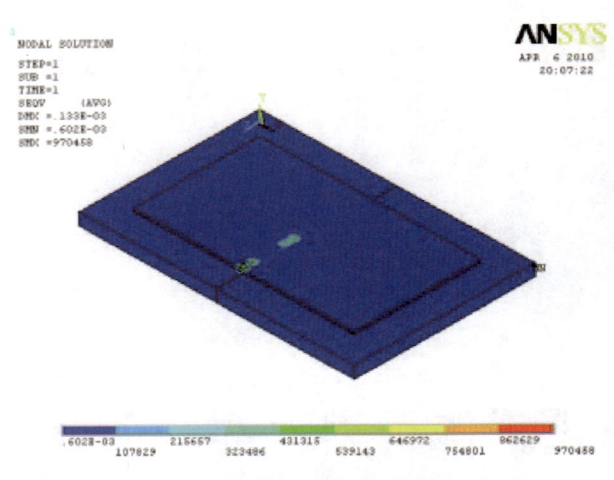

图 4-42　桥面组合结构等效应力示意图

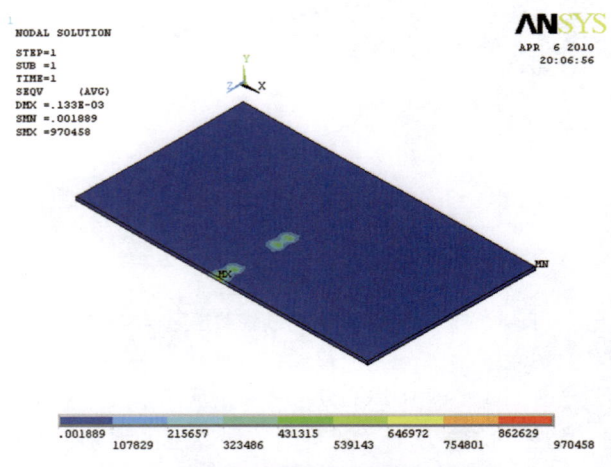

图 4-43　沥青铺装层等效应力示意图

3)应力吸收层厚度对铺装层底面应力影响分析

防水黏结应力吸收材料作为一种低模量柔性中间过渡层材料,为保证其具有缓解应力集中现象、防止反射裂缝产生、阻止裂缝扩展及自身抵抗变形能力等方面考虑,其必须具有一定的厚度。然而,由于应力吸收层的柔性特点,夏季高温条件下,在车辆荷载作用下极易产生车辙病害。由于本节开发的防水黏结应力吸收层是沥青包裹单层碎石集料的结构形式,防水黏结应力吸收层的厚度直接由石料粒径决定。因此,本节按照碎石粒径作为防水黏结应力吸收层厚度对沥青铺装层底面的受力状态及弯沉差值进行分析,结果如图 4-44、图 4-45 所示。

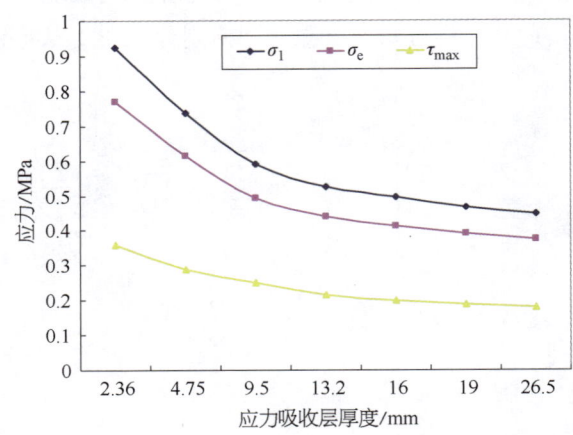

图 4-44　铺装层底面应力随应力吸收层厚度变化图

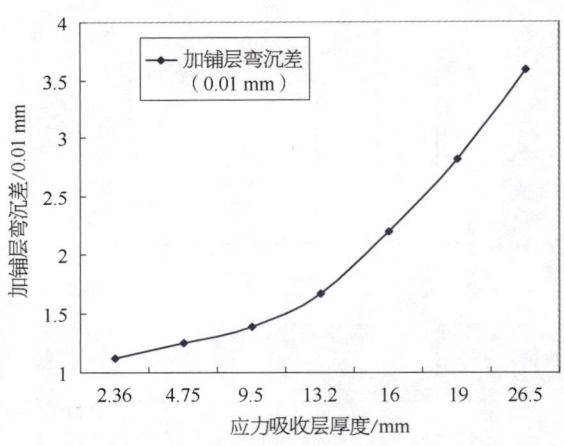

图 4-45　铺装层底面弯沉差随应力吸收层厚度变化图

从图 4-44 中可以看出,随着防水黏结应力吸收层厚度的增加,沥青铺装层底面的最大主应力 σ_1、等效应力 σ_e 及最大剪应力 τ_{max} 都明显减小,说明铺设防水黏结应力吸收层能够明显地减小裂缝处的应力集中现象,防止沥青铺装层底面开裂;同时还可以看出,随着防水黏结应力吸收层厚度的增加,沥青铺装层底面的应力减小幅度随之降低,当厚度由

13.2mm 变化至 26.5mm,最大主应力 σ_1、等效应力 σ_e 及最大剪应力 τ_{max} 减小幅度均不足 10%。说明单一地增加防水黏结应力吸收层的厚度对缓解沥青铺装层底面的应力作用有限。从图 4-45 中可以看出,由于防水黏结应力吸收层的低模量柔性特点,随着厚度的增加,沥青铺装层的弯沉差也随之增加,而当防水黏结应力吸收层厚度超过 13.2mm 后,弯沉差值变化趋势明显变大,过大的弯沉差极易造成沥青混凝土铺装层产生车辙、拥包等病害。因此从力学角度建议,防水黏结应力吸收层厚度不宜超过 13.2mm。

图 4-46~图 4-48 为防水黏结应力吸收层的 ANSYS 等效应力分析示意图。此时,沥青铺装层底面的等效应力 σ_e 为 0.415MPa,较未铺装防水黏结应力吸收层时的沥青铺装层底面应力减小了 41.8%,具有明显的应力吸收效果。而防水黏结应力吸收层底面的等效应力 σ_e 为 0.934MPa,说明防

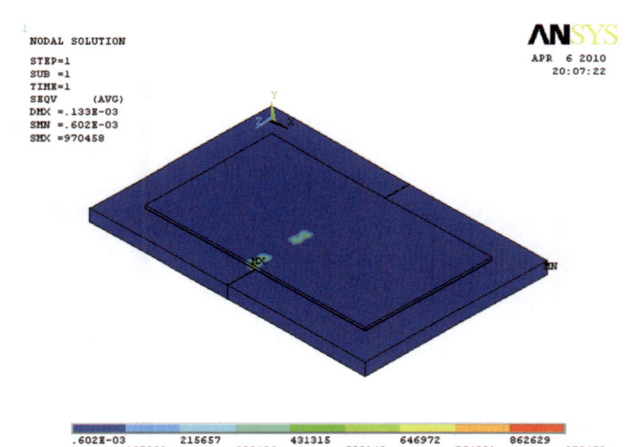

图 4-46 防水黏结应力吸收层桥面组合结构等效应力示意图

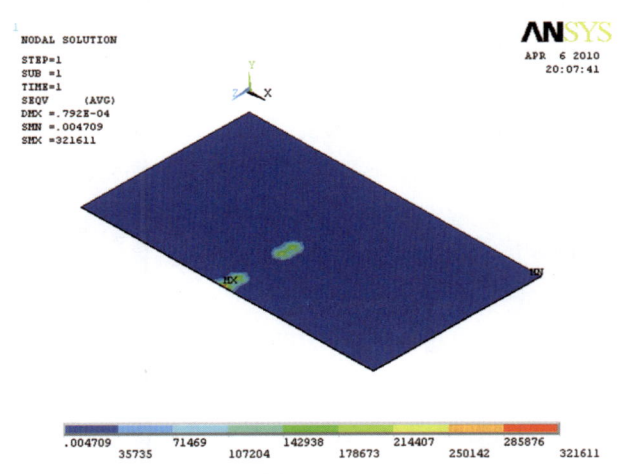

图 4-47 防水黏结应力吸收层等效应力示意图

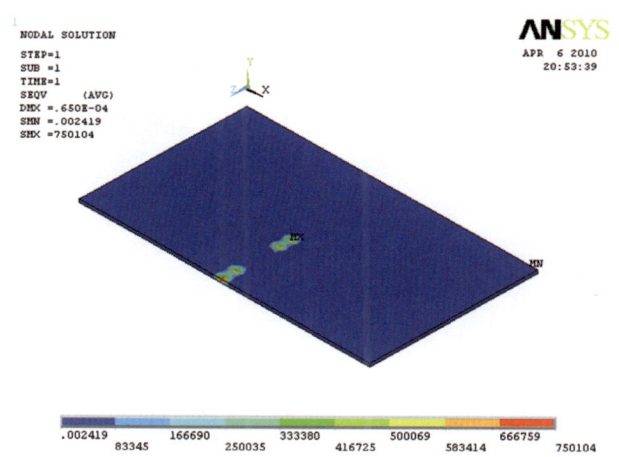

图 4-48 沥青铺装层等效应力示意图

水黏结应力吸收材料缓解了应力集中现象,减缓了混凝土板裂缝处的应力向沥青铺装层传导。

4.3.3 高黏高弹改性沥青的制备技术

4.3.3.1 高黏度改性沥青母液的制备

通过沥青与混凝土及石料的交互作用、沥青黏弹性变形力学模型、沥青蠕变疲劳力学模型对防水黏结应力吸收层用沥青基胶结料提出了一些技术要求。

(1) 高黏结性。沥青随工作温度升高黏度不断降低,然而沥青与混凝土板及石料的物理吸附力大小直接由沥青黏度大小决定。因此,提高沥青在高温区间内的黏度大小直接决定了防水黏结应力吸收层与下层混凝土桥面和上层沥青铺装层的黏结力大小。

(2) 高弹性恢复能力。沥青作为一种黏弹性体,既有弹性体所具有的弹性又有黏性体所具有的韧性,根据开尔芬黏弹性力学模型,沥青可以视为弹性体与黏性体的并联模型,利用改性剂调节沥青组分,平衡弹性与韧性之间的关系,可减小沥青的在应力作用下不可恢复变形量,具有更好的弹性恢复能力,提高防水黏结应力吸收层的应力吸收效果。

(3) 高蠕变破坏强度。由于桥面一般不会受到固定荷载的持续作用导致沥青黏弹性体发生破坏,因此,防水黏结应力吸收材料的破坏一般是由蠕变疲劳破坏造成的。根据沥青蠕变疲劳力学模型分析,蠕变破坏强度是决定沥青疲劳寿命的主要因素,沥青的蠕变破坏强度越大,则疲劳寿命越长。

1) 原材料的选择

(1) 沥青的选择。沥青材料是一种石油在裂解过程中产生的有机高分子混合物,它是由一些非常

复杂的高分子碳氢化合物及各种有机衍生物所组成。常温下为固态，是一种非牛顿液体，具有良好的黏弹性，并且具有不透水、不导电、耐腐蚀等优点。本节使用沥青的性能指标见表4-56。

表4-56 基质沥青性能指标

设计指标		检测结果
针入度(25℃、100 g、5 s)/0.1 mm		72
针入度指数/PI		0.4
软化点($T_{R\&B}$)/℃		46
延度(25℃、5 cm/min)/cm		91.5
闪点/℃		278
RTFOT后残留物	延度(25℃，5 cm/min)/cm	38
	质量损失/%	0.4
	针入度比/%	71

（2）沥青改性主体材料的选取。根据大量资料对比，本节选取SBS（苯乙烯-丁二烯-苯乙烯嵌段共聚物）作为改性沥青主体材料。SBS是一种热塑性弹性体，是以丁二烯和1、3-苯乙烯为单体，采用阴离子聚合得到的嵌段共聚物，与沥青具有优良的相容性。SBS的两相分离结构使其具有两个玻璃化温度（聚丁二烯80℃和聚苯乙烯90℃），SBS在玻璃态温度以下呈空间网状结构，表现为固体，具有较高的拉伸强度和高温抗拉伸能力。但当温度升高至玻璃态温度以上时，其空间网状结构逐步消失，连接段软化并断裂。SBS改性剂分为星形和线形两种形式，据研究发现星形SBS空间网状结构更为庞大和完善。因此本节选用星形SBS作为高黏度改性沥青主体材料，希望能对沥青性能产生综合性提高。

（3）增黏组分的选择。防水黏结应力吸收材料的黏结性能主要由铺装的沥青薄膜提供，因此沥青在工作温度下的黏度直接决定了防水黏结应力吸收层与混凝土板、支撑矿料及上层沥青铺装层黏结力大小。本节的研究采用增黏组分对防水黏结应力吸收层高改性沥青进行进一步增黏改性，提高其在高温下的黏结力。

通过资料比对，本节选取树脂类黏结剂对防水黏结应力吸收层用改性沥青母液进行进一步增黏处理。石油树脂具有软化点适中，与沥青相容性好及较强的高温黏结性等特点，其是乙烯生产过程中的副产品，是在催化剂作用下，与醛类、芳香烃等有机物共聚产生的热塑性树脂。其玻璃化温度为90~120℃，低于玻璃化温度时石油树脂为固体，随着温度上升，石油树脂逐步变为黏度极大的黏稠状液体，当温度超过玻璃化温度后，其黏度迅速下降。因此，利用石油树脂作为改性沥青增黏剂是希望在不影响改性沥青高温拌合和储存性能的前提下，提高沥青在工作温度范围内的黏结性能。

（4）增韧组分的选择。沥青基材料在低温情况下，呈现固体状态，体现出弹性体的物理性质，弹性较差且具有较大的脆性，抗荷载冲击能力较差，作为应力吸收材料使用时，混凝土板裂缝处极易产生裂纹，并且裂纹会以非常快的速度扩展，引起自身的破坏及上层铺装层的反射裂缝，失去应力吸收效果。因此，防水黏结应力吸收层用改性沥青在具备较好的高温黏结性能的同时，还需要具有较高的低温韧性，这样才能保证其在整个温度范围内均具有良好的使用性能。

（5）增容稳定组分的选择。相比普通改性沥青，防水黏结应力吸收层用高黏度改性沥青母液中加入了更多的有机化学组分，并且通过本节研究发现化学组分掺量也明显提高，要保证各种改性组分能与沥青良好地融合，并保证改性沥青母液在储存和使用期间不发生分层离析等现象，就必须在改性沥青中加入增容稳定组分。增容稳定组分一方面需要与沥青具有良好的相容性，密度与沥青接近，放置过程中不会产生分层离析，另一方面要能够较好地溶解改性主剂、增黏组分及增韧组分，增大各种改性组分在沥青中的溶解性，以此提高改性剂的掺量，并防止改性组分发生分层离析。

2）试验装置及测试方法

（1）改性沥青的针入度、软化点、延度。

① 测试标准：分别采用《公路工程沥青及沥青混合料试验规程》中的T0604—2000沥青针入度试验、T0605—1993沥青延度试验、T0606—2000沥青软化点试验（环球法）进行测试。

② 仪器设备：针入度采用HUMBOLDT针入度仪；软化点采用46-4501软化点试验仪；延度采用SY-1.5B恒温双数显沥青延伸度仪。

③ 测试目的：针入度、软化点、延度测试常称为

沥青三大基本指标测试,从沥青软硬程度、高温稳定性能及低温抗断裂性能三个方面对沥青进行评价,由于其测试方法简单、对仪器要求低等特点,成为沥青检测的三个最为基本的指标,能较好地反映沥青的基本使用性能。

(2) 低温柔性。

① 测试标准:采用《弹性体改性沥青》。

② 测试方法:将沥青成形为条状试件,连同直径小于 30 mm 的玻璃棒同时浸入浓度为 30% 的恒温氯化钙水溶液中,将试件和玻璃浸泡 30 min,立即沿圆棒快速按均恒速度将沥青试件弯曲成 180°,记下该试件不断裂时的温度,则为该试件的低温柔性。

(3) 储存稳定性。

① 测试标准:采用《弹性体改性沥青防水卷材》。

② 测试方法:将制得的改性沥青置于玻璃试管中,在 163 ℃静置 24 h,取出后放在冰箱中冷却至坚硬状态,然后将试管敲碎,将改性沥青剥离出来,将改性沥青分为上、中、下三段,分别测上、下两段改性沥青的软化点之差。

(4) 沥青 60 ℃黏度。

① 测试标准:采用《公路工程沥青及沥青混合料试验规程》。

② 仪器设备:测试设备采用 AI 真空减压毛细管黏度计。

③ 测试目的:直接反映改性沥青在较高温度工作区间内的黏度大小,间接确定在高温作用下的沥青与混凝土板或石料的黏结力大小。

3) 高黏度改性沥青母液的配合比优化设计

(1) 改性主剂掺量对沥青性能的影响分析。根据改性沥青的制备方法,测得改性主剂不同掺量条件下的改性沥青技术指标见表 4-57。

从表 4-57 的结果可以看出,改性主剂对基质沥青的三大指标均有显著影响,针入度、软化点的变化表明沥青黏度变大,流动性变小,高温稳定性能提高。延度增加、低温柔性的断裂温度降低,说明改性主剂直接提高了沥青的低温抗弯拉性能,但提高效果并不明显。而沥青的韧性、黏韧性和弹性恢复的增加,说明沥青的抵抗荷载作用下的变形能增加。

随着改性主剂的增加,其分离软化点随之增加,说明沥青的储藏稳定性逐步降低,改性沥青的分层离析现象逐渐增加。但当 SBS 掺量超过 8% 后,改

表 4-57 不同掺量条件下的改性沥青技术指标

技术指标	改性主剂掺量		
	6%	8%	10%
针入度(25 ℃、100 g、5 s)/0.1 mm	52.1	49.6	43.8
软化点($T_{R\&B}$)/℃	84.1	92.2	98.8
延度(5 ℃、5 cm/min)/cm	29.6	35.1	39.9
60 ℃黏度/(Pa·s)	2 010	5 200	8 900
弹性恢复/%	93	94	94
分离软化点差/℃	16.1	19.9	24.1
黏韧性(25 ℃)/(N·m)	16	18	19
韧性(25 ℃)/(N·m)	11	13	14
低温柔性/℃	-4.5	-5.6	-6.9

性沥青的针入度降低幅度明显增大,而其对软化点贡献度也明显减小。这是由于当改性主剂掺量在 5%～8% 时,SBS 微粒在沥青中所占的体积分率逐渐增大,在物理交联作用下 SBS 分子自由基之间在沥青基体中形成松弛的网络结构,随着温度的降低,沥青和 SBS 逐渐固化,而这种相互贯穿的网络结构也得以保持,由于 SBS 改性主剂的较高的拉伸强度和高温抗拉伸能力特点,使得改性沥青呈现出很好的弹性形变能力和较高的高温抗拉能力;但当 SBS 掺量大于 8% 时,由于 SBS 所形成的空间网络对沥青中的轻质组分的锁定作用成非线性的增加趋势,SBS 在改性沥青中的体积分率大幅增加,使得 SBS 改性主剂成为主体结构,沥青成为分散相,分散于 SBS 改性主剂的空间网络中。在这种情况下,实际上不是 SBS 改性主剂在对沥青进行改性,而是沥青中的轻质组分对 SBS 改性主剂进行塑化,原沥青中较重的组分被改性主剂 SBS 形成的空间网络结构锁定,整个体系所反映出来的性质已被 SBS 改性主剂的性质取代,不再呈现基质沥青的性质。因此当 SBS 掺量达到 8% 后,想要进一步提高改性沥青的各种性能必须通过添加其他改性剂来实现。

(2) 增塑组分对改性沥青性能的影响。根据上文对 SBS 掺量的研究发现,当 SBS 掺量为 8% 时,沥青低温性能并不十分突出,而且针入度值的相对偏低表明低温条件下沥青明显偏硬,容易产生脆裂,会严重影响应力吸收层低温条件下的应力吸收效果,因此本节利用增塑剂对 SBS 掺量为 8% 改性沥青的低温性能进行进一步研究,其结果见表 4-58。

表 4-58　不同掺量增塑剂对改性沥青低温性能的影响

技术指标	增塑剂掺量			
	0%	2%	4%	6%
延度(15 ℃,5 cm/min)/cm	35.1	44.8	49.1	52.1
低温柔性/℃	−4.8	−8.2	−11.8	−12.4
针入度(25 ℃,5 s)/0.1 mm	49.6	54.8	58.7	59.9

从表 4-58 的结果可以看出，增塑剂对改性沥青低温性能产生了显著的影响，延度、低温柔性和针入度试验的变化表明沥青在低温条件下的黏韧性能和抵抗弹性形变能力明显增加，其低温条件下的柔性明显增加，这是由于增塑剂的加入削弱了 SBS 分子间作用力(范德华力)，从而使得 SBS 低温下在沥青基体中的移动性增加，在荷载作用下，SBS 可自由向荷载两边分散，降低了荷载对 SBS 改性主剂的应力作用，而当荷载消失时，SBS 改性主剂沥青依靠优良的抗张拉能力迅速完成弹性恢复，从而增加了改性沥青的塑性。试验结果表明，增塑剂的加入能够明显降低低温对应力吸收层材料的不利影响。但随着增塑剂的增加，当其掺量超过 4%，其改性的效果逐渐减弱，因此确定增塑剂的掺量为 4%。

(3) 增黏组分对改性沥青的性能影响。防水黏结应力吸收材料作为桥面铺装材料使用，在夏季高温条件下为防止桥面沥青混凝土铺装层发生推移、拥包等病害，必须提高改性沥青高温黏结性能，因此通过添加增黏剂石油树脂，并对改性沥青的软化点、60 ℃黏度等高温性能指标进行研究，确定增黏组分的最佳掺量。表 4-59 为增黏剂掺量对 SBS 掺量为 8%、增塑剂掺量为 4%的改性沥青性能的影响。

表 4-59　不同掺量增黏组分对改性沥青性能的影响

技术指标	增黏剂掺量			
	0%	1%	2%	3%
软化点(环球法)/℃	92.2	95.7	97.5	98.6
黏度(60 ℃)/(Pa·s)	5 400	24 000	69 000	80 000
延度(15 ℃,5 cm/min)/cm	74.1	76.8	77.4	79.1
低温柔性/℃	−5.8	−12.9	−13.5	−14.7

从表 4-59 的结果可以看出，增黏组分对改性沥青高温性能产生了显著的影响，软化点和 60 ℃黏度的变化表明沥青的高温黏结性能得到了明显提高，而低温性能也得到了一定的改善，这是由于无规则的石油树脂属于热塑性弹性体，当该树脂掺入改性沥青后，易均匀地分散于沥青基体中，并被改性主剂 SBS 所形成的空间网络结构锁定，固定于改性沥青基体中。树脂 A 的软化温度达到 90～120 ℃，具有沥青无法比拟的热稳定性。当温度升高时，树脂 A 率先吸热软化，此过程直接减少了沥青及 SBS 改性主剂的吸热量，间接地提高了改性沥青的软化温度。但过高的软化点和高温黏度会导致改性沥青的制备和沥青混合料的制备温度升高，增加无谓的能源消耗，因此选用增黏剂掺量为 2%配制的改性沥青已经能够满足防水黏结应力吸收层的需要。

(4) 增容稳定组分对改性沥青性能的影响。防水黏结应力吸收层材料需要沥青材料具有较好的高低温性能，良好的黏韧性及优良的弹性恢复能力，前述研究表明要达到以上要求，必须向基质沥青中加入大量的 SBS 改性主剂、增黏组分和增塑组分，为了保证上述改性剂在沥青中具有良好的分散性和较高的储藏稳定性，必须向改性沥青中加入增容稳定组分。研究的 SBS 掺量为 8%、增塑剂掺量为 4%、增黏剂掺量为 2%的改性沥青性能已经具有较为优良的使用性能，因此利用增容稳定组分对上述改性沥青进行进一步改性，结果见表 4-60。

表 4-60　不同掺量增容稳定剂对改性沥青性能的影响

技术指标	增容稳定剂掺量			
	0%	1%	2%	3%
韧性/(N·m)	11.2	14.1	18.8	20.9
黏韧性/(N·m)	19.1	24.1	29.9	31.1
弹性恢复/%	92%	95%	96%	96%
分离软化点差/℃	24.2	15.9	9.2	5.4

从表 4-60 的结果可以看出，增容稳定组分对改性沥青的黏弹性和储藏稳定性产生了显著的影响，韧性、黏韧性、弹性恢复能力的变化表明沥青抵抗外界变形能力明显提高，而分离软化点差的不断减小表明其储藏稳定性明显提高。这是由于 SBS 含量达到一定比例时，溶胀的 SBS 微粒形成一种连续的网络结构，会明显改善沥青的各种性能，但是这种空间网状结构在高温作用下，失去沥青自身网状结构的支撑，极易发生变形和破坏，失去与沥青的交织作用。通过添加增容稳定剂，提高了储存过程的

稳定性,实际上就是增加了 SBS 改性主剂与沥青网络结合的紧密程度,减少了高温条件下 SBS 改性主剂从沥青集体中的析出量。在改性沥青处于凝固态时,SBS 改性主剂在沥青机体中移动缓慢,可以维持长期的稳定性。但在高温作用下,由于 SBS 与沥青两相分子间作用力不同,这时 SBS 网络结构的破坏不可避免。加入适量相容剂,可以减小 SBS 分子链之间的作用力,改善加工性能,使得改性体系中界面的厚度增加,从而改善改性沥青的性能。但是在试验过程中发现,增容稳定组分同样对沥青及各种改性剂产生了稀释作用,使得改性沥青的黏稠度明显降低,因此必须严格控制增容稳定组分的掺量。根据试验研究,选择掺量为 2% 的增容稳定剂能够制得性能优良高黏度改性沥青母液。

4) 防水黏结应力吸收层用高黏度改性沥青的使用性能对比

综合考虑沥青改性主剂、增塑组分、增黏组分及增容稳定组分对改性沥青性能的影响,选择改性主剂掺量为 8%、增塑组分掺量为 4%、增黏组分掺量为 2%、增容稳定组分掺量为 2%,配置的高黏度改性沥青母液具有优良的使用性能,表 4-61 所示为自制的高黏度改性沥青母液与国产 SBS 改性沥青、日本 TPS 改性沥青的性能对比。

表 4-61 的检测结果对比表明,自制的基于防水黏结应力吸收层的高黏度改性沥青母液各项指标均优于国产 SBS 改性沥青,但与日本 TPS 改性沥青相比,在弹性恢复方面及抗老化性能方面还有一定差距,而弹性恢复为防水黏结应力吸收材料中应力吸收效果的决定性因素。抗老化性能一方面决定了沥青自身的使用寿命,另一方面决定了沥青储藏水平高低的要求,防水黏结应力吸收材料需要对沥青进行热撒,对沥青的抗老化性能提出了较高的要求,因此必须对高黏度改性沥青母液进行进一步改性。

4.3.3.2 高黏高弹改性沥青的制备

通过以上研究发现,作为防水黏结应力吸收层用高黏度改性沥青母液存在弹性恢复能力不足及抗老性能较差等缺点,而作为沥青改性主剂的 SBS 价格高昂,且掺量较大。因此,下面的研究试图利用其他改性材料对 SBS 进行取代,一方面提高改性沥青母液的弹性恢复能力及抗老化性能,另一方面降低防水黏结应力吸收层用高黏高弹改性沥青的成本,为其推广使用创造更大的空间。

研究资料表明,橡胶类改性剂对于沥青弹性恢复能力和抗老化性能提高具有最为显著的效果。加之随着我国交通事业的不断发展,车辆使用量不断增加,废弃轮胎对环境造成了严重污染,因此下文的研究拟采用廉价废旧轮胎制备的活化橡胶粉对高黏度改性沥青母液进行进一步改性,力图在不影响改性沥青各方面使用性能的前提下,降低 SBS 改性主剂的掺量,提高改性沥青的弹性恢复能力和抗老化性能。

1) 橡胶沥青的作用机理分析

由于废旧橡胶粉来源不同,其化学组成十分复杂,因此其与沥青发生反应的过程也十分复杂。目前对于橡胶改性沥青的改性机理主要有三种学说:物理共混学说、网络填充学说、化学共混学说。下面对这三种学说进行简要介绍。

(1) 物理共混学说。该学说认为橡胶粉加入沥青后仅仅与沥青发生物理上的接触,不发生化学反应,橡胶粉在沥青中与芳香烃、饱和烃发生溶胀和溶解,在原本的沥青体系中形成共混体系。

表 4-61 高黏度改性沥青母液检测结果

技术指标		检测结果		
		高黏度改性沥青母液	国产 SBS 改性沥青	日本 TPS 改性沥青
针入度(25℃、100 g、5 s)/0.1 mm		58.7	72.1	80.2
针入度指数/PI		1.56	0.3	0.78
软化点($T_{R\&B}$)/℃		96.5	75.8	94.8
延度(5℃、5 cm/min)/cm		47.4	30.8	41.2
60℃黏度/(Pa·s)		69 000	—	65 000
弹性恢复/%		96	97	97
分离软化点差/℃		5.4	18.9	17.1
黏韧性(25℃)/(N·m)		29.9	18	25
韧性(25℃)/(N·m)		18.8	11	17
低温柔性/℃		-13.5	-4.8	-8.9
RTFOT后残留物	延度(5℃、5 cm/min)/cm	28	21	33
	质量损失/%	0.03	0.06	0.093
	针入度比/%	76	76	82

(2) 网络填充学说。该学说认为橡胶粉在加入沥青中后，被沥青中的芳香分和油分拉扯分开，发生溶胀和溶解反应后以细丝状形态存留于沥青中，形成较为致密的空间网状结构，并与沥青自身的空间网状结构相互交织，在低温情况下，两者黏度增大，网络得以保存，这种网络的存在直接增加了沥青本身网络的牢固性，使得沥青具有更好的黏弹性。其改性机理与 SBS 改性主剂类似，为两者对沥青进行复合改性提供了理论基础。

(3) 化学共混学说。该学说认为橡胶粉颗粒加入沥青后会与沥青中的较为活泼的官能团发生取代、加成等有机反应，形成新的化学键及新的有机成分，以此达到对沥青改性的作用。

橡胶粉在高温情况下对沥青进行改性形成橡胶沥青，其作用方式十分复杂，因此所提及的三种理论可能同时存在于改性过程中，仅仅只是程度不同。

2) 原材料的选择

对废旧橡胶粉的掺量、胶粉细度、拌合温度及拌合时间对改性沥青使用性能的影响规律进行研究，废旧橡胶粉的具体指标见表 4-62。

表 4-62　废胶粉技术指标

项目	胶粉	GB/T 19208—2003
水分标准/%	0.4	≤1
灰分/%	5.4	≤8
丙酮抽出物/%	10	≤12
橡胶烃含量/%	45.7	≥42
金属含量/%	0.04	≤0.08
纤维含量/%	0.3	≤0.5
拉伸长度/μPa	22	≥15
扯断伸长率/%	590	≥500

将此废旧橡胶粉分别磨细为 20 目、40 目、60 目、80 目，以备研究胶粉细度对改性沥青性能的影响规律。

3) 废旧橡胶粉取代 SBS 改性主剂可行性分析

采用废旧橡胶粉对高黏度改性沥青母液中的 SBS 改性主剂进行取代，通过对取代后沥青针入度、软化点、延度等指标进行研究和分析，对废旧橡胶粉取代 SBS 改性主剂进行可行性分析，并确定其取代的基本关系。再对沥青的弹性恢复、抗老化性能及低温柔性等重点研究内容进行复核，确定废旧橡胶粉对 SBS 改性主剂的最佳取代量。废旧橡胶粉取代量对改性沥青性能的影响规律见表 4-63。

表 4-63　40 目橡胶粉取代量对改性沥青使用性能的影响

橡胶粉取代量	针入度 (25℃、100 g、5 s)/0.1 mm	软化点 ($T_{R\&B}$)/℃	延度(5℃、5 cm/min)/cm
橡胶粉 0%+SBS 8%	58.7	96.5	47.4
橡胶粉 5%+SBS 7%	52.4	95.9	48.2
橡胶粉 10%+SBS 7%	57.9	99.4	51.2
橡胶粉 15%+SBS 7%	62.4	100.6	53.9
橡胶粉 20%+SBS 7%	65.4	101.9	51.7
橡胶粉 5%+SBS 6%	53.9	90.8	44.9
橡胶粉 10%+SBS 6%	56.9	96.2	50.9
橡胶粉 15%+SBS 6%	60.8	99.1	52.1
橡胶粉 20%+SBS 6%	63.1	100.9	49.8
橡胶粉 5%+SBS 5%	50.8	87.3	40.8
橡胶粉 10%+SBS 5%	56.2	93.5	45.8
橡胶粉 15%+SBS 5%	59.2	96.2	52.4
橡胶粉 20%+SBS 5%	62.4	97.6	49.9
橡胶粉 20%+SBS 4%	62.9	92.4	44.2

从研究过程可以发现，废旧橡胶粉的加入可与 SBS 改性主剂共同作用。随着橡胶粉掺量的增加，改性沥青的针入度相比改性沥青母液呈现出先减小后增大的变化趋势；橡胶沥青本身随着胶粉掺入量的增加，沥青逐渐变软，这是由于胶粉吸收了沥青中的油分，溶胀后均匀地分散于沥青中，使得沥青整体变软；橡胶粉的加入同样对沥青的软化点提高产生了较大的贡献，能够较好地弥补 SBS 改性主剂掺量降低所造成的影响；橡胶粉对于改性沥青最大贡献在于对其低温抗弯拉性能的提高(即延度的提高)，当橡胶粉掺量合适时，改性沥青可以表现出比高黏度改性沥青母液更为优良的低温性能。

但是在研究过程中，团队同样发现当橡胶粉掺量超过 15% 后，继续添加橡胶粉，对沥青的改性作用不再明显，低温延度反而出现了降低的情况，这是由于硫化橡胶分子呈交联结构，在 SBS 改性主剂及其他改性组分的配合下,老化性能、弹性恢复能力优越,用作沥青的改性剂,能提高沥青的低温性能和热稳定性能。当胶粉掺量增加时,沥青胶体中的轻质组分吸收橡胶颗粒,发生溶胀反应,因而提高了沥青的软化温度,产生较好的改性效应。而当胶粉掺量增加到一定值时,胶粉与沥青的结合达到了相应的饱和程度,这时随着胶粉掺量的增加,改性效应趋势减弱,改性沥青软化点不再变化。需要注意的是,当胶粉掺量继续增大时,有部分胶粉就会因为无法在沥青中良好分散,产生结团现象,不仅不会对软化点提高起到任何作用,反而会降低沥青自身的黏结力,对延度产生负面的影响。

从表4-62的试验结果可以看出,橡胶粉掺量每提高5%,SBS改性主剂的掺量可降低1%。橡胶粉取代量对改性沥青使用性能的影响如图4-49所示。

表4-64 高黏高弹改性沥青检测结果

技术指标	检测结果	
	高黏度改性沥青母液	高黏高弹改性沥青
针入度(25℃、100 g、5 s)/0.1 mm	58.7	59.2
软化点($T_{R\&B}$)/℃	96.5	96.2
延度(5℃、5 cm/min)/cm	47.4	52.4
60℃黏度/(Pa·s)	69 000	71 000
弹性恢复/%	96	99
分离软化点差/℃	5.4	5.6
黏韧性(25℃)/(N·m)	29.9	30.6
韧性(25℃)/(N·m)	18.8	19.5
低温柔性/℃	-13.5	-15.1
RTFOT后残留物 延度(5℃,5 cm/min)/cm	28.1	39.2
RTFOT后残留物 质量损失/%	0.03	0.01
RTFOT后残留物 针入度比/%	76	84

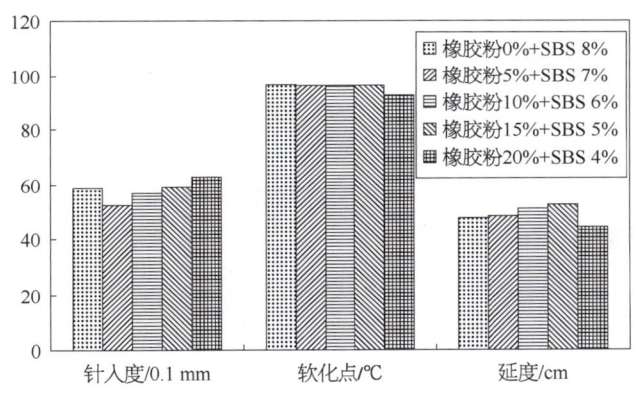

图4-49 橡胶粉取代量对改性沥青使用性能的影响

从图4-49可以看出,用5%的废旧橡胶粉为梯度依次取代高黏度改性沥青中1%的SBS改性主剂具有一定可行性,取代后的改性沥青具有与高黏度改性沥青母液接近的针入度和软化点指标,以及更为优良的延度性能。当橡胶粉掺量为15%时,取代效果最优,其能够保持与高黏度改性沥青接近的针入度和软化点指标,而延度相比高黏度改性沥青母液提高了5.0 cm,具有更为优良的低温抗弯性能。

因此,选取废旧橡胶粉掺量为15%,SBS改性主剂掺量为5%,其他改性组分不变,对改性沥青的其他性能指标进行研究,研究结果见表4-64。

从表4-64中可以看出,橡胶粉的加入对于重点考察的弹性恢复能力和抗老化性能有较大提高,而对于韧性、黏韧性及低温柔性也有一定的贡献。说明本节设想的利用废旧橡胶粉取代SBS改性主剂,对高黏度改性沥青母液进行改性制备防水黏结应力吸收层用高黏高弹改性沥青的思路具有可行性。

4.3.3.3 高黏高弹改性沥青的生产工艺

首先将一定比例的SBS改性剂、增黏组分、增韧组分等改性剂同时加入基质沥青中,经过胶体磨高速碾磨分散后,再加入增容稳定组分进行搅拌,制得高黏度改性沥青母液。然后向高黏度改性沥青中加入废旧橡胶粉,在180~185℃条件下利用胶体磨高速碾磨高速剪切60~100 min。最后通过高温低速搅拌发育6 h即制得防水黏结应力吸收层用高黏高弹改性沥青,生产工艺流程如图4-50所示。

此生产工艺有以下优点:掺入改性剂,经胶体磨高速碾磨分散后,其在沥青中的分散均匀性及相容性得到改善,在SBS改性主剂与沥青形成空间网络结构后再加入橡胶组分,增强了网络交织程度,提高了改性沥青各方面的使用性能。并且SBS空间网络结构还能将未分散的橡胶颗粒锁定,解决沥青的离析分层问题。

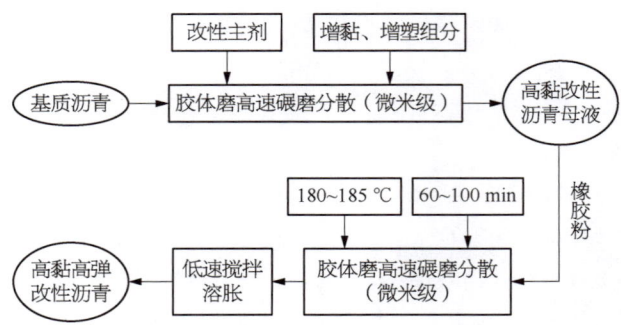

图 4-50 防水黏结应力吸收层用高黏高弹改性沥青制备工艺

通过上述研究，综合考虑改性主剂、增塑组分、增黏组分、增容稳定组分及废旧橡胶粉对改性沥青性能的影响及高黏高弹改性沥青的成本问题，选择 SBS 掺量为 5%、增塑剂掺量为 4%、增黏剂掺量为 2%、增容稳定剂掺量为 2%、废旧橡胶粉掺量为 15%，配置的防水黏结应力吸收层用高黏高弹改性沥青具有优良的使用性能，表 4-65 为开发的防水黏结应力吸收层用高黏高弹改性沥青与自制高黏度改性沥青母液、日本 TPS 改性沥青的性能对比。

表 4-65 防水黏结应力吸收层用高黏高弹改性沥青检测结果

技术指标		检测结果		
		高黏高弹改性沥青	高黏度改性沥青母液	日本TPS改性沥青
针入度（25 ℃、100 g、5 s）/0.1 mm		58.2	58.7	80.2
软化点（$T_{R\&B}$）/℃		97.2	96.5	94.8
延度（5 ℃、5 cm/min）/cm		52.4	47.4	41.2
60 ℃黏度/(Pa·s)		71 000	69 000	65 000
弹性恢复/%		99	96	97
分离软化点差/℃		5.7	5.4	17.1
黏韧性(25 ℃)/(N·m)		31.1	29.9	25
韧性(25 ℃)/(N·m)		20.1	18.8	17
低温柔性/℃		−14.5	−13.5	−8.9
RTFOT 后残留物	延度（5 ℃，5 cm/min）/cm	41.1	28.1	33
	质量损失/%	0.01	0.03	0.093
	针入度比/%	88	76	82

表 4-65 的检测结果表明，自制的基于防水黏结应力吸收层用高黏高弹改性沥青各项指标均优于日本 TPS 改性沥青，相比自制高黏度改性沥青母液，各项指标也均有提高，并且较好地弥补了高黏度改性沥青母液弹性恢复性能、抗老化性能的不足。同时使用废旧橡胶粉可以大幅降低生产成本，减少废旧轮胎对环境造成的污染。

4.3.4 防水黏结应力吸收层材料的制备

所谓防水黏结应力吸收材料是高黏高弹改性沥青与撒布碎石组成的一种功能型桥面铺装中间层材料。其基本思想为：先在混凝土桥面热洒高黏高弹改性沥青，利用高黏高弹改性沥青良好的黏结性能、弹性恢复能力及抗弯拉性能，对混凝土和上层沥青铺装层产生良好的黏结性，并在混凝土桥面裂缝处产生良好的应力吸收效果，阻止反射裂缝的产生和扩展，同时起到较好的防渗水作用，有效防止水分渗入混凝土桥面所造成的钢筋锈蚀、冻融破坏等病害；随后，同步于高黏高弹改性沥青上热撒一定粒径的碎石，再进行碾压，使得碎石完全嵌入沥青中，形成一种沥青包裹碎石的结构形式，碎石撒布粒径的大小直接决定了防水黏结应力吸收层的厚度。碎石的加入对防水黏结应力吸收层起到骨架支撑作用，防止桥面由于高温作用，高黏高弹改性沥青黏度下降，造成整个铺装层产生车辙和拥包等病害。

防水黏结应力吸收层材料力求达到如下优点：

（1）具有优良的界面黏结性能（优良的拉拔强度和剪切强度），减少在荷载作用下，上层沥青铺装材料与混凝土板发生推移、拥包等病害的可能。

（2）具有较强的抗变形能力和抗疲劳破坏能力，减小桥面铺装结构反射裂缝的产生，阻止反射裂缝的扩展。

（3）具有优良的防水性能，阻止水分透过沥青层与混凝土桥面接触，防止桥面发生钢筋锈蚀、冻融破坏等病害。

4.3.4.1 原材料的选择

防水黏结应力吸收层材料是由高黏高弹改性沥青和石料复合而成。通过上面的论述，改性沥青的性质直接决定了防水黏结应力吸收层的防水性能、界面黏结性能、应力吸收性能及自身的抗疲劳性能。而石料的性质对防水黏结应力吸收层的结构使用性能有至关重要的作用。石料在防水黏结应力吸收层结构中起到承载作用,石料的坚硬程度直接决定了应力吸收材料的承载力大小;石料的表面纹理、粗糙程度及酸碱性在一定程度上决定了改性沥青与石料的黏结力大小;石料的针片状含量则会很大程度地决定防水黏结应力吸收层材料的厚度均匀性及与上层沥青铺装层的界面抗剪强度。因此选优良的材料,对防水黏结应力吸收材料的使用性能具有极其重要的作用。

1) 沥青的选择

沥青作为防水黏结应力吸收材料最主要的功能材料,直接决定防水黏结应力吸收层的使用性能,因此对于沥青的黏度、黏韧性、弹性恢复能力及抗老化性能提出了较高的要求。选用防水黏结应力吸收层用高黏高弹改性沥青,其具体指标结果见表4-66。

表4-66 防水黏结应力吸收层用高黏高弹改性沥青检测结果

技术指标		检测结果
		高黏高弹改性沥青
针入度(25℃、100 g、5 s)/0.1 mm		58.2
软化点($T_{R\&B}$)/℃		97.2
延度(5℃、5 cm/min)/cm		52.4
60℃黏度/(Pa·s)		71 000
弹性恢复/%		99
分离软化点差/℃		5.7
黏韧性(25℃)/(N·m)		31.1
韧性(25℃)/(N·m)		20.1
低温柔性/℃		−14.5
RTFOT后残留物	延度(5℃、5 cm/min)/cm	41.1
	质量损失/%	0.01
	针入度比/%	88

2) 集料的选择

防水黏结应力吸收层所用的石料应坚硬,具有较高的强度和刚度,确保其自身具有抵抗荷载能力。应尽量选择中性或碱性石料,石料表面具有褶皱,使沥青与石料具有良好的黏结性能。同时应严格控制集料中针片状含量,石料粒型应尽量一致,以保证应力吸收层具有较为均匀的结构厚度。本试验中选用玄武岩集料,玄武岩集料具有强度大、与沥青黏附性好及颗粒均匀的特点,其具体指标见表4-67。

表4-67 玄武岩粗集料性能检验结果

技术指标	规范要求	检验结果
压碎值/%	≤25	10.1
洛杉矶磨耗/%	≤30	12.6
表观密度/(g·cm^{-3})	≥2.60	2.912
吸水率/%	≤2.0	1.2
与沥青的黏附性/级	≥4	5
针片状颗粒含量/%	≤15	4

4.3.4.2 防水黏结应力吸收材料的优化设计

1) 防水黏结应力吸收材料的设计思路

通过大量前期研究及资料发现,防水黏结应力吸收层的使用性能主要由以下几个方面决定:

(1) 防水黏结应力吸收层用高黏高弹改性沥青的高温黏度、黏韧性、弹性恢复性能、自身抵抗变性能力及抗老化性能。

(2) 集料的强度、洛杉矶磨耗、酸碱性、针片状含量及含泥量等基本指标。

(3) 铺装基层的粗糙程度及表面纹理。

(4) 防水黏结应力吸收层的沥青洒铺厚度。

(5) 防水黏结应力吸收层的碎石撒布粒径及碎石撒布量的大小。

通过研发防水黏结应力吸收层用高黏高弹改性沥青并优选石料,确保了防水黏结应力吸收层所用材料具有优良的使用性能。铺装基层的粗糙程度和表面纹理可以通过喷砂打毛等工艺对待铺装的混凝土桥面进行处理,而高黏高弹改性沥青和碎石撒布量及使用的碎石撒布粒径在过去都由经验确定,故需要研究不同碎石粒径、不同碎石撒布量、不同高黏高弹改性沥青洒铺量对防水黏结应力吸收层界面拉拔和剪切强度、全厚式车辙及组合疲劳性能的影响规律,以确定防水黏结应力吸收材料的配合比。

2) 试验方法

(1) 拉拔和剪切试验方法。

① 试件的成型方法:用加高的车辙试模成型与混凝土桥面接近的C50混凝土试件,在养护室进行标准养护7 d,然后对其表面进行打磨粗糙化处理,随后将混凝土试块放入60℃烘箱内加热1~2 h,洒铺高黏高弹改性沥青材料,然后立即在10 s内撒布碎石层,通过碾压设备进行碾压,待防水黏结应力吸收材料完全固化后,加铺上面层AC-13桥面铺装

材料。放置48 h后,将试件切割成10 cm×10 cm大小,以备进行拉拔和剪切试验使用。

② 结构组合形式为:4 cm水泥混凝土+防水黏结应力吸收层+AC-13沥青混合料。

③ 试验方法:使用MTS万能试验机,按图4-51、图4-52所示进行试验。

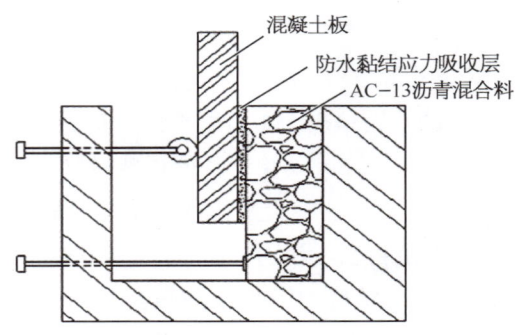

图4-51 剪切试验示意图

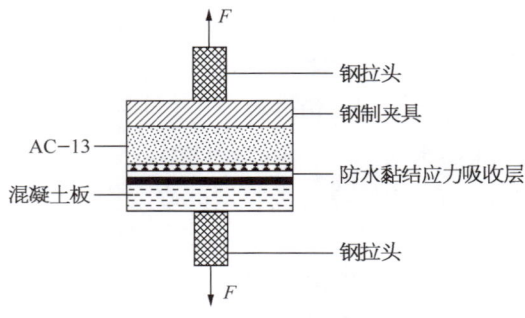

图4-52 拉拔试验示意图

④ 拉拔及剪切强度的计算:剪切强度 $\delta_1=(F+G)/A_1$

$$拉拔黏结强度 \delta_2 = F/A_2$$

式中 F——向下压力或向上拉力;
G——上压头重量;
θ——倾斜角;
A_1——压剪试件面积;
A_2——拉头截面积。

(2) 疲劳试验方法。

① 试件的成型方法:在400 mm×300 mm×H mm的模具中按照拉拔及剪切试验的成型方法对试件进行成型,然后将试件切割成400 mm×100 mm×H mm大小,以备进行疲劳试验。

② 结构组合形式为:4 cm水泥混凝土+防水黏结应力吸收层+AC-13沥青混合料。

③ 试验方法:对试块采用MTS进行疲劳试验,加载模式为沥青混凝土加铺层顶部沿宽度方向的圆柱形加载。试验时首先测定普通沥青混凝土加铺层结构在中荷载及偏荷载作用下的极限破坏荷载,然后利用极限破坏应力的0.4倍作为最大破坏荷载,荷载比为0.1。试件温度为(15 ± 1)℃,加载波形为半正弦波,加载频率为10 Hz。加载方式如图4-53所示。

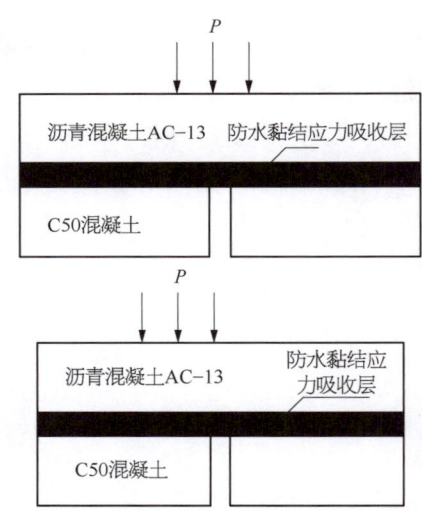

图4-53 防水黏结应力吸收层MTS疲劳试验加载方式

(3) 全厚度车辙试验。

① 试件的成型方法:在300 mm×300 mm×H mm的模具中按照拉拔和剪切试验的成型方法进行成型,沥青混合料的铺装过程采取两次铺设,首先在防水黏结应力吸收层上铺设5 cm厚AC-13中面层材料,通过碾压成型后在常温下保存12 h以上,铺设高黏度改性沥青黏结层,待黏结层完全冷却后即可铺设SMA-13上面层。组合试件成型后,在常温下放置48 h以上,即可进行全厚式车辙试验。试验结构如图4-54所示。

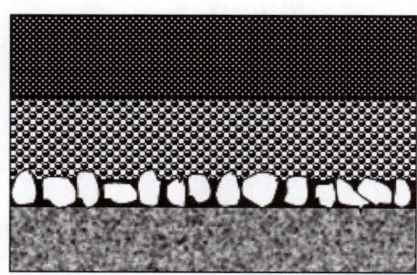

图4-54 模拟桥面全厚度车辙试验结构

② 试验方法：与《公路工程沥青及沥青混合料试验规程》中 T0719—1993 沥青混合料车辙试验的试验方法相同。

③ 动稳定度计算公式为：$DS = 42 \times 15/(d_{60} - d_{45})$

式中　DS——动稳定度（次/min）；
　　　d_{60}——60 min 时试件的车辙深度（mm）；
　　　d_{45}——45 min 时试件的车辙深度（mm）。

（4）透水性试验。

① 试件的成型方法：将试验用的牛皮纸放置在瓷砖上，然后在 150 mm×150 mm 的牛皮纸上涂抹不同厚度的防水黏结应力吸收层材料，待时间冷却后放入不透水仪，放置 1 h 以上即可进行试验。

② 试验方法：按照《建筑防水涂料试验方法》中的防水材料不透水性试验进行。

③ 评价方法：测试在不同透水压力情况下的材料不透水时间。

3）防水黏结应力吸收材料的组成优化研究

（1）防水黏结应力吸收层组合桥面结构黏结性能研究。由于混凝土桥面上层铺装材料普遍存在与混凝土桥面板黏结力不足的问题，在高温作用下由于沥青软化造成黏度下降，失去抵抗界面剪切变形的能力，发生推移和拥包等病害，严重影响桥梁结构耐久性能及行车舒适性。采用前述研制的高黏高弹改性沥青制备的防水黏结应力吸收层，对桥面混凝土板和沥青面层的黏结性能进行改善。

① 碎石撒布粒径对应力吸收层黏结性能作用分析。当应力吸收层厚度小于 2 mm 时，应力吸收层的应力吸收效果不明显；但当应力吸收层厚度超过 20 mm 后，继续增加应力吸收层厚度，应力吸收提高的幅度会迅速降低。因此，选用了 2.36～4.75 mm、4.75～9.5 mm、9.5～13.2 mm、13.2～16.0 mm、16.0～19.0 mm 五种粒径的碎石，为达到预先设想的沥青对石料形成包裹状态，针对不同粒径石料情况对沥青进行了一定调整，沥青洒铺量随碎石撒布量的增加而增加，根据经验达到沥青将石料包裹 2/3 为最佳。其试验结果见表 4-68。

表 4-68　不同碎石粒径对应力吸收层黏结性能影响

碎石粒径/mm	25 ℃剪切强度/MPa	25 ℃拉拔强度/MPa
2.36～4.75	1.12	0.48
4.75～9.5	1.21	0.59
9.5～13.2	1.35	0.67
13.2～16.0	1.24	0.56
16.0～19.0	1.16	0.48

试验过程发现，要达到石料嵌挤沥青状态，当碎石粒径为 2.36～4.75 mm 时，沥青洒铺量为 1.0 kg/m² 左右；当碎石粒径为 4.75～9.5 mm 时，沥青洒铺量为 2.0 kg/m² 左右；当碎石粒径为 9.5～13.2 mm 时，沥青洒铺量为 2.5 kg/m² 左右；当碎石粒径为 13.2～16.0 mm 时，沥青洒铺量为 3.0 kg/m²；当碎石粒径为 16.0～19.0 mm 时，沥青洒铺量为 4.0 kg/m²。不同碎石粒径对应力吸收层黏结性能影响结果如图 4-55 所示。

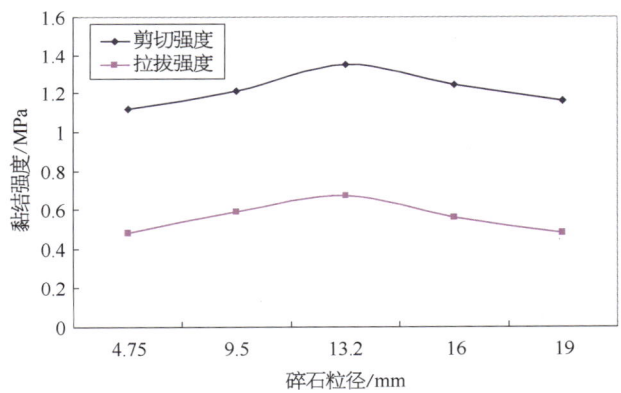

图 4-55　不同碎石粒径对应力吸收层黏结性能影响

图 4-55 的试验结果表明，在石料嵌挤沥青状态下，随着碎石粒径的增大，由于沥青与石料的交互作用，应力吸收层黏结性能先增大后减小，在碎石粒径为 9.5～13.2 mm 时应力吸收层黏结性能最佳。但随着碎石粒径的进一步增大，石料与石料之间的空隙随之增大，大量的沥青处于自由状态，没有处于最大的黏度状态，不仅没起到较好的黏结作用，反而在荷载作用下起到了一定的润滑作用，因此其黏结力也会随之降低。

② 沥青洒铺量对应力吸收层黏结性能的影响。由上一个试验可知，当碎石粒径为 9.5～13.2 mm 时，防水黏结应力吸收材料具有最为优良的黏结性

能,现对 2.0～3.0 kg/m² 范围内的沥青洒铺量进行进一步细化,提出防水黏结应力吸收材料最佳黏结性能时的最佳沥青洒铺量区间,试验结果见表 4-69 和图 4-56。

表 4-69 不同沥青洒铺量黏结性能

沥青洒铺量/ (kg·m⁻²)	25℃剪切强度/ MPa	25℃拉拔强度/ MPa
2.0	1.02	0.51
2.2	1.32	0.62
2.5	1.35	0.67
2.7	1.21	0.58
3.0	1.09	0.54

铺量为 2.2～2.5 kg/m² 时,应力吸收材料具有最为优良的黏结性能,现对应力吸收材料中碎石撒布量进行进一步研究试验,提出应力吸收材料具有最佳黏结性能的配合比,试验结果见表 4-70 和图 4-57。

表 4-70 不同碎石撒布量剪切、拉拔试验结果

碎石撒布量/ (kg·m⁻²)	25℃剪切强度/ MPa	25℃拉拔强度/ MPa
10	1.09	0.69
12	1.22	0.67
14	1.32	0.63
16	1.47	0.61
18	1.29	0.60
20	1.11	0.54

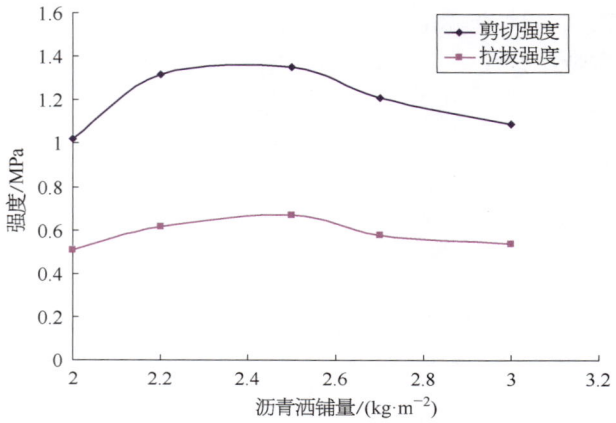

图 4-56 沥青洒铺量对应力吸收层黏结性能影响

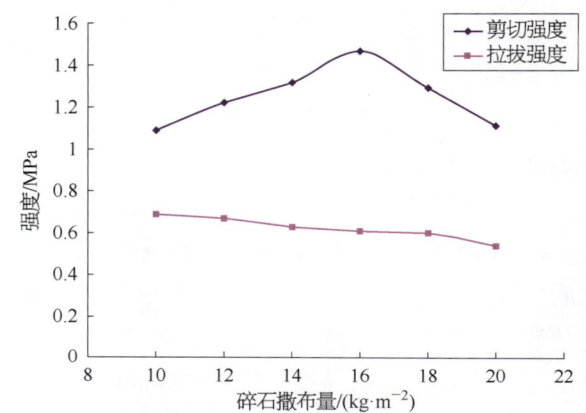

图 4-57 碎石撒布量对应力吸收层黏结性能影响

由表 4-69 和图 4-56 的试验结果可知,随着高黏高弹改性沥青洒铺量的增加,防水黏结应力吸收层材料的剪切强度和拉拔强度呈现先增大后减小的趋势,当沥青洒铺量为 2.5 kg/m² 时,剪切强度为 1.35 MPa,拉拔强度为 0.67 MPa,均为最大值。这是由于随着高黏高弹改性沥青洒铺量的增加,防水黏结应力吸收材料的沥青使用量呈现出从不足到饱和再到过量的过程。加入过量的高黏高弹改性沥青后,石料之间的自由沥青量不断增加,沥青不仅没有达到最佳的黏结状态,反而会在高温条件下由于自身黏度降低造成层间滑移现象。因此,选择沥青洒铺量为 2.2～2.5 kg/m² 较为合理。

③ 碎石撒布量对应力吸收层黏结性能的影响。防水黏结应力吸收材料是沥青与单层碎石组合而成的功能性中间层材料,碎石撒布量的大小直接决定应力吸收层的各方面使用性能。通过研究发现沥青洒

由表 4-70 和图 4-57 的试验结果可知,随着碎石撒布量的增加,应力吸收层的剪切强度先增大后减小,当碎石撒布量达到 16 kg/m² 时,剪切强度达到最大值,之后随着碎石撒布量的增加,剪切强度逐渐下降,这是由于随着碎石撒布量的增加,碎石之间的自由沥青量不断减少,由于沥青全部和碎石紧密结合而具有最大的黏度,因此具有最大的剪切强度,但是随着碎石撒布量的继续增加,单位面积内的沥青无法黏结所有的碎石,造成部分碎石处于脱黏状态。当界面受到剪切作用时,脱黏碎石在结构层中如同"滚珠"一般,使得界面剪切强度迅速降低。而随着碎石撒布量的增加,上层铺装材料与应力吸收材料中的高黏高弹改性沥青的接触面积随之减少,因此拉拔强度呈不断减小趋势。

综合考虑拉拔强度、剪切强度两方面黏结性能,

当高黏高弹改性沥青洒铺量为 2.2~2.5 kg/m²,碎石撒布量为 14~16 kg/m²,碎石撒布粒径为 9.5~13.2 mm,防水黏结应力吸收材料具有最为优良的使用性能,其剪切强度为 1.47 MPa,拉拔强度为 0.61 MPa。

(2) 防水黏结应力吸收层组合桥面结构全厚式车辙研究

① 高黏高弹沥青洒铺量对全厚式车辙的影响。高黏高弹改性沥青作为柔性黏结材料,在荷载作用下自身抵抗形变的能力较差,如果沥青的洒铺量过高会直接影响这种铺装结构的抗车辙性能。因此对高黏高弹改性沥青洒铺量对防水黏结应力吸收材料的抗车辙性能进行研究,研究结果见表 4-71 和图 4-58、图 4-59。

表 4-71 不同沥青洒铺量的全厚度车辙试验结果

沥青洒铺量/ (kg·m⁻²)	全厚度车辙/ (次·mm⁻¹)	车辙深度/ mm
0	5 850	1.13
1	5 750	1.49
2	5 360	1.65
3	4 600	2.37
4	2 800	2.98

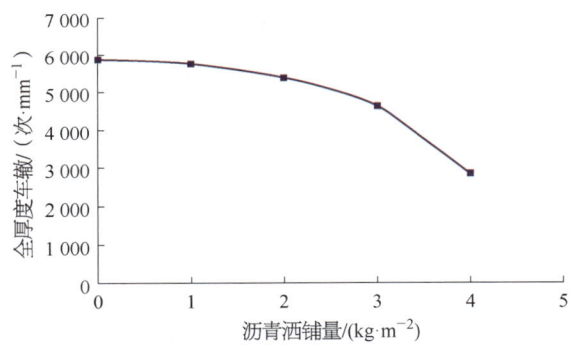

图 4-58 沥青洒铺量对全厚度车辙动稳定度的影响

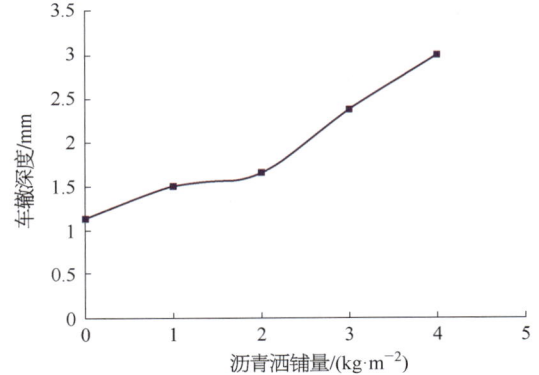

图 4-59 沥青洒铺量对车辙深度的影响

由图 4-58、图 4-59 的试验结果可以看出,随着改性沥青洒铺量的增加,全厚度车辙动稳定度随之降低,车辙深度随之增大,当沥青洒铺量超过 3 mm 后,表现出一种失稳状态,车辙动稳定度下降趋势与车辙深度上升趋势明显增加。这是由于沥青厚度增加,未被石料束缚的自由沥青量明显增加,在高温作用下这部分沥青黏度下降很快,在石料之间形成油状润滑层,从而降低了集料之间的黏结力,使石料在铺装层中不断滑移,造成抗车辙能力降低,车辙深度增加。因此,在实际使用过程中建议沥青洒铺量不超过 3 kg/m²。

② 碎石撒布量对全厚式车辙的影响。碎石撒布量是影响防水黏结应力吸收材料抗车辙性能的一个重要因素,碎石撒布量太高会造成碎石堆积,导致沥青与碎石无法黏结,在荷载作用下,碎石滑移造成结构层失稳而产生车辙;而碎石撒布量太少会造成上层铺装材料直接与应力吸收材料的沥青层相接触,在高温作用下沥青黏度下降,无法提供足够的强度,同样会引起车辙病害。因此,综合考虑沥青洒铺量对应力吸收的黏结性能和全厚式车辙的影响规律,优选沥青洒铺量为 2.5 kg/m²,研究不同碎石撒布量对防水黏结应力吸收层组合铺装结构全厚式车辙试验的影响,试验结果见表 4-72 和图 4-60。

表 4-72 不同碎石撒布量的全厚度车辙试验结果

碎石粒径/ mm	沥青洒铺量/ (kg·m⁻²)	碎石撒布量/ (kg·m⁻²)	全厚度车辙/ (次·mm⁻¹)
13.2~9.5	2.5	12	4 960
		14	5 275
		16	5 850
		18	5 400

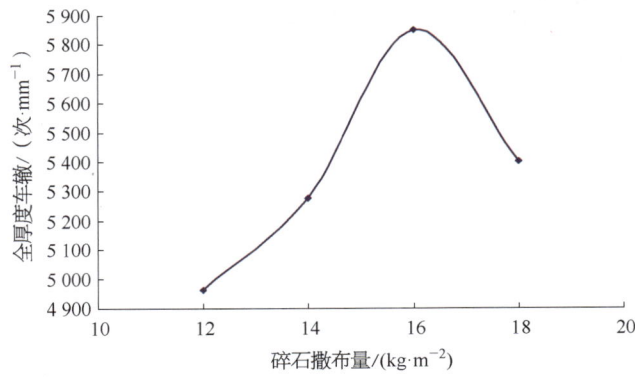

图 4-60 不同碎石撒布量的全厚度车辙试验结果

由图 4-60 的试验结果可以看出，随着碎石撒布量的增加，防水黏结应力吸收层组合铺装结构的全厚式车辙动稳定度呈现先增大后减小的变化趋势，当碎石撒布量为 16 kg/m² 时，其动稳定度达到峰值 5 850 次/mm，这是由于当碎石撒布量过低时，上层沥青铺装材料与防水黏结应力吸收材料中的高黏高弹沥青直接接触，在高温作用下，沥青黏度降低而产生车辙；当碎石撒布量过多时，会造成碎石在应力吸收层上方堆积，沥青无法与碎石保持黏结，在荷载作用下，发生横向滑移并产生车辙。因此确定最佳碎石撒布量为 16 kg/m²。

4.3.5 防水黏结应力吸收与铺装技术研究

通过对防水黏结应力吸收桥面组合铺装结构的黏结性能、全厚式车辙及疲劳性能等关键指标进行研究，确定了碎石撒布粒径、碎石撒布量及沥青洒铺量的关键性技术指标，结合研发的高黏高弹改性沥青，开发出适合混凝土梁桥面铺装的防水黏结应力吸收材料。然而，玻璃纤维土工格栅、土工布及美国应力吸收混合料等应力吸收材料广泛应用于桥面铺装工程中。通过与这些桥面铺装材料进行对比，提出适合混凝土梁桥面的最佳铺装结构，并结合依托工程实践，提出防水黏结应力吸收的桥面铺装工艺。

4.3.5.1 基于防水黏结应力吸收的桥面铺装结构设计

提出的基于防水黏结应力吸收桥面铺装方案的结构示意如图 4-61 所示。

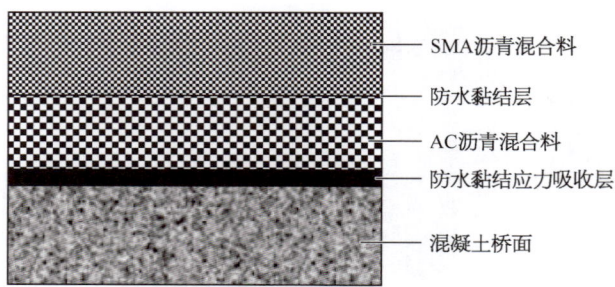

图 4-61 基于防水黏结应力吸收桥面铺装方案结构示意图

4.3.5.2 不同应力吸收桥面铺装结构性能对比分析

1) 原材料及试验方法

（1）试验原材料。

① 玻璃纤维土工格栅：具体指标见表 4-73。

表 4-73 玻璃纤维土工格栅技术指标

断裂延伸率/%	网格尺寸/mm	弹性模量/GPa	耐温性/℃	材料
<4%	12.7×12.7	76	−100～280	无碱玻璃纤维

② 土工布：具体指标见表 4-74。

表 4-74 土工布技术指标

单位面积质量差/%	厚度/mm	断裂强力/(kN·m⁻¹)	断裂延伸率/%	撕破强力/kN
≤7%	≥2.7	≥11.0	25～100	≥0.24

（2）试验方法。

研究中使用的拉拔试验、剪切试验、全厚式车辙试验及疲劳试验方法与规定的试验方法一致。

（3）试验结构。

试验选取 5 种不同应力吸收桥面铺装结构类型（表 4-75），分别对铺装的黏结性能、抗车辙性能及疲劳性能进行研究。其中组合疲劳试验的混凝土垫块在成型时，在试块中部预留 5 mm 的伸缩缝。

表 4-75 不同应力吸收桥面铺装结构试件

试验方案	桥面铺装结构试验类型（由下到上）	总厚度/cm
1	5 cm 混凝土垫块＋6 cm AC-13 沥青混凝土	11
2	5 cm 混凝土垫块＋玻璃纤维土工格栅＋6 cm AC-13 沥青混凝土	11
3	5 cm 混凝土垫块＋土工布＋6 cm AC-13 沥青混凝土	11
4	5 cm 混凝土垫块＋2 cm 应力吸收混合料＋4 cm AC-13 沥青混凝土	11
5	5 cm 混凝土垫块＋1 cm 防水黏结应力吸收层＋5 cm AC-13 沥青混凝土	11

2) 不同桥面铺装结构黏结性能对比分析

拉拔试验与剪切试验可以较好地评价混凝土整平层与铺装层材料的黏结性能，因此通过拉拔试验与剪切试验对铺装的黏结性能进行评价，结果见表 4-76。

表 4-76　不同桥面铺装结构的黏结性能

试验方案	25℃剪切强度/MPa	25℃拉拔强度/MPa
1	0.35	0.18
2	0.76	0.42
3	0.58	0.38
4	1.14	0.58
5	1.35	0.67

由表 4-76 的试验结果可知，加铺任何一种应力吸收材料都能提高上层加铺沥青混凝土与下层混凝土板的黏结性能。在目前普遍使用的桥面铺装结构中，由美国科氏提出应力吸收层黏结性能效果最为明显，较直接加铺结构可以提高剪切强度 3 倍以上，提高拉拔强度近 3 倍。而采用本节研发的防水黏结应力吸收材料，由于沥青性能的提高及富油态的结构形式，其铺装的黏结性能比美国科氏公司的应力吸收层效果更好，剪切强度可达 1.35 MPa，拉拔强度达 0.67 MPa。

3）不同桥面铺装结构抗车辙性能对比分析

采用全厚式车辙的试验方法，对不同应力吸收桥面铺装结构的抗车辙性能进行对比分析。在 4.3.5.2 中的试验试件上加铺一层 4 cm 的 SMA-13 沥青混合料，模拟桥面铺装的实际情况，其具体试验结构参数见表 4-77，试验结果见表 4-78。

表 4-77　全厚式车辙桥面铺装模拟结构试件

试验方案	桥面铺装结构试验类型（由下到上）	总厚度/cm
1	5 cm 混凝土垫块+5 cm AC-13 沥青混凝土+4 cm SMA-13 沥青混凝土	14
2	5 cm 混凝土垫块+玻璃纤维土工格栅+5 cm AC-13 沥青混凝土+4 cm SMA-13 沥青混凝土	14
3	5 cm 混凝土垫块+土工布+5 cm AC-13 沥青混凝土+4 cm SMA-13 沥青混凝土	14
4	5 cm 混凝土垫块+2 cm 应力吸收混合料+4 cm AC-13 沥青混凝土+4 cm SMA-13 沥青混凝土	15
5	5 cm 混凝土垫块+1 cm 防水黏结应力吸收层+4 cm AC-13 沥青混凝土+4 cm SMA-13 沥青混凝土	14

表 4-78　不同应力吸收结构桥面铺装的抗车辙试验结果

试验方案	全厚度车辙/(次·mm^{-1})	车辙深度/mm
1	6 450	1.28
2	6 625	1.38
3	5 760	1.58
4	3 220	1.95
5	5 850	1.55

由表 4-78 的试验结果可知，除玻璃纤维土工格栅外，其他应力吸收结构的设置均对组合铺装结构的抗车辙性能产生了一定的影响。其中，美国科氏公司提出的应力吸收层材料对铺装的抗车辙性能影响最大，动稳定度下降的幅度超过了 20%，车辙深度也增加了 0.6 mm，这是由于美国科氏应力吸收层材料采用高油石比细粒径沥青混合料，在荷载和高温作用下会造成结构性失稳，产生破坏。本节研发的防水黏结应力吸收材料对抗车辙性能的影响优于土工布及美国科氏公司应力吸收层，而逊于玻璃纤维土工格栅，这是由于为提高材料的应力吸收效果，防水黏结应力吸收材料模量较低，引起了抗车辙性能一定幅度的降低。

4）不同桥面铺装结构抗疲劳性能对比分析

（1）MTS 弯拉疲劳模拟试验及结果分析。弯拉疲劳试验是指在裂缝中部加载的疲劳试验。通过观察铺装结构受到疲劳作用的铺装层材料、应力吸收材料发生初裂、扩展到不同部位及终裂时的荷载作用次数，来评价疲劳性能的优劣，试验结果见表 4-79。

表 4-79　MTS 弯拉疲劳试验结果

试验方案	裂缝扩展到不同部位的疲劳次数/次				
	初裂	1 cm	3 cm	5 cm	终裂
1	400	1 420	2 920	4 560	6 760
2	760	4 100	8 500	14 700	19 600
3	690	3 400	7 100	12 980	18 230
4	—	—	1 210	6 320	29 900
	4 100	13 650	26 430	—	—
5		1 540	4 450	12 900	30 500
	31 800	33 500	—		

结合试验现象及表 4-79 的试验结果可知，方案 1 中直接加铺沥青铺装层在荷载作用 400 次即发

生破坏,裂缝产生后沿荷载作用方向迅速扩展,6 760次时整个铺装结构即完全破坏;采用玻璃纤维土工格栅及土工布结构的方案2和方案3,铺装层产生裂缝的疲劳次数较方案1增加了近1倍,而这两种铺装结构破坏后应力吸收材料均有伸长现象;方案4和方案5均采用沥青基柔性材料作为应力吸收材料,由于防水黏结应力吸收材料的模量更小,沥青的弹性恢复、抗拉强度更高,因此沥青铺装层底面产生裂缝的疲劳次数最大,而由于防水黏结应力吸收材料本身的柔性特点,其后于沥青铺装层破坏,说明此材料不仅可以消除应力集中现象,防止铺装层反射裂缝产生,而且其自身具有优良的抵抗疲劳破坏能力。

(2) MTS剪切疲劳试验及其结果分析。剪切疲劳试验是指在裂缝一侧进行加载的疲劳试验。通过观察铺装结构受到疲劳作用的铺装层材料、应力吸收材料发生的初裂、扩展到不同部位及终裂时的荷载作用次数,来评价疲劳性能优劣,试验结果见表4-80。

表4-80 MTS剪切疲劳试验结果

试验方案	裂缝扩展到不同部位的疲劳次数/次				
	初裂	1 cm	3 cm	5 cm	终裂
1	1 150	3 860	7 120	12 300	15 400
2	2 010	4 500	8 120	14 300	24 200
3	1 720	4 320	8 390	15 100	21 800
4	—	—	2 200	19 700	35 600
	4 100	13 560	32 800	—	—
5	—	2 310	4 910	23 200	36 600
	35 100	38 190			

结合试验现象及表4-80的试验结果可知,组合铺装结构抵抗剪切疲劳破坏的能力高于抵抗弯拉疲劳破坏的能力。方案1中,在偏荷载作用下,初始裂缝出现的疲劳破坏次数为1 150次,在裂缝扩展过程中发现裂缝会向荷载作用方向扩展;从方案2和方案3可以看出,玻璃纤维土工格栅和土工布在剪切荷载作用下,吸收应力和抵抗裂缝扩展能力大大降低,并且在试验过程中发现,在偏荷载作用下,玻璃纤维土工格栅和土工布都出现了混凝土板脱黏的情况;使用美国科氏应力吸收层的方案4和使用防水黏结应力吸收材料的方案5,由于采用了优质的改性沥青,因此其与混凝土桥面黏结性良好,同样具有较为良好的应力吸收效果,这两种铺装方案较直接加铺结构可提高疲劳破坏次数1倍以上。

综合分析来看,防止反射裂缝产生和扩展方向,不管是弯拉疲劳试验还是剪切疲劳试验,方案5(防水黏结应力吸收层+AC-13沥青混凝土)结构是最好的,与美国科氏公司(应力吸收混合料+AC-13沥青混凝土)结构性能相当,最差的结构是在水泥混凝土铺装上直接加铺普通沥青混凝土结构。

5) **不同桥面铺装结构防水性能对比分析**

按照4.3.4.2中桥面防水试验方法模拟0.7 MPa标准轮载作用下的渗水压力值0.3 MPa,对乳化沥青防水结构、玻璃纤维土工格栅、美国科氏应力吸收层及防水黏结应力吸收材料等不同桥面铺装结构进行防水性能试验,试验结果见表4-81。

表4-81 不同桥面铺装结构防水性能对比

不同桥面铺装结构	乳化沥青防水层	玻璃纤维土工格栅	科氏应力吸收材料	防水黏结应力吸收材料
透水时间	30 min开始透水	不防水	20 min开始透水	>1 h不透水

由表4-81的试验结果可知,玻璃纤维土工格栅的网状结构使其不具备防水性能。与其他三种桥面铺装材料相比,防水黏结应力吸收材料具有最为优良的防水性能,在0.3 MPa渗水压力作用下能保持1 h以上不渗水。

4.3.5.3 防水黏结应力吸收层铺装技术

防水黏结应力吸收材料施工采用沥青碎石同步洒铺车进行铺装,要求将喷出的改性沥青呈雾状均匀分布。为了使石料完全嵌入洒铺的高黏高弹改性沥青中,碎石应紧跟沥青迅速撒布,并安排钢轮压路机紧跟碾压。为使石料尽量撒布均匀,应安排工人手持扫帚将碎石撒布不均匀处迅速扫平。

1) **混凝土桥面预处理工作**

(1) 桥面混凝土板预处理。对桥面混凝土板进行平整度测定,利用混凝土拉毛找平洗刨设备对混凝土板进行平整及粗糙化处理。对于混凝土板的拼接处、裂缝处及凹槽处,应采用高黏高弹改性沥青进行填补;对于较大的坑洞,可采用早强型混凝土材料或者高黏乳化沥青桥面修补材料进行补平处理。

(2) 基层混凝土板的清洁。在防水黏结应力吸收层铺装前必须保证桥面混凝土板清洁和干燥。首先对桥面混凝土进行喷砂打毛处理，然后利用鼓风机沿喷砂打毛方向吹净浮尘，最后用高压水枪进行冲洗。待桥面完全干燥后即可进行防水黏结应力吸收层的施工。混凝土板上的浮浆、灰尘及水都会造成防水黏结应力吸收材料与混凝土板产生脱黏，从而无法满足其使用性能。

(3) 沥青的准备。在使用沥青前，沥青应保持低温存放，预使用前迅速将沥青温度升至185℃并将其直接注入沥青碎石洒铺车前方的沥青罐中，在沥青碎石同步洒铺车中沥青加热温度不应超过190℃，同时沥青罐内应配有搅拌设备，防止高黏高弹改性沥青发生离析。

(4) 集料准备。碎石集料的取用应保证均匀稳定。开工前，应按照级配通过拌合楼加热，控制碎石集料的加热温度，集料加热至120℃，将集料加入沥青碎石同步洒铺车后部的碎石撒布仓，仓内应具有一定的保温措施，防止集料温度下降过快。

2) 防水黏结应力吸收层的施工

(1) 摊铺设备选用。防水黏结应力吸收层的洒铺采用沥青碎石同步封层车。该设备的沥青储藏罐内设有强力搅拌设备，沥青喷嘴及石料出口设有单独阀门，可以调节洒铺宽度、洒铺速度及洒铺量，沥青碎石同步封层车如图4-62所示。

图4-62 沥青碎石同步封层车

(2) 洒铺方式。配备一台沥青碎石同步封层车进行防水黏结应力吸收层的洒铺工作。洒铺车应控制车速不超过10m/min，洒铺宽度不宜超过3.5m，搭接处宽度不小于10cm，搭接缝设在非连接线处。桥面上下桥有坡度处，建议沿上坡方向进行洒铺。

(3) 洒铺工艺。

① 防水黏结应力吸收层在洒铺过程中应保证沥青及碎石洒铺均匀，洒铺车洒铺速度不应过快，建议洒铺速度不超过5m/min，调节沥青碎石同步封层车沥青洒铺量控制在2.2kg/m²，碎石撒布量控制在14kg/m²，洒铺宽度不宜超过3.5m，参数固定后不得随意调整。

② 全桥单幅方向应尽量保证一次洒铺完毕，如果遇到特殊情况需要停车，连接位置应铺设沥青毡，防止脱黏。碎石在沥青洒铺后应立即撒布，碎石撒布应保证均匀不散失，洒铺车后应配备工人，对碎石空缺处及撒布不均处进行及时处理。

(4) 碾压。撒布碎石后用12t胶轮压路机进行碾压，碾压次数为2～3遍。压路机必须紧跟在洒铺车后，碾压速度不宜过快，压路机应保持与洒铺车近似的速度匀速碾压，不得随便加速、减速及调头。

3) 防水黏结应力吸收层铺装注意事项

(1) 施工方在进行防水黏结应力吸收层洒铺前应通知监理工程师对桥面情况进行检验，并确定洒铺时的天气情况，雨雪天气不得进行洒铺。

(2) 洒铺前应对沥青碎石同步封层车认真检查，计算沥青及碎石的洒铺总量，保证材料充足，混凝土桥面应保证清洁、干燥。

(3) 防水黏结应力吸收材料应采用沥青碎石同

步封层车均匀地洒铺。洒铺量、洒铺面积应经过严格计算,在路缘石、雨水进水口、检查井等局部应采取人工洒铺。洒铺过程应沿车道由内到外均匀洒铺,单车道应尽量保证一次洒铺完成,不同车道间连接宽度应不小于10 cm,露白处及碎石撒布不均匀处应利用人工机械临时补撒。

(4) 对洒铺连接处,应严格控制控制沥青及碎石洒铺量,对于碎石重叠处应人工及时清扫。整个洒铺过程应控制车速,匀速行驶,保持洒铺量参数稳定。并按《公路路基路面现场测试规程》中的方法对沥青及碎石洒铺量进行控制。

(5) 胶轮压路机必须紧跟洒铺车进行碾压,碾压时应采用高频低幅的方式,防止石子被碾碎并达到最为优良的碾压效果。

4) 防水黏结应力吸收层质量控制

(1) 施工过程中的控制标准见表 4-82。

表 4-82 防水黏结应力吸收层质量控制参数

检查项目		检查频度	质量要求或允许偏差	试验方法
外观		随时	混凝土板上不得出现沥青空白状况及碎石空缺或堆积状况	目测
沥青厚度	代表值	每天	设计值的±10%	采用钢针刺入法,将钢针垂直刺入黏层油内,用游标卡尺量取长度,测得膜厚
	极值	每天	设计值的±20%	
拉拔强度测试		每1 km不少于5点	不小于设计值10%	拉拔强度测试仪
铺装层渗水系数		每1 km不少于5点,每点3处取平均值	0.5 mL/min	T0971

(2) 抽样检测的规定。

① 沥青抽样检验。每天上午和下午各取一次沥青样,以测定软化点、针入度、延度等基本指标。防止沥青长时间高温存放发生分层离析。沥青初次使用时,应对沥青的所有指标进行全面的检测。

② 防水黏结应力吸收层黏结性试验(图4-63)。采用拉拔试验仪在路面每1 km的5个点进行拉拔试验,以检测防水黏结应力吸收层与下层混凝土板的黏结强度。

 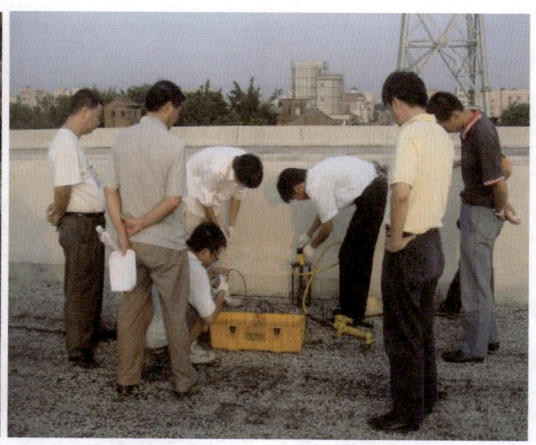

图 4-63 防水黏结应力吸收层黏结性能检验

4.3.5.4 工程应用

该项目研究成果应用在雅西高速公路冕宁段的连家湾桥,该桥为4孔13 m的简支结构,横坡为2%,纵坡为2.5%。主梁为带翼小箱梁,横向全宽布置10片梁,半幅布置5片梁;下部结构为直径1.3 m桩基础,半幅双柱结构体系,最大桩基长度为20 m,最大墩柱高度为7.2 m;两岸桥台为肋板式结构,高度为7.4 m和6.0 m。

该桥桥面铺装设计为 10 cm 沥青混凝土面层＋防水黏结层＋10 cm C40 水泥混凝土调平层。10 cm C40 水泥混凝土调平层内，设置了纵横间距为 10 cm、钢筋直径为 ϕ10 的钢筋网片；在桥墩顶处的桥面铺装内，设置了钢筋间距为 10 cm、钢筋直径为 ϕ12 的桥面连续钢筋。

该工程应用如图 4-64 所示。

图 4-64　连家湾桥防水黏结应力吸收层工程应用

第 5 章

复合强劲型桥面工程应用

5.1 工程应用的背景技术

5.1.1 设计技术

（1）预制桥面板时，取消原设计的桥面铺装锚固钢筋，现有桥面铺装锚固钢筋及间距如图 5-1 所示。

（2）取消原设计的桥面焊接钢筋网，但是主梁桥面连续钢筋直径、间距与设置位置不变，同时，将桥面连续钢筋的纵桥向钢筋间隔错位布置，桥面连续钢筋的构造如图 5-2 所示。

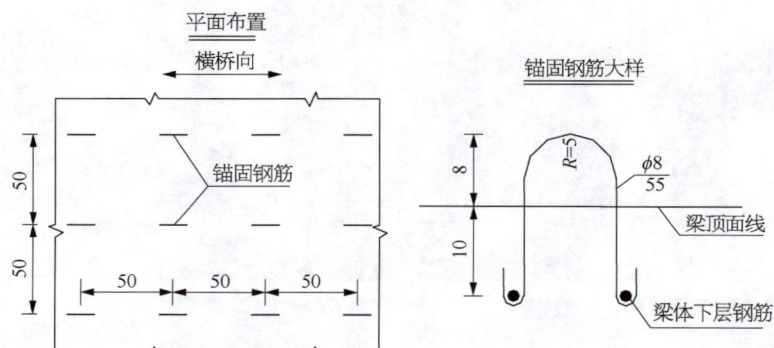

图 5-1 锚固钢筋布置及构造大样图

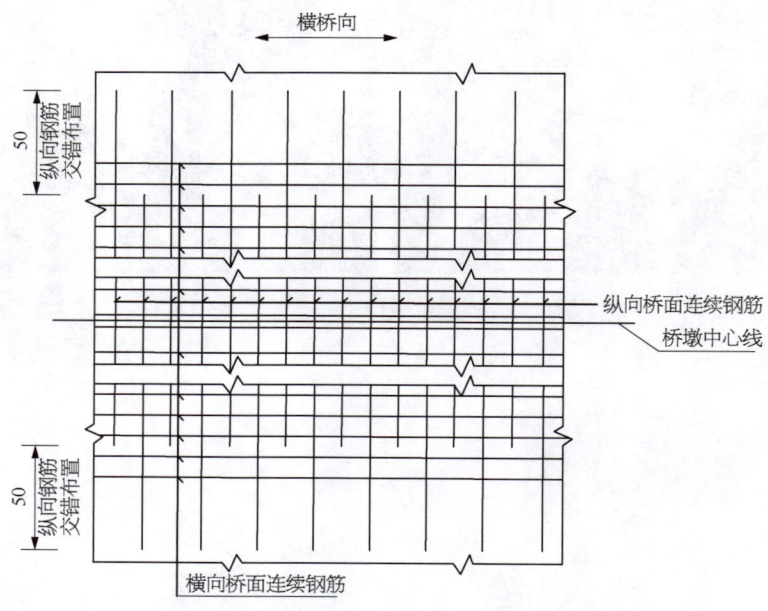

图 5-2 桥面连续钢筋构造图

5.1.2 施工技术

(1) 预制主梁时,顶面不能抹光,保证规范要求的平整度即可,在初凝后和终凝前,对梁顶面作拉毛处理。

(2) 桥面铺装混凝土需要掺入 $0.8\,kg/m^3$ 聚丙烯腈纤维和 $55\,kg/m^3$ 钢纤维,纤维的质量和技术指标应满足《水泥混凝土桥面铺装技术指南》中相关要求。

(3) 桥面铺装养护的塑料薄膜性能,应满足《水泥混凝土桥面铺装技术指南》中相关要求,其宽度要求大于 6 m。

(4) 浇筑铺装前,应提前至少 1 h 不断向梁体顶面洒水,将预制梁顶面浸透,但在浇筑桥面铺装前不能有积水,保证梁体与桥面铺装结合可靠。

(5) 桥面铺装混凝土的运输方案,施工单位应提前与研究团队的技术人员沟通,形成书面意见,报请监理、业主审批。

(6) 减水剂应采用高效聚羧酸系列减水剂,桥梁的桥面铺装宜采用 SX-QM 专用高效减水保塑外加剂。

(7) 在桥面铺装浇筑完成后的 70~80 h 内,应及时完成在桥墩顶的桥面铺装切缝,切缝深度为 2 cm,缝宽约 3 mm。

(8) 桥面铺装混凝土配合比设计、首次浇筑桥面铺装等工作,应在研究团队人员的指导下完成,施工中应加强与研究团队技术人员的沟通和交流,确保施工顺利。

5.2 雅西高速公路连家湾大桥

5.2.1 工程概况

雅西高速公路连家湾桥位于冕宁县境内,工程概况见 4.3.5.4。全桥桥面铺装的水泥混凝土调平层用量为 $149.7\,m^3$,钢筋网片用量 $18\,429.3\,kg$(不含桥面连续钢筋)。

5.2.2 试验设计配合比

1) 原材料性质

(1) 水泥:水泥来源于云南丽江水泥有限公司生产的石林牌 P·O 42.5 水泥。

(2) 砂子:细骨料砂来源于民主砂场,筛分曲线位于级配曲线中砂 Ⅱ 区,细度模数为 3.02。

(3) 石子:粗骨料石子来源于枧槽沟料场,由两级配组成,其中,4.75~19.0 mm 掺量为 55.0%,19.0~26.5 mm 掺量为 45%;压碎值 7.4%,针片状含量 4.5%。

(4) 减水剂:减水剂来源于上海马贝聚羧酸减水剂,固含量为 30%。

(5) 粉煤灰:粉煤灰来源于攀枝花火电厂,Ⅱ 级粉煤灰,需水量比 100%。

(6) 聚丙烯腈纤维:采用深圳海川聚丙烯腈纤维,长度 12 mm,直径 12.7 μm,抗拉强度大于 800 MPa,比重 1.18。

(7) 钢纤维:采用重庆某厂家生产的多锚点钢纤维,主要技术指标见表 5-1。

表 5-1 纤维材料性能指标

纤维种类	抗拉强度	长度	直径
聚丙烯腈纤维	800 MPa	12 mm	12.7 μm
钢纤维	600 MPa	30 mm	0.9 mm

2) 配合比设计与调整

根据工地原材料的实际状况,通过与室内试验结果对比分析,主要对材料配合比及纤维材料进行了对比试验研究(图 5-3、表 5-2)。

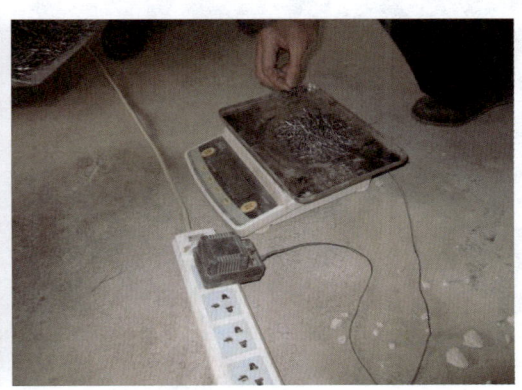

(a) 聚丙烯腈纤维　　　　(b) 钢纤维

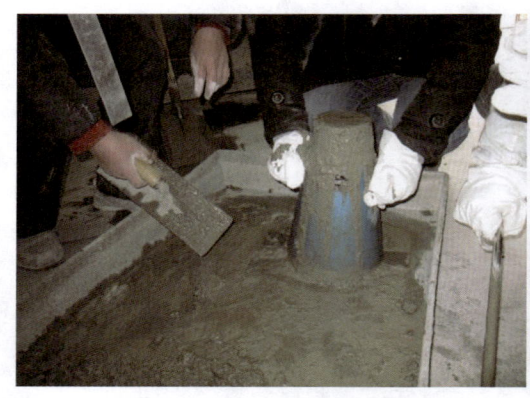

(c) 坍落度测试　　　　　　　　(d) 工作性能观测

图 5-3　桥面纤维材料试验研究

表 5-2　桥面铺装 C40 混凝土配合比

单位：kg/m³

序号	水	水泥	粉煤灰	砂	石子	砂率/%	减水剂/%	纤维 聚丙烯腈	纤维 钢纤维
1	168	380	80	782	1 036	43	4.4	0.8	40
2	164	340	80	782	1 081	42	3.4	1.0	55

通过标准养护室养护，试验试块 7 d 强度大于 48 MPa，28 d 强度大于 55 MPa。结合混凝土工作性能、体积稳定性能、耐久性能和配合比所用结构部位，选取 2 号配合比作为施工配合比，通过施工现场的验证与调整，混凝土性能满足要求。

5.2.3　施工工艺

1) 结合面处理

室内模型试验研究已经证明，主梁梁体与桥面铺装混凝土间的结合状况，直接影响桥面铺装的耐久性能和力学性能。因此，采取了两种措施保证主梁梁体与桥面水泥混凝土铺装的结合力，即增加锚固钢筋间距和浇筑水泥混凝土铺装前用水浸透主梁梁体顶面。锚固钢筋间距为 50 cm，钢筋直径为 φ12，钢筋上、下端均设置 90°的弯沟。浇筑桥面铺装混凝土前，必须用干净的水浸透梁体顶面，确保结合面的湿润，但不能有积水。施工过程如图 5-4 所示。

2) 负弯矩钢筋设计与切缝技术

由于桥墩顶桥面梁承受负弯矩，水泥混凝土桥面铺装将参与承受桥面梁的负弯矩而产生拉应力，为了避免受拉截面出现裂缝，在桥墩的水泥混凝土桥面铺装层内设置的钢筋构造应保留，不能取消(图 5-5、图 5-6)；同时，在水泥混凝土桥面铺装浇筑后的 70~80 h 内，应在桥墩横向中心位置处切缝，要求缝宽度为 3 mm，切缝深度为 2 cm(图 5-7)。

(a) 锚固钢筋预埋　　　　　　　　(b) 锚固钢筋局部

(c)校正锚固钢筋形状

(d)洒水浸透主梁梁体顶面

图 5-4 雅西高速公路连家湾大桥桥面混凝土铺装施工过程

图 5-5 桥面锚固钢筋预埋

图 5-6 桥面连续钢筋

图 5-7 桥墩负弯矩区切缝

3) 浇筑与振捣工艺

水泥混凝土桥面铺装由于采用钢纤维混凝土，且没有钢筋网的影响，浇筑速度快，因此要求拌合设备搅拌功率高、拌合能力强，同时拌合时间应适当延长至 3 min。拌合过程如图 5-8 所示。

(a) 配置砂石材料

(b) 计量称量拌合材料

(c) 配置原材料

(d) 拌合卸料运至工地

图 5-8　桥面材料拌合过程

由于桥面铺装水泥混凝土一般要求整幅浇筑，水泥混凝土拌合完成运输到浇筑现场后，由于没有钢筋网片，同时负弯矩钢筋可以待水泥混凝土浇筑到设置位置后，再安装负弯矩钢筋，因此混凝土运输车辆可以直接运送至浇筑地点卸料浇筑桥面铺装水泥混凝土，如图 5-9 所示。

(a) 运输车辆运至浇筑地点

(b) 确定卸料地点

(c) 确定卸料需要位置

(d) 变换方向换位卸料

图 5-9　雅西高速公路连家湾大桥混凝土车辆卸料过程

由于采用无钢筋桥面铺装技术,因此振捣工作简单而可靠,一般采用平板振捣器振捣一遍,再用滚筒振捣器调平校正即可,不需要进行专门的抹平,如图 5-10 所示。

(a) 平板振捣器振捣

(b) 平板振捣器振捣后

(c) 滚筒振捣器振平

(d) 滚筒振平与补料

图 5-10　雅西高速公路连家湾大桥振捣工作

4) 养护技术要求

无钢筋桥面铺装养护技术的核心内容是必须及时覆盖厚型的塑料薄膜,薄膜接头及边角处应覆盖严实,确保拌合物中的水分不蒸发流失,不会在混凝土结构内形成水的"通道",以提高桥面铺装水泥混凝土的耐久性能(图 5-11),同时,养护时间宜大于 7 d,至少不应低于 5 d。

(a) 振平后及时覆盖塑料薄膜

(b) 覆盖好周边和接头处

(c) 覆盖塑料薄膜内水分接近饱和

(d) 覆盖塑料薄膜内水分已饱和

图 5-11　雅西高速公路连家湾大桥覆膜养护

5.2.4　使用效果

该桥于 2010 年 9 月 10 日完成无钢筋桥面铺装，14 d 后，拆除养护薄膜，施工车辆在水泥混凝土桥面铺装上行驶 2 个月后，于 2010 年 11 月 15 日完成沥青混凝土桥面铺装的浇筑。在浇筑沥青混凝土桥面铺装前，每天安排专人对其进行了观测，没有任何早期裂缝和缺陷，研究团队人员也多次不间断地到工地查看，该复合强劲型桥面铺装的效果好，没有任何缺陷。

山区高速公路桥梁，为了克服复杂的地形地质条件，分幅桥梁在很多时候是完全分离设置，且分离间距很大；同时，为了提高水泥混凝土桥面铺装的整体质量，一般要求半幅一次整体浇筑成型。采用水泥混凝土桥面铺装时，其混凝土运送至浇筑地点十分困难。如果采用无钢筋桥面铺装，水泥混凝土运输车辆可以直接运送混凝土至浇筑地点进行浇筑，能提高浇筑速度和工程质量。施工实践也表明，无钢筋桥面铺装节约了安装钢筋网片的时间，且拌合料的摊铺更加简单，浇筑速度更快，对加快施工进度和提高工程质量贡献显著。

5.3　雅西高速公路南瓜 2 号大桥

5.3.1　工程概况

雅西高速公路南瓜 2 号大桥（图 5-12）位于石

图 5-12　雅西高速公路南瓜 2 号大桥

棉县境内,设计主要为 20 m、30 m、40 m 的简支结构,桥梁平均全长 266 550 m(因左、右幅错位布置,桥梁长度不同,取左右幅桥梁长度平均值);下部结构为直径 1.8 m 的柱和 2.2 m 的桩基础,或者为空心薄壁桥墩,半幅双柱结构体系,桥墩高低相差较大。

该桥桥面铺装设计为 10 cm 沥青混凝土面层+防水黏结层+10 cm C40 水泥混凝土调平层;10 cm C40 水泥混凝土调平层内,设置了纵横间距为 10 cm、钢筋直径为 φ10 的钢筋网片,在桥墩顶处的桥面铺装内,设置了钢筋间距为 10 cm,钢筋直径为 φ12 的桥面连续钢筋。全桥桥面铺装的水泥混凝土调平层用量为 5 808 m³,钢筋网片用量 714 384 kg(不含桥面连续钢筋)。

5.3.2　施工状况

该桥桥面铺装施工时,混凝土运输罐车直接运送混凝土至浇筑地点卸料,采用三辊轴摊铺机和固定式轨道进行混凝土摊铺,如图 5-13 所示。

(a) 运输混凝土至浇筑地点

(b) 确定卸料地点

(c) 机械摊铺整平

(d) 机械整平和覆盖薄膜

图 5-13　雅西高速公路南瓜 2 号大桥卸料摊铺过程

该桥于 2011 年 6 月 20 日开始浇筑无钢筋桥面铺装混凝土,14 d 后拆除养护薄膜,全桥水泥混凝土铺装施工于 2011 年 8 月 17 日完成。施工车辆在水泥混凝土桥面铺装上行驶 2 个月后,于 2011 年 10 月浇筑沥青混凝土桥面铺装。在浇筑沥青混凝土桥面铺装前,每天安排专人对其进行观测,没有任何早期裂缝和缺陷,研究人员也不间断地到工地查看,该复合强劲型桥面铺装的效果好,没有任何缺陷。

5.4　雅西高速公路喇嘛溪沟大桥

5.4.1　工程概况

雅西高速公路喇嘛溪沟大桥(图 5-14),桥梁中心里程 K79+508.00。本桥跨越冲沟,桥梁标高受路线标高控制。河床及两岸桥台处上覆低液限黏土及粉质砂土,桥位处下伏昔格达粉砂岩及昔格达泥

图 5-14 雅西高速公路喇嘛溪沟大桥

岩。桥位平面从起点至 K79+721.931 位于 $R=2030\ m$ 的左偏圆曲线上，其余部分位于 $R=2030\ m$、$L_s=200\ m$ 的左偏缓和曲线上。纵面位于 $i_1=-1.5\%$、$i_2=-4\%$、$R=20\,000\ m$ 的凸型竖曲线段内及 $i_2=-4\%$ 的下坡段内，通过调整桥面铺装满足竖曲线要求。全桥按径向布置，护栏随线型弯修。该桥最大桥高 77 m，滑坡处置后最大桥高 55 m，桥梁左、右幅分别布置设计为 $3\times30\ m+11\times40\ m$、$2\times30\ m+11\times40\ m$ 预应力混凝土 T 梁，全桥长度 562 m。全桥设置 4 联，左、右幅桥台处及 3、7、11 号墩设置伸缩缝。桥台采用重力式石砌桥台、承台加桩基和柱式桥台；桥墩采用柱式墩、桩基础。

5.4.2 施工状况

该桥桥面铺装施工时，除了采用混凝土运输罐车直接运送混凝土至浇筑地点卸料和三辊轴摊铺机及固定式轨道外，同时采用专用洒水车不断浸湿主梁顶面，实现梁体顶面保水的目标要求，如图 5-15 所示。

(a) 施工关键技术控制要点

(b) 专用洒水车不断洒水浸透主梁顶面

(c) 保持每块表面的湿润程度

(d) 浇筑前清理积水

图 5-15 雅西高速公路喇嘛溪沟大桥桥面铺装施工

该桥于 2011 年 10 月 2 日开始浇筑无钢筋桥面铺装混凝土，14 d 后拆除养护薄膜，于 2011 年 10 月 11 日完成全桥的水泥混凝土铺装；水泥混凝土铺装浇筑完成后，每天安排专人对其进行了观测和养护，研究人员也不间断地到工地查看,该复合强劲型桥面铺装的效果好,没有任何缺陷,并于2011年11月浇筑沥青混凝土桥面铺装。

5.5 雅西高速公路何家沟大桥

雅西高速公路何家沟大桥(图5-16),采用5孔跨径30 m简支T梁,桥梁全长398 m。桥台采用重力式桥台,桥墩采用柱式墩、桩基础。

该桥桥面铺装原设计为10 cm沥青混凝土面层＋防水黏结层＋10 cm C40水泥混凝土调平层;10 cm C40水泥混凝土调平层内,设置了纵横间距为10 cm、钢筋直径为ϕ10的钢筋网片,在桥墩顶处的桥面铺装内,设置了钢筋间距为10 cm,钢筋直径为ϕ12的桥面连续钢筋。该桥在施工时采用复合强劲型桥面铺装整平层技术,施工效果好,没有任何缺陷。

图5-16 雅西高速公路何家沟大桥

5.6 雅西高速公路硝土岗大桥

雅西高速公路硝土岗大桥(图5-17),采用6孔跨径30 m简支T梁,桥梁全长542 m。桥台采用重力式桥台,桥墩采用柱式墩、桩基础。

该桥桥面铺装原设计为10 cm沥青混凝土面层＋防水黏结层＋10 cm C40水泥混凝土调平层;10 cm C40水泥混凝土调平层内,设置了纵横间距为10 cm、钢筋直径为ϕ10的钢筋网片,在桥墩顶处的桥面铺装内,设置了钢筋间距为10 cm,钢筋直径为ϕ12的桥面连续钢筋。该桥在施工时采用复合强劲型桥面铺装整平层技术,施工效果好,没有任何缺陷。

5.7 雅西高速公路流沙河大桥

5.7.1 工程概况

雅西高速公路流沙河大桥(图5-18)位于瀑布沟库区内,桥位地势平坦,岸坡陡峻,红旗灌溉渠下穿岸边孔跨,设计标高距离地面在55~78 m,孔跨布置的控制因素为:①跨越G108公路,斜交角度大;②靠近泸沽岸红旗灌溉渠影响;③线路与山体严重斜交,且地势陡峻,没有位置设置桥墩。后为节省工程造价、简化施工,经过多方协调,采用了全简支T

图5-17 雅西高速公路硝土岗大桥

梁结构形式,全桥跨径组合为 39×50.6 m,全桥长 1993.5 m,采用分幅设计。

图 5-18　雅西高速公路流沙河大桥

受地势控制,采用 50.6 m 的简支 T 梁,T 梁间距为 2.50 m;下部设计采用独柱式薄壁空心墩配承台、桩基,以及预应力混凝土 T 形盖梁。小桩号侧桥台采用重力式 U 形桥台,桥台前为一地方道路和农业红旗灌溉水渠,为确保桥台施工和路基填筑,将大桩号侧设置为桩墙式桥台,桥头路基与桥梁采用挡土墙过渡连接。

桥面铺装采用 10 cm 厚的钢纤维水泥混凝土(钢纤维含量为 80 kg/m³)和 1 cm 抗磨层;其中布置 10 cm×10 cm 的 HRB335 级钢筋网。桥面上设有防撞护栏和中央分隔带。

5.7.2　施工状况

圆桩基础采用钻孔灌注桩,承台采用立模现浇施工。方桩采用挖孔成桩的方法进行施工。空心薄壁独柱墩均可采用翻模法或滑模法施工,所需设备为常规的施工设备。T 梁采用预制场预制,用导梁或其他设备安装就位的施工方法。

5.8　广南高速公路碗石沟大桥、孙家沟大桥等

5.8.1　工程概况

广南高速公路碗石沟大桥、孙家沟大桥、常家岩大桥、谢家沟大桥、郑家浩大桥、溜槽沟大桥等 6 座大桥、全长约 4 km,采用了无钢筋桥面铺装,依托工程概况如下。

碗石沟大桥,左、右幅中心桩号为 ZK96+065.00、K96+065.00,左、右幅桥最大桥高 74.5 m,左幅桥梁上部构造为 6×30 m+6×40 m+7×30 m 预应力混凝土 T 梁,右幅桥梁上部构造为 6×30 m+6×40 m+8×30 m 预应力混凝土 T 梁。左、右幅桥从起点~K96+105.596 平面上为合线段,其余为完全分离段,其中左附桥部分位于苍溪互通式加速车道内,墩台横向基本对齐。左附桥共设置 6 联,在两岸桥台及 2、4、6、10、15 设置伸缩缝,右附桥共设置 5 联,在两岸桥台及 4、6、10、14 设置伸缩缝,两幅桥根据联长的不同采用 50、80、160 型伸缩缝。左、右幅后退岸采用肋板式桥台和桩基础,前进岸采用桩柱式桥台和桩基础。

孙家沟大桥,左、右幅中心桩号为 ZK97+374.50、K97+365.50,左、右幅桥最大桥高 90 m,左幅桥梁上部构造为 1×30 m+14×50 m 预应力混凝土 T 梁,右幅桥梁上部构造为 15×50 m 预应力 T 梁,两桥在平面上完全分离,墩台横向基本对齐。左、右幅全桥设置 4 联,左、右幅桥均在 3、6、9、12 墩顶设置 160 型伸缩缝,在两岸桥台设置 80 型伸缩缝。桥墩采用双柱式空心方墩和桩基础,桥台采用重力式桥台和扩大基础。

常家岩特大桥,中心桩号为 K94+184.00,最大桥高 42 m,桥梁标高受路线标高控制,右幅上部结构采用 8×30 m+15×40 m+4×30 m 预应力混凝土简支 T 形梁,左幅上部结构采用 12×30 m+15×40 m+4×30 m 预应力混凝土简支 T 形梁;左幅设 9 联,右幅设 8 联,全桥在 8、12、15、18、21、24、27 及两岸和左幅 4 号墩顶设置 80 型伸缩缝,下部结构部分采用整幅双柱式桥墩和半幅独柱和桩基础;全桥均采用重力式桥台。

谢家沟大桥,中心桩号为 K93+128.00,最大桥高 60 m。桥梁上部构造采用 8×25 m+8×40 m+4×25 m 预应力混凝土 T 梁,8~16 号墩采用整幅双柱式空心方墩桥墩和桩基础,其余为半幅双柱式圆墩和桩基础,两岸桥台采用重力式桥台和扩大基础。

郑家浩大桥,中心桩号为 K91+985.00,最大桥高 63 m,桥梁上部构造为 11×40 m 预应力混凝土小 T 梁。全桥设置 3 联,在两岸桥台设置 80 型伸缩缝,4、7 号桥墩顶设置 160 型伸缩缝。两岸均采用重力式桥台。较高桥墩采用整幅双柱式空心方墩和

桩基础,较矮墩采用半幅双柱圆墩和桩基础。

溜漕沟大桥,中心桩号为 K91+273.25,最大桥高 30 m,桥梁上部构造采用 12×25 m 预应力混凝土 T 梁,全桥共设置 3 联,在 4、8 号墩和两岸桥台设置 80 型伸缩缝。由于桥址范围内地表横坡大,采用了半幅小间距双柱式桥墩,以减小桥墩处地表开挖量并使桥墩受力均衡,后退岸采用肋板式桥台和桩基础,前进岸采用重力式桥台和扩大基础。

5.8.2 施工工艺

桥面铺装施工工艺流程为:施工准备→验收主梁顶面标高→桥面预处理→安装模板→混凝土的拌合、运输→混凝土浇筑、振捣、整平与检查→混凝土的保温、保湿养护→混凝土桥面的切槽、切缝。

5.8.2.1 施工准备

(1) 做好施工前的方案设计制定、技术交底等各项技术准备工作。

(2) 检查桥面铺装施工质量保证体系和措施,明确质量检验程序和责任人。

(3) 检查保养摊铺设备,如三辊轴整平机、插入式振捣器、洒水机、吹风机等机械是否能正常运转;确保辊轴表面光滑,不沾有硬化水泥石,振平前在辊轴表面刷油。

(4) 集中拌合站的位置应结合制定的施工方案、摊铺现场与拌合站运输路线长短、运输工具等条件综合考虑。

(5) 拌合站的生产能力和车辆运输能力均应能满足桥面铺装连续施工的需要,并应充分考虑可能的设备故障问题,重要设备(如插入式振捣器)有备份,确保拌合、送料、摊铺、振捣、抹面、养护等各环节协调顺畅。

(6) 根据设计和规范的要求,结合路面施工的需要,研究混凝土各原材料的添加方式、搅拌时间、混凝土的入模方式、顺序和方向等对整个施工带来的影响。

(7) 桥面施工时应充分考虑运输设备上桥时对已浇筑混凝土施工质量的影响,限定行车速度,并限制重载车辆通过,防止车辆行进过程中的震动带来的混凝土开裂等问题;在混凝土运输车辆运至桥梁施工现场时,应将车轮沾有的泥土冲洗干净。

(8) 桥面铺装施工前,应注意预埋件及预留孔洞的设置,对梁体施工用的孔洞按有关技术要求进行填补。

(9) 对桥位所处路段水准点进行联测,布设桥面施工临时水准点。

(10) 采用网格法测量已安装(或现浇)梁体顶面标高、纵横坡度、平整度等指标,对超过规范要求的主梁顶面标高、纵横坡度、平整度等指标,应制定处理方案,待有关部门批准后及时处理。

5.8.2.2 主梁桥面预处理

(1) 桥面铺装混凝土浇筑前,要保证预制梁间铰缝、预制梁顶面的粗糙,凿除浮渣、浮浆,并用空压机清扫、高压水车冲洗干净。

(2) 对于分段、分幅施工的桥面铺装,严格处理纵、横向施工缝,要求施工缝表面粗糙,并用空压机清扫、高压水车冲洗干净。

(3) 桥面梁顶面的凿毛处理,应采用洗刨机等机械设备作业,不宜采用人工凿毛处理,并用空压机清扫、高压水车冲洗干净。

(4) 浇筑混凝土前,清理梁体顶面所有垃圾及污物,用水车高压水冲洗干净,同时,应在混凝土浇筑前提前至少 1 h 洒水浸透梁体顶面,但不能存在积水,当发现梁体顶面露白时,应立即采用喷雾器洒水(不能积水)保湿,以保证梁体与桥面铺装混凝土结合牢固。

5.8.2.3 梁体连续处钢筋网安装

1) 钢筋网现场验收

在桥面连续构造处的钢筋焊接网的现场(或提前在厂内)检查验收应符合下列规定:

(1) 钢筋焊接网应按批验收,每批应由同一厂家、同一原材料来源、同一生产设备并在同一连续时段内生产的焊接网组成,每批总重量不大于 30 t。

(2) 每批焊接网应抽取 5%(不少于 3 片)的网片进行外观质量、网格几何尺寸、钢筋网的整体尺寸、对角线长度等检查,要求满足规范要求;钢筋焊接网的抗拉强度、伸长率等试验检查结果应符合有关规范的规定。

2) 安装钢筋网

(1) 钢筋焊接网运输时,应捆扎整齐、牢固,钢筋焊接网的搭接区一般可以采用叠搭法、扣搭法和平搭法,搭接区内应采用钢丝绑扎二道,在搭接区内设置一排架立钢筋竖直支垫,并与钢筋焊接网焊接连接。

（2）连续梁处钢筋焊接网与防撞护栏钢筋设计错层布置，桥面焊接钢筋网应尽可能伸到防撞护栏的边缘，确保两类钢筋的锚固长度足够。

（3）钢筋焊接网的安装允许偏差可按现行国家标准《混凝土结构工程施工质量验收规范》中绑扎钢筋网的有关规定执行。

5.8.2.4　安装模板

1）一般要求

（1）结合工地实际情况和施工技术总体布置安排，选用合适的分幅形式；根据桥面宽度，对于整幅桥面，宜采用分2幅或4幅进行摊铺施工，分幅位置应错开营运时车轮经常碾压位置；分幅纵缝在纵向接缝表面处理、混凝土浇筑、养护等各个环节应严格处理，精心养护。

（2）根据分幅形式、分幅宽度选用适合的设备、运料路径、施工工艺等。

（3）根据桥面厚度、平曲线和竖曲线的曲度等实际情况选用合适尺寸的槽钢或角钢等作为模板，设置牢固的满足误差要求的模板定位构造装置。

（4）在梁体顶面放样确定模板安装边线（一般应比分幅线宽2~3 cm，待拆模后切除多余部分），并按适当间距做好高程控制点的标记。

2）模板安装及拆除

（1）钢筋焊接网安装毕后，检查模板平面位置和顶面高程，满足规范要求后，在梁顶合适的位置植筋，确保支撑和固定模板牢固。同时，应注意严格控制模板高程，以保证桥面纵坡、横坡坡度的准确，模板内表面涂刷脱模剂。

（2）在模板下空隙处用光面泡沫条等措施填塞密实，防止漏浆；模板应安装稳固、顺直、平整，无底部漏浆、高低错台等现象。

（3）桥面铺装层混凝土上料后及时进行人工摊平，摊平中应避免混凝土材料离析等现象。

（4）混凝土浇筑完成后，应根据试验数据，并结合气候条件合理掌握模板拆除时间，脱模后对桥面铺装周边及时安排工人清理。

5.8.2.5　浇筑混凝土

桥面铺装混凝土的配合比设计、首次浇筑桥面铺装等工作，应在技术负责人的指导下完成，施工中应加强与技术负责人的沟通和交流，确保施工顺利。

1）混凝土拌合

（1）应采用集中拌合、自动计量的强制式搅拌机设备进行桥面铺装水泥混凝土搅拌。

（2）检查原材料变化情况（含水率、砂石级配等），进行现场试拌及配合比现场调整。

（3）标定材料计量系统，计量应准确；混凝土对用水量很敏感，施工前应标定或校核量水系统，并扣除集料将带入的游离水，非雨天在使用露天堆放的砂、石材料时，含水率应每班检测2次。

（4）钢纤维或混杂纤维混凝土的拌合宜按碎石、纤维、砂、水泥、粉煤灰的材料填加顺序，先干拌30 s，再加入水和减水剂湿拌1.5~2.0 min，确认纤维无结团、分散均匀后即可出料运输。

2）工作性能检验

（1）搅拌成的桥面铺装混凝土拌合物应立即检验其工作性，包括测定坍落度、扩展度、坍落度损失；观察有无分层、离析、泌水，评定其均质性。

（2）坍落度控制检验应在出料口和铺装现场同时进行，出料口每班检查1~2次，铺装现场每班检查2~4次，拌合混凝土的初始坍落度严格控制在12 cm以内，铺装现场检测结果应作为桥面铺装混凝土拌合物质量评定的依据，铺装现场混凝土坍落度浮动范围不宜超过±1.5 cm。

3）浇筑

（1）混凝土浇筑应避开气温低于5 ℃或高于35 ℃的时段，炎热夏季宜在晚间进行浇筑施工，寒冷的冬天宜在中午进行浇筑施工，并作好保温措施。

（2）高温季节施工时，应加快施工各环节的衔接，尽量缩短各工艺环节时间（掌握后场搅拌、前场卸料时间，合理控制摊铺进度，确保工程质量）。

（3）桥面铺装混凝土浇筑时，纵桥向宜从下坡向上坡进行浇筑，横桥向宜从横坡低的一侧浇筑至横坡高的一侧。

（4）纵横坡均较大的桥梁，严格控制混凝土坍落度及振捣时间，防止由于坍落度太大和过振，造成自重作用下混凝土离析不均匀，引起收缩变形不一致，导致桥面铺装混凝土开裂。

（5）被混凝土罐车压弯的钢筋应在混凝土罐车运输完成后（浇筑混凝土前）调整复位。

4）振捣

（1）采用人工摊铺、插入式振捣器和三辊轴平板振捣器缓慢、匀速、连续不间断地振捣混凝土,其作业速度以拌合物表面不露粗集料,液化表面不再冒气泡并泛出水泥浆为准。插入式振捣器的振捣位置的间距相等,要求快速插入,慢慢取出,特别是在边角处,应采用插入式振捣器捣实混凝土。

(2) 混凝土的振捣,桥面铺装宜使用三辊轴提浆机组、振捣棒、抹面机抹平；振捣时发现低洼处,及时用混凝土找平,严禁事后用水泥砂浆找补。

(3) 对浇筑混凝土与周边连接处,应精心振捣,更不能过振,应采用人工用"搓揉"法,使浇筑混凝土与边界或已浇筑混凝土良好结合。

(4) 应有专人处理轴前料位的高低,混凝土堆料不得过高或留有空隙,整平后表面砂浆厚度宜控制在(4±1)mm,对表面过厚、过稀的砂浆应刮除丢弃。

5.8.3 养护技术

混凝土养护的目的是使混凝土在一段时间内保持适当的温度、湿度,营造良好的混凝土硬化条件。

5.8.3.1 遮阳防雨

(1) 当气温高于35 ℃,且太阳直射桥面施工场地时,应采用活动棚罩遮盖,避免水分蒸发过快,造成塑性收缩裂缝。在塑料薄膜覆盖前,不得移动遮光棚,避免混凝土被阳光照射。

(2) 当在多雨、寒冷季节施工时,应准备好防雨棚,混凝土尚未被塑薄膜覆盖前,应及时采用防雨棚遮盖新浇筑混凝土拌合物。

5.8.3.2 养护

(1) 混凝土摊铺整平后,立即采用塑料薄膜覆盖养护(一般不超过8m),应每天至少在薄膜内洒水1~2次,确保养生塑料薄膜内的湿度,一直养护7 d。

(2) 当采用土工布覆盖养护时,应在混凝土浇筑完成24 h后,揭开塑料薄膜,及时覆盖土工布和洒水养护,切忌整个土工布覆盖完成后再洒水养护,这可能导致部分部位保水不足而产生收缩开裂,持续养护7 d以上。

(3) 桥面混凝土的强度达到80%以前(或养护期未达到3 d时),禁止任何施工机械在桥面作业,且其侧面不能通行荷载超过5 t的车辆。

(4) 在养护期间应始终保持混凝土温度不低于0 ℃,遇雨雪天气应再加盖油布、塑料薄膜等保温设备。

5.8.3.3 切缝

在桥面铺装混凝土浇筑完成后的70~80 h内,应完成在桥墩顶的桥面铺装切缝,切缝深度为2 cm,缝宽约3 mm。墩顶处的切缝必须位于墩顶,其余切缝必须与防撞护栏的断缝对齐。

5.8.3.4 工具

(1) 桥面铺装混凝土浇筑后立即用塑料薄膜覆盖养护,即采用节水保湿养护膜保湿养护,塑料薄膜应能整体覆盖施工铺装宽度,且厚度一般为0.08~0.15 mm。具体技术指标要求见表5-3。

表5-3 塑料薄膜技术指标要求

试验指标项目		技术要求
3 d有效保水率		≥90%
一次性保水时间		≥7 d
保温性能(用膜内温度与外界环境温度之差)		≥4 ℃
用养生膜养护的抗压强度比(与标准养护比较)	3 d	≥95%
	7 d	≥95%
单位面积吸蒸馏水量		≥0.5 kg/m²

(2) 土工布技术要求为：一次性保水时间应大于4 h,4 h有效保水率应大于90%。一般采用宽幅土工布覆盖养护效果最好。

5.8.4 施工过程监控

5.8.4.1 整体情况

通过对碗石沟大桥、孙家沟大桥、常家岩大桥、谢家沟大桥、郑家浩大桥、溜槽沟大桥6座桥梁的无筋桥面铺装工程监控,对6座桥梁的施工情况从梁体清理、剪力键撬起、混凝土坍落度、振捣、保温保湿养护、切缝等几个方面进行总结,见表5-4。

表5-4 各大桥梁施工情况监控表

桥梁名称	梁体清理/%	梁体预湿/%	剪力键是否撬起/%	混凝土坍落度/cm	振捣/%	保温保湿/%	切缝/%
碗石沟	100	100	95	10~12	100	100	100
孙家沟	100	100	90	10~14	100	100	100
常家岩	100	100	98	10~12	100	100	100
谢家沟	100	100	90	10~14	100	100	100
郑家浩	100	100	90	10~14	100	100	100
溜槽沟	100	100	90	10~14	100	100	100

由表 5-4 可知,6 座桥的桥面铺装基本能按照设计的工艺流程和指标要求完成。具体表现为:在梁体预湿、梁体清理、混凝土振捣、保温保湿、切缝等几个方面能完全按照要求操作;剪力键撬起基本能达到 90% 以上,少数梁体的剪力键由于太粗无法撬起或者撬起后出现折断的现象;混凝土的坍落度基本能控制在 10~12 cm,少数罐车由于进料口太小,12 cm 坍落度无法进入,将初始坍落度控制在 14 cm 左右,到达现场后坍落度基本在 12 cm 以内。各桥梁混凝土的 7 d 抗压强度达 40~45 MPa,28 d 抗压强度达 50~55 MPa,满足设计的 C40 混凝土强度等级要求。

5.8.4.2 施工过程

施工过程如图 5-19~图 5-24 所示。

图 5-21 桥面连续处钢筋网的绑扎

图 5-22 塑料薄膜覆盖养护情况

图 5-19 桥面高压水冲洗

图 5-23 桥面铺装整体效果

图 5-20 侧面清理

图 5-24 桥面铺装局部效果(凿毛)

5.9 遂西高速公路

5.9.1 工程概况

遂西高速公路是四川省遂宁市到西充县的高速公路,路线全长约 65.85 km。该条高速公路共设置 49 座大桥、13 座中小桥。遂西高速公路李家户大桥全长 126 m,主梁采用预制混凝土箱梁,桥面横向共设置 6 片箱梁,总计宽度 24.5 m,在桥面铺装采用无筋桥面铺装技术。

5.9.2 施工工艺

混凝土梁无筋桥面铺装施工中,施工过程控制对铺装质量起着十分重要的作用,必须采取严格、合理的措施,保证铺装质量。

5.9.2.1 主梁桥面预处理

(1) 浇筑桥面铺装层混凝土前,要对梁体顶面及梁体间湿接缝的表面进行处理,使之具有一定的粗糙度,以保证铺装层和梁体紧密的结合成为整体,如果有松动的部位,要及时清除,并把梁体顶面清扫干净。

(2) 由于施工面积大、施工速度慢等原因,需要分幅、分段进行施工的桥面铺装,应恰当地处理纵向和横向的施工缝,施工缝表面也要有一定的粗糙度,不能有松动的部位。

(3) 混凝土梁顶面应采用洗刨机等机械设备进行凿毛,不宜采用人工凿毛。

(4) 浇筑铺装层混凝土前,要将梁体顶面所有垃圾清理干净,并且应在混凝土浇筑前至少提前 1 h 在梁体顶面洒水,保证混凝土浇筑时梁体顶面的润湿,但不能存在积水,以保证梁体与桥面铺装混凝土结合牢固。

5.9.2.2 混凝土拌合及运输

(1) 采用自动计量、集中拌合的强制式搅拌机拌合混凝土。

(2) 拌合时应严格控制单方混凝土用水量,拌合开工前要校核拌合机的水称,每班应检测两次砂、石集料的含水率,并根据原材料的变化随时调整混凝土的配合比,确保拌合出的混凝土坍落度符合施工设计要求,严禁为了施工方便,而加大用水量,导致混凝土坍落度过大或出现离析现象,影响混凝土强度和施工质量。

(3) 由于铺装层混凝土采用混杂纤维,混凝土在拌合时,应先将纤维和砂石集料投入拌合机干拌 30 s,再投入水泥、粉煤灰、水和外加剂等湿拌搅拌 1~2 min,以保证纤维均匀的分布在混凝土中,不出现结团现象。

(4) 在混凝土运输途中严禁向混凝土罐车中加水。

(5) 无钢筋桥面铺装,由于不设置钢筋网,混凝土罐车可以直接运送混凝土至浇筑地点,卸料铺装。

5.9.2.3 混凝土浇筑和振捣

(1) 桥面铺装层混凝土浇筑时,如果有纵向或横向的坡度,宜从纵向或横向坡度较低的地方开始浇筑混凝土,一直浇筑至坡度较高的地方。

(2) 根据桥面的长度和宽度,适当分幅进行浇筑,防止铺装层混凝土开裂,浇筑下一幅时应将上一幅纵向浇筑截面清理干净,如有松动混凝土,必须立即清理;如果上一幅浇筑时震动梁的导轨采用砂浆支垫,还应将支垫的砂浆块完全清理掉,并打扫干净;浇筑时应在离上一幅边缘 10~15 cm 处用振捣棒振捣,浇筑完成后用抹刀人工修整,使两幅混凝土保持平整、良好的接触。

(3) 混凝土罐车卸料完成后,人工摊铺平整并采用插入式振捣棒振捣,应根据现场混凝土坍落度情况,控制振捣次数,不可因振捣导致混凝土骨料下沉,浆体上浮而出现离析现象,影响桥面铺装的质量。

(4) 如果设置横跨整幅横向的振捣梁,要在离振捣梁导轨 10~15 cm 处用振捣棒振捣,保证导轨附近混凝土沿导轨方向均匀密实,防止混凝土出现不均匀收缩变形导致的桥面开裂。

(5) 振捣梁振捣过后如果发现桥面较低处,应立即用混凝土补平,严禁混凝土硬化后再补平。

(6) 为了方便混凝土罐车进出浇筑现场,可先将梁体顶面预留的柔性马蹄形剪力键打弯,在罐车走后,浇筑混凝土之前再把剪力撬起。

(7) 混凝土浇筑时应该避开高温和低温天气,如果施工时环境温度低于 0 ℃,要采取保温措施,防止混凝土内水分结冰,混凝土冻坏;如果阳光直射、气温高于 35 ℃,应采取遮阳降温措施,避免水分蒸发过快,产生塑性收缩裂缝;在雨天施工,还要设置遮雨设备。

5.9.2.4 混凝土养护

混凝土养护的目的是保证新浇筑的混凝土有适宜的温度、湿度等条件,胶凝材料水化硬化产生强度。养护对混凝土性能的发挥具有相当重要的影响。工程实例中,预应力梁经常出现裂缝,很可能是因为养护不当引起,因为主梁上洒水较为困难,水分很难均匀地分布在梁体上,造成梁体各个部位养护程度不一样,导致混凝土收缩不一致而开裂。因此,混凝土在浇筑后的养护对混凝土强度和是否开裂起到至关重要的影响。

(1) 无筋桥面铺装养护技术的核心内容是必须及时覆盖厚型塑料薄膜,减少混凝土拌合物中水分的蒸发,避免在混凝土内形成较大的孔隙,造成混凝土开裂,影响混凝土的抗渗等性能,并且应每天在薄膜内至少洒水 1~2 次,保持塑料薄膜内有一定的湿度,持续养护 7 d 以上。

(2) 桥面铺装层混凝土养护所用塑料薄膜厚度一般为 0.1~0.15 mm。具体技术指标要求见表 5-5。

表 5-5　塑料薄膜技术指标要求

试验指标项目	技术要求
3 d 保水率	≥90%
保水时间	≥7 d
抗压强度比(与标准养护比较,7 d)	≥95%
单位面积保水量	≥0.5 kg/m²

(3) 在冬季施工,如果夜晚环境温度低于 0 ℃,应使用土工布等覆盖桥面保温,防止混凝土冻坏。

(4) 在养护龄期 7 d 之内,禁止任何施工机械在桥面作业。

5.9.2.5　桥面切缝

由桥面铺装层的受力分析可知,处于桥墩顶面的桥面铺装层混凝土因承受负弯矩而产生拉应力,为了避免在受拉部位混凝土的截面上产生裂缝,在桥墩顶面铺装层内设置的钢筋网不可取消,且应在铺装层混凝土浇筑完成后的 70~80 h 内,在桥墩横向中心位置处切缝,切缝宽约 3 mm,切缝深约 2 cm,墩顶处的切缝必须位于墩顶,其余切缝要与防撞护栏的断缝对齐。

5.9.3　施工过程

在遂西高速李家户大桥桥面铺装的施工过程中,采用本节中的外加剂和混凝土的配合比拌制混凝土,并严格按照无钢筋桥面铺装的施工工艺措施和技术要点施工,取得了良好的效果。施工过程如图 5-25 所示。

(a) 专用外加剂

(b) 梁体顶面润湿

(c) 墩顶处钢筋网保留

(d) 摊铺前撬起剪力键

(e) 现场摊铺混凝土

(f) 振捣梁整平

(g) 覆盖厚型塑料薄膜养护

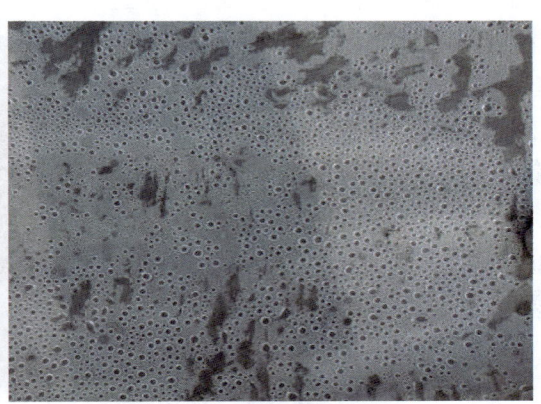
(h) 厚型塑料薄膜阻止水分散失

(i) 冬季覆盖土工布保温

(j) 桥墩横向中心位置切缝

图 5-25　遂西高速李家户大桥桥面铺装施工过程

本篇小结

本篇在桥梁高性能混凝土技术的基础上，提出了以桥面铺装整平层为结构层的设计思想，并开展专题研究和工程应用，取得了显著的工程效果。

四川山区，占桥梁总长达 99% 的混凝土行车桥梁，桥面铺装均设置整平层。桥面铺装普遍存在开裂、坑槽等病害，严重影响桥梁的通行能力和行车安全。桥面铺装整平层破坏的主要原因，是钢筋混凝土整平层与主梁和沥青铺装层连接弱、整体性差，整平层内钢筋网片定位不准确、界面清洗困难。因此，提出了无钢筋网片的复合强劲桥面铺装整平层技术，开展该项技术研究面临的难题有：①取消钢筋网片的整平层新结构、整平层与上下界面的连接如何构建均没有先例；②缺乏满足各结构层功能需求的刚性连接层、弹性连接层和整平层材料；③缺乏新结构的施工工艺与质量控制技术。为此，作者所在团队历经 15 年研究和工程实践，取得了如下成果：

本篇提出了新型复合强劲桥面铺装结构。该结构由闭环剪力键和界面连接激活技术构建的刚性连接层、防水黏结应力吸收层构建的弹性连接层和高韧性低收缩高抗裂的强韧整平层组成。连接层将整平层分别与主梁、沥青层连接形成整体，相比传统铺装，取消了钢筋网片，整体弯拉强度提高超 70%，实现了结构刚度过渡顺适和整体强劲的目标，解决了传统铺装易开裂的难题。

本篇讲解了梁体顶面清洁、浸透保水，梁体预埋闭环剪力键的刚性连接层材料技术；发明了高黏高弹改性沥青，嵌固单级配碎石的弹性连接层材料；发明了韧性好、收缩量低、抗裂性能好的混杂纤维混凝土材料。还提到了前、后场施工协调匹配技术、罐车浇筑工艺及混凝土养护、切缝技术。

作者团队获授权发明专利 5 项，制订了四川省地方规程 1 部，编制通用图 1 册，获省级工法 1 项，发表学术论文 7 篇。研究成果应用于雅西高速 5 km 桥梁建设，推广应用于四川广南高速、四川遂广遂西高速、四川久马高速等约 100 km 新建桥梁建设，经多次检测均未发现病害，质量优良。

第 3 篇

平面型钢-混凝土组合桥面板

随着经济的快速发展,我国交通基础设施建设作为重要基础性产业取得了长足进步,公路建设事业发展迅猛,作为公路建设重要组成部分的桥梁建设,逐渐向跨径不断增大、桥型不断丰富、结构不断轻量化的方向发展。桥面板作为桥梁结构的重要组成部分,直接承受车辆轮压,其工作状态将直接影响到桥梁的使用性能,正确地选用桥面板结构,在桥梁设计中意义重大。

钢-混凝土组合桥面板是由底钢板和上层混凝土通过栓钉或开孔钢板等剪力连接件结合而成的新型桥面板,在荷载作用下,能够充分利用钢材抗拉性能强、混凝土抗压性能强的优势,有效地提高了整体性,减轻了自重,提高了耐久性。

钢-混凝土组合桥面板具有以下优势:第一,在施工阶段底钢板可作为浇筑混凝土的永久模板,节省了模板安装与拆除的工序,能够加快施工进度;第二,在使用阶段由于剪力连接件的存在,能发挥底钢板与混凝土的组合效应,同时底钢板可以部分代替下层受力钢筋,从而减少钢筋制作加工的工作量;第三,组合桥面板可以减少混凝土用量,减轻结构自重,有利于结构抗震。

1) 平面型钢-混凝土组合板在建筑工程中的研究现状

钢-混凝土组合板最早应用于欧美国家的建筑结构领域,1960年布鲁克林的联邦法庭大厦工程中首次使用了栓钉焊透的压型钢板-混凝土组合楼板体系。各国也开展了大量的理论与试验研究工作,随着压型钢板-混凝土组合板在高层建筑工程中广泛应用,组合板在桥梁领域中也得到了迅速发展,并根据不同的需求,开发出了多种结构形式,其中比较典型的有加劲钢-混凝土组合板,它是压型钢板-混凝土组合板在结构形式上的创新和发展。带孔加劲钢板连接件是近年来出现的一种新型剪力连接件,由德国首先开发,德文名称为 Perfobond Leiste (PBL),英文名称为 Perfobond Strip(PBS),钢板孔内可以穿钢筋,也可以不穿钢筋,其抗剪机理源于钢板孔中混凝土棒形成的销栓作用,其抗剪强度主要取决于孔内混凝土以及钢筋的抗剪强度和孔间钢板的抗剪强度。

1990年,Patrick M.提出了用部分剪切黏结法计算组合楼板的纵向剪切承载力,作为一种计算组合楼板纵向抗剪承载力的机理性方法被欧四规范采用。2005年,日本学者 Ryosuke Takahashi, Yasuhiko Sato, Katsuyuki Konno 和 Tamon Ueda 对钢-混凝土组合桥面板的抗剪效应进行了三维非线性有限元模拟,得到数值模拟计算模型。2009年,韩国学者 Hyeong-Yeol Kim, Youn-Ju Jeong 等人对两片足尺寸的钢-混凝土组合桥面板模型进行试验分析,得出了极限承载力的相关计算方法并与普通的桥面板进行了对比分析。

我国对组合板的研究和应用起步较晚,1984—1988年冶金工业部冶金建筑研究总院完成了压型钢板的选型和研制工作,并进行了30多块组合板的试验工作,为组合板在国内的发展奠定了基础。在20世纪80年代后期,郑州工学院对几种不同形式的压型钢板-组合板开展了试验工作,重点研究了组合板剪切破坏的机理,并提出了相应计算方法。

2) 平面型钢-混凝土组合板在桥梁工程中的应用

1969年,日本建成的西栗桥的桥面系采用了钢-混凝土组合桥面板的结构形式。组合桥面板的下部为厚度4.5 mm的钢板,表面涂有氯化橡胶防腐涂料,上部浇筑厚150 mm的混凝土,采用栓钉剪力连接件。组合桥面板相比普通混凝土桥面板薄约30 mm,不仅具有较高的强度和良好的韧性,还可减轻桥面的自重。此桥运营18年后,对该桥进行的全面检测表明组合桥面板未出现明显损伤,具有良好的耐久性能。

2003年开工建设的广东佛山东平大桥是国内首次采用了钢-混凝土组合桥面板的中承式拱桥。该桥位于广东省佛山市禅城区的南部,跨越了东平河,主孔设计跨径为300 m,主桥的跨径组合为(43.5+95.5+300+95.5+43.5) m,总长578 m。该桥的桥面梁是由三道主纵梁、两道次纵梁和主、次横梁共同组成的格子梁体系。格子梁上设置钢-混凝土组合桥面板，采用开孔钢板剪力连接件，底钢板厚8 mm，上部浇筑120 mm厚的钢纤维混凝土，该桥于2006年9月建成通车。

此外，2013年建成的合江长江一桥也采用了钢-混凝土组合桥面板。该桥位于四川省泸州市合江县境内，是国家高速公路网成渝地区环线合江（川渝界）至纳溪段高速公路上的重要控制性工程。全桥的跨径组合为（10×20＋530＋4×20）m，引桥为预应力钢筋混凝土箱梁桥，主桥为跨径530 m的中承式钢管混凝土拱桥，桥面梁是由两道吊杆处的主纵梁、三道次纵梁、吊杆处的主横梁和主横梁间的次横梁组成格子梁体系，纵横梁均采用工字型截面，格子桥面梁上设置钢-混凝土组合桥面板，采用开孔钢板剪力连接件，底钢板厚8 mm，组合桥面板总体厚度140 mm。

第 6 章

平面型钢-混凝土组合桥面板结构构造与承载力计算

6.1 结构构造

平面型钢-混凝土组合桥面板根据结构组成形式不同,可以分为三大类:普通型钢-混凝土组合桥面板、横向体外预应力钢-混凝土组合桥面板和等厚度超薄钢-混凝土组合桥面板,其中普通型和横向体外预应力钢-混凝土组合桥面板由于其纵横梁上方混凝土板带有承托、桥面板厚度不同,故统称为不等厚平面型桥面板。

6.1.1 普通型钢-混凝土组合桥面板构造

合江长江一桥主跨为钢管混凝土中承式悬链线拱桥,拱顶截面径向高 8.0 m,拱脚截面径向高 16.0 m,净跨径 500.0 m,净矢跨比 1/4.5,拱轴系数 1.45。全桥桥型总体布置如图 6-1 所示。

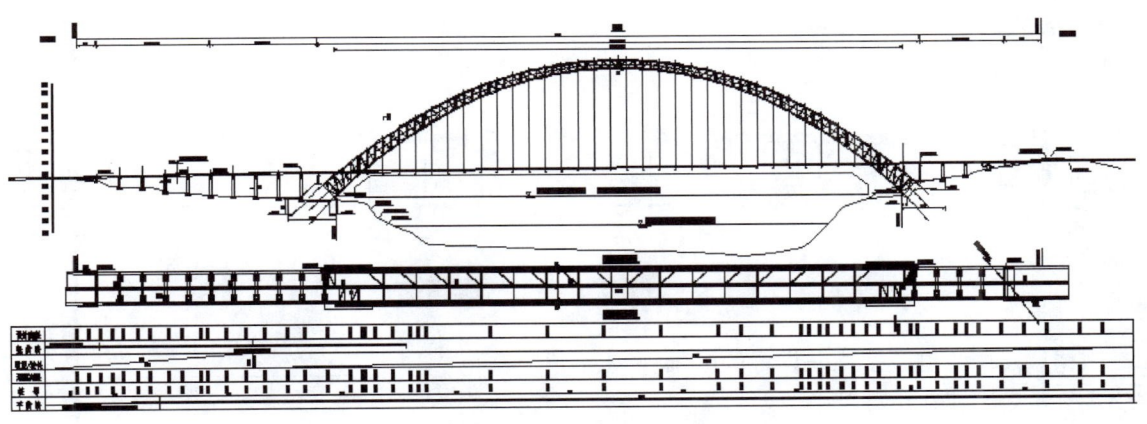

图 6-1 合江长江一桥桥型布置图

6.1.1.1 桥面系构造

合江长江一桥主桥桥面系为特殊的钢-混凝土组合格子梁结构,即在由纵、横工字型钢板梁形成的格子梁支承体系上面,铺设钢-混凝土组合桥面板,桥面板与格子梁共同工作,桥面板与格子梁结合后由组合截面承担外荷载作用。其构造的特殊性主要有以下几方面。

(1)桥面板的结构形式,既不是钢筋(或预应力)混凝土桥面板,也不是钢桥面板,而是钢-混凝土组合桥面板。

(2)主、次横梁仅有部分梁段为组合梁,即桥面板范围内的梁段采用剪力钉与桥面板结合形成钢-混凝土组合梁,桥面板范围外的梁段为单纯的钢板梁。

(3)主纵梁为钢板梁结构,次纵梁则采用剪力钉与桥面板结合形成钢-混凝土组合梁。

1) 格子梁的构造

桥面系格子梁由主纵梁、次纵梁、主横梁、次横梁组成。纵、横梁为焊接工字型钢板梁,纵梁和横梁在平面上形成格子状的梁格。如图 6-2、图 6-3 所示。

(1)主横梁:设置在吊杆处的横梁。

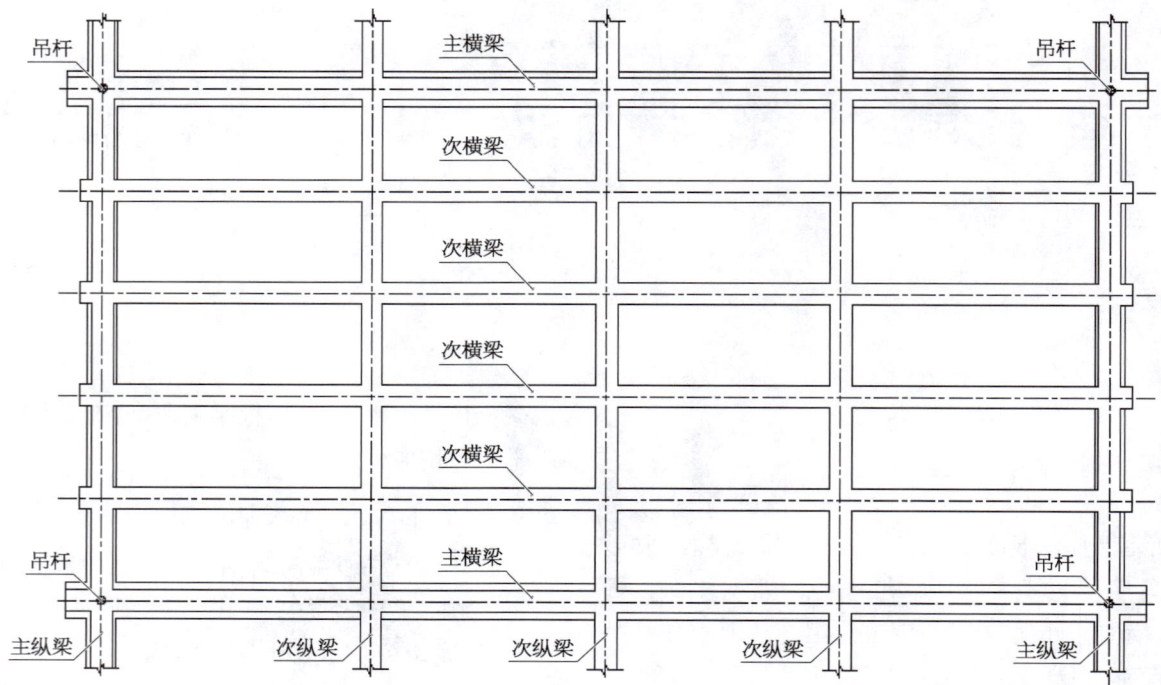

图 6-2 桥面系格子梁一般构造图

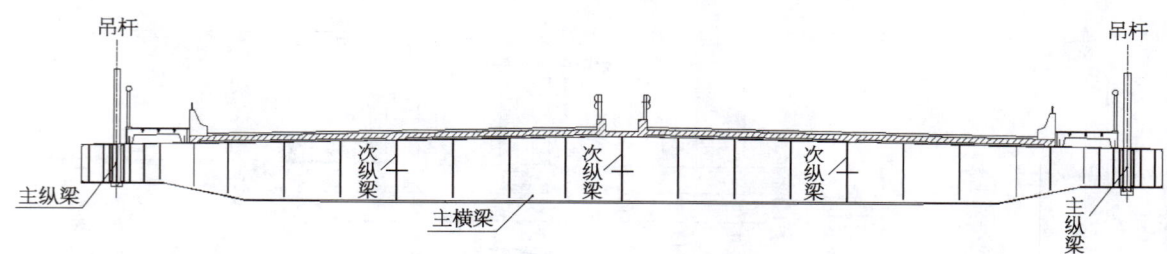

图 6-3 桥面系横向布置图

(2) 次横梁：每两道主横梁间设置的横梁。
(3) 主纵梁：设置在吊杆处的纵梁。
(4) 次纵梁：两道主纵梁之间设置的纵梁。

2) 普通型钢-混凝土组合桥面板的构造

格子梁上桥面板采用普通型钢-混凝土组合桥面板。普通型钢-混凝土组合桥面板一般由底层钢板、沿桥梁纵向设置的 PBL 剪力键、沿桥梁横向设置（穿在 PBL 板孔内）的钢筋及铺设在底钢板上的混凝土组成。钢-混凝土组合桥面板标准截面的总厚度一般为 10~15 cm，承托处的总厚度一般为 22~28 cm。组合桥面板承托处的构造示意如图 6-4 所示。

(1) 底钢板。底钢板既作为浇筑桥面板混凝土的模板，又与混凝土共同组成钢-混凝土组合桥面

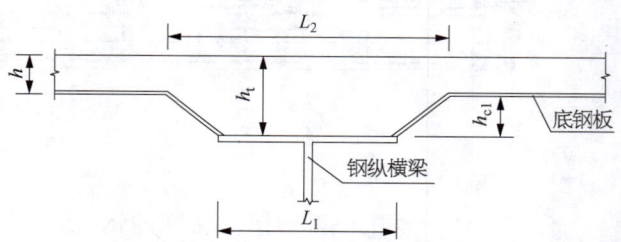

L_2—承托顶的宽度；L_1—承托底的宽度；h_t—承托截面总高度；h_{c1}—承托高度；h—钢-混凝土组合桥面板标准截面总厚度。

图 6-4 钢-混凝土组合桥面板承托构造示意图

板，参与桥面系的整体受力，且底钢板还需要焊接带孔钢板，可焊接的钢板最小厚度为 6 mm，为了降低焊接变形，底钢板最小厚度采用 8 mm，同时带孔钢板最小厚度采用 6 mm。普通型钢-混凝土组合桥面板在使用阶段底钢板应力水平较低，因此最大底钢

板厚度不宜超过 10 mm。

普通型钢-混凝土组合桥面板的钢板厚度薄、应力水平低,而刚度要求大,Q235B 钢材质量稳定、性能可靠,应用工程经验多、价格低,因此一般采用 Q235B 材质的钢材。对于长期处于有腐蚀性气体和液体作用环境,或长期位于浪溅区等特殊环境下的钢材,建议使用耐候钢。钢材的物理力学性能指标应按表 6-1 采用。

表 6-1 钢材的物理性能指标

弹性模量 E_S/GPa	剪切模量 G_S/GPa	线膨胀系数 α(以每℃计)	质量密度 ρ/(kg·m^{-3})
206	79	1.2×10^{-5}	7 850

(2) 剪力键。为了使底钢板与浇筑的水泥混凝土共同受力,在底钢板上需按一定规则设置带孔钢板(PBL 剪力键)或带孔钢板与栓钉混合的剪力键,用于传递施工和使用阶段钢板与混凝土连接界面上的纵横向剪力。

钢-混凝土组合桥面板施工阶段的剪力为浇筑桥面板混凝土、二期恒载、温度与混凝土收缩徐变作用所产生,使用阶段的剪力为活载作用产生。抗剪承载力是指底钢板与带孔钢板或栓钉的焊缝连接力。剪力键应能平顺、安全地传递界面剪力。组合桥面板内底钢板与混凝土剪力较大,采用带孔钢板剪力键按照标准的构造规则不能满足受力要求时,可以采用栓钉剪力键进行局部加强,形成混合剪力键。

① 带孔钢板(PBL 剪力键)。带孔钢板的方向应与钢格子梁或钢箱梁的构造相匹配:钢格子梁的带孔钢板设置方向宜垂直于主横梁方向,钢箱梁的带孔钢板宜沿横桥向设置,通常沿主拉应力方向每隔 35~45 cm 设置一道。带孔钢板的开孔直径宜为 5~6 cm,开孔中心间距宜为 12~15 cm,开孔距顶面的距离不宜小于 2 cm。带孔钢板的混凝土保护层厚度不宜小于 10 mm。其构造应符合图 6-5 的规定。

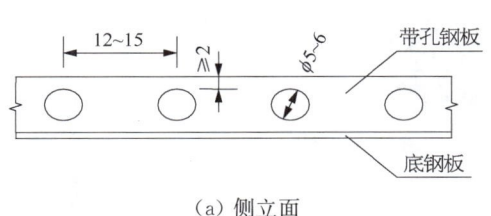

(a) 侧立面　　　　　　(b) 剖立面

图 6-5 带孔钢板构造图(单位:cm)

带孔钢板与底钢板的连接宜采用连续角焊缝或间断错位双面焊缝焊接,焊脚高度宜大于 6 mm。带孔钢板与底钢板焊接如图 6-6 所示。

图 6-6 带孔钢板与底钢板焊接

带孔钢板既作为底层钢板的加劲肋,又是连接底层钢板与混凝土的剪力键构造。底层钢板通过带孔钢板及其孔内穿过的钢筋与混凝土结合形成钢-混凝土组合桥面板。

② 栓钉剪力键。普通型钢-混凝土组合桥面板支承处由于剪力较大,宜采用带孔钢板和栓钉组成的混合剪力键,其中栓钉剪力键的布置间距一般为15～30 cm,当该间距布置的剪力键不能满足抗剪要求时,宜错位加密布置剪力键数量,剪力键错位布置示意如图6-7所示。

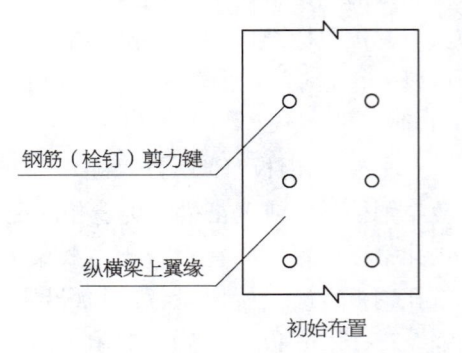 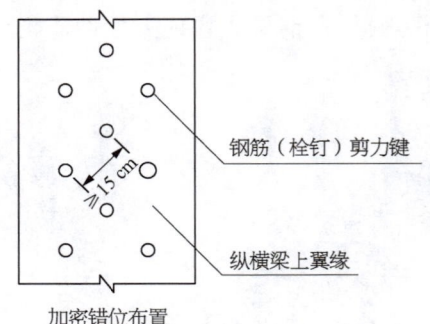

图6-7 剪力键加密错位布置示意

栓钉(图6-8)剪力键的混凝土保护层厚度不宜小于15 mm,栓钉剪力键的规格还应符合表6-2要求及相关规范的规定。

表6-2 栓钉剪力键规格表　　单位:mm

公称直径	13	16	19	22
栓钉杆直径 d	13	16	19	22
大头直径 d'	22	29	32	35
大头厚度 t	12	12	12	12
熔化长度 l_a	4	5	5	6
焊后长度 l	70～170	70～200	80～200	90～200

(3) 钢筋。普通型钢-混凝土组合桥面板的钢筋主要有纵横向钢筋、弯起钢筋和分布钢筋三类。

① 纵横向钢筋。为满足桥面板受力要求,普通型钢-混凝土组合桥面板应设置纵、横向钢筋网,钢筋网的钢筋直径一般为12～16 mm;垂直于带孔钢板的底层钢筋应穿过带孔钢板的开孔,其钢筋直径不宜小于开孔直径的1/4,且不宜小于平行于带孔钢板钢筋的直径。

由于桥面板在纵横梁处要承受负弯矩,为避免抗拉强度不足,负弯矩区的受拉钢筋配筋率宜大于2.4%;受拉钢筋长度应延伸到负弯矩区以外,在同一截面截断的受拉钢筋面积占受拉钢筋总面积的百分率不宜超过50%;纵桥向钢筋应伸过主梁支承处,并留有足够的锚固长度或弯钩。负弯矩区钢筋构造如图6-9所示。

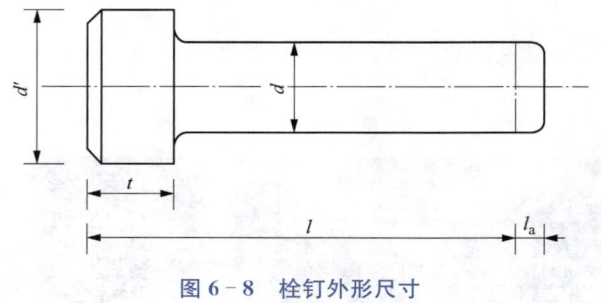

图6-8 栓钉外形尺寸

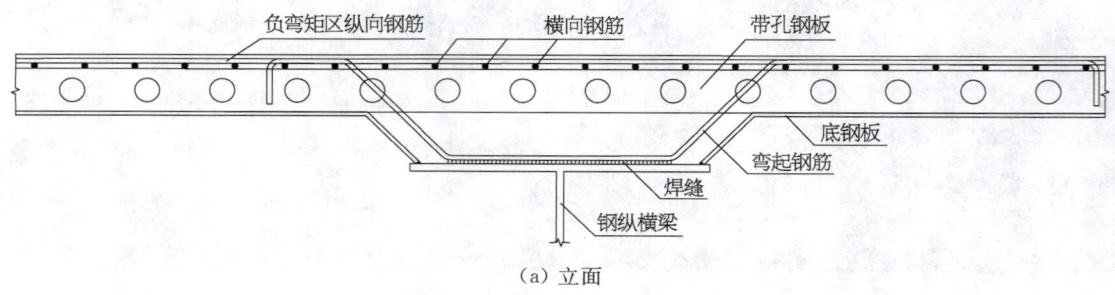

(a) 立面

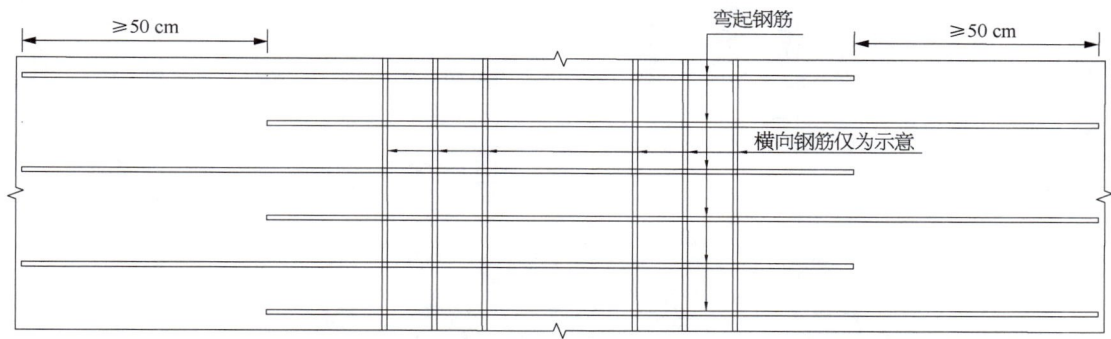

(b)平面(未示意带孔钢板和负弯矩纵向钢筋)

图 6-9 负弯矩区段钢筋构造示意图

② 弯起钢筋。钢格子梁或钢箱梁上翼缘处的混凝土,受栓钉的局部承压作用易发生劈裂现象,因此需配置弯起钢筋加强上翼缘与混凝土的锚固连接,同时抵抗支承处较大的剪力。

③ 分布钢筋。集中荷载区段和施工通道预留孔洞周围应设置分布钢筋网,钢筋直径宜为 10 mm,间距宜为 10 cm。

(4) 混凝土。普通型钢-混凝土组合桥面板的混凝土宜采用低收缩、高抗裂、高韧性的混杂纤维混凝土。采用的混杂纤维混凝土,应掺入 0.7~0.9 kg/m³ 的聚丙烯腈纤维和 35~50 kg/m³ 的钢纤维,采用合理的钢纤维掺量和短粗纤维形状是解决钢纤维在混凝土拌合时成团的技术途径。试验研究表明,多锚固点且带压痕的钢纤维,其锚固强度高、黏结性能好。

普通型钢-混凝土组合桥面板采用的混凝土强度等级不宜超过 C40。当采用 C40 混凝土时,其力学性能指标为:混凝土 28 d 试配抗压强度不应小于 48 MPa,28 d 试配抗折强度不应小于 5.5 MPa。当采用 C30 混凝土时,其力学性能指标为:混凝土 28 d 试配抗压强度不应小于 38 MPa,28 d 试配抗折强度不应小于 5.0 MPa。

混凝土材料性能指标应按表 6-3 确定。混凝土的剪切模量 G_c 可按表 6-3 中弹性模量 E_c 的 0.4 倍取值,泊松比 μ_c 采用 0.2。

表 6-3 混凝土材料性能

混凝土等级	强度标准值/MPa		强度设计值/MPa		弹性模量 E_c/MPa	线膨胀系数 α_c
	轴心抗压 f_{ck}	轴心抗拉 f_{tk}	轴心抗压 f_{cd}	轴心抗拉 f_{td}		
C30	20.1	2.01	13.8	1.39	$3.00×10^4$	$1.0×10^{-5}$
C40	26.8	2.40	18.4	1.65	$3.25×10^4$	$1.0×10^{-5}$

3) 桥面铺装

钢-混凝土组合桥面板的铺装层采用改性沥青混凝土,其最佳厚度为 5 cm,在水泥混凝土和沥青混凝土间设置防水卷材和防水涂料。桥面板铺装构造示意如图 6-10、图 6-11 所示。

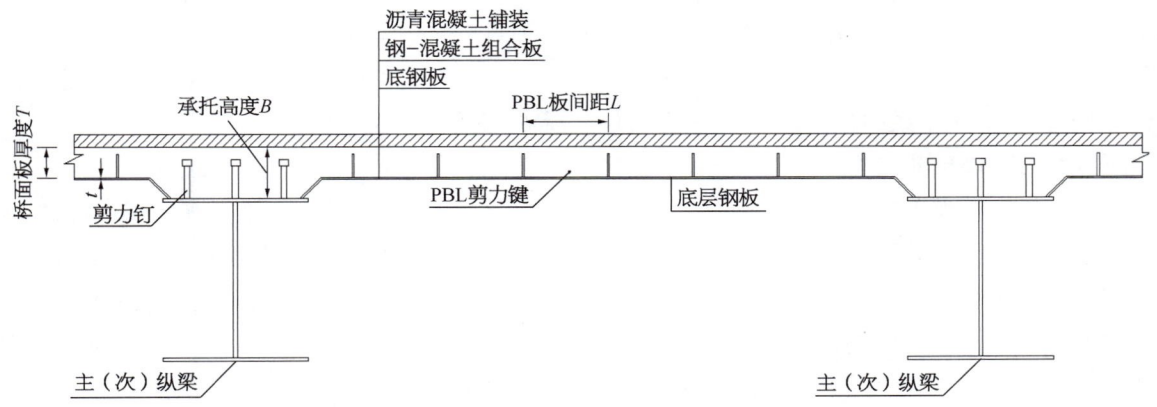

图 6-10 桥面板铺装构造示意图(横桥向)

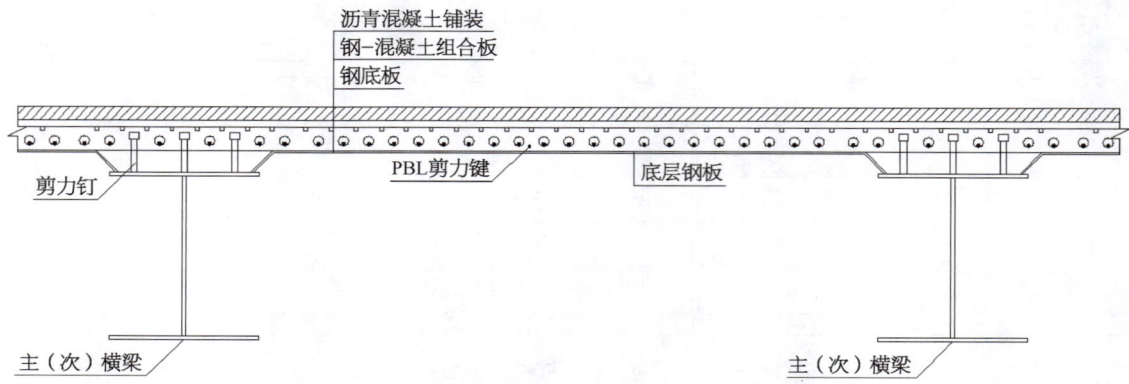

图 6-11　桥面板铺装构造示意图（纵桥向）

4）格子梁与桥面板的连接

为了提高组合桥面板与主梁的整体工作性能，降低钢格子梁或钢箱梁的钢材用量，组合桥面板应与钢格子梁或钢箱梁主受力方向锚固连接，使桥面板与主梁形成共同受力的结构。

桥面板底钢板与钢格子梁或钢箱梁上翼缘板焊接。底钢板与钢梁的焊脚至钢梁边缘的距离不宜小于 10 mm，且为了避免底钢板与纵横钢梁连接处形成涂装死角，规范规定底钢板的焊脚至钢梁边缘的距离不大于 15 mm；为了保证施焊的可行性，还规定了在承托处的底钢板折角范围，如图 6-12 所示。

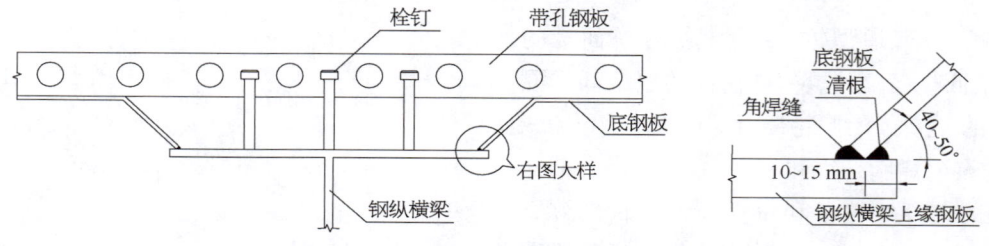

图 6-12　底钢板与纵横钢梁的焊接示意图

6.1.1.2　桥面系的受力特性

1）格子梁的受力特性

合江一桥主桥桥面系的格子梁中，主横梁、主纵梁为主要受力构件，即主要由主横梁、主纵梁承受外荷载的作用，并将外荷载通过吊杆或支座传递到拱肋。由于吊杆纵桥向间距为 14.3 m，横桥向间距为 28.6 m，主横梁承受外荷载的作用更为突出，这是该桥面系格子梁较为突出的特点。

次横梁起到横向联结系的作用，其主要作用是：防止纵梁侧倾失稳；起到荷载分配的作用，使各主梁受力较为均匀；增加桥面板横向抗弯刚度。

次纵梁除了作为格子梁主梁一部分参与整体受力外，还起到纵向联结系的作用，其主要是：参与格子梁整体受力；将地震荷载、风荷载等水平力传递到各个吊杆或支座；防止主横梁侧向变形和横向震动；提供桥面系抗扭刚度；增加桥面板纵向抗弯刚度。

格子梁结构整体受力很复杂，若要从简化的角度分解其受力体系，可按照下列原则进行：

（1）主横梁可近似看作支承在吊杆处弹性支承上的简支梁结构。

（2）次横梁可近似看作支承在纵梁处弹性支承上的 4 跨连续梁结构。

（3）纵梁可近似看作支承在主横梁处弹性支承上的多跨连续梁结构。

2）钢-混凝土组合桥面板的受力特性

从自身的构造来看，采用底层钢板通过 PBL 剪力键及其孔内穿的钢筋与混凝土结合形成的钢-混凝土组合桥面板，其作为板结构的力学特性表现为各向异性，即桥面板沿纵桥向和横桥向所表现出来的力学特性各异。

从整体上看，钢-混凝土组合桥面板作为格子梁上翼缘板的一部分参与格子梁共同受力的同时,还直接承受车轮荷载的作用,受力比较复杂。由于横梁布置较密,纵梁布置较疏,桥面板沿纵横方向的刚度不同,即桥面板纵横方向的受力特性也是各向异性。

底层钢板除了作为浇筑桥面板混凝土的模板外,还与混凝土共同组成钢-混凝土组合桥面板,参与桥面系整体受力。在正弯矩区,桥面板上缘受压,下缘受拉,底层钢板起到受拉钢筋的作用,减少桥面板混凝土下缘开裂的可能;在负弯矩区,底层钢板与混凝土共同承受压力。

沿桥纵向布置的带孔钢板(PBL剪力键),既作为底钢板的加劲肋,又是连接底钢板与混凝土的剪力键构造。在正弯矩区,桥面板上缘受压,下缘受拉,PBL剪力板作为底钢板的加劲肋参与承受拉应力,部分起到受拉钢筋的作用;在负弯矩区,PBL剪力键可以参与承受部分拉应力,加上PBL剪力键及内穿钢筋对混凝土的约束作用,可以大大增加桥面板的整体性,减少混凝土的开裂。

由于桥面板具有上述特点,所以这样的桥面板也可称之为钢-混凝土组合正交异性桥面板。

6.1.2 横向体外预应力钢-混凝土组合桥面板构造

在一般钢-混凝土组合桥面板中的钢梁上按照一定的要求(形状位置等)布设横向预应力束,该预应力束位于混凝土体外,与混凝土没有黏结作用,随后对该预应力束进行张拉,建立起预压力,这样的结构称之为横向体外预应力钢-混凝土组合桥面板,结构中的预应力能有效减小或消除外荷载引起的应力,提高钢-混凝土组合桥面板的刚度,改善钢梁的应力疲劳效应,从而改善钢-混凝土组合桥面板的受力性能。

通过资料查阅,国内外大量工程实践表明,对钢-混凝土组合桥面板施加预应力,能够提高其经济效益,降低钢梁高度,减轻自重,节约钢材,提高组合桥面板的承载能力(图6-13)。另外,体外束可用来加固旧桥,施工方便简单,可直接在组合桥面板外运用。

体外束能够显著改善桥梁的受力性能,但是,运用横向体外束来改善钢-混凝土组合桥面板受力性

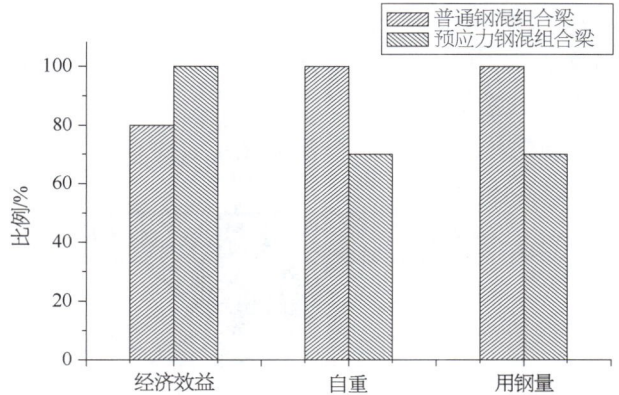

图6-13 预应力钢混组合梁与普通钢混组合梁经济效益对比图

能的实例较少,横向体外预应力钢-混凝土组合桥面板的相关理论和计算方法仍不成熟,关于横向体外预应力对钢-混组合桥面板受力性能的影响缺乏研究,且钢-混凝土组合桥面板组成复杂,应力集中现象明显。

无预应力钢-混组合桥面板,在施加混凝土湿重阶段,钢梁累积了大量多余初应力,导致使用阶段钢梁应力水平较高,进而使横梁高度加大,受拉钢板加厚,用钢量加大。施加横向体外预应力后可以改善钢梁应力水平,减小结构尺寸,减小横向拉应力,增加翼板的承载力,改善翼板开裂问题,加强桥面板横向联接,增强桥面板的横向稳定性,改善钢-混凝土组合桥面板的受力性能。为了能够更加科学合理地指导工程实践,研究横向体外预应力束的线型、数量和布束形式等对钢-混凝土组合桥面板应力和变形的影响就显得十分重要。

6.1.2.1 组成构造

钢-混凝土组合桥面板的组成包括钢格梁(主纵梁、次纵梁、主横梁、次横梁)、混凝土翼板、钢格梁与混凝土翼板之间的底钢板、栓钉和带孔钢板剪力键。

横向体外预应力钢-混凝土组合桥面板是在普通钢-混凝土组合桥面板的基础上发展而来的,在普通钢-混凝土组合桥面板中的钢横梁上按一定的规则(包括线型、数量、位置、间距等)合理布置横向体外预应力钢束,这样形成的结构称之为横向体外预应力钢-混凝土组合桥面板。其组成包括钢格梁(主纵梁、次纵梁、主横梁、次横梁)、混凝土翼板、钢格梁与混凝土翼板之间的底钢板、栓钉和带孔钢板剪力

键以及横向体外束(横向体外束指横向体外预应力钢束,下文中将不再进行解释)、转向装置与锚具等,其构造如图 6-14 所示。

横向体外预应力钢-混凝土组合桥面板综合利用了 3 种材料的特点,包括混凝土、钢材及横向体外束,并通过合理的组合,使各种材料的优势得到充分发挥,使这种组合桥面板具有广阔的应用前景,其横向体外束构造如图 6-15 所示。

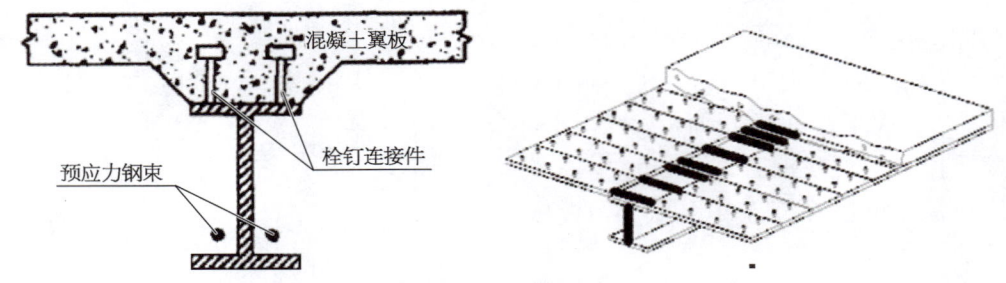

图 6-14 横向体外预应力钢-混凝土组合桥面板

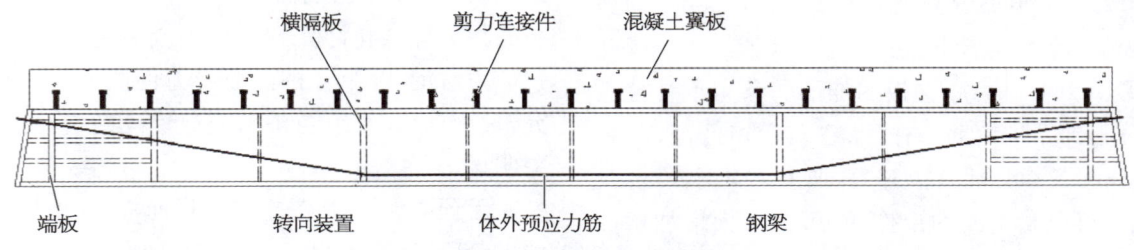

图 6-15 横向体外预应力钢-混凝土组合桥面板构造

1) 钢梁及底钢板

横向体外预应力钢-混凝土组合桥面板中的钢梁体系主要承受拉应力,工程中一般选用工字钢,其组成主要包括:主纵梁、次纵梁、主横梁、次横梁和钢梁加劲肋;底钢板的厚度一般较薄,其上设有剪力连接件,钢梁与钢筋混凝土通过剪力连接件形成整体,共同受力,并承担由局部荷载引起的横桥向的内力。

2) 混凝土翼板

目前工程上常用的混凝土板包括以下几种类型,即现浇式、装配式及附带压型钢板式,装配式又可以分为预制式和整体式。

现浇式:该类型是指混凝土翼板在实际工程现场进行混凝土的浇筑作业,现场浇筑得到的混凝土翼板具有整体性能优良的特点,但是其施工较不方便,在现场进行浇筑时,需要搭设相应的模板和支架,且数量庞大,降低了施工效率。

装配式:包括预制式和整体式。①预制式:其工作流程是首先在施工场地外浇筑好混凝土板,这种预制混凝土板体积较小,方便组装,随后将其与组合桥面板的钢梁体系进行组装,这种方法的优势是能够减少现场的工作量,进而加快施工进度,缩短施工工期,但是对预制混凝土翼板的制作要求较高,其端部预留槽口应对齐并布置一定量的构造钢筋。②整体式:这种结构是在每一节段钢梁系统上浇筑好混凝土翼板后,把混凝土翼板和钢梁系统作为一个整体,再将每一节段进行拼装,其整体性能和受力性能良好,施工方便。

附带压型钢板式:这种附带的钢板具有两个方面的用途,一方面,可以作为模板使用,以便进行施工;另一方面,作为结构中的受力钢筋使用,以抵抗外荷载。因此,根据压型钢板在混凝土翼板中的作用又可以分为两种类型,一种仅具有模板作用,另一种同时具有模板和受力钢筋的作用。

3) 剪力连接件

钢-混凝土组合桥面板的初期发展中并没有剪力连接件一说,以往的研究是在没有剪力连接件的情况下进行的,研究发现不设剪力连接件的钢-混凝土组合桥面板,其钢梁系统和钢筋混凝土桥面板之间容易发生相对滑移,使组合桥面板的承载能力下降。研究者们为了能够提高组合桥面板的整体性能,提出了一种新方法使钢梁系统和混凝土板形成整体来抵抗接触处的滑移作用与掀起作用,进而共同抵抗外荷载的作用,就是在钢梁系统与钢筋混凝土桥面板的交界面上设置一定数量和类型的钢构件,即剪力连接件。

剪力连接件形式多种多样,包括栓钉形式、钢筋形式与钢板形式等,从力学角度看,通常根据其破坏形态进行分类,包括刚性与柔性剪力连接件。

(1) 刚性剪力连接件:刚度大,在接近极限承载力时无明显变形,周围混凝土应力集中现象非常明显,混凝土将被压碎或者被剪切,发生变形很小且无预兆的脆性破坏。

(2) 柔性剪力连接件:与刚性剪力连接件相比,其刚度较小,当达到极限强度时,仍能与周围混凝土协调工作,有效抵抗界面处的剪力和掀起力,发生变形为塑性变形,破坏时有明显征兆,主要发生柔性破坏。目前实际工程中大多采用柔性剪力连接件,它不仅能够承受剪应力,还能承受拉应力和弯曲应力。本节中组合桥面板主要采用柔性剪力连接件,其构造如图 6-16 所示。

用下,受力性能和变形性能良好,承载能力高。

(2) 结构轻巧:能够充分发挥材料潜能,减小结构高度,减少用钢量,减轻结构自重,使结构的外形更加纤巧,具有良好的经济效应。

(3) 整体性能好:抗剪连接件将钢梁系统及混凝土板结合起来,一起承担外荷载的作用,混凝土板承担压应力并约束钢梁受压翼缘,钢梁一部分受压,一部分受拉,这样能够避免混凝土翼板受拉开裂,并能避免钢梁失稳,有效提高了横向体外预应力钢-混凝土组合桥面板的整体稳定性。

(4) 抗震性能好,具有较大的延性:与钢结构相比,组合桥面板的截面惯性矩显著增大,与混凝土结构相比,组合桥面板自重显著减少,有利于减少结构的挠度。

(5) 横向体外预应力能够使钢-混凝土组合桥面板的应力重分布,减小该类型桥面板在使用阶段的挠度,减小钢梁的主拉应力和最大横向拉应力,并能够减小组合桥面板中钢梁的高度,减少钢材用量,减轻组合桥面板的自重,另外,还能够改善其疲劳性能,延长其使用寿命,施工简单方便,预应力钢束应力调整和更换维护方便,具有良好的经济效益,能够减小甚至避免施工过程中对交通的影响。

6.1.3 等厚度超薄钢-混凝土组合桥面板构造

平面型钢-混凝土组合桥面板包括不等厚平面型桥面板和等厚平面型桥面板两种类型,其中不等厚平面型桥面板包括了前面所述的普通型和横向体外预应力型两种,而等厚平面型桥面板也被称为等厚度超薄钢-混凝土组合桥面板,等厚平面型桥面板截面总厚度宜为 10~15 cm,支点处桥面板内的带孔加劲钢板应纵桥向设置,且宜采用 T 形带孔加劲钢板,其构造如图 6-17 所示。

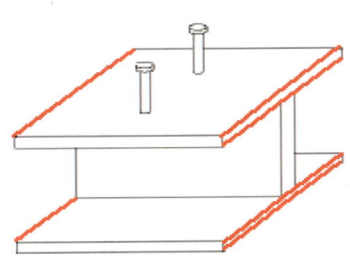

图 6-16 柔性剪力连接件

6.1.2.2 构造特点

横向体外预应力钢-混凝土组合桥面板综合考虑了钢材和混凝土两种材料及横向体外预应力钢束的特点,它主要有以下几方面的优势。

(1) 高强性能:显著地提高了结构强度和刚度,改善了结构动力性能和路面行车条件,在重荷载作

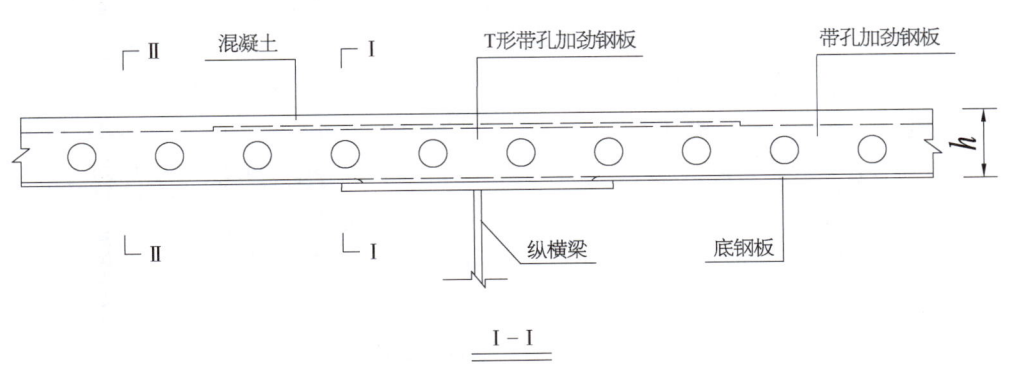

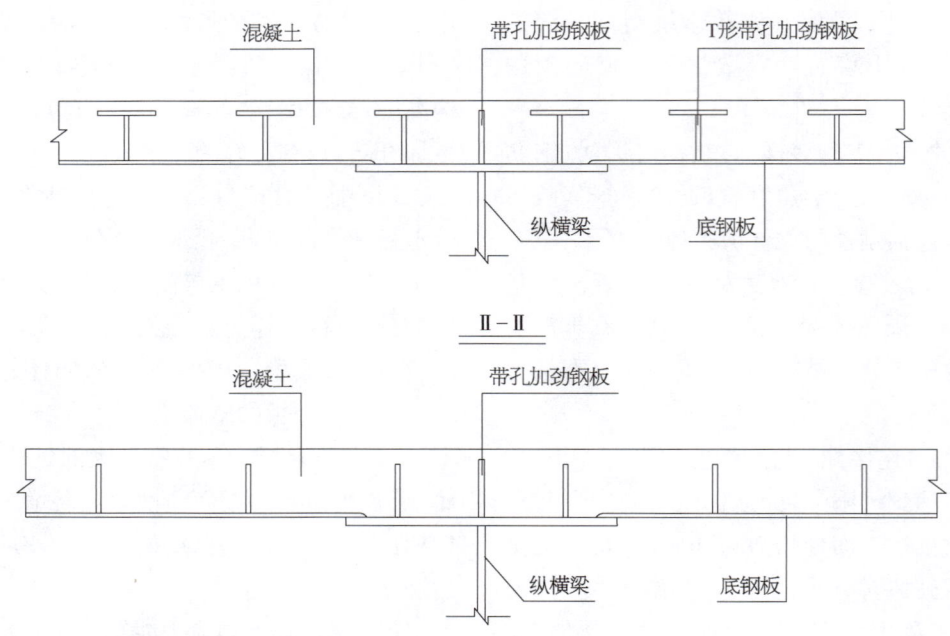

h—等厚平面型桥面板截面总厚度。

图 6-17　等厚平面型桥面板构造示意图

等厚度超薄钢-混凝土组合桥面板由底钢板、沿桥梁纵向设置的 PBL 剪力键、PBL 剪力键顶部沿桥梁纵向的 T 肋翼缘板、沿桥梁横向设置(包括 T 肋翼缘板下侧和穿在 PBL 板孔内)的钢筋及铺设在底钢板上的混凝土组成。其构造如图 6-18 所示。

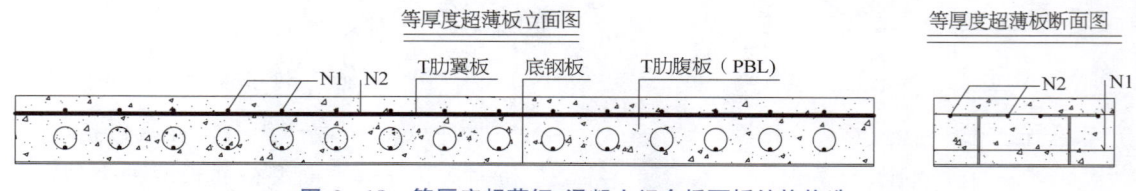

图 6-18　等厚度超薄钢-混凝土组合桥面板结构构造

由于等厚度超薄钢-混凝土组合桥面板是由普通型组合桥面改进而来的，其各部分构造要求与普通型钢-混凝土组合桥面板的要求一致。

6.2　承载力计算

合江长江一桥主桥桥面系为钢-混凝土组合格子梁结构，主要由桥面板、主横梁、次横梁、主纵梁、次纵梁、连接件构成。从梁的构造形式来看，格子梁即不是单纯的钢板梁，也不是完全的钢-混凝土组合梁，而是两种梁的混合结构。主、次横梁部分梁段为钢-混凝土组合梁，其他梁段则是钢板梁；主纵梁为钢板梁，而次纵梁则为钢-混凝土组合梁。特别是横梁截面分别有组合梁和钢梁板截面，受力特性复杂。

这种特殊复杂的构造形式大大增加了结构计算分析的难度。钢-混凝土组合桥面板结构受力比较复杂，它与钢筋混凝土桥面板、钢桥面板的受力形式均不同，目前尚无对这种板结构较为深入的理论计算或研究成果。而且从力学特性来看，桥面板表现为正交异性，这种复杂的钢-混凝土组合正交异性板，从整体受力上看，是双向受力的。对这种构造和受力都很复杂的板结构进行计算分析的难度极大。钢-混凝土组合桥面板参与格子梁整体受力，与格子梁结合形成组合梁后共同承担外荷载的作用。国内外对简支或连续组合梁的理论及计算方面研究比较多，总结了一些较为成熟的计算方法。但是，由纵、横组合梁形成的格子形状的梁格结构有其特殊性，对应的理论和计算方法仍有待更深入的研究。对于收缩徐变对钢-混凝土组合梁(格子梁)及钢-混凝土组合桥面板的影响,要较为精确地计算分析比较困难。

结构计算主要考虑组合前的静荷载、组合后的静荷载、活荷载、混凝土收缩和徐变引起的荷载及桥面板与钢梁温差引起的荷载。桥面系的设计计算应分别对钢-混凝土组合正交异性桥面板和格子梁的梁结构进行设计计算。

对于钢-混凝土组合正交异性桥面板的设计计算,目前缺乏相关的研究成果。国内外规范有专门针对钢桥的钢筋混凝土桥面板或钢桥面板的设计计算,比如日本《道路桥示方书》和美国 ASSHTO 规范。这些规范里面的计算公式虽然不能直接应用于钢-混凝土组合正交异性桥面板的设计计算,但是其理念及方法值得借鉴。

对于钢-混凝土组合梁的设计计算,国内外研究比较多,相关的理论及设计计算方法较为成熟,可以应用于钢-混凝土组合格子梁桥面系梁结构的设计计算。

由于合江长江一桥主桥桥面系为特殊的钢-混凝土组合格子梁结构,构造及受力都很复杂,借鉴或研究总结一些经验公式进行设计计算,都只能从总体上较为粗略地把握结构受力性能。若要对其进行精细化的分析、计算,需要采用有限元分析方法,对桥面系结构进行建模分析。

1) 梁格法

这种由桥面板和格子梁共同组合形成的桥面系,实际上是一种梁板式结构。如果用有效分布宽度代替顶板或翼缘板的实际宽度,可以把梁板式结构简化为由多个梁肋和具有相应有效分布宽度的顶板或翼缘板组成的梁格结构。梁格结构的主梁内力计算,可将桥梁结构设定为由纵、横梁构成的平面梁格体系进行结构计算。

采用梁格法对钢-混凝土组合格子梁桥面系进行分析、计算,可得到较为准确的桥面系的变形、格子梁的内力及应力等,但是无法得到桥面板的变形、内力及应力等。

2) 梁+板单元法

格子梁采用梁格法模拟,而桥面板则采用板单元模拟,桥面板近似看作正交各向同性均质材料板,格子梁与桥面板单元之间采用刚臂连接。

这种方法的缺点是无法较好地模拟桥面板与格子梁之间的连接关系,但是可以直接得到桥面板及格子梁各构件的内力及应力等,精度不高但较为方便实用。

3) 板单元法

将桥面板及工字形钢板梁的上、下翼缘板和腹板按板单元考虑。桥面板近似看作正交各向同性均质材料板,同时考虑桥面板与格子梁的剪力键连接关系。

4) 板+实体单元法

由于钢-混凝土组合正交异性桥面板构造复杂,若需要对桥面板进行更加精细的计算分析,就需要采用板单元和实体单元混合建模的方法。分别采用板单元模拟工字形钢板梁的上、下翼缘板和腹板,以及桥面板的底层钢板、PBL 剪力板,桥面板混凝土则采用实体单元进行模拟。

整体采用板壳单元或板壳+实体单元混合的方法进行建模,可较好地模拟桥面板的正交异性及桥面板与格子梁的连接关系,得到较为准确的桥面板和格子梁的变形及应力。但是模型复杂且单元数量巨大,导致计算困难且计算结果不容易得到控制。

合江长江一桥主桥桥面系为特殊的钢-混凝土组合格子梁结构,其中钢-混凝土组合正交异性桥面板为一种创新的桥面板构造形式。通过模型试验研究及实桥测试数据,研究其力学特性,总结出相关的分析理论及计算方法。结合模型试验研究及实桥测试数据,采用有限元分析方法进行更详尽、深入的数值分析,总结经验和计算方法,为该类桥梁结构的设计计算提供了依据。

6.2.1 桥面系格子梁应力计算

6.2.1.1 计算模型

1) 计算方法

采用桥梁专用分析软件 Midas Civil 对主桥桥面系钢-混凝土组合格子梁结构进行静力计算,研究格子梁的受力特性。

2) 计算模型

计算模型取五跨桥面系(5×14.3 m),共 16 868 个节点,16 696 个单元。格子梁工字钢采用梁单元进行模拟,桥面板采用板单元进行模拟。计算模型如图 6-19、图 6-20 所示。

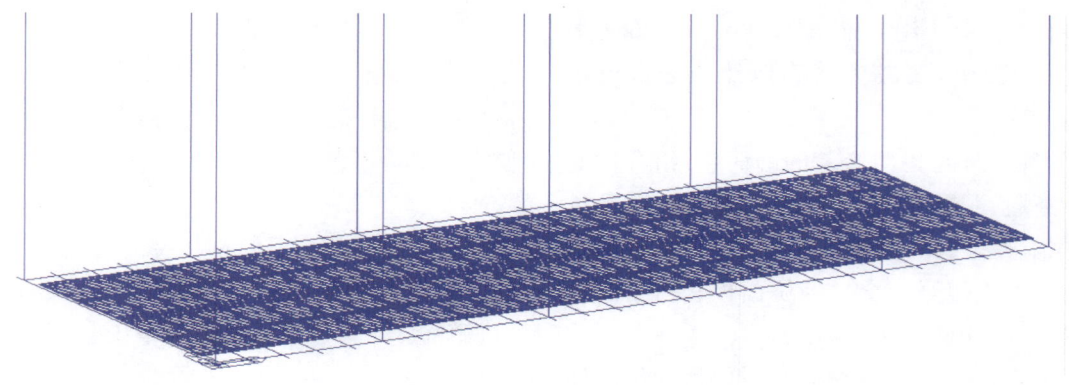

图 6-19　计算模型(梁、板单元)

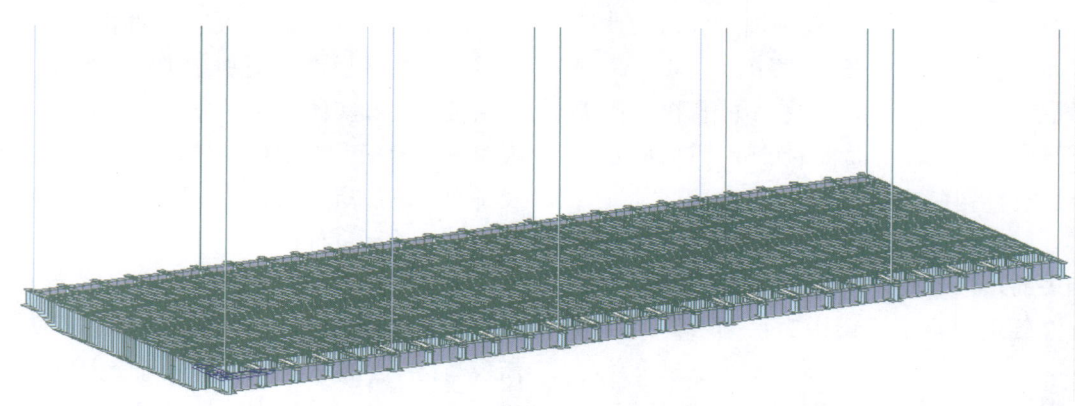

图 6-20　计算模型(渲染)

3) 边界条件

吊杆顶部：采用弹性支承，模拟钢管混凝土拱桥的变形。

桥面系：水平 x 方向和 y 方向施加附加约束，避免计算过程发生奇异。

4) 荷载取用

(1) 自重：结构自重。

(2) 二期恒载：按施工图计算，包含人行道板、防撞护栏、中央分隔栏重量。

(3) 体系温度：升温 30 ℃，降温 30 ℃。

(4) 人群荷载：按 2.5 kN/m² 计。

(5) 汽车荷载：采用车辆荷载，分别考虑车辆横向布置四列和六列两种情况，车辆荷载布置情况如图 6-21、图 6-22 所示。

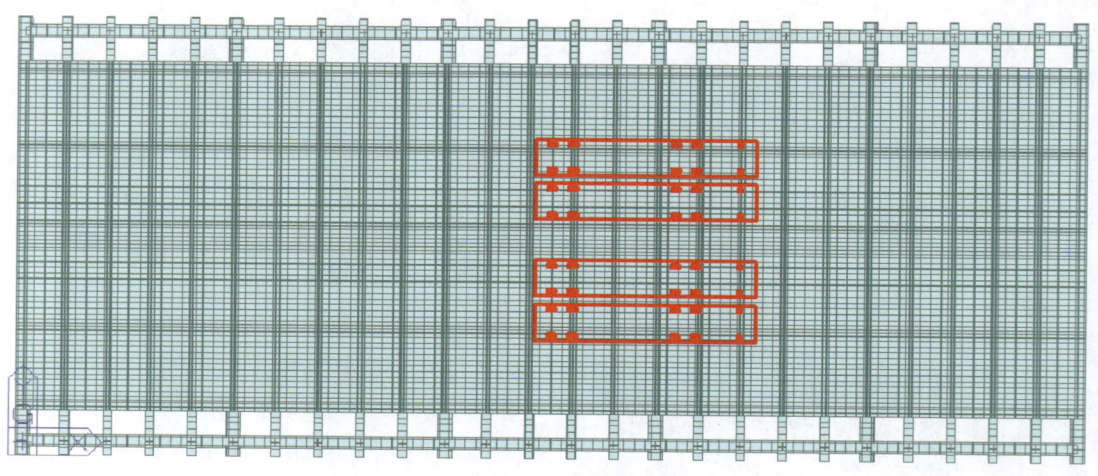

图 6-21　四列车辆荷载(车辆荷载 1)

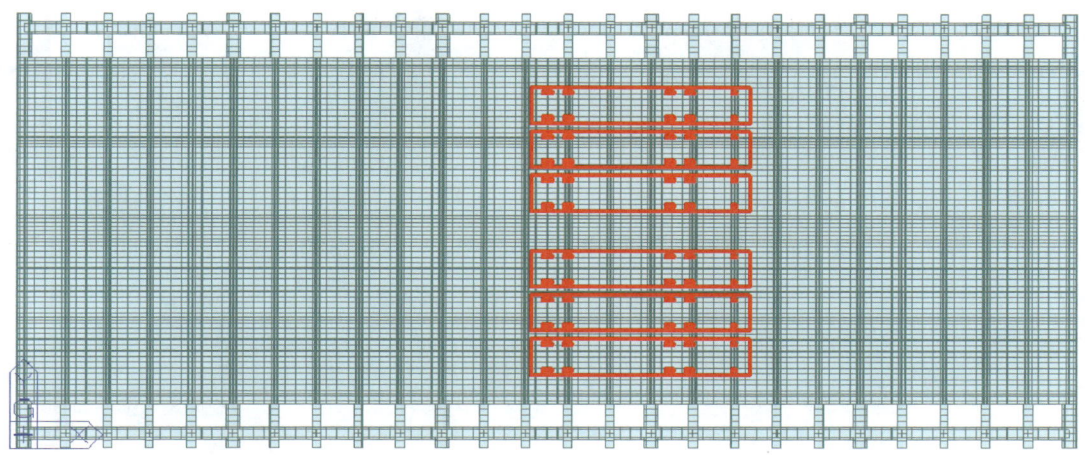

图 6‑22　六列车辆荷载(车辆荷载 2)

5）荷载组合

荷载组合①＝1.0×结构自重＋1.0×二期恒载＋1.0×升温(降温)30 ℃＋1.0×人群荷载＋1.0×车辆荷载 1

荷载组合②＝1.0×结构自重＋1.0×二期恒载＋1.0×升温(降温)30 ℃＋1.0×人群荷载＋1.0×车辆荷载 2

6）施工顺序的考虑

计算模型中桥面系的施工顺序考虑如下：安装吊杆及格子梁→按条带法对称浇筑桥面板混凝土→施加二期恒载→使用阶段(成桥)。

6.2.1.2　主要计算结果

桥面系格子梁主要计算结果见表 6‑4。

表 6‑4　格子梁主要应力计算结果　单位：MPa

项目		恒载		荷载组合①		荷载组合②	
		最大压应力	最小拉应力	最大压应力	最小拉应力	最大压应力	最小拉应力
主横梁 Hz1	上缘	99.7	−24.3	113.9	−43.7	115.7	−47.2
	下缘	28.5	−98.2	53.6	−129.4	57.0	−128.2
次横梁 Hc1	上缘	80.2	−76.2	138.3	−123.5	149.5	−131.3
	下缘	84.4	−72.0	131.5	−129.9	139.3	−141.0
主纵梁 Zz1	上缘	118.1	−100.3	141.9	−122.6	144.9	−127.4
	下缘	84.8	−136.6	97.4	−179.9	100.6	−188.2
次纵梁 Zc1	上缘	17.6	−15.7	27.3	−33.3	27.3	−33.3
	下缘	—	−107.7	—	−188.8	—	−199.7
次纵梁 Zc2	上缘	55.5	−52.1	68.3	−65.8	69.0	−67.2
	下缘	44.6	−119.4	49.5	−185.5	50.6	−199.8

6.2.1.3　结果分析

（1）桥面系格子梁的有限元分析采用"梁＋板单元法"进行，格子梁采用梁格法模拟，而桥面板则采用板单元模拟，桥面板近似看作正交各向同性均质材料板，格子梁与桥面板单元之间采用刚臂连接。

（2）计算结果表明，格子梁各主要受力构件的应力小于 210.0 MPa，满足规范要求。

6.2.2　桥面板的设计参数影响分析研究

6.2.2.1　主要计算内容

为了研究钢-混凝土组合格子梁结构桥面系的结构受力特性，采用空间有限元分析方法对结构进行计算分析，研究各主要因素对钢-混凝土组合桥面系结构受力特性的影响。

（1）桥面板是否参与受力的影响：主要研究桥面板混凝土对桥梁整体受力的影响。分别建立两个模型，一个模型考虑桥面板混凝土与格子梁结合形成钢-混凝土组合结构，共同承担外荷载；另一个模型为桥面板混凝土与格子梁分别受力，由桥面格子梁结构承担桥面板重量、二期恒载及活载的作用。

（2）桥面板承托高度的影响：建立三个不同模型，分别取桥面板承托高度为 $H=16$ cm、20 cm、24 cm，研究不同承托板高度对钢-混凝土组合桥面梁结构受力特性的影响。

（3）桥面板厚度的影响：建立三个不同模型，分别取桥面板混凝土厚度为 $T=10$ cm、14 cm、18 cm，研究不同桥面板混凝土厚度对钢-混凝土组合桥面梁结构受力特性的影响。

（4）桥面板 PBL 板间距的影响：建立三个不同

模型,分别取桥面板 PBL 板间距为 $L=25$ cm、40 cm、55 cm,研究不同 PBL 板间距对钢-混凝土组合桥面梁结构受力特性的影响。

(5) 桥面板底层钢板厚度的影响:建立三个不同模型,分别取桥面板底层钢板厚度为 $t=6$ mm、8 mm、10 mm,研究不同桥面板底层钢板厚度对钢-混凝土组合桥面梁结构受力特性的影响。

(6) 桥面板混凝土强度等级的影响:建立三个不同模型,分别取桥面板混凝土强度等级为 C30、C40、C50,研究不同桥面板混凝土强度等级对钢-混凝土组合桥面梁结构受力特性的影响。

主要研究内容及结构计算项目见表 6-5。

表 6-5 钢-混凝土组合桥面梁结构受力特性主要研究内容及结构计算项目

序号	研究内容	计算内容	序号	研究内容	计算内容
1	桥面板是否参与受力的影响	桥面板参与受力	4	桥面板 PBL 板间距的影响	PBL 板间距为 $L=25$ cm
		桥面板不参与受力			PBL 板间距为 $L=40$ cm
2	承托高度的影响	承托高度为 $H=16$ cm			PBL 板间距为 $L=55$ cm
		承托高度为 $H=20$ cm	5	桥面板底层钢板厚度的影响	桥面板底层钢板厚度为 $t=6$ mm
		承托高度为 $H=24$ cm			桥面板底层钢板厚度为 $t=8$ mm
3	桥面板混凝土厚度的影响	桥面板混凝土厚度为 $T=10$ cm			桥面板底层钢板厚度为 $t=10$ mm
		桥面板混凝土厚度为 $T=14$ cm	6	桥面板混凝土等级的影响	桥面板混凝土采用 $C=C30$ 混凝土
		桥面板混凝土厚度为 $T=18$ cm			桥面板混凝土采用 $C=C40$ 混凝土
					桥面板混凝土采用 $C=C50$ 混凝土

6.2.2.2 计算模型

1) 计算方法

采用桥梁专用分析软件 Midas Civil 对主桥钢-混凝土组合桥面梁进行静力计算,分析研究各主要因素对钢-混凝土组合桥面梁的结构受力特性的影响。

2) 计算模型

计算模型取五跨桥面梁(5×14.3 m),共 151 158 个节点,176 872 个单元。格子梁工字钢、桥面板底层钢板及 PBL 板采用板单元进行模拟,桥面板混凝土采用实体单元进行模拟。计算模型如图 6-23~图 6-25 所示。

3) 边界条件

吊杆顶部:采用弹性支承,模拟钢管混凝土拱桥的变形。

桥面系:水平 x 方向和 y 方向施加附加约束,避免计算过程发生奇异。

4) 荷载取用

(1) 自重:结构自重。

(2) 二期恒载:按施工图计算,包含人行道板、防撞护栏、中央分隔栏重量。

(3) 体系温度:升温 30 ℃,降温 30 ℃。

(4) 人群荷载:按 $2.5\ \text{kN/m}^2$ 计。

(5) 汽车荷载:采用车辆荷载,车辆横向布置四列,纵向布置分别考虑两种不同加载方式,汽车荷载如图 6-26、图 6-27 所示。

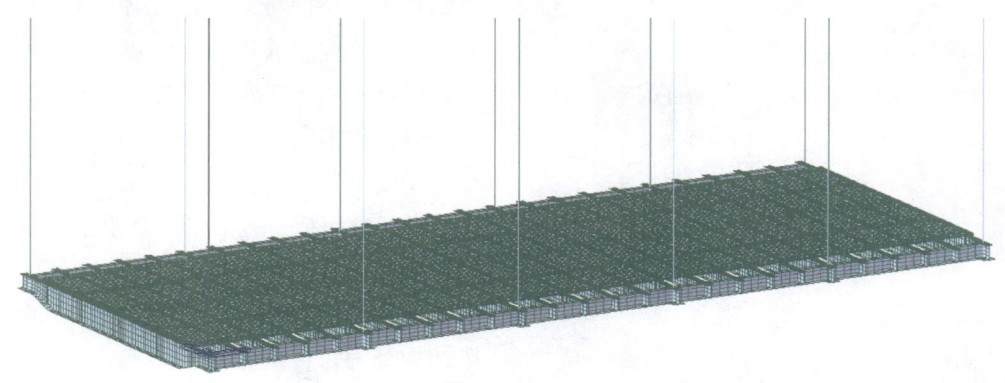

图 6-23 计算模型(整体)

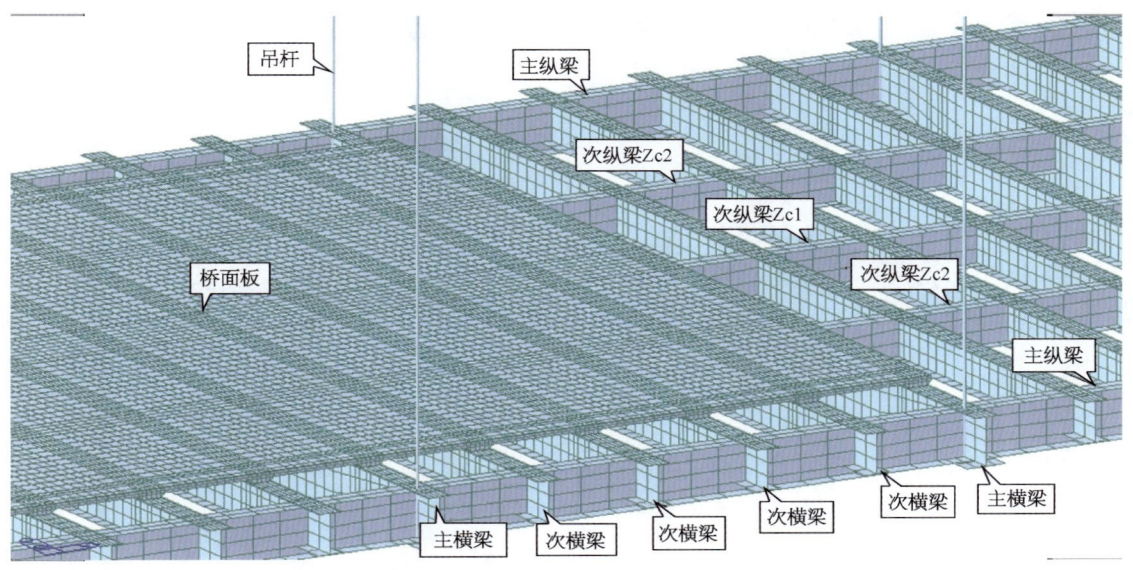

图 6-24　计算模型（主要构件，部分）

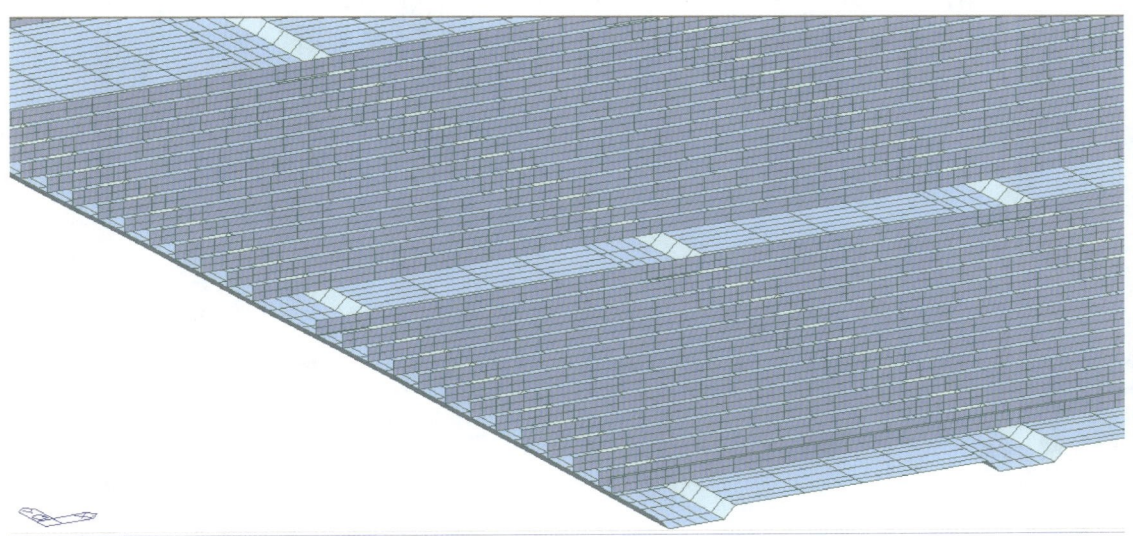

图 6-25　计算模型（桥面板底层钢板及 PBL 板，部分）

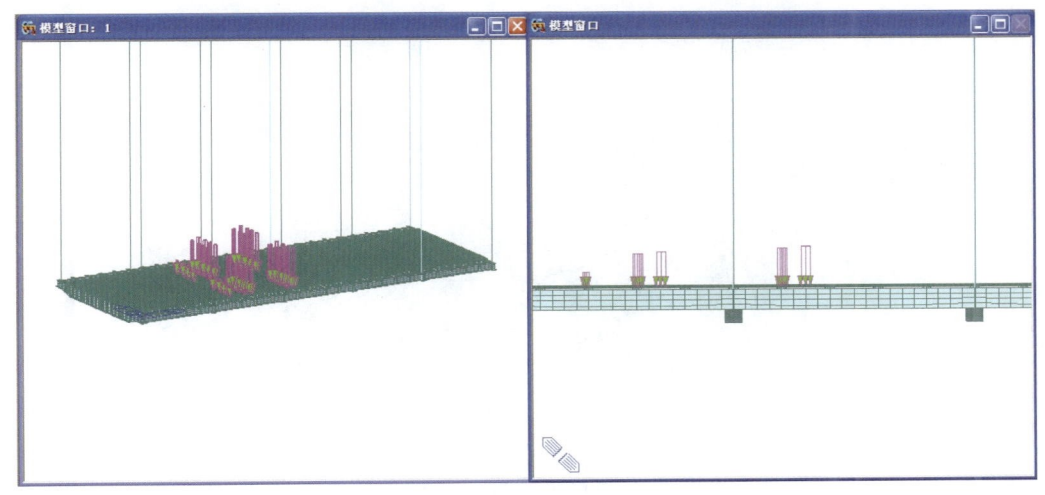

图 6-26　车辆荷载 1

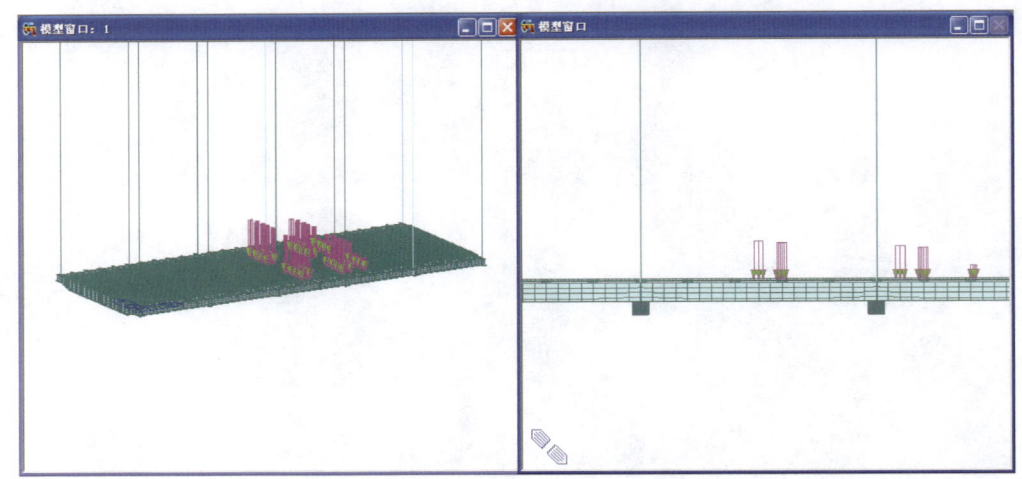

图 6-27 车辆荷载 2

5）荷载组合

对于格子梁钢结构应力及变形，荷载组合考虑结构自重、二期恒载、体系温度和汽车荷载的作用。对于桥面板混凝土应力，荷载组合仅考虑二期恒载和汽车荷载的作用。

6.2.2.3 主要对比研究的计算结果

1）桥面板混凝土应力

对于有限元计算分析结果，桥面板混凝土应力主要对比研究中间跨以下几种应力：支点上缘拉应力、支点下缘压应力、跨中上缘压应力、跨中下缘拉应力。应力位置如图 6-28 所示。

2）格子梁钢结构应力

对于有限元计算分析结果，格子梁应力主要对比研究中间跨以下位置的应力。

（1）跨中、桥面板外沿位置的主横梁上、下翼缘板及腹板的应力，具体位置如图 6-29 所示。

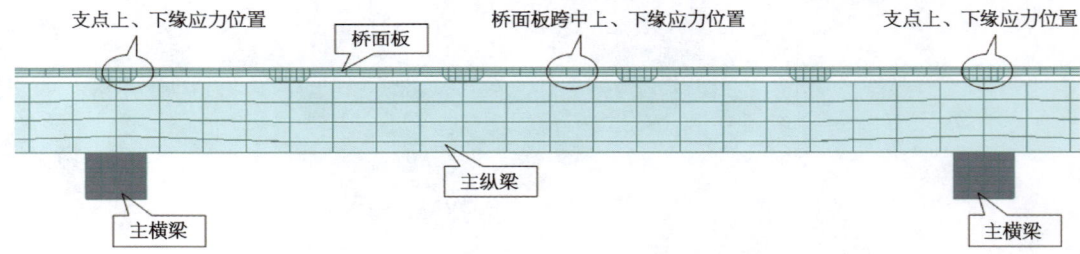

图 6-28 桥面板主要研究的应力位置

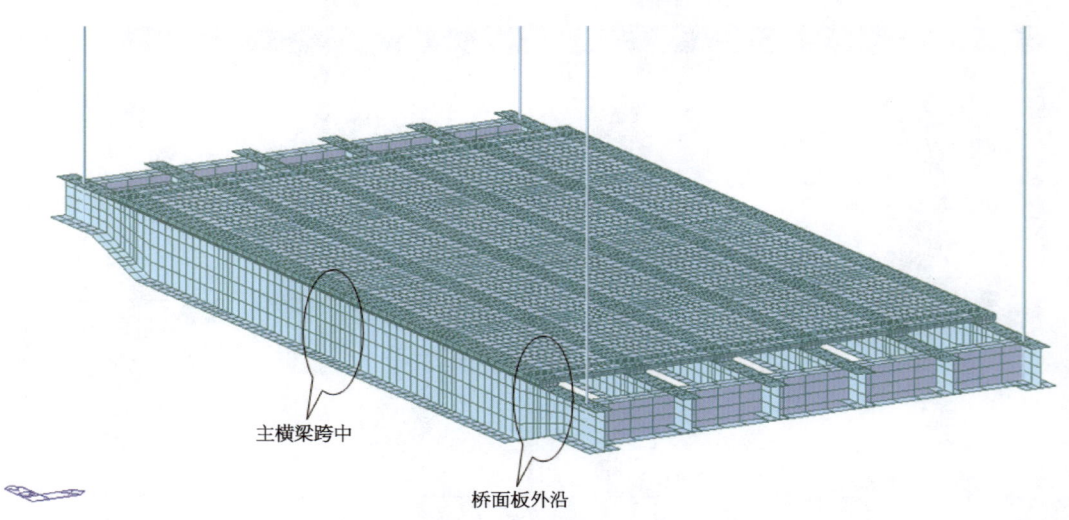

图 6-29 主横梁主要研究的应力位置

(2) 主纵梁、次纵梁 Zc1、次纵梁 Zc2 的上、下翼缘板及腹板的应力。

3) 桥面梁变形

对于有限元计算分析结果，格子梁变形主要对比研究中间跨以下三个位置的变形（相对于吊点位置的竖向位移）：主横梁跨中位置、主纵梁跨中位置、次纵梁跨中位置，具体位置如图 6-30 所示。

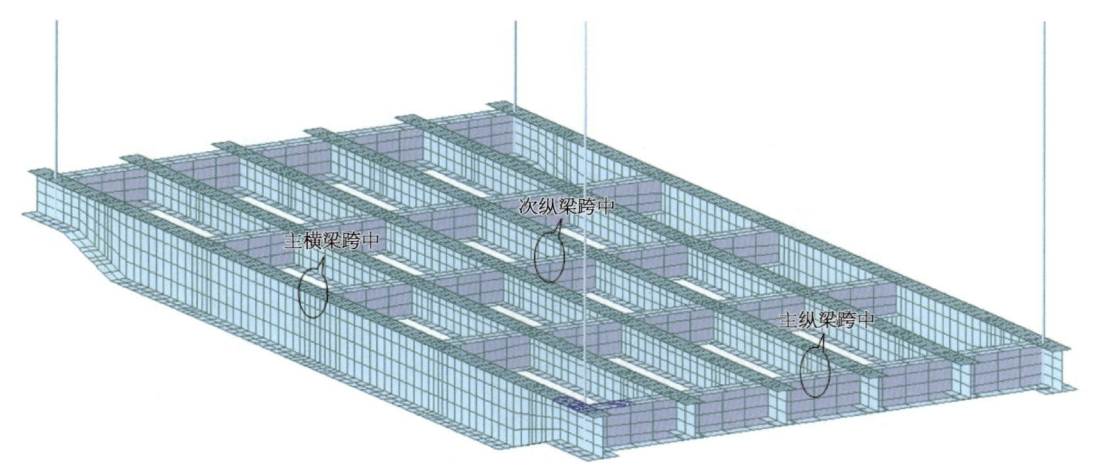

图 6-30 桥面板主要研究的变形位置

6.2.3 桥面板是否参与受力的影响

6.2.3.1 主要研究内容

为了研究桥面板混凝土对桥梁整体受力的影响，分别建立两个模型，一个模型考虑桥面板混凝土与格子梁结合形成钢-混凝土组合结构，共同承担外荷载；另一个模型为桥面板混凝土与格子梁分别受力，由桥面格子梁结构承担桥面板重量、二期恒载及活载的作用。

6.2.3.2 主要计算结果

图 6-31～图 6-37 中，X 坐标数值 1.0 表示桥面板混凝土参与格子梁整体受力，X 坐标数值 2.0 表示桥面板混凝土不参与格子梁整体受力。

1) 桥面板混凝土应力

对于有限元计算分析结果，桥面板混凝土应力主要对比研究中间跨以下几个位置的应力：(1)支点上缘拉应力；(2)支点下缘压应力；(3)跨中上缘压应力；(4)跨中下缘拉应力。具体位置如图 6-28 所示。

桥面板混凝土应力计算主要结果见表 6-6，桥面板混凝土主要应力与桥面板混凝土是否参与受力的关系如图 6-31 所示。

2) 格子梁钢结构应力

对于有限元计算分析结果，格子梁应力主要对比研究中间跨以下位置的应力。

跨中、桥面板外沿位置的主横梁上、下翼缘板及腹板的应力，具体位置如图 6-29 所示。

表 6-6 桥面板混凝土应力研究位置应力计算结果

单位：MPa

项目	桥面板是否参与格子梁受力	
	参与	不参与
支点（负弯矩区）上缘应力	−1.610	−1.730
支点（负弯矩区）下缘应力	3.160	10.060
跨中（正弯矩区）上缘应力	8.027	7.931
跨中（正弯矩区）下缘应力	−2.613	−4.897

主纵梁、次纵梁 Zc1、次纵梁 Zc2 的上、下翼缘板及腹板的应力。

(1) 横梁主要应力结果。

横梁主要应力计算结果见表 6-7，横梁跨中应力与桥面板混凝土是否参与受力的关系如图 6-32 所示，横梁面板外沿应力与桥面板混凝土是否参与受力的关系如图 6-33 所示。

表 6-7 横梁主要应力计算结果 单位：MPa

项目		跨中		桥面板外沿	
		参与	不参与	参与	不参与
主横梁 Hz1	上翼缘板	30.09	279.39	227.44	105.41
	下翼缘板	−109.81	−147.78	−140.48	−92.72
	腹板	−109.95	−149.86	−152.08	−156.95
次横梁 Hc1	上翼缘板	25.70	107.38	98.07	40.94
	下翼缘板	−68.53	−102.88	−32.56	−37.03
	腹板	−67.54	−108.94	56.32	41.75

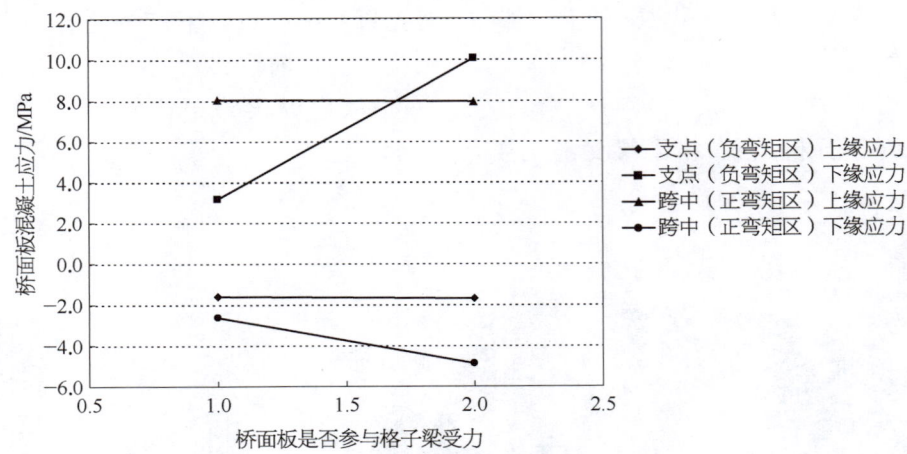

图 6-31 桥面板混凝土主要应力与桥面板混凝土是否参与受力的关系

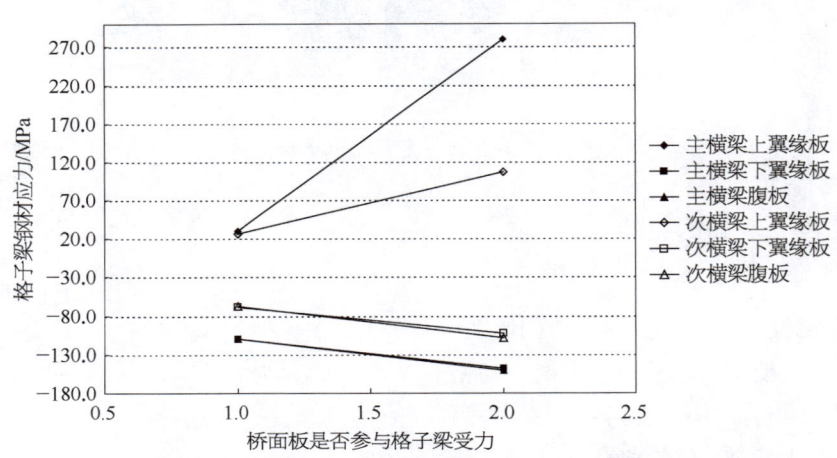

图 6-32 横梁跨中应力与桥面板混凝土是否参与受力的关系

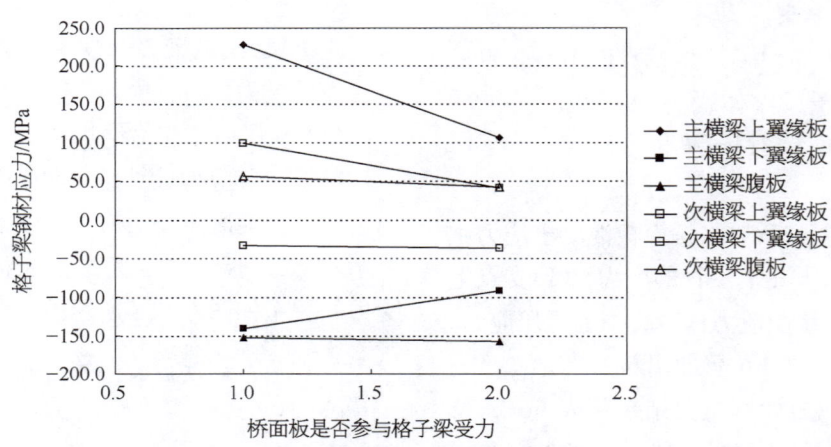

图 6-33 横梁桥面板外沿应力与桥面板混凝土是否参与受力的关系

(2) 纵梁主要应力结果。

纵梁主要应力计算结果见表 6-8，纵梁最大应力与桥面板混凝土是否参与受力的关系如图 6-34 所示，纵梁最小应力与桥面板混凝土是否参与受力的关系如图 6-35 所示。

3) 桥面梁变形

对于有限元计算分析结果，格子梁变形主要对比研究中间跨以下三个位置的变形（相对于吊点位置的竖向位移):(1)主横梁跨中位置;(2)主纵梁跨中位置;(3)次纵梁跨中位置。具体位置如图6-30所示。

表6-8 纵梁主要应力计算结果　单位:MPa

项目		最大		最小	
		参与	不参与	参与	不参与
主纵梁 Z_{z1}	上翼缘板	130.13	244.66	−53.76	−150.78
	下翼缘板	−16.85	69.69	−141.67	−179.34
	腹板	151.13	197.92	−142.45	−238.27
次纵梁 Z_{c1}	上翼缘板	59.13	149.11	−75.39	104.92
	下翼缘板	−19.52	−8.29	−195.39	−142.46
	腹板	35.10	150.10	−197.30	−143.33
次纵梁 Z_{c2}	上翼缘板	61.00	182.30	−76.31	−73.29
	下翼缘板	−19.14	81.19	−201.70	−177.89
	腹板	35.30	152.05	−202.69	−142.22

桥面梁变形主要计算结果见表6-9,恒载作用下桥面梁变形与桥面板混凝土是否参与受力的关系如图6-36所示,车辆荷载作用下桥面梁变形与桥面板混凝土是否参与受力的关系如图6-37所示。

表6-9 桥面梁变形主要计算结果　单位:cm

荷载	部位	桥面板是否参与格子梁受力	
		参与	不参与
		DZ	DZ
车辆荷载	主横梁跨中	−0.49	−1.42
	主纵梁跨中	−1.28	−1.66
	次纵梁跨中	−1.75	−3.90
恒载	主横梁跨中	−2.65	−7.37
	主纵梁跨中	−1.38	−1.57
	次纵梁跨中	−3.92	−8.90

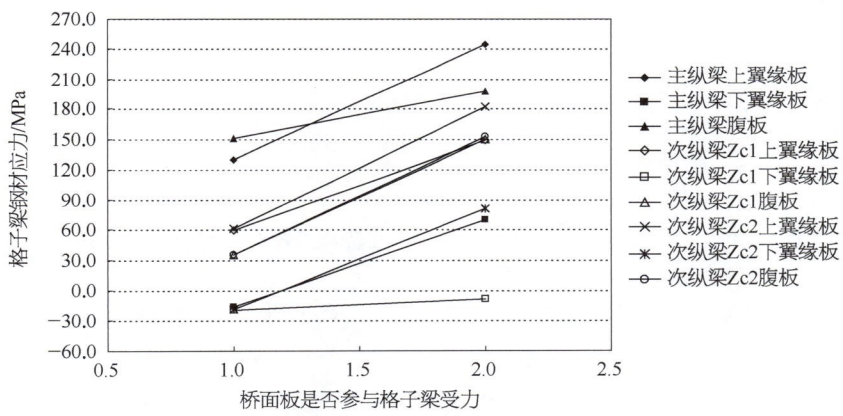

图6-34　纵梁最大应力与桥面板混凝土是否参与受力的关系

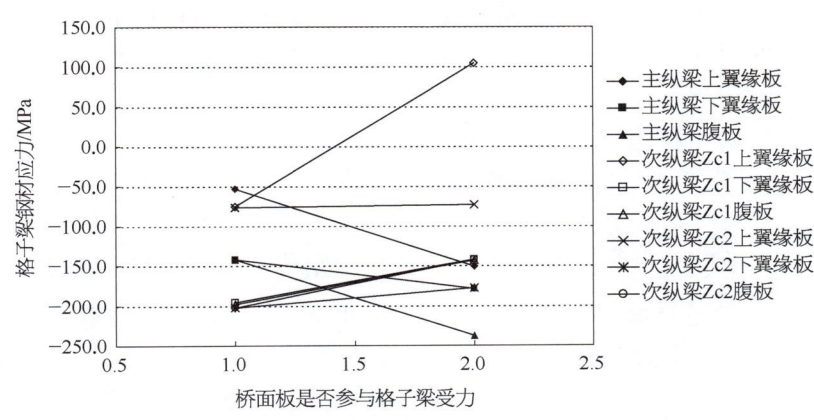

图6-35　纵梁最小应力与桥面板混凝土是否参与受力的关系

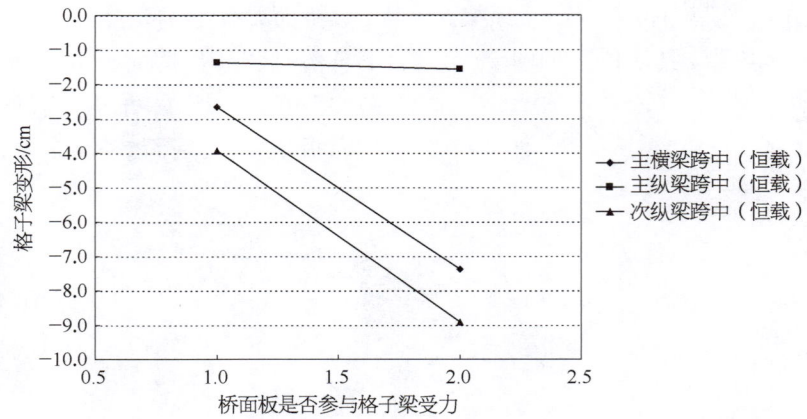

图 6-36　恒载作用下桥面梁变形与桥面板混凝土是否参与受力的关系

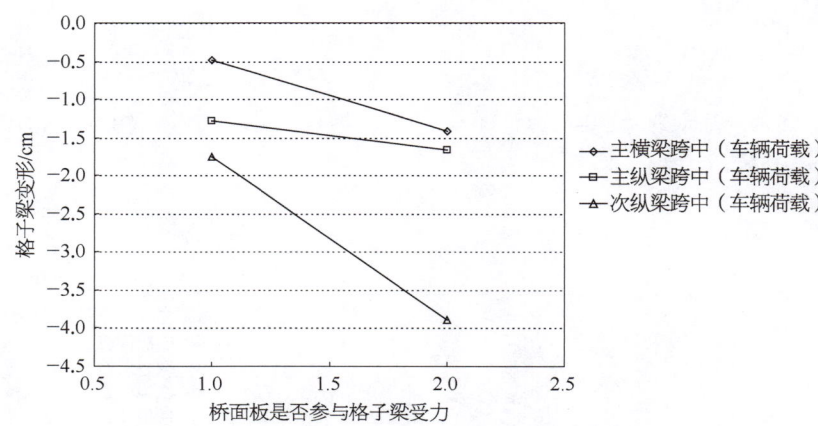

图 6-37　车辆荷载作用下桥面梁变形与桥面板混凝土是否参与受力的关系

6.2.3.3　桥面板混凝土对结构的影响规律

（1）桥面板混凝土不参与桥面梁整体受力时，支点（负弯矩区）上缘拉应力、下缘压应力要比桥面板混凝土参与桥面梁整体受力的大。

（2）桥面板混凝土不参与桥面梁整体受力时，跨中（正弯矩区）下缘拉应力要比桥面板混凝土参与桥面梁整体受力的大；上缘压应力则变化不大。

（3）桥面板混凝土不参与桥面梁整体受力时，主、次横梁跨中位置上、下翼缘板及腹板的应力（绝对值）要比桥面板混凝土参与桥面梁整体受力的大。

（4）桥面板混凝土不参与桥面梁整体受力时，主、次横梁桥面板外沿位置上翼缘板的应力（绝对值）要比桥面板混凝土参与桥面梁整体受力的小，主、次横梁桥面板外沿位置下翼缘板及腹板的应力（绝对值）则变化不大。

（5）桥面板混凝土不参与桥面梁整体受力时，主、次纵梁上、下翼缘板及腹板的最大应力（绝对值）要比桥面板混凝土参与桥面梁整体受力的大。

（6）桥面板混凝土不参与桥面梁整体受力时，恒载及汽车荷载作用下，桥面梁变形要比桥面板混凝土参与桥面梁整体受力的大。

6.2.4　承托高度的影响

6.2.4.1　主要研究内容

为了研究不同承托板高度对钢-混凝土组合桥面梁结构受力特性的影响，建立三个不同有限元计算模型，分别取桥面板承托高度 $H = 16\ \text{cm}$、$20\ \text{cm}$、$24\ \text{cm}$。通过对不同桥面板承托高度的模型计算得到的结果进行对比分析，得到桥面板承托高度对钢-混凝土组合桥面梁结构受力特性的影响规律。

6.2.4.2 主要计算结果

1) 桥面板混凝土应力

对于有限元计算分析结果,桥面板混凝土应力主要对比研究中间跨以下几个位置的应力:支点上缘拉应力、支点下缘压应力、跨中上缘压应力、跨中下缘拉应力。应力具体位置如图6-28所示。

桥面板混凝土应力主要计算结果见表6-10,桥面板混凝土主要应力与桥面板承托高度的关系如图6-38所示。

表 6-10 桥面板混凝土应力主要计算结果

单位:MPa

项目	桥面板承托高度		
	承托高度 16 cm	承托高度 20 cm	承托高度 24 cm
支点(负弯矩区)上缘应力	−1.129	−1.171	−1.610
支点(负弯矩区)下缘应力	3.214	3.091	3.160
跨中(正弯矩区)上缘应力	8.152	8.105	8.027
跨中(正弯矩区)下缘应力	−2.877	−2.742	−2.613

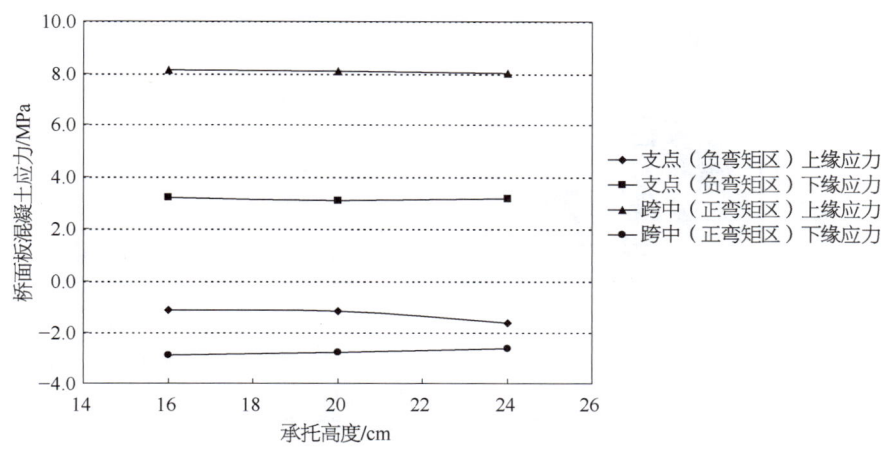

图 6-38 桥面板混凝土主要应力与桥面板承托高度的关系

2) 格子梁钢结构应力

对于有限元计算分析结果,格子梁应力主要对比研究中间跨以下位置的应力。

跨中、桥面板外沿位置的主横梁上、下翼缘板及腹板的应力,具体位置如图6-29所示。

主纵梁、次纵梁 Zc1、次纵梁 Zc2 的上、下翼缘板及腹板的应力。

(1) 横梁主要应力结果。

横梁主要应力计算结果见表6-11,横梁跨中应力与桥面承托高度的关系如图6-39所示,横梁桥面板外沿应力与桥面板承托高度的关系如图6-40所示。

表 6-11 横梁主要应力计算结果

单位:MPa

项目		跨中附近			桥面板外沿		
		承托高度 16 cm	承托高度 20 cm	承托高度 24 cm	承托高度 16 cm	承托高度 20 cm	承托高度 24 cm
主横梁 Hz1	上翼缘板	38.62	34.37	30.09	237.22	229.41	227.44
	下翼缘板	−114.82	−112.10	−109.81	−137.23	−137.34	−140.48
	腹板	−114.90	−112.22	−109.95	−150.40	−151.08	−152.08
次横梁 Hc1	上翼缘板	27.51	27.68	25.70	101.77	99.08	98.07
	下翼缘板	−68.35	−68.52	−68.53	−30.81	−31.81	−32.56
	腹板	−69.42	−68.29	−67.54	51.24	53.86	56.32

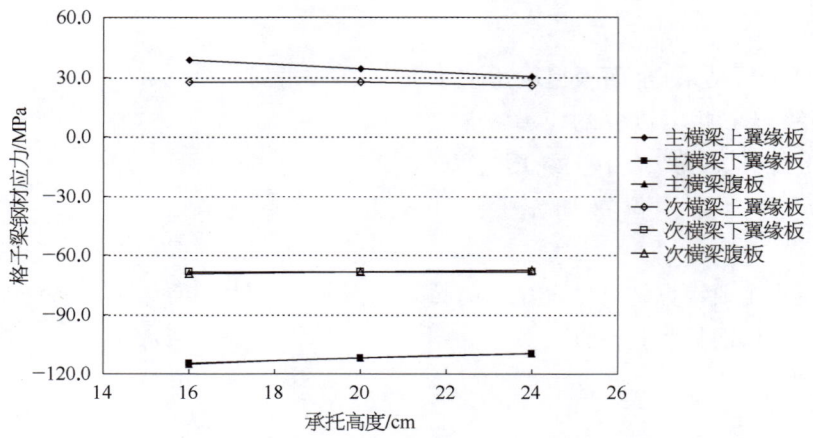

图 6-39 横梁跨中应力与桥面板承托高度的关系

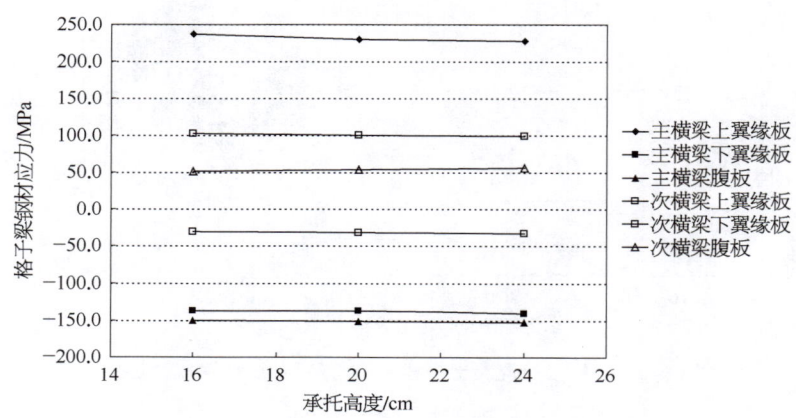

图 6-40 横梁桥面板外沿应力与桥面板承托高度的关系

（2）纵梁主要应力结果。

纵梁主要应力计算结果见表 6-12，纵梁最大应力与桥面板承托高度的关系如图 6-41 所示，纵梁最小应力与桥面板承托高度的关系如图 6-42 所示。

表 6-12 纵梁主要应力计算结果　　　　　　　　　　　　　　　　　　　　　单位：MPa

项目		最大应力			最小应力		
		承托高度 16 cm	承托高度 20 cm	承托高度 24 cm	承托高度 16 cm	承托高度 20 cm	承托高度 24 cm
主纵梁 Zz1	上翼缘板	133.75	132.50	130.13	−49.01	−51.56	−53.76
	下翼缘板	−1.69	−17.07	−16.85	−142.12	−142.14	−141.67
	腹板	153.45	152.94	151.13	−142.15	−142.59	−142.45
次纵梁 Zc1	上翼缘板	36.95	53.79	59.13	−44.76	−66.55	−75.39
	下翼缘板	−16.05	−19.88	−19.52	−193.10	−195.83	−195.39
	腹板	19.59	29.03	35.10	−195.99	−195.88	−197.30
次纵梁 Zc2	上翼缘板	37.75	55.36	61.00	−44.65	−66.98	−76.31
	下翼缘板	−15.42	−19.42	−19.14	−197.63	−201.20	−201.70
	腹板	19.69	29.32	35.30	−200.11	−201.19	−202.69

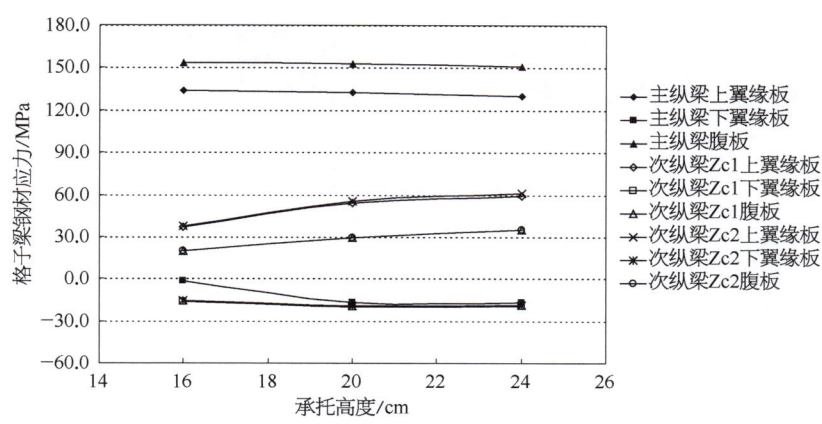

图 6-41 纵梁最大应力与桥面板承托高度的关系

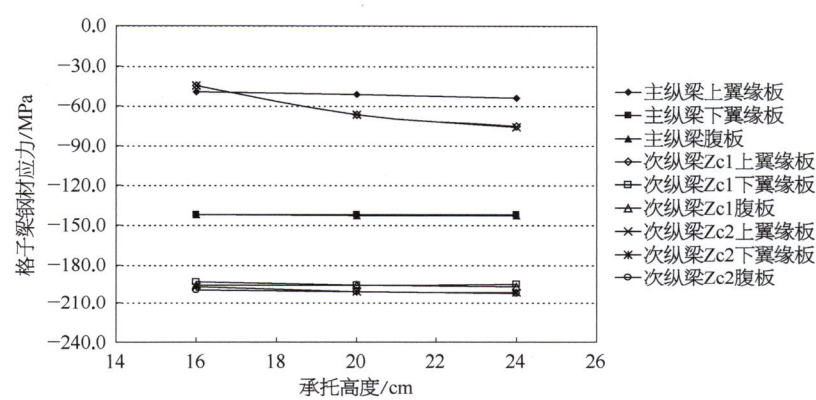

图 6-42 纵梁最小应力与桥面板承托高度的关系

3) 桥面梁变形

对于有限元计算分析结果,格子梁变形主要对比研究中间跨以下三个位置的变形(相对于吊点位置的竖向位移):主横梁跨中位置、主纵梁跨中位置、次纵梁跨中位置。变形具体位置如图 6-30 所示。

桥面梁变形主要计算结果见表 6-13,恒载作用下桥面梁变形与桥面板承托高度的关系如图 6-43 所示,车辆荷载作用下桥面梁变形与桥面板承托高度的关系如图 6-44 所示。

6.2.4.3 不同承托板高度对结构的影响规律

(1) 支点(负弯矩区)上缘拉应力随着桥面板承托高度的增加而增大,下缘压应力则略有减小。

(2) 跨中(正弯矩区)上缘压应力随着桥面板承托高度的增加而略有减小,下缘拉应力也略有减小。

(3) 随着桥面板承托高度的增加,桥面系自重略有增大。

表 6-13 桥面梁变形主要计算结果　　单位:cm

荷载	部位	桥面板承托高度		
		承托高度 16 cm	承托高度 20 cm	承托高度 24 cm
		DZ	DZ	DZ
车辆荷载	主横梁跨中	−0.55	−0.52	−0.49
	主纵梁跨中	−1.34	−1.31	−1.28
	次纵梁跨中	−1.93	−1.83	−1.75
恒载	主横梁跨中	−2.82	−2.73	−2.65
	主纵梁跨中	−1.37	−1.38	−1.38
	次纵梁跨中	−4.11	−4.00	−3.92

(4) 随着桥面板承托高度的增加,桥面系格子梁钢结构相应的拉(压)应力变化不大。

(5) 恒载及活载作用下,桥面变形随着桥面板承托高度的增加而略有减小,但影响较小。

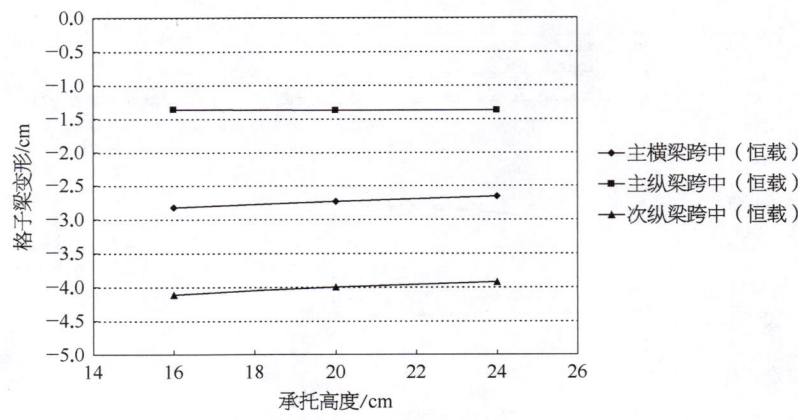

图 6-43 恒载作用下桥面梁变形与桥面板承托高度的关系

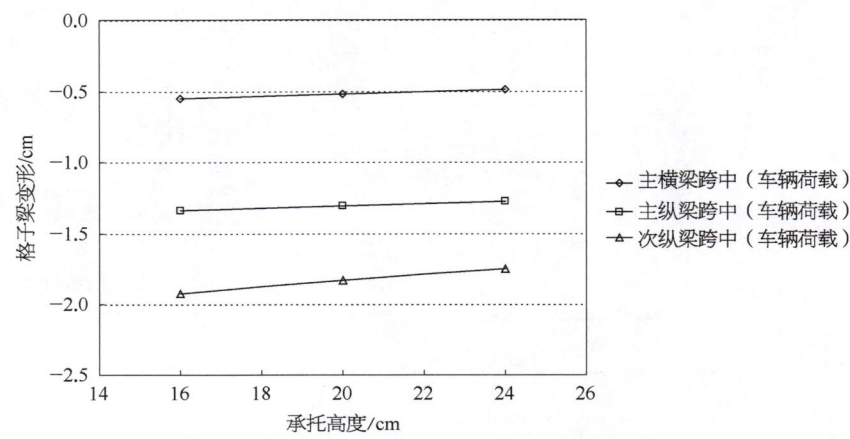

图 6-44 车辆荷载作用下桥面梁变形与桥面板承托高度的关系

6.2.5 桥面板混凝土厚度的影响

6.2.5.1 主要研究内容

为了研究不同桥面板混凝土厚度对钢-混凝土组合桥面梁结构受力特性的影响,建立三个不同的有限元计算模型,分别取桥面板混凝土厚度 $T=10\,cm$、$14\,cm$、$18\,cm$。通过对不同桥面板混凝土厚度的模型计算得到的结果进行对比分析,得到桥面板混凝土厚度对钢-混凝土组合桥面梁结构受力特性的影响规律。

6.2.5.2 主要计算结果

1) 桥面板混凝土应力

对于有限元计算分析结果,桥面板混凝土应力主要对比研究中间跨以下几个位置的应力:支点上缘拉应力、支点下缘压应力、跨中上缘压应力、跨中下缘拉应力。具体位置如图 6-28 所示。

桥面板混凝土应力计算主要结果见表 6-14,桥面板混凝土主要应力与桥面板混凝土厚度的关系如图 6-45 所示。

表 6-14 桥面板混凝土应力主要计算结果

单位:MPa

项目	桥面板混凝土厚度		
	桥面板厚 10 cm	桥面板厚 14 cm	桥面板厚 18 cm
支点(负弯矩区)上缘应力	−2.564	−1.610	−0.866
支点(负弯矩区)下缘应力	4.003	3.160	2.730
跨中(正弯矩区)上缘应力	10.489	8.027	7.029
跨中(正弯矩区)下缘应力	−3.223	−2.613	−2.773

2) 格子梁钢结构应力

对于有限元计算分析结果,格子梁应力主要对比研究中间跨以下位置的应力。

跨中、桥面板外沿位置的主横梁上、下翼缘板及腹板的应力,具体位置如图 6-29 所示。

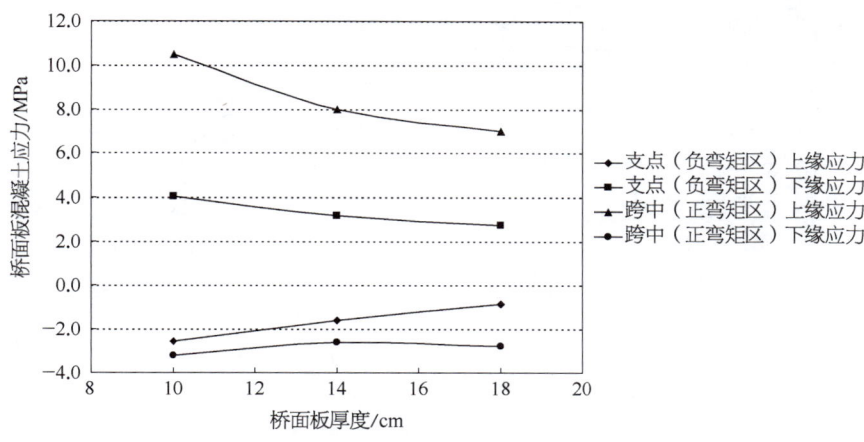

图 6-45　桥面板混凝土主要应力与桥面板混凝土厚度的关系

主纵梁、次纵梁 Zc1、次纵梁 Zc2 的上、下翼缘板及腹板的应力。

(1) 横梁主要应力结果。

横梁主要应力计算结果见表 6-15，横梁跨中应力与桥面板混凝土厚度的关系如图 6-46 所示，横梁面板外沿应力与桥面板混凝土厚度的关系如图 6-47 所示。

表 6-15　横梁主要应力计算结果　　单位：MPa

项目		跨中附近			桥面板外沿		
		桥面板厚 10 cm	桥面板厚 14 cm	桥面板厚 18 cm	桥面板厚 10 cm	桥面板厚 14 cm	桥面板厚 18 cm
主横梁 Hz1	上翼缘板	33.53	30.09	26.60	207.11	227.44	247.73
	下翼缘板	−102.48	−109.81	−116.76	−125.46	−140.48	−150.37
	腹板	−102.26	−109.95	−116.99	−138.09	−152.08	−166.43
次横梁 Hc1	上翼缘板	26.74	25.70	25.82	94.64	98.07	101.93
	下翼缘板	−63.74	−68.53	−72.97	−29.96	−32.56	−35.22
	腹板	−63.37	−67.54	−71.34	52.38	56.32	60.47

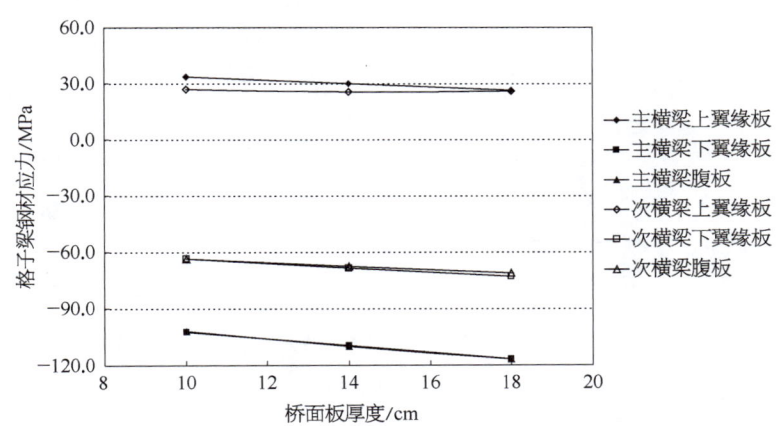

图 6-46　横梁跨中应力与桥面板混凝土厚度的关系

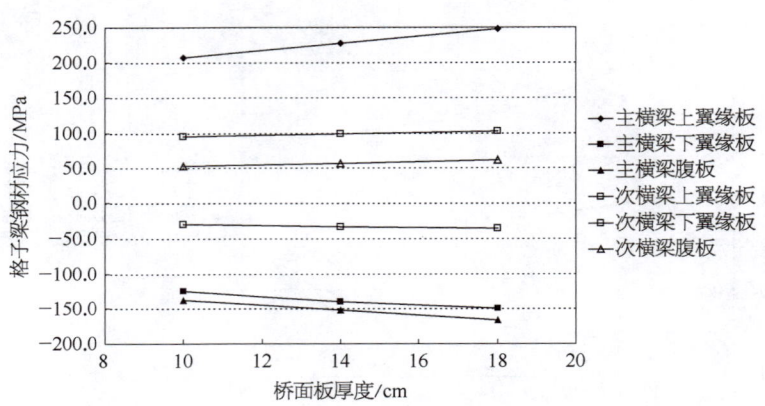

图 6-47 横梁桥面板外沿应力与桥面板混凝土厚度的关系

(2) 纵梁主要应力结果。

纵梁主要应力计算结果见表 6-16,纵梁最大应力与桥面板混凝土厚度的关系如图 6-48 所示,纵梁最小应力与桥面板混凝土厚度的关系如图 6-49 所示。

表 6-16　纵梁主要应力计算结果　　　　　　　　　　　　　　　　　　单位：MPa

项目		最大应力			最小应力		
		桥面板厚 10 cm	桥面板厚 14 cm	桥面板厚 18 cm	桥面板厚 10 cm	桥面板厚 14 cm	桥面板厚 18 cm
主纵梁 Zz1	上翼缘板	125.87	130.13	134.75	−50.10	−53.76	−57.44
	下翼缘板	−16.20	−16.85	−17.50	−135.16	−141.67	−149.94
	腹板	144.54	151.13	158.10	−134.95	−142.45	−150.70
次纵梁 Zc1	上翼缘板	55.04	59.13	62.69	−68.46	−75.39	−81.32
	下翼缘板	−18.22	−19.52	−20.65	−186.01	−195.39	−207.26
	腹板	32.20	35.10	36.94	−186.34	−197.30	−208.68
次纵梁 Zc2	上翼缘板	56.69	61.00	65.11	−69.61	−76.31	−82.59
	下翼缘板	−17.75	−19.14	−20.35	−191.94	−201.70	−212.40
	腹板	32.36	35.30	37.38	−192.22	−202.69	−213.96

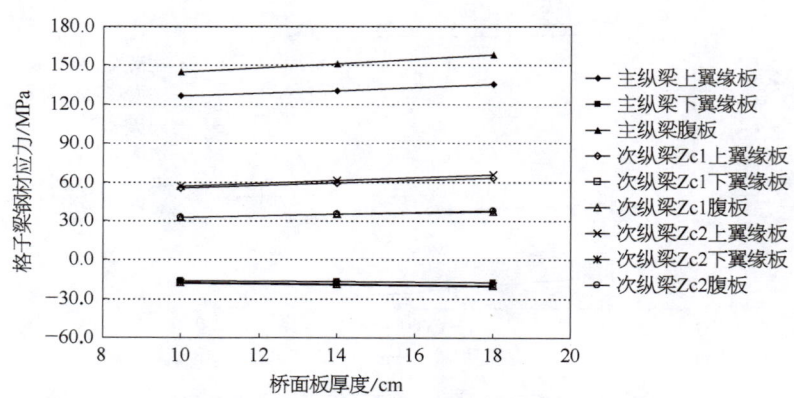

图 6-48　纵梁最大应力与桥面板混凝土厚度的关系

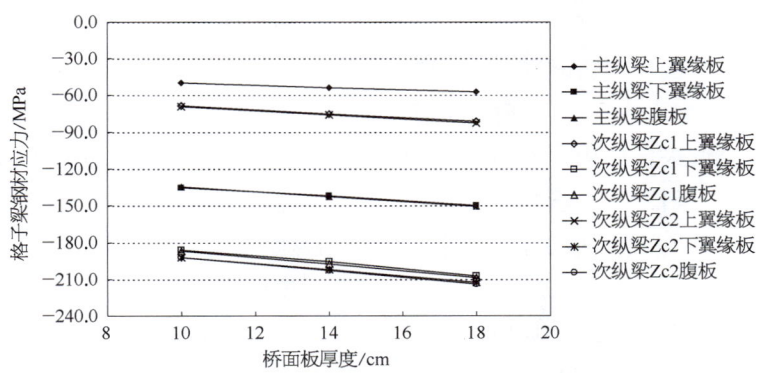

图 6-49　纵梁最小应力与桥面板混凝土厚度的关系

3) 桥面梁变形

对于有限元计算分析结果，格子梁变形主要对比研究中间跨以下三个位置的变形（相对于吊点位置的竖向位移）：(1)主横梁跨中位置；(2)主纵梁跨中位置；(3)次纵梁跨中位置。具体位置如图 6-30 所示。

桥面梁变形主要计算结果见表 6-17，恒载作用下桥面梁变形与桥面板混凝土厚度的关系如图 6-50 所示，车辆荷载作用下桥面梁变形与桥面板混凝土厚度的关系如图 6-51 所示。

表 6-17　桥面梁变形主要计算结果　　单位：cm

荷载	部位	桥面板混凝土厚度		
		桥面板厚 10 cm	桥面板厚 14 cm	桥面板厚 18 cm
		DZ	DZ	DZ
车辆荷载	主横梁跨中	-0.52	-0.49	-0.46
	主纵梁跨中	-1.32	-1.28	-1.24
	次纵梁跨中	-1.85	-1.75	-1.66
恒载	主横梁跨中	-2.50	-2.65	-2.81
	主纵梁跨中	-1.25	-1.38	-1.53
	次纵梁跨中	-3.66	-3.92	-4.18

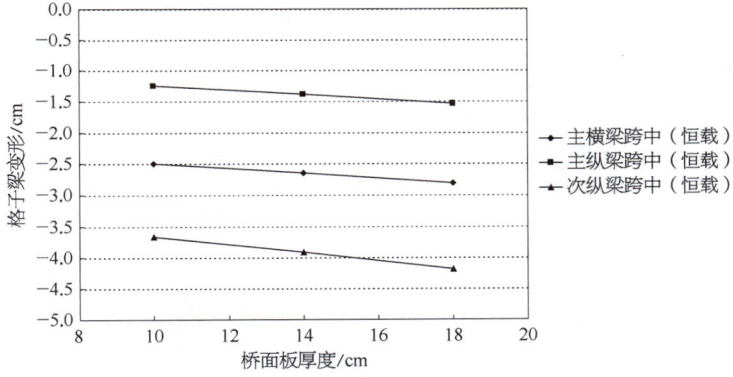

图 6-50　恒载作用下桥面梁变形与桥面板混凝土厚度的关系

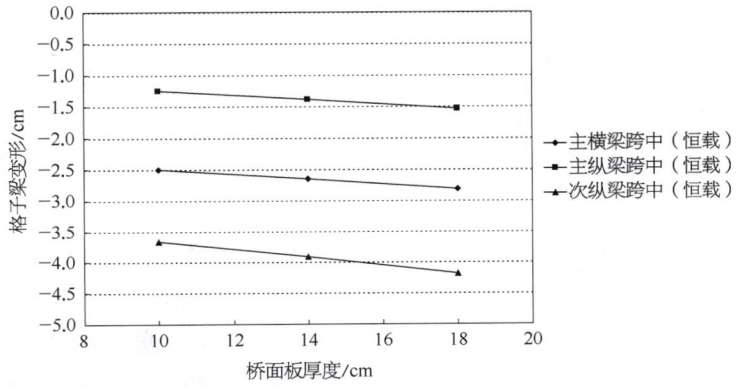

图 6-51　车辆荷载作用下桥面梁变形与桥面板混凝土厚度的关系

6.2.5.3 桥面板混凝土厚度对结构的影响规律

(1) 支点(负弯矩区)上缘拉应力随着桥面板混凝土厚度的增加而减小,下缘压应力也逐渐减小。

(2) 跨中(正弯矩区)上缘压应力随着桥面板混凝土厚度的增加而减小,下缘拉应力也逐渐减小。

(3) 随着桥面板混凝土厚度的增加,桥面系自重增大。

(4) 随着桥面板混凝土厚度的增加,桥面系格子梁钢结构相应的拉(压)应力有所增大。

(5) 恒载作用下,桥面变形随着桥面板混凝土厚度的增加而增大;活载作用下,桥面变形随着桥面板混凝土厚度的增加而略有减小。

6.2.6 桥面板 PBL 板间距的影响

6.2.6.1 主要研究内容

为了研究不同 PBL 板间距对钢-混凝土组合桥面梁结构受力特性的影响,建立三个不同有限元计算模型,分别取桥面板 PBL 板间距 $L = 25\ \text{cm}$、$40\ \text{cm}$、$55\ \text{cm}$。通过对不同桥面板 PBL 板间距的模型计算得到的结果进行对比分析,得到桥面板 PBL 板间距对钢-混凝土组合桥面梁结构受力特性的影响规律。

6.2.6.2 主要计算结果

1) 桥面板混凝土应力

对于有限元计算分析结果,桥面板混凝土应力主要对比研究中间跨以下几个位置的应力:支点上缘拉应力、支点下缘压应力、跨中上缘压应力、跨中下缘拉应力。应力具体位置如图 6-28 所示。

桥面板混凝土应力主要计算结果见表 6-18,桥面板混凝土主要应力与桥面板 PBL 板间距的关系如图 6-52 所示。

表 6-18 桥面板混凝土应力主要计算结果

单位:MPa

项目	PBL 间距		
	间距 25 cm	间距 40 cm	间距 55 cm
支点(负弯矩区)上缘应力	−1.181	−1.610	−2.064
支点(负弯矩区)下缘应力	1.915	3.160	3.465
跨中(正弯矩区)上缘应力	5.679	8.027	10.200
跨中(正弯矩区)下缘应力	−1.824	−2.613	−3.203

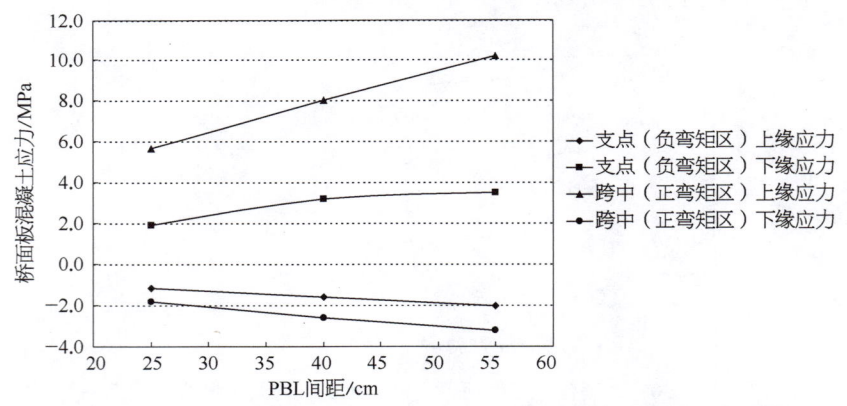

图 6-52 桥面板混凝土主要应力与桥面板 PBL 板间距的关系

2) 格子梁钢结构应力

对于有限元计算分析结果,格子梁应力主要对比研究中间跨以下位置的应力。

跨中、桥面板外沿位置的主横梁上、下翼缘板及腹板的应力,具体位置如图 6-29 所示。

主纵梁、次纵梁 Zc1、次纵梁 Zc2 的上、下翼缘板及腹板的应力。

(1) 横梁主要应力结果。

横梁主要应力计算结果见表 6-19,横梁跨中应力与桥面板 PBL 板间距的关系如图 6-53 所示,横梁面板外沿应力与桥面板 PBL 板间距的关系如图 6-54 所示。

(2) 纵梁主要应力结果。

纵梁主要应力计算结果见表 6-20,纵梁最大应力与桥面板 PBL 板间距的关系如图 6-55 所示,纵梁最小应力与桥面板 PBL 板间距的关系如图 6-56 所示。

表 6-19 横梁主要应力计算结果　　　　　　　　　　　　　　　　　　　　单位：MPa

项目		跨中附近			桥面板外沿		
		PBL 间距 25 cm	PBL 间距 40 cm	PBL 间距 55 cm	PBL 间距 25 cm	PBL 间距 40 cm	PBL 间距 55 cm
主横梁 Hz1	上翼缘板	29.99	30.09	30.19	227.26	227.44	223.73
	下翼缘板	−110.40	−109.81	−109.52	−134.75	−140.48	−131.50
	腹板	−110.57	−109.95	−109.63	−156.86	−152.08	−158.28
次横梁 Hc1	上翼缘板	25.13	25.70	24.41	98.69	98.07	97.88
	下翼缘板	−62.37	−68.53	−64.02	−43.86	−32.56	−40.19
	腹板	−69.43	−67.54	−68.90	69.83	56.32	67.29

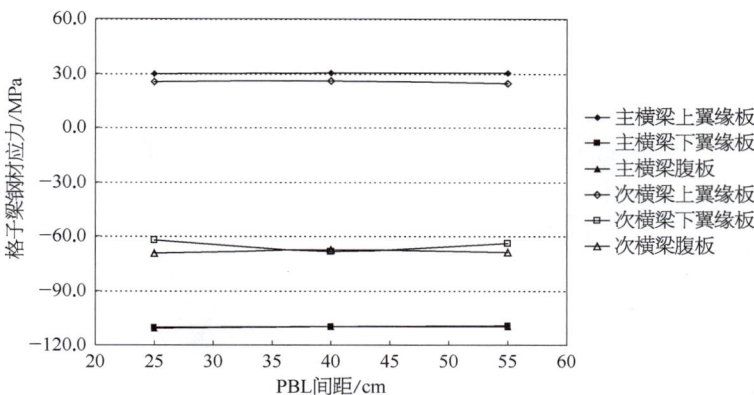

图 6-53　横梁跨中应力与桥面板 PBL 板间距的关系

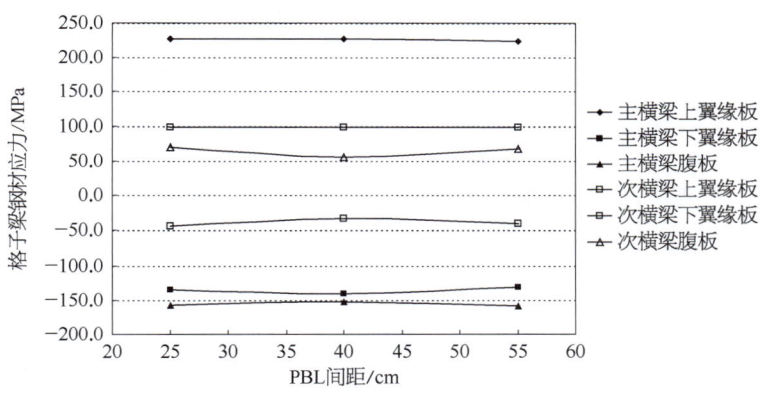

图 6-54　横梁桥面板外沿应力与桥面板 PBL 板间距的关系

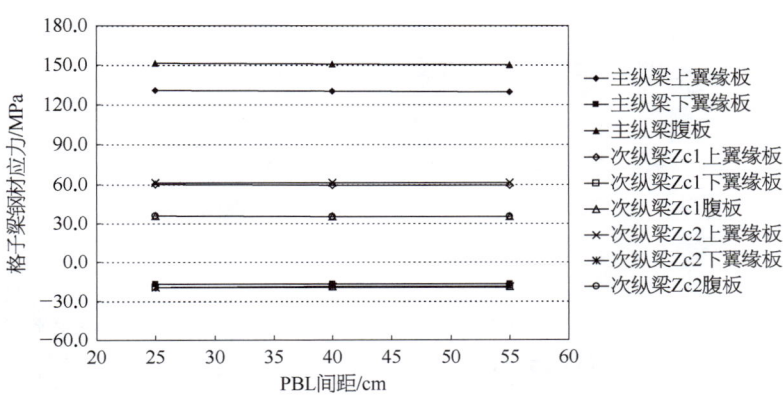

图 6-55　纵梁最大应力与桥面板 PBL 板间距的关系

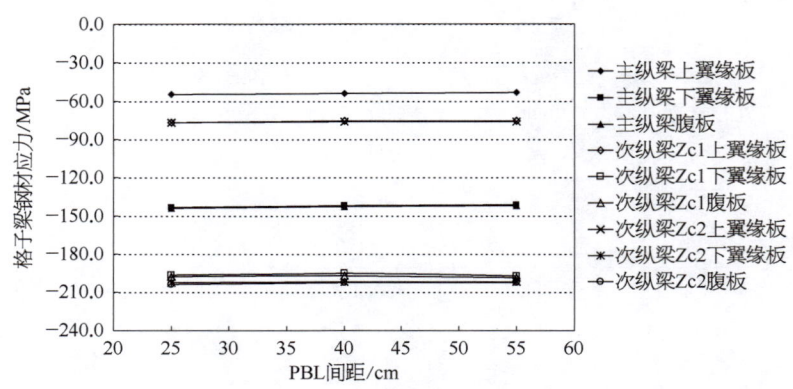

图 6-56　纵梁最小应力与桥面板 PBL 板间距的关系

表 6-20　纵梁主要应力计算结果　　　　　　　　　　　　　　　　　　　　　单位：MPa

项目		最大应力			最小应力		
		PBL 间距 25 cm	PBL 间距 40 cm	PBL 间距 55 cm	PBL 间距 25 cm	PBL 间距 40 cm	PBL 间距 55 cm
主纵梁 Zz1	上翼缘板	130.31	130.13	129.49	−54.48	−53.76	−53.19
	下翼缘板	−16.98	−16.85	−16.82	−143.14	−141.67	−141.09
	腹板	151.36	151.13	150.43	−143.97	−142.45	−141.86
次纵梁 Zc1	上翼缘板	59.92	59.13	59.15	−76.48	−75.39	−75.46
	下翼缘板	−19.73	−19.52	−19.36	−196.75	−195.39	−197.60
	腹板	35.51	35.10	35.12	−197.83	−197.30	−198.61
次纵梁 Zc2	上翼缘板	61.24	61.00	61.00	−76.40	−76.31	−76.18
	下翼缘板	−19.20	−19.14	−18.93	−202.78	−201.70	−201.74
	腹板	35.45	35.30	35.17	−203.82	−202.69	−202.72

3）桥面梁变形

对于有限元计算分析结果，格子梁变形主要对比研究中间跨以下三个位置的变形（相对于吊点位置的竖向位移）：（1）主横梁跨中位置；（2）主纵梁跨中位置；（3）次纵梁跨中位置。具体位置如图 6-30 所示。

表 6-21　桥面梁变形主要计算结果　　　　　　　　　　　　　　　　　　　　　单位：cm

荷载	部位	PBL 间距		
		PBL 间距 25 cm	PBL 间距 40 cm	PBL 间距 55 cm
		DZ	DZ	DZ
车辆荷载	主横梁跨中	−0.49	−0.49	−0.50
	主纵梁跨中	−1.29	−1.28	−1.26
	次纵梁跨中	−1.75	−1.75	−1.78
恒载	主横梁跨中	−2.68	−2.65	−2.66
	主纵梁跨中	−1.40	−1.38	−1.39
	次纵梁跨中	−3.96	−3.92	−3.93

桥面梁变形主要计算结果见表 6-21，恒载作用下桥面梁变形与桥面板 PBL 板间距的关系如图 6-57 所示，车辆荷载作用下桥面梁变形与桥桥面板 PBL 板间距的关系如图 6-58 所示。

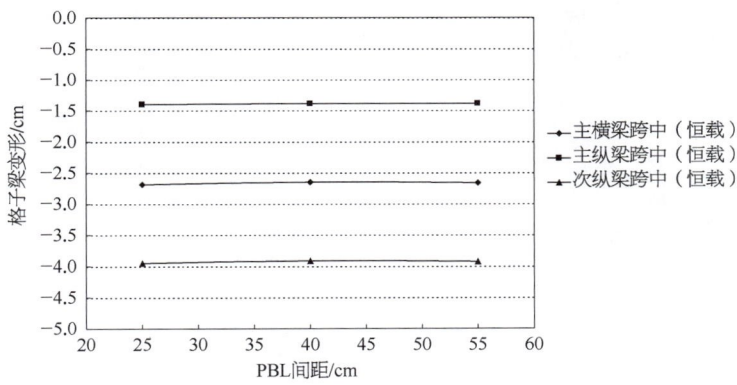

图 6-57 恒载作用下桥面梁变形与桥面板 PBL 板间距的关系

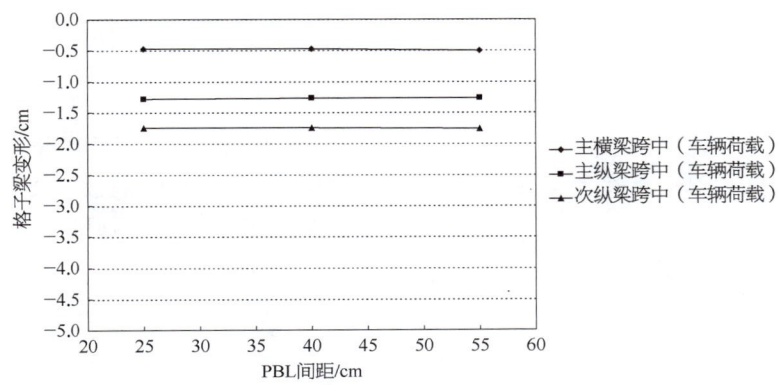

图 6-58 车辆荷载作用下桥面梁变形与桥面板 PBL 板间距的关系

6.2.6.3 不同 PBL 板间距对结构的影响规律

(1) 支点（负弯矩区）上缘拉应力随着桥面板 PBL 板间距的增加而增大，下缘压应力也逐渐增大。

(2) 跨中（正弯矩区）上缘压应力随着桥面板 PBL 板间距的增加而增大，下缘拉应力也逐渐增大。

(3) 随着桥面板 PBL 板间距的增加，桥面系自重略有减小。

(4) 随着桥面板 PBL 板间距的增加，桥面系格子梁钢结构相应的拉（压）应力变化不大。

(5) 恒载及活载作用下，桥面变形受桥面板 PBL 板间距变化的影响很小。

6.2.7 桥面板底层钢板厚度的影响

6.2.7.1 主要研究内容

为了研究不同桥面板底层钢板厚度对钢-混凝土组合桥面梁结构受力特性的影响，建立三个不同有限元计算模型，分别取桥面板底层钢板厚度 $t=$ 6 mm、8 mm、10 mm。通过对不同桥面板底层钢板厚度的模型计算得到的结果进行对比分析，得到桥面板底层钢板厚度对钢-混凝土组合桥面梁结构受力特性的影响规律。

6.2.7.2 主要计算结果

1) 桥面板混凝土应力

对于有限元计算分析结果，桥面板混凝土应力主要对比研究中间跨以下几个位置的应力：支点上缘拉应力、支点下缘压应力、跨中上缘压应力、跨中下缘拉应力。应力具体位置如图 6-28 所示。

桥面板混凝土应力主要计算结果见表 6-22，桥面板混凝土主要应力与桥面板底层钢板厚度的关系如图 6-59 所示。

表 6-22 桥面板混凝土应力主要计算结果

单位：MPa

项目	桥面板底层钢板厚度		
	底层钢板厚 6 mm	底层钢板厚 8 mm	底层钢板厚 10 mm
支点（负弯矩区）上缘应力	-1.631	-1.610	-1.572
支点（负弯矩区）下缘应力	4.734	3.160	3.043
跨中（正弯矩区）上缘应力	8.163	8.027	7.899
跨中（正弯矩区）下缘应力	-2.847	-2.613	-2.514

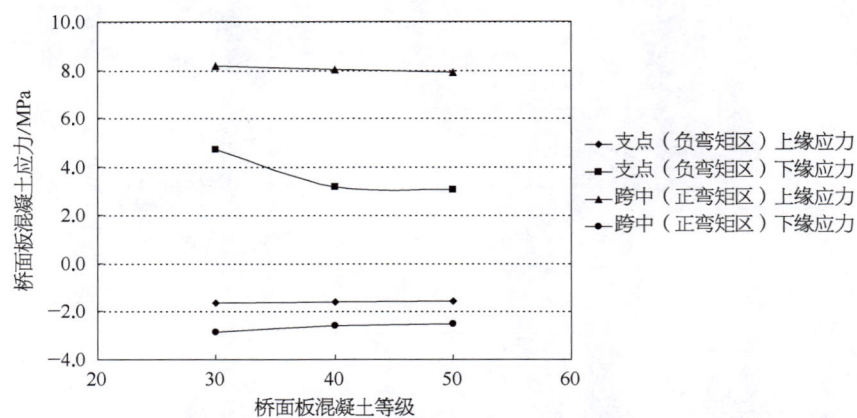

图 6-59 桥面板混凝土主要应力与桥面板底层钢板厚度的关系

2)格子梁钢结构应力

对于有限元计算分析结果,格子梁应力主要对比研究中间跨以下位置的应力。

跨中、桥面板外沿位置的主横梁上、下翼缘板及腹板的应力,具体位置如图 6-29 所示。

主纵梁、次纵梁 Zc1、次纵梁 Zc2 的上、下翼缘板及腹板的应力。

(1)横梁主要应力结果。

横梁主要应力计算结果见表 6-23,横梁跨中应力与桥面板底层钢板厚度的关系如图 6-60 所示,横梁面板外沿应力与桥面板底层钢板厚度的关系如图 6-61 所示。

表 6-23 横梁主要应力计算结果   单位:MPa

项目		跨中附近			桥面板外沿		
		底层钢板厚 6 mm	底层钢板厚 8 mm	底层钢板厚 10 mm	底层钢板厚 6 mm	底层钢板厚 8 mm	底层钢板厚 10 mm
主横梁 H_{z1}	上翼缘板	32.06	30.09	28.16	227.35	227.44	225.54
	下翼缘板	−108.91	−109.81	−109.91	−137.80	−140.48	−137.99
	腹板	−109.07	−109.95	−110.06	−151.03	−152.08	−152.27
次横梁 H_{c1}	上翼缘板	27.01	25.70	24.10	99.01	98.07	96.58
	下翼缘板	−67.90	−68.53	−68.37	−32.34	−32.56	−32.53
	腹板	−66.96	−67.54	−67.34	56.09	56.32	56.18

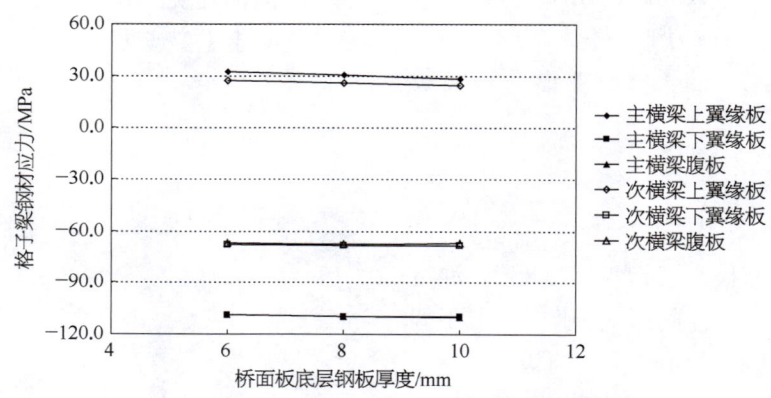

图 6-60 横梁跨中应力与桥面板底层钢板厚度的关系

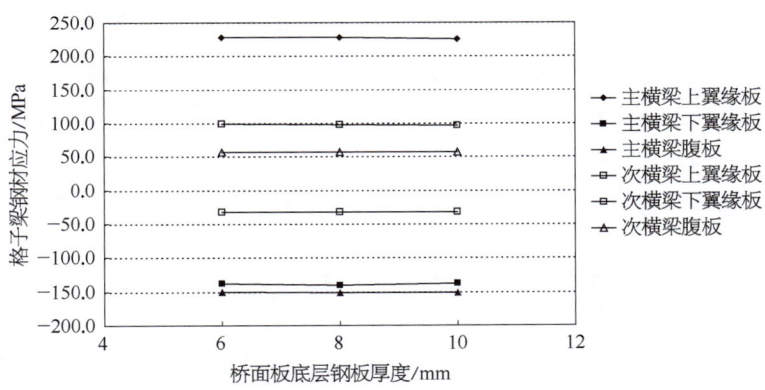

图 6-61　横梁桥面板外沿应力与桥面板底层钢板厚度的关系

(2) 纵梁主要应力结果。

纵梁主要应力计算结果见表 6-24，纵梁最大应力与桥面板底层钢板厚度的关系如图 6-62 所示，纵梁最小应力与桥面板底层钢板厚度的关系如图 6-63 所示。

表 6-24　纵梁主要应力计算结果　　　　　　　　　　　　　　　　　　单位：MPa

项目		最大应力			最小应力		
		底层钢板厚 6 mm	底层钢板厚 8 mm	底层钢板厚 10 mm	底层钢板厚 6 mm	底层钢板厚 8 mm	底层钢板厚 10 mm
主纵梁 Zz1	上翼缘板	129.67	130.13	129.68	-54.11	-53.76	-53.86
	下翼缘板	-17.04	-16.85	-16.92	-140.81	-141.67	-141.61
	腹板	150.40	151.13	150.63	-141.43	-142.45	-142.45
次纵梁 Zc1	上翼缘板	58.85	59.13	59.07	-75.50	-75.39	-74.82
	下翼缘板	-19.52	-19.52	-19.43	-195.77	-195.39	-196.03
	腹板	34.77	35.10	35.21	-196.56	-197.30	-196.64
次纵梁 Zc2	上翼缘板	60.83	61.00	60.98	-76.36	-76.31	-75.62
	下翼缘板	-19.17	-19.14	-19.03	-201.14	-201.70	-201.29
	腹板	34.99	35.30	35.46	-201.96	-202.69	-202.11

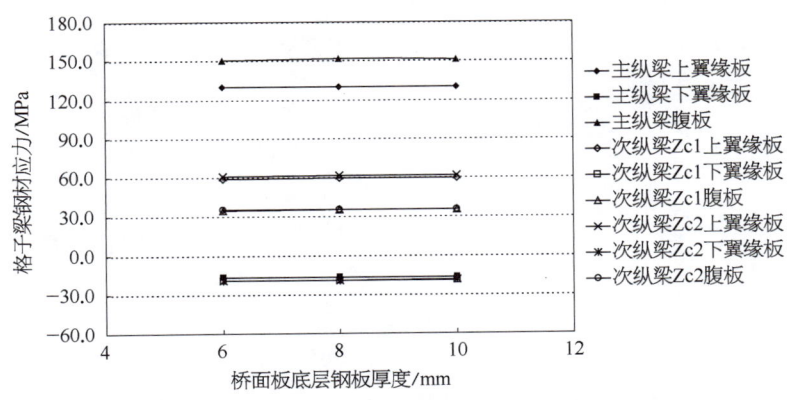

图 6-62　纵梁最大应力与桥面板底层钢板厚度的关系

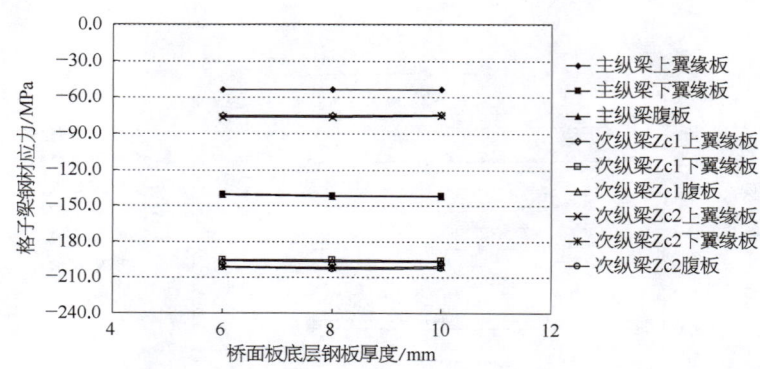

图 6-63　纵梁最小应力与桥面板底层钢板厚度的关系

3) 桥面梁变形

对于有限元计算分析结果，格子梁变形主要对比研究中间跨以下三个位置的变形（相对于吊点位置的竖向位移）：(1) 主横梁跨中位置；(2) 主纵梁跨中位置；(3) 次纵梁跨中位置。具体位置如图 6-30 所示。

桥面梁变形主要计算结果见表 6-25，恒载作用下桥面梁变形与桥面板底层钢板厚度的关系如图 6-64 所示，车辆荷载作用下桥面梁变形与桥面板底层钢板厚度的关系如图 6-65 所示。

表 6-25　桥面梁变形主要计算结果　单位：cm

荷载	部位	桥面板底层钢板厚度		
		底层钢板厚 6 mm	底层钢板厚 8 mm	底层钢板厚 10 mm
		DZ	DZ	DZ
车辆荷载	主横梁跨中	-0.49	-0.49	-0.48
	主纵梁跨中	-1.28	-1.28	-1.27
	次纵梁跨中	-1.76	-1.75	-1.74
恒载	主横梁跨中	-2.64	-2.65	-2.65
	主纵梁跨中	-1.37	-1.38	-1.38
	次纵梁跨中	-3.89	-3.92	-3.91

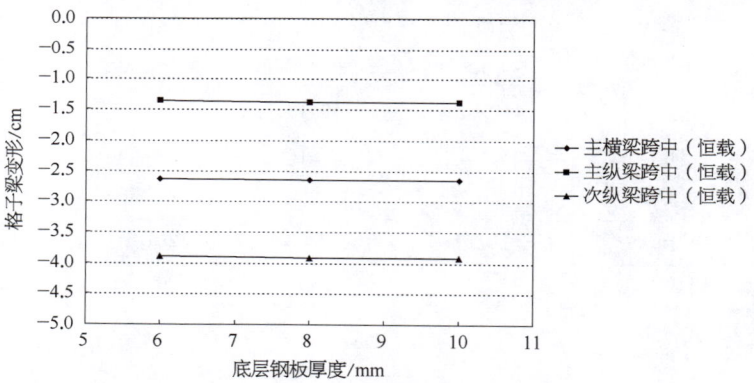

图 6-64　恒载作用下桥面梁变形与桥面板底层钢板厚度的关系

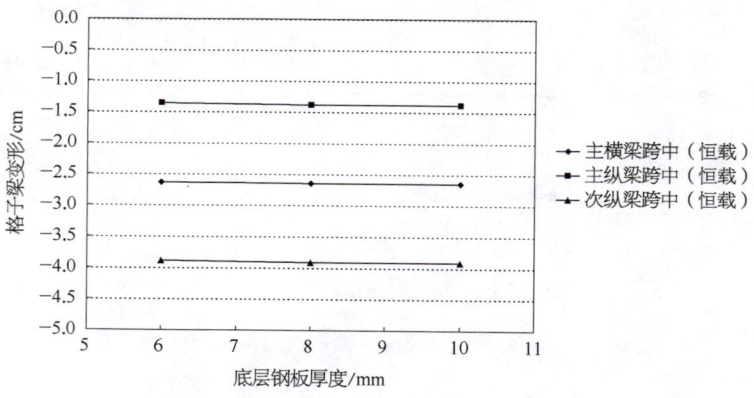

图 6-65　车辆荷载作用下桥面梁变形与桥面板底层钢板厚度的关系

6.2.7.3 桥面板底层钢板厚度对结构的影响规律

(1) 支点（负弯矩区）上缘拉应力随着桥面板底层钢板厚度的增加而减小，下缘压应力也逐渐减小。

(2) 跨中（正弯矩区）上缘压应力随着桥面板底层钢板厚度的增加而减小，下缘拉应力也逐渐减小。

(3) 随着桥面板底层钢板厚度的增加，桥面系自重略有增大，但增加不多。

(4) 随着桥面板底层钢板厚度的增加，桥面系格子梁钢结构相应的拉（压）应力变化不大。

(5) 恒载及活载作用下，桥面变形受桥面板底层钢板厚度变化的影响很小。

6.2.8 桥面板混凝土强度等级的影响

6.2.8.1 主要研究内容

为了研究不同桥面板混凝土强度等级对钢混组合桥面梁结构受力特性的影响，建立三个不同有限元计算模型，桥面板混凝土强度等级分别采用C30、C40、C50。通过对不同桥面板混凝土强度等级的模型计算得到的结果进行对比分析，得到桥面板混凝土强度等级对钢-混凝土组合桥面梁结构受力特性的影响的一些规律。

6.2.8.2 主要计算结果

1) 桥面板混凝土应力

对于有限元计算分析结果，桥面板混凝土应力主要对比研究中间跨以下几个位置的应力：支点上缘拉应力、支点下缘压应力、跨中上缘压应力、跨中下缘拉应力。应力具体位置如图6-28所示。

桥面板混凝土应力主要计算结果见表6-26，桥面板混凝土主要应力与桥面板混凝土强度等级的关系如图6-66所示。

表6-26 桥面板混凝土应力主要计算结果

单位：MPa

项目	桥面板混凝土强度等级		
	C30	C40	C50
支点（负弯矩区）上缘应力	−1.587	−1.610	−1.620
支点（负弯矩区）下缘应力	3.081	3.160	3.230
跨中（正弯矩区）上缘应力	7.733	8.027	8.277
跨中（正弯矩区）下缘应力	−2.435	−2.613	−2.760

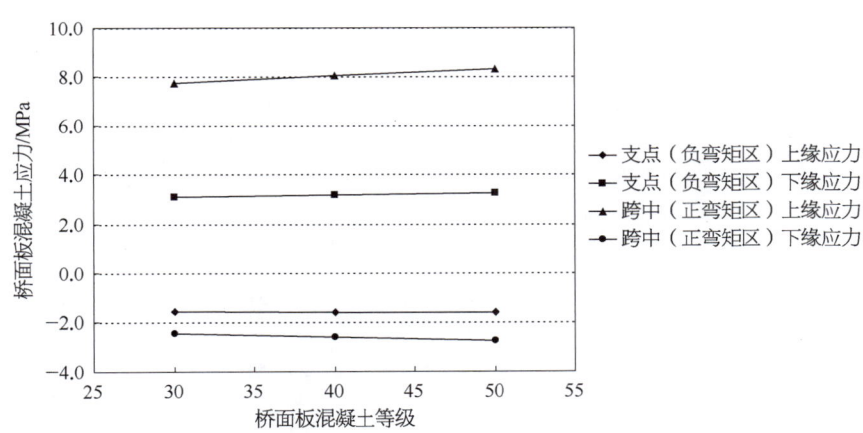

图6-66 桥面板混凝土主要应力与桥面板混凝土强度等级的关系

2) 格子梁钢结构应力

对于有限元计算分析结果，格子梁应力主要对比研究中间跨以下位置的应力。

跨中、桥面板外沿位置的主横梁上、下翼缘板及腹板的应力，具体位置如图6-29所示。

主纵梁、次纵梁Zc1、次纵梁Zc2的上、下翼缘板及腹板的应力。

(1) 横梁主要应力结果。

横梁主要应力计算结果见表6-27，横梁跨中应力与桥面板混凝土强度等级的关系如图6-67所示，横梁面板外沿应力与桥面板混凝土强度等级的关系如图6-68所示。

表 6-27 横梁主要应力计算结果　　　　　　　　　　　　　　　　　　　单位：MPa

项目		跨中附近			桥面板外沿		
		桥面板混凝土采用C30	桥面板混凝土采用C40	桥面板混凝土采用C50	桥面板混凝土采用C30	桥面板混凝土采用C40	桥面板混凝土采用C50
主横梁 Hz1	上翼缘板	29.00	30.09	29.28	223.53	227.44	229.11
	下翼缘板	−107.24	−109.81	−108.61	−137.74	−140.48	−138.69
	腹板	−110.07	−109.95	−110.42	−151.10	−152.08	−153.24
次横梁 Hc1	上翼缘板	26.15	25.70	25.04	97.78	98.07	98.65
	下翼缘板	−68.37	−68.53	−68.65	−32.50	−32.56	−32.84
	腹板	−67.49	−67.54	−67.64	55.82	56.32	57.00

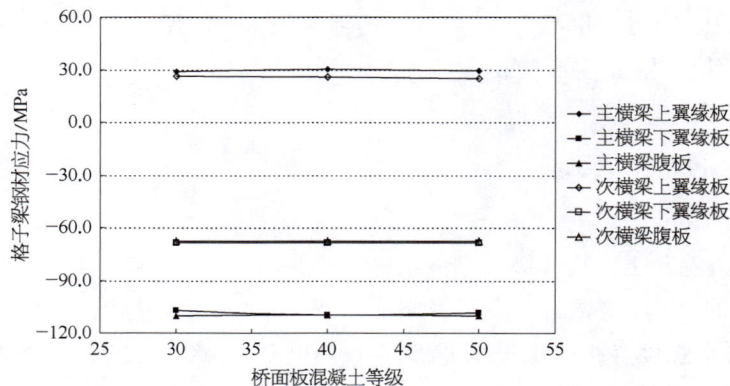

图 6-67　横梁跨中应力与桥面板混凝土强度等级的关系

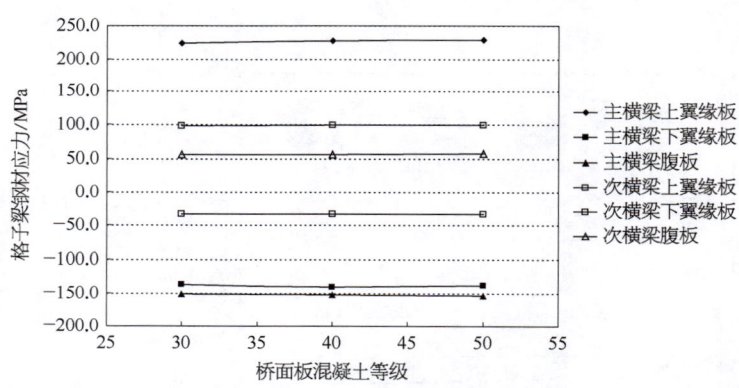

图 6-68　横梁桥面板外沿应力与桥面板混凝土强度等级的关系

(2) 纵梁主要应力结果。

纵梁主要应力计算结果见表 6-28，纵梁最大应力与桥面板混凝土强度等级的关系如图 6-69 所示，纵梁最小应力与桥面板混凝土强度等级的关系如图 6-70 所示。

表 6-28 纵梁主要应力计算结果　　　　　　　　　　　　　　　　　　　单位：MPa

项目		最大应力			最小应力		
		桥面板混凝土采用C30	桥面板混凝土采用C40	桥面板混凝土采用C50	桥面板混凝土采用C30	桥面板混凝土采用C40	桥面板混凝土采用C50
主纵梁 Zz1	上翼缘板	130.83	130.13	130.30	−54.49	−53.76	−53.69
	下翼缘板	−17.20	−16.85	−16.81	−141.59	−141.67	−142.89
	腹板	151.52	151.13	151.65	−142.19	−142.45	−143.73

(续表)

项目		最大应力			最小应力		
		桥面板混凝土采用C30	桥面板混凝土采用C40	桥面板混凝土采用C50	桥面板混凝土采用C30	桥面板混凝土采用C40	桥面板混凝土采用C50
次纵梁 Zc1	上翼缘板	59.15	59.13	59.43	−75.21	−75.39	−75.80
	下翼缘板	−19.55	−19.52	−19.60	−196.09	−195.39	−197.88
	腹板	34.94	35.10	35.34	−196.29	−197.30	−198.88
次纵梁 Zc2	上翼缘板	61.12	61.00	61.55	−75.97	−76.31	−76.84
	下翼缘板	−19.11	−19.14	−19.25	−201.68	−201.70	−203.54
	腹板	35.22	35.30	35.72	−201.71	−202.69	−204.63

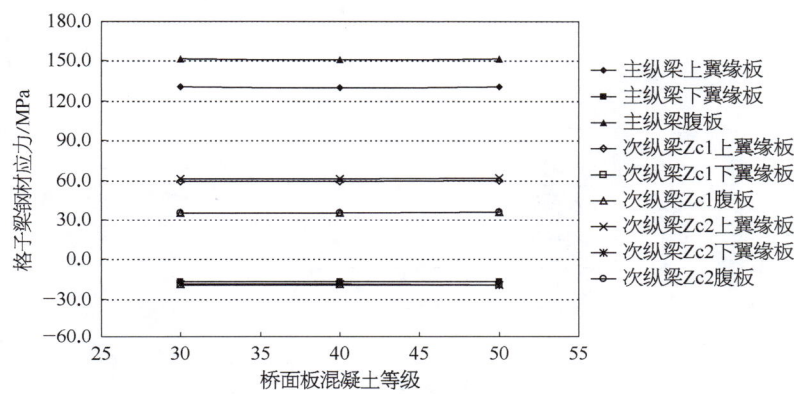

图6-69 纵梁最大应力与桥面板混凝土强度等级的关系

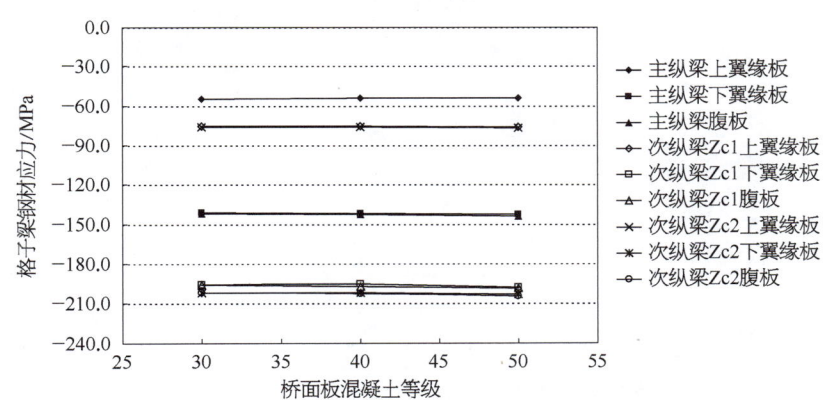

图6-70 纵梁最小应力与桥面板混凝土强度等级的关系

3) 桥面梁变形

对于有限元计算分析结果,格子梁变形主要对比研究中间跨以下三个位置的变形(相对于吊点位置的竖向位移):(1)主横梁跨中位置;(2)主纵梁跨中位置;(3)次纵梁跨中位置。具体位置如图6-30所示。

桥面梁变形主要计算结果见表6-29,恒载作用下桥面梁变形与桥面板混凝土强度等级的关系如图6-71所示,车辆荷载作用下桥面梁变形与桥面板混凝土强度等级的关系如图6-72所示。

表 6-29 桥面梁变形主要计算结果　单位：cm

荷载	部位	桥面板混凝土强度等级		
		C30	C40	C50
		DZ	DZ	DZ
车辆荷载	主横梁跨中	−0.49	−0.49	−0.49
	主纵梁跨中	−1.28	−1.28	−1.28
	次纵梁跨中	−1.76	−1.75	−1.76
恒载	主横梁跨中	−2.68	−2.65	−2.68
	主纵梁跨中	−1.38	−1.38	−1.38
	次纵梁跨中	−3.94	−3.92	−3.94

6.2.8.3 桥面板混凝土等级对结构的影响规律

（1）支点（负弯矩区）上缘拉应力随着桥面板混凝土强度等级的增加而增大，下缘压应力也逐渐增大。

（2）跨中（正弯矩区）上缘压应力随着桥面板混凝土强度等级的增加而增大，下缘拉应力也逐渐增大。

（3）随着桥面板混凝土强度等级的增加，桥面系自重变化很小。

（4）随着桥面板混凝土强度等级的增加，桥面系格子梁钢结构相应的拉（压）应力变化不大。

（5）恒载及活载作用下，桥面变形受桥面板混凝土强度等级变化的影响很小。

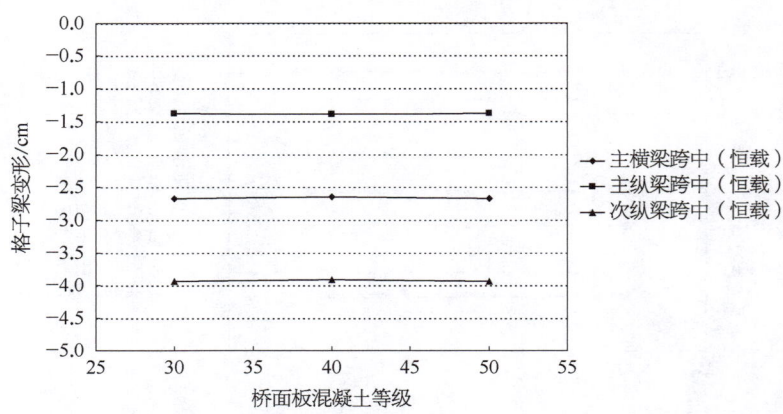

图 6-71　恒载作用下桥面梁变形与桥面板混凝土强度等级的关系

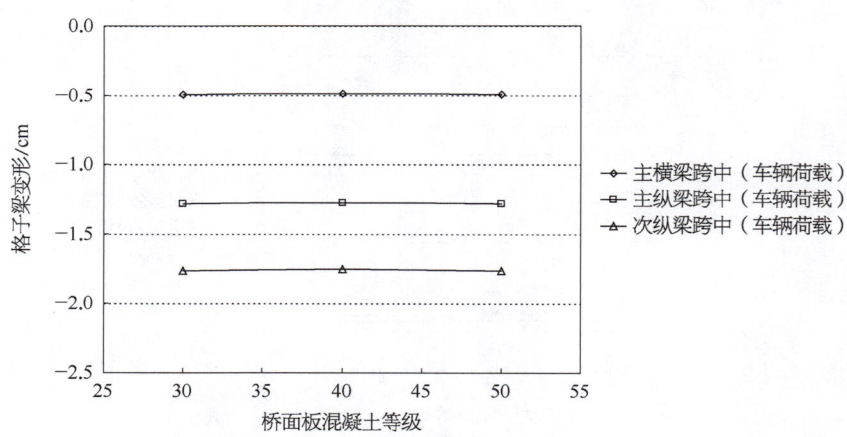

图 6-72　车辆荷载作用下桥面梁变形与桥面板混凝土强度等级的关系

6.2.9　收缩徐变及非线性温差的影响

6.2.9.1　计算模型

1）计算方法

采用桥梁专用分析软件 Midas Civil 对主桥桥面系钢-混凝土组合格子梁结构进行静力计算，研究收缩徐变及非线性温差对格子梁受力特性影响。

2）计算模型

计算模型取一跨桥面系（14.3 m），共 33 216 个节点，38 496 个单元。格子梁工字钢、桥面板底层钢板及 PBL 板采用板单元进行模拟，桥面板混凝土采用实体单元进行模拟。计算模型如图 6-73、图 6-74 所示。

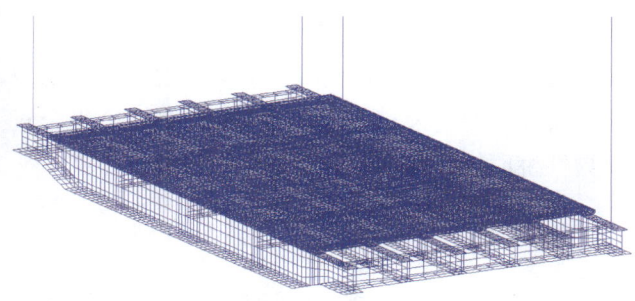

图 6-73 计算模型(板、实体单元)

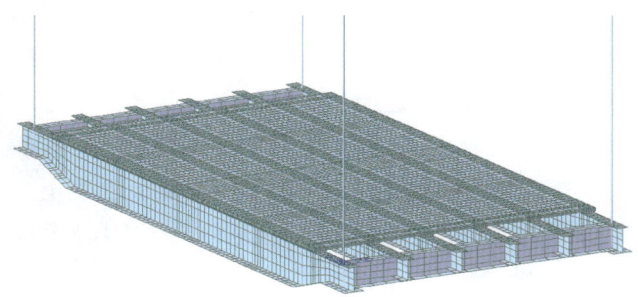

图 6-74 计算模型(渲染)

3) 边界条件

吊杆顶部：采用弹性支承，模拟钢管混凝土拱桥的变形。

桥面系：水平 X 方向和 Y 方向施加附加约束，避免计算过程发生奇异。

4) 荷载取用

(1) 自重：结构自重。

(2) 二期恒载：按施工图计算，包含人行道板、防撞护栏、中央分隔栏重量。

(3) 非线性温差：按《公路桥涵钢结构及木结构设计规范》，组合梁内钢梁与混凝土桥面板的计算温差采用±15℃。

(4) 收缩徐变：钢-混凝土组合桥面板 C40 混凝土的收缩徐变按规范相关规定计，考虑收缩徐变 3650 d。

6.2.9.2 主要计算结果

钢-混凝土组合桥面板 C40 混凝土的收缩徐变在桥面系各主要构件中产生应力计算结果见表 6-30。

钢-混凝土组合格子梁桥面系非线性温差在桥面系各主要构件中产生应力计算结果见表 6-31。

6.2.9.3 收缩徐变及非线性温差的影响规律

(1) 根据模型计算结果可知，由于混凝土的收缩，在 C40 混凝土中产生的最大应力为 −6.2 MPa，在底层钢板中产生的最大应力为 26.3 MPa，在 PBL

表 6-30 收缩徐变应力计算结果　单位：MPa

项目		收缩		徐变	
		最大压应力	最小拉应力	最大压应力	最小拉应力
桥面板 C40 混凝土		0.4	−6.2	1.0	−1.1
底层钢板		26.3	−5.1	5.5	−7.4
PBL 剪力板		34.1	—	1.1	−7.0
主横梁 Hz1	上缘	18.1	−11.2	6.0	−5.4
	腹板	14.4	−5.5	1.9	−2.8
	下缘	3.2	−5.7	0.5	−0.3
次横梁 Hc1	上缘	21.3	−7.9	2.7	−4.1
	腹板	14.0	−6.7	0.5	−2.2
	下缘	1.9	−5.3	0.4	−1.3
主纵梁 Zz1	上缘	1.1	−1.3	0.8	−0.5
	腹板	1.9	−1.9	0.7	−0.7
	下缘	2.8	−1.1	0.2	−0.9
次纵梁 Zc1	上缘	11.6	−1.2	1.8	−1.5
	腹板	11.5	−10.5	1.8	−1.5
	下缘	2.5	−10.5	0.8	−0.6
次纵梁 Zc2	上缘	11.2	−1.5	1.6	−1.6
	腹板	11.2	−7.3	1.6	−1.6
	下缘	2.9	−7.4	0.9	−0.4

表 6-31 非线性温差应力计算结果　单位：MPa

项目		非线性温升		非线性温降	
		最大压应力	最小拉应力	最大压应力	最小拉应力
主横梁 Hz1	上缘	33.9	−21.9	21.9	−33.9
	腹板	25.9	−10.2	10.2	−25.9
	下缘	5.6	−10.1	10.1	−5.6
次横梁 Hc1	上缘	39.5	−15.6	15.6	−39.5
	腹板	25.4	−12.2	12.2	−25.4
	下缘	3.7	−10.6	10.6	−3.7
主纵梁 Zz1	上缘	2.1	−2.8	2.8	−2.1
	腹板	3.7	−3.7	3.7	−3.7
	下缘	4.5	−2.7	2.7	−4.5
次纵梁 Zc1	上缘	24.1	−2.4	2.4	−24.1
	腹板	23.5	−20.7	20.7	−23.5
	下缘	4.6	−20.7	20.7	−4.6
次纵梁 Zc2	上缘	23.7	−3.1	3.1	−23.7
	腹板	23.6	−14.1	14.1	−23.6
	下缘	5.7	−14.2	14.2	−5.7

板中产生的最大应力为 34.1 MPa，在格子梁钢板中产生的最大应力为 21.3 MPa。

（2）根据模型计算结果可知，由于混凝土的徐变，在 C40 混凝土中产生的最大应力为 -1.1 MPa，在底层钢板中产生的最大应力为 -7.4 MPa，在 PBL 板中产生的最大应力为 -7.0 MPa，在格子梁钢板中产生的最大应力为 6.0 MPa。

（3）根据模型计算结果可知，非线性温差在格子梁钢板中产生的最大应力为 39.5 MPa。应力较大的区域集中在上翼缘板及腹板靠近上翼缘板的区域，下翼缘板的非线性温差应力则相对较小。

（4）关于钢-混凝土组合结构收缩徐变及非线性温差的影响，其理论及计算方法仍需要进一步深入研究。

6.2.10 承载力计算结果

（1）合江长江一桥主桥桥面系为特殊的钢-混凝土组合格子梁结构，即在由纵、横工字形钢板梁形成的格子梁支承体系上面，铺设钢-混凝土组合桥面板，桥面板参与格子梁共同工作，桥面板与格子梁结合后由组合截面承担外荷载的作用。

（2）采用底层钢板通过 PBL 剪力键及其孔内穿的钢筋与混凝土结合形成的钢-混凝土组合桥面板，其作为板结构的力学特性表现为各向异性。由于格子梁的横梁布置较密，纵梁布置较疏，桥面板沿纵横方向的刚度不同，即桥面板纵横方向的受力特性也是各向异性。

（3）合江长江一桥主桥桥面系结构计算主要考虑组合前的静荷载、组合后的静荷载、活荷载、收缩和徐变引起的载荷及桥面板与钢梁的温差引起的载荷。桥面系的设计计算应分别对钢-混凝土组合正交异性桥面板和格子梁的梁结构进行设计计算。

（4）钢-混凝土组合格子梁结构，桥面板混凝土厚度、PBL 剪力板布置间距及底钢板厚度对桥面系结构整体受力影响比较大，而混凝土强度等级及承托高度对桥面系结构整体受力影响相对较小。

（5）钢-混凝土组合正交异性桥面板的底层钢板除了作为浇筑桥面板混凝土的模板外，还与混凝土共同组成钢-混凝土组合桥面板，参与桥面系整体受力。在正弯矩区，桥面板上缘受压，下缘受拉，底层钢板起到受拉钢筋的作用，减少桥面板混凝土下缘开裂的可能；在负弯矩区，底层钢板与混凝土共同承受压力。

（6）钢-混凝土组合正交异性桥面板，沿桥纵向布置的 PBL 剪力板既作为底层钢板的加劲肋，又是连接底层钢板与混凝土的剪力键构造。在正弯矩区，桥面板上缘受压，下缘受拉，PBL 剪力板作为底层钢板的加劲肋参与承受拉应力，部分起到受拉钢筋的作用；在负弯矩区，PBL 剪力板可以参与承受部分拉应力，加上 PBL 剪力板及内穿钢筋对混凝土的约束作用，可以大大增加桥面板的整体性，减少混凝土开裂的可能。

（7）钢-混凝土组合正交异性桥面板为新型结构形式，其相关的设计理论及计算方法仍需要进一步深入研究。

第 7 章

平面型钢-混凝土组合桥面板试验研究

国内外对钢-混凝土组合板的研究多用于建筑工程的组合楼板，由于桥梁工程中桥面板承受荷载相对复杂、施工难度更大，不能将组合楼板的研究理论和结构构造直接引用。因此，需要开展符合桥梁工程实际的研究和应用，对其进行更深入的理论与试验研究。本章将就平面型钢-混凝土组合桥面板的各项力学性能进行足尺及缩尺模型试验，探究平面型钢-混凝土组合桥面板、预应力平面型钢-混凝土组合桥面板、等厚度超薄平面型钢-混凝土组合桥面板的相关力学行为、计算理论和计算方法。

7.1 普通型组合桥面板足尺模型试验研究

东平大桥位于广东省佛山市禅城区南部的轴线——大福路上，跨越东平河，是新城区连接东平河两岸的标志性大桥。主桥采用主副拱肋空间组合体系的中承式钢桁拱-连续梁协作体系方案。主桥长 578 m，跨径组合为 (43.5+95.5+300+95.5+43.5) m。桥面梁由三道主纵梁（即钢系杆）、次纵梁、主横梁、次横梁组成格子桥面梁；格子梁上再架设钢-混凝土组合桥面板，桥面板最小板厚 12 cm，最大板厚 20 cm，桥面铺装为 5 cm 厚的改性沥青混凝土。

众所周知，桥面板的工作状态直接影响桥梁结构的耐久性及行车的舒适性，钢-混凝土组合桥面板作为特大跨径桥梁-钢箱加劲梁的一个组成部分和桥面系结构，在国内应用较多。下文主要叙述基于广东佛山东平大桥开展的钢-混凝土组合桥面板模型试验的研究过程。

7.1.1 承受负弯矩的足尺模型试验

7.1.1.1 模型设计与制造

试验研究的对象是专门为试验设计制作的试件或试验模型结构，其模型尺寸一般应根据研究目的、试验室的设备及场地大小来确定。

为了研究普通型组合桥面板在静力荷载和疲劳荷载作用下的结构力学行为，验证设计的合理性，为此须对组合桥面板进行细致的分析，找出尽可能反映实际组合桥面板结构力学行为的试验模型结构。

考虑到实际结构中混凝土顶板的应力状况是团队关注的重点，因此在进行模型构件制作和加载设计时优先保证混凝土顶板的应力状况与实际情况一致。

通过反复研究和讨论，普通型组合桥面板的模型试验共需制作两类模型：模型 A、模型 B，两类模型各制作一个试件，其中模型 A 模拟实际结构的负弯矩区域，包含一根次横梁及其顶部混凝土板；模型 B 模拟实际结构的正弯矩区域，即两根次横梁之间的区域；两类模型均先做静载试验，再做 200 万次的疲劳试验，最后再做静力破坏试验。两类模型构件尺寸均对应于实桥立柱区第二段组合桥面板，且模型尺寸比例为 1∶1。此处只介绍模型 A 的试验情况和结果。

关于疲劳车的选取问题，国内公路领域尚无明确规定。根据结构的实际受力状况，模型 A 选用汽-20 级中 200 kN 的主车，但在试验过程中发现模型 A 在经过 200 万次疲劳加载（相应于 200 kN 车辆的疲劳荷载）后，并未出现较大的裂缝，刚度也未出现明显衰减，为此，研究组又决定再增加 10 万次疲劳加载(相应于300 kN车辆的疲劳荷载)和90万次疲劳加载(相应于550 kN车辆的疲劳荷载),以上疲劳车均按全桥一辆车布置荷载。

1) 模型几何尺寸的确定

由于模型比例为1∶1,所以模型A的几何尺寸的主要确定对象为梁长L和混凝土翼缘板的宽度B,其他构造尺寸和实桥结构保持一致(图7-1)。梁长L可根据试验要求和试验场地的条件进行选取,通过分析比较后取$L=5\,000$ mm;混凝土翼缘板的宽度B可根据组合梁混凝土翼缘板有效宽度的计算公式进行选取,以下是相关资料对混凝土翼缘板有效宽度的比选情况。

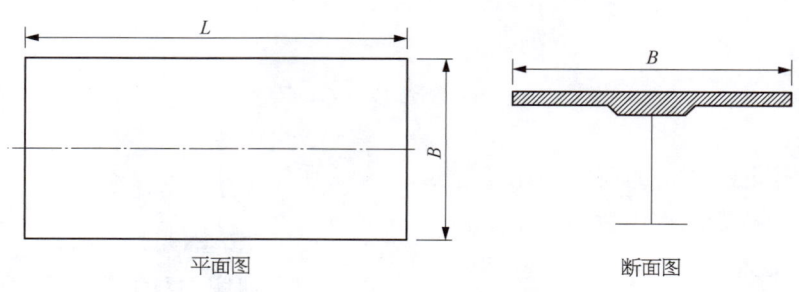

图7-1 模型A几何尺寸示意图

实桥计算资料:跨度为8 000 mm,相邻两次横梁中心间距为3 325 mm,板托顶部宽度为706 mm。

(1) 方法一、规范CP117卷规定如下。

取以下三者中的最小值:①跨度的三分之一;②相邻两根次横梁中心间距;③板托顶部宽度与12倍翼缘厚度之和。

① $B_1=8\,000/3=2\,667$ mm

② $B_2=3\,325$ mm

③ $B_3=706+12\times120=2\,146$ mm

取 $B=\min(B_1,B_2,B_3)=2\,146$ mm

(2) 方法二、《钢与混凝土组合梁设计原理》(朱聘儒)一书中的规定如下。

混凝土翼缘板的计算宽度取板托顶部宽度与以下三者中最小值之和:①跨度的三分之一;②相邻两根次横梁板托之间的净距;③12倍翼缘厚度。

$B=706+\min[L/3=2\,667,(3\,325-600-160)=2\,565,12\times120=1\,440]=2\,146$ mm

(3) 方法三、《公路桥涵钢结构及木结构设计规范》规定如下。

取以下三者中的最小值:①跨度的三分之一;②相邻两根次横梁中心间距;③板托顶部宽度与12倍翼缘厚度之和。

① $B_1=8\,000/3=2\,667$ mm

② $B_2=3\,325$ mm

③ $B_3=706+12\times120=2\,146$ mm

取 $B=\min(B_1,B_2,B_3)=2\,146$ mm

(4) 方法四、BS5400(结合桥部分)规定如下。

$B=0.481\,28\times3\,325=1\,600$ mm

根据以上四种计算结果,可取$B=2\,146$ mm,另外考虑到对T形梁上翼缘混凝土板有效作用宽度作适当的考查,两边各多取127 mm,故取模型A试验构件的尺寸为:2 400 mm×5 000 mm。

2) 边界条件

模型A的边界条件取梁两端简支,但考虑到模型内中梁的稳定性,在模型中梁(即试验模型A中的中梁)两端各设置一根与中梁横截面完全一致的端梁,中梁长5 000 mm,端梁长1 100 mm,中梁和端梁的连接方式和实桥一致,用高强螺栓和拼接板将中梁和端梁拼接在一起,端梁端部500 mm部分用尺寸1 700 mm×1 800 mm×900 mm的混凝土墙包裹,使中梁形成简支结构。

3) 理论分析

由于本试验无法完全模拟整个组合桥面板,因此必须对所采用的模型进行理论计算分析以保证模拟的正确性。计算软件采用大型通用软件ANSYS,计算模型采用空间板单元(模拟钢板)与实体单元(模拟混凝土)相结合的组合有限元,分别计算比较试验模型和实际结构的受力行为。相应于模型A的实际结构离散情况如图7-2所示,模型A结构的离散情况如图7-3所示。

本节所用坐标系统均采用以下定义(图7-4):桥纵向(即板横向)为X方向,桥横向(即板纵向)为

Z方向,竖向为Y方向。所用单位除特殊注明之外均约定如下:长度单位均为mm,荷载单位为kN,应力单位均为MPa,且规定拉应力为正值,压应力为负值,拉应变为正值,压应变为负值。

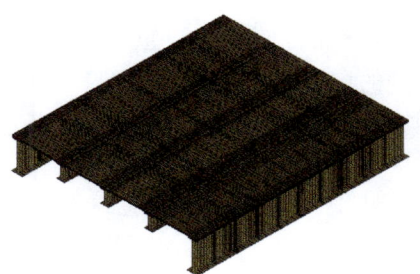

图7-2　实际结构离散图

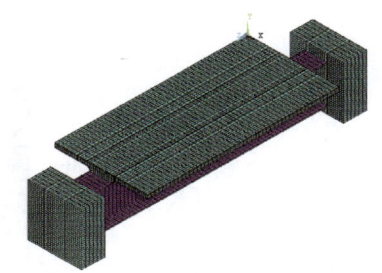

图7-3　模型A离散图

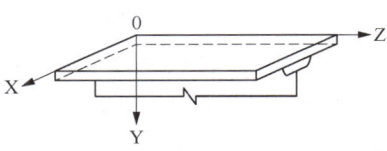

图7-4　本节坐标系

(1) 静载试验设计荷载的确定。

模型A静载试验的计算控制荷载车辆为汽超-20级中550 kN的重车,经研究决定按一车道布载。自重只考虑桥面铺装自重。

冲击系数按我国《公路钢筋混凝土及预应力钢筋混凝土桥涵设计规范》(简称"桥规")取 $a = 15/(37.5+13.3)=0.295$。

为了使试验荷载作用下模型A的应力状态和实际结构应力状态保持一致,确定模型A中施加荷载P的大小和位置,经过大量的空间模型分析,最终取静载试验设计荷载 $P_j = 41.83$ kN(单点加载值),采用对称两点加载,两加载点间距为1940 mm。同时为了模拟实际车轮与桥面板的接触面积,试验加载时,在加载点处放一块 660 mm×260 mm 的钢垫板(偏保守地取铺装层厚30 mm扩散荷载)。

实际结构与模型A相应位置处的应力分析结果和模型A的应力分析结果如图7-5所示。由图可知,在拉应力区,应力值大的区域,两者的应力变化规律基本一致,且模型A的峰值略高于实际结构峰值,满足试验模型设计要求。

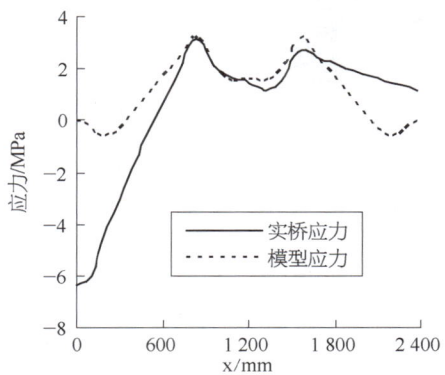

图7-5　模型A跨中混凝土顶板桥纵向弯曲应力与实际结构中和模型A相应位置应力比较(550 kN)

所以取模型A的静力加载试验设计荷载 $P_j = 41.83$ kN(单点加载值)。

(2) 疲劳试验设计荷载上限的确定。

经讨论,模型A疲劳试验的计算控制荷载车辆需考虑以下三种疲劳车:(1)汽-20级中200 kN的主车;(2)汽-20级中300 kN的重车;(3)汽超-20级中550 kN的重车。均按单车道布载进行计算分析,冲击系数按我国桥规取值:$a = 15/(37.5+13.3)=0.295$。自重只考虑桥面铺装自重。

为了使试验荷载作用下模型A的应力状态和实际结构应力状态保持一致,需确定模型A中疲劳上限荷载P的大小和位置,分别按照200 kN、300 kN和550 kN车作为疲劳车进行计算,结果如图7-5~图7-7所示。

通过大量空间模型模拟分析,最终按200 kN车和300 kN车作为疲劳车,模型A疲劳上限设计荷载 $P_{p\text{-max}}$ 分别为31.76 kN和39.14 kN(单点加载值),两加载点间距为1940 mm。同时为了模拟实际车轮与桥面板的接触面积,试验加载时,在加载点处放一块 660 mm×260 mm 的钢垫板。实际结构中与模型A相应位置处的应力分析结果和模型A的应力分析结果如图7-6、图7-7所示。

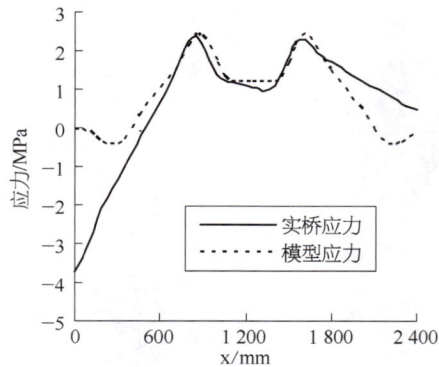

图 7-6 模型 A 跨中混凝土顶板桥纵向弯曲应力与实际结构中和模型 A 相应位置应力比较（200 kN）

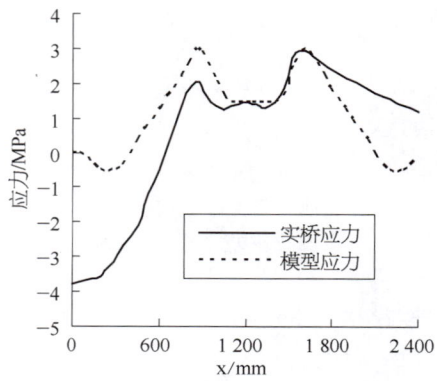

图 7-7 模型 A 跨中混凝土顶板桥纵向弯曲应力与实际结构中和模型 A 相应位置应力比较（300 kN）

由图 7-6、图 7-7 可知，在拉应力区，应力值大的区域，两者变化规律基本一致，满足试验模型设计要求。因此，按 200 kN 车和 300 kN 车作为疲劳车考虑时模型 A 疲劳上限设计荷载 $P_{\text{p-max}}$ 分别取 31.76 kN 和 39.14（单点加载值），两加载点间距为 1 940 mm。

根据之前的分析，按 550 kN 车载作用时对应的模型 A 疲劳上限荷载可取模型 A 静载试验设计荷载 $P_{\text{p-max}} = 41.83$ kN（单点加载值），两加载点间距为 1 940 mm。

（3）疲劳试验设计荷载下限的确定。

之前对疲劳试验设计荷载的上限值进行了计算分析，为了使模型试验的疲劳应力幅与实际结构的疲劳应力幅一致，同样需对疲劳试验设计荷载的下限值进行计算。本模型试验的研究对象为混凝土顶板，分析荷载下限时考虑到实桥结构中混凝土顶板只承受桥面铺装自重，因此只需使模型 A 在疲劳下限荷载作用下的应力值与实际结构在桥面铺装自重作用下的应力值保持一致即可。

通过空间模型分析，最终取疲劳试验设计荷载下限值 $P_{\text{p-min}} = 1.67$ kN（单点加载值），加载点间距为 1 940 mm。

实际结构（在桥面铺装自重作用下）与模型 A 相应位置处的应力分析结果和模型 A（在疲劳下限荷载作用下）的应力分析结果如图 7-8 所示。

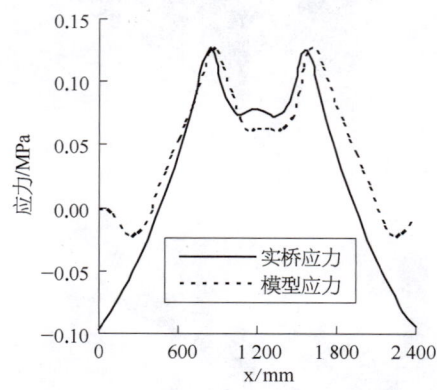

图 7-8 模型 A 跨中混凝土顶板桥纵向弯曲应力与实际结构中和模型 A 相应位置应力比较（自重）

由图 7-8 可知，拉应力区的两者应力变化规律一致，模型 A 的跨中应力略低于实际结构的相应应力，满足试验模型设计要求。所以取模型 A 的疲劳试验设计荷载下限值 $P_{\text{p-min}} = 1.67$ kN（单点加载值）。

通过以上理论分析，模型 A 的试验设计荷载列于表 7-1。

表 7-1 模型 A 的试验设计荷载

实际结构施加荷载	单点试验设计荷载/kN		加载点间距/mm	千斤顶加载值/kN
550 kN 静载 + 铺装层自重	静载	41.83		83.66
200 kN 疲劳车 + 铺装层自重	疲劳上限 $P_{\text{p-max}}$	31.76	1 940	63.52
300 kN 疲劳车 + 铺装层自重		39.14		78.28
550 kN 疲劳车 + 铺装层自重		41.83		83.66
铺装层自重	疲劳下限 $P_{\text{p-min}}$	1.67		3.33

4) 模型制造

模型 A 构件的加工分为钢结构部分和混凝土结构部分,分别阐述如下。

(1) 钢结构部分。

钢结构部分的加工制作在中铁二十三局集团养马河工程有限公司(原养马河桥梁厂)进行,先分段加工,再进行拼装成型后运至西南交通大学结构工程试验中心。2004 年 7 月委托养马河桥梁厂进行加工,8 月 25 日进行钢板材质力学基本性能测试,10 月钢结构部分加工完成。钢结构部分实物照片如图 7-9(a)所示。

(2) 混凝土结构部分。

混凝土结构部分的加工在西南交通大学结构工程试验中心完成。2004 年 8 月进行混凝土配合比设计,9 月 11 日按设计配合比浇筑混凝土试件,10 月 9 日对混凝土试件进行力学性能测试。2005 年 1 月 24 日浇筑模型 A 混凝土,2 月 23 日对模型 A 混凝土试件进行力学性能测试。2005 年 3 月 1 日开始试验加载工作:3 月 1 日~3 日进行预加载;3 月 5 日进行静载试验;3 月 6 日~14 日进行疲劳试验;3 月 14 日~18 日进行破坏试验。混凝土浇筑前结构照片如图 7-9(b)所示。

(a) 钢结构部分

(b) 混凝土浇筑前结构

图 7-9 混凝土浇筑前的试验构件

7.1.1.2 试验概况

整个试验经过近 2 个月的前期准备工作后正式开始,所有加载和测试工作均在西南交通大学结构工程试验中心进行。

1) 试验方法和测点布置

本次试验采用大吨位千斤顶和 MTS 伺服结构试验系统进行加载,集中荷载由分载梁分配到模型上,试验荷载加载情况如图 7-10 所示。

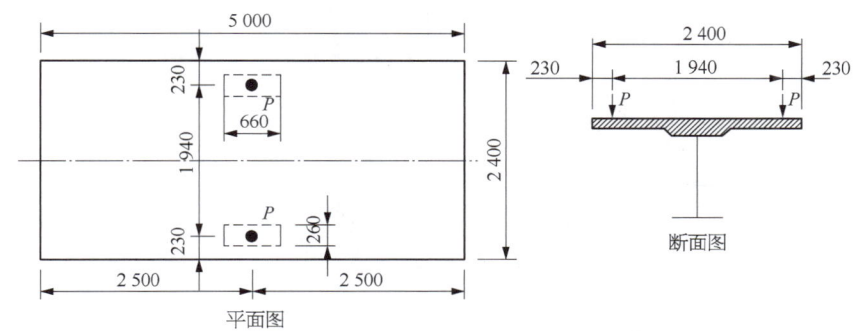

图 7-10 模型 A 试验荷载加载图(单位:mm)

模型 A 在静载试验和疲劳试验中所获得的测试数据是分析研究组合桥面板结构行为的重要依据。本次模型试验中采用电阻应变计测试应变,进而在弹性阶段按虎克定律求得相应的应力。该方法为结构模型试验的最常规方法,具有实施方便、精度可靠等优点。试验数据用 UCAM 万能数据采集仪采集并存入电脑。

考虑到本模型应力分布情况复杂,大部分板件处于平面应力的双向受力状态，因此大部分测点应变片采用三片一组的应变花的形式。部分钢结构表面的应变片在浇筑混凝土前进行粘贴，其余的则在模型 A 制作完成后再粘贴到设计位置。同时考虑到应变片受温度影响较大，设置了相应的温度补偿片。整个模型共贴应变片 514 片，其中钢结构表面贴 370 片，钢筋表面贴 46 片，混凝土表面贴 98 片。其中 1♯～145♯ 测点为工字钢部分的应变片，在应变测点布置图中未列出，其余部分的应变测点布置如图 7-11～图 7-15 所示。

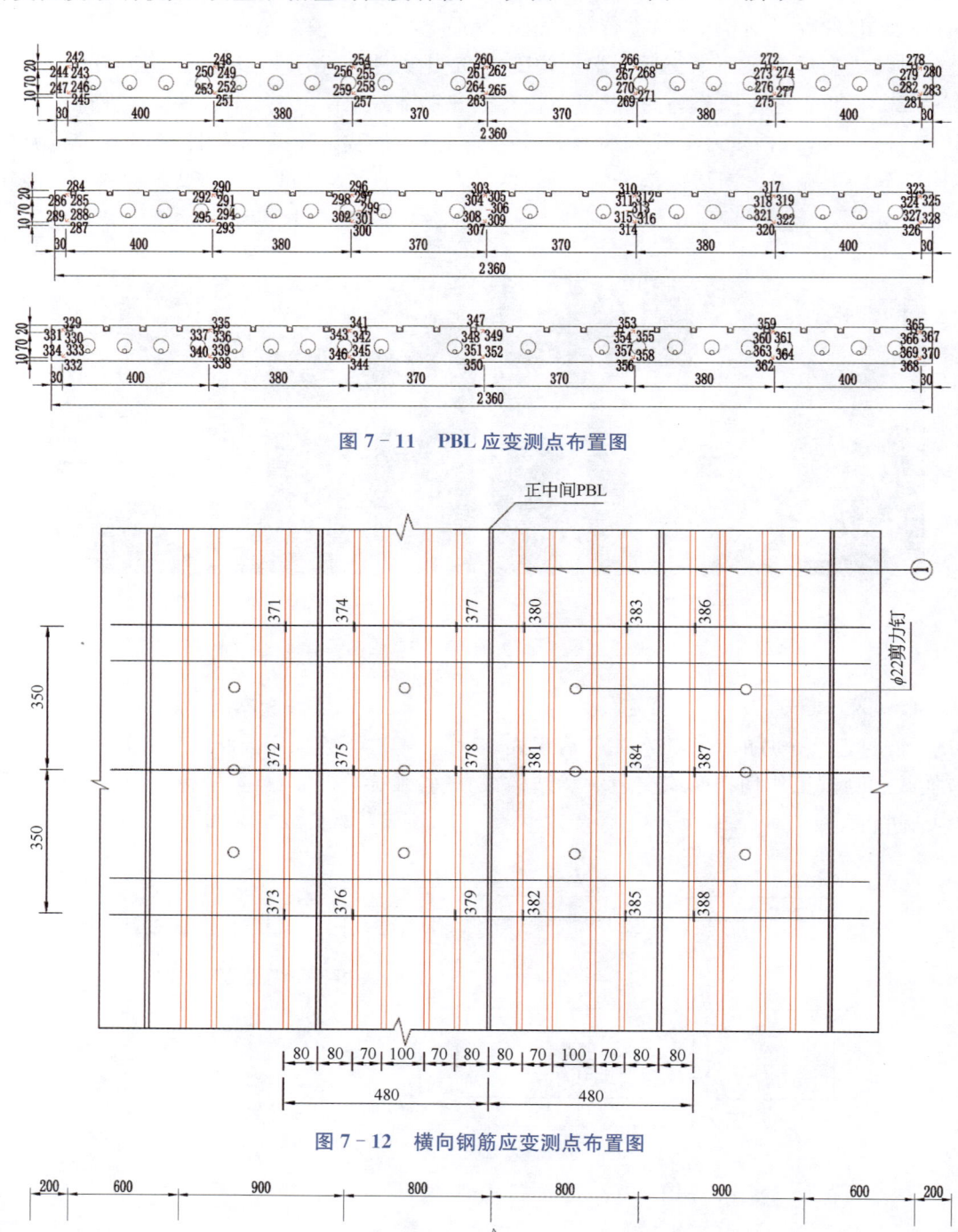

图 7-11　PBL 应变测点布置图

图 7-12　横向钢筋应变测点布置图

图 7-13　纵向钢筋应变测点布置图

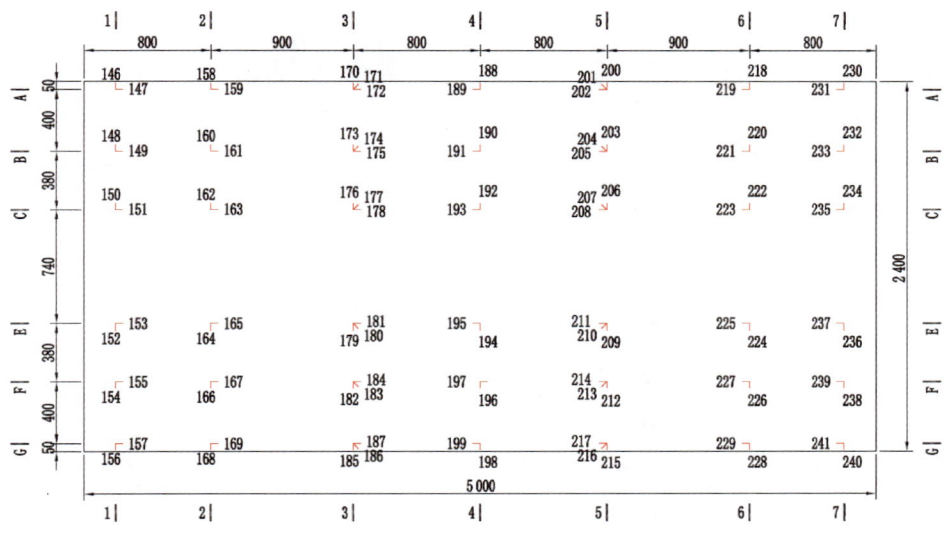

图 7-14 钢板底面应变测点布置图

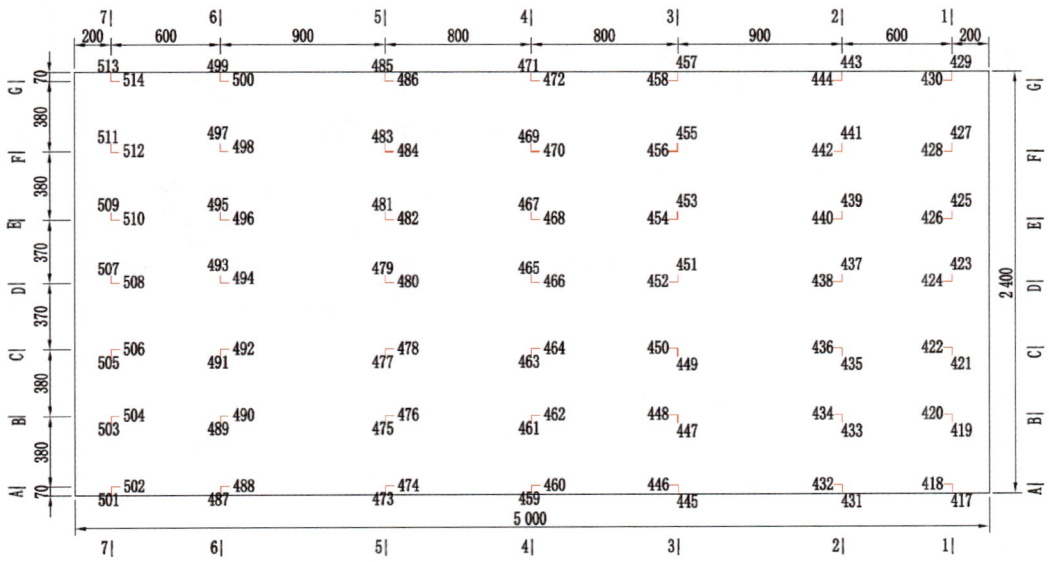

图 7-15 混凝土板顶面应变测点布置图

位移采用百分表进行测试,整个模型共布置 35 块百分表,其布置如图 7-16 所示。

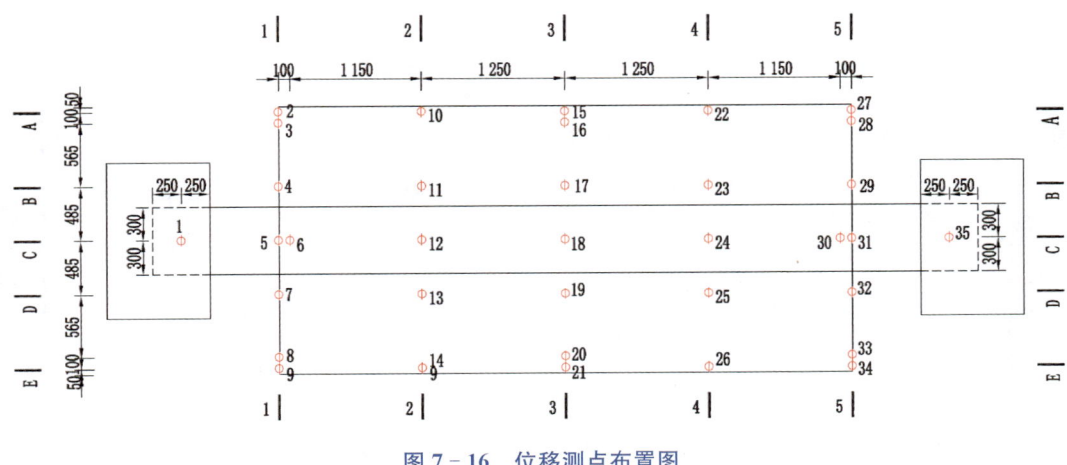

图 7-16 位移测点布置图

2) 加载程序

首先对模型结构做了静力加载试验,然后分别针对不同疲劳上限荷载对模型 A 共进行了 300 万次的疲劳试验,最后又做了破坏试验。具体过程如下:

(1) 预加载:0 kN—20 kN—40 kN—50 kN,共重复加载五次,以消除非弹性变形,同时检查仪表和设备是否处于正常工作状态。

(2) 静载:以较密的荷载等级加载,仔细观察梁体的变形和是否有裂缝出现,若有裂缝出现,则记录荷载及缝宽,然后逐步加载到设计荷载 83.66 kN 后卸载。

(3) 疲劳试验加载:疲劳试验采用常幅正弦波荷载,由于疲劳荷载持续时间长,为了缩短试验周期,试验机加载频率采用 8.4 Hz,加载次数共 300 万次。其中 1~200 万次的疲劳荷载幅为 3.33~63.52 kN,200~210 万次的疲劳荷载幅为 3.33~78.28 kN,210~300 万次的疲劳荷载幅为 3.33~83.66 kN。在疲劳试验中,为了监测各测点应力及变形,分别在疲劳荷载作用 1 万次、5 万次、25 万次、50 万次、100 万次、150 万次、200 万次、210 万次、255 万次、300 万次之后进行测读。

(4) 静力破坏试验:以设计荷载的 20% 左右为增量级,加载到静力设计荷载;然后以静力设计荷载的 10%~20% 为增量级,加载到静力设计荷载的 1.5 倍;再根据变形情况,实时调整荷载增量,加载至破坏。

在各级荷载作用下,持荷 5 min,进行应变、位移测量。在达到设计荷载以后,仔细观察试件的变形及是否有裂缝出现。

加载程序见表 7-2。

表 7-2 模型 A 加载程序

序号	荷载类别	荷载/kN	备注
1	预加载	0~50	共 5 次循环
2	静载	0~83.66	共 3 次循环
3	疲劳	3.33~63.52	200 万次
4	疲劳	3.33~78.28	10 万次
5	疲劳	3.33~83.66	90 万次
6	破坏	0~破坏荷载	破坏加载循环

3) 试验工况

静载和疲劳测试中加载循环的工况编号及对应的荷载级别见表 7-3。

表 7-3 静载和疲劳阶段循环加载试验工况表

静载和疲劳 200 万~300 万次				疲劳 1 万~200 万次	
工况编号	荷载值/kN	工况编号	荷载值/kN	工况编号	荷载值/kN
1	0	8	78.28	1	0
2	20	9	80	2	20
3	40	10	83.66	3	40
4	50	11	0	4	50
5	60			5	60
6	63.52			6	63.52
7	70			7	0

破坏循环一(MTS 系统加载)和破坏循环二(大吨位千斤顶加载)加载工况及荷载级别见表 7-4。

表 7-4 破坏循环一和破坏循环二阶段试验工况表

破坏循环一				破坏循环二			
工况编号	加载吨位/kN	工况编号	加载吨位/kN	工况编号	加载吨位/kN	工况编号	加载吨位/kN
1	0	17	200	33	0	49	1 125
2	20	18	220	34	200	50	1 150
3	40	19	250	35	400	51	1 175
4	50	20	300	36	600	52	1 200
5	60	21	340	37	700	53	1 250
6	63.52	22	393	38	800	54	1 300
7	70	23	439	39	850	55	1 350
8	78.28	24	486	40	900	56	1 400
9	80	25	535	41	925	57	1 450
10	83.66	26	587	42	950	58	1 500
11	100	27	632	43	975	59	1 550
12	120	28	678	44	1 000	60	1 600
13	135	29	732	45	1 025	61	1 650
14	150	30	786	46	1 050	62	1 700
15	165	31	844	47	1 075	63	1 750
16	180	32	0	48	1 100	64	0

7.1.1.3 试验结果与分析

1) 材料力学性能试验与力学性能指标

一个结构或构件的受力和变形特点,除受荷载等外界因素影响外,还取决于组成该结构或构件的材料的力学性能。因此在试验模型制作过程中,随构件制作了一批标准试验试块进行材料力学性能测试。现将各项力学性能试验结果列表如下:钢板的力学性能指标见表 7-5;钢筋的力学性能指标见表 7-6;混凝土的力学性能指标见表 7-7;混凝土的配合比见表 7-8。

表 7-5　模型 A 钢板(Q235)力学性能指标

板厚/mm	f_y/MPa	f_u/MPa	E_s/GPa	μ	δ_5/%
20	263.89	433.36	198	0.27	31.80
16	281.99	431.80	190	0.26	33.90
10	236.12	405.21	189	0.27	36.30
8	266.41	457.73	195	0.27	29.97

表 7-6　模型 A 钢筋力学性能指标

直径/mm	f_y/MPa	f_u/MPa	E_s/GPa	δ_{10}/%
16	406.38	585.52	207	29.47
12	336.16	536.68	205	22.06

表 7-7　模型 A 混凝土力学性能指标

f_{cu28}/MPa	f_{cu}/MPa	f_c/MPa	f_t/MPa	E_c/GPa	μ
47.95	50.49	45.18	3.67	30.2	0.23

表 7-8　混凝土配合比

水泥 C_0/(kg·m^{-3})	水 W_0/(kg·m^{-3})	砂 S_0/(kg·m^{-3})	石头 G_0/(kg·m^{-3})	W_0/C_0	ρ/(kg·m^{-3})
452	212.6	528	1231	0.4704	2423.6

注:钢纤维的用量为 100 kg/m³。

2) 特征点荷载

模型 A 试验特征点荷载情况见表 7-9。

表 7-9　试验特征点荷载情况　(单位:kN)

项目	开裂荷载	底钢板屈服荷载	横向钢筋屈服荷载	PBL屈服荷载	极限荷载
模型 A	79.37	1098.91	640.74	359.10	1750

在计算模型 A 各项屈服荷载时,首先根据钢板和钢筋力学性能试验结果计算出相应屈服应变,然后根据各板件的最大应变发生点的应变随荷载发展关系曲线(详见 7.1.1.3-5)-(2)-②)来内插求出屈服荷载;在整个加载过程中,工字钢的上下翼缘板、腹板及纵向钢筋均未发生屈服现象,因此表 7-9 中只列出了底钢板、横向钢筋和 PBL 的屈服荷载。

极限荷载即为试验加载时的破坏荷载。

模型 A 的开裂荷载可根据首次静载试验阶段(静载一阶段)混凝土在各工况下的试验应力分析结果直接判断,也可以根据各项荷载效应随荷载历程发展曲线图来确定。各项应力计算公式详见 7.1.1.3-3)-(1)-②;图 7-17、图 7-18 分别为静载一阶段荷载-挠度、荷载-应变(最大值)关系曲线。

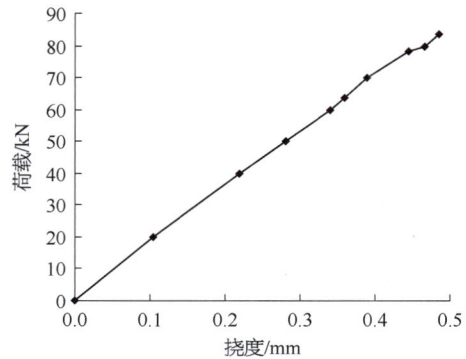

图 7-17　静载一阶段荷载-挠度关系曲线

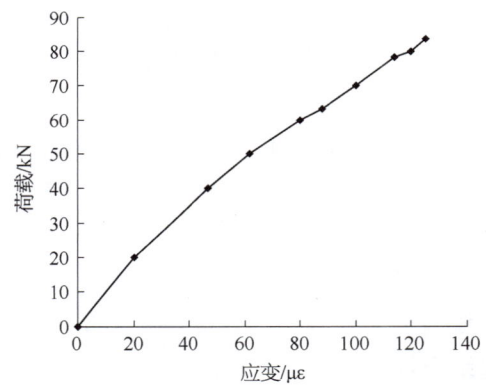

图 7-18　静载一阶段荷载-混凝土应变关系曲线

根据应力分析结果,在荷载 78.2 kN 作用下,混凝土板顶面的最大横向拉应力为 $\sigma_x = 3.55$ MPa,在荷载 80.00 kN 作用下,混凝土板顶面的最大横向拉应力为 $\sigma_x = 3.74$ MPa,在荷载 83.66 kN 作用下,混凝土板顶面的最大横向拉应力为 $\sigma_x = 3.88$ MPa,横向钢筋的最大拉应力为 15.99 MPa;而由混凝土力学性能指标知,混凝土的抗拉强度为 3.67 MPa,所以判定混凝土板在荷载 78.28 kN 和 80.00 kN 之间发生开裂,经内插推算,得出混凝土板的开裂荷载为

79.37 kN；最初开裂位置位于 463# 测点，即悬臂板的变截面处。

根据应力分析结果，还发现混凝土板在沿纵向也出现了很大的拉应力，荷载为 78.28 kN 时最大纵向拉应力为 $\sigma_z=3.37$ MPa，荷载为 80.00 kN 时最大纵向拉应力为 $\sigma_z=3.59$ MPa，荷载为 83.66 kN 时最大纵向拉应力为 $\sigma_z=3.21$ MPa；也可判定混凝土板在 80 kN 附近可能出现横向裂缝，最大纵向拉应力位于距梁跨中 800 mm 的 PBL 位置。但通过 ANSYS 软件对试验模型进行空间有限元分析得知：$\sigma_{z\max}=0.38$ MPa，距梁中间 800 mm 位置 PBL 处的 $\sigma_z=0.18$ MPa，这与试验结构的边界条件、PBL 处混凝土保护层厚度有关（横向裂缝均出现在 PBL 处），试验结构的两端约束较强，与理想的简支条件存在差别。

从图 7-17、图 7-18 可以看出，在荷载 78.28～80.00 kN 阶段，挠度和应变均出现较突然的增大现象，因此也可以判定混凝土板在荷载 78.28～80.00 kN 阶段出现裂缝。

3) 静载阶段试验结果分析

(1) 典型工况下试验结果分析。

本节所指的典型工况是第三次静载相应于 200 kN 车作用于实际结构（模型所受荷载为 63.52 kN）的工况 6、相应于 300 kN 车作用于实际结构（模型所受荷载 78.28 kN）的工况 8 和相应于 550 kN 车作用于实际结构（模型所受荷载 83.66 kN）的工况 10 三种工况。现就这三种工况下的挠度及应力结果汇总分析如下。

① 组合板挠度结果分析。

模型 A 在横向和纵向各 5 个断面布置了百分表来测量组合板的挠度，挠度规定向下为正。限于篇幅，下面只列出 z 方向和 x 方向中间断面横 3-3 和纵 C-C 的挠度曲线。各断面挠度曲线如图 7-19、图 7-20（测点及断面编号位置如图 7-16 所示）所示。

各断面在工况 10 作用下试验挠度值和用 ANSYS 计算得到的挠度值比较情况如图 7-21、图 7-22 所示。

根据挠度数据分析，可以看出最大挠度所在测点为 15#，位于其中一个加载点正下方，在工况 10 作用下，该点挠度为 0.645 mm，且处于线性增长阶段。同时在板的两个角点出现了上翘现象，即 8# 和 34# 测点。

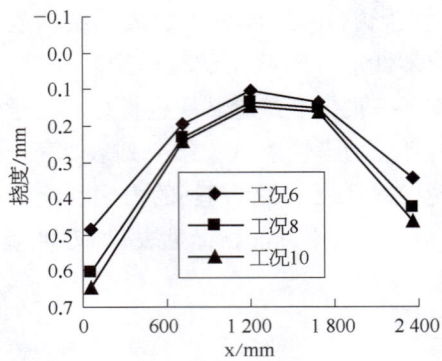

图 7-19　横 3-3 断面各工况下挠度曲线

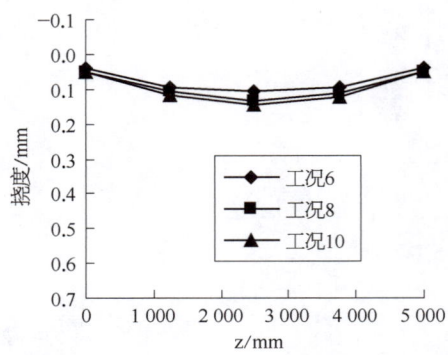

图 7-20　纵 C-C 断面各工况下挠度曲线

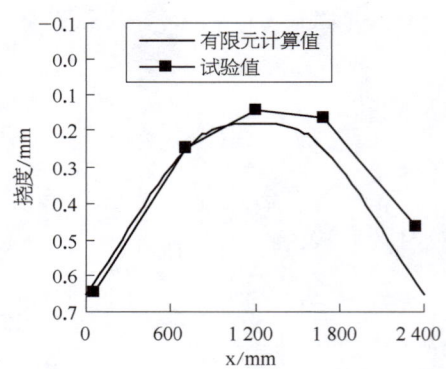

图 7-21　横 3-3 断面工况 10 下挠度曲线

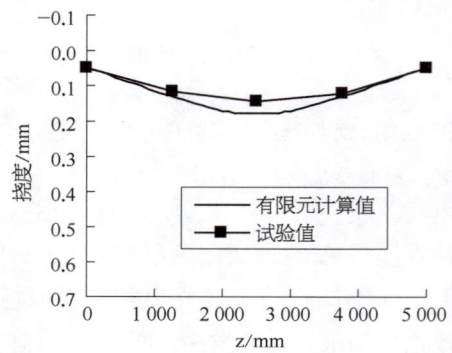

图 7-22　纵 C-C 断面工况 10 下挠度曲线

从图 7-19~图 7-22 中可以发现,测试结果沿 x 方向的对称性不是很好,这可能与板在 x 方向的刚度或加载装置不对称有关,但和 ANSYS 计算结果相比,板的实测最大挠度与计算值吻合很好。另外试验测试结果中板有上翘现象,而 ANSYS 计算结果中没有上翘发生。

② 各板件应力结果分析。

本试验采用电阻应变片测量试件应变,然后由应变计算出应力。在一般的平面应力状态下,主应力 σ_1、σ_2 的方向未知,为确定某点的平面应力,需要知道该点的正应变 ε_x、ε_y 和剪应变 γ_{xy},但在某些特殊情况下,用一个应变片就能确定其应力状态。下面就对这两种情况分别讨论。

a. 单向应力状态。

这种情况只需要将应变计贴于受力方向(例如 x 方向),测得应变 ε_x 即可由虎克定律求得应力:

$$\sigma_1 = \sigma_x = E \cdot \varepsilon_x \quad (7-1)$$

b. 双向应力状态且主应力方向未知。

在这种情况下,需要用应变花来测量。在实际应用中,常用的应变花有 45°应变花和 60°应变花等,本次试验选用的为 45°应变花,根据测得的数据,采用式(7-2)和式(7-3)就可确定主应变和主应力的大小。

$$\begin{cases} \varepsilon_x = \varepsilon_0 \\ \varepsilon_y = \varepsilon_{90} \\ \gamma_{xy} = 2\varepsilon_{45} - \varepsilon_0 - \varepsilon_{90} \end{cases} \quad (7-2)$$

再根据广义虎克定律得:

$$\begin{cases} \sigma_x = \dfrac{E}{1-\mu^2}(\varepsilon_x + \mu\varepsilon_y) \\ \sigma_y = \dfrac{E}{1-\mu^2}(\varepsilon_y + \mu\varepsilon_x) \\ \tau_{xy} = \dfrac{E}{1+\mu}\left(\varepsilon_{45} - \dfrac{\varepsilon_x + \varepsilon_y}{2}\right) \end{cases} \quad (7-3)$$

对钢结构,一般由 Von Mises 屈服准则判定其受力是否达到屈服,$\sigma_e = \sigma_s$。

其中 $\sigma_e = \sqrt{\dfrac{1}{2}\left[(\sigma_1-\sigma_2)^2 + (\sigma_2-\sigma_3)^2 + (\sigma_3-\sigma_1)^2\right]}$

$$(7-4)$$

为三向应力状态的等效应力。而平面应力状态下的等效应力 σ_e 则为:

$$\sigma_e = \sqrt{\sigma_1^2 - \sigma_1\sigma_2 + \sigma_2^2} \quad (7-5)$$

由上可知,在主应力方向未知的情况下,只要测定任意三个方向的线应变,就可以确定主应力的大小。

c. 双向应力状态且主应力方向已知。

这种情况只需要将应变计贴于受力的两个方向,测得应变 ε_x、ε_y,即可由虎克定律求得应力:

$$\begin{cases} \sigma_x = \dfrac{E}{1-\mu^2}(\varepsilon_x + \mu\varepsilon_y) \\ \sigma_y = \dfrac{E}{1-\mu^2}(\varepsilon_y + \mu\varepsilon_x) \end{cases} \quad (7-6)$$

以上是试验应力的分析方法,根据试验所测得的各板件应变结果,按式(7-1)~式(7-6)就可计算各板件的试验应力结果。如果计算试验应力大于相应屈服强度或抗拉强度,则表明该板件已屈服或开裂,计算值仅为名义应力。

根据应力结果分析,发现工字钢部分的应力很小,其在工况 10 作用下的最大等效应力为 15.07MPa,限于篇幅,以下结果分析中均未涉及工字钢部分的结果,且其余各板件只列出在工况 10 作用下的最大应力,见表 7-10。以上各板件最大应力在最大荷载工况下均未达到相应屈服应力,说明各板件仍处于弹性工作阶段。

表 7-10 静载阶段工况 10 作用下各板件应力峰值   单位:MPa

板件	应力峰值	σ_0	σ_{90}	τ_{xy}	σ_1	σ_2	τ_{max}	σ_e
钢板底面	min	−17.30	−7.10	1.38	−7.01	−17.30	0.08	0.38
	max	13.86	5.11	2.84	13.86	5.11	5.30	15.07
PBL	min	−10.77	−8.39	−2.53	−8.18	−10.98	0.24	1.31
	max	9.82	2.63	2.08	9.92	2.00	6.42	11.66

(续表)

板件	应力峰值	σ_0	σ_{90}	τ_{xy}	σ_1	σ_2	τ_{max}	σ_e
横向钢筋	min	0.62			0.62			
	max	8.41			8.41			
纵向钢筋	min	−10.25			−10.25			
	max	0.00			0.00			
混凝土板顶面	min	−1.48	−2.21		−0.96	−2.21	0.00	
	max	2.32	2.11		2.32	0.36	1.56	

对钢板底面和混凝土顶面各断面的应力曲线图进行分析，发现应力从梁中间向梁两端逐渐衰减，且距悬臂根部越近，衰减能力越强，距悬臂根部越近，荷载有效分布宽度也越小。限于篇幅，此处只列出钢板底面和混凝土顶面最大应力所在断面的应力曲线图。钢板底面应力曲线如图7-23～图7-26所示（钢板底面测点断面位置如图7-14所示），混凝土顶面各断面的应力曲线如图7-27～图7-30所示（混凝土顶面测点断面位置如图7-15所示）。

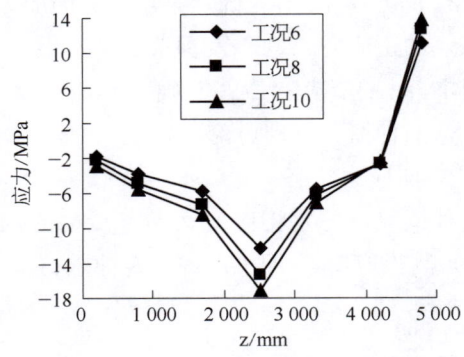

图 7-25 钢板底面纵 C-C 在静载阶段各典型工况下 x 方向应力曲线图

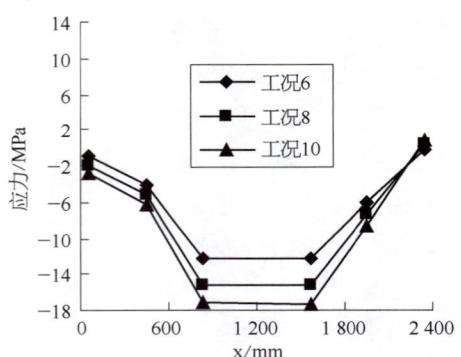

图 7-23 钢板底面横 4-4 在静载阶段各典型工况下 x 方向应力曲线图

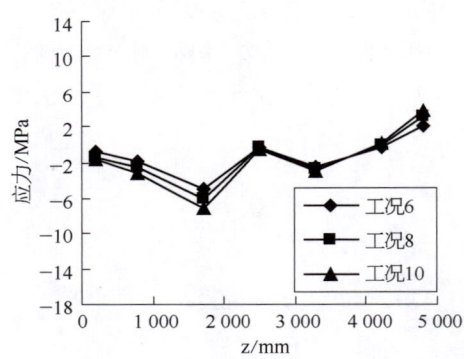

图 7-26 钢板底面纵 F-F 在静载阶段各典型工况下 z 方向应力曲线图

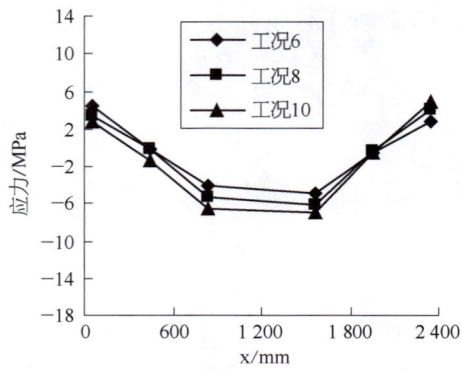

图 7-24 钢板底面横 4-4 在静载阶段各典型工况下 z 方向应力曲线图

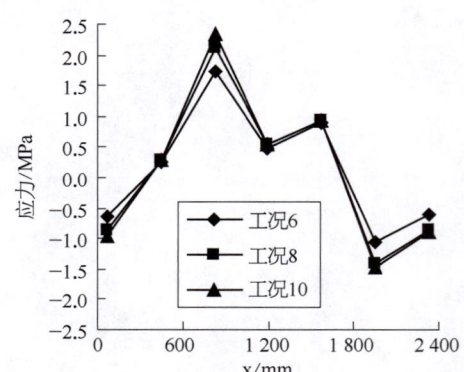

图 7-27 混凝土顶面横 4-4 在静载阶段各典型工况下 x 方向应力曲线图

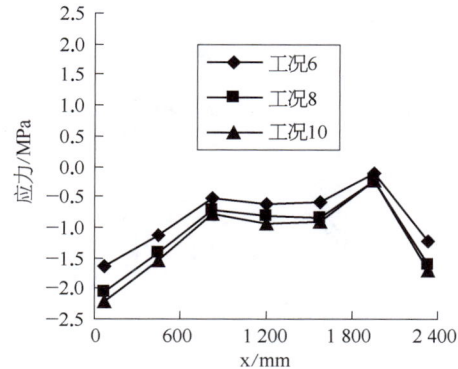

图 7-28 混凝土顶面横 4-4 在静载阶段各典型工况下 z 方向应力曲线图

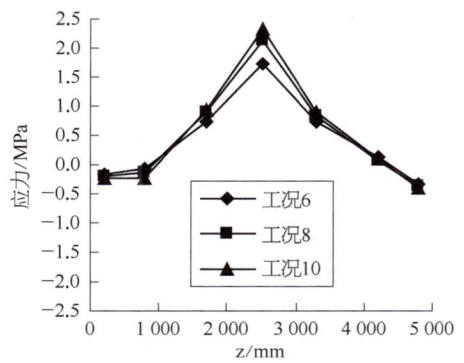

图 7-29 混凝土顶面纵 C-C 在静载阶段各典型工况下 x 方向应力曲线图

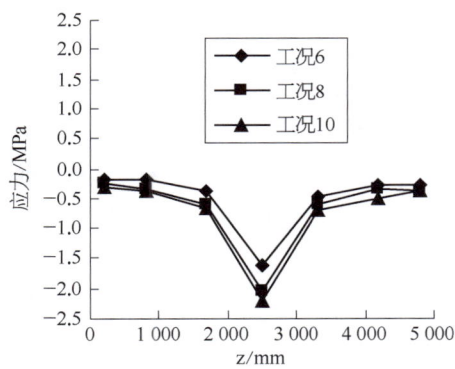

图 7-30 混凝土顶面纵 A-A 在静载阶段各典型工况下 z 方向应力曲线图

(2) 各项荷载效应随荷载发展历程。

① 荷载-变形性能。

通过对挠度数据分析发现第 15 号测点(位于加载点下方)的变形最大,第 15 号测点的挠度随荷载的变化曲线如图 7-31 所示。

图中试验值指试验测试挠度值,而计算值是根据 ANSYS 软件计算的挠度值,在进行 ANSYS 分

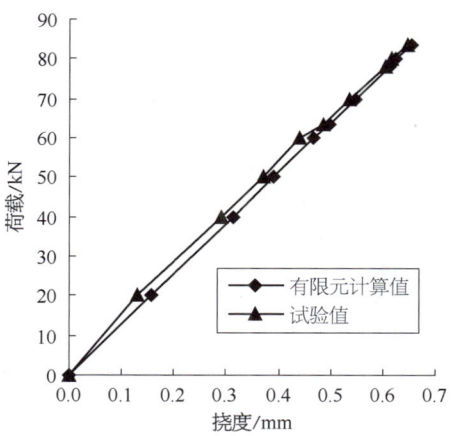

图 7-31 最大挠度随荷载变化曲线图

析时,不考虑钢板与混凝土之间的滑移效应,材料特性均取试验实测的材料指标。从图中可以看出两条挠度曲线没有完全重合,且试验值小于计算值。经分析可以看出当荷载为 20 kN 时,实测挠度值略小于计算值,但随荷载的增加,实测挠度值的增量和计算值的增量吻合的很好,这可能是试验挠度的初始读数有误差造成的。

② 荷载-应变行为。

由于工字钢部分应变很小,其在工况 10 下最大应变为 -49×10^{-6},限于篇幅,工字钢部分的曲线图此处略去。各板件最大应变响应值随荷载的发展历程曲线如图 7-32～图 7-35 所示。钢板底面和混凝土顶面 x 方向最大应力响应点的试验结果、有限元软件 ANSYS 计算结果和简化成悬臂板后按材料力学公式的平面理论计算结果比较如图 7-36、图 7-37 所示。

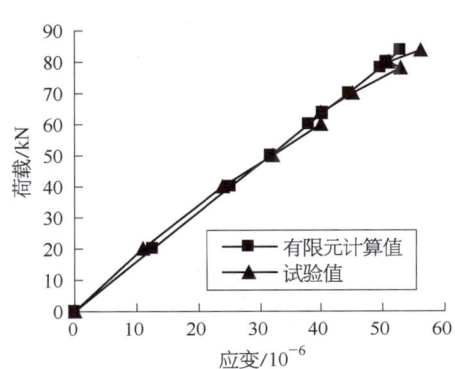

图 7-32 PBL x 方向拉应变随荷载发展历程曲线图

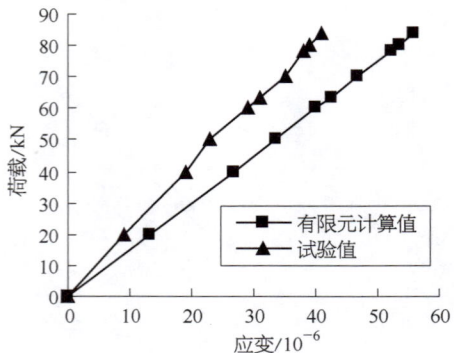

图7-33 横向钢筋x方向拉应变随荷载发展历程曲线图

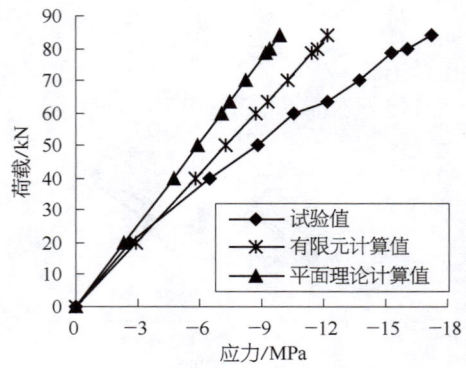

图7-36 钢板底面x方向最大应力试验值、有限元计算值和平面理论计算值比较

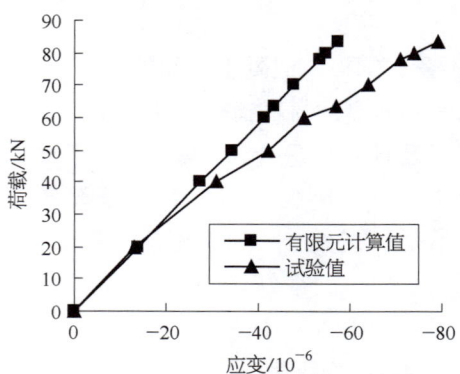

图7-34 钢板底面x方向压应变随荷载发展历程曲线图

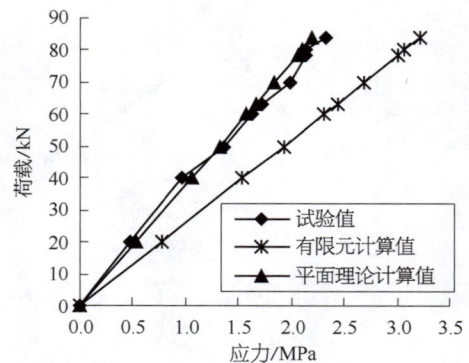

图7-37 混凝土顶面x方向最大应力试验值有限元计算值和平面理论计算值比较

③ 荷载-裂缝行为。

在试验加载过程中，经过肉眼的仔细观察，在78.28 kN和83.66 kN荷载下均未发现表面裂缝出现。但根据各特征点响应值随荷载的发展关系曲线，可以初步判断组合板混凝土顶面的开裂荷载为79.37 kN，此时已经出现了宽度很小的微小裂缝，只是肉眼无法观察到。

根据结构及加载形式，将模型A的上翼缘板简化成固结在工字钢上的悬臂板。根据《公路钢筋混凝土及预应力混凝土桥涵设计规范》计算得板的有效宽度$b=2.86$ m，认为荷载在有效宽度范围内均匀分布，计算取1 m板宽。分别计算静载、疲劳上限及其疲劳下限荷载作用下的钢筋应力和裂缝宽度。选取两个截面进行计算，即悬臂板根部截面（1截面）和悬臂板变截面处（2截面）。

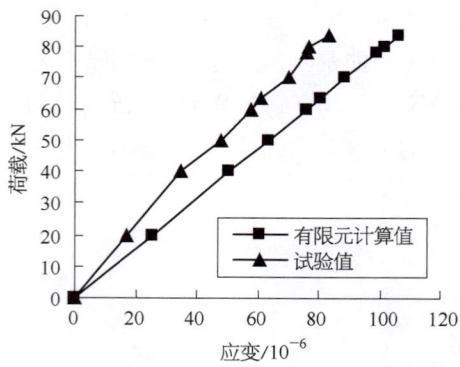

图7-35 混凝土顶面x方向拉应变随荷载发展历程曲线图

从图7-36、图7-37可以看出，各荷载响应均随荷载大致呈线性发展；除混凝土应变曲线之外，其余曲线均反映出试验值大于计算值，这可能是由钢与混凝土之间的滑移效应而引起的；对于混凝土顶板应变实测值小于计算值，主要是由于在ANSYS分析中未考虑混凝土顶层横向钢筋的影响。

在计算顶面混凝土应力和受拉区钢筋应力时作如下假定：①平截面假定；②混凝土、钢筋、钢板均处于弹性工作范围;③受压区和受拉区混凝土应力均沿截面高度方向按三角形分布。

将板受拉区钢筋和受压区钢板等效成混凝土,计算出换算截面特性,然后根据材料力学公式计算出顶面混凝土应力和受拉区钢筋应力,计算结果见表7-11、表7-12。

表7-11 顶面混凝土应力　　　　单位:MPa

工况	工况6	工况8	工况10
1截面	0.80	0.99	1.06
2截面	1.67	2.06	2.20

表7-12 受拉区钢筋应力　　　　单位:MPa

工况	工况6	工况8	工况10
1截面	3.43	4.23	4.52
2截面	3.85	4.74	5.07

由表7-11可知,顶面混凝土应力在静载阶段的各工况作用下均未达到混凝土的抗拉极限强度,混凝土没有开裂。而实测混凝土顶面应力为3.88 MPa,已开裂,原因是由于实际有效分布宽度比我国桥规计算值小,其次是由于实际结构中混凝土往往在受载前已存在内部微小裂缝。

(3) 荷载有效分布宽度分析。

对悬臂板进行计算分析时,可以利用"荷载有效分布宽度"的概念先确定板的计算宽度,再将悬臂板简化成单位宽度的悬臂梁进行内力计算。

现有资料显示,关于悬臂板荷载有效分布宽度的计算,各国均对钢筋混凝土板做了大量研究,且都建立了相应的计算公式,而对于钢-混凝土组合悬臂板,目前各国规范尚无具体规定。这里,暂借用钢筋混凝土板的相关公式,首先对模型结构悬臂板进行理论计算分析,然后再与试验结果进行比较。

① 理论分析。

根据文献相关理论计算式对本试验模型A组合板进行荷载有效分布宽度的计算,结果见表7-13。

表7-13 荷载有效分布宽度理论计算值

序号	计算公式	荷载有效分布宽度/mm	
		弯矩	剪力
1	我国桥规(JTJ023—85)	2 860	
2	Sawko	2 234	1 524
3	张士铎	2 700	
4	Westergaard	3 047	3 047
5	美国AASHTO规范	1 919	

从上表可以看出,按美国AASHTO规范所列的公式计算的有效分布宽度值偏小,不经济;按Westergaard建议公式计算的有效分布宽度值偏大,不安全;按我国桥规(JTJ023—85)、Sawko和张士铎建议公式计算的有效分布宽度值比较接近。

② 试验分析。

根据有效分布宽度的等效原理:

$$a \times m_{x\max} = \int m_x \mathrm{d}y \quad (7-7)$$

即可计算相应工况下各计算截面的荷载有效分布宽度。在通常情况下,需按弯矩效应、剪力效应分别计算,但由于本试验未对板的竖向剪力进行测试,所以仅分别按混凝土板顶面横向应力、钢板底面横向应力两种等效方式进行计算。

a. 按混凝土板顶面横向应力进行等效。

计算结果见表7-14,总平均有效分布宽度为2 648 mm,约为桥规计算值的0.93倍。

表7-14 静载循环—荷载有效分布宽度试验值　　　　单位:mm

荷载	距悬臂根部距离					平均	总平均
	−750 mm	−370 mm	0 mm	370 mm	1 130 mm		
20 kN	—	2 787	—	—	1 638	2 212	2 648/2 860(桥规值) =0.926≈0.93
40 kN	2 459	2 745	—	2 463	2 660	2 582	
50 kN	—	2 559	—	2 534	2 382	2 492	
60 kN	2 604	2 650	—	3 023	2 282	2 640	
63.52 kN	2 486	2 714	2 822	3 246	—	2 817	
70 kN	2 533	2 682	2 832	3 373	2 049	2 694	

(续表)

荷载	距悬臂根部距离					平均	总平均
	−750 mm	−370 mm	0 mm	370 mm	1 130 mm		
78.28 kN	2 568	2 639	2 809	3 509	1 773	2 660	
80 kN	2 459	2 569	2 743	3 610	—	2 845	
83.66 kN	2 524	2 562	2 730	3 739		2 889	

注：表中"—"表示该截面处荷载响应值同时存在拉压应力，在积分时有正负抵消现象，所以该项数据未列出，下同。

b. 按钢板底面横向应力进行等效。

计算结果见表 7 - 15、表 7 - 16 所示。

表 7 - 15　静载循环一荷载有效分布宽度试验值

单位：mm

距悬臂根部距离	40 kN	50 kN	70 kN	83.66 kN
−370	2 916	2 928	2 969	3 219
370	2 864	2 750	—	—
750	2 524	1 940	—	1 451
平均	2 781	2 556	2 969	2 335
总平均	2 660/2 860（桥规值）=0.93			

表 7 - 16　静载循环三荷载有效分布宽度试验值

单位：mm

距悬臂根部距离	工况 6	工况 8	工况 10
	有效宽度	有效宽度	有效宽度
−1150	1 783	—	1 569
750	2 203	—	—
−750	3 285	3 198	3 077
370	1 908	1 898	1 892
平均	2 295	2 548	2 179
总平均	2 341/2 860（桥规值）=0.82		

由表 7 - 15、表 7 - 16 可知，该阶段大部分断面的荷载有效分布宽度小于我国桥规计算值，表明直接引用我国桥规 RC 悬臂板的公式计算组合板的荷载有效分布宽度，偏于不安全，试验反算出的有效分布宽度与桥规计算宽度的比值介于 0.82~0.93 之间，平均 0.85。

(4) 静载阶段小结。

① 组合板的最大变形出现在加载点下方，其在工况 10（相应于实际结构中的 550 kN 车作用）下的最大挠度为 0.645 mm。

② 在组合板的横断面上，控制台侧挠度小于另一侧的挠度值，经分析原因有两种：一是结构刚度不对称，二是地基沉降不一致。

③ 各板件在静力加载阶段的应力都较小，处于弹性工作阶段。在第三次静载的工况 10 作用下，钢结构部分的最大主拉应力为 13.86 MPa，最大主压应力为 −17.30 MPa，最大剪应力为 6.42 MPa，最大等效应力为 15.07 MPa；钢筋最大拉应力为 8.41 MPa，最大压应力为 −10.25 MPa；混凝土板顶面最大主拉应力为 2.32 MPa，最大主压应力为 −2.21 MPa，最大剪应力为 1.56 MPa。

④ 从钢板底面和混凝土顶面应力在板内的分布情况看，应力均是从梁中间向梁端部逐渐衰减，但计算截面距悬臂根部越近，其断面应力的衰减越强，即距悬臂根部越近，荷载有效分布宽度越小。

⑤ 从各项荷载响应随荷载发展历程曲线图可以看出，结构处于弹性工作阶段，各响应值均随荷载线性发展；从试验值与空间有限元的计算结果比较看，钢结构部分的应变情况均反映出试验值大于计算值，这可能是由钢与混凝土之间的滑移效应引起的；而混凝土板的应变情况则是实测值小于计算值，主要是由于在 ANSYS 分析中未考虑混凝土顶层横向钢筋的影响；考虑横向钢筋影响后其平面理论计算值和试验值吻合较好。

⑥ 按平面理论计算，在工况 10 作用下，混凝土顶面应力为 2.20 MPa，未达到混凝土的极限抗拉强度，受拉区钢筋应力为 5.07 MPa，均小于实测应力。

⑦ 大部分断面的荷载有效分布宽度小于我国桥规计算值，表明直接引用我国桥规中 RC 悬臂板的公式计算组合板荷载有效分布宽度，偏于不安全。

4）疲劳阶段试验结果分析

(1) 典型工况下试验结果分析。

本节所指的典型工况是：疲劳循环加载 1 万次、100 万次、200 万次后再静力加载至 63.52 kN 时的工况6；疲劳循环加载210万次后再静力加载至78.28 kN时的工况8；疲劳循环加载300万次后再静力加载至83.66 kN时的工况10。现将相应各疲劳循环次数完成后典型工况下的挠度和应变结果分析如下。

① 组合板挠度结果分析。

根据对挠度数据分析，可以看出在各工况下最大挠度均发生在测点15#处，位于其中一个加载点正下方，疲劳循环加载(3.33~63.52 kN)200万次后在工况6作用下组合板最大挠度为0.515 mm，将疲劳上限荷载提高到78.28 kN再做10万次循环加载后在工况8作用下组合板最大挠度为0.63 mm，继续将疲劳上限荷载提高到83.66 kN再做90万次循环加载后在工况10作用下组合板最大挠度为0.65 mm，与静力加载阶段在工况10作用下的最大挠度值0.645 mm很接近，说明组合板的整体刚度还未发生明显衰减现象。限于篇幅，此处未列出数据表。

根据对组合板各断面的挠度曲线分析可以发现，组合板在疲劳循环加载阶段的各工况作用下，其挠度在板内的分布沿x方向的对称性不是很好，这与板在静力加载阶段的挠度分布规律一致，系由外界因素影响而造成。组合板在加载点处挠度达到最大值，并逐渐向梁端部递减，且断面A-A和断面E-E的衰减程度最大，而悬臂根部断面C-C的衰减程度最小。另外试验中组合板的个别角点有上翘现象。限于篇幅，只列出组合板x方向和z方向中间断面横3-3和纵C-C的挠度曲线，如图7-38、图7-39所示(图中F*表示疲劳*万次，L*表示工况*，例如F100L6表示疲劳100万次后在工况6作用下的挠度曲线)。

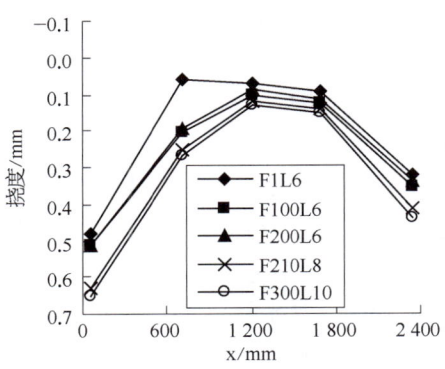

图7-38 横3-3断面各工况下挠度曲线

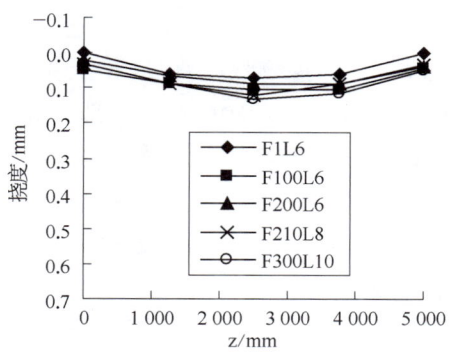

图7-39 纵C-C断面各工况下挠度曲线

② 各板件应力结果分析。

根据7.1.1.3-3)-(1)中试验应力的分析方法，按式(7-1)~式(7-6)可计算各板件在疲劳阶段各工况下的试验应力。如果计算试验应力大于对应屈服强度或抗拉强度，则表明该板件已屈服或开裂，计算值仅为名义应力。

由于工字钢部分应变很小，以下结果分析不涉及，其余板件应力结果分析见表7-17。

表7-17 各板件试验应力分析结果汇总

单位：MPa

响应值	疲劳次数(荷载)				
	1万(63.52 kN)	100万(63.52 kN)	200万(63.52 kN)	210万(78.28 kN)	300万(83.66 kN)
σ_1^s	6.10	4.21	6.94	5.55	8.15
σ_2^s	−9.47	−11.37	−7.88	−10.9	−11.01
τ^s	3.92	3.92	3.61	4.22	4.99
σ_e^s	8.27	10.02	7.17	9.7	9.96
σ_1^{PBL}	8.84	8.00	9.79	9.93	14.28
σ_2^{PBL}	−4.41	−7.12	−3.7	−8.56	−6.78
τ^{PBL}	4.44	4.49	4.36	5.44	6.64
σ_e^{PBL}	8.86	8.28	9.3	10.24	13.81
$\sigma_{横筋}$	13.12	8.41	11.89	14.15	17.02
$\sigma_{纵筋}$	14.35	17.84	6.97	5.74	13.53
σ_1^c	3.24	2.34	2.71	3.25	3.18
σ_2^c	−0.35	−1.14	−2.23	−0.66	−0.81
τ^c	1.08	1.14	1.12	1.26	1.24

注：表中各种应力响应是整个结构中该项响应的最大值，不是同一测点对应的各响应值。上标s表示钢板、c表示混凝土、PBL表示剪力连接件；σ_1表示主拉应力、σ_2表示主压应力、σ_e表示等效应力。

从以上分析可以看出，钢结构部分和钢筋的应力远小于相应的屈服应力，材料处于弹性工作阶段；

而混凝土顶板在 1 万次后最大拉应力达 3.24 MPa，尽管小于混凝土的抗拉强度，但混凝土板在局部已有开裂现象，这似乎是首次静载下内部裂缝的延伸，开裂后混凝土的实测应力降低，然后随加载进程又呈上升趋势。

（2）各项荷载效应随疲劳次数的发展历程。

① 疲劳次数-变形性能。

通过对挠度数据分析，发现第 15 号测点（位于加载点下方）的变形最大，第 15 号测点在工况 6 作用下挠度随疲劳次数的发展历程曲线如图 7－40 所示。

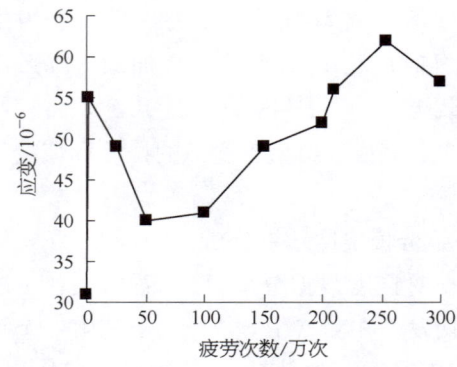

图 7－42　横向钢筋 x 方向拉应变随疲劳次数发展历程曲线图

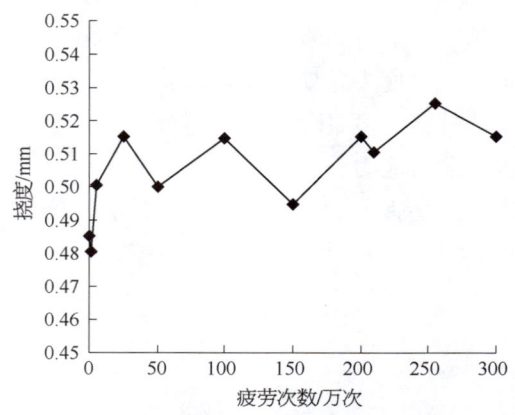

图 7－40　最大挠度随疲劳次数发展历程曲线图

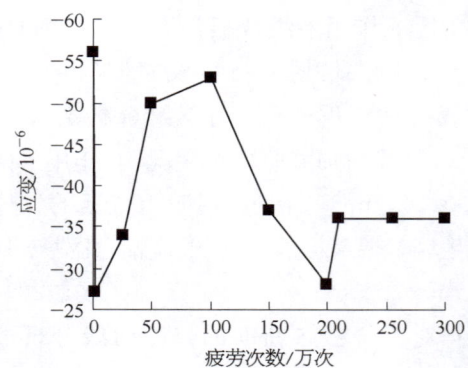

图 7－43　钢板底面 x 方向压应变随疲劳次数发展历程曲线图

从图 7－40 中可以看出，在疲劳循环加载初期阶段，组合板的挠度有突然增大趋势，大致在疲劳循环加载 25 万次以后，挠度就变得相对稳定一些，但仍有小幅度的增加。

② 疲劳次数-应变行为。

各板件最大应变随疲劳次数发展历程曲线如图 7－41～图 7－44 所示。

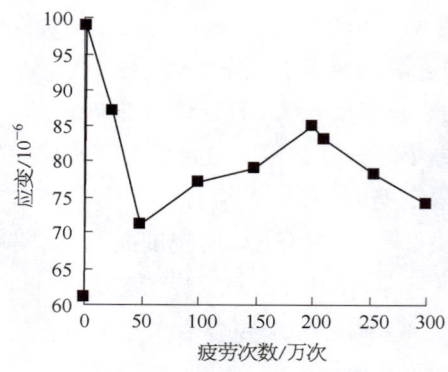

图 7－44　混凝土顶面 x 方向拉应变随疲劳次数发展历程曲线图

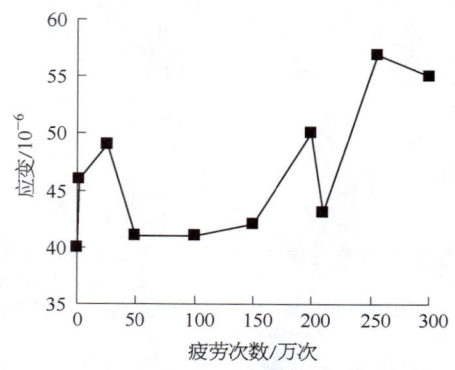

图 7－41　PBL x 方向拉应变随疲劳次数发展历程曲线图

从图 7－41～图 7－44 可以看出：从静载阶段到疲劳循环加载 1 万次左右时，应变（代数值）有突然增大趋势；然后大致从 1 万次到 100 万次之间，应变（代数值）略有降低；待超过 150 万次以后，应变变化相对稳定，但总体上仍有小幅度增长。

③ 疲劳次数-裂缝行为。

由试验观察发现，在上限为 63.52 kN 重复荷载作用下,经过1万次疲劳加载后,在混凝土顶板最大横向拉应力区出现了4条编号为1、3、4、5的纵向微细裂缝,同时在距模型梁跨中400 mm处出现了一条沿PBL方向发展的横向裂缝,编号为2,在63.52 kN荷载作用下最大纵向裂缝宽度为0.04 mm。

随着疲劳次数的增加,新的裂缝不断出现,原有裂缝不断延伸,纵向裂缝宽度和远离跨中截面的横向裂缝也呈不断增大的趋势,而在跨中截面附近的横向裂缝基本上没有增大,经过200万次疲劳加载后,在63.52 kN荷载作用下纵向裂缝最大宽度达0.05 mm,横向裂缝最大宽度达0.10 mm;经过300万次疲劳加载后在83.66 kN荷载作用下纵向裂缝最大宽度达0.055 mm,横向裂缝最大宽度达0.09 mm。裂缝如图7-45所示。

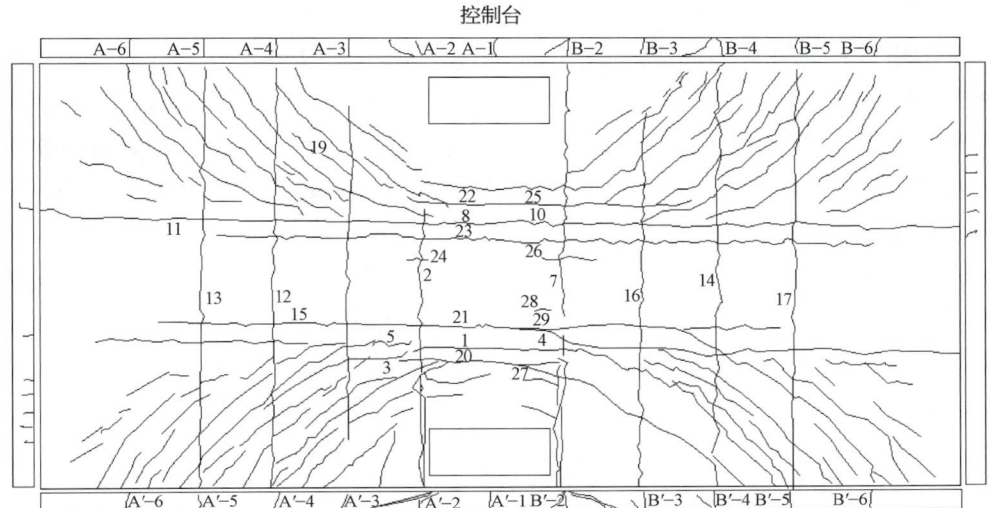

图7-45 模型A裂缝图

混凝土板顶面裂缝根数随疲劳作用次数的发展曲线如图7-46所示。在50万次之前,裂缝根数的发展基本呈线性增长;在50万次之后,裂缝根数虽有少量增加,但已变得平缓得多。

(3) 有效分布宽度分析。

模型A在疲劳阶段的荷载有效分布宽度仍分别按混凝土板顶面横向应力、钢板底面横向应力两种等效方式进行计算。

① 按混凝土板顶面横向应力进行等效。

荷载有效分布宽度按混凝土板顶面横向应力进行等效的计算结果见表7-18。

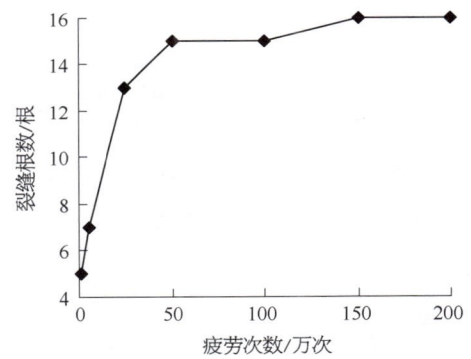

图7-46 混凝土板顶面裂缝根数随疲劳作用次数的发展曲线图

表7-18 荷载有效分布宽度试验值　　　　单位:mm

疲劳加载次数	工况号	距悬臂根部距离						
		1 130	−1 130	750	−750	370	−370	0
1万次	工况6	3 248	3 193	3 523	2 561	2 609	2 459	2 398
50万次	工况6	2 760*	2 313*	372*	1 273*	2 356	1 961	2 174
100万次	工况6	1 658*	56*	1 978*	2 237	2 618	2 231	2 489
200万次	工况6	2 149	3 818	3 095	2 523	2 502	2 506	2 244

(续表)

疲劳加载次数	工况号	距悬臂根部距离						
		1 130	−1 130	750	−750	370	−370	0
210万次	工况8	3 109	2 945	3 055	3 106	2 672	2 536	2 707
300万次	工况10	3 212	3 193	3 044	2 804	2 749	2 518	2 609

注：表中带*数据表示该截面处荷载响应值同时存在拉压状态，在积分时有正负抵消现象，所以该项数据可靠性不高，未参与平均值的计算。

从表7-18中可以看出距悬臂根部越近，荷载有效分布宽度越小，且随疲劳作用次数的增加略有增大趋势。最大值出现在悬臂端部截面，最小值出现在距悬臂根部370 mm处截面。在工况6作用下有效分布宽度小于规范计算值，在工况8和工况10作用下有效分布宽度与规范计算值比较吻合。总平均值为2 717 mm，为桥规计算值的0.95倍。

② 按钢板底面横向应力进行等效。

荷载有效分布宽度按钢板底面横向应力进行等效的计算结果见表7-19。

表7-19 荷载有效分布宽度试验值 单位：mm

疲劳次数	工况号	距悬臂根部距离					
		1 150	−1 150	750	−750	370	−370
1万次	工况6	<u>668</u>	<u>532</u>	1 444	1 710	2 622	2 481
50万次	工况6	<u>1 364</u>	1 422	2 199	1 448	2 034	2 041
100万次	工况6	<u>1 181</u>	<u>−110</u>	2 014	1 622	1 870	<u>1 672</u>
200万次	工况6	<u>350</u>	<u>1 748</u>	1 496	1 204	2 382	2 352
210万次	工况8	<u>2 185</u>	<u>1 555</u>	3 237	3 434	2 971	2 751
300万次	工况10	<u>610</u>	<u>2 424</u>	1 644	1 566	2 554	<u>2 036</u>

注：表中带下划线数据表示该截面处荷载响应值同时存在拉压状态，在积分时有正负抵消现象，所以该项数据可靠性不高，未参与平均值的计算。

表7-19中数据规律性较差，最大值出现在距悬臂根部750 mm截面处，最小值出现在距悬臂根部370 mm截面处；从表中可以看出距悬臂根部越近，荷载有效分布宽度越小，且随疲劳作用次数的增加略有增大趋势。最大值出现在悬臂端部截面，最小值出现在距悬臂根部370 mm处截面。在工况6和工况10作用下有效分布宽度小于规范计算值，在工况8作用下有效分布宽度大于规范计算值。总平均值为2 533 mm，为桥规计算值的0.89倍。

(4) 疲劳阶段小结。

① 各工况下最大挠度均发生在测点15#处，位于其中一个加载点下方，疲劳循环加载200万次后在工况6作用下最大挠度为0.515 mm，疲劳循环加载210万次后，在工况8作用下最大挠度为0.63 mm，疲劳循环加载300万次后在工况10作用下最大挠度为0.65 mm，与静力加载阶段在工况10作用下的最大挠度值0.645 mm很接近，说明组合板的总体刚度还未发生明显衰减。

② 在整个疲劳加载阶段，钢结构部分均未达到相应屈服应力，仍处于弹性工作阶段；而混凝土板在1万次后最大拉应力达3.24 MPa，尽管小于混凝土的抗拉强度，但在局部已有开裂现象，可能是首次静载下内部裂缝的延伸，开裂后混凝土的实测应力降低，然后随加载进程又呈上升趋势。

③ 从钢板底面和混凝土顶面应变在板内的分布情况看，应变均是从梁中间向梁端部逐渐衰减，且计算截面距悬臂根部越近，其断面应力的衰减就越强，即距悬臂根部越近，荷载有效分布宽度越小。

④ 组合板的挠度在疲劳循环加载初期有突然增大趋势，但在疲劳循环加载约25万次以后，挠度变化相对稳定，但仍有小幅度的增加；应变从静载阶段到疲劳循环加载1万次左右时，其代数值有突然增大趋势；然后大致从1万次到100万次之间，应变(代数值)又会出现一定降低；超过150万次以后，应变的变化相对稳定，但总体上仍有小幅度增长。

⑤ 在疲劳循环加载1万次后，肉眼观察到混凝土表面出现裂缝，随着疲劳加载次数的增加，混凝土的裂缝宽度不断扩大，且不断有新的裂缝出现。经过200万次疲劳加载后，在工况6作用下，混凝土顶面纵向裂缝最大宽度达0.05 mm，横向裂缝最大宽度达0.10 mm，混凝土侧面裂缝最大宽度达0.105 mm；经过300万次疲劳加载后在工况10作用下，混凝土顶面纵向裂缝最大宽度达0.055 mm，

横向裂缝最大宽度达 0.09 mm,混凝土侧面裂缝最大宽度达 0.135 mm;裂缝宽满足规范限值要求。

⑥ 底钢板应力进行等效的计算表明：距悬臂根部 370 mm 处截面的荷载有效分布宽度大部分小于我国桥规计算值,直接引用规范计算值偏于不安全。

5) 破坏阶段试验结果分析

(1) 典型工况下试验结果分析。

由于 MTS 结构试验伺服系统的最大吨位不能满足将模型加载到极限破坏的要求,所以用 MTS 伺服系统加载到 844 kN 后(破坏循环加载一),改用普通千斤顶做破坏加载试验(破坏循环加载二)。

本节所指的典型工况是：破坏循环一中的相应于 300 kN 的工况 20、相应于 486 kN 的工况 24、相应于 786 kN 的工况 30 和破坏循环二中的相应于 1 200 kN 的工况 52 以及破坏前最后测试工况(挠度对应于 1 400 kN 的工况 56、应变对应于 1 750 kN 的工况 63)。现将这些典型工况下的挠度和应变结果分析如下。

① 组合板挠度结果分析。

最大挠度仍发生在加载点下方,在试验荷载加到 1 400 kN 时,最大挠度达 25.218 mm,该点与悬臂根部的相对位移为 21.768 mm;而板的角点位移仍很小,在 1 400 kN 作用下,四个角点的最大挠度为 5.485 mm,最小则为 2.822 mm。从挠度分布图上看,与静载阶段相比,这时结构挠度的对称性已很好。限于篇幅,只列出组合板 x 方向和 z 方向中间断面横 3-3 和纵 C-C 的挠度曲线,如图 7-47、图 7-48 所示。

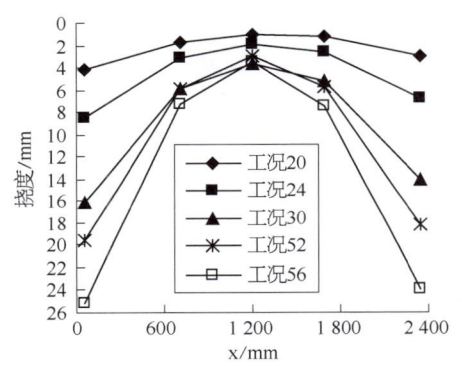

图 7-47 横 3-3 断面在破坏阶段各典型工况下挠度曲线

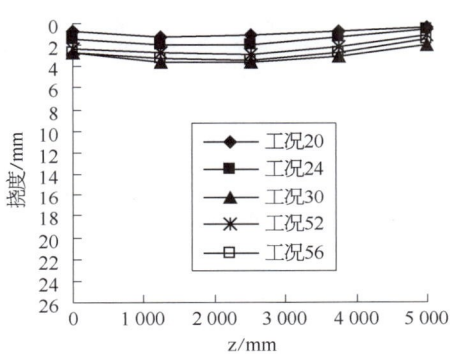

图 7-48 纵 C-C 断面在破坏阶段各典型工况下挠度曲线

② 各板件应变结果分析。

通过对破坏阶段应变结果分析可以看出：随着荷载的增加,应变片的工作状态越来越差,破坏数量逐渐增多,表中有很多数据已不能正确反应结构的应变状况,但从整体看,工字钢上下翼缘板、腹板及纵向钢筋始终未达到屈服应变,PBL、底钢板以及横向钢筋均在破坏之前达到了其相应屈服强度。经计算分析得知：PBL 的屈服荷载为 359.10 kN,发生在测点 310# 处；横向钢筋的屈服荷载为 640.74 kN,发生在测点 376# 处；底钢板的屈服荷载为 1 098.91 kN,发生在测点 194# 处。混凝土板由于裂缝的继续扩展,其应变始终很小(非裂缝处)。限于篇幅,此处未列出应变数据表。

通过对底钢板和混凝土顶板的应变分布图分析发现,由于在破坏阶段许多应变片已破坏,其测试结果已不能完全真实地反应构件的应变,且篇幅有限,所以在本节仅列出底钢板和混凝土顶板最大应变所在断面的应变分布曲线(图 7-49～图 7-56)供参考。

(2) 各项荷载效应随荷载的发展历程。

① 荷载-变形性能。

通过对挠度数据分析发现第 15 号测点(位于加载点下方)的变形最大,第 15 号测点挠度随荷载变化曲线如图 7-57 所示。其中有限元计算值是有限元分析软件 ANSYS 的分析结果,ANSYS 模型分析结果是按线弹性理论计算的,尚未考虑材料非线性影响。

挠度曲线图可以反映出两点：①在弹性阶段,试验值和 ANSYS 计算值吻合较好,但随着荷载的增加,试验值逐渐偏离 ANSYS 计算值,弹性理论计

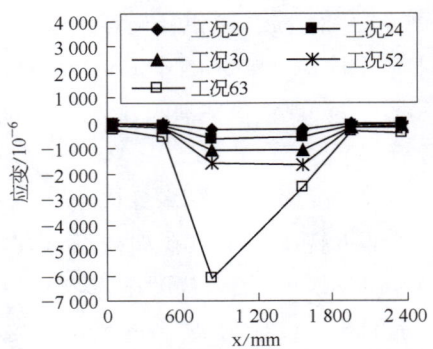

图 7-49 钢板底面横 4-4 在破坏阶段各典型工况下 x 方向应变曲线图

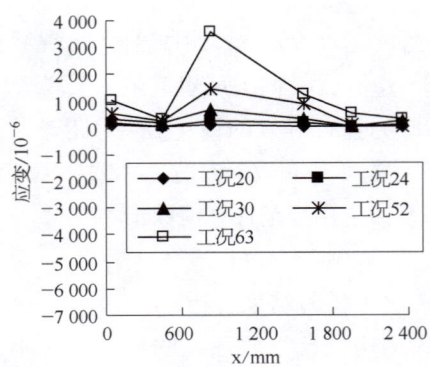

图 7-50 钢板底面横 4-4 在破坏阶段各典型工况下 z 方向应变曲线图

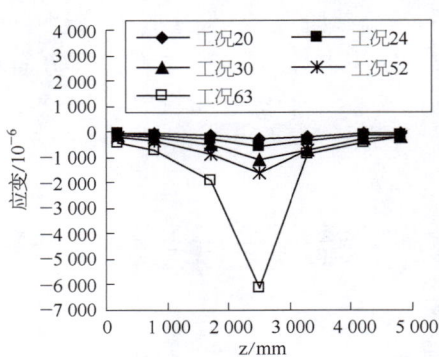

图 7-51 钢板底面纵 C-C 在破坏阶段各典型工况下 x 方向应变曲线图

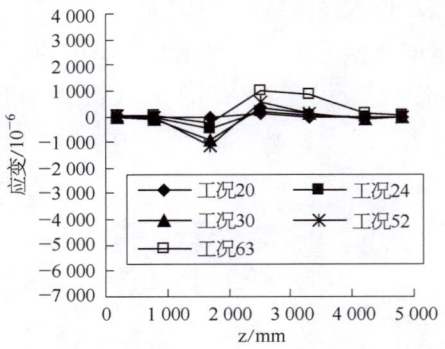

图 7-52 钢板底面纵 A-A 在破坏阶段各典型工况下 z 方向应变曲线图

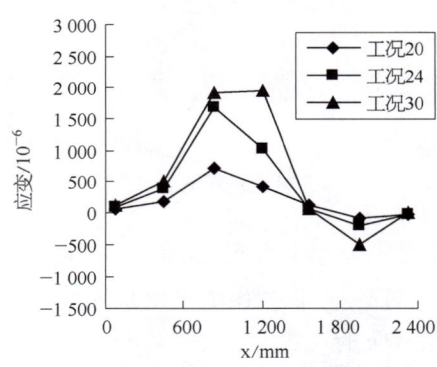

图 7-53 混凝土顶面横 4-4 在破坏阶段各典型工况下 x 方向应变曲线图

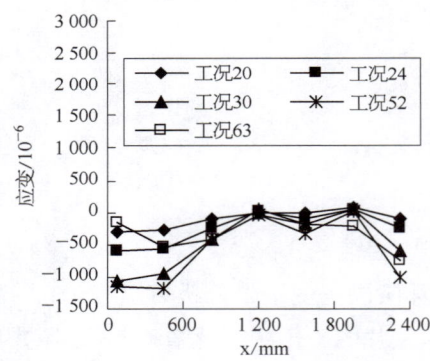

图 7-54 混凝土顶面横 4-4 在破坏阶段各典型工况下 z 方向应变曲线图

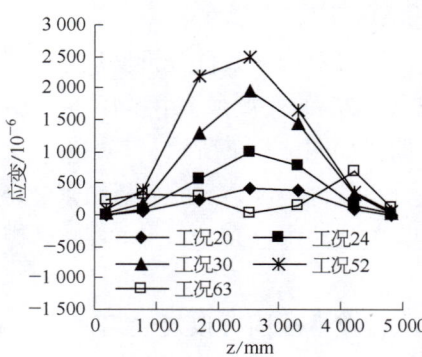

图 7-55 混凝土顶面纵 D-D 在破坏阶段各典型工况下 x 方向应变曲线图

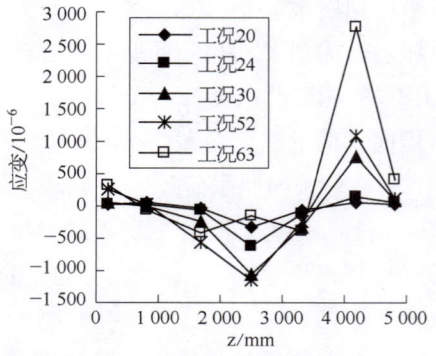

图 7-56 混凝土顶面纵 A-A 在破坏阶段各典型工况下 z 方向应变曲线图

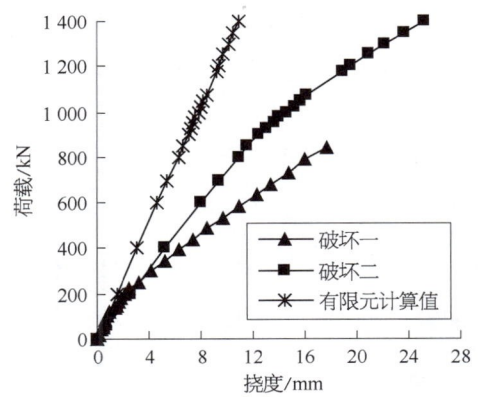

图 7-57 最大挠度随荷载发展历程曲线图

算值已不能反映结构工作性能;②在同一荷载水平下,破坏加载循环二的挠度值比破坏循环一的值小,这是因为在破坏循环一加载完成卸载后,钢板有强化现象。

② 荷载-应变行为。

通过对应变结果分析,发现工字钢部分未屈服,限于篇幅,以下结果分析中不涉及。各板件最大应变响应值随荷载的发展历程曲线如图 7-58～图 7-61 所示。其中有限元计算值是有限元分析软件 ANSYS 的分析结果,ANSYS 模型分析结果是按线弹性理论计算的,未考虑材料非线性影响。

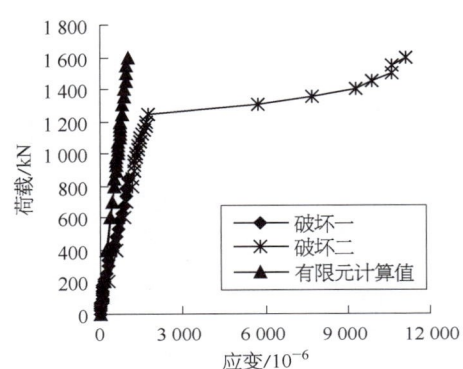

图 7-58 PBL x 方向拉应变随荷载发展历程曲线图

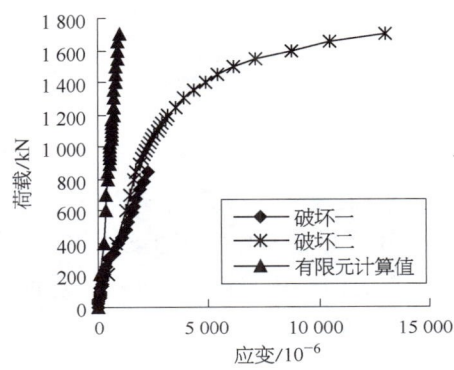

图 7-59 横向钢筋 x 方向拉应变随荷载发展历程曲线图

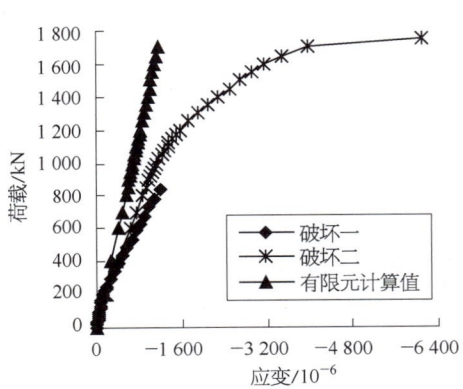

图 7-60 钢板底面 x 方向压应变随荷载发展历程曲线图

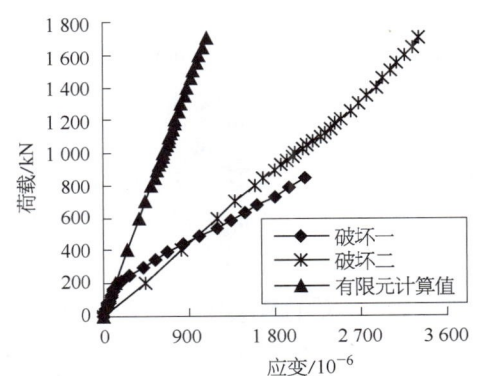

图 7-61 混凝土顶面 x 方向拉应变随荷载发展历程曲线图

从图 7-58～图 7-61 中大致可以看出,在加载初期,同一荷载水平下破坏二的实测值大于破坏一的实测值,随着荷载的增加,破坏二的实测值小于破坏一的实测值。这种现象产生的原因可能是:在加载初期,由于经历破坏一加载后,结构局部已有明显损伤,使结构在破坏二时应变稍大;而另一方面又由于钢板经过破坏一的加载后弹性极限有所提高,所以随荷载的增加,在同一荷载水平下破坏二的应变值又小于破坏一的应变值。

③ 荷载-裂缝行为。

a. 试验测试。

在破坏加载过程中,纵向裂缝宽度均随荷载的增大而增大,而横向裂缝宽度基本没有发展,在632 kN 荷载作用下,纵向裂缝最大宽度达到0.4 mm,当加载至 1 750 kN 时,模型梁悬臂板在加载板附近发生冲切破坏,悬臂板变截面处也产生明显的弯曲裂缝。

b. 理论计算。

选取 1# 裂缝所在的位置按平面理论计算裂缝宽度。1# 裂缝在 x 方向上离腹板(即悬臂板根部)的距离为 370 mm,采用与 7.1.1.3-3)-(2)-③相同的方法计算顶面混凝土的名义应力见表 7-20。

表 7-20 顶面混凝土应力　　单位:MPa

荷载/kN	150	250	393	632
顶面混凝土名义应力	3.84	6.40	10.06	16.17

由表 7-20 可知,混凝土顶面应力均大于混凝土的极限抗拉强度,混凝土已开裂。所以受拉区混凝土应退出工作,不考虑受拉区混凝土的抗拉强度,而受拉区钢筋和底面钢板先按弹性考虑,计算的受拉区钢筋和底面钢板的应力见表 7-21。

表 7-21 受拉区钢筋和底面钢板应力

单位:MPa

荷载/kN	150	250	393	632
受拉区钢筋应力	52.25	87.09	136.91	220.17
底面钢板应力	23.40	39.00	61.31	98.60

由表 7-21 可知,受拉区钢筋和底面钢板均未达到屈服强度,所以钢筋和钢板按弹性阶段计算是合理的。

根据《公路钢筋混凝土及预应力混凝土桥涵设计规范》的规定计算混凝土顶面裂缝宽度,结果见表 7-22。

表 7-22 混凝土顶面裂缝宽度　　单位:mm

荷载/kN	150	250	393	632
混凝土顶面裂缝宽度	0.05	0.08	0.12	0.20

(3) 有效分布宽度分析。

模型 A 在破坏加载阶段各板件的应力状态已经处于非线性阶段,应力-应变关系不再满足弹性理论,因此在计算荷载有效分布宽度时直接用测试应变进行等效,即仍分别按混凝土板顶面横向应变和钢板底面横向应变两种等效方式进行计算。

① 按混凝土板顶面横向应变进行等效。

荷载有效分布宽度按混凝土板顶面横向应变进行等效的计算结果见表 7-23。

表 7-23 荷载有效分布宽度试验值一　单位:mm

距悬臂根部距离	工况 20	工况 24	工况 30	工况 52	工况 63
−1 130 mm	1 675	—	—	—	—
−750 mm	1 493	—	—	—	—
−370 mm	1 519	1 390	1 542	—	—
0 mm	2 300	2 124	2 192	2 363	1 918
370 mm	3 154	1 695	1 296	801	1 651
750 mm	—	—	—	—	—
1 130 mm	—	—	—	—	—

注:表中"—"表示测试时出现过失误差或应变片破坏,未参与有效分布宽度的计算。

从表 7-23 可以看出,在破坏加载阶段,各截面有效分布宽度值已明显变小,大部分都小于规范计算值。

② 按钢板底面横向应变进行等效。

荷载有效分布宽度按钢板底面横向应变进行等效的计算结果见表 7-24。

表 7-24 荷载有效分布宽度试验值二　单位:mm

距悬臂根部距离	800 kN	1 000 kN	1 100 kN	1 200 kN	1 400 kN	1 600 kN	1 700 kN	1 750 kN
−750 mm	3 350	3 367	3 516	3 461	3 531	3 786	3 503	2 844
−370 mm	2 230	2 251	2 195	2 077	1 940	1 853	1 764	1 362
370 mm	2 300	2 197	2 108	2 044	2 025	2 141	2 274	2 400
750 mm	3 426	3 335	3 386	3 481	3 636	3 352	3 117	2 754

从表 7-24 可以发现两点:①距悬臂根部 370 mm 处的荷载有效分布宽度比规范计算值小,而距悬臂根部 750 mm 处的荷载有效分布宽度比规范计算值大;②荷载从 1 100 kN 加载到 1 200 kN,荷载有效分布宽度有减小趋势,考虑到底钢板的屈服荷载为 1 098.91 kN,说明结构在弹塑性阶段,荷载有效分布宽度会有所减小。当然,前提条件是上述计算是基于结构的应变进行等效。如果用真实工作应力进行等效,由于本构关系的非线性影响,会使荷载有效分布宽度增大。

③ 按钢板底面横向等效应力进行等效。

荷载有效分布宽度按钢板底面横向等效应力进行等效的计算结果见表 7-25。

表 7-25　荷载有效分布宽度试验值三　单位：mm

荷载	距悬臂根部距离				平均	总平均
	−750 mm	−370 mm	370 mm	750 mm		
800 kN	3 191	1 896	1 829	3 490	2 801	
1 000 kN	3 023	2 216	2 052	3 322	2 903	
1 100 kN	2 909	<u>2 467</u>	<u>2 232</u>	3 345	3 013	
1 200 kN	2 679	<u>2 598</u>	<u>2 396</u>	3 390	3 066	3 161/2 860（桥规）=1.10
1 400 kN	2 449	<u>2 935</u>	<u>2 862</u>	3 428	3 268	
1 600 kN	2 345	<u>3 252</u>	<u>3 256</u>	3 547	3 500	
1 700 kN	2 183	<u>3 382</u>	<u>3 462</u>	3 196	3 481	
1 750 kN	2 093	<u>2 988</u>	<u>3 437</u>	2 747	3 254	

由于钢板的屈服荷载为 1 098.91 kN，且只有在组合板变截面处出现屈服现象，即距悬臂根部 370 mm 处，所以表 7-25 中只有加下划线数据才代表组合板进入塑性阶段以后荷载有效分布宽度的计算值，很显然塑性阶段的荷载有效分布宽度大于弹性阶段的宽度，且随屈服程度的提高而增大。

(4) 极限强度与破坏形态。

① 理论分析。

计算组合悬臂板的正截面抗弯极限强度时，可按单位宽度的悬臂梁并采用塑性极限状态设计法进行计算，下面根据文献相关理论进行计算。

文献采用以下基本假定：

a. 钢板与混凝土板之间有可靠连接，忽略滑移效应；

b. 组合板受弯时符合平截面假定；

c. 达到极限状态时，沿着截面高度混凝土受压区应力呈抛物线分布，计算时可以折算成等效矩形应力图形，应力峰值取混凝土棱柱体抗压强度，受压区高度的折算值为实际混凝土受压区高度的 0.8 倍；

d. 不考虑受拉区混凝土的作用；

e. 拉应力完全由受拉钢筋承担，极限状态时受拉钢筋的应力达到屈服强度；

f. 受压区钢板在极限状态时达到其屈服强度。

② 理论计算。

根据以上基本假定，进行试验结构悬臂板的抗弯极限强度计算，计算结果见表 7-26。

表 7-26　抗弯强度理论计算和试验结果比较表一

有效分布宽度		中性轴位置	抗弯强度理论值		单点集中荷载		
来源	a/mm	d/mm	单位宽度 $\overline{M_u}$/kN	全板宽 M_u/(kN·m)	理论值 P_u/kN	试验值 P_u^t/kN	$\dfrac{P_u^t - P_u}{P_u^t}$
Sawko	2 233.76	7.01	0.12	275.75	446.92	875.00	0.49
张士铎	2 700.01			333.30	540.20		0.38
AASHTO	1 919.00			236.89	383.94		0.56
Westergaard	3 047.34			376.18	609.69		0.30
JTJ023-85	2 860.00			353.05	572.21		0.35

由表 7-26 可知基于以上假定而进行的抗弯强度计算值均小于试验值，下面对 7.1.1.3-5)-(4)-①中的假定做适当调整。

a. 调整假定 e。将假定 e 中受拉钢筋应力达到其屈服强度改为极限强度，调整后的计算结果见表 7-27。

由表 7-27 可以看出按 Westergaard 公式和我国桥规公式建议的有效分布宽度计算的抗弯极限强度值和试验值吻合很好。

b. 调整假定 e 和假定 f。将假定 e 中受拉钢筋应力达到其屈服强度改为极限强度，假定 f 中受压钢板应力达到屈服强度改为极限强度，即认为在极限状态时受拉钢筋和受压钢板均达到其极限强度。计算结果见表 7-28。

表 7-27 抗弯强度理论计算和试验结果比较表二

有效分布宽度		中性轴位置	抗弯强度理论值		单点集中荷载		
来源	a/mm	x/mm	单位宽度 $\overline{M_u}$/kN	全板宽 M_u/(kN·m)	理论值 P_u/kN	试验值 P_u^t/kN	$\dfrac{P_u^t - P_u}{P_u^t}$
Sawko	2 233.76	6.68	0.18	397.78	644.71	875.00	0.26
张士铎	2 700.01			480.81	779.27		0.11
AASHTO	1 919.00			341.73	553.86		0.37
Westergaard	3 047.34			542.66	879.52		−0.01
JTJ023-85	2 860.00			509.30	825.45		0.06

表 7-28 抗弯强度理论计算和试验结果比较表三

有效分布宽度		中性轴位置	抗弯强度理论值		单点集中荷载		
来源	a/mm	d/mm	单位宽度 $\overline{M_u}$/kN	全板宽 M_u/(kN·m)	理论值 P_u/kN	试验值 P_u^t/kN	$\dfrac{P_u^t - P_u}{P_u^t}$
Sawko	2 233.76	6.59	0.18	410.87	665.92	875.00	0.24
张士铎	2 700.01			496.64	804.92		0.08
AASHTO	1 919.00			352.98	572.09		0.35
Westergaard	3 047.34			560.52	908.47		−0.04
JTJ023-85	2 860.00			526.06	852.62		0.03

由表 7-28 可以看出，与表 7-27 相比数据变化不大，即说明：认为受压钢板的应力状态达到屈服强度和达到极限强度对该板的抗弯极限强度影响不大，仅提高了 3%。

c. 调整假定 e 并认为 PBL 剪力连接件参与受力。将假定 e 中受拉钢筋应力达到其屈服强度改为极限强度，同时假定受拉区的 PBL 剪力连接件在极限状态时也达到其极限强度，受压区的 PBL 剪力连接件由于离中性轴较近而忽略其影响，受压区的钢板仍假定达到屈服强度。计算结果见表 7-29。

表 7-29 抗弯强度理论计算和试验结果比较表四

有效分布宽度		中性轴位置	抗弯强度理论值		单点集中荷载		
来源	a/mm	x/mm	单位宽度 $\overline{M_u}$/kN	全板宽 M_u/(kN·m)	理论值 P_u/kN	试验值 P_u^t/kN	$\dfrac{P_u^t - P_u}{P_u^t}$
Sawko	2 233.76	12.99	0.19	431.33	699.07	875.00	0.20
张士铎	2 700.01			521.36	844.98		0.03
AASHTO	1 919.00			370.55	600.56		0.31
Westergaard	3 047.34			588.42	953.69		−0.09
JTJ023-85	2 860.00			552.25	895.06		−0.02

当受拉区 PBL 剪力连接件参与受力时，表 7-29 计算结果比表 7-27 中结果提高约 8%，此时我国规范和张士铎建议公式计算值与试验结果吻合较好。

d. 调整假定 e 和假定 f，并认为 PBL 剪力连接件参与受力。将假定 e 中受拉钢筋应力达到其屈服强度改为极限强度，假定 f 中受压钢板应力达到屈服强度改为极限强度，即认为在极限状态时受拉钢筋和受压钢板均达到其极限强度，同时假定受拉区的 PBL 剪力连接件在极限状态时也达到其极限强度，而受压区的 PBL 剪力连接件由于离中性轴较近忽略其影响。计算结果见表 7-30。

表 7-30 抗弯强度理论计算和试验结果比较表五

有效分布宽度		中性轴位置	抗弯强度理论值		单点集中荷载		
来源	a/mm	d/mm	单位宽度 $\overline{M_u}$/kN	全板宽 M_u/(kN·m)	理论值 P_u/kN	试验值 P_u^t/kN	$\dfrac{P_u^t - P_u}{P_u^t}$
Sawko	2 233.76	6.84	0.20	449.08	727.84	875.00	0.17
张士铎	2 700.01			542.81	879.76		−0.01
AASHTO	1 919.00			385.80	625.28		0.29
Westergaard	3 047.34			612.64	992.94		−0.13
JTJ023-85	2 860.00			574.98	931.89		−0.07

当受拉区 PBL 剪力连接件参与受力,且钢筋和钢板全部达到极限强度时,张士铎建议公式计算值与试验结果吻合较好,而我国桥规建议公式计算值偏大,不安全。

③ 破坏形态。

模型 A 的极限外加荷载为 1 750 kN(两点合力)。当加载至 1 750 kN 时,随着"砰"的一声巨响,组合板破坏,丧失承载能力,经观察发现在距悬臂板根部 350 mm 处出现贯通全板宽度的横向裂缝,而从组合板的侧面看,则出现两条斜裂缝,即沿加载垫板外缘向外发展的冲切破坏。图 7-62、图 7-63 是悬臂板破坏后的照片。

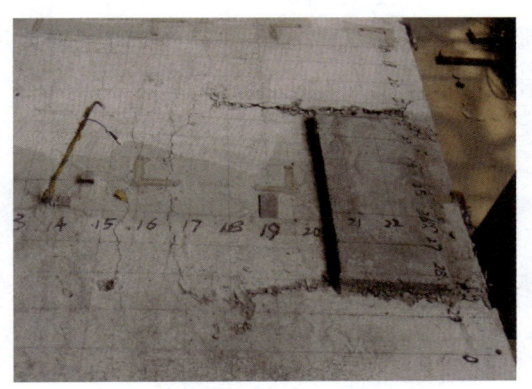

图 7-62 混凝土板顶面破坏形态

图 7-63 混凝土板侧面破坏形态

(5) 破坏阶段小结。

组合板最大变形出现在加载点下方,在工况 56 (1 400 kN)作用下的最大挠度为 25.22 mm。

在破坏之前,工字钢上下翼缘板、腹板及纵向钢筋始终未达到屈服应变,PBL、底钢板及横向钢筋均在破坏之前达到了其相应屈服强度。

混凝土的裂缝随着荷载的增大,宽度不断扩大且出现新的裂缝,在 632 kN 荷载作用下,混凝土顶面纵向裂缝最大宽度达到了 0.4 mm。

模型 A 组合板的极限破坏荷载为 1 750 kN,表现出了很高的承载力。

从模型结构的破坏形态看,其破坏特征既有弯曲破坏的特征,又有冲切破坏的特征,属于弯曲和冲切破坏的组合破坏形式。

塑性阶段的荷载有效分布宽度大于弹性阶段的有效分布宽度,且随屈服程度的提高而增大,在该阶段的荷载有效分布宽度可参照公路桥规计算。

按我国规范规定的荷载有效分布宽度计算组合板抗弯强度时,可以不考虑 PBL 的作用,且假定受拉钢筋和受压钢板均达到其极限强度,计算结果与试验值吻合较好;取受拉钢筋和受压钢板均达到其屈服强度计算组合板的极限抗弯强度是偏于安全的,有较大的安全储备,安全系数为 1.5。

7.1.1.4 试验结论

1) 静载试验部分

(1) 大部分测点的应力-荷载曲线呈线性关系,说明整个结构在静载设计荷载作用下处于弹性工作阶段。

(2) 混凝土顶板的开裂荷载约为 79.37 kN，但在该加载阶段肉眼未观察到裂缝，说明仅在结构内部形成微小裂缝，结构满足使用要求。

(3) 按底钢板应力进行等效计算的荷载有效分布宽度小于我国桥规计算值，直接引用规范（针对 RC 板）的计算值偏于不安全，应适当折减。

(4) 试验结果表明：承受负弯矩的组合桥面板满足前述的静载设计要求。

2) 疲劳试验部分

(1) 在疲劳阶段钢结构部分测点的应力-荷载曲线呈线性关系，且均远低于其屈服强度，处于弹性工作阶段。钢板底面、PBL、横向钢筋、纵向钢筋最大拉应力（及应力幅值）均小于 20 MPa。

(2) 在经过 1 万次疲劳循环加载后，在 63.52 kN 荷载作用下，混凝土顶板出现 4 条纵向裂缝和一条平行于 PBL 的横向裂缝，4 条纵向裂缝位于悬臂板的变截面处，而横向裂缝位于距梁中 400 mm 处，最大纵向裂缝宽度为 0.04 mm。

(3) 经过 200 万次疲劳加载后在工况 6 作用下，混凝土顶面裂缝纵向最大宽度达 0.05 mm，横向最大宽度达 0.10 mm，混凝土侧面裂缝最大宽度达 0.105 mm；经过 300 万次疲劳加载后在工况 10 作用下，混凝土顶面裂缝纵向最大宽度达 0.055 mm，横向最大宽度达 0.09 mm，混凝土侧面裂缝最大宽度达 0.135 mm。

(4) 试验结果表明：承受负弯矩的组合桥面板疲劳性能满足设计要求。

3) 破坏试验部分

(1) 在破坏之前，工字钢上下翼缘板、腹板及纵向钢筋始终未达到屈服状态，PBL、底钢板及横向钢筋均在破坏之前达到了其相应屈服强度。

(2) 混凝土的裂缝宽度随荷载的增大而扩大，且出现新的裂缝，在 393 kN 荷载下，最大纵向裂缝宽度达 0.2 mm；在 632 kN 荷载下最大纵向裂缝宽度达 0.4 mm。

(3) 塑性阶段组合板的荷载有效分布宽度大于弹性阶段的有效分布宽度，且随屈服程度的提高而增大，在该阶段，可借用我国公路桥梁规范规定的有效分布宽度计算方法。

(4) 承受负弯矩的组合板极限破坏荷载为 1750 kN，表现出很高的承载力。按我国公路桥梁规范规定的荷载有效分布宽度计算组合板抗弯强度时，可以不考虑 PBL 的作用，且假定受拉钢筋和受压钢板均达到其极限强度，计算结果与试验值吻合较好；取受拉钢筋和受压钢板均达到其屈服强度计算组合板的极限抗弯强度是偏于安全的，有较大的安全储备，安全系数为 1.5。

7.1.2 承受正弯矩的足尺模型试验

由于钢-混凝土组合板式结构在保持刚度不减小的情况下，能节省建筑空间，提高结构的视觉感受，使得其在工业与民用房屋建筑的楼板中得到大力推广，但是这类结构在桥梁上应用的研究相对较少。

钢-混凝土组合结构在桥梁工程中的应用近年来得到了迅猛的发展，但是目前针对这种结构还没有相应的规范可供参考，并且东平大桥采用开孔钢板型剪力连接件，桥面板混凝土厚度仅 12 cm，这种板式在我国目前应用较少，对它的研究尚属空白，设计是否恰当需要进一步的验证和进行必要的完善。承受正弯矩组合桥面板的试验研究不仅可以考察钢-混凝土组合板的工作行为，还可以研究开孔钢板型剪力连接件（PBL）的工作情况，所以进行承受正弯矩组合板的试验研究具有很强的理论意义和实际工程意义。

7.1.2.1 模型设计与制造

验证性或研究性试验的对象是专门为试验设计制作的试件或试验模型结构，其模型尺寸一般应根据试验研究目的、试验室的设备及场地大小等来确定。

本试验的目的是研究钢-混凝土组合桥面板在静力荷载和疲劳荷载作用下的结构行为，验证设计的可行性，为此须对组合桥面板进行细致的分析，找出尽可能反映实际组合桥面板结构受力行为的试验结构。

本试验模拟的难度主要在于试验用组合桥面板尺寸的选取。由于试验经费和试验场地的限制，不可能选取全断面及两根吊杆之间的桥面板作为试验对象，因此必须对除主要研究对象外的其余部分进行适当简化，辅以适当的边界条件来保证模型试验的经济、真实、有效。考虑到实际结构中混凝土顶板的应力状况是团队关注的重点，因此在进行模型构件制作和试验荷载设计时优先保证混凝土顶板的应力状况和实际情况保持一致。

通过多次讨论,承受正弯矩钢-混凝土组合桥面板的试验模型构件对应于实桥立柱区第二段组合桥面板,模型尺寸比例为 1:1,按照应力相等的原则进行模型结构设计。

按照设计时采用的汽车荷载,在静载情况下,采用汽超-20 级中的 550 kN 重车;有关疲劳车的选取问题,国内公路领域尚无明确规定,通过分析研究,承受正弯矩钢-混凝土组合桥面板的荷载选用汽-20级中 300 kN 的重车。

1) 模型几何尺寸的确定

承受正弯矩钢-混凝土组合桥面板的模型与实桥比例为 1:1,所以其几何尺寸的主要确定对象为板长 L 和板宽 B,其他构造尺寸和实桥结构保持一致,板长 L 和板宽 B 可根据以下相关资料进行选取。

实桥计算资料:跨度为 8 000 mm,相邻两次横梁中心间距为 3 325 mm,板托顶部宽度为 706 mm,采用两点加载,静载试验加载点间距为 1 300 mm,疲劳试验加载点间距为 1 800 mm。

(1) 板宽 B。

① 根据实桥结构格子梁空间分析计算,在弯矩图上量取反弯点之间的距离为 2 085 mm,也即 $b=2 085$ mm。

② 按《钢-混凝土组合结构设计手册》一书中的规定,对连续板的中跨,取 $b=0.6\times3 325=1 995$ mm。

考虑到模型在板宽方向为单点加载,且以上两种计算方式的计算值相差不大,这里取 $b=2 200$ mm;同时为了方便安装支座,支座中心至外侧边各取 100 mm,故取 $B=2 400$ mm。

(2) 板长 L。

① 按《公路钢筋混凝土及预应力混凝土桥涵设计规范》计算:

$$L = a + 2H + d + b/3$$
$$= 600 + 2\times30 + 1 800 + 2 200/3 = 3 193 \text{ mm}$$

其中 a 为车轮着地宽度,H 为铺装层厚度,d 为加载点间距。另外,桥规中要求 L 不得小于 2/3 的跨径与最外荷载中心点距离之和,即 $L\geqslant 3 325\times$ 2/3 + 1 800 = 4 017 mm,其依据是为了设计偏于安全,取板两边固结的情况。

② 按《钢桥》(日本)一书中有关公式计算:
本次试验为两边简支,简支的情况下要求 L 最小不得小于一倍的 b,所以取 $L=2 200$ mm。

③ 按压型钢板与混凝土组合板计算理论:

$$b_{eq} = 660 + 2\times120 = 900 \text{ mm}$$

对于简支板,跨中加载的情况:

$$L = b_{eq} + 2\times(b/2)\times[1-(b/2)/b] + d$$
$$= 900 + 1 100 + 1 800 = 3 800 \text{ mm}$$

由以上可知,L 至少为 4 017 mm,但单向板的定义要求 L/b 不小于 2,其中 $b=2 200$ mm,同时为了便于了解板在 L 方向的应力分布的具体情况,取 $L=6 000$ mm,即取 $L/b=2.73>2$,满足单向板几何尺寸要求。

故模型的计算尺寸为 2 200 mm×6 000 mm,实际构件的大小为 2 400 mm×6 000 mm。

2) 边界条件

模型的边界条件取板的两长边简支,模型在试验过程中,支承条件一边采用转动支座,一边采用四氟乙烯板来模拟可以纵向移动的支座。

3) 理论分析

由于本试验无法完全模拟整个组合桥面板,按照圣维南原理,选取一部分组合板来模拟实际结构,分别对全桥结构和模型结构进行理论计算。计算软件采用通用空间计算软件 ANSYS,计算模型采用空间板单元与实体单元相结合的组合有限元。相应于模型的实际结构离散情况如图 7-64 所示,模型结构的离散情况如图 7-65 所示。

本节所用的坐标系统定义如下:纵桥向为 x 方向,横桥向为 z 方向,竖向为 y 方向。所用单位如下:长度单位均为 mm,应力单位均为 MPa,且规定拉应力为正值,压应力为负值。

(1) 静载试验设计荷载的确定。

静载试验的计算控制荷载车辆为汽超-20 级中 550 kN 的重车,根据规范要求,在实际结构中分别按 4 车道布载(考虑车道折减系数 0.7)和 2 车道布载(不考虑车道折减系数)进行计算。通过计算分析知,按 2 车道布载(不考虑车道折减系数)比按 4 车

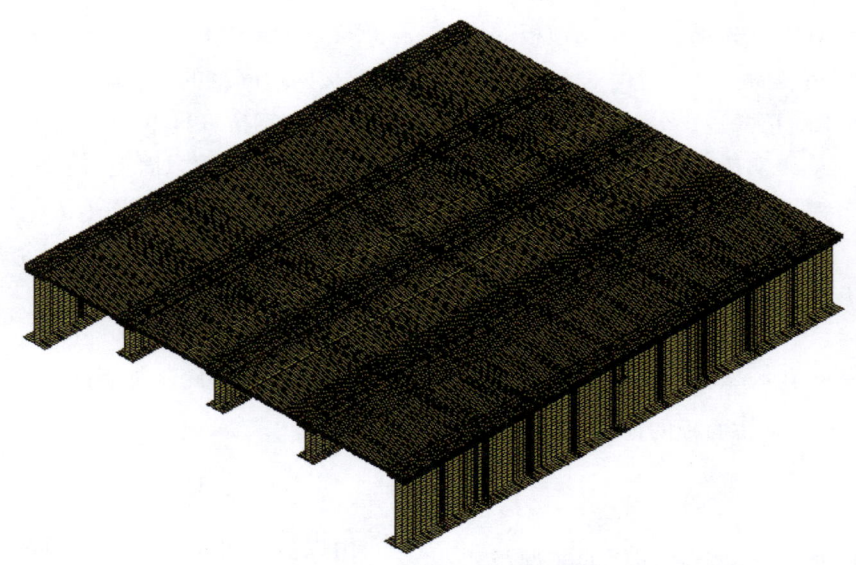

图 7-64　实际结构的 ANSYS 模型单元离散图

图 7-65　模型结构的 ANSYS 模型单元离散图

道布载(考虑车道折减系数 0.7)更为不利,所以,以下实际结构的应力分析结果均为按 2 车道布载时的计算结果,冲击系数按规范取 $a=15/(37.5+13.3)=0.295$。

为了使模型在试验荷载作用下的应力状态和实际结构应力状态保持一致,确定模型中施加荷载 P 的大小和位置,因此,做了大量的空间模型分析,最终取静载试验设计荷载 $P_j=104.54$ kN(单点加载值),加载点间距为 1 300 mm。同时为了模拟实际车轮与桥面板的接触面积,试验加载时,在加载点处放一块 660 mm×260 mm 的钢垫板,模型的静载试验加载位置示意图如图 7-66 所示。

图 7-67 是实际结构与模型相应位置处的应力结果比较图。

从图 7-67 中可知,实际结构和模型的应力结果吻合很好。

(2) 疲劳试验设计荷载上限的确定。

通过讨论,疲劳试验的计算控制荷载车辆为汽-20 级中 300 kN 的重车,按单车道布载进行计算分析。疲劳试验时实际结构的加载示意图如图 7-68 所示,冲击系数按规范取 $a=15/(37.5+13.3)=0.295$。分析计算步骤同静载工况,得到疲劳试验设计荷载上限值 $P_{p\text{-max}}=84.10$ kN(单点加载值),加载点间距为 1 800 mm,模型的疲劳试验加载位置示意图如图 7-69 所示。

从图 7-70 中可知,除支承边界外,模型和实际

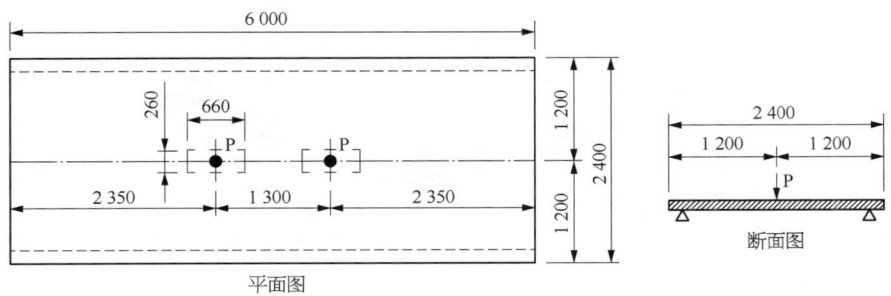

图 7-66　模型静载试验加载位置示意图（单位：mm）

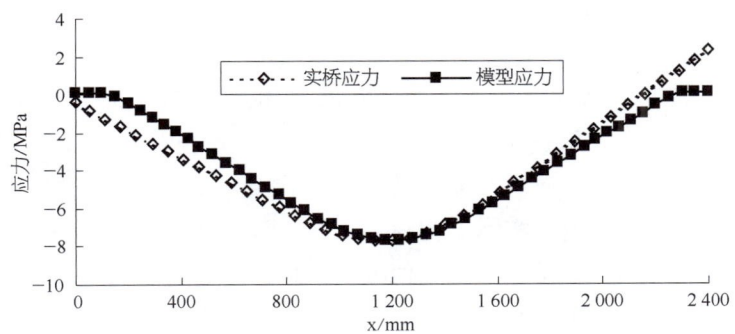

图 7-67　模型跨中混凝土顶板纵桥向弯曲应力与实际结构中相应位置应力比较（静载）

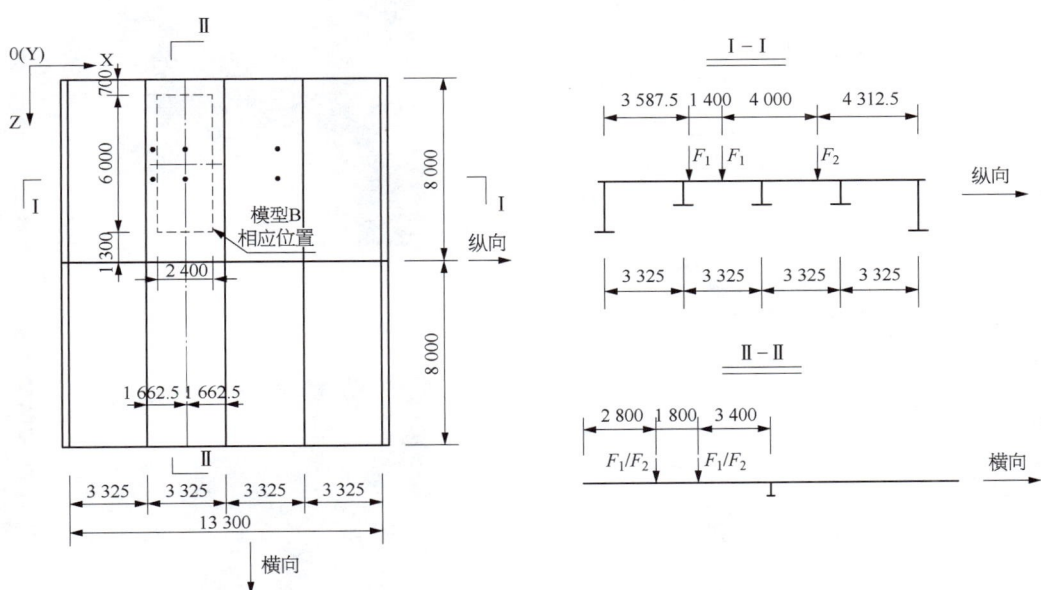

图 7-68　模型疲劳试验时实际结构的 ANSYS 模型加载示意图（单位：mm）

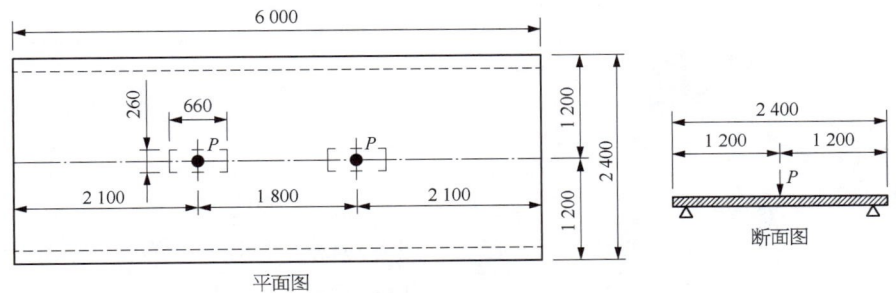

图 7-69　模型疲劳试验加载位置示意图（单位：mm）

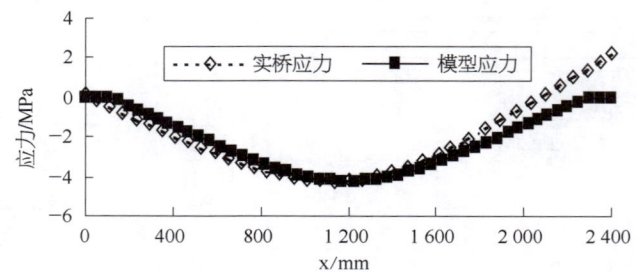

图7-70 模型跨中混凝土顶板纵桥向弯曲应力与实际结构中相应位置应力比较(疲劳上限)

结构在纵桥向的弯曲应力变化规律基本一致,且峰值一致,满足模型选择要求。

(3)疲劳试验设计荷载下限的确定。

通过计算分析,得知实际结构在恒载作用下的应力值大于模型在自重作用下的应力值,这样只需使模型在疲劳荷载下限值作用下的应力值与实际结构在恒载作用下的应力值保持一致即可。采用和上限值一样的分析方法,得到疲劳试验设计荷载下限值 $P_{p\text{-}min}$ =2.74 kN(单点加载值),加载点间距为 1800 mm。

从图7-71可以看出,模型和实际结构的纵桥向弯曲应力吻合良好,应力变化规律基本一致。

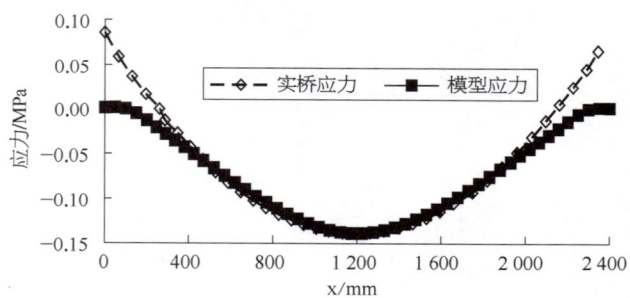

图7-71 模型跨中混凝土顶板纵桥向弯曲应力与实际结构中和模型相应位置应力比较(疲劳下限)

综上所述,将模型试验设计荷载列于表7-31。

表7-31 模型试验设计荷载

实际结构加载荷载	试验设计荷载(单点)/kN	加载点间距/mm	千斤顶加载力/kN
550 kN 静载+铺装层自重	静载 104.54	1300	230
300 kN 疲劳车+铺装层自重	疲劳上限 $P_{p\text{-}max}$ 84.10	1800	168.20
铺装层自重	疲劳下限 $P_{p\text{-}min}$ 2.74		5.48

注:表中静载加载值为 230 kN,该值是在试验时将设计荷载值超载 10%得到的。

4)模型制造概况

模型构件的加工分为钢结构部分和混凝土结构部分,钢结构部分的加工制作在中铁二十三局集团养马河工程有限公司(原养马河桥梁厂)进行,混凝土结构部分的加工在西南交通大学结构工程试验中心完成。模型制造及试验时间为2004年9月12日—2004年12月31日。模型如图7-72、图7-73所示。

图7-72 模型结构浇筑前

图7-73 模型结构浇筑完

7.1.2.2 试验概况

1)试验方法和测点布置

本次试验采用MTS伺服系统进行疲劳加载,利用大吨位千斤顶进行静力破坏加载,集中荷载由分载梁分配到模型上。

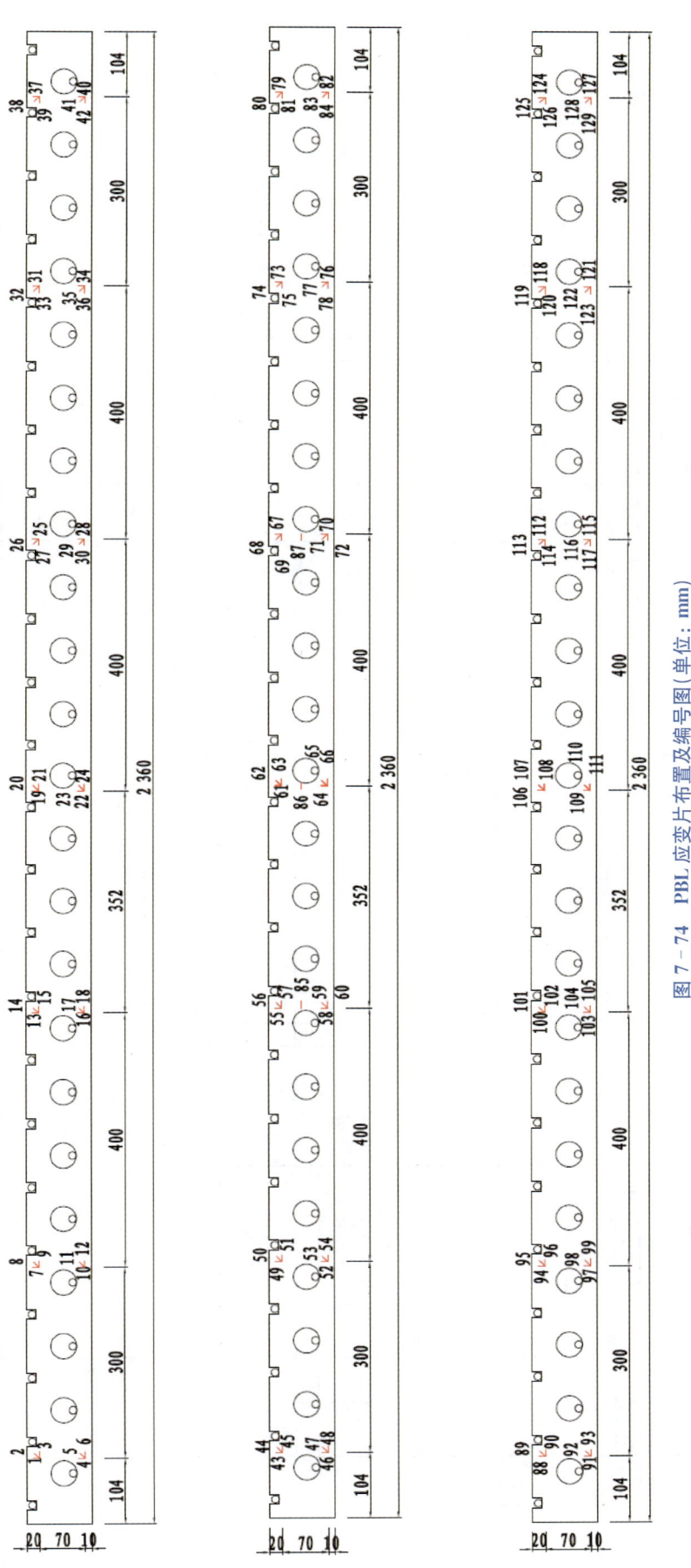

图 7-74 PBL 应变片布置及编号图(单位:mm)

本次模型试验中采用电阻应变计进行应变测试,进而按虎克定律求得相应的弹性阶段应力。应变等数据采集采用 UCAM 万能数据采集仪。

考虑到本模型应力分布情况复杂,大部分板件处于平面应力的双向受力状态,因此,大部分测点应变片为三片一组的应变花形式。部分钢结构表面的应变片在浇筑混凝土前进行粘贴,其余则在模型制作完成后再粘贴。同时考虑到应变片受温度影响较大,设置了相应的温度补偿片。整个模型共贴应变片 426 片,其中,钢结构表面贴 234 片,钢筋贴 51 片,混凝土表面贴 141 片。应变片布置如图 7-74～图 7-79 所示。位移采用百分表进行测试,在测试之前对百分表进行标定,以减小系统误差,整个试验结构共设置 35 块百分表,详细布置如图 7-80 所示。

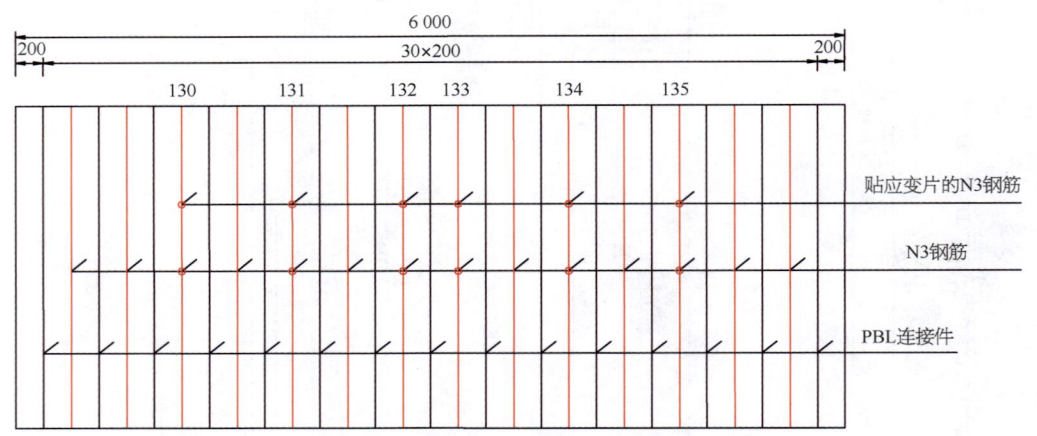

图 7-75　N3 钢筋应变片布置及编号图(单位:mm)

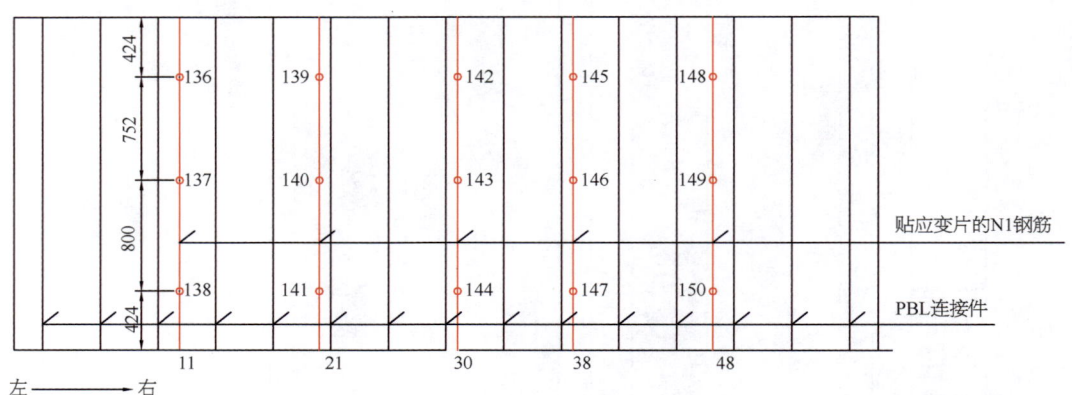

图 7-76　N1 钢筋应变片布置及编号图(单位:mm)

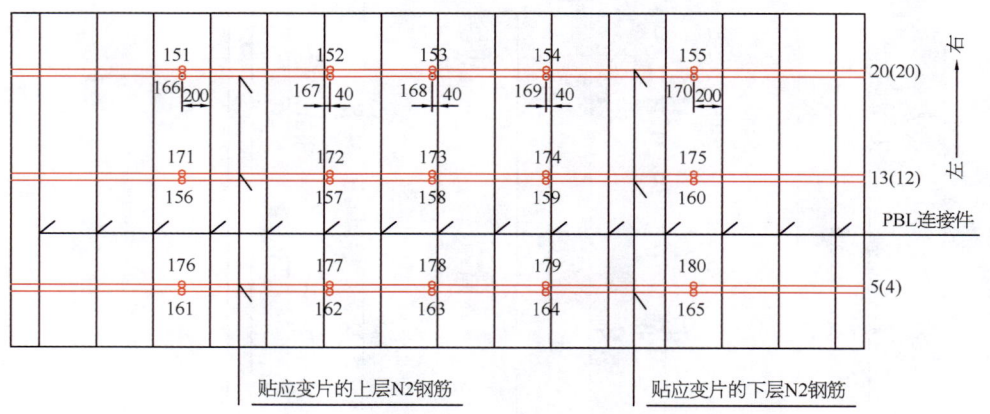

图 7-77　N2 钢筋应变片布置及编号图(单位:mm)

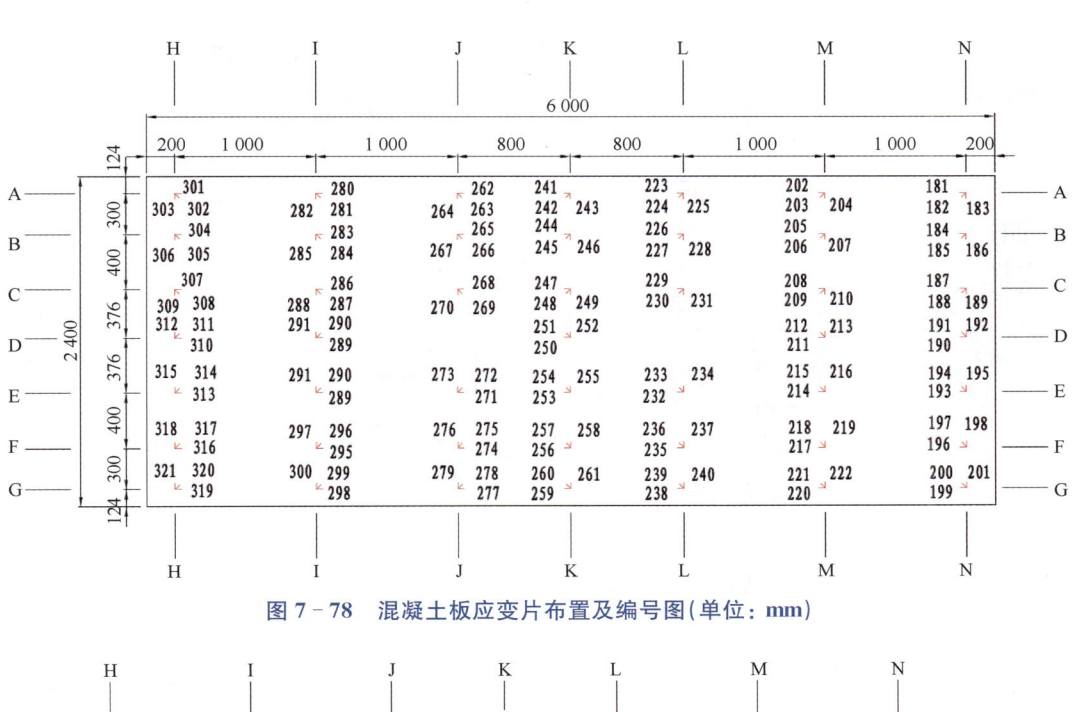

图 7‑78　混凝土板应变片布置及编号图(单位：mm)

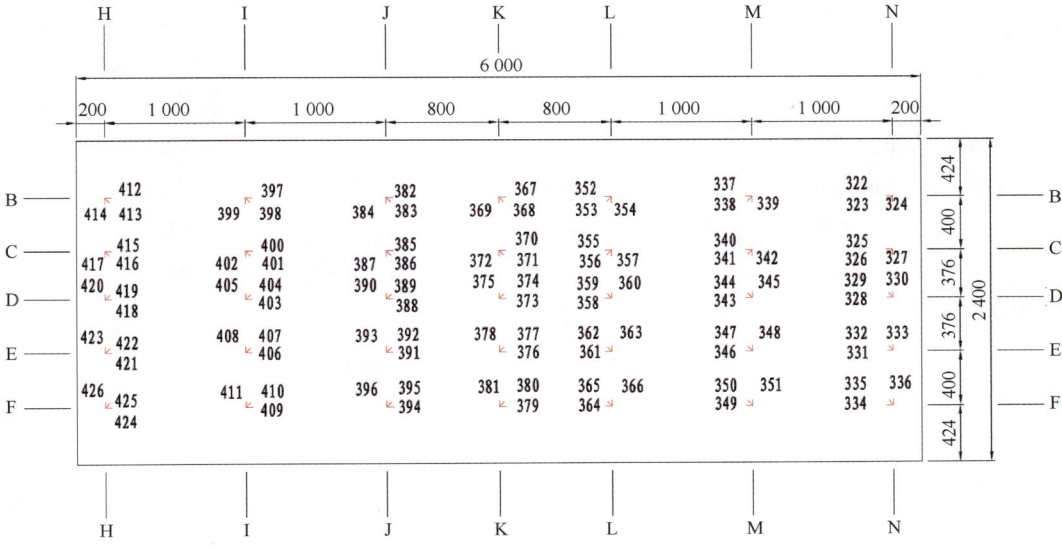

图 7‑79　钢板应变片布置及编号图(单位：mm)

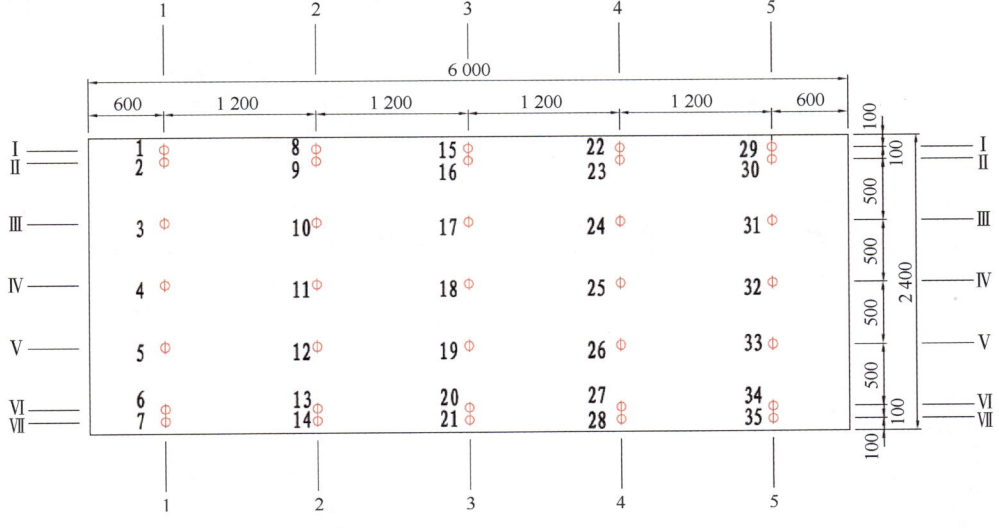

图 7‑80　百分表布置图(单位：mm)

2) 加载程序

该模型共经历了 200 万次的疲劳试验,最后又做了破坏试验,具体过程如下。

(1) 预加载:0 kN→30 kN→60 kN,共重复加载五次,以消除非弹性变形,同时检查仪表和设备是否处于正常工作状态。

(2) 静载:以较密的荷载等级加载,仔细观察梁体的变形和是否有裂缝出现,若有裂缝出现,则测出开裂荷载,然后逐步加载到设计荷载(试验时考虑超载 10%)230 kN 后卸载。

(3) 疲劳试验加载:疲劳试验采用常幅正弦波荷载,试验机加载频率采用 7.0 Hz,加载次数共 200 万次。在疲劳试验中,为了监测各测点的应力及变形,分别在疲劳荷载作用 1 万次、5 万次、25 万次、50 万次、100 万次、150 万次、200 万次之后进行实测。

(4) 静力破坏试验:参照加载程序 b,逐级施加到静力设计荷载后,以静力设计荷载的 10%~20% 为增量,加载到静力设计荷载的 1.5 倍;然后改用位移控制,加载直至 MTS 的使用上限 800 kN;最后改用普通大吨位千斤顶静力加载到破坏。

在各级荷载作用下,持荷 5 min,进行应变、位移测量。在达到设计荷载以上时,仔细观察试件的变形及是否有裂缝出现。

3) 试验工况

(1) 静载试验工况。

静载试验工况见表 7-32。

表 7-32 静载试验工况表

工况	加载吨位/kN	说明
1	0	测试初始值
2	50	测试中间值
3	100	测试中间值
4	150	测试中间值
5	180	测试中间值
6	210	测试中间值
7	230	相应于静载再超载 10%
8	0	归零

(2) 疲劳试验工况。

疲劳试验工况见表 7-33。

表 7-33 疲劳试验工况表

工况	加载吨位/kN	说明
1	5.48	相应于疲劳下限荷载
2	50	测试中间值
3	100	测试中间值
4	150	测试中间值
5	168.2	相应于疲劳上限荷载
6	0	归零

(3) 破坏试验工况。

破坏循环一试验工况见表 7-34。

表 7-34 破坏循环一试验工况表

工况	加载吨位/kN	说明
1	0	测试初始值
2	50	测试中间值
3	100	测试中间值
4	150	测试中间值
5	180	测试中间值
6	210	测试中间值
7	230	相应于静载再超载 10%
8	250	测试中间值
9	300	测试中间值
10	350	测试中间值
11	400	测试中间值
12	450	测试中间值
13	500	测试中间值
14	550	测试中间值
15	600	测试中间值
16	650	测试中间值
17	700	测试中间值
18	750	测试中间值
19	800	测试中间值
20	0	归零

破坏循环二试验工况见表 7-35。

表 7-35 破坏循环二试验工况表

工况	加载吨位/kN	说明
1	0	测试初始值
2	100	测试中间值
3	200	测试中间值
4	300	测试中间值

(续表)

工况	加载吨位/kN	说明
5	400	测试中间值
6	500	测试中间值
7	600	测试中间值
8	700	测试中间值
9	800	测试中间值
10	900	测试中间值
11	1 000	测试中间值
12	1 100	测试中间值
13	1 200	测试中间值
14	1 300	测试中间值
15	1 400	测试中间值
16	1 500	测试中间值
17	1 600	测试中间值
18	1 650	测试中间值
19	1 700	测试中间值
20	1 750	测试中间值
21	1 800	测试中间值
22	1 850	测试中间值
23	1 900	测试中间值
24	1 950	测试中间值
25	2 000	测试中间值
26	2 050	测试中间值
27	2 100	测试中间值
28	2 150	测试中间值

7.1.2.3 试验结果与分析

试验结果中符号规定如下：挠度以向下为正，应力以受拉为正，受压为负。试验结果比较中的截面如图7-78～图7-80所示。限于篇幅，结果比较仅取在跨中截面的 x 和 z 方向响应值。

1) 材料指标

(1) 钢结构材料指标。

钢结构材料力学性能指标见表7-36。

表7-36 钢结构材料力学性能指标

材料	规格/mm	抗拉屈服强度/MPa	抗拉极限强度/MPa	弹性模量/GPa	泊松比	δ_5/%
Q235钢材	10	236.12	405.21	192	0.27	36.3
	8	266.41	457.73			30.0

(2) 混凝土材料指标。

混凝土和钢筋的材料力学性能指标见表7-37～表7-39。

表7-37 混凝土配合比

水泥 C_0/(kg·m^{-3})	水 W_0/(kg·m^{-3})	砂 S_0/(kg·m^{-3})	石头 G_0/(kg·m^{-3})	W_0/C_0	ρ/(kg·m^{-3})
452	212.6	528	1 231	0.470 4	2 423.6

注：钢纤维的用量为 $100\,\mathrm{kg/m^3}$。

表7-38 普通钢筋材料力学性能指标

材料	规格/mm	δ_{10}/%	抗拉屈服强度/MPa	抗拉极限强度/MPa	弹性模量/GPa
钢筋	φ12	22.1	336	537	205
	φ16	29.5	406	586	207

表7-39 混凝土材料力学性能指标

测试时间	立方体抗压强度/MPa	棱柱体抗压强度/MPa	立方体抗拉强度/MPa	弹性模量/GPa	泊松比
28 d	51.18	—	—	—	—
试验时	57.09	48.01	3.11	31	0.24

2) 特征点荷载

由于承受正弯矩作用，所以板的开裂情况用肉眼是无法直接观测的，需要通过 P-δ（挠度）曲线或其他方法间接反映出来，从测试的数据结果分析来看，P-δ 曲线不容易看出开裂荷载；通过分析，发现可以采用钢板底面的应变和PBL上的应变值，采用平截面假定内插计算得到，计算结果见表7-40。从表7-40中可以看出，混凝土开裂荷载在150 kN左右，取开裂荷载为150 kN。需要说明的是开裂荷载的计算数据均取自静载的第一次加载。

表7-40 混凝土开裂应变计算表

单位：×10^{-6}

PBL编号	P=0 kN	P=50 kN	P=100 kN	P=150 kN	P=180 kN	P=210 kN	P=230 kN	开裂应变
P1	0.00	16.92	45.30	86.03	104.64	124.91	135.60	
P2	0.00	23.23	56.04	85.03	104.62	122.847	133.85	100.32
P3	0.00	39.22	68.22	100.67	118.44	142.78	148.22	

对钢板、钢筋和PBL的屈服荷载，按照《塑性力学》中的Mises屈服条件计算得到，Mises屈服条

件为

$$J'_2 = \frac{1}{6}[(\sigma_1-\sigma_2)^2+(\sigma_2-\sigma_3)^2+(\sigma_3-\sigma_1)^2]$$
$$= C = \sigma_s^2/3$$

不同材料的屈服强度见材料指标。

极限荷载是通过最后结构的承载能力丧失时的荷载级别来确定的,构件的特征点荷载见表 7-41。

表 7-41 试验特征点荷载情况表 单位:kN

开裂荷载	钢板屈服荷载	钢筋屈服荷载	PBL屈服荷载	极限荷载
150	1 400	—	1 500	2 200

3) 静载阶段试验结果分析

(1) 典型工况下试验结果分析。

静载试验工况见表 7-32,为了使结果具有可比性,取表 7-32 中的工况 4 和工况 7 作为典型工况进行试验结果比较分析。

① 组合板挠度结果分析。

a. 静载加载典型工况下挠度沿 x 轴分布曲线如图 7-81 所示。

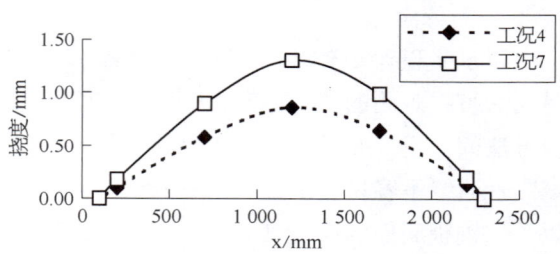

图 7-81 3-3 截面挠度曲线

b. 静载加载典型工况下挠度沿 z 轴分布曲线如图 7-82 所示。

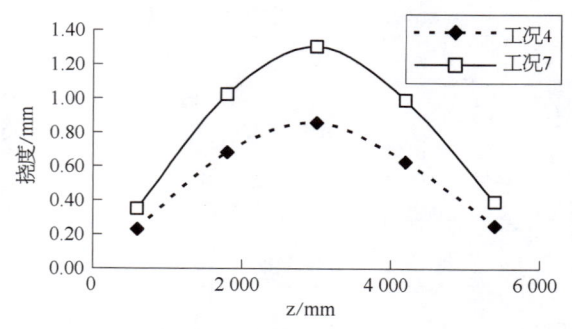

图 7-82 4-4 截面挠度曲线

从图 7-81 和图 7-82 可以看出,在不同加载工况下,x 轴和 z 轴方向各截面的变形曲线走向一致,说明结构在正常状态工作,对称性较好。

② 各板件应力结果分析。

应力的计算,采用如下公式进行

$$\sigma_x = \frac{E}{1-\mu^2}(\varepsilon_x+\mu\varepsilon_z) \quad \sigma_z = \frac{E}{1-\mu^2}(\varepsilon_z+\mu\varepsilon_x)$$

a. PBL 应力结果。

PBL 最大拉应力为 80.56 MPa,沿 x 方向,发生在 PBL 与底板交界处,PBL 处于弹性工作阶段。

b. 钢筋应力结果。

N3 钢筋最大拉应力为 16.15 MPa,N1 钢筋最大拉应力为 18.63 MPa,N2 最大拉应力为 19.67 MPa,发生在加载点附近。

c. 混凝土顶面应力 σ_z 沿 z 方向截面的分布情况如图 7-83 所示。

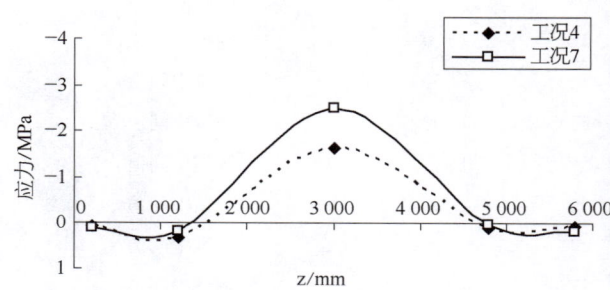

图 7-83 混凝土顶面 D-D 截面应力曲线图

d. 混凝土顶面应力 σ_z 沿 x 方向截面的分布情况如图 7-84 所示。

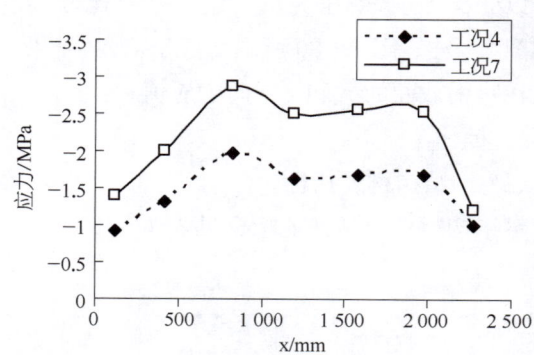

图 7-84 混凝土顶面 K-K 截面应力曲线图

从图 7-83、图 7-84 可看出,混凝土沿 z 方向的应力较小,对称性较好。

e. 混凝土顶面应力 σ_x 沿 x 方向截面的分布情况如图 7-85 所示。

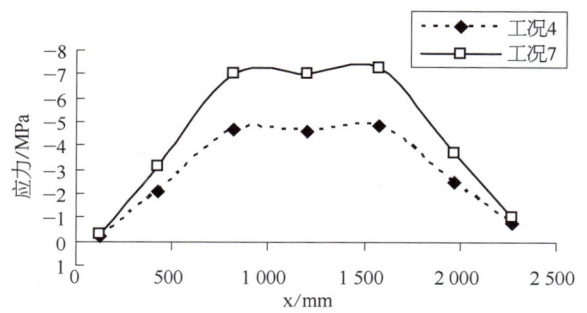

图 7-85　混凝土顶面 K-K 截面应力曲线图

f. 混凝土顶面应力 σ_x 沿 z 方向截面的分布情况如图 7-86 所示。

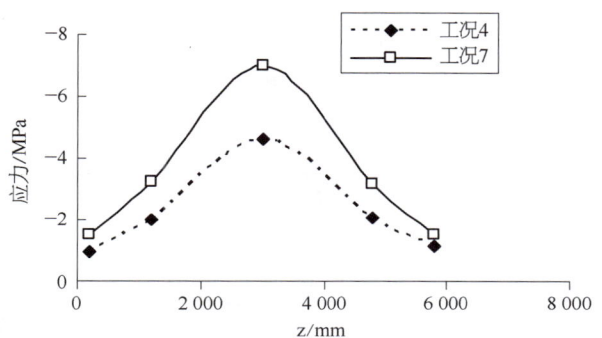

图 7-86　混凝土顶面 D-D 截面应力曲线图

从图 7-85、图 7-86 可以看出，混凝土沿 x 方向应力最大值为 -7.31 MPa，应力变化曲线规律较好。

g. 钢板底面应力 σ_z 沿 z 方向截面的分布情况如图 7-87 所示。

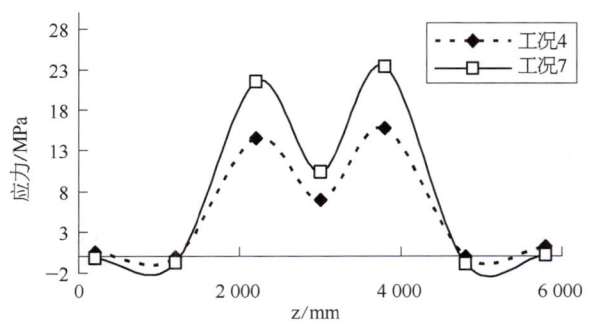

图 7-87　钢板底面 D-D 截面应力曲线图

h. 钢板底面应力 σ_z 沿 x 方向截面的分布情况如图 7-88 所示。

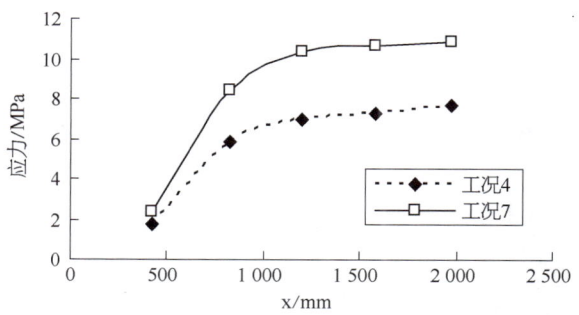

图 7-88　钢板底面 K-K 截面应力曲线图

从图 7-87、图 7-88 可以看出，钢板沿 z 方向应力最大值为 23.40 MPa，应力变化曲线沿 z 方向对称较好；沿 x 方向有偏差。

i. 钢板底面应力 σ_x 沿 x 方向截面的分布情况如图 7-89 所示。

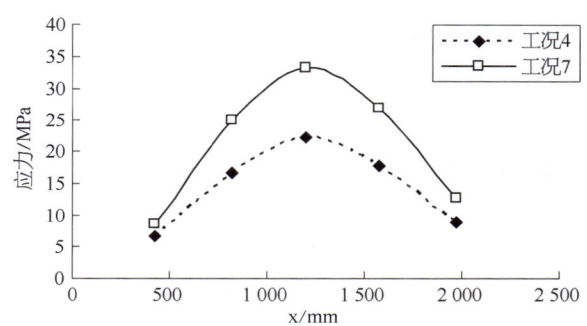

图 7-89　钢板底面 K-K 截面应力曲线图

j. 钢板底面应力 σ_x 沿 z 方向截面的分布情况如图 7-90 所示。

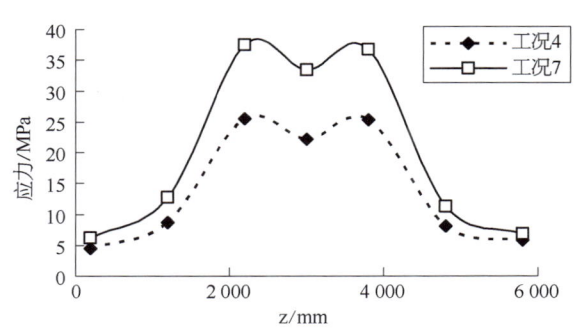

图 7-90　钢板底面 D-D 截面应力曲线图

从图 7-89、图 7-90 可以看出，σ_x 沿 z 方向应力最大值为 37.55 MPa，发生在加载点附近。

（2）各项荷载效应随荷载发展历程。

① 荷载-变形性能。

最大挠度测点的挠度数据随荷载的变化情况如图 7-91 所示。

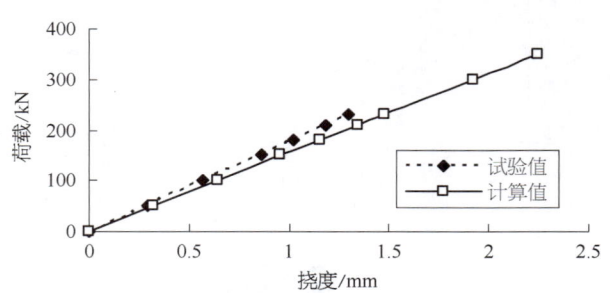

图 7-91 最大挠度测点挠度值随荷载变化曲线图

从图 7-91 可以看出，组合桥面板最大挠度随荷载的变化曲线在静载作用下呈线性关系，且与计算值吻合较好。

② 荷载-应力行为。

钢板最大响应测点取 375 号点，其应变响应值随荷载变化曲线如图 7-92 所示。

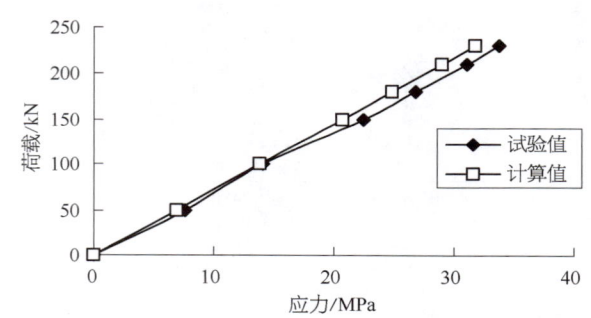

图 7-92 钢板最大应变响应值随荷载变化曲线图

混凝土最大响应测点取 252 号点，其应变响应值随荷载变化曲线如图 7-93 所示。

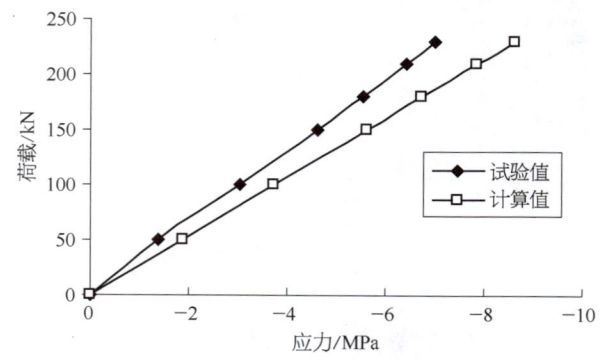

图 7-93 混凝土最大应变响应值随荷载变化曲线图

钢筋最大响应测点取 131 号点，其应变响应值随荷载变化曲线如图 7-94 所示。

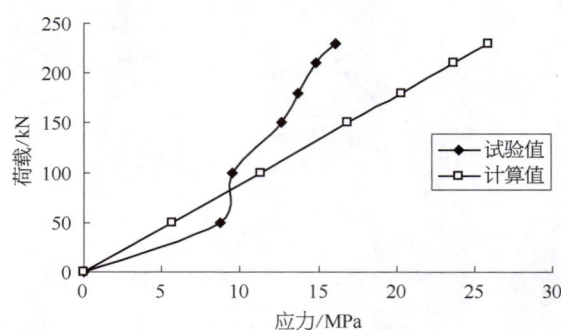

图 7-94 钢筋最大应变响应值随荷载变化曲线图

PBL 最大响应测点取 66 号点，其应变响应值随荷载变化曲线如图 7-95 所示。

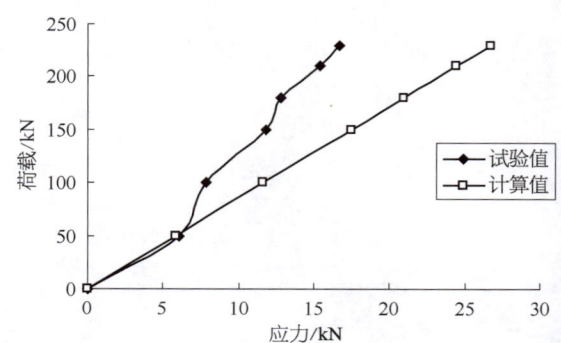

图 7-95 PBL 最大应变响应随荷载变化曲线图

从图 7-92～图 7-95 可以看出，钢筋和 PBL 上应力随荷载变化曲线与计算值有些偏离，而钢板和混凝土板的试验值与计算值均较吻合，且与荷载呈线性关系。

（3）静载阶段小结。

从以上的结果中，我们可以看出：

① 在静载作用下，钢-混凝土组合桥面板在正弯矩作用下，模型最大挠度为 1.30 mm；

② 混凝土板上 x、z 方向应力分布对称性均较好；

③ 从混凝土板的纵向应变分布曲线可以看出，加载时有一些偏载，但对整体试验的影响较小；

④ 在静力荷载作用下，混凝土和钢板的应力均在弹性范围内变化，没有出现过大的应力。

4) 疲劳阶段试验结果

（1）典型工况下试验结果分析。

疲劳荷载作用下取相应于 1 万次、100 万次、200 万次疲劳荷载下的工况 5 作为典型工况。

① 组合板挠度结果分析。

a. 典型工况下组合板挠度沿 x 轴分布如图 7-96 所示。

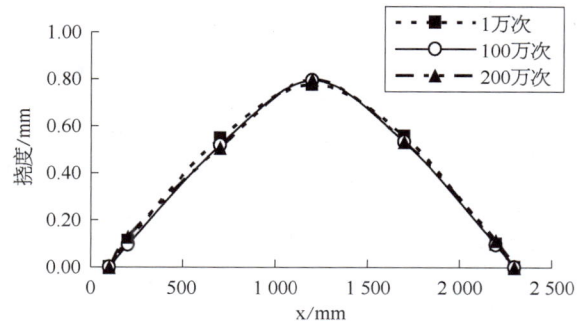

图 7-96　3-3 截面挠度曲线

从图 7-96 可以看出，不同疲劳次数时各截面沿 x 轴的挠度曲线基本重合，截面越靠近板中心，挠度曲线变化对称性越好，最大挠度值大约为 0.80 mm。

b. 典型工况下组合板挠度沿 z 轴分布如图 7-97 所示。

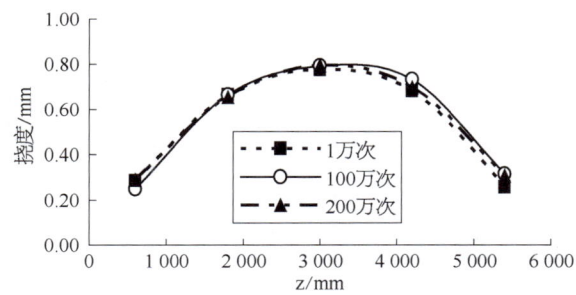

图 7-97　4-4 截面挠度曲线

从图 7-97 可以看出，不同疲劳次数时各截面沿 z 轴的挠度曲线在板中心处截面对称性较好，远离中心位置挠度较小；在 1 万次、100 万次和 200 万次时曲线基本重合，表明组合板整体刚度良好，衰减较小。

② 各板件应力结果分析。

a. 混凝土顶面应力 σ_z 沿 z 方向截面的分布情况如图 7-98 所示。

b. 混凝土顶面应力 σ_z 沿 x 方向截面的分布情况如图 7-99 所示。

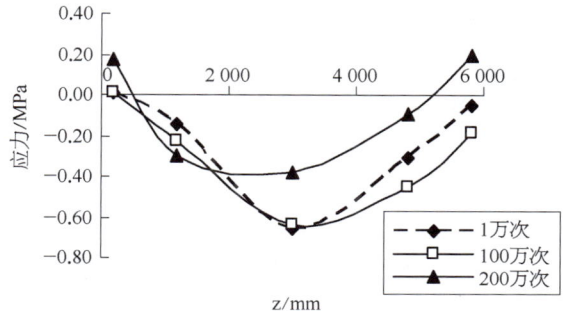

图 7-98　混凝土顶面 D-D 截面应力曲线图

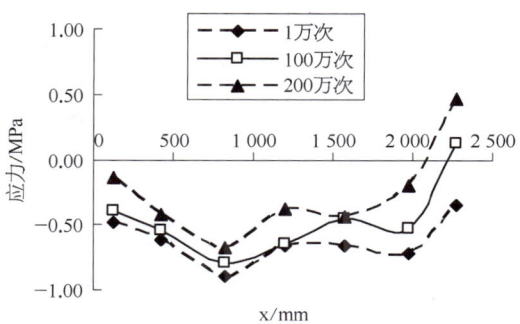

图 7-99　混凝土顶面 K-K 截面应力曲线图

从图 7-98、图 7-99 可以看出，混凝土沿 z 方向的应力均较小。

c. 混凝土顶面应力 σ_x 沿 x 方向截面的分布情况如图 7-100 所示。

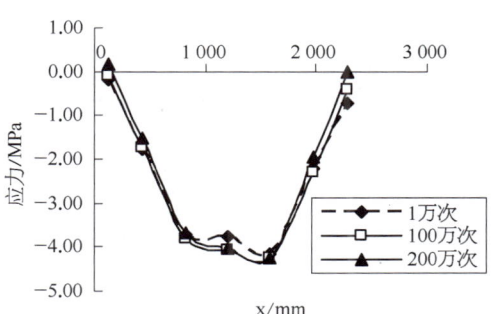

图 7-100　混凝土顶面 K-K 截面应力曲线图

d. 混凝土顶面应力 σ_x 沿 z 方向截面的分布情况如图 7-101 所示。

从图 7-100、图 7-101 可以看出，混凝土沿 x 方向应力最大值为 -7.31 MPa，应力变化曲线规律性较好。

e. 钢板底面应力 σ_z 沿 z 方向截面的分布情况如图 7-102 所示。

f. 钢板底面应力 σ_z 沿 x 方向截面的分布情况如图 7-103 所示。

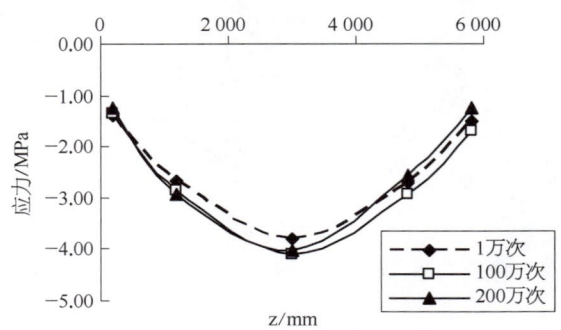

图 7-101　混凝土顶面 D-D 截面应力曲线图

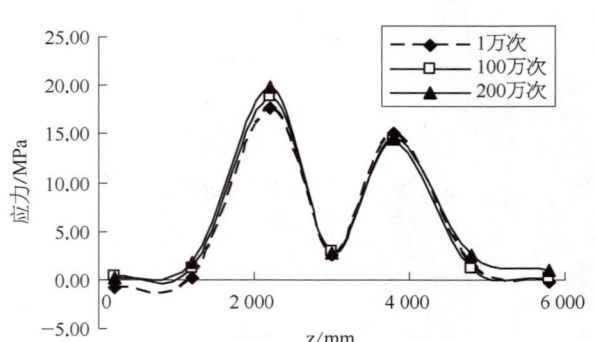

图 7-102　钢板底面 D-D 截面应力曲线图

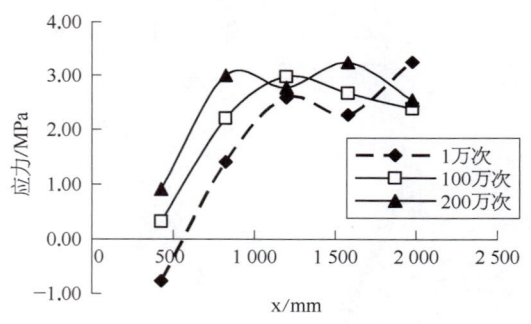

图 7-103　钢板底面 K-K 截面应力曲线图

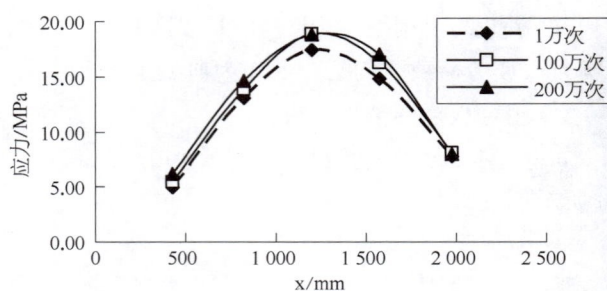

图 7-104　钢板底面 K-K 截面应力曲线图

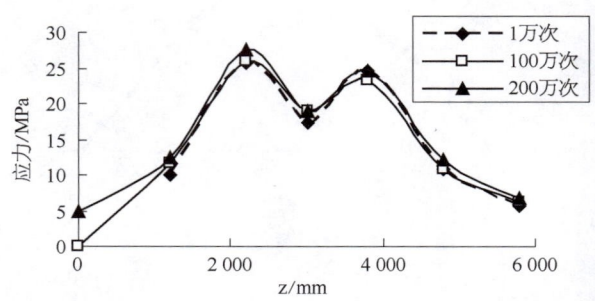

图 7-105　钢板底面 D-D 截面应力曲线图

取各级疲劳荷载对应下的工况 5 最大点荷载挠度进行比较,如图 7-106 所示。

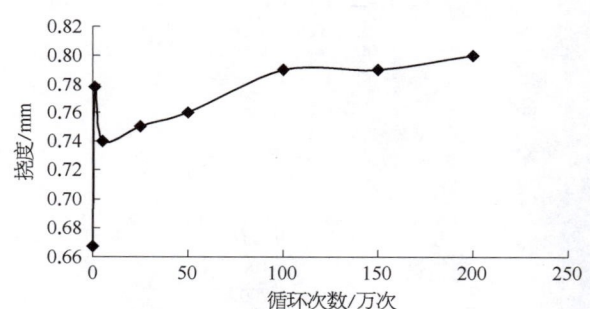

图 7-106　最大挠度测点挠度值随作用次数变化曲线图

从图 7-102、图 7-103 可以看出,钢板沿 z 方向拉应力最大值小于 20 MPa,应力变化曲线沿 z 方向对称性较好;沿 x 方向出现偏差。

g. 钢板底面应力 σ_x 沿 x 方向截面的分布情况如图 7-104 所示。

h. 钢板底面应力 σ_x 沿 z 方向截面的分布情况如图 7-105 所示。

从图 7-104、图 7-105 可以看出,钢板沿 x 方向应力较小,对称性较好。

(2) 各项荷载效应随疲劳次数发展历程。

① 疲劳次数-变形行为。

从图 7-106 可以看出,最大挠度随荷载次数的变化基本呈现出上升趋势,但是数值变化很小,从 1 万次到 200 万次的增幅为 2.6%。值得说明的是,在 1 万次时最大挠度有突变,这除了疲劳荷载的影响外,可能还有试验中的人工读表等其他因素的影响。

② 疲劳次数-应力行为。

为了比较各构件在疲劳荷载下的应力随疲劳载的变化情况,取不同加载次数下疲劳上限荷载时的应力计算结果为比较依据进行对比,应力为按照文献计算的等效应力。

钢板最大响应测点取 360 和 375 号所在处作为比较点,应力随作用次数变化曲线如图 7-107 所示。

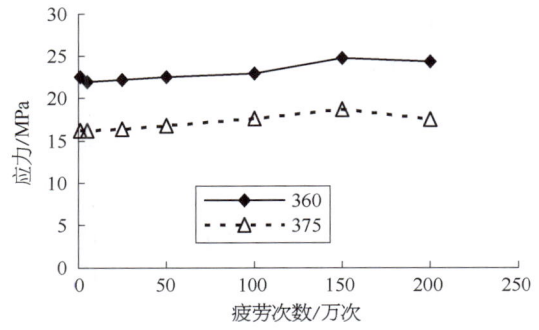

图 7-107　钢板最大响应点应力随荷载变化曲线图

混凝土最大响应测点取 252 号所在处作为比较点，应力随作用次数变化曲线如图 7-108 所示。

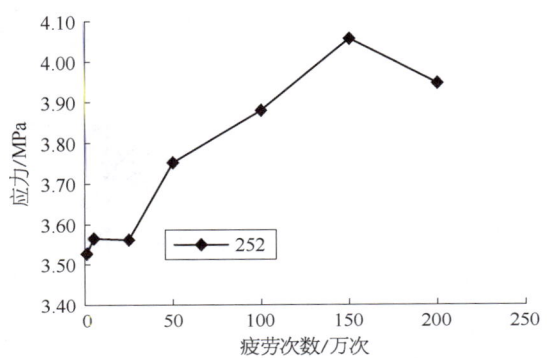

图 7-108　混凝土最大响应点应力随荷载变化曲线图

N3 钢筋最大响应测点取 131 号点，应力随作用次数变化曲线如图 7-109 所示。

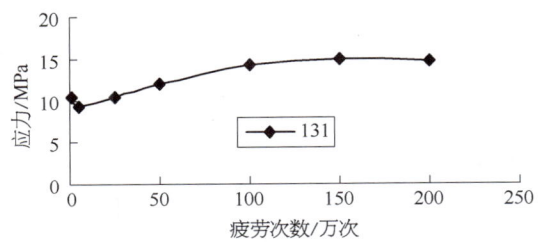

图 7-109　N3 钢筋最大响应点应力随荷载变化曲线图

N1 钢筋最大响应测点取 140 和 146 号点，应力随作用次数变化曲线如图 7-110 所示。

N2 钢筋最大响应测点取 157、158 和 159 号点，应力随作用次数变化曲线如图 7-111 所示。

PBL 最大响应测点取 24 和 66 号点，应力随作用次数变化曲线如图 7-112 所示。

从图 7-106～图 7-112 可以看出，在疲劳荷载作用下，构件的应力在弹性范围内变化。

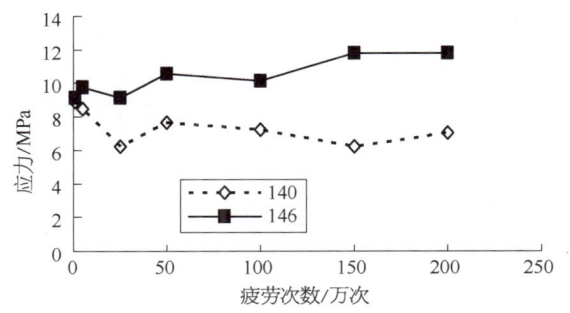

图 7-110　N1 钢筋最大响应点应力随荷载变化曲线图

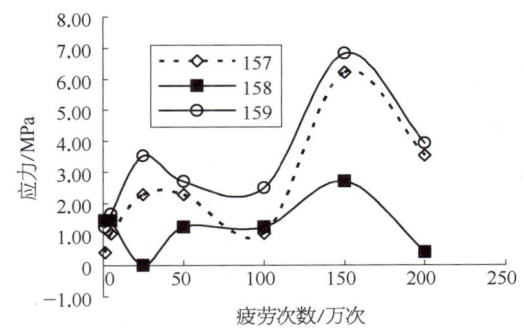

图 7-111　N2 钢筋最大响应点应力随荷载变化曲线图

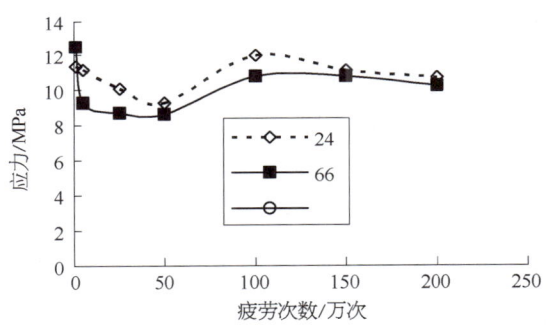

图 7-112　PBL 最大响应点应力随荷载变化曲线图

(3) 疲劳阶段小结。

从以上结果可以看出：

① 试验模型在疲劳荷载作用下，组合板的最大挠度基本没有大的变化，结构整体刚度随疲劳荷载作用次数的变化情况不明显；

② 除 N3 钢筋应变随疲劳次数的增多出现一定的增长外，其余构件的应变未出现较大的增长，表明构件工作状态良好；

③ 同一截面，模型横向和纵向应变变化曲线在不同的疲劳次数后基本上线型一致，大小基本重合；

④ 在疲劳阶段，构件的应力都较小。

5) 破坏阶段试验结果分析

(1) 典型工况下试验结果分析。

挠度：经过分析比较，取循环一的工况19、循环二的工况11、循环二的工况13、循环二的工况15、循环二的工况24为典型工况，进行试验结果比较。

应变：取循环一的工况19、循环二的工况11、循环二的工况13、循环二的工况15、循环二的工况28为典型工况，进行试验结果比较。

① 组合板挠度结果分析。

a. 典型工况下组合板挠度沿x轴的分布曲线如图7-113所示。

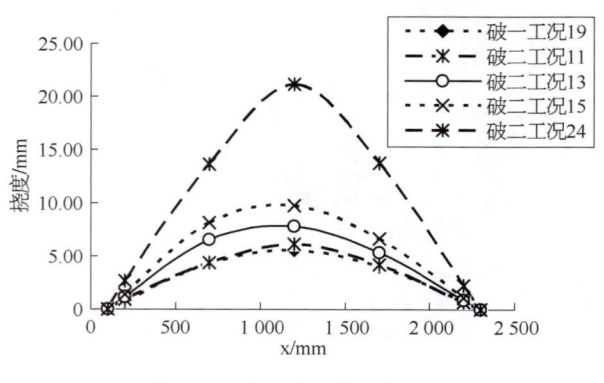

图7-113　3-3截面曲线图

从图7-113可以看出，破坏加载阶段，挠度沿x轴的分布线形和对称性均较好，挠度变化规律符合单向板变化规律。

b. 典型工况下组合板挠度沿z轴的分布曲线如图7-114所示。

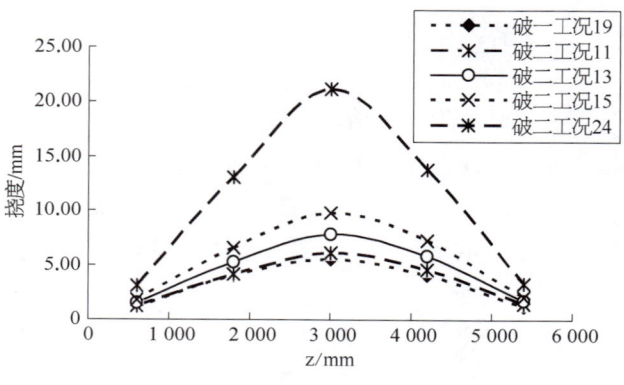

图7-114　4-4截面曲线图

从图7-114可以看出，在加载点附近，板的挠度变形规律较好，在破坏循环二的工况24（荷载达到1950 kN）下最大挠度为21.14 mm。

② 各板件应变结果分析。

a. PBL应变变化情况。

随着荷载的增大，PBL上的应变都有较大的"突变"，最大应变达$29\,278\times10^{-6}$。

b. 钢筋应变变化情况。

沿x方向布置的N3钢筋，最大拉应变达$20\,177\times10^{-6}$，N1钢筋最大压应变为$-1\,078\times10^{-6}$。沿z方向布置的N2钢筋应变在受载过程中处于较小的范围，至循环二的工况28时（荷载达到2150 kN）最大拉应变达到$1\,420\times10^{-6}$。

c. 混凝土顶面应变ε_x沿x方向截面的分布情况如图7-115所示。

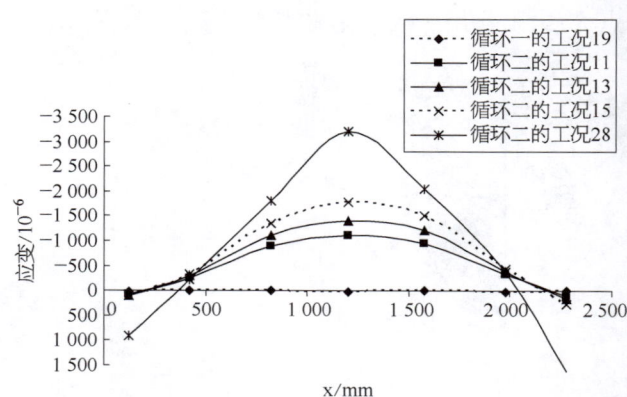

图7-115　混凝土顶面K-K截面应变曲线图

从图7-115可以看出，混凝土顶面应变沿x轴方向的分布曲线线形较好，应变值增长较多，在循环二加载后期有更大的应变增加，说明构件由屈服向破坏发展。

d. 混凝土顶面应变ε_z沿z方向截面的分布情况如图7-116所示。

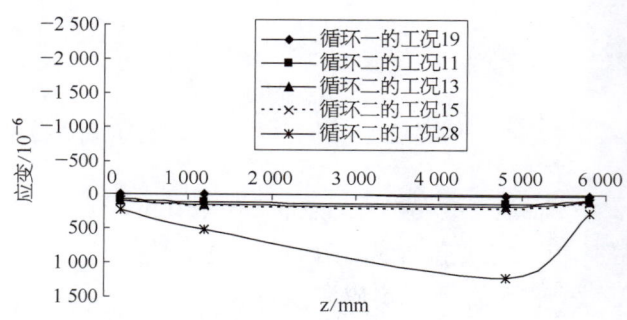

图7-116　混凝土顶面D-D截面应变曲线图

从图7-116可以看出，混凝土顶部应变沿z方向的变化情况符合梁的变化规律，出现拉应变的地方应变值（除个别地方外）均较小，压应变最大值达到$-985×10^{-6}$。

e. 钢板底面应变ε_x沿 x 方向截面的分布情况如图 7-117 所示。

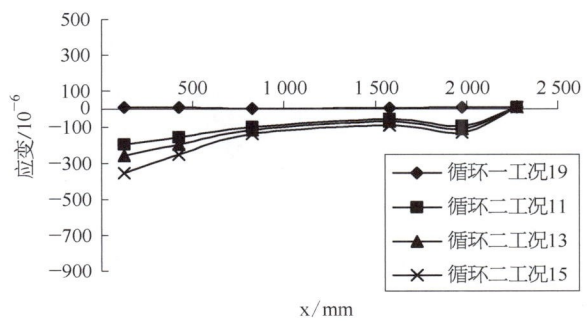

图 7-119　混凝土顶面 K-K 截面应变曲线图

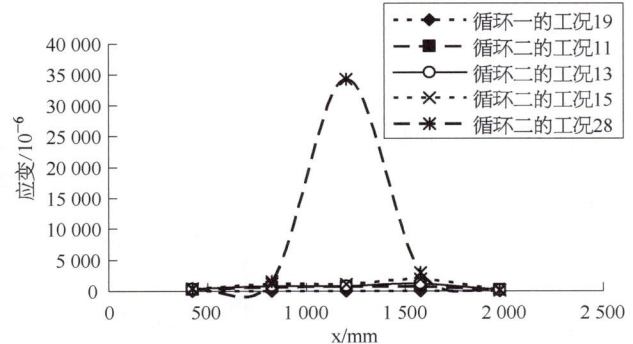

图 7-117　钢板底面 K-K 截面应变曲线图

从图 7-117 可以看出，钢板除在跨中部分测点的应变值在荷载较大时出现较大的增长外，大部分测点在荷载较小时应变均较小。

f. 钢板底面应变ε_z沿 z 方向截面的分布情况如图 7-118 所示。

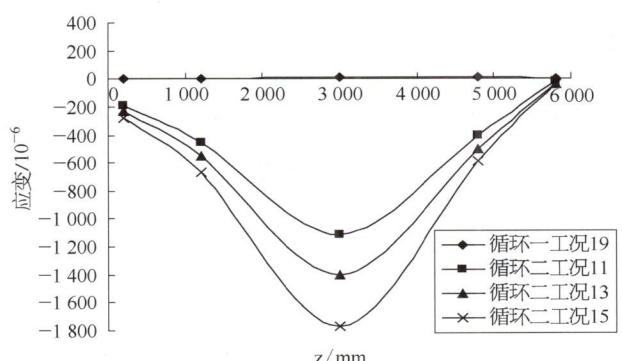

图 7-120　混凝土顶面 D-D 截面应变曲线图

i. 钢板底面应变ε_z沿 x 方向截面的分布情况如图 7-121 所示。

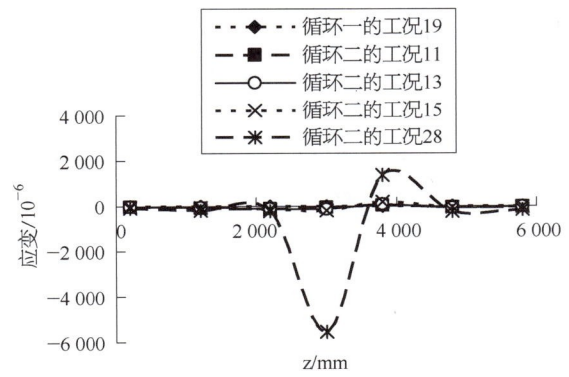

图 7-118　钢板底面 D-D 截面应变曲线图

从图 7-118 可看出，钢板沿 z 方向应变值较小，部分地方还出现压应变。

g. 混凝土顶面应变ε_z沿 x 方向截面的分布情况如图 7-119 所示。

从图 7-119 可以看出，混凝土顶面 z 方向应变沿 x 轴分布对称性较差。

h. 混凝土顶面应变ε_x沿 z 方向截面的分布情况如图 7-120 所示。

从图 7-120 可以看出，混凝土顶部应变沿 z 方向的变化情况符合梁的变化规律，在循环二工况 15 时，压应变最大值达到$-1773×10^{-6}$。

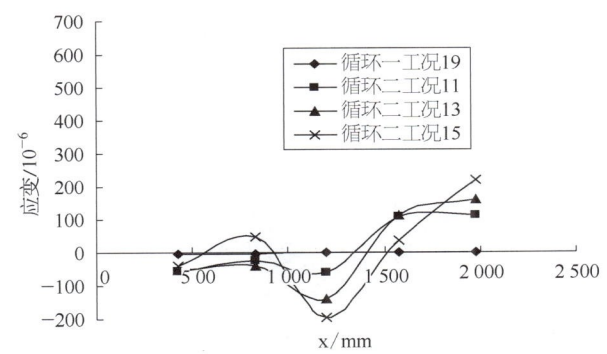

图 7-121　钢板底面 K-K 截面应变曲线图

从图 7-121 可以看出，不同荷载工况下，钢板应变的变化曲线趋势一致，最大拉应变在循环二的工况 15 时达到$623×10^{-6}$。

j. 钢板底面应变ε_x沿 z 方向截面的分布情况如图 7-122 所示。

从图 7-122 可以看出，钢板沿 x 方向应变值在循环二的工况 15 时达到$1971×10^{-6}$，x 方向的应变沿 z 方向的分布曲线在不同工况下的变化趋

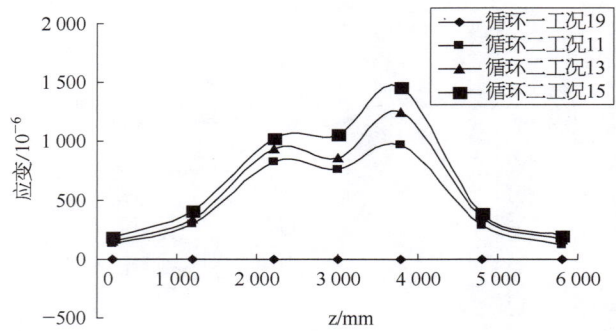

图 7-122 钢板底面 D-D 截面应变曲线图

势一致。

注:从 g~j 中,由于循环二在工况 28 时已经接近破坏,应变结果紊乱,所以该工况结果没有列出。

(2) 各项荷载效应随荷载发展历程。

① 荷载-变形性能。

破坏阶段最大挠度点的测试数据如图 7-123 所示。

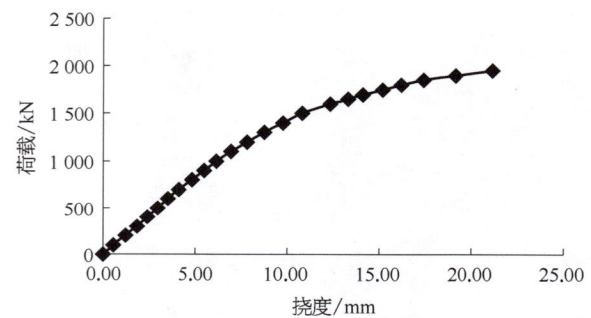

图 7-123 最大挠度测点处挠度随荷载变化曲线图

从图 7-123 可以看出,随着荷载的增大,最大点挠度值不再保持线性变化,出现非线性变化,最后最大值达到 21.14 mm,达到计算跨度的 1/104。

② 荷载-应变行为。

PBL 典型应变点取应变片编号为 66 的点进行比较,其荷载-应变曲线如图 7-124 所示。

从图 7-124 可以看出,随着荷载的增大,PBL 上最大点的应变值增长较快,且出现明显非线性变化情况,在构件快要破坏时,应变有一个较大的"飞跃",产生很大的塑性变形。

③ 钢筋典型应变点荷载-应变曲线。

a. N3 钢筋荷载-应变曲线。

N3 钢筋取应变编号 132 为比较点,其荷载-应变曲线如图 7-125 所示。

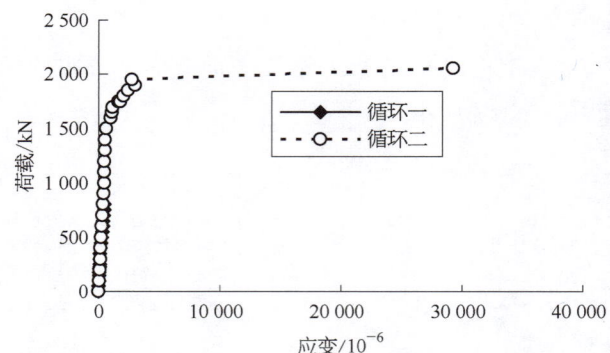

图 7-124 PBL(66 号)荷载-应变曲线

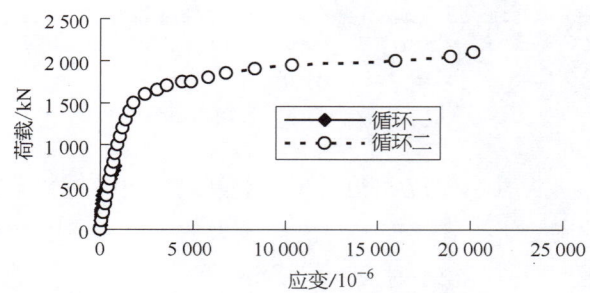

图 7-125 N3 钢筋(132 号)荷载-应变曲线

从图 7-125 可以看出,随着荷载的增大,N3 钢筋的应变不断增大,并出现强化,说明混凝土与钢板交界面处有较多混凝土出现裂缝。

b. N1 钢筋荷载-应变曲线。

N1 钢筋取应变编号 146 为比较点,其荷载-应变曲线如图 7-126 所示。

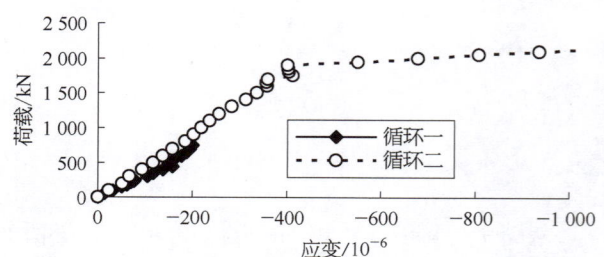

图 7-126 N1 钢筋(146 号)荷载-应变曲线

从图 7-126 可以看出,随着荷载的增大,N1 钢筋的应变不断增大,在荷载较小时基本表现出线性变化规律。

c. N2 钢筋荷载-应变曲线。

N2 钢筋取应变编号 157 为比较点,其荷载-应变曲线如图 7-127 所示。

从图 7-127 可以看出,随着荷载的增大,N2 钢

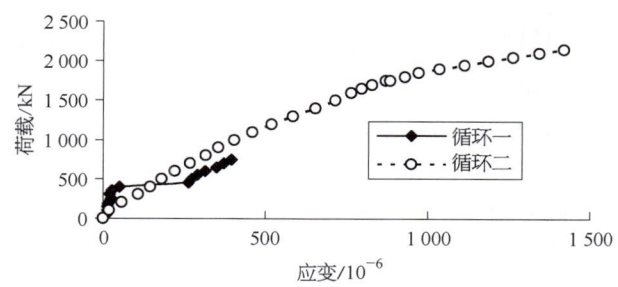

图 7-127 Z方向钢筋(157号)荷载-应变曲线

筋的应变不断增大，表现出较强的非线性变化规律。

d. 混凝土典型应变点荷载-应变曲线。

混凝土取应变编号 252 为比较点，其荷载-应变曲线如图 7-128 所示。

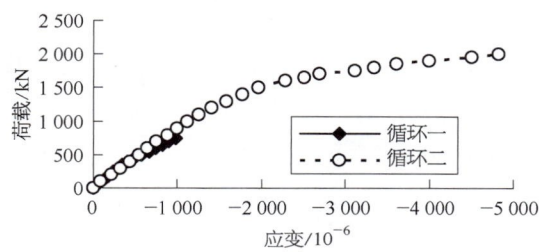

图 7-128 混凝土板(252号)荷载-应变曲线

从图 7-128 可以看出，随着荷载的增大，混凝土的应变不断增大，表现出较强的非线性变化规律。

e. 钢板典型应变点荷载-应变曲线。

钢板取应变编号 375 为比较点，其荷载-应变曲线如图 7-129 所示。

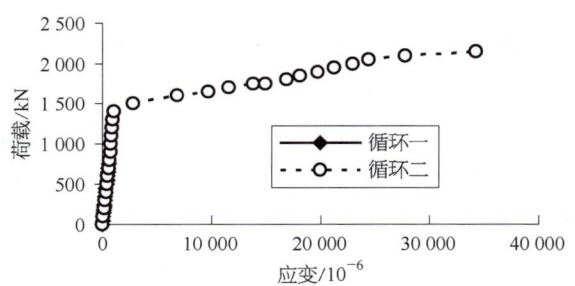

图 7-129 钢板(375号)荷载-应变曲线

从图 7-129 可以看出，随着荷载的增大，钢板的应变不断增大，表现出较强的非线性变化规律，在荷载达到 1 400 kN 左右钢板出现屈服。

(3) 极限强度与破坏形态。

① 极限强度的理论计算。

钢-混凝土组合桥面板极限强度的理论计算，目前还没有相应规范可以参考，所以本节参照普通钢筋混凝土板的计算办法。取单位板宽按照梁理论进行计算，考虑板的有效工作宽度，按照钢筋混凝土计算理论得到板的极限强度，板的有效工作宽度理论计算值参照相关文献得到。

为了更好地比较试验值和规范值，按照相关文献，板的有效工作宽度为：

$$a = \frac{M}{m_{\max}}$$

其中，a 为板的有效工作宽度；M 为荷载产生的总弯矩；$m_{\max}$ 为单位宽度范围内最大弯矩值。

在弹性范围内，由于弯矩和应力是成正比的，所以在计算有效宽度时，可以应用静载工况中的应力结果来计算有效工作宽度。又因为试验中计算得到的钢板和混凝土板有效工作宽度不一致，取二者的均值作为最终的有效工作宽度。

在塑性阶段，参照相关文献，采用等效应变原则，钢板和混凝土的本构关系采用单轴时应力-应变关系曲线(图 7-130、图 7-131)计算在塑性阶段的有效板宽。

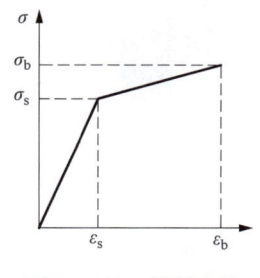 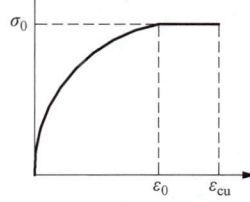

图 7-130 钢板本构　　图 7-131 混凝土本构

其中，$\sigma_s = 266.41 \text{ MPa}$，$\sigma_b = 457.73 \text{ MPa}$，$\varepsilon_s = \frac{\sigma_s}{E_s} = 0.001\,387$，$\varepsilon_b = 0.30$；$\sigma_0 = 48.04 \text{ MPa}$，$\varepsilon_0 = 2\frac{\sigma_0}{E_0} = 0.003\,1$，$\varepsilon_{cu} = 0.003\,5$；混凝土上升段参照 Hongnestad 公式，此处不再赘述。

为了和理论计算结果进行比较，按照参考文献的规定，计算得到板的理论有效工作宽度，极限强度理论和试验计算结果见表 7-42。

表 7-42 极限强度理论计算值与试验值

项目	单位宽度极限强度/kN	有效工作板宽/m	极限强度/kN	极限强度试验值/kN	理论/试验
按文献计算有效板宽		2.77	1581.09		0.72
按弹性计算有效板宽	570.79	3.29	1877.91	2200	0.85
考虑塑性计算有效板宽		4.18	2385.91		1.08

② 破坏形态。

钢-混凝土组合板经过两个循环的静力破坏加载,在荷载为 2 200 kN 时发生破坏,最后的破坏形态表现为混凝土的受压破坏,在加载点附近,有沿 x 方向的较大裂缝。其破坏形态如图 7-132 所示。

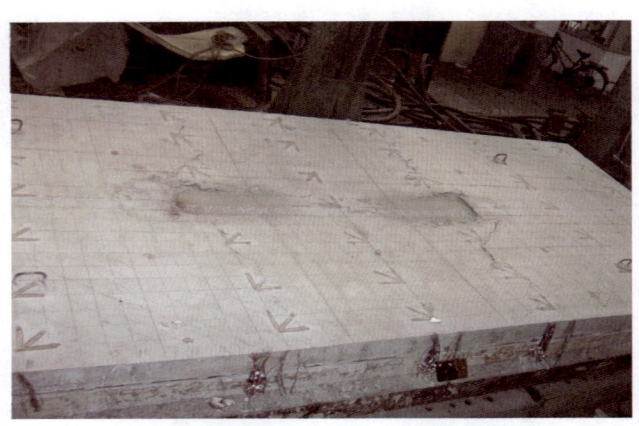

图 7-132 钢-混凝土组合板破坏情况

(4) 破坏阶段小结。

从以上结果可以看出:

① 模型结构最后的破坏荷载为 2 200 kN,破坏形态呈混凝土受压破坏模式。

② 在荷载为 1 950 kN 时,模型最大挠度已达 2.11 cm,为跨度的 1/104。

③ 在破坏试验加载过程中,模型结构的挠度具有较好的对称性,且在不同的工况,曲线走向趋势一致。

④ 随着荷载的增加,荷载-挠度曲线及荷载-应变曲线均呈现出较强的非线性变化规律,说明随着荷载的增加,混凝土底部出现了较多的裂缝,混凝土与钢板之间产生复杂的应力重分布。

7.1.2.4 试验结论

通过对东平大桥钢-混凝土组合桥面板承受正弯矩模型的静载、疲劳和破坏试验以及结果分析,对试验模型结果总结如下:

(1) 在超载 10% 的静力设计荷载作用下,模型最大挠度为 1.30 mm,为模型计算跨度的 1/1 692。

(2) 在静力荷载作用下,最大挠度点的荷载-变形曲线基本成线性变化趋势,与完全黏结情况下的理论计算结果基本吻合。

(3) 在静力荷载作用下,混凝土和钢板的应变基本呈线性变化,且与计算值吻合较好,混凝土的最大压应力为 7.31 MPa、钢板的最大拉应力为 37.55 MPa。

(4) 在疲劳荷载作用下,钢板底面和混凝土顶面的应变几乎没有增长,钢板的最大拉应力为 24.39 MPa,混凝土的最大压应力为 4.06 MPa。

(5) 在经历 200 万次疲劳荷载作用后,结构的最大挠度从静力时的 0.67 mm 增长到 0.80 mm,总增长幅度达到 19%,但从 1 万次到 200 万次时增长幅度较小(仅 2.6%),说明板的整体工作性能良好,刚度降低少。

(6) 在疲劳荷载作用下,N3 钢筋的应变随荷载次数的增加有增长的趋势,说明在疲劳荷载作用下,混凝土底板有裂缝的扩展或新裂缝的不断出现。

(7) 在破坏加载阶段,构件的荷载-挠度曲线基本上呈曲线变化,当荷载达到 1 950 kN 时,最大挠度为 21.14 mm。

(8) 在破坏加载阶段,钢板大约在 1 400 kN 时开始屈服,PBL 剪力连接件大约在 1 500 kN 时达到屈服强度,模型的破坏荷载为 2 200 kN,试验表明:钢-混凝土组合桥面板具有很好的承载性能。

总体而言,通过对模型的综合试验,表明原设计具有良好的静力、疲劳工作性能,极限承载力高,满足设计要求。

7.2 普通型组合桥面板缩尺模型试验研究

7.2.1 试验目的和依据

7.2.1.1 试验目的

模型试验研究是获取复杂结构各种性能的一种比较直观的科学研究方法,通过模型试验,既可以达到验证设计计算、分析方法正确性的目的,还可以弥补理论计算不可避免的模型简化所带来的偏差。最核心的目的就是为了改变钢-混凝土组合桥面板理论研究严重滞后于工程实践的现状,力争满足工程设计和施工的实际需要,建立科学、合理的理论分析模型。

7.2.1.2 主要存在的问题

目前,国内外对钢-混凝土组合板的研究已取得了一些初步成果,但仍存在较多问题需进一步深入研究,大致可归纳为以下几方面:

(1) 综合已有的研究资料,目前的组合板试验构件大部分采用两端简支板,加载方式也采用常规的 4 分点加载,研究目的主要是针对正弯矩作用下的受力性能及纵向抗剪承载能力。但是桥梁结构受力复杂,连续体系桥梁的中支座附近会出现负弯矩区,目前对于钢-混凝土组合板在负弯矩区域的受力行为研究甚少,因此对连续组合板在负弯矩区域的受力行为有进一步研究的必要。

(2) 目前对组合板的研究大部分是基于单向板,若将组合板作为桥面板应用在桥梁工程中,会出现把组合板架设在纵横主梁、次梁所形成的格子桥面梁之上的情况,此时钢-混凝土组合板更趋近于双向板的受力模式。然而国内外对组合双向板的研究几乎没有。所以,针对双向板的受力性能、空间应力分布模式等问题需进一步研究探讨。

(3) 国内外对剪力连接件的研究大部分采用传统的推出试验方法,即在型钢顶部施加压力或拉力,使翼缘板上的剪力连接件承受剪力进行试验。而往往应用于桥梁工程中的剪力连接件承受弯剪组合作用,何种试验方法能准确模拟这种受力模式需进一步研究。

7.2.1.3 试验研究内容

针对上述提出的若干问题,本试验项目通过对设计的一系列钢-混凝土组合桥面板试件进行静力加载,重点研究其在正、负弯矩作用下的裂缝发展规律和破坏模式,同时对极限承载能力和刚度进行理论分析。重点包括以下几个方面:

(1) 单向板在正负弯矩作用下的裂缝发展规律、刚度及承载能力。

(2) 开孔钢板布置方向对承载力的影响。

(3) 双向板在两个方向的应力分布规律。

(4) 双向板的开裂模式、承载能力。

7.2.1.4 试验依据

(1)《公路桥涵设计通用规范》。

(2)《公路桥涵钢结构及木结构设计规范》。

(3)《普通混凝土配合比设计规程》。

(4)《金属材料室温拉伸试验方法》。

7.2.2 试验概况

7.2.2.1 试件设计

通过参数分析,本试验设计的构件选用以下参数和条件:混凝土厚度 h_1、底钢板厚度 h_2、纵向钢筋配筋率 ρ、开孔钢板间距 a、开孔钢板剪力连接件布置方向和是否设置贯穿钢筋,此外考虑支撑边界条件不同对双向板的影响。

1) 单向板

本试验共设计 14 块单向板,尺寸见表 7-43。钢构件部分构造如图 7-133、图 7-134 所示,试件配筋如图 7-135、图 7-136 所示,试验参数见表 7-44、表 7-45。

表 7-43 单向板尺寸表　　单位:mm

长×宽×厚	数量	混凝土厚 h_1	开孔钢板高 h	计算跨度 L
1900×400×158	9	150	120	1800
1900×400×128	1	120	90	1800
1700×360×158	3	150	120	1600
1700×360×128	1	120	90	1600

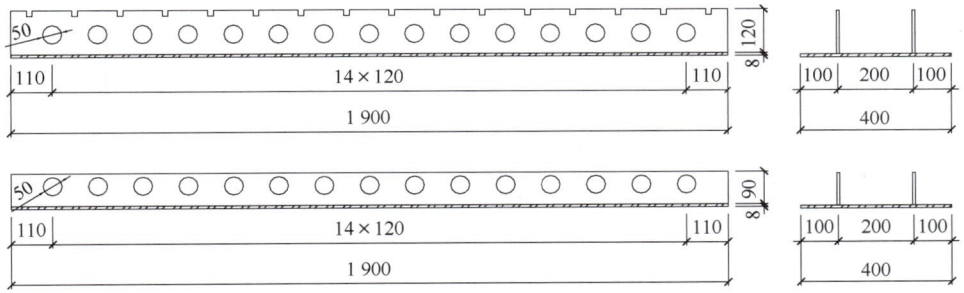

图 7-133 单向板钢构件尺寸示意图一

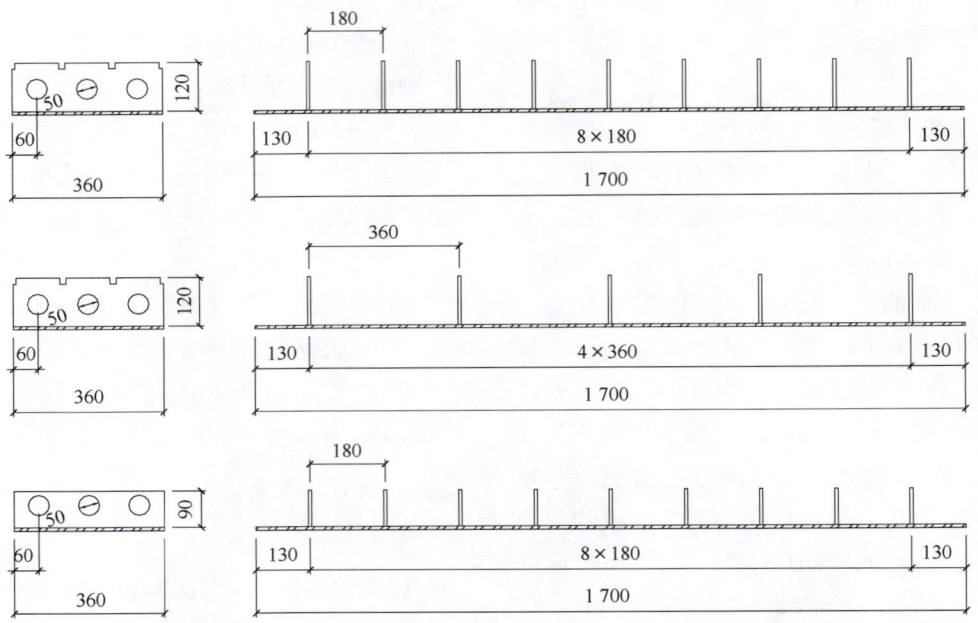

图 7-134　单向板钢构件尺寸示意图二(单位：mm)

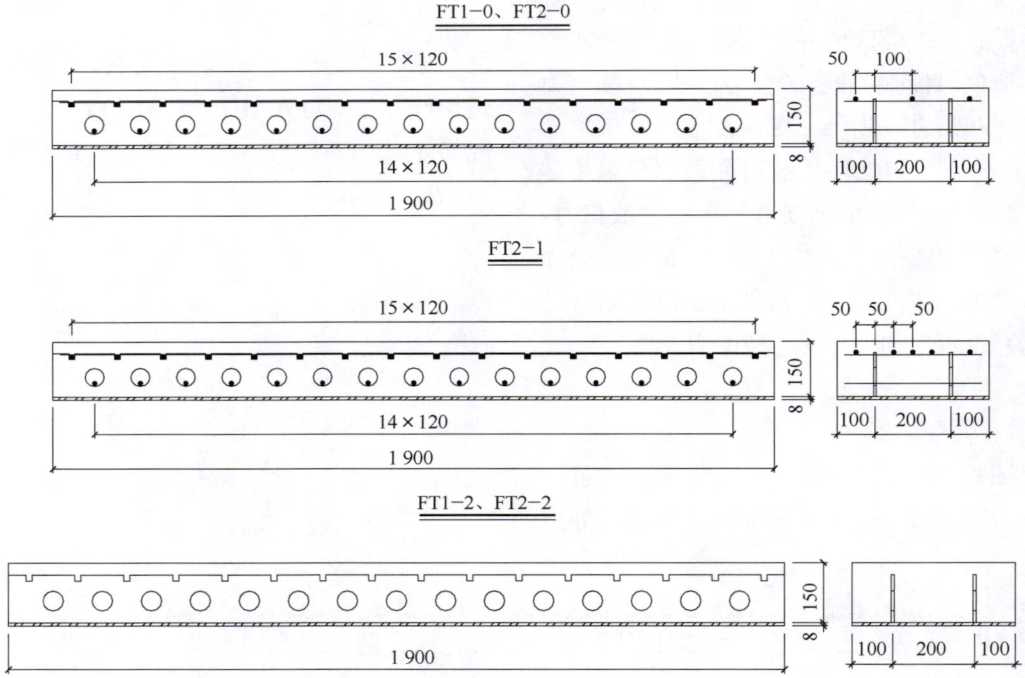

图 7-135　单向板试件配筋图一(单位：mm)

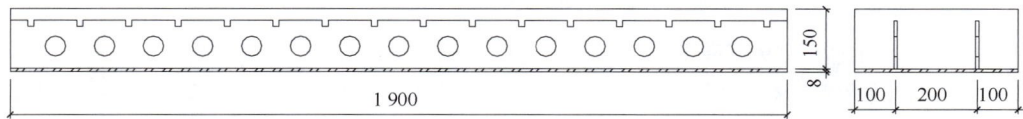

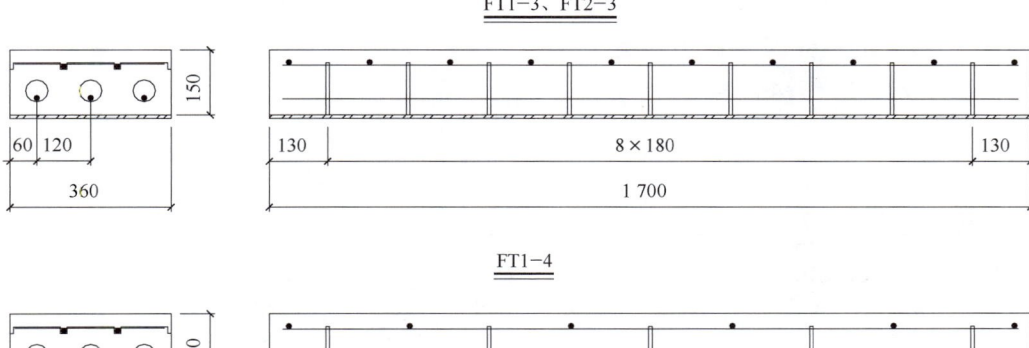

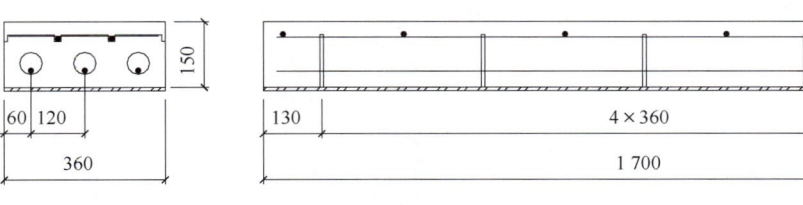

图 7-136 单向板试件配筋图二(单位:mm)

表 7-44 单向板参数表一

试件编号	混凝土板厚度/mm	开孔钢板布置方向	开孔钢板间距/mm	数量
FT1-0	150	沿板跨	200	3
FT1-1	120	沿板跨	200	1
FT1-2	150	沿板跨	200	1
FT1-3	150	垂直板跨	180	1
FT1-4	120	垂直板跨	180	1
FT1-5	150	垂直板跨	360	1

注:FT1 系列正向加载,即底钢板受拉。

表 7-45 单向板参数表二

试件编号	底部纵向钢筋根数	开孔钢板布置方向	数量
FT2-0	3	沿板跨	3
FT2-1	5	沿板跨	1
FT2-2	0	沿板跨	1
FT2-3	3	垂直板跨	1

注:FT2 系列反向加载,即底钢板受压。

拟研究问题说明:

(1)通过 FT1 系列共 8 块试件,研究简支单向组合板构件在正弯矩作用下的受力性能,采用 3 分点加载模式,对其进行受弯至破坏全过程研究。主要研究混凝土板厚、开孔钢板布置方向及间距对组合板承载力及刚度的影响。具体研究参数对照见表 7-46。

表 7-46 FT1 系列研究参数说明

基础试件编号	对比试件编号	重点研究参数
FT1-0	FT1-1	混凝土厚度
	FT1-2	贯穿钢筋
	FT1-3	开孔钢板布置方向
	FT1-4	开孔钢板间距
	FT1-5	混凝土厚度

(2)通过 FT2 系列共 6 块试件,研究简支单向

组合板构件在负弯矩作用下的受力性能,采用3分点加载模式,对其进行受弯至破坏全过程研究。主要研究纵向钢筋配筋率和开孔钢板布置方向对组合板承载力及刚度的影响。具体研究参数对照见表7-47。

2)双向板

本试验共设计了17块双向板,试件长×宽为1 700 mm×1 700 mm,混凝土强度为C40,混凝土板厚150 mm或120 mm,开孔钢板高120 mm或90 mm,试件配筋如图7-137所示,其他主要参数见表7-48、表7-49。

表7-47 FT2系列研究参数说明

基础试件编号	对比试件编号	重点研究参数
FT2-0	FT2-1	纵向钢筋配筋率
	FT2-2	纵向钢筋配筋率
	FT2-3	开孔钢板布置方向

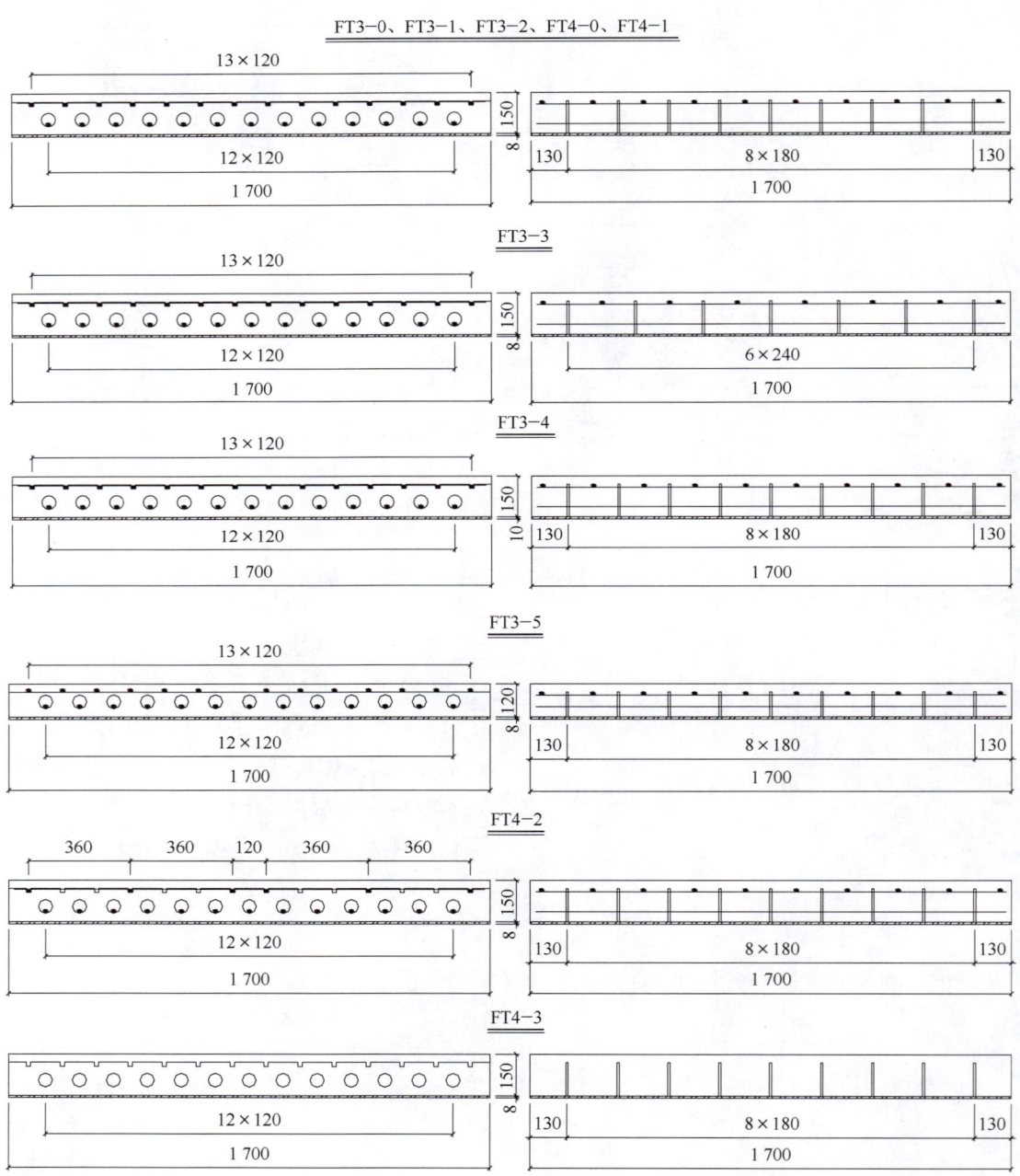

图7-137 双向板试件配筋图

表7-48 双向板主要参数表一

试件编号	加载边界条件	混凝土板厚/mm	开孔钢板间距/mm	底钢板厚/mm	数量
FT3-0	四边简支	150	180	8	2
FT3-1	纵向两边简支	150	180	8	2
FT3-2	横向两边简支	150	180	8	2
FT3-3	四边简支	150	240	8	2
FT3-4	四边简支	150	180	10	2
FT3-5	四边简支	120	180	8	1

注：FT3系列正向加载，即底钢板受拉。FT3-1至FT3-5为FT3-0仅改变一个参数所得。

表7-49 双向板主要参数表二

试件编号	加载边界条件	底部纵向钢筋根数	数量
FT4-0	四边简支	14	2
FT4-1	两边简支	14	2
FT4-2	四边简支	6	1
FT4-3	四边简支	0	1

注：FT4系列反向加载，即底钢板受压。FT4-1、FT4-2与FT4-0仅支撑边界条件不同。

拟研究问题说明：

（1）通过FT3系列11块试件，研究组合双向板构件在板中心集中荷载作用下（底钢板受拉、混凝土顶面受拉压）的受力性能，研究混凝土厚度、开孔钢板间距、底钢板厚度和支撑边界条件等参数对承载力的影响。具体研究参数对照见表7-50。

表7-50 FT3系列研究参数说明

基础试件编号	对比试件编号	重点研究参数
FT3-0	FT3-1	支撑边界条件
	FT3-2	支撑边界条件
	FT3-3	开孔钢板间距
	FT3-4	底钢板厚度
	FT3-5	混凝土厚度

（2）通过FT4系列6块试件，研究组合双向板构件在板中心集中荷载作用下（底钢板受压、混凝土顶面受拉）的受力性能，研究横向钢筋配筋率和支撑边界条件对承载力的影响。具体研究参数对照见表7-51。

表7-51 FT4系列研究参数说明

基础试件编号	对比试件编号	重点研究参数
FT4-0	FT4-1	支撑边界条件
	FT4-2	顶部钢筋配筋率
	FT4-3	贯穿钢筋

7.2.2.2 测点布置

在钢-混凝土组合板的静载抗弯试验中，根据分析计算和受力特点，板中心截面即纯弯段是应力应变测试的对象，具体测点编号如图7-138～图7-144所示。

7.2.2.3 加载方式

试验加载设备采用美国生产的MTS电液伺服系统，单向板试件采用3分点加载模式，通过刚性分载梁实现荷载平均分配，加载示意如图7-145所示，根据ABAQUS模拟结果，最大控制荷载约为380 kN，开裂荷载约为50 kN。双向板试件采用板中心集中加载模式，在作用器与试验板之间放置钢垫片，加载示意如图7-146所示，根据ABAQUS模拟结果，最大控制荷载约为1500 kN，开裂荷载约为50 kN。通过倒置FT2及FT4系列试件，考察试件承受负弯矩的能力。

每块试件的加载程序为：

（1）预加载，以慢速从0 kN加载到20 kN对试验板进行预压，消除非弹性变形；

（2）分级正式加载，对预估的最大荷载进行分级加载，每级持荷10 min，记录各仪器读数，如有裂缝需标出裂缝位置及裂缝发展方向，加载至结构破坏或挠度出现很大值为止。

加载顺序为：按照FT1至FT4系列依次加载，即先单向板后双向板，先正弯矩后负弯矩；每系列内部首先完成基础试件的加载，即标号为0的试件。

在试验过程中，为保证试验安全有序进行，制定试验控制原则如下：

（1）做好各项准备工作，确保试验人员及试验设备的安全；

（2）在正式试验前，进行预加载以检验各类设备、仪器是否工作正常；

（3）严格按照试验加载进程进行加载及各项测试，并加以检查；

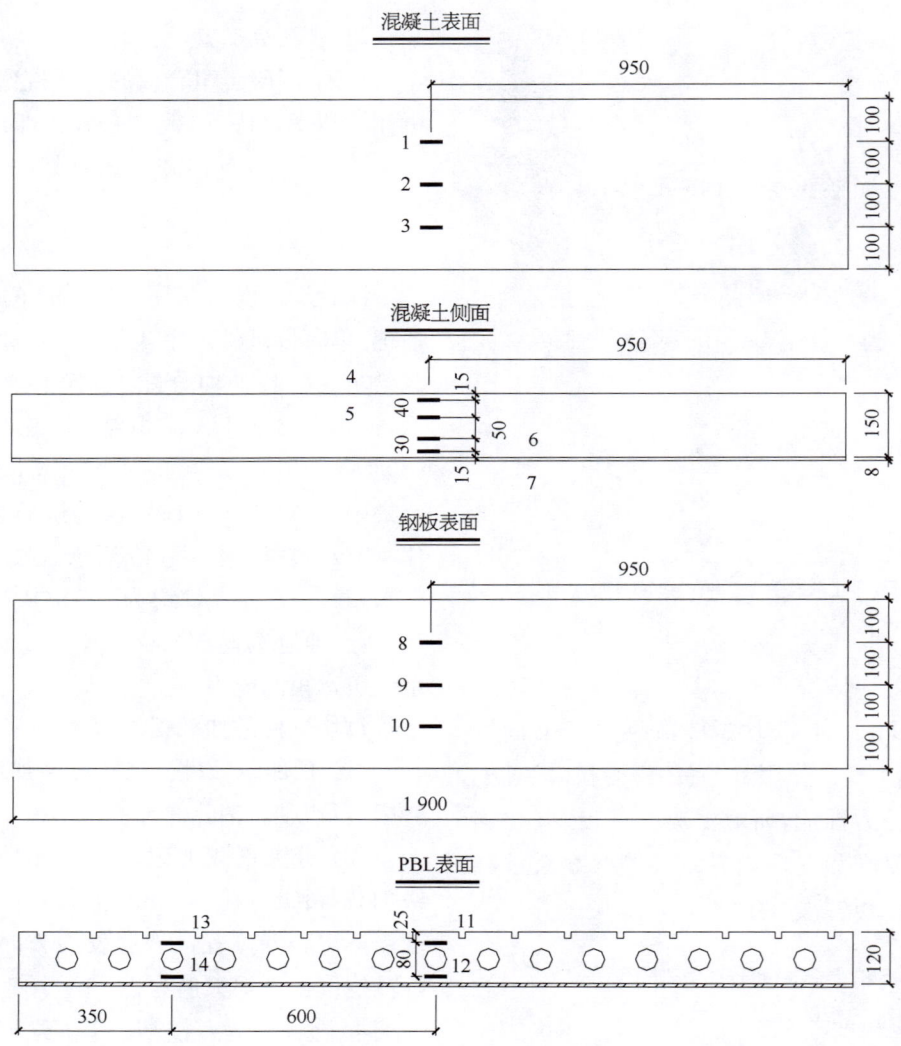

图 7-138　单向板应变测点编号图一(单位：mm)

注：该编号图适用于试件 FT1-0、FT1-2 及 FT2-0～FT2-2。

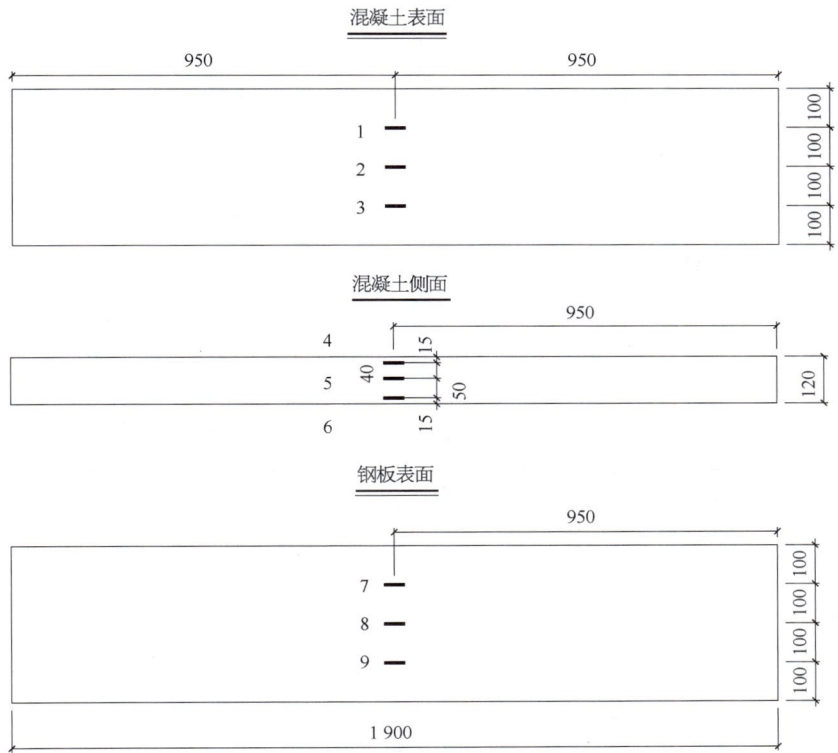

图 7-139　单向板应变测点编号图二(单位：mm)

注：该编号图适用于试件 FT1-1。

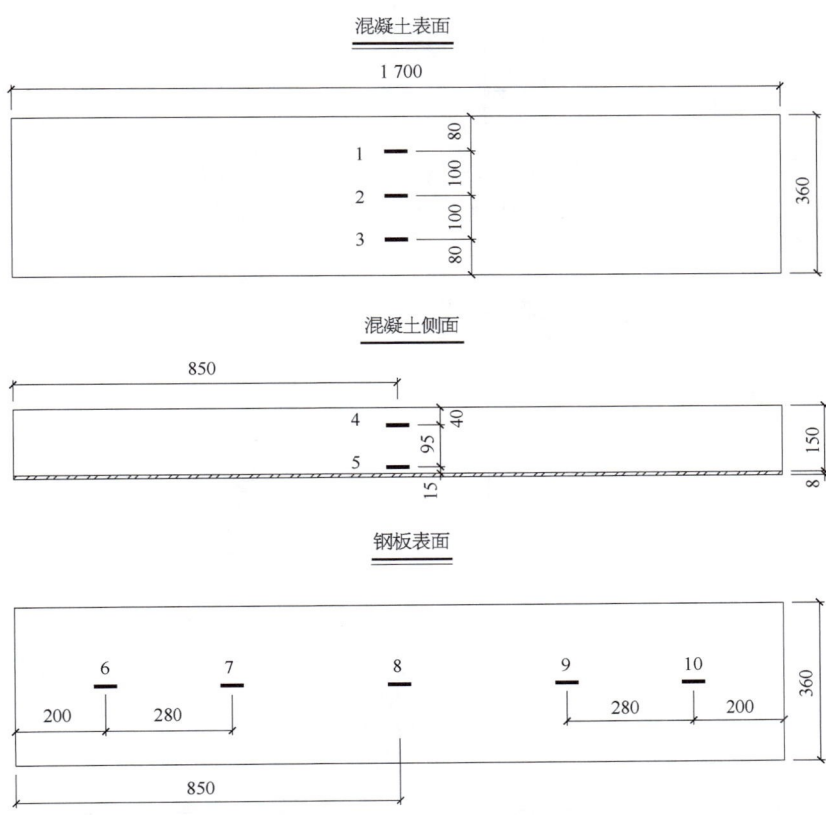

图 7-140　单向板应变测点编号图三(单位：mm)

注：该编号图适用于试件 FT1-3、FT1-4 及 FT2-3。

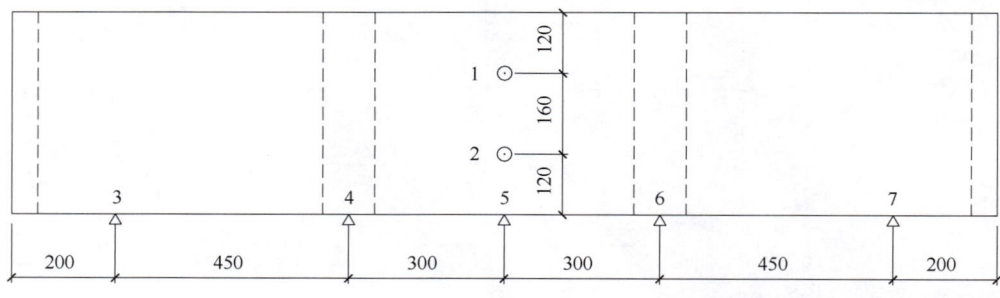

图 7-141　单向板位移测点编号图(单位: mm)

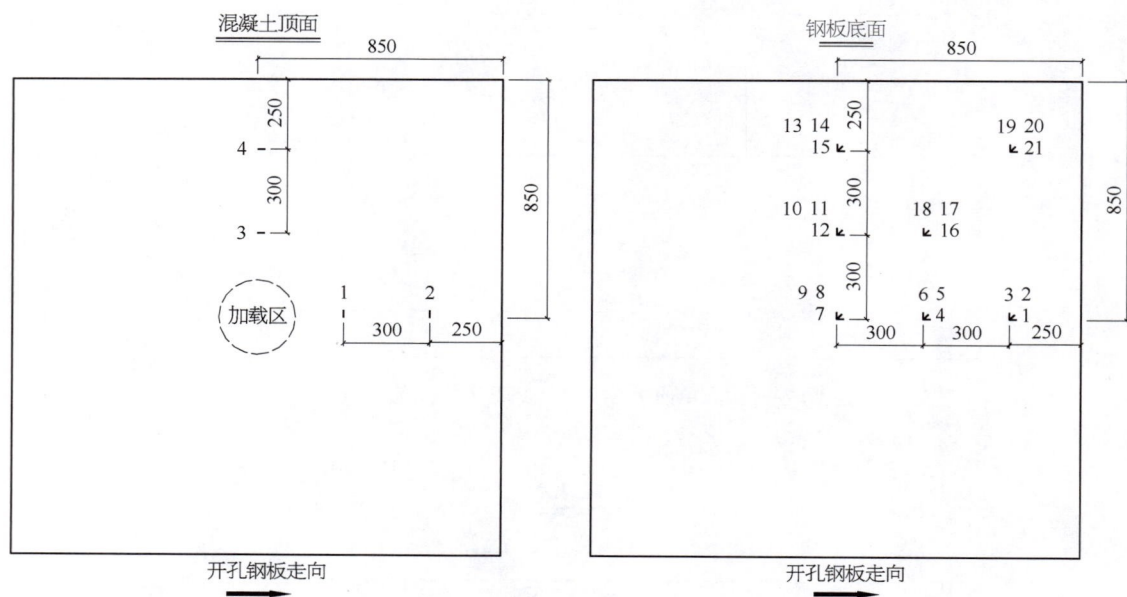

图 7-142　双向板应变测点编号图一(单位: mm)

注：该编号图适用于试件 FT3 系列。

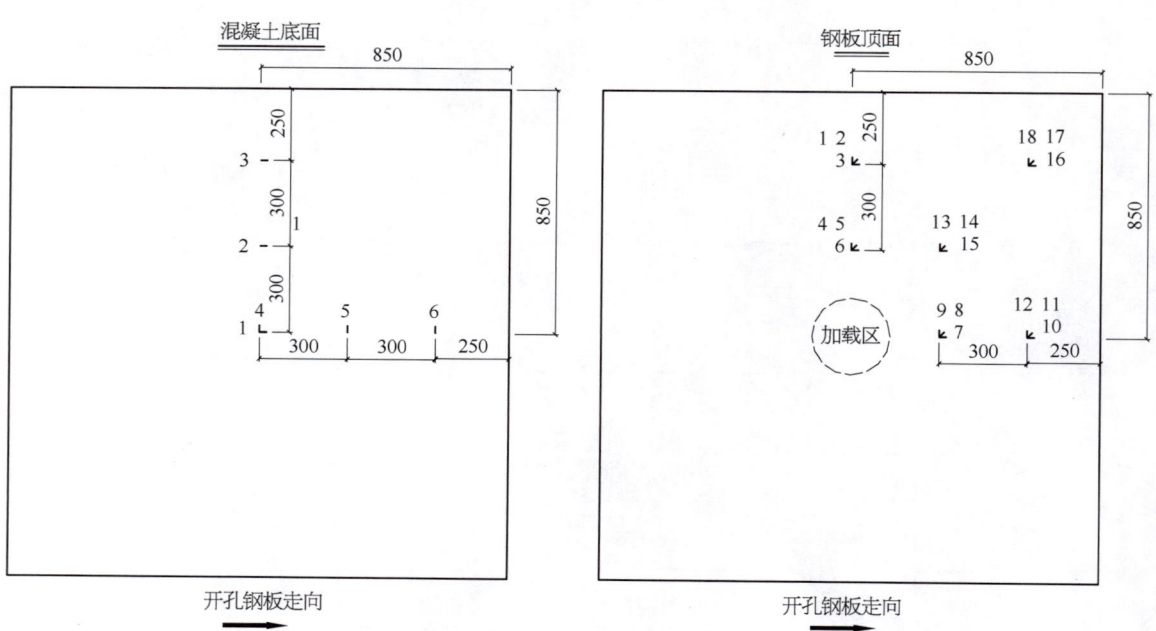

图 7-143　双向板应变测点编号图二(单位: mm)

注：该编号图适用于试件 FT4 系列。

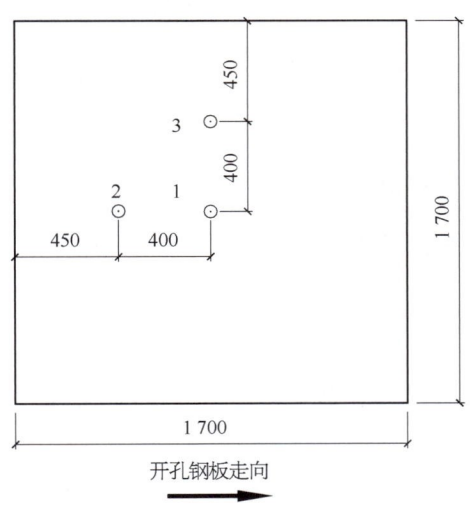

图 7‑144　双向板位移测点布置图(单位：mm)

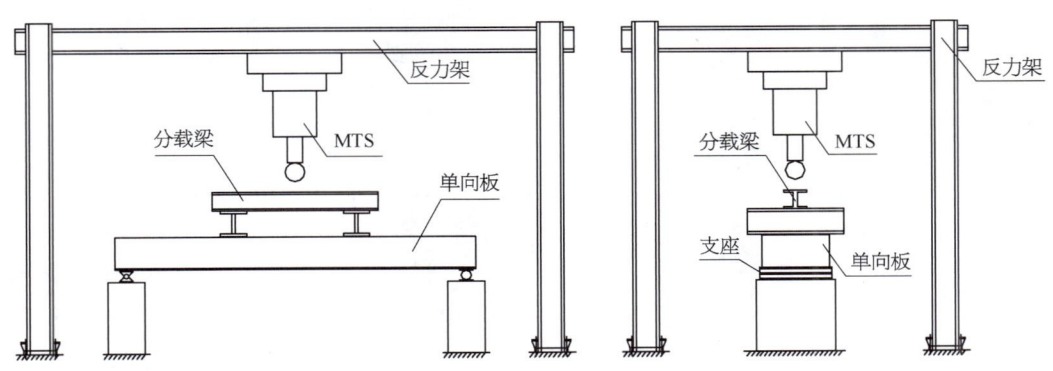

图 7‑145　单向板加载示意图

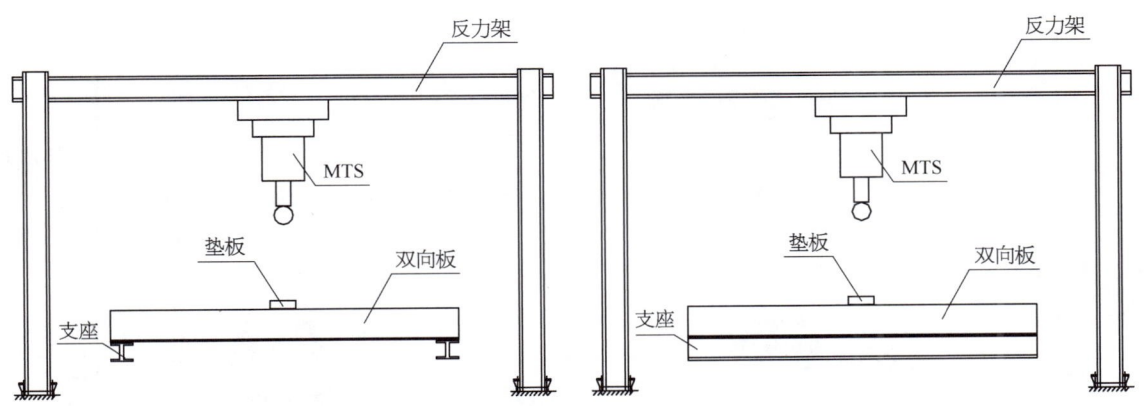

图 7‑146　双向板加载示意图

(4) 在每一级加载测试完成后，即时进行部分控制测点的测值计算，并与理论计算结果进行对比，在出现较大误差时，检查加载情况，并进行原因分析，发现问题及时调整。

7.2.2.4　试验工程量

本试验共设计单向板试件 14 块，双向板试件 17 块，试验材料主要为钢材（板材、钢筋）和混凝土，具体用量见表 7‑52。

表 7‑52　工程量统计表

材料	说明	体积/m³	质量/t
混凝土	C40、C50	8.95	—
钢板	Q235	—	6.61
普通钢筋	$\phi 12$	—	0.92

7.2.2.5 试验日志

试验日志见表7-53。

表7-53 模型试验日志表

起止时间	试验工作内容
2011年9月1日—2012年3月20日	制定钢-混凝土组合桥面板试验方案
2012年4月15日—2012年6月25日	钢构件加工制作
2012年7月10日—2012年8月6日	采购水泥、砂石、模板、应变片等试验材料
2012年8月8日	混凝土配合比试验
2012年8月18日—2012年8月26日	粘贴开孔钢板上的应变片
2012年8月27日—2012年9月5日	架设混凝土模板
2012年9月7日	浇筑混凝土
2012年9月25日—2012年10月30日	粘贴混凝土及底钢板表面的应变片
2012年11月1日—2012年11月6日	试验设备连接调试
2012年11月7日	试件FT1-0A加载
2012年11月8日	试件FT1-0B加载
2012年11月9日	试件FT1-0C、FT1-2和FT2-0A加载
2012年11月10日	试件FT2-3、FT2-0B和FT2-1加载
2012年11月16日	试件FT3-3A和FT3-4A加载
2012年11月17日	试件FT3-3B加载
2012年11月18日	试件FT3-4B加载
2012年11月19日	试件FT3-0A加载
2012年11月20日	试件FT3-0B加载
2012年11月21日	试件FT4-0A加载
2012年11月22日	试件FT4-0B加载
2012年11月23日	试件FT4-3加载
2012年11月24日	试件FT4-2加载
2012年11月27日	试件FT4-1A加载
2012年11月28日	试件FT4-1B加载
2012年11月29日	试件FT3-1B加载
2012年11月30日	试件FT3-1A加载
2012年12月1日	试件FT3-2B加载
2012年12月2日	试件FT3-2A加载
2012年12月5日	试件FT3-5加载

(续表)

起止时间	试验工作内容
2012年12月10日	试件FT1-3和FT1-5加载
2012年12月11日	试件FT1-4和FT2-3加载
2012年12月12日	试件FT2-0C和FT1-1加载
2012年12月19日	材料性能试验

7.2.3 试验结果与分析

7.2.3.1 材料性能

1) 混凝土

本试验拟配置强度等级为C40的混凝土,配合比的设计方法:首先根据经验公式及经验数据进行计算得到初步配合比,然后通过改变水胶比进行调整,得到试验室配合比,最终根据砂、石的含水情况加以修正,得到施工配合比,即为试验混凝土所选用的配合比。

由于条件所限,不添加其他活性掺和料,所用原材料选择如下。

(1) 水泥:都江堰拉法基水泥有限公司生产的拉法基P·O42.5水泥。

(2) 砂:成都市新一佳装修装饰公司销售的中粗河沙。

(3) 碎石:成都市新一佳装修装饰公司销售的5~20 mm碎石。

(4) 水:自来水。

(5) 钢纤维:重庆富祥金属纤维有限公司生产的多锚固点冷拔钢丝切断型钢纤维。

根据《普通混凝土配合比设计规程》的规定,试配强度按照下式计算:

$$f_{cu,0} \geqslant f_{cu,k} + 1.645\sigma$$

式中 $f_{cu,0}$——混凝土配制强度;

$f_{cu,k}$——混凝土立方体抗压强度标准值,这里取为混凝土的设计强度等级值;

σ——混凝土强度标准差。

混凝土水胶比(W/B)按下式计算:

$$W/B = \frac{\alpha_a f_b}{f_{cu,0} + \alpha_a \alpha_b f_b}$$

式中 W/B——混凝土水胶比;

α_a、α_b——回归系数,对于碎石,取$\alpha_a = 0.53$,

$\alpha_b = 0.20$；

f_b——胶凝材料 28 d 胶砂抗压强度。

经过多次试配，通过强度指标和工作性能的测试，判断所选配合比是否符合设计要求。如果需要进行配合比调整，则通过改变水胶比的方式实现。最终选用的施工配合比见表 7-54，混凝土的材料性能测试结果见表 7-55。

表 7-54 混凝土每方用量 单位：kg

混凝土强度等级	水泥	水	砂	碎石	水胶比	砂率
C40	419	205	658	1168	0.489	36%

表 7-55 混凝土材料试验结果

类别	试验时浇筑天数/d	立方体抗压强度/MPa	劈裂抗拉强度/MPa	弹性模量/MPa
C40（无钢纤维）	62	41.2	2.25	2.71×10^4
C40（添加钢纤维）	28	36.6	2.31	2.59×10^4

2）钢板

本试验采用两种厚度的钢板，分别为 8 mm 和 10 mm，强度为 Q235。测试钢板力学性能的试件按照《金属材料室温拉伸试验方法》中的规定制作，具体尺寸如图 7-147 和表 7-56 所示，材料性能试验结果见表 7-57。

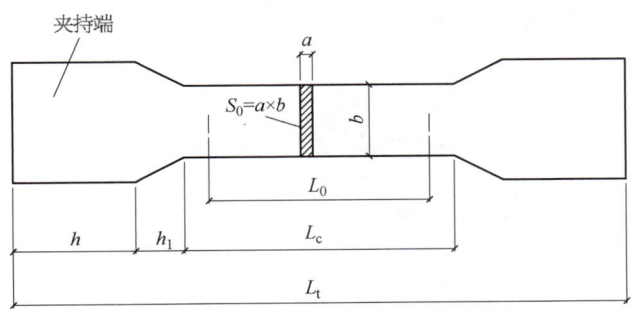

图 7-147 钢板拉伸试件形状

表 7-56 钢板拉伸试件尺寸表 单位：mm

试样编号	a	b	h	L_0	L_c	L_t
P8	8	30	50	90	115	$L_t = L_c +$
P10	10	30	50	100	125	$2h + 2h_1$

注：带头板状试样头部宽度 B 规定为平行部分宽度 b 加 10 mm（B = b + 10 mm）；由头部过渡到平行部分的圆弧半径 R，根据制备试样所用铣刀直径而定，通常可为 25~40 mm，此时 h_1 为 15~20 mm。

表 7-57 钢板材料试验结果

板厚/mm	屈服强度/MPa	破坏强度/MPa	屈强比	弹性模量/GPa
8	317	442	0.72	214
10	362	460	0.79	202

3）钢筋

本试验所需的纵向受力钢筋、剪力连接件孔中的贯穿钢筋，以及横向分布钢筋均采用统一规格，为成都冶金实验有限公司销售的直径为 12 mm 的 HRB335 热轧螺纹钢筋。钢筋的材料性能试验结果见表 7-58。

表 7-58 钢筋材料试验结果

直径/mm	屈服强度/MPa	破坏强度/MPa	屈强比	弹性模量/GPa
12	400	554	0.72	192

7.2.3.2 单向板试验

1）正弯矩作用下的单向板

（1）主要试验结果。

正弯矩作用下的钢-混凝土组合单向板试件 FT1-0~FT1-5 的主要试验结果见表 7-59。其中，M_{cr} 表示混凝土下表面出现第一条裂缝时所对应的试件跨中弯矩实测值，M_y 表示跨中钢板达到屈服应变时所对应的试件跨中弯矩实测值，M_u 表示试件所能承受的最大弯矩值，δ_y 和 δ_u 分别表示对应于 M_y 和 M_u 的跨中挠度实测值。

表 7-59 试件 FT1-0~FT1-5 主要试验结果

编号	M_{cr}/(kN·m)	M_y/(kN·m)	M_u/(kN·m)	δ_y/mm	δ_u/mm	M_u/M_y	δ_u/δ_y	破坏形式
FT1-0A	39.9	91.2	139.7	7.21	19.75	1.53	2.74	弯曲破坏
FT1-0B	34.2	96.9	131.1	8.80	18.46	1.35	2.10	弯曲破坏
FT1-0C	28.5	74.1	134.0	6.37	20.87	1.81	3.28	弯曲破坏
FT1-1	45.6	57.0	90.3	8.32	22.33	1.58	2.69	弯曲破坏
FT1-2	28.5	62.7	74.1	5.42	6.86	1.18	1.27	剪切破坏
FT1-3	37.6	61.1	74.7	4.83	10.42	1.22	2.16	剪切破坏
FT1-4	23.5	70.5	98.7	6.40	11.99	1.40	1.87	剪切破坏
FT1-5	32.9	65.8	79.7	9.30	13.33	1.21	1.43	弯剪破坏

注：$M = P(l - 600)/4$，其中 P 为试验中所施加的荷载；l 为计算跨度，试件 FT1-2~FT1-4 取 1600 mm，其余试件取 1800 mm。

(2) 试件破坏形态。

在正弯矩作用下的钢-混凝土组合板试件，根据开孔钢板剪力连接件的布置方向不同及是否贯穿钢筋呈现出不同的破坏形式，如图 7-148 所示。试件 FT1-0～FT1-1 为典型的弯曲破坏，跨中钢板屈服、混凝土压溃；FT1-2～FT1-4 为剪切破坏，剪跨段混凝土出现斜向裂缝，支座附近钢板屈服；而 FT1-5 则呈现弯剪破坏，剪跨段混凝土出现斜向裂缝，跨中钢板屈服、混凝土压溃。

(3) 荷载-跨中挠度曲线。

8 块承受正弯矩作用的组合板试件采用同等刻度绘制其荷载-挠度曲线，如图 7-149～图 7-155 所示。

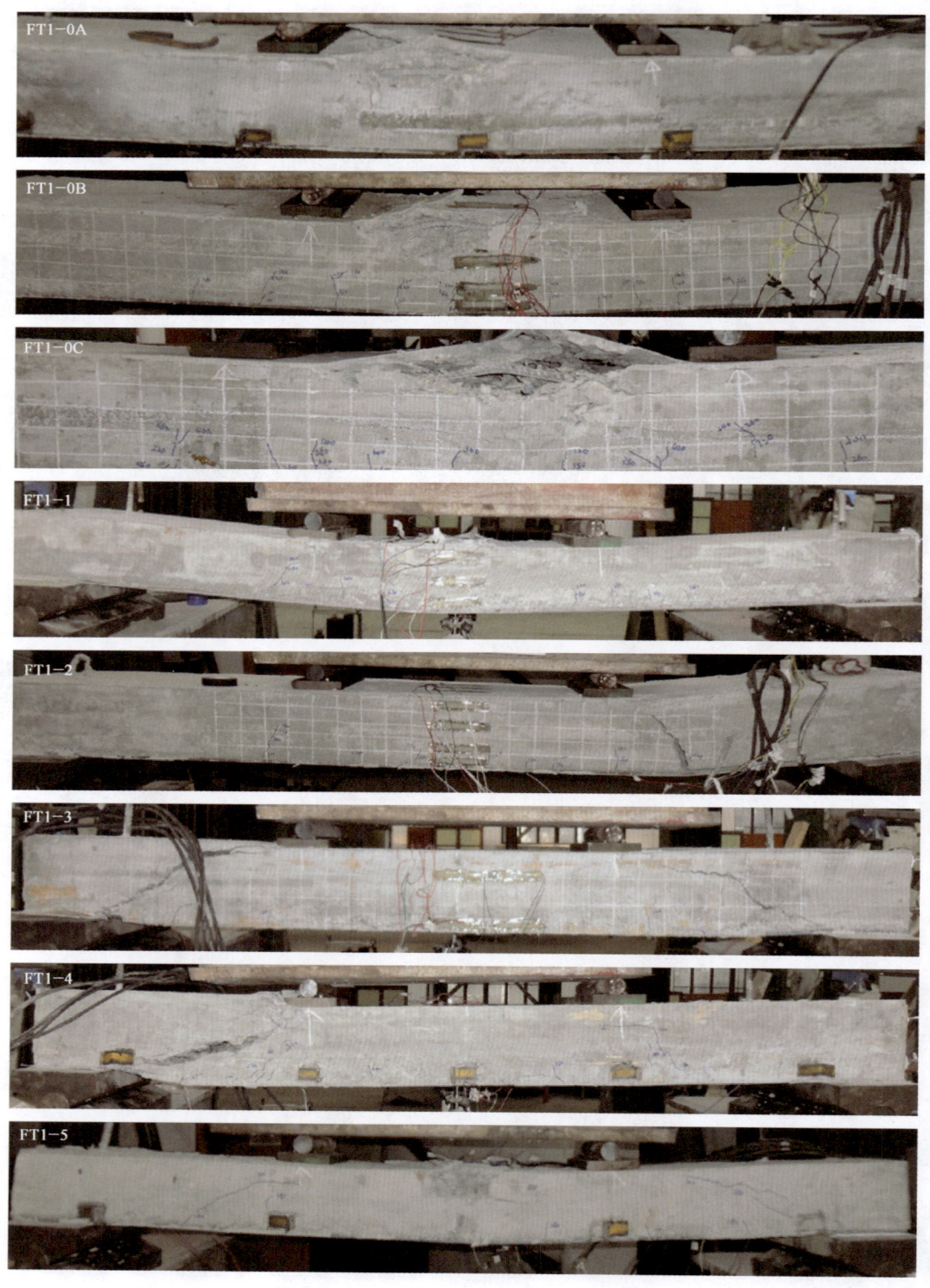

图 7-148　试件 FT1-0～FT1-5 破坏形态

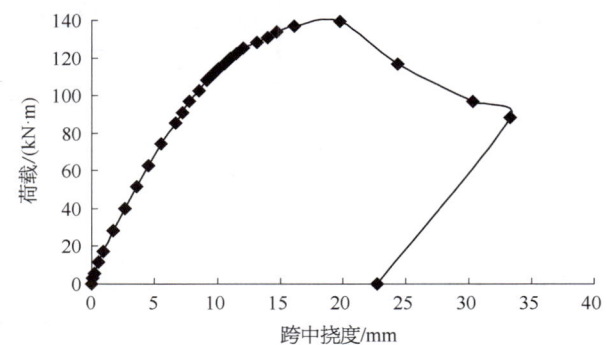

图 7-149　FT1-0A 荷载-跨中挠度曲线

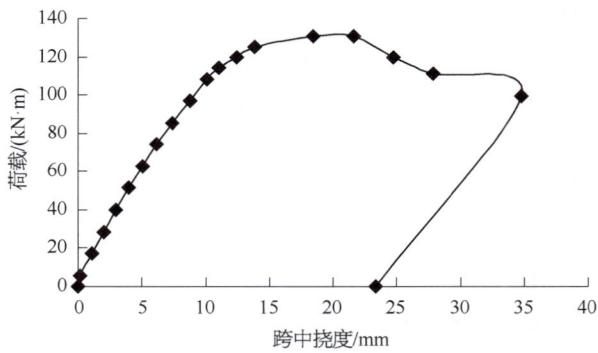

图 7-150　FT1-0B 荷载-跨中挠度曲线

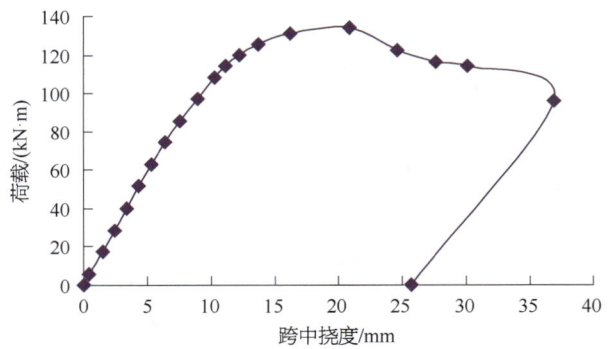

图 7-151　FT1-0C 荷载-跨中挠度曲线

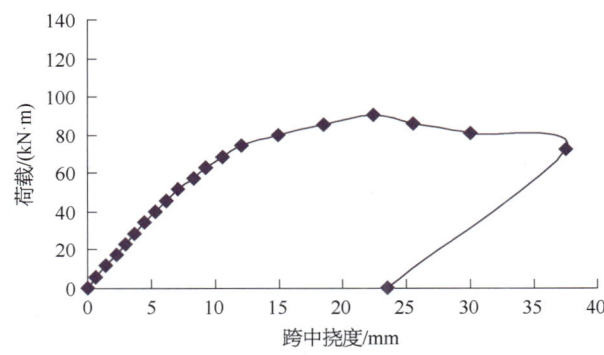

图 7-152　FT1-1 荷载-跨中挠度曲线

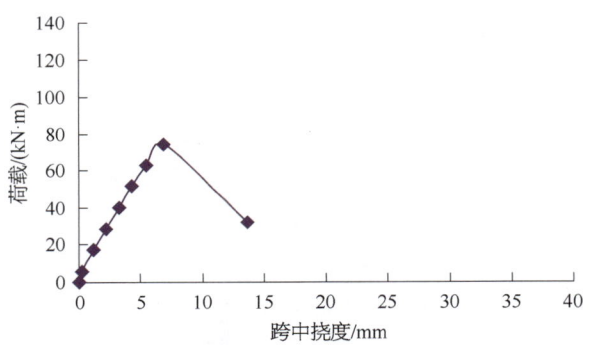

图 7-153　FT1-2 荷载-跨中挠度曲线

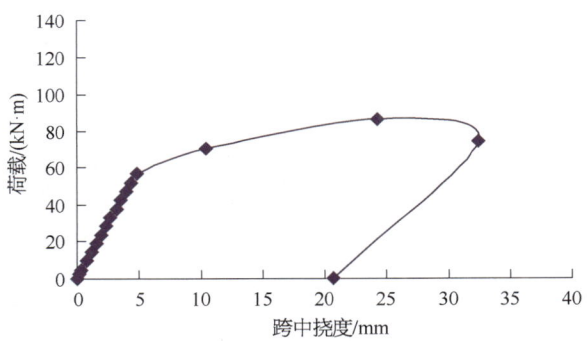

图 7-154　FT1-3 荷载-跨中挠度曲线

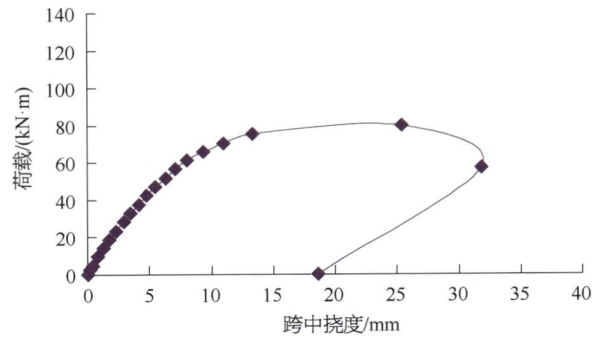

图 7-155　FT1-5 荷载-跨中挠度曲线

对弯曲破坏试件 FT1-0～FT1-1，其受力全过程可近似划分为四个阶段：①在荷载加载初期为弹性阶段，荷载-挠度呈线性关系，斜率反映了结构的初始刚度，钢板与混凝土共同工作，组合板的应变分布符合平截面假定，混凝土板内无裂缝出现；②带裂缝工作阶段，此阶段混凝土受拉底面开始出现裂缝，随着荷载增加，裂缝条数逐渐增多且裂缝向上扩展，组合板的刚度有一定程度的下降；③底钢板屈服后，试件进入塑性阶段，钢-混凝土间的协同工作减弱，试件挠度增长速率加快，混凝土裂缝向顶面扩展且裂缝逐渐加宽；④在荷载达到峰值后，试件的承载能力并未迅速丧失，随承载力的下降变形迅速增长，表现为曲线平缓下降，可视为"软化段"。

对于未配置钢筋的试件 FT1-2，仅靠钢板孔洞中的素混凝土传递剪力来实现共同作用。从荷载-挠度曲线可以看出，在加载初期与其他试件基本相同，呈现线性增长关系，但当荷载达到74 kN·m（剪力约为130 kN）时突然丧失承载能力，曲线急速下降，表现为脆性破坏。

试件FT1-3和FT1-4内的开孔钢板垂直于跨度方向布置，抗剪连接程度相对较低。在加载初期，荷载-挠度呈线性关系，随荷载增加在加载点与支座间的弯剪段出现剪切斜裂缝。当达到极限荷载时，加载点至支座处的斜裂缝贯通，混凝土丧失承载能力，支座附近的底钢板屈服，破坏模式为剪切破坏。

试件FT1-5与试件FT1-3仅板厚不同，致使其剪跨比较FT1-3更大，荷载-挠度曲线与FT1-3有所不同，更接近FT1-0曲线形式。

（4）荷载-混凝土侧面应变曲线。

试件FT1-0～FT1-5跨中截面混凝土应变沿板厚方向的分布及发展变化的曲线如图7-156～图7-163所示。从应变的发展可以看出，在加载早期截面的应变分布呈直线，基本上符合平截面假定。随着荷载的增大，应变增长加快，曲线呈现非线性变化。

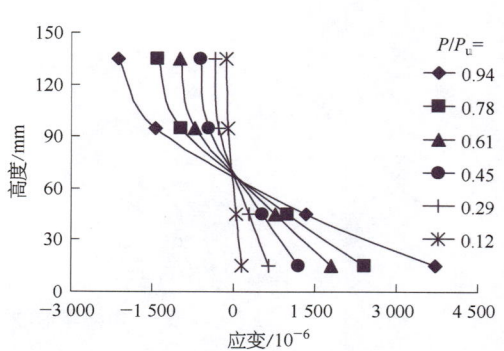

图7-156　FT1-0A混凝土应变分布曲线

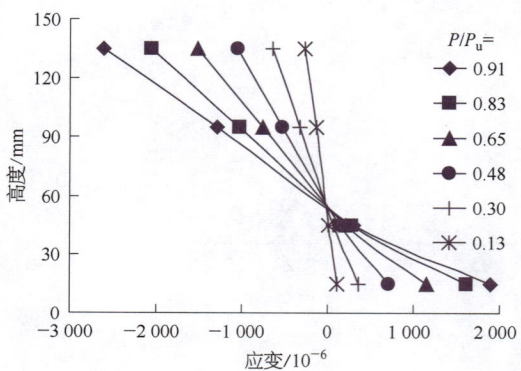

图7-157　FT1-0B混凝土应变分布曲线

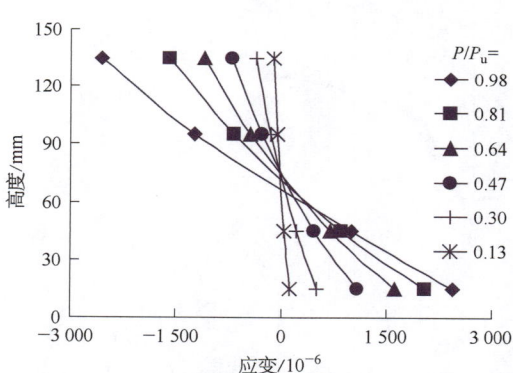

图7-158　FT1-0C混凝土应变分布曲线

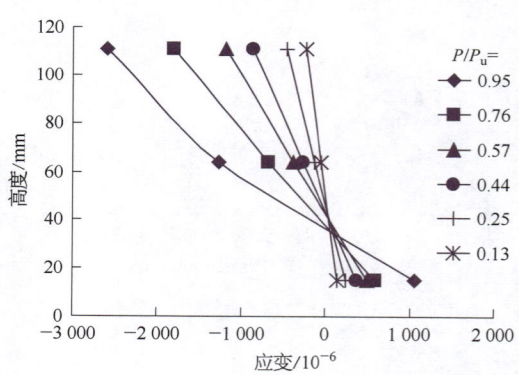

图7-159　FT1-1混凝土应变分布曲线

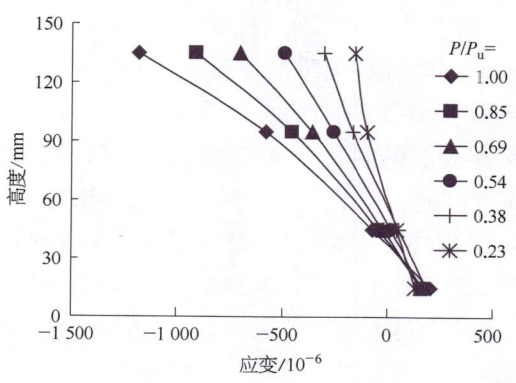

图7-160　FT1-2混凝土应变分布曲线

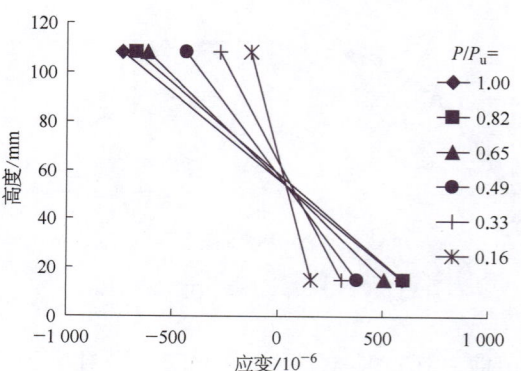

图7-161　FT1-3混凝土应变分布曲线

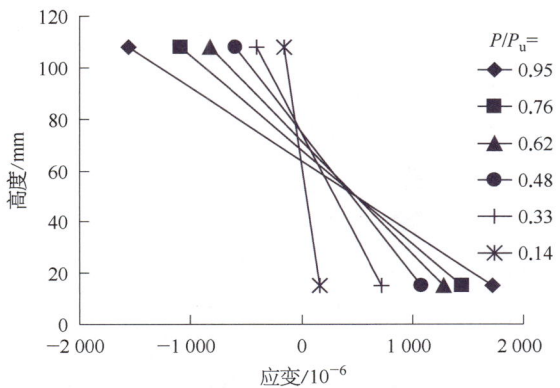

图7-162　FT1-4混凝土应变分布曲线

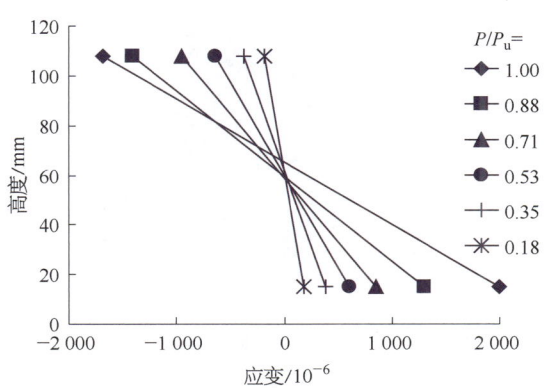

图7-163　FT1-5混凝土应变分布曲线

(5) 荷载-开孔钢板应变曲线。

试件FT1-0、FT1-2跨中截面开孔钢板应变沿板厚方向的分布及发展变化的曲线如图7-164～图7-167所示。从应变的分布情况可以看出,开孔钢板与加载前期混凝土的应变呈近似平行的直线,说明在跨中截面混凝土板和开孔钢板的弯曲曲率基本相同。

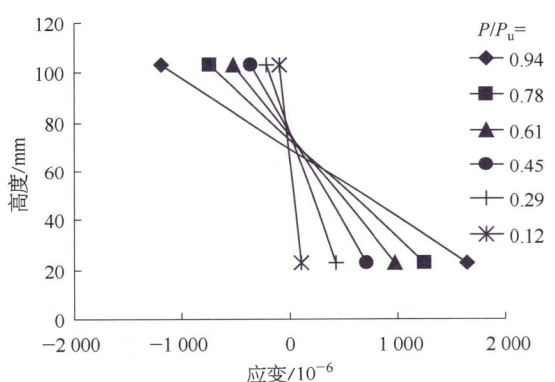

图7-164　FT1-0A开孔钢板应变分布曲线

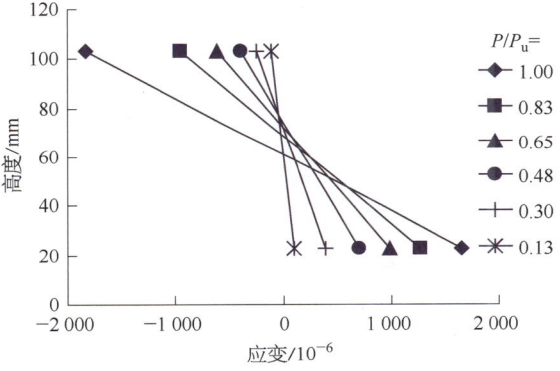

图7-165　FT1-0B开孔钢板应变分布曲线

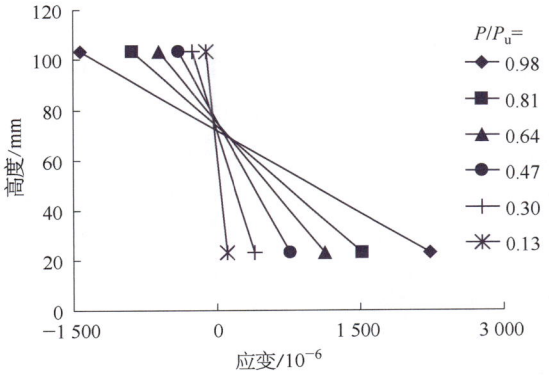

图7-166　FT1-0C开孔钢板应变分布曲线

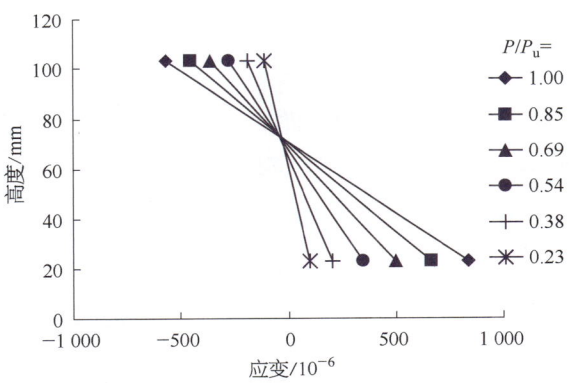

图7-167　FT1-2开孔钢板应变分布曲线

(6) 荷载-混凝土顶面应变曲线。

试件FT1-0～FT1-5跨中混凝土顶面的应变随荷载变化的曲线如图7-168、图7-169所示。从图中可以看出,跨中混凝土顶板的压应变与底钢板拉应变基本相同,在压应变达到1200×10^{-6}之前,其随荷载线性增加。试件破坏时,混凝土压应变最大可达4000×10^{-6}以上。

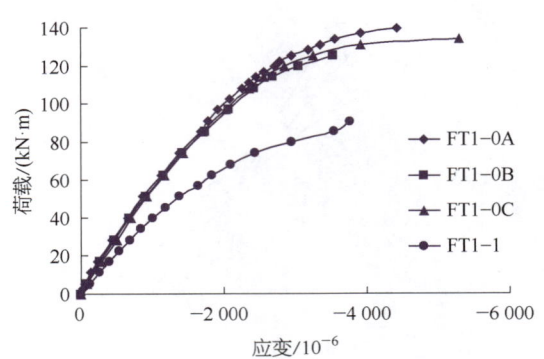

图 7-168　FT1-0～FT1-1 混凝土顶面荷载-应变曲线

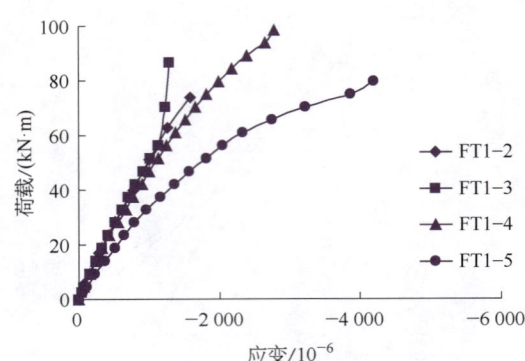

图 7-169　FT1-2～FT1-5 混凝土顶面荷载-应变曲线

(7) 荷载-底钢板应变曲线。

试件 FT1-0～FT1-5 跨中底钢板的应变随荷载变化的曲线如图 7-170、图 7-171。从图中可以看出,对于弯曲破坏的试件,在加载初期底钢板拉应变基本呈线性增长,处于弹性状态。在应变达到约 $1600×10^{-6}$ 后底钢板逐步屈服,弯曲破坏的试件底

钢板均能达到受拉屈服状态。当加载至极限荷载时,拉应变均能达到 $3000×10^{-6}$ 以上。对于剪切破坏的试件,跨中底钢板的应变随荷载呈近似线性增长,在加载至极限荷载时应变为 $(1500～2000)×10^{-6}$,刚刚达到受拉屈服状态。

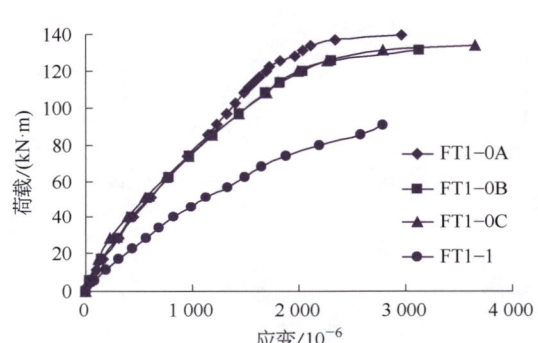

图 7-170　FT1-0～FT1-1 底钢板荷载-应变曲线

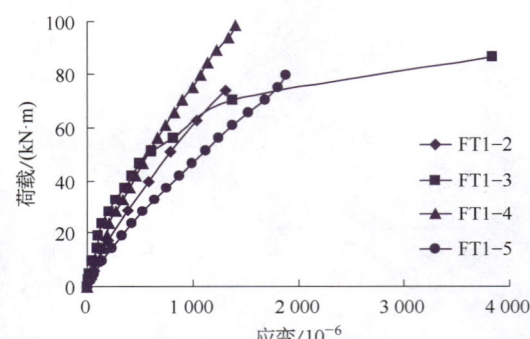

图 7-171　FT1-2～FT1-5 底钢板荷载-应变曲线

(8) 荷载-滑移曲线。

承受正弯矩作用的试件 FT1-0～FT1-5 其底钢板与混凝土间的相对滑移结果如图 7-172～图 7-179 所示。从图中可以看出,8 块试件的相对滑

移曲线具有类似的规律,组合板两端的滑移量最大,跨中的滑移量最小,但不为零。加载初期各测点的相对滑移量均较小,随着荷载的增大相对滑移量加速发展,呈现从跨中到板端滑移量逐步增大的趋势。

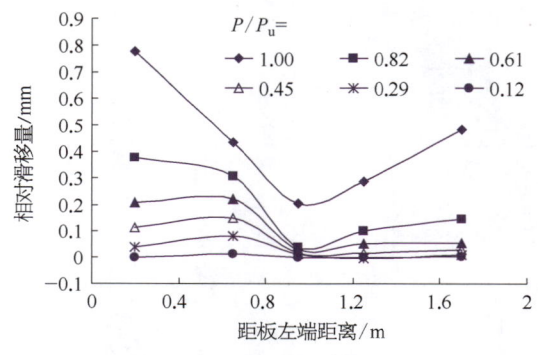

图 7-172　FT1-0A 滑移分布曲线

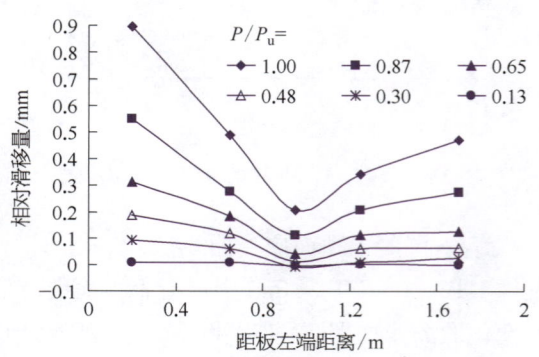

图 7-173　FT1-0B 滑移分布曲线

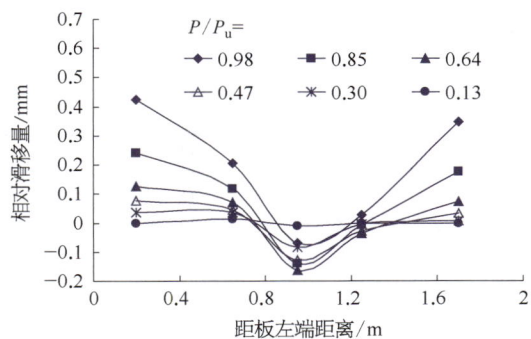

图 7-174　FT1-0C 滑移分布曲线

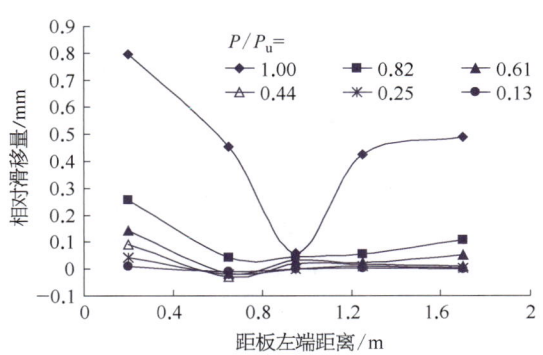

图 7-175　FT1-1 滑移分布曲线

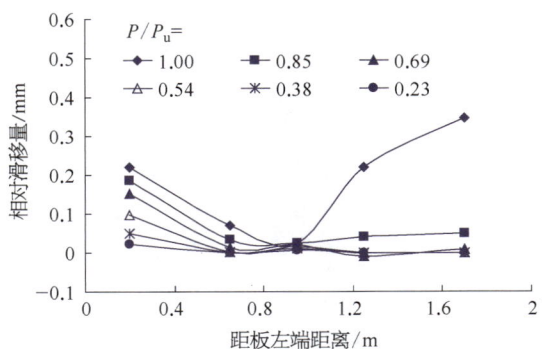

图 7-176　FT1-2 滑移分布曲线

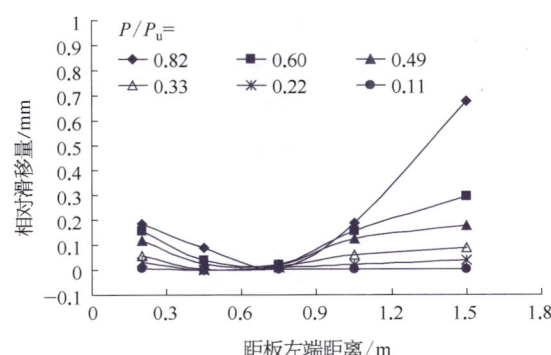

图 7-177　FT1-3 滑移分布曲线

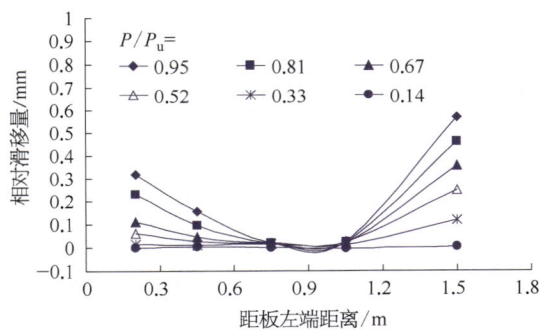

图 7-178　FT1-4 滑移分布曲线

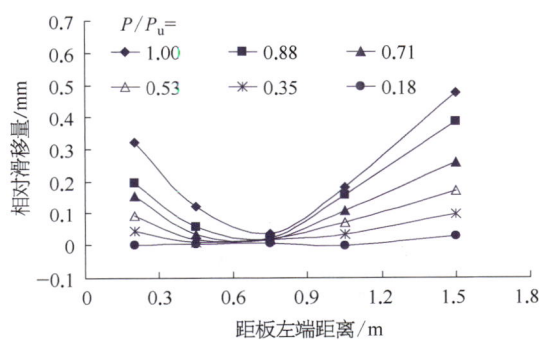

图 7-179　FT1-5 滑移分布曲线

组合板各点的滑移量基本呈跨中对称，最大滑移量出现在板端，当达到极限荷载 P_u 时，组合板端部的滑移量也不超过 0.9mm，跨中的滑移量不超过 0.3mm。

（9）裂缝分布情况。

承受正弯矩作用的试件 FT1-0～FT1-5 的裂缝分布如图 7-180～图 7-187 所示。由于底钢板受拉，与其交界的混凝土受拉面不外露，无法记录此面的裂缝分布。因此对于该类试件，主要记录混凝土板侧面的开裂情况，开裂荷载也以混凝土侧面出现第一条裂缝时所对应的荷载为准。

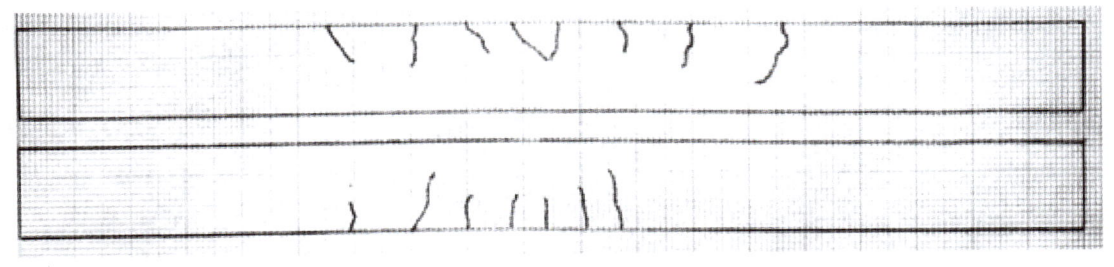

图 7-180　FT1-0A 混凝土裂缝分布

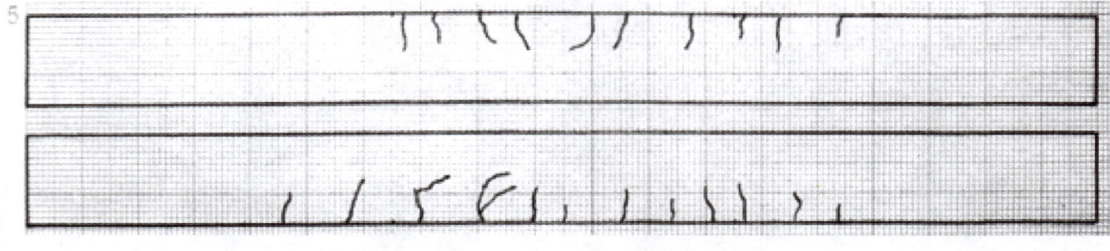

图 7-181　FT1-0B 混凝土裂缝分布

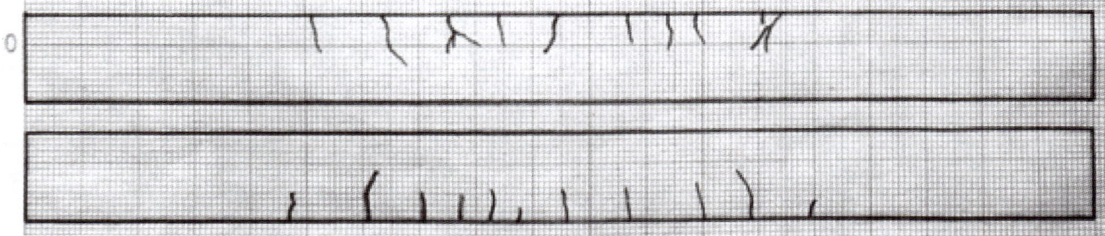

图 7-182　FT1-0C 混凝土裂缝分布

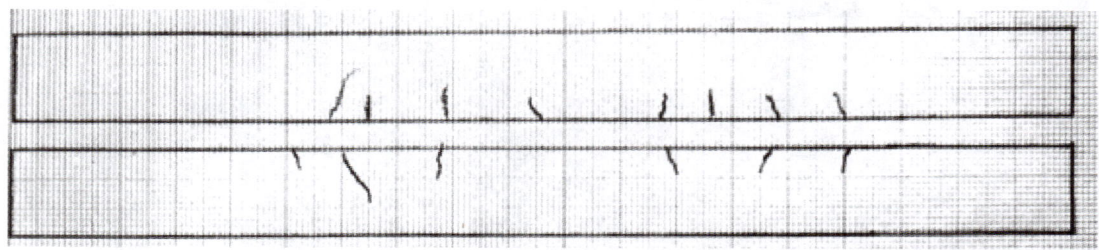

图 7-183　FT1-1 混凝土裂缝分布

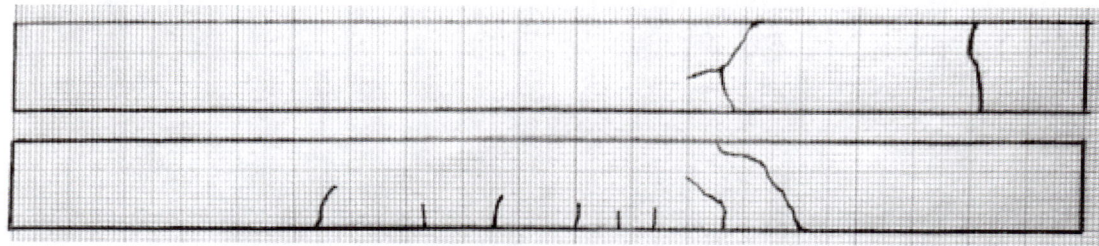

图 7-184　FT1-2 混凝土裂缝分布

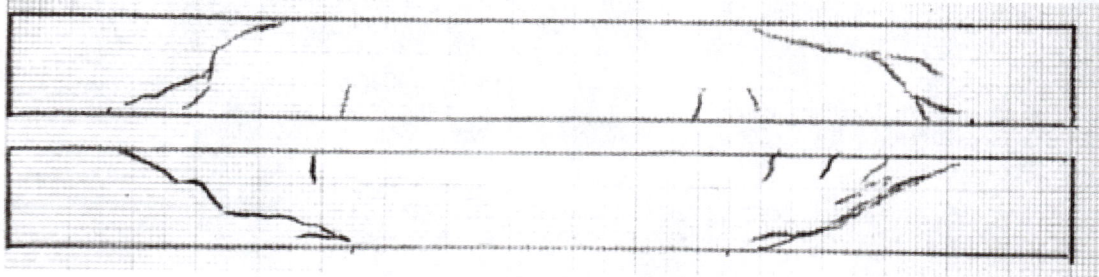

图 7-185　FT1-3 混凝土裂缝分布

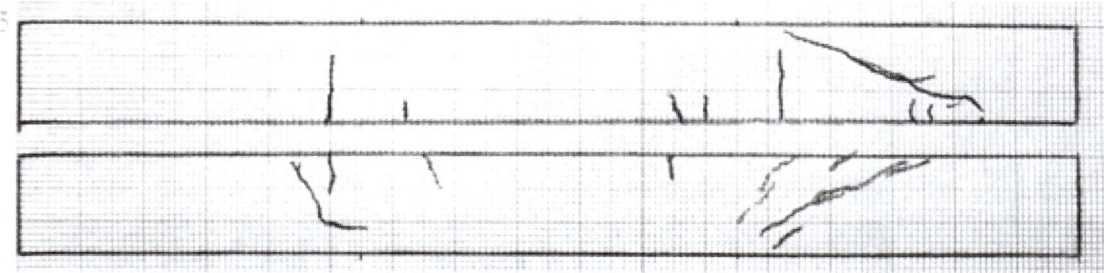

图 7-186　FT1-4 混凝土裂缝分布

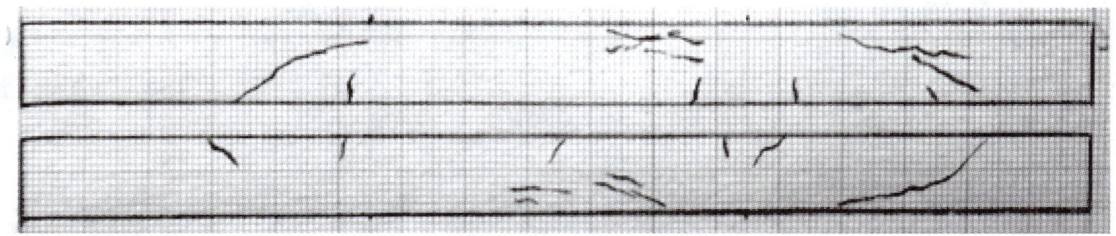

图 7-187　FT1-5 混凝土裂缝分布

从图中可以看出，编号 FT1-0 和 FT1-1 的 4 块弯曲破坏试件的裂缝主要集中在加载点附近和跨中纯弯段，在靠近支座的剪跨段混凝土侧面未出现裂缝。

编号 FT1-2 的试件相较 FT1-0 试件未配置钢筋，在破坏时，主斜裂缝至支座间的混凝土完全脱离。可见对于未配置钢筋的钢-混凝土组合板承载能力严重不足，为典型的脆性破坏，具有很大的危险性，在实际工程中应严格控制这种类型的破坏发生。

编号 FT1-3 和 FT1-4 的 2 块剪切破坏试件，裂缝主要分布于开孔钢板与混凝土的交界面，破坏时的主裂缝为加载点至支座间的剪跨段的一条斜裂缝，此时该侧靠近支座位置的底钢板屈服。

编号 FT1-5(厚 120 mm)的试件较 FT1-3(厚 150 mm)仅混凝土板厚不同，剪跨比相对较大，破坏形态以弯曲破坏为主，并伴随有一定的剪切破坏特征。

2) 负弯矩作用下的单向板

(1) 主要试验结果。

负弯矩作用下的钢-混凝土组合单向板试件 FT2-0～FT2-3 的主要试验结果见表 7-60。其中，M_{cr} 表示混凝土下表面出现第一条裂缝时所对应的试件跨中弯矩实测值，M_y 表示跨中钢板达到屈服应变时所对应的试件跨中弯矩实测值，M_u 表示试件所能承受的最大弯矩值，δ_y 和 δ_u 分别表示对应于 M_y 和 M_u 的跨中挠度实测值。

表 7-60　试件 FT2-0～FT2-3 主要试验结果

编号	$M_{cr}/$ (kN·m)	$M_y/$ (kN·m)	$M_u/$ (kN·m)	$\delta_y/$ mm	$\delta_u/$ mm	$M_u/$ M_y	$\delta_u/$ δ_y
FT2-0A	11.4	34.2	45.6	8.37	36.68	1.33	4.38
FT2-0B	11.4	34.2	45.3	8.48	35.78	1.32	4.22
FT2-0C	11.4	34.2	42.8	8.79	35.60	1.25	4.05
FT2-1	11.4	45.6	57.0	8.37	42.75	1.25	5.11
FT2-2	11.4	17.1	23.4	6.30	36.43	1.37	5.78
FT2-3	7.1	14.1	18.8	5.95	35.23	1.33	5.92

注：$M=P(l-600)/4$，其中 P 为试验中所施加的荷载；l 为计算跨度，试件 FT2-3 取 1 600 mm，其余试件取 1 800 mm。

(2) 试件破坏形态。

在负弯矩作用下的钢-混凝土组合板试件的破坏形态均为弯曲破坏，混凝土板受拉开裂退出工作，纵向钢筋和开孔钢板下缘均受拉屈服。试件 FT2-0～FT2-3 试验后的挠曲形态如图 7-188 所示。

图 7-188 试件 FT2-0～FT1-3 破坏形态

（3）荷载-跨中挠度曲线。

6块承受负弯矩作用的组合板试件采用同等刻度绘制其荷载-挠度曲线，如图 7-189～图 7-194 所示。

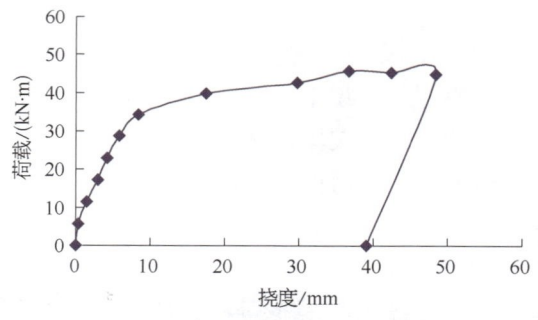

图 7-189 FT2-0A 荷载-跨中挠度曲线

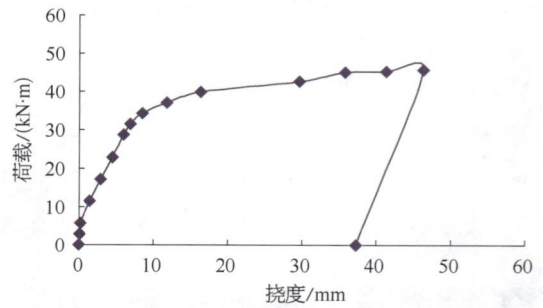

图 7-190 FT2-0B 荷载-跨中挠度曲线

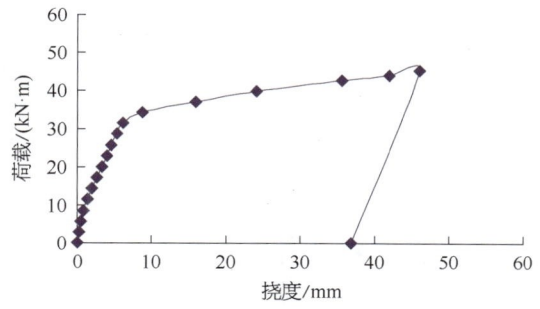

图7-191 FT2-0C 荷载-跨中挠度曲线

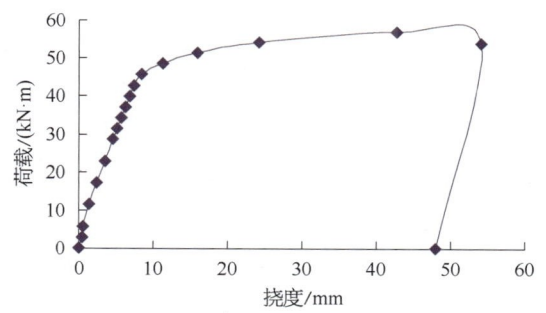

图7-192 FT2-1 荷载-跨中挠度曲线

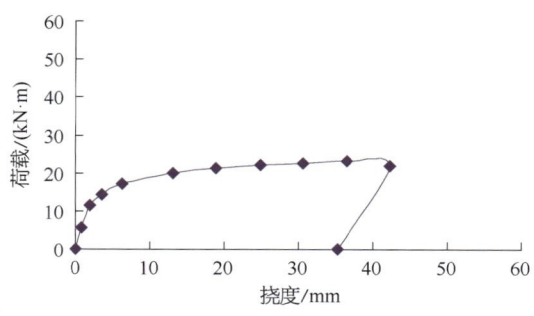

图7-193 FT2-2 荷载-跨中挠度曲线

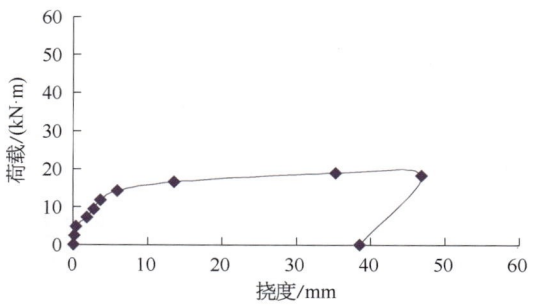

图7-194 FT2-3 荷载-跨中挠度曲线

对试件 FT2-0～FT2-3 的荷载-挠度曲线进行总结可知,在荷载加载初期试件处于弹性工作阶段,荷载-挠度呈线性关系,组合板刚度较大,钢板与混凝土协同工作良好,组合板的应变分布符合平截面假定,混凝土板内无裂缝出现;当荷载达到约 $0.20M_u \sim 0.25M_u$ 时,在加载点附近的混凝土板受拉下表面出现第一条可见横向裂缝,并且向混凝土板两侧面延伸扩展,形成横向通长裂缝;随着荷载增加,裂缝条数逐渐增多且裂缝向上扩展,由于受拉区混凝土退出工作,组合板的刚度有一定程度的下降;达到极限荷载后,荷载下降较慢,挠度持续增加,组合板表现出良好的延性。

(4)荷载-开孔钢板应变曲线。

试件 FT2-0～FT2-3 的跨中截面开孔钢板应变沿板厚方向的分布及发展变化的曲线如图7-195～图7-200所示。从图中可以看出,当荷载约小于 $0.25M_u$ 时,开孔钢板上下两端分别受拉压,即中性轴处于开孔钢板内;当荷载大于 $0.25M_u$ 后,开孔钢板几乎全截面受拉,即中性轴逐渐上移至开孔钢板根部或底钢板内,此时,混凝土几乎全截面开裂退出工作,因此未绘制承受负弯矩作用的混凝土荷载-应变曲线。

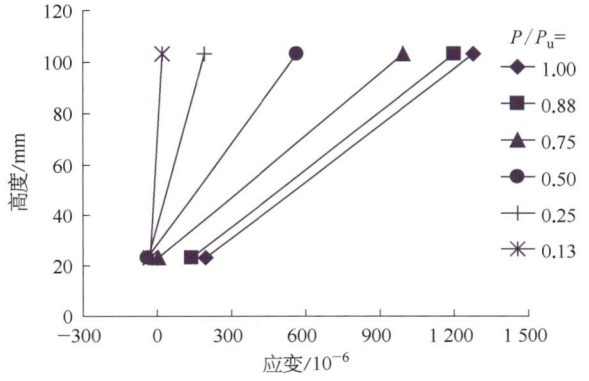

图7-195 FT2-0A 开孔钢板应变分布曲线

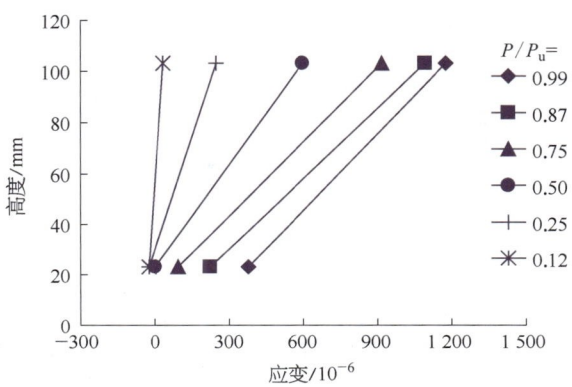

图7-196 FT2-0B 开孔钢板应变分布曲线

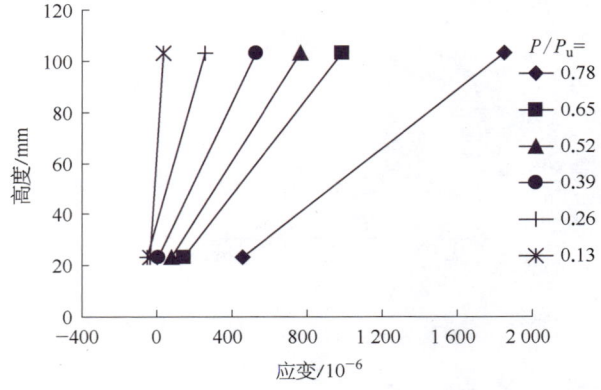

图 7-197　FT2-0C 开孔钢板应变分布曲线

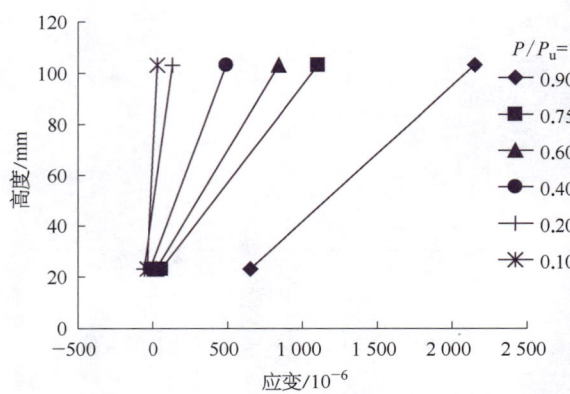

图 7-198　FT2-1 开孔钢板应变分布曲线

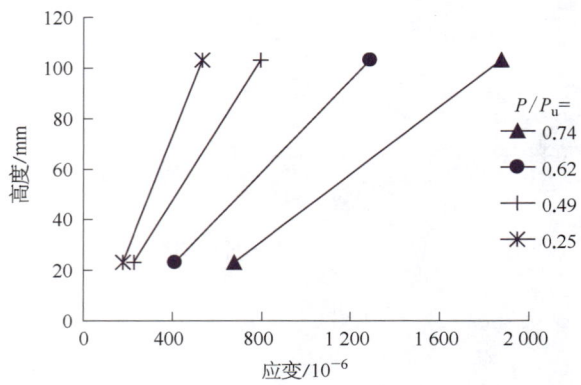

图 7-199　FT2-2 开孔钢板应变分布曲线

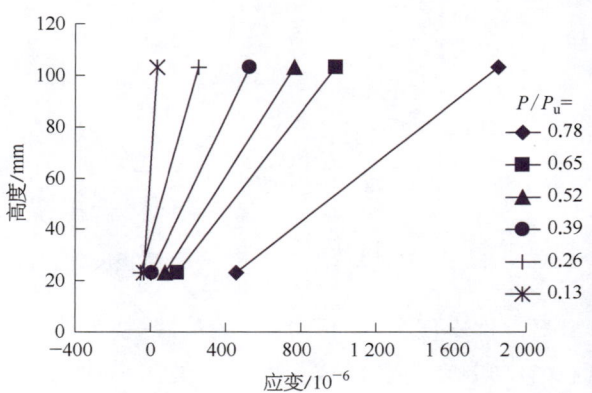

图 7-200　FT2-3 开孔钢板应变分布曲线

(5) 荷载-底钢板应变曲线。

图 7-201、图 7-202 为底钢板的荷载-应变曲线，FT2-0 和 FT2-1 共 4 块试件的荷载-应变分布规律基本相同，压应变在 500×10^{-6} 之前呈线性增长，当达到极限荷载时，钢板的压应变可达 $(1\,000\sim1\,800)\times10^{-6}$，达到受压屈服状态。

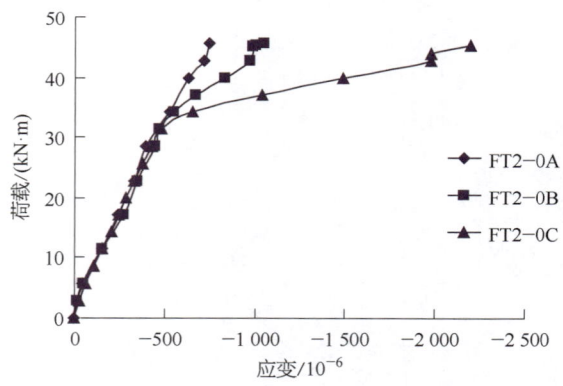

图 7-201　FT2-0 底钢板荷载-应变曲线

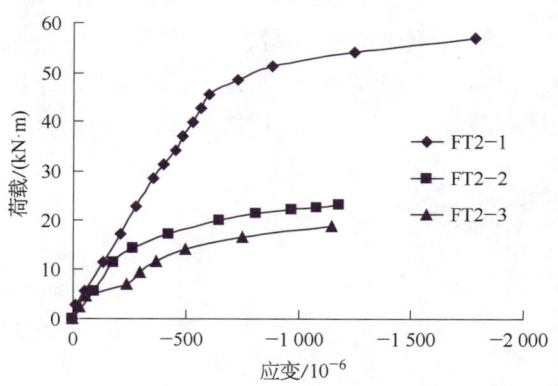

图 7-202　FT2-1～FT2-3 底钢板荷载-应变曲线

(6) 裂缝分布情况。

承受负弯矩作用的试件 FT2-0～FT1-3 的裂缝分布如图 7-203～图 7-208 所示。对于 FT2-0～FT2-1 这 4 块试件，裂缝的分布模式基本相同。加载点附近的混凝土底面首先出现垂直于板跨的横向弯曲裂缝；随着荷载的增加，在纯弯段陆续出现多条横向裂缝，裂缝明显加宽，在主要裂缝间衍生出许多细小裂缝，混凝土侧面的裂缝出现分叉。

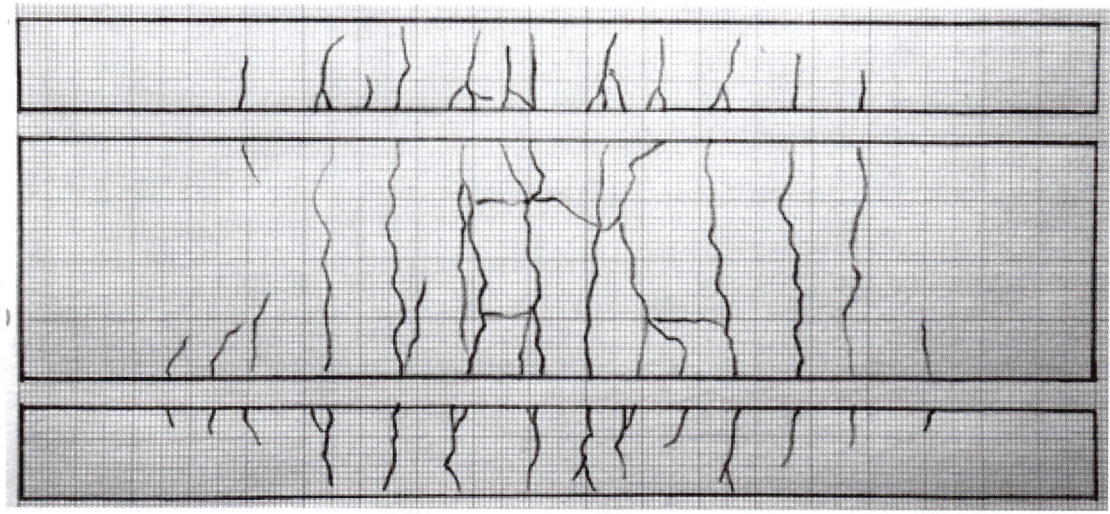

图 7-203　FT2-0A 混凝土裂缝分布

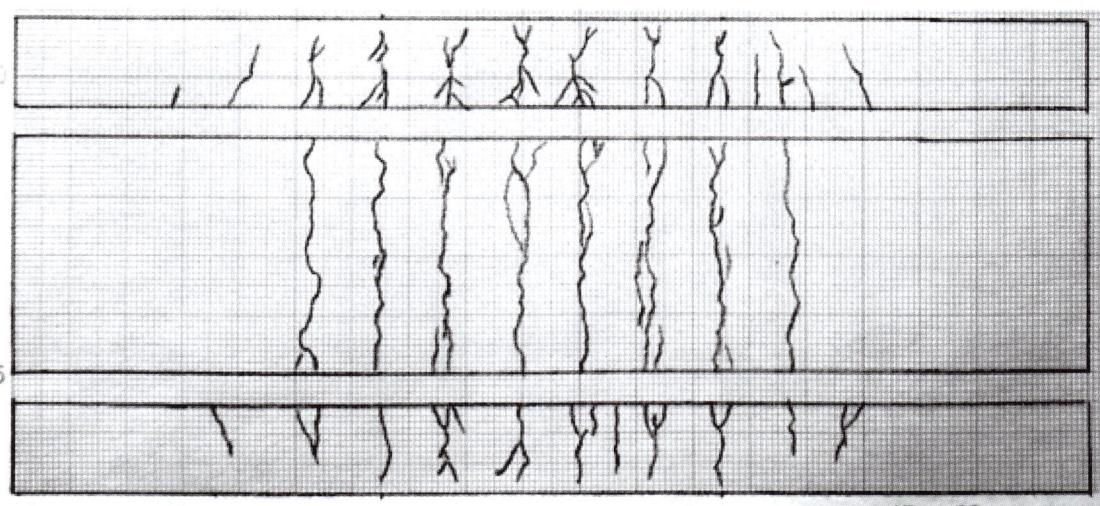

图 7-204　FT2-0B 混凝土裂缝分布

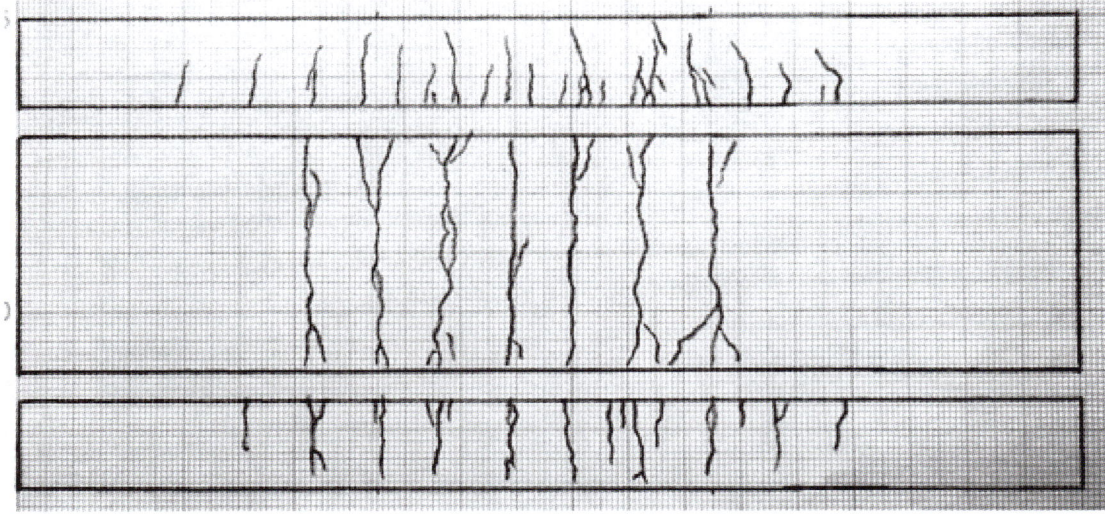

图 7-205　FT2-0C 混凝土裂缝分布

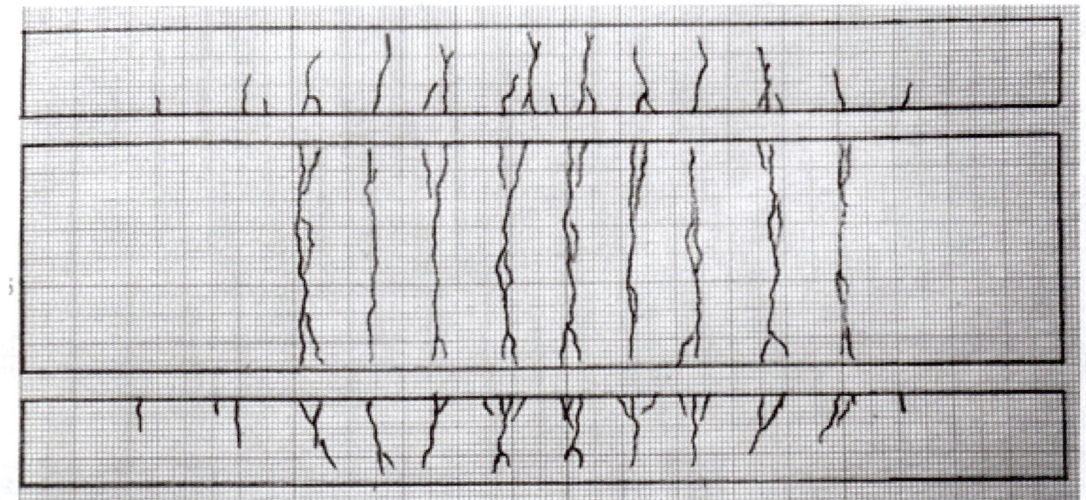

图 7-206　FT2-1 混凝土裂缝分布

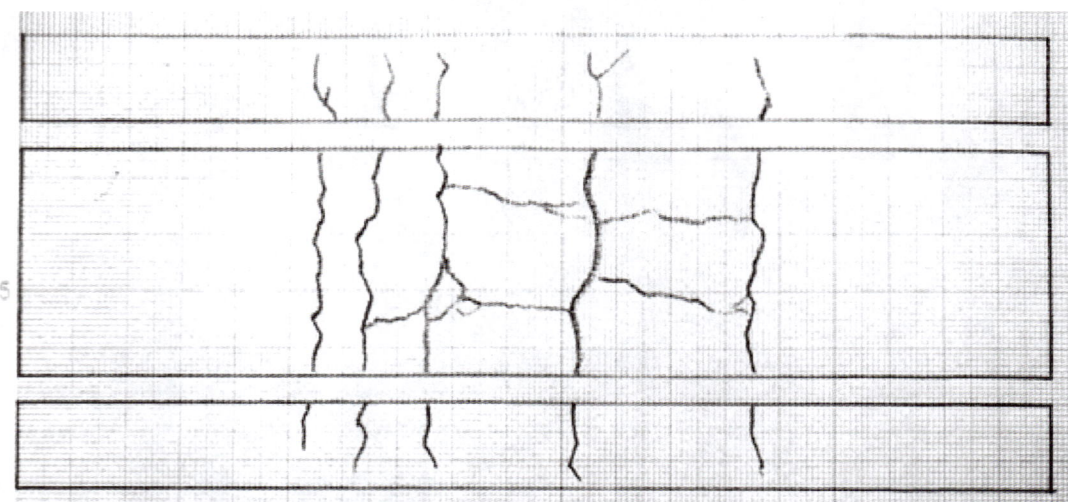

图 7-207　FT2-2 混凝土裂缝分布

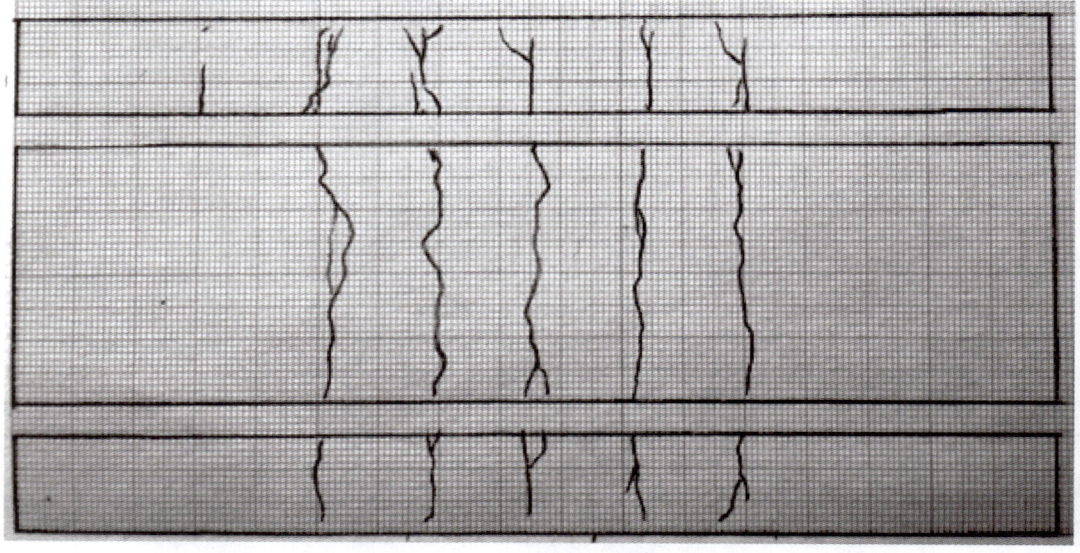

图 7-208　FT2-3 混凝土裂缝分布

3) 小结

(1) 从试件的荷载-挠度曲线可以看出,承受正弯矩作用的钢-混凝土组合板,其开孔钢板顺跨度方向布置且配置孔内钢筋的试件,在受力全过程中基本表现为四个阶段:线弹性阶段、带裂缝工作阶段和塑性阶段,达到极限荷载以后,还出现软化段。试件在塑性破坏阶段后期具有良好的延性,破坏前有明显的预兆。在组合板内必须配置一定数量的钢筋,尤其需要配置穿过开孔钢板的贯穿钢筋,避免出现类似试件FT1-2的脆性破坏。

(2) 开孔钢板的布置方向对钢-混凝土组合板的承载力有明显的影响。顺跨度方向布置时可以有效地抵抗剪切力,使组合板发生弯曲破坏,充分发挥混凝土的抗压性能和钢板的受拉性能,有效地提高承载力。垂直跨度方向布置时,组合板易发生剪切破坏,如试件FT1-3和FT1-4,工程中应尽量避免。若需设置垂直跨度方向的开孔钢板时,则应增大剪跨比,如试件FT1-5。

(3) 从试件的荷载-应变曲线可以看出,在荷载较小时组合板正截面的应变分布基本符合平截面假定,随着荷载的增大,尤其当底钢板屈服后,平截面假定已经无法满足。

(4) 从试件的荷载-滑移曲线可以看出,在组合板的跨中,底钢板与混凝土之间的滑移量在受力全过程均很小,沿板跨各点的滑移量基本呈跨中对称分布,滑移量的最大值出现在板端,均不超过0.9mm。

(5) 对于承受负弯矩作用的钢-混凝土组合板,其承载能力与纵向钢筋的配筋率和开孔钢板的布置方向有密切关系。在达到极限荷载时,纵向受拉钢筋和沿跨度方向布置的开孔钢板的受拉缘均屈服,对于垂直跨度方向布置的开孔钢板则对承载力贡献不大。

7.2.3.3 双向板试验

1) 正向集中加载的双向板

(1) 主要试验结果。

正向集中加载的钢-混凝土组合双向板试件FT3-0~FT3-5的主要试验结果见表7-61。其中P_y表示跨中钢板达到屈服应变时所对应的荷载实测值,P_u表示试件所能承受的极限荷载,δ_y和δ_u分别表示对应于P_y和P_u的组合板中心挠度实测值。由于正向加载试件的底面为钢板,无法观测混凝土的开裂情况,故开裂荷载P_{cr}需要通过观察P-δ曲线的第一个转折点处所对应的荷载来近似得到。

表7-61 试件FT3-0~FT3-5主要试验结果

编号	P_{cr}/kN	P_y/kN	P_u/kN	δ_y/mm	δ_u/mm	P_u/P_y	δ_u/δ_y
FT3-0A	200	1250	1650	5.01	10.44	1.32	2.08
FT3-0B	150	1200	1500	4.73	8.73	1.25	1.85
FT3-1A	100	1000	1360	6.13	12.44	1.36	2.03
FT3-1B	80	1180	1500	6.84	14.20	1.27	2.08
FT3-2A	100	1300	1340	8.83	10.12	1.03	1.15
FT3-2B	150	1140	1160	7.77	10.38	1.02	1.34
FT3-3A	200	1050	1300	4.48	9.48	1.24	2.12
FT3-3B	200	1250	1450	5.23	9.71	1.16	1.86
FT3-4A	150	1300	1870	6.17	9.35	1.44	1.52
FT3-4B	200	1400	1880	5.32	7.48	1.34	1.41
FT3-5	200	750	1020	4.46	11.09	1.36	2.49

(2) 试件破坏形态。

四边支撑的试件FT3-0、FT3-3~FT3-5破坏形式基本为中心区域的底钢板屈服,开孔钢板受压屈曲,顶面混凝土压溃并陷进组合板内,局部混凝土发生冲切破坏,如图7-209所示。垂直开孔钢板方向两边支撑的试件FT3-1破坏形式与单向板的弯曲破坏类似,板跨中线区域的底钢板屈服,顶面受压区混凝土压溃,如图7-210所示。平行开孔钢板方向两边支撑的试件FT3-2破坏形式与单向板的剪切破坏类似,距支撑边界最近的开孔钢板交界面上的混凝土剪切破坏,支撑附近的底钢板屈服,如图7-211所示。

(3) 荷载-中心挠度曲线。

11块正向集中加载的组合板试件采用同等刻度绘制其荷载-挠度曲线,如图7-212~图7-222所示。

从曲线中可以看出,试件FT3-4底钢板的厚度较其他试件更厚,表现为荷载-挠度曲线斜率最大,即刚度最大;试件FT3-0和FT3-3仅开孔钢板的布置间距不同,刚度差别不大,几乎保持同一斜率增长,由于约束条件为四边支撑,其刚度要大于两边支撑的试件FT3-1和FT3-2;刚度最小的试件为板厚最薄的试件FT3-5;试件FT3-4在承载能

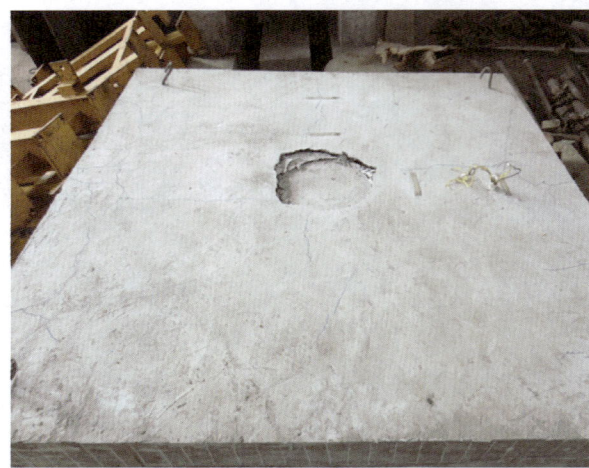

图 7-209　正向加载的双向板典型破坏形式 1

图 7-210　正向加载的双向板典型破坏形式 2

图 7-211　正向加载的双向板典型破坏形式 3

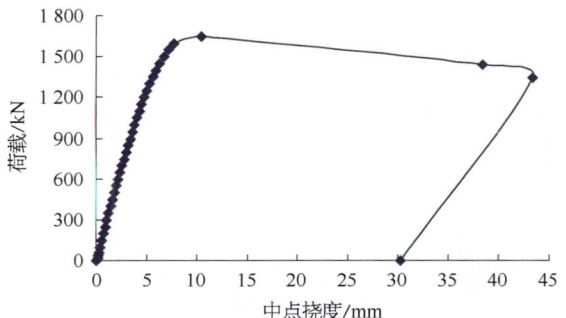

图7-212　FT3-0A 荷载-挠度曲线

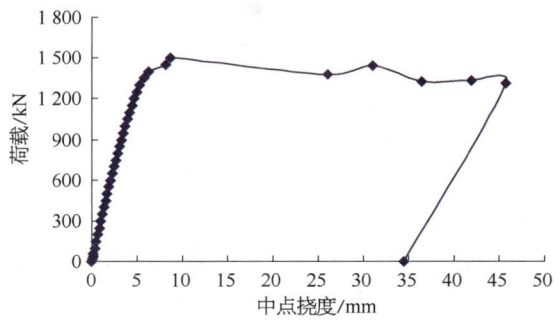

图7-213　FT3-0B 荷载-挠度曲线

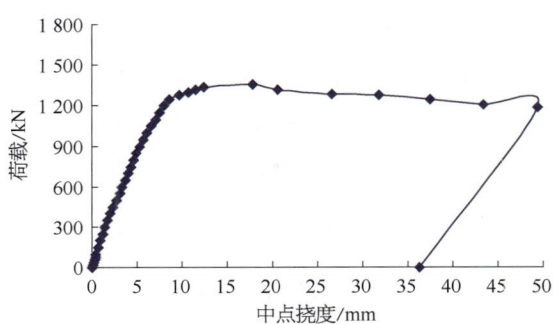

图7-214　FT3-1A 荷载-挠度曲线

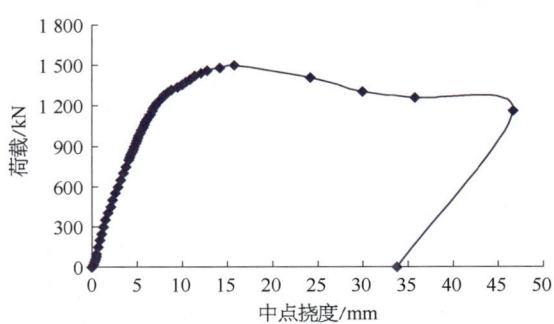

图7-215　FT3-1B 荷载-挠度曲线

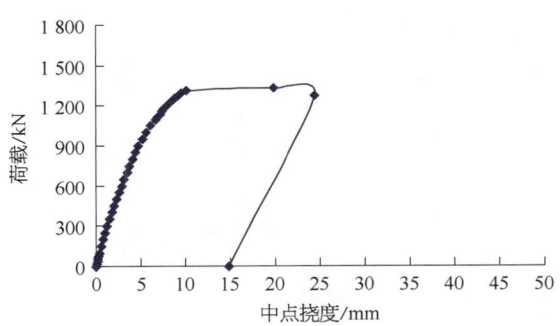

图7-216　FT3-2A 荷载-挠度曲线

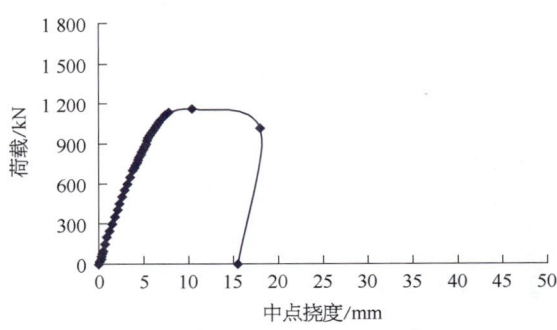

图7-217　FT3-2B 荷载-挠度曲线

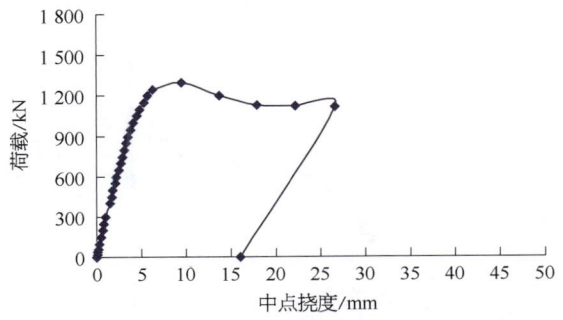

图7-218　FT3-3A 荷载-挠度曲线

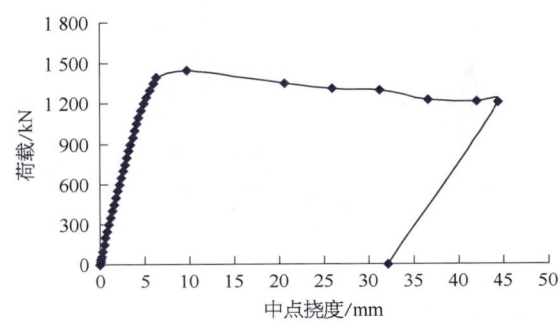

图7-219　FT3-3B 荷载-挠度曲线

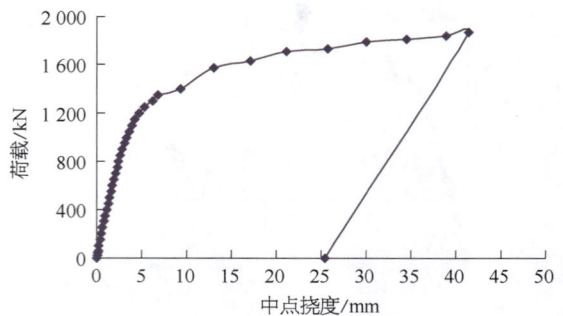

图 7-220 FT3-4A 荷载-挠度曲线

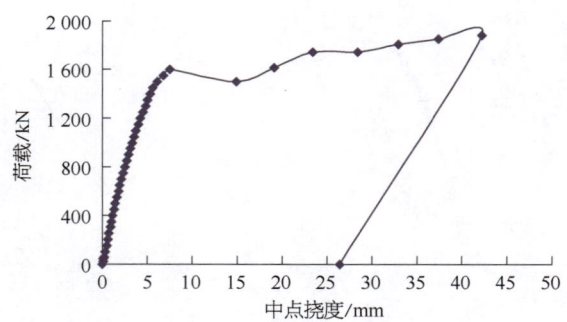

图 7-221 FT3-4B 荷载-挠度曲线

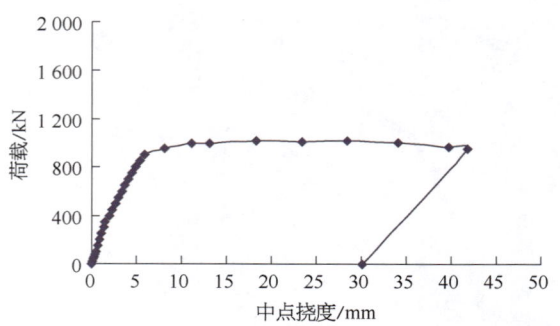

图 7-222 FT3-5 荷载-挠度曲线

力略微下降后,曲线又呈现正斜率增长。表明混凝土压溃后加载点直接作用于开孔钢板上,钢构件屈服区域扩大并能继续承载。

由分析可知,增加底钢板的厚度对组合板承载能力的提高最为有效,加密开孔钢板的布置间距也能在一定程度上提高组合板承载能力,混凝土板的厚度也对承载能力有明显影响。对于两边支撑的试件,垂直开孔钢板方向约束的试件的承载力要大于平行开孔钢板方向约束的试件,表明该类组合板构件的正交异性特征。

(4)挠度对比。

为了叙述方便,以沿开孔钢板方向为 x 轴,垂直开孔钢板方向为 y 轴,下同。由图 7-145 可知,2 号百分表测试沿开孔钢板方向(x 方向)的竖向挠度,3 号百分表测试垂直开孔钢板方向(y 方向)的竖向挠度。两个方向的挠度值可以反映出双向板两个方向的刚度大小关系。图 7-223~图 7-233 给出了正方

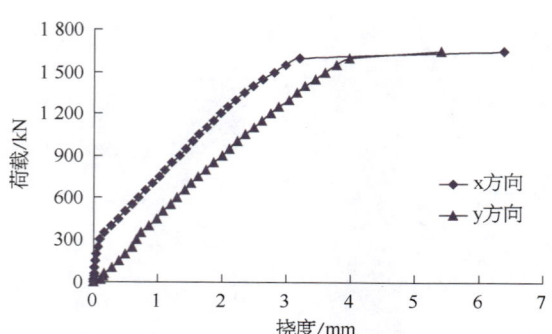

图 7-223 FT3-0A 两方向挠度对比

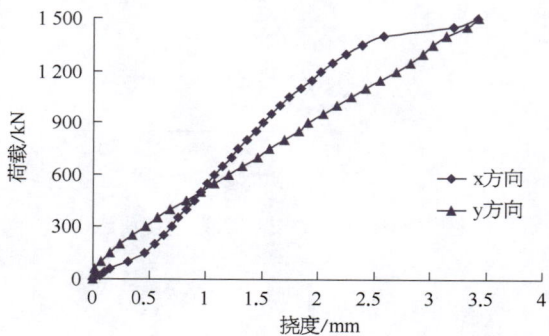

图 7-224 FT3-0B 两方向挠度对比

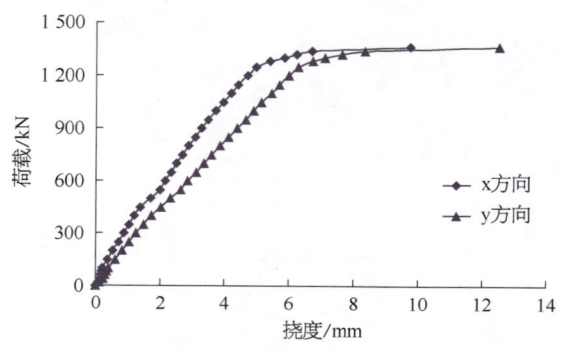

图 7-225 FT3-1A 两方向挠度对比

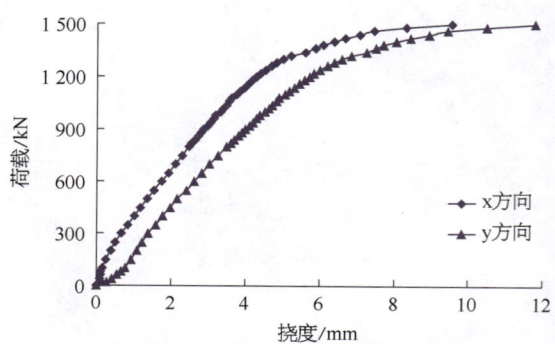

图 7-226 FT3-1B 两方向挠度对比

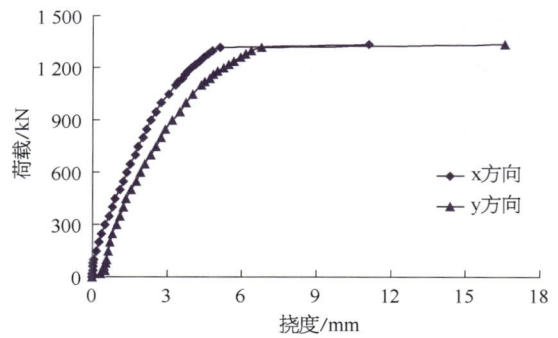

图 7-227　FT3-2A 两方向挠度对比

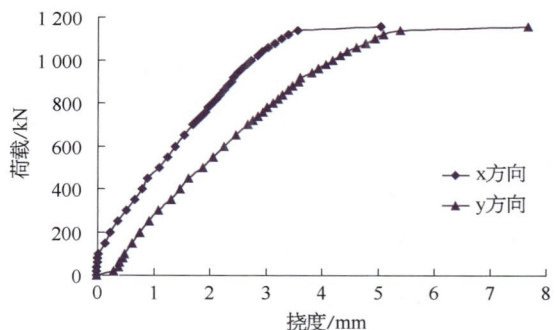

图 7-228　FT3-2B 两方向挠度对比

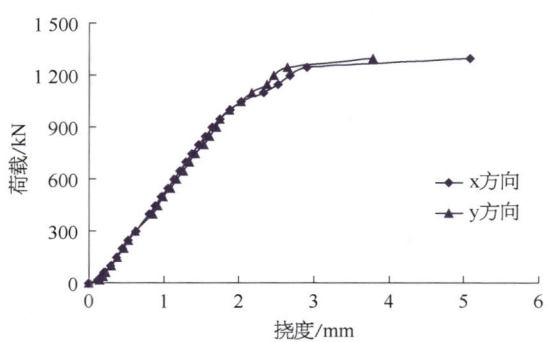

图 7-229　FT3-3A 两方向挠度对比

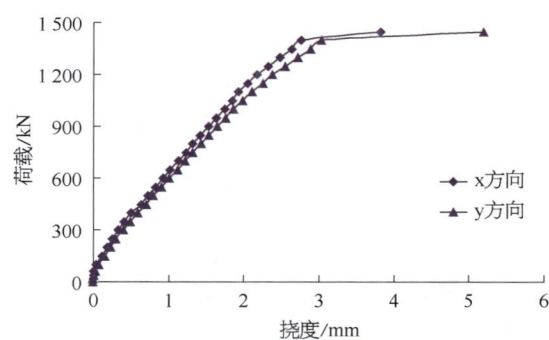

图 7-230　FT3-3B 两方向挠度对比

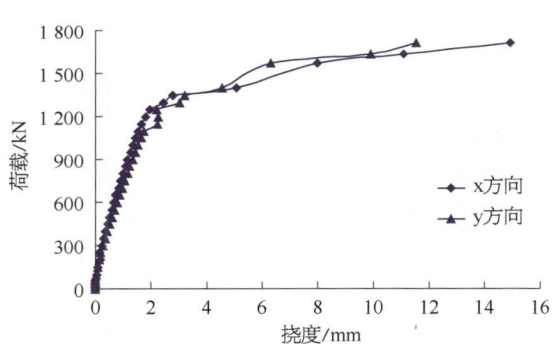

图 7-231　FT3-4A 两方向挠度对比

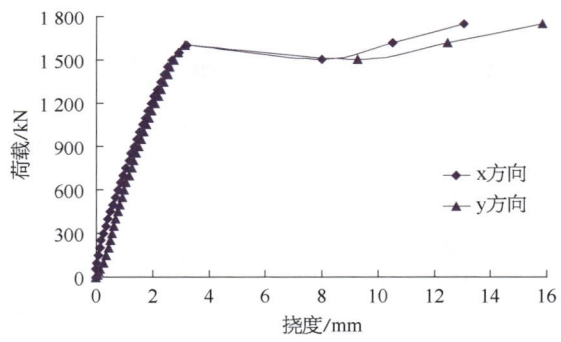

图 7-232　FT3-4B 两方向挠度对比

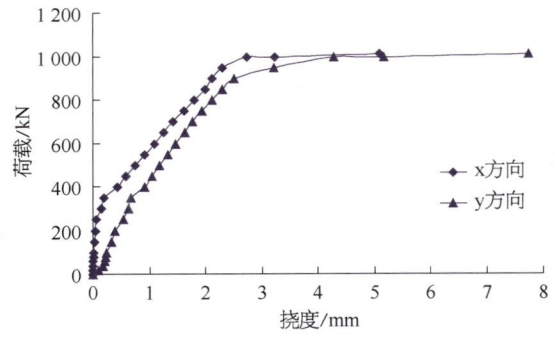

图 7-233　FT3-5 两方向挠度对比

向加载试件 FT3 系列 2、3 号测点在达到峰值荷载前的挠度变化关系。从图中可以看出，在相同荷载作用下，x 方向的挠度值普遍小于 y 方向的挠度值，说明沿开孔钢板方向的刚度大于垂直开孔钢板方向的刚度。

（5）荷载-底钢板中心点应变曲线。

正向集中加载的试件 FT3-0～FT3-5 中心底钢板 x 方向的应变（测点 7）随荷载变化的曲线如图 7-234～图 7-239 所示，y 方向的应变（测点 9）曲线如图 7-240～图 7-245 所示。

（6）底钢板应变对比。

沿开孔钢板方向中轴线上的测点 7、4 和 1 的 x 方向应变分布如图 7-246～图 7-256 所示。

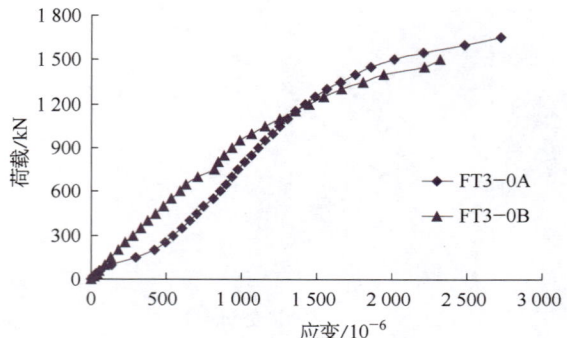

图 7-234 FT3-0 底钢板中心点 x 方向荷载-应变曲线

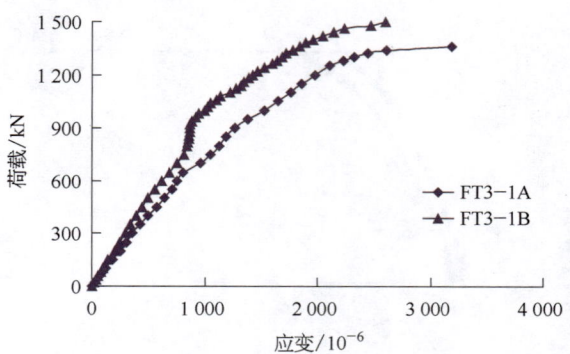

图 7-235 FT3-1 底钢板中心点 x 方向荷载-应变曲线

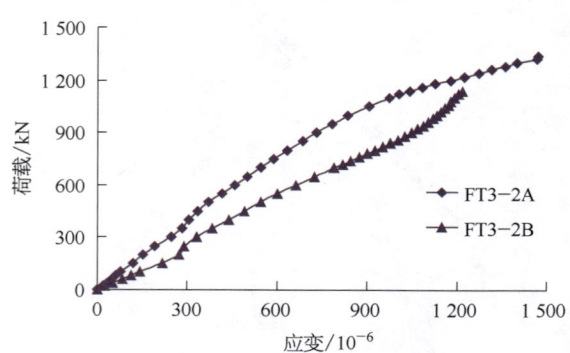

图 7-236 FT3-2 底钢板中心点 x 方向荷载-应变曲线

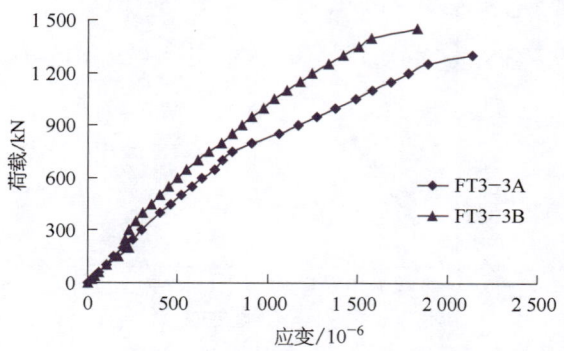

图 7-237 FT3-3 底钢板中心点 x 方向荷载-应变曲线

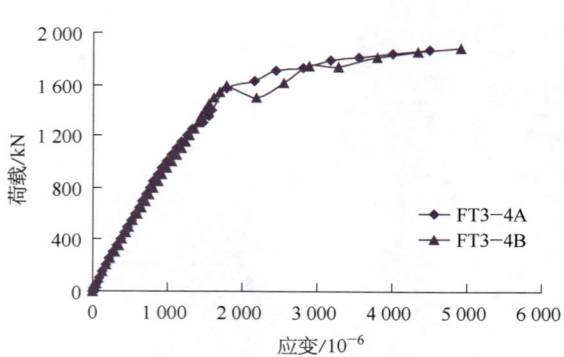

图 7-238 FT3-4 底钢板中心点 x 方向荷载-应变曲线

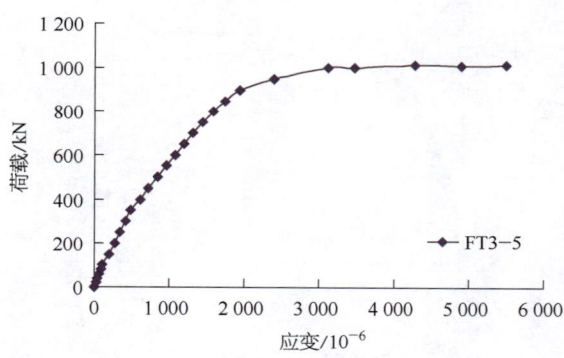

图 7-239 FT3-5 底钢板中心点 x 方向荷载-应变曲线

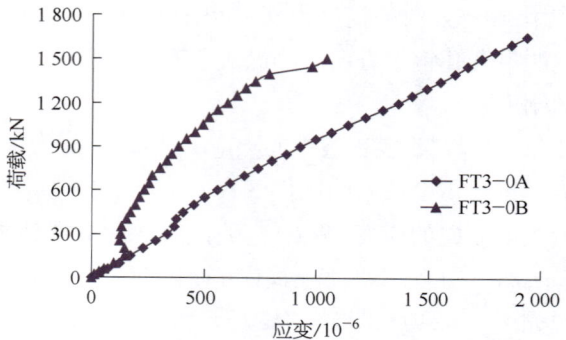

图 7-240 FT3-0 底钢板中心点 y 方向荷载-应变曲线

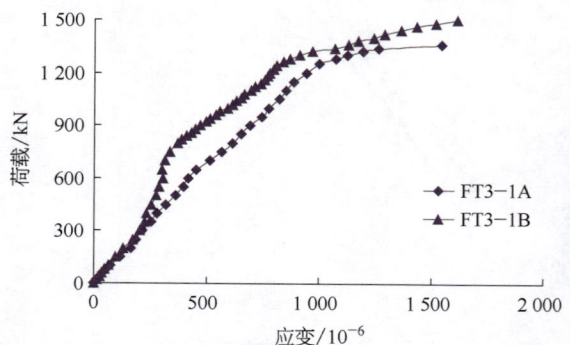

图 7-241 FT3-1 底钢板中心点 y 方向荷载-应变曲线

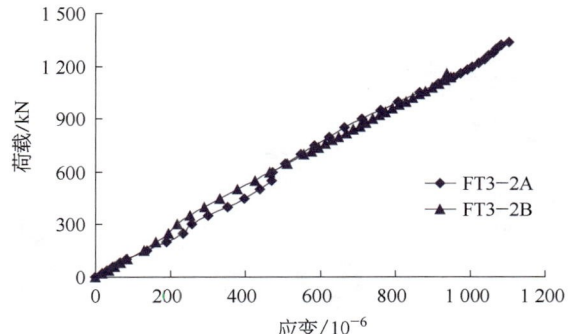

图 7-242 FT3-2 底钢板中心点 y 方向荷载-应变曲线

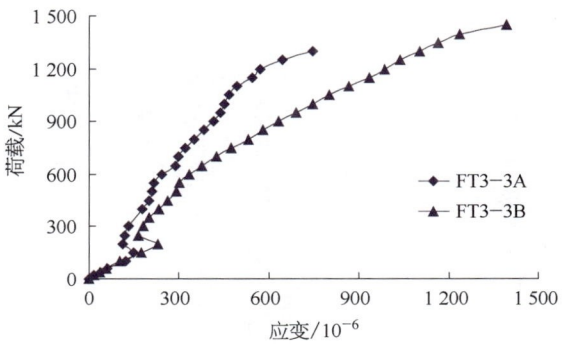

图 7-243 FT3-3 底钢板中心点 y 方向荷载-应变曲线

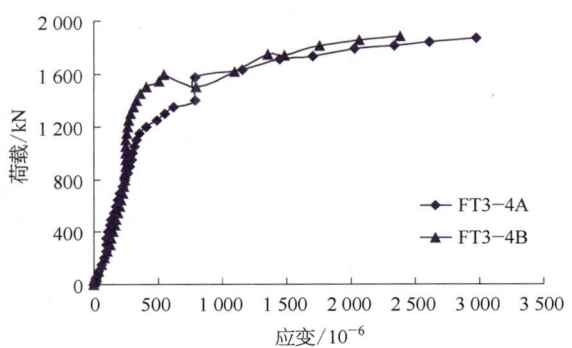

图 7-244 FT3-4 底钢板中心点 y 方向荷载-应变曲线

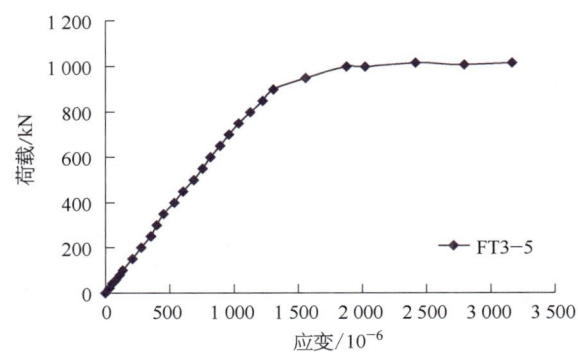

图 7-245 FT3-5 底钢板中心点 y 方向荷载-应变曲线

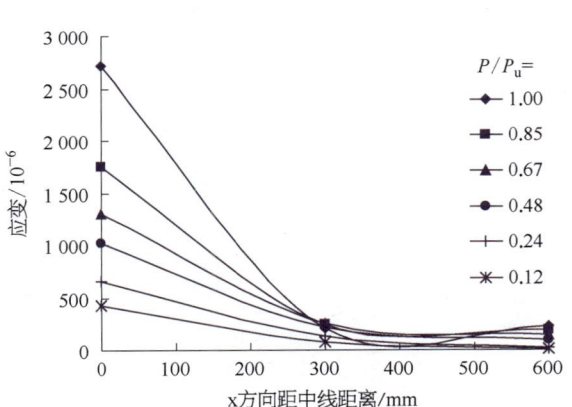

图 7-246 FT3-0A 的 x 方向 ε_x 应变分布

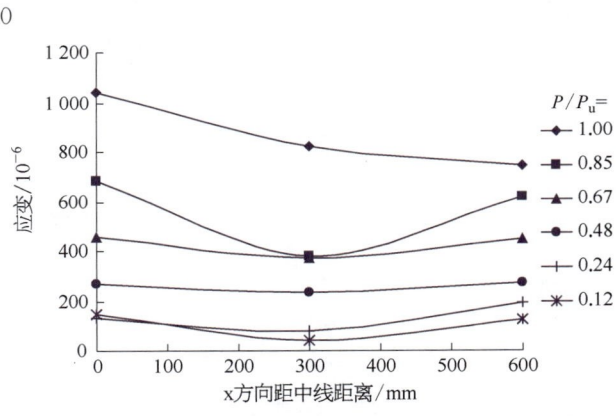

图 7-247 FT3-0B 的 x 方向 ε_x 应变分布

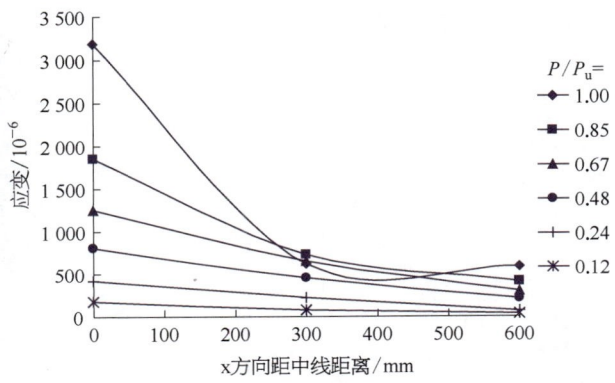

图 7-248 FT3-1A 的 x 方向 ε_x 应变分布

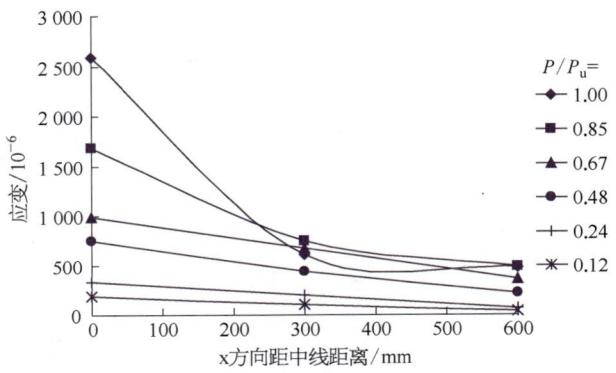

图 7-249 FT3-1B 的 x 方向 ε_x 应变分布

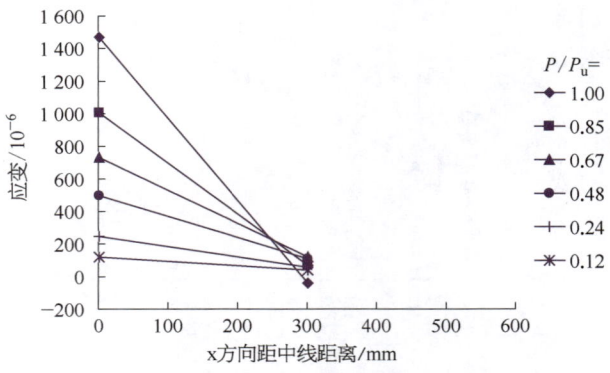

图 7-250　FT3-2A 的 x 方向 ε_x 应变分布

注：距中线 600 mm 的 1 号测点损坏。

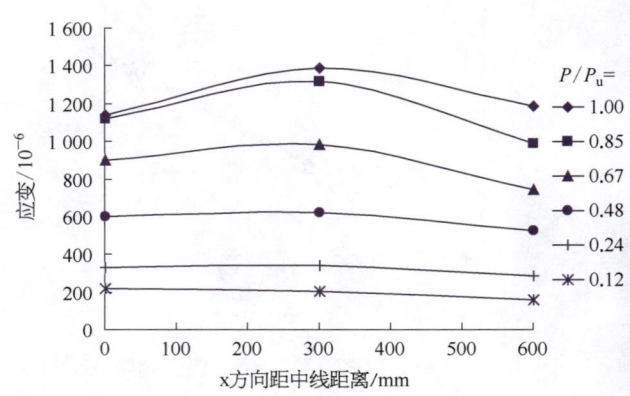

图 7-251　FT3-2B 的 x 方向 ε_x 应变分布

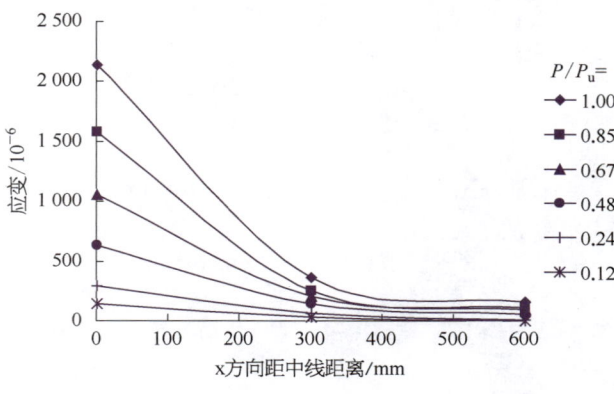

图 7-252　FT3-3A 的 x 方向 ε_x 应变分布

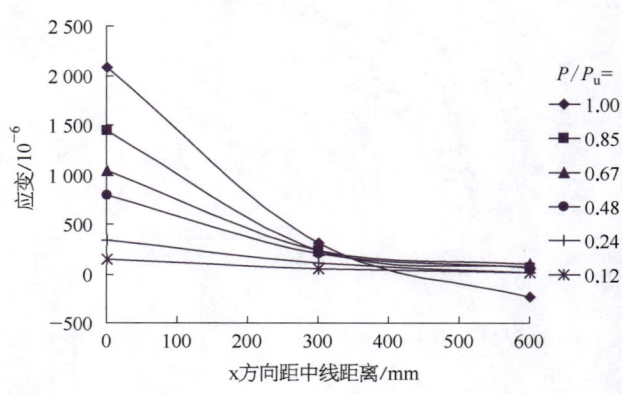

图 7-253　FT3-3B 的 x 方向 ε_x 应变分布

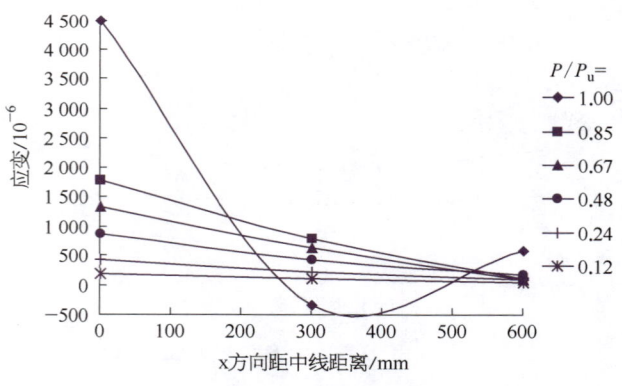

图 7-254　FT3-4A 的 x 方向 ε_x 应变分布

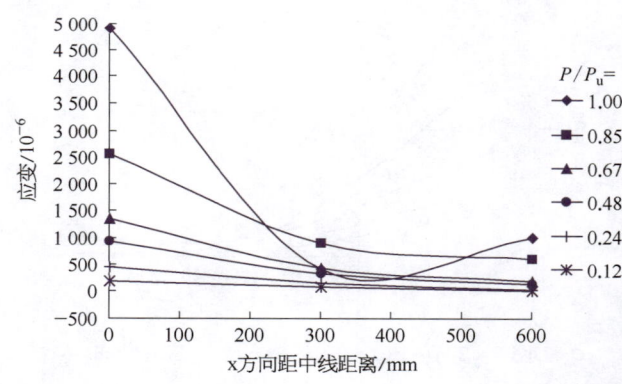

图 7-255　FT3-4B 的 x 方向 ε_x 应变分布

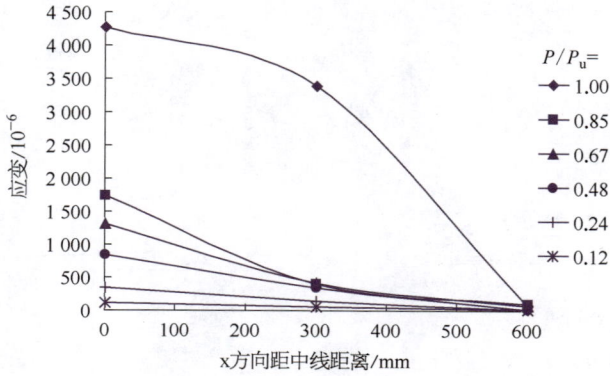

图 7-256　FT3-5 的 x 方向 ε_x 应变分布

垂直开孔钢板方向中轴线上的测点 7、12 和 15 的 x 方向应变分布如图 7-257～图 7-267 所示。

沿开孔钢板方向中轴线上的测点 9、6 和 3 的 y 方向应变分布如图 7-268～图 7-278 所示。

垂直开孔钢板方向中轴线上的测点 9、10 和 13 的 y 方向应变分布如图 7-279～图 7-289 所示。

对比同一试件同区域 x、y 方向的荷载-应变曲线可知,其变化规律基本一致,但在同一荷载作用下,x 方向的应变值约为 y 方向应变值的 1.5 倍。说明组合板在两个方向分配的弯矩值是不同的,平行于开孔钢板方向为主要受力方向,所承受的弯矩约为垂直于开孔钢板方向的 1.5 倍,这与两个方向的刚度比有一定关系。

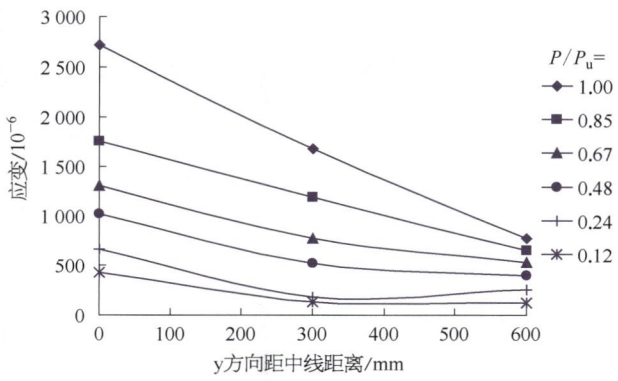

图 7-257　FT3-0A 的 y 方向 ε_x 应变分布

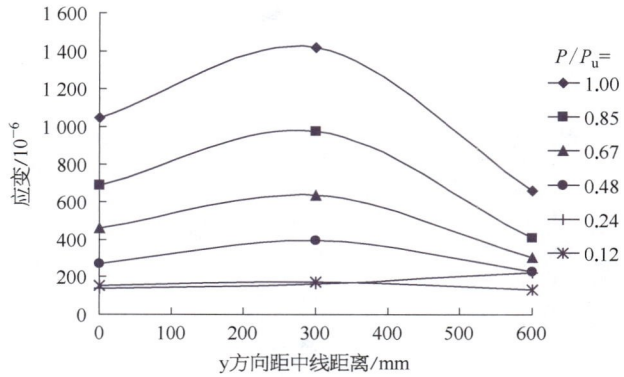

图 7-258　FT3-0B 的 y 方向 ε_x 应变分布

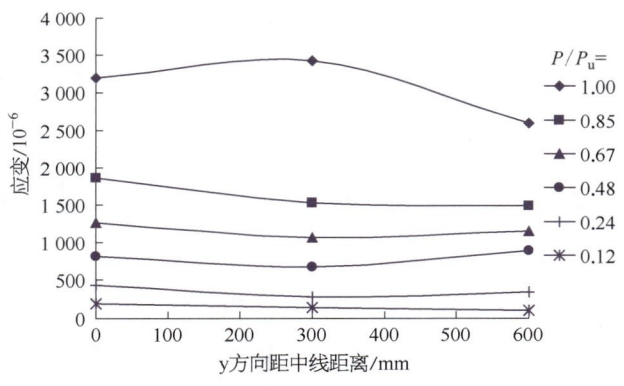

图 7-259　FT3-1A 的 y 方向 ε_x 应变分布

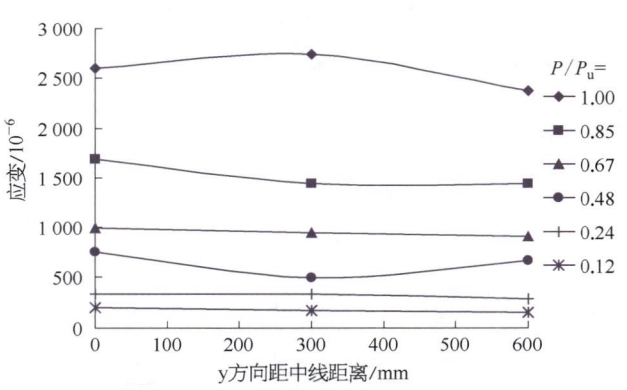

图 7-260　FT3-1B 的 y 方向 ε_x 应变分布

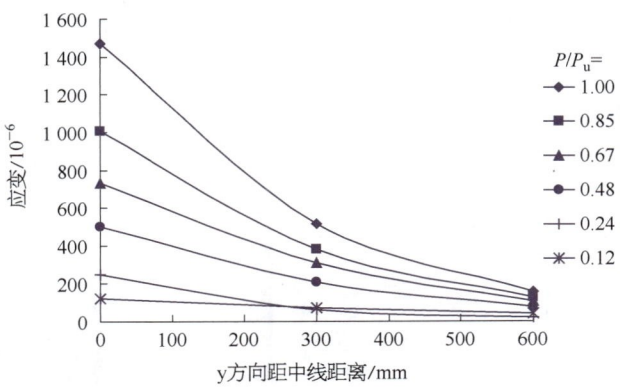

图 7-261　FT3-2A 的 y 方向 ε_x 应变分布

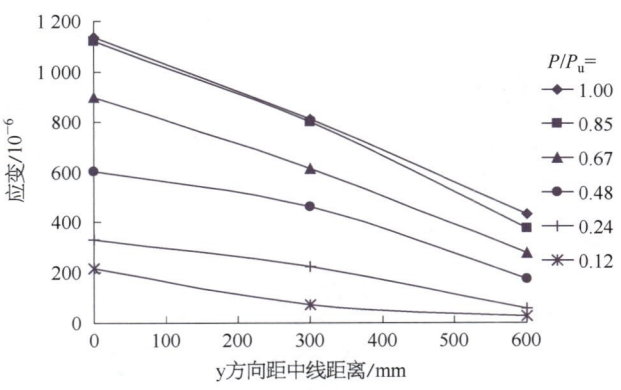

图 7-262　FT3-2B 的 y 方向 ε_x 应变分布

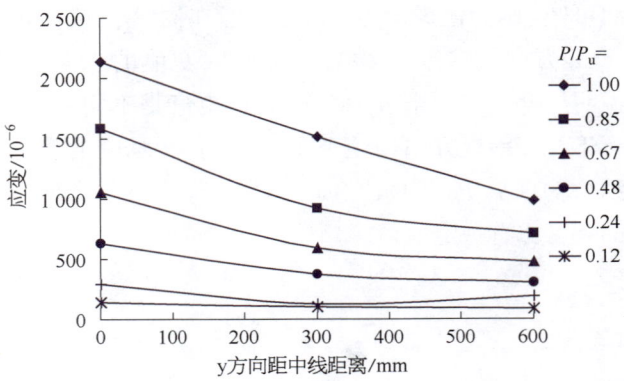

图 7-263　FT3-3A 的 y 方向 ε_x 应变分布

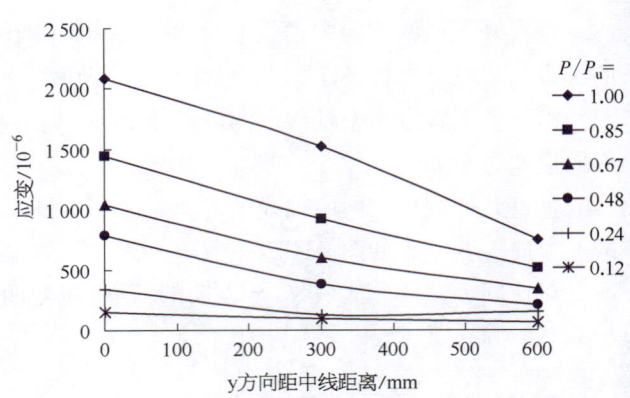

图 7-264　FT3-3B 的 y 方向 ε_x 应变分布

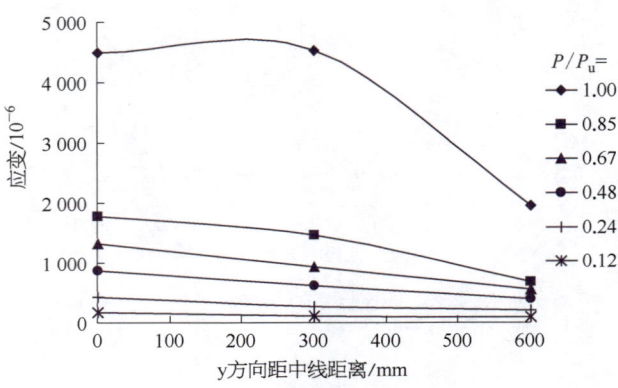

图 7-265　FT3-4A 的 y 方向 ε_x 应变分布

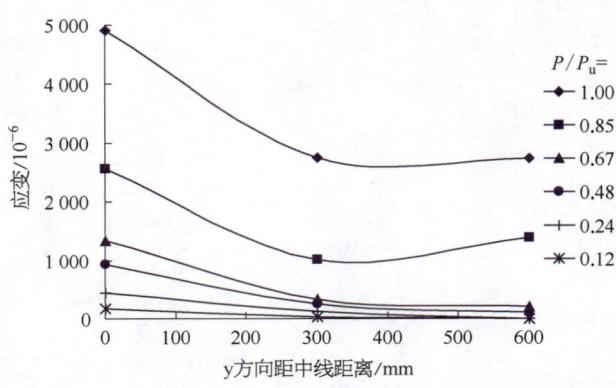

图 7-266　FT3-4B 的 y 方向 ε_x 应变分布

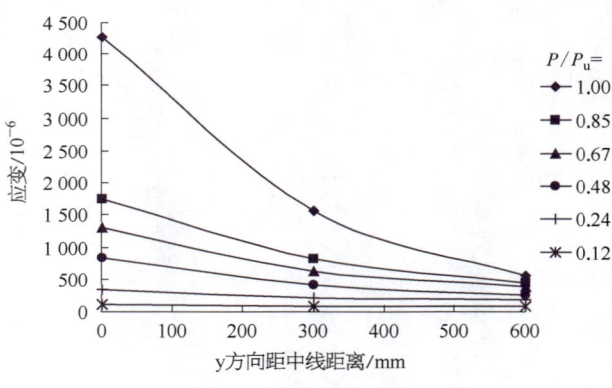

图 7-267　FT3-5 的 y 方向 ε_x 应变分布

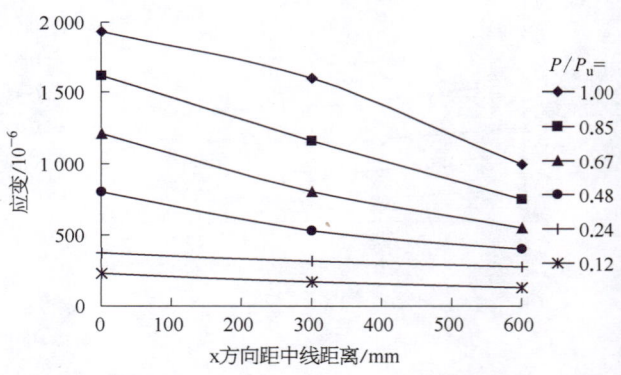

图 7-268　FT3-0A 的 x 方向 ε_y 应变分布

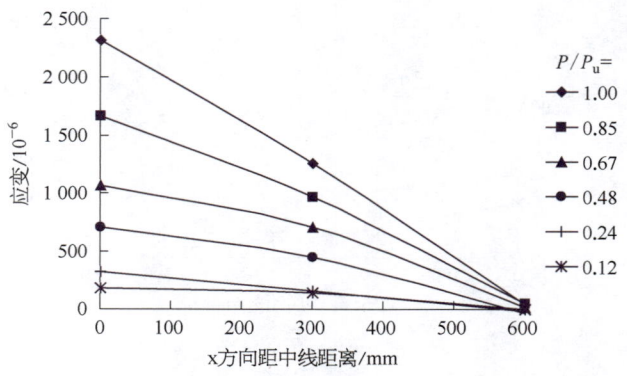

图 7-269　FT3-0B 的 x 方向 ε_y 应变分布

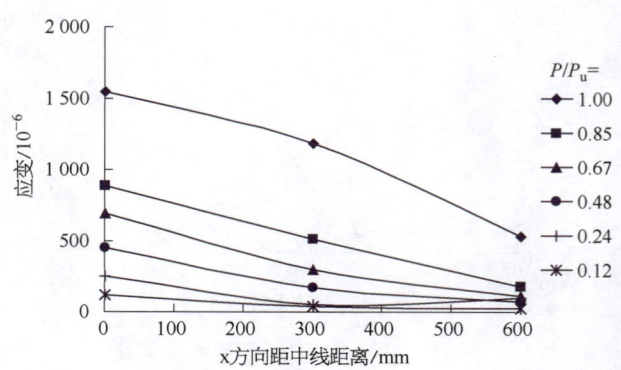

图 7-270　FT3-1A 的 x 方向 ε_y 应变分布

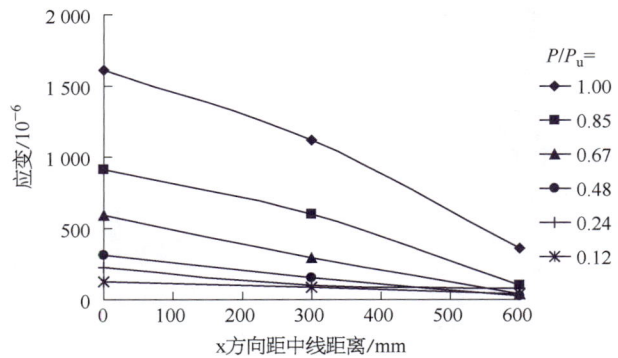

图 7-271　FT3-1B 的 x 方向 ε_y 应变分布

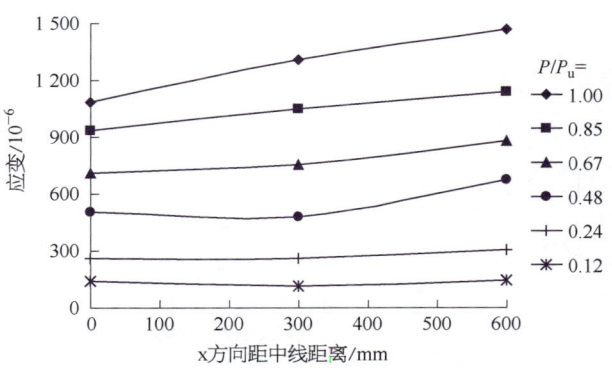

图 7-272　FT3-2A 的 x 方向 ε_y 应变分布

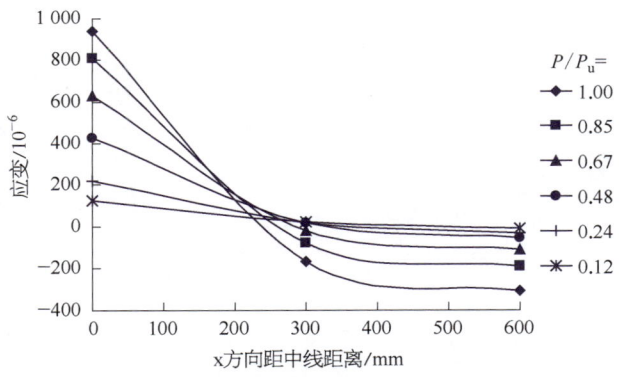

图 7-273　FT3-2B 的 x 方向 ε_y 应变分布

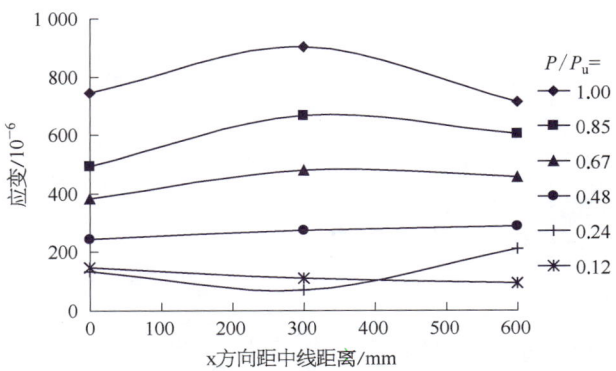

图 7-274　FT3-3A 的 x 方向 ε_y 应变分布

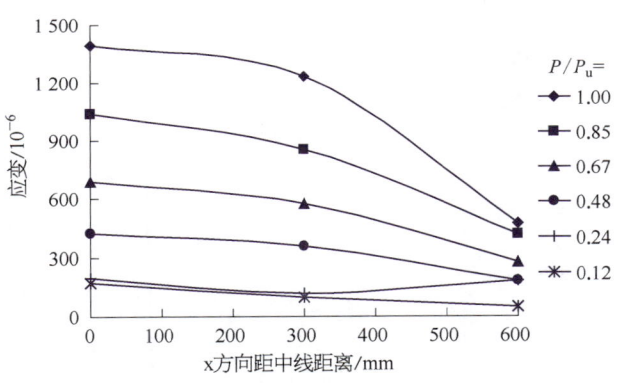

图 7-275　FT3-3B 的 x 方向 ε_y 应变分布

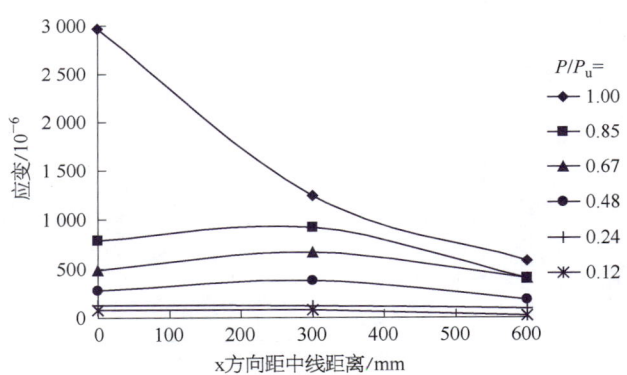

图 7-276　FT3-4A 的 x 方向 ε_y 应变分布

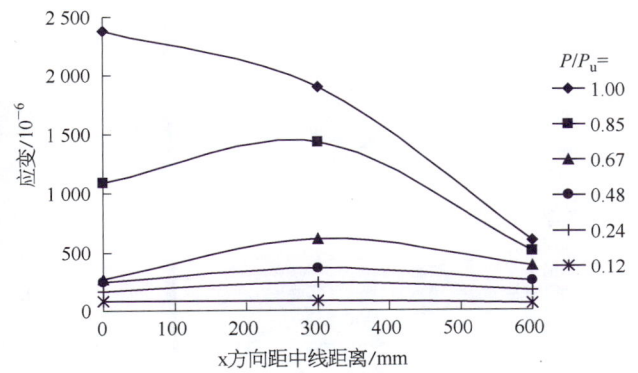

图 7-277　FT3-4B 的 x 方向 ε_y 应变分布

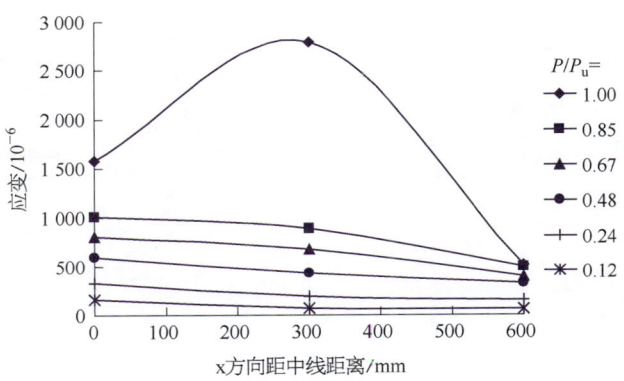

图 7-278　FT3-5 的 x 方向 ε_y 应变分布

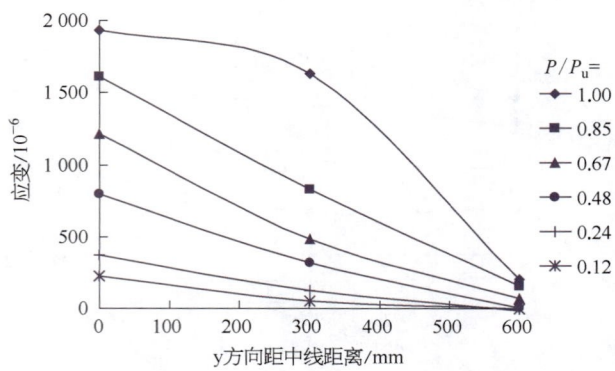

图 7-279　FT3-0A 的 y 方向 ε_y 应变分布

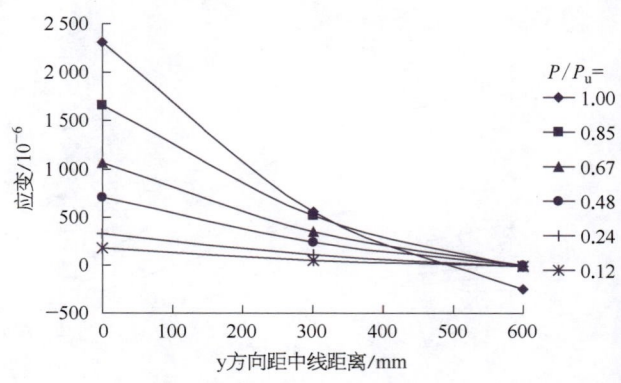

图 7-280　FT3-0B 的 y 方向 ε_y 应变分布

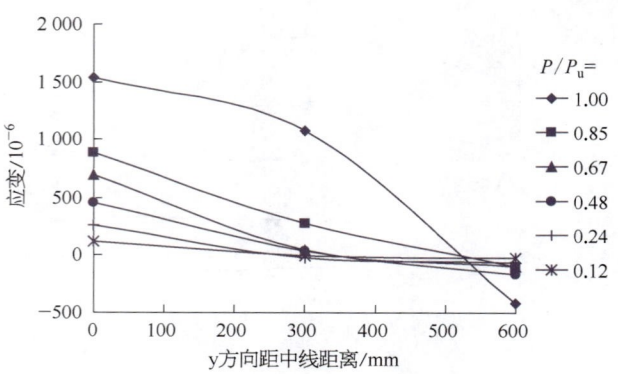

图 7-281　FT3-1A 的 y 方向 ε_y 应变分布

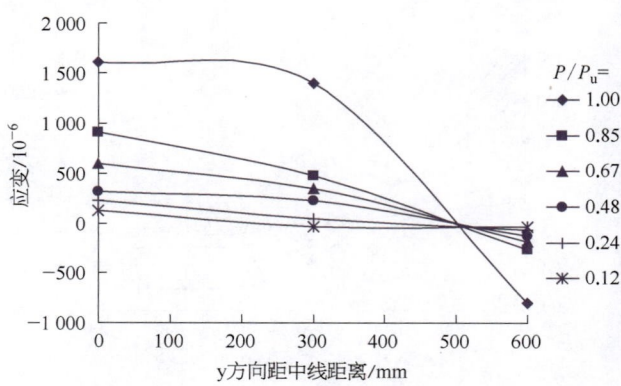

图 7-282　FT3-1B 的 y 方向 ε_y 应变分布

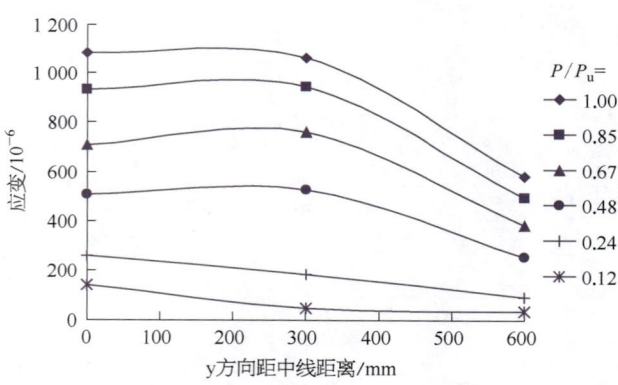

图 7-283　FT3-2A 的 y 方向 ε_y 应变分布

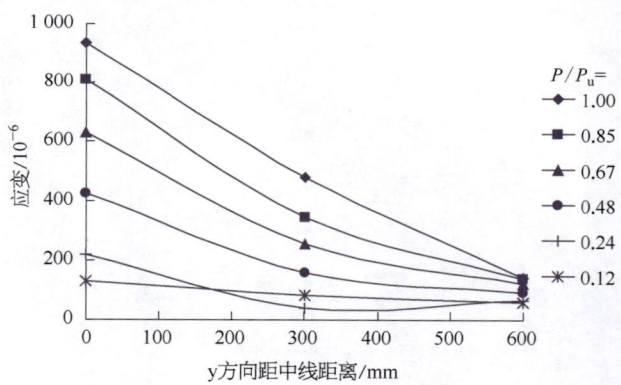

图 7-284　FT3-2B 的 y 方向 ε_y 应变分布

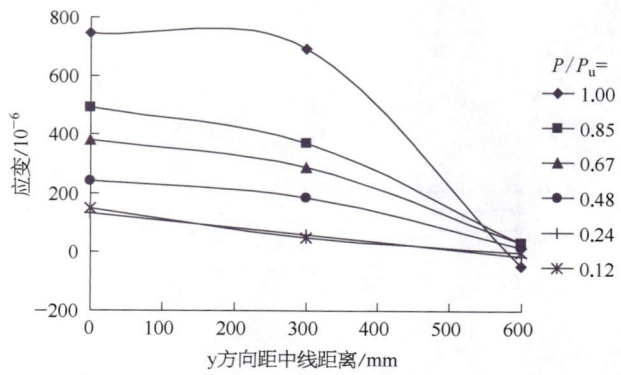

图 7-285　FT3-3A 的 y 方向 ε_y 应变分布

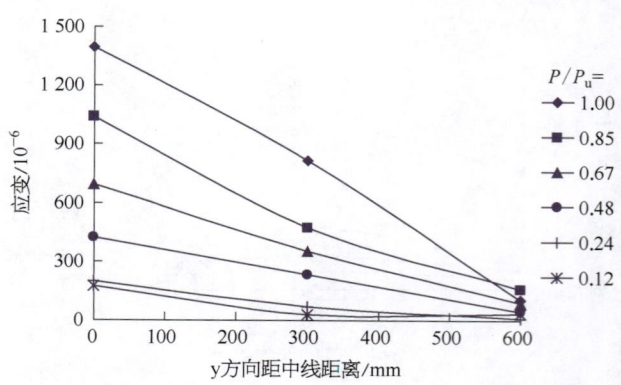

图 7-286　FT3-3B 的 y 方向 ε_y 应变分布

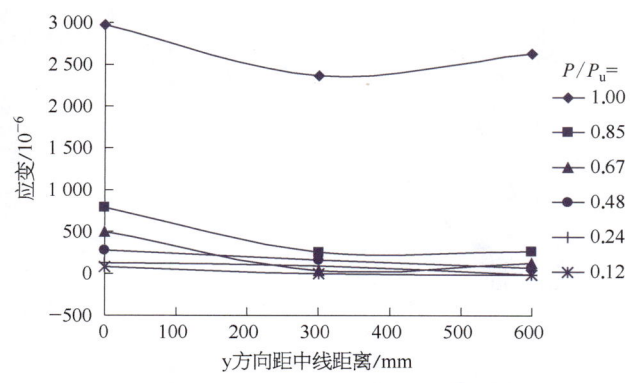

图 7-287 FT3-4A 的 y 方向 ε_y 应变分布

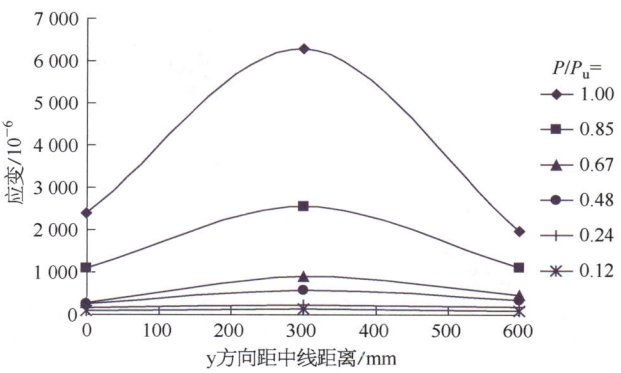

图 7-288 FT3-4B 的 y 方向 ε_y 应变分布

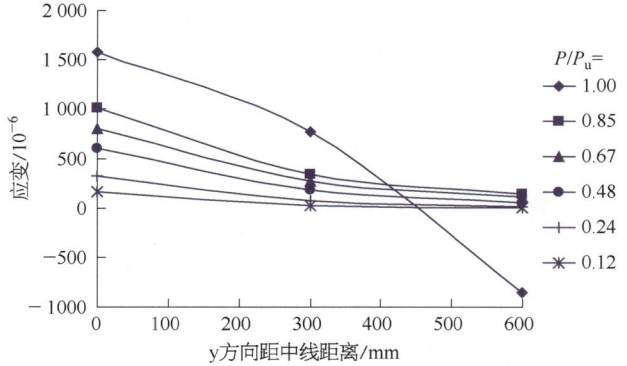

图 7-289 FT3-5 的 y 方向 ε_y 应变分布

（7）荷载-混凝土应变曲线。

正向集中加载的钢-混凝土组合双向板试件 FT3-0～FT3-5 的混凝土顶面的荷载-应变曲线如图 7-290～图 7-300 所示。

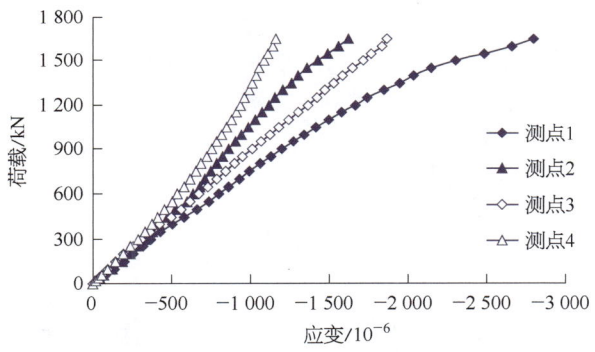

图 7-290 FT3-0A 的混凝土顶面荷载-应变曲线

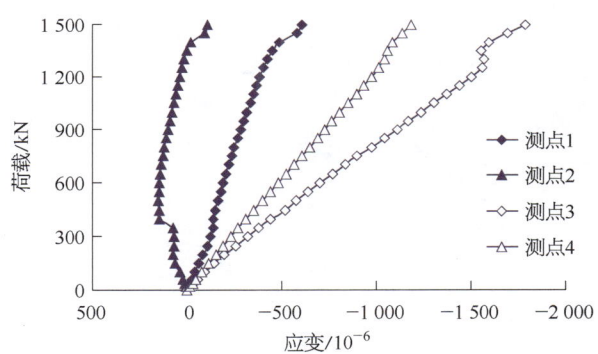

图 7-291 FT3-0B 的混凝土顶面荷载-应变曲线

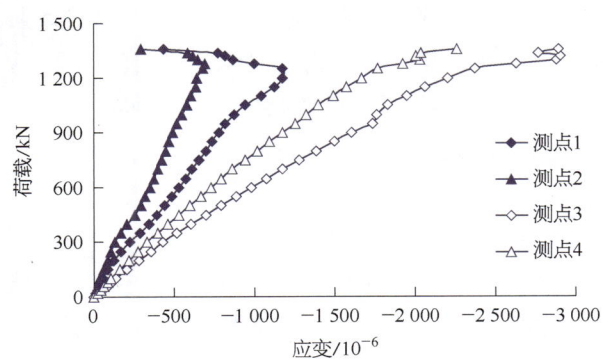

图 7-292 FT3-1A 的混凝土顶面荷载-应变曲线

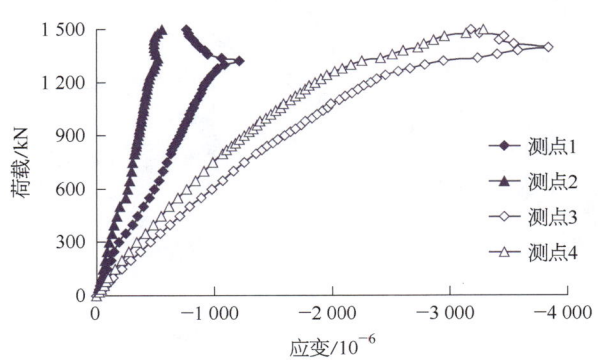

图 7-293 FT3-1B 的混凝土顶面荷载-应变曲线

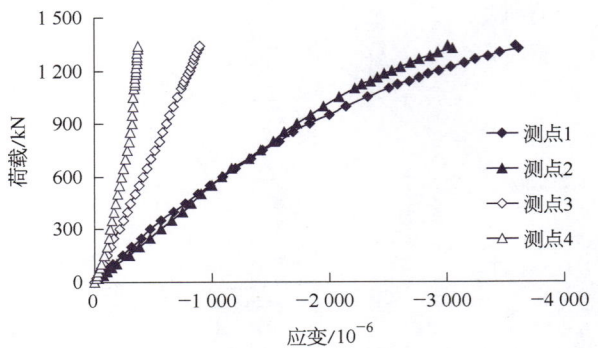

图7-294 FT3-2A的混凝土顶面荷载-应变曲线

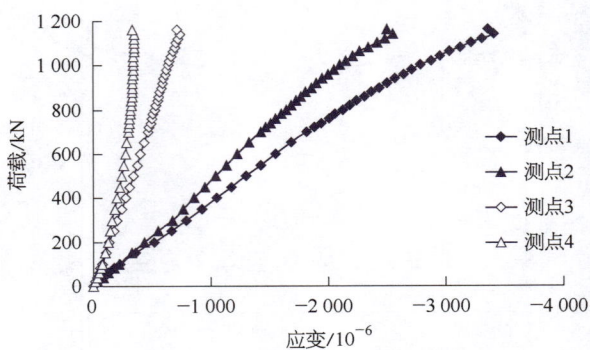

图7-295 FT3-2B的混凝土顶面荷载-应变曲线

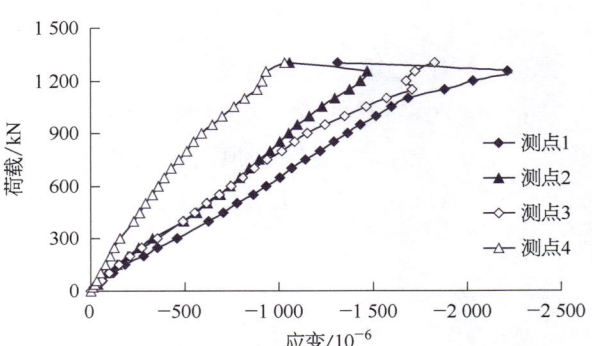

图7-296 FT3-3A的混凝土顶面荷载-应变曲线

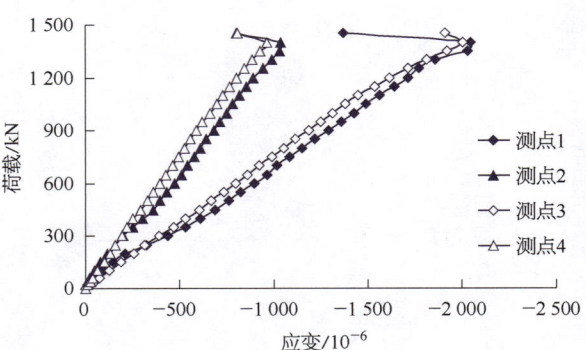

图7-297 FT3-3B的混凝土顶面荷载-应变曲线

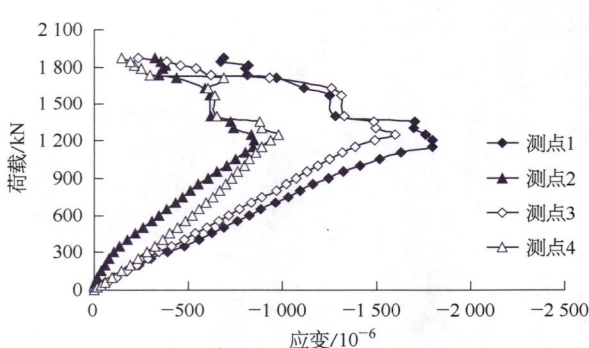

图7-298 FT3-4A的混凝土顶面荷载-应变曲线

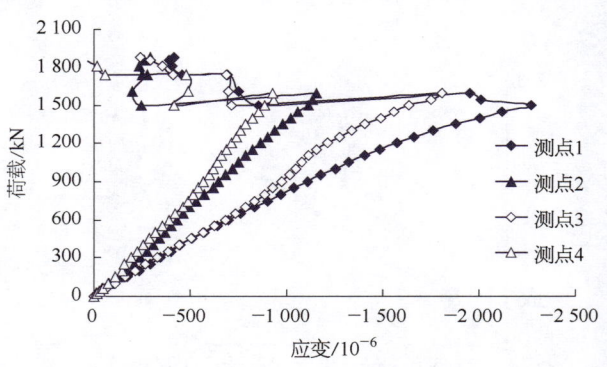

图7-299 FT3-4B的混凝土顶面荷载-应变曲线

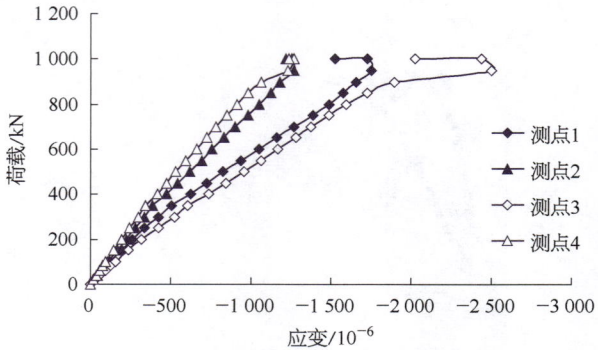

图7-300 FT3-5的混凝土顶面荷载-应变曲线

从图中可以看出，在荷载达到1 200 kN(FT3-5为800 kN)之前，混凝土的压应变基本呈线性增长趋势。随后，由于加载点附近混凝土的逐步压溃，应变测点附近的混凝土会产生起皮、开裂而损坏应变测点，进而导致应变值发生不同程度的减少，表现为在荷载-应变曲线出现不规则的变化。

对于约束条件为四边支撑的试件FT3-0、FT3-3~FT3-5，垂直开孔钢板方向的混凝土应变值普遍略大于平行开孔钢板方向的应变值。说明在弯矩作用下，y方向的刚度略小于x方向的刚度。对于约束条件为两边支撑的试件FT3-1和FT3-2，垂直支撑方向的混凝土应变值远远大于平行支撑方向的应变值。说明支撑条件的改变对组合板的受力模式有明显影响。

（8）裂缝分布情况。

对于正向集中加载的试件 FT3-0～FT3-5，由于底钢板受拉，与其交界的混凝土受拉面不外露，无法记录此面的裂缝分布，因此在试验过程中仅记录了侧面的裂缝分布。四边支撑的试件，在平行于开孔钢板布置方向的混凝土侧面，在顶部混凝土压溃后，板跨中部出现数条垂直于开孔钢板方向的裂缝，并向板两端扩展，如图 7-301 所示。在垂直于开孔钢板布置方向的混凝土侧面，裂缝主要出现在开孔钢板与混凝土的交界面，如图 7-302 所示。两边支撑的试件 FT3-1 与 FT1-0 的裂缝分布模式基本一致，在平行于开孔钢板布置方向出现数条弯曲裂缝，如图 7-303 所示；垂直于开孔钢板布置方向的混凝土侧面，裂缝也出现在开孔钢板与混凝土的交界面处，如图 7-304 所示。两边支撑的试件 FT3-2 的裂缝主要出现在剪切破坏的开孔钢板与混凝土交界面上，如图 7-305 所示，在平行于开孔钢板布置方向，在加载后期出现很少几条斜向剪切裂缝，如图 7-306 所示。

图 7-301　双向板典型裂缝分布 1

图 7-302　双向板典型裂缝分布 2

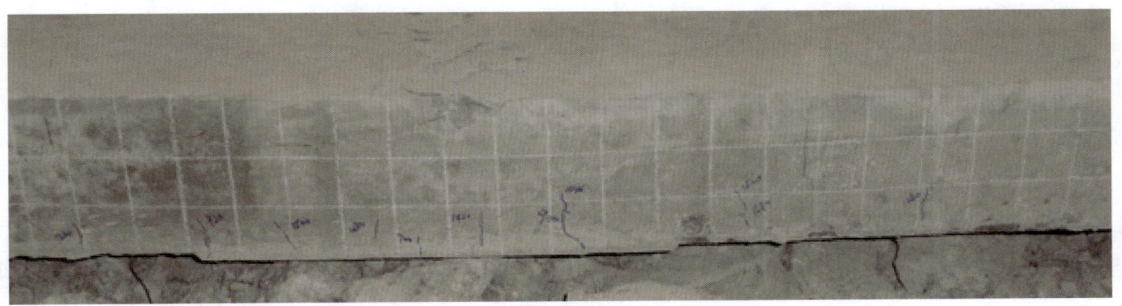

图 7-303　双向板典型裂缝分布 3

图 7‑304　双向板典型裂缝分布 4

图 7‑305　双向板典型裂缝分布 5

图 7‑306　双向板典型裂缝分布 6

2) 反向集中加载的双向板

（1）主要试验结果。

反向集中加载的钢‑混凝土组合双向板试件 FT4‑0～FT4‑3 的主要试验结果见表 7‑62。其中，P_{cr} 表示混凝土下表面出现第一条裂缝时所对应的荷载实测值，P_y 表示中心开孔钢板受拉缘达到屈服应变时所对应的荷载实测值，δ_y 表示对应于 P_y 的组合板中心挠度实测值。由于试件在加载过程中荷载和挠度不断增大，至加载过程结束仍未出现极限荷载，而挠度已大于计算跨度 l 的 1/40。故本节规定，中点挠度达到 $l/200=8\,\mathrm{mm}$ 时所对应的荷载为极限荷载 P_u。

（2）试件破坏形态。

6 块试件的破坏模式基本相同，板底受拉钢筋和开孔钢板受拉缘屈服，混凝土裂缝在板中心区域呈正交分布，并沿对角线方向逐步扩展到四个边角，如图 7‑307 所示。顶部受压钢板呈不可恢复的下凹变形，裂缝宽度过大、中心挠度过大导致不适于继续加载。

表 7‑62　试件 FT4‑0～FT4‑3 主要试验结果

编号	P_{cr}/kN	P_y/kN	P_u/kN	δ_y/mm	P_u/P_y
FT4‑0A	80	320	439	4.42	1.37
FT4‑0B	60	300	422	4.39	1.41
FT4‑1A	80	260	353	4.86	1.36
FT4‑1B	100	300	374	5.75	1.25
FT4‑2	80	240	364	3.72	1.52
FT4‑3	40	120	124	6.63	1.03

(3) 荷载-中心挠度曲线。

6块反向集中加载的组合板试件采用同等刻度绘制其荷载-挠度曲线,如图7-308~图7-313所示。试件FT4-0~FT4-3的荷载-挠度曲线变化规律基本一致。在荷载加载初期,其值约小于80 kN时,混凝土尚未开裂,组合板整体工作性能良好,曲线呈线性关系变化。试件FT4-3由于未配置钢筋,开裂荷载仅为40 kN。随着荷载的增加,组合板发生比较明显的整体弯曲变形,混凝土开裂退出工作,荷载-挠度曲线的斜率开始降低,组合板的整体刚度降低。最后由于加载点位移过大(约50 mm)而停止加载。

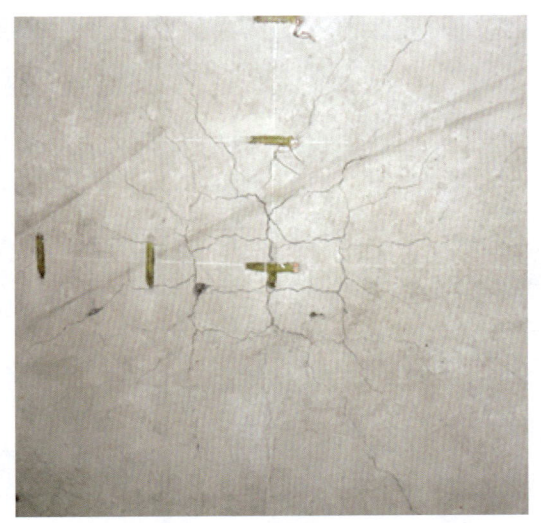

图7-307 反向加载的双向板典型裂缝分布

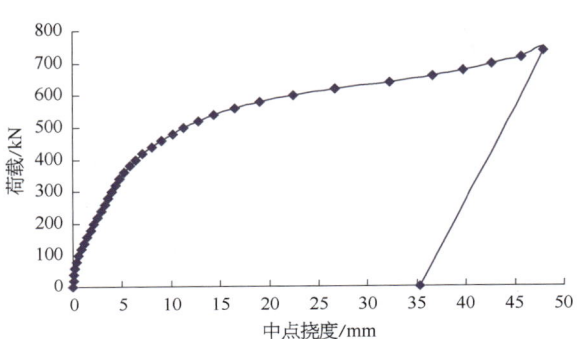

图7-308 FT4-0A荷载-挠度曲线

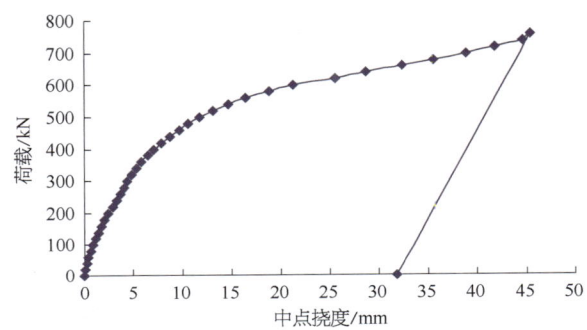

图7-309 FT4-0B荷载-挠度曲线

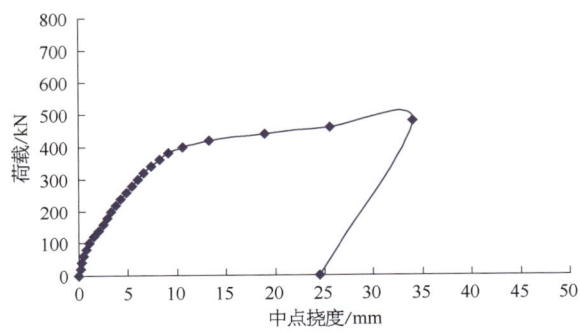

图7-310 FT4-1A荷载-挠度曲线

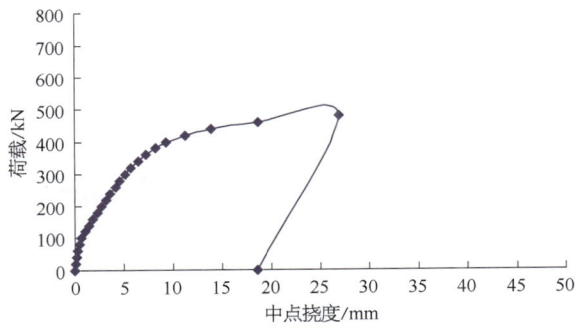

图7-311 FT4-1B荷载-挠度曲线

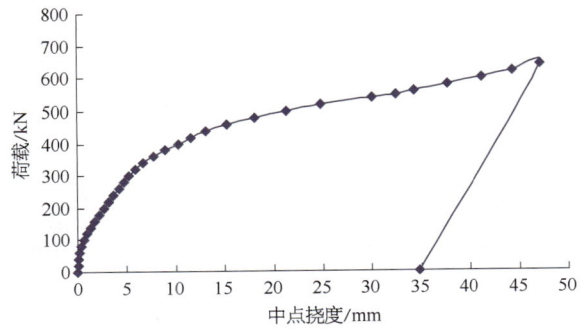

图7-312 FT4-2荷载-挠度曲线

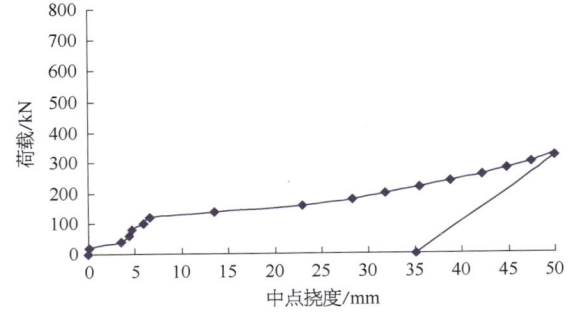

图7-313 FT4-3荷载-挠度曲线

(4) 挠度对比。

图 7-314～图 7-319 给出了反方向加载试件 FT4 系列 2、3 号测点在达到峰值荷载前的挠度变化关系。从图中可以看出，在相同荷载作用下，x 方向的挠度值普遍大于 y 方向的挠度值，说明开裂后沿开孔钢板方向的刚度大于垂直开孔钢板方向的刚度。

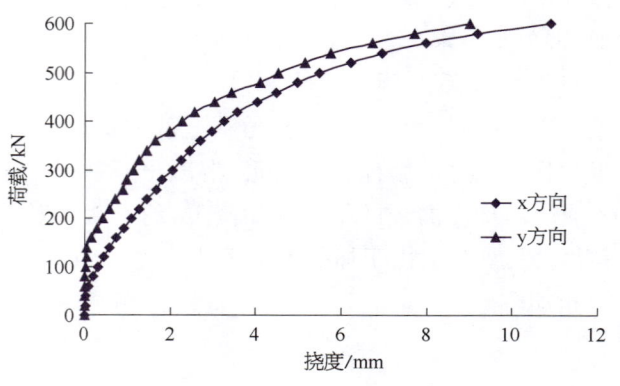

图 7-314　FT4-0A 两方向挠度对比

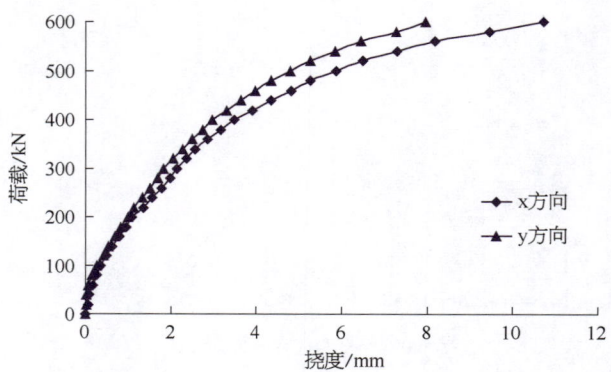

图 7-315　FT4-0B 两方向挠度对比

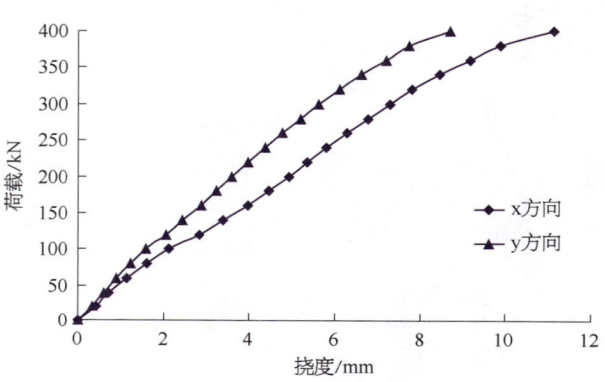

图 7-316　FT4-1A 两方向挠度对比

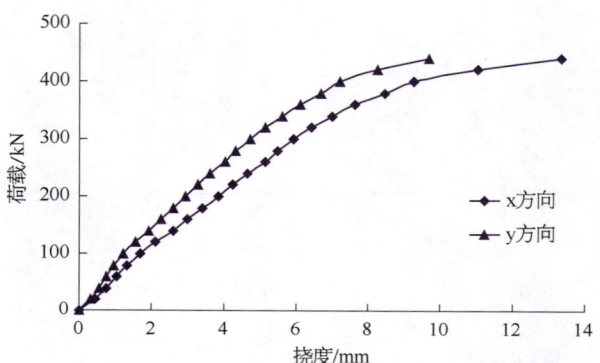

图 7-317　FT4-1B 两方向挠度对比

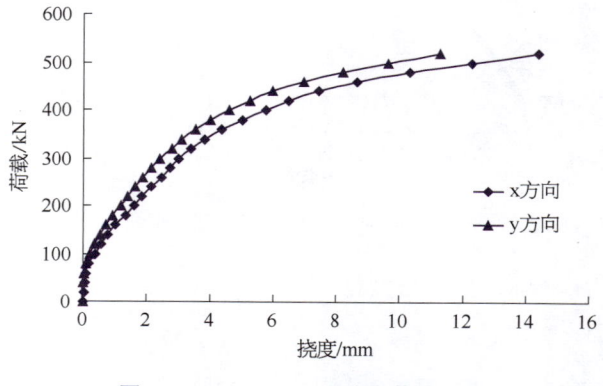

图 7-318　FT4-2 两方向挠度对比

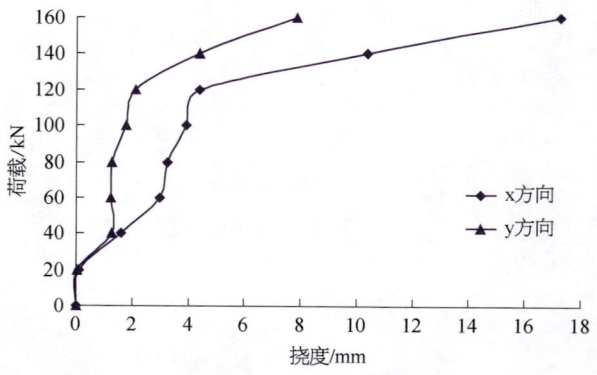

图 7-319　FT4-3 两方向挠度对比

(5) 荷载-底钢板应变。

反向加载的试件 FT4-0～FT4-3 底钢板表面 x 方向的荷载-应变曲线如图 7-320～图 7-325 所示。

反向加载的试件 FT4-0～FT4-3 底钢板表面 y 方向的荷载-应变曲线如图 7-326～图 7-331 所示。

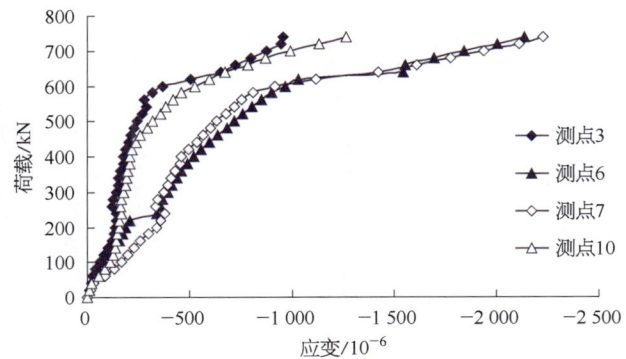

图 7-320　FT4-0A 底钢板荷载-ε_x 曲线

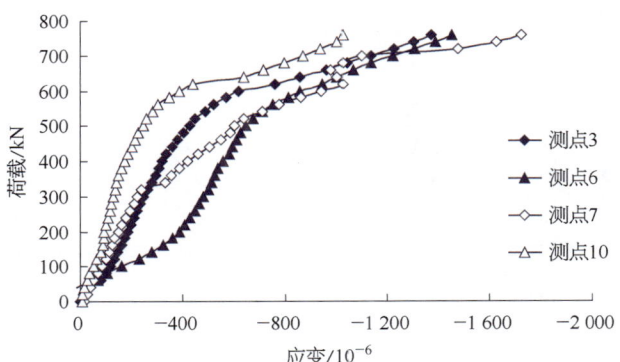

图 7-321　FT4-0B 底钢板荷载-ε_x 曲线

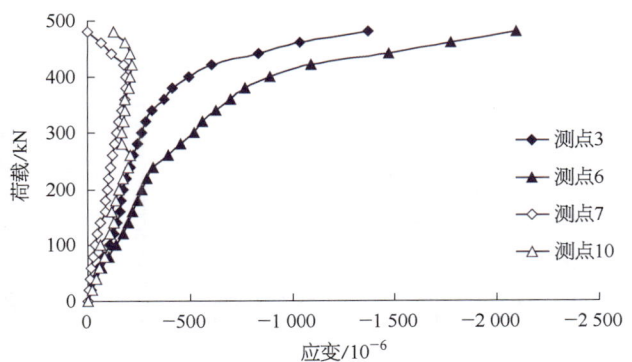

图 7-322　FT4-1A 底钢板荷载-ε_x 曲线

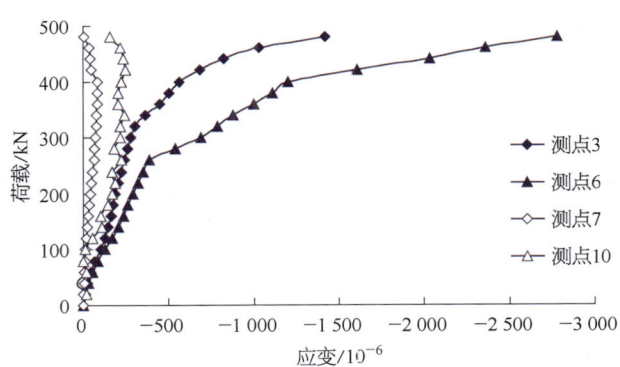

图 7-323　FT4-1B 底钢板荷载-ε_x 曲线

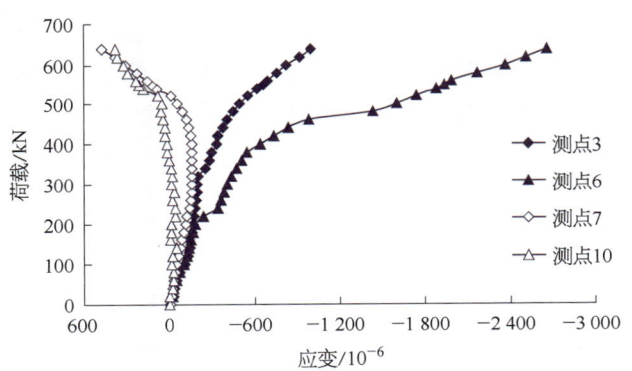

图 7-324　FT4-2 底钢板荷载-ε_x 曲线

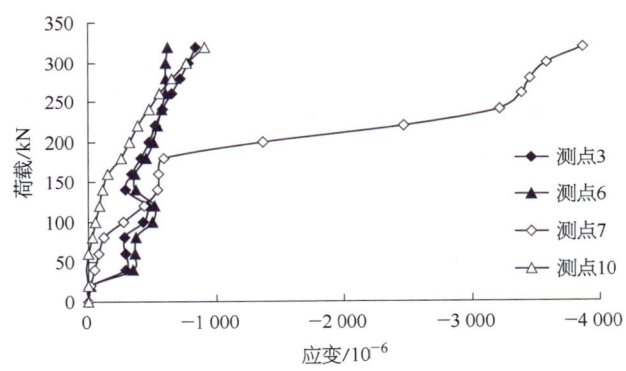

图 7-325　FT4-3 底钢板荷载-ε_x 曲线

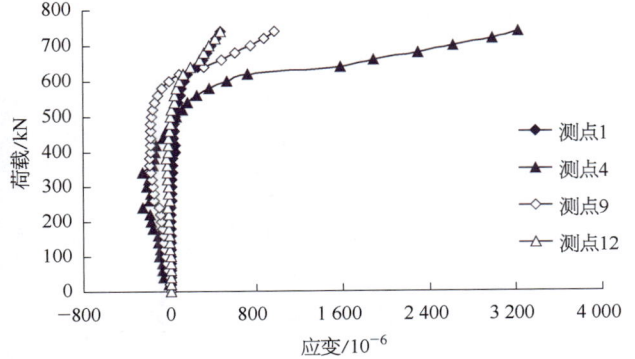

图 7-326　FT4-0A 底钢板荷载-ε_y 曲线

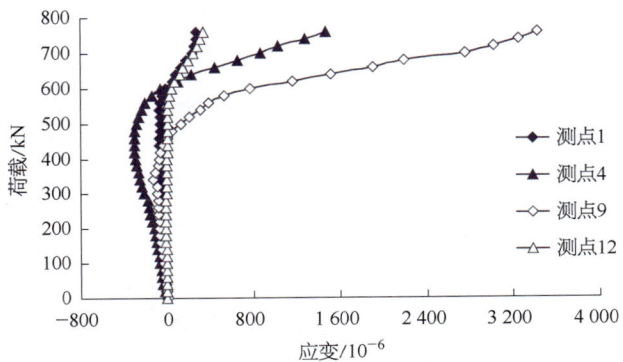

图 7-327　FT4-0B 底钢板荷载-ε_y 曲线

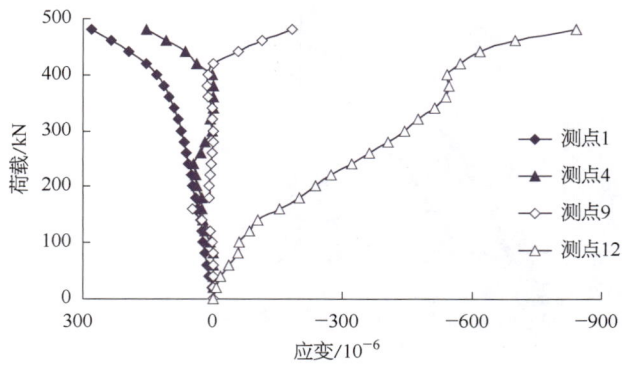

图 7-328　FT4-1A 底钢板荷载-ε_y 曲线

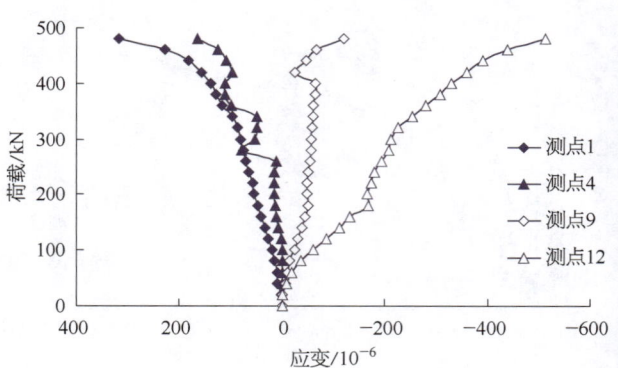

图 7-329　FT4-1B 底钢板荷载-ε_y 曲线

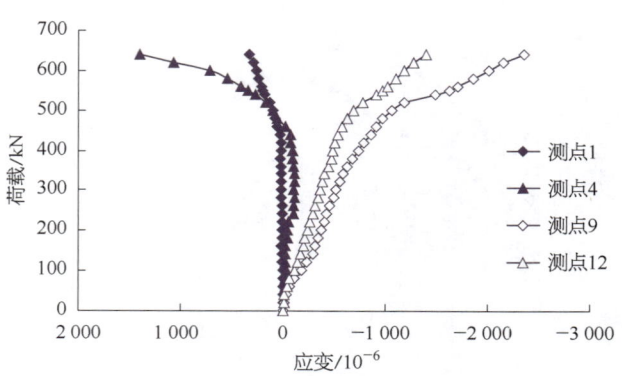

图 7-330　FT4-2 底钢板荷载-ε_y 曲线

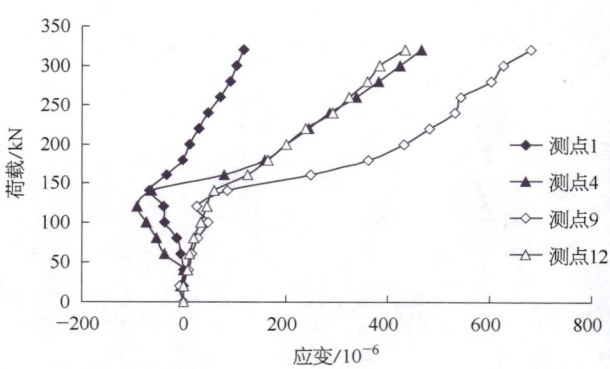

图 7-331　FT4-3 底钢板荷载-ε_y 曲线

(6) 裂缝分布情况

反向集中加载的试件 FT4-0～FT4-3，裂缝分布如图 7-332～图 7-337 所示。从图中可以看出，试件 FT4-0 和 FT4-2 在极限破坏状态时的裂缝分布形态基本一致。在加载初期，在板底的中部出现沿开孔钢板方向的裂缝。随着荷载的增加，混

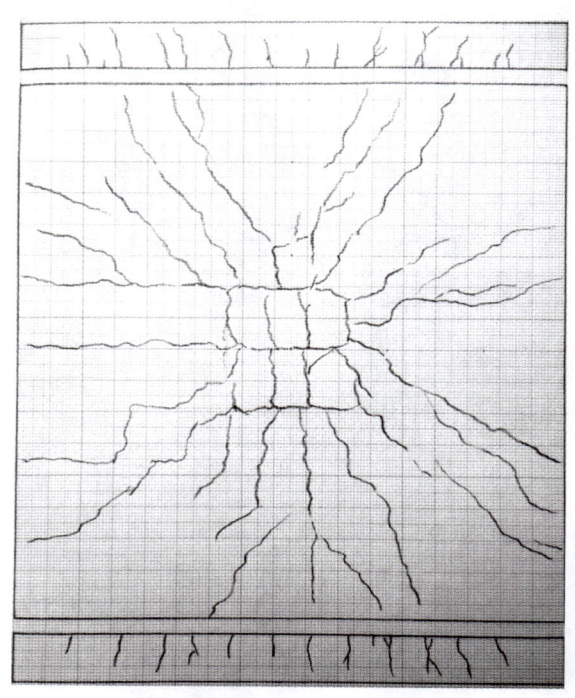

图 7-332　FT4-0A 混凝土裂缝分布

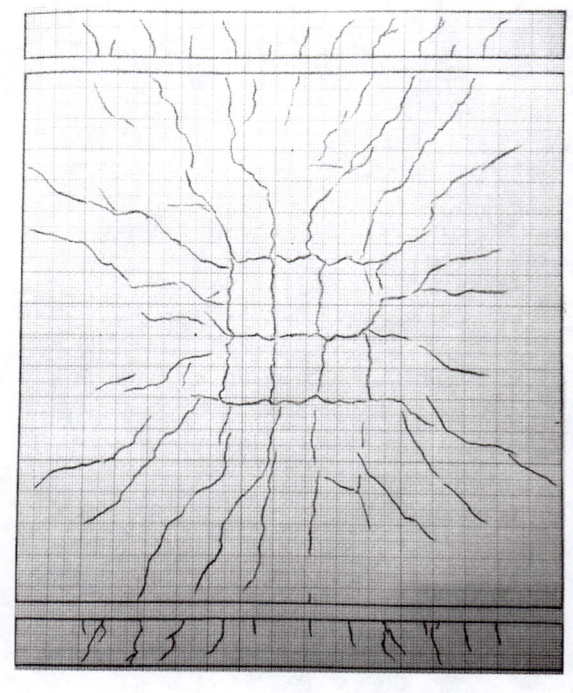

图 7-333　FT4-0B 混凝土裂缝分布

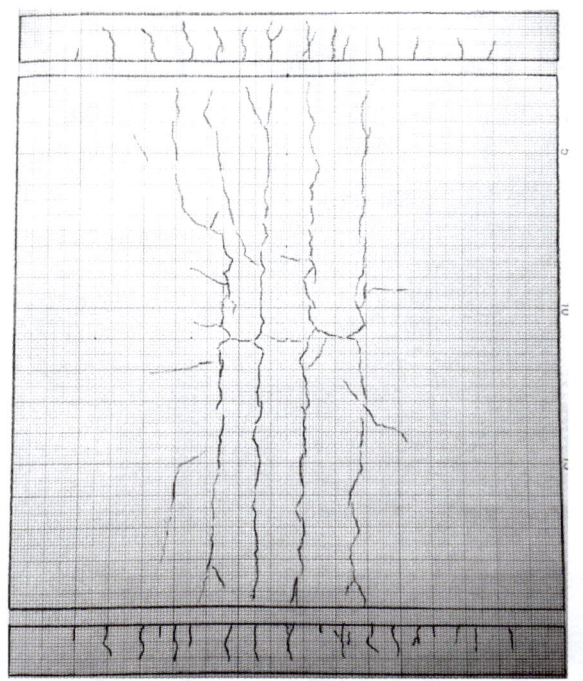

图 7-334　FT4-1A 混凝土裂缝分布

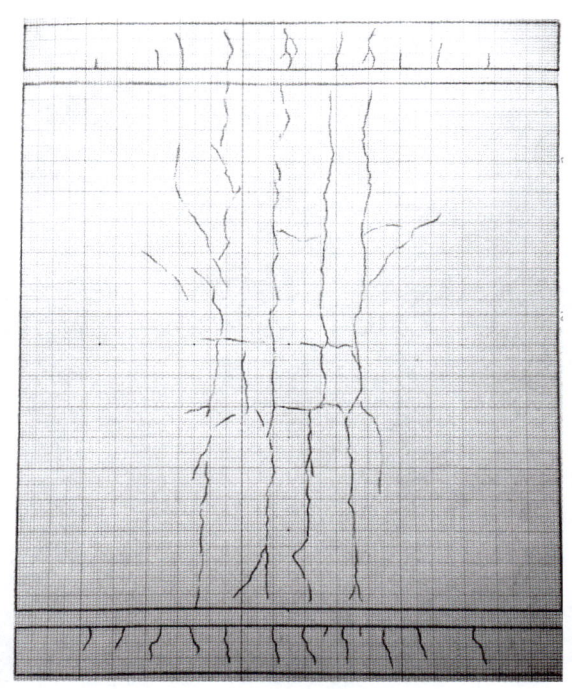

图 7-335　FT4-1B 混凝土裂缝分布

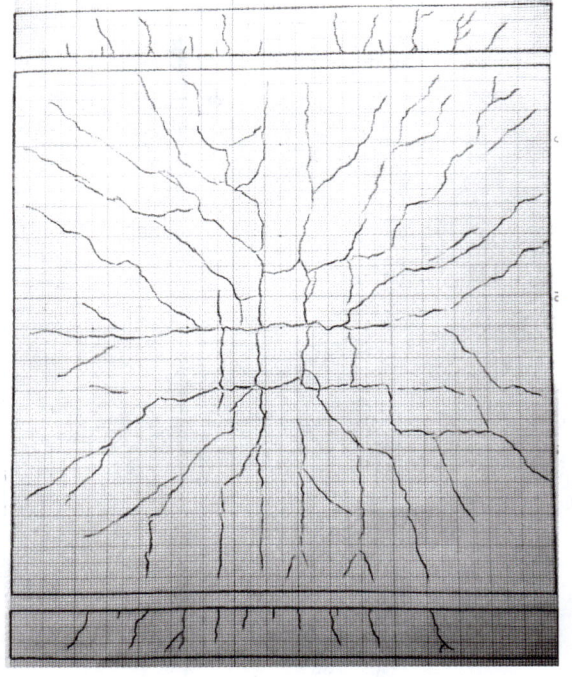

图 7-336　FT4-2 混凝土裂缝分布

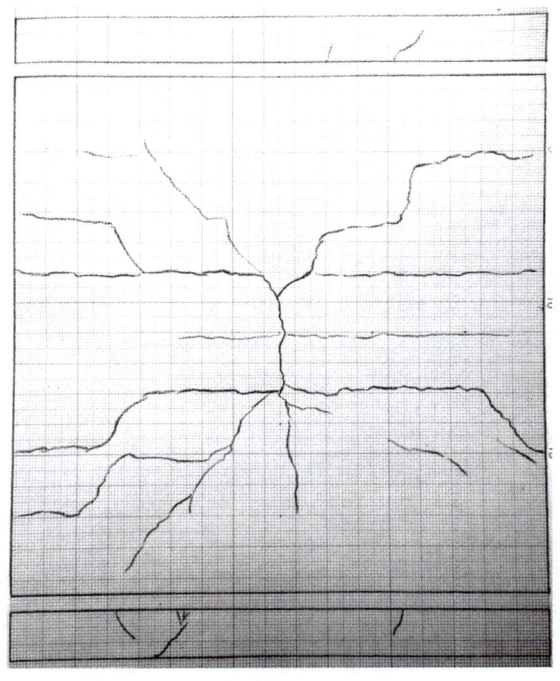

图 7-337　FT4-3 混凝土裂缝分布

凝土板在该方向逐步形成 3 条互相平行的主裂缝。同时在垂直于开孔钢板方向的板底中部出现 4~5 条主裂缝，与之形成裂缝网格后，逐步向四条边扩展。随后裂缝扩展到了混凝土四边，在侧面也能观察到裂缝的出现。荷载继续增加，主裂缝逐步加宽，并在其周围出现衍生裂缝，使裂缝网更密。各个方

向均有 3~4 条裂缝呈斜向放射状延伸至板角。试件 FT4-1 由于是两边支撑，裂缝主要出现在垂直于支撑方向，在板中部出现 4~5 条主裂缝，一直延伸至板的两边。外侧的裂缝随荷载的增加向边角扩展。在加载后期，板侧面的裂缝基本上延伸至板顶部。试件 FT4-3 由于未配置体内钢筋，随荷载的

增加裂缝扩展很快,并迅速加宽。

3) 小结

(1) 正向集中加载的钢-混凝土组合双向板具有较高的承载能力,在加载点附近混凝土局部冲切破坏后,试件仍然可以继续承载,其中试件 FT3-4 的极限承载能力还略有提高。

(2) 正向集中加载的钢-混凝土组合双向板试件的荷载-挠度曲线大致为双折线型,在底板钢板屈服后挠度增长开始加快,之后曲线出现明显转折点,混凝土破坏后曲线没有明显下降,整体抗弯刚度较高。

(3) 从应变在两个方向的分配规律可知,钢-混凝土双向组合板在加载过程中具有明显的双向受力特征。在本节试验中,平行于开孔钢板布置方向为主要受力方向,分配到的弯矩值约为垂直于开孔钢板布置方向的 1.5 倍,这与两个方向的刚度比有一定关系。

(4) 反向集中加载的钢-混凝土组合双向板,其承载能力与底部钢筋的布置形式有密切关系。在两个方向均设置体内受拉钢筋的试件承载能力最大,未设置钢筋的试件不仅承载能力最低而且刚度较小。

(5) 从反向集中加载的钢-混凝土组合双向板的荷载-挠度曲线可以看出,在混凝土开裂后刚度出现降低,但曲线未出现明显转折,说明试件在加载过程中刚度变化较为平缓。在钢筋屈服后,依靠中性轴高度的上升,仍然可以继续承载,具有较大的安全储备。

(6) 从底部混凝土裂缝的发展规律可以看出,在集中荷载作用下,板中部裂缝呈近似矩形网格分布,向四边扩展的过程中逐步斜向四个角部。两边支撑的组合板试件也具有双向板的受力特点。

7.2.4 有限元对比分析

7.2.4.1 计算模型

1) 单元选择

(1) 钢材壳单元。

底钢板与开孔钢板剪力连接件采用减缩积分格式的四节点壳单元 S4R,S4R 单元允许沿厚度方向发生剪切变形,随厚度的变化,求解方式会自动服从厚壳理论或者薄壳理论。在板壳分析中,当厚度较小时会出现剪切自锁(shear locking)现象,不能对单元刚度矩阵进行精确积分,S4R 单元采用减缩积分的方式,可以保证有限元求解方程刚度矩阵的奇异性,从而避免剪切自锁现象的发生。S4R 单元中唯一的积分点位置和沿壳厚度方向上截面点的分布如图 7-338 所示。

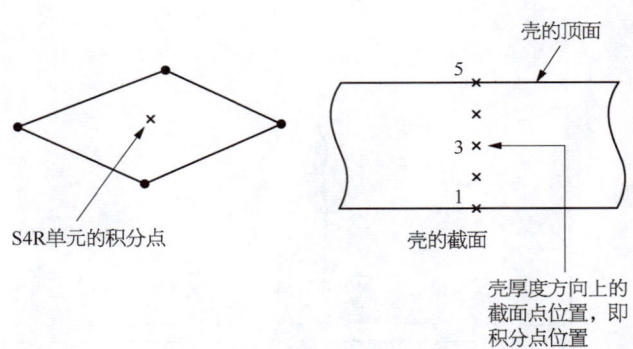

图 7-338 S4R 单元积分点和截面点分布示意图

(2) 混凝土实体单元。

从计算精度以及计算时间经济性角度考虑,混凝土采用减缩积分格式的八节点三维实体单元 C3D8R(图 7-339)。C3D8R 单元相比其他高次等参单元计算精度稍低,但却减少了很多自由度,因此能够大大节省计算时间。通过试算比较,在满足单元网格划分精度要求的前提下,C3D8R 单元的计算结果与高次的差别不明显。

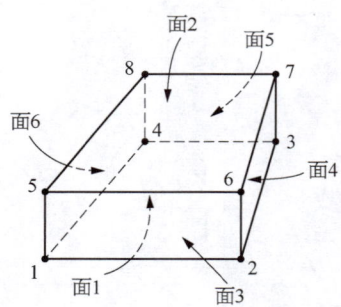

图 7-339 混凝土实体单元

(3) 钢筋桁架单元。

贯穿钢筋与分布钢筋采用两节点三维桁架单元 T3D2。

2) 本构关系

本节进行钢-混凝土组合桥面板受力行为的有限元分析时,采用 ABAQUS 提供的混凝土塑性损伤模型。钢筋和钢板采用两折现模型。判断钢材在多轴应力状态下是否达到屈服时,文中采用了 Von Mises 屈服准则。

Von Mises 屈服准则适用于金属材料,屈服面方程如下:

$$F = \sqrt{3J_2} - H(\int d\varepsilon_i^p) = \frac{1}{\sqrt{2}}\sqrt{(\sigma_1-\sigma_2)^2+(\sigma_2-\sigma_3)^2+(\sigma_3-\sigma_1)^2} - \sigma_e = 0$$

式中 σ_1、σ_2、σ_3——三个主应力。

在屈服面内,钢材为线弹性材料,屈服面即为材料的弹性区域边界。当钢材的等效应力 σ_e 超过屈服应力 f_y,钢材将会发生塑性变形。

3) 钢与混凝土界面模拟

钢与混凝土间的界面问题相对复杂,不仅与材料本身性质有关,还与界面的光滑程度、荷载性质等因素有关。一旦钢与混凝土界面出现掀起、脱离或较大相对滑动,结构就可能早于设计强度而发生破坏或出现过大变形。如何精确地模拟钢-混凝土界面成为关键问题。对钢-混凝土组合结构,通常采用平面分析的假设来考虑界面的黏结滑移问题;另一种是采用接触模拟,考虑钢与混凝土间的摩擦效应。

这里采用第一种方式来模拟钢与混凝土的界面特征。钢与混凝土的界面模型由法线方向的接触和切线方向的黏结滑移组成。钢板与混凝土界面法线方向的接触模拟采用硬接触:互相接触的单元传递界面接触压力 p,并且垂直于接触面的压力可完全在界面传递。界面切线方向的黏结滑移模拟采用库仑摩擦模型。

4) 混凝土中的钢筋模拟

ABAQUS 中的 *EMBEDDED ELEMENT 选项,可在主体单元中定义嵌入单元,用来模拟混凝土中的贯穿钢筋和分布钢筋。定义嵌入单元之后,ABAQUS 在计算时将自动分析嵌入单元节点和主体单元节点的几何相对关系。若嵌入单元的某一节点位于主体单元内部,该节点的自由度将被约束,即成为主体单元的嵌入节点。

5) 网格划分

根据上述的单元类型,建立了钢-混凝土组合桥面板的实体模型,模型尺寸与试件完全相同。采用有限元计算分析,首先需对模型进行离散化。所谓离散化就是通过网格划分技术把模型划分为多个结点相连的单元体,成为离散结构物。而网格划分密度对有限元计算精度至关重要,若网格过于粗糙,计算结果可能精度降低甚至会出现错误;若网格过于细致,将耗费过多的计算时间,且浪费计算机资源。因此,在网格划分时应确定合理的网格密度。

本节在建模完成后,首先进行了一个较为合理的网格划分,得到初始分析结果,再利用两倍的网格划分方案重新分析并与初始分析结果比较,若二者差别较小,则表示网格密度足够,否则需进一步细化网格大小,直至划分网格密度能够得到近似相等的计算分析结果,混凝土和钢板的有限元网格划分如图 7-340、图 7-341 所示。

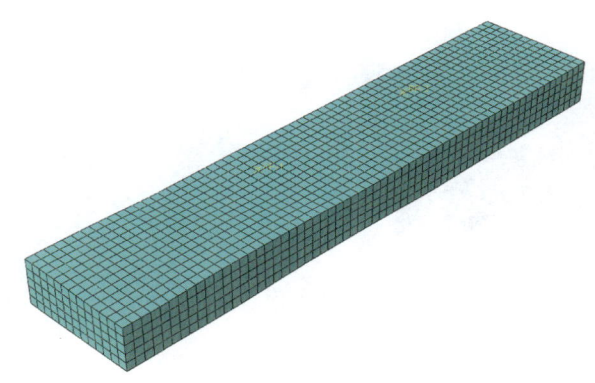

图 7-340 混凝土计算模型

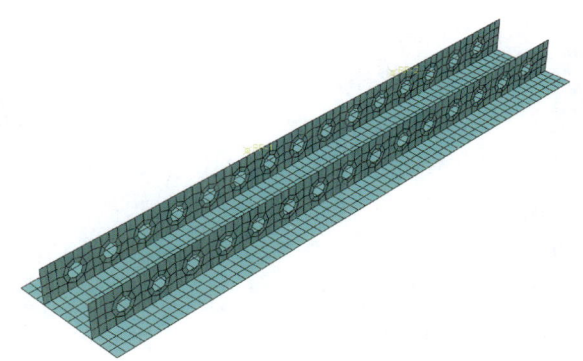

图 7-341 底钢板和开孔钢板计算模型

6) 加载边界条件

单向板的有限元模型与试验构件的尺寸和边界条件完全一致,如图 7-342 所示。为防止应力集中,在加载点和约束边界上增设刚性垫板。为了节约计算时间,提高计算效率,利用双向板的对称性,其有限元模型仅建立 1/4,如图 7-343 所示,在两个对称面上施加对应的面对称约束，其余边界条件和单向板一致。文中所建立的有限元模型采用位移加载方式，具体为在加载点位置的刚性垫板上表面施加竖直向下的位移约束。

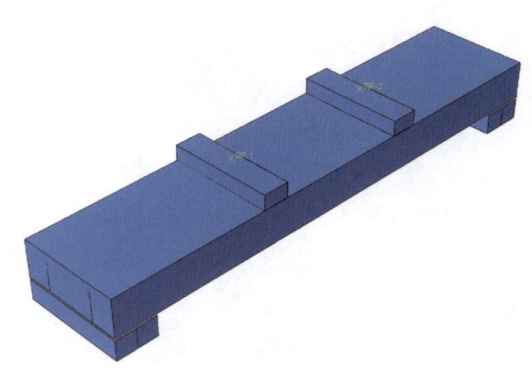

图7-342 单向板建模示意图

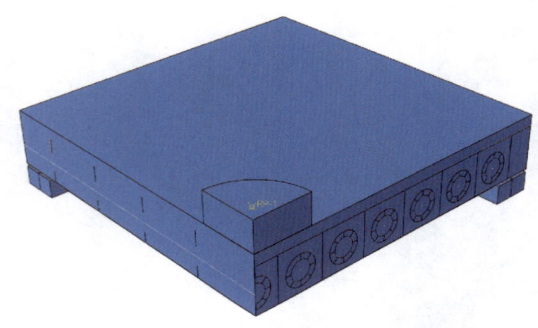

图7-343 双向板建模示意图

7.2.4.2 计算结果对比

1) 特征荷载比较

承受正弯矩作用的单向板试件FT1系列的峰值荷载对比结果见表7-63。正向集中加载的双向板试件FT3系列的峰值荷载对比结果见表7-64。由于编号为FT1-0的试件制作了3组，试验中的编号以小标A、B和C区分，计入表格中的试验值为3个试件试验结果的平均值，其余同一编号制作多组的情况也遵循此规定。对于承受负弯矩作用的单向板试件FT2系列和反向集中加载的双向板试件FT4系列，在试验中以位移作为破坏的控制标准，随位移的增长荷载持续增加，峰值荷载一般出现在卸载的前一级，无实际参考价值。因此对于FT2对比其跨中挠度达到$L/200$时的荷载值，FT4对比其中点挠度达到$L/200$时的荷载值（L为计算跨度），其荷载值见表7-65、表7-66。

表7-63 FT1峰值荷载比较　　单位：kN

编号	试验值	计算值	计算值/试验值
FT1-0	473	505	1.07
FT1-1	317	304	0.96
FT1-2	260	408	1.57
FT1-3	368	346	0.94
FT1-4	420	323	0.77
FT1-5	473	505	1.07
均值	—	—	1.05

表7-64 FT3峰值荷载比较　　单位：kN

编号	试验值	计算值	计算值/试验值
FT3-0	1575	1648	1.05
FT3-1	1430	1375	0.96
FT3-2	1250	1293	1.03
FT3-3	1375	1385	1.01
FT3-4	1875	1611	0.86
FT3-5	1020	1069	1.05
均值	—	—	0.99

表7-65 FT2特征荷载比较　　单位：kN

编号	试验值	计算值	计算值/试验值
FT2-0	122	149	1.22
FT2-1	164	179	1.09
FT2-2	65	84	1.29
FT2-3	64	76	1.19
均值	—	—	1.20

表7-66 FT4特征荷载比较　　单位：kN

编号	试验值	计算值	计算值/试验值
FT4-0	431	565	1.38
FT4-1	363	447	1.23
FT4-2	364	477	1.31
FT4-3	124	235	1.89
均值	—	—	1.45

2) 挠度比较

钢-混凝土组合板试件的荷载-挠度曲线计算值与试验值的对比情况如图7-344～图7-363所示。从图中可以看出，计算值与试验值变化趋势基本一致，曲线同样经历了弹性变形阶段、弹塑性发展阶段、屈服过程及塑性阶段，其中以 FT1 系列的弯曲破坏试件和正向加载的 FT3 系列的吻合程度最好，进一步说明了本节建立的有限元非线性仿真分析模型对于正向抗弯试件的力学性能模拟的合理性，数值分析结果可以较全面地反映带开孔钢板剪力连接件的钢-混凝土组合桥面板的抗弯力学性能，满足本节对其抗弯性能的分析。另一方面，对于 FT2 和 FT4 系列的模拟精确程度相对较低，表现为计算的试件刚度偏大及承载能力偏高。分析原因可知，ABAQUS 中的有限元单元均为理想的均匀、各向同性单元，而实际试件的材料组成复杂，混凝土本身就是由水泥、碎石、沙粒等多种材料构成，钢板中也存在不同程度的初始缺陷。这些初始缺陷可能造成试件在加载过程中的提前破坏，例如混凝土的开裂、钢板与混凝土的滑移、变形曲率的不规则增大等，从而导致数值计算的曲线在上升段斜率偏大，即刚度偏大。

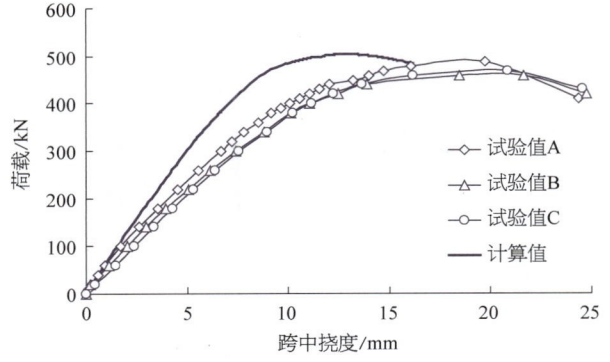

图 7-344　FT1-0 荷载-挠度曲线比较

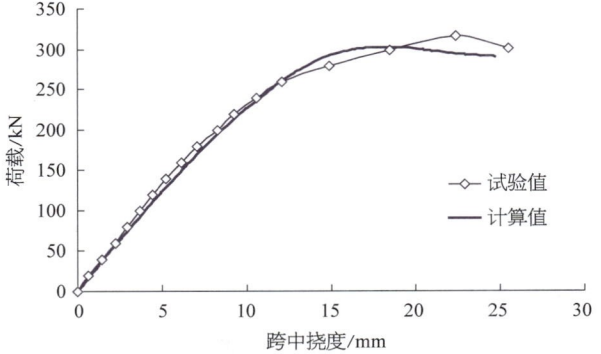

图 7-345　FT1-1 荷载-挠度曲线比较

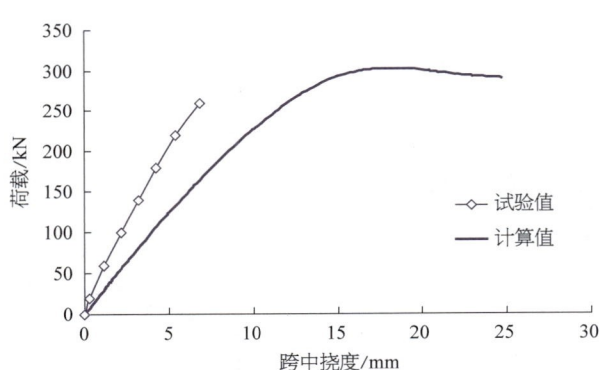

图 7-346　FT1-2 荷载-挠度曲线比较

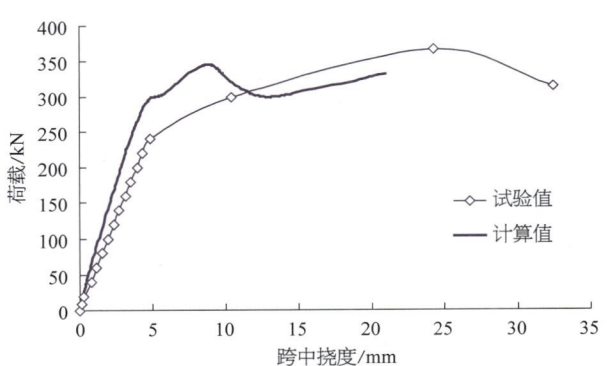

图 7-347　FT1-3 荷载-挠度曲线比较

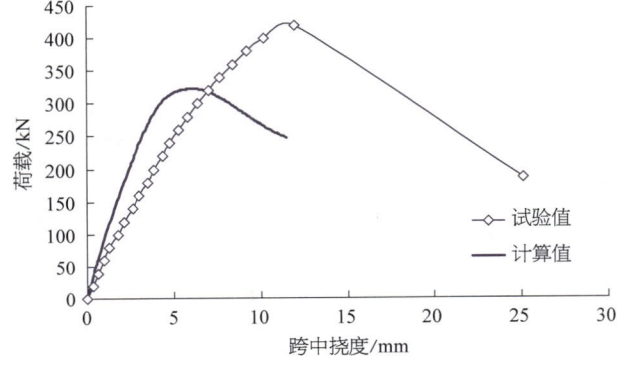

图 7-348　FT1-4 荷载-挠度曲线比较

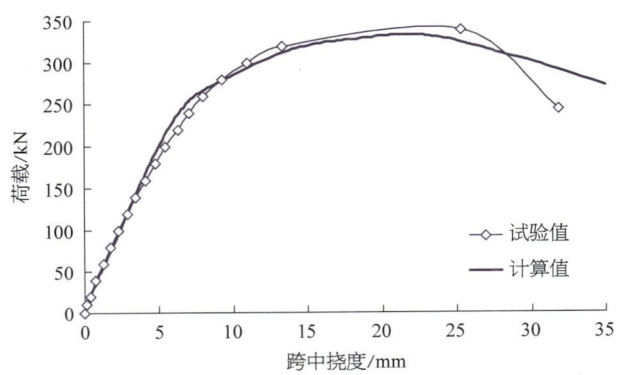

图 7-349　FT1-5 荷载-挠度曲线比较

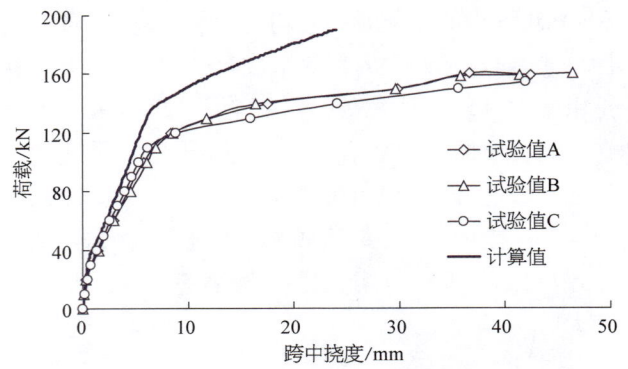

图 7-350　FT2-0 荷载-挠度曲线比较

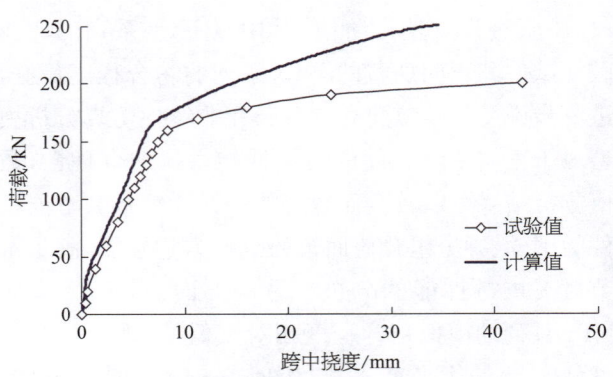

图 7-351　FT2-1 荷载-挠度曲线比较

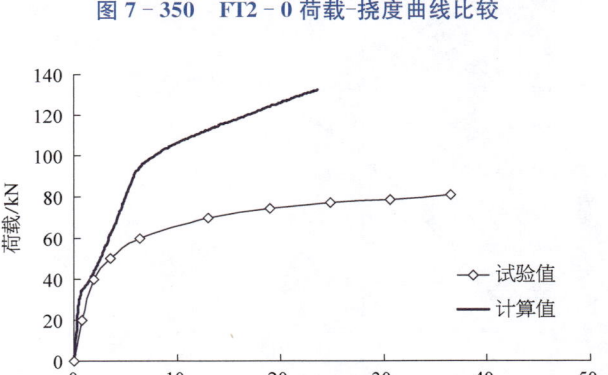

图 7-352　FT2-2 荷载-挠度曲线比较

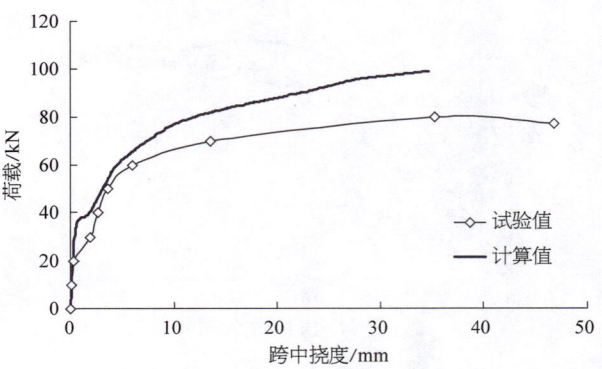

图 7-353　FT2-3 荷载-挠度曲线比较

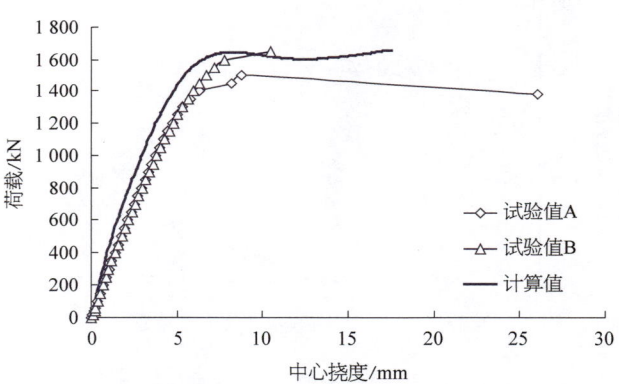

图 7-354　FT3-0 荷载-挠度曲线比较

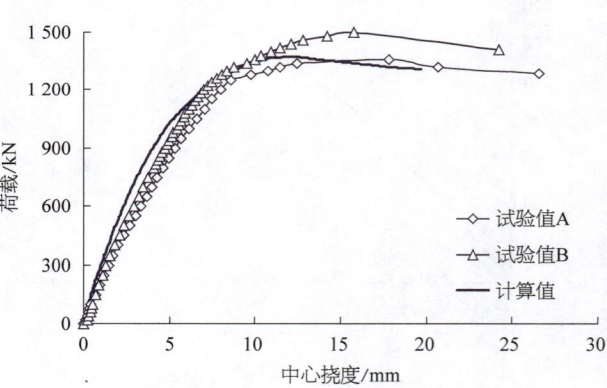

图 7-355　FT3-1 荷载-挠度曲线比较

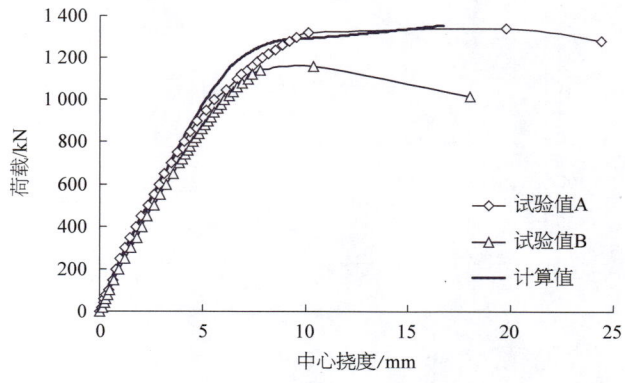

图 7-356　FT3-2 荷载-挠度曲线比较

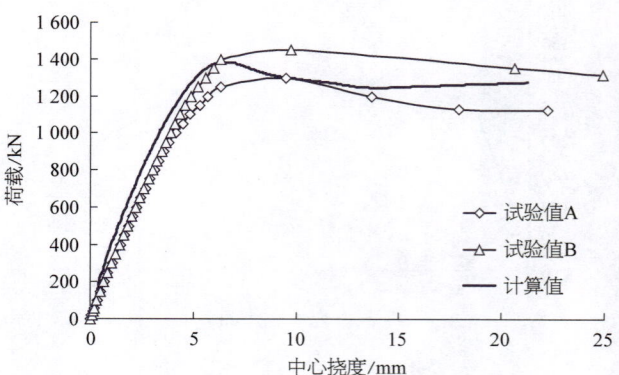

图 7-357　FT3-3 荷载-挠度曲线比较

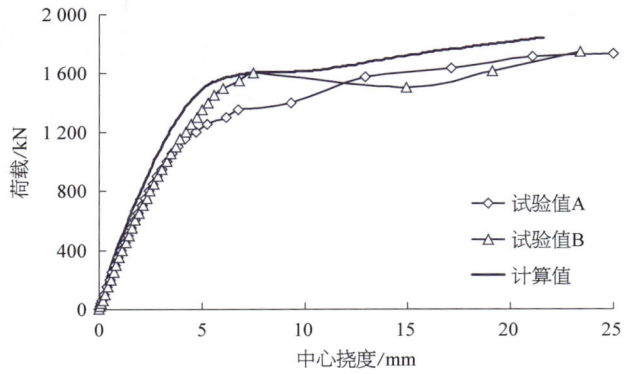

图 7-358　FT3-4 荷载-挠度曲线比较

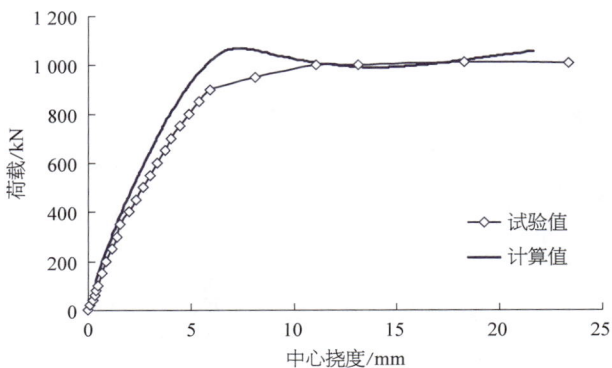

图 7-359　FT3-5 荷载-挠度曲线比较

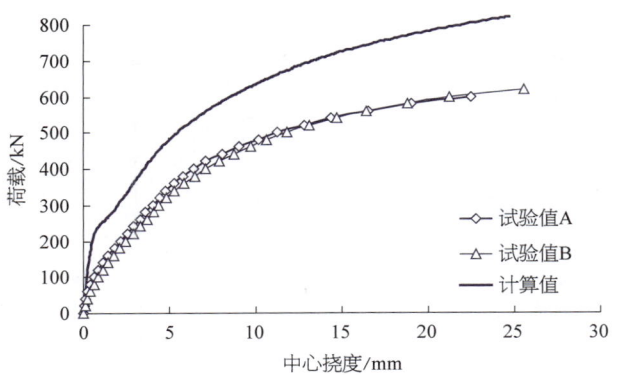

图 7-360　FT4-0 荷载-挠度曲线比较

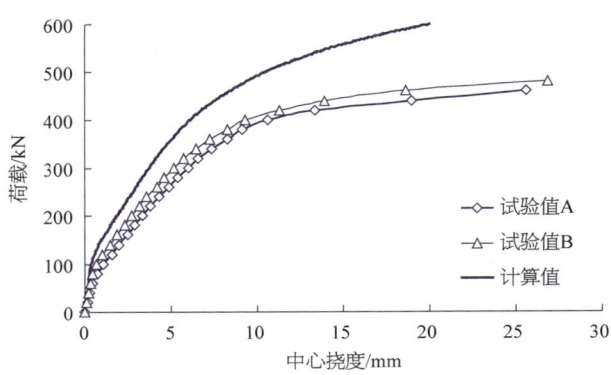

图 7-361　FT4-1 荷载-挠度曲线比较

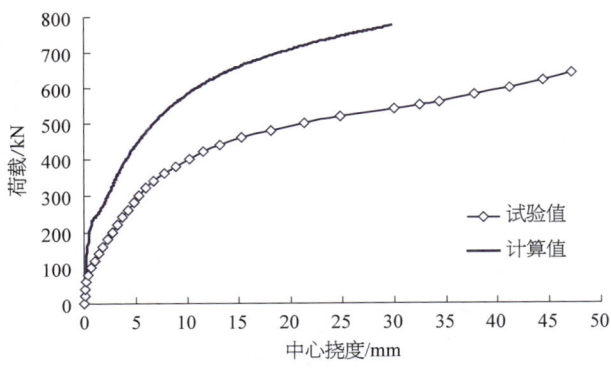

图 7-362　FT4-2 荷载-挠度曲线比较

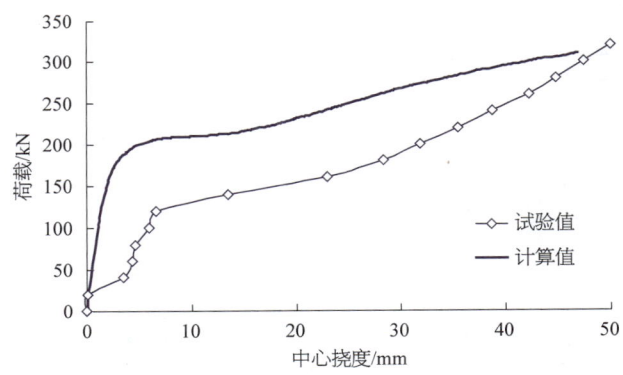

图 7-363　FT4-3 荷载-挠度曲线比较

3) 应变比较

图 7-364～图 7-373 给出了单向板 FT1 和 FT2 系列跨中钢板应变随荷载变化的对比结果，图 7-374～图 7-379 给出了 FT3 系列中心钢板最大主应变随荷载变化的对比结果，图 7-380～图 7-383 给出了 FT4 系列距钢板中心 x 方向 350 mm 处的最大主应变随荷载变化的对比结果。从图中可以看出，曲线的变化规律基本一致。说明有限元仿真模拟分析可以较准确地反映钢-混凝土组合板的应力分布规律。但个别试件（例如 FT4-3）的模拟结果不甚理想，分析原因可知，试验中的应变测点为钢板的某一区域的应变，与应变片本身的尺寸有关，而有限元仿真模拟的计算结果则是人为划分的一个单元的综合应变值，与划分单元的大小有关。建模时在保证精度的前提下，为提高计算效率，网格划分尽量偏大，本节的平均网格边长为 3 cm，而钢板上粘贴的应变片尺寸不足 1 cm，可视为一个点。所以，只有划分的单元尺寸不断缩小，二者的差距才会不断减小。

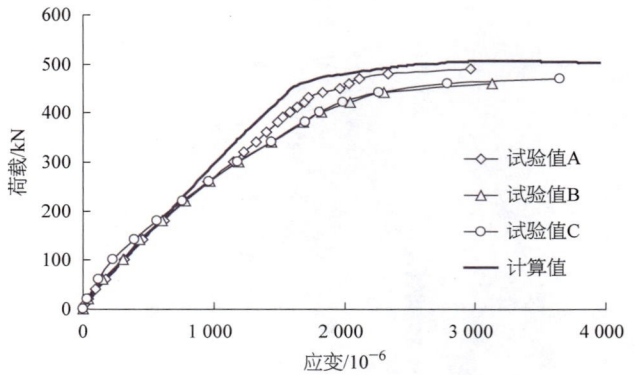

图 7-364　FT1-0 跨中钢板应变比较

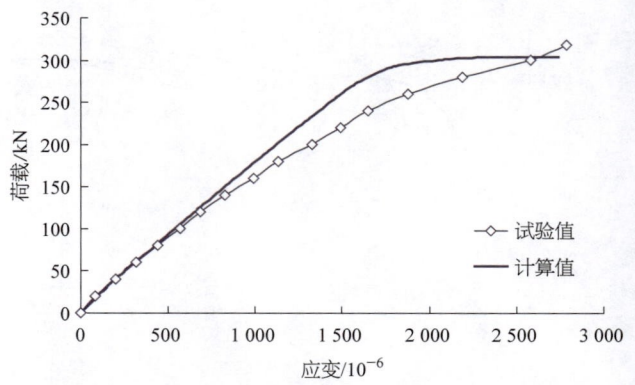

图 7-365　FT1-1 跨中钢板应变比较

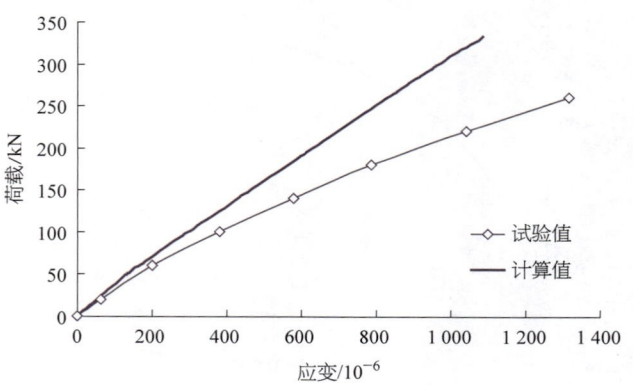

图 7-366　FT1-2 跨中钢板应变比较

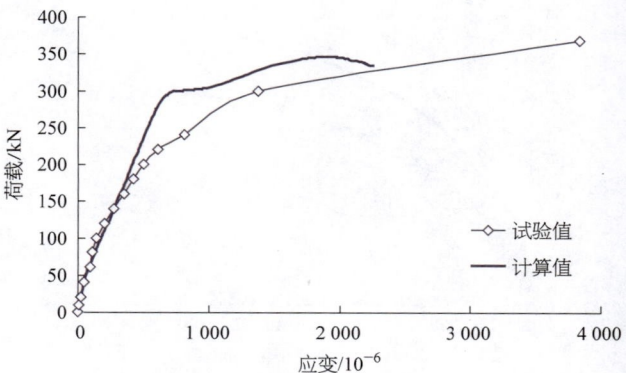

图 7-367　FT1-3 跨中钢板应变比较

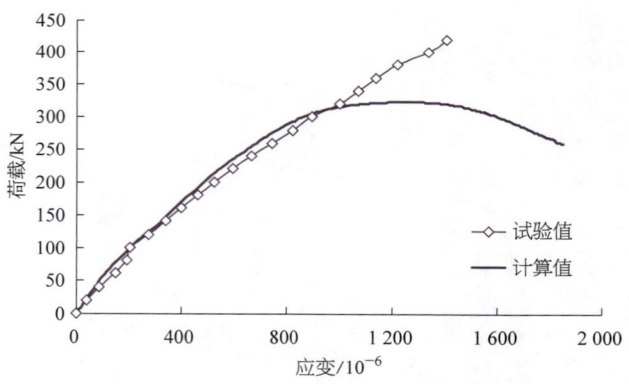

图 7-368　FT1-4 跨中钢板应变比较

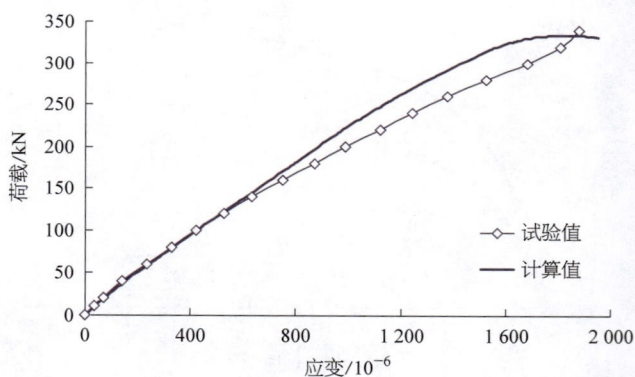

图 7-369　FT1-5 跨中钢板应变比较

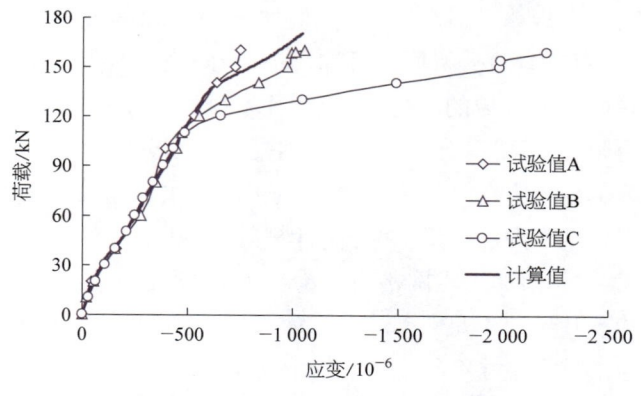

图 7-370　FT2-0 跨中钢板应变比较

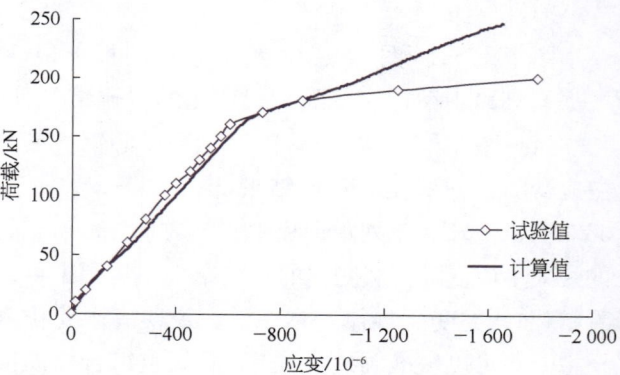

图 7-371　FT2-1 跨中钢板应变比较

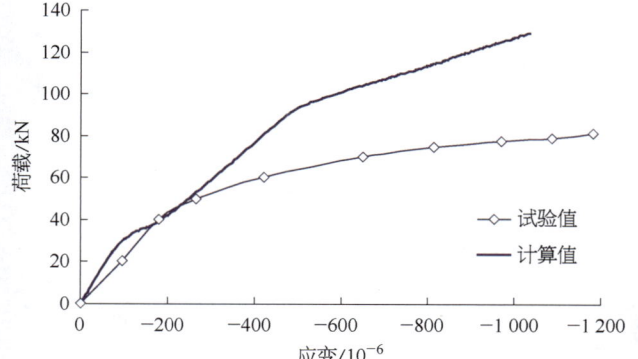

图7-372　FT2-2跨中钢板应变比较

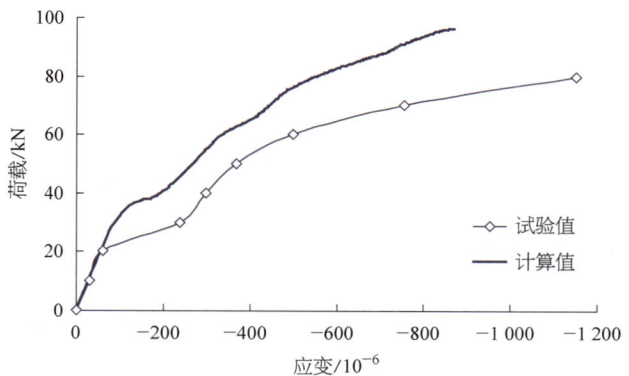

图7-373　FT2-3跨中钢板应变比较

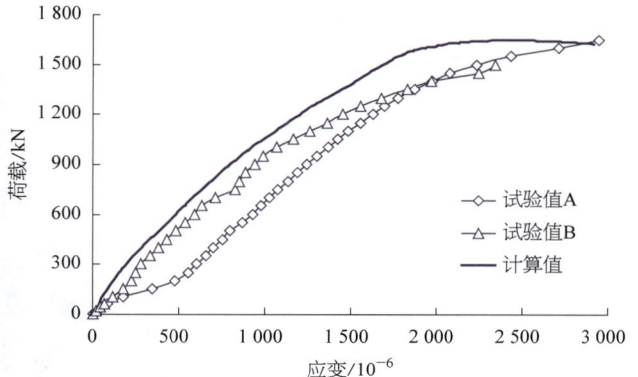

图7-374　FT3-0钢板中心最大主应变比较

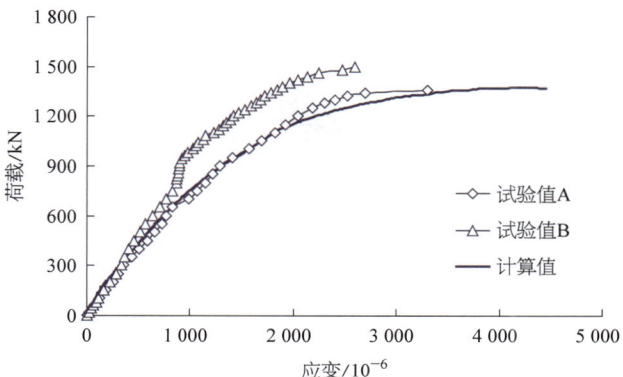

图7-375　FT3-1钢板中心最大主应变比较

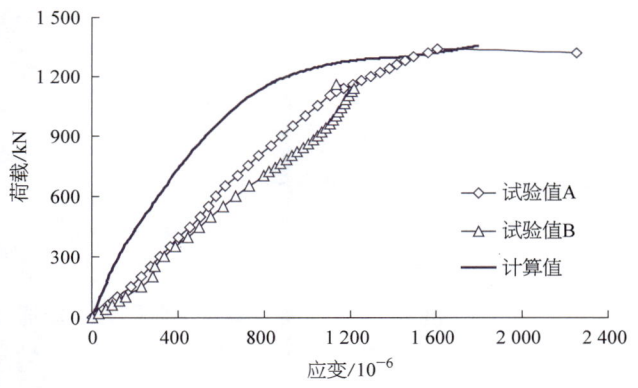

图7-376　FT3-2钢板中心最大主应变比较

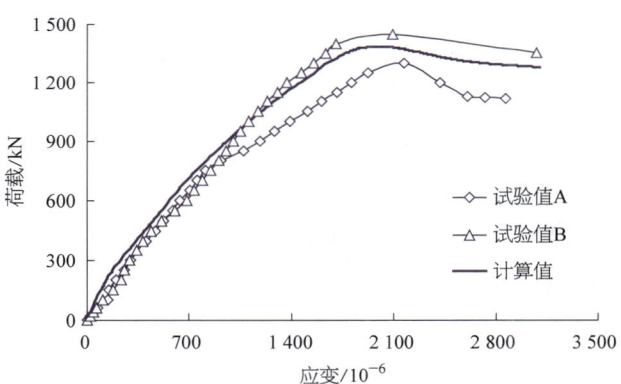

图7-377　FT3-3钢板中心最大主应变比较

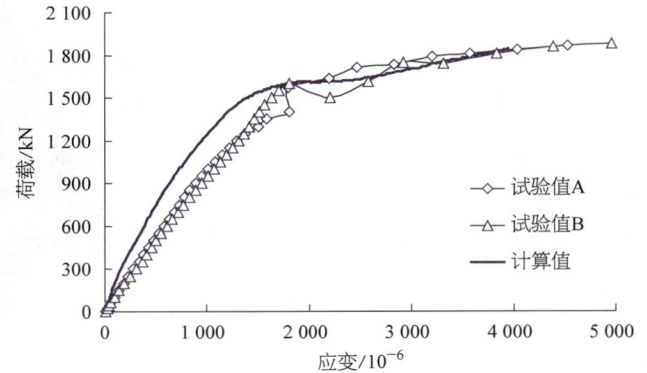

图7-378　FT3-4钢板中心最大主应变比较

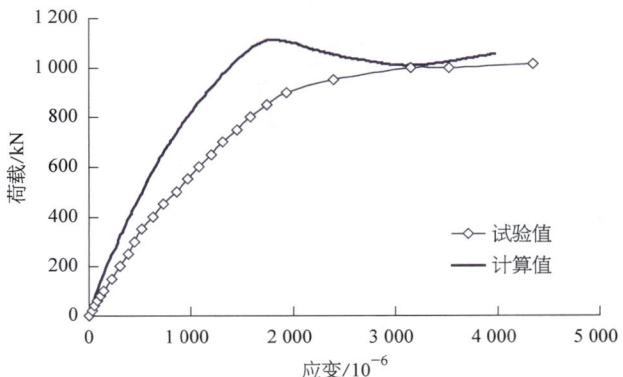

图7-379　FT3-5钢板中心最大主应变比较

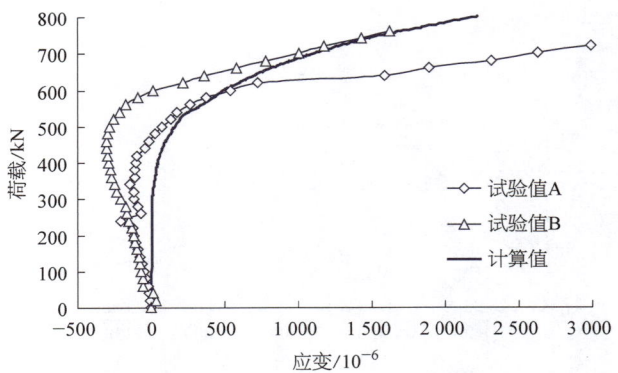

图 7-380　FT4-0 距钢板中心 x 方向 300 mm 处最大主应变比较

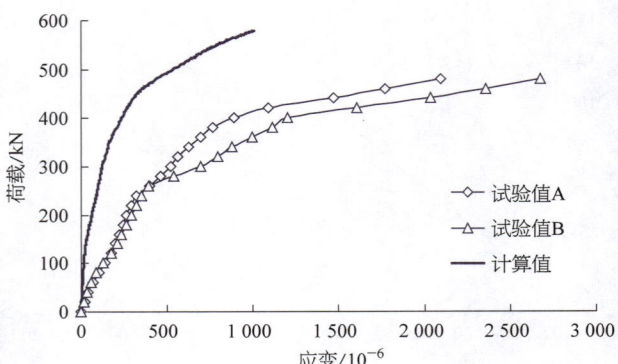

图 7-381　FT4-1 距钢板中心 x 方向 300 mm 处最大主应变比较

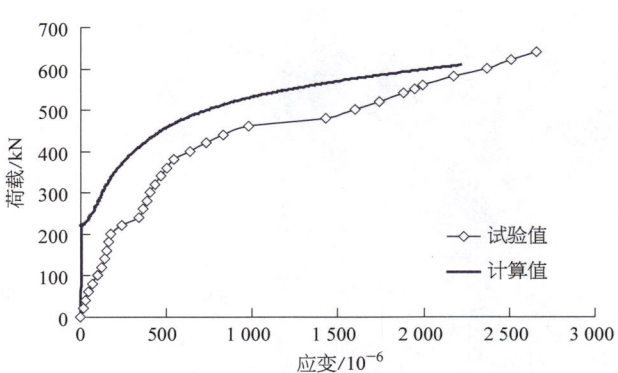

图 7-382　FT4-2 距钢板中心 x 方向 300 mm 处最大主应变比较

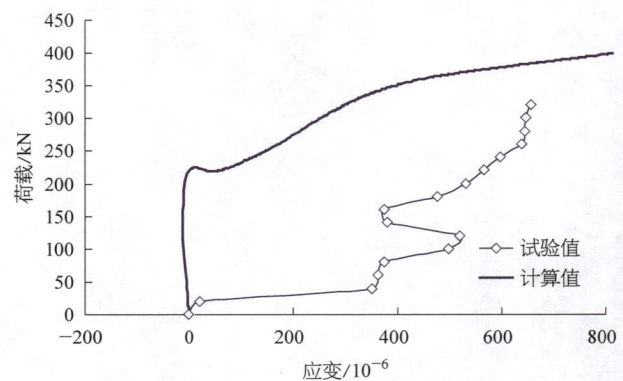

图 7-383　FT4-3 距钢板中心 x 方向 300 mm 处最大主应变比较

7.2.4.3　与钢筋混凝土板对比

1) 模型建立

利用 ABAQUS 有限元程序建立与试验构件相同材料参数、相同尺寸和配筋率、相同加载方式的钢筋混凝土板，进行对比分析。钢筋混凝土板的具体尺寸见表 7-67，纵向钢筋的配筋图如图 7-384 所示。

表 7-67　钢筋混凝土板尺寸表　单位：mm

编号	长×宽×厚	试件类型	对比试件编号	纵筋直径	箍筋直径
RC1	1 900×400×158	单向板	FT1-0	28	20
RC2	1 900×400×128	单向板	FT1-1	28	20
RC3	1 700×360×158	单向板	FT1-3	28	20
RC4	1 700×360×128	单向板	FT1-5	28	20
RC5	1 700×1 700×158	双向板	FT3-0	28	20
RC6	1 700×1 700×128	双向板	FT3-5	28	20

2) 对比结果

钢-混凝土组合桥面板与普通钢筋混凝土板的荷载-挠度曲线如图 7-385～图 7-390 所示，计算对比结果见表 7-68。从比较结果可以看出，钢-混凝土组合桥面板的承载力是普通钢筋混凝土板的 2.5 倍以上，钢-混凝土组合桥面板的刚度也比普通钢筋混凝土板大，钢-混凝土组合桥面板具有更高的强度与延性。

7.2.4.4　对比结果

（1）针对钢-混凝土组合桥面板的独有特点，分别采用实体单元、壳单元、桁架单元及定义接触准则，模拟了组合板的三种材料和钢与混凝土的界面特征；对材料的本构关系、单元划分、边界及加载条件做了详细说明。所建模型物理及力学概念清晰、建模过程方便，最终得到的计算值与试验值吻合良好。

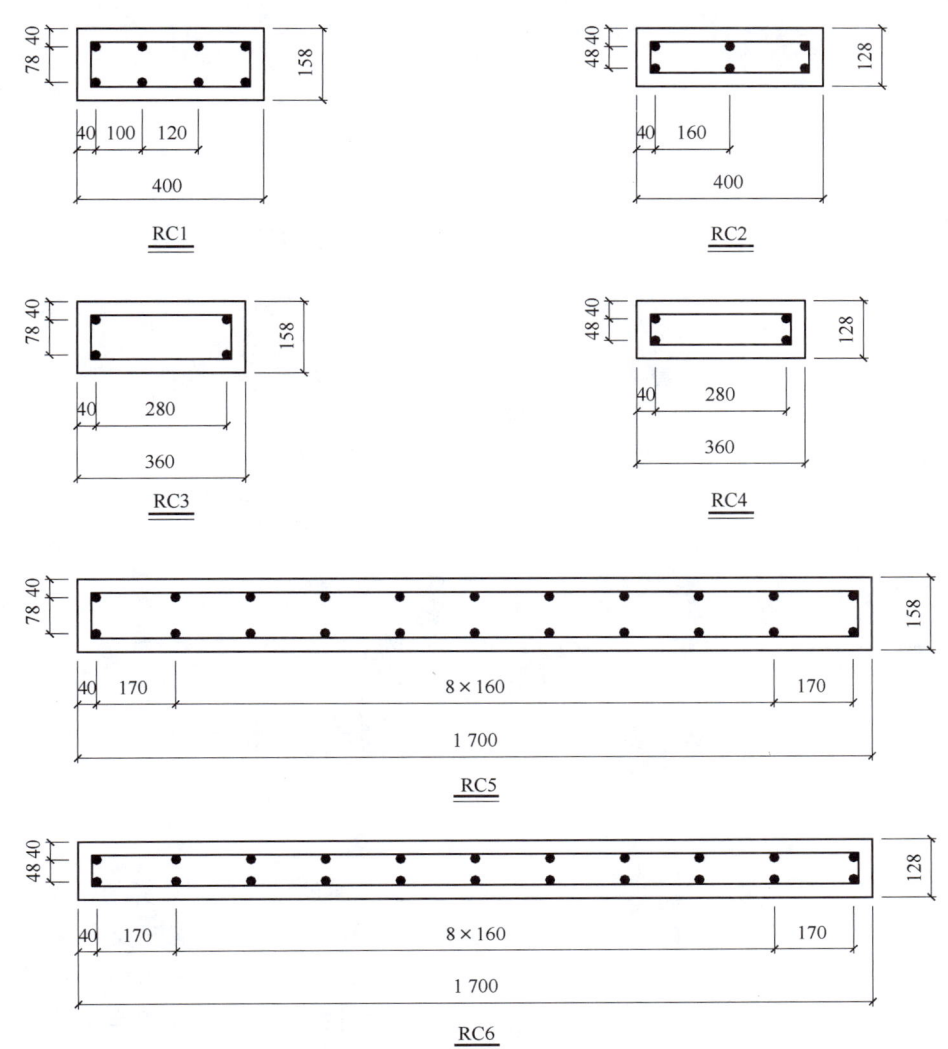

图 7-384　钢筋混凝土板配筋图(单位: mm)

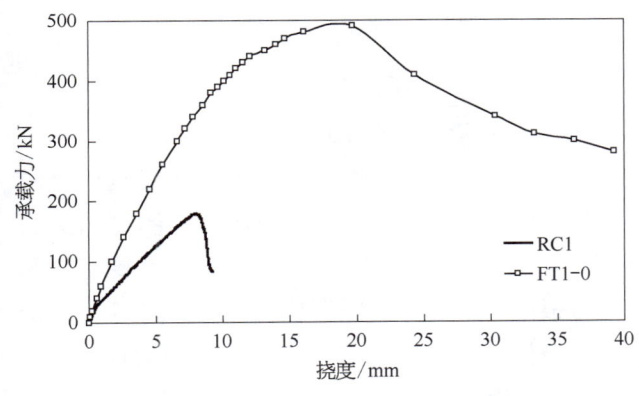

图 7-385　荷载-挠度曲线对比图 1

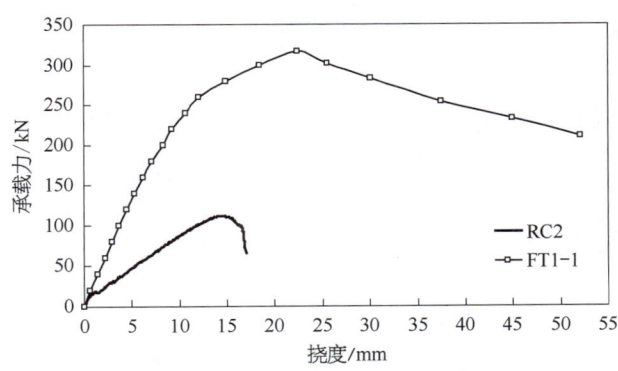

图 7-386　荷载-挠度曲线对比图 2

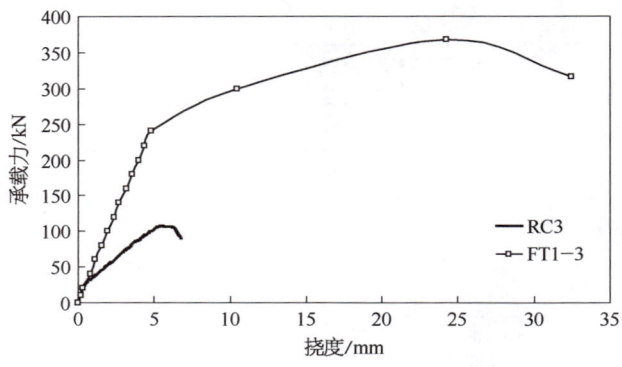

图 7-387　荷载-挠度曲线对比图 3

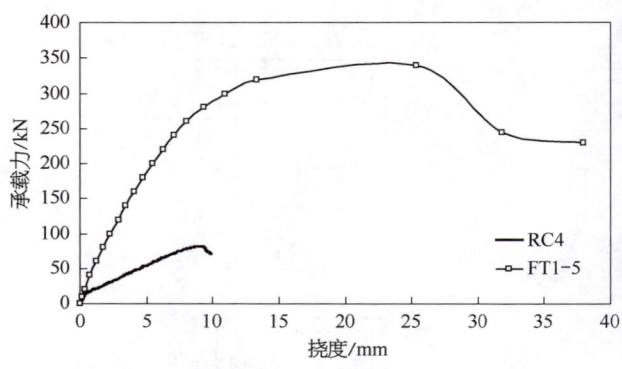

图 7-388　荷载-挠度曲线对比图 4

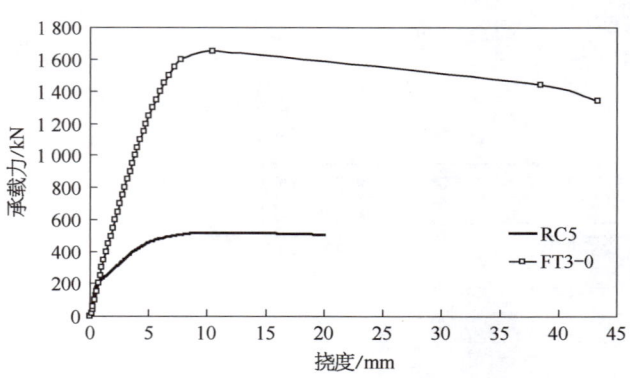

图 7-389　荷载-挠度曲线对比图 5

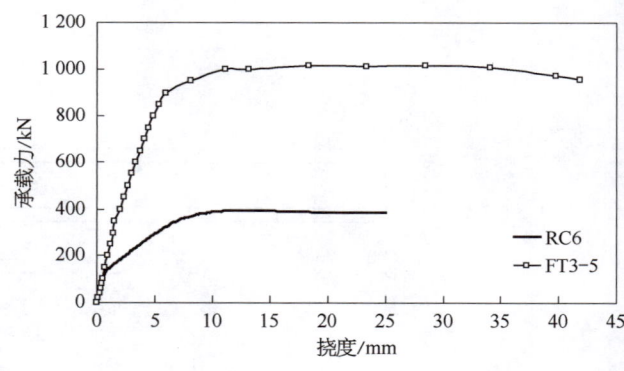

图 7-390　荷载-挠度曲线对比图 6

表 7-68　计算结果对比

试件编号	极限承载力 P/kN	挠度 δ/mm	P1/P2
FT1-0	473	19.7	2.64
RC1	179	8.0	
FT1-1	317	22.4	2.83
RC2	112	14.5	
FT1-3	368	24.3	3.44
RC3	107	6.0	
FT1-5	340	13.3	4.15
RC4	82	9.1	
FT3-0	1575	9.6	3.02
RC5	521	10.0	
FT3-5	1020	11.1	2.58
RC6	396	13.3	

（2）在极限荷载作用下，正向加载的组合桥面板表现为底部钢板受拉屈服、顶部受压区混凝土压溃，其数值模拟结果最为精确。说明本节建立的有限元仿真模型能够有效地分析组合板在正弯矩作用下的受力性能。

（3）通过对比数值计算与试验测试的应变结果可知，有限元仿真模型能够较准确地模拟钢-混凝土组合板结构应力分布规律，弥补试验中测点不足的问题，并可找出这种新型组合结构在受力中的薄弱环节，更全面地了解其受力特点。

（4）通过对比钢筋混凝土板的数值计算结果与钢-混凝土组合桥面板试验结果发现，钢-混凝土组合桥面板具有更高的强度与延性。

7.2.5　理论设计计算方法研究

7.2.5.1　极限抗弯承载力

目前国内外对于钢-混凝土组合梁结构的极限抗弯承载力计算普遍采用简化塑性理论，即认为当组合梁处于承载能力极限状态时，截面达到完全塑性，可根据截面的等效矩形应力图形来计算弯矩的大小。对于本节所研究的带开孔钢板剪力连接件的钢-混凝土组合桥面板，也可按此设计方法进行极限抗弯承载力的计算。试验结果和数值分析结果均表明，组合板试件在极限状态下钢板与混凝土之间的相对滑移量很小，并且底钢板和开孔钢板大部分发生屈服。因此，按照该方法得出的计算公式物理概念清晰明确。

在正弯矩作用下,钢-混凝土组合桥面板塑性抗弯承载力的计算需遵循以下假定:

(1) 在承载能力极限状态下,开孔钢板剪力连接件能够有效地传递底钢板和混凝土桥面板之间的剪力。

(2) 底钢板与混凝土之间具有可靠的连接,两者之间的相对滑移很小,可以忽略不计。

(3) 位于塑性中和轴一侧的受拉区混凝土不参与共同工作。

(4) 受压区混凝土为均匀受压,并且达到弯曲抗压强度 f_c。

(5) 受压区开孔钢板均匀受压,受拉区开孔钢板和底钢板均匀受拉,并分别达到塑性抗压及抗拉强度 f_t。

(6) 忽略混凝土板内钢筋的作用。

按照上述假定,对开孔钢板沿板跨方向布置的试件,根据组合桥面板中性轴的位置不同,极限抗弯承载力的计算分为四种情况,如图 7-391 所示。

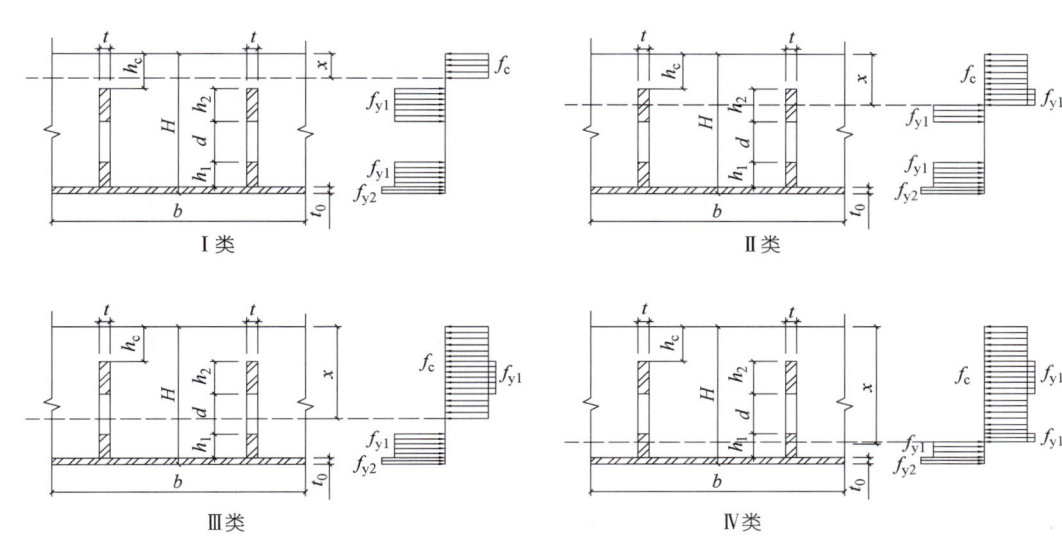

图 7-391 极限抗弯承载力计算模型

Ⅰ类:中性轴位于开孔钢板上部混凝土中,即 $x \leqslant h_c$(x 为混凝土受压区高度)。由力的平衡可得

$$f_c b x = 2f_{y1} t (h_1 + h_2) + f_{y2} b t_0 \quad (7-8)$$

则

$$x = \frac{2f_{y1} t (h_1 + h_2) + f_{y2} b t_0}{f_c b} \quad (7-9)$$

对中性轴取矩,可得极限抗弯承载力为

$$M_u = 0.5 f_c b x^2 + f_{y2} b t_0 (H - x - 0.5 t_0) + 2 f_{y1} t h_1 (H - x - t_0 - 0.5 h_1) + 2 f_{y1} t h_2 (H - x - t_0 - h_1 - d - 0.5 h_2) \quad (7-10)$$

式中 f_c——混凝土抗压强度;
f_{y1}——开孔钢板抗拉强度;
f_{y2}——底钢板的抗拉强度;
t——开孔钢板厚度;
t_0——底钢板厚度;
H——组合板高度;
h_1——开孔钢板上部高度;

h_2——开孔钢板下部高度;
d——孔洞直径;
h_c——开孔钢板顶部至组合板顶部距离。

Ⅱ类:中性轴穿过开孔钢板上部钢板,即 $h_c < x \leqslant h_c + h_2$。由力的平衡可得

$$f_c b x + 2 f_{y1} t (x - h_c) = 2 f_{y1} t (h_c + h_2 - x) + 2 f_{y1} t h_1 + f_{y2} b t_0 \quad (7-11)$$

则

$$x = \frac{2 f_{y1} t (2 h_c + h_1 + h_2) + f_{y2} b t_0}{f_c b + 4 f_{y1} t} \quad (7-12)$$

对中性轴取矩,可得极限抗弯承载力为

$$M_u = 0.5 f_c b x^2 + f_{y1} t (x - h_c)^2 + f_{y1} t (h_c + h_2 - x)^2 + f_{y2} b t_0 (H - x - 0.5 t_0) + 2 f_{y1} t h_1 (H - x - t_0 - 0.5 h_1) \quad (7-13)$$

Ⅲ类:中和轴穿过开孔钢板孔洞,即 $h_c + h_2 < x$

$\leqslant h_c+h_2+d$。由力的平衡可得

$$f_c bx + 2f_{y1}th_2 = 2f_{y1}th_1 + f_{y2}bt_0 \quad (7-14)$$

则

$$x = \frac{2f_{y1}t(h_1-h_2)+f_{y2}bt_0}{f_c b} \quad (7-15)$$

对中性轴取矩,可得极限抗弯承载力为

$$M_u = 0.5f_c bx^2 + 2f_{y1}th_1(H-x-t_0-0.5h_1) + 2f_{y1}th_2(x-h_c-0.5h_2)+f_{y2}bt_0(H-x-0.5t_0) \quad (7-16)$$

Ⅳ类:中和轴穿过开孔钢板下部钢板,即 $h_c+h_2+d < x \leqslant h_c+h_2+d+h_1$。由力的平衡可得

$$f_c bx + 2f_{y1}t(x-h_c-d) = f_{y2}bt_0 + 2f_{y1}t(H-t_0-x) \quad (7-17)$$

则

$$x = \frac{2f_{y1}t(H-t_0+h_c+d)+f_{y2}bt_0}{f_c b + 4f_{y1}t} \quad (7-18)$$

对中性轴取矩,可得极限抗弯承载力为

$$M_u = 0.5f_c bx^2 + f_{y1}t(H-t_0-x)^2 + f_{y1}t(x-h_c-h_2-d)^2 + 2f_{y1}th_2(x-h_c-0.5h_2)+f_{y2}bt_0(H-x-0.5t_0) \quad (7-19)$$

上述公式形式较为复杂,为便于实际工程应用,有必要对其进行简化处理。忽略开孔钢板对极限承载力的贡献,将之前四类极限抗弯承载力的计算模型简化为一类,如图7-392所示。由力的平衡可得

$$f_c bx = f_{y2}bt_0 \quad (7-20)$$

则

$$x = \frac{f_{y2}t_0}{f_c} \quad (7-21)$$

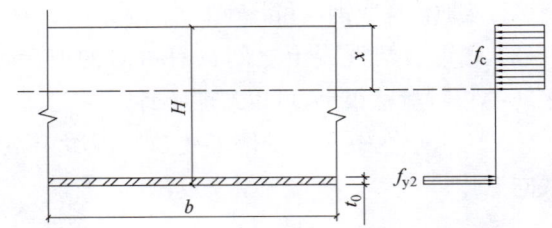

图7-392 极限抗弯承载力简化计算模型

对中性轴取矩,可得极限抗弯承载力为

$$M_u = 0.5f_c bx^2 + f_{y2}bt_0(H-x-0.5t_0) \quad (7-22)$$

在负弯矩作用下,组合桥面板抗弯承载力的计算需遵循以下假定:

(1) 在承载能力极限状态下,开孔钢板剪力连接件能够有效地传递底钢板和混凝土桥面板之间的剪力。

(2) 混凝土全截面受拉开裂而退出工作。

(3) 塑性中性轴进入钢板内部。

(4) 钢筋和开孔钢板均匀受拉,并分别达到塑性抗拉强度 f_y。

计算负弯矩作用下的钢-混凝土组合桥面板极限承载力,计算简图如图7-393所示。

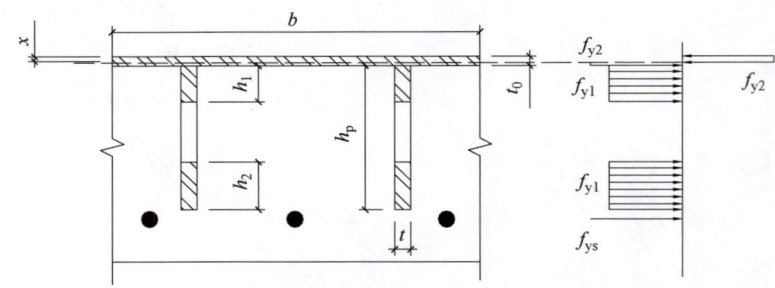

图7-393 负弯矩作用下的抗弯极限承载力计算模型

由力的平衡可得

$$f_{ys}A_s + f_{y1}2t(h_1+h_2) + f_{y2}bx - f_{y2}b(t_0-x) = 0 \quad (7-23)$$

则

$$x = \frac{f_{y2}bt_0 - f_{ys}A_s - 2f_{y1}t(h_1+h_2)}{2f_{y2}b} \quad (7-24)$$

对中性轴取矩,可得极限抗弯承载力为

$$M'_{cr} = f_{ys}A_s(h_p+x) + 2f_{y1}th_1(0.5h_1+x) + 2f_{y1}th_2(h_p-0.5h_2+x) + 0.5f_{y2}b[x^2+(t_0-x)^2] \quad (7-25)$$

为简化计算公式,可近似认为塑性中性轴处于底钢板与开孔钢板的连接面,此假定在底钢板厚度

t_0 较薄时误差较小,则极限抗弯承载力可以简化为

$$M'_{cr} = f_{ys}A_s h_p + f_{y1}t(2h_p h_2 - h_1^2 - h_2^2) + 0.5 f_{y2}bt_0^2 \quad (7-26)$$

7.2.5.2 竖向抗剪承载力

钢-混凝土组合桥面板的斜截面抗剪承载力主要由混凝土和底钢板两部分共同承担,混凝土的贡献记为 V_{uc},钢板的贡献记为 V_{us},则抗剪承载力可表达为

$$V_u = V_{uc} + V_{us} \quad (7-27)$$

由试验可知,钢-混凝土组合板中混凝土的开裂模式和钢筋混凝土构件的开裂模式类似,因此 V_{uc} 可参照《混凝土结构设计规范》中斜截面承载力的计算公式:

$$V_{cu} = \frac{1.75}{1+\lambda} f_t b h_0 \quad (7-28)$$

式中 λ——计算截面的剪跨比,可取 $\lambda = a/h_0$。

当 λ 小于 1.5 时,取 1.5;当 λ 大于 3 时,取 3,a 取集中荷载作用点至支座截面的距离。

在实际抗剪试验测试结果的基础上,认为有 20% 的底钢板达到钢材的塑性抗剪强度,以抵抗竖向剪力,计算公式为

$$V_{us} = 0.2 f_{vp} b t_0 \quad (7-29)$$

式中 $f_{vp} = f_y/\sqrt{3}$——钢材的塑性抗剪强度。

综上,得到计算竖向抗剪承载力的公式为

$$V_u = \frac{1.75}{1+\lambda} f_t b h_0 + 0.1 f_y b t_0 \quad (7-30)$$

7.2.5.3 纵向抗剪承载力

通过试验结果分析可知,开孔钢板剪力连接件和钢板与混凝土之间的黏结力为抵抗纵向剪切的主要因素。

影响开孔钢板剪力连接件抗剪承载力的因素很多,如钢板孔洞的大小及间距、混凝土强度、贯穿钢筋的直径及强度等。计算组合桥面板的纵向抗剪承载力,可采用 Nishiumi 的计算公式

当 $A_s f_s / A_c f_c < 1.28$ 时,

$$V_u = 0.26 A_c f_c + 1.23 A_s f_y \quad (7-31)$$

当 $A_s f_s / A_c f_c \geq 1.28$ 时,

$$V_u = 1.83 A_s f_y \quad (7-32)$$

式中 A_s——单个开孔内贯穿钢筋的截面积;

A_c——单个孔洞的面积;

f_y——贯穿钢筋的屈服强度;

f_c——混凝土抗压强度。

该公式认为开孔钢板剪力连接件的承载力由混凝土榫和孔洞中的贯穿钢筋两部分组成,试件达到极限承载力时贯穿钢筋已屈服,物理意义明确。所求得的承载力为单孔的,对于本节研究的组合板需乘以剪跨段的开孔个数。

7.2.5.4 开裂后刚度

带开孔钢板剪力连接件的钢-混凝土组合桥面板可以按照普通钢筋混凝土受弯构件计算其刚度,并根据组合板自身特点对公式中的一些系数进行必要修正,从而对挠度予以适当放大。根据本节的试验结果,建议把裂缝间纵向受拉普通钢筋应变不均匀系数 ψ 乘以扩大系数 1.25,此改变是针对底钢板与受拉钢筋对混凝土的锚固作用不同而提出的,具有一定的物理意义。修正后的钢-混凝土组合桥面板的刚度计算公式为

$$B_e = \frac{E_s A_s h_0^2}{1.44\psi + 0.2 + 6\alpha_E \rho} \quad (7-33)$$

式中 ψ——裂缝间纵向受拉普通钢筋应变不均匀系数;

ρ——纵向受拉钢筋配筋率。

7.2.5.5 裂缝计算

钢-混凝土组合桥面板局部承受负弯矩作用时,混凝土表面受拉开裂,使其处于带裂缝工作状态。当负弯矩区混凝土板的裂缝开展较大时,会导致混凝土板中钢筋及开孔钢板锈蚀,影响组合板的耐久性。因此,有必要对钢-混凝土组合桥面板的裂缝宽度进行验算。

钢-混凝土组合桥面板裂缝宽度计算公式在形式上宜与工程技术人员熟识的现行混凝土结构受弯构件裂缝宽度的计算公式相协调;要能反映组合板自身的结构特点,概念清晰、计算简单适用;要能合理地把开孔钢板剪力连接件对裂缝宽度的影响考虑进去。基于上述原则,选用《混凝土结构设计规范》建议的最大裂缝宽度计算模式,该计算模式采用平均裂缝宽度乘以一个扩大系数的方法来确定最大裂缝宽度。

根据本节试验结果,采用最小二乘法对系数进行回归计算,从而得到了计算带开孔钢板剪力连接件的钢-混凝土组合桥面板裂缝间距的计算公式为

$$l_{cr} = 2.15c_s + 0.083\frac{d_{eq}}{\rho_{te}} \quad (7-34)$$

最大裂缝宽度可以乘以扩大系数得到

$$\omega_{max} = \tau_s\tau_l\omega_m = \tau_s\tau_l\alpha_c\psi\frac{\sigma_s}{E_s}l_{cr} = \alpha_{cr}\psi\frac{\sigma_s}{E_s}l_{cr} \quad (7-35)$$

$$\psi = 1.1 - 0.65\frac{f_{tk}}{\rho_{te}\sigma_s} \quad (7-36)$$

$$\sigma_s = \frac{M_k}{0.87h_0(A_s + A_{pbl})} \quad (7-37)$$

7.2.5.6 弯曲冲切承载力

根据试验结果可知，组合双向板试件在破坏时既有受弯破坏特征也具有冲切破坏特征。弯曲冲切破坏模式假定组合板试件在受荷后首先发生弯曲变形，随着荷载增加，局部冲切锥体形成并逐渐冲出，这样的破坏模式与本次试验中观察到的破坏现象基本一致，也与组合板的冲切破坏机理相符合。

弯曲冲切模式的极限承载力包括抗弯承载力和抗冲切承载力两部分，计算公式可表示为

$$P_u = \mu_y P_y + \mu_c P_c \quad (7-38)$$

式中　P_y——按照直线形模式或扇形模式计算的组合板抗弯承载力；
μ_y——抗弯承载力折减系数；
P_c——混凝土斜截面抗冲切承载力；
μ_c——考虑局部冲切面上混凝土斜裂缝的发展和混凝土质量对抗冲切承载力的折减系数。

$$P_y = \frac{4m_x L_y}{L_x - a} + \frac{4m_y L_x}{L_y - a} \quad (7-39)$$

式中　m_x、m_y——单位宽度的极限弯矩；
L_x、L_y——两个方向的板宽；
a——局部荷载作用宽度。

P_c 可参照《混凝土结构设计规范》中冲切承载力的计算方法，公式如下：

$$P_c = 0.5f_t\eta u_m h_0 + 0.8f_y A_{pbl} \quad (7-40)$$

式中　A_{pbl}——与冲切破坏锥体斜截面相交的全部开孔钢板的截面面积。

其余参数同规范规定。

折减系数 μ_y 和 μ_c 的计算方法可采用如下公式：

$$\mu_y = 0.15 \times (3.2 + \theta) \quad (7-41)$$

$$\mu_c = 0.9f_c/h \quad (7-42)$$

式中　θ——板受冲切破坏时的倾斜角度，近似取 $\theta = \delta/L$；
δ——双向板出现冲切破坏时的中心挠度。

7.2.6 结果

通过对带开孔钢板剪力连接件的钢-混凝土组合桥面板静力加载试验、有限元数值仿真模拟及理论分析，深入地研究了组合板在受力全过程中的力学性能。相关试验照片如图 7-394～图 7-406 所示，主要的研究内容及结果如下。

图 7-394　混凝土劈裂强度试验

图 7-395　混凝土抗压强度试验

图 7-396 混凝土弹性模量试验

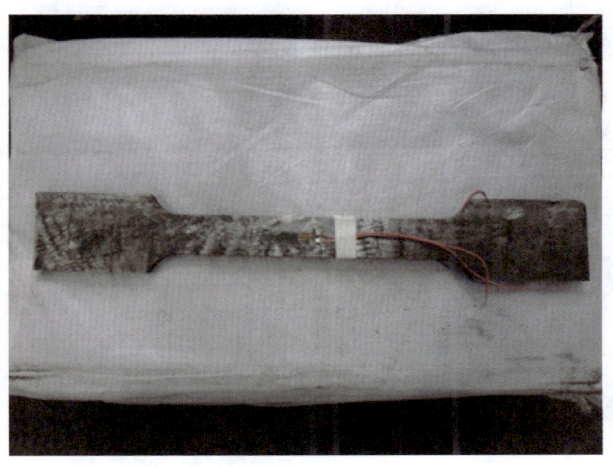

图 7-397 钢板拉伸试样

图 7-398 钢板材料性能试验

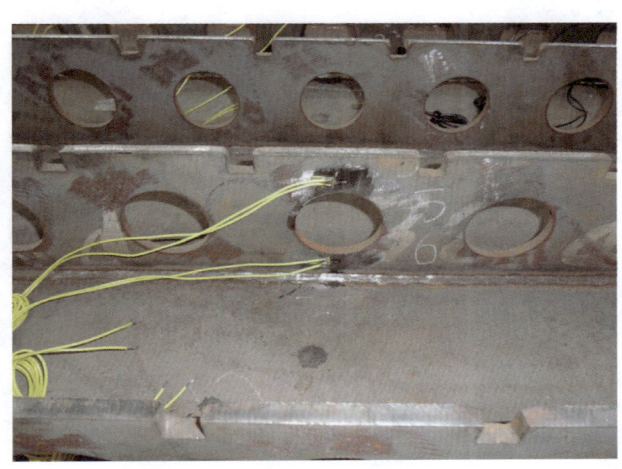

图 7-399 钢板应变测点

图 7-400 架立模板

图 7-401 浇筑混凝土

图 7-402　位移测点

图 7-403　单向板试验

图 7-404　记录裂缝走向及裂缝宽度

图 7-405　开孔钢板屈服

图 7-406　双向板试验

（1）完成了 8 块承受正弯矩作用和 6 块承受负弯矩作用的钢-混凝土组合单向板试件的 3 分点静载试验，在加载初始阶段采用荷载控制方法，当试件达到极限承载力后转为位移控制，以此得到了试件变形的全过程曲线。试验结果表明了以下四点。

① 承受正弯矩作用的钢-混凝土组合板，正常配筋且开孔钢板沿跨度方向布置的试件，在受力全过程中基本表现为四个阶段，即线弹性阶段、带裂缝工作阶段和塑性阶段，以及达到极限荷载以后的下降软化阶段。试件在塑性破坏阶段后期具有良好的延性，破坏前有明显的预兆。

② 开孔钢板剪力连接件的布置方向对钢-混凝土组合板的承载能力有明显的影响。顺跨度方向布置时可以有效地抵抗剪切力，组合板呈弯曲破坏，充分发挥了混凝土的抗压性能和钢板的抗拉性能，有效提高了承载力；垂直跨度方向布置时，组合板易发生剪切破坏，在工程中应尽量避免。

③ 底钢板与混凝土之间的相对滑移量很小，具有良好的组合作用，可近似视为底钢板与混凝土完全连接，为理论计算方法提供了实证依据。

④ 承受负弯矩作用的钢-混凝土组合板,其承载能力与纵向钢筋的配筋率、开孔钢板的布置方向有密切关系。沿跨度方向布置的开孔钢板在达到极限荷载时,受拉侧已屈服;垂直跨度方向布置的开孔钢板则对承载力贡献不大。

(2) 完成了11块正向集中加载和6块反向集中加载的钢-混凝土组合双向板试件的静载试验。试验结果表明了以下两点。

① 正向集中加载的钢-混凝土组合双向板具有较高的承载能力,在加载点附近混凝土局部冲切破坏后,结构仍然可以继续承载。底钢板厚度、混凝土板厚度和开孔钢板间距对组合双向板的承载力有明显影响。钢-混凝土组合板在加载过程中具有明显的双向受力特征,沿开孔钢板布置方向为主要受力方向。

② 反向集中加载的钢-混凝土组合双向板,其承载力与底部钢筋的布置形式有密切关系。板中部裂缝呈近似矩形网格分布,向四边扩展的过程中逐步斜向四个角部。试验得到的混凝土裂缝分布形态,为采用屈服线理论计算极限承载力提供了依据。

(3) 利用有限元软件 ABAQUS 对所有试件进行了非线性仿真模拟研究,所建模型物理及力学概念清晰,通过对数值计算结果和试验实测结果的对比可知,两者吻合良好。说明有限元模型能够较准确地模拟钢-混凝土组合板试件加载全过程的受力行为,更全面地了解其受力特点,弥补试验中测点不足的问题,成为试验研究的有力补充;高效地找出了试件在受力中的薄弱环节,并对不同参数的影响程度进行了必要分析。

(4) 在试验研究的基础上,比较分析国内外相关规范,对带开孔钢板剪力连接件的钢-混凝土组合单向板在正负弯矩作用下的力学性能进行了理论分析,得到了一些实用计算方法,总结为如下四点。

① 采用简化塑性理论对钢-混凝土组合桥面板进行了抗弯承载力分析,根据中性轴高度所在的位置不同,给出了几类极限抗弯承载力的计算方法。分析了组合板参数对承载能力的影响程度,最终给出了抗弯极限承载力的实用计算公式,能够满足工程实际的需要。

② 讨论了开孔钢板剪力连接件布置方向和体内钢筋对组合桥面板受力的影响,给出了组合桥面板的竖向抗剪承载力计算公式和纵向抗剪计算公式。

③ 参考我国《混凝土结构设计规范》对混凝土抗弯构件刚度和裂缝的计算公式,结合组合板自身的受力特点,对公式中的参数进行修正,得到了适用于组合板的刚度和裂缝宽度计算公式。

④ 根据试验中组合板试件的破坏特征,综合屈服线模式计算得到的受弯承载力,同时采用简单塑性理论建立了斜截面抗冲切承载力公式,最终得到弯曲冲切模式的承载力计算方法,计算结果可作为分析的参考。

(5) 钢-混凝土组合桥面板已经逐步应用于国内外的桥梁建设中,其轻型高强的优点及在交通荷载作用下良好的抗疲劳耐久性和抗腐蚀性,使其具有良好的发展前景和应用潜力。此外,组合桥面板能够抵抗不同方向的拉应力,也适合于异形桥或斜交桥的桥面板。

7.3 预应力组合桥面板缩尺模型试验研究

7.3.1 依托工程

本试验依托工程为汶川至马尔康高速公路,汶马高速公路地形地质条件复杂,与国道317线和杂谷脑河等流域多次交叉穿越,桥梁、隧道特别多,天然砂石材料资源匮乏,水泥运距远,地震烈度高,生态脆弱,工程造价高。其中克枯、下庄大桥设计采用30 m、40 m 跨度的预应力钢管混凝土简支桁梁桥。克枯大桥全长2809 m,共12联,左右线分幅布置;克枯互通与克枯大桥相接的A、B匝道桥全长503 m;下庄大桥全长1358 m,共5联,左右线分幅布置。

钢管混凝土桁梁顶面采用钢-混凝土组合结构桥面板,总厚度为15 cm,底钢板厚度为6 mm,横向设置间距为40 cm、板厚为6 mm、高度为12 cm 的带孔钢板剪力键;桥面板纵向设置高度为70 cm、底宽为50 cm 的梯形纵肋,纵肋底钢板厚度为8 mm;桥面板横向设置高度为35 cm、底宽为20 cm 的梯形横肋,横肋底钢板厚度为6 mm。钢-混凝土组合等高板与纵、横肋,共同组成钢-混凝土组合结构的桥面板。桥面板混凝土采用掺入多锚点、带压痕钢纤维的C40混凝土,钢纤维掺量为45 kg/m³。

汶马高速桥面板尺寸参数为:30 m 跨度沿横桥向跨中双向板尺寸为7 m×4.11 m,悬臂端尺寸为

2.575 m；40 m 跨度沿横桥向跨中双向板尺寸为 7 m×4.85 m，悬臂端尺寸为 2.575 m，是典型的大跨、长悬臂板结构，因此在桥面板设计时必须布置预应力，以满足承载力及使用性能要求。桥面板横桥向每间隔 40 cm 设置一道横向预应力钢束，如图 7-407 所示。预应力钢束采用抗拉标准强度 $f_{pk}=1860$ MPa 的 $\phi15.2$ mm 高强低松弛钢绞线，规格为 M15-2 型。预应力钢束分批进行两端张拉，钢束锚下控制应力为 1395 MPa，采用张拉力和引伸量双控，不得超张拉，波纹管内采用真空灌浆。

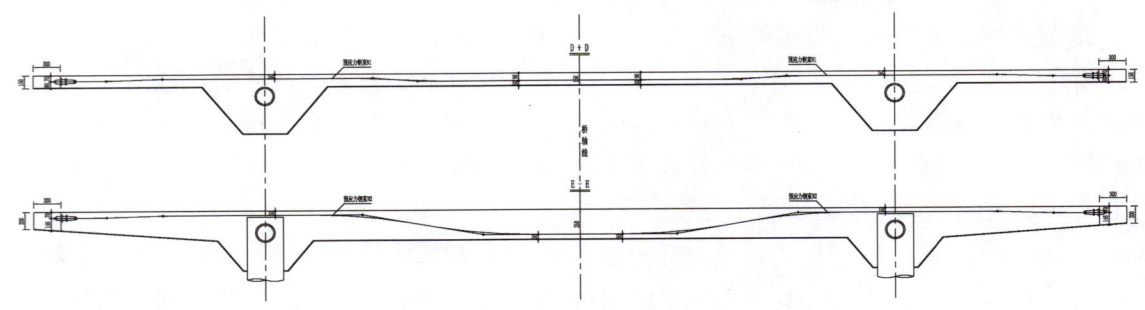

图 7-407　汶马高速组合桥面板预应力布置示意图

7.3.2　试验目的和依据

7.3.2.1　试验目的

随着桥梁结构不断向大跨径、长悬臂发展，桥梁主梁越来越多地选用格子梁、钢箱梁等承载力高、自重轻的结构形式。此时，对应的桥面板选用新型钢-混凝土组合桥面板，其与传统桥面板相比具有明显的技术优势：轻质高强、整体性好、铺装层耐久性高、与主梁连接可靠、能降低上部结构高度等。然而，无预应力组合桥面板无法满足大跨、长悬臂结构在正、负弯矩作用下的承载力要求及抗裂要求，而有预应力组合桥面板的受力性能、使用性能研究暂为行业空白，严重限制了组合桥面板的工程应用，因此本试验主要针对预应力钢-混凝土组合桥面板开展研究。

模型试验研究是获取复杂结构各种性能的一种比较直观的科学研究方法，通过模型试验，既可以达到验证设计计算分析方法正确性的目的；还可以弥补理论计算不可避免的模型简化所带来的偏差。本试验最核心的目的就是为了改变钢-混凝土组合桥面板理论研究滞后于工程实践的现状，对比研究无预应力及正、负弯矩作用下预应力组合桥面板的受力性能，力争满足工程设计和施工的实际需要，建立科学、合理的理论分析模型。

7.3.2.2　试验研究内容

本试验项目通过对设计的一系列钢-混凝土组合桥面板试件进行静力加载，重点研究其在正、负弯矩作用下的裂缝发展规律和破坏模式，同时对极限承载能力和刚度进行理论分析。重点包括以下几个方面：

（1）无预应力组合板在正负弯矩作用下的裂缝发展规律、刚度及承载能力。

（2）预应力组合板在正弯矩作用下的裂缝发展规律、刚度及承载能力。

（3）预应力组合板在负弯矩作用下的裂缝发展规律、刚度及承载能力。

7.3.2.3　试验依据

（1）《公路桥涵设计通用规范》。
（2）《公路桥涵钢结构及木结构设计规范》。
（3）《普通混凝土配合比设计规程》。
（4）《金属材料室温拉伸试验方法》。
（5）《预应力混凝土用钢绞线》。
（6）《钢-混凝土组合桥面板技术规程》。

7.3.3　试验概况

7.3.3.1　试件设计

通过参数分析，本试验设计的构件参数为：平面尺寸为 1900 mm×400 mm，计算跨度为 1800 mm，混凝土厚度 150 mm，底钢板及 PBL 连接件厚度均取 6 mm，贯穿钢筋直径取 12 mm，PBL 连接件顺跨径方向布置，开孔钢板间距 200 mm，同时设计无预应力、预应力布置于正弯矩区、预应力布置于负弯矩区 3 种情况的受力构件。本试验共设计 6 块组合板，尺寸见表 7-69，钢构件部分构造如图 7-408 所示，试件配筋如图 7-409～图 7-411 所示。

表 7-69 组合板构件尺寸表 单位：mm

编号	长×宽×厚	数量	混凝土厚	底板厚	PBL高	计算跨度	PBL间距	预应力钢筋距混凝土顶面距离
FT-01	1900×400×156	1	150	6	120	1800	200	—
FT-02	1900×400×156	1	150	6	120	1800	200	—
FT-11	1900×400×156	1	150	6	120	1800	200	100
FT-12	1900×400×156	1	150	6	120	1800	200	100
FT-21	1900×400×156	1	150	6	120	1800	200	50
FT-22	1900×400×156	1	150	6	120	1800	200	50

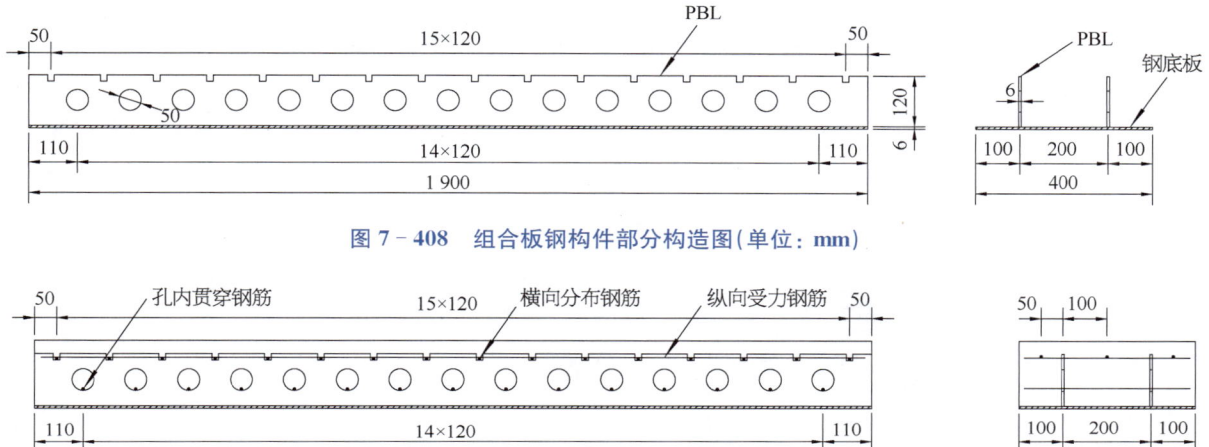

图 7-408 组合板钢构件部分构造图（单位：mm）

图 7-409 组合板构件普通钢筋配筋图（单位：mm）

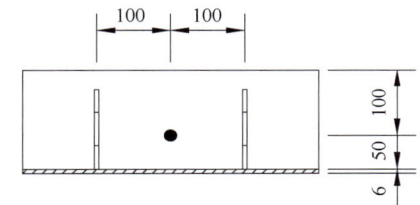

图 7-410 正弯矩区预应力钢筋布置图（单位：mm）

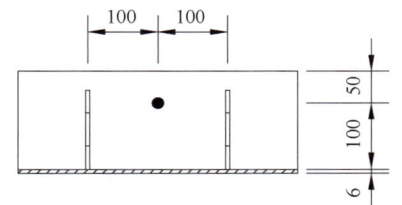

图 7-411 负弯矩区预应力钢筋布置图（单位：mm）

7.3.3.2 测点布置

在钢-混凝土组合板的静载抗弯试验中，根据分析计算和受力特点，板中心截面即纯弯段是应力应变测试的对象。组合板采用普通 10 cm 应变单片及应变花测量应变，每块试件布置 17 个应变单片及 2 组应变花。其中，跨中截面沿板厚方向布置 4 个混凝土应变测点，支座附近截面布置 1 组 2 cm 应变花，顶面布置 3 个混凝土应变测点；底钢板跨中布置 3 个纵向应变测点、3 个横向应变测点，PBL 沿高度方向在跨中及支座附近截面各布置 2 个应变测点。每块试件布置 10 个百分表，其中 4 个百分表测试竖向挠度，2 个百分表测试横向位移，4 个百分表测试钢板与混凝土之间的滑移。具体测点布置如图 7-412～图 7-416 所示。

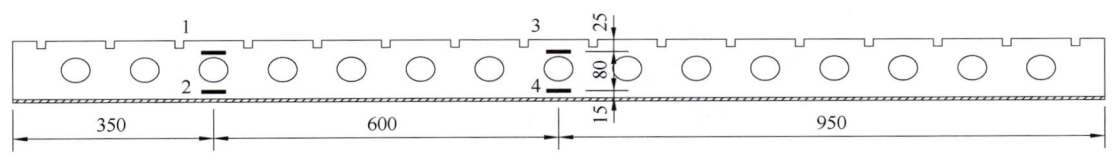

图 7-412 组合板 PBL 应变测点布置图（单位：mm）

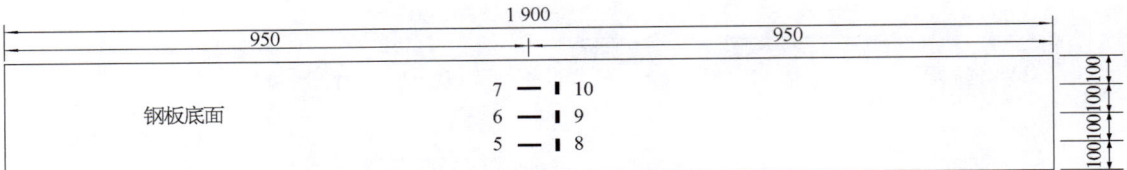

图 7-413　组合板底钢板应变测点布置图(单位：mm)

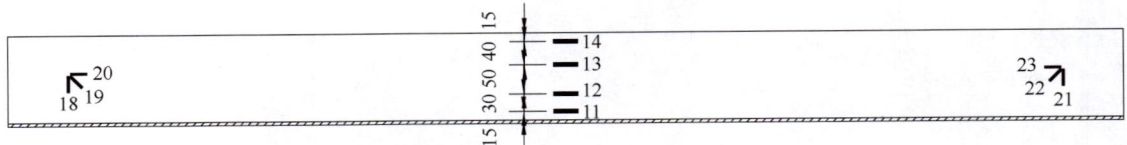

图 7-414　组合板混凝土侧面测点布置图(单位：mm)

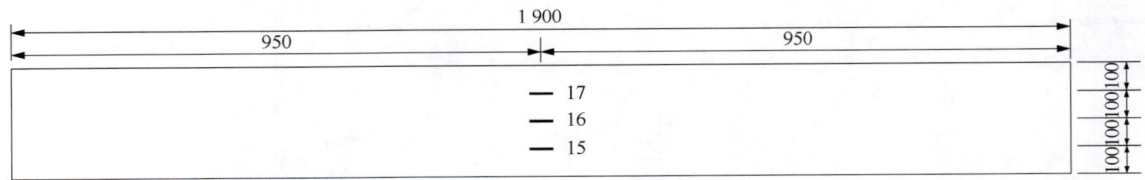

图 7-415　组合板混凝土顶面测点布置图(单位：mm)

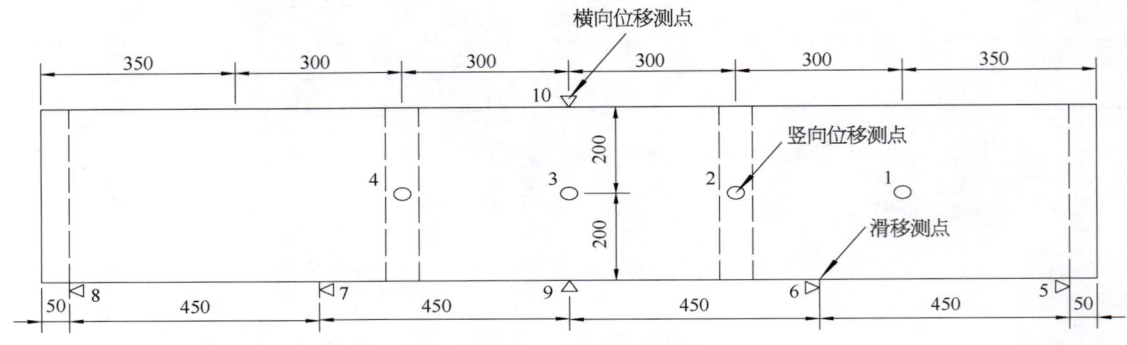

图 7-416　组合板位移测点布置图(单位：mm)

7.3.3.3　加载方式

试验加载设备采用千斤顶组合板试件采用两点(3分点)对称集中加载模式，如图 7-417 所示。通过刚性分载梁实现荷载平均分配，通过倒置负弯矩系列试件，考察其承受负弯矩的受力特性。根据 ANSYS 模拟结果，试件加载设计方案见表 7-70。

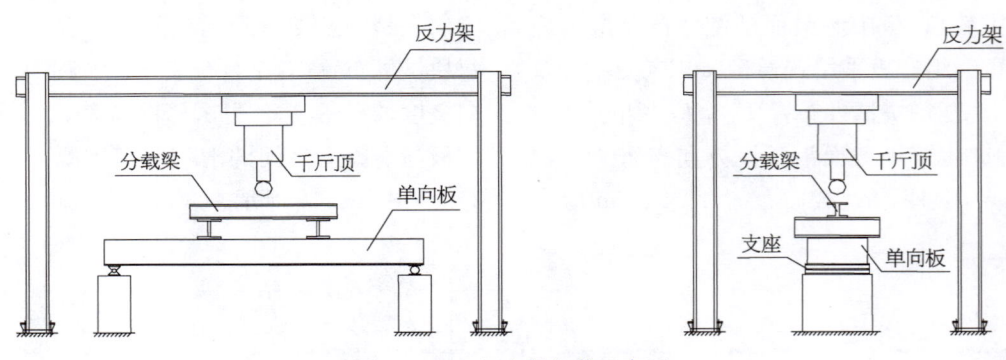

图 7-417　组合板加载示意图

表 7-70 加载设计方案　　　　单位：t

编号	加载方案	屈服荷载	极限荷载	开裂荷载	试件说明
FT-01	正弯矩分级加载,至试件破坏	34.06	45	—	无预应力
FT-02	正弯矩分级加载,至试件破坏	34.06	45	1.8	无预应力
FT-11	正弯矩分级加载,至试件破坏	41.09	46.5	—	正弯矩预应力
FT-12	正弯矩分级加载,至试件破坏	41.09	46.5	—	正弯矩预应力
FT-21	负弯矩分级加载,至试件破坏	42.5	50	10	负弯矩预应力
FT-22	负弯矩分级加载,至试件破坏	41.09	50	10	负弯矩预应力

6块试件加载按照先无预应力后有预应力,先正弯矩后负弯矩的顺序,即 FT-01→FT-11→FT-12→FT-02→FT-21→FT-22,对试件依次进行加载。加载程序为：

(1) 预加载,以慢速从 0 t 加载到预加载值对试验板进行预压,消除非弹性变形；

(2) 预加载后,停歇 10 min 开始分级正式加载,对预估的最大荷载进行分级加载,每级持荷 10 min,记录各仪器读数,如有裂缝需标出裂缝位置及裂缝发展方向。加载至结构破坏或挠度出现很大值为止。

7.3.3.4　试验工程量

本试验共设计组合板试件 6 块,其中无预应力、正弯矩预应力、负弯矩预应力测试试件各 2 块,试验材料主要为钢材和混凝土,具体用量见表 7-71～表 7-74。

7.3.3.5　试验日志

预应力钢-混凝土组合桥面板试验研究在 170 d 完成,具体进度见表 7-75。

表 7-71 钢板用量统计表

材料	材质	规格 长/mm	宽/mm	厚/mm	重量/kg	单件重/kg	数量	件数	总重/kg
底钢板	Q235	1900	400	6	35.80	46.53		6	279.21
PBL	Q235	1900	120	6	10.74			12	

表 7-72 普通钢筋用量统计表

材料	等级	直径/mm	长度/mm	根数	总长/mm	总重/kg	合计/kg
横向钢筋	HRB335	φ12	370	186	68820	61.11	91.00
纵向钢筋	HRB335	φ12	1870	18	33660	29.89	

表 7-73 预应力钢绞线用量统计表

材料	规格/mm	单根长/mm	根数	总长/mm	重量/kg
预应力钢绞线	2φs15.2	2900	4	11600	25.54

表 7-74 混凝土用量统计表

材料	说明	单件用量/m³	单件重/kg	件数	总用量/m³	总重/kg
混凝土	C40	0.114	273.6	6	0.684	1641.6

表 7-75 试验进度表

序号	内容	时间/d	完成日期
1	试验方案设计、图纸绘制	15	2015.08.03
2	钢构件加工	10	2015.08.13
3	钢筋加工、浇筑混凝土(包括养护)	45	2015.09.27
4	应变、位移测点布置及试验前准备	3	2015.09.30
5	试件 FT-01、FT-02 加载	2	2015.10.02
6	试件 FT-11、FT-12、FT-21 加载	1	2015.10.03
7	试件 FT-22 加载	1	2015.10.04
8	试件底钢板切割	6	2015.10.10
9	试验材料性能测试	8	2015.10.23
10	数据处理,有限元计算,编写报告	55	2015.12.20
	合计及总体完成日期	170	2015.12.20

7.3.4　试验结果与分析

7.3.4.1　材料性能

1) 混凝土

本试验设计配制 C40 混凝土,所用原材料选择如下。

(1) 水泥：四川省星船城水泥股份有限公司销售的 P·O52.5 水泥。

(2) 砂：宜宾佳昌建材经营部销售的 0～4.75 河沙。

(3) 粗集料：自贡富顺河坝砂石厂销售的 4.75～16 mm、16～26.5 mm 卵碎石。

(4) 外加剂：成都巨力建材有限公司销售的聚

羧酸减水剂。

（5）粉煤灰：四川威远县金龙建材有限公司销售的Ⅰ级粉煤灰。

（6）水：自来水。

混凝土的配合比是在利用现有的设计规范《普通混凝土配合比设计规程》及已有文献的配合比作为参考进行试配，通过强度指标和工作性能的测试，从而判断是否符合设计要求。如需进行配合比调整，则通过改变水胶比的方式实现。最终选用的配合比见表7-76。

表7-76 混凝土每方用量　　　单位：kg

混凝土强度等级	水泥	水	砂	石子	外加剂	粉煤灰	水胶比	砂率
C40	366	155	632	1227	4.7	65	0.36	34%

在施工同时浇筑尺寸为150 mm×150 mm×150 mm的立方体试块，采用弧形钢垫板并加柔性纤维垫片的方式进行混凝土的劈裂抗拉强度试验，试验结果见表7-77。

表7-77 混凝土强度测定结果　　　单位：MPa

组数	第一个	第二个	第三个	平均值
第一组	73.8	71.7	69.5	71.7
第二组	70.8	76.1	77.6	74.8

2）钢筋

本试验所需的纵向受力钢筋、孔中的贯穿钢筋以及横向分布钢筋均采用统一规格，为成渝钒钛科技有限公司销售的直径为12 mm的HRB335热轧螺纹钢筋。测试普通钢筋力学性能的试验按照《金属材料室温拉伸试验方法》中的规定进行，试验结果见表7-78。

表7-78 钢筋性能测定结果

直径/mm	屈服强度/MPa	破坏强度/MPa	屈强比	弹性模量/GPa
12	405	560	0.72	192

3）钢板

本试验设计统一采用厚度为6 mm的钢板，强度为Q235。测试钢板力学性能的试件按照《金属材料室温拉伸试验方法》中的规定制作，具体尺寸如图7-418和表7-79所示。试验结果见表7-80。

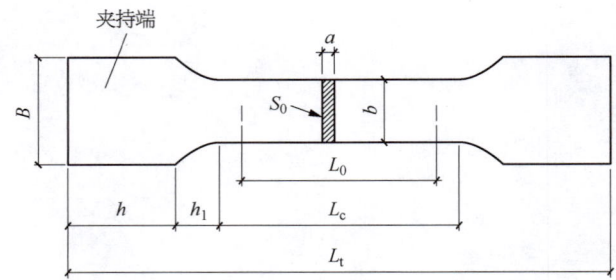

图7-418 钢板拉伸试件形状

表7-79 钢板拉伸试件尺寸表　　单位：mm

试件板厚	a	b	h	L_0	L_c	L_t
6	6	30	50	80	110	$L_t=L_c+2h+2h_1$

表7-80 钢板拉伸试件测试结果

板厚/mm	屈服强度/MPa	破坏强度/MPa	屈强比
6	308	443	0.70

7.3.4.2 主要试验结果

预应力钢-混凝土组合桥面板试件的主要试验结果见表7-81。其中，P_{cr}表示混凝土表面出现第一条裂缝时所对应的试验开裂荷载值，P_y表示荷载-跨中挠度曲线开始出现近似水平段时（位移增加较快，而荷载增加相对缓慢）所对应的试验屈服荷载值，P_u表示试件所能承受的最大试验荷载（试件FT-12、FT-21、FT-22由于在加载过程中未出现曲线下降段，因此此项记录停机荷载值），δ_y和δ_u分别表示对应于P_y和P_u的跨中挠度实测值。根据力学基本原理，试件跨中弯矩值计算公式为：$M=P(L_0-600)/4$，其中P为试验中各主要阶段的荷载，L_0为计算跨度，取1800 mm，试验主要阶段跨中弯矩计算结果见表7-82。

表7-81 试件主要试验结果

编号	$P_{cr}/$kN	$P_y/$kN	$P_u/$kN	$\delta_y/$mm	$\delta_u/$mm	破坏形式
FT-01	28	385	426(峰值)	8.30	14.54	弯曲破坏
FT-02	38	360	399(峰值)	11.10	21.88	弯曲破坏
FT-11	47	397	473(峰值)	11.52	21.68	弯曲破坏
FT-12	20	557	658(停机值)	10.98	25.08	弯曲破坏
FT-21	43	178	221(停机值)	16.88	39.65	弯曲破坏
FT-22	43	180	248(停机值)	15.78	38.32	弯曲破坏

表 7-82 试验主要阶段跨中弯矩表

	$M_{cr}/(kN·m)$	$M_y/(kN·m)$	$M_u/(kN·m)$	M_u/M_y
FT-01	8.4	115.5	127.8	1.11
FT-02	11.4	108.0	118.5	1.10
FT-11	14.1	119.1	141.9	1.19
FT-12	6.0	167.1	197.4	1.18
FT-21	12.9	53.4	66.3	1.24
FT-22	12.9	54.0	74.4	1.38

1) 试件破坏形态

图 7-419 所示为各试件破坏后的挠曲形态，图 7-420 所示为各试件破坏后的裂缝分布图。在正弯矩作用下的无预应力钢-混凝土组合板试件、有预应力钢-混凝土组合板试件均呈现出典型的弯曲破坏形式，受拉区混凝土先出现裂缝，随着荷载不断增大，跨中钢板屈服、受压区混凝土压溃；在负弯矩作用下，预应力钢-混凝土组合板试件仍表现为弯曲破坏形式，混凝土板受拉开裂退出工作，纵向钢筋和 PBL 均受拉屈服。

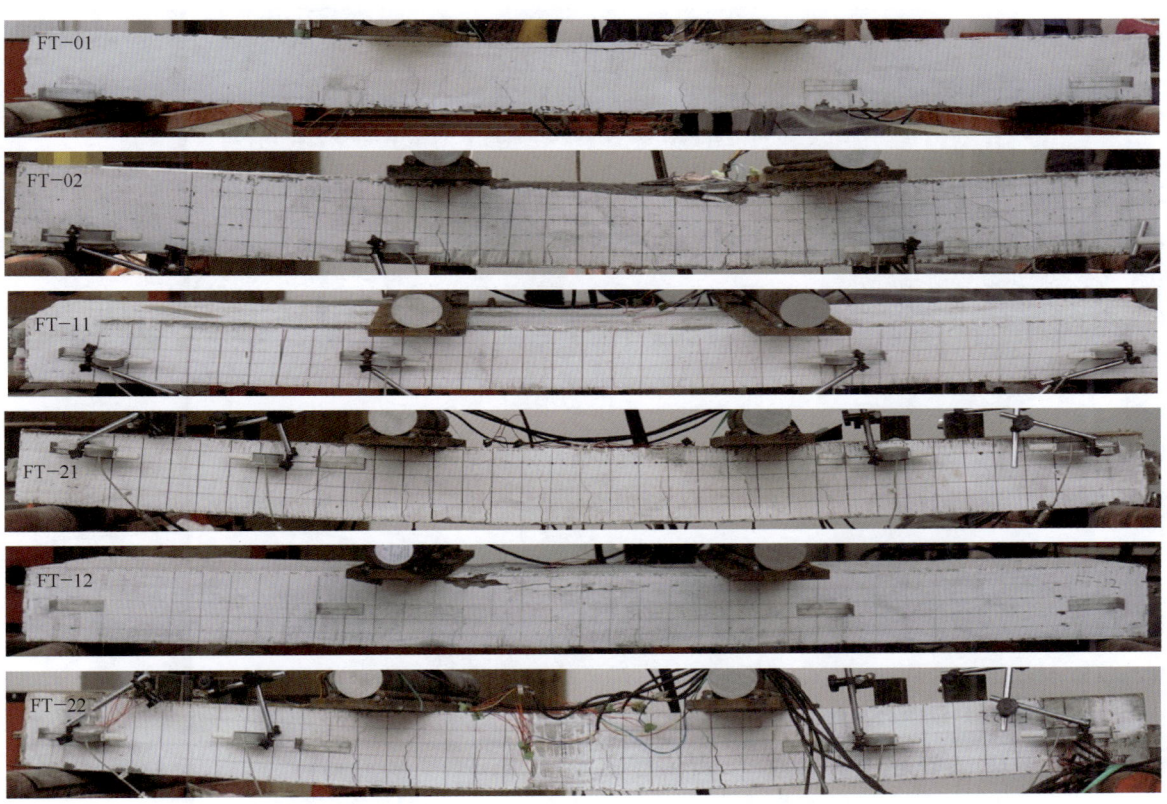

图 7-419 各试件破坏后的挠曲形态

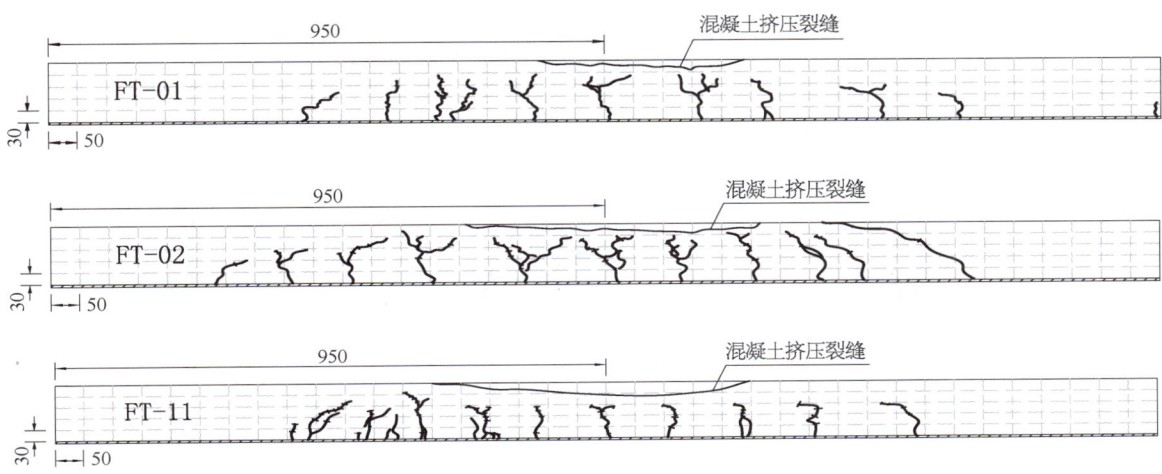

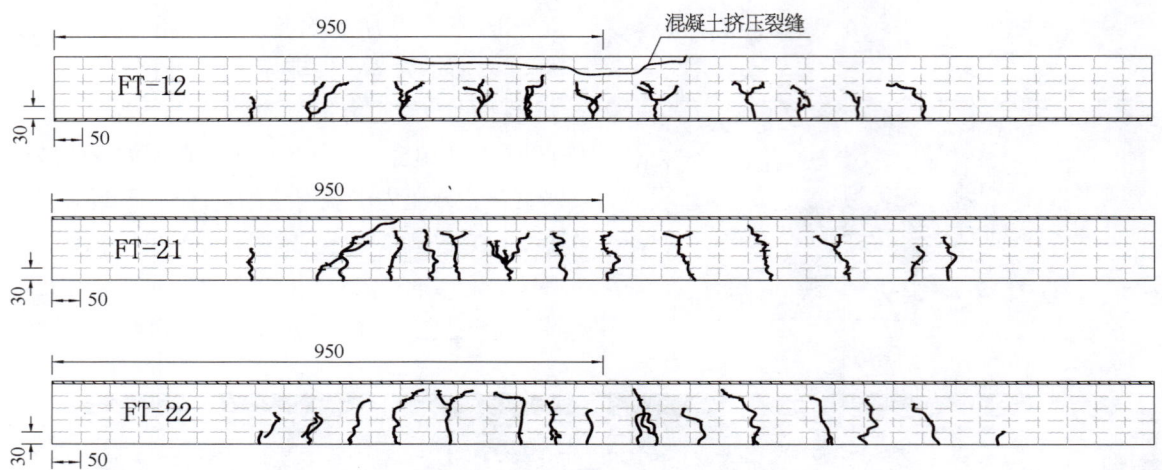

图 7-420 各试件破坏后的裂缝分布图(单位：mm)

2) 荷载-挠度曲线

(1) 荷载-跨中挠度曲线。

6 块试件中正弯矩作用的组合板 FT-01、FT-02、FT-11、FT-12 采用相同刻度绘制其荷载-挠度曲线,如图 7-421～图 7-424 所示;负弯矩作用的组合板 FT-21、FT-22 采用相同刻度绘制其荷载-挠度曲线,如图 7-425、图 7-426 所示。

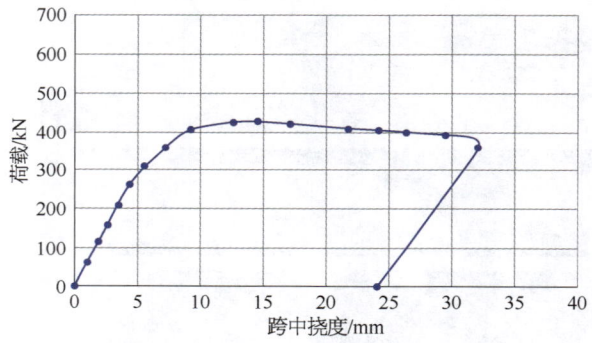

图 7-421 试件 FT-01 荷载-跨中挠度曲线

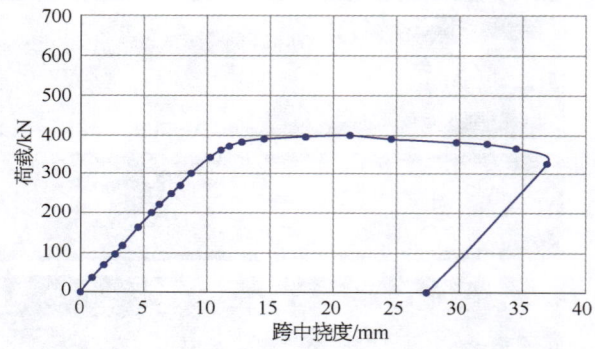

图 7-422 试件 FT-02 荷载-跨中挠度曲线

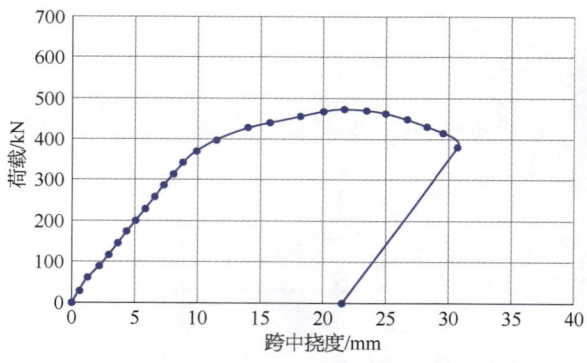

图 7-423 试件 FT-11 荷载-跨中挠度曲线

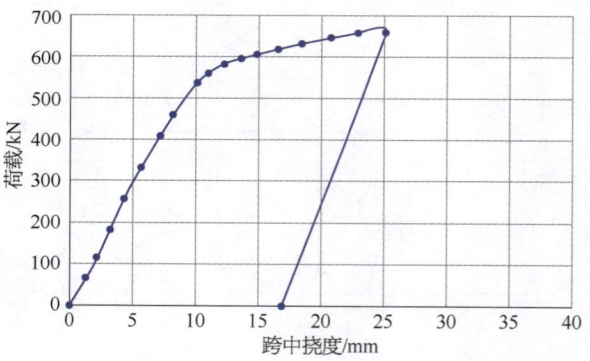

图 7-424 试件 FT-12 荷载-跨中挠度曲线

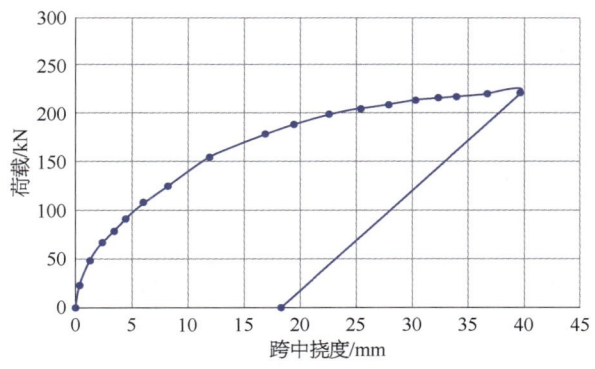

图 7-425　试件 FT-21 荷载-跨中挠度曲线

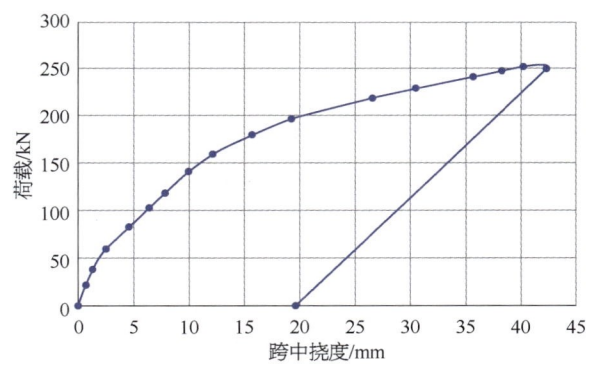

图 7-426　试件 FT-22 荷载-跨中挠度曲线

由图可见，对正弯矩无预应力试件（FT-01、FT-02）和正弯矩预应力试件（FT-11、FT-12），其受力全过程可近似划分为四个阶段：①在荷载加载初期为弹性阶段，荷载-挠度呈线性关系，斜率反映了结构的初始刚度，钢板与混凝土共同工作，组合板的应变分布符合平截面假定，混凝土板内无裂缝出现；②带裂缝工作阶段，此阶段混凝土受拉底面开始出现裂缝，随着荷载增加，裂缝条数逐渐增多且裂缝向上扩展，组合板的刚度有一定程度的下降；③底钢板屈服后，试件进入塑性阶段，钢-混凝土间的协同工作减弱，试件挠度增长速率加快，混凝土裂缝向顶面扩展且裂缝逐渐加宽；④在荷载达到峰值后，试件的承载能力并未迅速丧失，随承载力的下降变形迅速增长，表现为曲线平缓下降（试件 FT-12 由于挠度较大时卸载，未记录下降段）。

正弯矩作用下，有预应力的两个试件（FT-11、FT-12）试验结果存在较大差别，将在本节 3）～5）部分结合荷载-滑移曲线分析原因。但总体来看，有预应力试件比无预应力试件的承载力高，且产生的最大挠度值较小，说明预应力对承载力贡献较大。

对于负弯矩有预应力试件（FT-21、FT-22），随荷载的增大，其挠度增大，曲线呈非线性增大趋势，无明显分段，加载到荷载最大值时由于挠度较大进行卸载，曲线无下降段。

各试件在试验完成后卸载，测得试件的回弹变形：正弯矩作用下各试件的回弹变形为 10 mm 左右，负弯矩作用下各试件的回弹变形为 20 mm 左右。

（2）荷载-6 分点挠度曲线。

6 块试件中正弯矩作用的组合板 FT-01、FT-02、FT-11、FT-12 采用相同刻度绘制其荷载-6 分点挠度曲线，如图 7-427～图 7-430 所示；负弯矩作用的组合板 FT-21、FT-22 采用相同刻度绘制其荷载-6 分点挠度曲线，如图 7-431、图 7-432 所示。图中部分曲线由于试验设备原因，未标注卸载后挠度值。

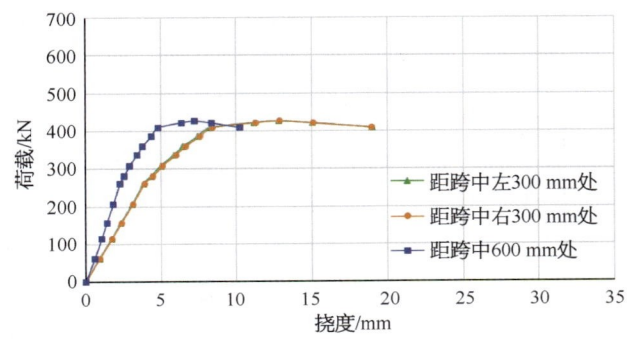

图 7-427　试件 FT-01 荷载-6 分点挠度曲线

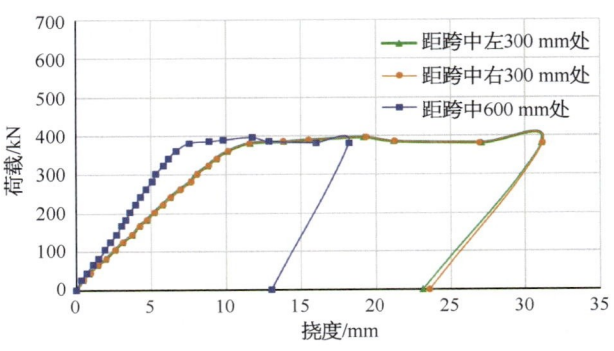

图 7-428　试件 FT-02 荷载-6 分点挠度曲线

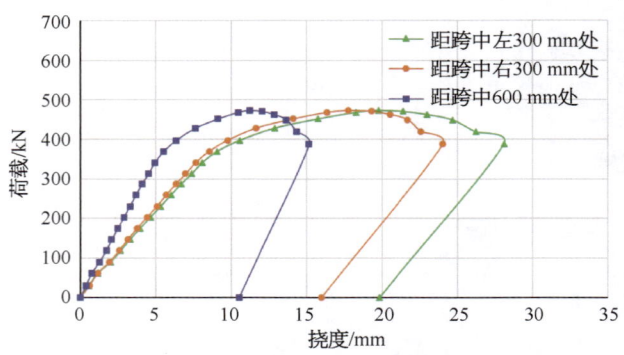

图 7-429　试件 FT-11 荷载-6 分点挠度曲线

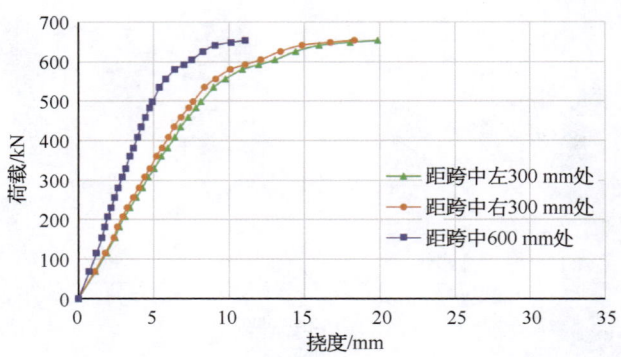

图 7-430　试件 FT-12 荷载-6 分点挠度曲线

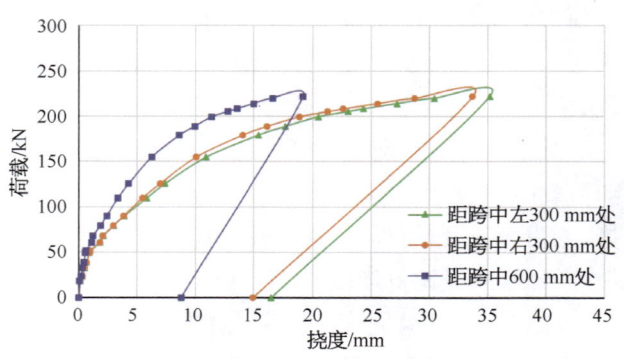

图 7-431　试件 FT-21 荷载-6 分点挠度曲线

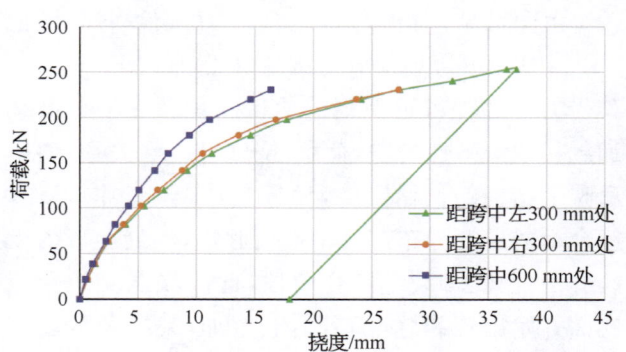

图 7-432　试件 FT-22 荷载-6 分点挠度曲线

荷载-6 分点挠度曲线是距跨中 300 mm 和 600 mm 处的挠度，距跨中 300 mm 处左右各架设了一个对称的百分表，由曲线可以看出这两个表的曲线基本重合，说明试件在加载过程中基本满足 3 分点对称加载，与加载方案吻合。此曲线还体现出 600 mm 处挠度明显比 300 mm 处挠度小，这也与试件弯曲破坏形态吻合。其余规律与荷载-跨中挠度曲线试验结果吻合。

（3）荷载-挠度分布曲线。

由于试验条件限制，沿试件纵向共布置 4 个百分表，分别位于跨中、距跨中左侧 300 mm 处、距跨中右侧 300 mm 处、距跨中左侧 600 mm 处，荷载-挠度分布曲线汇总了 4 个百分表在各级荷载下记录的试件变形，为使变形形状更加直观，绘制曲线时视距跨中左侧 600 mm 处与距跨中右侧 600 mm 处挠度相同。6 块试件中采用相同刻度绘制其荷载-挠度分布曲线，如图 7-433～图 7-438 所示。

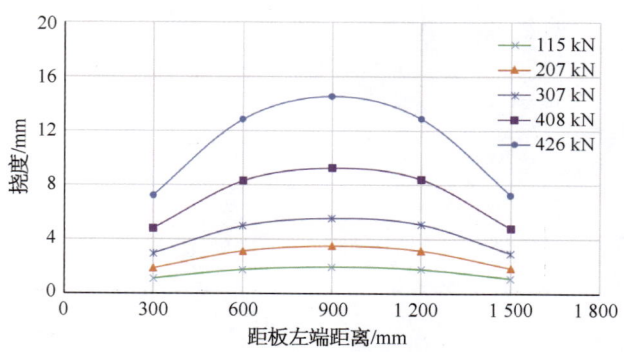

图 7-433　试件 FT-01 荷载-挠度分布曲线

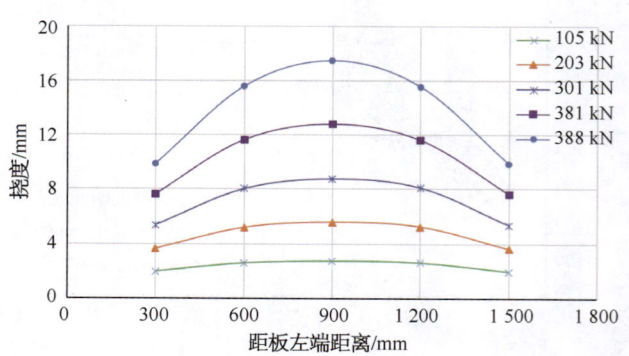

图 7-434　试件 FT-02 荷载-挠度分布曲线

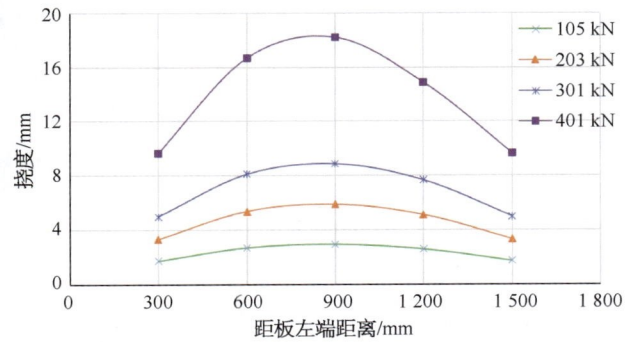

图 7-435 试件 FT-11 荷载-挠度分布曲线

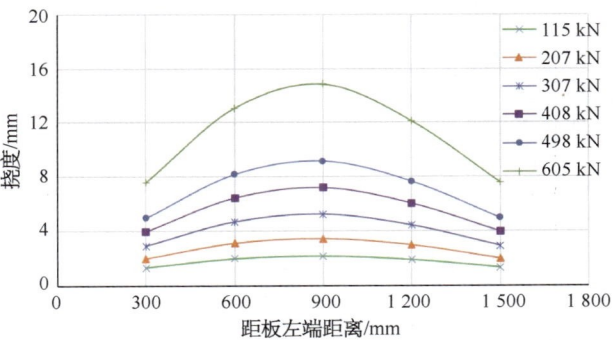

图 7-436 试件 FT-12 荷载-挠度分布曲线

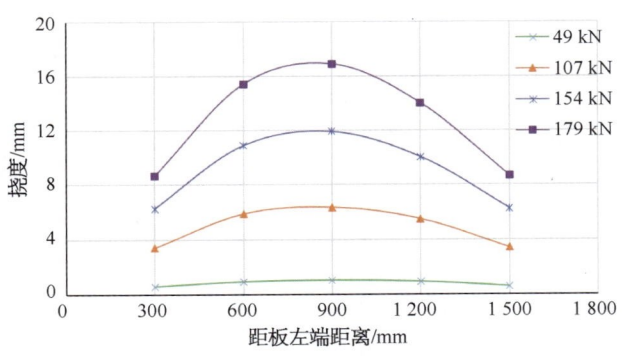

图 7-437 试件 FT-21 荷载-挠度分布曲线

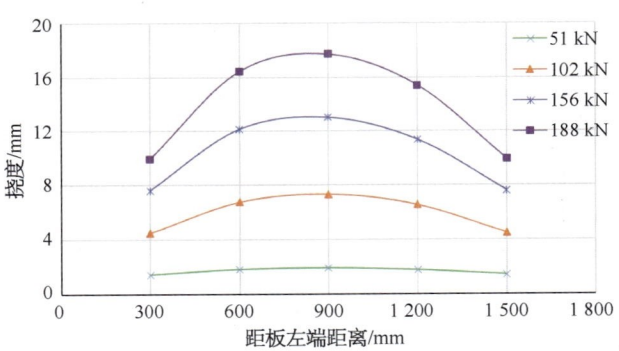

图 7-438 试件 FT-22 荷载-挠度分布曲线

曲线体现了在各级荷载作用下,试件挠度的变化情况,可以明显看出随着加载值的增大,试件挠度不断增大,其中跨中测点的挠度最大,靠近支座测点的挠度最小,且沿试件跨度方向,变形对称。同时,对比3种试件可见,正弯矩作用下有预应力试件在同一荷载水平下,变形要比无预应力试件小,而负弯矩作用下的试件变形较大。

3) 荷载-应变曲线

(1) 荷载-混凝土侧面应变曲线。

试件跨中正截面应变沿板厚方向的分布及发展变化曲线如图7-439~图7-444所示,其中正弯矩作用的组合板FT-01、FT-02、FT-11、FT-12采用相同刻度绘制,负弯矩作用的组合板FT-21、FT-22采用相同刻度绘制。图中各曲线沿截面高度方向共6个数据点,中间4个点代表沿跨中截面混凝土侧面布置的4个应变测点,高度0 mm处数据点为底钢板(对于FT-21、FT-22为混凝土顶面)沿跨中布置的3个测点的应变平均值,高度150 mm处数据点为混凝土顶面(对于FT-21、FT-22为底钢板)沿跨中布置的3个测点的应变平均值。

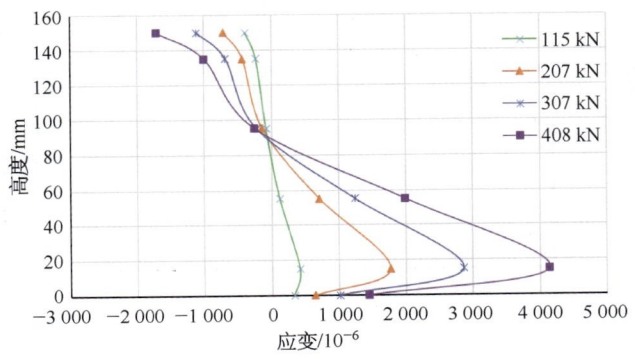

图 7-439 试件 FT-01 荷载-跨中正截面应变分布曲线

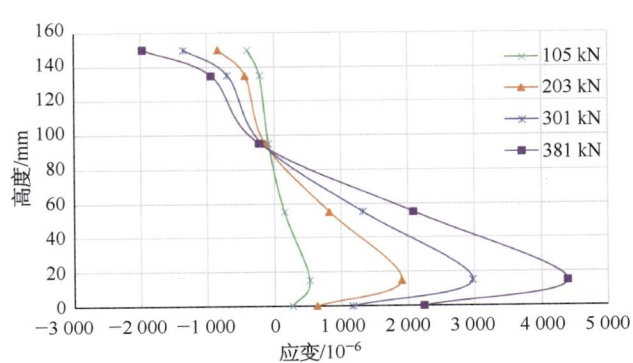

图 7-440 试件 FT-02 荷载-跨中正截面应变分布曲线

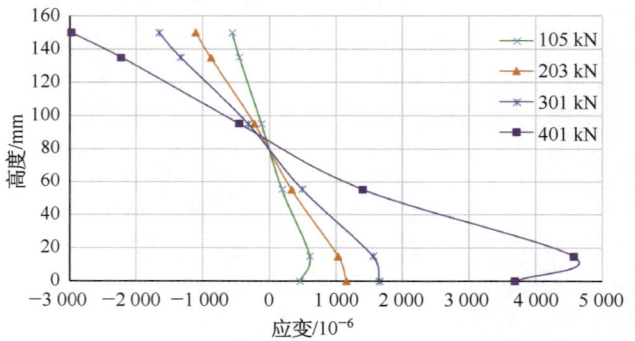

图 7-441 试件 FT-11 荷载-跨中正截面应变分布曲线

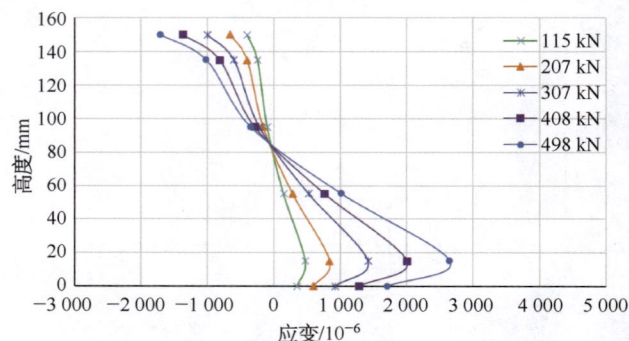

图 7-442 试件 FT-12 荷载-跨中正截面应变分布曲线

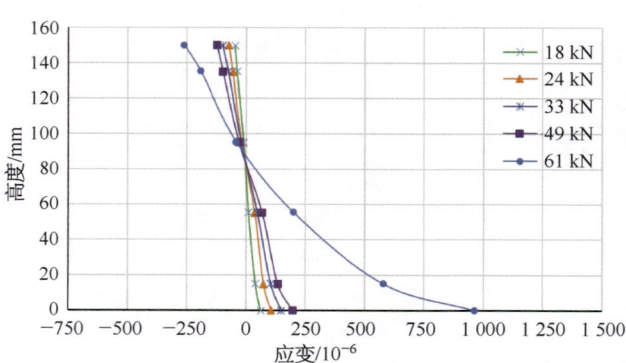

图 7-443 试件 FT-21 荷载-跨中正截面应变分布曲线

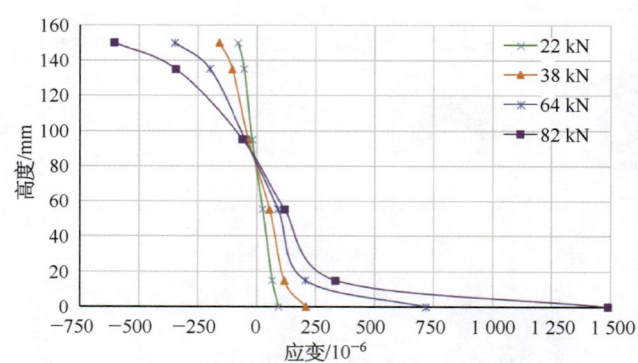

图 7-444 试件 FT-22 荷载-跨中正截面应变分布曲线

从应变的发展可以看出,在加载早期截面的应变分布呈直线,基本上符合平截面假定。随着荷载的增大,应变增长加快,曲线呈非线性变化。

FT-01、FT-02、FT-11、FT-12 底钢板与混凝土底面在试件开裂后出现滑移,随荷载增大滑移量越来越大,试件沿纵向出现通长滑移裂缝。负弯矩作用的组合板 FT-21、FT-22 混凝土底面开裂且裂缝发展,顶面钢板与混凝土滑移。

(2)荷载-PBL 应变曲线。

3 种试件的 PBL 跨中截面应变沿板厚方向的分布及发展变化曲线采用相同刻度绘制,如图 7-445～图 7-447 所示。

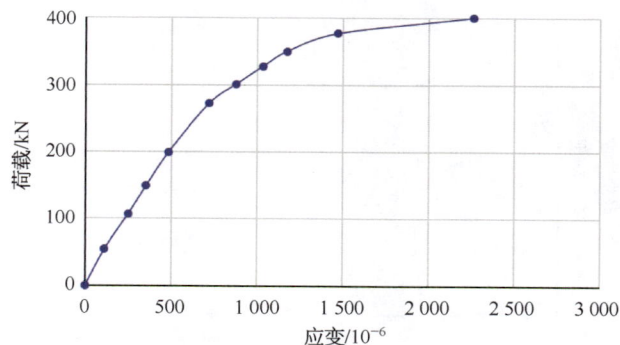

图 7-445 试件 FT-01 的 PBL 应变分布曲线

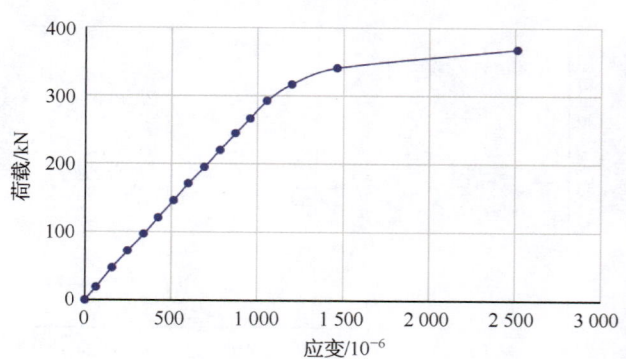

图 7-446 试件 FT-11 的 PBL 应变分布曲线

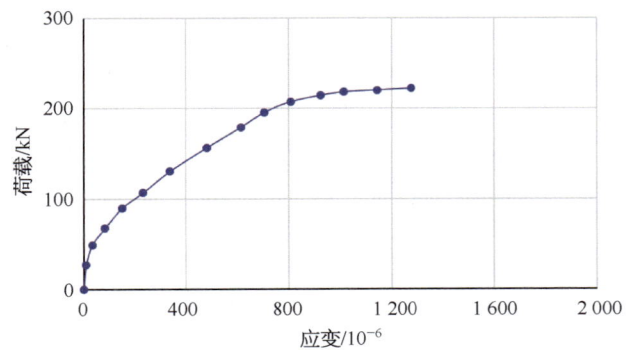

图 7-447　试件 FT-21 的 PBL 应变分布曲线

观察 3 种试件的 PBL 应变曲线可见，正弯矩作用下，无预应力组合板 PBL 的屈服荷载约为 272 kN，有预应力组合板 PBL 的屈服荷载约为 317 kN；负弯矩作用下，预应力组合板 PBL 的屈服荷载约为 195 kN。

(3) 荷载-混凝土顶面应变曲线。

试件混凝土顶面荷载-应变曲线如图 7-448～图 7-453 所示，其中正弯矩作用的组合板 FT-01、FT-02、FT-11、FT-12 采用相同刻度绘制，负弯矩作用的组合板 FT-21、FT-22 采用相同刻度绘制。

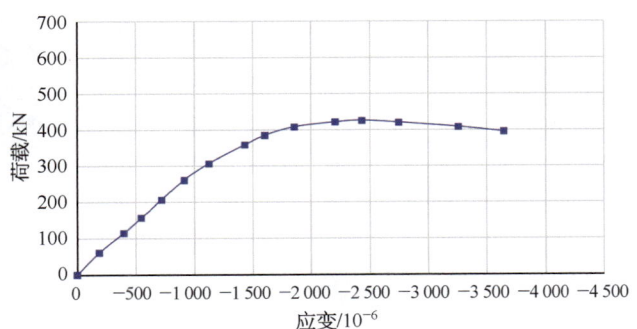

图 7-448　试件 FT-01 的荷载-混凝土顶面应变分布曲线

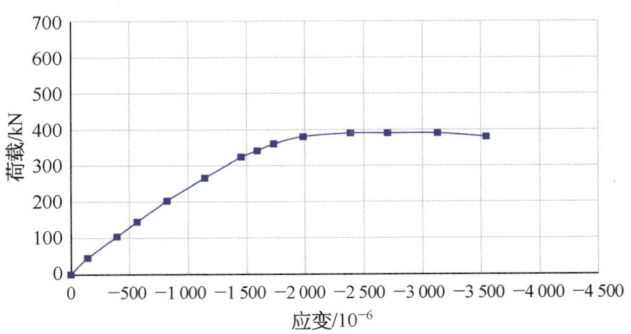

图 7-449　试件 FT-02 的荷载-混凝土顶面应变分布曲线

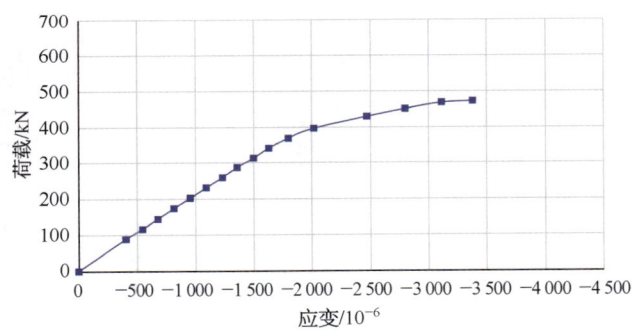

图 7-450　试件 FT-11 的荷载-混凝土顶面应变分布曲线

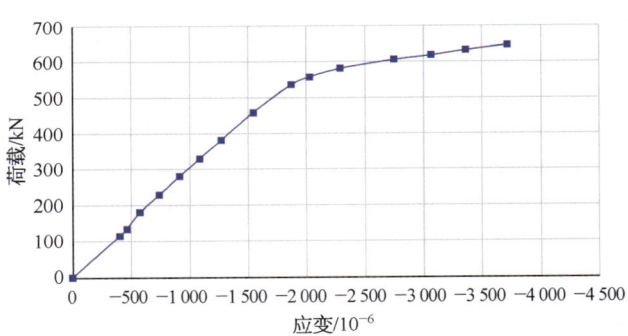

图 7-451　试件 FT-12 的荷载-混凝土顶面应变分布曲线

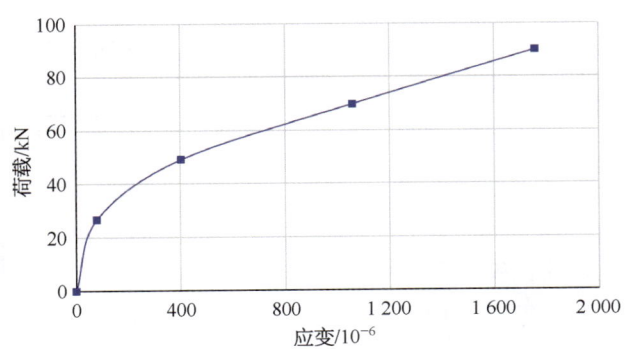

图 7-452　试件 FT-21 的荷载-混凝土顶面应变分布曲线

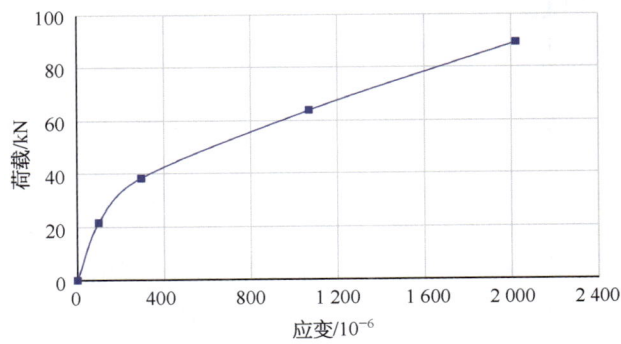

图 7-453　试件 FT-22 的荷载-混凝土顶面应变分布曲线

对于正弯矩试件，混凝土面每个测点的应变曲线基本重合，说明在试验中混凝土受力分布均匀，没有出现试件的偏压。曲线表现出的各个阶段与荷载-挠度曲线也较相似，符合试件的破坏情况。应变在约 $1500\mu\varepsilon$ 之前曲线为直线上升阶段，在试件达到破坏时，应变均能达到 $3500\mu\varepsilon$ 以上。负弯矩试件由于混凝土的开裂,应变只测到了试件的屈服荷载之前,没能完整地反映出整个受力过程。

（4）荷载-底钢板应变曲线。

① 荷载-底钢板纵向应变曲线。

试件荷载-底钢板纵向应变曲线如图 7-454～图 7-459 所示,其中正弯矩作用的组合板 FT-01、FT-02、FT-11、FT-12 采用相同刻度绘制,负弯矩作用的组合板 FT-21、FT-22 采用相同刻度绘制。其中 FT-22 的测点 1 加载过程中应变片脱落,未做图示。

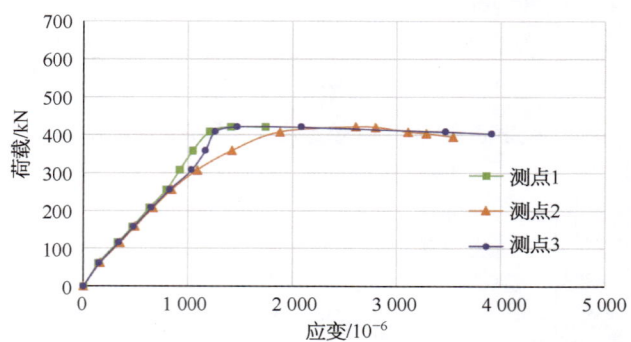

图 7-454　试件 FT-01 的荷载-底钢板纵向应变曲线

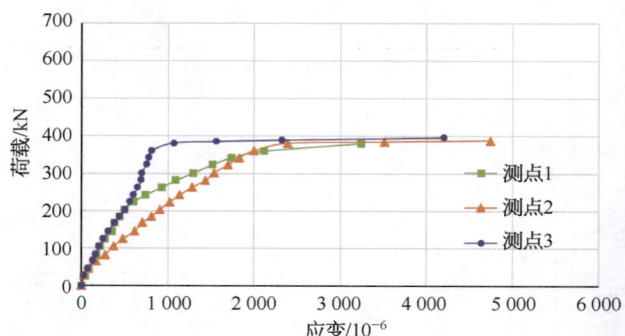

图 7-455　试件 FT-02 的荷载-底钢板纵向应变曲线

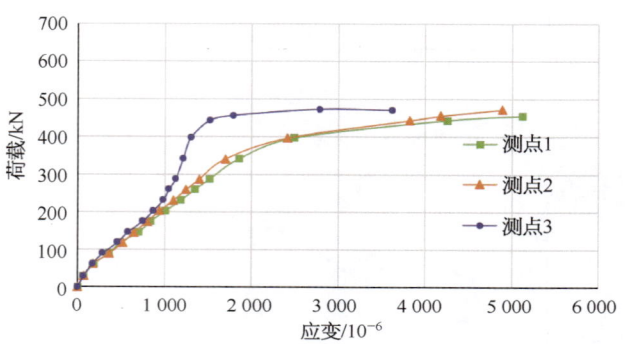

图 7-456　试件 FT-11 的荷载-底钢板纵向应变曲线

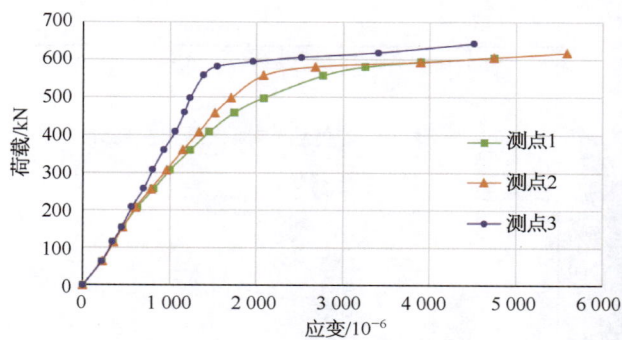

图 7-457　试件 FT-12 的荷载-底钢板纵向应变曲线

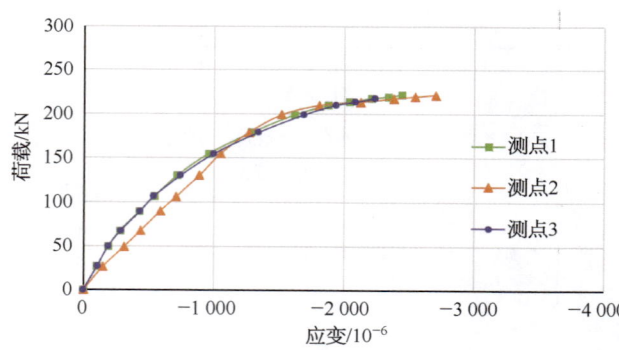

图 7-458　试件 FT-21 的荷载-底钢板纵向应变曲线

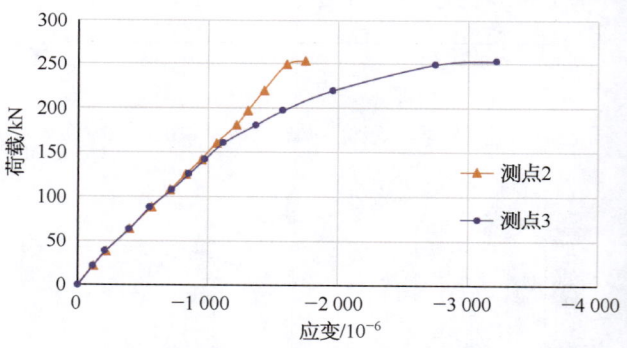

图 7-459　试件 FT-22 的荷载-底钢板纵向应变曲线

正弯矩作用下,无预应力和有预应力试件底钢板纵向应变均出现明显的屈服点,负弯矩作用下,有预应力试件底钢板纵向应变无明显屈服点。同一试件沿跨中布置的 3 个测点的底钢板纵向应变曲线存在偏差,可能是由于试验过程中加载出现横向偏载、支座支撑不完全对称导致的。但总结各曲线共同的规律可见:对于正弯矩作用下的 4 个试件,横向靠近带孔钢板的测点 3 曲线均出现了明显的屈服点,而横向靠近跨中的测点 2 曲线并无明显的屈服阶段,说明带孔钢板除起到剪力键的作用外,对底钢板的塑性变形也有一定的约束效果,在低应力状态下加劲肋的约束贡献较小,随着应力的增加,加劲肋的约束效应越来越明显。

② 荷载-底钢板横向应变曲线。

试件荷载-底钢板横向应变曲线如图7-460~图7-465所示,其中正弯矩作用的组合板 FT-01、FT-02、FT-11、FT-12 采用相同刻度绘制,负弯矩作用的组合板 FT-21、FT-22 采用相同刻度绘制。底板横向应变分布规律与纵向应变相似:正弯矩作用下,无预应力和有预应力试件底钢板横向应变均出现明显的屈服点;负弯矩作用下,有预应力试件底钢板横向应变无明显屈服点。同一试件沿跨中布置的3个测点的底钢板横向应变曲线存在偏差,可能是由于试验过程中加载并不完全对称或支座支撑不完全对称导致的。

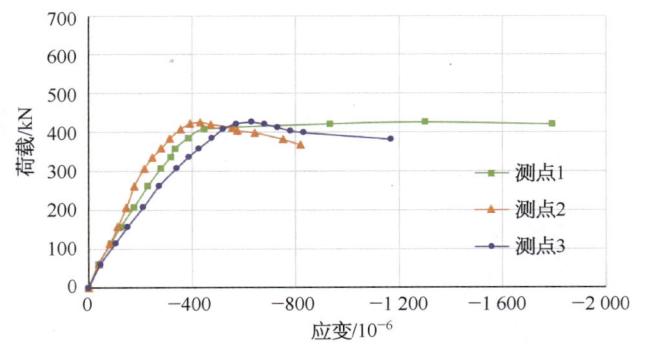

图7-460 试件 FT-01 的荷载-底钢板横向应变曲线

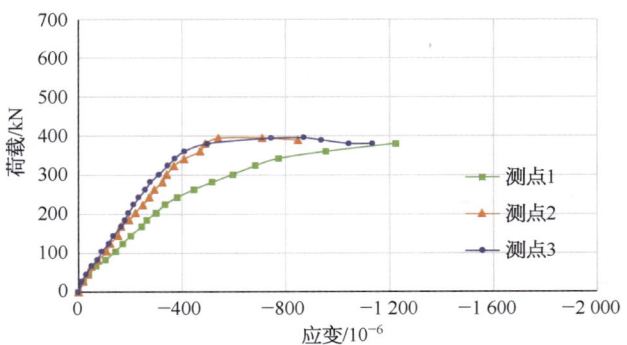

图7-461 试件 FT-02 的荷载-底钢板横向应变曲线

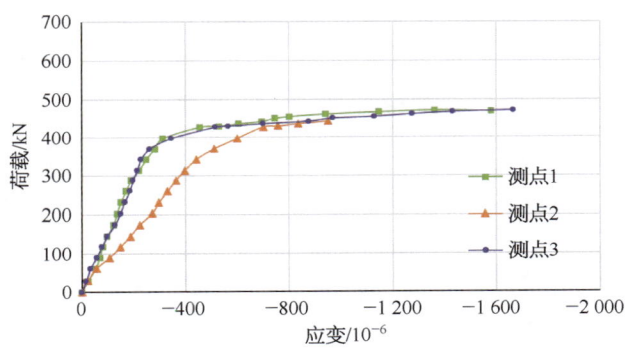

图7-462 试件 FT-11 的荷载-底钢板横向应变曲线

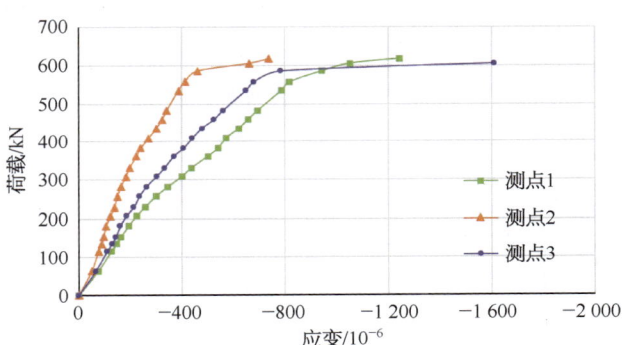

图7-463 试件 FT-12 的荷载-底钢板横向应变曲线

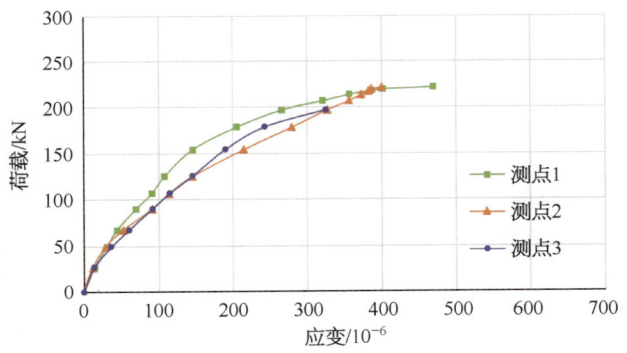

图7-464 试件 FT-21 的荷载-底钢板横向应变曲线

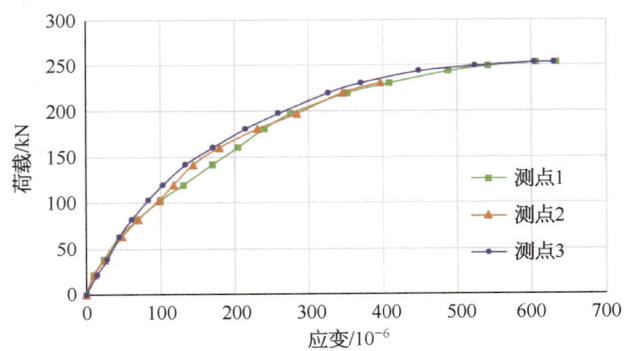

图7-465 试件 FT-22 的荷载-底钢板横向应变曲线

(5) 荷载-滑移曲线。

荷载-滑移曲线如图7-466~图7-471所示,6块组合板试件均采用相同刻度绘制。

由图7-466~图7-471可见,加载初期各测点的相对滑移量均较小,随着荷载的增大相对滑移量加速发展,呈现从跨中到板端滑移量逐步增大的趋势。试件滑移量沿纵向大致呈跨中小、板端大的趋势分布。由于试验过程中材料、加工、加载等多方面因素的影响,测试结果存在一定离散性,同种试件在相同荷载等级下滑移量有区别,但规律非常明显:滑

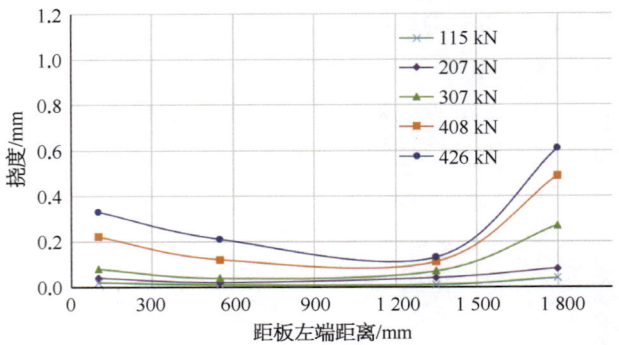

图 7-466　试件 FT-01 的荷载-滑移曲线

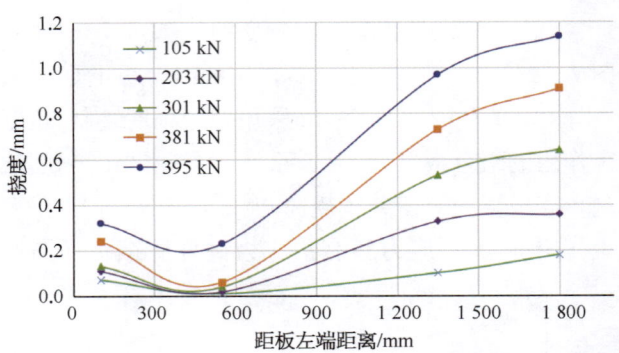

图 7-467　试件 FT-02 的荷载-滑移曲线

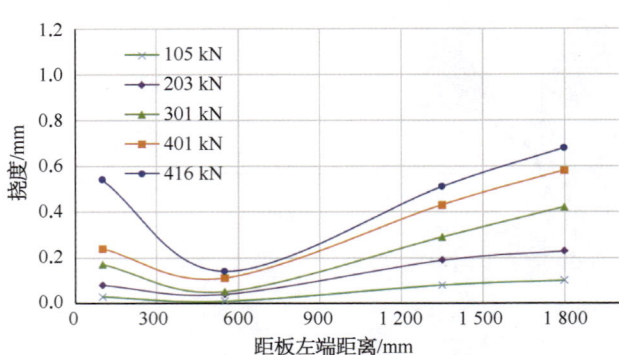

图 7-468　试件 FT-11 的荷载-滑移曲线

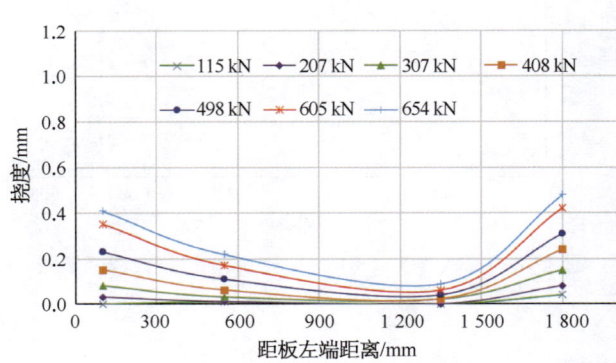

图 7-469　试件 FT-12 的荷载-滑移曲线

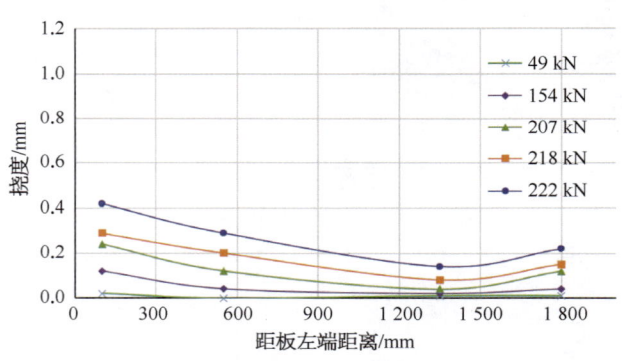

图 7-470　试件 FT-21 的荷载-滑移曲线

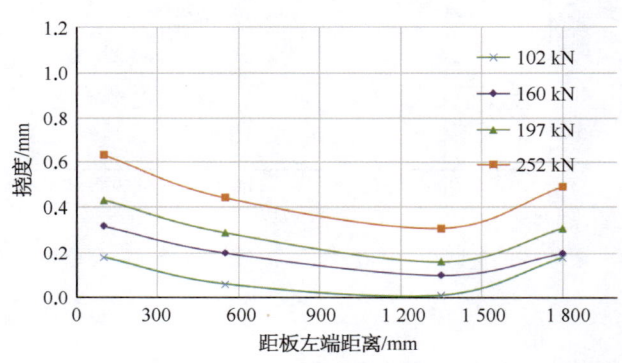

图 7-471　试件 FT-22 的荷载-滑移曲线

移量越大,对应的试件极限承载力越低;正弯矩作用下,有预应力试件的滑移量要低于无预应力试件的滑移量。

同时,结合本节图 7-433~图 7-438 荷载-挠度曲线规律可知,正弯矩有预应力试件(FT-11、FT-12)试验测得的承载力有较大区别,而本试验所有试件钢材与混凝土均为同一批生产的材料,产生差异的原因很可能是试件加工时钢板与混凝土结合处黏结的差别产生的,从荷载-滑移曲线可见,试件 FT-12 的滑移出现的较晚,且各级荷载下滑移量较小,试件 FT-11 与之相反,最终测得的 FT-12 极限承载力比 FT-11 大 20t 左右。由此可见,组合桥面板滑移量的控制非常关键,将直接影响结构的承载力和变形。

(6) 荷载-裂缝情况。

试验过程记录的各试件裂缝发展情况见表 7-83,为将各试件裂缝进行对比,主要提出 3 种典型裂缝宽度进行比较:分别为 0.15 mm 左右、0.25 mm 左右、最宽裂缝,表中依次注释为 Ⅰ 级裂缝、Ⅱ 级裂缝和 Ⅲ 级裂缝。

观察表中数据可知:① 正弯矩作用下,有预应力试件的开裂荷载要大于无预应力试件的开裂荷载,正、负弯矩作用下有预应力试件的开裂荷载接近;② 滑移量接近的试件 FT-01 与 FT-12 相比可

表 7-83 预应力组合桥面板裂缝发展情况记录表

试件编号		FT-01	FT-02	FT-11	FT-12	FT-21	FT-22
初始状态描述		无裂缝	板端存在滑移裂缝	无裂缝	无裂缝	板端存在脱黏裂缝	无裂缝
开裂荷载/t		未读	3.8	5.5	未读	5.1	5.1
极限荷载/t		42.1	39.6	41.5	65.8	22.1	25.4
Ⅰ级裂缝	荷载/t	28.6	15.4	14.7	28.6	7.9	8.2
	宽度/mm	0.15	0.15	0.15	0.15	0.15	0.15
	长度/mm	90	95	90	80	99	109
Ⅱ级裂缝	荷载/t	34.1	25.2	24.5	54.1	9	12.9
	宽度/mm	0.25	0.25	0.25	0.25	0.20	0.25
	长度/mm	96	90	115	91	101	117
Ⅲ级裂缝	荷载/t	40.8	38	39.7	60.8	20.1	25.2
	宽度/mm	0.45	1.60	0.85	0.80	1.10	3.00
	长度/mm	105	103	130	90	116	138

见，Ⅰ级裂缝出现的荷载值接近，但有预应力试件的裂缝长度明显低于无预应力试件的裂缝长度，有预应力试件Ⅱ、Ⅲ级裂缝出现时的荷载值远大于无预应力试件的荷载值，Ⅱ、Ⅲ级裂缝长度亦小于无预应力试件的裂缝长度；③有预应力试件负弯矩作用下的裂缝宽度较宽，各级裂缝产生时的荷载值较低。

各试件裂缝发展顺序及分布如图 7-472～图 7-477 所示。

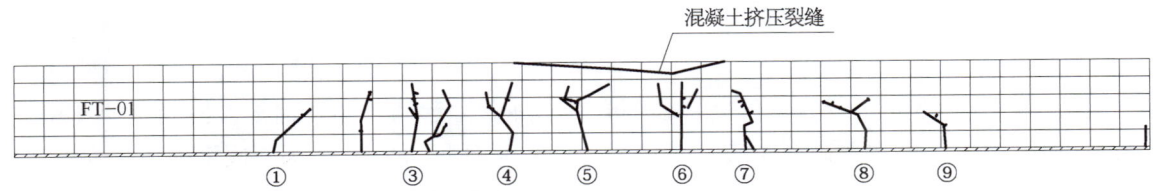

图 7-472 试件 FT-01 的裂缝发展顺序及分布图

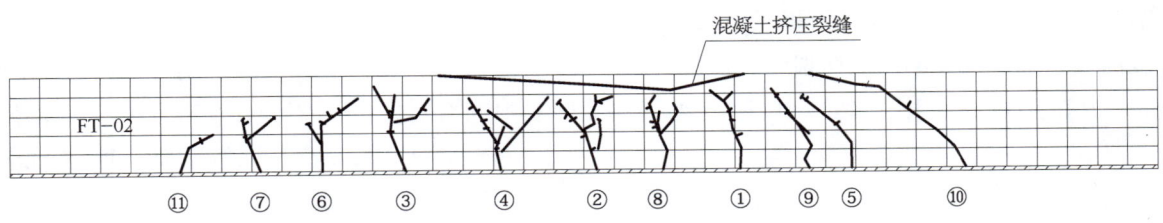

图 7-473 试件 FT-02 的裂缝发展顺序及分布图

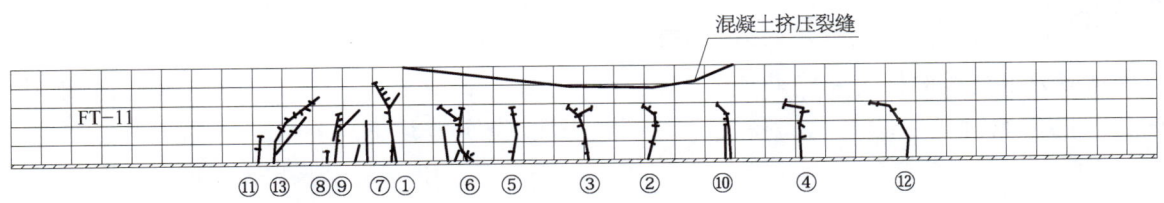

图 7-474 试件 FT-11 的裂缝发展顺序及分布图

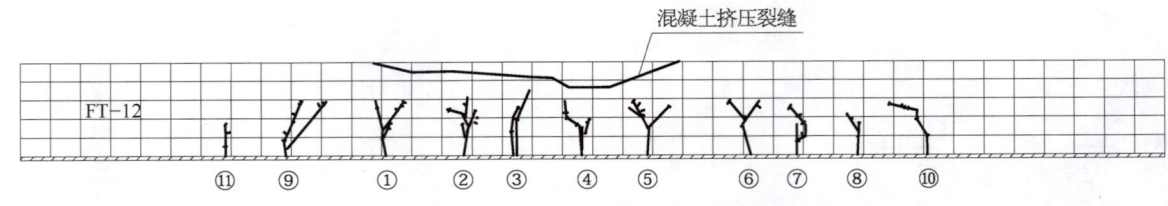

图 7-475　试件 FT-12 的裂缝发展顺序及分布图

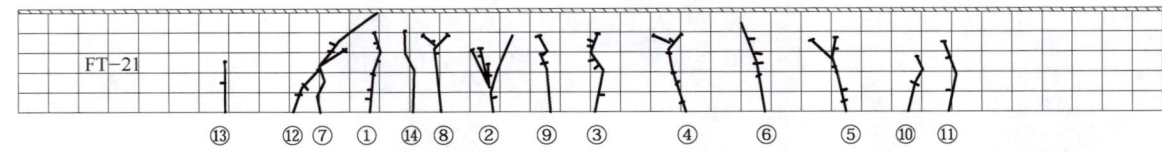

图 7-476　试件 FT-21 的裂缝发展顺序及分布图

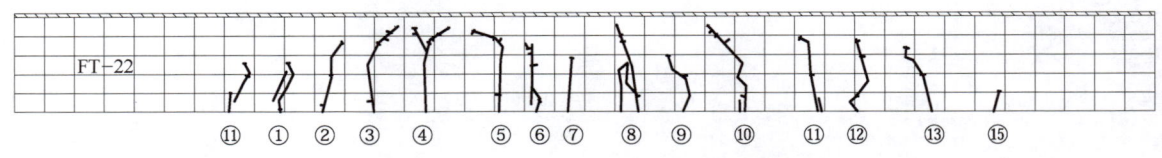

图 7-477　试件 FT-22 的裂缝发展顺序及分布图

从图中可以看出，6 块弯曲破坏试件的裂缝主要集中在加载点附近和跨中纯弯段，在靠近支座的剪跨段混凝土侧面几乎未出现裂缝；前期裂缝长度发展较快，裂缝宽度发展缓慢，后期裂缝长度发展较慢，裂缝宽度发展较快。

4) 小结

(1) 从试件破坏形态及荷载-挠度曲线规律可知，试验设计的组合桥面板主要破坏形态为弯曲破坏。其中，正弯矩作用下的组合桥面板破坏过程主要分 4 个阶段：弹性阶段、屈服阶段、强化阶段和破坏阶段；负弯矩作用下的组合桥面板破坏过程中荷载-挠度曲线未出现明显的屈服阶段和下降段，说明组合桥面板在正弯矩作用下延性更好，变形能力更强。

(2) 对比试件 FT-01 和 FT-11 的荷载-挠度曲线试验结果，验证了在正弯矩作用下，预应力的布置对组合桥面板的承载力有较大贡献，同时对结构变形也起到了很好的控制作用；在负弯矩作用下，经与已有无预应力组合桥面板研究成果对比可知，预应力的布置对组合桥面板的承载力提高及变形控制有一定的贡献。

(3) 通过总结各试件的荷载-应变曲线试验结果可以看出，混凝土侧面 4 个测点在荷载较小时，满足材料力学平截面假定，随着荷载的逐步增大，平截面假定不再适用，非线性变形明显；通过对比混凝土侧面应变与底钢板应变，分析荷载-滑移曲线可知，6 个试件在加载初期分别出现了不同程度的滑移，最大滑移量均出现在板端，最小滑移量出现在靠近跨中位置，且随荷载的增大滑移量不断增大。

(4) 由荷载-底钢板纵、横向应变规律可知，带孔钢板除起到连接底钢板与混凝土的作用外，对正弯矩作用下的组合桥面板底钢板还起到约束变形的作用，底钢板横向靠近带孔钢板测点的荷载-应变曲线具有更明显的屈服阶段，而横向靠近跨中的测点屈服阶段不明显。

(5) 观察荷载-裂缝情况可知，正弯矩作用下，有预应力试件的开裂荷载要大于无预应力试件的开裂荷载；两种试件出现相同宽度裂缝时，有预应力试件的裂缝长度明显低于无预应力试件的裂缝长度，且有预应力试件裂缝出现时的荷载值远大于无预应力试件的荷载值，这说明预应力对裂缝宽度、长度的控制有着显著的效果。

(6) 由于加工、测试、加载等试验条件限制，导致正弯矩作用下两个相同参数的预应力试件(FT-11、FT-12)试验结果出现了较大的差别，综合所有试验数据分析，该差别很可能是由于试件 FT-11 底钢板与混凝土之间黏结强度不足导致的，在相同荷载等级下其滑移量比试件 FT-12 大 2 倍以上，极限承载力降低 20 t,这是试验设计阶段未考虑到的。但由此可以得出结论,钢板与混凝土之间的相对滑移对极限承载力、变形影响很大,在组合桥面板结构施工时,应特别注意控制施工质量,保证二者连接可靠。

7.3.5 有限元分析与计算方法

7.3.5.1 有限元分析

1) 模型参数

为验证试验结果的可靠性,采用有限元软件 ANSYS 建立钢-混凝土组合桥面板的空间分析模型,对模型进行三维非线性空间力学研究。在单元类型的选择上,混凝土采用 8 节点的三维实体单元 SOLID65,该单元具有拉裂和压碎的功能,尤其对负弯矩作用下混凝土底板的开裂模拟更为准确,如图 7-478 所示;钢板采用 4 节点的三维塑性大应变壳单元 SHELL43,该单元具有塑性、蠕变、应力刚化、大变形和大应变的特性,如图 7-479 所示;贯穿钢筋、分布钢筋与预应力钢筋均采用 2 节点的三维桁架单元 LINK8,该单元可通过定义初应变施加预应力,如图 7-480 所示。

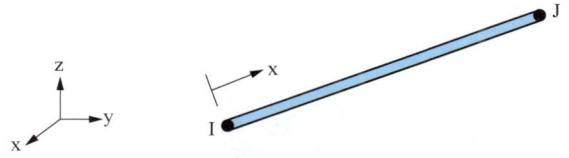

图 7-480 LINK8 单元特性

ANSYS 中混凝土和钢板的材料参数的选取与材料试验的结果保持一致,混凝土的本构模型采用塑性损伤本构关系模型(负弯矩作用开裂范围混凝土除外),如图 7-481 所示,该模型用于单向加载、循环加载及动态加载等情况,具有较好的收敛性;钢板和钢筋均采用理想的弹性-线性强化本构模型,如图 7-482 所示。

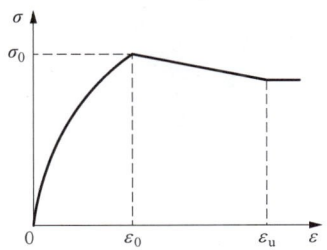

图 7-481 混凝土塑性损伤模型

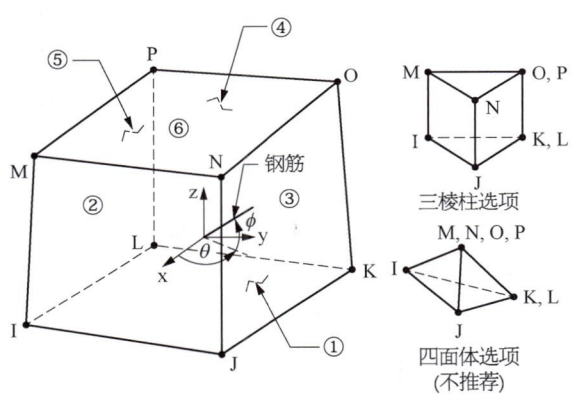

图 7-478 SOLID65 单元特性

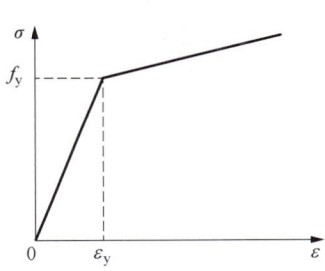

图 7-482 钢材弹性-线性强化本构模型

钢筋通过节点耦合内嵌于混凝土板中,以此模拟钢筋与混凝土之间的黏结关系。这种方式在钢筋混凝土非线性分析中大量采用,经验证具有较好的精度。有限元模型如图 7-483 所示。模型采用两点(3 分点)对称集中加载方式,为防止加载过程中板上加载面及支座出现应力集中,试验时在加载处和支座处设置钢垫片,以增加接触面积和刚度,加载模型如图 7-484 所示。

2) 有限元分析思路

(1) 试验方案确定阶段,为初步对各试件的试验过程进行规划,模型试验前采用无滑移模型进行

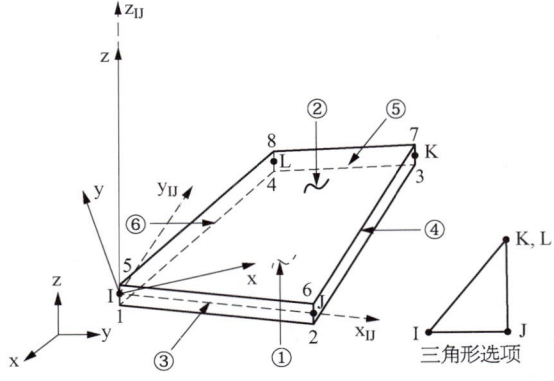

图 7-479 SHELL43 单元特性

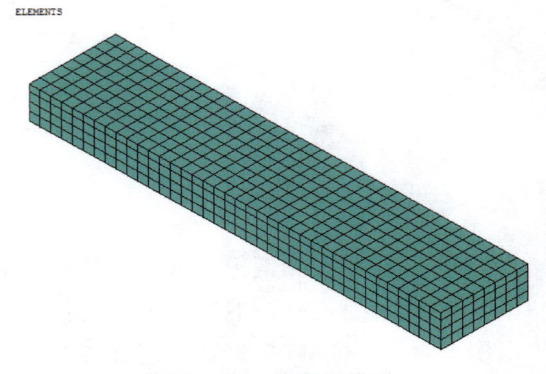

图 7-483　有限元模型

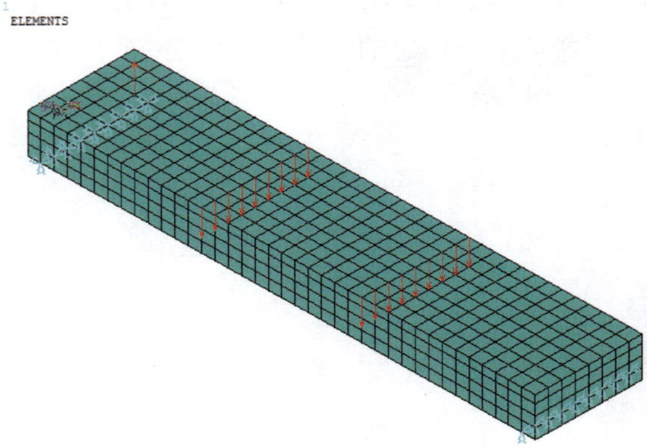

图 7-484　3 分点加载模型

有限元分析,近似计算其极限承载力及最大位移。

(2) 试验完成后,经总结发现,在发生破坏时,正弯矩作用下的 4 块试件全部产生贯通滑移裂缝,因此控制混凝土开裂及滑移裂缝的发展极其重要,为更精确地与各试件试验结果进行对比,对于正弯矩作用下的模型,还需模拟底钢板与混凝土之间的滑移。负弯矩作用下试件的破坏主要表现为混凝土的拉裂,滑移对承载力并不起控制作用,无滑移模型精度较高,因此无需建立滑移模型。

3) 组合板无滑移模型

钢-混凝土组合桥面板无滑移模型采用耦合方式连接底钢板与混凝土板,忽略滑移,各试件峰值荷载、挠度的有限元计算值与试验值对比结果见表 7-84,表中 FT-03 定义为负弯矩作用下的无预应力试件,试验值取自前期研究同参数试件试验结果。$P_{u,thel}$ 表示有限元无滑移模型计算得到的极限承载力,$P_{u,exp}$ 表示模型试验得到的极限承载力,$\delta_{u,thel}$ 表示有限元结果 $P_{u,thel}$ 对应的跨中挠度计算值,$\delta_{u,exp}$ 表示模型试验结果 $P_{u,exp}$ 对应的跨中挠度实测值。

表 7-84　有限元无滑移模型分析与试验结果比较

编号	$P_{u,thel}$/t	$P_{u,exp}$/t	$P_{u,thel}/P_{u,exp}$	$\delta_{u,thel}$/mm	$\delta_{u,exp}$/mm	$\delta_{u,thel}/\delta_{u,exp}$
FT-01	53.72	42.60	1.26	12.09	14.54	0.83
FT-02	53.72	39.90	1.35	12.09	21.33	0.57
FT-11	55.29	47.26	1.17	10.57	21.68	0.49
FT-12	55.29	55.71	0.99	10.57	10.98	0.96
FT-03	6.05	4.91	1.23	1.35	1.30	1.04
FT-21	15.45	15.44	1.00	12.28	11.93	1.03
FT-22	15.45	16.03	0.96	12.28	12.21	1.01

对于组合板 FT-12、FT-21、FT-22,在试验中根据实际情况以位移作为破坏的控制标准,随位移的增长荷载持续增加,峰值荷载为卸载前一级荷载,无实际参考价值,因此对比跨中计算挠度 $\delta_{u,thel}$ 接近 $\delta_{u,exp}$ 时的荷载值。对负弯矩作用下的无预应力组合板 FT-03,由于定义了受拉区混凝土开裂荷载,且无预应力传递内力,模型无法收敛未计算屈服阶段,因此对比弹性极限荷载值。

由表 7-84 中数据可见,对于正弯矩作用下的试件(除 FT-12 外),有限元计算出的极限承载力普遍大于极限承载力实测值,而极限承载力对应的跨中挠度计算值小于实测值,说明滑移对承载力计算存在一定影响,滑移量越大,计算误差越大。负弯矩作用下由于底钢板位于受压区,忽略滑移造成的计算误差较小,无滑移模型计算精度相对较高,同等位移条件下,计算荷载值与实测荷载值误差在 5% 以内。

正、负弯矩作用下组合板的无滑移模型荷载-跨中挠度曲线如图 7-485 所示,主要计算结果如图 7-486~图 7-489 所示。

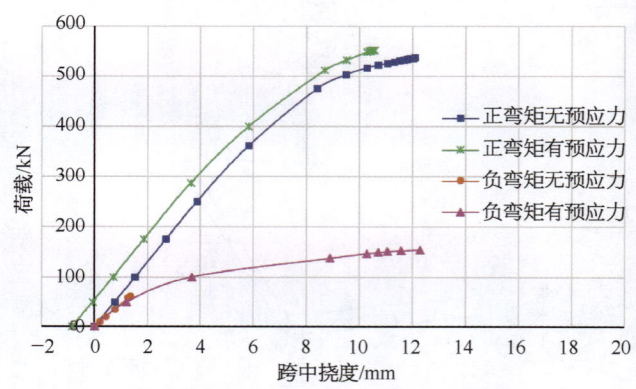

图 7-485　无滑移模型荷载-挠度曲线

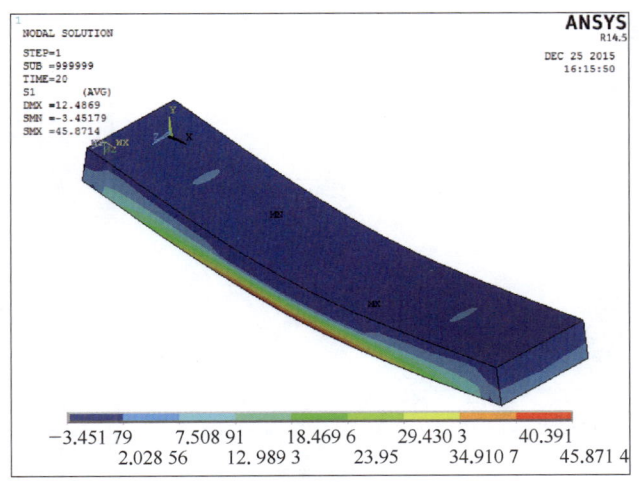
(a) 混凝土应力云图

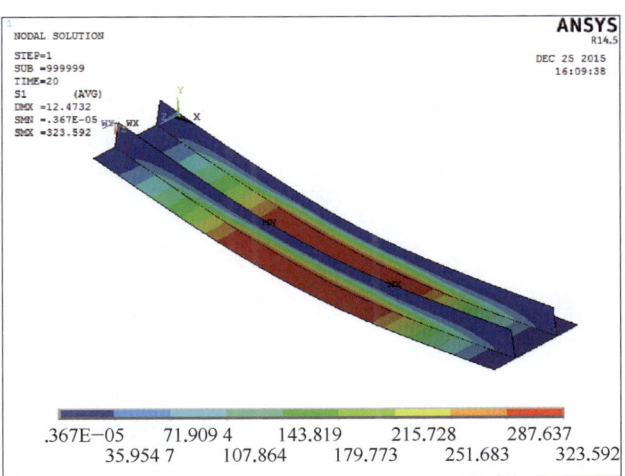
(b) 钢材应力云图

图 7-486　正弯矩作用下无预应力模型计算结果

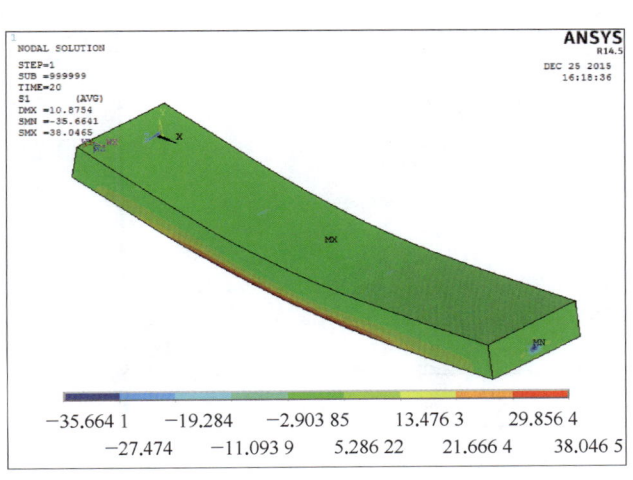
(a) 混凝土应力云图

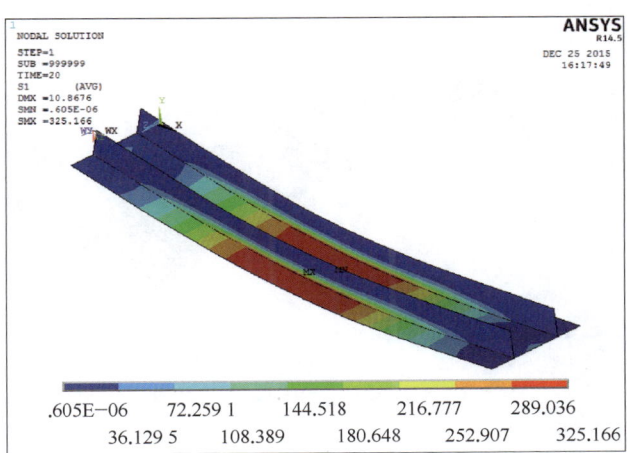
(b) 钢材应力云图

图 7-487　正弯矩作用下有预应力模型计算结果

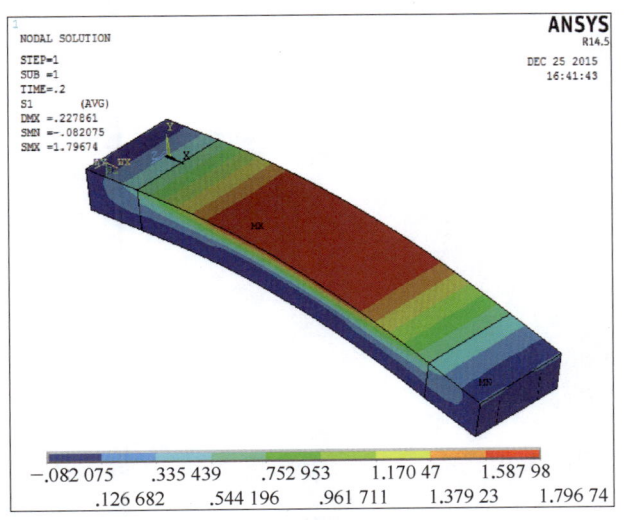
(a) 混凝土应力云图

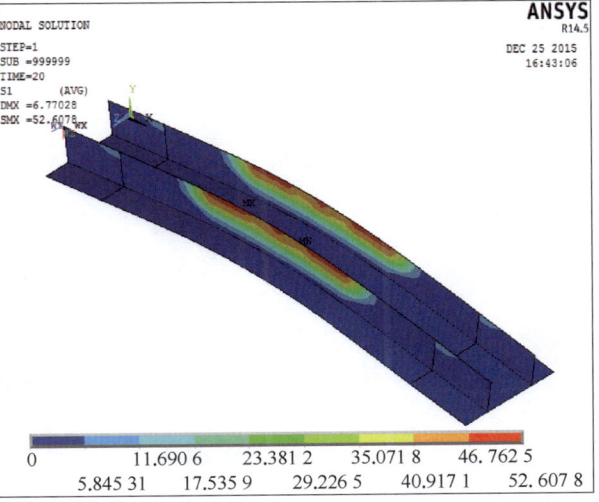
(b) 钢材应力云图

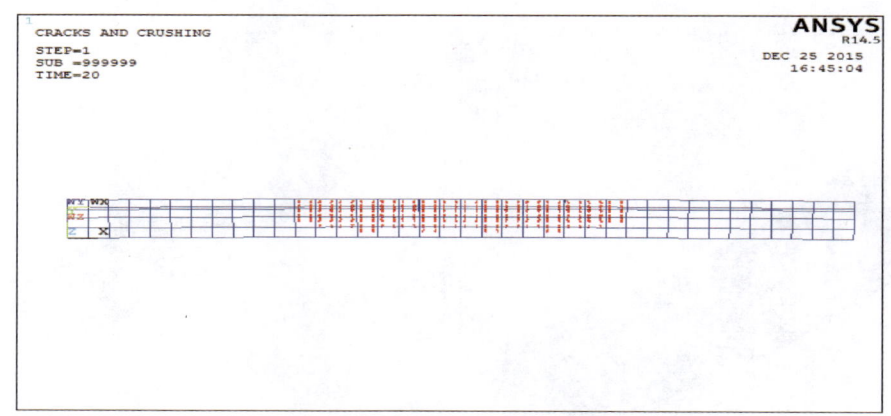

(c) 初始裂缝分布图

图 7-488　负弯矩作用下无预应力模型计算结果

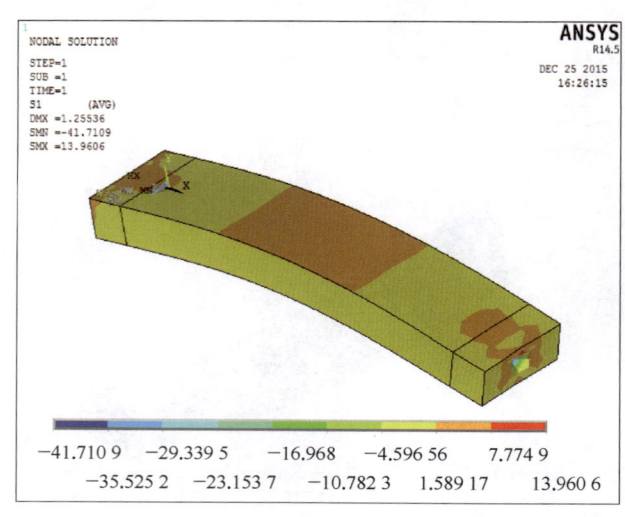

(a) 混凝土应力云图

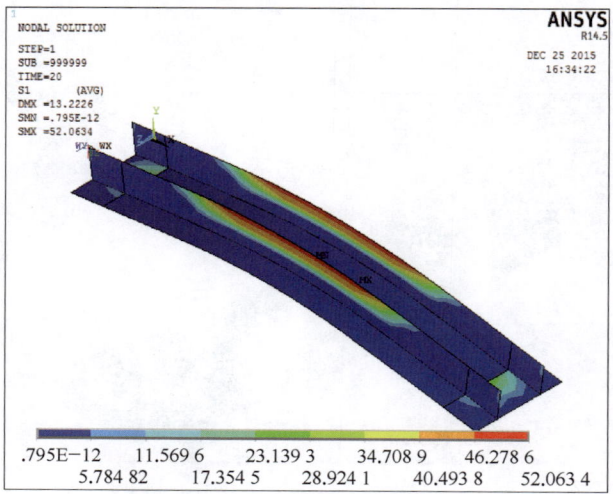

(b) 钢材应力云图

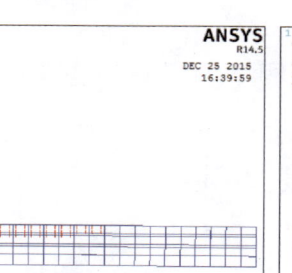

(c) 初始裂缝分布图

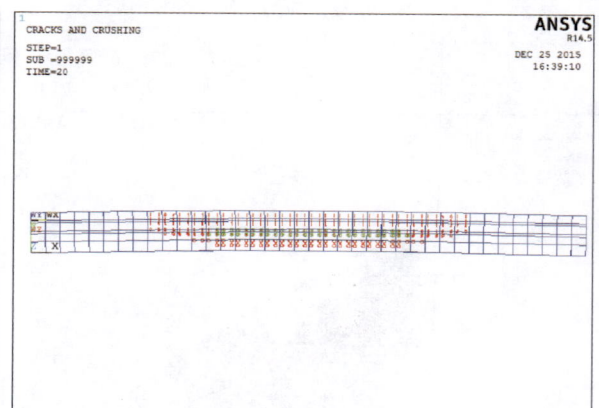

(d) 极限状态裂缝分布图

图 7-489　负弯矩作用下有预应力模型计算结果

4) 组合板滑移模型

为更精确地与各试件试验结果进行对比，建立钢-混凝土组合桥面板的滑移模型，具体在底钢板与混凝土板之间 x、y、z 方向建立 2 节点非线性弹簧单元 COMBIN39 模拟滑移，单元特性如图 7-490 所示，该单元的荷载-变形曲线通过推出试验确定，

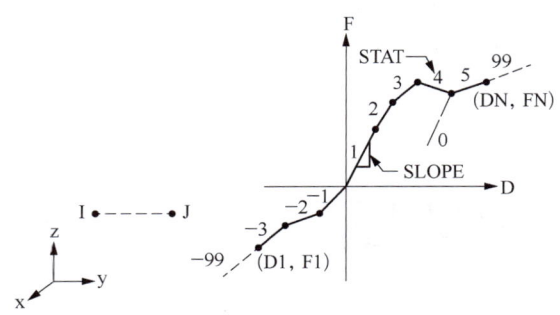

图 7-490 COMBIN39 单元特性

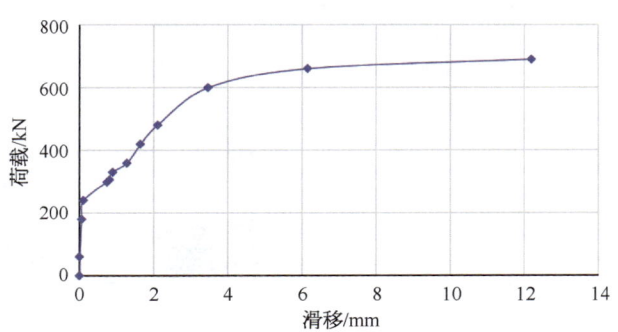

图 7-491 荷载-滑移曲线

弹簧荷载-滑移曲线如图 7-491 所示。

各试件峰值荷载、挠度的有限元计算值与试验值对比结果见表 7-85，表中 $P_{ur,the2}$ 表示有限元通过弹簧模拟的滑移模型计算得到的极限承载力，$\delta_{ur,the2}$ 表示有限元结果 $P_{ur,the2}$ 对应的跨中挠度计算值。对比表 7-84、表 7-85 可知，考虑底钢板与混凝土板之间的滑移后，有限元模型计算结果与试验实测数据误差较小。

正弯矩作用下无预应力、有预应力组合板的滑移模型荷载-跨中挠度曲线如图 7-492 所示，主要计算结果如图 7-493、图 7-494 所示。

表 7-85 有限元滑移模型分析与试验结果比较

编号	$P_{ur,the2}$/t	$P_{ur,exp}$/t	$P_{ur,the2}/P_{ur,exp}$	$\delta_{ur,the2}$/mm	$\delta_{ur,exp}$/mm	$\delta_{ur,the2}/\delta_{ur,exp}$
FT-01	43.72	42.60	1.03	14.33	14.54	0.98
FT-02	43.72	39.90	1.10	14.33	21.33	0.67
FT-11	47.78	47.26	1.01	12.04	21.68	0.55
FT-12	47.78	55.71	0.86	12.04	10.98	1.10

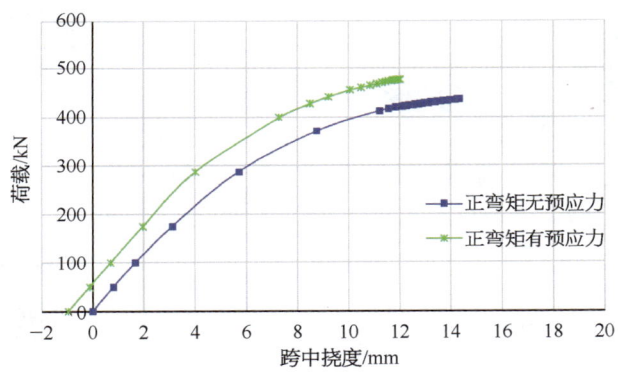

图 7-492 滑移模型荷载-挠度曲线

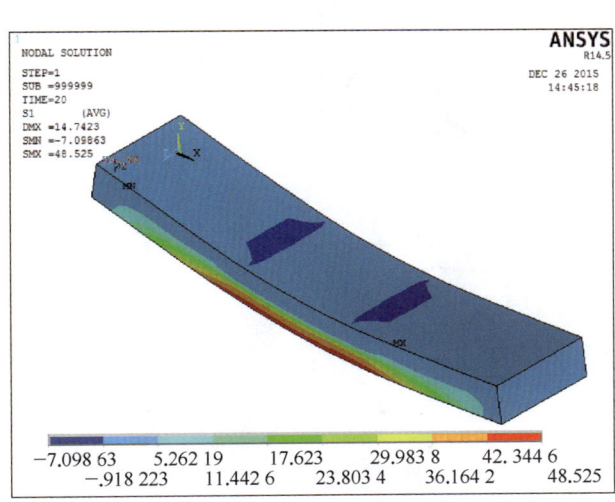

(a) 混凝土应力云图

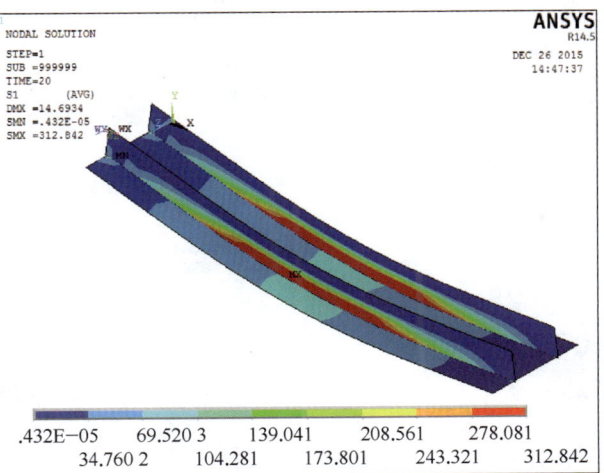

(b) 钢材应力云图

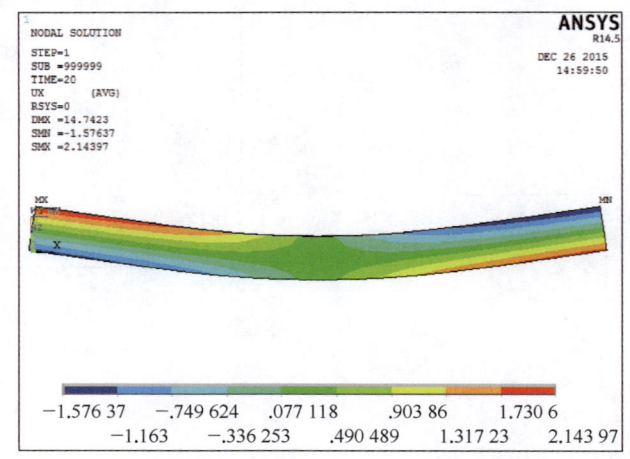

(c) 试件纵向滑移分布图

图 7-493 正弯矩作用下无预应力模型计算结果

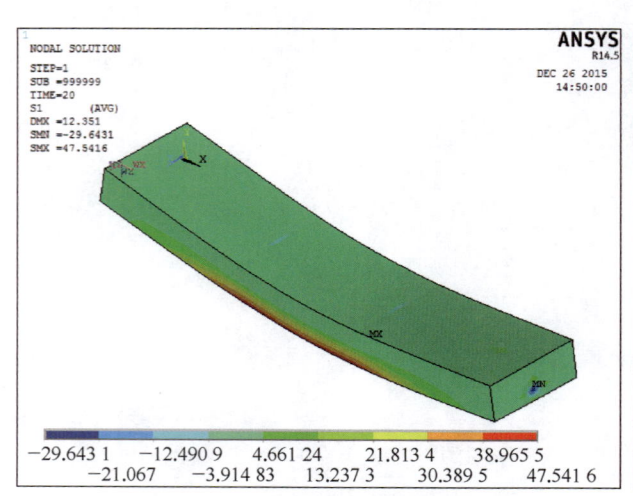

(a) 混凝土应力云图

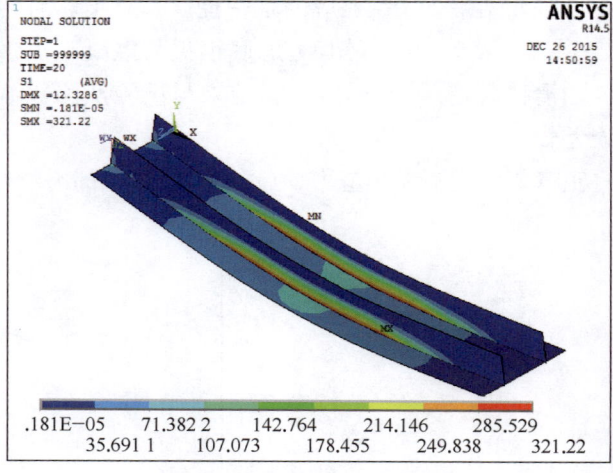

(b) 钢材应力云图

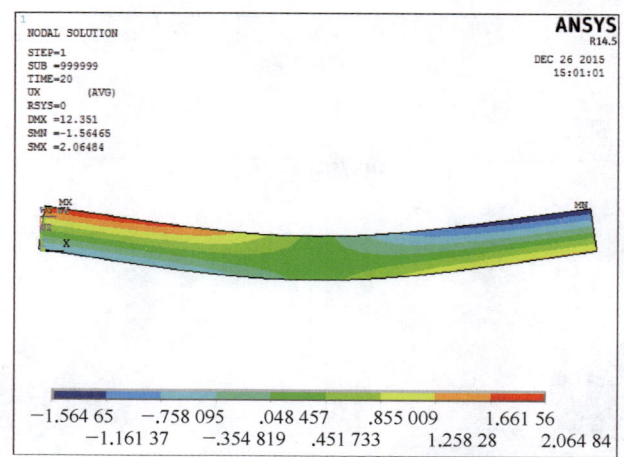

(c) 试件纵向滑移分布图

图 7-494 正弯矩作用下有预应力模型计算结果

由图可见,有限元分析时有预应力模型比无预应力模型滑移量小,说明预应力可以有效约束受拉区混凝土的变形,但实测滑移结果刚好相反,这是因为实测过程中预应力通过后张法施加,有可能在试验初始阶段接触面就已出现滑移裂缝,而通过初应力模拟预应力的有限元模型无法模拟这种初始损伤。

7.3.5.2 与模型试验荷载-挠度曲线对比

组合桥面板的荷载-挠度曲线计算值与试验实测值的对比如图 7-495~图 7-497 所示。

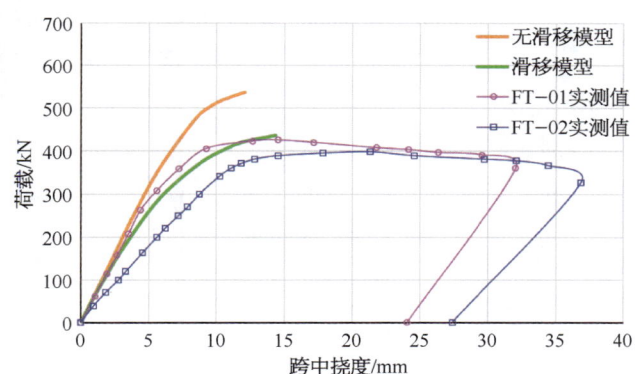

图 7-495 正弯矩作用下无预应力模型对比

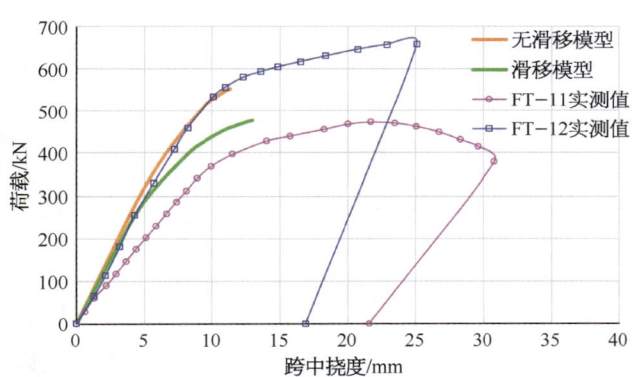

图 7-496 正弯矩作用下有预应力模型对比

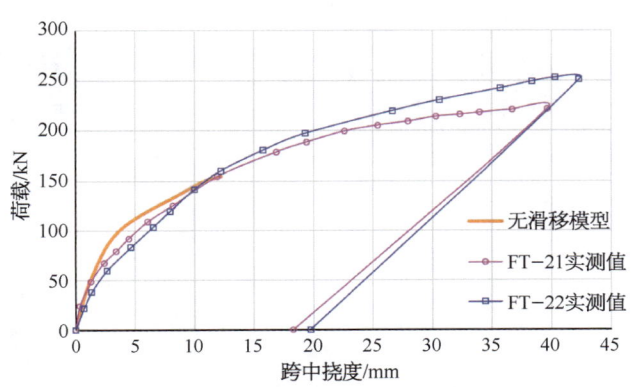

图 7-497 负弯矩作用下有预应力模型对比

从图中可以看出,大部分试件的有限元分析曲线与实测曲线吻合程度很好,进一步说明了本节建立的有限元滑移模型对于正向抗弯试件的力学性能模拟的合理性,数值分析结果可以较全面地体现组合板的抗弯力学性能,分析过程合理。

对于正弯矩作用下无预应力模型,滑移模型曲线与 FT-01 试件实测曲线基本重合,说明试验结果可信,且弹簧单元荷载-滑移曲线的定义是合理的,但对试件 FT-02,相同荷载作用下的跨中挠度值偏大,综合试验记录表 7-83 分析,试件 FT-02 试验初始状态存在滑移裂缝,可能是初始损伤导致模型刚度降低。

对于正弯矩作用下有预应力模型,无滑移模型与试件 FT-12 实测曲线非常接近,而通过试件 FT-12 的实测数据图 7-469 可知,其滑移量很小,与无滑移模型耦合条件接近,说明对于组合桥面板降低滑移量能够有效提高承载力;滑移模型曲线比试件 FT-11 的实测曲线更陡,说明试件 FT-11 预应力的施加可能导致滑移量增大。

对于负弯矩作用下的有预应力模型,无滑移模型与试件 FT-21、FT-22 实测曲线均比较接近,说明有限元分析与试验结果数据可信。

7.3.5.3 实用计算方法

1) 正截面抗弯承载力验算

(1) 正弯矩抗弯承载力验算。

根据《钢-混凝土组合桥面板技术规程》(以下简称《规程》),正弯矩作用下无预应力组合桥面板的抗弯承载力验算过程如下,为与试验结果、有限元分析结果作对比,各公式中材料参数均取为本节 7.3.4.1 材料性能中的实测值。

判断组合板中性轴的位置:

$$f_d bt = 308 \times 400 \times 6 = 739\,200 \text{ N} = 739.20 \text{ kN}$$

$$f_{cd}bh_c + f_{sd}A_s = 47.6 \times 400 \times 150 + 405 \times 3 \times \pi \times 12^2/4 = 2\,993.41 \text{ kN}$$

$f_d bt < f_{cd}bh_c + f_{sd}A_s$,中性轴位于钢-混凝土组合桥面板的混凝土部分

混凝土板的受压区高度 x_c:$f_d bt = f_{cd}bx_c + f_{sd}A_s$

故:$x_c = \dfrac{f_d bt - f_{sd}A_s}{f_{cd}b} = \dfrac{739\,200 - 137\,413.26}{47.6 \times 400}$

$= 31.61 \text{ mm}$

截面有效高度:$h_0 = h_c + t/2 = 153 \text{ mm}$

其抗弯极限承载能力为:

$$M_{u\text{-}01} = f_{cd}bx_c\left(h_0 - \frac{x_c}{2}\right) + f_{sd}A_s(h_0 - a_s)$$

$$= 47.6 \times 400 \times 31.61 \times \left(153 - \frac{31.61}{2}\right) + 405$$

$$\times 3 \times \pi \times 12^2/4 \times (153 - 35.7)$$

$$= 98.69 \text{ kN} \cdot \text{m}$$

对应极限荷载为：$P_{u\text{-}01} = \dfrac{M_u}{(l_0 - 600) \times 4} = 32.9 \text{ t}$

若按《规程》要求，所有材料参数均取为规范强度设计值，即：

$$f_d = 215 \text{ MPa}, f_{cd} = 18.4 \text{ MPa}, f_{sd} = 300 \text{ MPa}$$

计算过程同上，对应的抗弯极限承载力及极限荷载为：

$$M_{u\text{-}02} = 63.66 \text{ kN} \cdot \text{m}, P_{u\text{-}02} = 21.22 \text{ t}$$

《规程》计算结果与有限元分析、实测数据对比见表 7-86。

表 7-86 正截面抗弯承载力计算结果对比

数据来源		极限荷载 P_u/t	《规程》极限荷载/t		《规程》安全系数	
			$P_{u\text{-}01}$	$P_{u\text{-}02}$	$P_u/P_{u\text{-}01}$	$P_u/P_{u\text{-}02}$
有限元	无滑移模型	53.72	32.9	21.22	1.63	2.53
	滑移模型	43.72	32.9	21.22	1.29	2.01
试验数据	试件 FT-01	42.60	32.9	21.22	1.21	1.88
	试件 FT-02	39.90	32.9	21.22	1.33	2.06

由表可见，当材料性能取值与实测结果一致时，按照《规程》公式计算得到的极限承载力比试验实测承载力、滑移模型计算承载力均低 20% 左右，说明《规程》公式给出的实用计算方法是合理的，有误差是由于《规程》公式中偏于安全地未考虑 PBL 对承载力的贡献；若考虑材料安全储备，将所有参数取为强度设计值，《规程》公式得到的承载力约为试验实测承载力、滑移模型计算承载力的 2 倍，进一步验证了规范的安全合理。

(2) 负弯矩抗弯承载力验算。

根据《规程》要求，负弯矩作用下无预应力组合桥面板的抗弯承载力验算过程如下，为与试验结果、有限元分析结果作对比，各公式中材料参数均取本节 7.3.4.1 中材料性能的实测值。

判断组合板中性轴的位置：

$$f_{sd}A_s = 405 \times 3 \times \pi \times 12^2/4 = 137.41 \text{ kN}$$

$$f_d bt = 308 \times 400 \times 6 = 739.20 \text{ kN}$$

$f_{sd}A_s < f_d bt$，故中性轴位于钢-混凝土组合桥面板的底钢板内；

底钢板的受压区高度 x_s：$f_d bx_s = f_d b(t - x_s) + f_{sd}A_s$

故：$x_s = \dfrac{f_d bt + f_{sd}A_s}{2f_d b} = \dfrac{739\,200 + 137\,413.26}{2 \times 308 \times 400}$

$= 3.56 \text{ mm}$

其抗弯极限承载能力为：

$$M_{u\text{-}21} = f_{sd}A_s(h - x_s - a_s) + \frac{1}{2}f_d bx_s^2$$

$$+ \frac{1}{2}f_d b(t - x_s)^2$$

$$= 137\,413.26 \times (156 - 3.56 - 35.7) + \frac{1}{2}$$

$$\times 739\,200 \times 3.56^2 + \frac{1}{2} \times 739\,200$$

$$\times (6 - 3.56)^2$$

$$= 17.19 \text{ kN} \cdot \text{m}$$

对应极限荷载为：$P_{u\text{-}21} = \dfrac{M_u}{(l_0 - 600) \times 4} = 5.73 \text{ t}$

若按《规程》要求，所有材料参数均取为规范强度设计值，即：

$$f_d = 215 \text{ MPa}, f_{cd} = 18.4 \text{ MPa}, f_{sd} = 300 \text{ MPa}$$

计算过程同上，对应的抗弯极限承载力及极限荷载为：

$$M_{u\text{-}22} = 12.68 \text{ kN} \cdot \text{m}, P_{u\text{-}22} = 4.23 \text{ t}$$

《规程》计算结果与有限元分析、实测数据对比见表 7-87，对于试件 FT-03 为早期试验模型，除底钢板厚度为 8 mm 外，其余参数均相同，即 $t = 8 \text{ mm}$ 时：

$$P_{u\text{-}21} = 10.75 \text{ t}, P_{u\text{-}22} = 4.23 \text{ t}$$

表 7-87 负截面抗弯承载力计算结果对比

数据来源	极限荷载 P_u/t	《规程》极限荷载/t		《规程》安全系数	
		$P_{u\text{-}21}$	$P_{u\text{-}22}$	$P_u/P_{u\text{-}21}$	$P_u/P_{u\text{-}22}$
有限元无滑移模型	6.05	5.73	4.23	1.06	1.43
试验试件 FT-03(8 mm)	15.2	10.75	4.46	1.41	3.41

由表 7-87 可见,当材料性能取值与实测结果一致时,按照《规程》公式计算得到的负弯矩极限承载力与有限元无滑移模型结果非常接近,比试验实测承载力低 41%,说明《规程》公式给出的负弯矩实用计算方法是合理的,偏于安全;若考虑材料安全储备,将所有参数取为强度设计值,实测承载力约为《规程》公式计算值的 3.4 倍,有限元无滑移模型约为《规程》公式计算值的 1.4 倍,进一步验证了规范的安全合理。

<u>2) 斜截面抗剪承载力验算</u>

根据《规程》规定,钢-混凝土组合桥面板,垂直于带孔钢板方向的斜截面抗剪极限承载能力,应按下式计算:$\gamma_0 V_d \leqslant 0.07 f_{cd} W_r h_0$

材料取实测强度时:$V_{ur1}=0.07 f_{cd} W_r h_0=0.07 \times 47.6 \times 200 \times 153 = 101.95$ kN

材料取设计强度时:$V_{ur2}=0.07 f_{cd} W_r h_0=0.07 \times 18.4 \times 200 \times 153 = 39.41$ kN

根据力学基本原理,试件最大剪力计算公式为:$V_u = P_u/2$,《规程》抗剪承载力的计算结果与有限元分析、实测数据对比见表 7-88。

表 7-88 抗剪承载力计算结果对比

数据来源		极限荷载 P_u/t	最大剪力 V_u/t	《规程》值/t V_{ur1}	V_{ur2}	安全系数 V_u/V_{ur1}	V_u/V_{ur2}
有限元无滑移模型	试件 FT-01	53.72	26.86	10.20	3.94	2.63	6.82
	试件 FT-11	55.29	27.65	10.20	3.94	2.71	7.02
	试件 FT-21	15.45	7.73	8.17	3.10	0.95	2.49
有限元滑移模型	试件 FT-01	43.72	21.86	10.20	3.94	2.14	5.55
	试件 FT-11	47.78	23.89	10.20	3.94	2.34	6.06
试验数据	试件 FT-01	42.60	21.30	10.20	3.94	2.09	5.41
	试件 FT-02	39.90	19.95	10.20	3.94	1.96	5.06
	试件 FT-11	47.26	23.63	10.20	3.94	2.32	6.00
	试件 FT-12	55.71	27.86	10.20	3.94	2.73	7.07
	试件 FT-21	15.44	7.72	8.17	3.10	0.94	2.49
	试件 FT-22	16.03	8.02	8.17	3.10	0.98	2.59

由表 7-88 可见,当材料性能取值与实测结果一致时,按照《规程》公式计算得到的斜截面抗剪极限承载力略低于有限元模型及试验结果,误差在 5% 以内,若考虑材料安全储备,将所有参数取为强度设计值,实测承载力及有限元模型计算结果约为《规程》公式计算值的 5~7 倍,说明《规程》斜截面抗剪承载力公式安全系数偏高。

7.3.6 结果与展望

7.3.6.1 结果

本节通过对预应力钢-混凝土组合桥面板静力加载试验、有限元数值仿真模拟及理论分析,深入地研究了预应力组合板的力学性能。主要的研究内容及结果如下。

(1) 完成了 4 块承受正弯矩作用的钢-混凝土组合板试件和 2 块承受负弯矩作用的钢-混凝土组合单向板试件的 3 分点静载试验,在加载初始阶段采用荷载控制方法,当试件达到极限承载力后转为位移控制,以此得到了试件变形的全过程曲线。试验结果表明以下四点。

① 试验设计的组合桥面板主要破坏形态为弯曲破坏。其中,正弯矩作用下的组合桥面板破坏过程主要分 4 个阶段:弹性阶段、屈服阶段、强化阶段和破坏阶段;负弯矩作用下的组合桥面板破坏过程中荷载-挠度曲线未出现明显的屈服阶段和下降段,说明组合桥面板在正弯矩作用下延性更好,变形能力更强。

② 试验验证了在正弯矩作用下,预应力的布置对组合桥面板的承载力有较大贡献,同时对结构变形也起到了很好的控制作用;在负弯矩作用下,预应力的布置对组合桥面板的承载力提高及变形控制有一定的贡献。

③ 正弯矩作用下,有预应力试件的开裂荷载要大于无预应力试件的开裂荷载;两种试件出现相同宽度裂缝时,有预应力试件的裂缝长度明显低于无预应力试件的裂缝长度,且有预应力试件裂缝出现时的荷载值远大于无预应力试件的荷载值,这说明预应力对裂缝宽度、长度的控制有着显著的效果。

④ 钢板与混凝土之间的相对滑移对极限承载力、变形影响很大,在组合桥面板结构施工时,应特别注意控制施工质量,保证二者连接可靠。

(2) 利用有限元软件 ANSYS 对所有试件进行了非线性仿真模拟研究,所建模型物理及力学概念清晰,通过对数值计算结果和试验实测结果的对比可知,两者吻合良好,说明有限元模型能够较准确地模拟钢-混凝土组合板试件加载全过程的受力行为,更全面地了解其受力特点,弥补试验中测点不足的问题,成为试验研究的有力补充;能高效地找出试件在受力中的薄弱环节,对不同参数的影响程度进行必要分析。

(3) 在试验研究的基础上比较最新发布的《钢-混凝土组合桥面板技术规程》,对钢-混凝土组合单向板在正负弯矩作用下的力学性能的实用计算方法进行分析,总结为如下两点。

① 采用《规程》进行组合板正截面抗弯承载力验算时,当材料参数取为实测强度,规范公式计算结果比有限元及实测结果低20%左右,说明规范实用计算方法是合理的,有误差是由于公式中偏于安全地未考虑PBL对承载力的贡献;若考虑材料安全储备,将所有参数取为强度设计值,《规程》公式得到的承载力约为试验实测承载力、滑移模型计算承载力的2倍,进一步验证了《规程》的安全合理。

② 当材料性能取值与实测结果一致时,按照《规程》公式计算得到的斜截面抗剪极限承载力略低于有限元模型及试验结果,误差在5%以内,若考虑材料安全储备,将所有参数取为强度设计值,实测承载力及有限元模型计算结果约为《规程》公式计算值的5～7倍,说明《规程》斜截面抗剪承载力公式安全系数偏高。

7.3.6.2 展望

本节完成了预应力钢-混凝土组合桥面板的试验研究,对其在静载作用下的受力行为进行了理论探讨,取得了一定成果。但对于这种新型的桥面体系的研究还很不完善,如下几个方面仍有待于继续深入研究:

(1) 钢-混凝土组合桥面板的非线性性能研究,探索滑移、掀起等非线性因素对组合桥面板极限承载力的影响,以及预应力的施加对非线性的影响;

(2) 钢-混凝土组合桥面板的动力性能研究,尤其在承受车辆等动荷载作用下,桥面板的整体工作性能、剪力连接件的疲劳问题等;

(3) 混凝土的收缩、徐变及温度效应对钢-混凝土组合桥面板受力行为的影响;

(4) 钢-混凝土组合桥面板的耐久性研究,提出寿命评价模型,计算其使用年限。

7.4 等厚度超薄桥面板负弯矩模型试验研究

7.4.1 试验目的和依据

7.4.1.1 试验目的

模型试验研究是获取复杂结构各种性能的一种比较直观的科学研究方法,通过模型试验,既可以达到验证设计计算分析方法正确性的目的;还可以弥补理论计算不可避免的模型简化所带来的偏差。本试验最核心的目的是:

(1) 探讨等厚超薄钢-混凝土组合桥面板负弯矩试件的承载力及合理构造;

(2) 研究等厚超薄钢-混凝土组合桥面板负弯矩试件的疲劳性能。

通过上述对等厚超薄组合板的模型探讨,力争使该结构满足工程设计和施工的实际需要,建立科学、合理的理论分析模型,进一步提高该结构在桥梁工程桥面板中应用的可行性。

7.4.1.2 试验研究内容

本试验项目通过对设计的等厚超薄钢-混凝土组合桥面板负弯矩试件进行加载,重点研究其在荷载作用下的刚度发展规律、破坏模式和极限承载力,同时对其在负弯矩区的合理构造及力学性能进行试验验证。重点包括以下几个方面:

(1) 探讨等厚超薄钢-混凝土组合桥面板负弯矩作用下的破坏模式、刚度、承载能力;

(2) 研究等厚超薄板-混凝土组合桥面板负弯矩作用下的疲劳性能。

7.4.1.3 试验依据

(1)《公路桥涵设计通用规范》
(2)《公路桥涵钢结构及木结构设计规范》
(3)《普通混凝土配合比设计规程》
(4)《金属材料室温拉伸试验方法》
(5)《钢-混凝土组合桥面板技术规程》

7.4.2 试验概况

7.4.2.1 试件设计

通过参数分析,本试验设计的钢-混凝土组合桥面板参数如下:尺寸为1900 mm×400 mm,计算跨度为1800 mm,混凝土厚度120 mm,钢筋直径取

12 mm，同时设计底钢板、PBL 及 T 肋翼缘板厚度均为 4 mm。

本试验共设计 4 块试验构件，尺寸见表 7‑89，钢构件部分构造如图 7‑498～图 7‑500 所示。

表 7‑89　钢‑混凝土组合桥面板尺寸表　　　　　　　　　　　　　　　　　　　　　单位：mm

序号	试件编号	长×宽×厚	混凝土厚	底板厚	PBL 厚	T 肋翼缘厚	钢筋直径	L_0
1	CBTF‑12‑1	1 900×400×150	150	4	4	4	12	1 800
2	CBTF‑12‑2	1 900×400×150	150	4	4	4	12	1 800
3	CBTF‑12‑3	1 900×400×150	150	4	4	4	12	1 800
4	CBTF‑12‑4	1 900×400×150	150	4	4	4	12	1 800

注：表中试件编号规则为"加载类型‑钢筋直径‑试件号"，其中加载类型"CBTF"表示组合板负弯矩加载，"1、2、3"表示组合板负弯矩的静力加载试件，"4"表示组合板负弯矩的疲劳加载试件，例如"CBTF‑12‑1"代表组合板钢筋直径为 12 mm 的负弯矩静力加载 1 号试件。

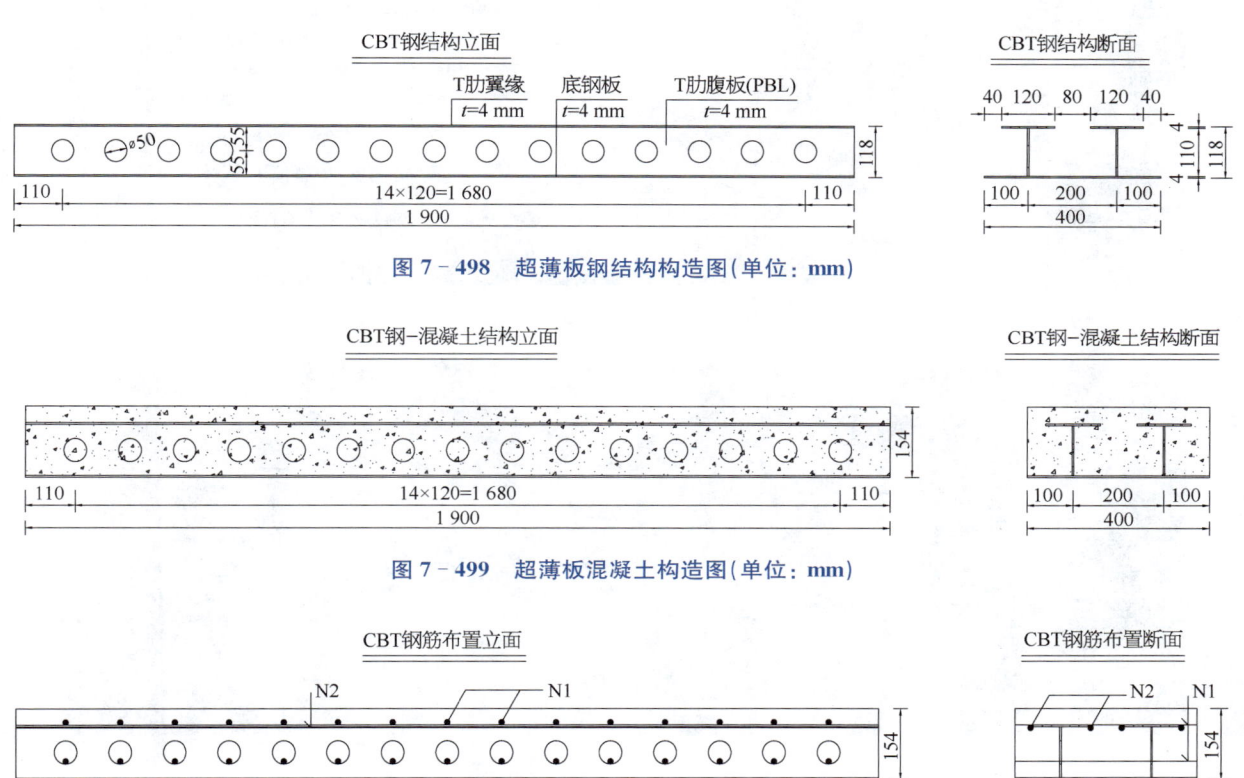

图 7‑498　超薄板钢结构构造图（单位：mm）

图 7‑499　超薄板混凝土构造图（单位：mm）

图 7‑500　超薄板钢筋构造图（单位：mm）

7.4.2.2　模型制作

模型加工制作各阶段如图 7‑501～图 7‑505 所示。

7.4.2.3　测点布置

在等厚超薄钢‑混凝土组合板的静载抗弯试验中，根据分析计算和受力特点，板中心截面即纯弯段是应力应变测试的对象。超薄板采用 3×80 mm 应变单片（混凝土）、3×5 mm 应变单片及 3×50 mm 应变花测量，每块试件布置 20 个应变单片及 2 组应变花。其中，跨中截面沿板厚方向布置 5 个混凝土应变测点，支座附近剪跨区截面各布置 1 组应变花，顶面布置 5 个混凝土应变测点；底钢板跨中截面布置 5 个纵向应变测点，4 分点截面布置 5 个纵向应变测点。每块试件布置 5 个百分表测试竖向挠度，1 个百分表测试横向位移，4 个千分表测试钢板与混凝土之间的滑移。具体测点布置如图 7‑506、图 7‑507 所示。

图 7-501 制造成型的超薄板底钢板

图 7-502 模型钢筋的绑扎

图 7-503 模型混凝土模板的架设

图 7-504 模型混凝土的浇筑

图 7‑505 浇筑成型后的组合板

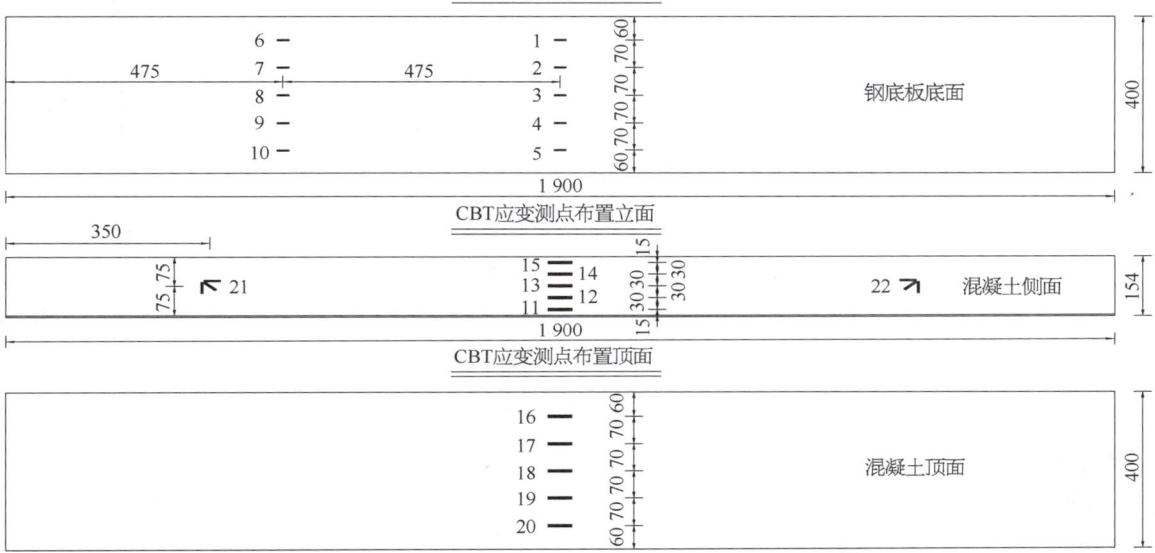

图 7‑506 超薄板应变测点布置图（单位：mm）

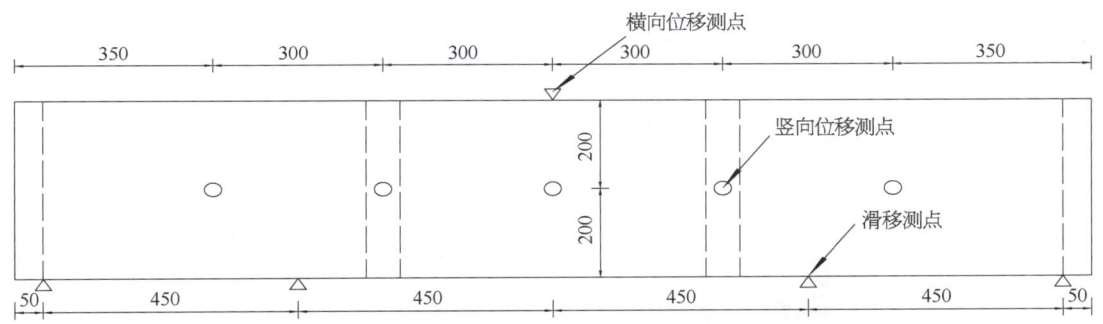

图 7‑507 超薄板位移测点布置图（单位：mm）

7.4.2.4 加载方式

1) 静力加载方案

试验加载设备采用 MTS 液压加载系统，组合板静力加载试件采用两点(3 分点)集中加载模式。通过倒置负弯矩系列试件，考察组合板承受负弯矩的作用，加载示意如图 7‑508 所示。根据 ANSYS 模拟结果，各试件加载设计方案见表 7‑90，表中 P_{cr} 代表开裂荷载值，P_u 代表极限荷载值，极限荷载取组合板考虑非线性滑移后的有限元计算结果。

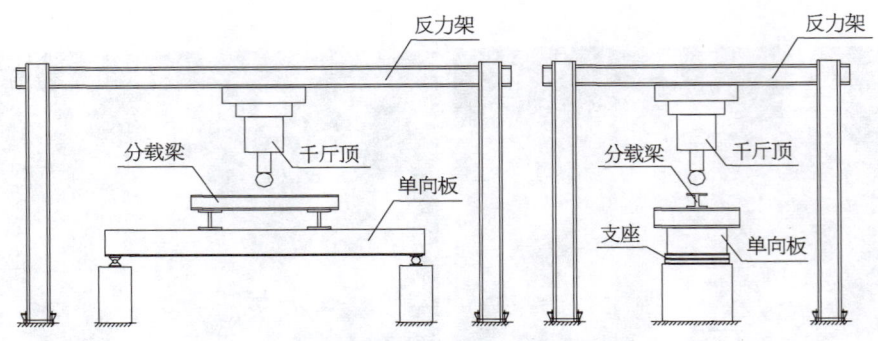

图 7-508 组合板加载示意图

表 7-90 加载设计方案　　　　　　单位：t

编号	加载方案	预加载	P_{cr}	P_u	试件说明
CBTF-12-1	负弯矩分级加载，直至试件破坏	2	4	34.8	12 mm 钢筋强焊
CBTF-12-2	负弯矩分级加载，直至试件破坏	2	4	34.8	12 mm 钢筋强焊
CBTF-12-3	负弯矩分级加载，直至试件破坏	2	4	34.8	12 mm 钢筋强焊

加载程序为：

（1）预加载，以慢速从 0 t 加载到预加载值对试验板进行预压，消除非弹性变形；

（2）预加载后，停歇 10 min 开始分级正式加载，对预估的最大荷载进行分级加载，每级持荷 10 min，记录各仪器读数，如有裂缝需标出裂缝位置及裂缝发展方向。加载至结构破坏或挠度出现很大值为止。

在试验过程中，为保证试验安全有序进行，制定试验控制原则如下：

（1）做好各项准备工作，确保试验人员及试验设备的安全；

（2）在正式试验前，进行预加载以检验各类设备、仪器是否工作正常；

（3）严格按照试验加载进程进行加载及各项测试，并加以检查；

（4）在每一级加载测试完成后，即时进行部分控制测点的测值计算，并与理论计算结果进行对比，在出现较大误差时，检查加载情况，并进行原因分析，发现问题并及时调整。

2）疲劳加载方案

疲劳加载方案参考表 7-91。

表 7-91 加载分级参考表

结构类型	静载加载/t	疲劳次数/(万次·Hz^{-1})	疲劳荷载限值/t	应力幅/MPa
超薄板-负弯矩	1.0→1.5→2.0→2.5→3.0→3.5→4.0→4.5	10/7 90/7 50/7 50/7 10/7	低：1.50～3.00 中：1.50～3.50 高：1.50～4.00 极：1.50～4.50 最：1.50～5.00	低：2.68 中：3.58 高：4.47 极：5.37 最：6.27

7.4.2.5 试验工程量

本试验共设计组合板试件 4 块，其中超薄板静力测试负弯矩试件 3 块，疲劳测试负弯矩试件 1 块，试验材料主要为钢材和混凝土，具体用量见表 7-92～表 7-94。

表 7-92 超薄板钢板用量统计表

材料	材质	规格/mm 厚	宽	长	单件重/kg	数量	合计/kg
底钢板	Q235	4	400	1900	23.86	4	
PBL	Q235	4	110	1900	5.64	8	192.5
T 肋翼缘板	Q235	4	120	1900	6.50	8	

表 7-93 超薄板钢筋用量统计表

编号	材质	直径/mm	长度/mm	单根重/kg	单件根数	件数	总重/kg	合计/kg
N1	HRB400	C12	400	0.36	30	4	42.62	69.62
N2	HRB400	C12	1900	1.69	4	4	27.00	

表 7-94 超薄板混凝土用量统计表

材料	强度等级	单件用量/m³	单件重/kg	件数	用量合计/m³	重量合计/kg
CBT 混凝土	C40	0.11	285	4	0.46	1140

7.4.2.6 试验日志

钢-混凝土组合桥面板试验研究计划在163 d完成,具体安排见表7-95。

表7-95 进度安排表

序号	内容	时间/d	完成日期
1	试验方案设计、图纸绘制	15	
2	钢构件加工	10	
3	钢筋加工、浇筑混凝土(包括养护)	45	
4	应变、位移测点布置	3	
5	试验加载	30	
6	数据处理、编写报告	60	
	合计	163	

7.4.3 试验结果与分析

7.4.3.1 材料性能

1) 混凝土

本试验设计配制C40混凝土,所用原材料选择如下。

(1) 水泥:四川省星船城水泥股份有限公司销售的P·O52.5水泥;

(2) 砂:宜宾佳昌建材经营部销售的0~4.75河沙;

(3) 粗集料:自贡富顺河坝砂石厂销售的4.75~16 mm/16~26.5 mm卵碎石;

(4) 外加剂:成都巨力建材有限公司销售的聚羧酸减水剂;

(5) 粉煤灰:四川威远县金龙建材有限公司销售的Ⅰ级粉煤灰;

(6) 水:自来水。

混凝土的配合比是在利用现有的设计规范《普通混凝土配合比设计规程》及已有文献的配合比作为参考进行试配,通过强度指标和工作性能的测试,判断其是否符合设计要求。如需进行配合比调整,则通过改变水胶比的方式实现。最终选用的配合比见表7-96。

表7-96 混凝土每方用量   单位:kg

混凝土强度等级	水泥	水	砂	石子	外加剂	粉煤灰	水胶比	砂率
C40	366	155	632	1 227	4.7	65	0.36	34%

在施工的同时制作尺寸为150 mm×150 mm×150 mm的立方体试块,采用弧形钢垫板并加柔性纤维垫片的方式进行混凝土的强度试验,测试结果见表7-97。

表7-97 混凝土强度实测值   单位:MPa

组数	第一个	第二个	第三个	平均值
第一组	47.7	49.1	50.0	48.9

2) 钢筋

本试验所需的纵向受力钢筋、孔中的贯穿钢筋,以及横向分布钢筋均采用统一规格,为成渝钒钛科技有限公司销售的直径为12 mm的HRB335热轧螺纹钢筋。测试普通钢筋力学性能的试验按照《金属材料室温拉伸试验方法》中的规定进行,试验结果见表7-98。

表7-98 钢筋性能测定结果

直径/mm	屈服强度/MPa	破坏强度/MPa	屈强比	弹性模量/GPa
12	405	560	0.72	192

3) 钢板

本试验试件设计采用厚度为4 mm的钢板,强度为Q235。测试钢板力学性能的试件按照《金属材料室温拉伸试验方法》中的规定制作,具体尺寸如图7-509和表7-99所示,试验结果见表7-100。

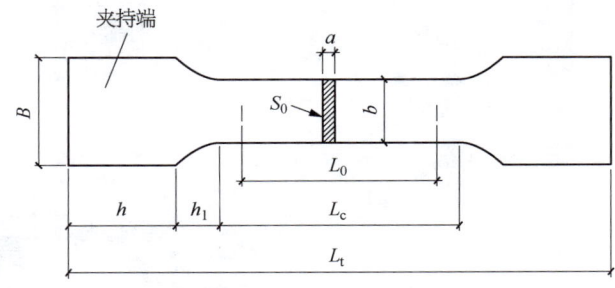

图7-509 钢板拉伸试件形状

表7-99 钢板拉伸试件尺寸表   单位:mm

试件板厚	a	b	h	L_0	L_c	L_t
4	4	30	50	60	90	$L_t = L_c + 2h + 2h_1$

表 7-100　钢板材料试验结果

板厚/mm	屈服强度/MPa	破坏强度/MPa	屈强比
4	291	430	0.67

7.4.3.2　静载试验结果

1) 试件破坏形态

试件破坏形态如图 7-510～图 7-514 所示。

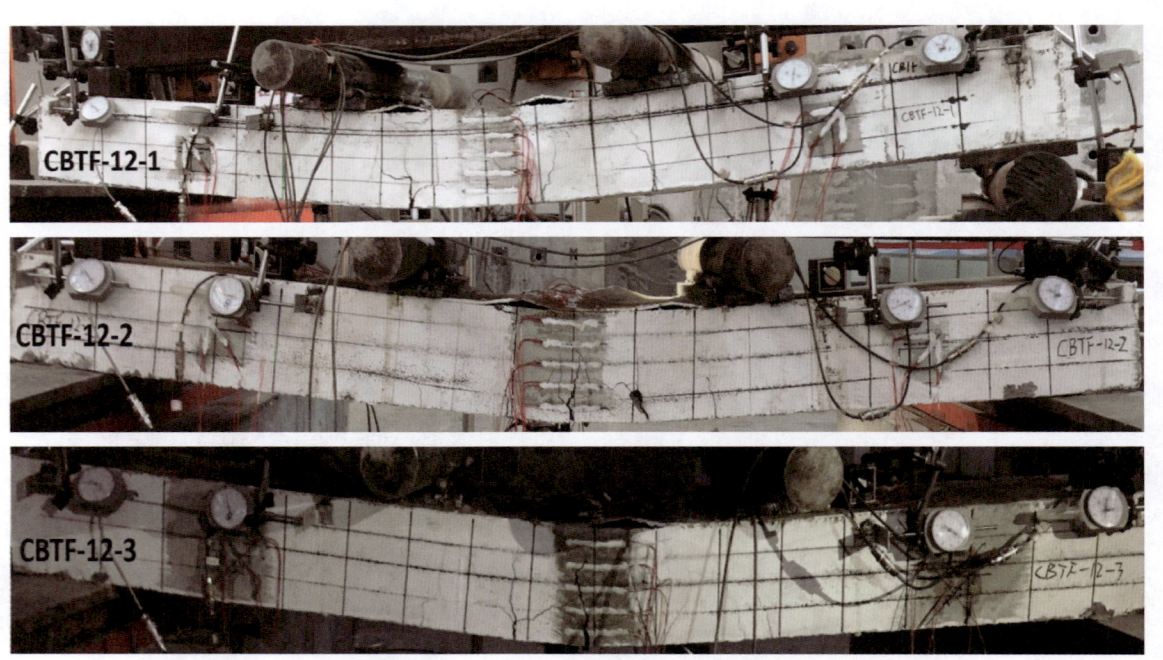

图 7-510　各试件破坏后的挠曲状态

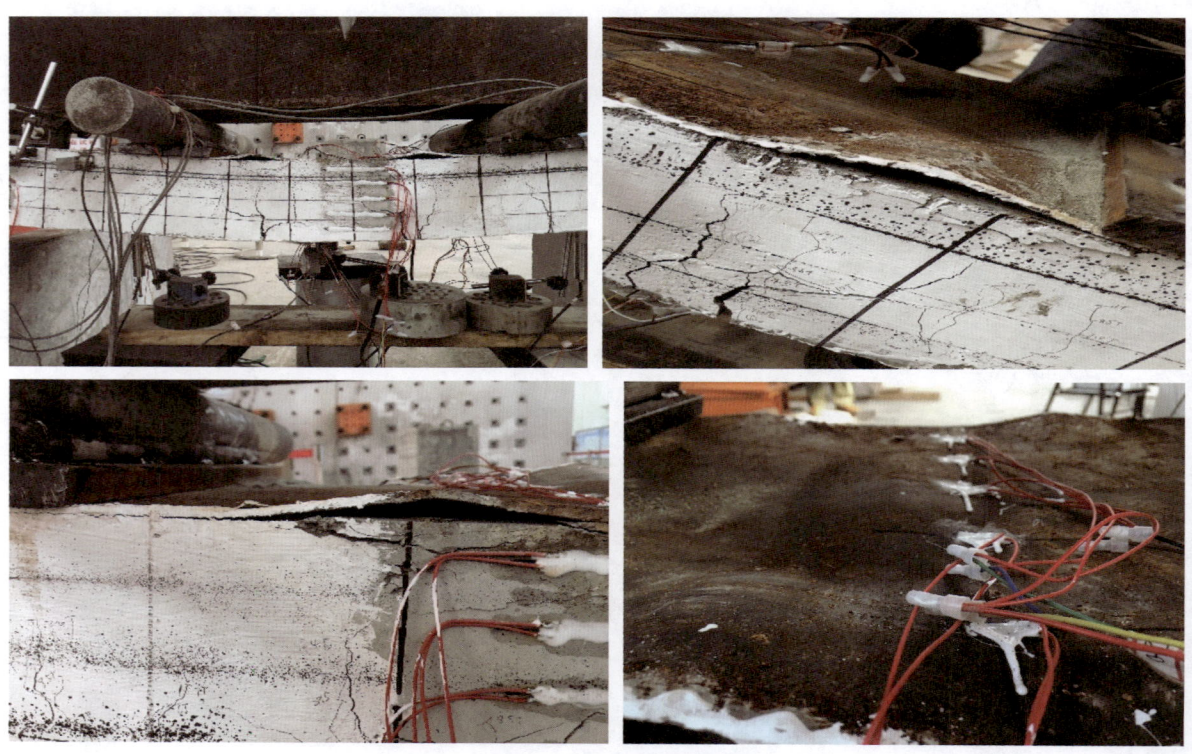

图 7-511　试件中部钢板脱黏翘曲空鼓形态

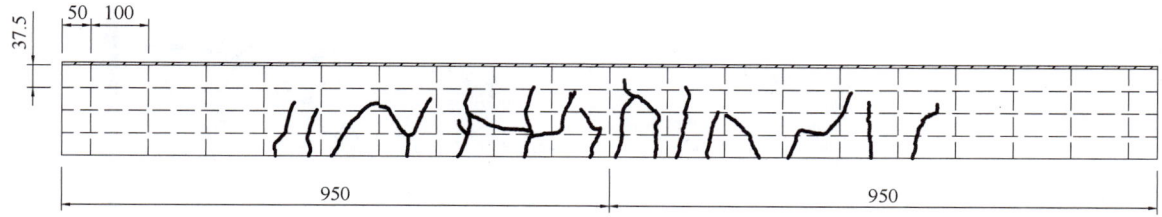

图 7-512　试件 CBTF-12-1 破坏后裂缝分布图

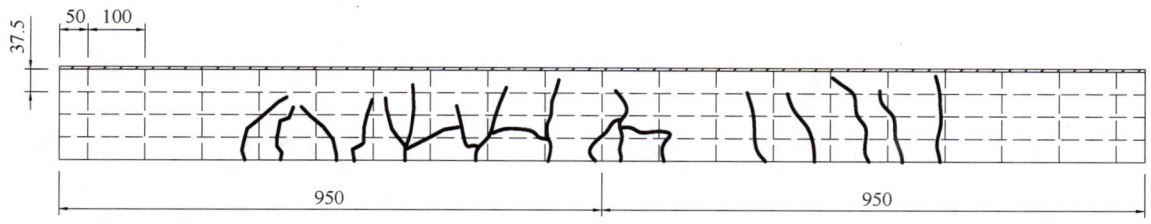

图 7-513　试件 CBTF-12-2 破坏后裂缝分布图

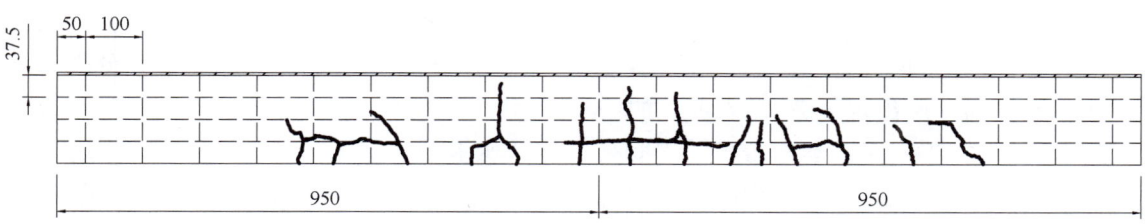

图 7-514　试件 CBTF-12-3 破坏后裂缝分布图

2）荷载-挠度曲线

（1）荷载-跨中挠度曲线。

三块试件采用相同刻度绘制其荷载-跨中挠度曲线，如图 7-516～图 7-518 所示，其荷载-跨中挠度曲线对比如图 7-519 所示，测点位置如图 7-515 所示。试件 CBTF-12-2 与 CBTF-12-3 由于试件挠度过大，百分表量程不足，试验后期摘除百分表，故未测得卸载后试件挠度。

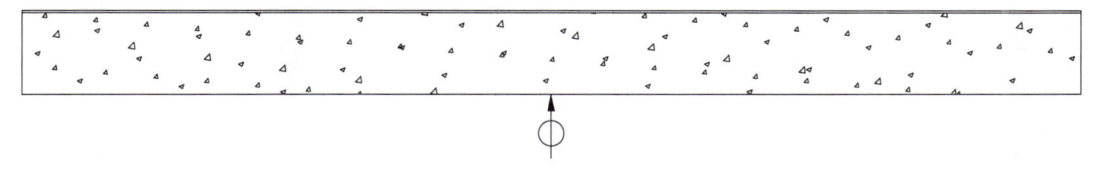

图 7-515　下缘跨中挠度测点位置图

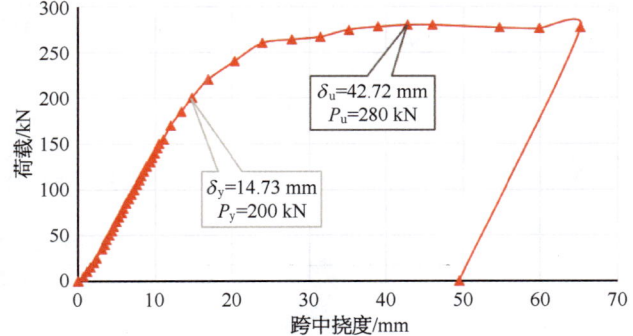

图 7-516　试件 CBTF-12-1 荷载-跨中挠度曲线

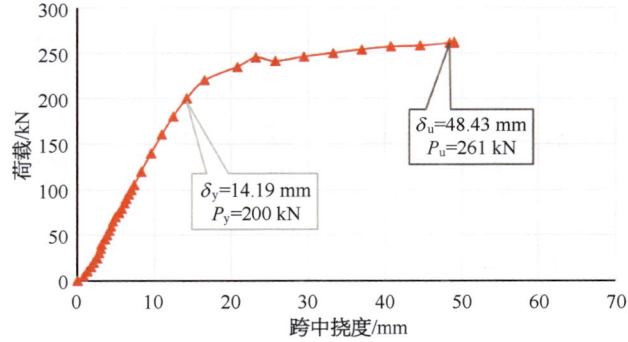

图 7-517　试件 CBTF-12-2 荷载-跨中挠度曲线

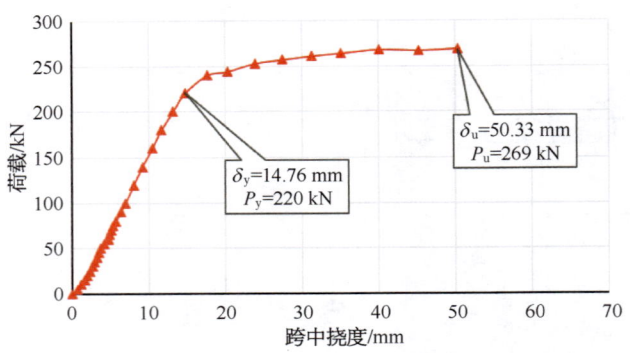

图 7-518　试件 CBTF-12-3 荷载-跨中挠度曲线

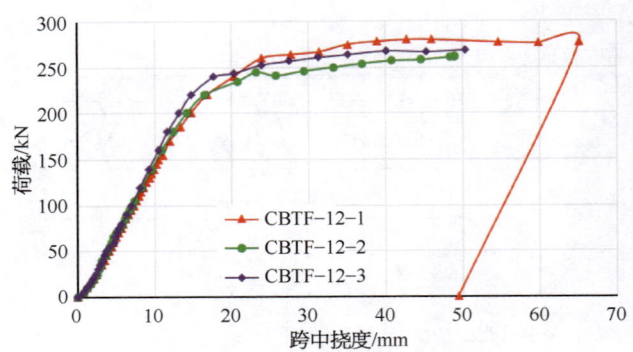

图 7-519　各试件荷载-跨中挠度对比图

由图 7-518 可见，三块试件的荷载-跨中挠度曲线均体现出了典型的弯曲破坏模式，其受力全过程大致可划分为四个阶段：①弹性阶段，在荷载加载初期为弹性阶段，荷载-挠度曲线呈直线，斜率反映了试件的初始刚度，钢板、剪力键与混凝土协同工作，混凝土板内无裂缝出现；②带裂缝工作阶段，此阶段混凝土受拉底面开始出现裂缝，随着荷载的增加，裂缝条数逐渐增多且向上发展，组合板的刚度有一定程度的降低；③强化阶段，钢板与混凝土之间的协同工作减弱，试件挠度增长加快，混凝土裂缝向顶面扩展且裂缝逐渐加宽；④在荷载达到峰值后，试件的承载能力并未迅速丧失，而是随着承载力的下降变形迅速增长，表现为曲线平缓下降。

观察图 7-519 可知，三块承受负弯矩的钢-混凝土组合桥面板的荷载-挠度曲线大体一致，其中的偏差可能是由于施工质量导致。

（2）荷载-4 分点挠度曲线。

试件下缘挠度测点布置如图 7-520 所示，3 块试件采用相同刻度绘制其荷载-4 分点挠度曲线，距跨中 450 mm 处左右对称架设了百分表，曲线是跨中和距跨中 450 mm 处的挠度，如图 7-521～图 7-523 所示。

由图 7-521～图 7-523 可看出距跨中左、右 450 mm 出的荷载-挠度曲线基本重合，说明试件在加载过程中基本满足 3 分点对称加载，由图可看出跨中挠度明显大于距跨中左、右 450 mm 处挠度，这也与试件的弯曲形态相符合，其余规律与荷载-跨中挠度曲线吻合。

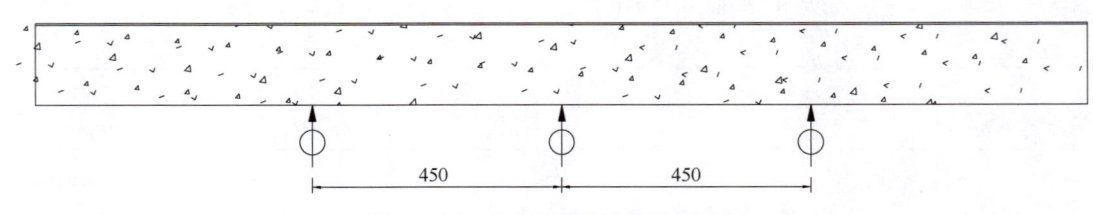

图 7-520　跨中下缘挠度测点位置图

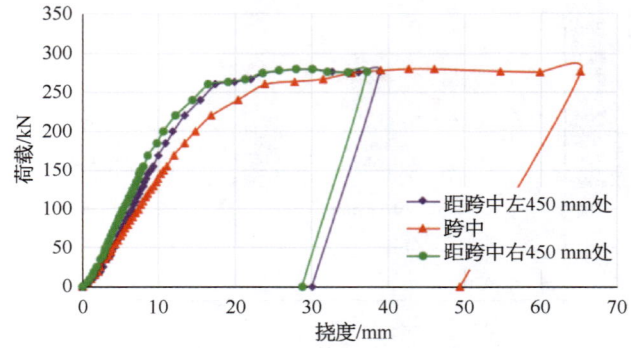

图 7-521　试件 CBTF-12-1 荷载-4 分点挠度曲线

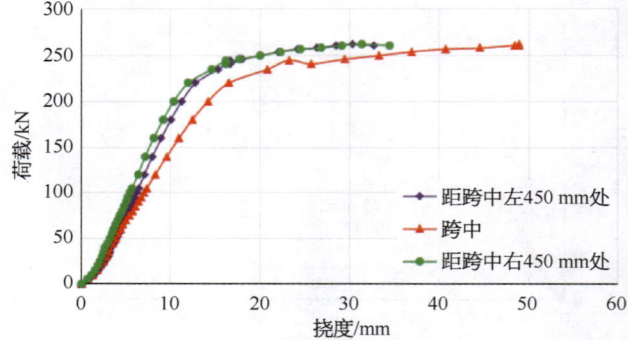

图 7-522　试件 CBTF-12-2 荷载-4 分点挠度曲线

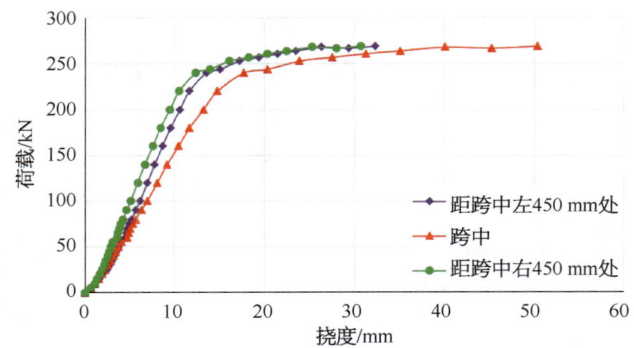

图 7-523　试件 CBTF-12-3 荷载-4 分点挠度曲线

(3) 荷载-挠度分布曲线。

由于试验条件的限制,沿试件纵向共布置了 3 个百分表,如图 7-524 所示,分别位于跨中、跨中左侧 450 mm 处、跨中右侧 450 mm 处,荷载-挠度曲线汇总了 3 个百分表在各级荷载下记录的试件变形,为使变形形状更加直观,绘制曲线时 3 块试件采用相同刻度绘制其荷载-挠度分布曲线,如图 7-525～图 7-527 所示。

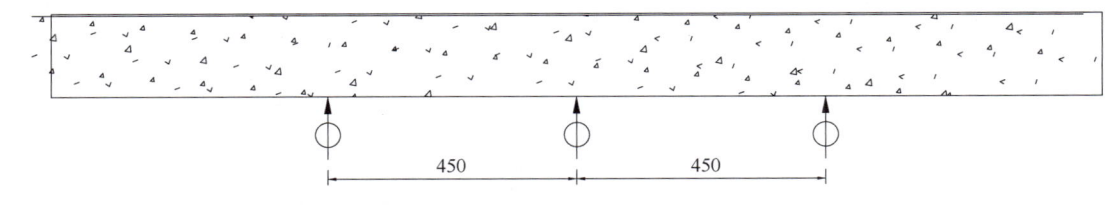

图 7-524　跨中下缘挠度测点位置图

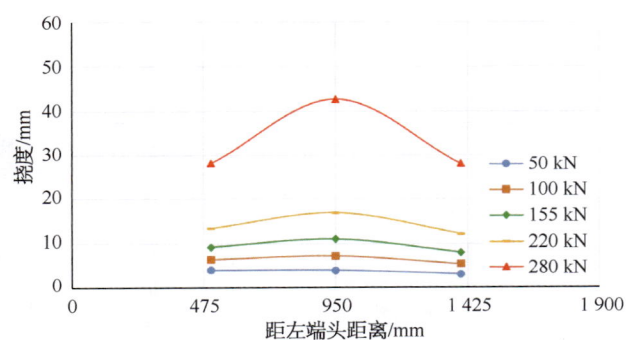

图 7-525　试件 CBTF-12-1 荷载-挠度分布曲线

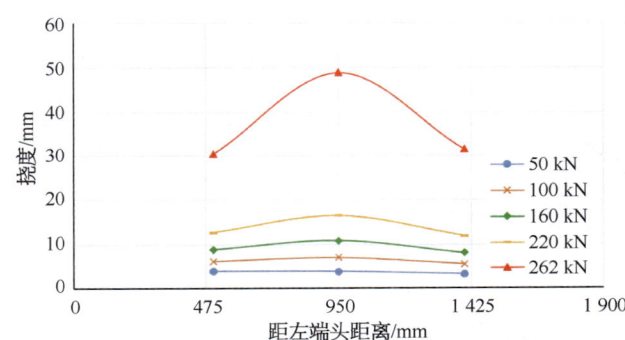

图 7-526　试件 CBTF-12-2 荷载-挠度分布曲线

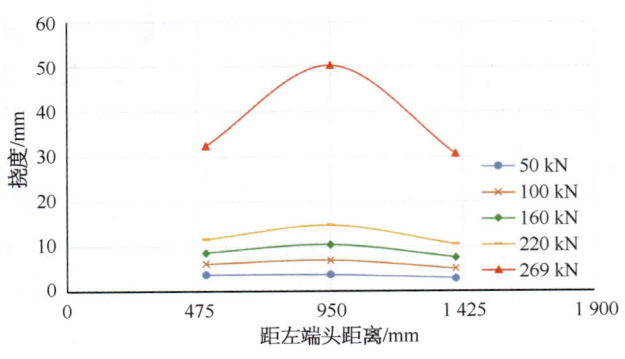

图 7-527　试件 CBTF-12-3 荷载-挠度分布曲线

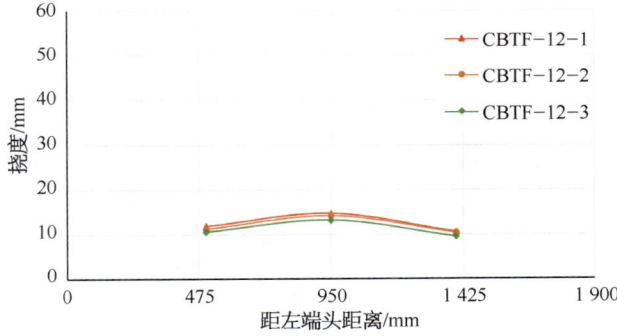

图 7-528　20 t 荷载作用下各试件荷载-挠度分布图

由图 7-525～图 7-527 可以看出在各级荷载作用下,试件挠度的变化情况,随着加载值的增加,试件挠度的不断增加,其中跨中测点的挠度最大,两边测点的挠度最小,且随着试件跨度方向,变形对称。现取同一级荷载作用下(20t)对比 3 块试件的荷载-挠度分布曲线如图 7-528 所示,可见三块试件的荷载-挠度分布曲线基本重合,证明了试件在相同设计下的试验结果的一致性,间接证明了试验的准确性。

3) 荷载-应变曲线

(1) 荷载-混凝土侧面应变曲线。

混凝土侧面应变片测点位置如图 7-529 所示,试件跨中正截面应变沿板厚方向的分布及发展变化曲线如图 7-530～图 7-532 所示,图中每条曲线共 5 个纵向应变测点数据,从下至上高度依次为 15 mm→45 mm→75 mm→105 mm→135 mm,5 个测点的具体位置依次为:混凝土板侧面从上至下为 11♯～15♯应变测点。其中,14♯、15♯测点应变片在负载 10 t 以前就已失效,故图中未作其对应曲线。

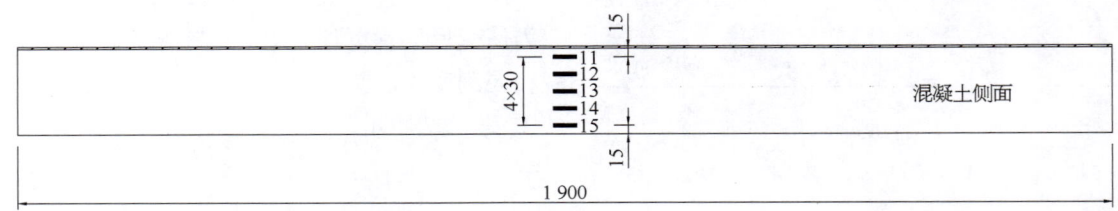

图 7-529　混凝土侧面应变片布置图

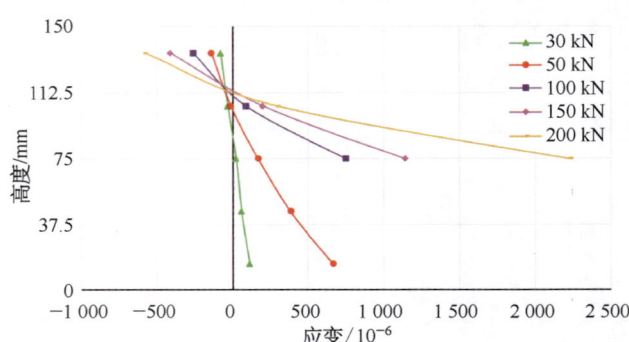

图 7-530　试件 CBTF-12-1 荷载-跨中正截面应变分布曲线

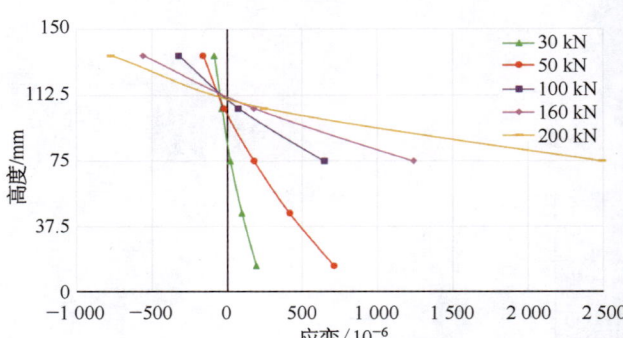

图 7-531　试件 CBTF-12-2 荷载-跨中正截面应变分布曲线

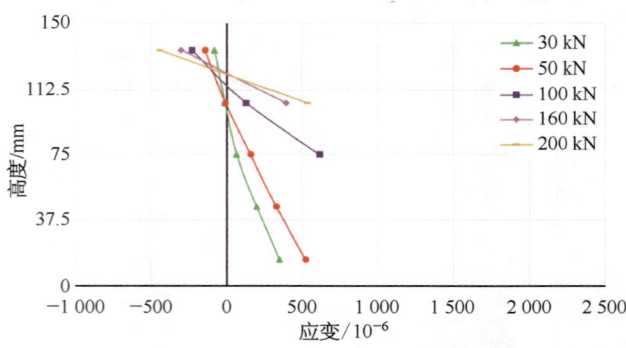

图 7-532　试件 CBTF-12-3 荷载-跨中正截面应变分布曲线

由图 7-530～图 7-532 可见,3 块试件的荷载-跨中正截面应变分布曲线规律基本一致:当荷载较低时,5 个沿高度分布的测点应变分布曲线基本为一条直线,上部受压、下部受拉,满足平截面假定;随着荷载的增大,下部受拉应变片逐渐失效,平截面假定不再适用,混凝土和钢板呈现出各自受力的应变曲线形式。

(2) 荷载-混凝土底面应变曲线。

各试件混凝土底面荷载-应变曲线采用相同刻度绘制,如图 7-534～图 7-536 所示,图中各测点编号具体位置见图 7-533。

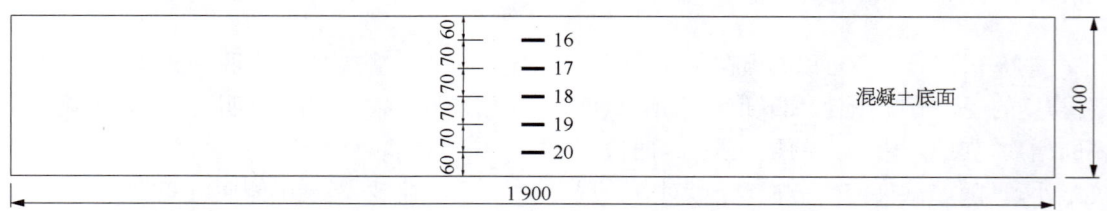

图 7-533　混凝土底面应变片布置图

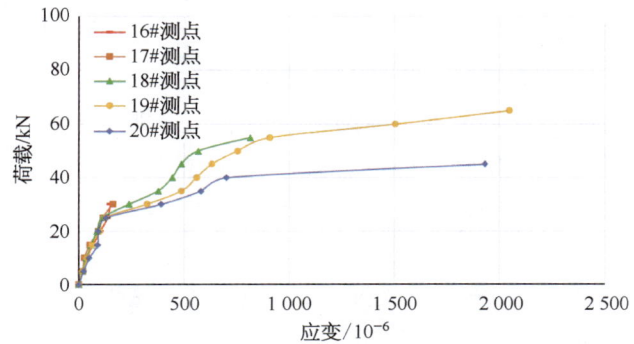

图 7-534　试件 CBTF-12-1 混凝土底面荷载-应变曲线

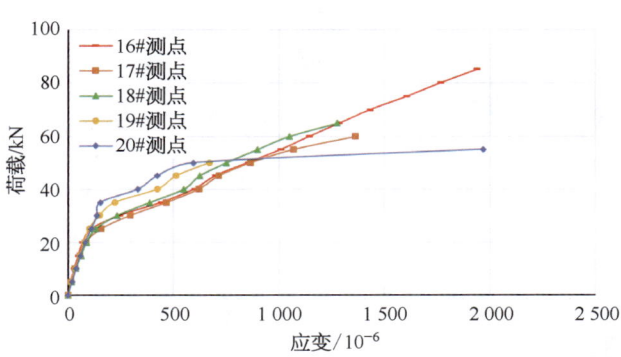

图 7-535　试件 CBTF-12-2 混凝土底面荷载-应变曲线

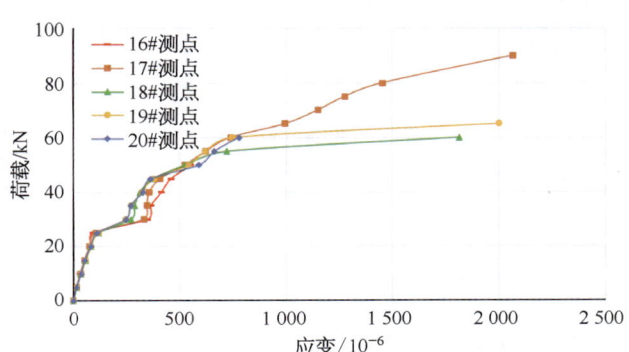

图 7-536　试件 CBTF-12-3 混凝土底面荷载-应变曲线

由图 7-534～图 7-536 可见,3 块试件底面的 5 个测点的应变曲线在荷载为 2 t 以前基本重合,在 2 t 以后各测点的应变曲线开始出现分散,这可能是由于混凝土底面打磨不均匀,表面不平导致。且底部应变片随着荷载的增加在 10 t 以前就失效,无法观察到试件屈服阶段底部混凝土应变的变化规律。

(3) 荷载-钢板跨中纵向应变曲线。

试件荷载-钢板跨中纵向应变曲线采用相同刻度绘制,如图 7-538～图 7-540 所示。具体测点位置如图 7-537 所示。

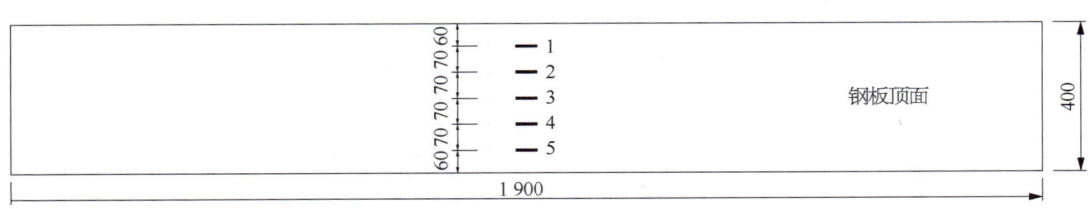

图 7-537　钢板顶面跨中纵向应变测点位置示意图

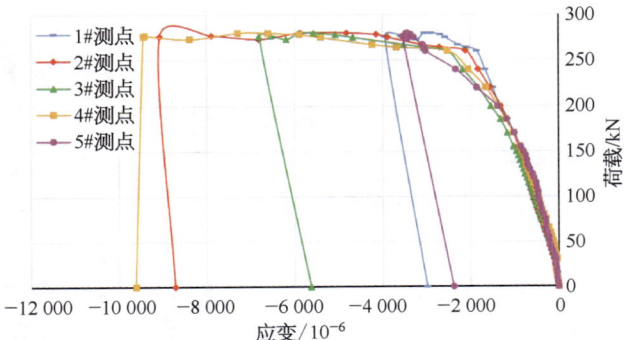

图 7-538　试件 CBTF-12-1 的荷载-钢板跨中纵向应变曲线

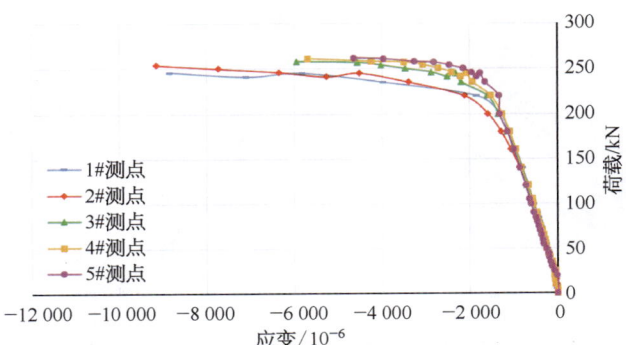

图 7-539　试件 CBTF-12-2 的荷载-钢板跨中纵向应变曲线

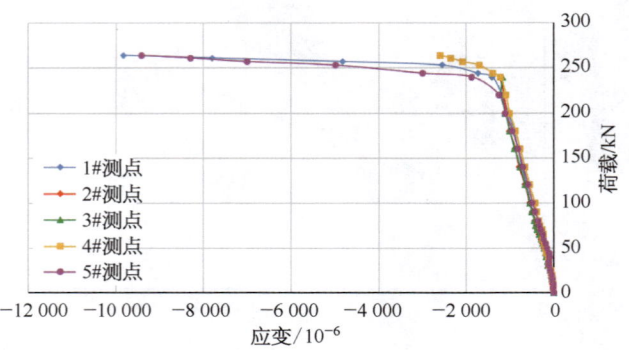

图 7-540 试件 CBTF-12-31 的荷载-钢板跨中纵向应变曲线

由图 7-538～图 7-540 可知,试件荷载-钢板跨中纵向应变分布曲线规律同荷载-挠度曲线规律基本一致,分别经历了弹性阶段、塑性阶段和强化阶段,由于组合板的特殊结构形式,此处未观测到上缘钢板的破坏阶段。5 个测点的弹性阶段与塑性阶段的曲线基本重合,说明各测点的受力基本一致,但是在强化阶段,各测点所受应力有较大差距,这是由于在加载后期钢板产生翘曲或空鼓导致,这也与试件的破坏形态吻合。

试件荷载-钢板四分之一测点纵向应变曲线采用相同刻度绘制,如图 7-542～图 7-544 所示。具体测点位置如图 7-541 所示。

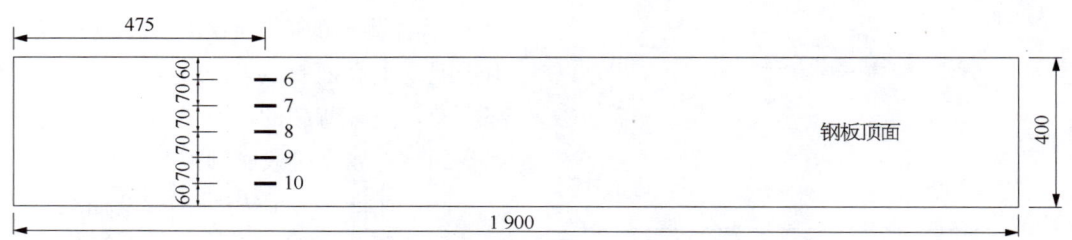

图 7-541 钢板顶面四分之一纵向应变测点位置示意图

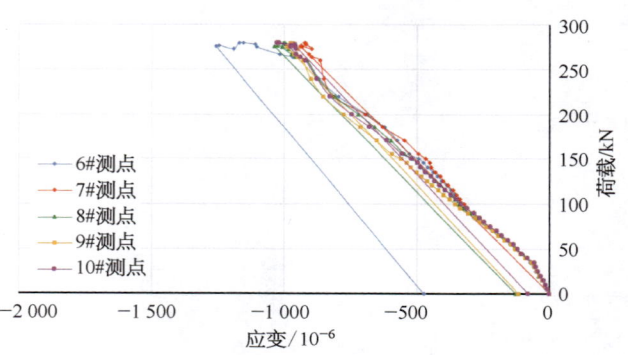

图 7-542 试件 CBTF-12-1 的荷载-钢板四分之一测点纵向应变曲线

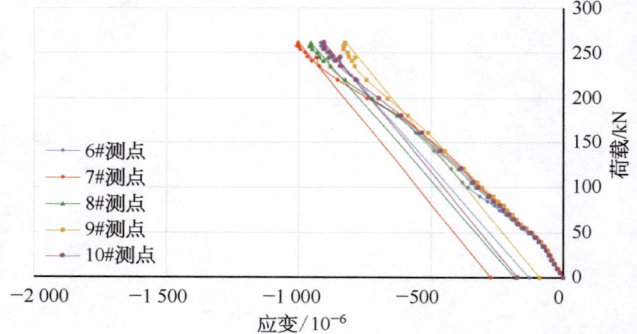

图 7-543 试件 CBTF-12-2 的荷载-钢板四分之一测点纵向应变曲线

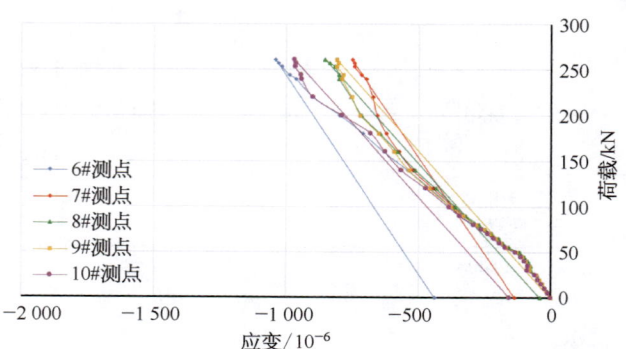

图 7-544 试件 CBTF-12-3 的荷载-钢板四分之一测点纵向应变曲线

由图 7-542～图 7-544 可见,顶部钢板的四分之一测点纵向应变曲线在加载全程基本保持为一条直线,说明此处应力在试件极限荷载条件下仍处于弹性阶段,未发生明显的变形。

4) 荷载-滑移曲线

试验过程中在组合板两端架设滑移表,实验过程中及加载完毕后未见钢板端头产生滑移和百分表转动,由此可以判定承受负弯矩的钢-混凝土组合桥面板不产生滑移。

5) 荷载-裂缝情况

试验过程中记录的各试件裂缝发展情况见表 7-101。

表 7-101　钢-混凝土组合桥面板裂缝发展情况

试件编号	初始状态描述	开裂荷载/t	初始裂缝		过程记录裂缝			过程记录裂缝			极限荷载/t	最宽裂缝	
			宽度/mm	长度/mm	荷载/t	宽度/mm	长度/mm	荷载/t	宽度/mm	长度/mm		宽度/mm	长度/mm
CBTF-12-1	无裂缝	2.5	0.02	22	6.5	0.16	55	7.5	0.21	70	28	4.95	140
CBTF-12-2	无裂缝	3	0.01	35	7.5	0.16	70	10.5	0.2	105	26.2	5.5	130
CBTF-12-3	无裂缝	3	0.01	25	6	0.14	65	8	0.19	85	26.9	4.7	125

各试件裂缝发展顺序及分布如图 7-545～图 7-547 所示。

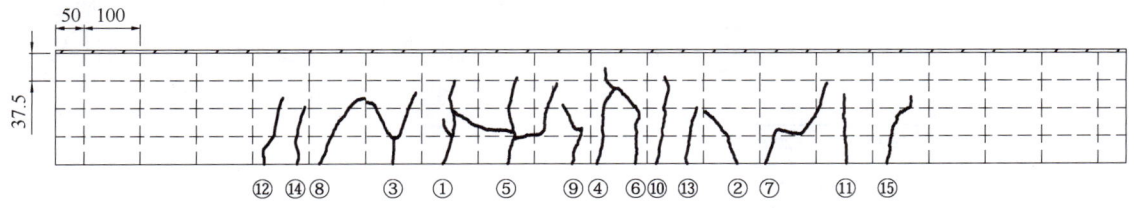

图 7-545　试件 CBTF-12-1 的裂缝发展及分布图

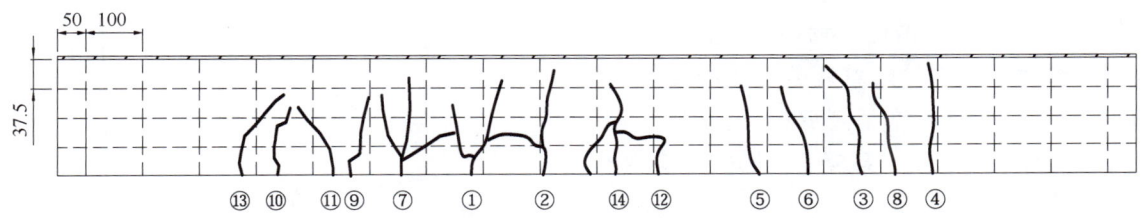

图 7-546　试件 CBTF-12-2 的裂缝发展及分布图

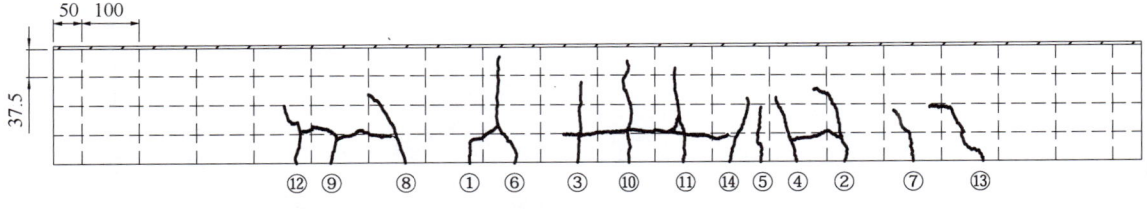

图 7-547　试件 CBTF-12-3 的裂缝发展及分布图

7.4.3.3　疲劳试验结果

1) 循环次数-刚度衰减曲线

疲劳试件 CBTF-12-4 的循环次数-刚度衰减曲线如图 7-548 所示。

由图 7-548 可见：疲劳试件循环次数-刚度衰减曲线呈折线状，可能是由于试件预压吨位不足导致，2.5t 后试件基本稳定，呈直线状，说明此时试件处于弹性阶段，随着疲劳次数的增加，各直线斜率呈降低趋势，说明试件刚度随着疲劳次数的增加而呈降低趋势，疲劳前静载加载过程中，由于预压未压实，

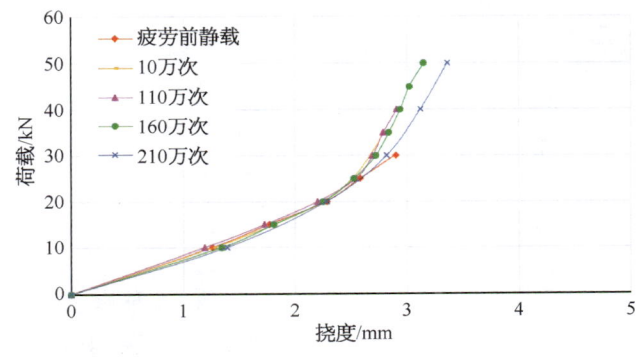

图 7-548　试件 CBTF-12-4 循环次数-刚度衰减曲线

导致试件挠度偏大,从而导致其循环次数-刚度衰减曲线中线段的斜率偏小。

2) 循环次数-应力衰减曲线

疲劳试件 CBTF-12-4 的循环次数-应力衰减曲线如图 7-549 所示。

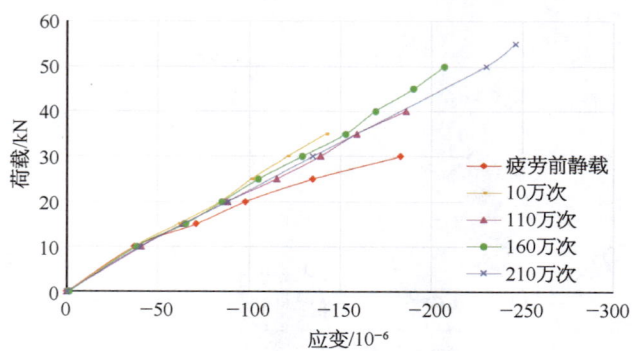

图 7-549　试件 CBTF-12-4 循环次数-应力衰减曲线

由图可知:当加载到 6 t 以前时,各个循环次数对应的循环次数-应力衰减曲线均基本呈直线,说明试件还处于弹性范围内。随着疲劳次数的增加,循环次数-应力衰减曲线斜率呈降低趋势。取跨中下缘控制点做定点研究发现:其应变也随疲劳次数的增加呈降低趋势(图 7-550)。

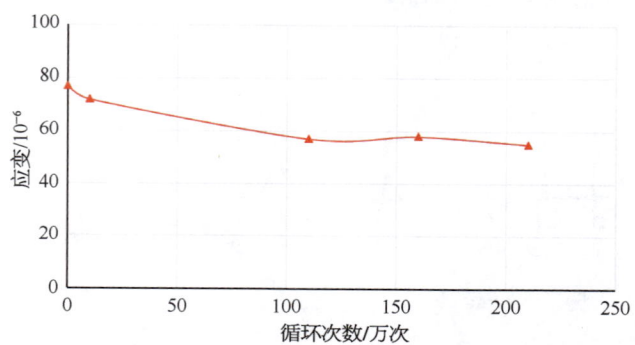

图 7-550　试件 CBTF-12-4 跨中下缘应变-循环次数曲线

3) 循环次数-滑移增加曲线

加载到 6 t 时,未发现试件发生滑移。

7.4.4　有限元分析

7.4.4.1　计算模型

为验证试验结果的可靠性,采用有限元软件 ANSYS 建立钢-混凝土组合桥面板的空间分析模型,对模型进行三维非线性空间力学研究。在单元类型的选择上,混凝土采用 8 节点的三维实体单元 SOLID65,该单元具有拉裂和压碎的功能,尤其对混凝土底板的开裂模拟更为准确,如图 7-551 所示;钢板采用 4 节点的三维塑性大应变壳单元 SHELL43,该单元具有塑性、蠕变、应力刚化、大变形和大应变的特性,如图 7-552 所示;贯穿钢筋、分布钢筋均采用 SOLID65 单元的实常数方式输入,经对比,该方法针对考虑开裂的非线性计算具有更好的收敛性,实常数规定如图 7-553 所示。

ANSYS 中混凝土和钢板材料参数的选取与材料试验的结果保持一致,混凝土的本构模型采用塑性损伤本构关系模型,如图 7-554 所示,该模型用于单向加载、循环加载及动态加载等情况,具有较好的收敛性;钢板和钢筋均采用理想的弹性-线性强化

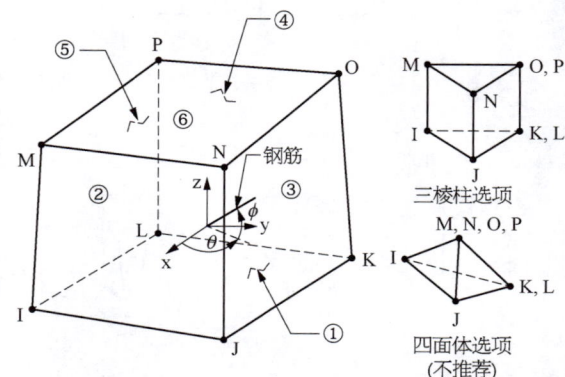

图 7-551　SOLID65 单元特性

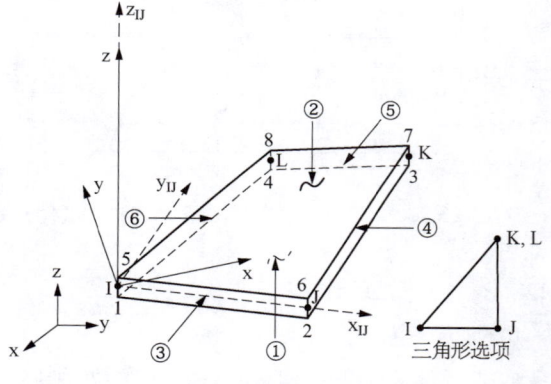

图 7-552　SHELL43 单元特性

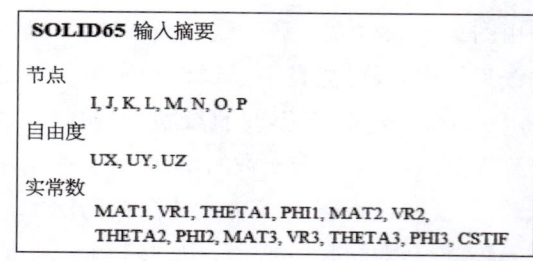

图 7-553　SOLID65 钢筋实常数

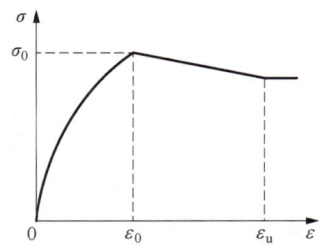

图 7-554　混凝土塑性损伤模型

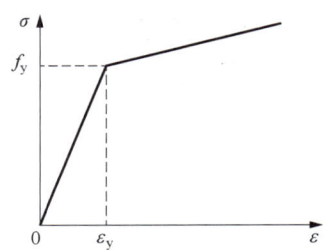

图 7-555　钢材弹性-线性强化本构模型

本构模型,如图 7-555 所示。

ANSYS 有限元模型采用两点(3 分点)对称集中加载方式,为防止加载过程中板上加载面及支座处出现应力集中,试验时在加载处和支座处设置钢垫片,以增加接触面积和刚度。为提高计算速度,利用受弯构件的几何模型和荷载边界条件的对称性,取 1/2 模型进行模拟,有限元模型及网格划分如图 7-556、图 7-557 所示。

7.4.4.2　超薄钢与混凝土无滑移模型

由于试验过程中未发现钢板与混凝土之间产生相对滑移,故此处建立钢板与混凝土的无滑移模型进行对比分析。钢-混凝土组合桥面板无滑移模型采用耦合方式连接钢板与混凝土,忽略滑移,主要计算结果如图 7-558～图 7-560 所示。

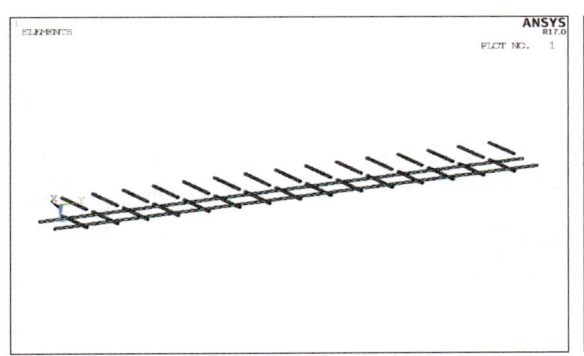
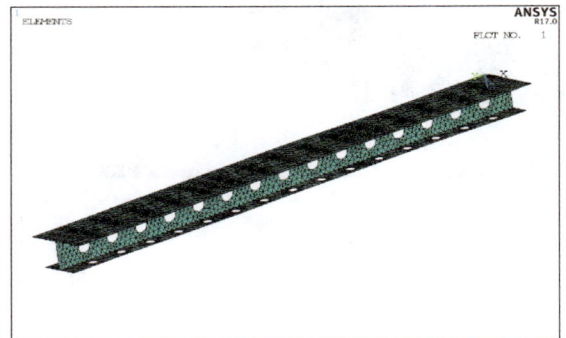

图 7-556　混凝土内钢筋和钢板的 1/2 有限元模型

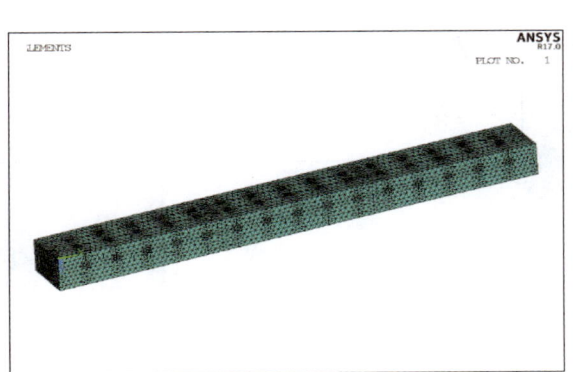

图 7-557　钢-混凝土组合桥面板 1/2 有限元模型

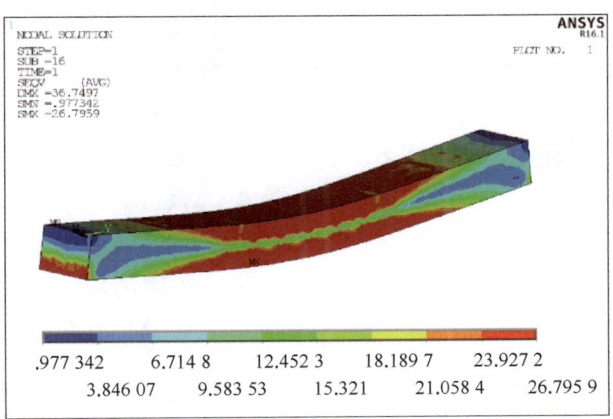

图 7-558　钢-混凝土组合桥面板无滑移 1/2 模型混凝土应力云图

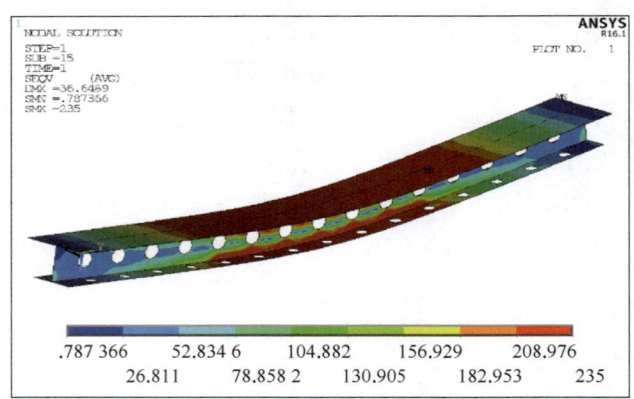
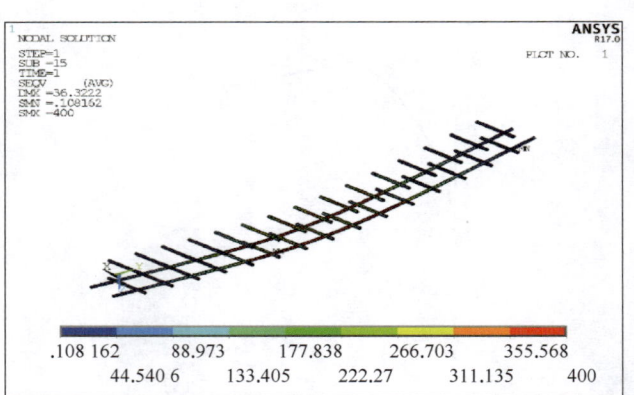

图 7-559 钢-混凝土组合桥面板无滑移 1/2 模型钢材应力云图

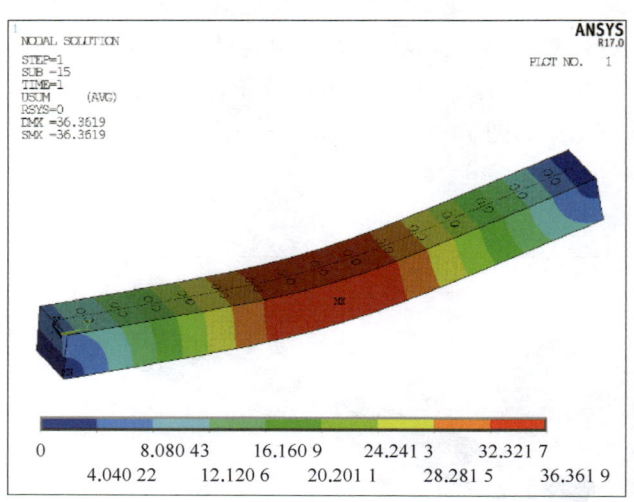

图 7-560 钢-混凝土组合桥面板无滑移 1/2 模型钢材应力云图

7.4.4.3 有限元结果分析

各试件的峰值荷载、屈服荷载、挠度的有限元计算值与试验值对比见表 7-102，试验值取自前期研究同参数试件试验结果，表中 P_{u1} 表示有限元无滑移模型计算得到的极限承载力，P_{u2} 表示模型试验得到的极限承载力，P_{y1} 表示有限元无滑移模型计算得到的屈服荷载，P_{y2} 表示模型试验得到的屈服荷载，δ_{u1} 表示有限元结果 P_{u1} 对应的跨中下缘挠度计算值，δ_{u2} 表示模型试验结果 P_{u2} 对应的跨中下缘挠度实测值，δ_{y1} 表示有限元无滑移模型计算得到的 P_{y1} 对应的跨中下缘挠度计算值，δ_{y2} 表示模型试验得到的屈服荷载 P_{y2} 对应的跨中下缘挠度实测值。

由表 7-102 中数据可见，各钢-混凝土组合桥面板试件的极限荷载与屈服荷载同模型试验测试结果吻合较好，说明钢-混凝土组合桥面板的无滑移模

表 7-102 钢-混凝土组合桥面板有限元无滑移模型分析与试验结果比较

编号	P_{u1}/t	P_{u2}/t	P_{u1}/P_{u2}	P_{y1}/t	P_{y2}/t	P_{y1}/P_{y2}	δ_{y1}/mm	δ_{y2}/mm	δ_{u1}/δ_{u2}
CBTF-12-1	24.2	28	0.86	18	20	0.9	10	14.73	0.68
CBTF-12-2	24.2	26.1	0.93	18	20	0.9	10	14.19	0.71
CBTF-12-3	24.2	26.9	0.90	18	22	0.82	10	14.76	0.68

型能够比较准确地模拟组合桥面板的受力过程。至于屈服荷载对应的跨中下缘挠度值，计算值与实测值相差较大，可能是由于组合桥面板支座不平整、实测混凝土弹性模量精度不够等原因导致。

钢-混凝土组合桥面板的无滑移模型荷载-跨中挠度曲线如图 7-561 所示。

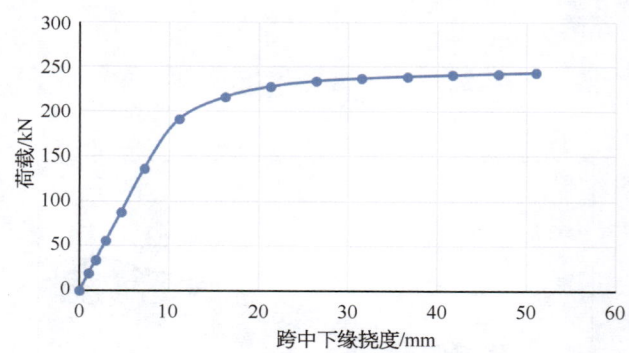

图 7-561 钢-混凝土组合桥面板无滑移模型荷载-挠度曲线

7.4.5 模型试验分析与计算方法

7.4.5.1 与有限元计算结果对比

组合桥面板的荷载-挠度曲线计算值与试验实测值的对比如图 7-562 所示。

从图 7-562 中可以看出，有限元分析的荷载-挠度曲线与三块组合板实测曲线吻合较好，进一步

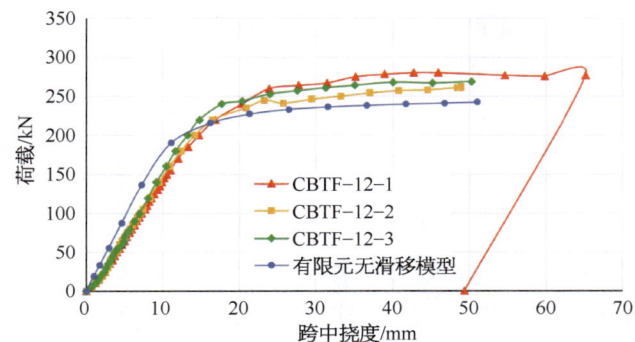

图 7-562 新型钢-混凝土组合桥面板计算值与设计值对比

说明了本节建立的有限元无滑移模型对于承受负弯矩组合板的力学性能模拟的合理性,数值分析结果可以较全面地体现组合板的抗弯力学性能,分析过程合理。

同时,还可以看出,有限元分析结果所体现的抗弯刚度较实测结果值偏大,可能是由于试验试件制作误差、运输过程中产生损伤或试件试验过程中支座未完全压实导致。

7.4.5.2 设计计算方法研究

1) 负弯矩抗弯承载力验算

根据《钢-混凝土组合桥面板技术规程》(以下简称《规程》),负弯矩作用下钢-混凝土组合桥面板的抗弯承载力验算过程如下。为与试验结果、有限元分析结果作对比,各公式中材料参数均取"7.4.3.1 材料性能"中的实测值。

令中性轴高度位于两翼缘底钢板上方 x 处,如图 7-563 所示。

图 7-563 中性轴位置示意图

根据最不利截面上力的平衡条件有:

$$f_{sd}A_s + 2f_d bt + f_d(x-t)t = f_d b't + f_d(118-x-t)t$$

故:
$$x = \frac{f_d b't + 118f_d t - 2f_d bt - f_{sd}A_s}{2f_d t}$$

$$= \frac{291 \times 400 \times 4 + 118 \times 291 \times 4 - 2 \times 291 \times 120 \times 4 - 405 \times 4 \times \pi \times \frac{12^2}{4}}{2 \times 291 \times 4}$$

$$= 60.3 \text{ mm}$$

其抗弯极限承载能力为:

$$M_{u-1} = f_{sd}A_s\left(x - \frac{D}{2}\right) + 2f_d bt\left(x - \frac{t}{2}\right)$$
$$+ 2f_d(x-t)t\frac{(x-t)}{2}$$
$$+ 2f_d(118-x-t)t\frac{118-x-t}{2}$$
$$+ f_d b'\left(118 - x - \frac{t}{2}\right)$$

$$= 183\,217 \times (60.3-3) + 279\,360 \times (60.3-2) + 131\,066 \times 28.15 + 125\,013 \times 26.85 + 465\,600 \times 55.7$$

$$= 59.8 \text{ kN} \cdot \text{m}$$

对应的极限荷载为:$P_{u-1} = \dfrac{M_u}{l_0/2 - 600} = 19.93 \text{ t}$

若按《规程》要求,所有材料参数均取为规范强度设计值,即:

$$f_d = 215 \text{ MPa}, f_{cd} = 18.4 \text{ MPa}, f_{sd} = 300 \text{ MPa}$$

计算过程同上,对应的抗弯极限承载力及极限荷载为:

$$M_{u-2} = 43.77 \text{ kN} \cdot \text{m}, P_{u-2} = 14.59 \text{ t}$$

《规程》计算结果与有限元分析、实测数据对比见表 7-103。

表 7-103 负弯矩抗弯承载力计算结果对比

数据来源	极限荷载 P_u/t	《规程》极限荷载 P_{u-1}/t	《规程》极限荷载 P_{u-2}/t	《规程》安全系数 P_u/P_{u-1}	《规程》安全系数 P_u/P_{u-2}
有限元无滑移模型	24.2	19.93	14.59	1.21	1.66
试验试件 CBTF-12-1	28	19.93	14.59	1.40	1.92
试验试件 CBTF-12-2	26.1	19.93	14.59	1.31	1.79
试验试件 CBTF-12-3	26.9	19.93	14.59	1.35	1.84

由表可见，当材料性能取值与实测结果一致时，按照《规程》公式计算得到的负弯矩极限承载力比有限元无滑移模型结果低21%，比试验实测承载力低31%~40%，说明《规程》公式给出的负弯矩实用计算方法是合理的，有误差是由于公式中未考虑PBL对承载力的贡献；若考虑材料安全储备，将所有参数取为强度设计值，实测承载力约为《规程》公式计算值的1.8~1.9倍，有限元无滑移模型计算结果约为《规程》公式计算值的1.6倍，进一步验证了规范的安全合理。

2) 斜截面抗剪承载力验算

根据《规程》规定，钢-混凝土组合桥面板，垂直于带孔钢板方向的斜截面抗剪极限承载能力，应按下式计算：$\gamma_0 V_d \leqslant 0.07 f_{cd} W_r h_0$。

材料取实测强度时：$V_{ur1} = 0.07 f_{cd} W_r h_0 = 0.07 \times 32.6 \times 200 \times 152 = 69.37\ \text{kN}$

材料取设计强度时：$V_{ur1} = 0.07 f_{cd} W_r h_0 = 0.07 \times 18.4 \times 200 \times 152 = 39.16\ \text{kN}$

根据力学基本原理，试件最大剪力计算公式为：$V_u = P_u / 2$，《规程》抗剪承载力的计算结果与有限元分析、实测数据对比见表7-104。

表7-104 抗剪承载力计算结果对比

数据来源		极限荷载 P_u/t	最大剪力 V_u/t	《规程》计算值		安全系数	
				V_{ur1}/t	V_{ur2}/t	V_u/V_{ur1}	V_u/V_{ur2}
有限元无滑移模型		24.2	12.1	6.94	3.92	1.74	3.09
试验数据	试件CBTF-12-1	28	14	6.94	3.92	2.02	3.57
	试件CBTF-12-2	26.1	13.05	6.94	3.92	1.88	3.33
	试件CBTF-12-3	26.9	13.45	6.94	3.92	1.94	3.43

由表可见，当材料性能取值与实测结果一致时，按照《规程》公式计算得到的斜截面抗剪极限承载力略低于有限元模型及试验结果，若考虑材料安全储备，将所有参数取为强度设计值，实测承载力及有限元模型计算结果约为《规程》公式计算值的3~4倍，说明《规程》斜截面抗剪承载力公式安全系数偏高。

7.4.6 结果与展望

7.4.6.1 结果

本节通过对承受负弯矩的钢-混凝土组合桥面板静力试验、疲劳试验、有限元数值仿真模拟及理论分析，深入研究了钢-混凝土组合桥面板的力学性能。主要研究内容及结果如下。

(1) 完成了3块承受负弯矩作用的钢-混凝土组合桥面板的3分点静载试验和1块承受疲劳荷载的钢-混凝土组合桥面板试件的3分点疲劳试验，在加载初始阶段采用荷载控制方法，当试件达到极限承载力后转为位移控制，以此得到试件的全过程曲线。试验结果表明以下三点。

① 试验设计的钢-混凝土组合桥面板主要破坏形态为弯曲破坏。破坏过程大致分为4个阶段：弹性阶段、屈服阶段、强化阶段和破坏阶段，说明混凝土内的T形剪力键和通长筋对组合桥面板负弯矩作用下承载力有很大的贡献，不仅控制了结构变形，还提高了负弯矩试件的抗弯承载力。

② 从荷载-裂缝分布情况可以看出，3块弯曲破坏负弯矩试件的裂缝主要集中在加载点附近和跨中纯弯段，前期裂缝发展较快，裂缝宽度发展缓慢，后期裂缝长度发展缓慢，裂缝宽度迅速增加；通过裂缝数据对比可知，当荷载达到7t左右时，裂缝宽度达到0.15 mm；当荷载达到8.5t左右时，裂缝宽度达到0.2 mm。

③ 完成了1块负弯矩钢-混凝土组合桥面板的疲劳试验，验证了钢-混凝土组合桥面板在疲劳荷载作用下，抗弯刚度和关键点应力随疲劳次数的增加而降低。

(2) 利用有限元软件ANSYS对试件进行了非线性仿真模拟研究，所建模型物理及力学概念清晰，通过对数值计算结果和试验实测结果的对比可知，两者吻合良好。说明有限元模型能够较准确地模拟钢-混凝土组合桥面板试件加载全过程的受力行为，更全面地了解其受力特点，弥补试验中测点不足的问题，成为试验研究的有力补充；能高效地找出试件在受力中的薄弱环节，对不同参数的影响程度进行必要分析。

（3）对比分析《钢-混凝土组合桥面板技术规程》，对钢-混凝土组合桥面板在负弯矩作用下的力学性能的实用计算方法进行分析，现总结如下两点。

① 采用《规程》对组合桥面板进行负弯矩抗弯承载力验算时，当材料参数取为实测强度时，规范公式计算结果比有限元无滑移模型结果低21%，比试验实测承载力低31%～40%，说明《规程》公式给出的负弯矩实用计算方法是合理的，有误差是由于公式中未考虑PBL对承载力的贡献；若考虑材料安全储备，将所有参数取为强度设计值，实测承载力约为《规程》公式计算值的1.8～1.9倍，有限元无滑移模型计算结果约为《规程》公式计算值的1.6倍，进一步验证了规范的安全合理。

② 采用《规程》对组合桥面板进行斜截面抗剪承载力验算时，当材料性能取值与实测结果一致时，按照《规程》公式计算得到的斜截面抗剪极限承载力略低于有限元模型及试验结果，若考虑材料安全储备，将所有参数取为强度设计值，实测承载力及有限元模型计算结果约为《规程》公式计算值的3～4倍，说明《规程》斜截面抗剪承载力公式安全系数偏高。

7.4.6.2 展望

本节完成了承受负弯矩的钢-混凝土组合桥面板的试验研究，对其在静载和疲劳荷载作用下的受力行为、力学性能进行了探讨，取得了一定的成果。但对于这种新型的桥面体系的研究尚不完善，仍有待于继续深入研究如下几个方面：

（1）钢-混凝土组合桥面板的非线性研究，探索钢板空鼓、滑移及翘曲等非线性因素对组合桥面板极限承载力的影响，以及预应力的施加对非线性的影响；

（2）钢-混凝土组合桥面板的动力性能分析，尤其在承受车辆等动荷载作用下，桥面板的整体工作性能、剪力连接件的疲劳问题等；

（3）混凝土的收缩、徐变及温度效应对组合桥面板受力行为的影响；

（4）组合桥面板的耐久性研究，提出寿命评价模型，计算其使用年限。

第8章

平面型钢-混凝土组合桥面板工程应用

8.1 在拱桥的应用

8.1.1 广东佛山东平大桥

8.1.1.1 工程概述

东平大桥位于广东省佛山市禅城区南部,跨越东平水道,是新城区连接东平河两岸的标志性大桥。主跨为300 m钢桁拱桥,边跨为95.5 m的拱梁组合结构,引跨为43.5 m连续梁。其桥跨布置如图8-1所示。

主跨主拱圈采用先竖转到设计标高,再平转到桥轴线的转体工艺合龙,利用已合龙的拱圈吊装安装纵横格子梁和桥面板,最后现浇混凝土;两岸的预应力钢筋混凝土连续梁,采用支架现浇施工,再与主跨钢拱合龙。主桥建安费约为3.92亿元,2004年3月开工建设,2006年10月建成通车。

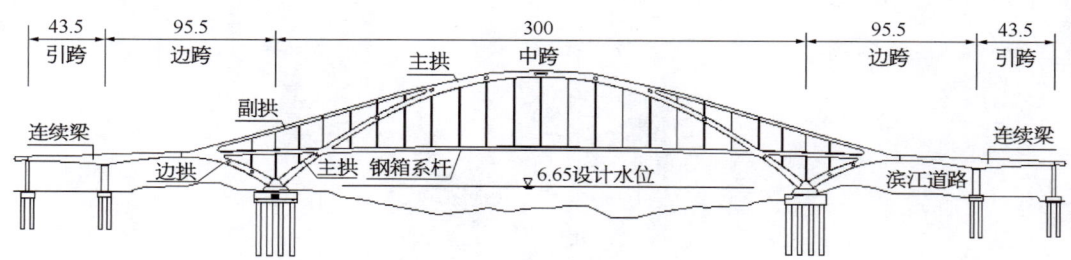

图8-1 东平大桥桥跨布置(单位:m)

8.1.1.2 技术标准

①城市主干道Ⅰ级,双向八车道;②主线设计速度为60 km/h;③主桥最大纵坡3.5%,双向横坡1.5%;④桥梁宽度为净2×15 m车行道,净2×6 m人行道,主桥全宽为48.6 m;⑤设计荷载为汽车-超20级,挂车-120级;⑥设计风速:27.9 m/s;⑦通航净高大于18 m,双向通航孔净宽180 m;⑧设计水位:6.65 m,频率1/300,最高通航水位5.55 m(频率1/20);⑨基本烈度为Ⅵ度。

8.1.1.3 结构设计

(1) 主跨主拱。主孔跨径300 m(计算跨径292.9 m),主拱圈采用计算矢跨比为1/4.55,拱轴系数为1.1的悬链线。全桥拱肋均采用箱型截面,箱宽1.2 m,桥面以上拱肋截面高3.0 m,桥面以下拱肋截面高3.0~4.5 m;拱顶段主、副拱肋合并,截面高4.0~7.2 m;副拱肋线形为直线-圆曲线的组合线型,拱肋截面高2.0 m,其主拱拱肋一般构造如图8-2所示。

主拱肋每隔两个吊杆(或立柱)间距,设一道1420 mm×2240 mm×20 mm的异型管式横撑,拱顶处为了减少空中安装,对称跨中线分设两根1420 mm×20 mm的管式横撑和600 mm×12 mm的管式平连。

(2) 边跨主拱。两岸边跨半拱为净跨径49.1 m、净矢跨比1/6的抛物线。拱肋截面高由3.0 m向4.5 m渐变,其端头与系杆箱、副拱肋合并。边跨拱肋箱宽为1.2 m,箱内灌注C40混凝土,钢箱与混凝土间采用纵向加劲肋上开孔成为PBL抗剪

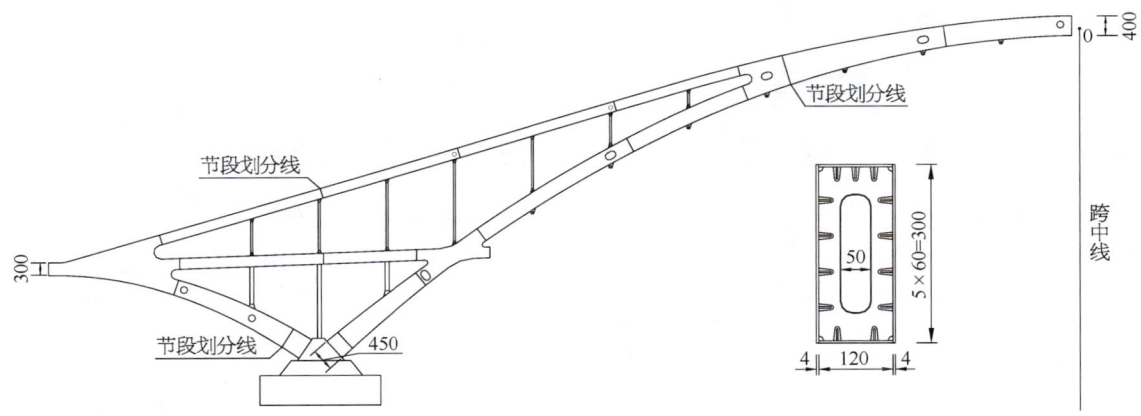

图 8-2 主拱拱肋一般构造图(单位：cm)

器的锚固连接。拱上采用 1.2 m×0.8 m H 形截面的钢立柱,设 820 mm×20 mm 管式横撑。

(3) 钢-混凝土组合桥面板。桥面梁由三道主纵梁(即钢系杆)、两道次纵梁和主、次横梁组成格子桥面梁;格子梁上设置 8 mm 厚钢板,再现浇 12 cm 厚水泥混凝土,形成钢-混凝土组合桥面板。桥面格子梁间的全部构件采用高强螺栓连接。

(4) 钢吊杆及钢系杆。桥面三道纵梁既为桥面主纵梁,又为平衡拱圈水平推力的系杆。其箱型截面尺寸采用 1.2 m×2.2 m。两岸钢系杆之间,在主跨跨中设置张拉合龙接头,张拉钢系杆合龙接口上的钢绞线与合龙钢系杆如图 8-3 所示。

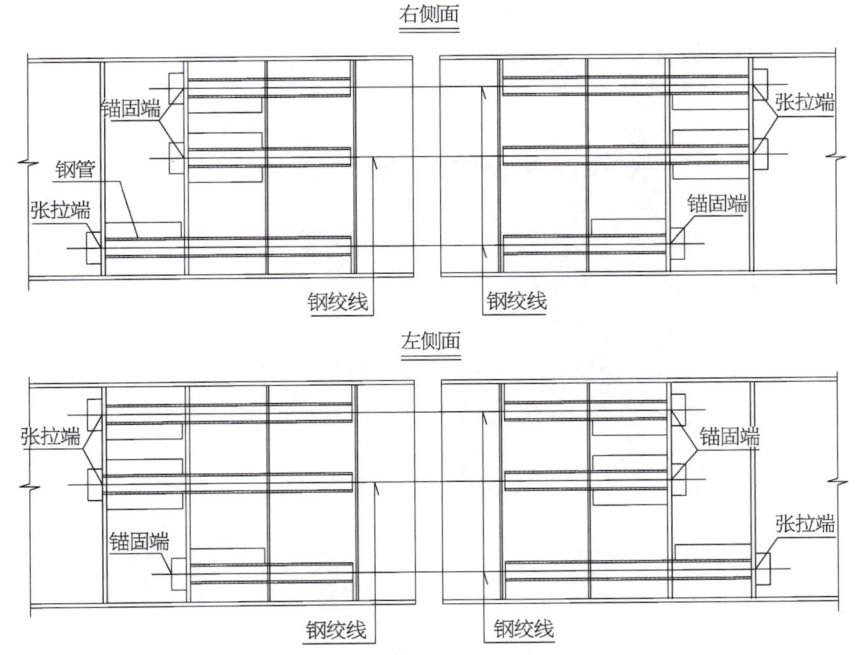

图 8-3 钢系杆合龙装置构造图

吊杆、上立柱、下立柱采用 H 形截面,与主、副拱肋及钢系杆同宽为 1.2 m,吊杆与拱肋、钢系杆通过高强螺栓拼接连接。全桥钢吊杆、上立柱腹板均合理设计了孔洞,提高桥梁抗风性能。

(5) 钢-混凝土过渡接头。两岸边跨预应力混凝土连续梁与主跨拱肋的连接,因两岸连续梁为五肋,主跨拱圈为三肋,其中有两肋无法与拱肋对接,因此,连接段接头设置了加强端横梁,连续梁纵肋与钢拱肋及两者桥面板均为固结连接,钢-混凝土过渡接头一般构造如图 8-4 所示。

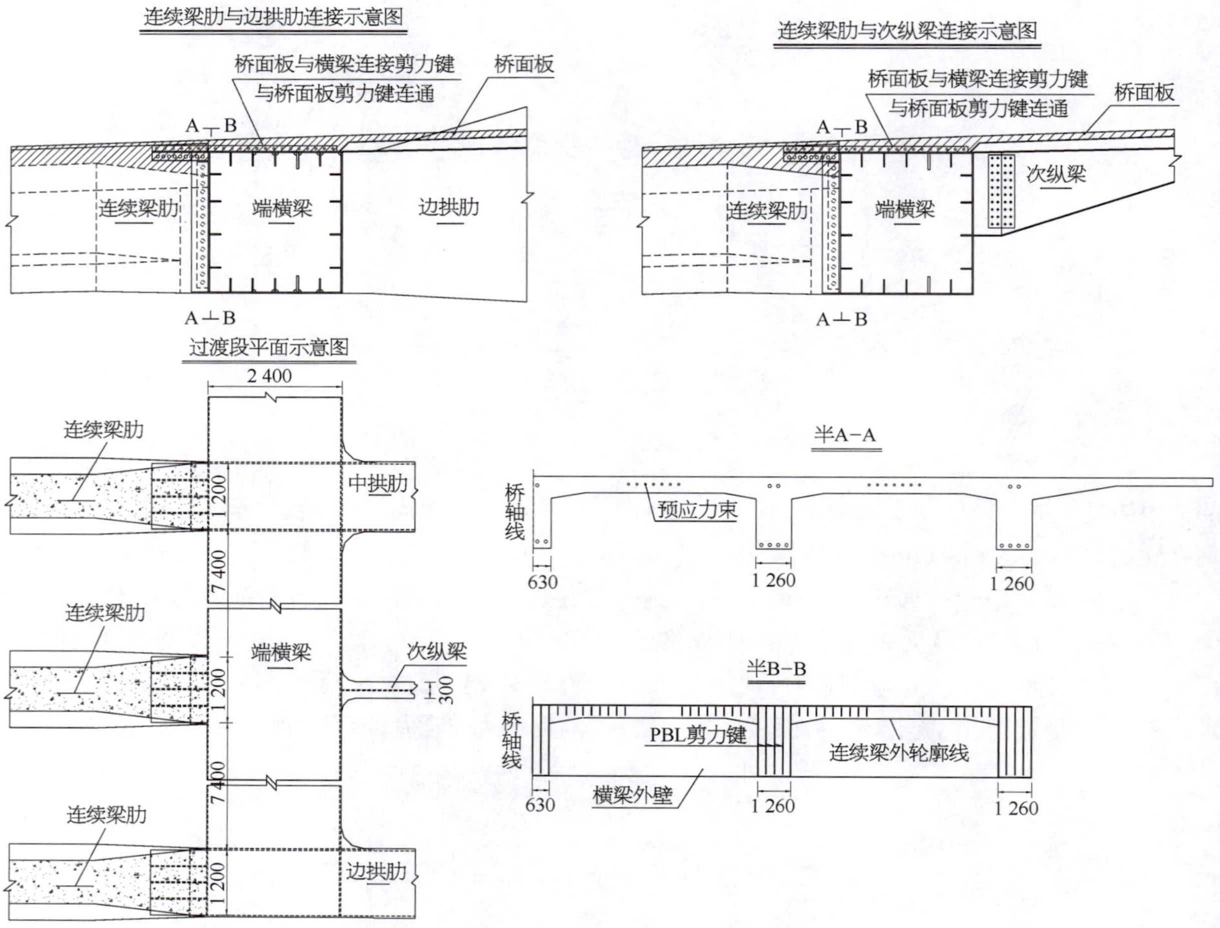

图 8-4 钢-混凝土过渡接头一般构造图（单位：mm）

8.1.1.4 施工方案

（1）主拱平面转体设计。主跨拱圈由主拱及副拱组成，这种设计体系中的副拱便起到半跨转体时平衡主、边跨的扣索作用。同时，由于边跨拱圈设计为钢-混凝土组合结构，相对较重的边跨，在平面转体时成为平衡主跨的平衡重，平面转动体系一般构造如图 8-5 所示。

（2）主拱竖转设计。本桥开工后，为进一步配合施工，保证施工进度和降低工程造价，提出了在主跨拱肋拱脚处设置竖转铰、采用提升塔提升就位的竖转施工方案，竖转施工过程如图 8-6 所示。

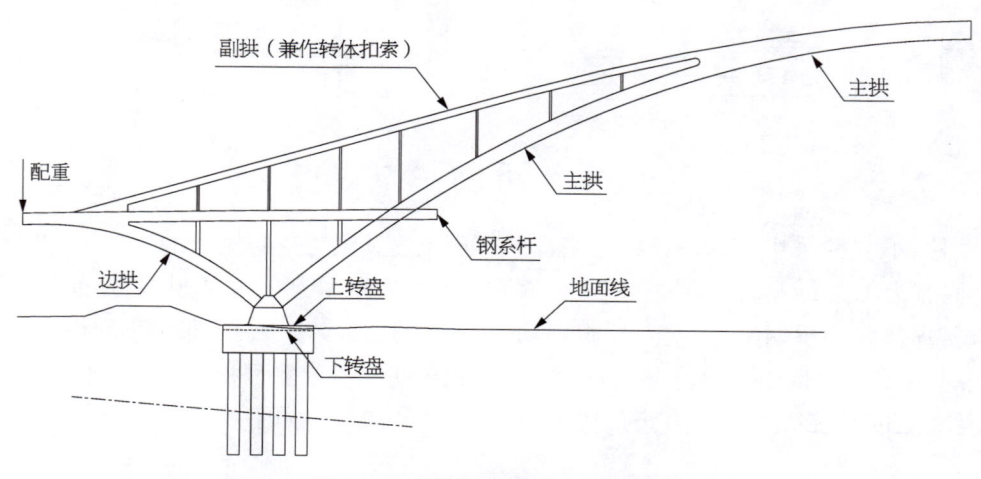

图 8-5 平面转动体系一般构造图

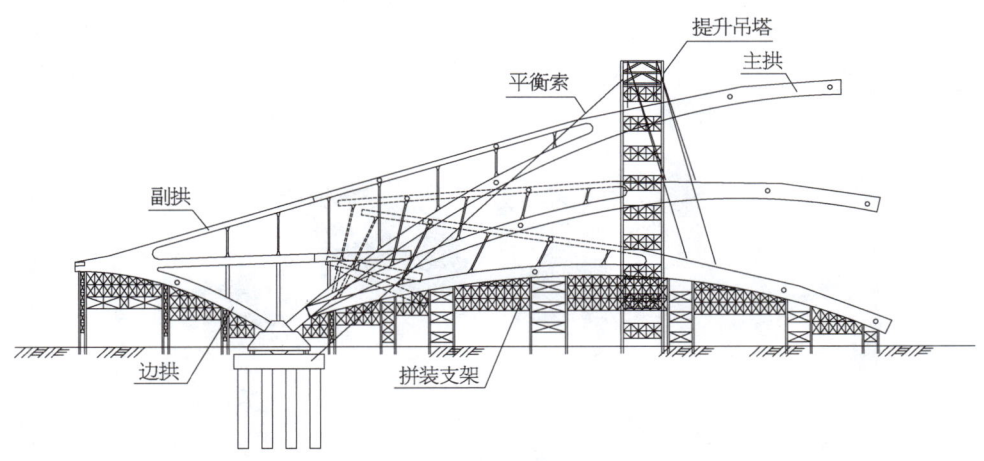

图 8-6　竖转施工过程示意图

8.1.1.5　材料用量及经济指标

主桥主要材料用量及主要经济指标见表 8-1。

表 8-1 的经济技术指标表明：在特大跨桥梁结构中，钢-混凝土组合结构拱桥具有较好的经济优势。

表 8-1　材料用量及经济指标

工程量		混凝土用量/m³			钢材用量/t			造价/万元		
长度/m	面积/m²	全桥	延米	平方米	全桥	延米	平方米	主桥	延米	平方米
578	28 090.8	54 358	94.1	1.94	21 093	36.5	0.78	29 236	50.6	1.041

注：1. 本桥全长为 1472 m，引桥为预应力混凝土连续梁桥。
　　2. 本表为主桥经济指标，未包含引桥工程经济指标。

8.1.1.6　钢-混凝土组合桥面板

本桥桥面板采用平面型钢-混凝土组合桥面板。在钢格子梁上满铺 8 mm 厚的平面型钢板，通过设置间距 40 cm 的 PBL 剪力键结合混凝土，形成总厚度为 12 cm 厚的平面型钢-混凝土组合桥面板。钢格子梁由三道钢箱主纵梁（兼做主拱平衡推力的系杆）、工字钢次纵梁、主横梁、次横梁组成，如图 8-7、图 8-8 所示。主纵梁间距 17.2 m，其间设置了一道次纵梁；吊杆或立柱处设置了主横梁，其间设置四道次横梁。

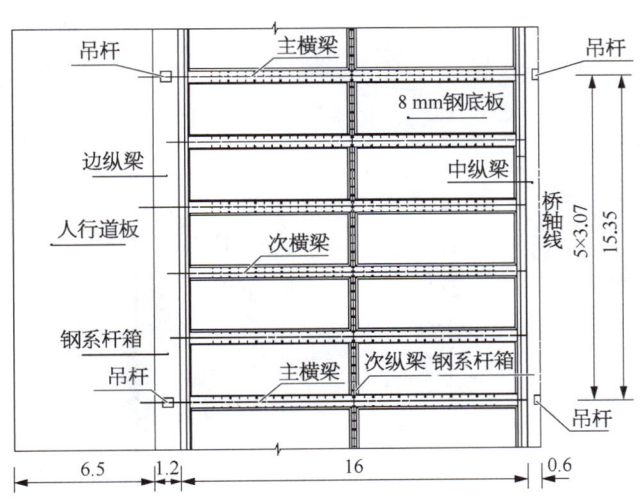

图 8-7　格子梁桥面平面布置图（单位：m）

图 8-8　格子梁桥面照片

平面型钢-混凝土组合桥面板具体构造如图8-9所示：8 mm厚平面型底钢板上沿桥纵向每隔40 cm设置10 cm高PBL剪力键，剪力键开孔间距10 cm、孔径4 cm，孔内穿ϕ12钢筋，纵横梁顶面加设栓钉剪力键，再现浇C40钢纤维混凝土，形成总厚度为12 cm的桥面板。

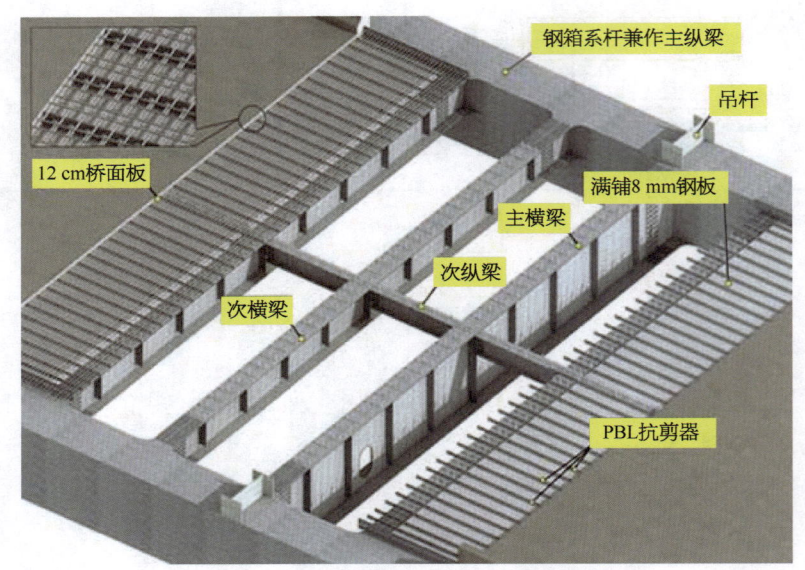

图8-9 平面型钢-混凝土组合桥面构造

平面型钢-混凝土组合桥面板经过足尺和系列缩尺模型试验研究，揭示了正弯矩区段和负弯矩区段模型的静载极限承载能力及计算方法，模拟动载开展疲劳试验，试验表明：该结构具有自重轻、整体性强、疲劳应力幅低，抗疲劳强度高、极限承载能力大，经济指标低和易于施工等特点。

广东佛山东平大桥于2003年开展设计，2004年3月开始施工，2006年9月建成通车，使用15年来，平面型钢-混凝土组合桥面板和5 cm沥青混凝土没有任何病害，到目前为止，未进行任何维修，使用效果很好。

8.1.2 四川合江长江一桥

8.1.2.1 工程概述

成渝经济区是国家战略"长江经济带"的组成部分，成渝高速环线是支撑成渝经济发展的交通命脉。四川合江长江一桥是成渝高速环线上一座重要桥梁，选择在中国四川合江县跨越长江具有总体上的技术经济优势。该处河道顺直、地质条件好，水面宽度约500 m，通航净空400 m×24 m，通航要求一孔跨越，可选择拱桥、斜拉桥、悬索桥方案。

在圆形钢管内灌注混凝土，形成基于钢管约束作用的钢管混凝土新材料，重量轻、强度高、延性好、抗震能力强，作为建造桥梁的材料，具有材料用量少、工程造价低、施工自架设的特点，中国已经建成445座钢管混凝土拱桥，积累了系列技术成果，因此采用钢管混凝土拱桥具有显著优势。合江长江一桥各桥型方案经济指标对比见表8-2。

表8-2 合江长江一桥各桥型方案经济指标对比

桥型	主跨/m	型钢/(kg·m^{-2})	钢筋/(kg·m^{-2})	混凝土/(m^3·m^{-2})	造价/亿元
钢管混凝土拱桥	530	718	75	1.561	2.51
钢拱桥	508	1152	63	1.504	4.78
斜拉桥	480	145	578	2.971	3.41
悬索桥	510	385	532	3.072	3.56

8.1.2.2 主桥设计

四川合江长江一桥主拱采用钢管混凝土桁式结构，主梁为钢格子梁的钢-混凝土组合桥面板，整束挤压式吊索将主梁悬吊于主拱。主拱主跨530 m，拱高120 m，拱轴系数1.45，主拱拱脚高16 m、拱顶高8 m、拱肋宽4 m，主拱宽度32.6 m，桥面宽28 m，双向四车道，人行道宽度3 m，设计速度120 km/h，设计寿命100年。2017年10月正式通车，项目总投资2.51亿元。该桥桥跨布置如图8-10所示。

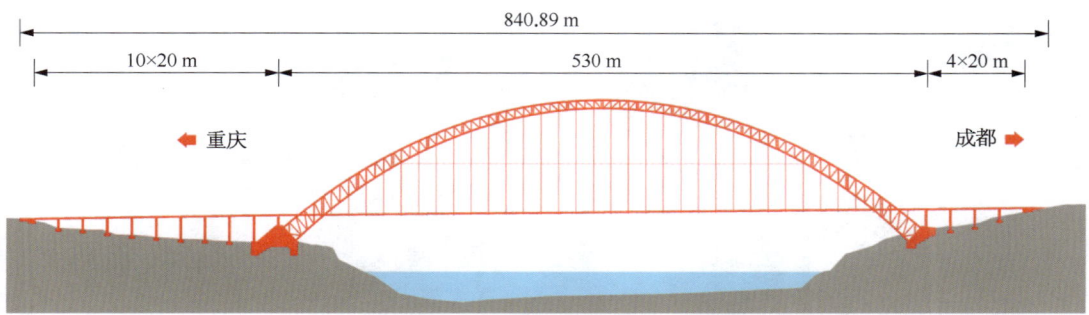

图 8-10 四川合江长江一桥(单位：m)

8.1.2.3 技术特点

以本桥为依托工程开展的相关研究,建立了主拱钢管混凝土容限脱空统一理论、本构关系、极限承载能力计算方法和主拱组合式横撑的新型构造;建立了钢格子梁结合钢-混凝土组合桥面板的新型主梁结构;建立了吊索抗风串联索和整束防腐与挤压锚固钢绞线吊索体系。

该桥主跨530 m,宽跨比1/22,主拱腹管最大长细比26/1,采用常规主拱横撑构造(图8-11),将造成拱肋间横撑和主拱内横隔布置密集、节点应力高、构造更加复杂、施工风险大等问题,已不能满足超大跨钢管混凝土拱桥的建造要求。为此,建立了合理的组合式主拱横撑构造(图8-12),由吊索处设置的竖向平面撑与顶面设置的三角形平面撑组成。吊索处受压腹管设置全加劲、其余受压腹管处设置浅加劲的内横隔,组成了主拱内横隔的新型构造(图8-13)。该桥采用主拱横向新构造,横撑与主拱连接处的振动应力峰值降低20%,减少了横撑构件材料用量23%,减少现场焊接接头58%,且构造更简洁、安装更方便。

以本桥为依托工程开展的相关研究,提出了主拱制造、运输与安装独立结构单元,而结构单元制造采用卧拼、逐级匹配、逐级消除累积误差的新技术;提出了主缆横向移动起吊主拱安装结构单元,再将

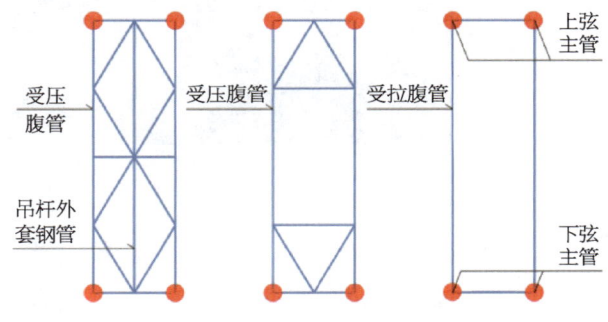

图 8-13 内横隔构造

主缆拆分为上下游各一根的双主缆安装主梁结构单元,如图8-14～图8-16所示。

图 8-14 单主缆吊装主拱结构单元

图 8-11 常规横撑构造　图 8-12 组合式横撑构造

图 8-15 双主缆吊装主梁结构单元

图 8-16 实桥拱肋安装

以本桥为依托工程开展的相关研究,提出了新型自密实补偿收缩混凝土的新性能材料,主拱管内混凝土采用真空辅助三级连续泵送灌注工艺与装备进行施工(图 8-17)。试验与实桥应用表明,主拱主管混凝土灌注到拱顶段时,主拱主管内气压仍处于 $-0.10 \sim -0.07$ MPa 的真空状态,主管内混凝土灌注的密实度达 99%,真空辅助灌注管内混凝土的优良率是常规灌注工艺的 1.8 倍。

体系,吊索破断必然导致桥面梁坍塌,且自重大、整体性差,而钢桥面梁造价高。以本桥为依托工程开展的相关研究,建立了钢格子梁上结合钢-混凝土组合桥面板的新结构(图 8-18),即采用两道主纵梁、

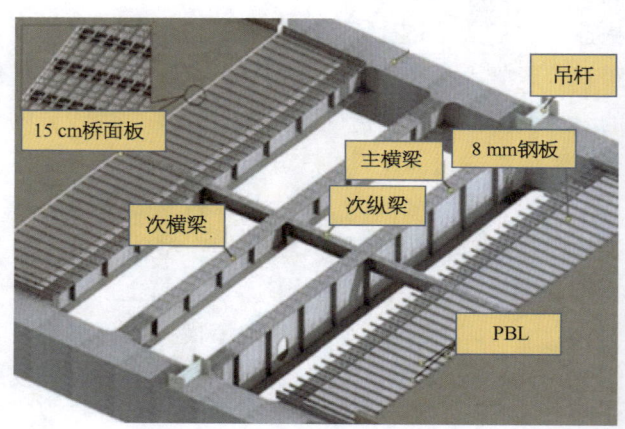

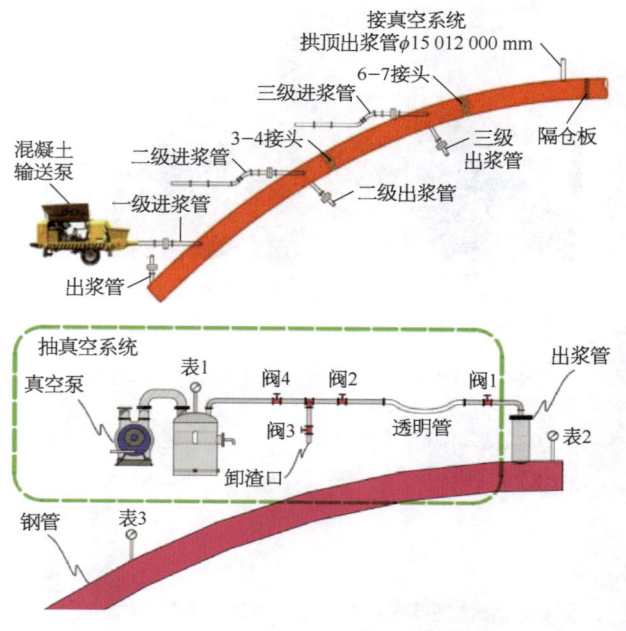

图 8-17 三级接力真空辅助灌注系统

8.1.2.4 钢-混凝土组合桥面板

常规钢筋混凝土桥面梁静定主横梁悬吊桥面梁

图 8-18 钢格子梁及钢-混凝土组合桥面板

三道次纵梁和吊索处设置主横梁、吊索间设置四道次横梁组成格子桥面梁,格子梁上满铺 8 mm 厚底钢板,通过焊接在钢板上的带孔加劲钢板与后浇筑的混凝土锚固连接,形成总厚度为 142 mm 的桥面板(图 8-19)。该桥采用钢-混凝土组合桥面板新结构,比钢筋混凝土桥面梁自重减轻 58%,比钢结构桥面梁用钢量减少约 27%。

图 8-19　钢格子梁的钢-混凝土组合桥面板制造与安装

8.1.3　广安官盛渠江大桥

8.1.3.1　项目概况

官盛渠江大桥是广安环城公路(小平大道)东南端跨越渠江的一座特大型桥梁,是连接护安镇(渠江北岸)与官盛镇(渠江南岸)的关键工程。桥梁设计安全等级为一级,设计基准期为 100 年,行车道数为双向四车道。全桥长 793 m,跨径组合为 11×30 m(引桥)+25×12.8 m(主桥)+4×30 m(引桥),如图 8-20 所示。

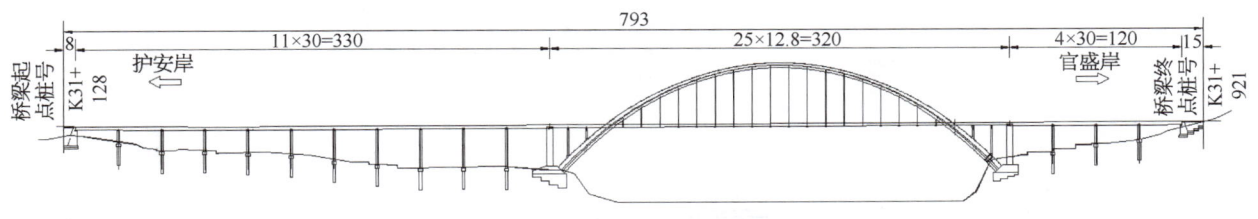

图 8-20　桥跨总体布置图(单位:m)

主桥采用净跨 300 m 的钢筋混凝土中承式拱桥一孔过江,拱肋采用单箱单室变截面、平行双肋无铰拱,拱轴线为悬链线,拱轴系数为 1.5,净矢跨比为 1/4。桥面梁采用工字形格子梁,桥面板采用钢-混凝土组合桥面板,吊杆和拱上立柱间距均为 12.8 m。护安岸引桥为 11 孔 30 m 预应力钢筋混凝土简支 T 形梁,官盛岸引桥为 4 孔 30 m 预应力钢筋混凝土简支 T 形梁。引桥下部结构采用花瓶式桥墩和桩基础。

本桥工程总预算为 1.685 亿元,其中建安费 1.358 亿元,该桥已于 2019 年 2 月建成通车。

8.1.3.2　技术特点

主桥拱肋由 C100 钢管混凝土劲性骨架外包 C50 混凝土形成,劲性骨架采用由扣挂体系和吊装体系组成的骨架安装体系安装,拱肋混凝土采用两环八工作面进行逐段外包浇筑。

拱肋劲性骨架为钢管混凝土弦杆和钢管腹杆组成的桁架结构,弦管与腹管之间采用相贯线焊接,取消传统的大节点板,有效简化骨架的节点形式,不仅节点处的焊接加工制造更简单,而且有利于拱肋钢筋的绑扎和外包混凝土的顺利浇筑,同时骨架用钢量也更省。每条拱肋左、右腹板均设上、中、下三道弦杆,中弦的存在减小了腹杆的高度,提高了骨架的局部稳定性,同时中弦杆在拱肋第一环(底板+半腹板)浇筑中可以充当上弦的作用,有效降低浇筑过程各构件的应力水平,实现两环浇筑。

拱肋外包混凝土浇筑过程简化为两环浇筑,可以简化模板、减少工期、降低施工难度。设计采用先浇筑底板及下半腹板,合龙成型后再浇筑顶板及上半腹板,每环均采用八工作面分段浇筑。通过分析对比,采用该种分环方案受力最小、安全度最高。

设计中运用强劲骨架理论,需在钢管弦杆中灌注 C100 混凝土加以实现。制备 C100 混凝土的途径为:①提出了"先消后引"复配外加剂技术,降低含气量,采用粉煤灰微珠替代部分硅灰和粉煤灰,解决了黏度、强度和含气量的匹配关系难题;②提出了减缩释水聚合物和膨胀剂,进行混凝土膨胀性能拟和设计,解决了单掺膨胀剂后期收缩变形的难题;③采用缓凝高效减水保塑剂,延长凝结时间,保证泵送的可靠性。

8.1.3.3 钢-混凝土组合桥面板

桥面梁由两道主纵梁(吊杆或立柱处)、一道次纵梁(桥面中心处)、吊杆或立柱处主横梁、主横梁间设置的三道次横梁组成格子桥面梁;主、次纵横梁均采用工字形截面。格子梁上桥面板采用钢-混凝土组合结构,桥面底面钢板厚 8 mm,C40 混凝土与钢板间通过 PBL 剪力键锚固连接,桥面板总体厚度为 12.8 cm,桥面铺装为 7 cm 厚的改性沥青混凝土,在水泥混凝土和沥青混凝土间设置防水卷材(纵横梁两顶面侧各 8 cm)和防水涂料(格子梁跨中)。

8.1.4 广西六钦高速公路钦江大桥

钦江大桥为主跨 252 m 的钢管混凝土拱桥,该桥建筑安装费为 1.36 亿元,于 2011 年 9 月开工建设,2012 年 12 月建成通车,该桥桥面板采用了平面型钢-混凝土组合桥面结构,从该桥投入使用以来,使用状态良好。

8.1.5 广西来宾马滩红河大桥

马滩红河大桥为主跨 336 m 的中承式钢管混凝土拱桥,计算跨径 320 m,矢跨比 1/4,拱轴系数 $m=1.167$。已于 2013 年 12 月建成通车。

8.2 在梁桥的应用

8.2.1 云南冷都河大桥

云南香丽高速公路冷都 3 号大桥位于云南省香格里拉市冷都村境内,采用钢箱-混凝土组合梁式桥形式,跨径布置为 40 m+70 m+40 m,桥梁布置如图 8-21 所示。

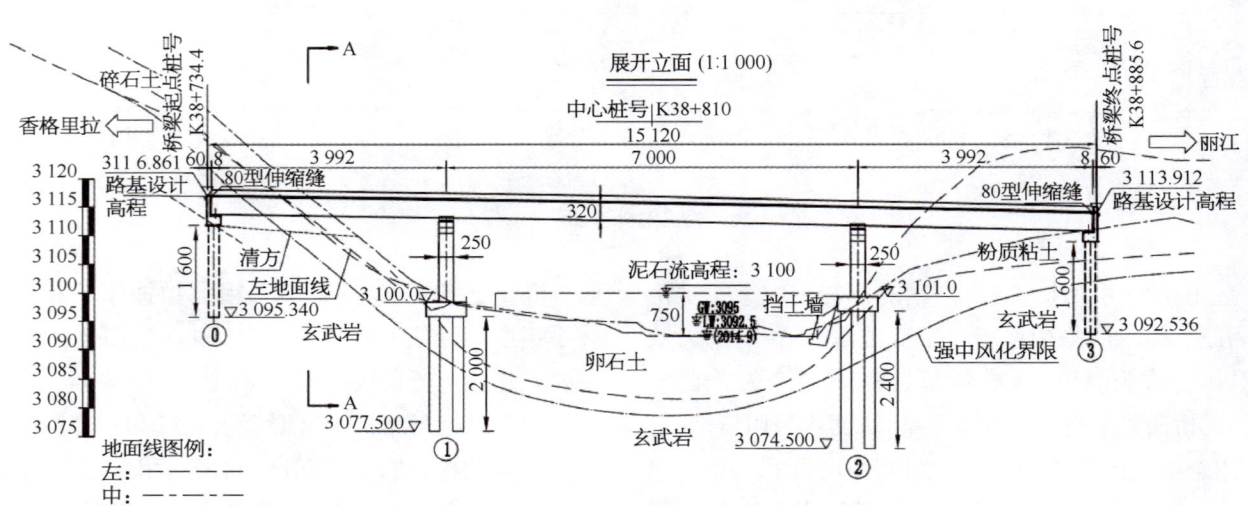

图 8-21 桥型布置图(单位:cm)

该桥主梁宽度为 12 m,高度为 3.2 m,钢箱梁横向分为 2 个独立箱梁,每个箱梁宽 3 m,通过横联连接成整体。钢箱梁腹板 16 mm 厚,底板在边跨和中跨内距离中支点 19 m 的范围板厚为 24 mm,在中跨跨中向两侧 32 m 范围内板厚为 30 mm。底板和腹板沿纵桥向设置加劲肋,底板加劲肋和腹加劲肋板厚分别为 20 mm 和 16 mm,其中每个钢箱在中间墩向两侧延伸 19 m 范围内的底板加劲肋数量为7道,其余位置为4道。钢箱梁在纵向每隔3 m设置一道横隔板,并在中间墩支承处间隔1 m连续设置三道横隔板。其主梁标准断面如图8-22所示。

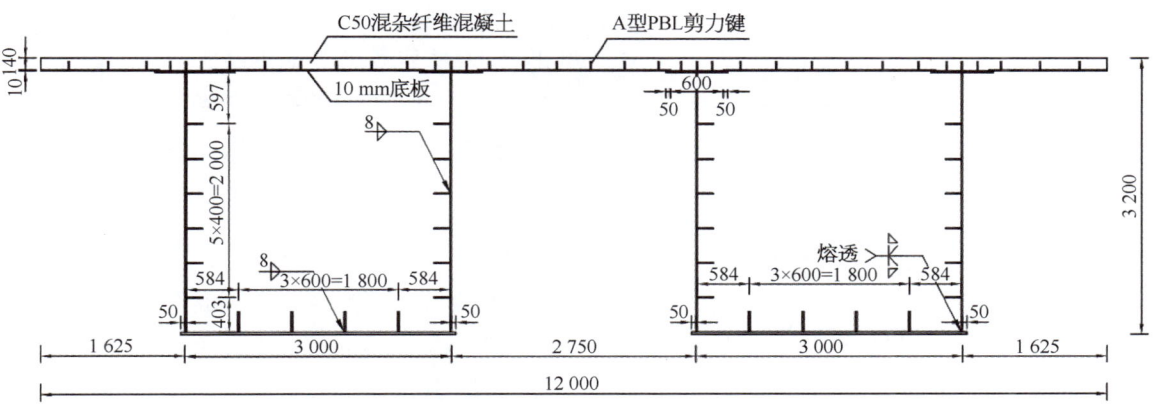

图8-22 主梁标准断面(单位:mm)

钢箱梁腹板顶沿纵桥向设有700 mm宽、20 mm厚翼板;在纵桥向设置横隔板位置,主梁沿横桥向设有700 mm宽、20 mm厚翼板,在纵、横向翼板间设置10 mm厚钢板(即桥面板底钢板),板间采用搭接焊接连接,如图8-23所示。板顶现场浇筑C50混杂纤维混凝土,混凝土通过焊接于钢板上的PBL剪力键与钢板连接在一起,共同组成钢-混凝土组合桥面板。

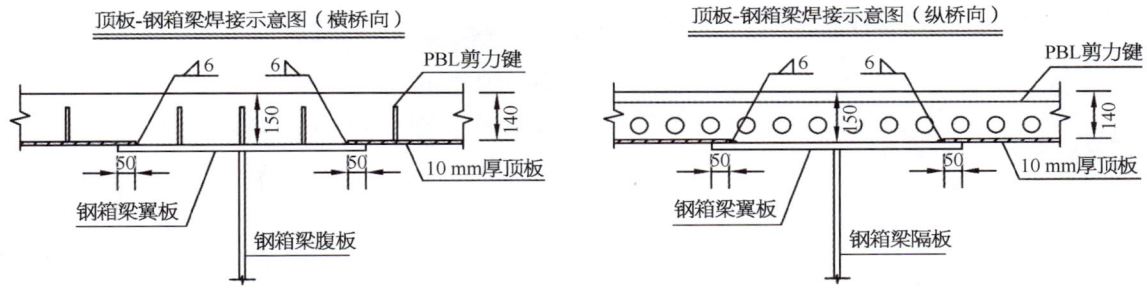

图8-23 钢箱梁翼板与桥面板底板焊接示意(单位:mm)

全桥钢混凝土组合桥面板厚度均为15 cm,其中混凝土板厚14 cm,底钢板厚1 cm。为加强中间墩墩顶主梁负弯矩区桥面板承载能力和耐久性能,桥面板PBL剪力键设计为I形和T形两种,在中间墩沿两侧17 m范围内布置为T形断面(图8-24),T形加劲肋腹板厚10 mm,翼缘板沿腹板两侧各伸出60 mm,

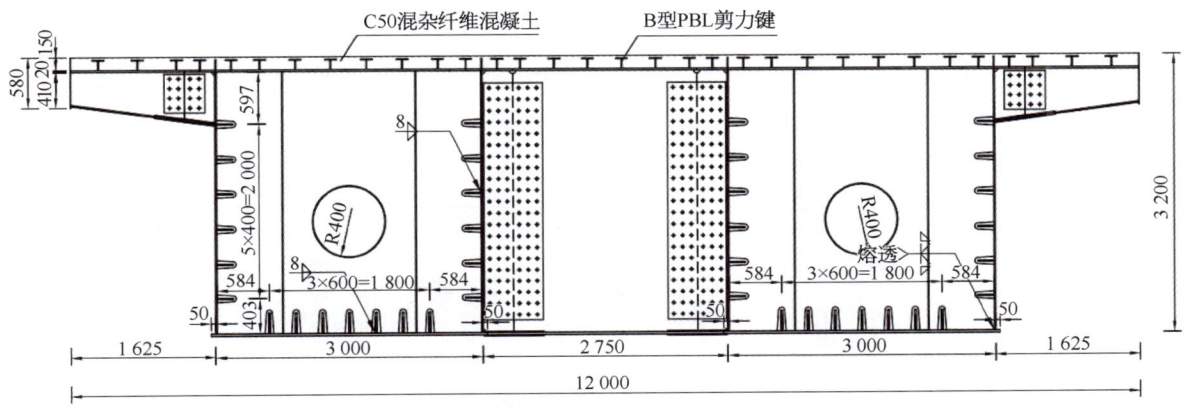

图8-24 中间墩墩顶主梁断面(单位:mm)

厚度为 10 mm;其余位置 PBL 剪力键为 I 形,板厚 10 mm,I 形和 T 形 PBL 断面如图 8-25 所示。

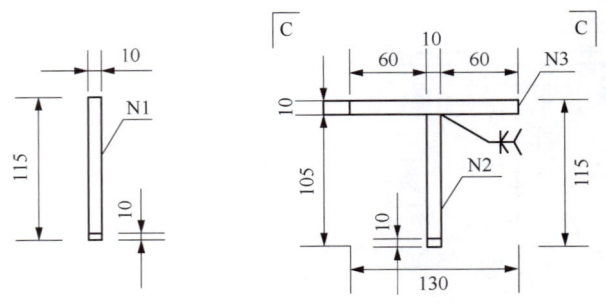

图 8-25　I 形和 T 形 PBL 断面(单位:mm)

T 形 PBL 剪力键应用于钢-混凝土组合桥面板中在国内尚属首次,其设计思想为:将 I 形 PBL 变为 T 形 PBL,可增加 PBL 顶部区域含钢量。将 T 形 PBL 应用于桥面板负弯矩区时,可在一定程度等效为"增加负弯矩区受拉侧含筋量",从而提高桥面板负弯矩区承载能力和抗裂性。

冷都 3 号大桥采用的等厚超薄(15 cm)钢-混凝土组合桥面板,可以大幅降低施工难度,节约材料用量。桥面板承载能力满足规范要求,并且通过在负弯矩区设置 T 形 PBL 剪力键,可以有效提高桥面板负弯矩区承载能力,提升混凝土抗裂能力,提高了全桥结构的安全性。

8.2.2　成都三环路武侯枢纽全互通立交桥

该枢纽全互通立交桥为成都武侯大道与三环路的立体交叉大型桥梁,由于三环路已经建成,且交通量大,不能中断交通,因此,建设的桥梁需要安装速度快,施工干扰小,通过比较,设计采用了钢箱梁的钢-混凝土组合桥面结构,该桥于 2011 年 10 月建成,从该桥投入使用以来,使用状态良好。

8.2.3　重庆三环高速公路綦江互通式立交桥

该互通立交桥为重庆三环高速公路江津至綦江段的綦江互通式立交,该枢纽互通跨越既有重庆(渝)—贵州(黔)高速公路,由于渝黔高速公路交通量大、不能中断交通。因此,建设的桥梁需要安装速度快,施工干扰小,通过比较,设计采用了钢箱梁的钢-混凝土组合桥面结构。该桥于 2013 年 2 月开工,2016 年 9 月建成通车。

8.2.4　成仁高速公路绕城路枢纽互通立交桥

该枢纽全互通立交桥为成都—仁寿高速公路连接成都绕城高速公路的起点互通式立交桥,由于成都绕城高速公路已经建成 10 余年,且交通量大,不能中断交通,因此建设的桥梁需要安装速度快,施工干扰小,通过比较,设计采用了钢箱梁的钢-混凝土组合桥面结构。该桥于 2009 年 10 月开工,2013 年 9 月建成通车。该桥投入使用以来使用状态良好。

8.3　在斜拉桥的应用

1) 工程概况

凯里市滨江休闲道路工程位于凯里市西部,是连接凯里老城区与下司镇的联络线,道路总体考虑清水江沿岸布线,项目起点位于玻璃厂,先后经镰刀湾、红岩村、大河村、同心村,终点位于下司镇。

凯里清水江大桥孔跨布置形式为 2×32.5 m 现浇连续箱梁+110 m 下承式系杆拱+2×32.5 m 现浇连续箱梁。布置如图 8-26 所示。

2) 主桥上部结构

主桥全宽 29 m,横断面布置为:1.25 m(吊杆区) +2.5 m(人行道)+10 m(行车道)+1.5 m(中央分隔带)+10 m(行车道)+2.5 m(人行道)+1.25 m(吊杆区)。

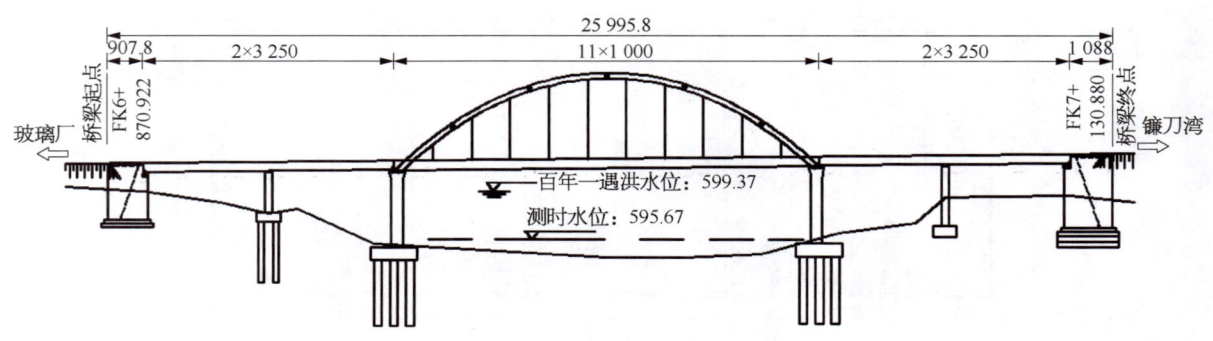

图 8-26　桥型布置图(单位:cm)

主拱：主拱肋采用单圆钢管混凝土，钢管外径1.5 m，标准节段壁厚24 mm，拱脚段局部壁厚28 mm，钢管内灌C55自密实微膨胀混凝土。全桥共两条拱肋，拱肋中心间距28 m。

横撑：主拱肋横向设有5道一字式径向横撑，横撑采用直径0.92 m钢管，壁厚14 mm。

吊杆：吊杆采用15.2 mm环氧喷涂钢绞线挤压成型为吊杆索体，极限抗拉强度为1 860 MPa，两端采用定型耐久性锚具。吊杆布置间距为10 m，全桥共20根吊杆。

桥面梁：桥道系采用钢-混凝土组合梁，钢梁结构由钢纵梁、次纵梁、吊点钢横梁、次钢横梁及组合桥面板构成。钢纵梁为箱型截面，宽度1 m，中心高度约2.05 m，两片主拱肋处各设一道钢纵梁，全桥共两道钢纵梁；次纵梁为工字形截面，设置于主桥中心线处，全桥共设置一道；吊点钢横梁为工字形截面，长约27 m，每个吊点位置布置一道，顺桥向间距10 m；吊点钢横梁间设置两道次钢横梁，间距3.33 m。组合桥面板采用C40钢纤维混凝土，标准厚度12 cm，在纵横钢梁处局部设置承托变化到22 cm，钢顶板设置焊钉与混凝土桥面板连接，混凝土桥面板底部设置8 mm厚钢板作为底板，底钢板上设置带孔钢板（PBL剪力连接件）。主梁标准断面、标准节段平面如图8-27、图8-28所示。

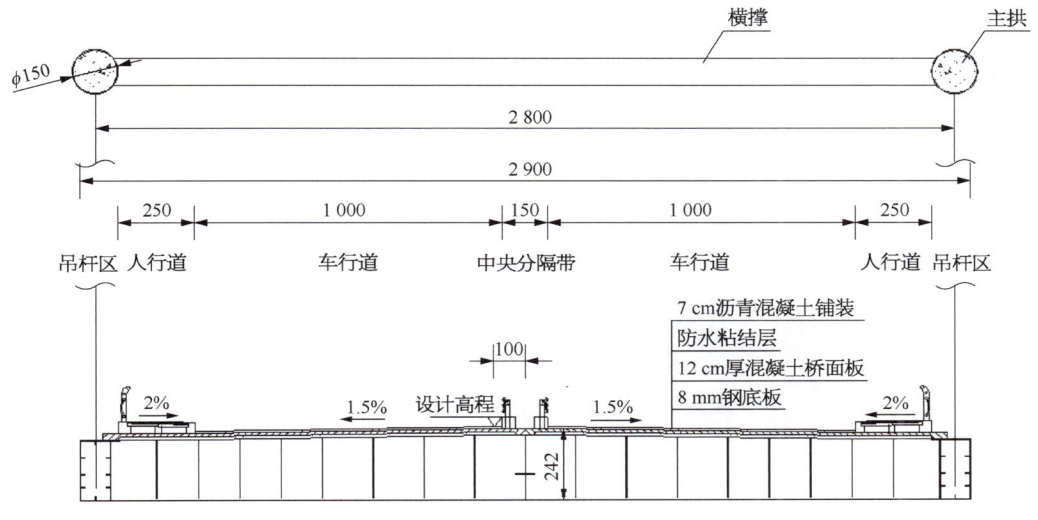

图8-27 标准断面图（单位：cm）

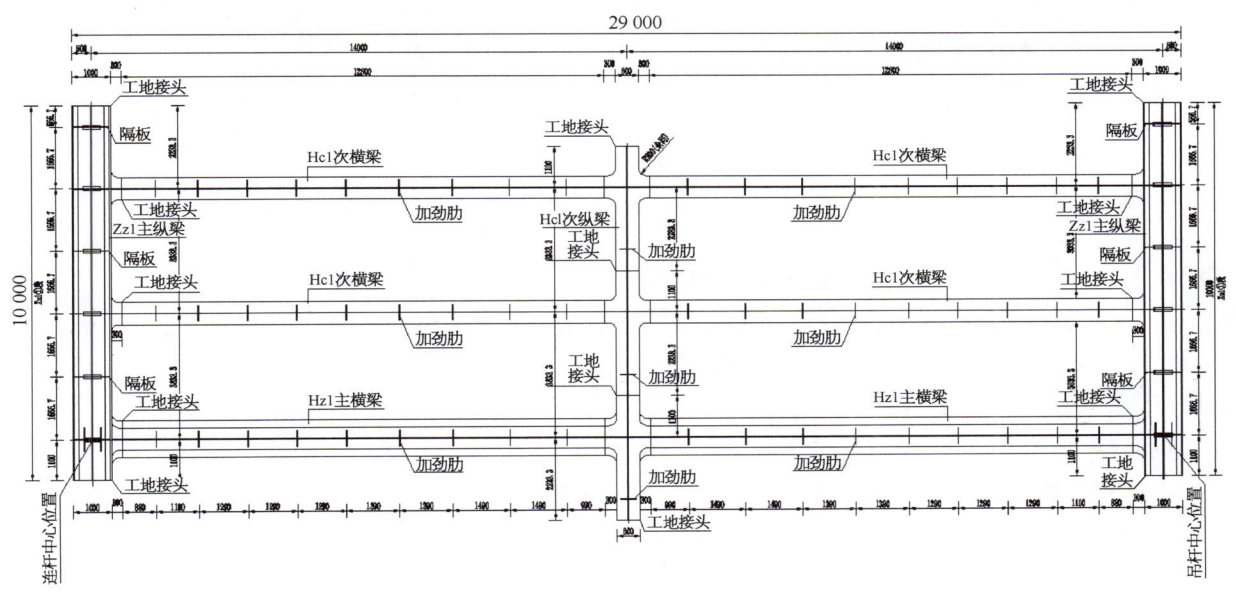

图8-28 纵、横梁标准节段平面图（单位：cm）

3) 施工方式

(1) 下部结构施工：桩基础采用钻孔灌注施工；交界墩为混凝土桥墩，采用搭架现浇的方式施工。

(2) 上部结构施工：上部结构主梁及主拱均采用支架施工。

部分施工现场如图 8-29、图 8-30 所示。

图 8-29　主拱架设现场施工图

图 8-30　建成后桥梁图

8.4　在旧桥改造中的应用

8.4.1　原桥设计概况

8.4.1.1　桥位

府河大桥位于成都平原东南部中和镇，该桥横跨府河后与人民南路互通式立交桥相连，地势平坦，属成都平原南部流水堆积地貌。桥位处，主河床中漫滩较为发育，Ⅰ级阶地沿府河两岸呈带状分布，阶地后缘与台地相接。其桥跨布置如图 8-31 所示。

桥区内新构造运动不强烈，在纵向上河床稳定性较高，但因在桥位上下游河中长期采集砂卵砾石料，水流存在局部下蚀的可能。

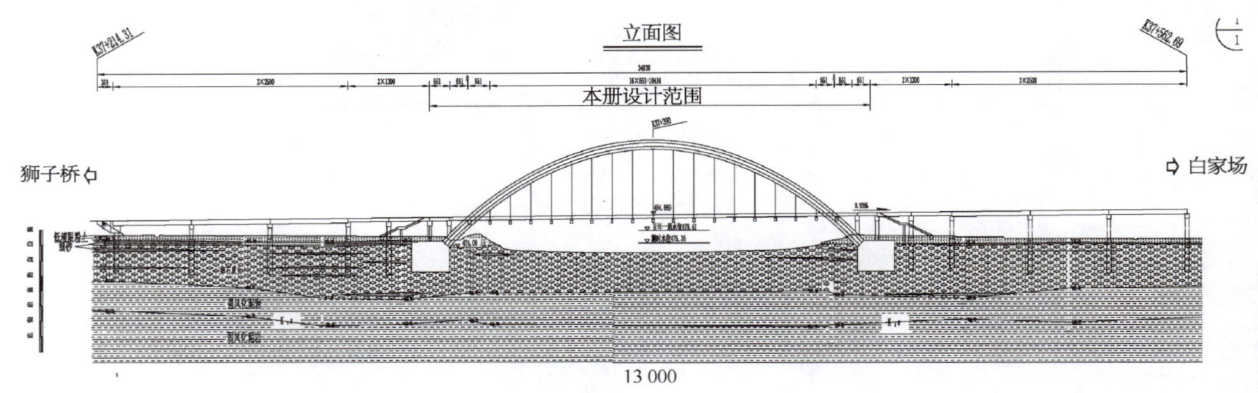

图 8-31　桥跨布置图

该桥为主跨 130 m 的钢管混凝土拱桥，于 2002 年建成通车，由于交通量大、超载车辆多，原设计的钢筋混凝土简支桥面板整体性差，破坏严重。2012 年，该桥管养单位决定对桥面板进行更换维修，通过论证比较，推荐采用钢格子梁的钢-混凝土组合桥面结构方案，该方案获得了专家一致同意，并于 2013 年 5 月改造完成并通车，使用效果很好。

8.4.1.2　技术标准

(1) 设计荷载：汽车-超 20 级，挂车-120 级，人群 3.5 kN/m²。

(2) 桥面净宽：2×净 15.25 m（行车道）+3.0 m（中央分隔带）+2×2.0 m（人行道和栏杆）。

(3) 设计洪水频率：1/100。

(4) 设计洪水水位：479.41 m。

(5) 通航标准：5 级。

(6) 地震烈度：7 度。

8.4.1.3　结构设计（原设计）

1) 桥跨结构

全府河大桥自 K37+318.31 起，止于 K37+461.69，主孔分为两幅，采用一孔跨越府河，为净跨径130 m的中承式钢管混凝土拱桥;拱肋为钢管混凝土桁架结构,横断面为哑铃形,桥面结构采用吊杆吊T形横梁,纵置小T形梁。全桥吊杆和立柱间距均为6.51 m,如图8-32所示。

图8-32 改造前的府河大桥

桥面标高为484.569 m,净空满足1/300的洪水标准。桥面纵坡为0.938%,横向设2%双向坡;桥面全宽为40.84 m,跨府河部分桥长为143.380 m。

2)上部结构设计

(1)拱肋与横撑。

拱肋为钢管混凝土组成的桁架结构:拱肋高3.0 m,宽0.92 m,每肋为上、下各一根920 mm×12 mm,内灌50号混凝土的钢管混凝土弦杆。弦杆通过竖向355.6 mm×8 mm腹杆连接而构成钢管混凝土桁架。两侧焊接8 mm厚(拱脚段为12 mm)钢板作为装饰钢板,两拱肋间桥面以上设置5道横撑,每道横撑均为空钢管桁架,拱肋采用吊装施工。

(2)吊杆。

采用150-ϕ5高强度低松弛预应力钢丝,两端采用镦头锚具,下端锚具设有可调节横梁高度的螺母;吊杆在拱肋和横梁内采用外套钢管,管内压注40号聚丙乙烯纤维水泥浆防护,吊杆外露部分采用热挤PE防护。

(3)横梁与桥道板。

吊杆和拱上立柱的横梁均为预应力钢筋混凝土T形截面梁,便于就地预制与安装。肋间及拱上立柱横梁采用现浇施工。

行车道板为T形梁,人行道板为槽形梁。

(4)桥面铺装、栏杆及绿化带

桥面铺装下层为6 cm的钢筋混凝土,上层为4 cm沥青混凝土。栏杆为不锈钢管制作,显得轻盈,与全桥配合恰当。

(5)下部结构设计

两岸桥台均采用整体式桥台,台口宽为38.5 m,置于卵石质土上,要求其基底容许承载力不小于0.6 MPa。

8.4.2 改造措施

8.4.2.1 结构体系上的改进

(1)在原吊杆前后各增加一组骑跨式钢丝绳吊索。

其作用有五方面:①增加了竖向刚度,降低了活载作用下桥面系的竖向变位;②前后两组吊索对单一吊杆横梁自身扭转起到一定的限制作用;③三组吊杆(吊索)共同作用,使原吊杆在使用荷载下的最大拉力减小,应力疲劳降低,提高使用寿命;④作为安全保证措施,前后两组吊索能起到防落梁的作用(即特殊情况下原吊杆断掉,汽车和桥面梁板不会坠下桥梁);⑤为今后吊杆更换等维修养护提供了方便(可不断道施工)。

其缺点是:①增加了桥梁自重,但经计算还是能满足原设计采用的技术标准和规范要求;②由于需在拱肋上施焊,对原钢管混凝土结构会产生一定的损伤,所以应严格控制施工焊接工艺;③不美观。

(2)在吊杆横梁间设钢工字梁

其作用是增加了全桥吊杆横梁的纵向整体性,降低了汽车荷载对单一吊杆横梁的作用。

(3) 在第一根吊杆横梁和肋间横梁间加设钢纵撑。

钢纵撑只在桥梁纵坡高端一侧设置，其作用是在汽车制动力作用下，限制吊杆横梁及其上桥面系整体向桥梁纵坡低端累积位移，逐渐压缩桥梁纵坡低端桥面伸缩缝，从而降低了伸缩缝的使用性能，缩短寿命。钢纵撑设置在一端则对桥面系的温度变形没有制约。

(4) 在两端第一根吊杆横梁和跨中吊杆横梁上设置小T形梁纵向挡块。

其作用是防止在汽车荷载作用下，小T形梁及其上桥面系与吊杆横梁间产生相对位移。

以上四种措施可在纵向上提高全桥的整体性。

8.4.2.2 针对已出现的病害的处治

(1) 将横向相邻小T形梁的中横隔板用钢板通过螺栓在两侧夹在一起。

其作用是增强小T形梁间的横向连接，避免小T形梁单梁受力带来的安全风险，在一定程度上可控制相邻小T形梁翼板铰缝太弱产生的桥面纵向裂缝。

(2) 在相邻两跨小T形梁梁端的顶面设置钢板和PBL剪力键(桥面铺装下)。

其作用是增强相邻两跨小T形梁梁端桥面连续的连接，在一定程度上可控制相邻两跨小T形梁梁端桥面连续太弱产生的横梁对应位置桥面横向裂缝。

(3) 在横梁顶加设小T形梁支座限位装置。

其作用是防止小T形梁支座在汽车震动荷载下支座逐渐移位，最终造成支座缺失。

以上3种处治措施能在一定程度上改善桥面车道系出现的病害，但未从根本上解决小T形梁纵横向连接薄弱的问题。如在今后使用中再次频繁产生桥面车道系病害，则需更换小T形梁。改造中的府河大桥如图8-33所示。

第 8 章 平面型钢-混凝土组合桥面板工程应用

图 8-33　改造中的府河大桥

本篇小结

本篇所提出的平面型钢-混凝土组合桥面板,其结构形式为：在平面型钢桥面底板上表面焊接竖直的开孔钢板,并在开孔钢板圆孔中贯穿钢筋、顶部焊接钢筋网,再在其上浇筑高韧性混凝土。该结构中的开孔钢板及钢筋网能有效传递钢桥面底板及混凝土间的应力及内力,起到保证界面黏结和抗掀起作用,从而将二者结合在一起,形成一个"协同"工作的组合体。

本篇介绍了平面型钢-混凝土组合桥面板的足尺模型和缩尺模型试验,通过对普通型钢-混凝土组合桥面板承受正、负弯矩模型的静载、疲劳和破坏试验的研究,并在计算模型的基础上进行对比分析,探明了平面型钢-混凝土组合桥面板的受力特征及破坏模式,进一步验证了原设计具有良好的静力、疲劳工作性能,以及其极限承载力高,满足设计要求。

本篇除详细介绍了普通型组合桥面板的模型试验外,还介绍了预应力组合桥面板缩尺模型试验,通过对设计的一系列钢-混凝土组合桥面板试件进行静力加载,重点研究其在正、负弯矩作用下的裂缝发展规律和破坏模式,同时对极限承载能力和刚度进行理论分析;得到了组合板抗弯、抗剪和弯曲冲切模式的承载力计算方法;结合组合板自身的受力特点,对《混凝土结构设计规范》公式中的参数进行修正,得到了适用于组合板的刚度和裂缝宽度计算公式。

本篇还对等厚超薄组合桥面板进行了静力试验、疲劳试验、有限元数值仿真模拟及理论分析,深入研究了等厚超薄钢-混凝土组合桥面板的力学性能,探讨了等厚超薄钢-混凝土组合桥面板负弯矩试件的承载力及合理构造,建立了科学、合理的理论分析模型,验证了该规范的安全合理性;通过大量试验研究和工程建设经验,发展了平面型钢-混凝土组合桥面板,建立了合理科学的计算方法。

第 4 篇

波折型钢-混凝土组合桥面板

针对目前仍普遍使用的中小跨径简支梁，平面型钢-混凝土组合桥面板的应用，桥梁施工时要求有专业的钢结构加工制造和涂装单位，对山区数量多、规模小的桥梁，施工难度大，质量控制难。因此，本节在平面型组合桥面板的基础上，提出了"波折型钢-混凝土组合桥面板"，即由底部波折型钢板、混凝土板和钢筋共同结合而成的新型组合桥面板。该结构形式的山区施工优势明显：波折型底钢板在桥面板施工中可以当作模板使用，既可免除模板安装、拆卸又可支撑架设工作，同时还可实现预制；底钢板用波折型钢板取代了平底板，波折型钢板的腹板能提供比较大抗剪承载力，无开孔钢板作为加劲肋省去了大量焊接工艺，承载能力得到相对提升。

然而，针对这种波折型钢-混凝土组合桥面板的国内外研究较少，其破坏机理、内力计算、构件承载力计算等方面都还是空白，开展结构受力行为、桥面结构的构造形式、施工制造和安装工艺的研究十分必要。

1) 波折型钢-混凝土组合板在建筑工程中的研究概况

20世纪50年代，"压型钢板"开始在土木工程中得到应用，1960年布鲁克林的联邦法庭大厦工程中首次使用了栓钉熔透焊的压型钢板-混凝土组合楼板体系。在20世纪60年代，日本和欧美的一些国家开始将压型钢板-混凝土组合板应用于多层、高层建筑和工业厂房，当时仅把压型钢板当作永久性模板及施工作业平台使用，后来人们研究发现，在压型钢板上做出凹凸肋或压出不同形式的槽纹，可以改善钢板与混凝土之间的粘贴性能，从而使两者共同工作，使压型钢板像受拉钢筋一样受力，之后便开展了大量的试验研究和理论分析，探讨了组合板的正截面抗弯，纵向抗剪及耐火性能等。许多国家的专业技术人员发表了不少论著，促进了压型钢板-混凝土组楼板结构体系在国际上的发展与应用。

20世纪60年代末，美国钢结构学会（AISC）及国际桥梁和结构工程联合会相继制定了关于组合结构的统一规定。日本建筑学会（AIJ）于1970年颁布了《压型钢板钢结构设计与施工规程》，欧洲钢结构协会于1981年制定了《组合结构规程及说明》，欧洲经济共同体建筑与土木工程部（ECCS）于1985年制定了《钢与混凝土组合结构》。这些规程、说明等都含有关于压型钢板与混凝土组合板的条文及规定，极大地促进和规范了这种结构形式的发展。

2) 波折型钢-混凝土组合板在桥梁工程中的研究概况

钢-混凝土组合板结构在我国出现和应用的比较晚，并且在开始使用时没有把它作为一种建筑结构来使用，仅仅将其当成永久模板。20世纪80年代中期，随着钢-混凝土组合板应用的推广和拓展，大量科研人员对该结构的基本力学性能做了大量的研究，探讨和开发了压型钢板在造型、加工工艺、耐久极限及抗剪连接设计等相关的配套技术和指标。

波折型钢-混凝土组合板单板尺寸小，主要针对房屋建筑的受力特点展开研究，且在大多数结构应用时主要考虑压型钢板的模板作用。直至2011年，华东交通大学徐海燕等以探索性试验的形式对单波的"波形钢-钢筋混凝土组合桥面板"进行了初步研究。分析表明，这种组合桥面结构能很好地解决竖向剪切破坏的问题，还能进一步提升桥面板的承载能力及刚度以抵抗现有的超载影响，并且作为组合结构，混凝土和钢板之间滑移量较小，整体工作性能较好。

第 9 章

波折型钢-混凝土组合桥面板结构构造与承载力计算

9.1 结构构造

波折型钢-混凝土组合桥面板是一种由波折底钢板、钢筋剪力键、混凝土板和纵横向钢筋共同形成的新型组合桥面板,其结构如图 9-1 所示。该桥面板的波折底钢板既参与结构受力,又兼做施工时的底模,实现了无模板化施工。与普通钢-混凝土组合桥面板相比,用钢量更低、承载力更高、刚度更大,且无开孔钢板,省去了大量焊接工作,施工方便快捷。

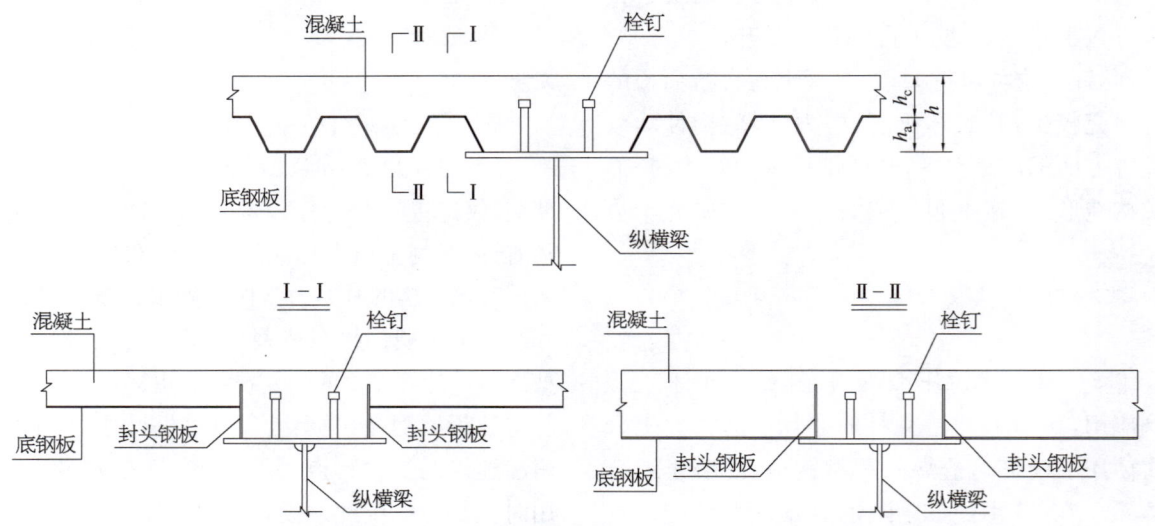

h_c—波折底钢板上缘混凝土厚度;h_a—波折底钢板总高度;h—波折型桥面板标准截面总厚度。

图 9-1 波折型钢-混凝土组合桥面板构造示意图

为了提高波折型钢-混凝土组合桥面板与纵横梁的整体工作性能,降低纵横梁的应力水平和材料的用量,底钢板与纵横梁需焊接连接,并通过纵横梁顶端的剪力键与混凝土板形成锚固连接构造。当纵横梁采用混凝土梁时,应在纵横梁内预埋钢构件,再与波折型钢-混凝土组合桥面板的底钢板焊接连接。为保证结构安全,波折型钢-混凝土组合桥面板的波折底钢板,在主梁上的支承长度不应小于 50 mm,其构造示意如图 9-2 所示。

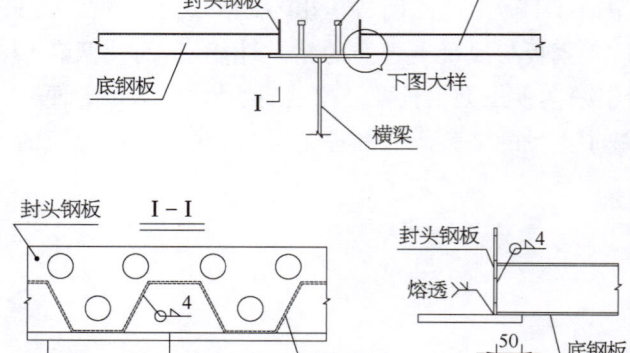

图 9-2 波折底钢板与纵、横梁锚固连接示意图

9.1.1 底钢板

波折型钢-混凝土组合桥面板的底钢板是经辊压冷弯,沿板宽方向形成波形截面的成型钢板。底钢板结构如图9-3所示。

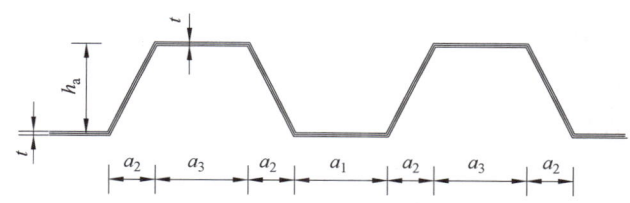

图9-4 波折底钢板构造尺寸参数示意图

波折型钢-混凝土组合桥面板的钢板厚度薄、应力水平低,而刚度要求大,Q235B钢材质量稳定、性能可靠,应用工程经验多、价格低,因此一般采用Q235B材质的钢材。若桥位具有特殊环境保护要求,桥梁设计除桥面板的波折底钢板防腐涂装外没有其他钢结构的防腐等情况时,波折型钢-混凝土组合桥面板的波折底钢板可选用耐候钢。底钢板作为桥面板的受力构件,其物理力学性能必须可靠,冷成型波折底钢板的冷弯试验合格极为重要;同时,为保证波折型钢-混凝土组合桥面板中波折底钢板与混凝土之间的组合作用,需在波折底钢板板肋上焊接钢筋剪力键,因此其硫、磷、碳的含量应满足《碳素钢结构》的相关规定。

9.1.2 封头锚固钢板

波折型钢-混凝土组合桥面板中,在波折底钢板与主梁连接处,设置带孔加劲钢板与波折底钢板端部焊接连接,组成波折底钢板与主梁锚固连接构造和封闭凹型肋端部空隙的钢板。封头锚固钢板结构如图9-5所示。

图9-3 底钢板构造图

当波折型钢-混凝土组合桥面板纵肋方向的跨度不超过2.5 m时,结构的标准截面总厚度h宜为20~25 cm,波折底钢板的厚度宜为4~6 mm,板肋高度h_a为8~12 cm,波折钢板肋顶部以上浇筑的混凝土厚度h_c不应小于12 cm;当波折型钢-混凝土组合桥面板纵肋方向的跨度超过2.5 m时,该结构的标准截面总厚度h、波折底钢板的厚度、波折底钢板的板肋高度h_a、波折底钢板肋顶部以上浇筑的混凝土厚度h_c应根据结构计算确定。波折底钢板构造尺寸参数如图9-4所示,主要参数应满足$a_1/h_a = 0.9~1.0$,$a_2=(0.45~0.55)a_1$,$a_3=a_1$的规定。

图9-5 封头钢板

波折型钢-混凝土组合桥面板的封头锚固钢板厚度一般不宜小于底钢板厚度,且不应小于5 mm,封头钢板开孔直径宜为50～60 mm,开孔中心间距宜为120～150 mm,开孔距上边缘的距离不宜小于30 mm,开孔净距不宜小于50 mm;其构造示意如图9-6所示,封头锚固钢板与波折底钢板的焊接应在工厂内完成。

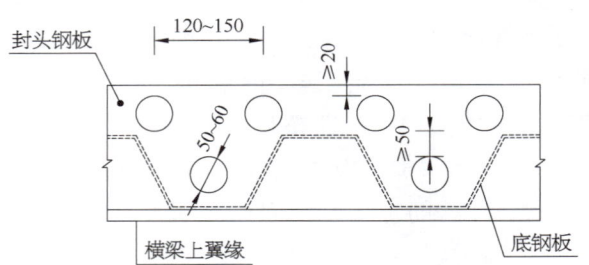

图9-6 封头钢板构造示意图(单位:mm)

封头钢板开孔内应穿直径不小于12 mm 的钢筋,封头钢板顶面距桥面板顶缘的混凝土保护层厚度不宜小于10 mm;封头钢板应与纵梁或横梁的钢构件上翼缘或预埋钢构件焊接。

9.1.3 剪力键

9.1.3.1 钢筋剪力键

为保证波折型钢-混凝土组合桥面板中波折底钢板与混凝土之间的组合作用,需在波折底钢板板肋上设置钢筋剪力键。波折型钢-混凝土组合桥面板采用U形钢筋与波折底钢板的波形截面正交焊接形成的剪力键。钢筋剪力键结构如图9-7所示。

图9-7 钢筋剪力键结构图

钢筋剪力键的构造形状如图9-8所示,钢筋的弯曲直径R宜大于$5d$,钢筋弯折角度α宜按式(9-1)计算:

$$\alpha = 180° - 2\beta \qquad (9-1)$$

式中 β——波折底钢板腹板的倾角。

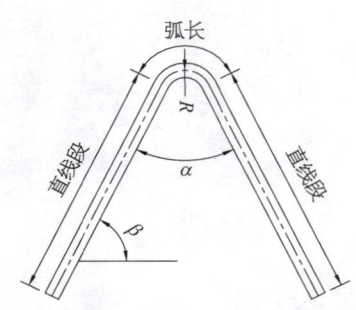

图9-8 钢筋剪力键构造示意图

钢筋剪力键宜采用HRB400钢筋,钢筋直径宜为底钢板厚度的2～3倍,钢筋剪力键间距宜为10～15 cm,钢筋剪力键与波折底钢板的腹板宜采用双面焊接或错位两面焊接,双面或错位两面焊接的焊缝总长度不宜小于40 mm,其构造示意如图9-9所示。

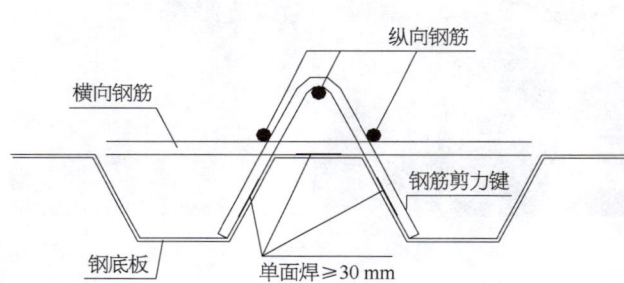

图9-9 钢筋剪力键与波折底钢板焊接构造示意图

9.1.3.2 栓钉剪力键

波折型钢-混凝土组合桥面板除在混凝土纵横梁顶面设置钢筋剪力键外,还在钢纵横梁顶面的底钢板上焊接栓钉剪力键(图9-10),用以承受底钢板与混凝土之间的纵向水平剪力和相对滑移,实现纵横梁与桥面板的共同工作。栓钉剪力键的设置方法与平面型钢-混组合桥面板的剪力键的设置方法一致。

图 9-10　栓钉剪力键

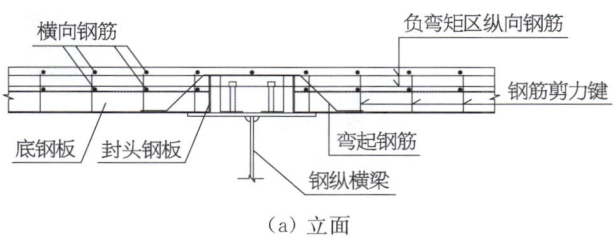

(a) 立面

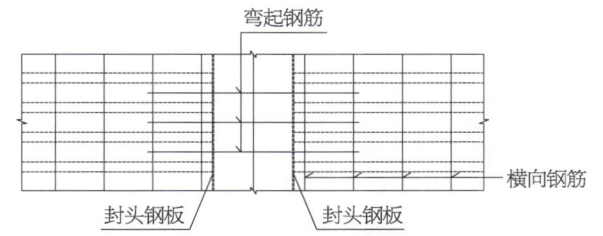

(b) 平面（负弯矩区纵向钢筋及钢筋剪力键未示）

图 9-12　负弯矩区段弯起钢筋构造示意图

波折型钢-混凝土组合桥面板的钢筋剪力键和栓钉剪力键的间距宜为 15～30 cm，当该间距布置的剪力键不能满足抗剪要求时，宜错位加密布置以增加剪力键数量，剪力键错位布置示意如图 9-11 所示。混凝土纵、横梁顶面的钢筋剪力键或钢纵、横梁顶面的栓钉剪力键的混凝土保护层厚度不宜小于 15 mm。

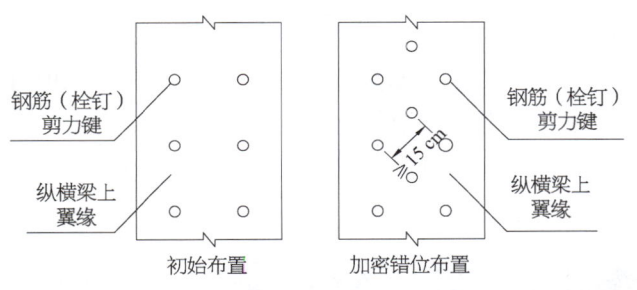

图 9-11　剪力键加密错位布置示意图

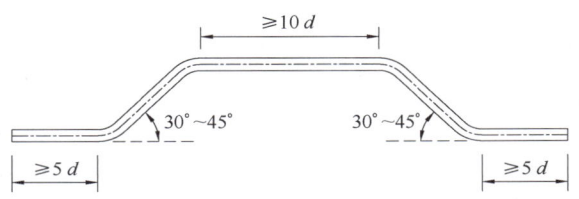

图 9-13　弯起钢筋构造大样图

9.1.4　钢筋

波折型钢-混凝土组合桥面板的钢筋主要有纵向钢筋、横向钢筋和弯起钢筋三类。为满足受力要求，纵、横向钢筋直径不宜小于 12 mm，平行于板肋方向上缘的钢筋直径不宜小于 16 mm，垂直于板肋方向下缘的钢筋直径不宜小于 16 mm；负弯矩区的受拉钢筋配筋率宜大于 2.0%，受拉钢筋长度应延伸至负弯矩区以外，在同一截面截断的受拉钢筋面积不宜超过受拉钢筋总面积的 50%；波折型钢-混凝土组合桥面板在负弯矩区段，宜设置弯起钢筋。钢筋构造示意如图 9-12、图 9-13 所示。

9.1.5　混凝土板

由于波折型钢-混凝土组合桥面板的混凝土性能要求收缩小、韧性好、抗压强度足够，因此混凝土强度等级宜选用 C40 或 C50；由于波折型钢-混凝土组合桥面板的钢筋和剪力键设置较密，为了保证混凝土浇筑密实，制备桥面板混凝土的粗骨料的最大粒径不应超过 20 mm。

9.2　承载力计算

9.2.1　工程背景

合江县地处长江上游，境内共有长江、赤水河、习水河、大槽河、小酒河、塘河 6 条河流，众多的河流不仅在环境保护、气候调节等方面发挥重要的作用，更为合江县形成特有的水、陆立体交通提供了天然条件，也为合江县成为四川水运第一大县提供了良好的支撑。车辋镇地处合江县西南边陲，距合江县城 38 km，紧邻贵州省赤水市，距成自泸赤高速路 11 km，与县内九支镇、法王寺镇、先市镇、实录镇、凤鸣镇接壤，如图 9-14 所示。

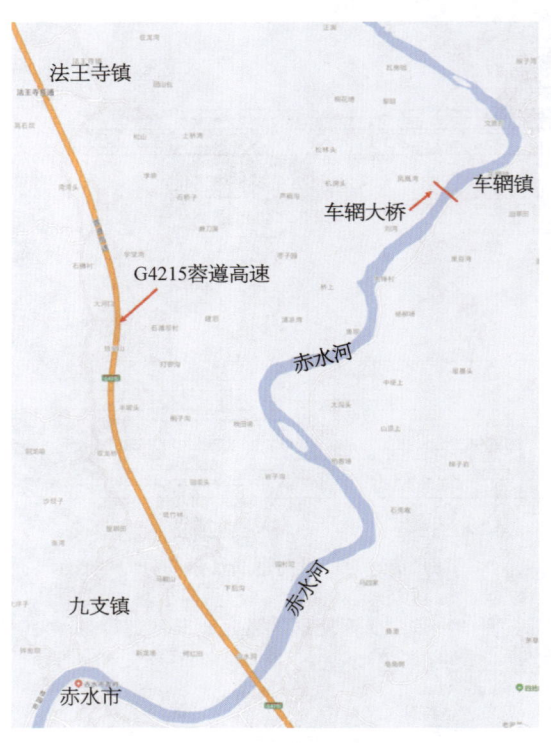

图 9-14　车辆镇周边

长期以来,合江县因地制宜,规范渡运工作,在各地设立了众多客渡码头,有效解决了临水群众出行问题,也为合江县区域经济和社会发展,人民生产生活改善做出了巨大的贡献。

但与此同时,众多分散的渡口码头,也存在较大的管理难题和运行安全隐患。随着合江县城乡经济的快速发展,仅靠渡运已不能满足临水群众生产生活的出行需要;另一方面,随着公路路网的发展,特别是农村公路建设的不断推进,也为进一步规范渡运、整合码头、消除渡运安全隐患创造了条件。为此,合江县根据泸州市交通规划,将在全县建成一批渡改公路桥和渡改人行桥项目,对未实施"渡改桥"的客渡码头,实施农村客渡码头改造,并采取各种监控措施,最大限度地保证了渡运安全。江河渡运安全一直是合江县水上交通安全工作的重中之重,同时也是全省水上安全生产工作的"心腹大患"。为了彻底改变泸州市江河渡运安全被动防守的局面,四川省交通运输厅和泸州市委、市政府决心用3年时间,通过以"渡改桥"为主的形式,全面消除江河渡口和渡运船舶,彻底消除渡运安全隐患。

车辆大桥(图9-15)为本次"渡改桥"项目中的一项。该工程位于车辆镇境内,连接车辆镇及对岸法王寺镇现有道路。建成后,将极大地缩短赤水河两岸交通距离,降低交通事故风险;车辆镇与沪赤高速的距离也将大大缩短,完善了合江县现有路网体系结构,拓宽了沪赤高速辐射范围;同时将改变项目影响区内交通基础设施的落后面貌,加快沿线群众致富的步伐,促进区域经济发展。

图 9-15　建设中的泸州车辆大桥

9.2.2 总体设计

车辆大桥是跨越赤水河的一座钢管混凝土拱桥。拱桥净跨径 220 m，净矢跨比 1/4，拱轴系数 1.5，吊杆间距 8 m，如图 9-16 所示。

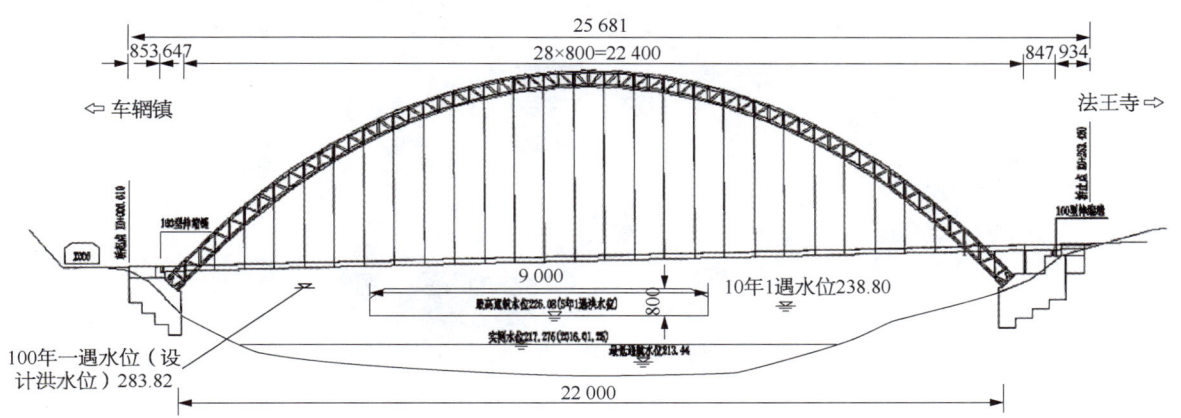

图 9-16 车辆桥桥型布置图(单位：cm)

9.2.2.1 主梁设计

主桥桥面梁采用钢格子梁的波形钢-混凝土组合桥面，标准段桥面钢格子梁由两道主纵梁(吊索处)、一道次纵梁，以及吊索处的主横梁和主横梁间两道次横梁组成；钢格子梁均采用工字形截面。其中主横梁桥面中心处高 1.3 m，次横梁中心处高 0.8 m，主纵梁高 1.0 m，次纵梁高 0.8 m，各板件根据其位置及受力情况选取不同板厚，如图 9-17 所示。

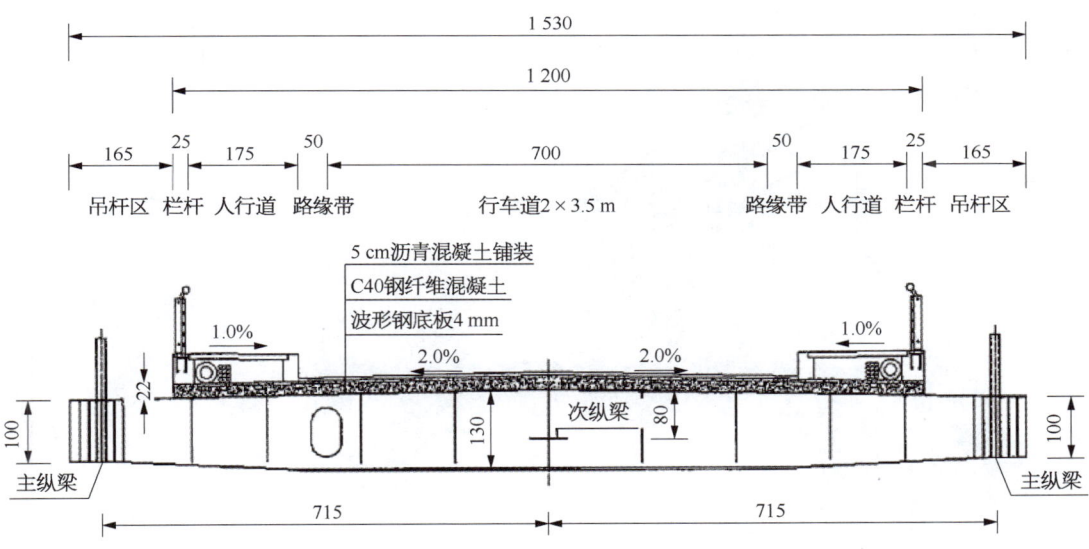

图 9-17 主梁标准横断面(单位：cm)

拱肋与主梁格子梁交汇处，格子梁主纵梁断开，并增设辅助纵梁，保证拱肋从主梁穿过，辅助纵梁与次横梁交点处支撑在拱肋横撑上弦杆上，如图 9-18 所示。

拱肋与主梁格子梁交汇处，吊杆布置较为困难时，增设吊杆横梁，辅助纵梁与次横梁交点处支撑在吊杆横梁上，如图 9-19 所示。

9.2.2.2 桥面板设计

该桥主梁采用钢格子梁＋波折型钢-混凝土组合桥面板结构体系，标准段桥面钢格子梁由两道主纵梁(吊索处)、一道次纵梁与吊索处的主横梁及两道次横梁组成。

图 9-18 桥面格子梁与拱肋相对位置关系

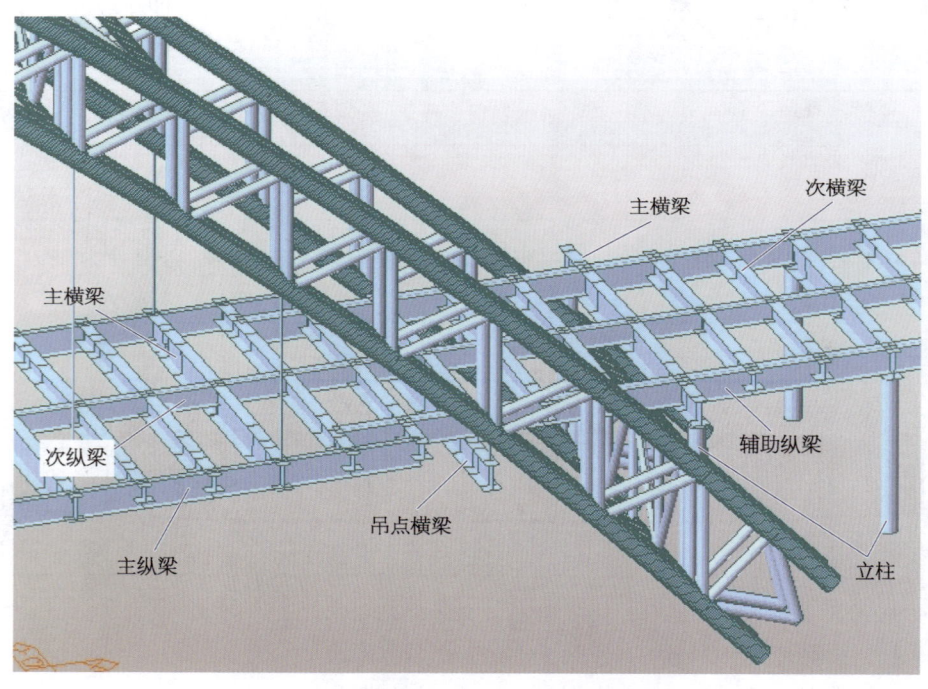

图 9-19 吊杆横梁设置

桥面板采用波折型钢-混凝土组合桥面板,由底部的波折底钢板、混凝土板和钢筋共同结合而成(图9-20)。桥面板波峰处高 220 mm,波谷处高 120 mm。波折底钢板厚 4 mm,波高 100 mm,波峰波谷平直段长 100 mm,通过栓钉连接件在纵横梁处与格子钢梁

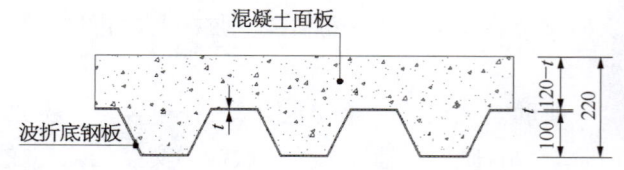

图 9-20 波折型钢-混凝土组合桥面板(单位: mm)

相连。组合桥面板混凝土采用 C40 混凝土，并掺入多锚点型钢纤维，波折底钢板采用 Q235 耐候钢。波折底钢板在桥面板施工中可以当作模板使用，既可免除模板安装、拆卸又可支撑架设工作，同时还可实现预制；用波折底钢板取代平底板，其腹板能提供比较大的抗剪承载力，无开孔钢板作为加劲肋省去了大量焊接工艺，在承载能力得到相对提升的同时，简化了施工工艺。

负弯矩区处，波折底钢板为非连续结构，支撑于横梁顶板翼缘两侧，端头焊接横向贯通封头钢板，钢板间绑扎钢筋，同时浇筑负弯矩区及波折钢板内混凝土，形成混凝土连续结构，共同受力，如图 9 - 21 所示。

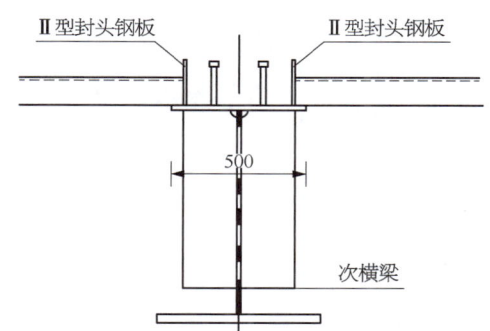

图 9 - 21　波折型钢-混凝土组合桥面板负弯矩区构造(单位：cm)

（1）纵桥向，单位宽度上桥面板最大正弯矩 30.2 kN·m（跨中），最大负弯矩 31.5 kN·m（主横梁处），如图 9 - 22 所示；

（2）横桥向，单位宽度上桥面板最大正弯矩 21.6 kN·m（跨中），最大负弯矩 31.3 kN·m（次纵梁处），如图 9 - 23 所示。

9.2.3　计算结果

9.2.3.1　极限承载能力计算结果

恒载＋活载基本组合荷载下：

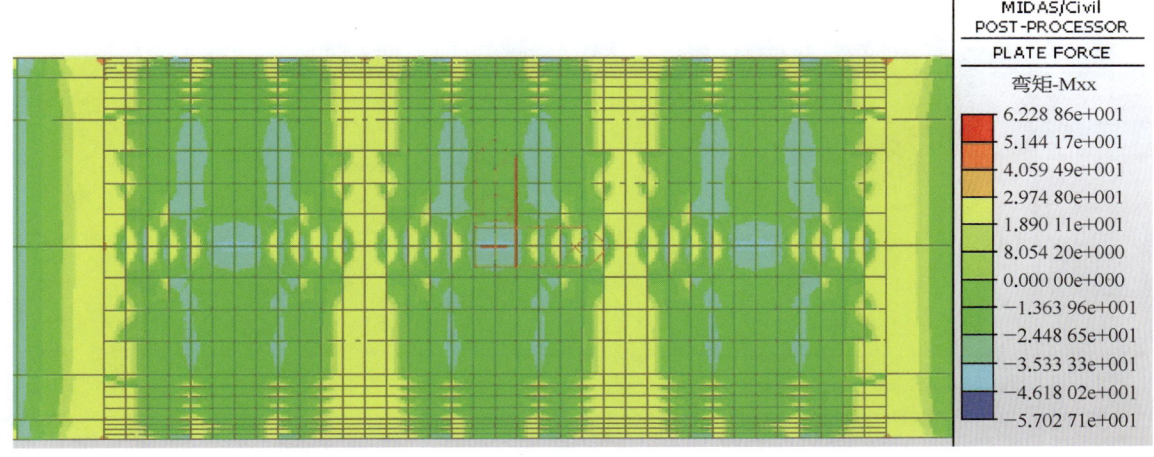

图 9 - 22　桥面板顺桥向弯矩包络图(kN·m/单位宽度 1 m)（软件出图）

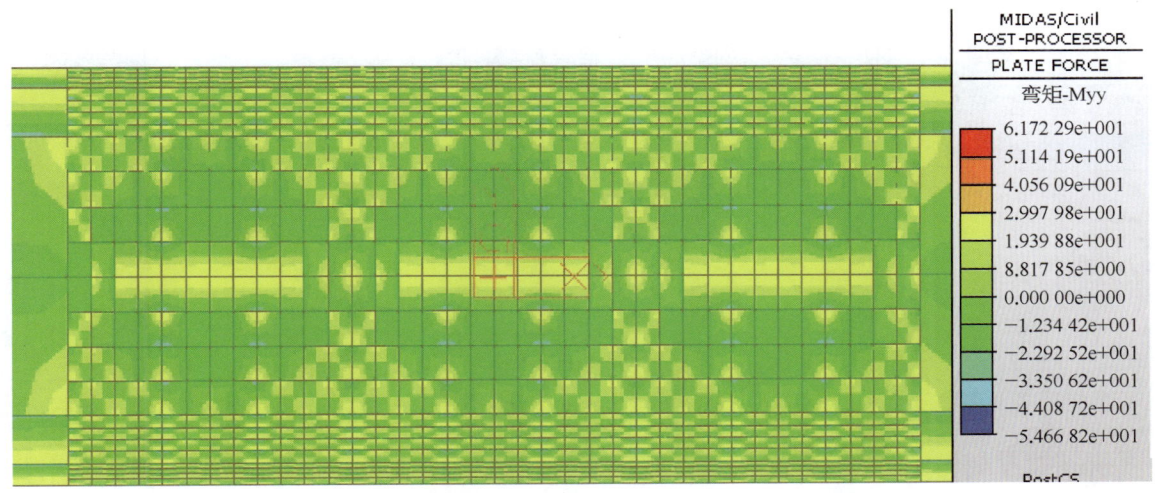

图 9 - 23　桥面板横桥向弯矩包络图(kN·m/单位宽度 1 m)（软件出图）

9.2.3.2 正常使用阶段计算结果

(1) 应力计算结果。

纵桥向负弯矩区最大名义拉应力为 4.30 MPa；横桥向负弯矩区最大名义拉应力为 4.02 MPa。小于容许值 5.0 MPa。

(2) 裂缝计算结果。

纵桥向负弯矩区裂缝宽度为 0.065 mm；横桥向负弯矩区裂缝宽度为 0.058 mm；小于容许值 0.2 mm。

(3) 位移计算结果。

板的跨度为 2.667 m，汽车荷载作用下跨中最大竖向位移为 1.2 mm，小于容许值 $L/1\,600 = 1.67$ mm。

第 10 章

波折型钢-混凝土组合桥面板试验研究

波折型钢-混凝土组合桥面板在平面型钢-混凝土组合桥面板的基础上发展起来,用波折底钢板取代了原有的平面底钢板,其腹板可起到剪力连接件的作用,减少了大量开孔钢板及栓钉的焊接工作,更适用于目前仍广泛应用的中小跨度简支梁中,与普通钢筋混凝土桥面板相比,自重轻,且具有更高的承载力和变形能力;与平面型钢-混凝土组合桥面板相比,节约了焊接工作量,具有更优的经济指标。然而这种新型结构仅在房屋建筑中得到广泛应用,其尺寸参数及已有试验结果表明其并不适用于荷载大、受力复杂的桥面板当中。因此,本章针对新型"波折型钢-混凝土组合桥面板"开展研究,根据试验数据进行理论分析,分析组合结构的应力状态、承载能力及力学性能,建立波折型钢-混凝土组合桥面板的力学原理和计算方法,并开展结构构造和施工工艺的开发研究,形成可靠、简单、经济的结构形式。

10.1 不同底钢板厚度正弯矩模型试验研究

10.1.1 试验目的和依据

10.1.1.1 试验目的

模型试验研究是获取复杂结构各种性能的一种比较直观的科学研究方法,通过模型试验,既可以达到验证设计计算分析方法正确性的目的;还可以弥补理论计算不可避免的模型简化所带来到偏差。本试验最核心的目的是为了验证波折型钢-混凝土组合板应用于桥梁工程桥面板的可行性,对比研究不同波折板底板厚度对组合桥面板受力性能的影响,力争满足工程设计和施工的实际需要,建立科学、合理的理论分析模型。

10.1.1.2 试验研究内容

本试验通过对设计的一系列波折型钢-混凝土组合桥面板试件进行静力加载,重点研究其在不同波折板厚时的裂缝发展规律和破坏模式,同时对极限承载能力和刚度进行理论分析。重点包括以下几个方面:

(1) 3 mm 厚底钢板波折型钢-混凝土组合桥面板的裂缝发展规律、刚度及承载能力;

(2) 4 mm 厚底钢板波折型钢-混凝土组合桥面板的裂缝发展规律、刚度及承载能力;

(3) 5 mm 厚底钢板波折型钢-混凝土组合桥面板的裂缝发展规律、刚度及承载能力。

10.1.1.3 试验依据

(1)《公路桥涵设计通用规范》;
(2)《公路桥涵钢结构及木结构设计规范》;
(3)《公路钢结构桥梁设计规范》;
(4)《普通混凝土配合比设计规程》;
(5)《金属材料室温拉伸试验方法》;
(6)《钢-混凝土组合楼盖结构设计与施工规程》。

10.1.2 试验概况

10.1.2.1 试件设计

通过参数分析,本试验设计的构件参数如下:尺寸为 1 900 mm×900 mm,计算跨度为 1 800 mm,波折底钢板波峰以上混凝土厚度 120 mm,钢筋直径取 12 mm,同时设计底钢板厚度 t 分别取 3 mm、4 mm、5 mm 三种情况的试件。

共设计 6 块组合板,尺寸见表 10-1,钢构件部分构造如图 10-1 所示,试件配筋如图 10-2 所示。

表 10 - 1　组合板构件尺寸表　　　　　　　　　　　　　　　　单位：mm

编号	长×宽×厚	数量	波折板以上混凝土厚	底板厚	计算跨度
FP3-1	1900×900×220	1	120	3	1800
FP3-2	1900×900×220	1	120	3	1800
FP4-1	1900×900×220	1	120	4	1800
FP4-2	1900×900×220	1	120	4	1800
FP5-1	1900×900×220	1	120	5	1800
FP5-2	1900×900×220	1	120	5	1800

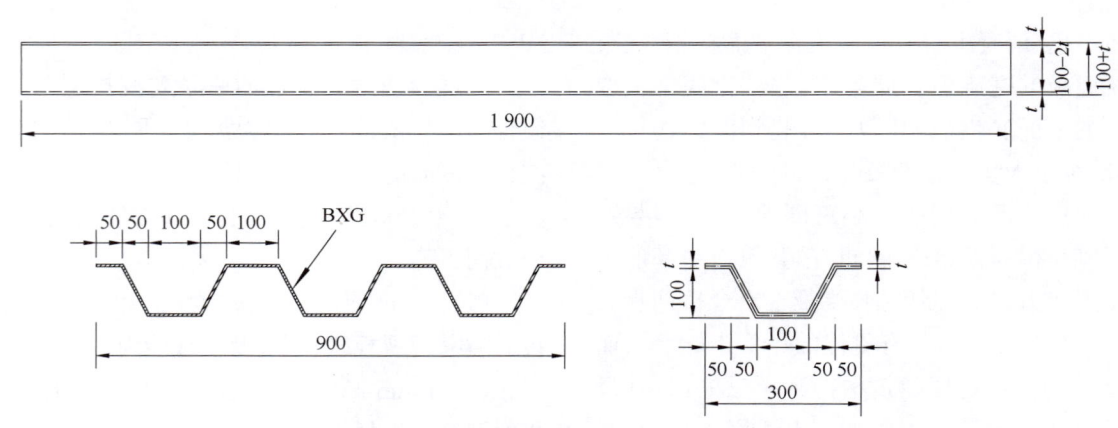

图 10 - 1　组合板钢构件部分构造图（单位：mm）

图 10 - 2　组合板构件普通钢筋配筋图（单位：mm）

10.1.2.2　测点布置

在波折型钢-混凝土组合板的静载抗弯试验中，根据分析计算和受力特点，板中心截面（纯弯段）是应力、应变测试的对象。组合板采用 10 cm 应变单片（混凝土）、5 mm 应变单片（波折底钢板）及应变花测量，每块试件布置 21 个应变单片及 2 组应变花。其中，跨中截面沿板厚方向布置 3 个混凝土应变测点和 3 个波折钢板应变测点，支座附近截面各布置 1 组 2 cm 应变花，顶面布置 5 个混凝土应变测点；波折底钢板跨中布置 5 个纵向应变测点、5 个横向应变测点。每块试件布置 5 个百分表测试竖向挠度，1 个百分表测试横向位移，4 个千分表测试钢板与混凝土之间的滑移。具体测点布置如图 10 - 3～图 10 - 6 所示。

10.1.2.3　加载方式

试验加载设备采用液压千斤顶，组合板试件采用两点（3 分点）对称集中加载模式，如图 10 - 7 所示。通过刚性分载梁实现荷载平均分配，通过倒置负弯矩系列试件，考察组合板试件承受负弯矩的作用。根据 ANSYS 模拟结果，试件加载设计方案见表 10 - 2。

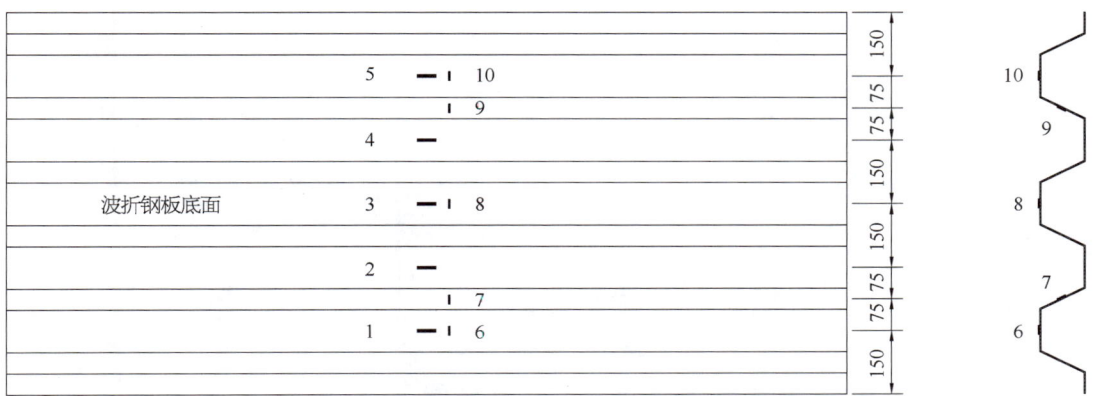

图 10-3 波折钢板底面应变测点布置图(单位：mm)

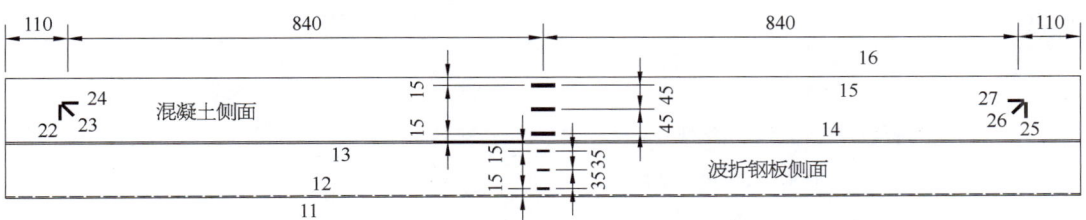

图 10-4 试件侧面应变测点布置图(单位：mm)

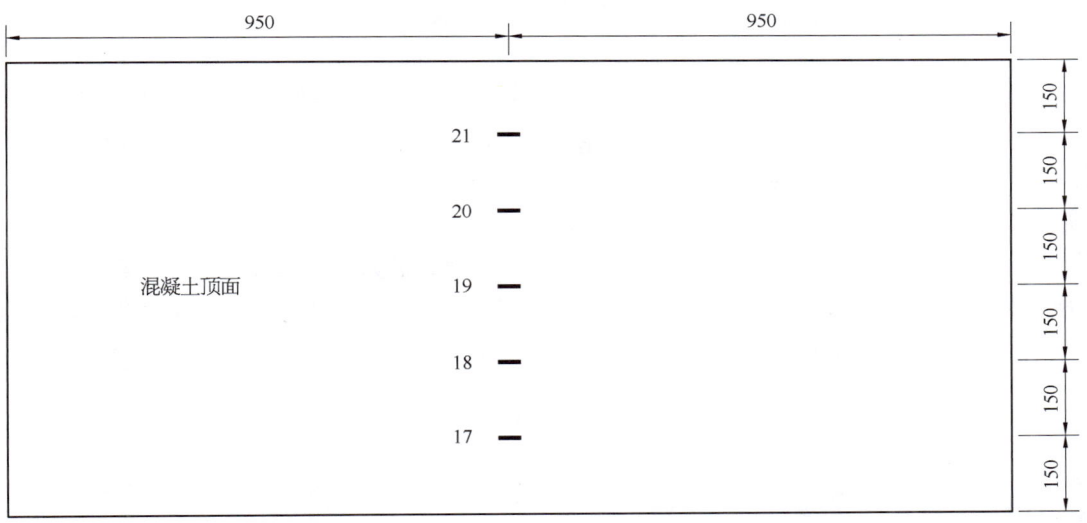

图 10-5 混凝土板顶面应变测点布置图(单位：mm)

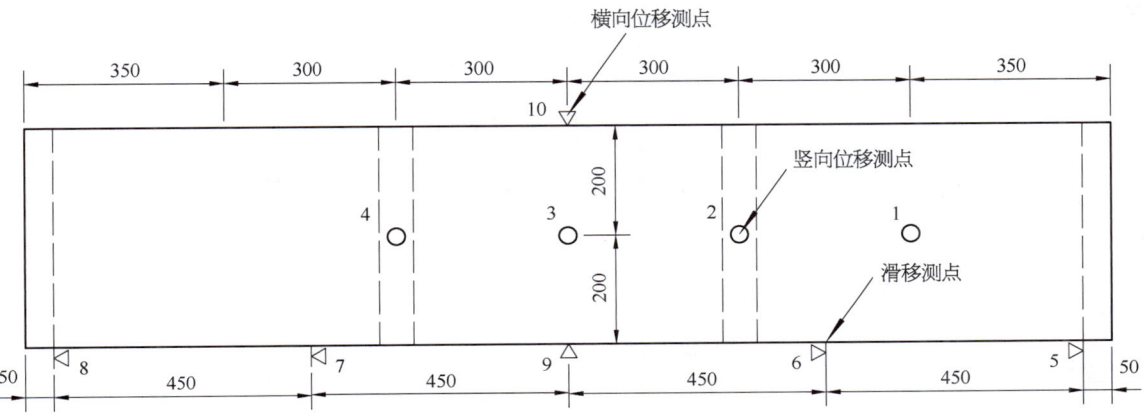

图 10-6 位移测点布置图(单位：mm)

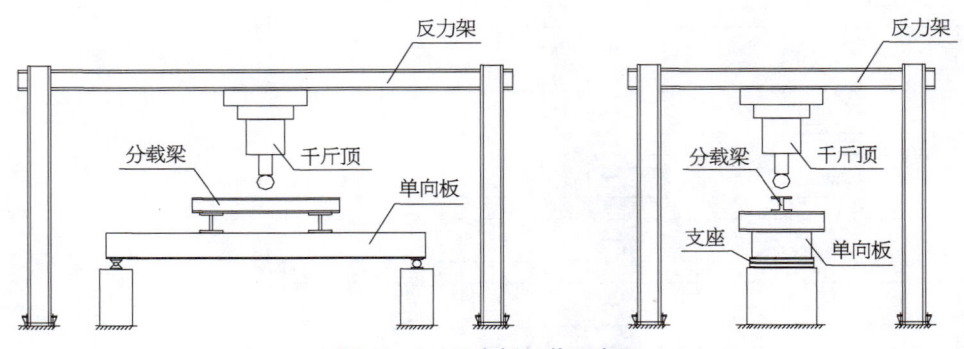

图 10-7　组合板加载示意图

表 10-2　加载设计方案

编号	加载方案	屈服荷载/t	极限荷载/t	试件说明
FP3-1	正弯矩分级加载,直至试件破坏	80.17	117.32	波折板厚 3 mm
FP3-2	正弯矩分级加载,直至试件破坏	80.17	117.32	波折板厚 3 mm
FP4-1	正弯矩分级加载,直至试件破坏	83.39	124.57	波折板厚 4 mm
FP4-2	正弯矩分级加载,直至试件破坏	83.39	124.57	波折板厚 4 mm
FP5-1	正弯矩分级加载,直至试件破坏	86.50	132.28	波折板厚 5 mm
FP5-2	正弯矩分级加载,直至试件破坏	86.50	132.28	波折板厚 5 mm

6 块试件加载按照板厚先薄后厚的顺序,即 FP3-1→FP3-2→FP4-1→FP4-2→FP5-1→FP5-2,对试件依次进行加载。加载程序为:

(1) 预加载,以慢速从 0 t 加载到预加载值对试验板进行预压,消除非弹性变形;

(2) 预加载后,停歇 10 min 开始分级正式加载,对预估的最大荷载进行分级加载,每级持荷 10 min,记录各仪器读数,如有裂缝需标出裂缝位置及裂缝发展方向。加载至结构破坏或挠度出现很大值为止。

10.1.2.4　试验工程量

本试验共设计组合板试件 6 块,其中波折底钢板厚 3 mm、4 mm、5 mm 测试试件各 2 块,试验材料主要为钢材和混凝土,具体用量见表 10-3～表 10-5。

表 10-3　钢板用量统计表

材料号	材质	规格				单件重/kg	数量	合计/kg
		厚/mm	宽/mm	长/mm	展开宽/mm			
BXG-1	Q235	3	900	1 900	1 270.82	56.86	2	
BXG-2	Q235	4	900	1 900	1 270.82	75.82	2	454.90
BXG-3	Q235	5	900	1 900	1 270.82	94.77	2	

表 10-4　普通钢筋用量统计表

编号	等级	直径/mm	长度/mm	根数	件数	总根数	总长/m	总重/kg	合计/kg
N1	HRB335	12	1 900	15	6	90	171.0	151.85	
N2	HRB335	12	900	32		192	172.8	153.45	381.17
N3	HRB335	12	228	32		192	43.78	38.87	
N4	HRB335	12	445	32		192	85.44	75.87	

表 10-5　混凝土用量统计表

材料	说明	单件用量/m³	单件重/kg	件数	总用量/m³	总重/kg
混凝土	C40	0.3	720	6	1.8	4 320

10.1.2.5　试验日志

波折型钢-混凝土组合桥面板试验研究在153 d完成,具体进度见表10-6。

表 10-6　试验进度表

序号	内容	时间/d	完成日期
1	试验方案设计、图纸绘制	15	2015.08.03
2	钢构件加工	10	2015.08.13
3	钢筋加工、浇筑混凝土（包括养护）	45	2015.09.27
4	应变、位移测点布置及试验前准备	3	2015.09.30
5	试件 FP3-1	1	2015.10.04
6	试件 FP4-1、FP5-1 加载	1	2015.10.05
7	试件 FP3-2、FP4-2 加载	1	2015.10.06
8	试件 FP5-2 加载	1	2015.10.07
9	试件底钢板切割	3	2015.10.10
10	试验材料性能测试	8	2015.10.23
11	数据处理,有限元计算,编写报告	65	2015.12.30
合计		153	2015.12.30

10.1.3　试验结果与分析

10.1.3.1　材料性能

1) 混凝土

本试验设计配制C40混凝土,所用原材料选择如下。

（1）水泥:四川省星船城水泥股份有限公司销售的P·O52.5水泥。

（2）砂:宜宾佳昌建材经营部销售的0~4.75河沙。

（3）粗集料:自贡富顺河坝砂石厂销售的4.75~16 mm/16~26.5 mm卵碎石。

（4）外加剂:成都巨力建材有限公司销售的聚羧酸减水剂。

（5）粉煤灰:四川威远县金龙建材有限公司销售的Ⅰ级粉煤灰。

（6）水:自来水。

混凝土的配合比是在利用现有的设计规范《普通混凝土配合比设计规程》及已有文献的配合比作为参考进行试配,通过强度指标和工作性能的测试,判断其是否符合设计要求。如需进行配合比调整,则通过改变水胶比的方式实现。最终选用的配合比见表10-7。

表 10-7　混凝土每方用量　　单位:kg

混凝土强度等级	水泥	水	砂	石子	外加剂	粉煤灰	水胶比	砂率
C40	366	155	632	1 227	4.7	65	0.36	34%

在施工同时浇筑尺寸为150 mm×150 mm×150 mm的立方体试块,采用弧形钢垫板并加柔性纤维垫片的方式进行混凝土的强度试验,具体见表10-8。

表 10-8　混凝土强度实测值　　单位:MPa

组数	第一个	第二个	第三个	平均值
第一组	73.8	71.7	69.5	71.7
第二组	70.8	76.1	77.6	74.8

2) 钢筋

本试验所需的纵向受力钢筋、孔中的贯穿钢筋、横向分布钢筋均采用统一规格,为成渝钒钛科技有限公司销售的直径为12 mm的HRB335热轧螺纹钢筋。测试普通钢筋力学性能的试验按照《金属材料室温拉伸试验方法》中的规定进行,试验结果见表10-9。

表 10-9　钢筋性能测定结果

直径/mm	屈服强度/MPa	破坏强度/MPa	屈强比	弹性模量/GPa
12	405	560	0.72	192

3) 钢板

本试验试件设计分别采用厚度为3 mm、4 mm、5 mm的钢板,强度为Q235。测试钢板力学性能的试件按照《金属材料室温拉伸试验方法》中的规定制作,具体尺寸如图10-8和表10-10所示,试验结果见表10-11。

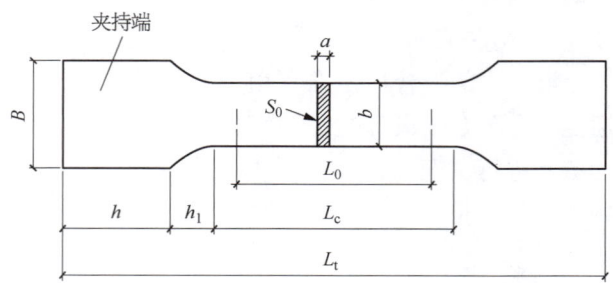

图 10-8 钢板拉伸试件形状

表 10-10 钢板拉伸试件尺寸表　单位：mm

试件板厚	a	b	h	L_0	L_c	L_t
3	3	30	50	50	80	$L_t = L_c + 2h + 2h_1$
4	4	30	50	60	90	$L_t = L_c + 2h + 2h_1$
5	5	30	50	65	90	$L_t = L_c + 2h + 2h_1$

表 10-11 钢板材料试验结果

板厚/mm	屈服强度/MPa	破坏强度/MPa	屈强比
3	388	473	0.82
4	291	430	0.67
5	299	435	0.68

10.1.3.2 主要试验结果

波折型钢-混凝土组合桥面板试件的主要试验结果见表 10-12。其中，P_{cr} 表示混凝土表面出现第一条裂缝时所对应的试验开裂荷载值，P_y 表示荷载-跨中挠度曲线开始出现近似水平段时（位移增加较快，而荷载增加相对缓慢）所对应的试验屈服荷载值，P_u 表示试件所能承受的最大试验荷载（试件 FP4-2、FP5-1、FP5-2 由于在加载过程中未出现曲线下降段，因此此项记录停机荷载值），δ_y 和 δ_u 分别表示对应于 P_y 和 P_u 的跨中挠度实测值。根据力学基本原理，试件跨中弯矩值计算公式为：$M = P(L_0 - 600)/4$，其中 P 为试验中各主要阶段的荷载，L_0 为计算跨度，取 1 800 mm，试验主要阶段跨中弯矩计算结果见表 10-13。

表 10-12 试件主要试验结果

编号	P_{cr}/kN	P_y/kN	P_u/kN	δ_y/mm	δ_u/mm	破坏形式
FP3-1	141	220.27	396.69	4.36	29.50	弯曲破坏
FP3-2	163	323.17	426.83	6.08	26.05	弯曲破坏
FP4-1	71	137.00	485.00	4.50	39.67	弯曲破坏
FP4-2	198	300.50	464.00	4.48	36.09	弯曲破坏
FP5-1	42	357.78	568.87	2.92	24.36	弯曲破坏
FP5-2	160	245.17	510.67	4.03	40.17	弯曲破坏

表 10-13 试验主要阶段跨中弯矩表

编号	M_{cr}/(kN·m)	M_y/(kN·m)	M_u/(kN·m)	M_u/M_y
FP3-1	42.30	66.08	119.01	1.80
FP3-2	48.90	96.95	128.05	1.32
FP4-1	21.30	41.10	145.50	3.54
FP4-2	59.40	90.15	139.20	1.54
FP5-1	12.60	107.33	170.66	1.59
FP5-2	48.00	73.55	153.20	2.08

10.1.3.3 试件破坏形态

图 10-9～图 10-11 所示为各试件破坏后的挠曲形态，图 10-12～图 10-17 所示为各试件破坏后的裂缝分布图，6 块波折型钢-混凝土组合板试件均呈现出了典型的弯曲破坏形式，首先受拉区混凝土出现裂缝，随着荷载不断增大，跨中钢板（边翼缘的临空钢板局部屈曲）屈服、受压区混凝土压溃，混凝土裂纹位于横向钢筋焊点处。

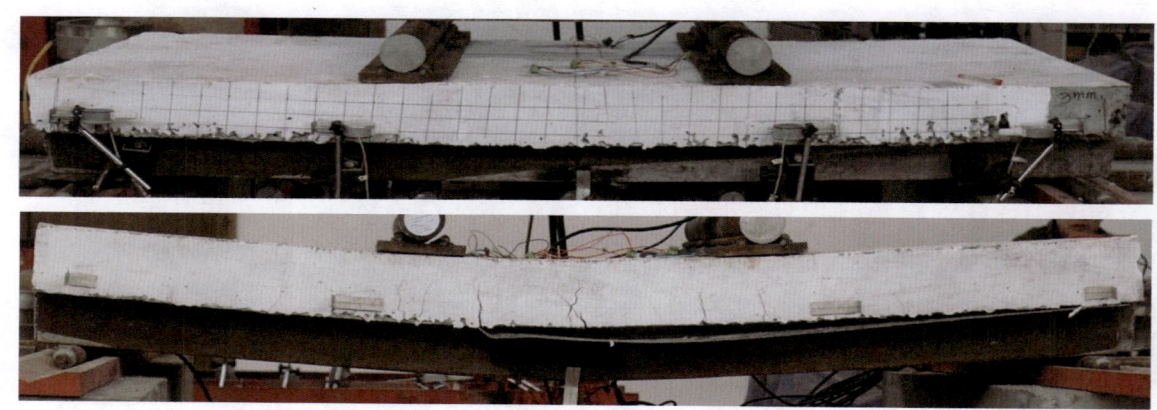

图 10-9　各试件破坏后的挠曲形态

图 10-10　试件端头混凝土与底钢板滑移形态

 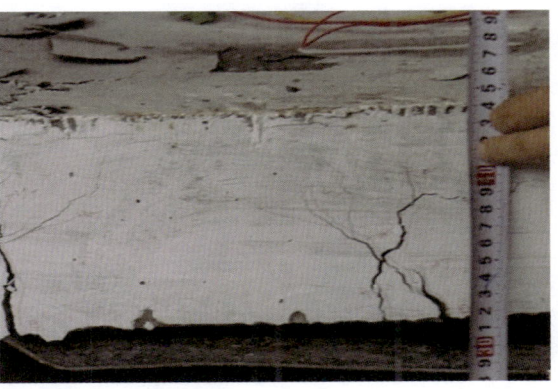

图 10-11　钢板与混凝土脱离形态

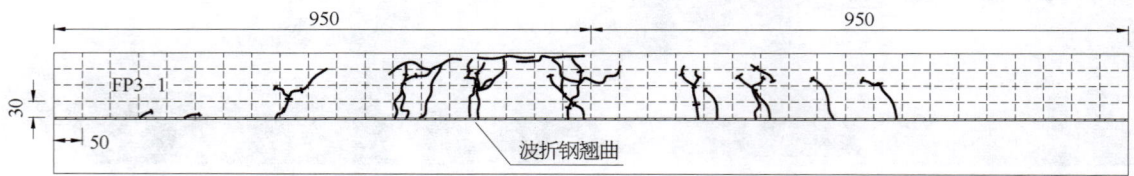

图 10-12 FP3-1 试件破坏后的裂缝分布图(单位：mm)

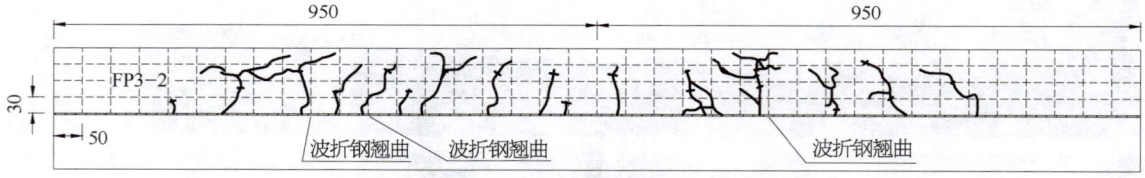

图 10-13 FP3-2 试件破坏后的裂缝分布图(单位：mm)

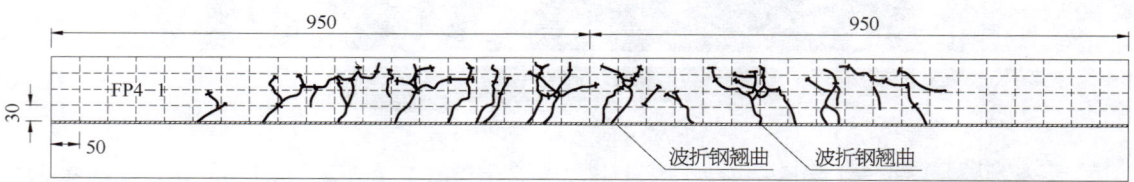

图 10-14 FP4-1 试件破坏后的裂缝分布图(单位：mm)

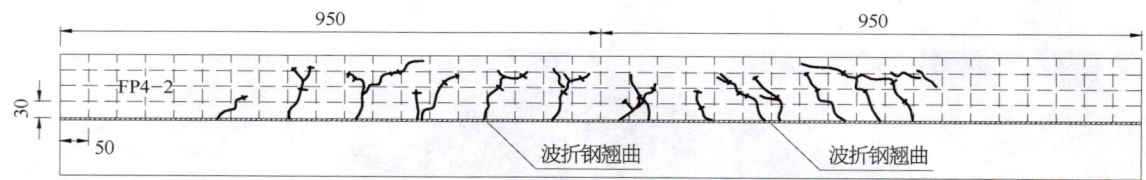

图 10-15 FP4-2 试件破坏后的裂缝分布图(单位：mm)

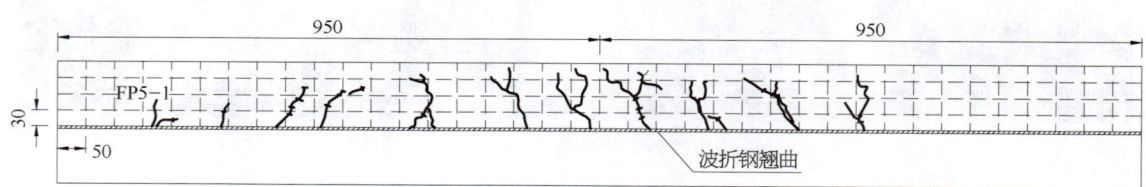

图 10-16 FP5-1 试件破坏后的裂缝分布图(单位：mm)

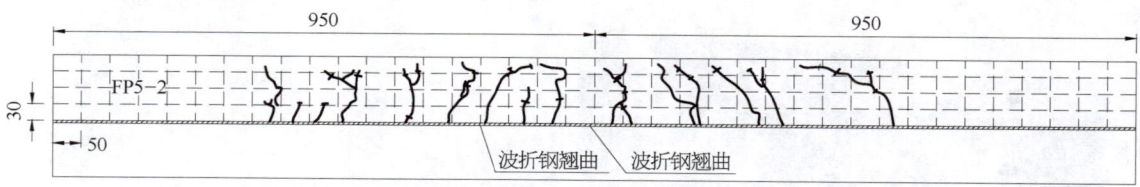

图 10-17 FP5-2 试件破坏后的裂缝分布图(单位：mm)

10.1.3.4 荷载-挠度曲线

1）荷载-跨中挠度曲线

6块试件采用相同刻度绘制其荷载-挠度曲线，如图10-18～图10-23所示，其荷载-挠度对比图如图10-24所示。

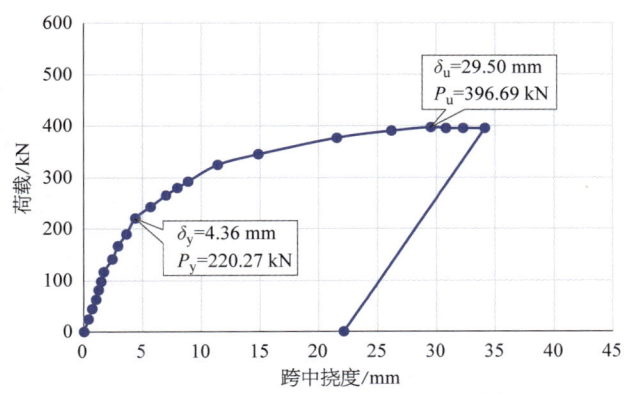

图 10-18 试件 FP3-1 荷载-跨中挠度曲线

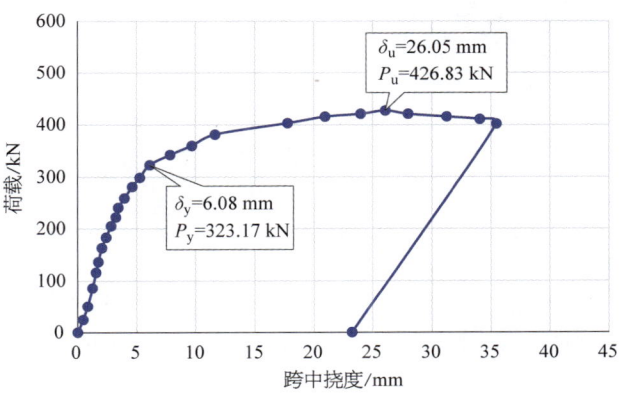

图 10-19 试件 FP3-2 荷载-跨中挠度曲线

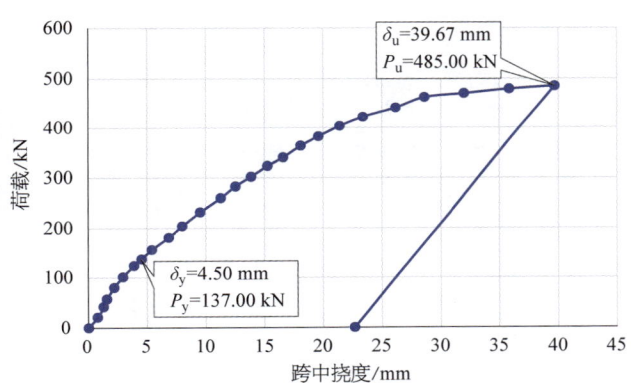

图 10-20 试件 FP4-1 荷载-跨中挠度曲线

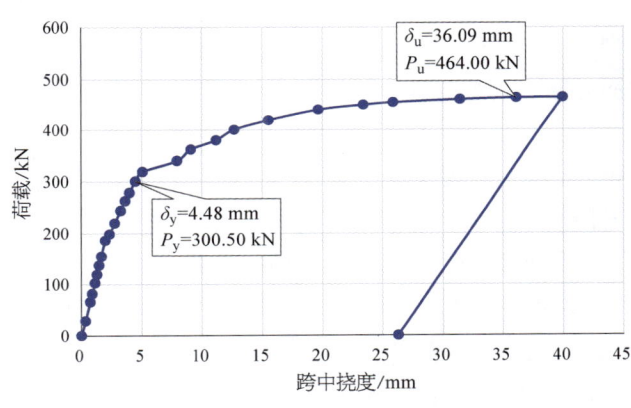

图 10-21 试件 FP4-2 荷载-跨中挠度曲线

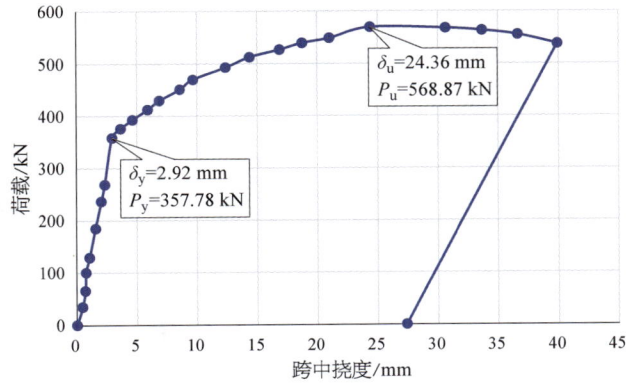

图 10-22 试件 FP5-1 荷载-跨中挠度曲线

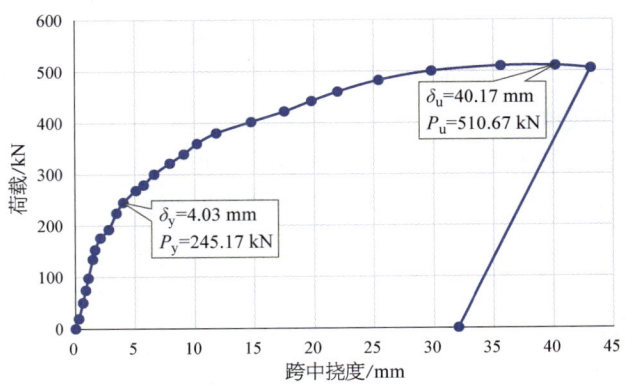

图 10-23 试件 FP5-2 荷载-跨中挠度曲线

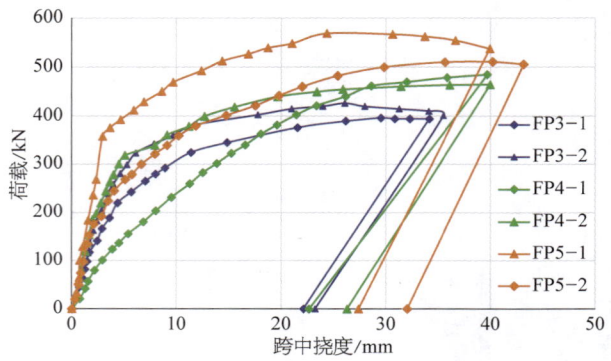

图 10-24　各试件荷载-跨中挠度对比图

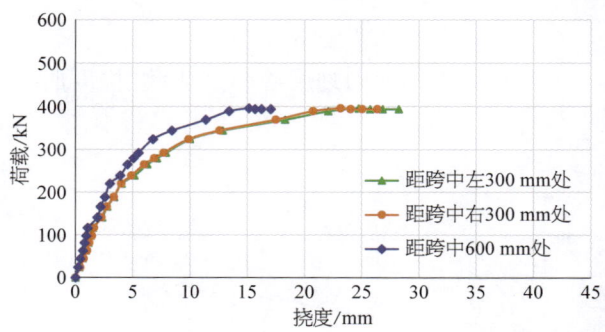

图 10-25　试件 FP3-1 荷载-6 分点挠度曲线

由图 10-18～图 10-23 可见，6 个试件的荷载-跨中挠度曲线均体现出了典型的弯曲破坏模式，其受力全过程可近似划分为四个阶段：①在荷载加载初期为弹性阶段，荷载-挠度呈线性关系，斜率反映了结构的初始刚度，波折底钢板与混凝土共同工作，组合板的应变分布符合平截面假定，混凝土板内无裂缝出现；②带裂缝工作阶段，此阶段混凝土受拉底面开始出现裂缝，随着荷载增加，裂缝条数逐渐增多且向上扩展，组合板的刚度有一定程度的下降；③波折底钢板屈服后，试件进入塑性阶段，钢-混凝土间的协同工作减弱，试件挠度增长速率加快，混凝土裂缝向顶面扩展且裂缝逐渐加宽；④在荷载达到峰值后，试件的承载能力并未迅速丧失，随承载力的下降变形迅速增长，表现为曲线平缓下降。

结合各试件裂缝分布图（图 10-12～图 10-17）可见，试件 FP4-1、FP5-2 裂缝数量较多，且出现了大量的横向裂缝，对应于荷载-挠度曲线，两试件曲线上升段斜率较低，说明可能存在的施工质量差（可能是钢筋焊点很早脱落，焊接质量差）等问题导致试件弹性阶段刚度低。综合 6 个试件荷载-跨中挠度曲线可见，总体来说，在其余设计参数均相同的前提下，随着波折底钢板厚度的增加，试件的整体抗弯刚度在增加，抗弯极限承载力有较大幅度提高。

2）荷载-6 分点挠度曲线

6 块试件采用相同刻度绘制其荷载-6 分点挠度曲线，曲线是距跨中 300 mm 和 600 mm 处的挠度，距跨中 300 mm 处左右各架设了一个对称的百分表，荷载-6 分点挠度曲线如图 10-25～图 10-30 所示，图中试件 FP3-1 的荷载-6 分点挠度曲线由于试验设备原因，未标注卸载后挠度值。

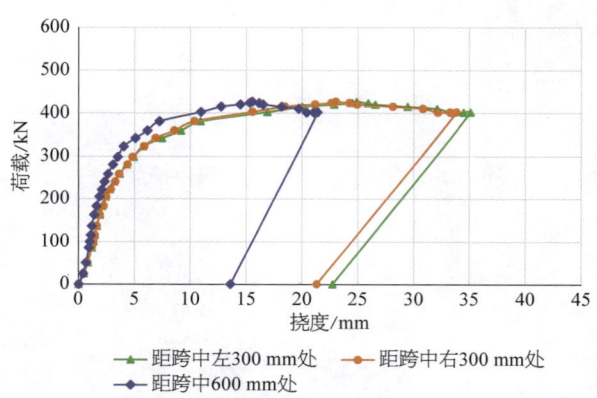

图 10-26　试件 FP3-2 荷载-6 分点挠度曲线

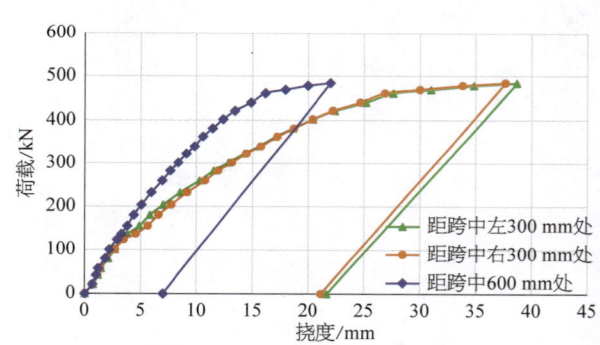

图 10-27　试件 FP4-1 荷载-6 分点挠度曲线

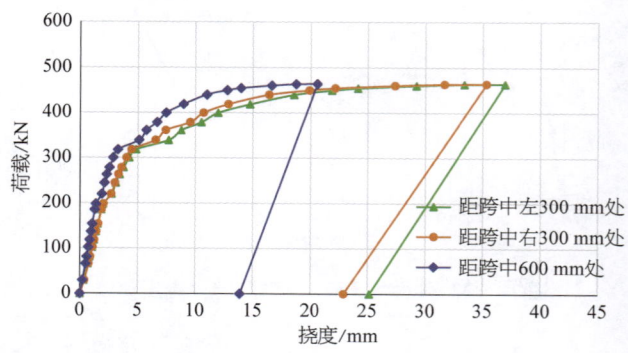

图 10-28　试件 FP4-2 荷载-6 分点挠度曲线

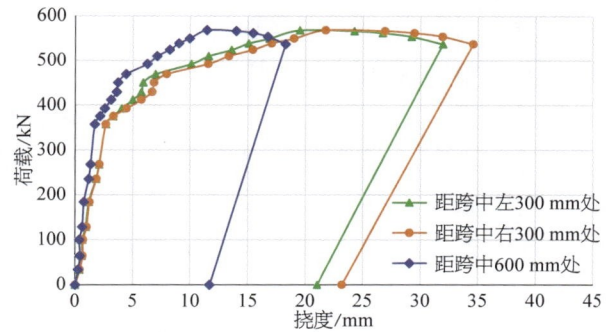

图 10-29　试件 FP5-1 荷载-6 分点挠度曲线

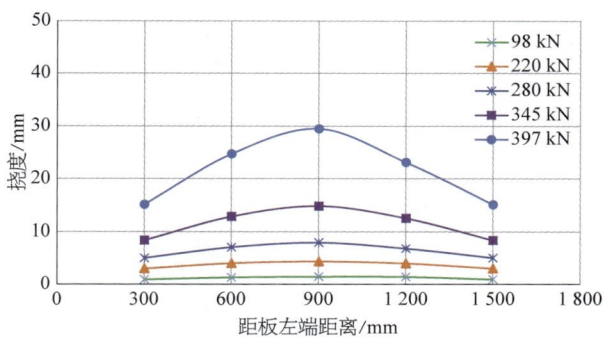

图 10-31　试件 FP3-1 荷载-挠度分布曲线

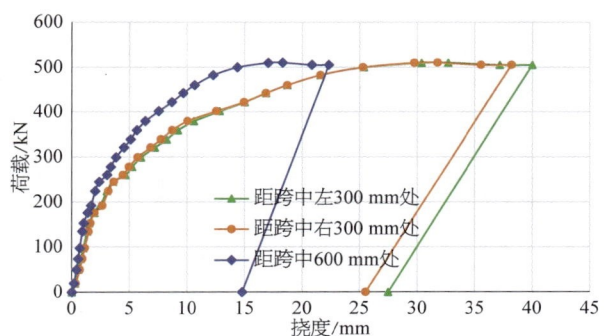

图 10-30　试件 FP5-2 荷载-6 分点挠度曲线

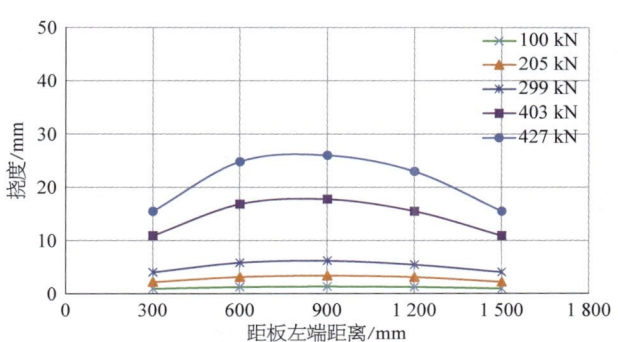

图 10-32　试件 FP3-2 荷载-挠度分布曲线

由图 10-25～图 10-30 的荷载-6 分点挠度曲线可以看出，两个百分表的曲线基本重合，说明试件在加载过程中基本满足 3 分点对称加载，600 mm 处挠度明显比 300 mm 处挠度小，这也与试件弯曲破坏形态吻合。观察试件 FP4-2、FP5-1 试验结果可见，荷载-跨中挠度与荷载-6 分点挠度曲线局部出现突变，可能是由于试件加载过程中支座发生振动或试件出现开裂所致。其余规律与荷载-跨中挠度曲线试验结果吻合。

3）荷载-挠度分布曲线

由于试验条件限制，沿试件纵向共布置 4 个百分表，分别位于跨中、距跨中左侧 300 mm 处、距跨中右侧 300 mm 处、距跨中左侧 600 mm 处，荷载-挠度分布曲线汇总了 4 个百分表在各级荷载下记录的试件变形，为使变形形状更加直观，绘制曲线时视距跨中左侧 600 mm 处与距跨中右侧 600 mm 处挠度相同。6 块试件中采用相同刻度绘制其荷载-挠度分布曲线，如图 10-31～图 10-36 所示。

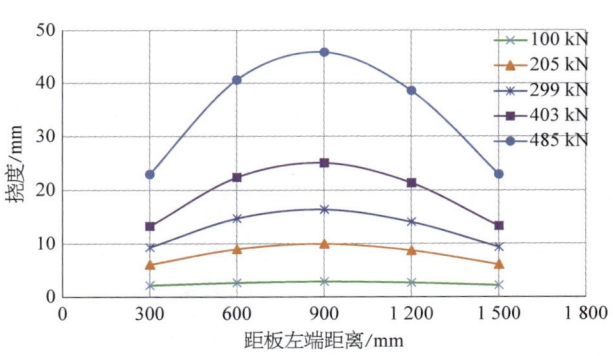

图 10-33　试件 FP4-1 荷载-挠度分布曲线

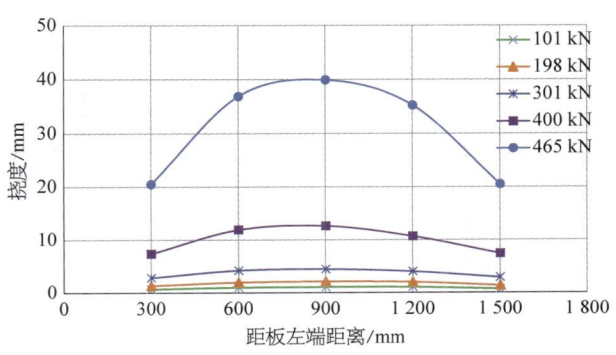

图 10-34　试件 FP4-2 荷载-挠度分布曲线

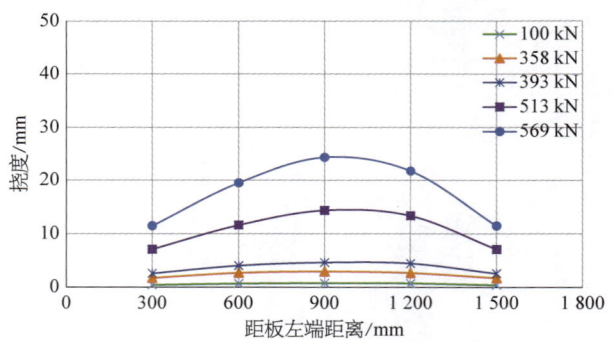

图 10-35 试件 FP5-1 荷载-挠度分布曲线

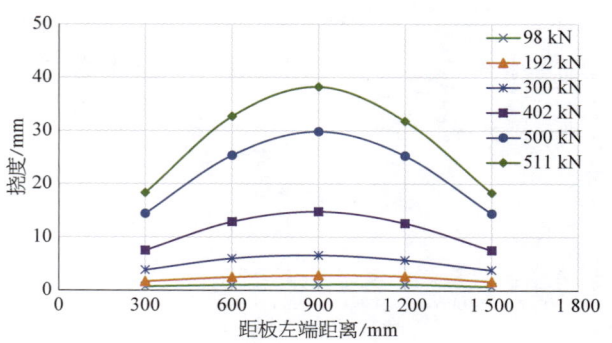

图 10-36 试件 FP5-2 荷载-挠度分布曲线

图 10-31～图 10-36 的荷载-挠度分布曲线表现了在各级荷载作用下，试件挠度的变化情况，可以明显看出随着加载值的增大，试件挠度不断增大，其中跨中测点的挠度最大，靠近支座测点的挠度最小，且沿试件跨度方向，变形对称。取同一级荷载作用下（40 t 左右）对比 6 块试件的荷载-挠度分布曲线如图 10-37 所示，其总体规律是随着底钢板板厚的增加，试件各测点的挠度均在降低，其中试件 FP4-1、FP5-2 挠度相对较高，可能是因为试件存在初始缺陷、抗裂性较差导致的。

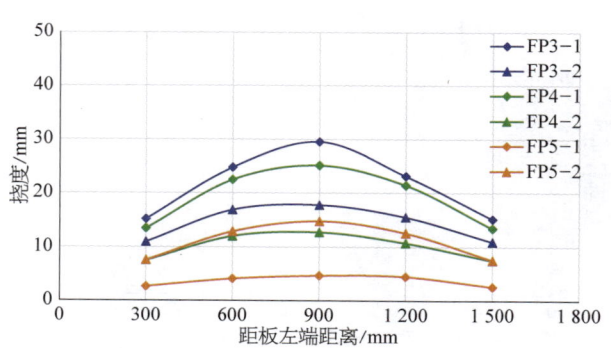

图 10-37 各试件同级荷载下的荷载-挠度分布曲线

10.1.3.5 荷载-应变曲线

1) 荷载-混凝土侧面应变曲线

试件跨中正截面应变沿板厚方向的分布及发展变化曲线如图 10-38～图 10-43 所示，图中每条曲线共 9 个纵向应变测点数据，从下至上高度依次为 0 mm→15 mm→50 mm→85 mm→100 mm→115 mm→160 mm→205 mm→220 mm（如图 10-3、图 10-4 所示），9 个测点的具体位置依次为：底钢板波峰 2# 应变测点→底钢板侧面从下至上 11#～13# 应变测点→底钢板波谷 3# 应变测点→混凝土板侧面从下至上 14#～16# 应变测点→混凝土顶

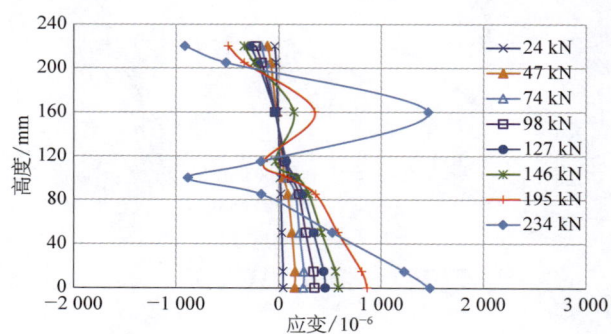

图 10-38 试件 FP3-1 荷载-跨中正截面应变分布曲线

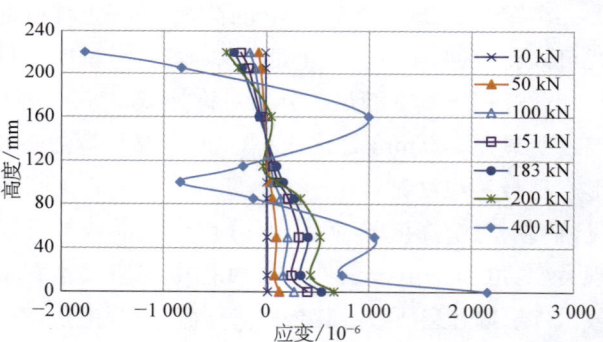

图 10-39 试件 FP3-2 荷载-跨中正截面应变分布曲线

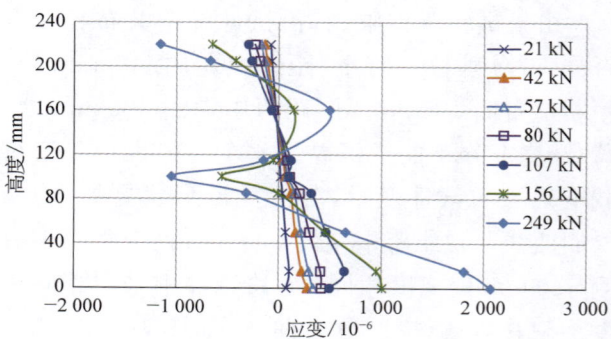

图 10-40 试件 FP4-1 荷载-跨中正截面应变分布曲线

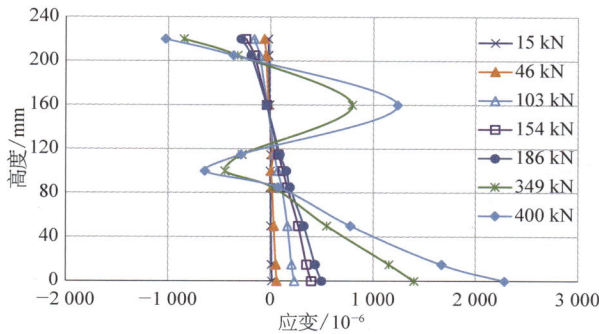

图10-41 试件FP4-2荷载-跨中正截面应变分布曲线

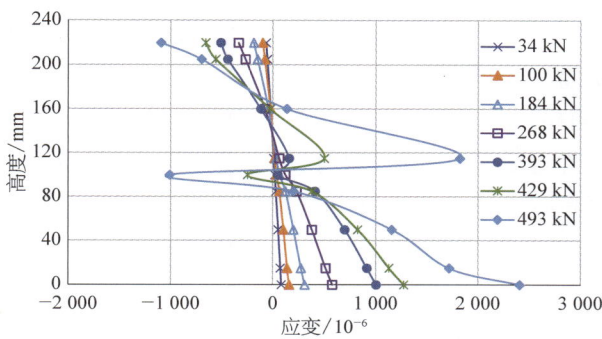

图10-42 试件FP5-1荷载-跨中正截面应变分布曲线

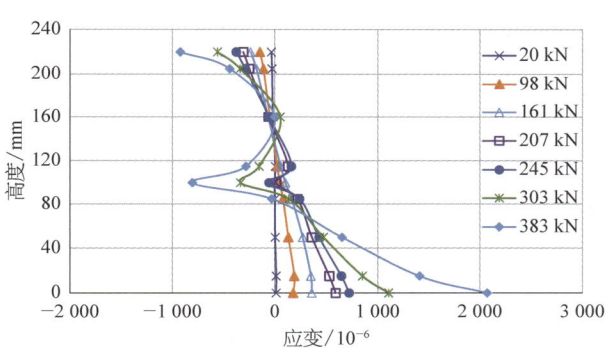

图10-43 试件FP5-2荷载-跨中正截面应变分布曲线

面18♯应变测点。

由图10-38~图10-43可见,6个试件的荷载-跨中正截面应变分布曲线规律相近:荷载水平较低时,9个沿高度分布的测点应变曲线基本为一条直线,下部受拉、上部受压,满足平截面假定;随着荷载的增大,平截面假定不再适用,由于混凝土与底钢板滑移量较大,混凝土板与底钢板呈现出各自受力的应变曲线形式;当荷载接近极限荷载时,各试件应变曲线均出现了突变,可能是由于跨中附近混凝土开裂、试件出现不同位置的局部翘曲引起的,如图10-44、图10-45所示。

图10-44 试件跨中附近波折板翘曲

图10-45 试件跨中混凝土开裂

2) 荷载-混凝土顶面应变曲线

各试件荷载-混凝土顶面应变曲线采用相同刻度绘制,如图10-46~图10-51所示,图中各测点编号具体位置如图10-5所示。其中,试件FP3-1、FP3-2、FP4-1由于应变片问题未读出卸载后应变值,试件FP3-2由于跨中混凝土顶部开裂未读出屈服后应变数据,试件FP4-1的21♯应变测点加载过程因损坏无读数。

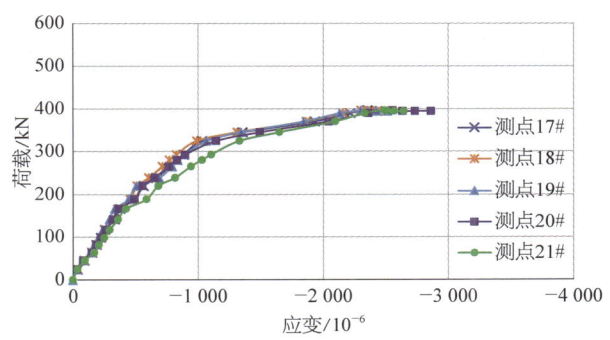

图10-46 试件FP3-1的荷载-混凝土顶面应变分布曲线

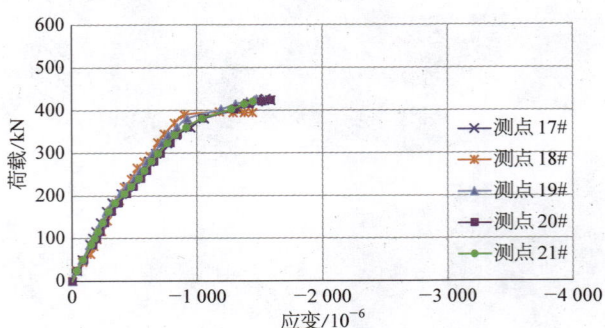

图 10-47 试件 FP3-2 的荷载-混凝土顶面应变分布曲线

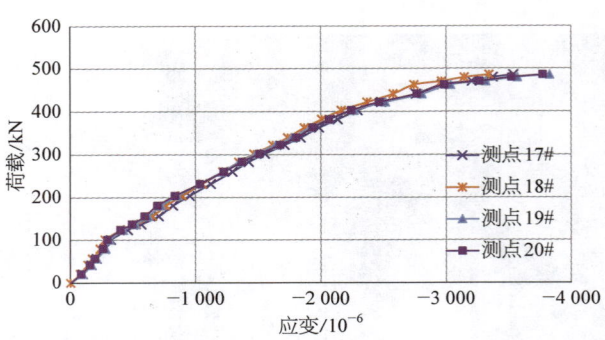

图 10-48 试件 FP4-1 的荷载-混凝土顶面应变分布曲线

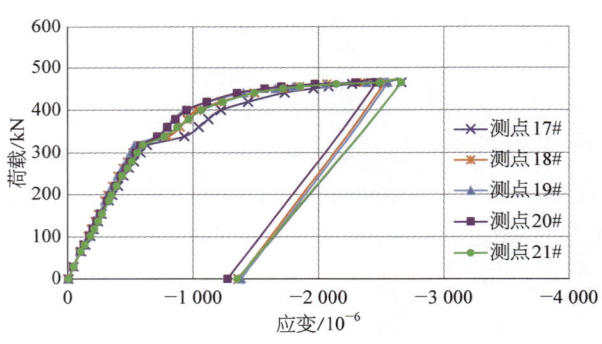

图 10-49 试件 FP4-2 的荷载-混凝土顶面应变分布曲线

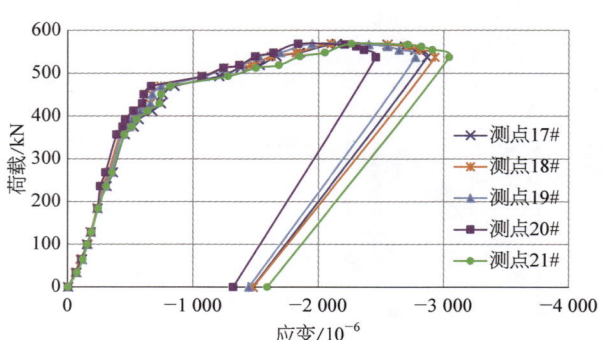

图 10-50 试件 FP5-1 的荷载-混凝土顶面应变分布曲线

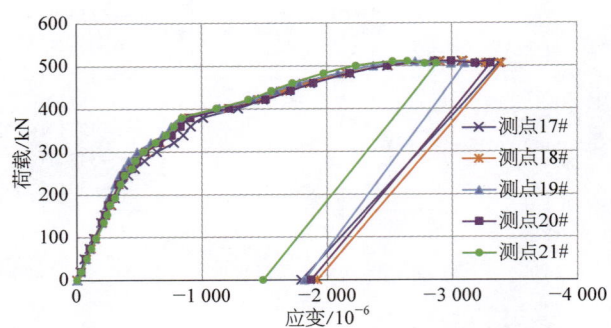

图 10-51 试件 FP5-2 的荷载-混凝土顶面应变分布曲线

由图 10-46～图 10-51 可见，各试件混凝土顶面 5 个测点的应变曲线基本重合，符合试验过程中混凝土横向应变分布均匀的力学原理，说明试验测试结果可信；同时，6 个试件的荷载-混凝土顶面应变分布曲线规律与荷载-跨中挠度曲线规律一致，此处不再赘述。

3) 荷载-底钢板应变曲线

(1) 荷载-底钢板纵向应变曲线。

试件荷载-底钢板纵向应变曲线采用相同刻度绘制，如图 10-52～图 10-57 所示。

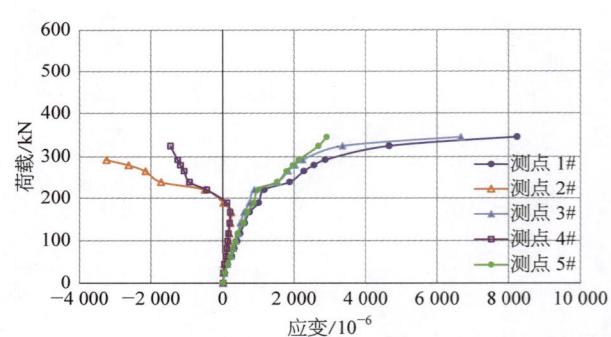

图 10-52 试件 FP3-1 的荷载-底钢板纵向应变曲线

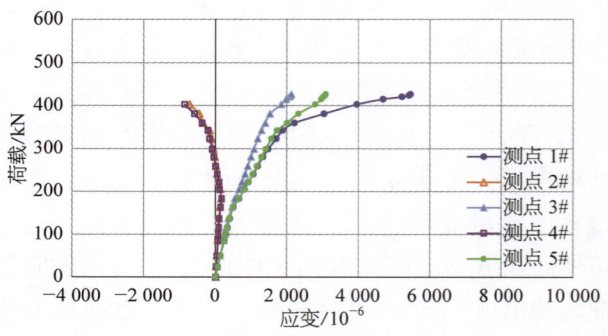

图 10-53 试件 FP3-2 的荷载-底钢板纵向应变曲线

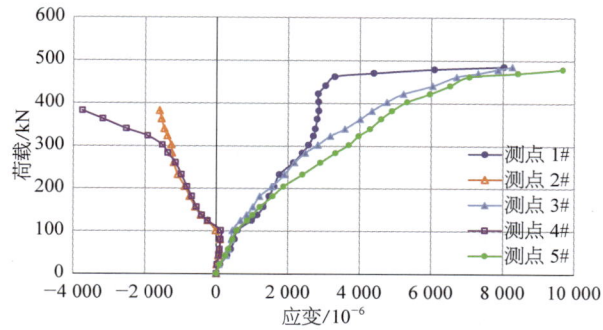

图 10-54 试件 FP4-1 的荷载-底钢板纵向应变曲线

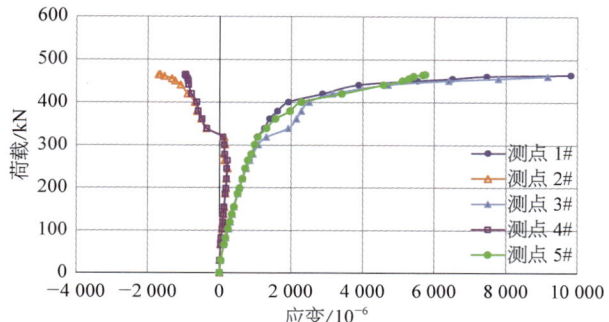

图 10-55 试件 FP4-2 的荷载-底钢板纵向应变曲线

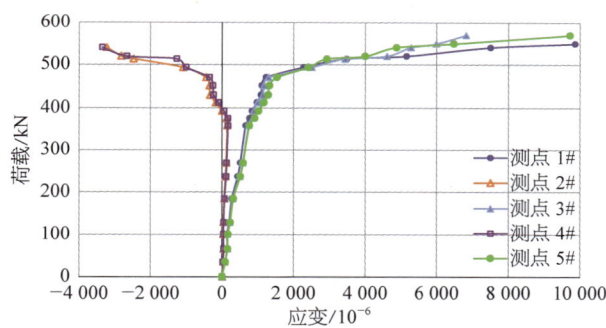

图 10-56 试件 FP5-1 的荷载-底钢板纵向应变曲线

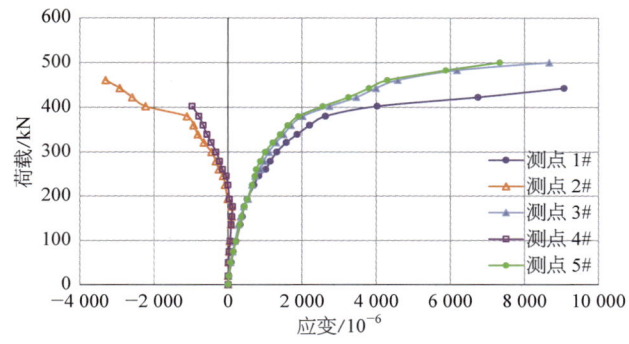

图 10-57 试件 FP5-2 的荷载-底钢板纵向应变曲线

加拉应变经历了弹性阶段、屈服阶段直至破坏的过程，其应变分布曲线与跨中挠度曲线规律基本一致。

图中分布在曲线左侧的测点 2#、4# 为波折底钢板波谷处 2 个纵向应变测点（图 10-3），由图分析可知：①荷载较小时，中性轴位于波折板以上混凝土内，波折底钢板在波谷位置首先受拉，其变形与波峰位置变形基本一致；②随着荷载的增加，混凝土受压区高度不断增大，试件中性轴向下移动，移至波折底钢板波峰与波谷之间，此时波谷处应变由拉应变转换为压应变。

(2) 荷载-底钢板横向应变曲线。

试件荷载-底钢板横向应变曲线采用相同刻度绘制，如图 10-58～图 10-63 所示。

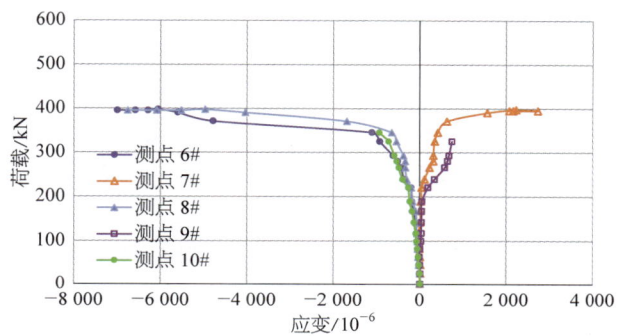

图 10-58 试件 FP3-1 的荷载-底钢板横向应变曲线

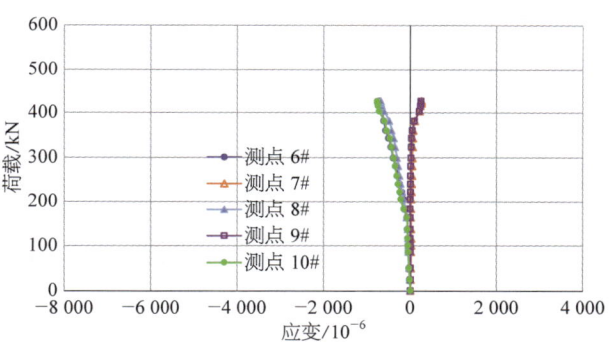

图 10-59 试件 FP3-2 的荷载-底钢板横向应变曲线

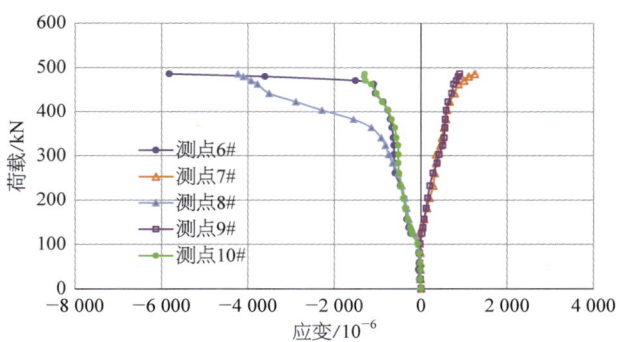

图 10-60 试件 FP4-1 的荷载-底钢板横向应变曲线

图中分布在曲线右侧的测点 1#、3#、5# 为波折底钢板波峰处 3 个纵向应变测点（图 10-3），分析可知：波折底钢板在波峰位置受拉，且随着荷载的增

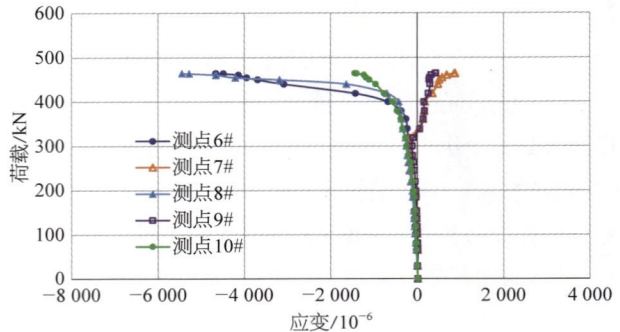

图 10-61　试件 FP4-2 的荷载-底钢板横向应变曲线

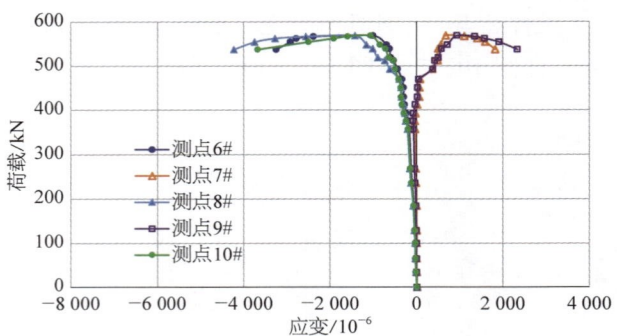

图 10-62　试件 FP5-1 的荷载-底钢板横向应变曲线

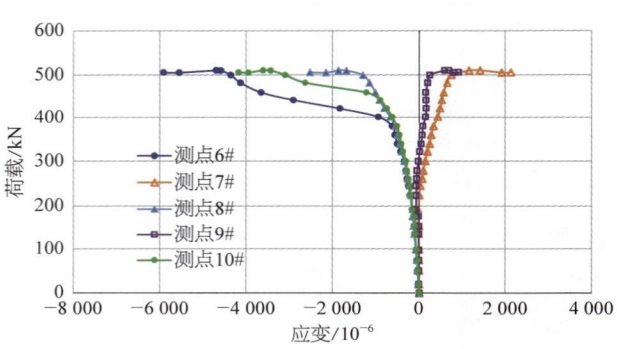

图 10-63　试件 FP5-2 的荷载-底钢板横向应变曲线

图中分布在曲线左侧的测点 6♯、8♯、10♯ 为波折底钢板波峰处 3 个横向应变测点（图 10-3），分析可知：①波折底钢板在波峰位置纵向受拉，由于材料泊松比的影响，荷载较小时，波峰位置测点横向有较小的压应变；②随着荷载的增大，波折底钢板波峰位置进入屈服阶段，横向压应变呈非线性增大。

图中分布在曲线右侧的测点 7♯、9♯ 为波折底钢板腹板中部 2 个横向应变测点（图 10-3），由图分析可知：①荷载较小时，中性轴位于波折底钢板以上混凝土内，波折底钢板在腹板位置首先纵向受拉，其横向变形与波峰位置变形基本一致，体现为较小

的压应变；②随着荷载的增加，混凝土受压区高度不断增大，试件中性轴向下移动，移至组合板腹板中部以下，此时腹板处横向应变由压应变转换为拉应变。

4）荷载-滑移曲线

荷载-滑移曲线如图 10-64～图 10-69 所示，6 块组合板试件均采用相同刻度绘制。

由于试验设备条件限制，沿试件纵向共布置 4 个滑移测点，无跨中滑移测点（图 10-6），为使荷载-滑移曲线更合理，绘图时增加跨中滑移测点，由于试件对称且加载对称，假定跨中滑移量为零绘制荷载-滑移曲线。

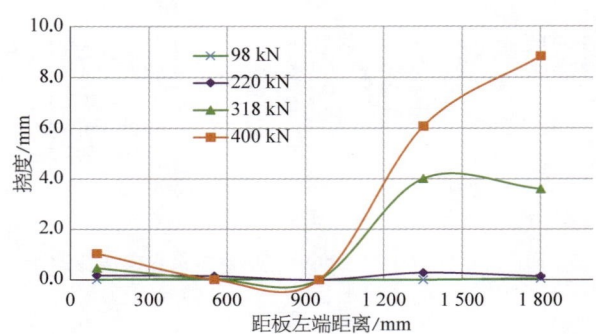

图 10-64　试件 FP3-1 的荷载-滑移曲线

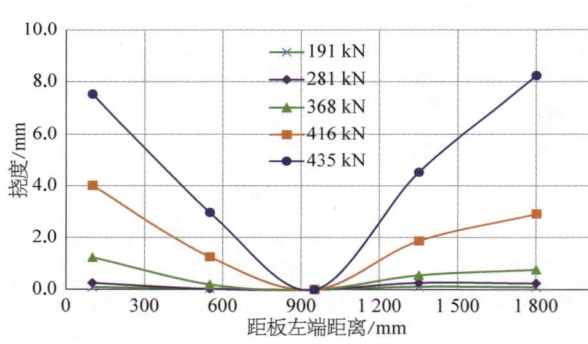

图 10-65　试件 FP3-2 的荷载-滑移曲线

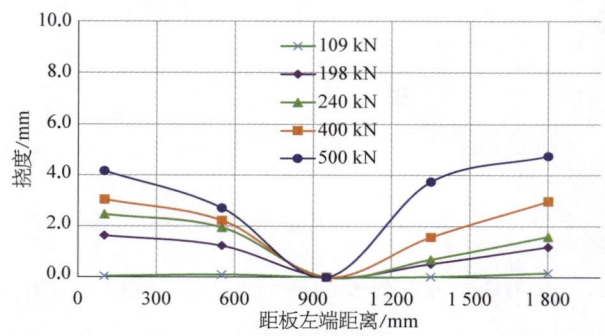

图 10-66　试件 FP4-1 的荷载-滑移曲线

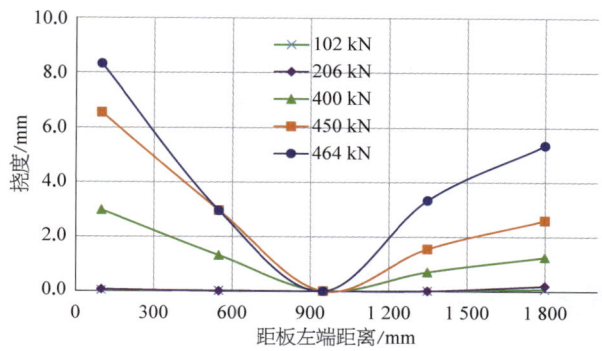

图 10-67　试件 FP4-2 的荷载-滑移曲线

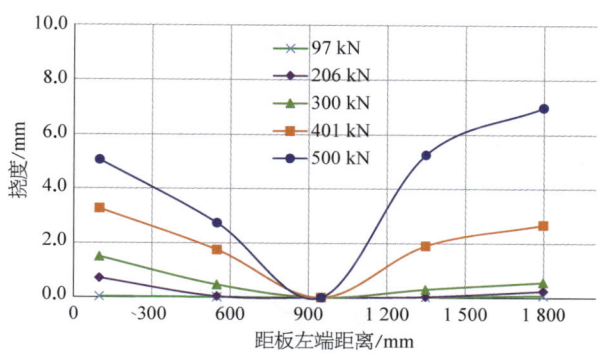

图 10-69　试件 FP5-2 的荷载-滑移曲线

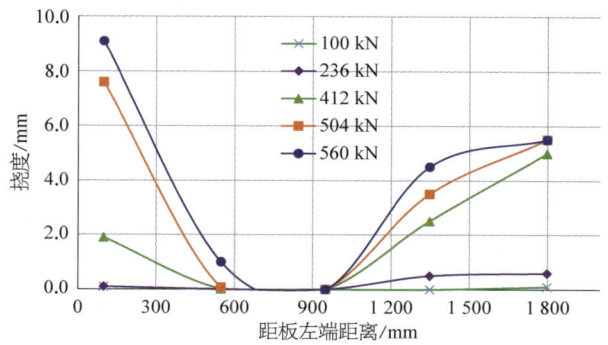

图 10-68　试件 FP5-1 的荷载-滑移曲线

由图 10-64～图 10-69 可见：①加载初期各测点的相对滑移量均较小，随着荷载的增大从跨中到板端滑移量均增大；②试件滑移量沿纵向大致呈跨中小、板端大的趋势分布；③由于试验过程中材料、加工、加载等多方面因素的影响，测试结果存在一定离散性，同种试件在相同荷载等级下滑移量有区别，但规律一致。

5）荷载-裂缝情况

试验过程记录的各试件裂缝发展情况见表 10-14。

表 10-14　波折型钢-混凝土组合桥面板裂缝发展情况记录表

试件编号		FP3-1	FP3-2	FP4-1	FP4-2	FP5-1	FP5-2
初始状态描述		无裂缝	无裂缝	无裂缝	无裂缝	无裂缝	无裂缝
开裂荷载/t		14.5	17.1	7.7	20.6	4.6	16.9
初始裂缝	宽度/mm	0.04	0.02	0.04	0.08	—	0.02
	长度/mm	67	51	42	62	—	74
过程记录裂缝	荷载/t	20.3	23	7.7	20.6	9.7	32.6
	宽度/mm	0.15	0.12	0.08	0.08	0.10	0.25
	长度/mm	57	77	70	62	46	110
极限荷载/t		40.4	43.4	52.2	47.2	57.6	51.8
最宽裂缝	宽度/mm	0.85	0.35	1.5	0.85	—	0.85
	长度/mm	120	100	122	103	—	108

各试件裂缝发展顺序及分布如图 10-70～图 10-75 所示。

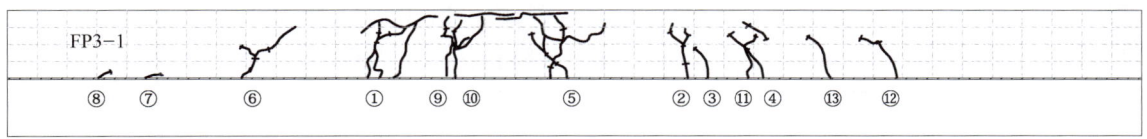

图 10-70　试件 FP3-1 的裂缝发展顺序及分布图

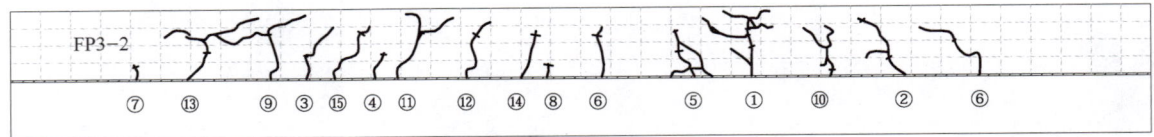

图 10-71　试件 FP3-2 的裂缝发展顺序及分布图

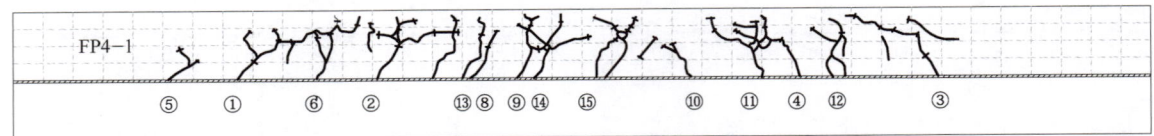

图 10-72　试件 FP4-1 的裂缝发展顺序及分布图

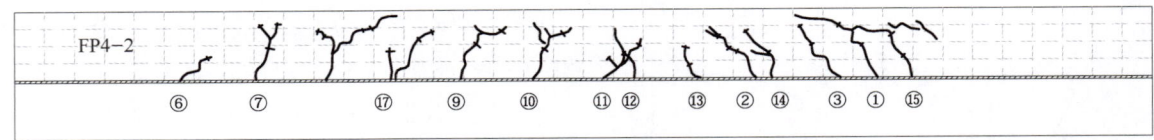

图 10-73　试件 FP4-2 的裂缝发展顺序及分布图

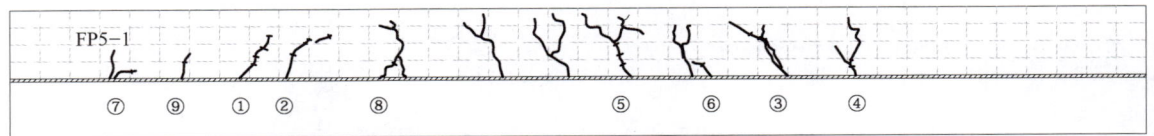

图 10-74　试件 FP5-1 的裂缝发展顺序及分布图

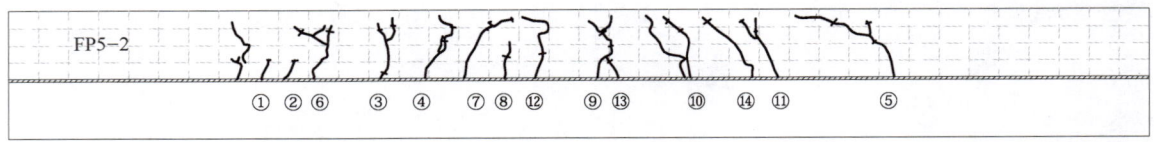

图 10-75　试件 FP5-2 的裂缝发展顺序及分布图

从图 10-70～图 10-75 可以看出：①6 块弯曲破坏试件的裂缝主要集中在加载点附近和跨中纯弯段，在靠近支座的剪跨段混凝土侧面出现少数裂缝；②前期裂缝长度发展较快，裂缝宽度发展缓慢，后期裂缝长度发展较慢，裂缝宽度发展较快；③试验试件仅板厚这一参数不同，通过裂缝分布图可以看出，波折底钢板板厚由 3 mm 增大到 5 mm 后，开裂情况相似，裂缝数量并未明显减少。

10.1.4　有限元分析

10.1.4.1　计算模型

1）模型参数

为验证试验结果的可靠性，采用有限元软件 ANSYS 建立波折型钢-混凝土组合桥面板的空间分析模型，对模型进行三维非线性空间力学研究。在单元类型的选择上，混凝土采用 8 节点的三维实体单元 SOLID65，该单元具有拉裂和压碎的功能，尤其对混凝土底板的开裂模拟更为准确，如图 10-76 所示；钢板采用 4 节点的三维塑性大应变壳单元 SHELL43，该单元具有塑性、蠕变、应力刚化、大变形和大应变的特性，如图 10-77 所示；贯穿钢筋、分布钢筋均采用 SOLID65 单元的实常数方式输入，经对比，该方法针对考虑开裂的非线性计算具有更好的收敛性，实常数规定如图 10-78 所示。

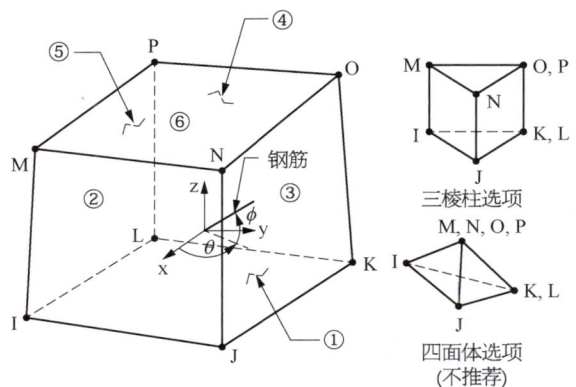

图 10-76 SOLID65 单元特性

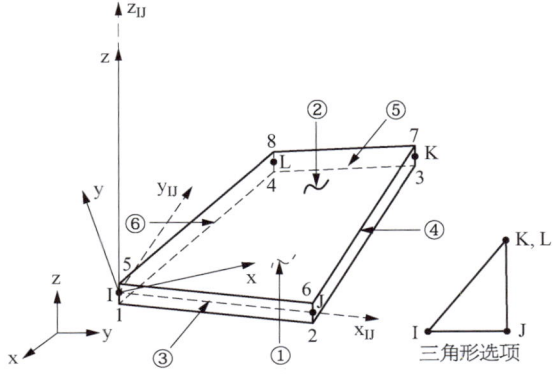

图 10-77 SHELL43 单元特性

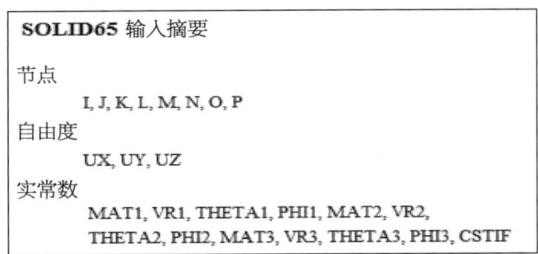

图 10-78 SOLID65 钢筋实常数

ANSYS 中混凝土和钢板的材料参数的选取与材料试验的结果保持一致,混凝土的本构模型采用塑性损伤本构关系模型,如图 10-79 所示,该模型用于单向加载、循环加载及动态加载等情况,具有较好的收敛性;钢板和钢筋均采用理想的弹性-线性强化本构模型,如图 10-80 所示。

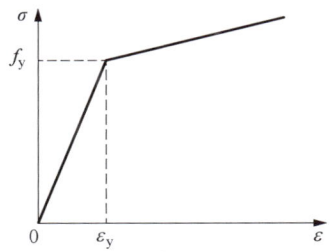

图 10-80 钢材弹性-线性强化本构模型

ANSYS 有限元模型如图 10-81 所示,模型采用两点(3 分点)对称集中加载方式,为防止加载过程中板上加载面及支座出现应力集中,试验时在加载处和支座处设置钢垫片,以增加接触面积和刚度,加载模型如图 10-82 所示。

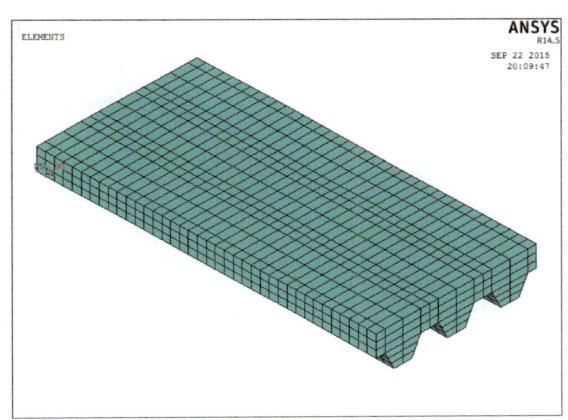

图 10-81 有限元模型

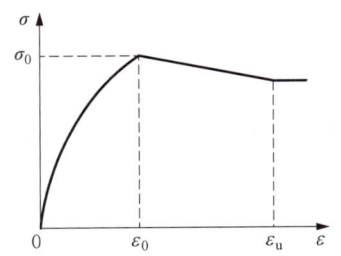

图 10-79 混凝土塑性损伤模型

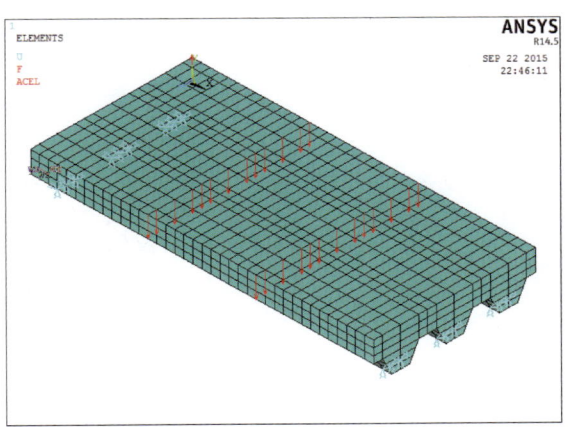

图 10-82 3 分点加载模型

2) 有限元分析思路

(1) 试验方案确定阶段,为初步对各试件的试验过程进行规划,模型试验前采用无滑移模型进行有限元分析,近似计算其极限承载力及最大位移。

(2) 试验完成后,经总结发现,在发生破坏时,正弯矩作用下的 6 块试件全部是因为发生贯通滑移裂缝导致结构破坏,并不是因为混凝土的压溃破坏。因此控制混凝土开裂及滑移裂缝的发展极其重要,为更精确地与各试件试验结果进行对比,对于正弯矩作用下的模型,还需模拟底钢板与混凝土之间的滑移。

本节建立两种滑移模型:

(1) 自由滑移模型,该模型假定底钢板与混凝土板之间仅有竖向支撑,水平方向无约束,以此模型模拟当底钢板与混凝土板之间完全无剪力键时的情况;

(2) 非线性滑移模型,该模型假定底钢板与混凝土板之间有水平方向的滑移约束,该约束主要由马蹄形钢筋剪力键产生,加载初期约束较大,底钢板与混凝土板之间无滑移,随着荷载的增大,滑移量越来越大。

10.1.4.2 波折底钢板与混凝土无滑移模型

波折型钢-混凝土组合桥面板无滑移模型采用耦合方式连接波折底钢板与混凝土板,忽略滑移,各试件峰值荷载、挠度的有限元计算值与试验值对比结果见表 10-15。$P_{u\text{-}wl\text{-}oh}$ 表示有限元不考虑混凝土开裂的无滑移模型计算得到的极限承载力,$P_{u\text{-}kl\text{-}oh}$ 表示考虑混凝土开裂的无滑移模型计算得到的极限承载力,$P_{y\text{-}wl\text{-}oh}$ 表示有限元不考虑混凝土开裂的无滑移模型计算得到的屈服荷载,$P_{y\text{-}kl\text{-}oh}$ 表示考虑混凝土开裂的无滑移模型计算得到的屈服荷载,$P_{u\text{-}exp}$ 表示模型试验得到的极限承载力,$P_{y\text{-}exp}$ 表示模型试验得到的屈服荷载。

表 10-15 有限元无滑移模型分析与试验结果比较

编号	$P_{u\text{-}wl\text{-}oh}$/t	$P_{u\text{-}kl\text{-}oh}$/t	$P_{u\text{-}exp}$/t	$P_{u\text{-}wl\text{-}oh}/P_{u\text{-}exp}$	$P_{u\text{-}kl\text{-}oh}/P_{u\text{-}exp}$	$P_{u\text{-}wl\text{-}oh}/P_{u\text{-}kl\text{-}oh}$	$P_{y\text{-}wl\text{-}oh}$/t	$P_{y\text{-}kl\text{-}oh}$/t	$P_{y\text{-}exp}$/t	$P_{y\text{-}wl\text{-}oh}/P_{y\text{-}exp}$	$P_{y\text{-}kl\text{-}oh}/P_{y\text{-}exp}$	$P_{y\text{-}wl\text{-}oh}/P_{y\text{-}kl\text{-}oh}$
FP3-1	156.03	107.68	39.67	3.93	2.71	1.45	82.81	84.08	22.03	3.76	3.82	0.98
FP3-2	156.03	107.68	42.68	3.66	2.52	1.45	82.81	84.08	32.32	2.56	2.60	0.98
FP4-1	167.15	128.97	48.50	3.45	2.66	1.30	81.12	89.41	13.70	5.92	6.53	0.91
FP4-2	167.15	128.97	46.40	3.60	2.78	1.30	81.12	89.41	30.05	2.70	2.98	0.91
FP5-1	175.79	145.16	56.89	3.09	2.55	1.21	80.98	96.95	35.78	2.26	2.71	0.84
FP5-2	175.79	145.16	51.07	3.44	2.84	1.21	80.98	96.95	24.52	3.30	3.95	0.84

各种钢-混凝土组合桥面板的无滑移模型荷载-跨中挠度曲线如图 10-83 所示,图中"WL-OH"代表不考虑混凝土开裂的无滑移模型,"KL-OH"代表考虑混凝土开裂的无滑移模型,主要计算结果如图 10-84~图 10-89 所示。

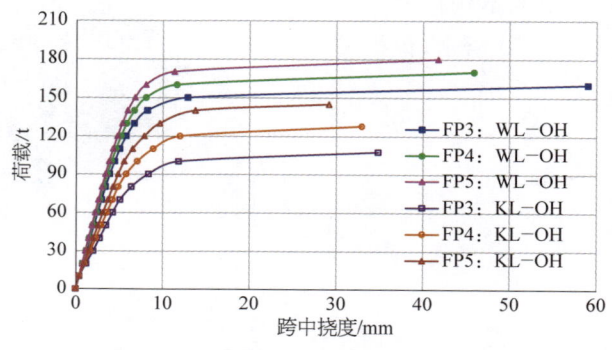

图 10-83 无滑移模型荷载-挠度曲线

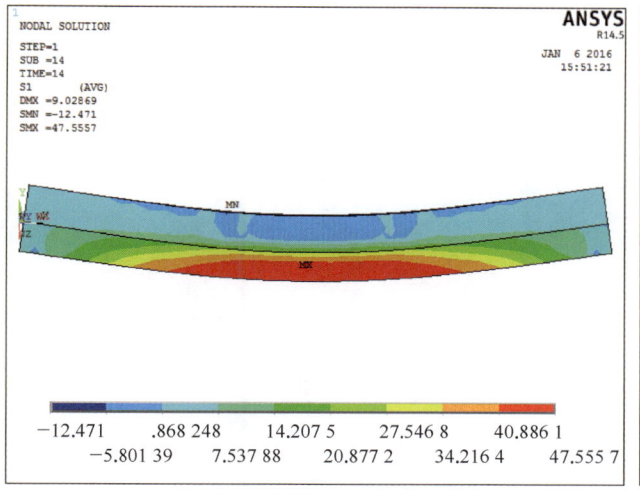 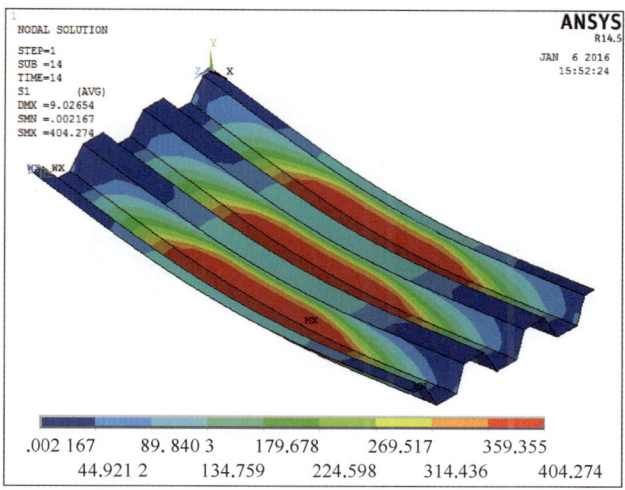

(a) 混凝土应力云图   (b) 波折底钢板应力云图

图 10-84   FP3：WL-OH 模型计算结果

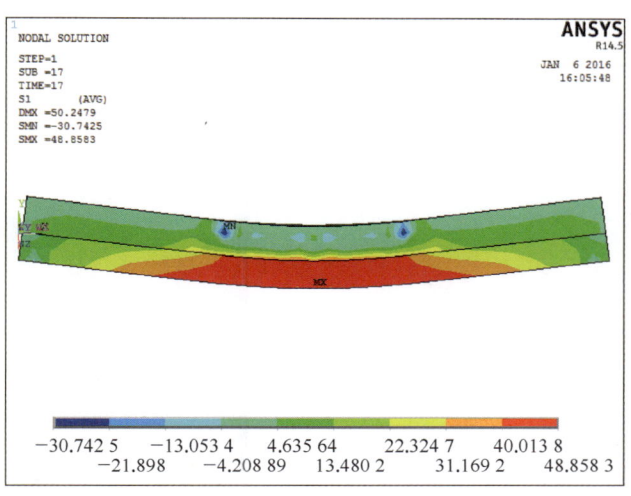 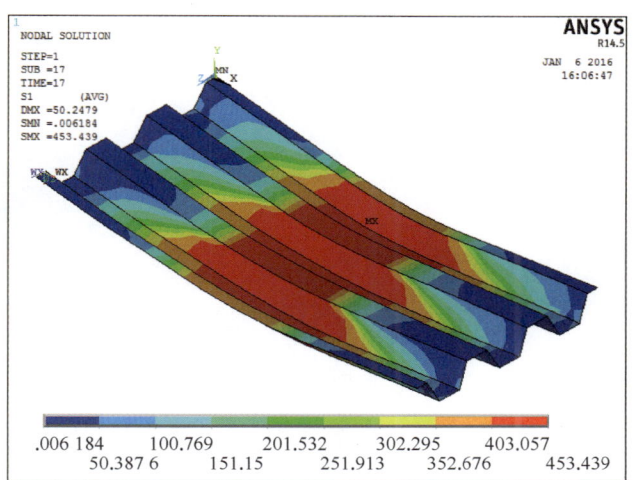

(a) 混凝土应力云图   (b) 波折底钢板应力云图

图 10-85   FP4：WL-OH 模型计算结果

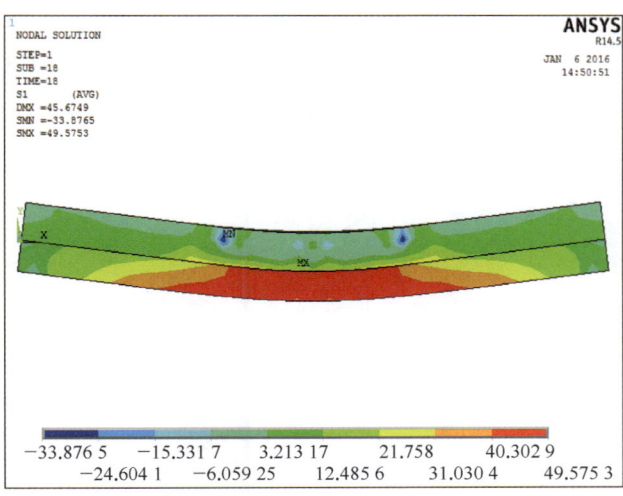 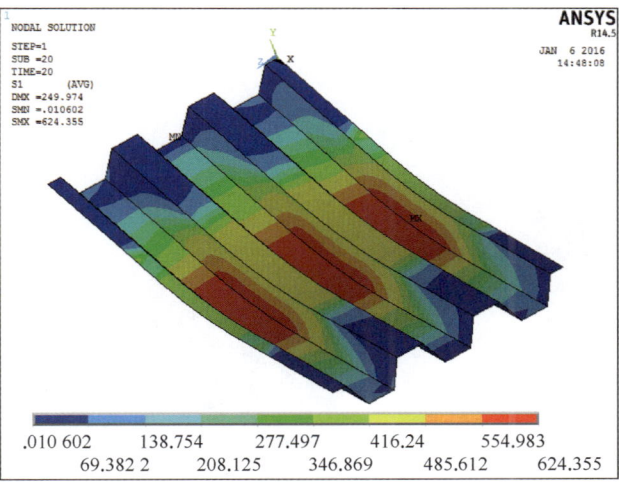

(a) 混凝土应力云图   (b) 波折底钢板应力云图

图 10-86   FP5：WL-OH 模型计算结果

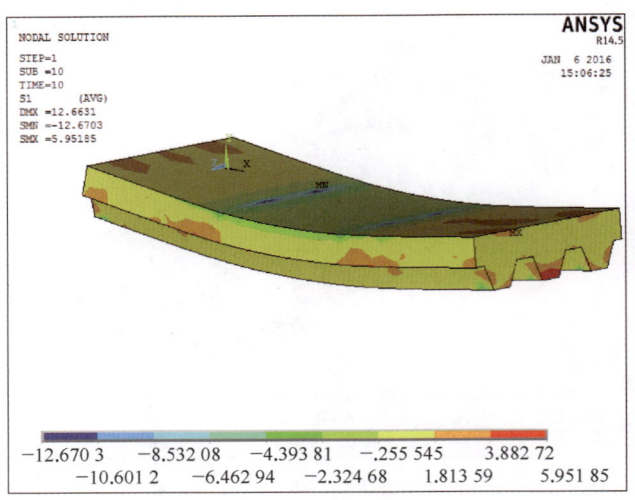

(a) 混凝土应力云图　　　　　　　　(b) 波折底钢板应力云图

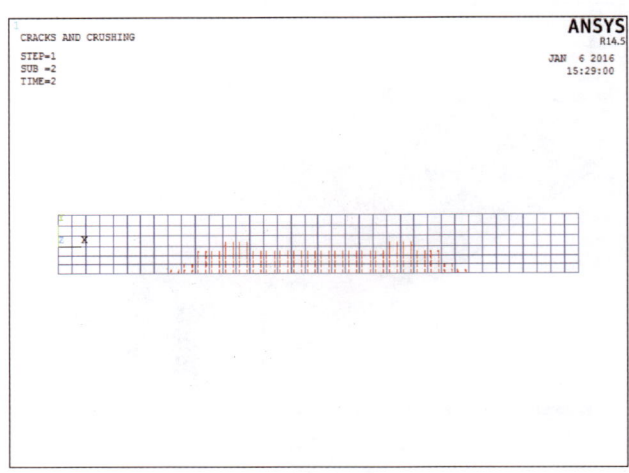
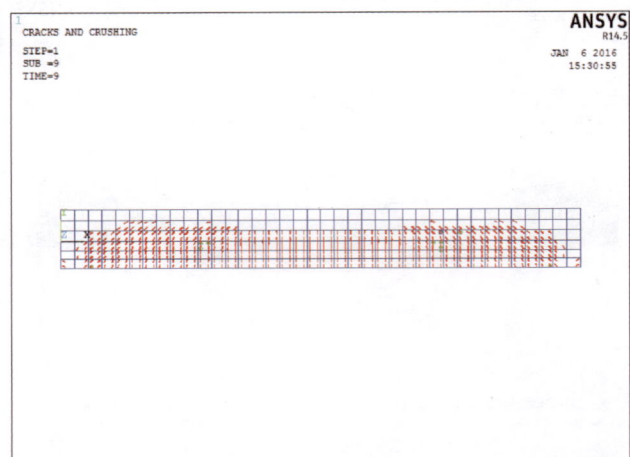

(c) 初始裂缝分布图　　　　　　　　(d) 极限荷载下裂缝分布图

图 10-87　FP3：KL-OH 模型计算结果

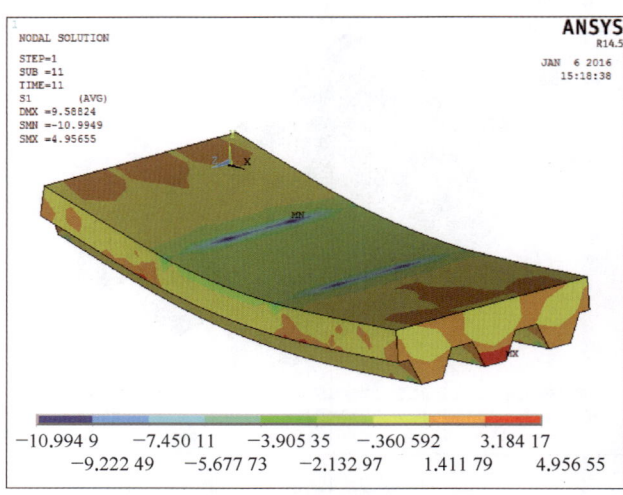
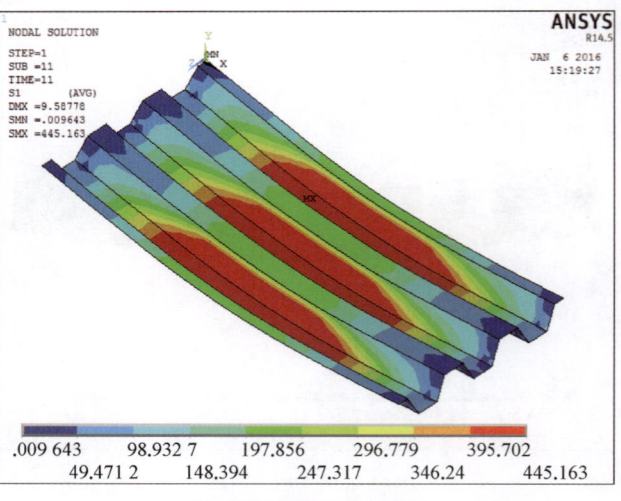

(a) 混凝土应力云图　　　　　　　　(b) 波折底钢板应力云图

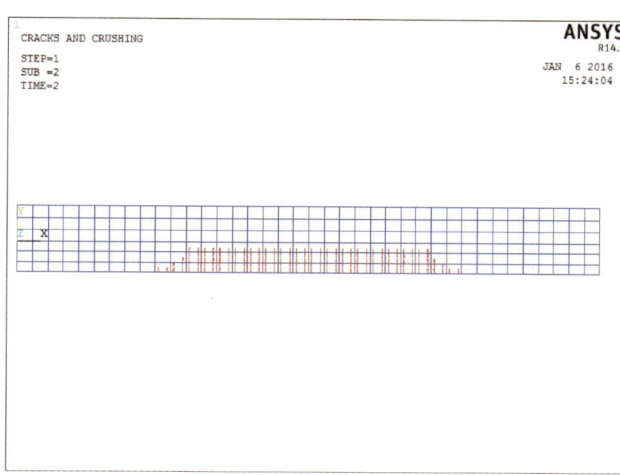
(c) 初始裂缝分布图

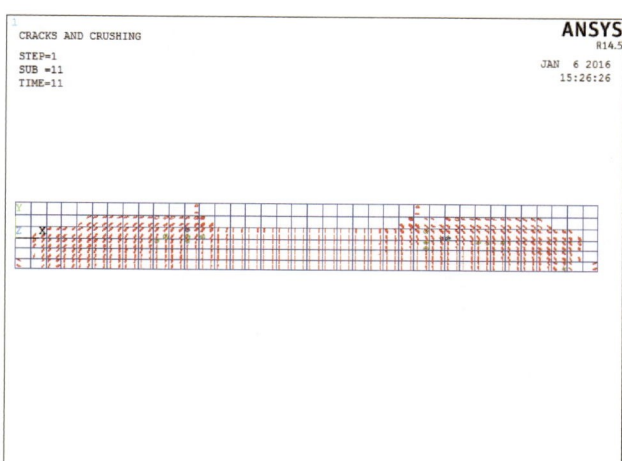
(d) 极限荷载下裂缝分布图

图 10 - 88　FP4：KL - OH 模型计算结果

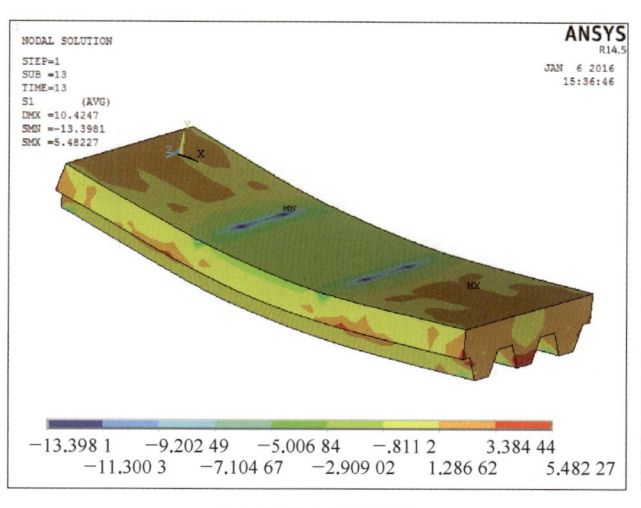
(a) 混凝土应力云图

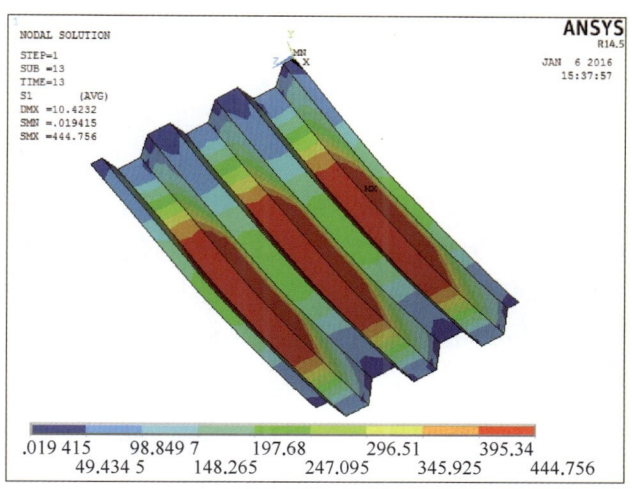
(b) 波折底钢板应力云图

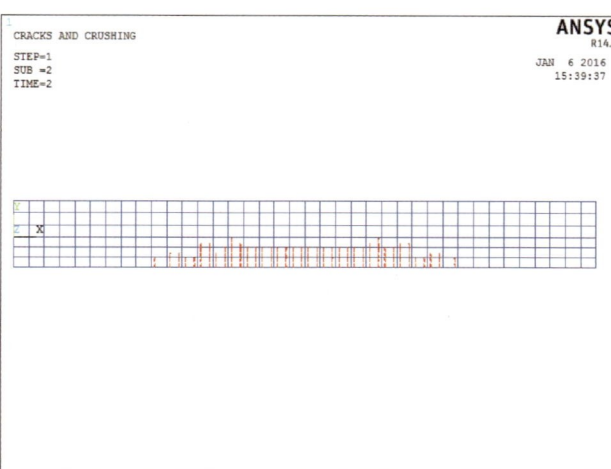
(c) 初始裂缝分布图

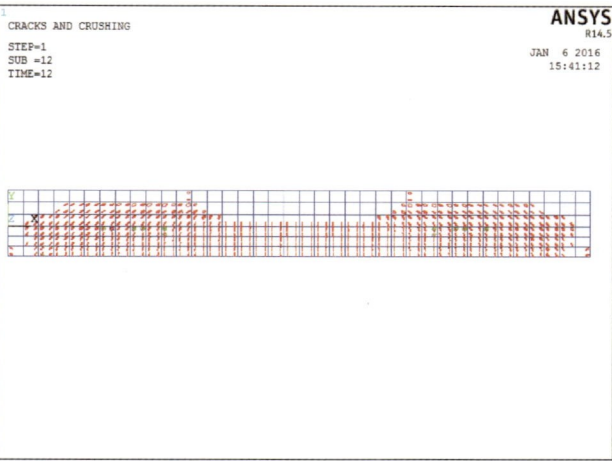
(d) 极限荷载下裂缝分布图

图 10 - 89　FP5：KL - OH 模型计算结果

由无滑移模型计算可知：①对于本节设计试件的无滑移计算模型，不考虑混凝土开裂时，其极限承载力为试验数据的3～4倍，其屈服荷载为试验数据的3倍左右；②对于本节设计试件的无滑移计算模型，考虑混凝土开裂时，其极限承载力为试验数据的2.5倍左右，其屈服荷载为试验数据的3倍左右；③不考虑滑移对模型极限荷载、屈服荷载计算产生的误差均很大，而同时不考虑混凝土开裂将导致极限荷载的计算误差进一步增大，对屈服荷载影响不大；④随着波折底钢板厚的增大，不考虑混凝土开裂的无滑移模型对极限承载力的误差降低，这是因为板厚增大将分担更多混凝土开裂后的应力。

10.1.4.3 波折底钢板与混凝土滑移模型

显然不考虑滑移的影响造成的模型计算误差较大，为更精确地与各试件试验结果进行对比，建立波折型钢-混凝土组合桥面板的滑移模型，具体在波折底钢板与混凝土板之间 x、y、z 方向建立 2 节点非线性弹簧单元 COMBIN39 模拟滑移，单元特性如图 10-90 所示。

为对比滑移对试件承载力的影响，以下分别建立了自由滑移、非线性滑移模型，其中，自由滑移模型认为沿模型水平面 x、z 方向弹簧刚度近似为零，弹簧单元仅提供竖向支撑；非线性滑移模型更真实地模拟实际滑移条件，即荷载较小时，滑移量近似为

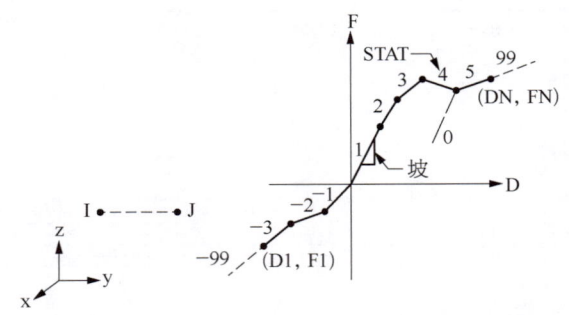

图 10-90 COMBIN39 单元特性

零，随着荷载的增大，滑移量不断增大，直至趋近于无穷大。

1) 自由滑移模型

波折型钢-混凝土组合桥面板自由滑移模型假定波折底钢板与混凝土板之间仅竖向接触，水平方向可自由滑移，各试件峰值荷载、挠度的有限元计算值与试验值对比结果见表 10-16。$P_{u\text{-wl-zh}}$ 表示有限元不考虑混凝土开裂的自由滑移模型计算得到的极限承载力，$P_{u\text{-kl-zh}}$ 表示考虑混凝土开裂的自由滑移模型计算得到的极限承载力，$P_{y\text{-wl-zh}}$ 表示有限元不考虑混凝土开裂的自由滑移模型计算得到的屈服荷载，$P_{y\text{-kl-zh}}$ 表示考虑混凝土开裂的自由滑移模型计算得到的屈服荷载，$P_{u\text{-exp}}$ 表示模型试验得到的极限承载力，$P_{y\text{-exp}}$ 表示模型试验得到的屈服荷载。

表 10-16 有限元自由滑移模型分析与试验结果比较

编号	$P_{u\text{-wl-zh}}/$t	$P_{u\text{-kl-zh}}/$t	$P_{u\text{-exp}}/$t	$P_{u\text{-wl-zh}}/P_{u\text{-exp}}$	$P_{u\text{-kl-zh}}/P_{u\text{-exp}}$	$P_{u\text{-wl-zh}}/P_{u\text{-kl-zh}}$	$P_{y\text{-wl-zh}}/$t	$P_{y\text{-kl-zh}}/$t	$P_{y\text{-exp}}/$t	$P_{y\text{-wl-zh}}/P_{y\text{-exp}}$	$P_{y\text{-kl-zh}}/P_{y\text{-exp}}$	$P_{y\text{-wl-zh}}/P_{y\text{-kl-zh}}$
FP3-1	103.14	33.42	39.67	2.60	0.84	3.09	90.83	31.28	22.03	4.12	1.42	2.90
FP3-2	103.14	33.42	42.68	2.42	0.78	3.09	90.83	21.28	32.32	2.81	0.97	2.90
FP4-1	106.42	36.81	48.50	2.19	0.76	2.89	93.13	33.71	13.70	6.80	2.46	2.76
FP4-2	106.42	36.81	46.40	2.29	0.79	2.89	93.13	33.71	30.05	3.10	1.12	2.76
FP5-1	110.37	40.23	56.89	1.94	0.71	2.74	96.70	36.29	35.78	2.70	1.01	2.66
FP5-2	110.37	40.23	51.07	2.16	0.79	2.74	96.70	36.29	24.52	3.94	1.48	2.66

各种钢-混凝土组合桥面板的自由滑移模型荷载-跨中挠度曲线如图 10-91 所示，图中"WL-ZH"代表不考虑混凝土开裂的自由滑移模型，"KL-ZH"代表考虑混凝土开裂的自由滑移模型，主要计算结果如图 10-92～图 10-97 所示。

由自由滑移模型计算可知：①对于本节设计试件的自由滑移计算模型，不考虑混凝土开裂时，其极限承载力为试验数据的 2～2.5 倍，其屈服荷载为试验数据的 3 倍左右；②对于本节设计试件的自由滑移计算模型，考虑混凝土开裂时，其极限承载力为试验数据的 0.8 倍左右，这是由于试验过程中底钢板与混凝土板之间并非无约束；③不考虑混凝土开裂对滑移模型极限荷载、屈服荷载计算产生的误差大于对无滑移模型产生的误差，因此组合板正弯矩作

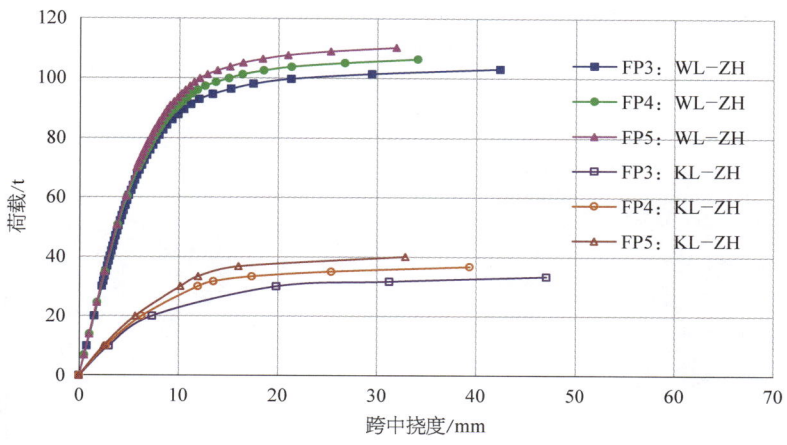

图 10-91　自由滑移模型荷载-挠度曲线

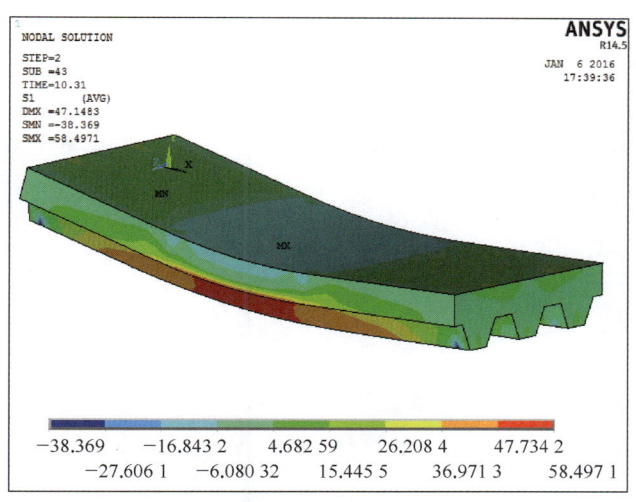

(a) 混凝土应力云图

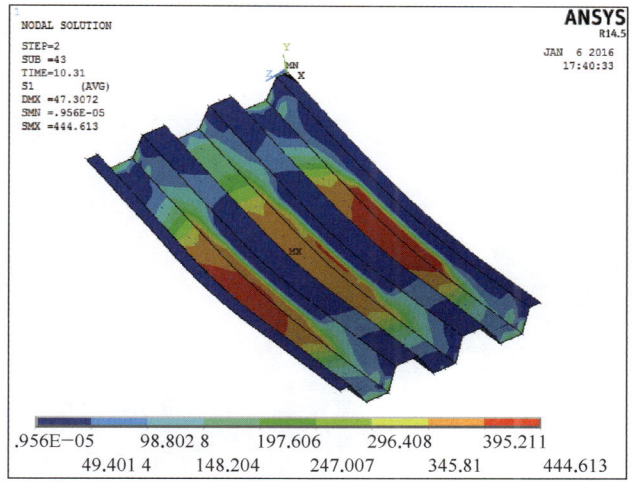

(b) 波折底钢板应力云图

图 10-92　FP3：WL-ZH 模型计算结果

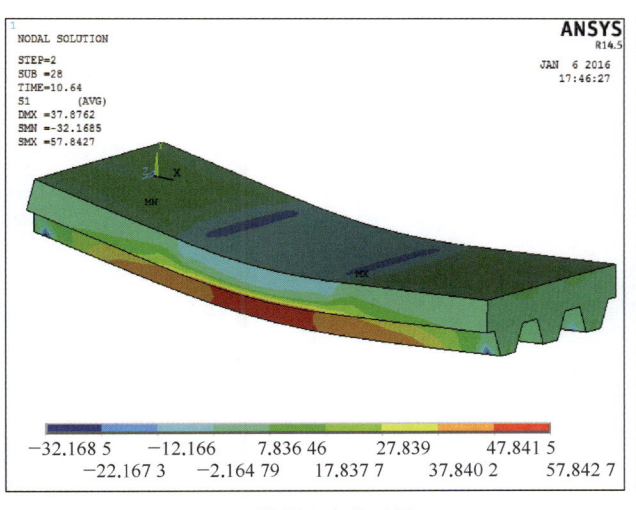

(a) 混凝土应力云图

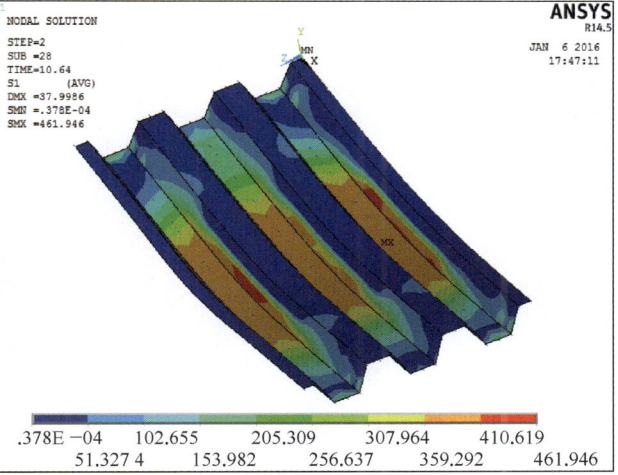

(b) 波折底钢板应力云图

图 10-93　FP4：WL-ZH 模型计算结果

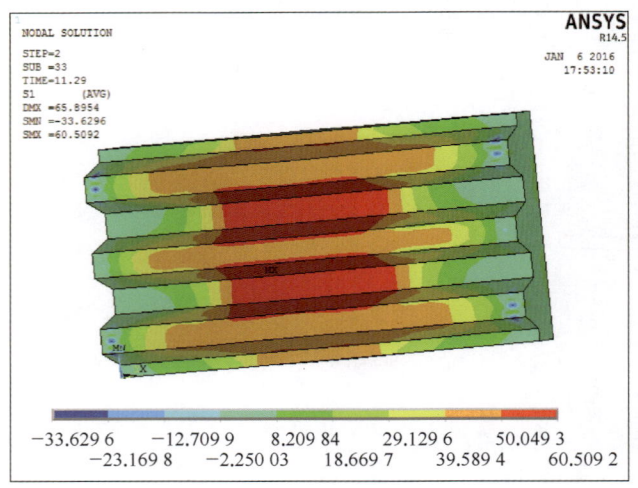

(a) 混凝土应力云图

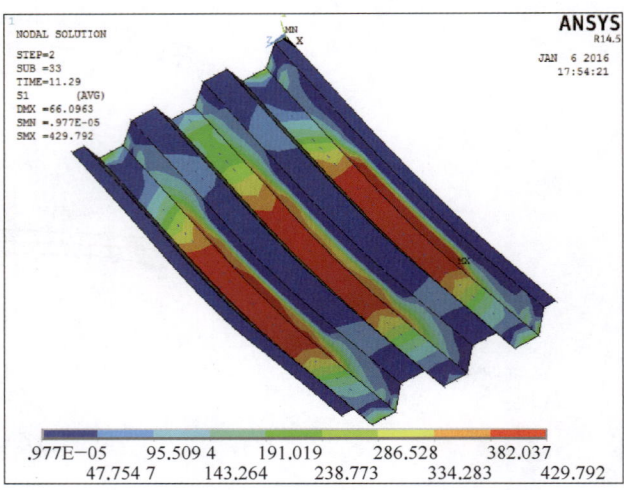

(b) 波折底钢板应力云图

图 10-94　FP5：WL-ZH 模型计算结果

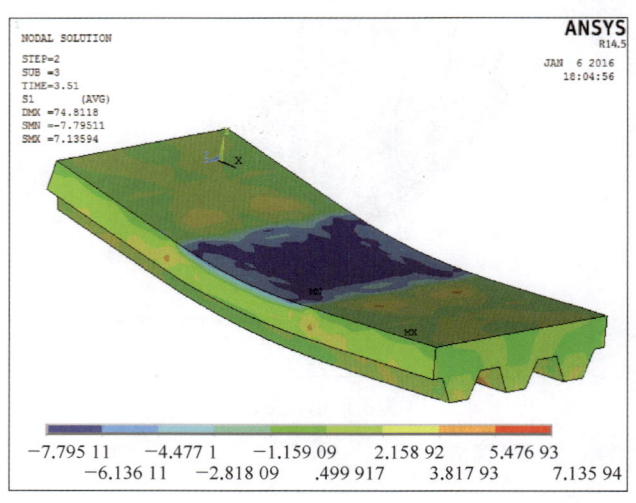

(a) 混凝土应力云图

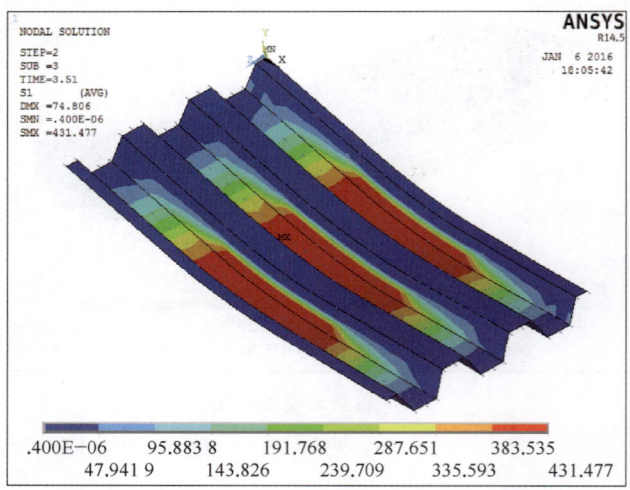

(b) 波折底钢板应力云图

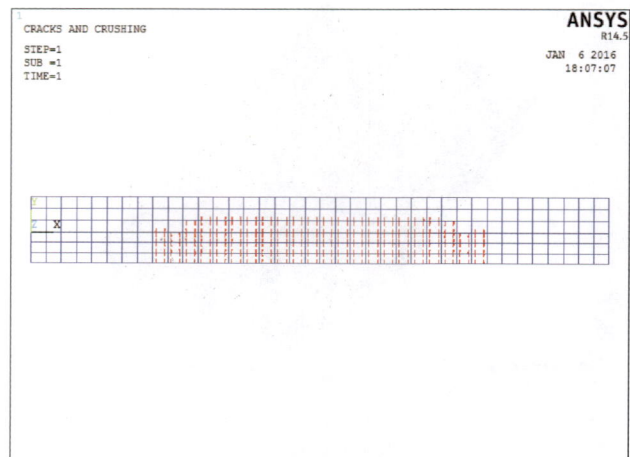

(c) 初始裂缝分布图

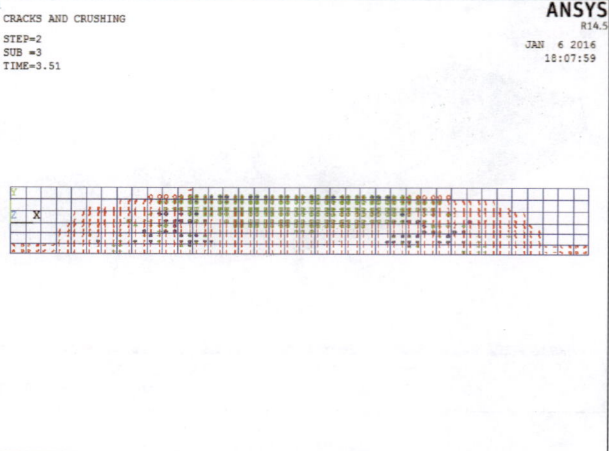

(d) 极限荷载下裂缝分布图

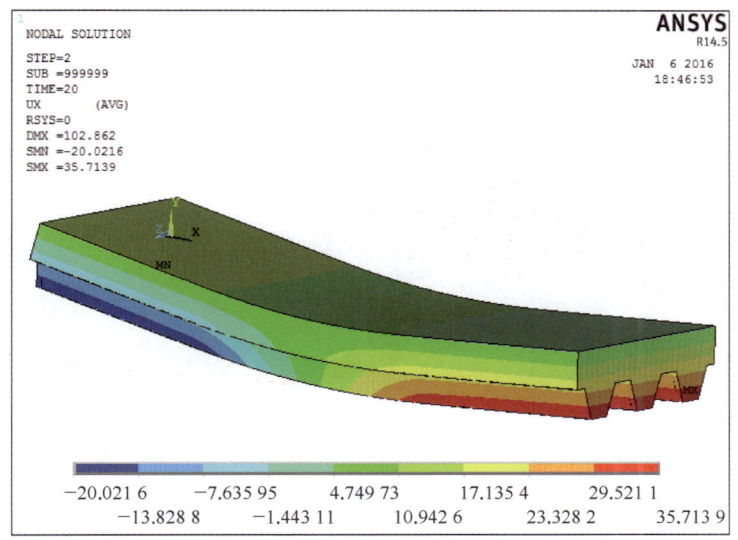

(e) 混凝土板纵向滑移量分布图

图 10-95 P3：KL-ZH 模型计算结果

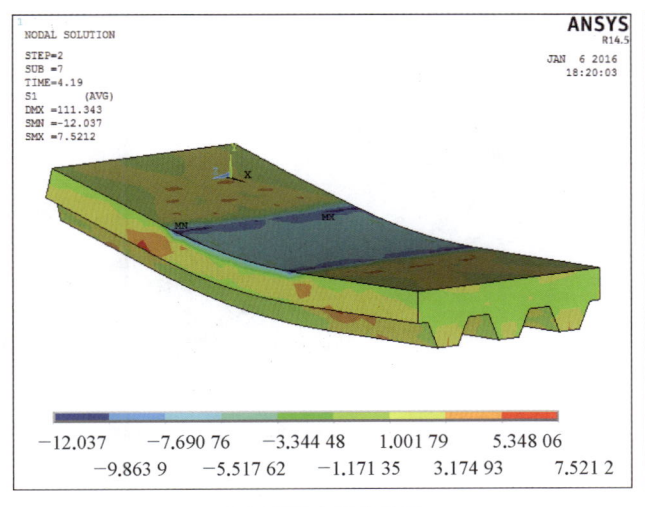

(a) 混凝土应力云图

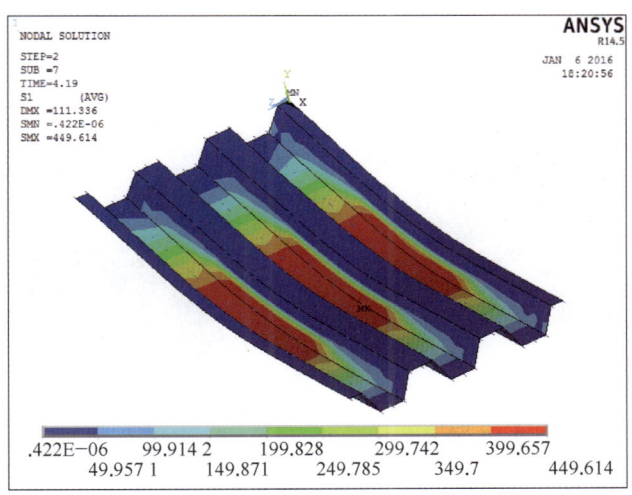

(b) 波折底钢板应力云图

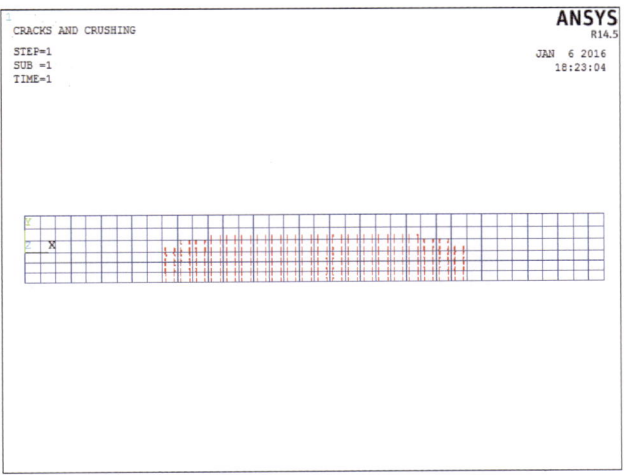

(c) 初始裂缝分布图

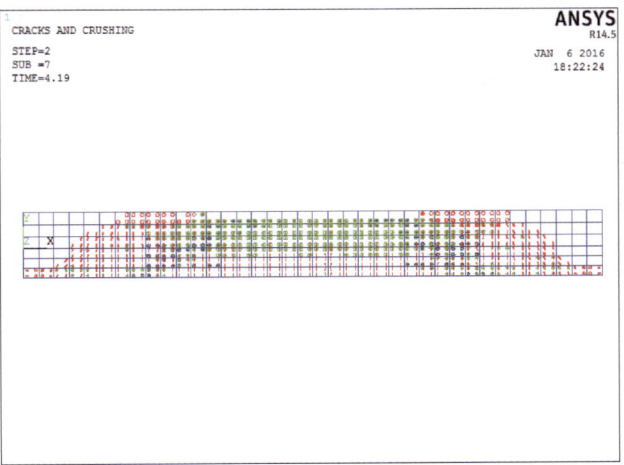

(d) 极限荷载下裂缝分布图

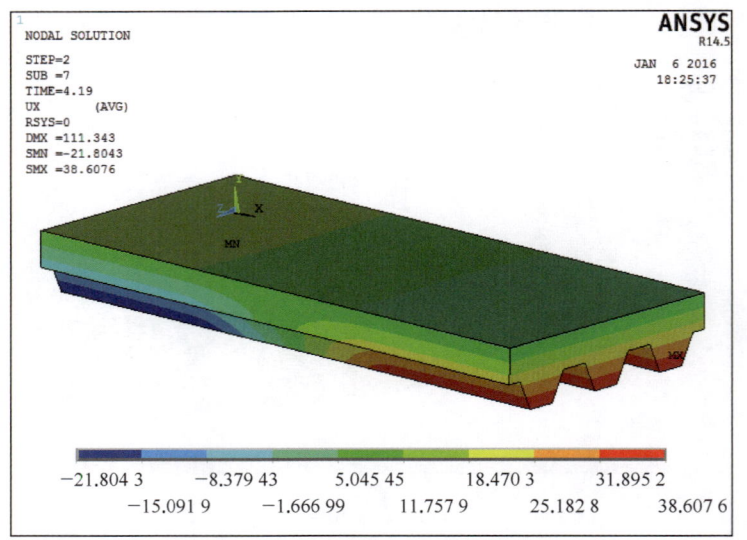

(e) 混凝土板纵向滑移量分布图

图 10 - 96　FP4：KL‑ZH 模型计算结果

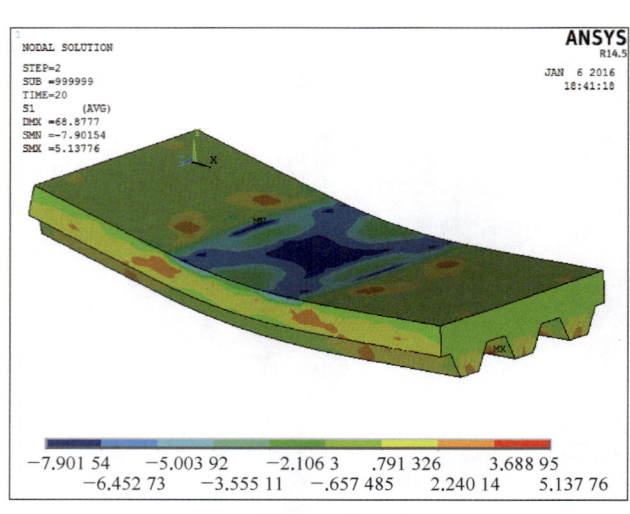

(a) 混凝土应力云图

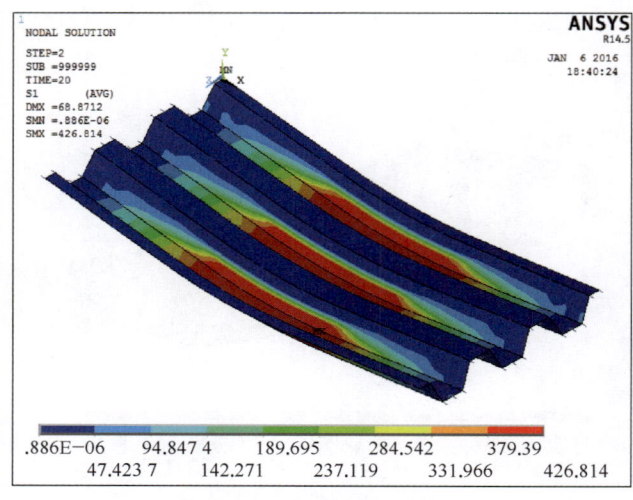

(b) 波折底钢板应力云图

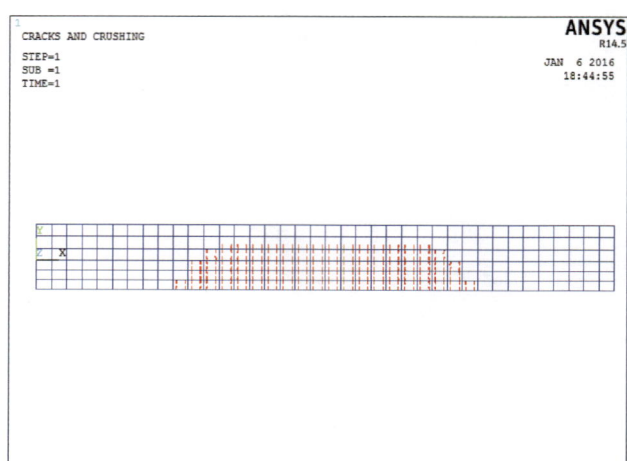

(c) 初始裂缝分布图

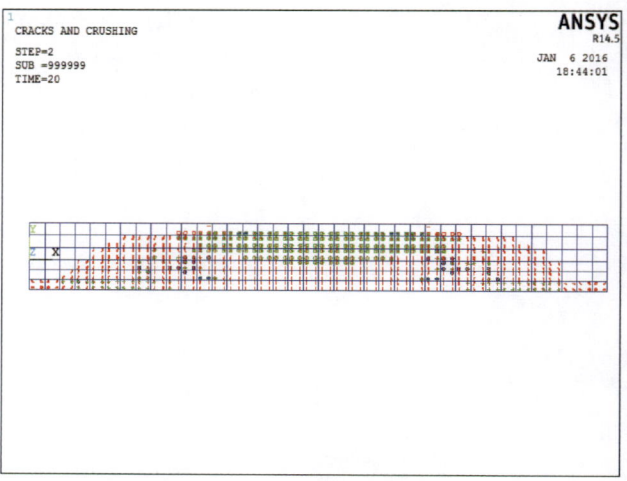

(d) 极限荷载下裂缝分布图

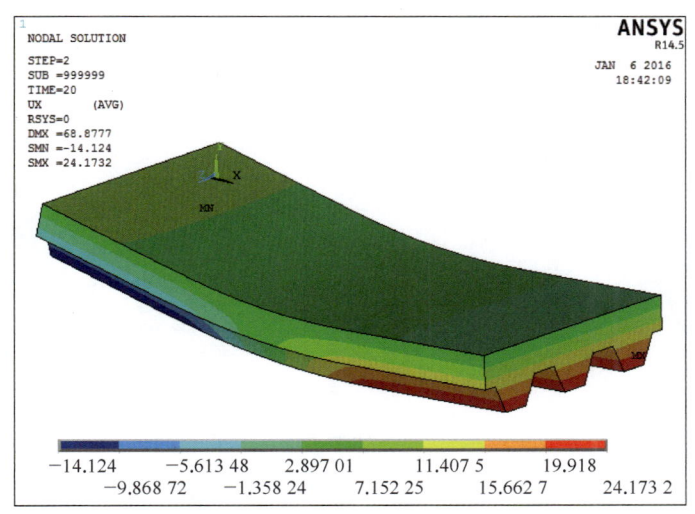

(e) 混凝土板纵向滑移量分布图

图 10-97 FP5：KL-ZH 模型计算结果

用下的承载力计算必须考虑混凝土开裂；④随着波折底钢板板厚的增大，波折型钢-混凝土组合板的承载力提高，不考虑开裂的自由滑移模型对极限承载力的误差降低，这是因为板厚增大将分担更多混凝土开裂后的应力。

2) 非线性滑移模型

为更真实地模拟波折底钢板与混凝土板之间的接触，以已有推出试验数据作为参考，采用非线性滑移模型的荷载-滑移曲线进行分析计算，如图 10-98 所示。

各试件峰值荷载、挠度的有限元计算值与试验值对比结果见表 10-17，参考前文无滑移模型、自由滑移模型计算结论，本节仅进行考虑混凝土开裂的模型计算。$P_{u\text{-}kl\text{-}fh}$ 表示有限元考虑混凝土开裂的非线性滑移模型计算得到的极限承载力，$P_{y\text{-}kl\text{-}fh}$ 表示

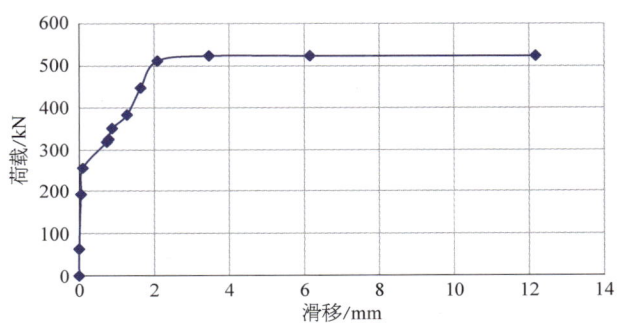

图 10-98 波折型钢-混凝土组合板荷载-滑移曲线

有限元考虑混凝土开裂的非线性滑移模型计算得到的屈服荷载，$P_{u\text{-}exp}$ 表示模型试验得到的极限承载力，$P_{y\text{-}exp}$ 表示模型试验得到的屈服荷载。

表 10-17 有限元非线性滑移模型分析与试验结果比较

编号	$P_{u\text{-}kl\text{-}fh}/t$	$P_{u\text{-}exp}/t$	$P_{u\text{-}kl\text{-}fh}/P_{u\text{-}exp}$	$P_{y\text{-}kl\text{-}fh}/t$	$P_{y\text{-}exp}/t$	$P_{y\text{-}kl\text{-}fh}/P_{y\text{-}exp}$
FP3-1	41.95	39.67	1.06	35.14	22.03	1.60
FP3-2	41.95	42.68	0.98	35.14	32.32	1.09
FP4-1	47.28	48.50	0.97	40.20	13.70	2.93
FP4-2	47.28	46.40	1.02	40.20	30.05	1.34
FP5-2	50.42	51.07	0.99	42.47	24.52	1.73

各种组合板的自由滑移模型荷载-跨中挠度曲线如图 10-99 所示，图中"KL-FH"代表考虑混凝土开裂的非线性滑移模型，主要计算结果如图 10-100～图 10-102 所示。

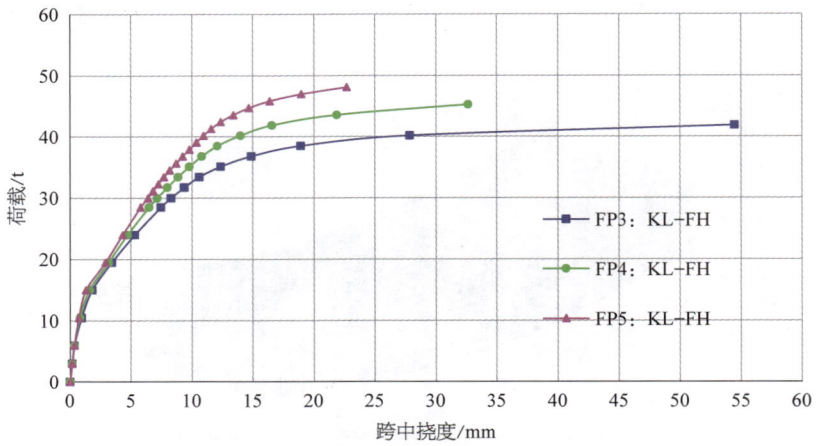

图 10-99　非线性滑移模型荷载-挠度曲线

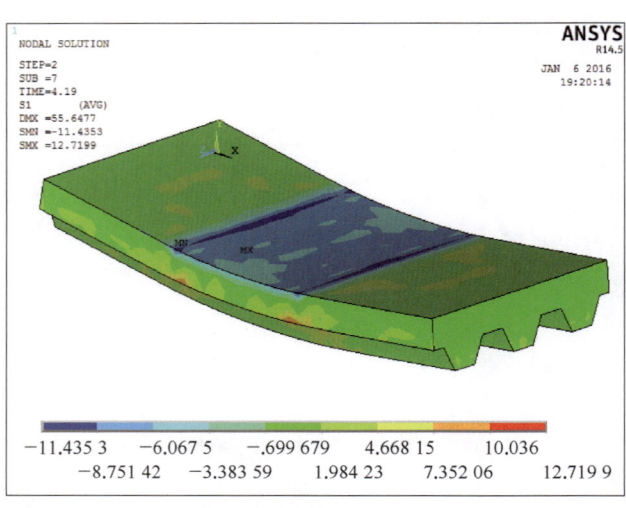

(a) 混凝土应力云图

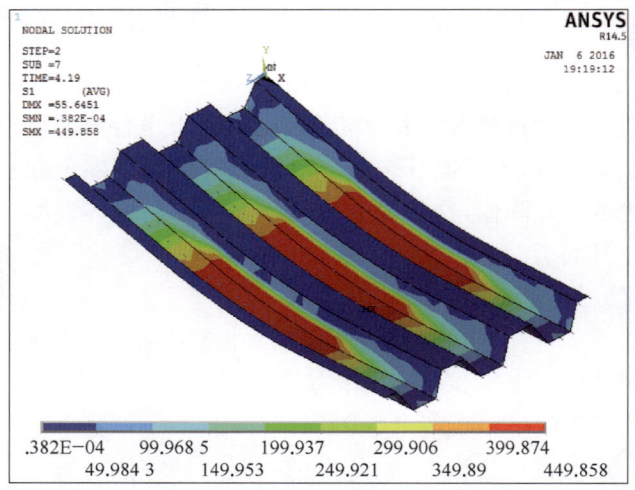

(b) 波折底钢板应力云图

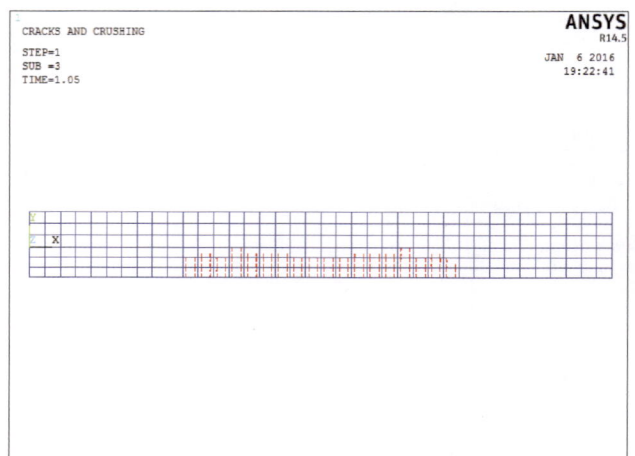

(c) 初始裂缝分布图

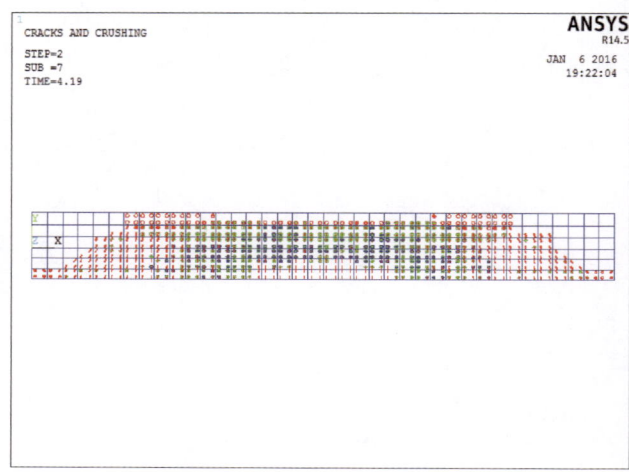

(d) 极限荷载下裂缝分布图

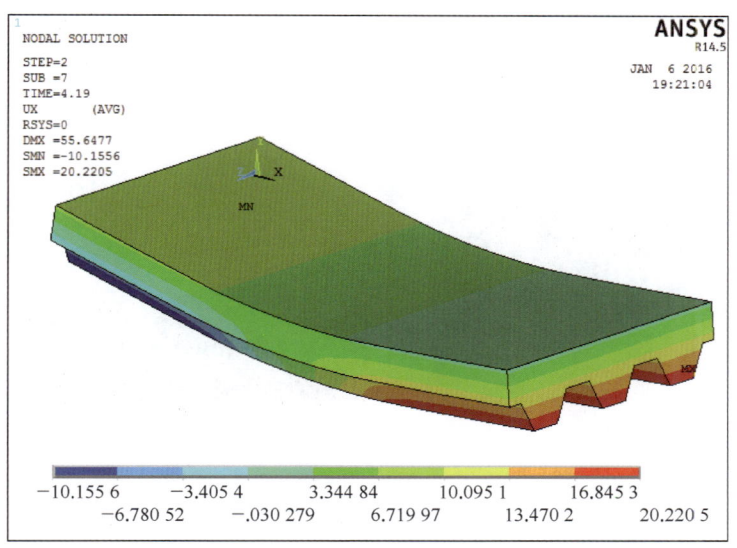

(e) 混凝土板纵向滑移量分布图

图 10 - 100　FP3：KL - FH 模型计算结果

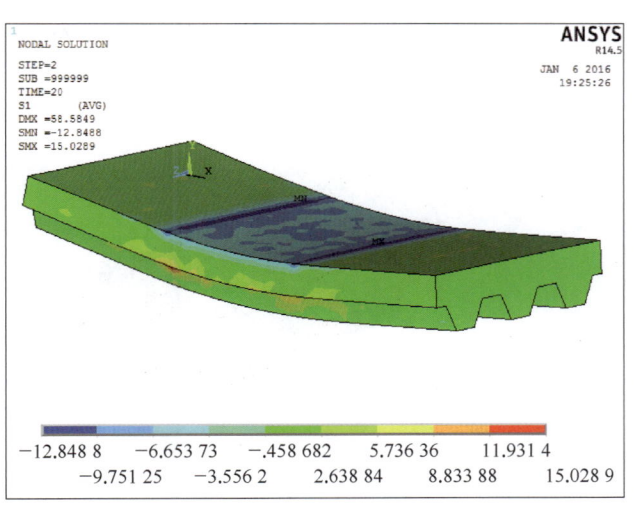

(a) 混凝土应力云图

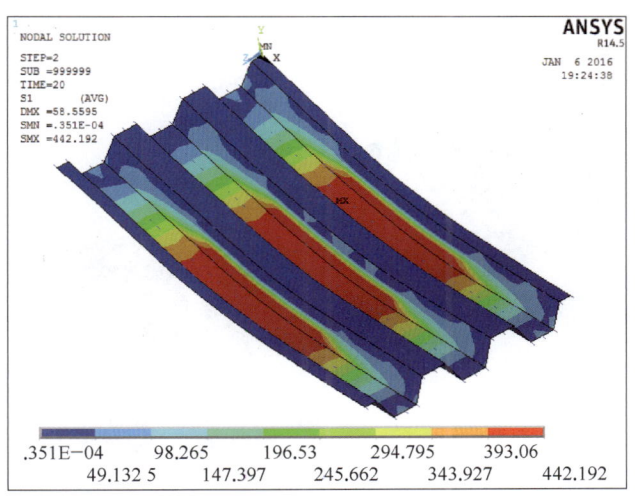

(b) 波折底钢板应力云图

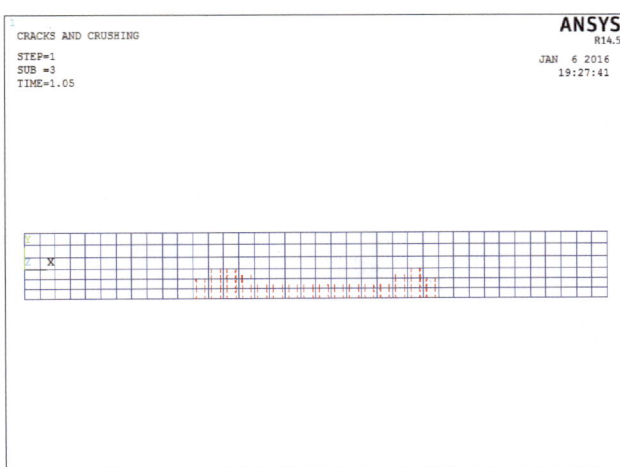

(c) 初始裂缝分布图

(d) 极限荷载下裂缝分布图

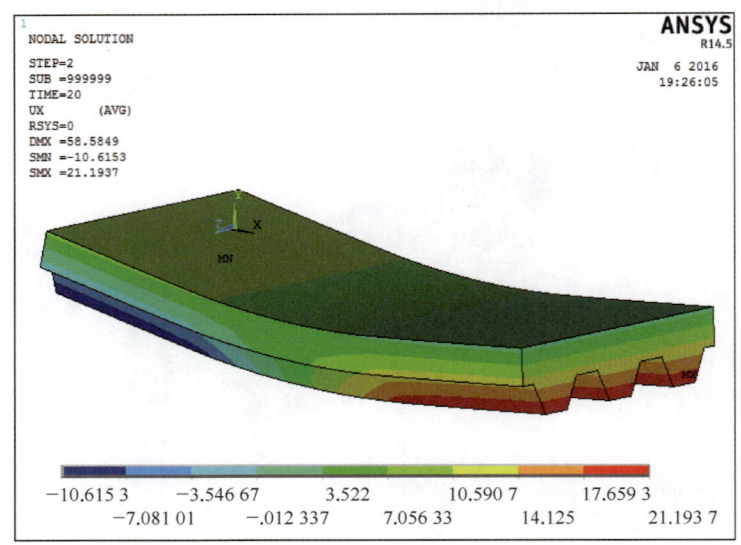

(e) 混凝土板纵向滑移量分布图

图 10-101　FP4：KL-FH 模型计算结果

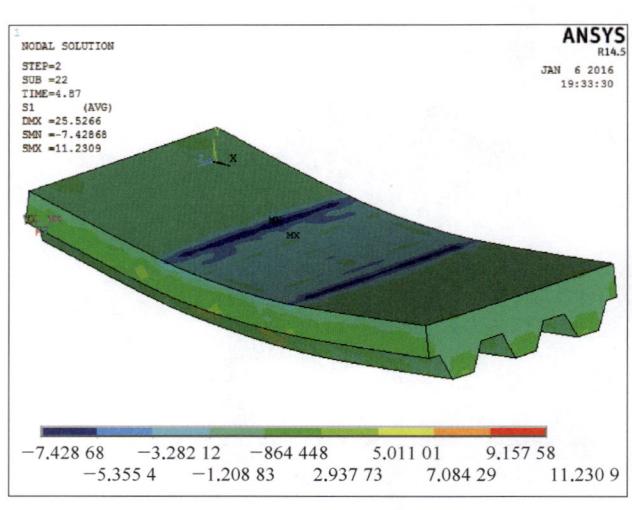

(a) 混凝土应力云图

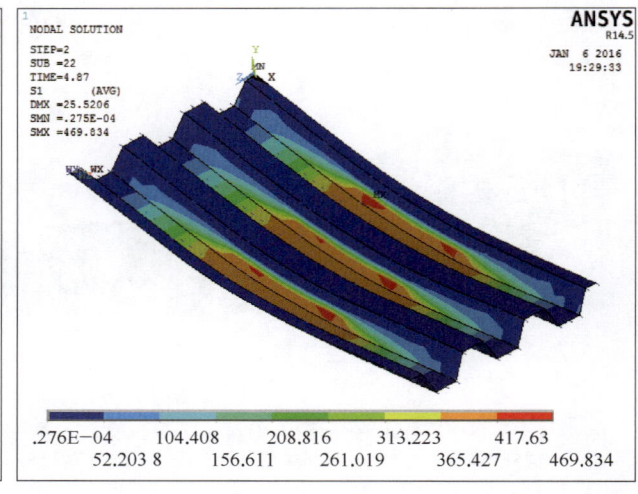

(b) 波折底钢板应力云图

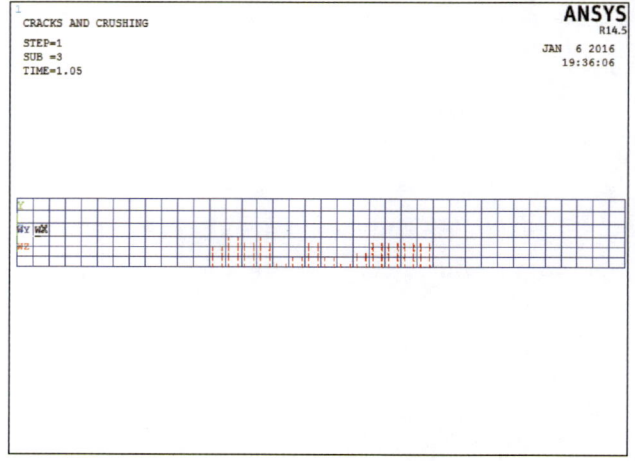

(c) 初始裂缝分布图

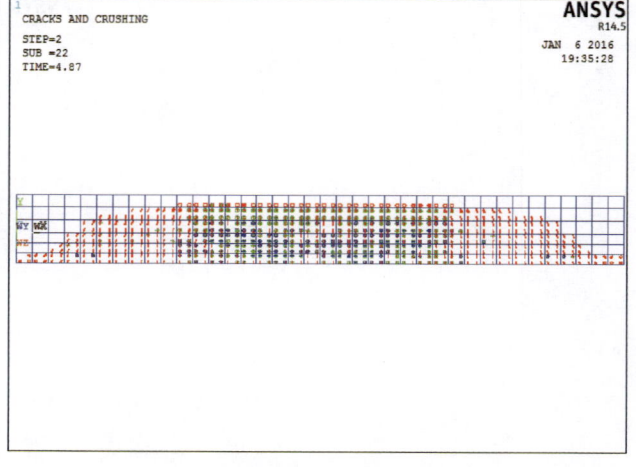

(d) 极限荷载下裂缝分布图

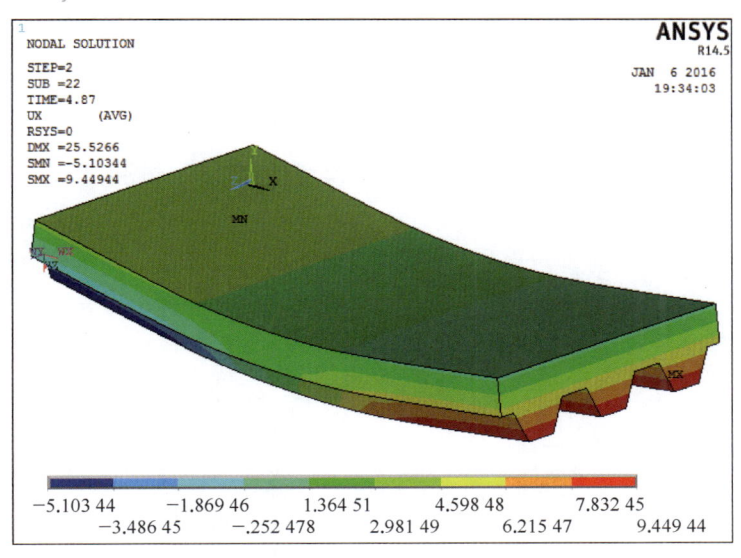

(e)混凝土板纵向滑移量分布图

图 10-102　FP5：KL-FH 模型计算结果

由非线性滑移模型计算可知：①对于本节设计试件的非线性滑移计算模型，考虑混凝土开裂时，其计算极限承载力与试验极限承载力的误差在 5% 左右，精度较高，进一步验证了有限元分析与模型试验的数据可信性；②考虑混凝土开裂时，其计算屈服荷载与试验屈服荷载相差较大，且各试件差别均不同，这可能是由于假定的荷载-滑移曲线误差导致；③随着波折底钢板板厚的增大，波折型钢-混凝土组合板的承载力提高，波折底钢板越厚对滑移的约束越强。

10.1.5　模型试验分析与计算方法

10.1.5.1　与有限元计算结果对比

由前述可知，本节共采取三种接触模型进行有限元分析：无滑移模型、自由滑移模型、非线性滑移模型。总结发现，不考虑混凝土开裂的计算模型对波折型钢-混凝土组合板承载力的计算误差较大，此处不再讨论。考虑开裂的三种接触模型计算结果与试验结果对比数据见表 10-18，荷载-跨中挠度曲线如图 10-103～图 10-105 所示。

表 10-18　有限元模型分析与试验结果比较　　　　单位：t

内容		底钢板 3mm 组合板		底钢板 4mm 组合板		底钢板 5mm 组合板	
		P_u	P_y	P_u	P_y	P_u	P_y
有限元计算结果	the-1	107.68	84.08	128.97	89.41	145.16	96.95
	the-2	33.42	31.28	36.81	33.71	40.23	36.29
	the-3	41.95	35.14	47.28	40.20	50.42	42.47
试验结果	exp-1	39.67	22.03	48.50	13.70	56.89	35.78
	exp-2	42.68	32.32	46.40	30.05	51.07	24.52
对比数据	the-1/exp-1	2.71	3.82	2.66	6.53	2.55	2.71
	the-2/exp-1	0.84	1.42	0.76	2.46	0.71	1.01
	the-3/exp-1	1.06	1.60	0.97	2.93	0.89	1.19
	the-1/exp-2	2.52	2.60	2.78	2.98	2.84	3.95
	the-2/exp-2	0.78	0.97	0.79	1.12	0.79	1.48
	the-3/exp-2	0.98	1.09	1.02	1.34	0.99	1.73

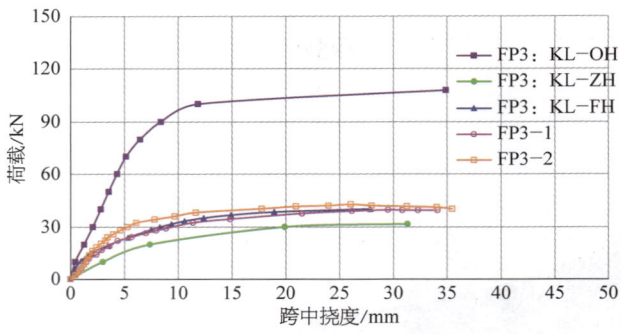

图 10-103 3 mm 波折板荷载-挠度曲线对比

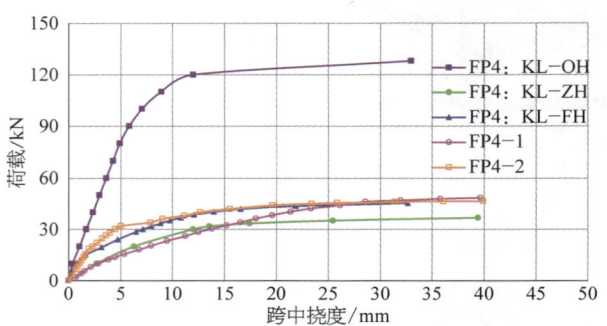

图 10-104 4 mm 波折板荷载-挠度曲线对比

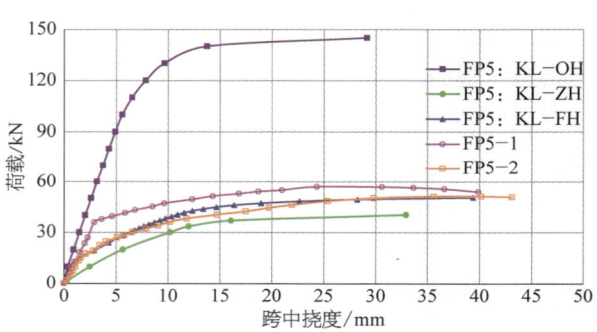

图 10-105 5 mm 波折板荷载-挠度曲线对比

表 10-18 中符号说明如下：有限元计算结果"the-1"代表考虑混凝土开裂的无滑移模型计算结果，"the-2"代表考虑混凝土开裂的自由滑移模型计算结果，"the-3"代表考虑混凝土开裂的非线性滑移模型计算结果；试验结果"exp-1"代表试件 FP3-1、FP4-1、FP5-1 试验结果，"exp-2"代表试件 FP3-2、FP4-2、FP5-2 试验结果。图 10-103～图 10-105 中各符号含义与之前相同。

由上述对比数据及对比曲线可见：3 种接触模型中，非线性滑移模型的计算结果与 3 种波折底钢板厚度的波折型钢-混凝土组合板试验结果最吻合，无滑移模型计算结果高于试验结果，自由滑移模型计算结果低于试验结果。这说明试验数据与有限元计算结果数据可信，试件底钢板与混凝土之间为非线性滑移，但滑移约束较差，有限元计算采用的荷载-滑移曲线符合实际。

10.1.5.2 与钢筋混凝土板对比

为讨论本节所研究的波折型钢-混凝土组合板与普通钢筋混凝土板的区别，建立两种钢筋混凝土板模型进行对比：①波折钢筋混凝土板——该模型与设计波折型钢-混凝土组合桥面板的区别仅在于没有底钢板；②普通钢筋混凝土板——该模型为平板钢筋混凝土板，将设计波折板板厚 220 mm 等效为板厚 170 mm。

有限元分析计算参数与前述相同，加载方式保持不变，两种钢筋混凝土板计算模型如图 10-106 所示。

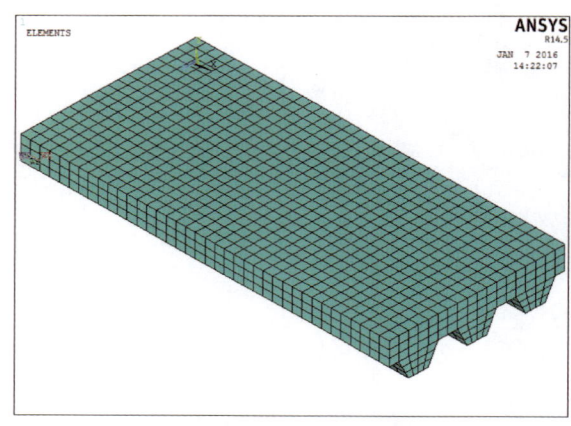
（a）波折钢筋混凝土板

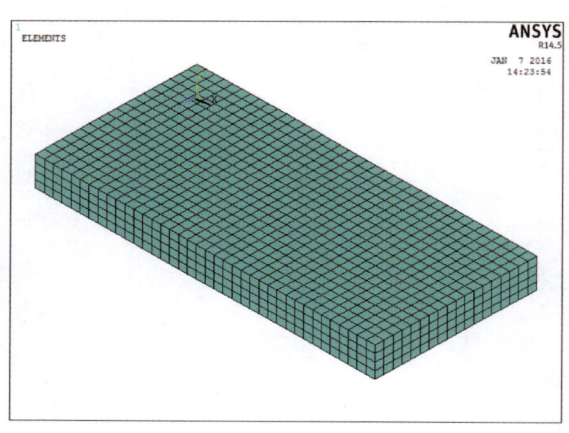
（b）普通钢筋混凝土板

图 10-106 钢筋混凝土板 ANSYS 计算模型

两种普通钢筋混凝土板计算模型的有限元计算结果与组合板有限元计算结果对比见表10-19。表中,波折板模型编号与第5点一致,"BPT-220:KL"为考虑开裂的波折钢筋混凝土板,"PT-170:KL"为考虑开裂的普通钢筋混凝土板,P_{urFP}为波折型钢-混凝土组合板模型的计算极限承载力,P_{urBPT}为220mm厚波折钢筋混凝土板模型的计算极限承载力,P_{urPT}为170mm厚普通钢筋混凝土板模型的计算极限承载力。

表10-19 普通钢筋混凝土板与波折板有限元计算结果比较

模型编号	P_u/t	P_y/t	P_{urFP}/P_{urBPT}	P_{urFP}/P_{urPT}
FP3:KL-FH	41.95	35.14	2.18	2.27
FP4:KL-FH	47.28	40.20	2.46	2.55
FP5:KL-FH	50.42	42.47	2.62	2.72
FP3:KL-ZH	33.42	31.28	1.74	1.80
FP4:KL-ZH	36.81	33.71	1.92	1.99
FP5:KL-ZH	40.23	36.29	2.09	2.17
BPT-220:KL	19.21	13.47	P_{urBPT}/P_{urPT}	
PT-170:KL	18.52	13.11	1.04	

各模型荷载-跨中挠度曲线如图10-107所示,主要计算结果如图10-108、图10-109所示。

对比波折型钢-混凝土组合板、钢筋混凝土板的计算结果可见:①文中采用的两种钢筋混凝土板计算模型计算结果仅相差4%,板厚等效合理;②波折底钢板对承载力有很大的贡献,考虑开裂的非线性滑移波折型钢-混凝土组合板模型与试验结果吻合程度较高,其承载力随底钢板板厚不同约为普通钢筋混凝土板的2.1~2.7倍;③即使波折型钢-混凝土组合板底钢板与混凝土之间自由滑移,其承载力也为普通混凝土板的1.7~2.0倍。

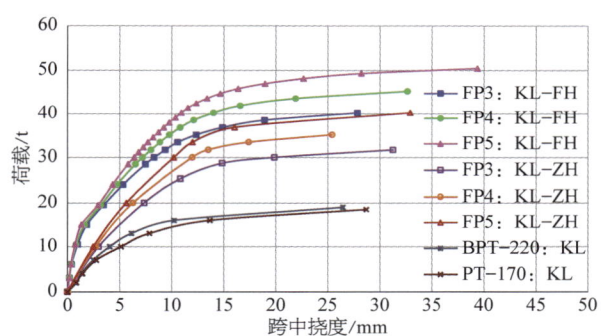

图10-107 荷载-挠度曲线对比

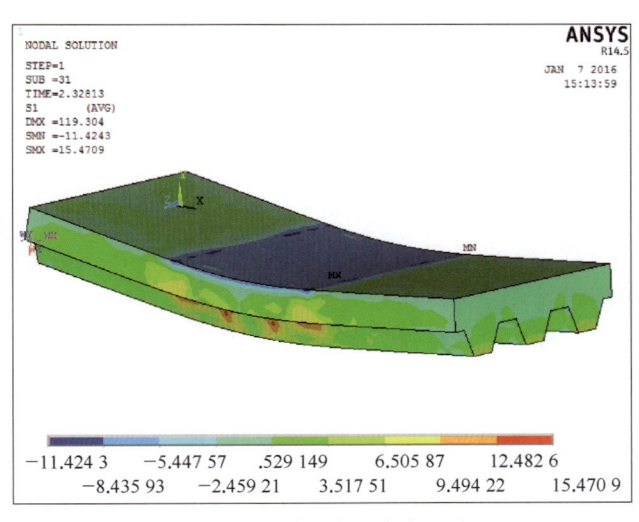

(a) 极限状态混凝土应力云图

(b) 极限状态混凝土裂缝分布图

图10-108 BPT-220:KL模型计算结果

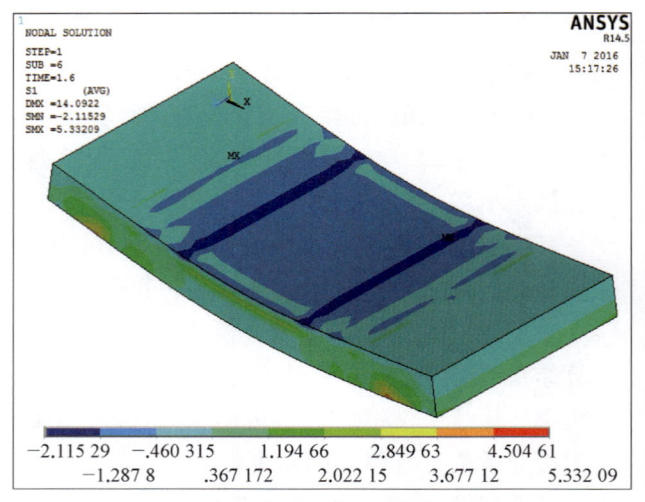

(a) 极限状态混凝土应力云图　　　　　　　(b) 极限状态混凝土裂缝分布图

图 10-109　PT170：KL 模型计算结果

10.1.5.3　设计计算方法研究

本小节采用《钢-混凝土组合楼盖结构设计与施工规程》(以下简称《规程》)关于组合板的计算公式对试验模型进行验算，验证已有计算方法对于波折型钢-混凝土组合桥面板的适用性。

1) 正截面抗弯承载力验算

根据《规程》第 4.1.3 条规定进行波折型钢-混凝土组合板正截面抗弯承载力验算，分别采用材料试验强度与设计强度进行验算。

(1) 按材料试验强度验算。

$f = 388\,\text{MPa}$，$f_{cm} = 47.6\,\text{MPa}$

以底钢板厚 3 mm 组合板为例，由试件设计可知：

$A_s = 3\,812.46\,\text{mm}^2$，$h_c = 120.00\,\text{mm}$，$h_0 = 164.44\,\text{mm}$

$A_s f = 3\,812.46 \times 300 = 1\,479.23\,\text{kN}$，$f_{cm} h_c b = 47.6 \times 120 \times 900 = 5\,140.80\,\text{kN}$

$A_s f < f_{cm} h_c b$，故塑性中和轴在压型钢板上翼缘以上的混凝土内。

$X_{cc} = A_s f / f_{cm} b = 3\,812.46 \times 388 / (47.6 \times 900) = 34.53\,\text{mm} < 0.55 h_0$

$Y = h_0 - (X_{cc}/2) = 164.44 - (34.53/2) = 147.18\,\text{mm}$

因此，根据《规程》计算底钢板厚 3 mm 组合板的正截面抗弯极限承载力为：

$M_u = 0.8 f_{cm} X_{cc} b Y = 0.8 \times 47.6 \times 34.53 \times 900 \times 147.18 = 174.17\,\text{kN} \cdot \text{m}$

同理，底钢板厚 4 mm、5 mm 组合板的抗弯极限承载力为：189.80 kN·m、216.24 kN·m。

《规程》计算结果与试验结果对比见表 10-20，表中 $P_{u\text{exp}1}$ 为试件 FP3-1、FP4-1、FP5-1 的试验极限承载力，$P_{u\text{exp}2}$ 为试件 FP3-2、FP4-2、FP5-2 的试验极限承载力。

表 10-20　试验强度下正截面抗弯承载力对比

板厚/mm	M_u/(kN·m)	P_u/t	$P_{u\text{exp}1}$/t	$P_{u\text{exp}2}$/t	$P_{u\text{exp}1}/P_u$	$P_{u\text{exp}1}/P_u$
3	174.17	52.25	39.67	42.68	0.76	0.82
4	189.80	56.94	48.50	46.40	0.85	0.81
5	216.24	64.87	56.89	51.07	0.88	0.79

由表 10-20 中数据可见，按《规程》计算得到的组合板极限承载力均高于试验极限承载力，高出约 15%~30%，这说明取材料的试验强度值时，按照已有楼盖组合结构规范的承载力计算结果偏于不安全。分析原因，可能是由于楼盖结构荷载相对较小，因此在规范中并未考虑滑移等非线性参数的影响，而对于组合桥面板而言，车辆荷载较大，滑移量的产生将对承载力产生较大影响。

(2) 按材料设计强度验算：$f = 190\,\text{MPa}$，$f_{cm} = 26.8\,\text{MPa}$

以底钢板厚 3 mm 波折板为例，由试件设计可知：

$A_s = 3\,812.46\,\text{mm}^2$，$h_c = 120.00\,\text{mm}$，$h_0 = 164.44\,\text{mm}$

$A_s f = 3\,812.46 \times 190 = 724.37\,\text{kN}$，$f_{cm} h_c b = 26.8 \times 120 \times 900 = 2\,894.40\,\text{kN}$

$A_s f < f_{cm} h_c b$,故塑性中和轴在压型钢板上翼缘以上的混凝土内。

$$X_{cc} = A_s f / f_{cm} b = 3812.46 \times 190 / (26.8 \times 900)$$
$$= 30.03 \text{ mm} < 0.55 h_0$$
$$Y = h_0 - (X_{cc}/2) = 164.44 - (30.03/2)$$
$$= 149.43 \text{ mm}$$

因此,根据《规程》计算底钢板厚 3 mm 组合板的正截面抗弯极限承载力为:

$$M_u = 0.8 f_{cm} X_{cc} b Y$$
$$= 0.8 \times 26.8 \times 30.03 \times 900 \times 149.43$$
$$= 86.59 \text{ kN} \cdot \text{m}$$

同理,底钢板厚 4 mm、5 mm 组合板的抗弯极限承载力为:111.59 kN·m,134.65 kN·m。

《规程》计算结果与试验结果对比见表 10-21。

表 10-21 设计强度下正截面抗弯承载力对比

板厚/mm	M_u/(kN·m)	P_u/t	$P_{u,exp1}$/t	$P_{u,exp2}$/t	$P_{u,exp1}/P_u$	$P_{u,exp2}/P_u$
3	86.59	25.98	39.67	42.68	1.53	1.64
4	111.59	33.48	48.50	46.40	1.45	1.39
5	134.65	40.40	56.89	51.07	1.41	1.26

由表 10-21 中数据可见,组合板试验极限承载力均高于按《规程》计算得到的极限承载力,高出约 30%~60%,这说明取材料设计强度值时,按照已有楼盖组合结构规范的承载力计算结果偏于安全。

2) 斜截面抗剪承载力验算

根据《规程》第 4.1.6 条规定进行斜截面抗剪承载力验算,分别采用材料试验强度与设计强度进行验算。

以底钢板厚 3 mm 组合板为例,混凝土材料试验强度 $f_c = 47.6$ MPa,设计强度 $f_c = 26.8$ MPa

由试验设计可知,组合板平均肋宽:$W_r = 150$ mm

组合板按试验强度计算的极限抗剪承载力为:

$$V_u = 0.07 f_c W_r h_0 = 0.07 \times 47.6 \times 150 \times 164.44$$
$$= 82.19 \text{ kN}$$

组合板按设计强度计算的极限抗剪承载力为:

$$V_u = 0.07 f_c W_r h_0 = 0.07 \times 26.8 \times 150 \times 164.44$$
$$= 46.27 \text{ kN}$$

《规程》计算结果与试验结果对比见表 10-22。

表 10-22 斜截面抗剪承载力对比

强度	板厚/mm	V_u/kN	P_u/t	$P_{u,exp1}$/t	$P_{u,exp2}$/t	$P_{u,exp1}/P_u$	$P_{u,exp2}/P_u$
试验值	3	82.19	8.22	39.67	42.68	4.83	5.19
	4	82.19	8.22	48.50	46.40	5.90	5.65
	5	82.19	8.22	56.89	51.07	6.92	6.21
设计值	3	46.27	4.63	39.67	42.68	8.57	9.22
	4	46.27	4.63	48.50	46.40	10.48	10.03
	5	46.27	4.63	56.89	51.07	12.29	11.04

由表 10-22 可见,按《规程》计算得到的组合板极限抗剪承载力远低于试验极限荷载,这是由于本节设计试件主要为了受载破坏,并非剪力控制,即该结构形式具有很强的斜截面抗剪承载力,针对楼盖结构的《规程》计算公式过于安全。

10.1.6 结果与展望

10.1.6.1 结果

本节通过对波折型钢-混凝土组合桥面板静力加载试验、有限元数值仿真模拟及理论分析,深入地研究了组合板的力学性能,主要的研究内容及结果如下。

(1) 完成了 6 块承受正弯矩作用的波折型钢-混凝土组合单向板试件的 3 分点静载试验,在加载初始阶段采用荷载控制方法,当试件达到极限承载力后转为位移控制,以此得到了试件变形的全过程曲线。试验结果表明以下五点。

① 从试件破坏形态及荷载-挠度曲线规律可知,6 个试件均体现出了典型的弯曲破坏模式,其受力全过程可近似划分为四个阶段——弹性阶段、带裂缝工作阶段、裂缝向顶面扩展且裂缝逐渐加宽、屈服破坏阶段。

② 综合 6 个试件试验结果可见,在其余设计参数均相同的前提下,随着波折底钢板厚度的增加,试

件的整体抗弯刚度在增加,抗弯极限承载力有较大幅度提高;同级荷载作用下,随着板厚的增加,试件各测点的挠度均在降低。

③ 由 9 个沿高度分布的测点应变曲线及荷载-底钢板纵、横向应变规律可知,荷载较小时,中性轴位于组合板以上混凝土内,随着荷载的增加混凝土受压区高度不断增大,试件中性轴向下移动,移至波折底钢板波峰与波谷之间。

④ 由荷载-滑移曲线可知,加载初期各测点的相对滑移量均较小,随着荷载的增大从跨中到板端滑移量均增大;试件滑移量沿纵向大致呈跨中小、板端大的趋势分布。

⑤ 从荷载-裂缝分布情况可以看出,6 块弯曲破坏试件的裂缝主要集中在加载点附近和跨中纯弯段,在靠近支座的剪跨段混凝土侧面出现少数裂缝;前期裂缝长度发展较快,裂缝宽度发展缓慢,后期裂缝长度发展较慢,裂缝宽度发展较快;试验试件仅底钢板板厚这一参数不同,通过裂缝分布图可以看出,波折底钢板由 3 mm 增大到 5 mm 后,开裂情况相似,裂缝数量并未明显降低。

(2) 有限元模型能够较准确地模拟了波折型钢-混凝土组合板试件加载全过程的受力行为,更全面地了解其受力特点,弥补试验中测点不足的问题,成为试验研究的有力补充。本节利用有限元软件 ANSYS 对所有试件进行了非线性仿真模拟研究,主要结论有如下四点。

① 通过建立的 3 种接触方式对波折型钢-混凝土组合桥面板进行有限元分析,分别为无滑移模型、自由滑移模型、非线性滑移模型,对每一种接触均讨论了混凝土开裂对承载力的影响,验证了忽略混凝土开裂对模型的极限荷载、屈服荷载计算产生较大误差,因此建模时必须考虑混凝土开裂。

② 将 3 种接触模型计算结果与试验结果对比分析,讨论波折型钢-混凝土组合桥面板的非线性变形性能。由对比数据及对比曲线可见,3 种接触模型中,非线性滑移模型的计算结果与 3 种底钢板厚度的波折型钢-混凝土组合板试验结果最吻合,无滑移模型计算结果高于试验结果,自由滑移模型计算结果低于试验结果,说明试件底钢板与混凝土之间为非线性滑移,但滑移约束较差,计算采用的荷载-滑移曲线符合实际。

③ 经 3 种接触有限元模型共同验证可知,随着底钢板板厚的增大,波折型钢-混凝土组合板的承载力提高,底钢板越厚对滑移的约束越强。

④ 通过对比组合板接触计算模型与两种普通钢筋混凝土板的承载力、变形能力,验证了组合板的受力性能——波折底钢板对承载力有很大的贡献,其承载力随板厚不同约为普通钢筋混凝土板的 2.1~2.7 倍,即使波折底钢板与混凝土之间自由滑移,其承载力也为普通混凝土板的 1.7~2.0 倍。

(3) 采用已有房屋建筑规范《钢-混凝土组合楼盖结构设计与施工规程》关于组合板的承载力计算公式进行验算,讨论了现有规范的适用性如下。

① 正截面抗弯承载力:取材料的试验强度时,按照已有楼盖组合结构规范的承载力计算结果偏于不安全,可能是由于楼盖结构荷载相对较小,因此在规范中并未考虑滑移等非线性参数的影响,而对于组合桥面板而言,车辆荷载较大,滑移量的产生将对承载力产生较大影响;取材料设计强度时,按照已有楼盖组合结构规范的承载力计算结果偏安全,安全系数约为 1.3~1.6。

② 斜截面抗剪承载力:按《规程》计算得到的极限抗剪承载力远低于试验极限荷载,这是由于本节设计试件具有很强的斜截面抗剪承载力,破坏阶段主要为弯矩控制,针对楼盖结构的《规程》计算公式过于安全。

10.1.6.2 展望

本节完成了波折型钢-混凝土组合桥面板的试验研究,对其在静载作用下的受力行为进行了理论探讨,取得了一定成果,但对于这种新型的桥面体系的研究还很不完善,如下几个方面仍有待于继续深入研究。

(1) 波折型钢-混凝土组合桥面板的设计参数研究,本节作为探索性试验,试件参数比较单一,仅考虑了底钢板板厚变化。在后续深入研究过程中,应考虑更多设计参数,如:波长、波高、混凝土板厚、混凝土材料、钢板材料、钢筋布置等。

(2) 波折型钢-混凝土组合桥面板的非线性性能研究,探索滑移、掀起等非线性因素对波折型钢-混凝土组合桥面板极限承载力的影响。

(3) 波折型钢-混凝土组合桥面板的动力性能研究，尤其在承受车辆等动荷载作用下，桥面板的整体工作性能、疲劳问题等。

(4) 混凝土的收缩、徐变以及温度效应对波折组合桥面板受力行为的影响。

(5) 波折型钢-混凝土组合桥面板的耐久性研究，提出寿命评价模型，计算其使用年限。

10.2 不同钢筋直径正弯矩模型试验研究

10.2.1 试验目的和依据

10.2.1.1 试验目的

模型试验研究是获取复杂结构各种性能的一种比较直观的科学研究方法，通过模型试验，既可以达到验证设计计算分析方法正确性的目的；还可以弥补理论计算不可避免的模型简化所带来的偏差。本试验最核心的目的是：

(1) 对比不同直径钢筋与波折钢板在不同焊接方式下，组合板力学性能的变化规律，并验证波折形底钢板构造对组合板刚度及承载力的贡献；

(2) 研究波折型钢-混凝土组合板在正弯矩区的合理构造。

通过上述对波折型钢-混凝土组合桥面板的优化设计，力争满足工程设计和施工的实际需要，建立科学、合理的理论分析模型，进一步提高该结构在桥梁工程桥面板中应用的可行性。

10.2.1.2 试验研究内容

本试验项目通过对设计的一系列波折型钢-混凝土组合桥面板试件进行静力加载，重点研究其在不同焊接方式下的刚度发展规律、破坏模式和极限承载力，同时对其在正弯矩区的合理构造及力学性能进行试验验证。重点包括以下几个方面：

(1) 采用相同直径钢筋分别与波折底钢板强焊、弱焊时，正弯矩作用下波折型钢-混凝土组合桥面板的破坏模式、刚度、承载能力；

(2) 采用不同直径钢筋与波折底钢板强焊时，正弯矩作用下波折型钢-混凝土组合桥面板的破坏模式、刚度、承载能力。

综上所述，本试验方案设计波折型钢-混凝土组合桥面板的主要变量见表10-23。

表10-23 试验方案主要变量　　　　单位：mm

加载方案	正弯矩加载		
钢筋直径	12		10
焊接方式	强焊	弱焊	强焊

10.2.1.3 试验依据

(1)《公路桥涵设计通用规范》
(2)《公路桥涵钢结构及木结构设计规范》
(3)《普通混凝土配合比设计规程》
(4)《金属材料室温拉伸试验方法》
(5)《钢-混凝土组合桥面板技术规程》

10.2.2 试验概况

10.2.2.1 试件设计

通过参数分析，本试验设计的试件参数如下：尺寸取为2 500 mm×900 mm，计算跨度为2 400 mm，波折底钢板以上混凝土厚度120 mm，钢筋直径取12 mm、10 mm两种规格，同时设计波折形底钢板厚度为4 mm，负弯矩试件主梁顶板厚度取为12 mm。

本试验共设计8块试件，具体尺寸见表10-24。

表10-24 组合板构件尺寸表　　　　单位：mm

序号	试件编号	长×宽×厚	波折钢板以上混凝土厚	底板厚	钢筋直径	计算跨度
1	BZ-12q-1	2 500×900×220	120	4	12	2 400
2	BZ-12q-2	2 500×900×220	120	4	12	2 400
3	BZ-12r-1	2 500×900×220	120	4	12	2 400
4	BZ-12r-2	2 500×900×220	120	4	12	2 400
5	BZ-12r-3	2 500×900×220	120	4	12	2 400
6	BZ-10q-1	2 500×900×220	120	4	10	2 400
7	BZ-10q-2	2 500×900×220	120	4	10	2 400
8	BZ-10q-3	2 500×900×220	120	4	10	2 400

注：表中试件编号规则为"加载类型-钢筋直径及焊接强弱-试件号"，其中加载类型"BZ"表示波折板正弯矩加载，"1、2、3"表示波折板正弯矩的静力加载试件，例如"BZ-12q-2"代表波折板钢筋直径为12 mm且采用强焊的正弯矩静力加载2号试件。

10.2.2.2 模型制作

模型加工制作各阶段如图 10-110～图 10-114 所示。

模型制作加工过程中,经百分表测试,混凝土浇筑前后跨中挠度见表 10-25～表 10-27。

图 10-110 制造成型的波折形底钢板

图 10-111 模型钢筋的绑扎

图 10-112 模型混凝土模板的架设

第10章 波折型钢-混凝土组合桥面板试验研究

图 10-113 模型混凝土的浇筑

图 10-114 浇筑成型后的组合板

表 10-25 BZ-12q-1 跨中挠度计算表 单位：mm

位置	跨中1	跨中2	平均值	左支座	右支座	平均值
浇筑前读数	24.95	24.96	—	39.85	9.29	—
浇筑后读数	27.36	27.25	—	40.67	10.3	—
读数差值	2.41	2.29	2.35	0.82	1.01	0.92
挠度值	1.43					

表 10-27 BZ-10q-1 跨中挠度计算表 单位：mm

位置	跨中1	跨中2	平均值	左支座	右支座	平均值
浇筑前读数	22.4	28.35	—	31.36	24.33	—
浇筑后读数	25.69	31.73	—	33.47	25.95	—
读数差值	3.29	3.38	3.34	2.11	1.62	1.86
挠度值	1.48					

表 10-26 BZ-12q-2 跨中挠度计算表 单位：mm

位置	跨中1	跨中2	平均值	左支座	右支座	平均值
浇筑前读数	11.03	25.32	—	26.27	31.29	—
浇筑后读数	13.56	27.46	—	27.08	32.16	—
读数差值	2.53	2.14	2.34	0.81	0.87	0.84
挠度值	1.50					

10.2.2.3 测点布置

在波折型钢-混凝土组合板的静载抗弯试验中，根据分析计算和受力特点，板中心截面即纯弯段是应力应变测试的对象。试件采用 3 mm×80 mm 应变单片（混凝土）、3 mm×5 mm 应变单片（波折钢板）及 3 mm×80 mm 应变花测量。

每块试件布置 30 个应变单片及 2 组应变花。

其中,跨中截面沿板厚方向布置5个混凝土应变测点,支座附近剪跨区截面各布置1组应变花,顶面布置5个混凝土应变测点;底钢板跨中布置5个纵向应变测点、5个横向应变测点,4分点处布置5个纵向应变测点、5个横向应变测点。

每块试件布置3个百分表测试竖向挠度,1个百分表测试横向位移,4个千分表测试钢板与混凝土之间的滑移。具体测点布置如图10-115、图10-116所示。

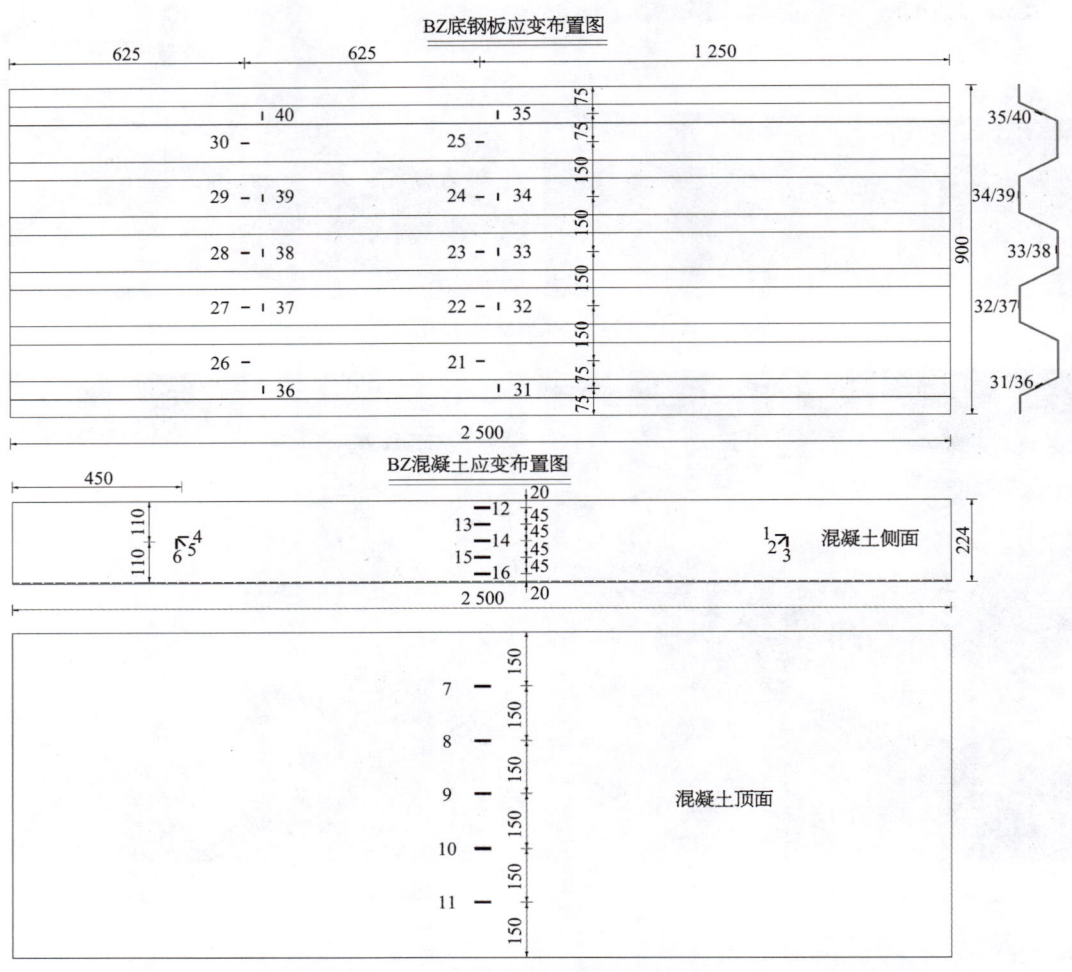

图 10-115 应变测点布置图(单位: cm)

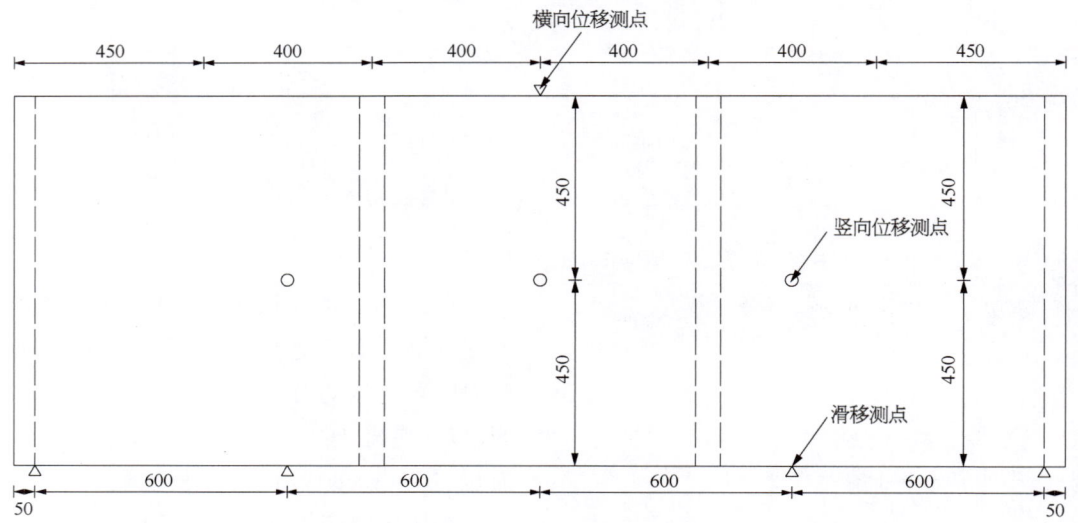

图 10-116 位移测点布置图(单位: cm)

10.2.2.4 加载方式

试验加载设备采用MTS液压加载系统,静力加载均采用两点(3分点)对称集中加载模式,如图10-117所示,通过刚性分载梁实现荷载平均分配。根据ABAQUS模拟结果,各试件加载设计方案见表10-28,表中P_{cr}代表开裂荷载值,P_u代表极限荷载值,极限荷载取组合板考虑非线性滑移后的有限元计算结果。

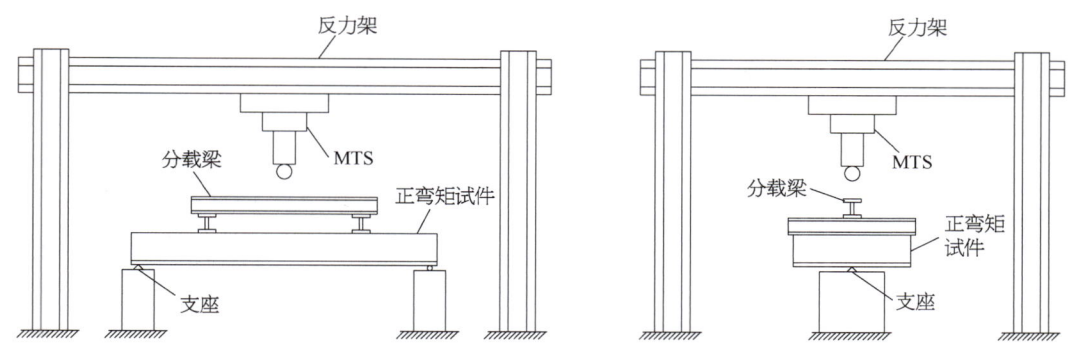

图10-117 两点(3分点)加载示意图

表10-28 加载设计方案   单位:t

编号	加载方案	预加载	P_{cr}	P_u	试件说明
BZ-12q-1	正弯矩分级加载,直至试件破坏	5	6	62.0	12 mm 钢筋强焊
BZ-12q-2	正弯矩分级加载,直至试件破坏	5	6	62.0	12 mm 钢筋强焊
BZ-12r-1	正弯矩分级加载,直至试件破坏	2	5	25.2	12 mm 钢筋弱焊
BZ-12r-2	正弯矩分级加载,直至试件破坏	2	5	25.2	12 mm 钢筋弱焊
BZ-10q-1	正弯矩分级加载,直至试件破坏	5	6	55.6	10 mm 钢筋强焊
BZ-10q-2	正弯矩分级加载,直至试件破坏	5	6	55.6	10 mm 钢筋强焊

注:表中试件编号规则为"加载类型-钢筋直径及焊接强弱-试件号",其中加载类型"BZ"表示组合板正弯矩加载,"-1、-2"表示正弯矩的静力加载试件号,例如"BZ-12q-2"代表组合板钢筋直径为12 mm且采用强焊的正弯矩静力加载2号试件。

静力加载按照先强焊后弱焊、先大直径后小直径的顺序,即BZ-12q→BZ-12r→BZ-10q,对试件依次进行加载。加载程序为:

(1)预加载,以慢速从0 t加载到预加载值对试验板进行预压,消除非弹性变形;

(2)预加载后,停歇10 min开始分级正式加载,对预估的最大荷载进行分级加载,每级持荷10 min,记录各仪器读数,如有裂缝需标出裂缝位置及裂缝发展方向,加载至结构破坏或挠度出现很大值为止。

在试验过程中,为保证试验安全有序进行,制定试验控制原则如下:

(1)做好各项准备工作,确保试验人员及试验设备的安全;

(2)在正式试验前,进行预加载以检验各类设备、仪器是否工作正常;

(3)严格按照试验加载进程进行加载及各项测试,并加以检查;

(4)在每一级加载测试完成后,即时进行部分控制测点的测值计算,并与理论计算结果进行对比,在出现较大误差时,检查加载情况,并进行原因分析,发现问题及时调整。

每块试件的预加载值、加载分级值见表10-29,表中荷载分级仅供参考,具体应根据试验过程随时进行调整。

表 10-29 加载分级参考表　　　　　单位：t

工况	序号	BZ-12q	BZ-12r	BZ-10q
预载	1	5	2	5
加载分级	2	5.5	3	5.5
	3	6（开裂）	4	6（开裂）
	4	10	5（开裂）	10
	5	15	8	15
	6	20	10	20
	7	25	12	25
	8	30	14	30
	9	32	15	32
	10	34	16（屈服）	34
	11	36	18	36
	12	38	20	38（屈服）
	13	40（屈服）	21	40
	14	45	22	45
	15	50	23	50
	16	54	24	52
	17	58	25（破坏）	54
	18	60	—	56（破坏）
	19	62（破坏）	—	—
	20	—	—	—
	21	—	—	—
	22	—	—	—
	23	—	—	—

10.2.3 试验结果与分析

10.2.3.1 材料性能

1）混凝土

本试验设计配制 C40 混凝土，所用原材料选择如下。

（1）水泥：四川省星船城水泥股份有限公司销售的 P·O52.5 水泥。

（2）砂：宜宾佳昌建材经营部销售的 0～4.75 河沙。

（3）粗集料：自贡富顺河坝砂石厂销售的 4.75～16 mm/16～26.5 mm 卵碎石。

（4）外加剂：成都巨力建材有限公司销售的聚羧酸减水剂。

（5）粉煤灰：四川威远县金龙建材有限公司销售的 Ⅰ 级粉煤灰。

（6）水：自来水。

混凝土的配合比是在利用现有的设计规范《普通混凝土配合比设计规程》及已有文献的配合比作为参考进行试配，通过强度指标和工作性能的测试，判断是否符合设计要求。如需进行配合比调整，则通过改变水胶比的方式实现。最终选用的配合比见表 10-30。

表 10-30 混凝土每方用量　　　单位：kg

混凝土强度等级	水泥	水	砂	石子	外加剂	粉煤灰	水胶比	砂率
C40	366	155	632	1 227	4.7	65	0.36	34%

在施工同时浇筑尺寸为 150 mm×150 mm×150 mm 的立方体试块，采用弧形钢垫板并加柔性纤维垫片的方式进行混凝土的强度试验，具体见表 10-31。

表 10-31 混凝土强度实测值　　单位：MPa

组数	第一个	第二个	第三个	平均值
第一组	47.7	49.1	50.0	48.9

2）钢筋

本试验所需的纵向受力钢筋、孔中的贯穿钢筋及横向分布钢筋均采用统一规格，为成渝钒钛科技有限公司销售的直径为 10 mm、12 mm 的 HRB335 热轧螺纹钢筋。测试普通钢筋力学性能的试验按照《金属材料室温拉伸试验方法》中的规定进行，试验结果见表 10-32。

表 10-32 钢筋性能测定结果

直径/mm	屈服强度/MPa	破坏强度/MPa	屈强比	弹性模量/GPa
12	405	560	0.72	192

3）钢板

本试验试件设计采用厚度为 4 mm 的钢板，强度为 Q235。测试钢板力学性能的试件按照《金属材料室温拉伸试验方法》中的规定制作，具体尺寸如图 10-118 和表 10-33 所示，试验结果见表 10-34。

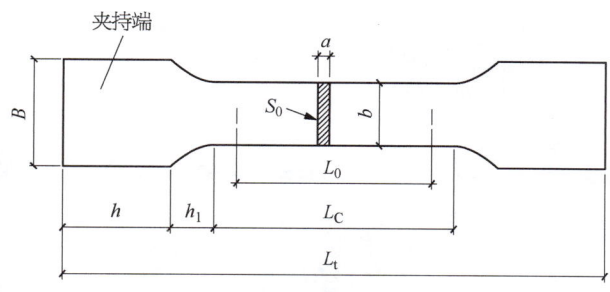

图 10-118 钢板拉伸试件形状

表 10-33 钢板拉伸试件尺寸表　单位：mm

试件板厚	a	b	h	L_0	L_c	L_t
4	4	30	50	60	90	$L_t = L_c + 2h + 2h_1$

表 10-34 钢板材料试验结果

板厚/mm	屈服强度/MPa	破坏强度/MPa	屈强比
4	291	430	0.67

10.2.3.2 试验结果

1) 试件破坏形态

如图 10-119～图 10-121 所示为各试件破坏后的挠曲状态，图 10-122～图 10-129 为各试件破坏后的裂缝分布图，8 块正弯矩加载的波折型钢-混凝土组合桥面板试件破坏形态均为典型的弯曲破坏形式，首先在受拉区混凝土出现裂缝，随着荷载的不断增加，受拉区钢板和混凝土脱黏，受压区混凝土压溃。

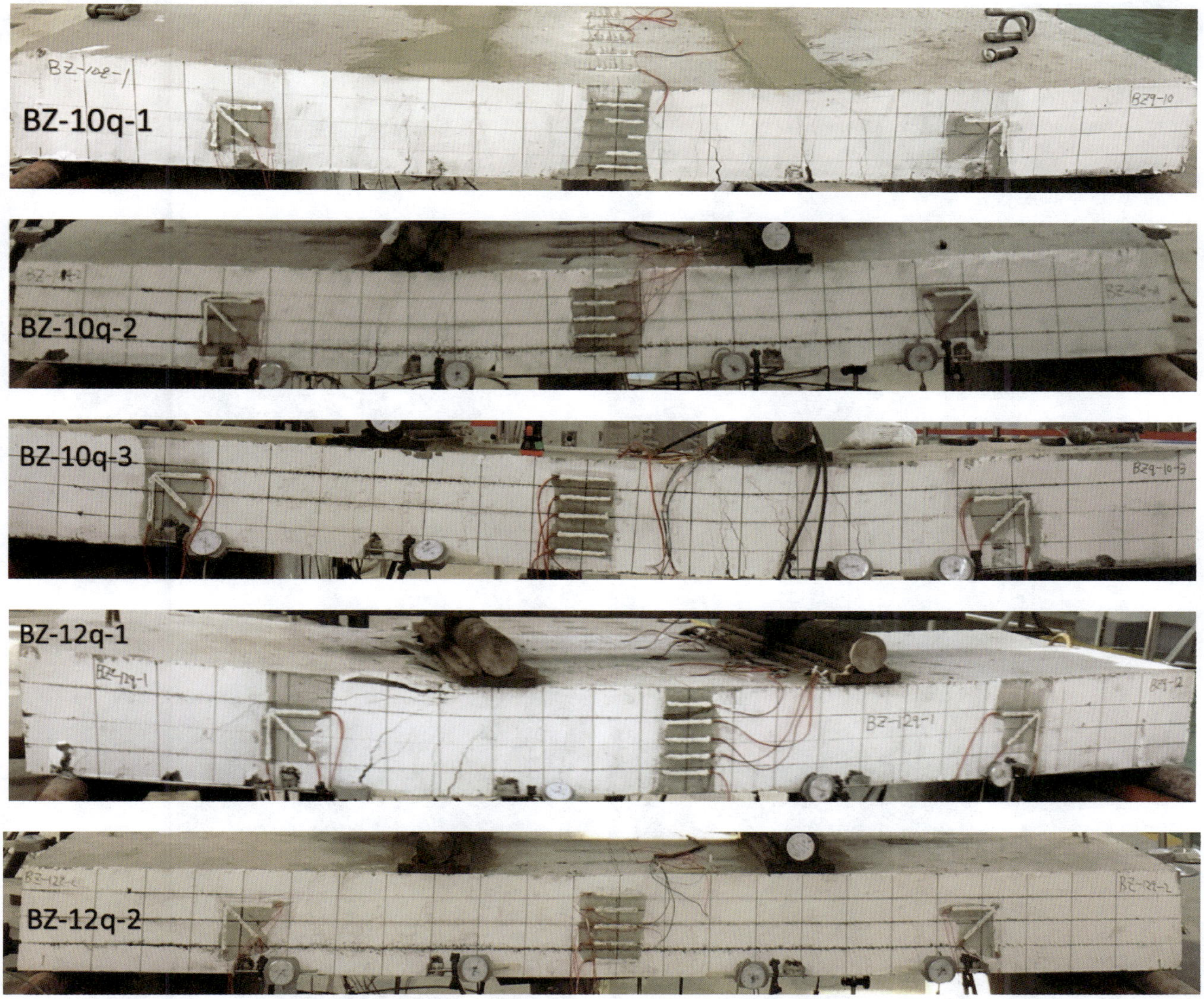

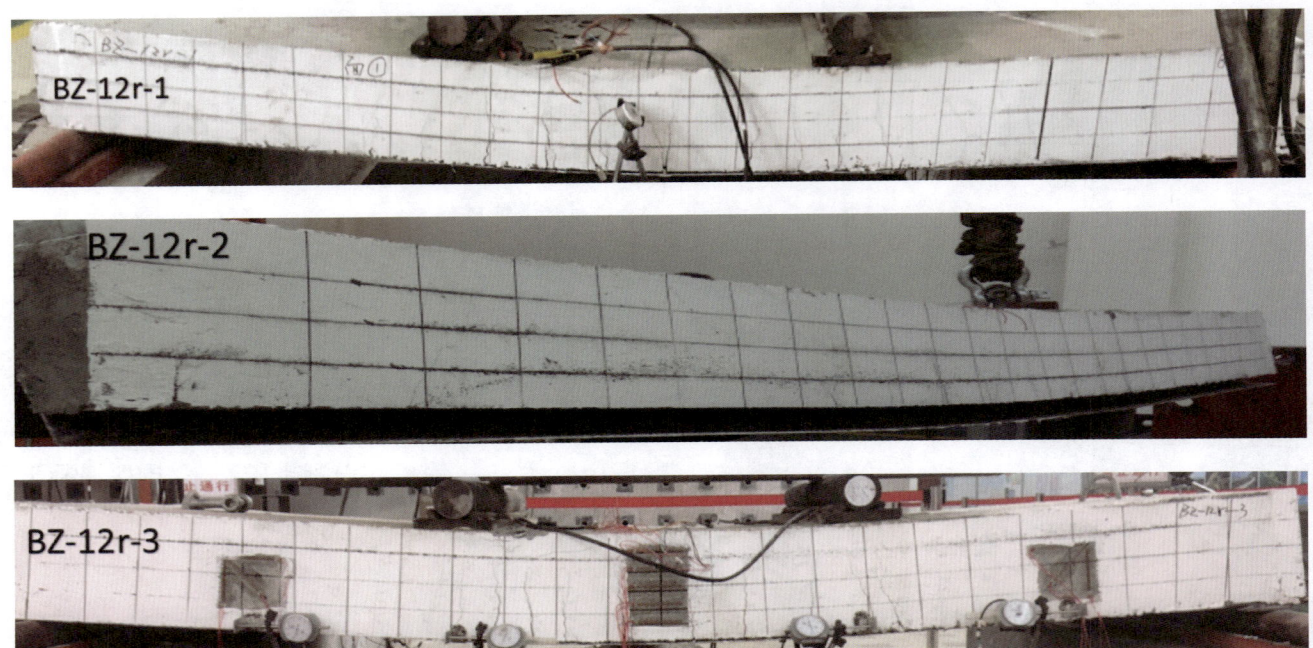

图 10-119　各试件破坏后的挠曲状态

图 10-120　试件端头钢板与混凝土滑移形态

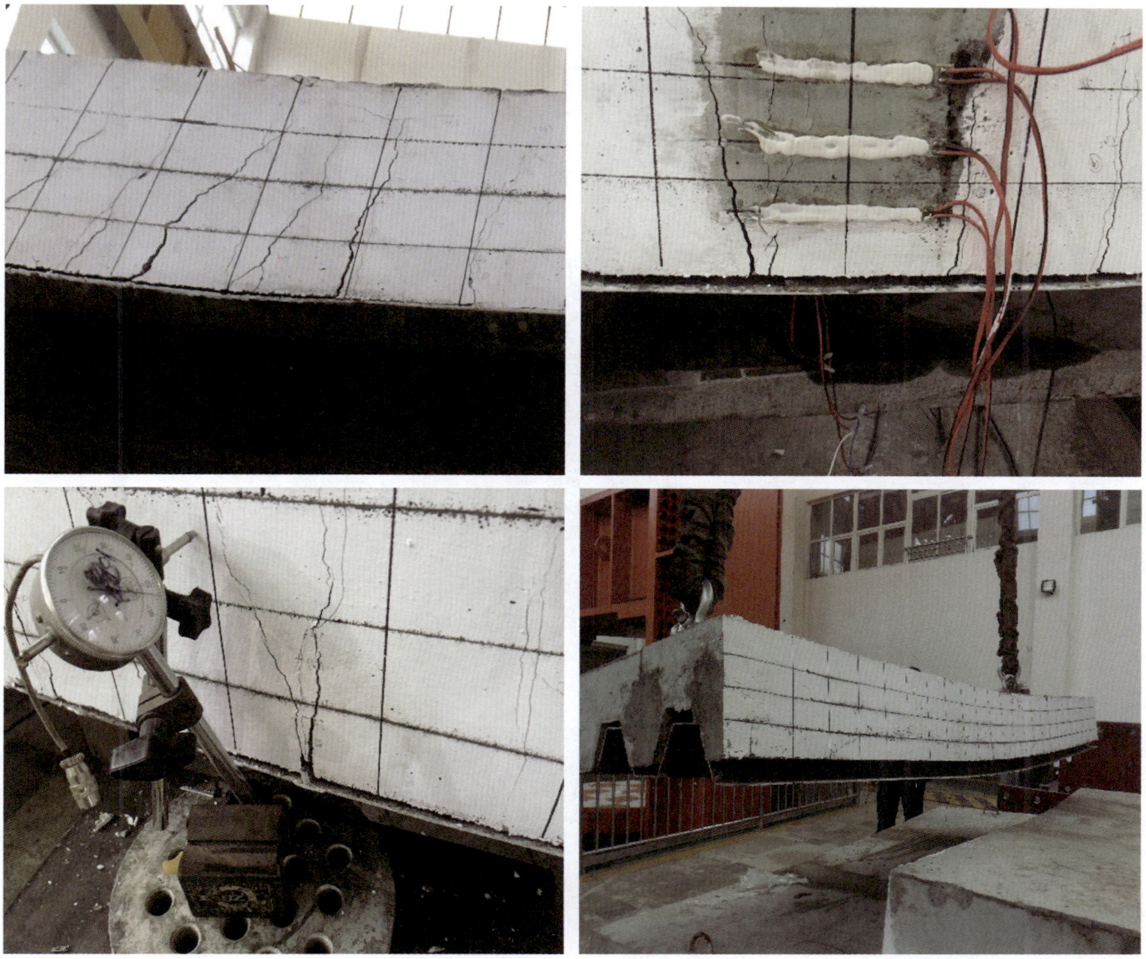

图 10-121 钢板与混凝土脱黏形态

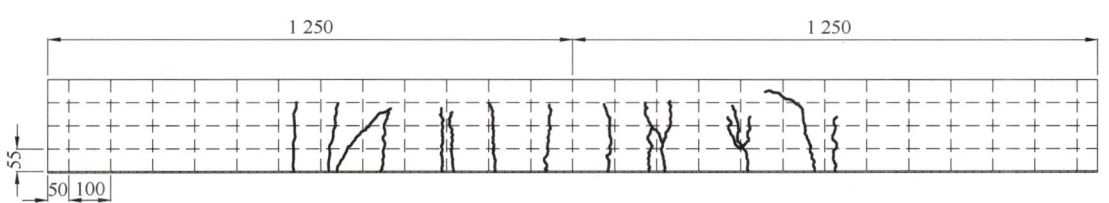

图 10-122 BZ-10q-1 试件破坏后裂缝分布图(单位:mm)

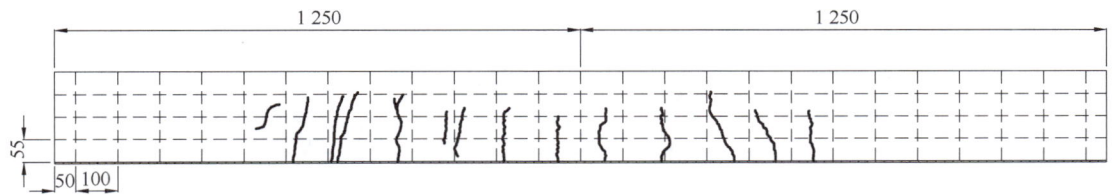

图 10-123 BZ-10q-2 试件破坏后裂缝分布图(单位:mm)

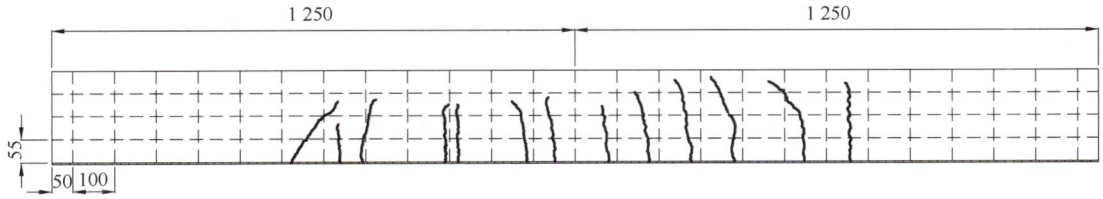

图 10-124 BZ-10q-3 试件破坏后裂缝分布图(单位:mm)

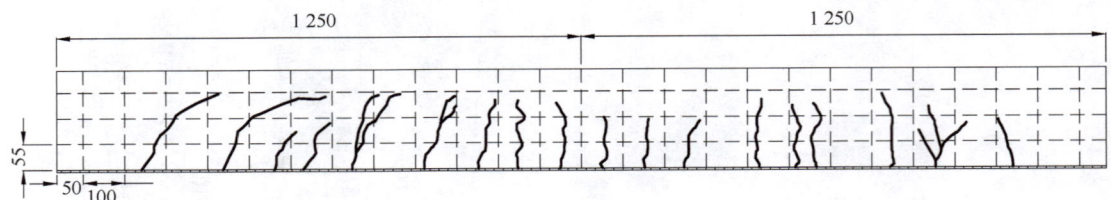

图 10-125　BZ-12q-1 试件破坏后裂缝分布图（单位：mm）

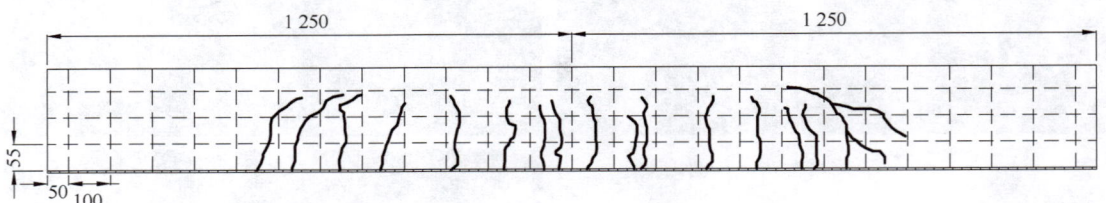

图 10-126　BZ-12q-2 试件破坏后裂缝分布图（单位：mm）

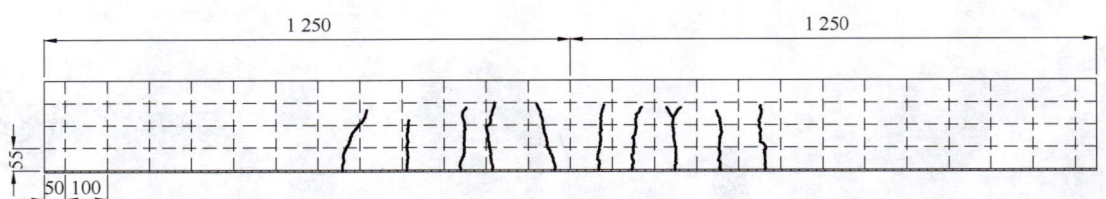

图 10-127　BZ-12r-1 试件破坏后裂缝分布图（单位：mm）

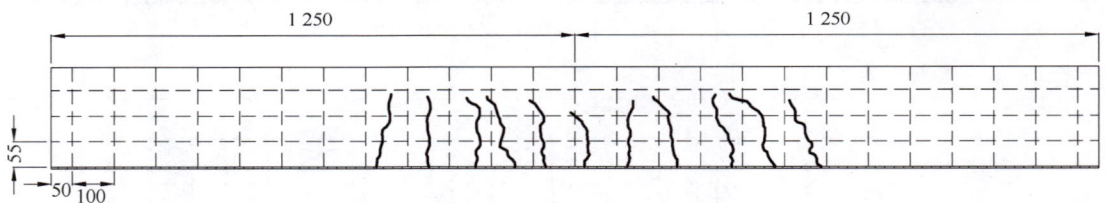

图 10-128　BZ-12r-2 试件破坏后裂缝分布图（单位：mm）

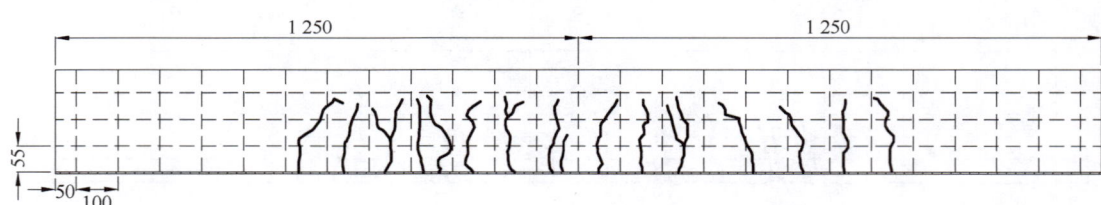

图 10-129　BZ-12r-3 试件破坏后裂缝分布图（单位：mm）

通过观察强焊试件和弱焊试件的破坏形态发现，弱焊试件相较于强焊试件受拉区钢板和混凝土脱黏现象更为严重，试件端头混凝土滑移量更大。

2）荷载-挠度曲线

（1）荷载-跨中挠度曲线。

8 块试件采用相同刻度绘制其荷载-挠度曲线，如图 10-131～图 10-138 所示，其荷载挠度对比如图 10-139 所示，测点位置如图 10-130 所示。

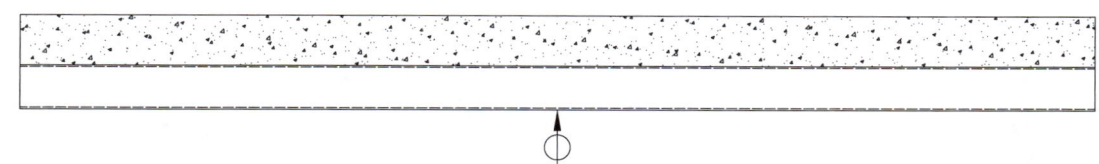

图 10-130　跨中下缘测点位置图

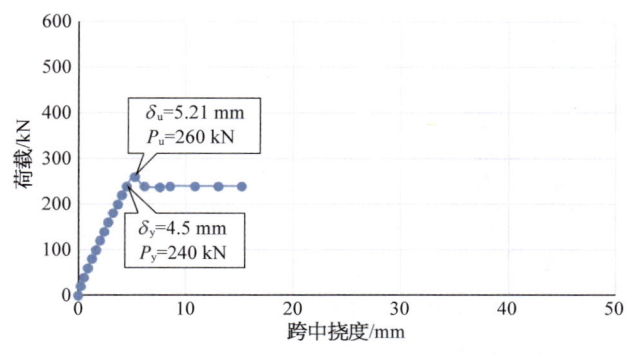

图 10-131　试件 BZ-10q-1 荷载-跨中挠度曲线

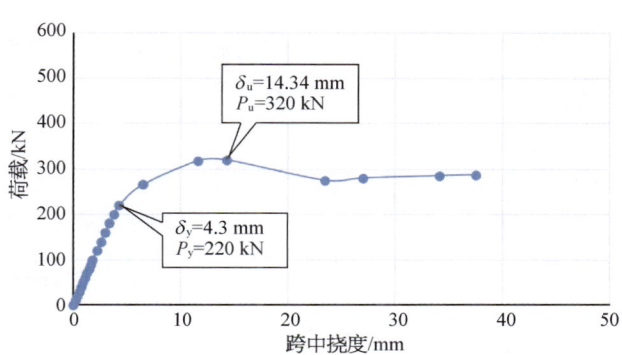

图 10-132　试件 BZ-10q-2 荷载-跨中挠度曲线

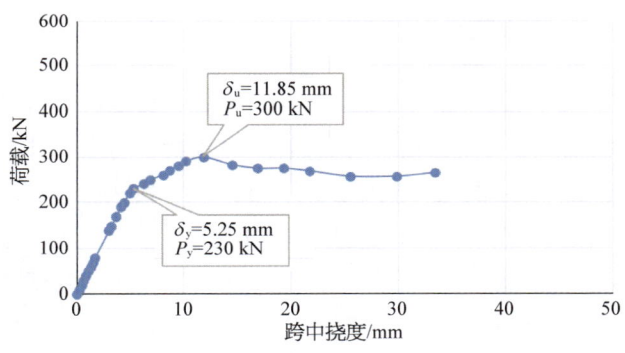

图 10-133　试件 BZ-10q-3 荷载-跨中挠度曲线

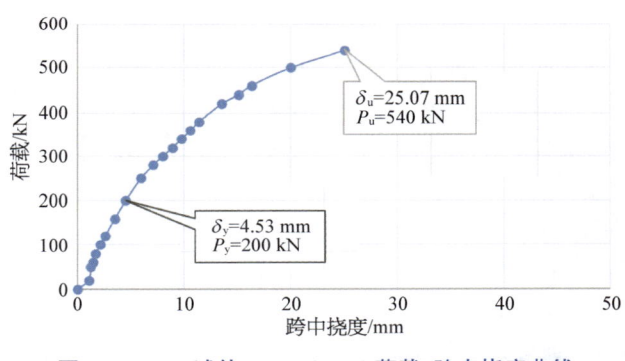

图 10-134　试件 BZ-12q-1 荷载-跨中挠度曲线

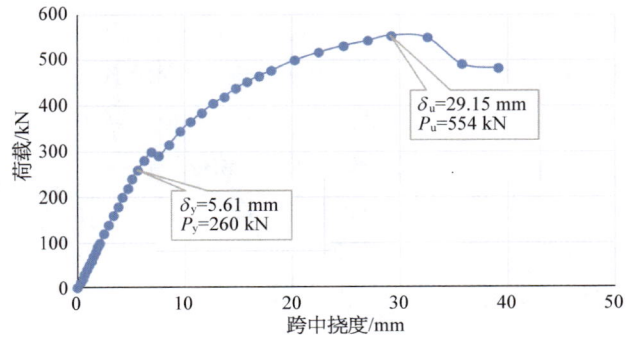

图 10-135　试件 BZ-12q-2 荷载-跨中挠度曲线

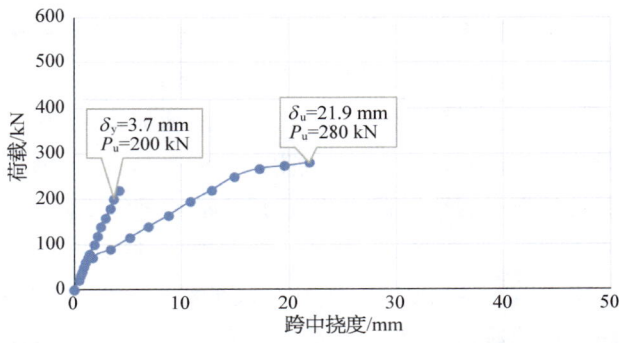

图 10-136　试件 BZ-12r-1 荷载-跨中挠度曲线

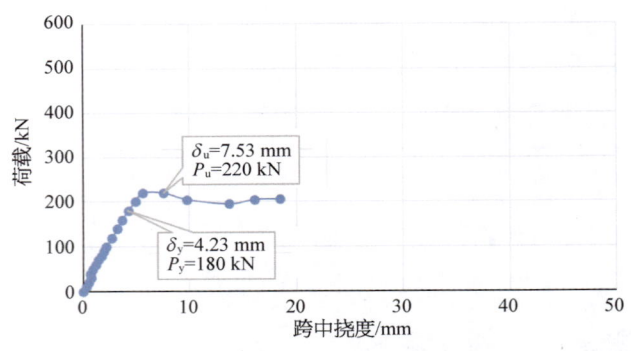

图 10-137 试件 BZ-12r-2 荷载-跨中挠度曲线

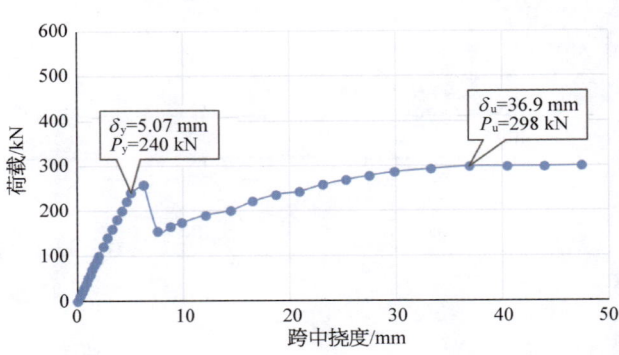

图 10-138 试件 BZ-12r-3 荷载-跨中挠度曲线

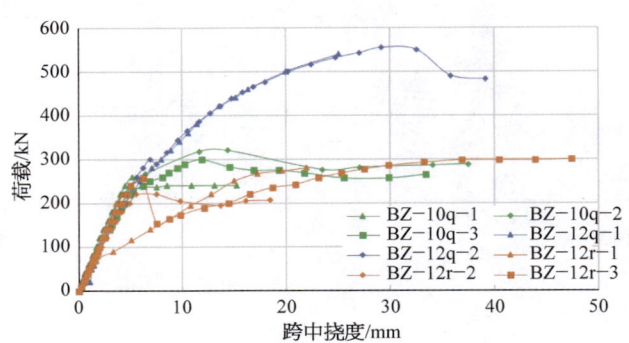

图 10-139 各试件荷载-跨中挠度对比图

由图 10-131～图 10-138 可见，8 个试件的荷载挠度曲线表现为弯曲破坏模式，其受力全过程可近似划分为 4 个阶段：①弹性阶段，在荷载加载初期为弹性阶段，荷载-挠度曲线呈现线性关系，斜率反映了试件的初始刚度，波折底钢板与混凝土共同工作，组合板的应变分布符合平截面假定，混凝土板内无裂缝出现；②带裂缝工作阶段，此阶段混凝土受拉底面开始出现裂缝，随着荷载增加，裂缝条数逐渐增多且向上扩展，组合板的刚度有一定程度的下降；③波折底钢板屈服后，试件进入塑性阶段，波折钢板和混凝土间的协同工作减弱，试件挠度增长速率加快，混凝土裂缝向顶面扩展且裂缝逐渐加宽；④在荷载达到峰值后，试件的承载能力并未迅速丧失，随承载力的下降变形迅速增长，表现为曲线平缓下降。

观察图 10-136、图 10-138（即试件 BZ-12r-1、BZ-12r-3 的荷载-跨中挠度曲线）可知，在达到屈服荷载后，试件承受的荷载均有一次急剧下降，这是由于弱焊试件中的钢筋和波折钢板之间的焊点受到剪力而脱焊，导致试件抗弯刚度急剧下降所致。

观察图 10-122～图 10-129 的裂缝分布图可见，弱焊试件较于强焊试件裂缝相对更加集中于跨中附近，说明强焊试件整体性更好，能更好地适应受弯过程。观察图 10-121 波折钢板和混凝土脱黏形态可知，弱焊比强焊试件脱黏形态更加明显，其抗弯性能明显低于强焊试件。通过 8 个试件的荷载-跨中挠度对比图可见，在其余设计参数均相同的情况下：(1) 强焊试件比弱焊试件具有更高的抗弯承载力，且弱焊试件更易出现混凝土内钢筋与波折钢板脱焊导致试件整体抗弯刚度突然下降的情况；(2) 随着混凝土内钢筋直径的增加，试件的极限抗弯承载力有较大提高，在本试验中，混凝土内钢筋直径由 $\phi 10$ 变为 $\phi 12$ 后，其抗弯承载力提升了约一倍左右。

(2) 荷载-4 分点挠度曲线。

试件下缘挠度测点布置如图 10-140 所示，8 块试件采用相同刻度绘制其荷载-4 分点挠度曲线，如图 10-141～图 10-148 所示，曲线是距跨中 600 mm 处的挠度，距跨中 600 mm 处左右各架设了一个对称的百分表。

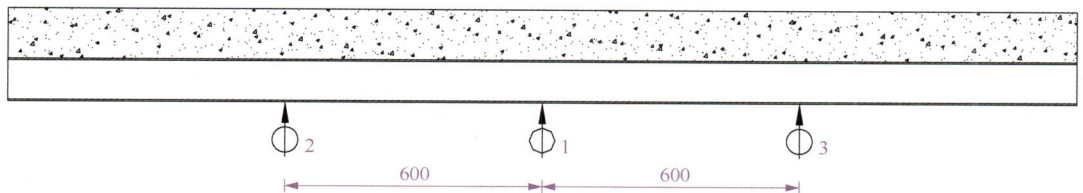

图 10-140　跨中下缘百分表位置示意图（单位：mm）

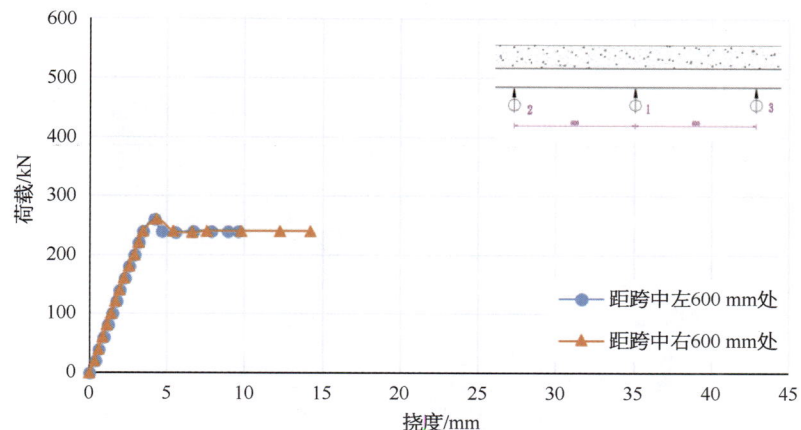

图 10-141　试件 BZ-10q-1 荷载-4 分点挠度曲线

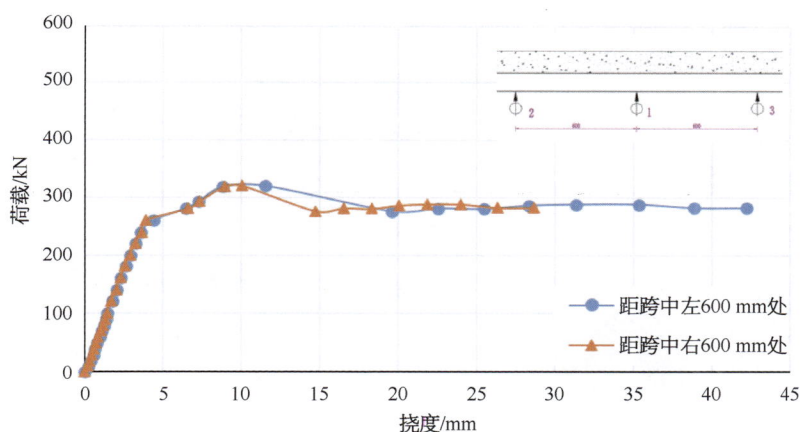

图 10-142　试件 BZ-10q-2 荷载-4 分点挠度曲线

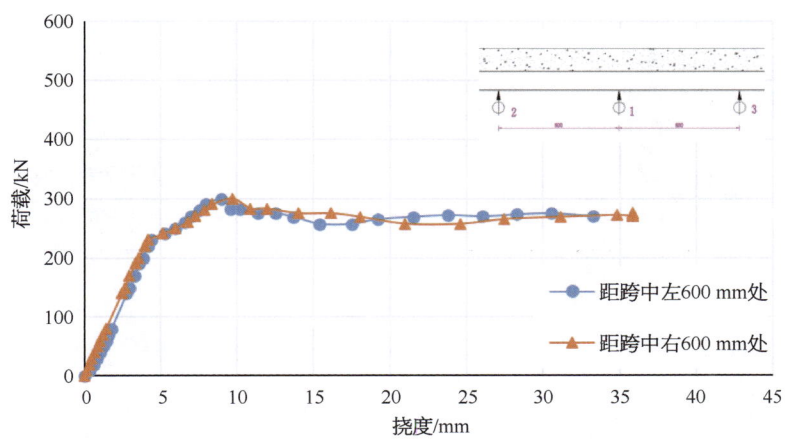

图 10-143　试件 BZ-10q-3 荷载-4 分点挠度曲线

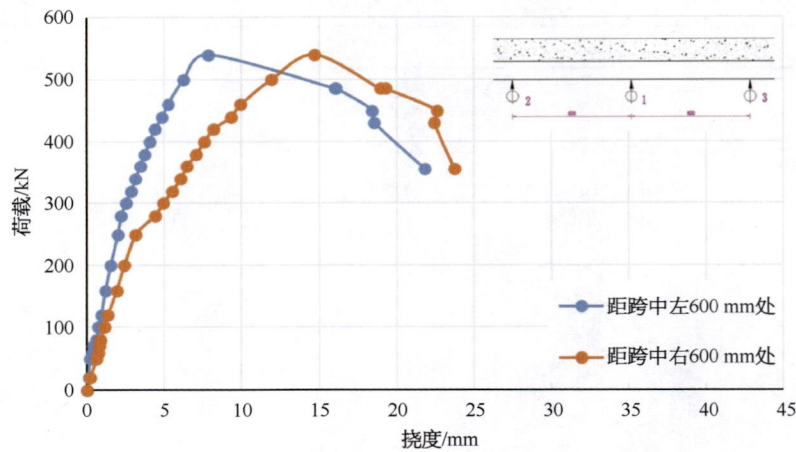

图 10-144　试件 BZ-12q-1 荷载-4 分点挠度曲线

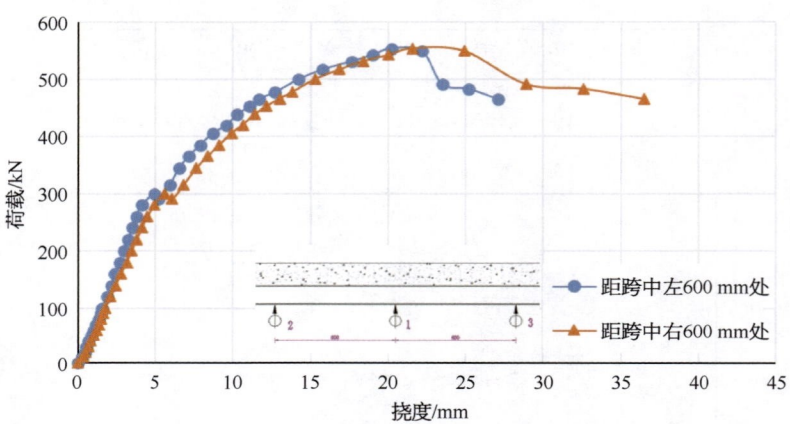

图 10-145　试件 BZ-12q-2 荷载-4 分点挠度曲线

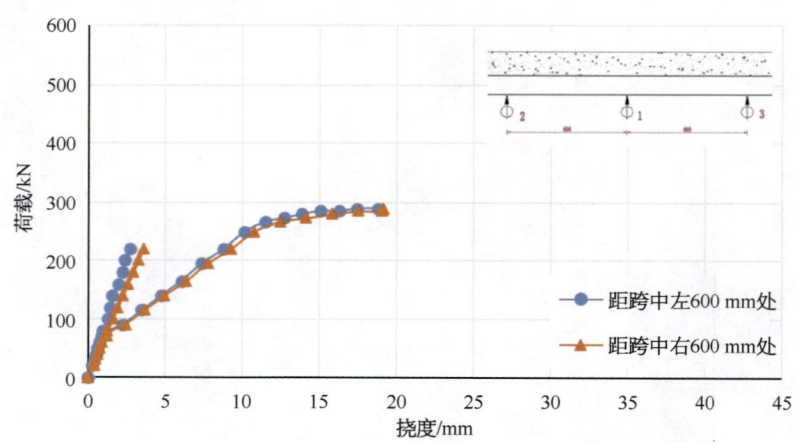

图 10-146　试件 BZ-12r-1 荷载-4 分点挠度曲线

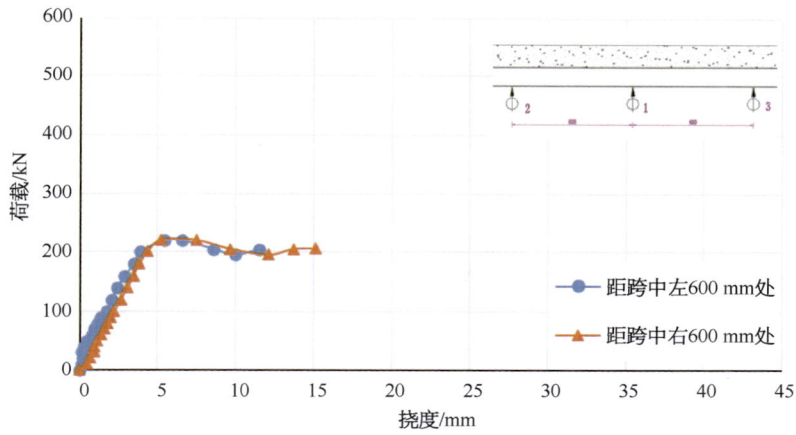

图 10-147　试件 BZ-12r-2 荷载-4 分点挠度曲线

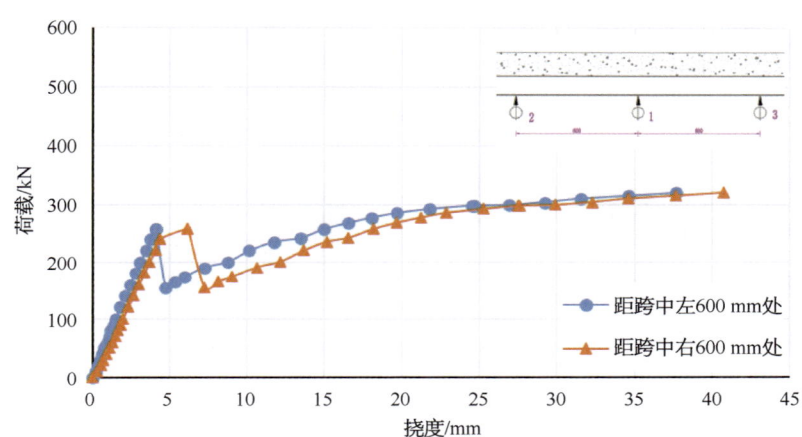

图 10-148　试件 BZ-12r-3 荷载-4 分点挠度曲线

由曲线可以看出两个百分表对应的荷载-4分点挠度曲线基本重合，说明试件在加载过程中基本满足3分点对称加载，试件 BZ-12q-1 的荷载-4分点挠度曲线中两个表相差较大，这是由于试件没垫平使万向铰偏至右侧导致试件右侧挠度偏大，观察曲线不难发现部分曲线出现荷载突变，这是由于试件内部钢筋与底部钢板脱焊导致。其余规律与荷载-跨中挠度曲线试验结果吻合。

(3) 荷载-挠度分布曲线。

试件下缘挠度测点如图 10-149 所示，由于试验条件的限制，沿试件纵向共布置3个百分表，分别位于跨中、距跨中左侧 600 mm 处，距跨中右侧 600 mm 处，荷载-挠度分布曲线汇总了3个百分表在各级荷载下记录的试件变形，8块试件中采用相同刻度绘制其荷载-挠度分布曲线，如图 10-150～图 10-157 所示。

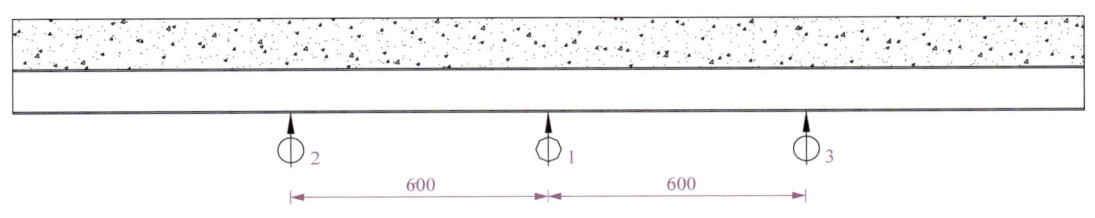

图 10-149　跨中下缘百分表位置示意图（单位：mm）

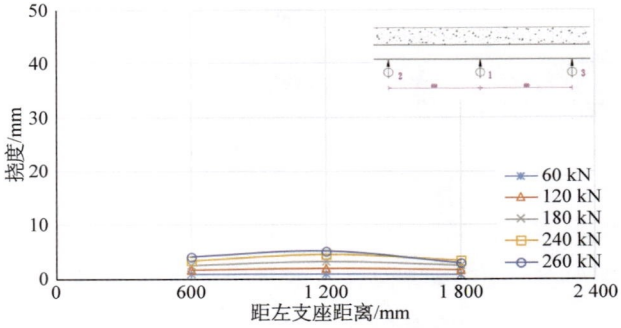
图 10-150　试件 BZ-10q-1 荷载-挠度分布曲线

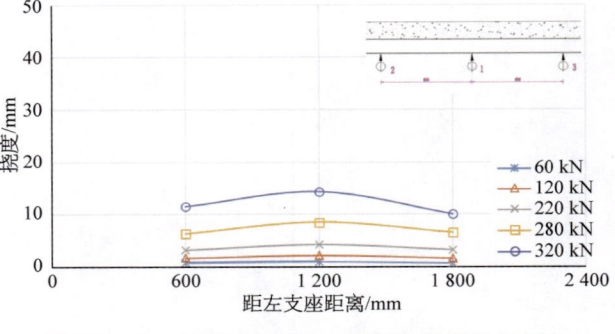
图 10-151　试件 BZ-10q-2 荷载-挠度分布曲线

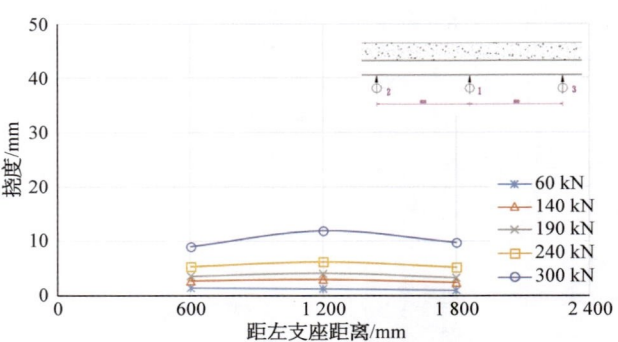
图 10-152　试件 BZ-10q-3 荷载-挠度分布曲线

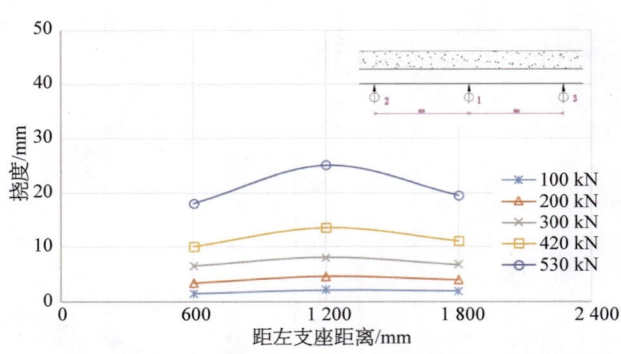
图 10-153　试件 BZ-12q-1 荷载-挠度分布曲线

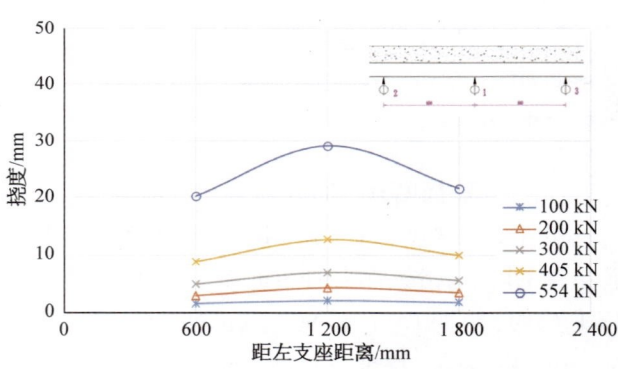
图 10-154　试件 BZ-12q-2 荷载-挠度分布曲线

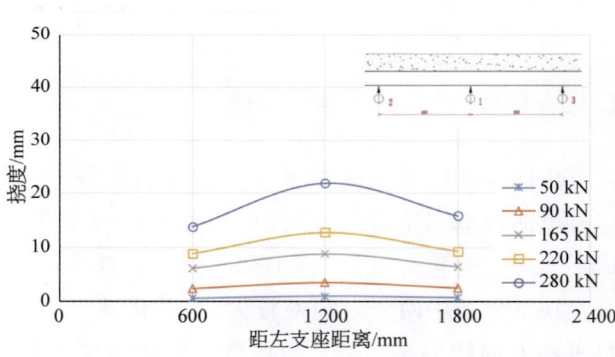
图 10-155　试件 BZ-12r-1 荷载-挠度分布曲线

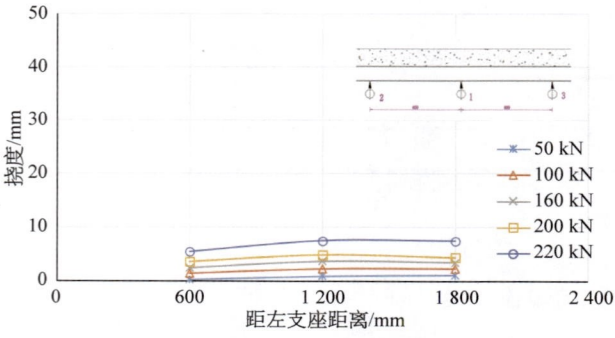
图 10-156　试件 BZ-12r-2 荷载-挠度分布曲线

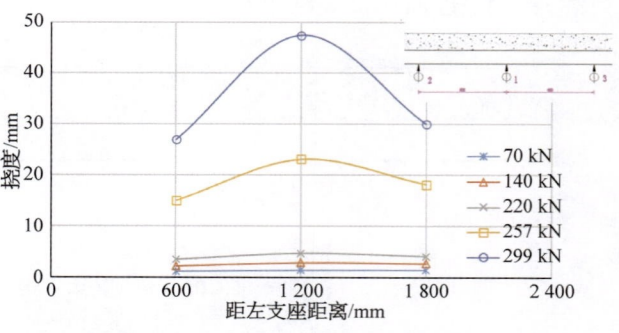
图 10-157　试件 BZ-12r-3 荷载-挠度分布曲线

荷载-挠度分布曲线体现了在各级荷载作用下，试件挠度的变化情况，可以明显看出随着加载值的增大，试件挠度不断增大，其中跨中测点的挠度最大，两边测点的挠度最小，且沿着试件跨度方向，变形对称。取同一级荷载作用下（20 t 左右）对比 8 块试件的荷载-挠度分布曲线如图 10-158 所示，总体规律是强焊试件挠度较弱焊试件小，其中试件 BZ-12r-1 挠度相对较小，可能是焊接过程中焊接长度偏长，导致达到强焊试件强度。

3）荷载-应变曲线

（1）荷载-混凝土侧面应变曲线。

混凝土侧面应变片测点位置如图 10-159 所示，试件跨中正截面应变沿板厚方向的分布及发展变化曲线如图 10-160～图 10-167 所示，图中每条曲线共 5 个纵向应变测点数据，从下至上高度依次为 20 mm→65 mm→110 mm→155 mm→200 mm，如图 10-115 所示，5 个测点的具体位置依次为：混凝土板侧面从上至下 12#～16# 应变测点。

由图 10-160～图 10-167 可见，8 块试件的荷载-跨中正截面应变分布曲线规律基本一致：当荷载较低时，5 个沿高度分布的测点应变曲线基本为一条直线，下部受拉、上部受压，满足平截面假定；随着荷载的增大，平截面假定不再适用，混凝土和钢板呈现出各自受力的应变曲线形式。

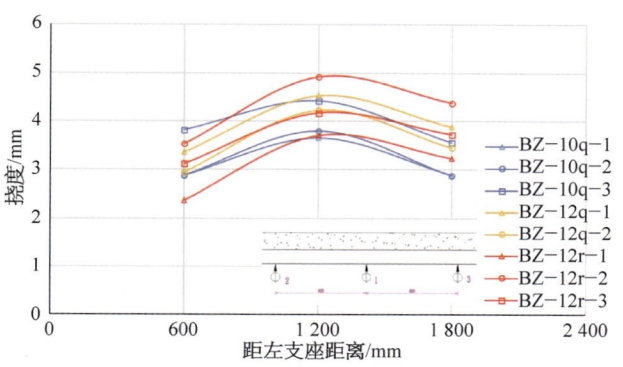

图 10-158 各试件同级荷载（20 t）作用下的荷载-挠度分布曲线

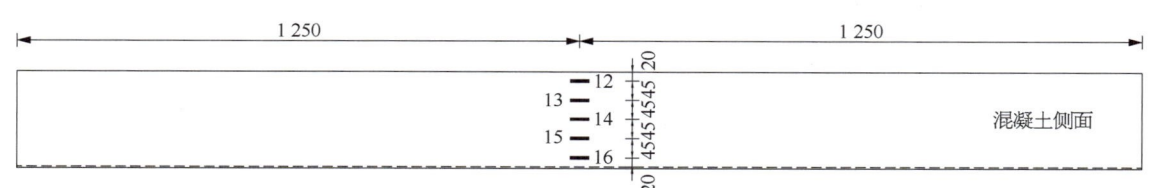

图 10-159 混凝土侧面应变片位置图（单位：mm）

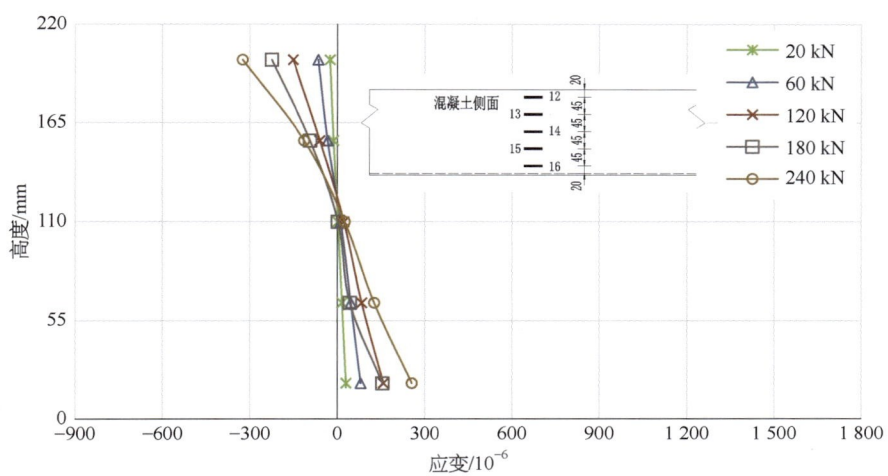

图 10-160 试件 BZ-10q-1 荷载-跨中正截面应变分布曲线

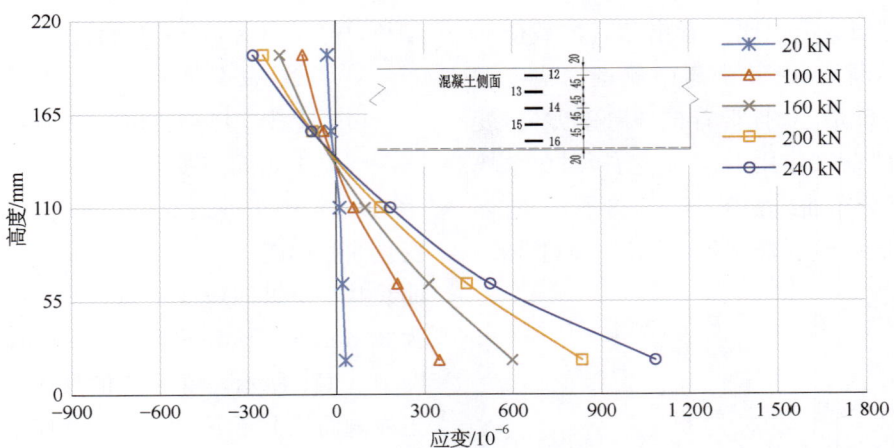

图 10-161 试件 BZ-10q-2 荷载-跨中正截面应变分布曲线

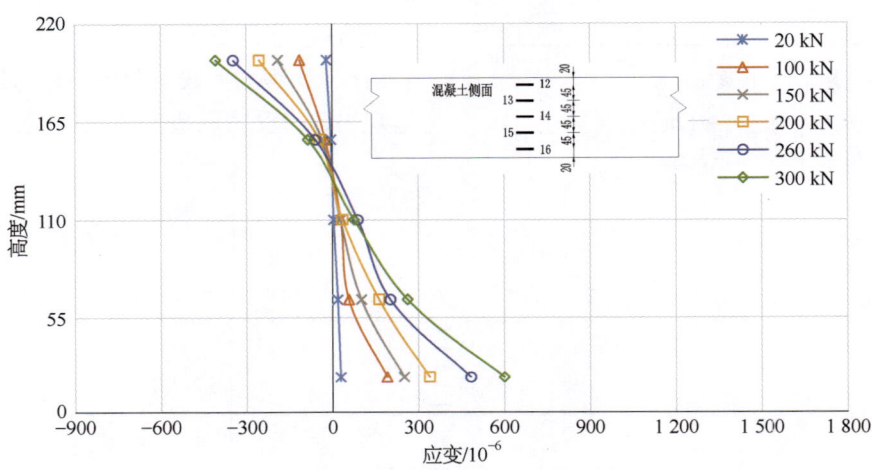

图 10-162 试件 BZ-10q-3 荷载-跨中正截面应变分布曲线

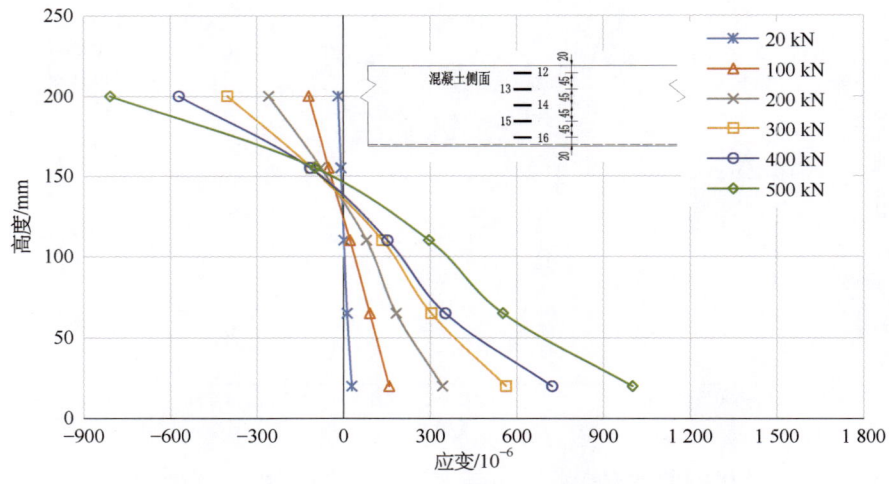

图 10-163 试件 BZ-12q-1 荷载-跨中正截面应变分布曲线

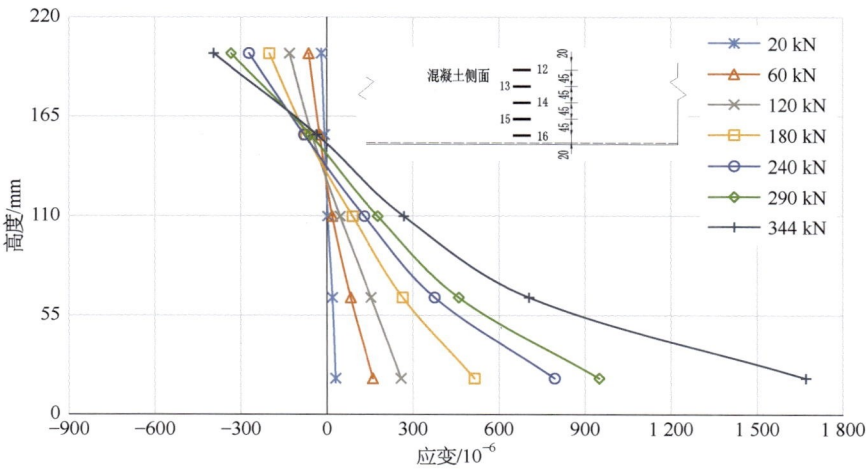

图 10-164 试件 BZ-12q-2 荷载-跨中正截面应变分布曲线

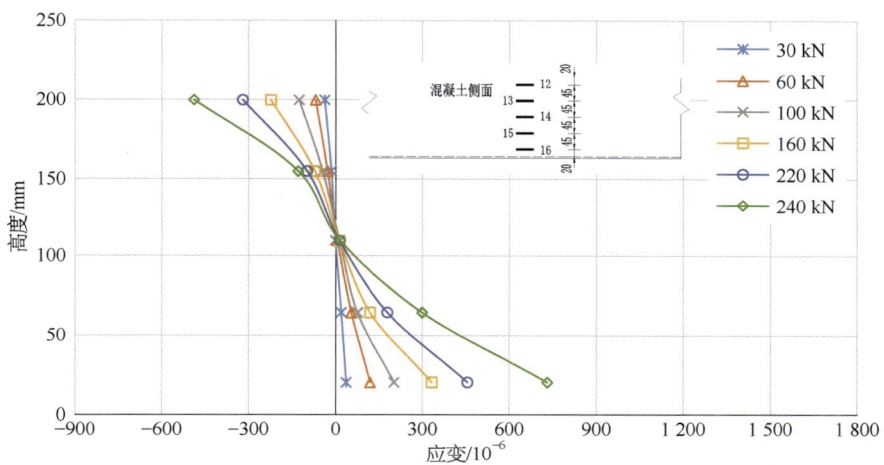

图 10-165 试件 BZ-12r-1 荷载-跨中正截面应变分布曲线

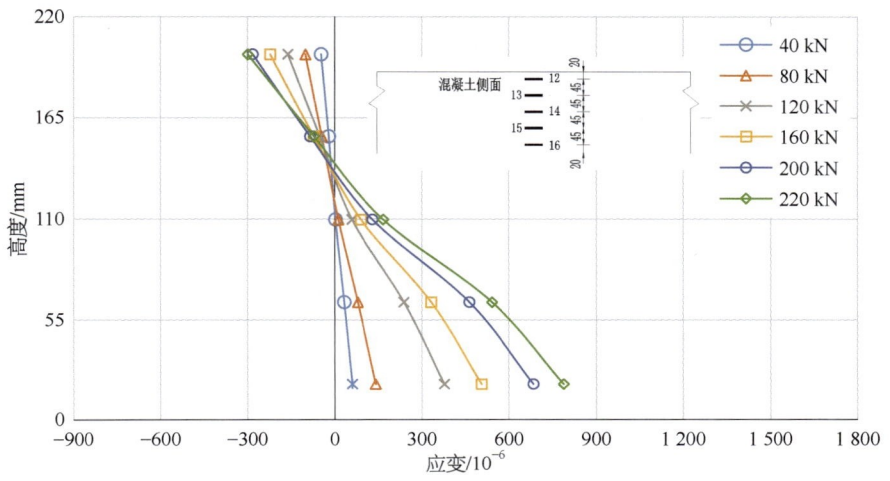

图 10-166 试件 BZ-12r-2 荷载-跨中正截面应变分布曲线

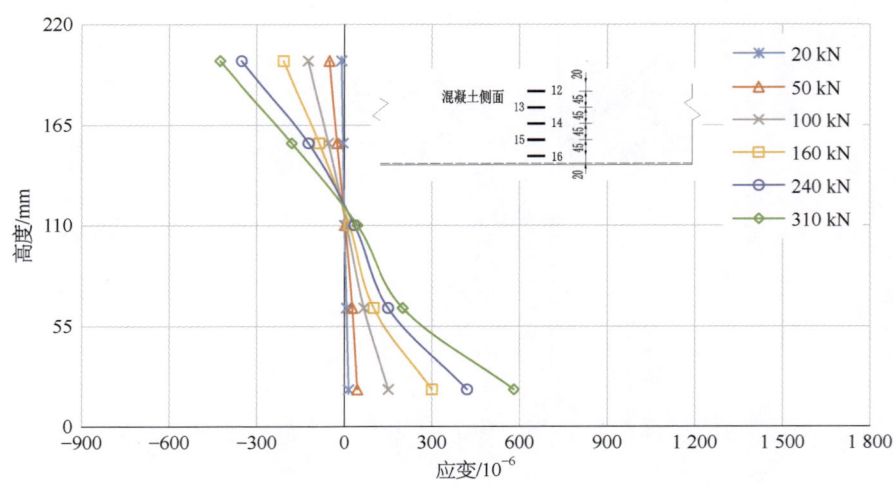

图 10-167　试件 BZ-12r-3 荷载-跨中正截面应变分布曲线

（2）荷载-混凝土顶面应变曲线。

混凝土顶面应变测点位置如图 10-168 所示。各试件混凝土顶面荷载-应变曲线采用相同刻度绘制，如图 10-169～图 10-176 所示。其中，试件 BZ-10q-2 中 8# 测点由于应变片问题未能读出加载过程中应变值。

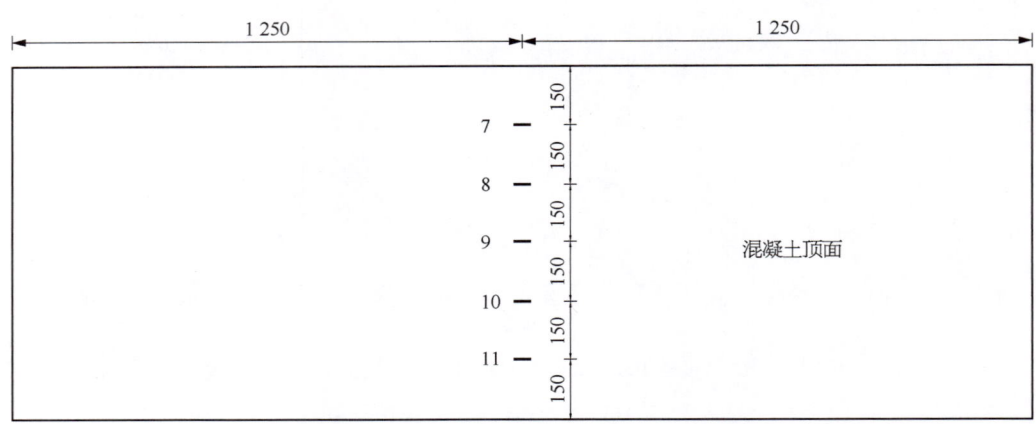

图 10-168　混凝土顶面应变测点位置图（单位：mm）

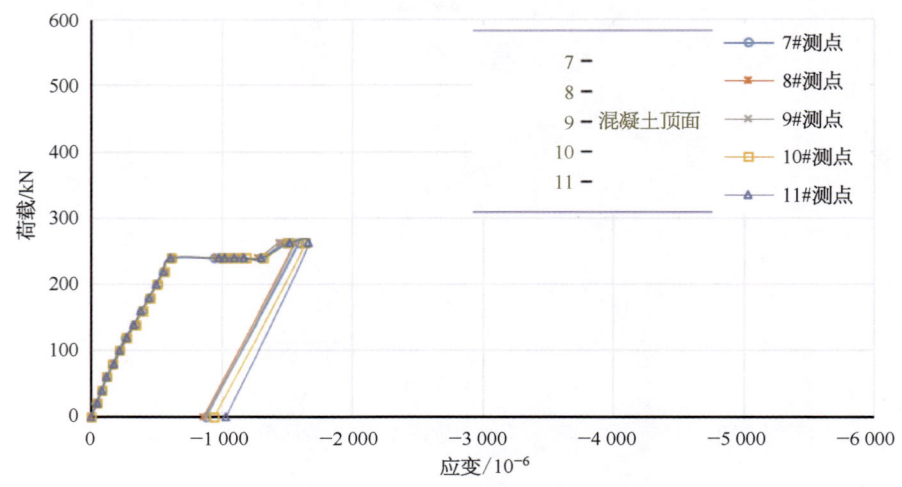

图 10-169　试件 BZ-10q-1 荷载-混凝土顶面应变分布曲线

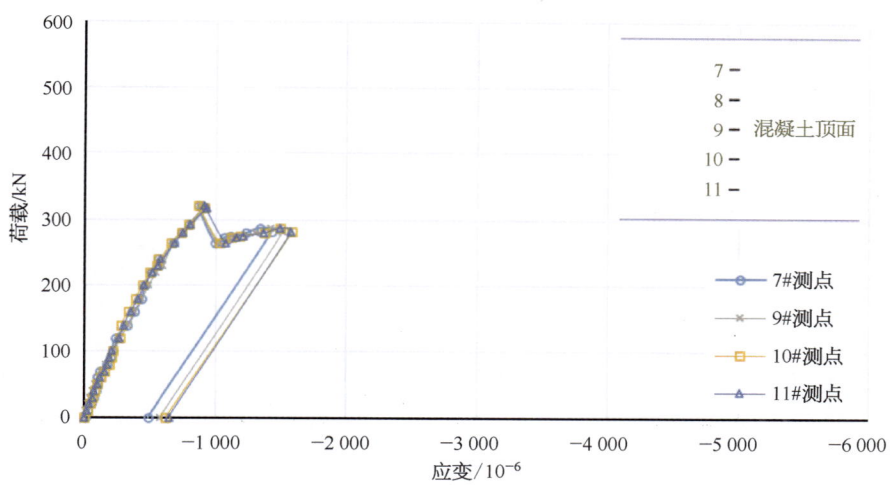

图 10-170 试件 BZ-10q-2 荷载-混凝土顶面应变分布曲线(8#测点坏掉)

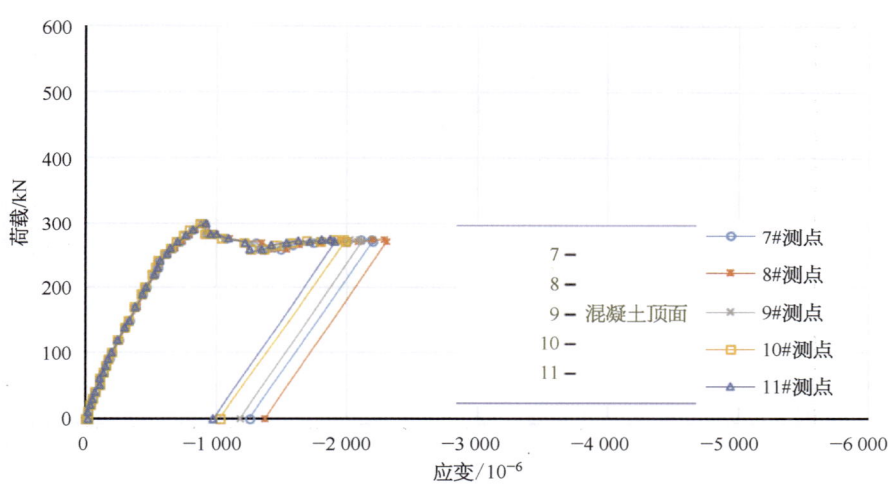

图 10-171 试件 BZ-10q-3 荷载-混凝土顶面应变分布曲线

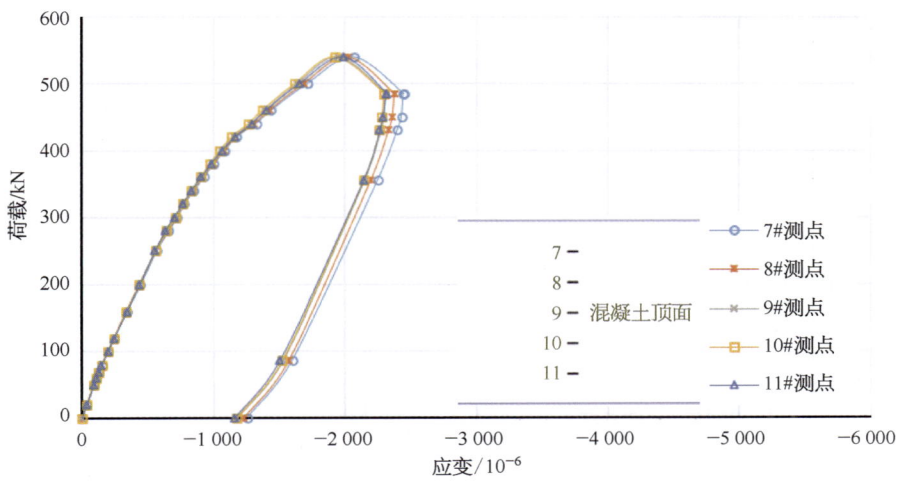

图 10-172 试件 BZ-12q-1 荷载-混凝土顶面应变分布曲线

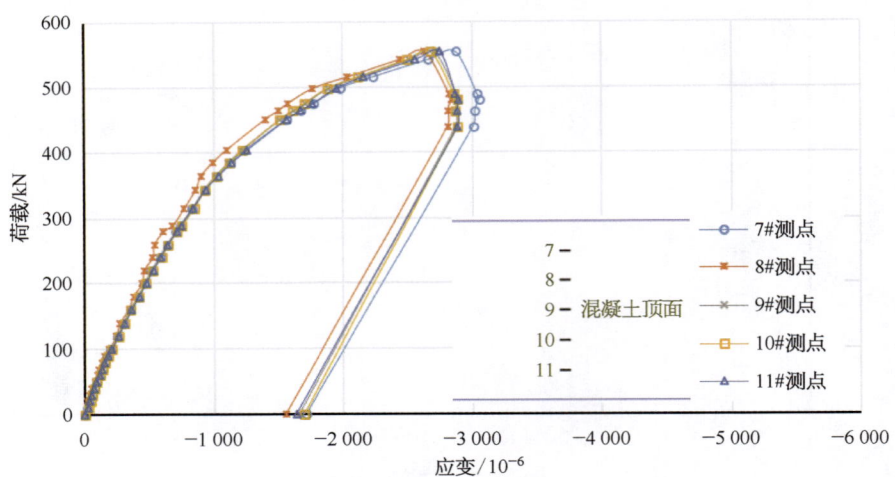

图 10-173 试件 BZ-12q-2 荷载-混凝土顶面应变分布曲线

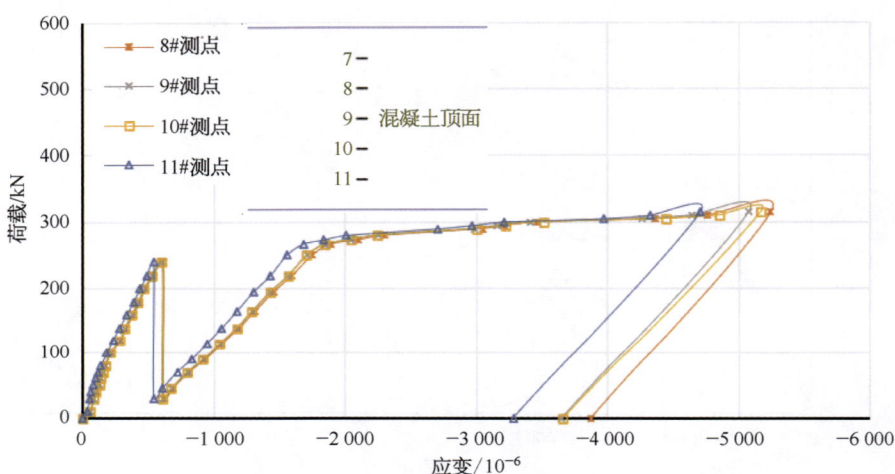

图 10-174 试件 BZ-12r-1 荷载-混凝土顶面应变分布曲线

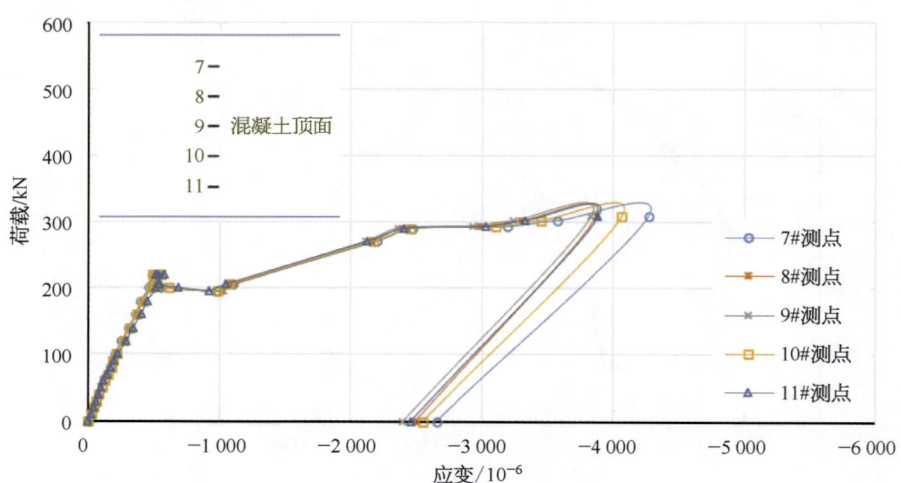

图 10-175 试件 BZ-12r-2 荷载-混凝土顶面应变分布曲线

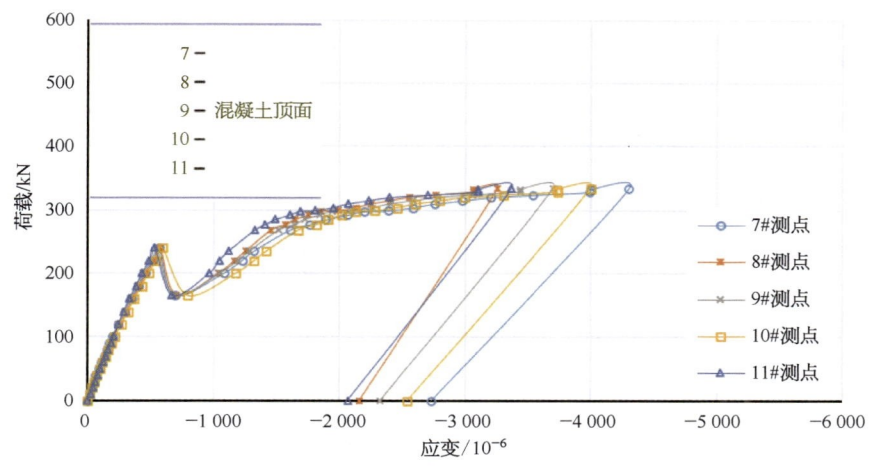

图 10-176　试件 BZ-12r-3 荷载-混凝土顶面应变分布曲线

由图 10-169～图 10-176 可见,各试件混凝土顶面 5 个测点的应变曲线基本重合,符合试验过程中混凝土横向应变分布均匀的力学原理,说明试验结果可信;观察各曲线可知,弱焊试件更容易出现荷载骤降的情况,这是由于弱焊试件内部钢筋和钢板更容易脱焊;同时,8 个试件的荷载-混凝土顶面应变分布曲线规律与荷载-跨中挠度曲线规律一致,此处不再赘述。

(3) 荷载-底钢板纵向应变曲线。

波折底钢板跨中纵向测点如图 10-177 所示。试件的荷载-底钢板跨中纵向应变曲线采用相同刻度绘制,如图 10-178～图 10-185 所示。

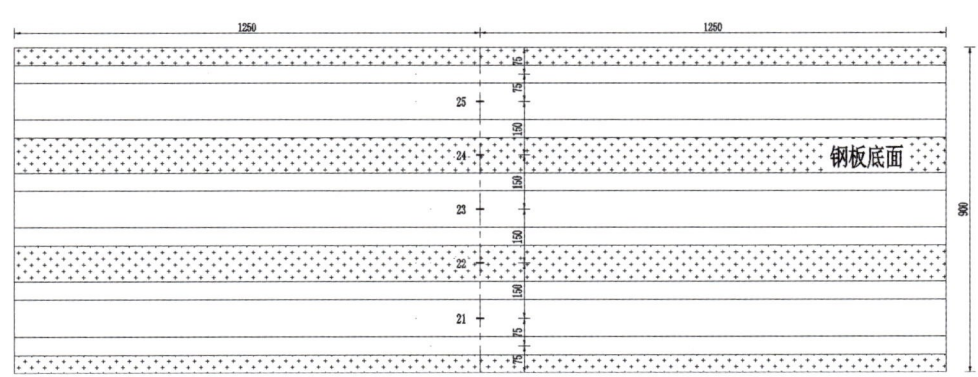

图 10-177　底钢板跨中纵向应变测点位置示意图(单位:mm)

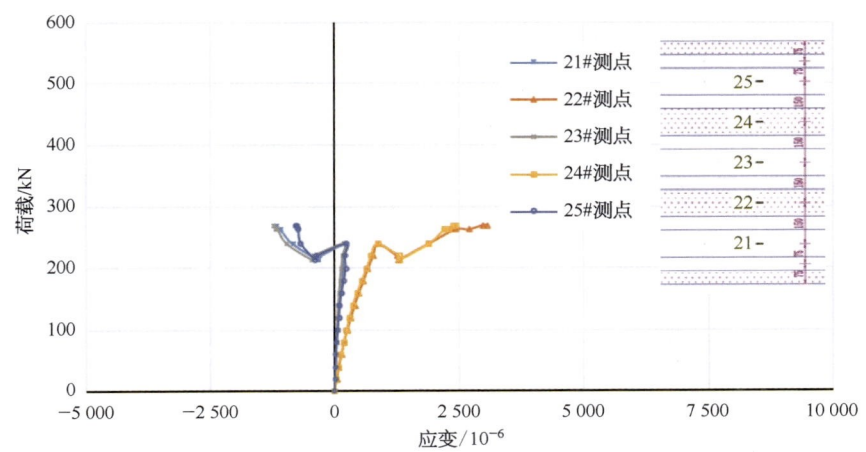

图 10-178　试件 BZ-10q-1 的荷载-底钢板跨中纵向应变曲线

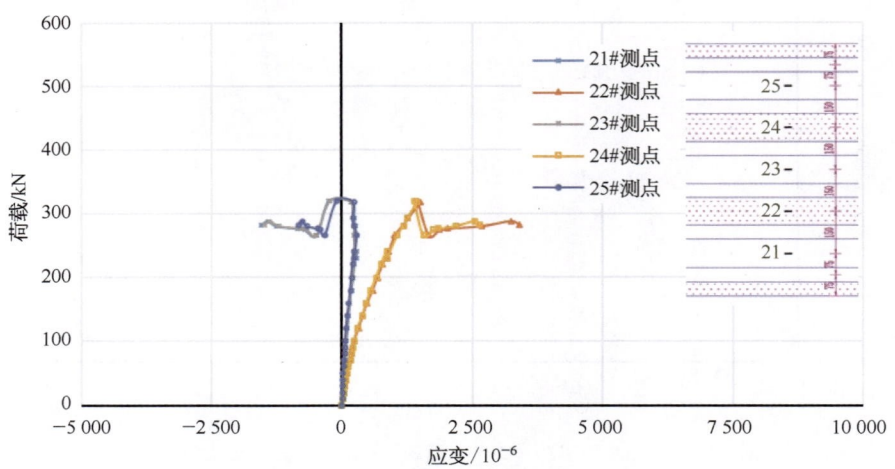

图 10-179 试件 BZ-10q-2 的荷载-底钢板跨中纵向应变曲线

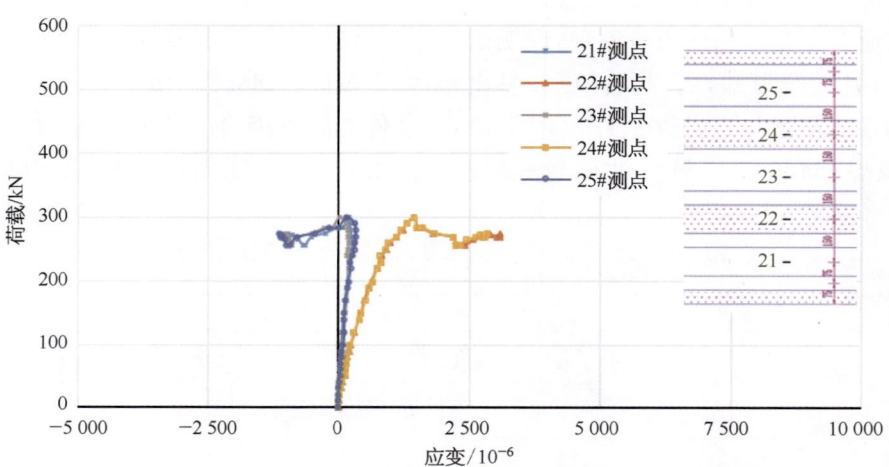

图 10-180 试件 BZ-10q-3 的荷载-底钢板跨中纵向应变曲线

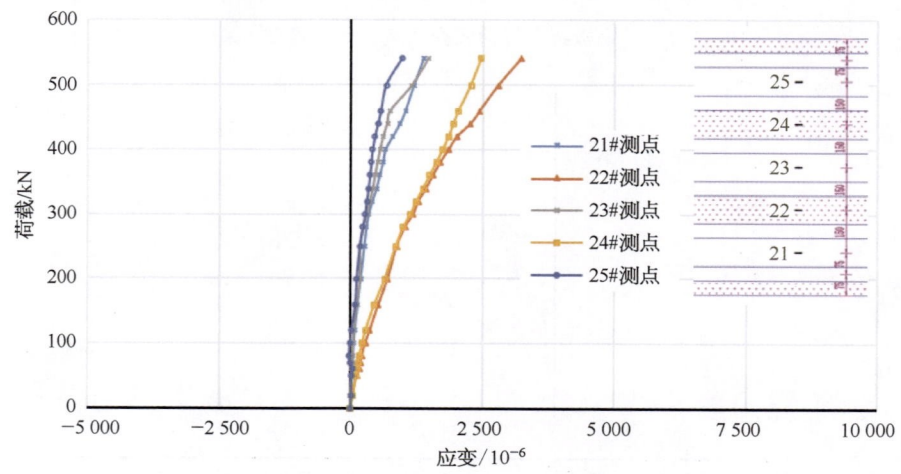

图 10-181 试件 BZ-12q-1 的荷载-底钢板跨中纵向应变曲线

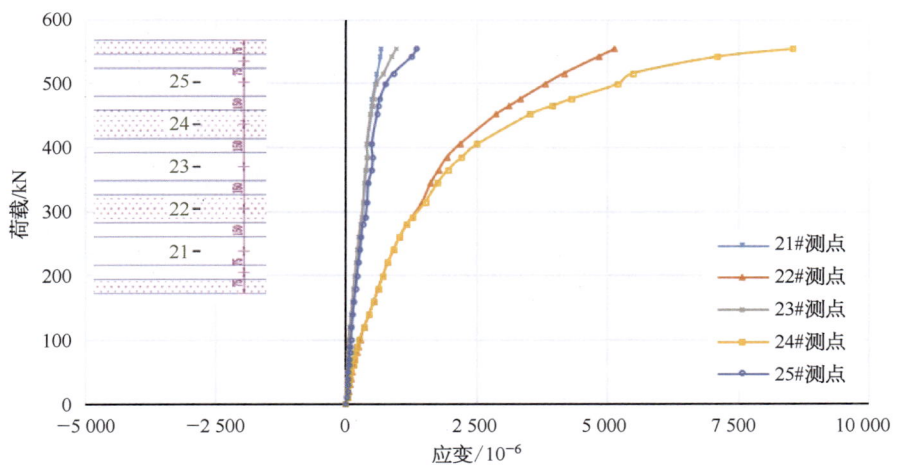

图 10-182 试件 BZ-12q-2 的荷载-底钢板跨中纵向应变曲线

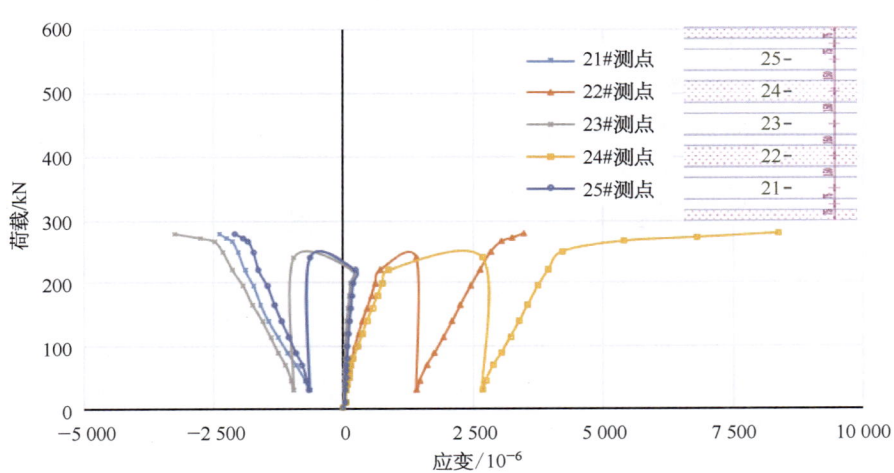

图 10-183 试件 BZ-12r-1 的荷载-底钢板跨中纵向应变曲线

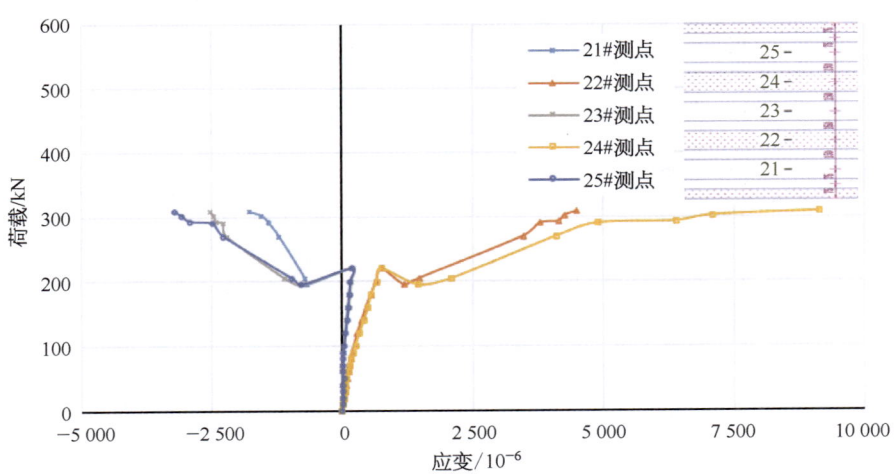

图 10-184 试件 BZ-12r-2 的荷载-底钢板跨中纵向应变曲线

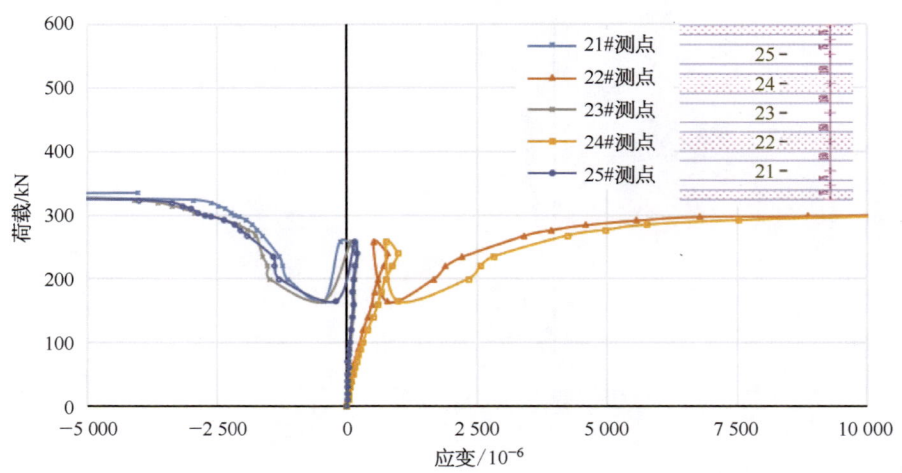

图 10‑185　试件 BZ‑12r‑3 的荷载-底钢板跨中纵向应变曲线

图 10‑178～图 10‑185 中分布在曲线右侧的 22#、24# 测点为波折钢板波峰处 2 个纵向应变测点，分析可知：波折钢板在波峰位置受拉，且随荷载的增加拉应变经历了弹性阶段、塑性阶段直至破坏的过程，其应变分布曲线和跨中挠度曲线规律基本一致；其中弱焊试件的荷载骤降是由脱焊引起，此处不再赘述。

图 10‑178～图 10‑185 中分布在曲线左侧的 21#、23#、25# 测点为波折钢板波谷处 3 个纵向应变测点，分析可知：荷载较小时，中性轴位于波折钢板以上混凝土内，波折钢板在波谷位置首先受拉，其变形与波峰位置基本一致；随着荷载的增加，混凝土受压区高度不断增大，试件中性轴向下移动，移至波折钢板波峰与波谷之间，此时图 10‑178～图 10‑180、图 10‑183～图 10‑185 中波谷处钢板纵向应变由拉应变转换成压应变。

图 10‑181、图 10‑182 中采用 $\phi12$ 的强焊试件中的位于波谷的 3 个纵向应变测点（21#、23#、25# 测点）并未出现 $\phi10$ 强焊试件和 $\phi12$ 弱焊试件的拉应变转换为压应变的现象，是由于 $\phi12$ 强焊试件在上部混凝土压溃的情况下，下部钢板尚在强化阶段，未达到自身的极限强度。

波折底钢板四分之一跨度纵向应变测点如图 10‑186 所示，试件的荷载-底钢板四分之一测点纵向应变曲线同样采用相同刻度绘制，如图 10‑187～图 10‑194 所示。

底钢板四分之一测点同跨中测点规律基本一致，需要注意的是，弱焊试件中的荷载骤降是由板内钢筋和下缘钢板脱焊引起。

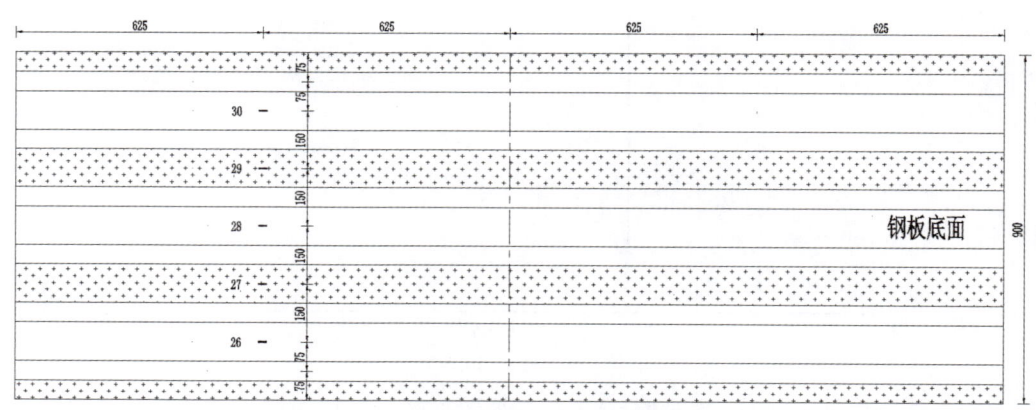

图 10‑186　底钢板四分之一纵向应变测点位置图（单位：mm）

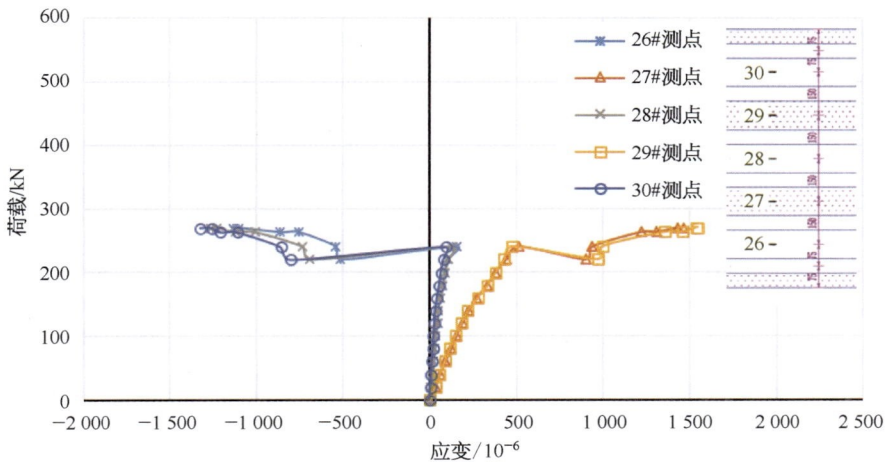

图 10‑187　试件 BZ‑10q‑1 的荷载-底钢板四分之一测点纵向应变曲线

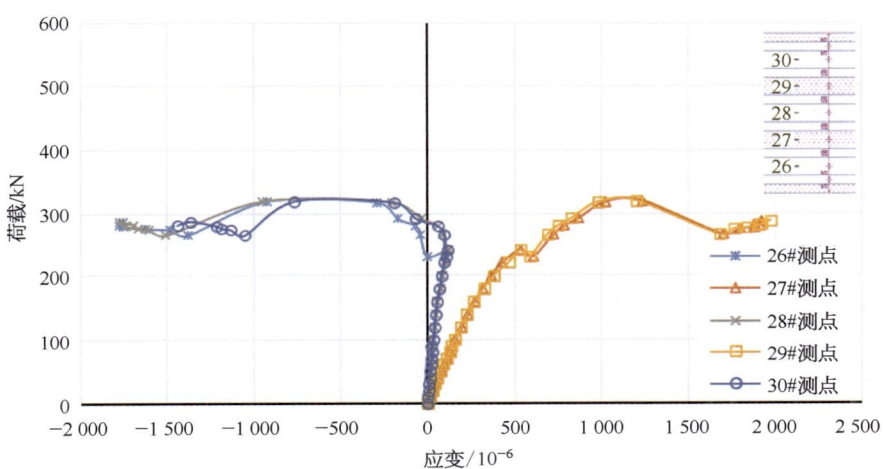

图 10‑188　试件 BZ‑10q‑2 的荷载-底钢板四分之一测点纵向应变曲线

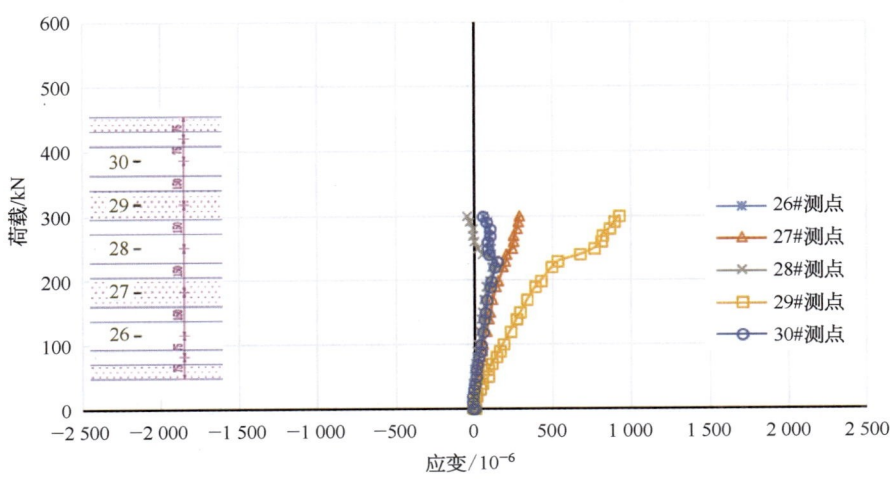

图 10‑189　试件 BZ‑10q‑3 的荷载-底钢板四分之一测点纵向应变曲线

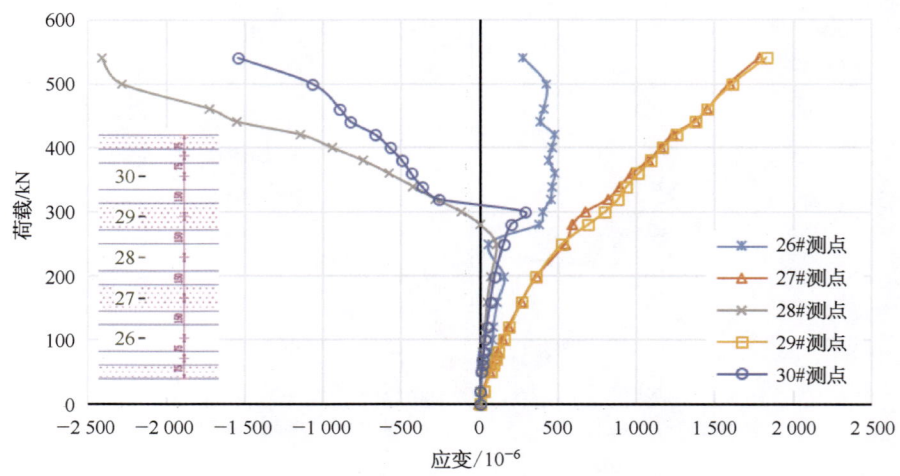

图 10-190 试件 BZ-12q-1 的荷载-底钢板四分之一测点纵向应变曲线

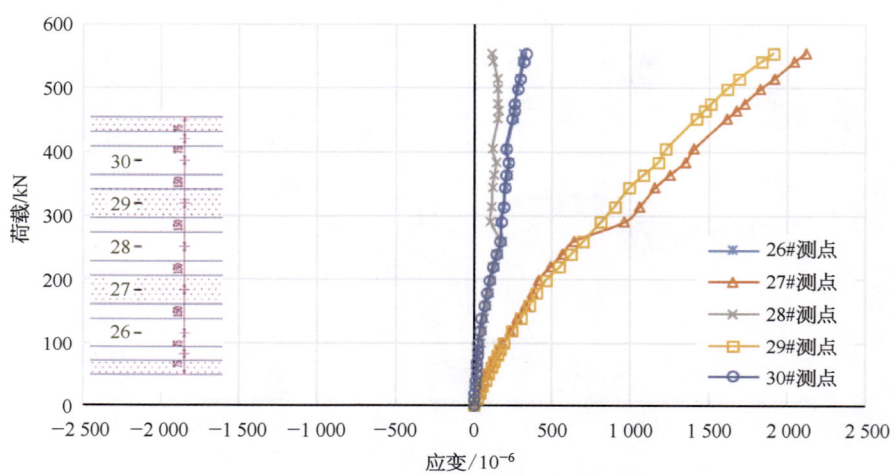

图 10-191 试件 BZ-12q-2 的荷载-底钢板四分之一测点纵向应变曲线

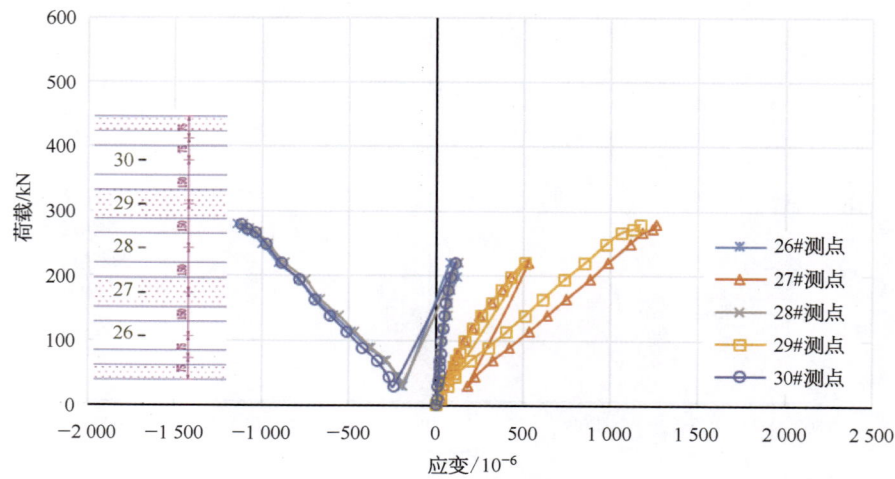

图 10-192 试件 BZ-12r-1 的荷载-底钢板四分之一测点纵向应变曲线

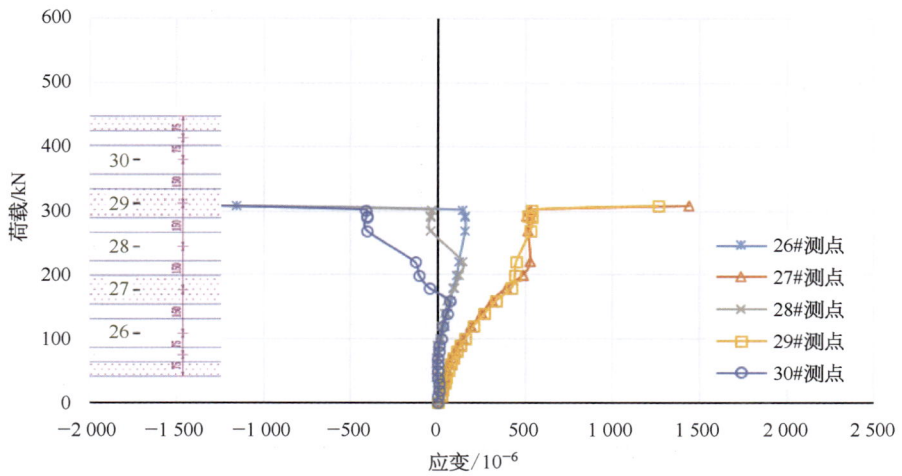

图 10-193　试件 BZ-12r-2 的荷载-底钢板四分之一测点纵向应变曲线

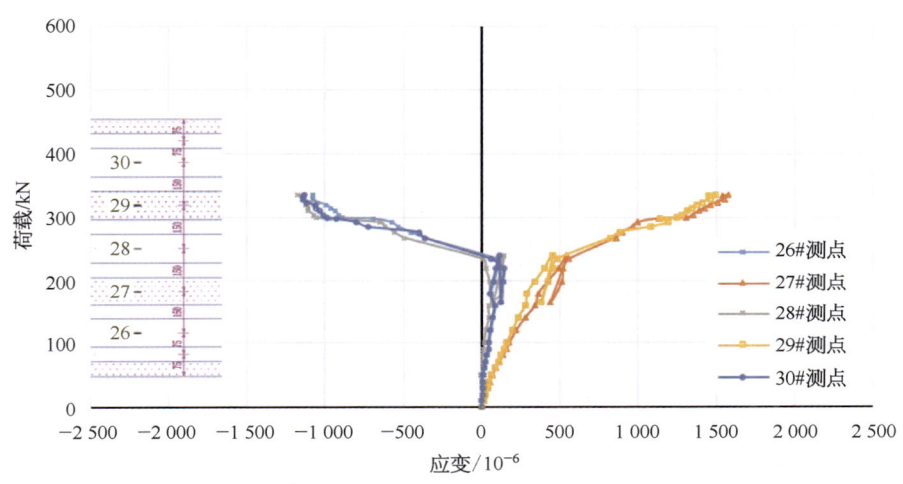

图 10-194　试件 BZ-12r-3 的荷载-底钢板四分之一测点纵向应变曲线

(4) 荷载-底钢板横向应变曲线。

试件跨中底钢板横向应变测点布置如图 10-195 所示,试件荷载-波折底钢板横向应变曲线采用相同刻度绘制,如图 10-196～图 10-203 所示。

对于强焊试件(含 $\phi 10$、$\phi 12$ 试件),跨中下缘测点(31♯～35♯测点)为 5 个横向应变测点,其中 32♯、34♯测点为波峰处测点,33♯为波谷处测点,31♯、35♯为波峰与波谷连接处测点,分析可知:在

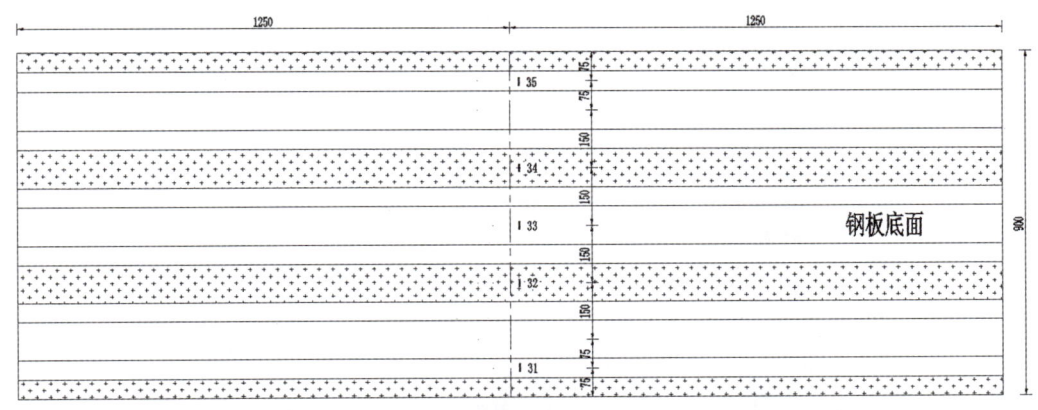

图 10-195　跨中底钢板横向应变测点位置图(单位:mm)

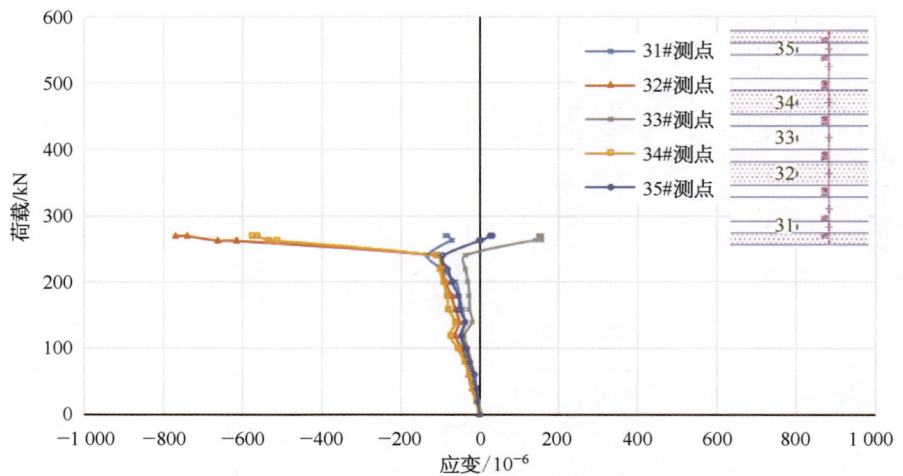

图 10-196　试件 BZ-10q-1 的荷载-底钢板跨中横向应变曲线

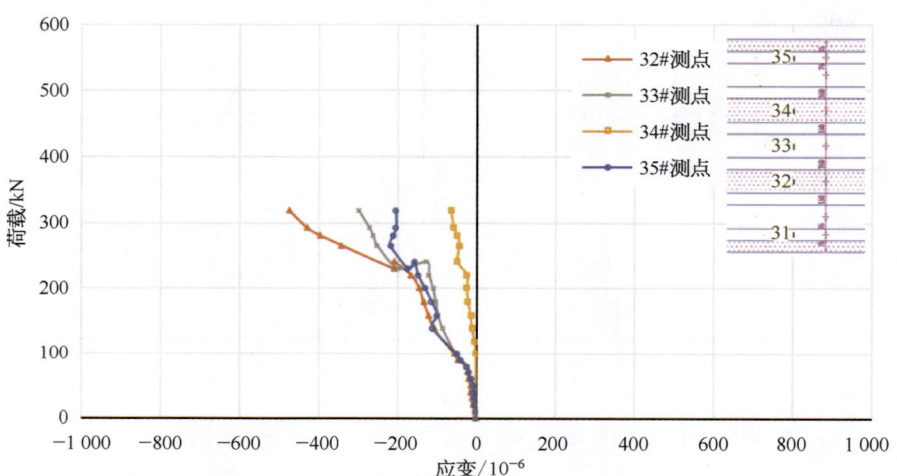

图 10-197　试件 BZ-10q-2 的荷载-底钢板跨中横向应变曲线(31♯测点坏掉)

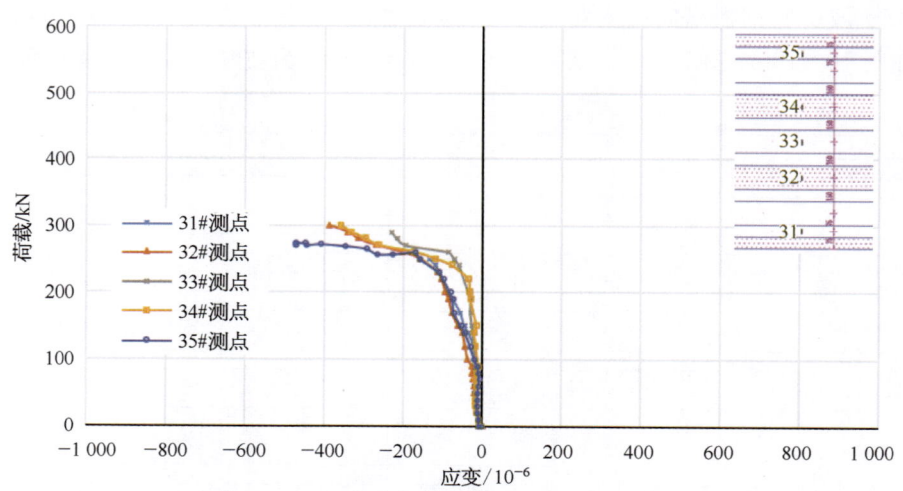

图 10-198　试件 BZ-10q-3 的荷载-底钢板跨中横向应变曲线

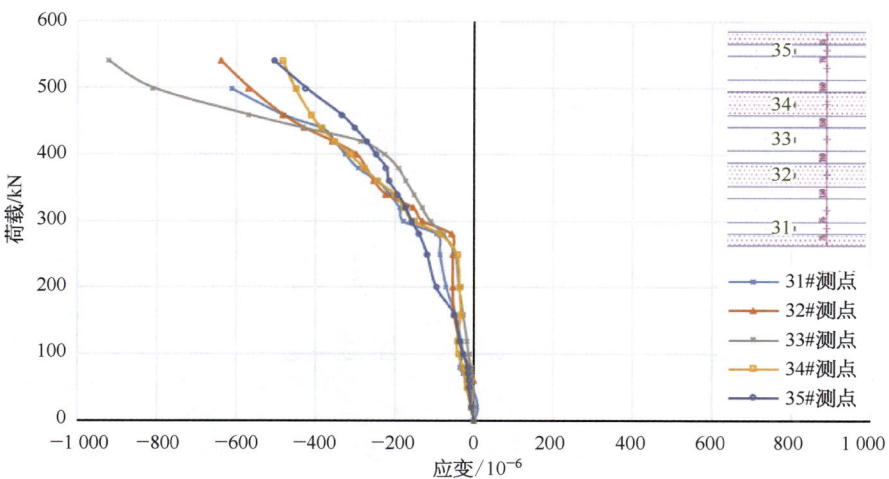

图 10-199　试件 BZ-12q-1 的荷载-底钢板跨中横向应变曲线

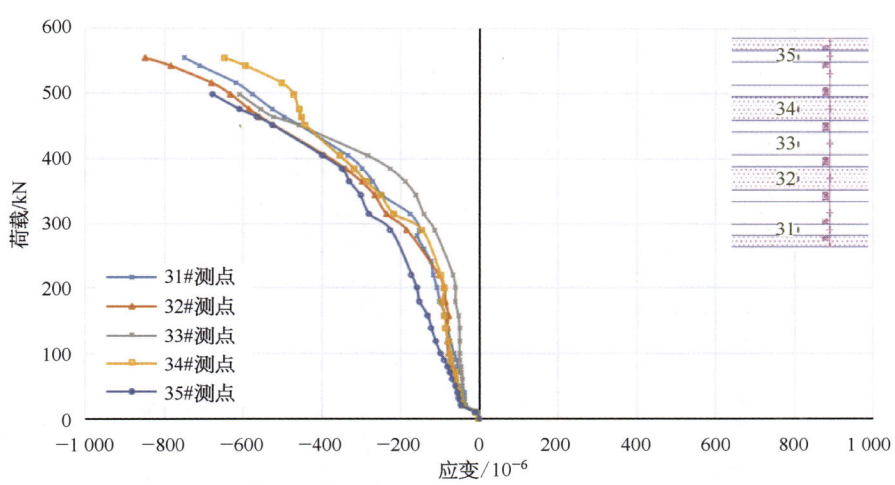

图 10-200　试件 BZ-12q-2 的荷载-底钢板跨中横向应变曲线

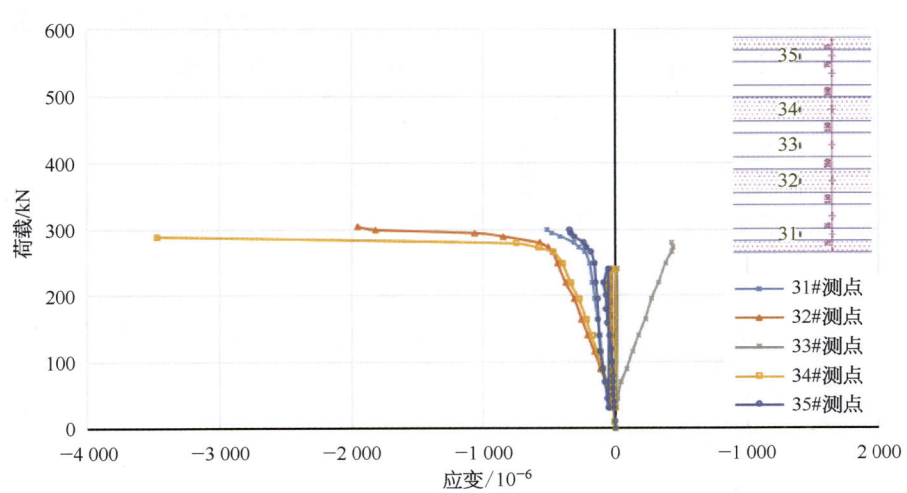

图 10-201　试件 BZ-12r-1 的荷载-底钢板跨中横向应变曲线

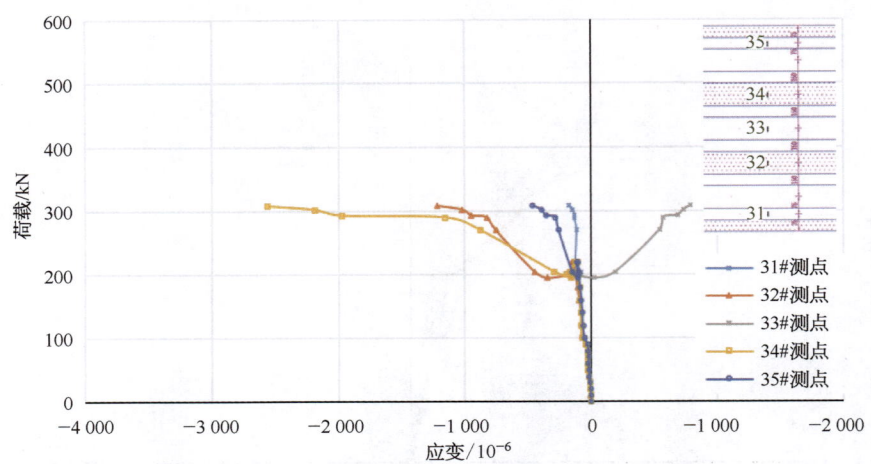

图 10-202　试件 BZ-12r-2 的荷载-底钢板跨中横向应变曲线

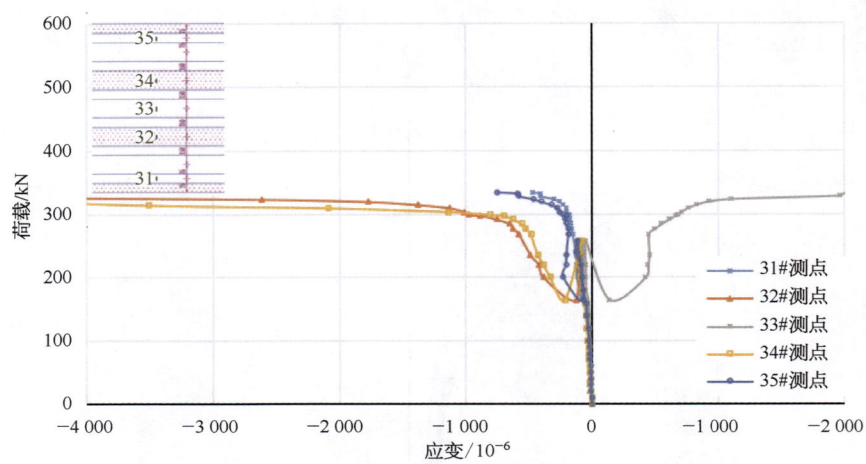

图 10-203　试件 BZ-12r-3 的荷载-底钢板跨中横向应变曲线

加载过程中,中性轴位于波折底钢板波谷以上,波折底钢板在波峰、波谷及波峰与波谷连接处均受压,通过观察和与底钢板纵向应变对比发现,中性轴下移,33♯横向测点有由受压向受拉发展的趋势。

而对于 $\phi 12$ 弱焊试件,由于中性轴的下移,可以更加清楚地看到 33♯测点由压应变转成拉应变,其他规律同强焊试件。

试件底钢板四分之一横向应变测点布置如图 10-204 所示,试件荷载-波折底钢板横向应变曲线采用相同刻度绘制,如图 10-205~图 10-212 所示。

图 10-204　底钢板四分之一横向测点位置示意图(单位:mm)

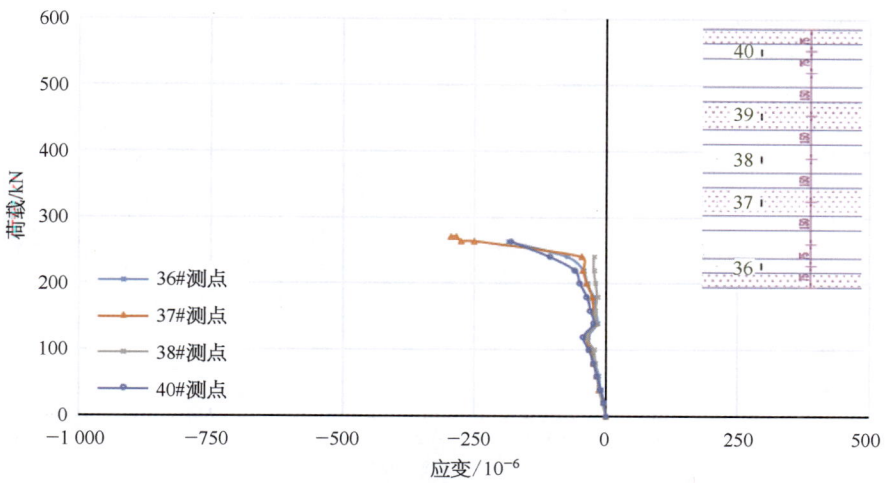

图 10-205　试件 BZ-10q-1 的荷载-底钢板四分之一测点横向应变曲线（39#测点坏掉）

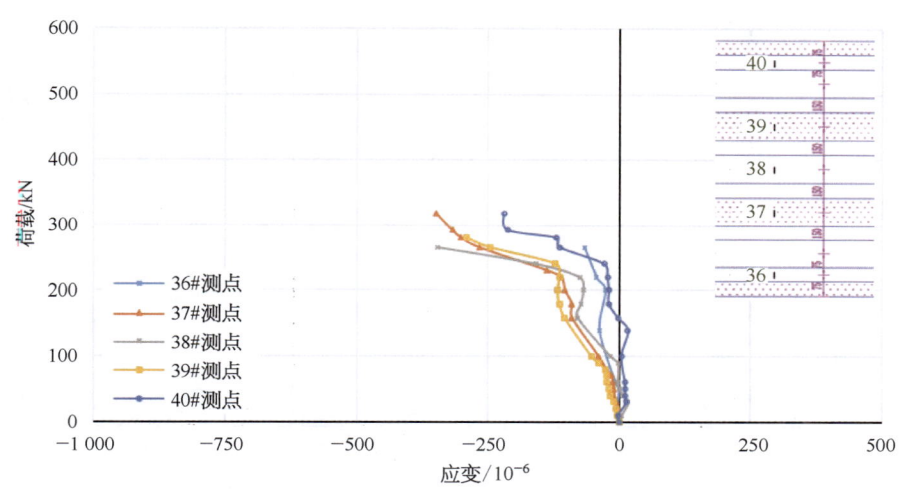

图 10-206　试件 BZ-10q-2 的荷载-底钢板四分之一测点横向应变曲线

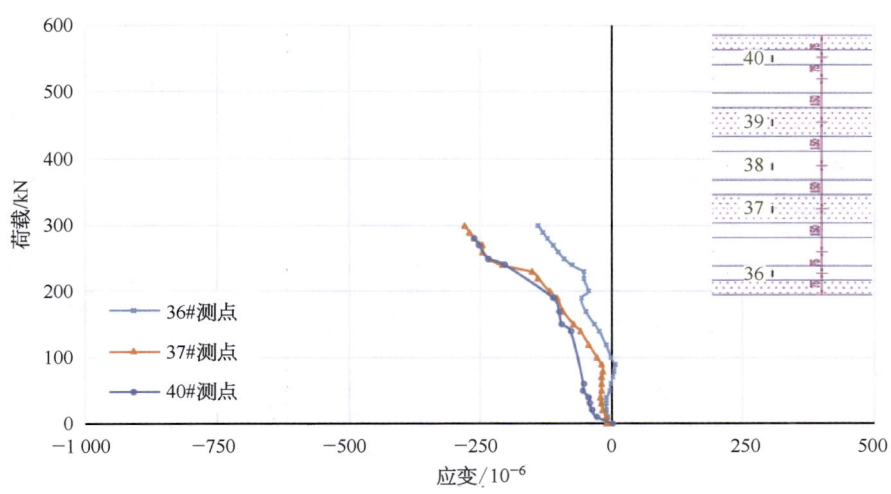

图 10-207　试件 BZ-10q-3 的荷载-底钢板四分之一测点横向应变曲线（38/39#测点坏掉）

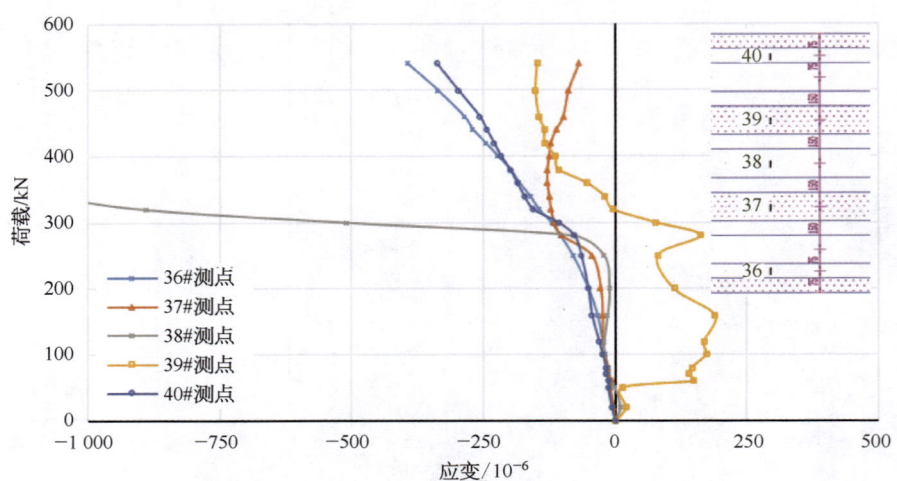

图 10-208 试件 BZ-12q-1 的荷载-底钢板四分之一测点横向应变曲线

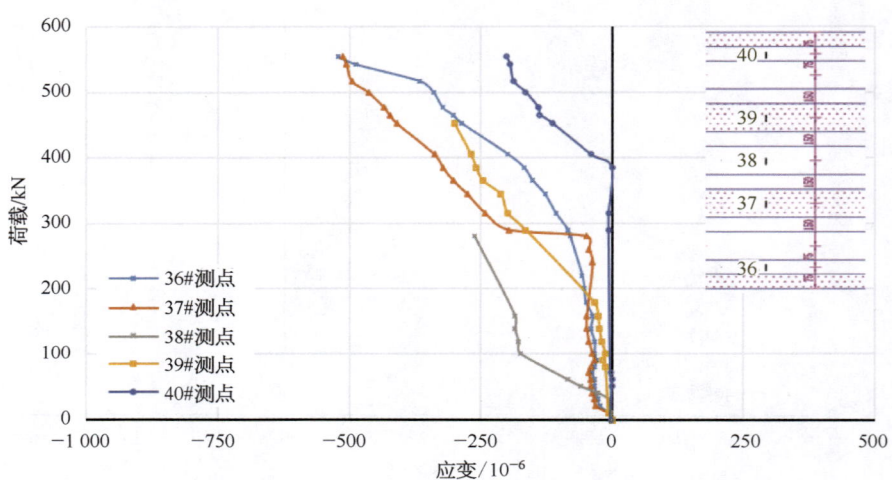

图 10-209 试件 BZ-12q-2 的荷载-底钢板四分之一测点横向应变曲线

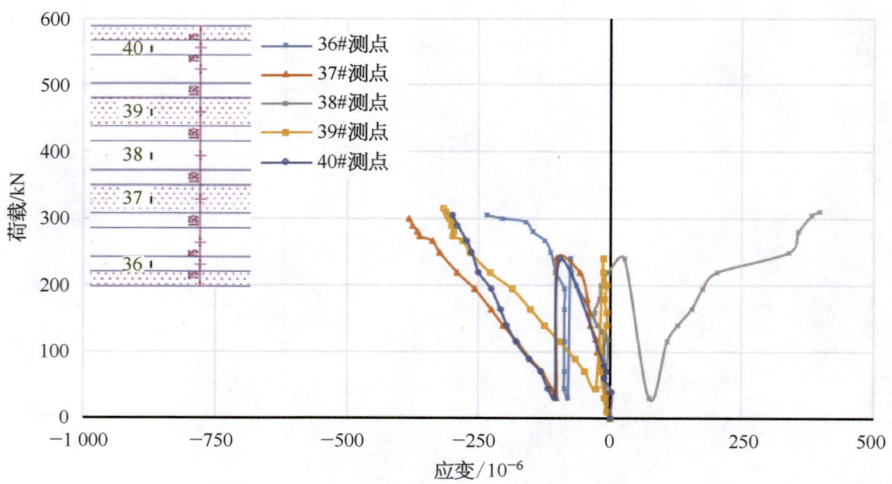

图 10-210 试件 BZ-12r-1 的荷载-底钢板四分之一测点横向应变曲线

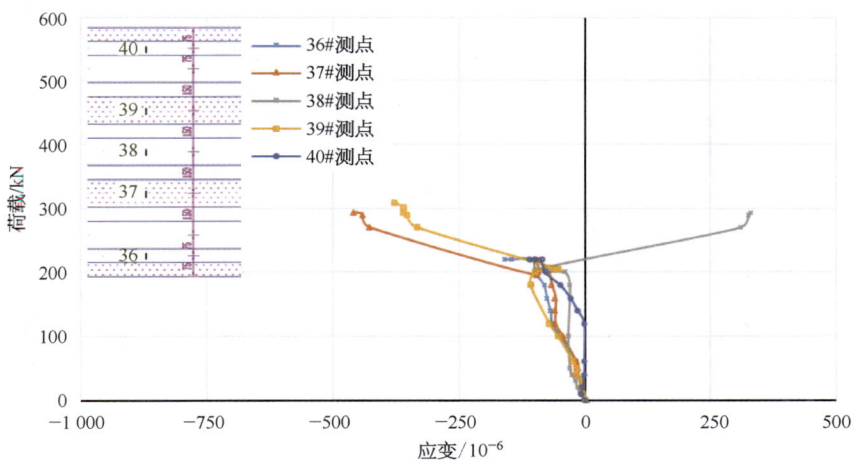

图 10-211 试件 BZ-12r-2 的荷载-底钢板四分之一测点横向应变曲线

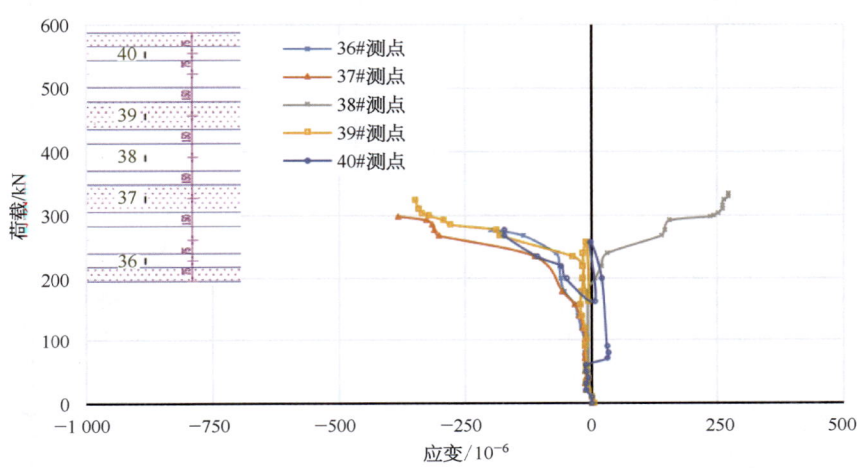

图 10-212 试件 BZ-12r-3 的荷载-底钢板四分之一测点横向应变曲线

底钢板四分之一横向应变规律同跨中基本一致,此处不再赘述。

4) 荷载-滑移曲线

试件滑移测点布置如图 10-213 所示,荷载-滑移曲线如图 10-214～图 10-221 所示,8 块组合板试件荷载-滑移曲线均采用相同刻度绘制。由于试验设备条件限制,沿试件纵向共布置 4 个滑移测点,无跨中滑移测点,如图 10-213 所示,为使荷载-滑移曲线更合理,绘图时增加跨中滑移测点,由于试件对称且加载对称,假定跨中滑移量为零绘制荷载-滑移曲线。

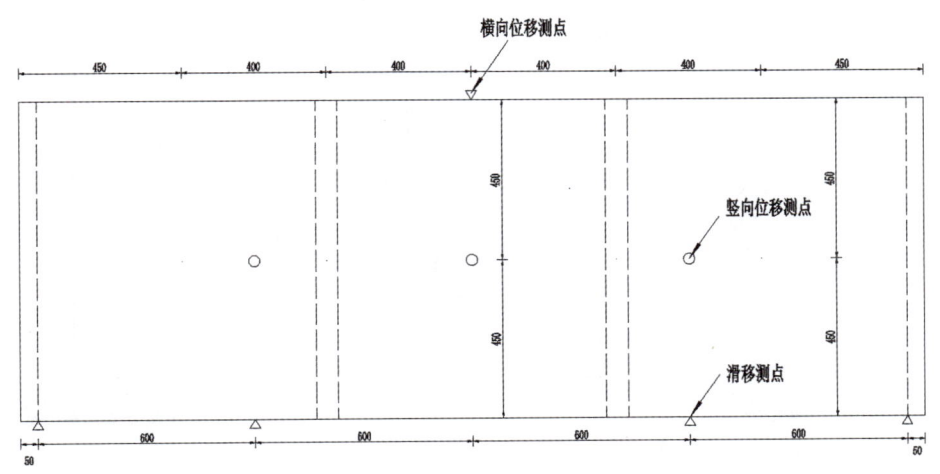

图 10-213 滑移测点示意图(单位:mm)

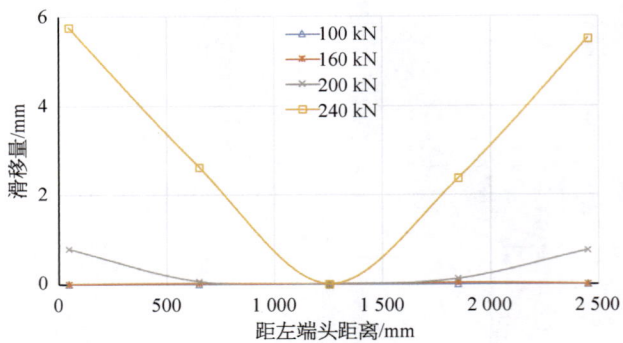

图 10-214　试件 BZ-10q-1 荷载-滑移曲线

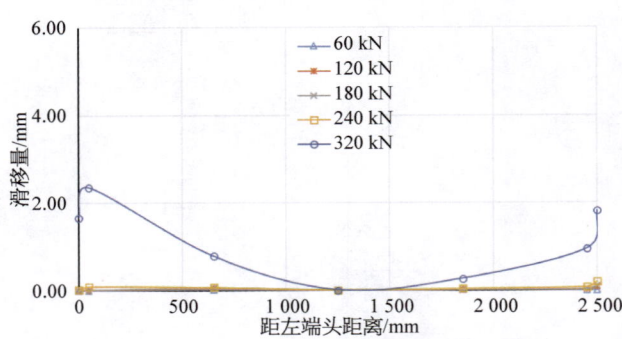

图 10-215　试件 BZ-10q-2 荷载-滑移曲线

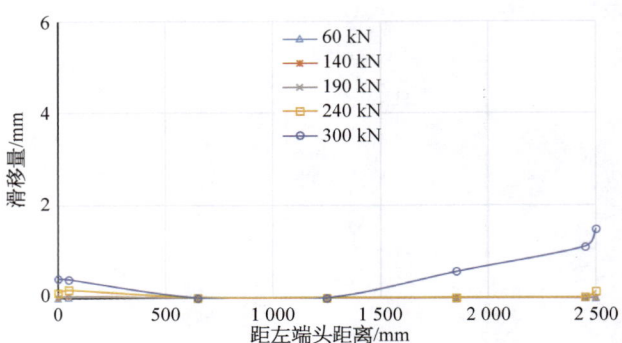

图 10-216　试件 BZ-10q-3 荷载-滑移曲线

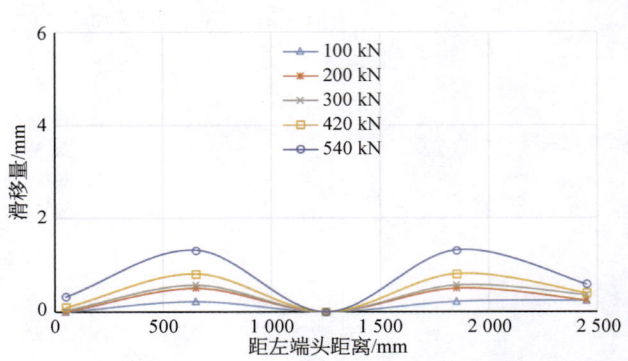

图 10-217　试件 BZ-12q-1 荷载-滑移曲线

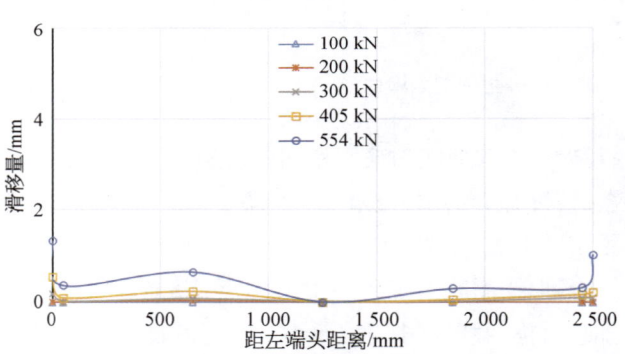

图 10-218　试件 BZ-12q-2 荷载-滑移曲线

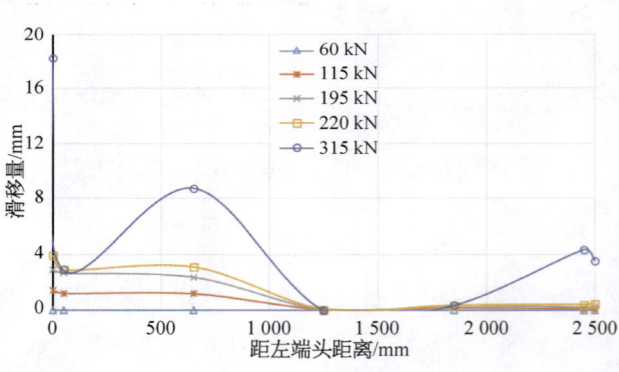

图 10-219　试件 BZ-12r-1 荷载-滑移曲线

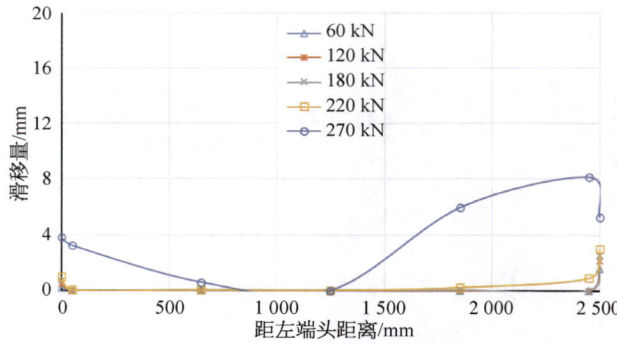

图 10-220　试件 BZ-12r-2 荷载-滑移曲线

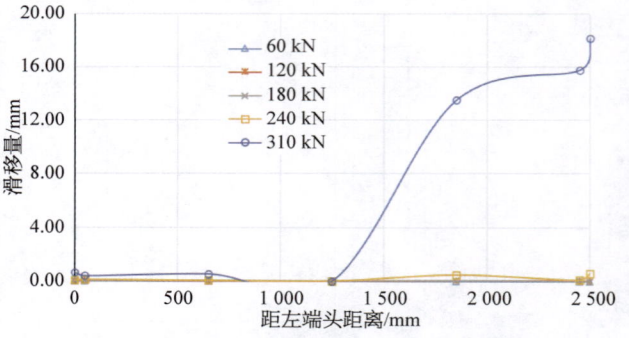

图 10-221　试件 BZ-12r-3 荷载-滑移曲线

由图 10-214～图 10-221 可见：①加载初期各测点的相对滑移量均较小，随着荷载的增大从跨中到板端滑移量均增大；②φ10 强焊试件滑移量沿纵向大致呈跨中小、板端大的趋势分布，φ12 强焊试件呈四分之一测点滑移量大，跨中和板端滑移量较小的趋势，φ12 弱焊试件呈试件一端滑移量大的趋势；③由于试验过程中材料、加工、加载等多方面因素的影响，测试结果存在一定离散性，同种试件在相同荷载等级下滑移量有差别，但规律一致。

5）荷载-裂缝情况

试验过程记录的各试件裂缝发展情况见表 10-35。

表 10-35 波折型钢-混凝土组合桥面板裂缝发展情况

试件编号	初始状态描述	开裂荷载/t	初始裂缝		过程记录裂缝			过程记录裂缝			极限荷载/t	最宽裂缝	
			宽度/mm	长度/mm	荷载/t	宽度/mm	长度/mm	荷载/t	宽度/mm	长度/mm		宽度/mm	长度/mm
BZ-10q-1	无裂缝	7	0.02	15	—	—	—	24	0.21	140	27	4	210
BZ-10q-2	无裂缝	8	0.01	20	20	0.14	115	26.5	0.22	177	28.8	7	220
BZ-10q-3	无裂缝	7	0.01	15	23	0.15	150	25	0.2	150	30	0.47	165
BZ-12q-1	无裂缝	10	0.03	28	25	0.16	135	32	0.21	135	54	4.2	145
BZ-12q-2	无裂缝	9	0.01	40	26.5	0.15	120	34.4	0.25	140	55.4	3	150
BZ-12r-1	无裂缝	8	0.02	50	16	0.16	120	22	0.19	120	31.5	2	155
BZ-12r-2	无裂缝	9	0.01	30	16	0.15	150	20	0.2	110	30.8	3	135
BZ-12r-3	无裂缝	8	0.01	30	18	0.16	115	22	0.21	135	33.5	4.5	150

各试件裂缝发展顺序及分布如图 10-222～图 10-229 所示。

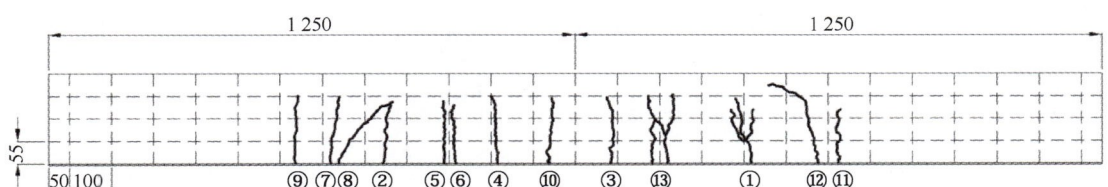

图 10-222 试件 BZ-10q-1 的裂缝发展顺序及分布图（单位：mm）

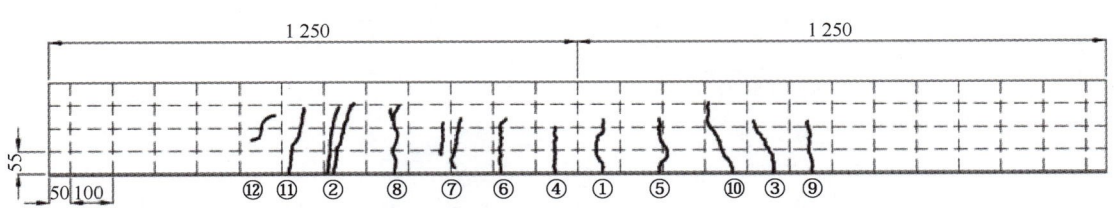

图 10-223 试件 BZ-10q-2 的裂缝发展顺序及分布图（单位：mm）

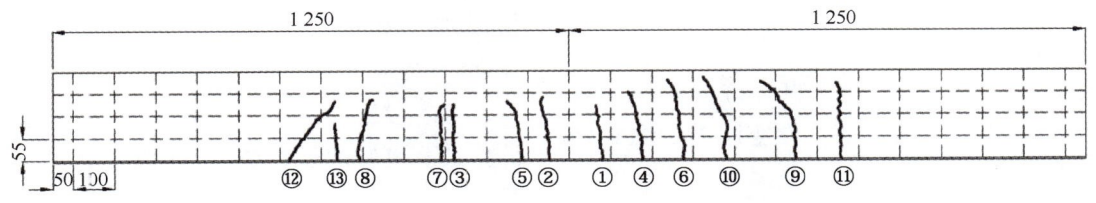

图 10-224 试件 BZ-10q-3 的裂缝发展顺序及分布图（单位：mm）

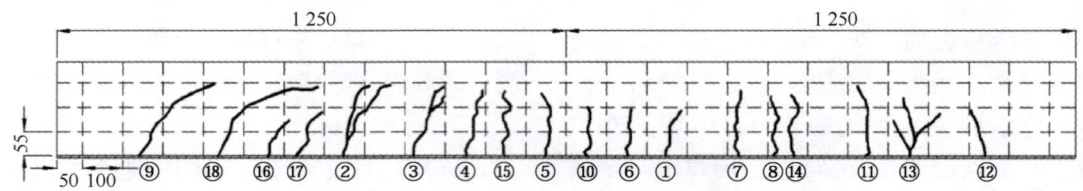

图 10-225　试件 BZ-12q-1 的裂缝发展顺序及分布图(单位：mm)

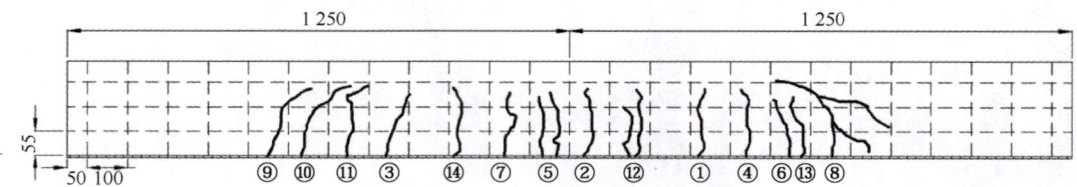

图 10-226　试件 BZ-12q-2 的裂缝发展顺序及分布图(单位：mm)

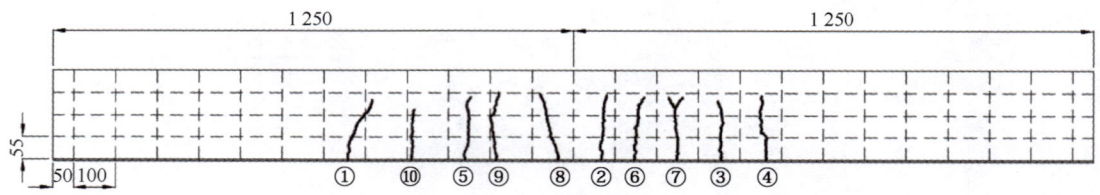

图 10-227　试件 BZ-12r-1 的裂缝发展顺序及分布图(单位：mm)

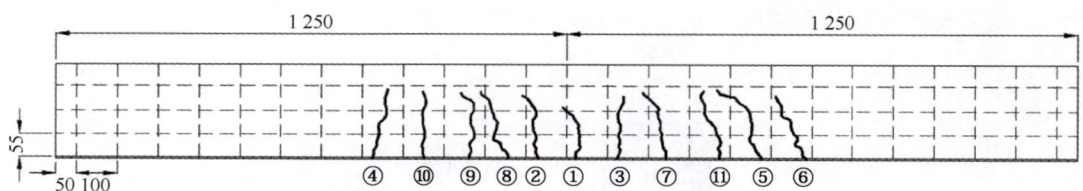

图 10-228　试件 BZ-12r-2 的裂缝发展顺序及分布图(单位：mm)

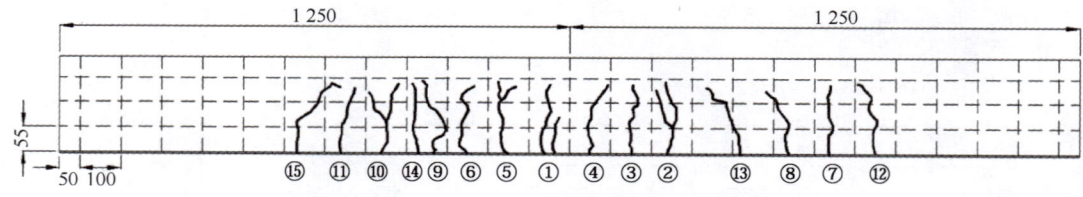

图 10-229　试件 BZ-12r-3 的裂缝发展顺序及分布图(单位：mm)

10.2.4　有限元分析

10.2.4.1　计算模型

1）模型参数

为验证试验结果的可靠性，采用有限元软件 ANSYS 建立波折型钢-混凝土组合桥面板的空间分析模型，对模型进行三维非线性空间力学性能研究。在单元类型的选择上，混凝土采用 8 节点的三维实体单元 SOLID65，该单元具有拉裂和压碎的功能，尤其对混凝土底板的开裂模拟更为准确，如图 10-230 所示；钢板采用 4 节点的三维塑性大变形壳单元 SHELL43，该单元具有塑性、蠕变、应力刚化、大变形和大应变的特性，如图 10-231 所示；贯穿钢筋、分布钢筋均采用 SOLID65 单元的实常数方式输入，经对比，该方法针对考虑开裂的非线性计算具有更好的收敛性，实常数规定如图 10-232 所示。

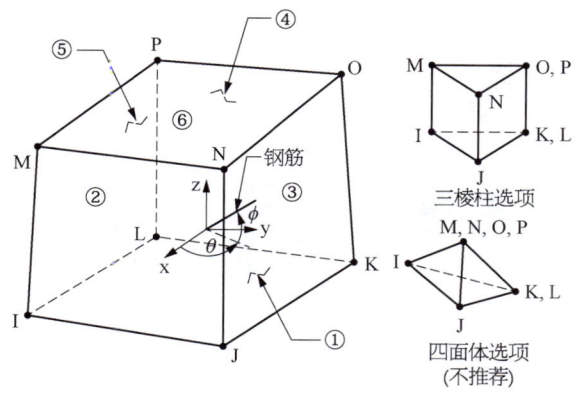

图 10-230　SOLID65 单元特性

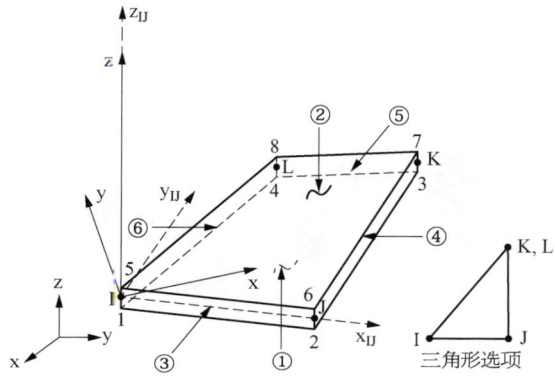

图 10-231　SHELL43 单元特性

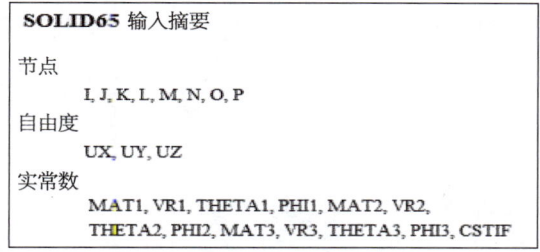

图 10-232　SOLID65 钢筋实常数

ANSYS 中混凝土和钢板的材料参数的选取与材料试验的结果保持一致，混凝土的本构模型采用塑性损伤本构关系模型，如图 10-233 所示，该模型用于单向加载、循环加载及动态加载等情况，具有较好的收敛性；钢板和钢筋均采用理想的弹性-线性强化本构模型，如图 10-234 所示。

ANSYS 有限元模型如图 10-235～图 10-237 所示，模型采用两点（3 分点）对称集中加载方式，为防止加载过程中板上加载面及支座出现应力集中，试验时在加载处和支座处设置钢垫片，以增加接触面积和刚度，加载模型如图 10-238～图 10-240 所示。

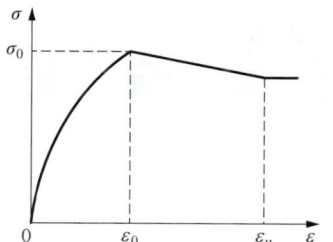

图 10-233　混凝土塑性损伤模型

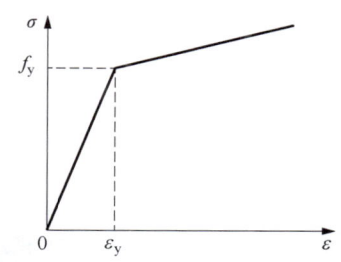

图 10-234　钢材弹性-线性强化本构模型

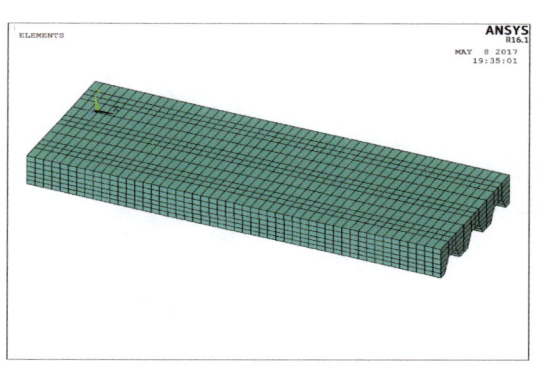

图 10-235　BZ-12q 有限元模型

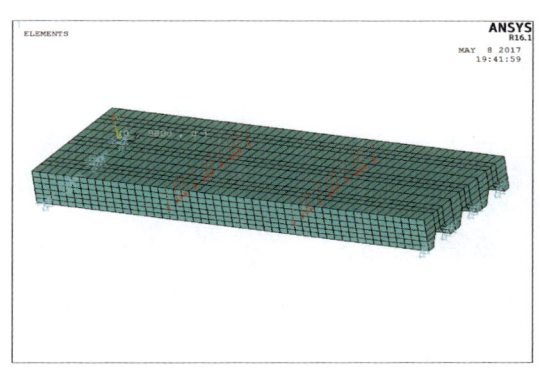

图 10-236　BZ-12q 3 分点加载模型

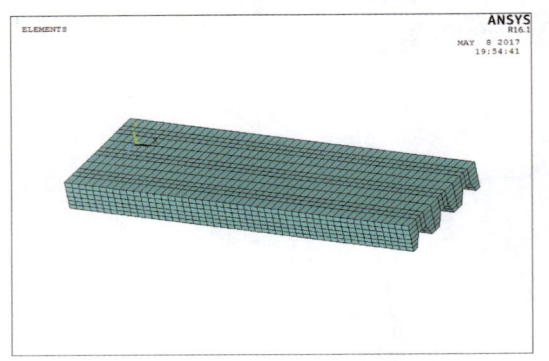

图 10-237　BZ-10q 有限元模型

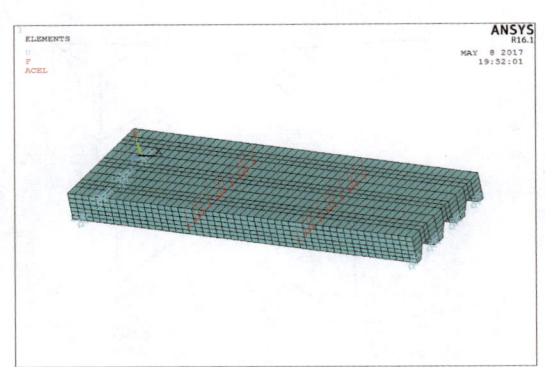

图 10-238　BZ-10q 3 分点加载模型

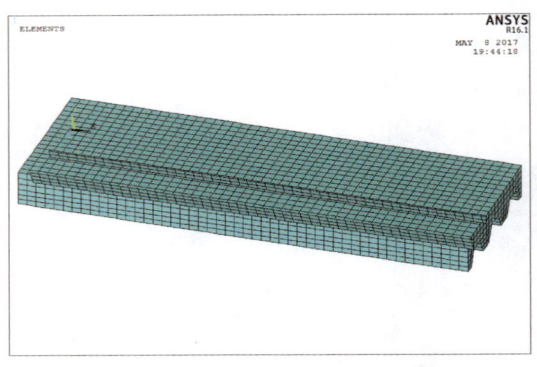

图 10-239　BZ-12r 有限元模型

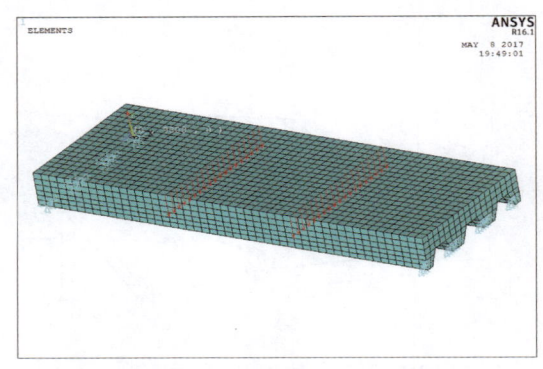

图 10-240　BZ-12r 3 分点加载模型

2）有限元分析思路

本节建立两种滑移模型：

① 无滑移模型，该模型假定底钢板与混凝土板之间完全固结，以此模拟底钢板与混凝土强焊时的情况；

② 非线性滑移模型，该模型假定底钢板与混凝土板之间有水平方向的滑移约束，该约束主要由钢筋剪力键产生，荷载初期约束较大，底钢板与混凝土板之间无滑移，随着荷载的增大，滑移量越来越大，以此模拟底钢板与混凝土弱焊时的情况。

10.2.4.2　波折底钢板与混凝土无滑移模型

波折型钢-混凝土组合桥面板无滑移模型采用耦合方式连接波折钢板与混凝土板，忽略滑移，主要计算结果如图 10-241、图 10-242 所示。

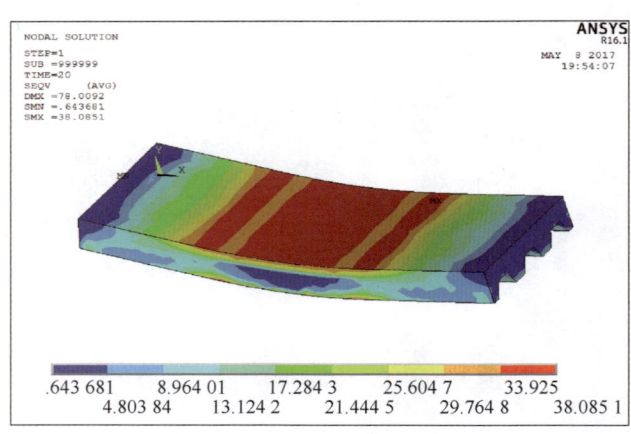

(a) 混凝土应力云图

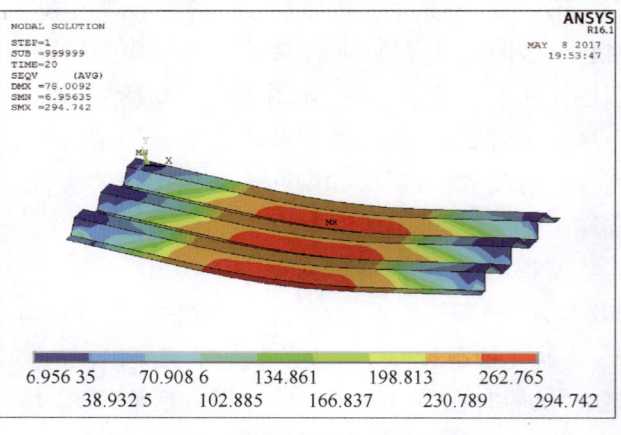

(b) 波折底钢板应力云图

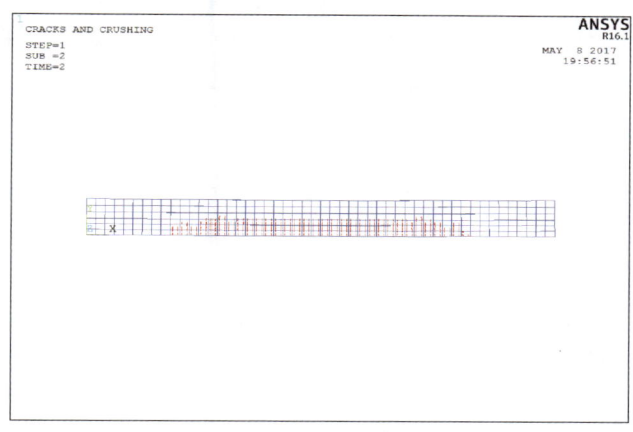
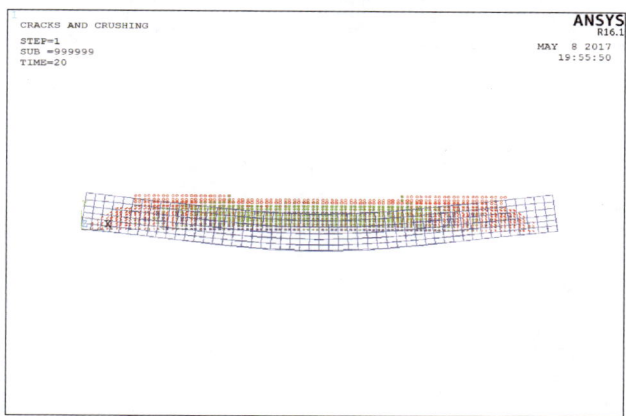

(c) 初始裂缝分布图　　　　　　　　　(d) 极限荷载下裂缝分布图

图 10-241　BZ-10q 模型计算结果

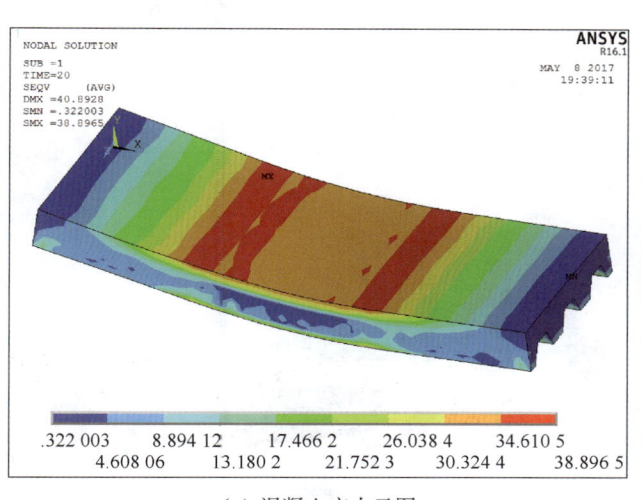
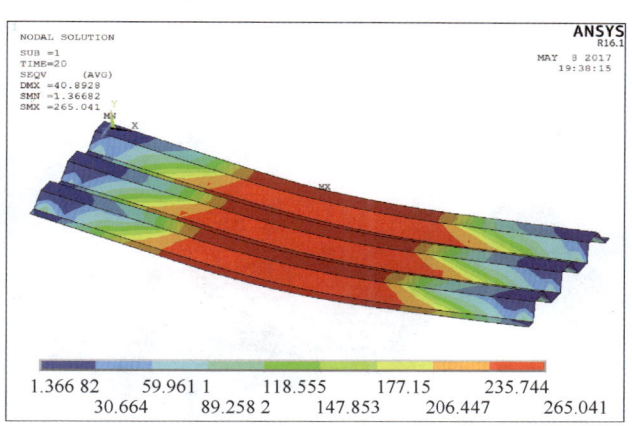

(a) 混凝土应力云图　　　　　　　　　(b) 波折底钢板应力云图

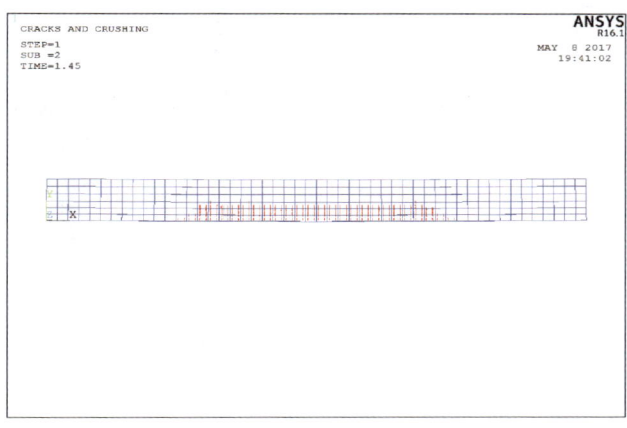
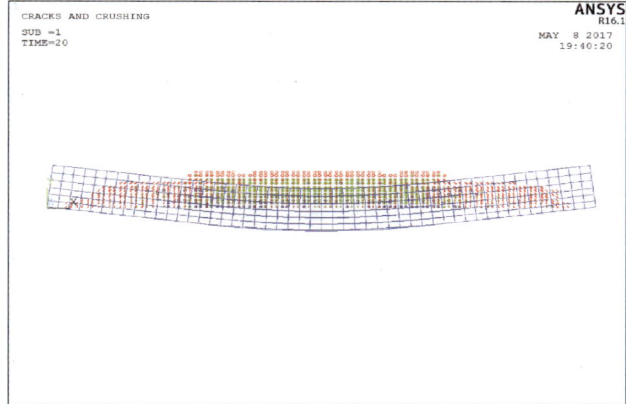

(c) 初始裂缝分布图　　　　　　　　　(d) 极限荷载下裂缝分布图

图 10-242　BZ-12q 模型计算结果

10.2.4.3　波折底钢板与混凝土滑移模型

对于弱焊试件滑移量较大,需建立非线性滑移模型对弱焊试件进行计算,从而更精确地与试验结果进行对比。波折型钢-混凝土组合桥面板的非线性滑移模型,能更真实地模拟实际滑移条件,即荷载较小时,滑移量近似为零,随着荷载的增大,滑移量不断增大,直至趋近于无穷大。具体在波折底钢板与混凝土板之间 X、Y、Z 方向建立 2 节点非线性弹簧单元 COMBIN39 模拟滑移,单元特性如图 10-243 所示。

为更真实地模拟波折底钢板与混凝土板之间的接触,以已有推出试验数据作为参考,采用非线性滑移模型的荷载-滑移曲线,如图 10-244 所示。

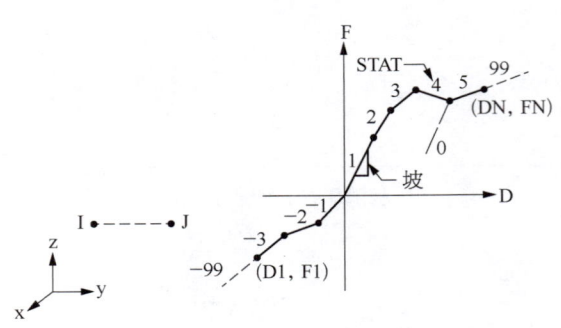

图 10-243　COMBIN39 单元特性

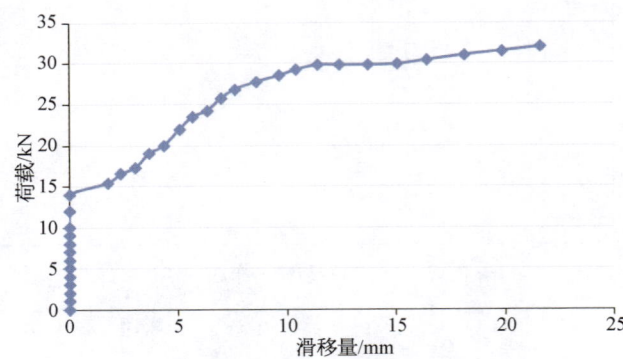

图 10-244　波折型钢-混凝土组合板荷载-滑移曲线

主要计算结果如图 10-245 所示。

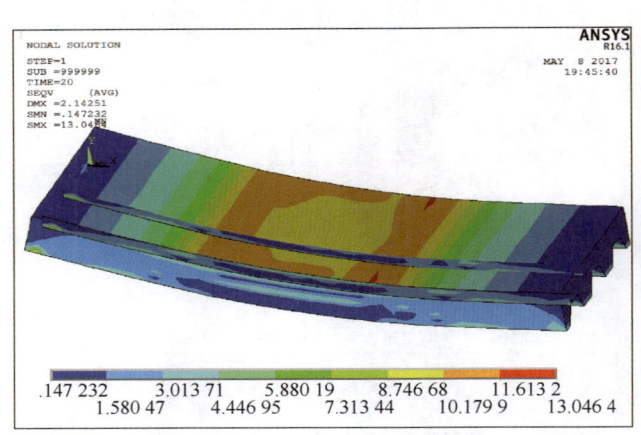

(a) 混凝土应力云图

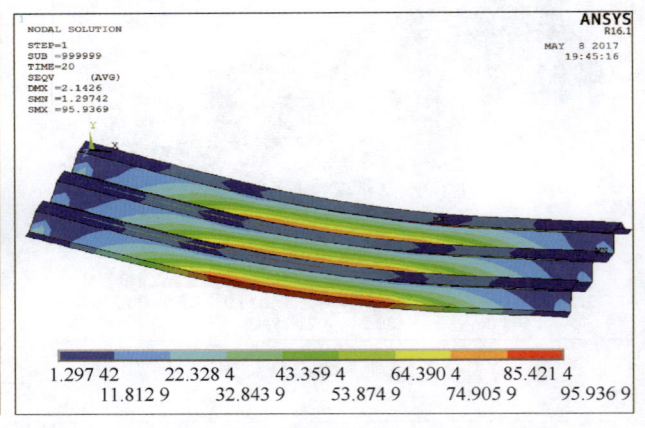

(b) 波折底钢板应力云图

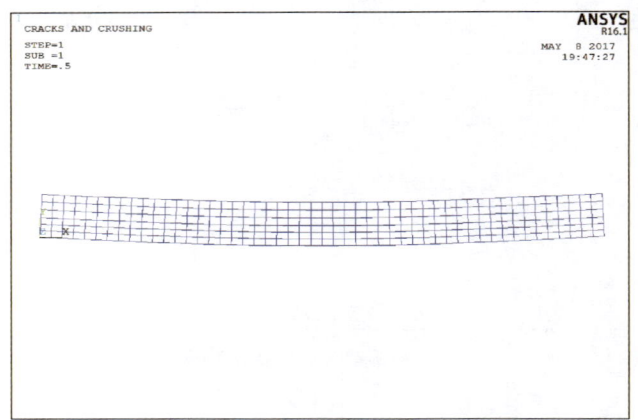

(c) 初始裂缝分布图

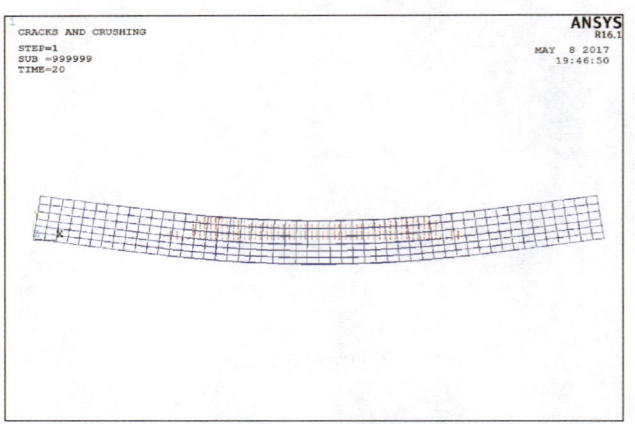

(d) 极限荷载下裂缝分布图

图 10-245　BZ-12r 模型计算结果

10.2.4.4 有限元结果分析

各试件的极限承载力、屈服荷载和挠度的有限元计算值与试验值对比结果见表 10-36 所示。$P_{u\text{-}a}$ 表示有限元计算得到的极限承载力,$P_{u\text{-}e}$ 表示模型试验得到的极限承载力,$P_{y\text{-}a}$ 表示有限元计算得到的屈服荷载,$P_{y\text{-}e}$ 表示模型试验得到的屈服荷载。

表 10-36 有限元模型分析与试验结果比较

承载力及比值	BZ-10q	BZ-12q	BZ-12r
$P_{u\text{-}a}$/t	31	50	26
$P_{u\text{-}e}$/t	28.6	54.7	32
$P_{u\text{-}a}/P_{u\text{-}e}$	1.08	0.91	0.81
$P_{y\text{-}a}$/t	25	20	18.9
$P_{y\text{-}e}$/t	23	23	20.7
$P_{y\text{-}a}/P_{y\text{-}e}$	1.09	0.87	0.91

各种试件的荷载-跨中挠度曲线如图 10-246～图 10-248 所示。

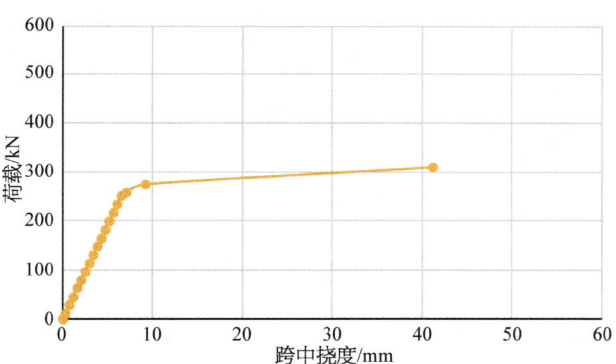

图 10-246 试件 BZ-10q 无滑移模型荷载-挠度曲线

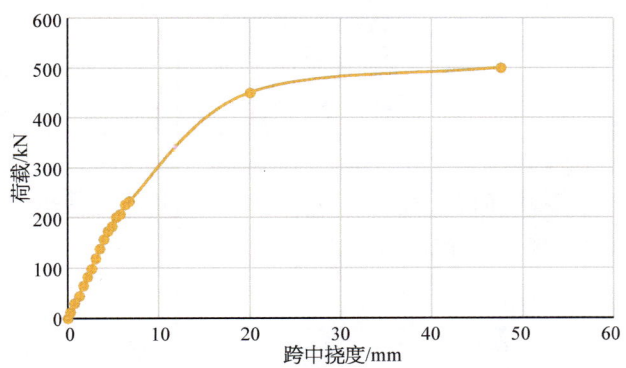

图 10-247 试件 BZ-12q 无滑移模型荷载-挠度曲线

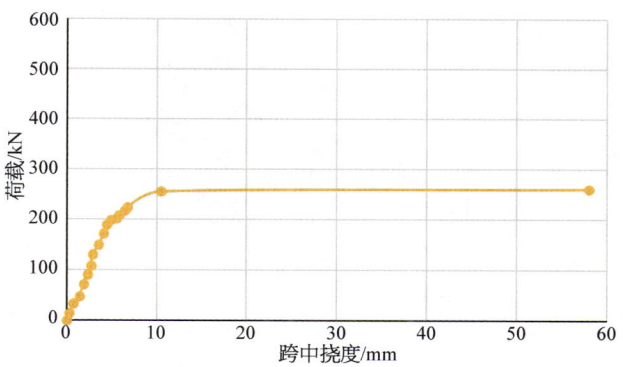

图 10-248 试件 BZ-12r 非线性滑移模型荷载-挠度曲线

10.2.5 模型试验分析与计算方法

10.2.5.1 与有限元计算结果对比

由前述可知,本节共采取 2 种接触模型进行有限元分析:无滑移模型、非线性滑移模型。考虑混凝土开裂的 2 种接触模型计算结果与试验结果对比数据见表 10-37、荷载-跨中挠度曲线对比如图 10-249～图 10-251 所示。

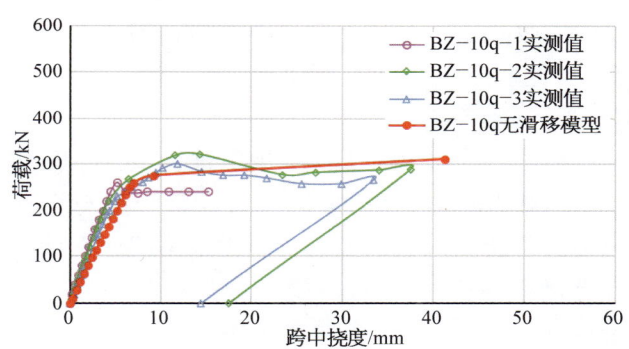

图 10-249 试件 BZ-10q 计算值与实测值荷载-挠度曲线对比图

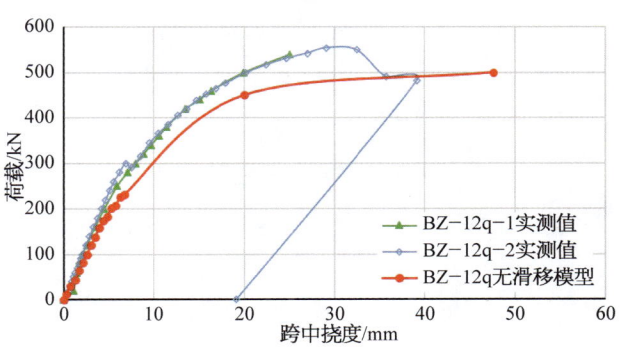

图 10-250 试件 BZ-12q 计算值与实测值荷载-挠度曲线对比图

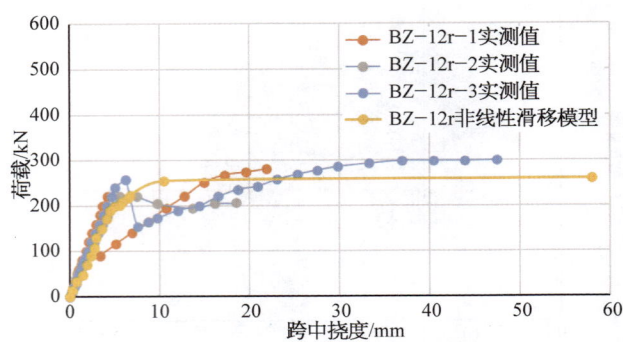

图 10-251 试件 BZ-12r 计算值与实测值荷载-挠度曲线对比图

由上述曲线可以看出，计算结果与实测结果吻合良好，拟合度较高，说明有限元分析结果与实测数据可信；有限元计算中，强焊试件采用无滑移模型，弱焊试件采用非线性滑移模型，说明两种模型对组合板的受力过程能较好地模拟。

10.2.5.2 设计计算方法研究

采用《钢-混凝土组合楼盖结构设计与施工规程》（以下简称"《规程》"）关于组合板的计算公式对试验模型进行验算，验证已有计算方法对于波折型钢-混凝土组合桥面板的适用性。

1）正截面抗弯承载力验算

根据《规程》第 4.1.3 条规定进行试件正截面抗弯承载力验算，分别采用材料试验强度与设计强度进行验算。正截面抗弯能力采用塑性设计法计算，假定截面受拉区和受压区的材料均达到强度设计值。

（1）按材料试验强度验算：$f=291\text{ MPa}$，$f_{cm}=32.6\text{ MPa}$。

由试件设计可知：

$$A_s = 1694.4\text{ mm}^2,\ h_c = 116\text{ mm},$$
$$h_0 = 166\text{ mm},\ b = 300\text{ mm}$$
$$A_s f = 493.07\text{ kN},\ f_{cm}h_c b = 1134.48\text{ kN}$$

$A_s f < f_{cm}h_c b$，故塑性中性轴在压型钢板上翼缘以上的混凝土内。

$$X_{cc} = \frac{A_s f}{f_{cm}b} = \frac{1694.4 \times 291}{32.6 \times 300}\text{ mm} = 50.42\text{ mm}$$
$$Y = h_0 - \left(\frac{X_{cc}}{2}\right) = 166 - 25.21\text{ mm} = 140.79\text{ mm}$$

因此，根据《规程》计算正弯矩作用下组合板的正截面抗弯极限承载力为：

$$\begin{aligned}M_u &= 0.8 f_{cm} X_{cc} b Y\\ &= 0.8 \times 32.6 \times 50.42 \times 300 \times\\ &\quad 140.79 \times 10^{-6}\text{ kN}\cdot\text{m}\\ &= 55.54\text{ kN}\cdot\text{m}\end{aligned}$$

《规程》计算结果与试验结果对比见表 10-37，表中 $P_{u,e}$ 为试件的试验极限承载力。

表 10-37 试件正截面抗弯承载力对比

板厚	P_u	$P_{u,e}$	$P_{u,e}/P_u$
4 mm	92.6 t	55.4 t	0.60

由表中数据可见，按《规程》计算得到的极限承载力高于试验极限承载力约 40% 左右，这说明取材料的试验强度时，按照已有楼盖组合结构规范的承载力计算结果偏于不安全。分析原因，可能是由于楼盖结构荷载相对较小，因此在规范中并未考虑滑移等非线性参数的影响，而对于组合桥面板而言，车辆荷载较大，滑移量的产生将对承载力产生较大影响。

（2）按材料设计强度验算：$f=190\text{ MPa}$，$f_{cm}=26.8\text{ MPa}$。

由试件设计可知：

$$A_s = 1694.4\text{ mm}^2,\ h_c = 116\text{ mm},$$
$$h_0 = 166\text{ mm},\ b = 300\text{ mm}$$
$$A_s f = 321.94\text{ kN},\ f_{cm}h_c b = 932.64\text{ kN}$$

$A_s f < f_{cm}h_c b$，故塑性中性轴在压型钢板上翼缘以上的混凝土内。

$$X_{cc} = \frac{A_s f}{f_{cm}b} = \frac{1694.4 \times 190}{26.8 \times 300}\text{ mm} = 40.0\text{ mm}$$
$$Y = h_0 - \left(\frac{X_{cc}}{2}\right) = 166 - 20\text{ mm} = 146\text{ mm}$$

因此，根据《规程》计算正弯矩作用下组合板的正截面抗弯极限承载力为：

$$\begin{aligned}M_u &= 0.8 f_{cm} X_{cc} b Y\\ &= 0.8 \times 26.8 \times 40 \times 300 \times 146 \times 10^{-6}\text{ kN}\cdot\text{m}\\ &= 37.56\text{ kN}\cdot\text{m}\end{aligned}$$

《规程》计算结果与试验结果对比见表 10-38，表中 $P_{u,e}$ 为试件的试验极限承载力。

表 10-38 试件正截面抗弯承载力对比

板厚	F_u	P_{ue}	P_{ue}/P_u
4 mm	62.6 t	55.4 t	0.88

由表中数据可见,按《规程》计算得到的极限承载力高于试验极限承载力,高出约12%,这说明取材料的设计强度时,按照已有楼盖组合结构规范的承载力计算结果偏于不安全,原因同上。

2) 斜截面抗剪承载力验算

根据《规程》第4.1.6条规定进行试件斜截面抗剪承载力验算,分别采用材料试验强度与设计强度进行验算。混凝土材料试验强度 $f_{cm}=32.6 \text{ MPa}$,设计强度 $f_c=26.8 \text{ MPa}$。由试验设计可知,组合板平均肋宽:$W_r=150 \text{ mm}$。

组合板按试验强度计算的极限抗剪承载力为:

$$V_u = 0.07 f_c W_r h_0 = 0.07 \times 32.6 \times 150 \times 166 = 56.82 \text{ kN}$$

组合板按设计强度计算的极限抗剪承载力为:

$$V_u = 0.07 f_c W_r h_0 = 0.07 \times 26.8 \times 150 \times 166 = 46.71 \text{ kN}$$

《规程》计算结果与试验结果对比见表10-39。

表 10-39 斜截面抗剪承载力对比

强度	板厚/mm	V_u/kN	P_u/t
试验值	4	277	55.4
计算值-按设计强度	4	46.71	9.34
计算值-按试验强度	4	56.82	11.36

由表10-39可见,按《规程》计算得到的极限抗剪承载力远低于试验极限荷载,这是由于本节设计试件主要为弯曲破坏,并非剪力控制,即该结构形式具有很强的斜截面抗剪承载力,使用楼盖结构的《规程》公式计算过于安全。

10.2.6 结果与展望

10.2.6.1 结果

本节通过对波折型钢-混凝土组合桥面板正弯矩静力加载试验、有限元数值仿真模拟及理论分析,深入研究了波折型钢-混凝土组合桥面板的力学性能。主要的研究内容及结果如下。

(1) 完成了8块承受正弯矩作用的波折型钢-混凝土组合桥面板试件的3分点静载试验,在加载初始阶段采用荷载控制的方法,当试件发生屈服后转为位移控制,以此得到了试件变形的全过程曲线。试验结果表明以下五点。

① 从试件破坏形态及荷载-挠度曲线规律可知,8块试件均呈现出典型的弯曲破坏模式,其受力全过程可近似划分为四个阶段:弹性阶段、带裂缝工作阶段、裂缝向顶面扩展且裂缝逐渐加宽阶段、屈服破坏阶段。

② 综合8块试件的试验结果可见,在其余设计参数均相同的前提下,随着板内钢筋直径的减小,其对试件弹性阶段的抗弯刚度影响不大,但是进入塑性阶段后,偏小钢筋直径试件抗弯刚度明显降低,当钢筋直径由 $\phi12$ 变为 $\phi10$ 时,其承载力降低了46%左右;在其余设计参数均相同的前提下,弱焊试件相较于强焊试件的规律同减小钢筋规律一样,当试件由强焊变为弱焊时,其承载力降低了50%左右,且易出现混凝土内钢筋与波折底钢板之间的脱焊,导致承载力突变,存在较大的安全隐患,在实际工程中应注意钢筋与波折底钢板之间的焊接质量。

③ 由沿高度分布的测点应变曲线及荷载-波折底钢板纵、横向应变规律可知,当荷载较小时,中性轴位于波折底钢板以上混凝土内,波折钢板在波谷位置首先受拉,随着荷载的增加,中性轴下移,移至波折底钢板波峰与波谷之间。

④ 从荷载-滑移曲线可知,8块正弯矩试件均产生了不同程度的滑移,加载初期各测点的相对滑移量均较小,随着荷载的增加从跨中到板端滑移量均增大;各试件滑移分布略有差别,$\phi10$ 强焊试件滑移量沿纵向大致呈跨中小、板端大的趋势分布;$\phi12$ 强焊试件呈四分之一测点滑移量大,跨中和板端滑移量较小的趋势;$\phi12$ 弱焊试件呈试件一端滑移量大的趋势分布。

⑤ 从荷载-裂缝分布情况可以看出,8块弯曲破坏正弯矩试件的裂缝主要集中在加载点附近和跨中纯弯段,在靠近支座的剪跨段混凝土侧面出现少量裂缝;前期裂缝长度发展较快,裂缝宽度发展缓慢,后期裂缝长度发展缓慢,裂缝宽度发展较快;通过裂缝数据对比可知,当裂缝为0.15 mm 和

0.2 mm时，所需荷载表现为 $\phi 12$ 强焊 $>\phi 10$ 强焊 $>\phi 12$ 弱焊。

(2) 有限元模型能较准确地模拟波折型钢-混凝土组合桥面板试件加载全过程的受力行为，更全面地了解其受力特点，弥补试验中测点不足的问题，成为试验研究的有力补充。本节利用有限元软件 ANSYS 对所有试件进行了非线性仿真模拟研究，主要结论有如下两点。

① 通过建立的两种接触方式对波折型钢-混凝土组合桥面板进行有限元分析，分别为无滑移模型与非线性滑移模型，分别模拟强焊试件和弱焊试件的受力行为，验证了忽略混凝土开裂会对模型的极限荷载、屈服荷载的计算产生较大误差，因此建模时必须考虑混凝土开裂。

② 将有限元计算结果同试验结果进行对比分析，讨论波折型钢-混凝土组合桥面板的非线性变形性能。由对比数据及曲线可知：计算结果同试验结果吻合良好，说明强焊试件建立无滑移模型，弱焊试件建立非线性滑移模型的准确性，证明了计算结果的可靠性。

(3) 采用已有房屋建筑规范《钢-混凝土组合楼盖结构设计与施工规程》（以下简称《规程》）关于组合板的承载力计算公式进行验算，讨论了现有规范的适用性，如下。

① 正截面抗弯承载力：无论是取材料的试验强度还是其设计强度，按照已有楼盖组合结构规范的承载力计算偏于不安全，可能是由于楼盖结构荷载相对较小，因此在规范中并未考虑滑移等非线性参数的影响，而对于组合桥面板而言，车辆荷载较大，滑移量的产生将对承载力产生较大影响。

② 斜截面抗剪承载力：按《规程》计算得到的极限抗剪承载力远低于试验极限荷载，这是由于本节设计试件具有很强的斜截面抗剪承载力，破坏阶段主要为弯矩控制，使用楼盖结构的《规程》公式计算过于安全。

10.2.6.2 展望

本节完成了波折型钢-混凝土组合桥面板的试验研究，对其在静载作用下的正弯矩受力行为进行了理论探讨，取得了一定的成果。但对于这种新型的桥面体系的研究还不完善，如下几个方面仍有待于继续深入研究。

(1) 波折型钢-混凝土组合桥面板的设计参数研究。本试验参数比较单一，仅考虑了混凝土板钢筋大小和正弯矩作用，在后续的深入研究中，应考虑更多的设计参数，如：波长、波高、混凝土板板厚、混凝土材料、钢材材料、钢筋布置等。

(2) 波折型钢-混凝土组合桥面板的非线性性能研究。探索滑移、掀起等非线性因素对组合桥面板极限承载力的影响。

(3) 混凝土的收缩、徐变以及温度效应对组合桥面板受力行为的影响。

10.3 负弯矩模型试验研究

10.3.1 试验目的和依据

10.3.1.1 试验目的

模型试验研究是获取复杂结构各种性能的一种比较直观的科学研究方法，通过模型试验，既可以达到验证设计计算分析方法正确性的目的；还可以弥补理论计算不可避免的模型简化所带来的偏差。本试验最核心的目的是：

(1) 对比钢筋与波折板在不同焊接方式下，组合板力学性能的变化规律，并验证波折形底钢板构造对组合板刚度及承载力的贡献；

(2) 研究波折型钢-混凝土组合板在负弯矩区的合理构造。

通过上述对波折型钢-混凝土组合桥面板的优化设计，力争满足工程设计和施工的实际需要，建立科学、合理的理论分析模型，进一步提高该结构在桥梁工程桥面板中应用的可行性。

10.3.1.2 试验研究内容

本试验项目通过对设计的一系列波折型钢-混凝土组合桥面板试件进行静力加载，重点研究其在不同焊接方式下的刚度发展规律、破坏模式和极限承载力，同时对其在负弯矩区的合理构造及力学性能进行试验验证。重点包括：采用相同直径钢筋分别与波折底钢板强焊、弱焊时，负弯矩作用下波折型钢-混凝土组合桥面板的破坏模式、刚度、承载能力。

综上所述，本试验方案设计的主要变量见表 10-40。

表 10-40 试验方案主要变量

加载方案	负弯矩加载	
钢筋直径	12 mm	
焊接方式	强焊	弱焊

10.3.1.3 试验依据

(1)《公路桥涵设计通用规范》。
(2)《公路桥涵钢结构及木结构设计规范》。
(3)《普通混凝土配合比设计规程》。
(4)《金属材料室温拉伸试验方法》。
(5)《钢-混凝土组合桥面板技术规程》。

10.3.2 试验概况

10.3.2.1 试件设计

通过参数分析,本试验设计的试件参数如下：尺寸取为 2 500 mm×900 mm,计算跨度为 2 400 mm,波折底钢板以上混凝土厚度 120 mm,钢筋直径取 12 mm,同时设计波折形底钢板厚度为 4 mm,负弯矩试件主梁顶板厚度取为 12 mm。

本试验共设计 5 块试件,具体尺寸见表 10-41。

表 10-41 组合板构件尺寸表   单位：mm

序号	试件编号	长×宽×厚	波折钢板以上混凝土厚	底板厚	钢筋直径	计算跨度
1	BF-12q-1	2 500×900×220	120	4	12	2 400
2	BF-12q-2	2 500×900×220	120	4	12	2 400
3	BF-12r-1	2 500×900×220	120	4	12	2 400
4	BF-12r-2	2 500×900×220	120	4	12	2 400
5	BF-12r-3	2 500×900×220	120	4	12	2 400

注：表中试件编号规则为"加载类型-钢筋直径及焊接强弱-试件号",其中加载类型"BF"表示波折板负弯矩加载,"1、2、3"表示波折板负弯矩的静力加载试件,例如"BF-12q-2"代表波折板钢筋直径为 12 mm 且采用强焊的负弯矩静力加载 2 号试件。

10.3.2.2 模型制作

模型加工制作各阶段如图 10-252～图 10-256 所示。

10.3.2.3 测点布置

在波折型钢-混凝土组合板的静载抗弯试验中,根据分析计算和受力特点,板中心截面即纯弯段是应力应变测试的对象。试件采用 3 mm×80 mm 应变单片(混凝土)、3 mm×5 mm 应变单片(波折钢)及 3 mm×80 mm 应变花测量。

每块试件布置 25 个应变单片及 2 组应变花。其中,跨中截面沿板厚方向布置 5 个混凝土应变测点,支座附近剪跨区截面各布置 1 组应变花,顶面布

图 10-252 制造成型的波折形底钢板

图 10-253 模型钢筋的绑扎

图 10-254 模型混凝土模板的架设

图 10-255 模型混凝土的浇筑

图 10-256　浇筑成型后的组合板

置5个混凝土应变测点;底钢板跨中布置5个纵向应变测点,4分点处布置5个纵向应变测点、5个横向应变测点。

每块试件布置5个百分表测试竖向挠度,1个百分表测试横向位移,4个千分表测试钢板与混凝土之间的滑移。具体测点布置如图10-257、图10-258所示。

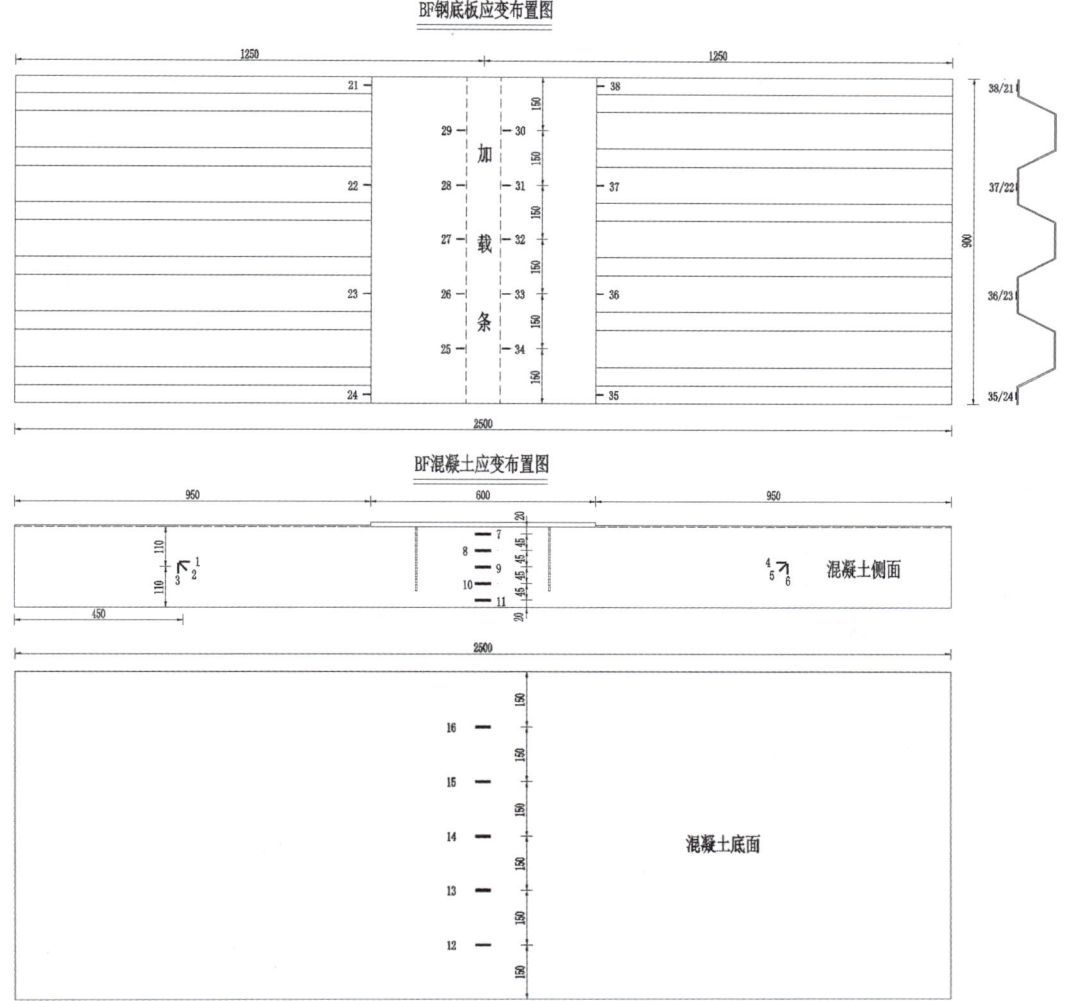

图 10-257　应变测点布置图(单位:mm)

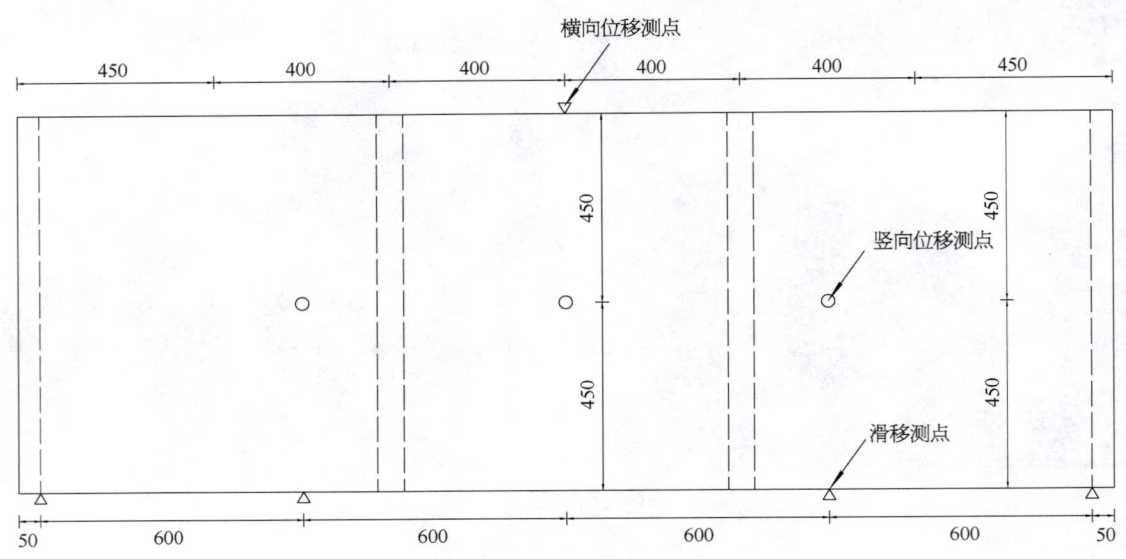

图 10-258　位移测点布置图（单位：mm）

10.3.2.4　加载方式

试验加载设备采用 MTS 液压加载系统，静力加载试件采用单点（跨中）集中加载模式，如图 10-259 所示，通过倒置进行试件负弯矩试验，考察承受负弯矩的作用。根据 ABAQUS 模拟结果，各试件加载设计方案见表 10-42，表中 P_{cr} 代表开裂荷载值，P_u 代表极限荷载值，极限荷载取组合板考虑非线性滑移后的有限元计算结果。

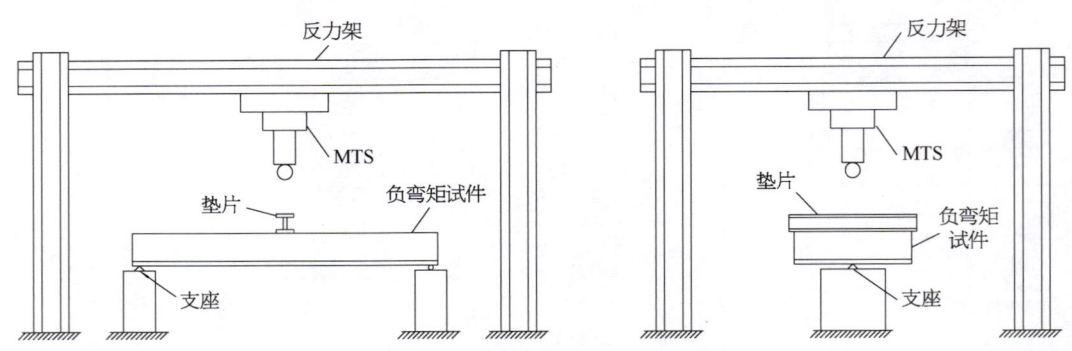

图 10-259　单点（跨中点）加载示意图

表 10-42　加载设计方案　　　　　　　　　　　　　　　　　　　　　　　　单位：t

编号	加载方案	预加载	P_{cr}	P_u	试件说明	编号	加载方案	预加载	P_{cr}	P_u	试件说明
BF-12q-1	负弯矩分级加载，直至试件破坏	5	7	83.7	12 mm 钢筋强焊	BF-12r-1	负弯矩分级加载，直至试件破坏	2	5	29.4	12 mm 钢筋弱焊
BF-12q-2	负弯矩分级加载，直至试件破坏	5	7	83.7	12 mm 钢筋强焊	BF-12r-2	负弯矩分级加载，直至试件破坏	2	5	29.4	12 mm 钢筋弱焊

注：表中试件编号规则为"加载类型-钢筋直径及焊接强弱-试件号"，其中加载类型"BF"表示组合板负弯矩加载，"-1、-2"表示正负弯矩的静力加载试件号，例如"BF-12q-2"代表组合板钢筋直径为 12 mm 且采用强焊的负弯矩静力加载 2 号试件。

静力加载按照先强焊后弱焊、先大直径后小直径的顺序,即 BF-12q→BF-12r,对试件依次进行加载。加载程序为:

(1) 预加载,以慢速从 0 t 加载到预加载值对试验板进行预压,消除非弹性变形;

(2) 预加载后,停歇 10 min 开始分级正式加载,对预估的最大荷载进行分级加载,每级持荷 10 min,记录各仪器读数,如有裂缝需标出裂缝位置及裂缝发展方向。加载至结构破坏或挠度出现很大值为止。

在试验过程中,为保证试验安全有序进行,制定试验控制原则如下:

(1) 做好各项准备工作,确保试验人员及试验设备的安全;

(2) 在正式试验前,进行预加载以检验各类设备、仪器是否工作正常;

(3) 严格按照试验加载进程进行加载及各项测试,并加以检查;

(4) 在每一级加载测试完成后,即时进行部分控制测点的测值计算,并与理论计算结果进行对比,在出现较大误差时,检查加载情况,并进行原因分析,发现问题及时调整。

每块试件的预加载值、加载分级值见表 10-43,表中荷载分级仅供参考,具体应根据试验过程随时进行调整。

表 10-43 加载分级参考表　　单位:t

工况	序号	BF-12q	BF-12r
预载	1	5	2
加载分级	2	5.5	3
	3	6	4
	4	6.5	5(开裂)
	5	7(开裂)	10
	6	10	12
	7	15	14
	8	20	16
	9	30	18
	10	40	20(屈服)
	11	50	22
	12	52	24
	13	54	26
	14	56	28
	15	58	29
	16	60(屈服)	30(破坏)
	17	65	—
	18	70	—
	19	74	—
	20	78	—
	21	80	—
	22	82	—
	23	84(破坏)	—

10.3.3　试验结果与分析

10.3.3.1　材料性能

1) 混凝土

本试验设计配制 C40 混凝土,所用原材料选择如下。

(1) 水泥:四川省星船城水泥股份有限公司销售的 P·O52.5 水泥。

(2) 砂:宜宾佳昌建材经营部销售的 0~4.75 河沙。

(3) 粗集料:自贡富顺河坝砂石厂销售的 4.75~16 mm/16~26.5 mm 卵碎石。

(4) 外加剂:成都巨力建材有限公司销售的聚羧酸减水剂。

(5) 粉煤灰:四川威远县金龙建材有限公司销售的 I 级粉煤灰。

(6) 水:自来水。

混凝土的配合比是在利用现有的设计规范《普通混凝土配合比设计规程》及已有文献的配合比作为参考进行试配,通过强度指标和工作性能的测试,判断其是否符合设计要求。如需进行配合比调整,则通过改变水胶比的方式实现。最终选用的配合比见表 10-44。

表 10-44　混凝土每方用量　　单位:kg

混凝土强度等级	水泥	水	砂	石子	外加剂	粉煤灰	水胶比	砂率
C40	366	155	632	1227	4.7	65	0.36	34%

在施工同时浇筑尺寸为 150 mm×150 mm×150 mm 的立方体试块,采用弧形钢垫板并加柔性纤

维垫片的方式进行混凝土的强度试验,具体见表 10-45。

表 10-45 混凝土强度实测值 单位:MPa

组数	第一个	第二个	第三个	平均值
第一组	47.7	49.1	50.0	48.9

2) 钢筋

本试验所需的纵向受力钢筋、孔中的贯穿钢筋,以及横向分布钢筋均采用统一规格,为成渝钒钛科技有限公司销售的直径为 12 mm 的 HRB335 热轧螺纹钢筋。测试普通钢筋力学性能的试验按照《金属材料室温拉伸试验方法》中的规定进行,试验结果见表 10-46。

表 10-46 钢筋性能测定结果

直径/mm	屈服强度/MPa	破坏强度/MPa	屈强比	弹性模量/GPa
12	405	560	0.72	192

3) 钢板

本试验试件设计采用厚度为 4 mm 的钢板,强度为 Q235。测试钢板力学性能的试件按照《金属材料室温拉伸试验方法》中的规定制作,具体尺寸如图 10-260 和表 10-47 所示,试验结果见表 10-48。

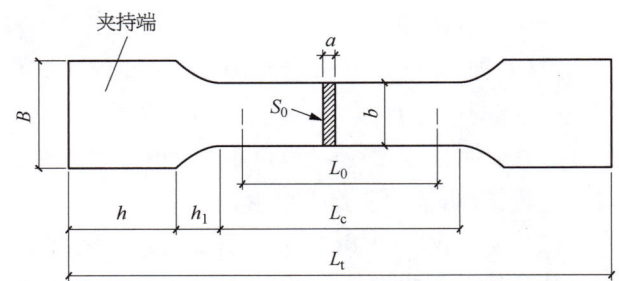

图 10-260 钢板拉伸试件形状

表 10-47 钢板拉伸试件尺寸表 单位:mm

试件板厚	a	b	h	L_0	L_c	L_t
4	4	30	50	60	90	$L_t = L_c + 2h + 2h_1$

表 10-48 钢板材料试验结果

板厚/mm	屈服强度/MPa	破坏强度/MPa	屈强比
4	291	430	0.67

10.3.3.2 试验结果

1) 试件破坏形态

图 10-261 所示为各负弯矩试件破坏后的挠曲形态,图 10-262～图 10-267 为各试件破坏后的裂缝分布图,5 块波折型钢-混凝土组合板负弯矩试件均呈现出典型的弯曲破坏模式,首先受拉区混凝土开裂,随着荷载的不断增大,下缘混凝土裂开,受压区波折底钢板与钢板相交处波折底钢板翘曲。

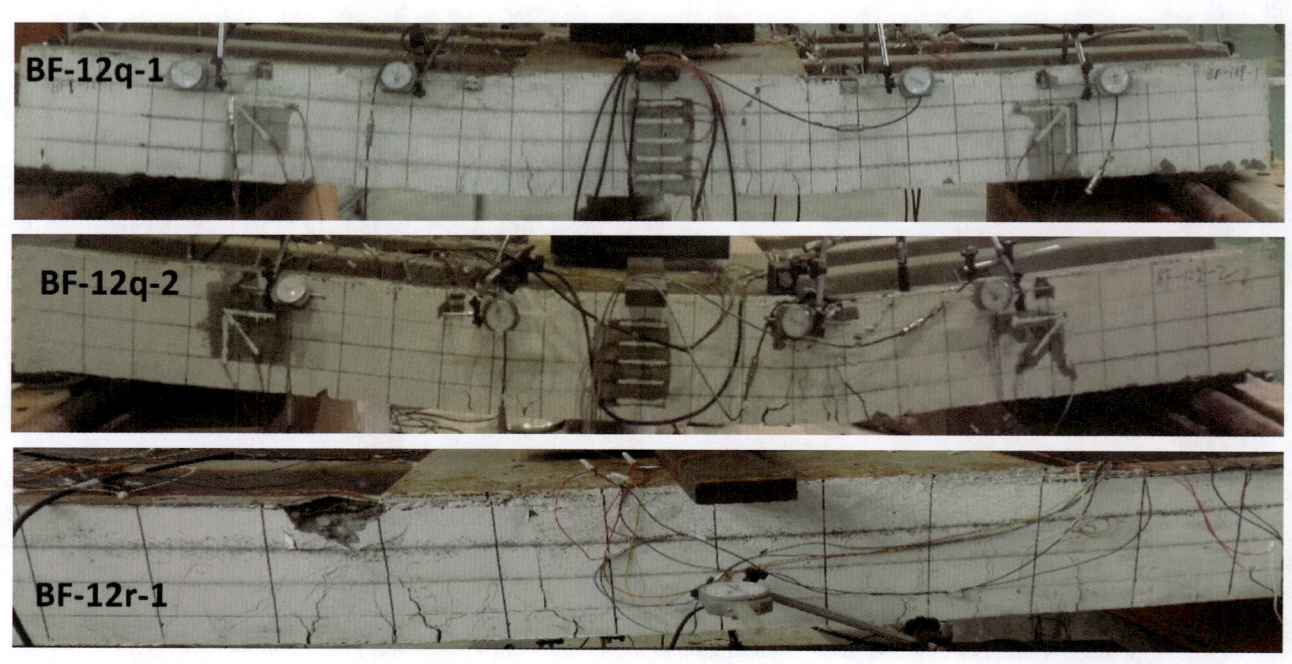

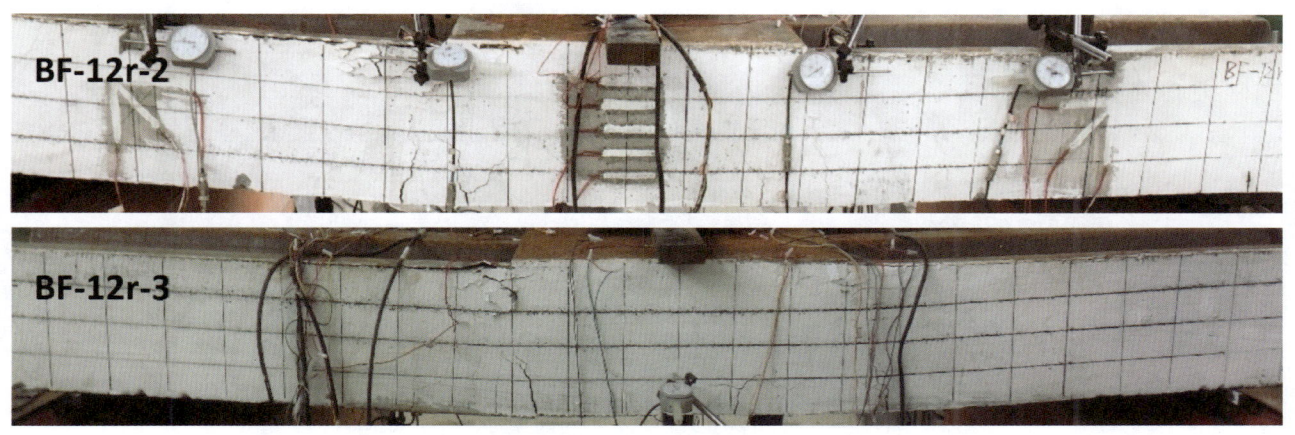

图 10‑261　各试件破坏后的挠曲状态

图 10‑262　试件钢板翘曲鼓包状态

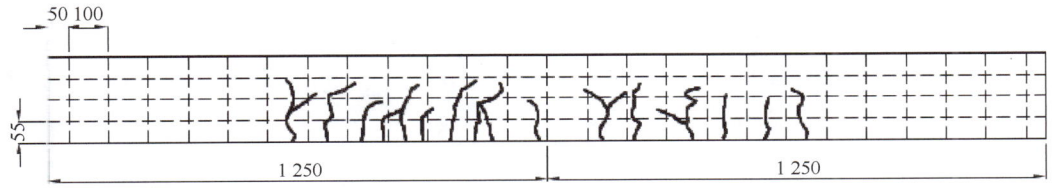

图 10‑263　BF‑12q‑1 试件破坏后的裂缝分布图（单位：mm）

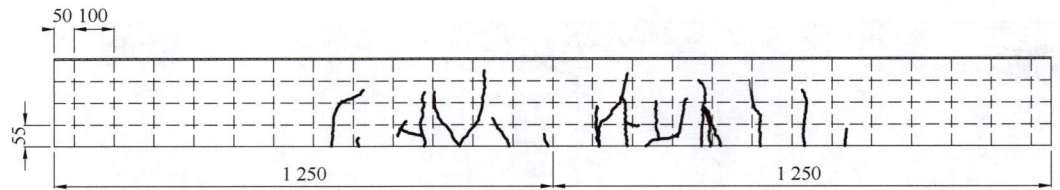

图10-264　BF-12q-2试件破坏后的裂缝分布图(单位：mm)

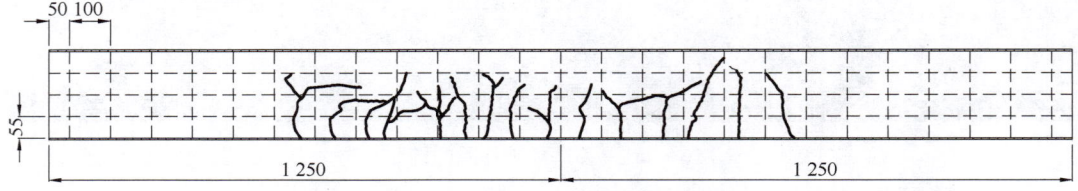

图10-265　BF-12r-1试件破坏后的裂缝分布图(单位：mm)

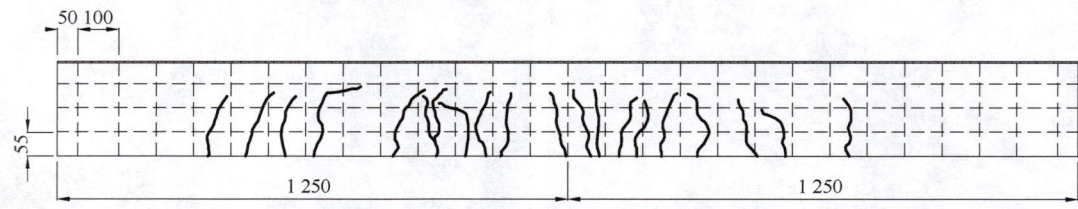

图10-266　BF-12r-2试件破坏后的裂缝分布图(单位：mm)

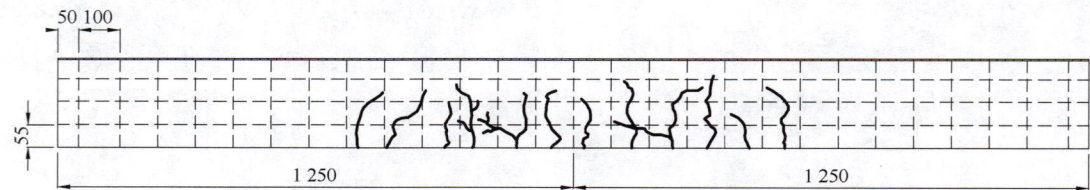

图10-267　BF-12r-3试件破坏后的裂缝分布图(单位：mm)

2) 荷载-挠度曲线

(1) 荷载-跨中挠度曲线。

试件跨中下缘挠度测点布置如图10-268所示，5块负弯矩试件采用相同刻度绘制其荷载-挠度曲线，如图10-269～图10-273所示，其荷载-挠度对比如图10-274所示。

由图可见，5块试件的荷载-挠度曲线均呈现出典型的弯曲破坏模式，其受力全过程可近似划分为四个阶段：①在荷载加载初期为弹性阶段，荷载-挠度呈线性关系，斜率反映了试件的初始刚度，波折钢板和混凝土共同工作，组合板的应变分布符合平截面假定；②带裂缝工作阶段，此阶段混凝土受拉底面开始出现裂缝，随着荷载的增加，裂缝条数逐渐增多且裂缝向上扩展，组合板的刚度有一定程度的下降；

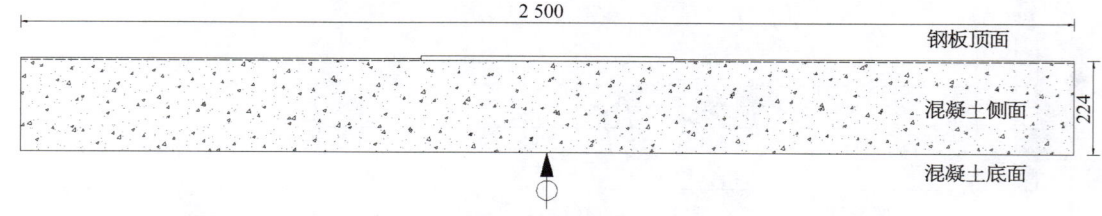

图10-268　跨中下缘挠度测点位置示意图(单位：mm)

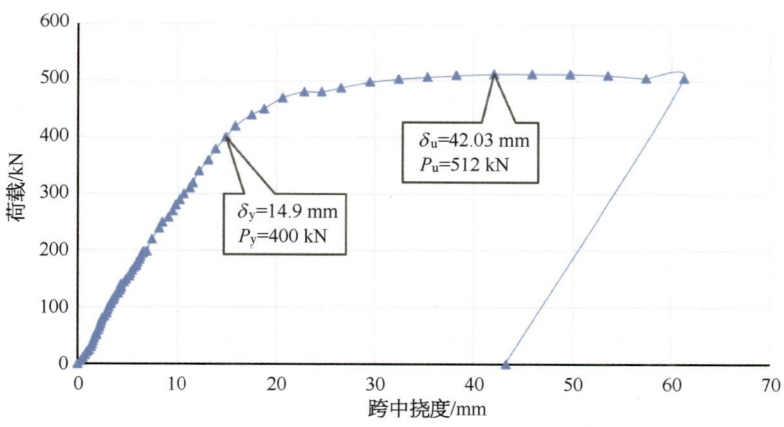

图 10-269　试件 BF-12q-1 荷载-跨中挠度曲线

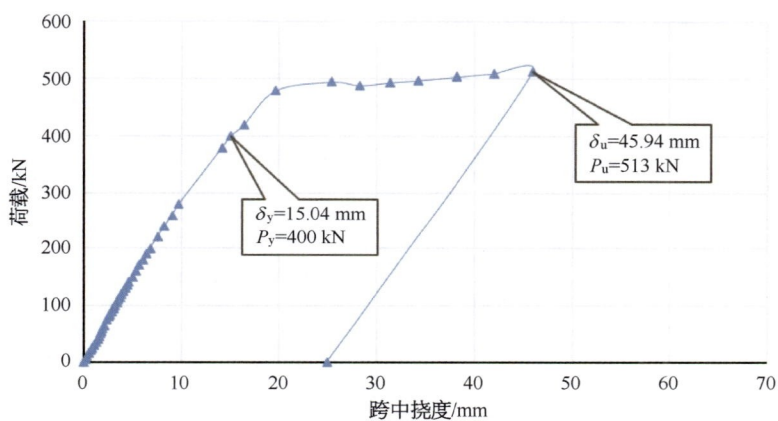

图 10-270　试件 BF-12q-2 荷载-跨中挠度曲线

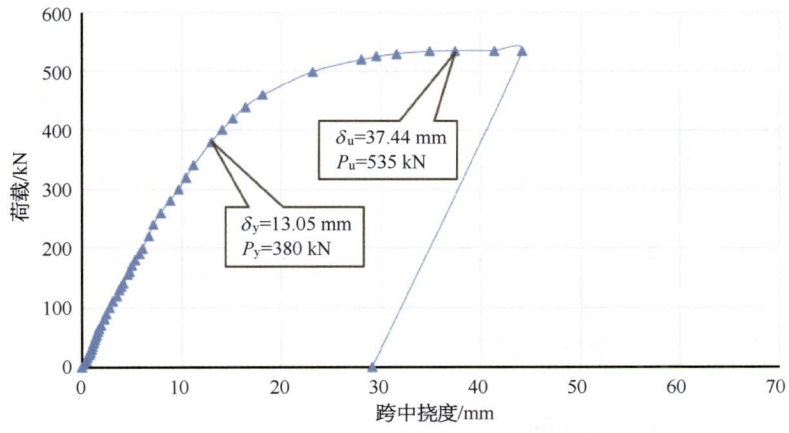

图 10-271　试件 BF-12r-1 荷载-跨中挠度曲线

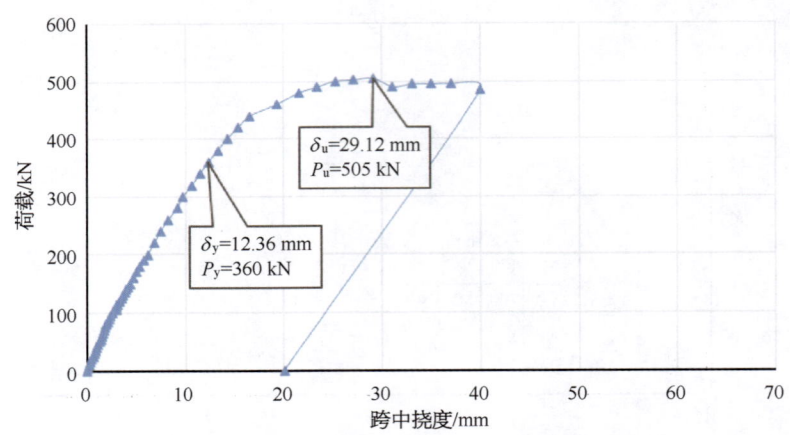

图 10-272 试件 BF-12r-2 荷载-跨中挠度曲线

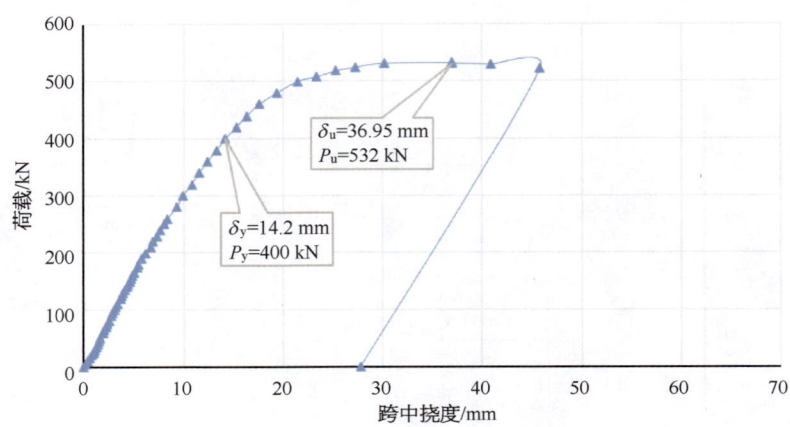

图 10-273 试件 BF-12r-3 荷载-跨中挠度曲线

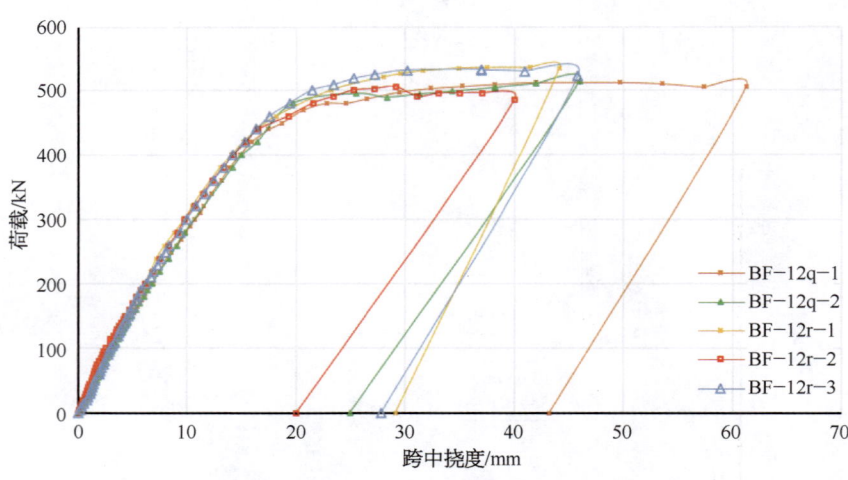

图 10-274 各试件荷载-跨中挠度对比图

③试件进入屈服阶段,下部钢筋混凝土和上部波折底钢板之间的协同工作减弱,试件挠度增长较快,混凝土裂缝向顶面扩展且裂缝逐渐加宽;④在试件达到极限荷载后,试件的承载能力并未迅速丧失,随着承载力的下降,变形迅速增长,表现为曲线平缓下滑。

综合比较 5 块试件荷载-挠度曲线可见,强、弱焊的区别对负弯矩波折型钢-组合桥面板的抗弯刚度和承载力影响不大。

(2) 荷载-4分点挠度曲线。

试件下缘挠度测点布置如图10-275所示,5块试件采用相同刻度来绘制其荷载-4分点挠度曲线,曲线是距跨中600 mm处的挠度,距跨中600 mm处左右各架设了一个对称的百分表,荷载-4分点挠度曲线如图10-276~图10-280所示。

由曲线可以看出,两个对称的百分表对应的荷载-4分点挠度曲线基本重合,说明试件在加载过程中基本满足跨中单点加载,试件BF-12r-1的曲线中两个百分表数据相差较大,是由于试件在加载过程中支座移动或支座不平。

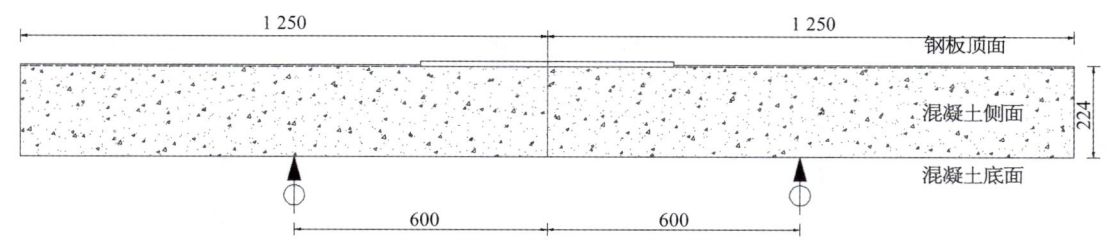

图10-275 跨中下缘4分点挠度测点位置示意图(单位:mm)

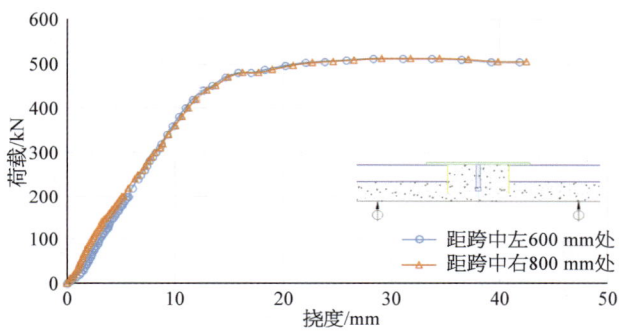

图10-276 试件BF-12q-1荷载-4分点挠度曲线

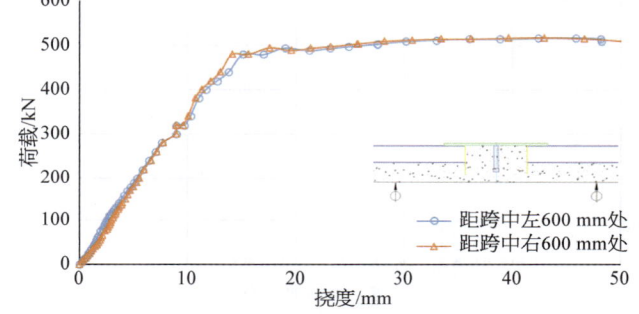

图10-277 试件BF-12q-2荷载-4分点挠度曲线

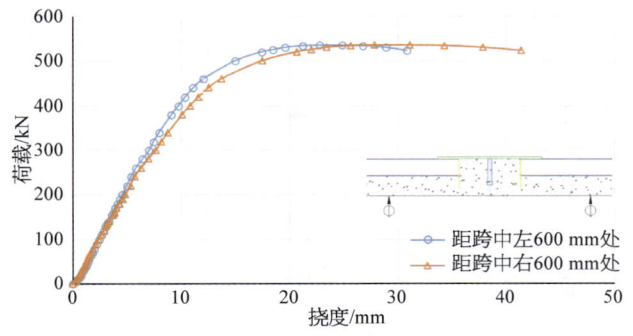

图10-278 试件BF-12r-1荷载-4分点挠度曲线

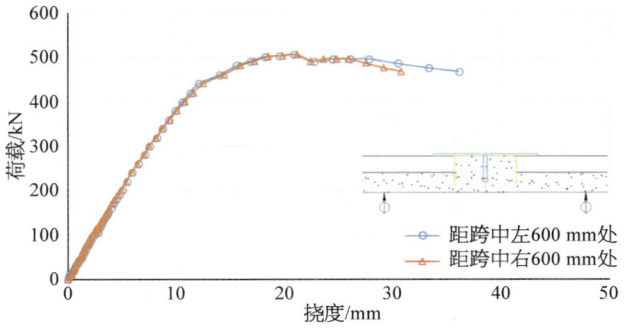

图10-279 试件BF-12r-2荷载-4分点挠度曲线

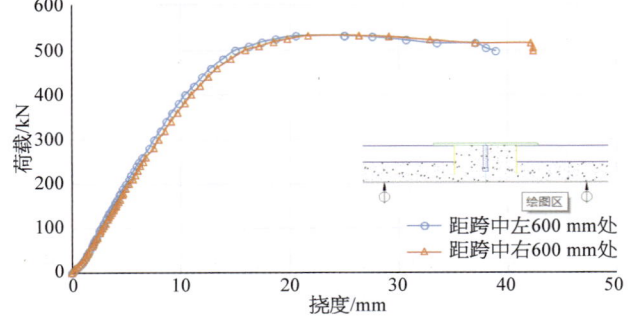

图10-280 试件BF-12r-3荷载-4分点挠度曲线

(3) 荷载-挠度分布曲线。

试件下缘挠度测点如图 10-281 所示，由于试验条件的限制，沿试件纵向共布置了 3 个百分表，分别位于跨中、距跨中左侧 600 mm 处、距跨中右侧 600 mm 处，荷载-挠度曲线汇总了 3 个百分表在各级荷载下记录的试件变形，5 块试件采用相同刻度绘制其荷载-挠度分布曲线，如图 10-282～图 10-286 所示。

荷载-挠度分布曲线体现了在各级荷载作用下试件挠度的变化情况，可以明显看出随着荷载值的增大，试件挠度不断增大，其中跨中测点的挠度最大，靠近支座测点的挠度最小，且沿试件跨度方向，变形对称。取同一级荷载作用下（40 t）对比 5 块试

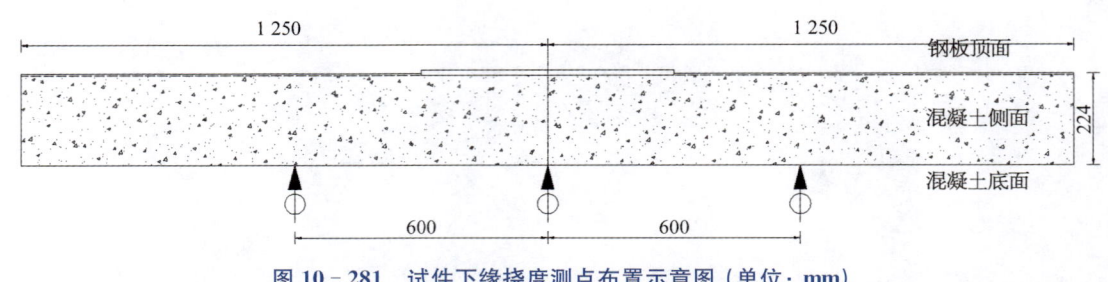

图 10-281　试件下缘挠度测点布置示意图（单位：mm）

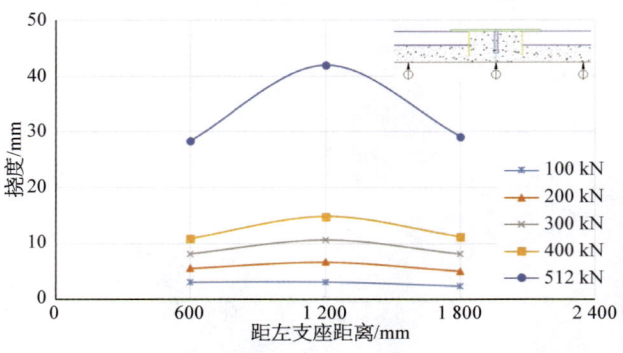

图 10-282　试件 BF-12q-1 荷载-挠度分布曲线

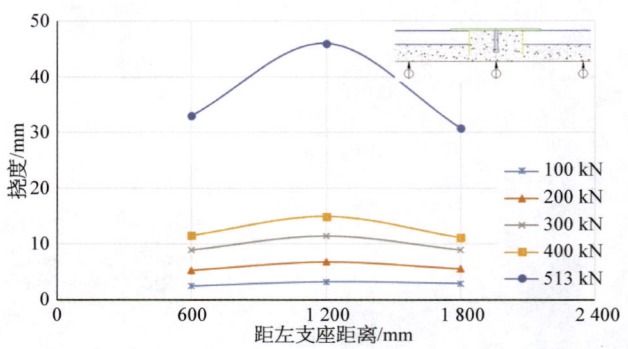

图 10-283　试件 BF-12q-2 荷载-挠度分布曲线

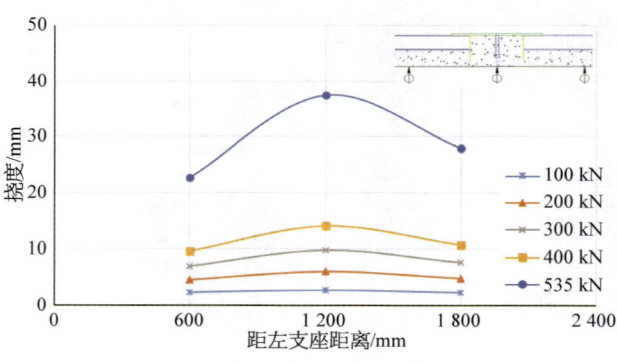

图 10-284　试件 BF-12r-1 荷载-挠度分布曲线

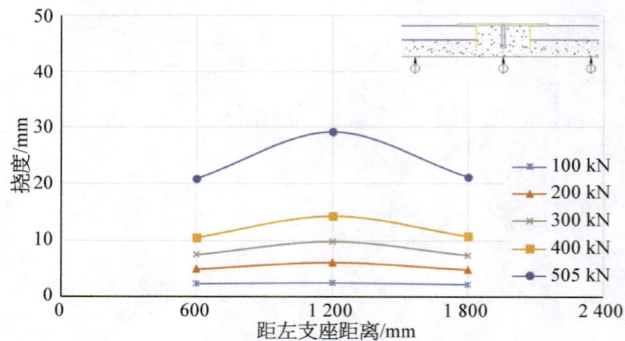

图 10-285　试件 BF-12r-2 荷载-挠度分布曲线

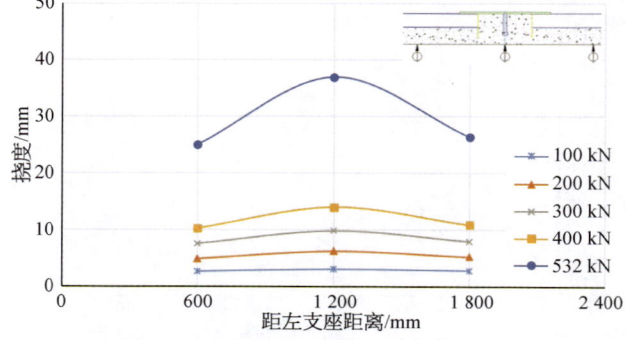

图 10-286　试件 BF-12r-3 荷载-挠度分布曲线

件的荷载-挠度分布曲线,如图 10-287 所示,可以看出,强弱焊对负弯矩试件的抗弯刚度影响不大,其对应的挠度几乎一样。

3) 荷载-应变曲线

(1) 荷载-混凝土侧面应变曲线。

试件跨中正截面应变沿板厚方向的分布及发展变化曲线如图 10-289～图 10-293 所示,图中每条曲线共 5 个纵向应变测点数据,从下至上高度依次为 20 mm→65 mm→110 mm→155 mm→200 mm,如图 10-288 所示,9 个测点的具体位置依次为混凝土板侧面从上至下 7♯～11♯应变测点。

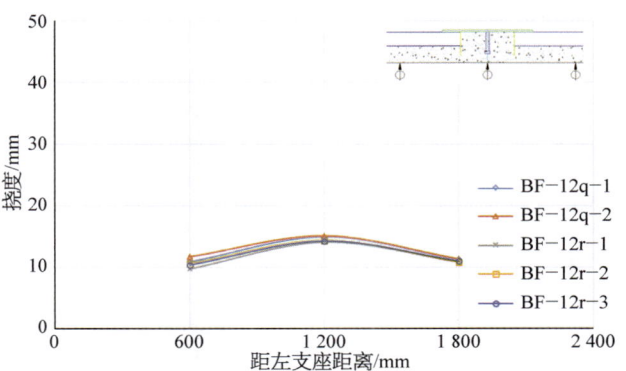

图 10-287　40 t 荷载作用下各试件荷载-挠度分布图

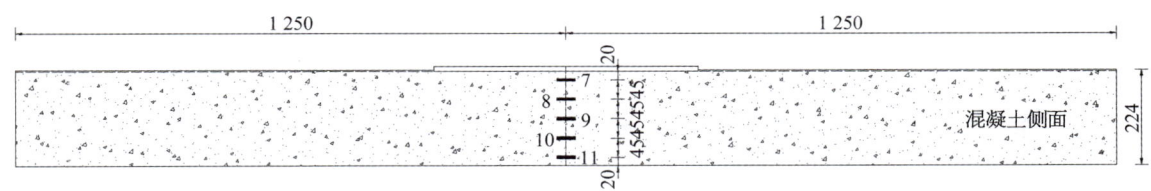

图 10-288　混凝土侧面应变测点布置示意图 (单位: mm)

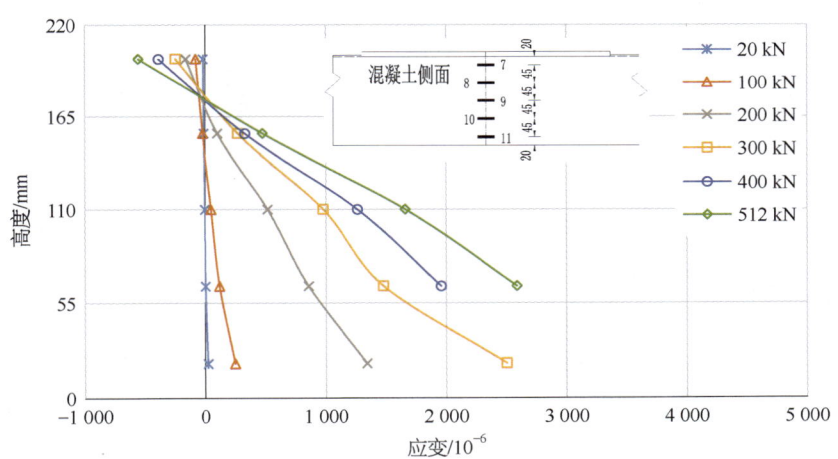

图 10-289　试件 BF-12q-1 荷载-跨中正截面应变分布曲线

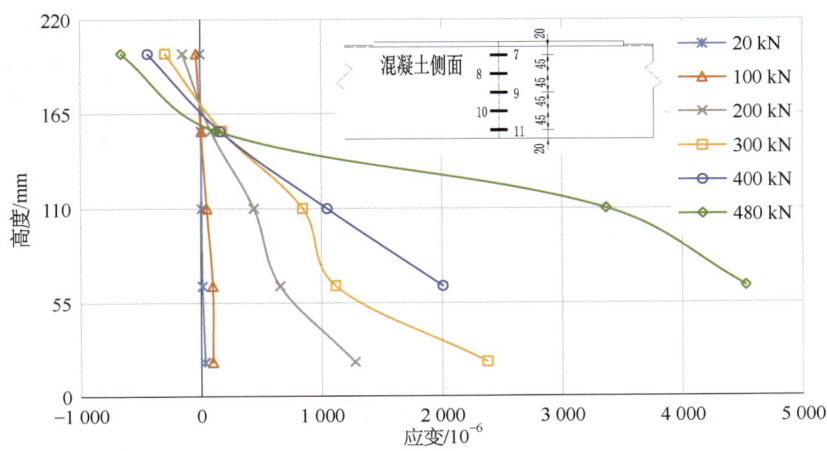

图 10-290　试件 BF-12q-2 荷载-跨中正截面应变分布曲线

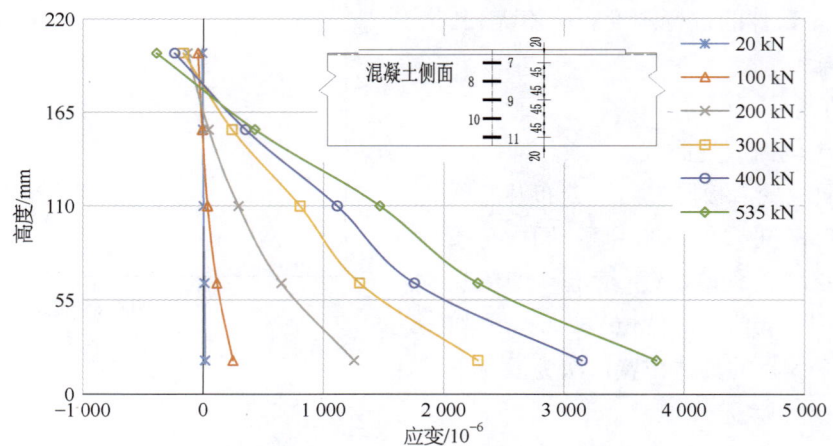

图 10-291　试件 BF-12r-1 荷载-跨中正截面应变分布曲线

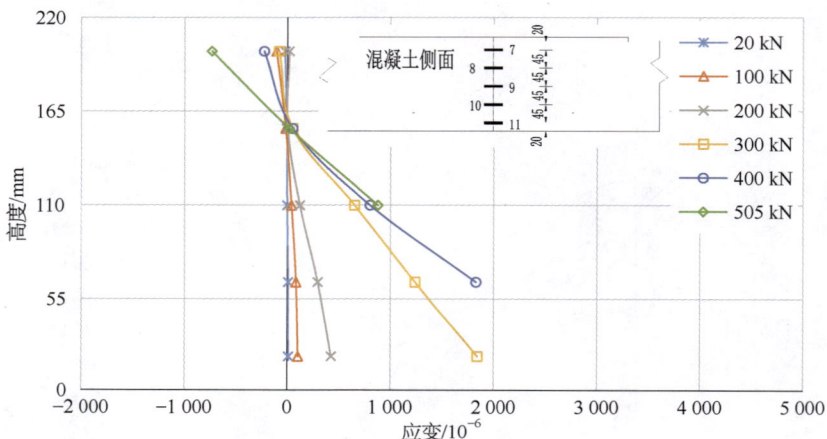

图 10-292　试件 BF-12r-2 荷载-跨中正截面应变分布曲线

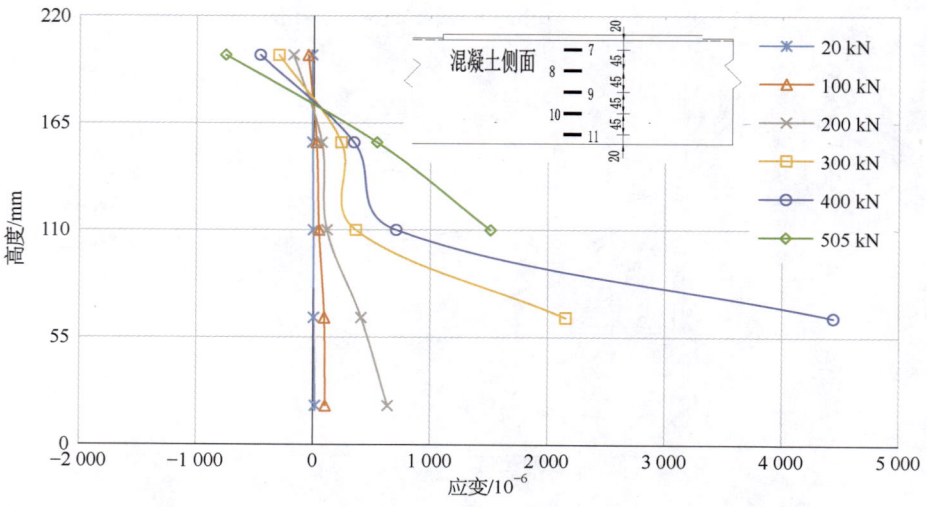

图 10-293　试件 BF-12r-3 荷载-跨中正截面应变分布曲线

由图 10-289～图 10-293 可见,5 块试件的荷载-跨中正截面应变分布曲线规律接近:荷载水平较低时,5 块试件沿高度分布的测点应变曲线基本为一条直线,下部受拉、上部受压,基本满足平截面假定;随着荷载的增大,平截面假定不再适用,混凝土板和底钢板呈现出各自受力的应变曲线形式,混凝土板下缘裂缝增大,应变片失效。

(2) 荷载-混凝土底面应变曲线。

各试件混凝土底面荷载-应变曲线采用相同刻度绘制,如图 10-295～图 10-299 所示,图中各应变测点位置如图 10-294 所示。其中,试件 BZ-12r-3 由于应变片过早失效,故未采用相同刻度绘制。

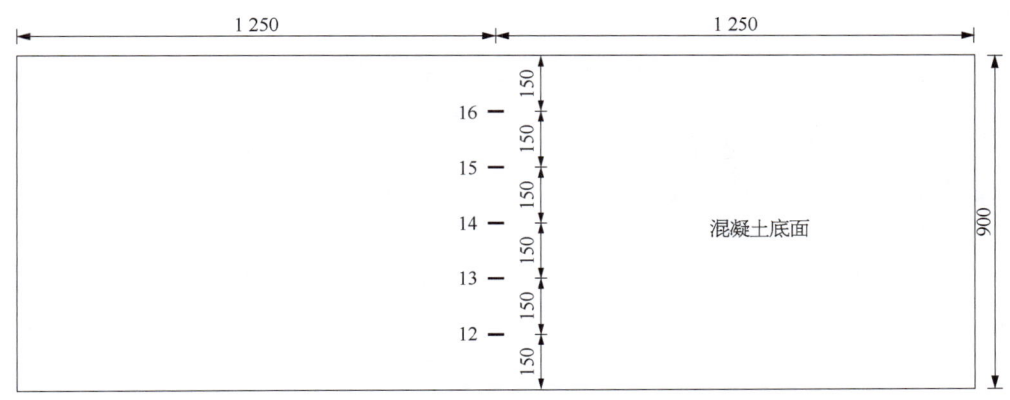

图 10-294 混凝土底面纵向应变测点位置示意图(单位:mm)

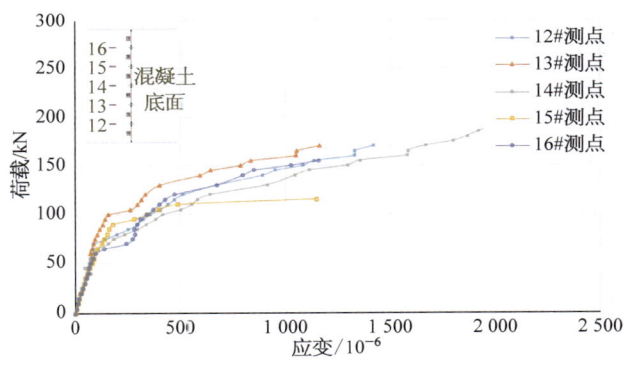

图 10-295 试件 BZ-12q-1 荷载-应变曲线

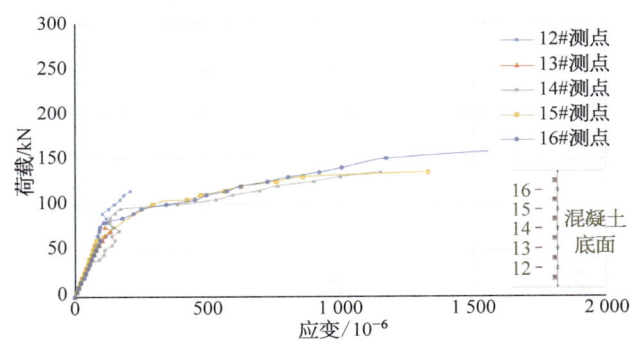

图 10-296 试件 BZ-12q-2 荷载-应变曲线

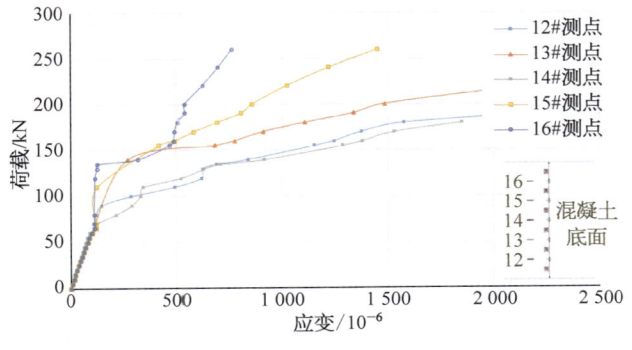

图 10-297 试件 BZ-12r-1 荷载-应变曲线

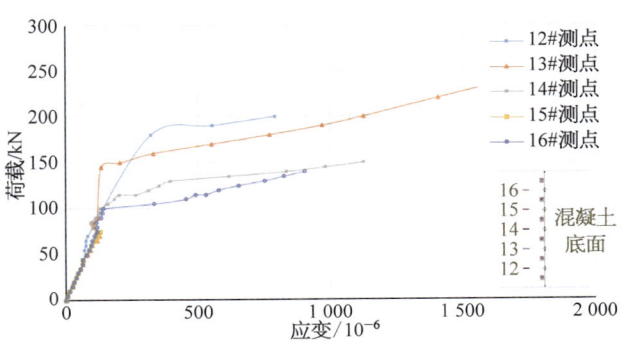

图 10-298 试件 BZ-12r-2 荷载-应变曲线

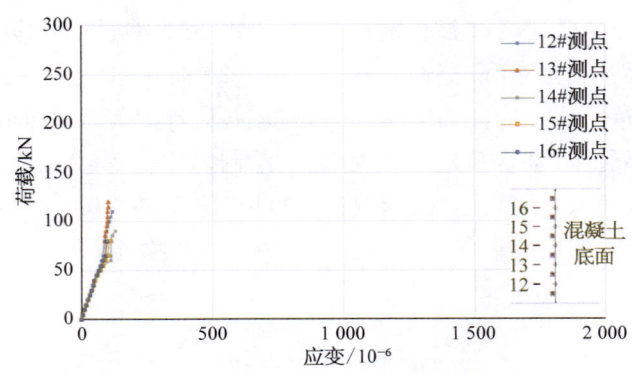

图 10-299　试件 BZ-12r-3 荷载-应变曲线

由图 10-295～图 10-299 可见,各试件混凝土底面 5 个测点的应变曲线在其弹性阶段基本重合,符合试验过程中混凝土纵向应变分布均匀的力学原理,说明试验结果可信;在其进入塑性阶段后,由于混凝土底面不平整或裂缝发展的影响,导致塑性阶段后 5 个测点应变分散。其余规律同荷载-跨中挠度曲线规律一致,此处不再赘述。

(3) 荷载-钢板纵向应变曲线。

试件荷载-钢板跨中(左)纵向应变曲线和试件跨中-钢板跨中(右)纵向应变曲线采用相同刻度绘制,如图 10-301～图 10-310 所示。测点具体位置如图 10-300 所示,试件 BZ-12r-3 中 32♯测点失效,故图中未作出其对应的曲线。

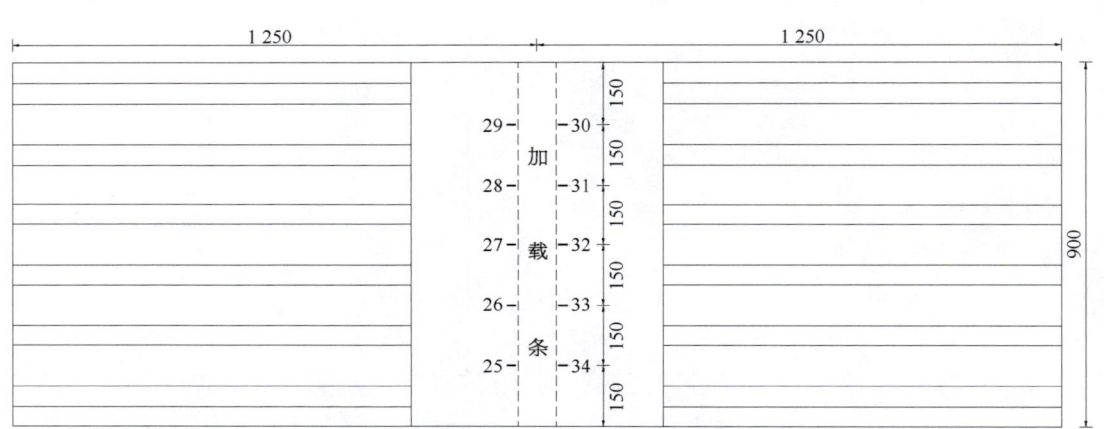

图 10-300　钢板上跨中纵向应变测点位置示意图(单位：mm)

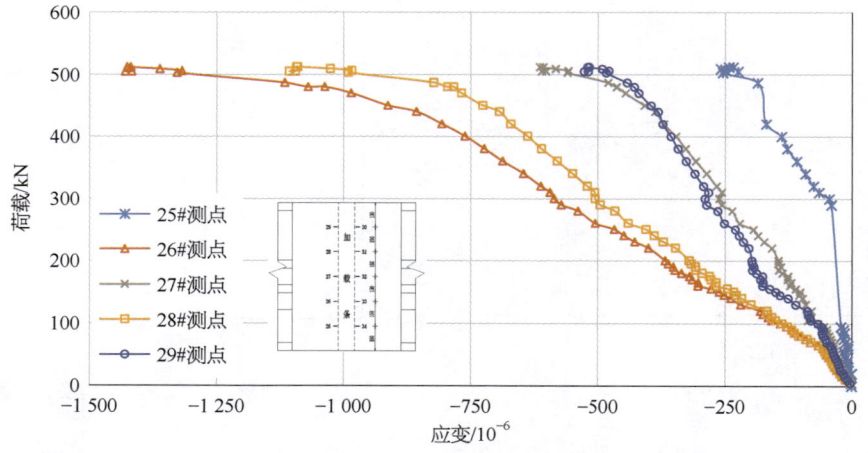

图 10-301　试件 BZ-12q-1 的荷载-钢板跨中(左)纵向应变曲线

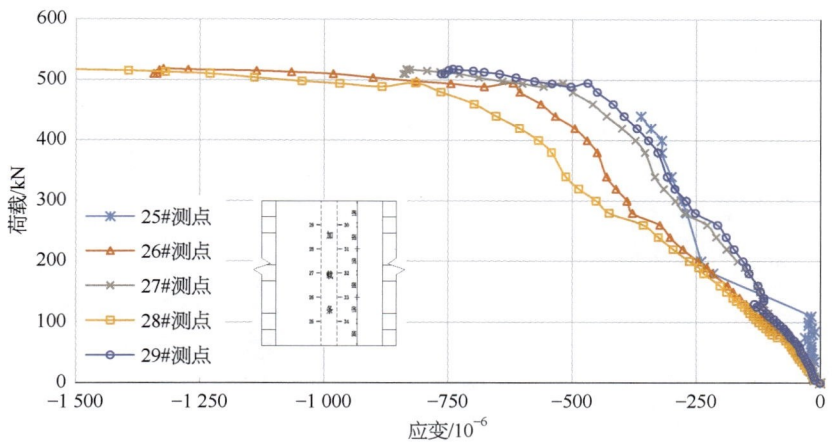

图 10-302　试件 BZ-12q-2 的荷载-钢板跨中(左)纵向应变曲线

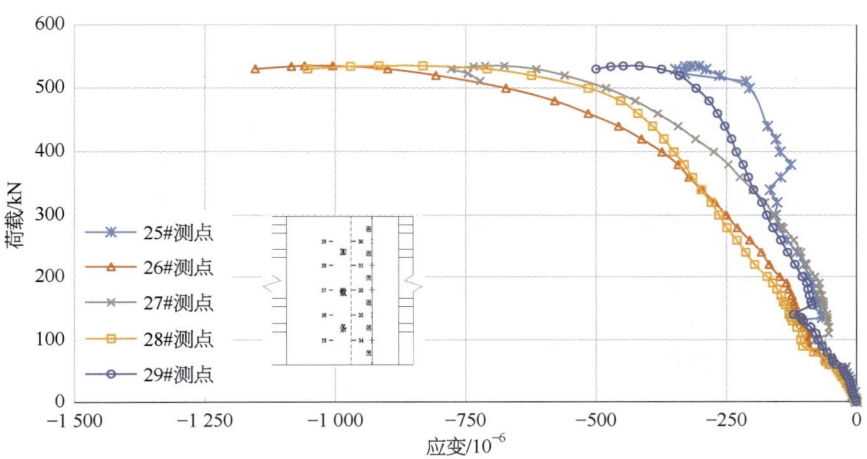

图 10-303　试件 BZ-12r-1 的荷载-钢板跨中(左)纵向应变曲线

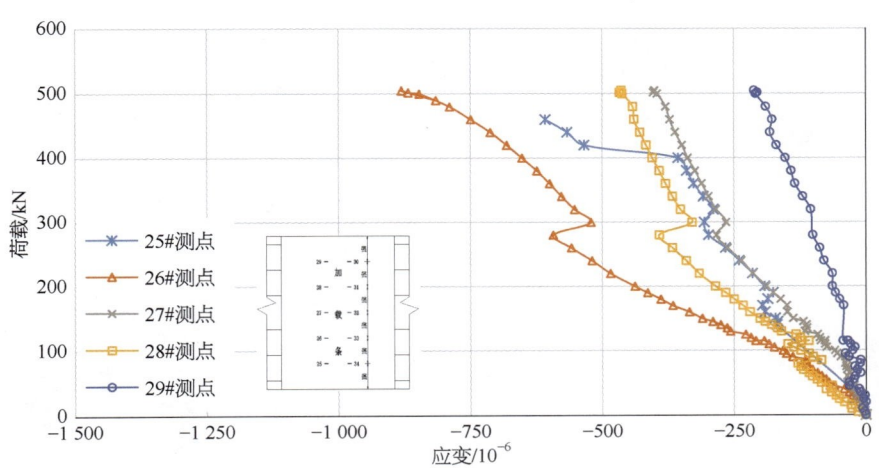

图 10-304　试件 BZ-12r-2 的荷载-钢板跨中(左)纵向应变曲线

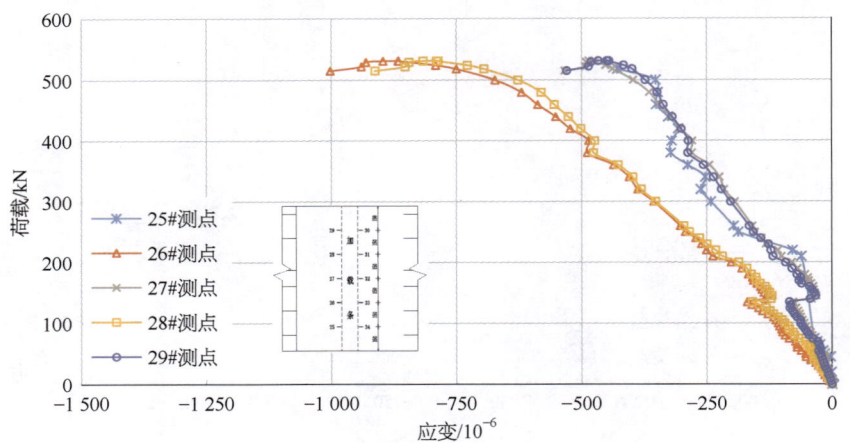

图 10-305　试件 BZ-12r-3 的荷载-钢板跨中(左)纵向应变曲线

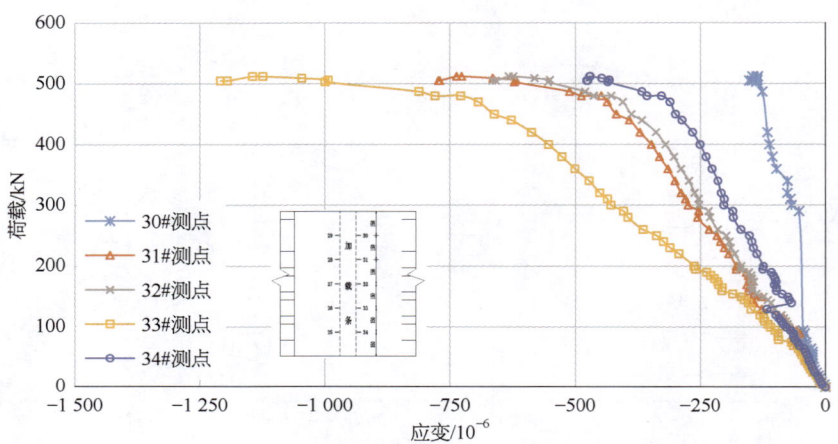

图 10-306　试件 BZ-12q-1 的荷载-钢板跨中(右)纵向应变曲线

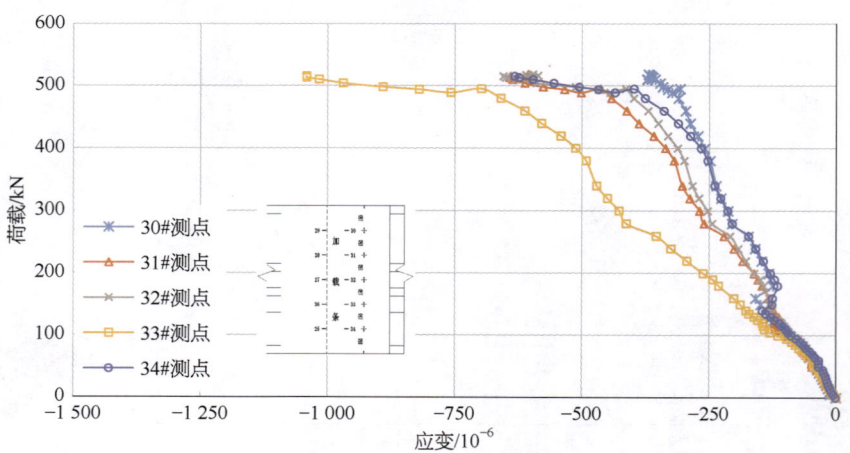

图 10-307　试件 BZ-12q-2 的荷载-钢板跨中(右)纵向应变曲线

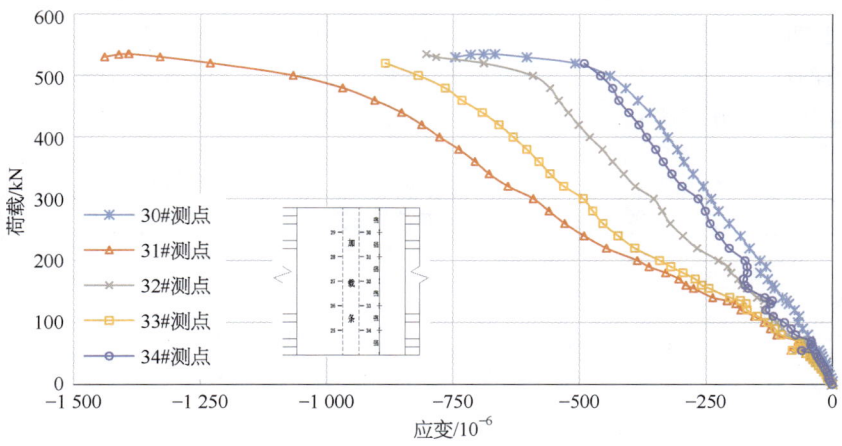

图 10-308　试件 BZ-12r-1 的荷载-钢板跨中(右)纵向应变曲线

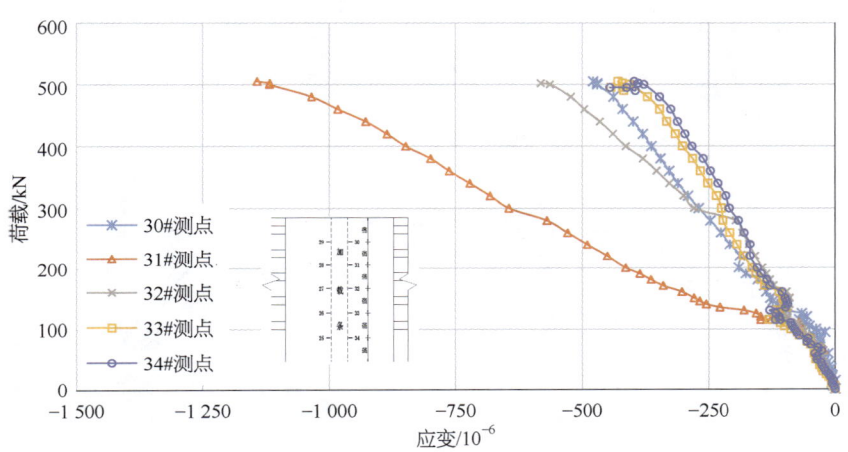

图 10-309　试件 BZ-12r-2 的荷载-钢板跨中(右)纵向应变曲线

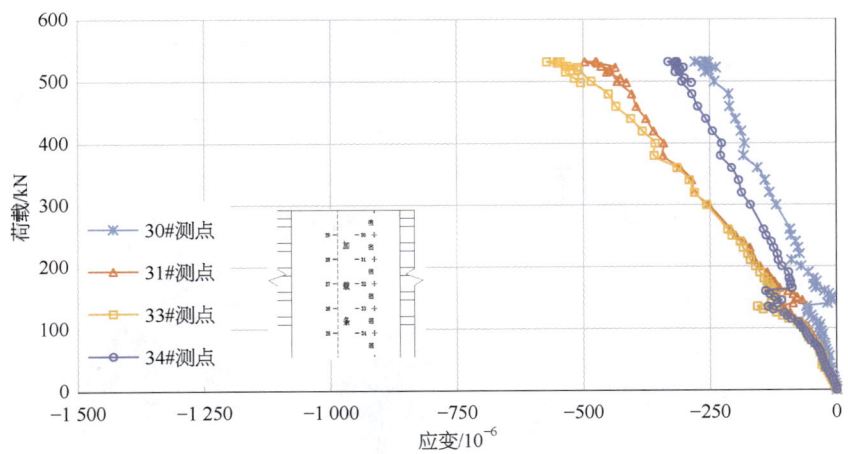

图 10-310　试件 BZ-12r-3 的荷载-钢板跨中(右)纵向应变曲线

由图10-301～图10-310中可见,在负弯矩试件加载条附近钢板上的10个测点均为压应变,满足基本力学原理,图中曲线突变点是由于负弯矩试件中,上部波折底钢板和下部混凝土板剪切导致脱焊所致,其余规律同荷载-跨中挠度曲线。

采用相同刻度绘制组合板上部钢板与波折底钢板相交处波峰位置的荷载-应变曲线,如图10-312～图10-316所示,测点编号如图10-311所示。

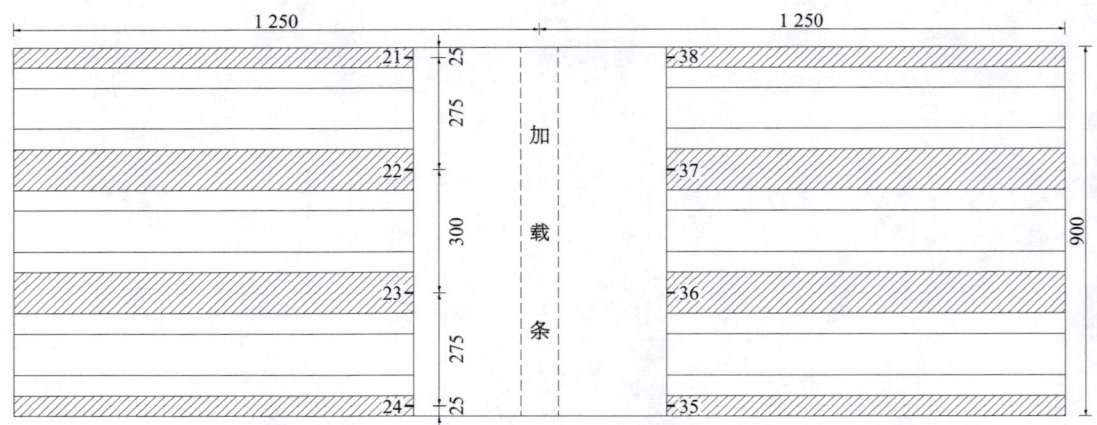

图10-311 钢板与波折底钢板相交位置纵向测点分布图(单位:mm)

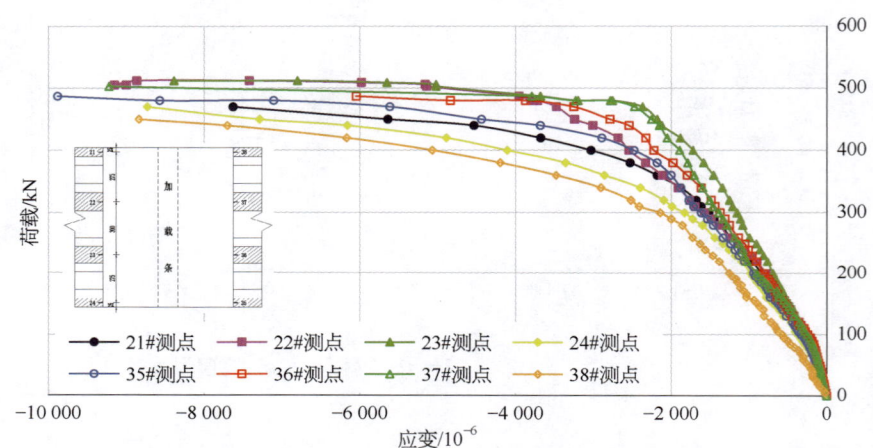

图10-312 试件BZ-12q-1的荷载-波折底钢板纵向应变曲线

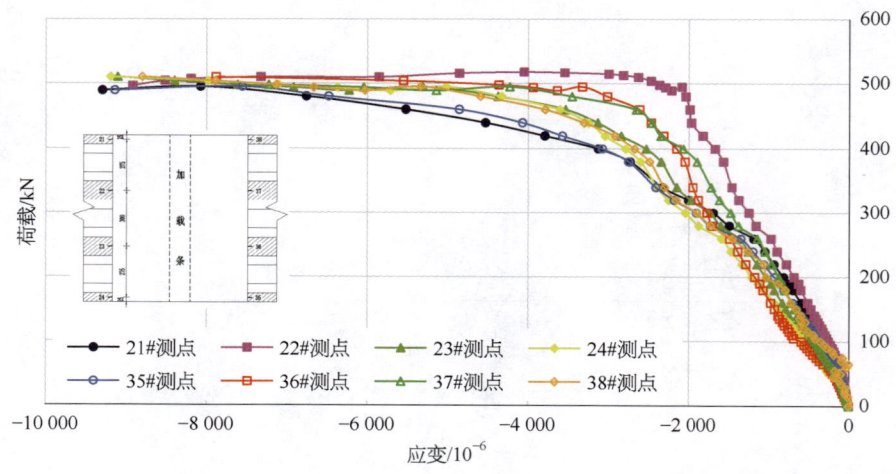

图10-313 试件BZ-12q-2的荷载-波折底钢板纵向应变曲线

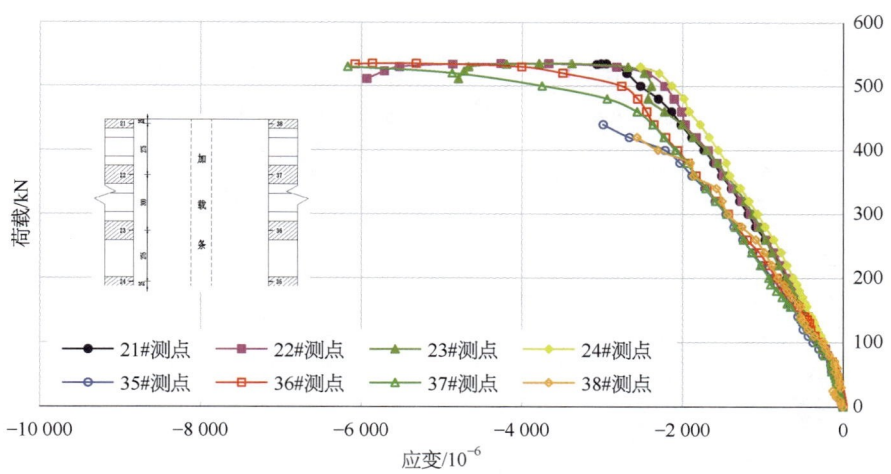

图 10-314　试件 BZ-12r-1 的荷载-波折底钢板纵向应变曲线

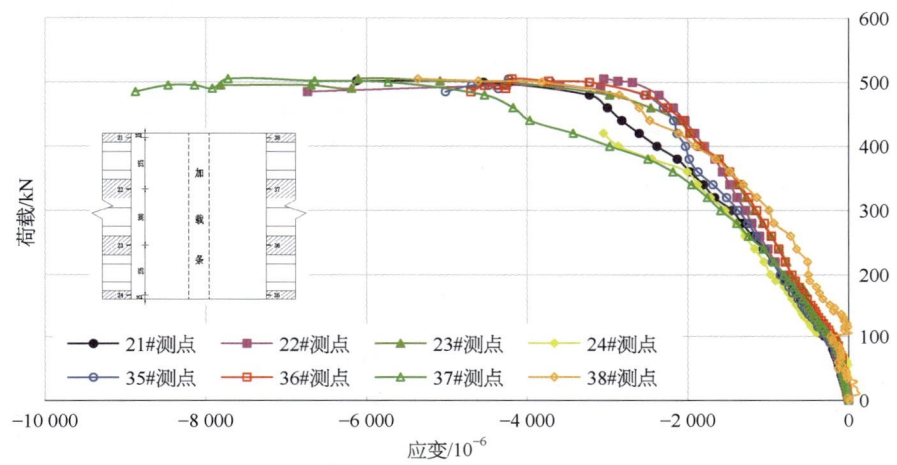

图 10-315　试件 BZ-12r-2 的荷载-波折底钢板纵向应变曲线

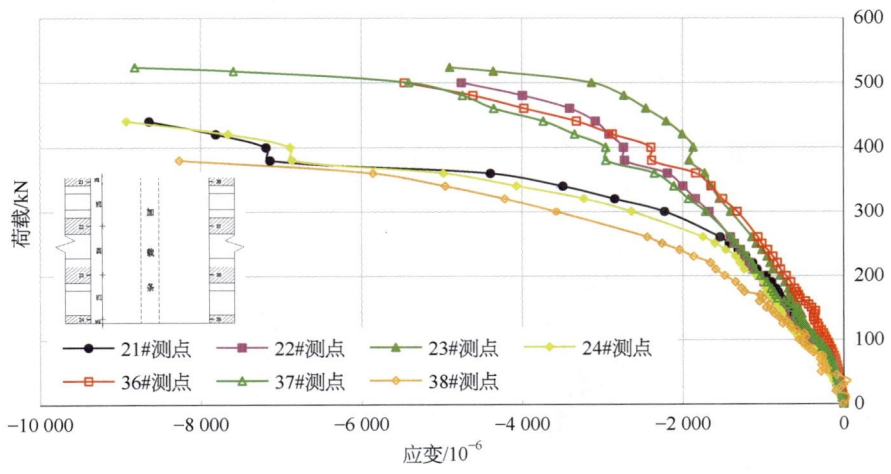

图 10-316　试件 BZ-12r-3 的荷载-波折底钢板纵向应变曲线（35#测点坏掉）

由图 10-312～图 10-316 可见，同跨中测点一致，钢板与波折底钢板连接处均为压应变，满足基本力学原理。加载初期，8 个测点曲线基本重合，说明加载条分布荷载效果良好，随着荷载的增大，8 个测点应变曲线逐渐分散，可能是加载条在加载过程中产生变形从而导致试件横向受力不均。

(4) 荷载-波折底钢板纵向应变曲线。

试件荷载-波折底钢板纵向应变曲线采用相同刻度绘制，如图 10-318～图 10-322 所示。测点具体位置如图 10-317 所示。

图中分布在曲线右侧的测点 39#、41#、43# 测点为波折底钢板波谷处的 3 个纵向测点（图 10-317），由图分析可知：①当荷载较小时，中性轴处于波折板波谷以下的混凝土内，波折底钢板波谷位置首先受压，其变形与波峰位置变形基本一致；②随着荷载的增加，混凝土受拉区高度不断增大，试件中性

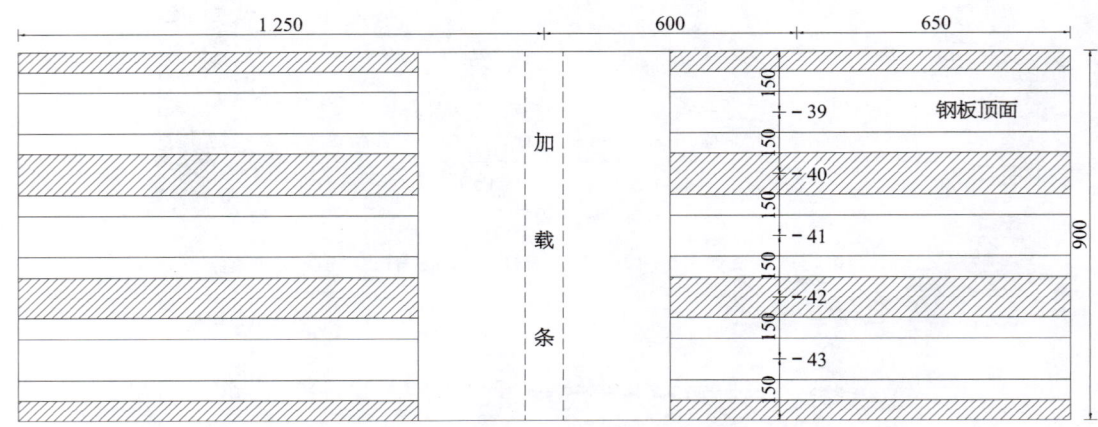

图 10-317 波折底钢板纵向测点位置示意图（单位：mm）

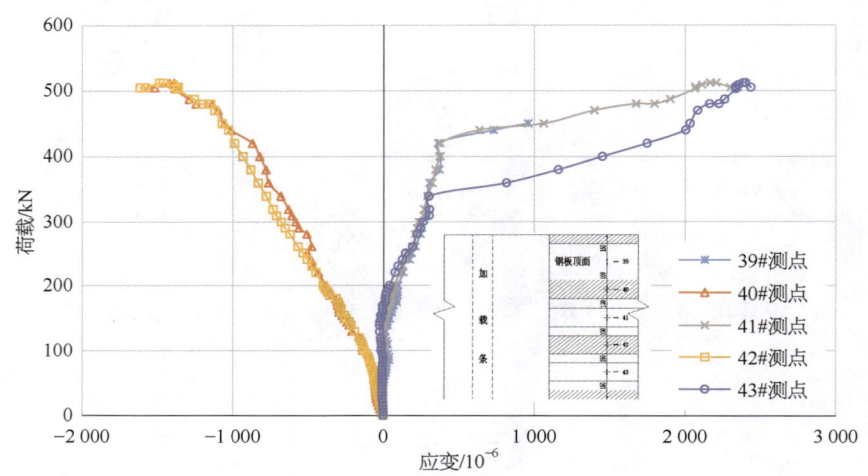

图 10-318 试件 BZ-12q-1 的荷载-波折底钢板纵向应变曲线

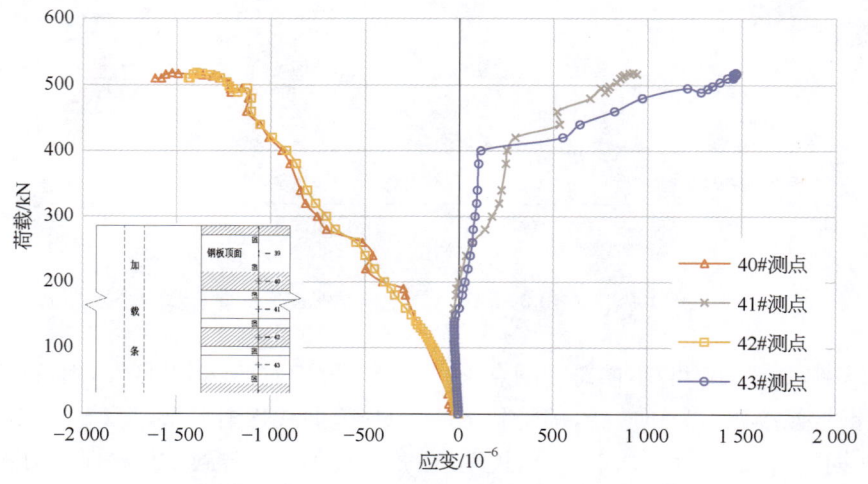

图 10-319 试件 BZ-12q-2 的荷载-波折底钢板纵向应变曲线

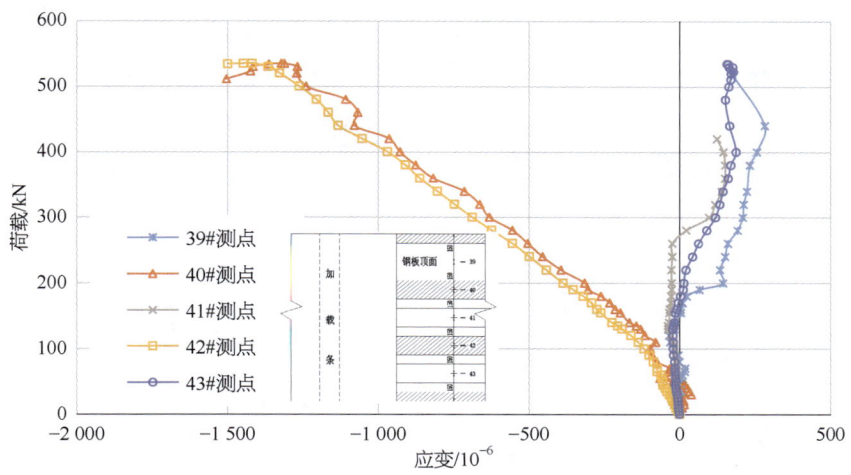

图 10-320　试件 BZ-12r-1 的荷载-波折底钢板纵向应变曲线

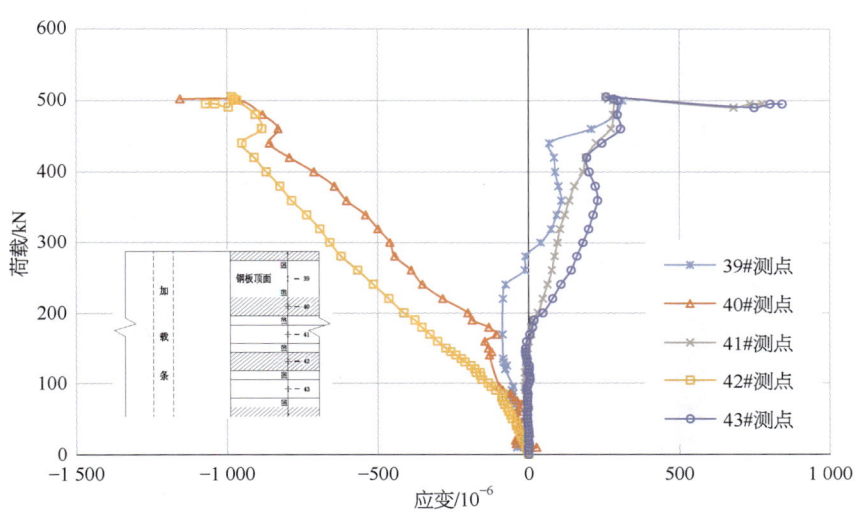

图 10-321　试件 BZ-12r-2 的荷载-波折底钢板纵向应变曲线

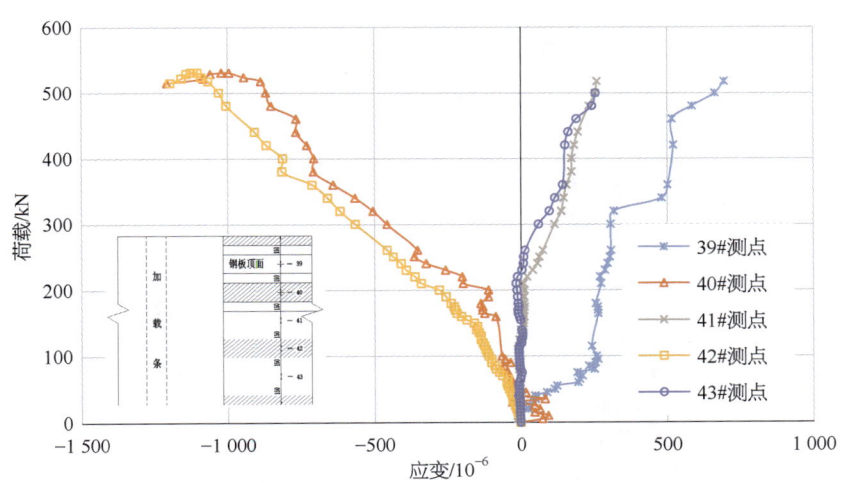

图 10-322　试件 BZ-12r-2 的荷载-波折底钢板纵向应变曲线

轴上移,移至波折板波峰与波谷之间,此时波谷处应变由压应变转换成拉应变。

图中分布在曲线左侧的 40♯、42♯ 测点为波折板波峰处的 2 个纵向测点(图 10-317),由图分析可知:波折板在波峰位置受拉,且随着荷载的增加拉应变经历了弹性阶段、屈服阶段的过程,其应变曲线规律同荷载-跨中挠度曲线基本一致。

(5) 荷载-波折底钢板横向应变曲线。

试件荷载-波折底钢板横向应变曲线采用相同刻度绘制,如图 10-324～图 10-328 所示。测点具体位置如图 10-323 所示。

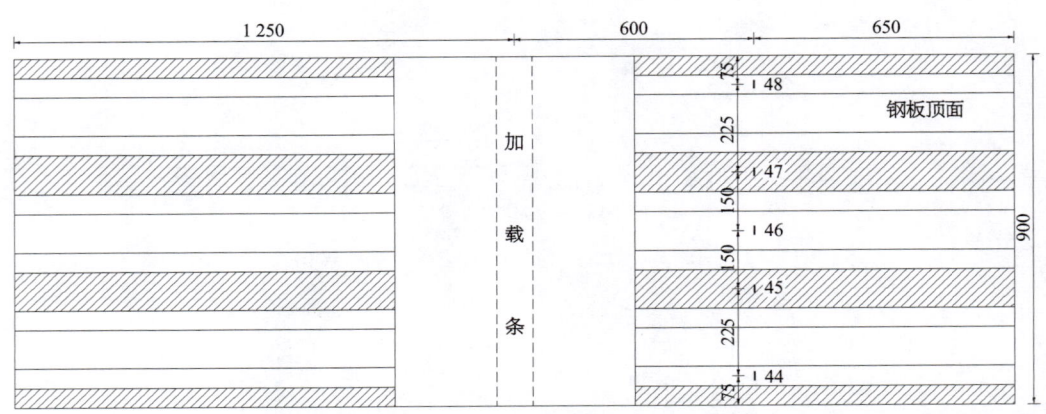

图 10-323 波折底钢板纵向应变测点位置示意图(单位:mm)

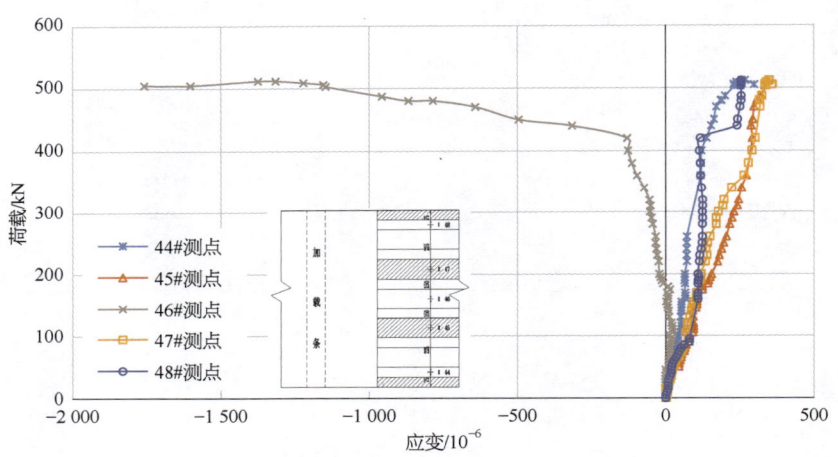

图 10-324 试件 BZ-12q-1 的荷载-波折底钢板横向应变曲线

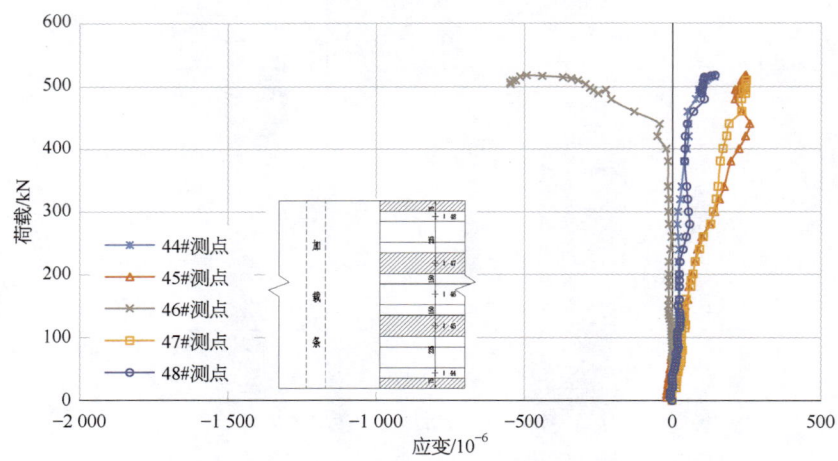

图 10-325 试件 BZ-12q-2 的荷载-波折底钢板横向应变曲线

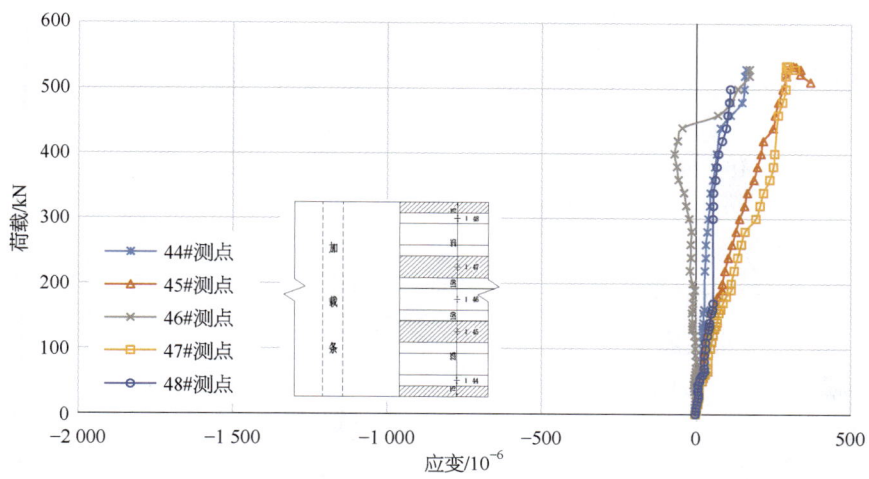

图 10‑326　试件 BZ‑12r‑1 的荷载-波折底钢板横向应变曲线

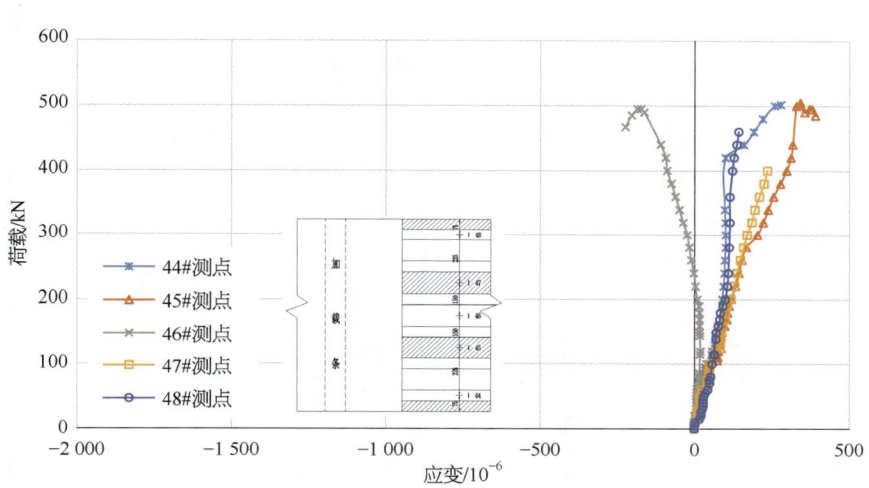

图 10‑327　试件 BZ‑12r‑2 的荷载-波折板横向应变曲线

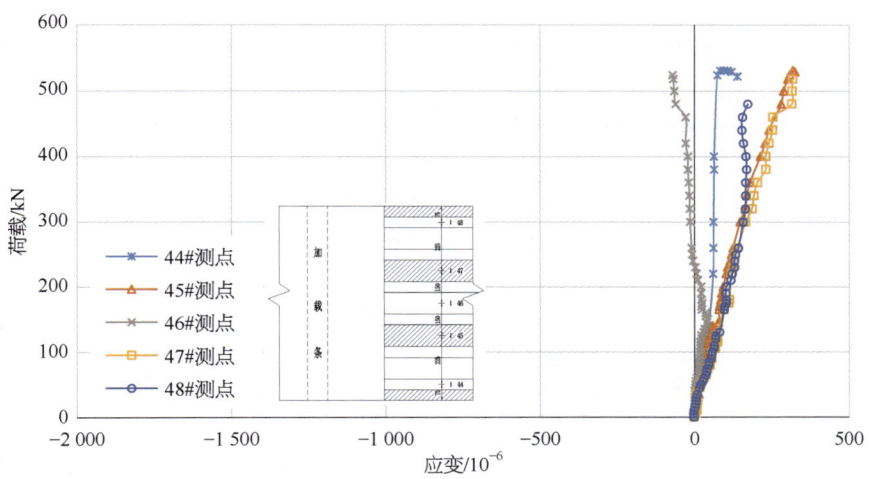

图 10‑328　试件 BZ‑12r‑3 的荷载-波折底钢板横向应变曲线

图中位于曲线左侧的 46# 测点为中间纵断面波谷处的横向测点(图 10-323),由图中曲线可见:在加载初期,该测点横向受拉,随着荷载的增加,中性轴上移,该测点应变由拉应变转换成压应变。

位于曲线右侧的 44#、48# 测点位于波峰与波谷之间的中间位置(图 10-323),由图中曲线可知:在加载过程中,一直到极限荷载,这两个测点应变均为拉应变,故可推断中性轴上移距离并未超过波峰与波谷之间中间位置。位于曲线右侧的 45#、47# 测点为波峰处横向测点(图 10-323),其规律同荷载-跨中挠度曲线规律基本一致,此处不再赘述。

4) 荷载-滑移曲线

5 块负弯矩试件中,仅有 BF-12r-2 试件产生滑移,其他试件均无滑移或滑移量太小可忽略(滑移量少于 0.02 mm)。试件 BF-12r-2 的荷载-滑移曲线如图 10-329 所示。

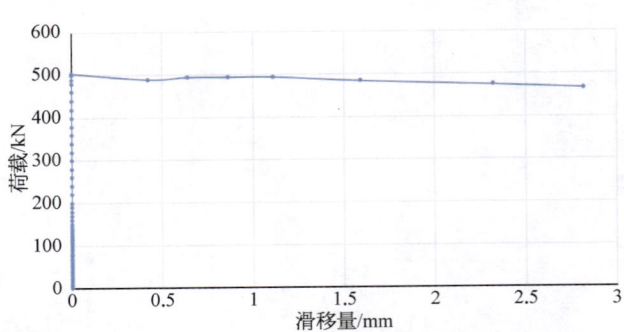

图 10-329 BF-12r-2 试件荷载-滑移曲线

试件 BF-12r-2 在极限荷载时未产生滑移,再继续加载试件左端才开始产生滑移,说明负弯矩试件不易产生滑移。

5) 荷载-裂缝情况

试验过程中记录的各试件裂缝发展情况见表 10-49。

表 10-49 波折型钢-混凝土组合桥面板裂缝发展情况

试件编号	初始状态描述	开裂荷载/t	初始裂缝		过程记录裂缝			过程记录裂缝			极限荷载/t	最宽裂缝	
			宽度/mm	长度/mm	荷载/t	宽度/mm	长度/mm	荷载/t	宽度/mm	长度/mm		宽度/mm	长度/mm
BF-12r-1	无裂缝	4.5	0.01	15	13.5	0.15	105	15.5	0.2	130	53.5	4.14	160
BF-12r-2	无裂缝	6.5	0.01	50	11.5	0.14	90	15	0.2	110	50.5	3.9	130
BF-12r-3	无裂缝	7.5	0.01	30	13	0.14	75	16.5	0.21	100	53.1	4	160
BF-12q-1	无裂缝	3.5	0.01	30	14.5	0.14	90	17	0.21	120	50.6	3.25	130
BF-12q-2	无裂缝	6	0.01	45	12	0.15	75	14	0.21	90	51.7	4.38	180

各试件裂缝发展顺序及分布如图 10-330~图 10-334 所示。

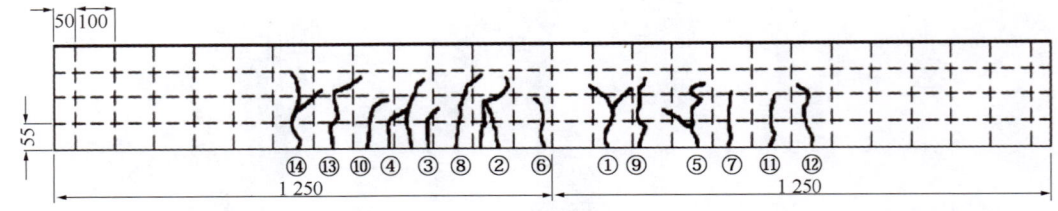

图 10-330 试件 BF-12q-1 的裂缝发展顺序及分布图(单位:mm)

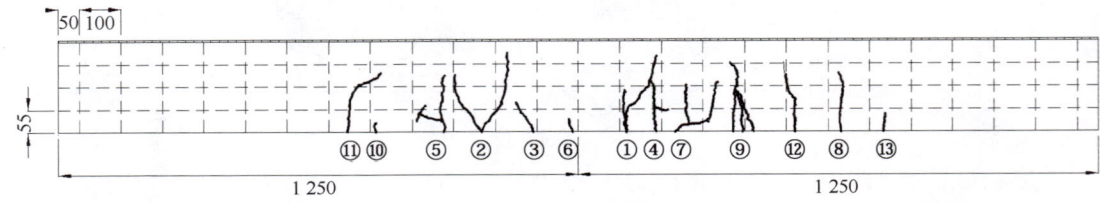

图 10-331 试件 BF-12q-2 的裂缝发展顺序及分布图(单位:mm)

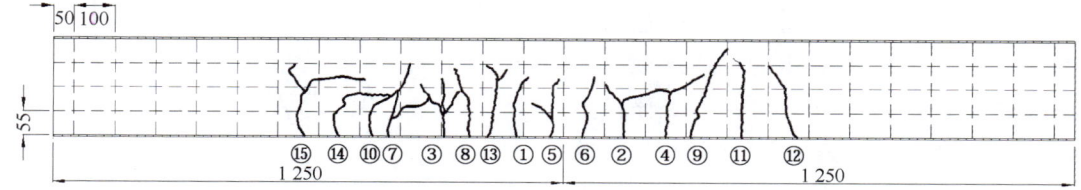

图 10-332 试件 BF-12r-1 的裂缝发展顺序及分布图(单位:mm)

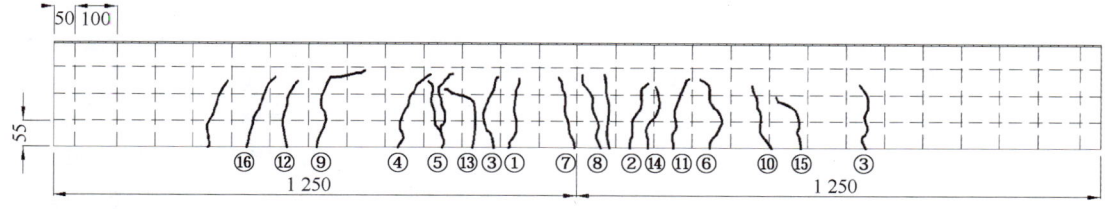

图 10-333 试件 BF-12r-2 的裂缝发展顺序及分布图(单位:mm)

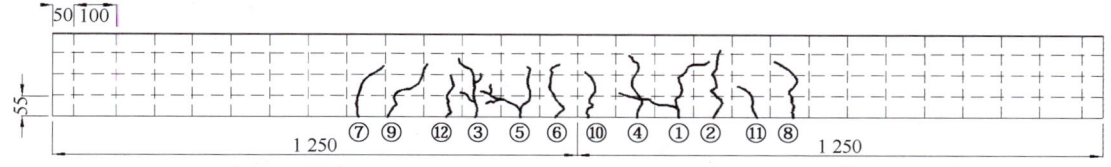

图 10-334 试件 BF-12r-3 的裂缝发展顺序及分布图(单位:mm)

10.3.4 有限元分析

10.3.4.1 计算模型

1) 模型参数

为验证试验结果的可靠性,采用有限元软件 ANSYS 建立波折型钢-混凝土组合桥面板的空间分析模型,对模型进行三维非线性空间力学性能研究。在单元类型的选择上,混凝土采用 8 节点的三维实体单元 SOLID65,该单元具有拉裂和压碎的功能,尤其对混凝土底板的开裂模拟更为准确,如图 10-335 所示;钢板采用 4 节点的三维塑性大应变壳单元 SHELL43,该单元具有塑性、蠕变、应力刚化、大变形和大应变的特性,如图 10-336 所示;贯穿钢筋、分布钢筋均采用 SOLID65 单元的实常数方式输入,经对比,该方法针对考虑开裂的非线性计算具有更好的收敛性,实常数规定如图 10-337 所示。

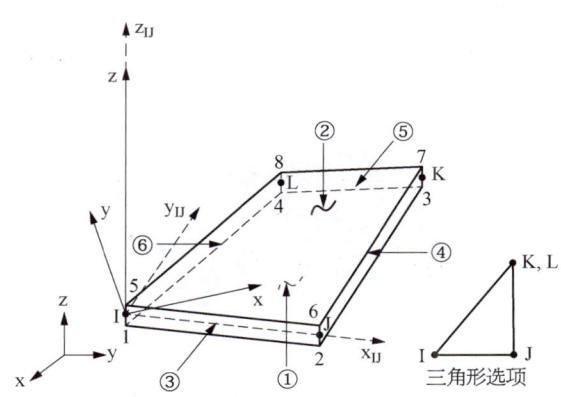

图 10-336 SHELL43 单元特性

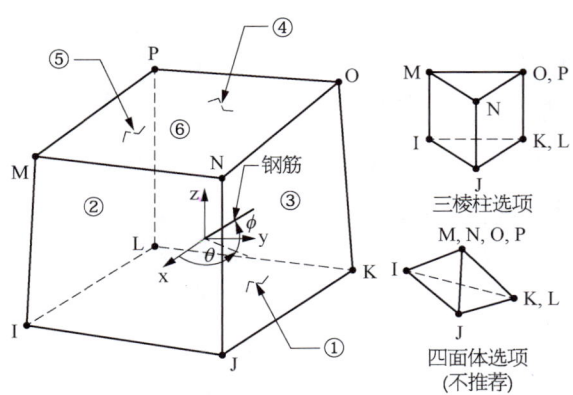

图 10-335 SOLID65 单元特性

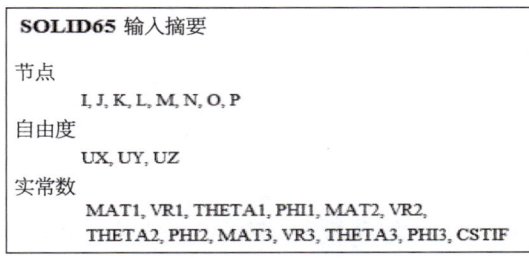

图 10-337 SOLID65 钢筋实常数

ANSYS 中混凝土和钢板的材料参数的选取与材料试验的结果保持一致,混凝土的本构模型采用塑性损伤本构关系模型,如图 10-338 所示,该模型用于单向加载、循环加载及动态加载等情况,具有较好的收敛性;钢板和钢筋均采用理想的弹性-线性强化本构模型,如图 10-339 所示。

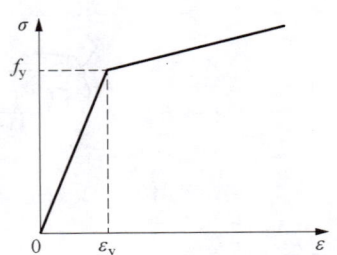

图 10-339　钢材弹性-线性强化本构模型

ANSYS 有限元模型如图 10-340、图 10-341 所示,模型采用单点(跨中)集中加载方式,为防止加载过程中板上加载面及支座出现应力集中,试验时在加载处和支座处设置钢垫片,以增加接触面积和刚度,加载模型如图 10-342、图 10-343 所示。

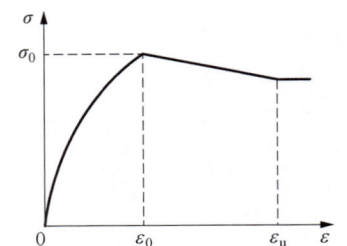

图 10-338　混凝土塑性损伤模型

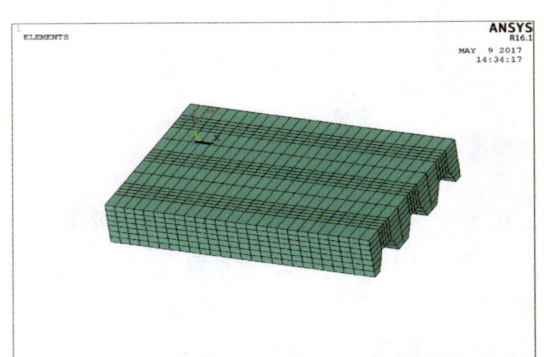

图 10-340　BF-12q 有限元模型(1/2 模型)

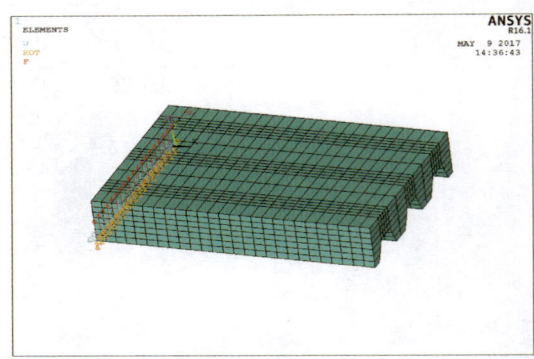

图 10-341　BF-12q 3 分点加载模型(1/2 模型)

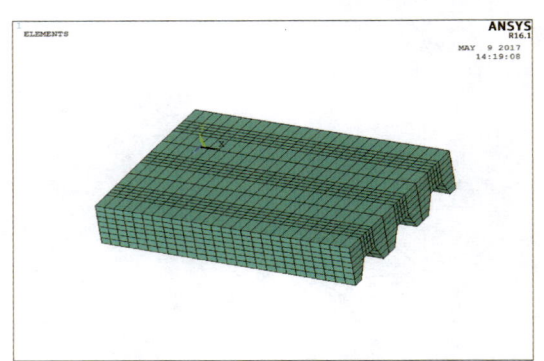

图 10-342　BF-12r 有限元模型(1/2 模型)

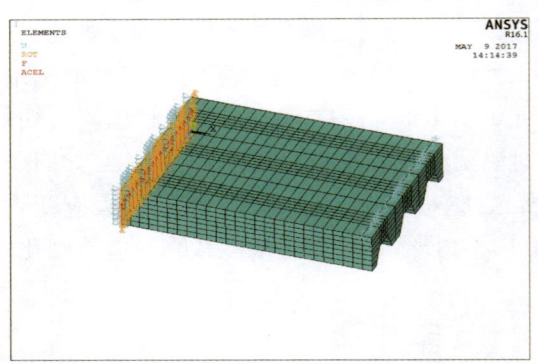

图 10-343　BF-12r 3 分点加载模型(1/2 模型)

2) 有限元分析思路

本节建立两种滑移模型:

① 无滑移模型,该模型假定底钢板与混凝土板之间完全固结,以此模拟底钢板与混凝土强焊时的情况;

② 非线性滑移模型,该模型假定底钢板与混凝土板之间有水平方向的滑移约束,该约束主要由钢筋剪力键产生,荷载初期约束较大,底钢板与混凝土板之间无滑移,随着荷载的增大,滑移量越来越大,以此模拟底钢板与混凝土弱焊时的情况。

10.3.4.2　波折底钢板与混凝土无滑移模型

波折型钢-混凝土组合桥面板无滑移模型采用耦合方式连接波折底钢板与混凝土板,忽略滑移,主要计算结果如图 10-344 所示。

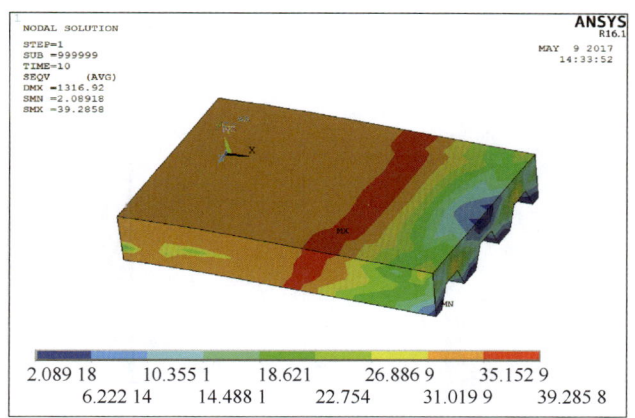
(a)混凝土应力云图

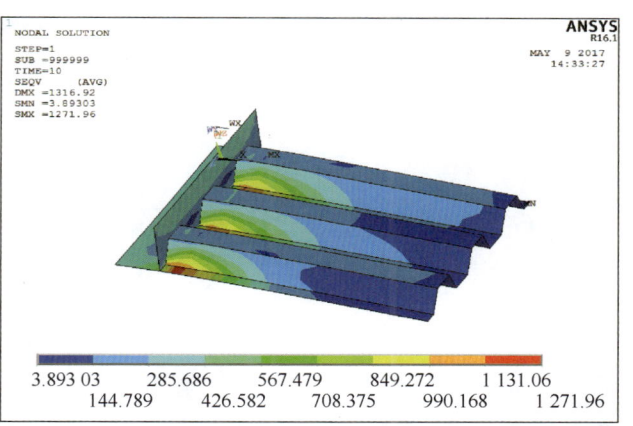
(b)波折底钢板应力云图

图 10‑344　BF‑12q 模型计算结果

10.3.4.3　波折底钢板与混凝土滑移模型

对于弱焊试件滑移量较大,需建立非线性滑移模型对弱焊试件进行计算,从而更精确地与试验结果进行对比。波折型钢‑混凝土组合桥面板的非线性滑移模型,能更真实地模拟实际滑移条件,即荷载较小时,滑移量近似为零,随着荷载的增大,滑移量不断增大,直至趋近于无穷大。具体在波折底钢板与混凝土板之间 X、Y、Z 方向建立 2 节点非线性弹簧单元 COMBIN39 模拟滑移,单元特性如图 10‑345 所示。

为更真实地模拟波折底钢板与混凝土板之间的接触,以已有推出试验数据作为参考,采用非线性滑移模型的荷载‑滑移曲线进行分析、计算,如图 10‑346 所示。

主要计算结果如图 10‑347 所示。

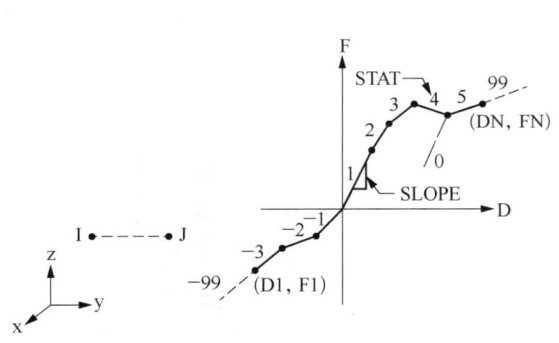

图 10‑345　COMBIN39 单元特性

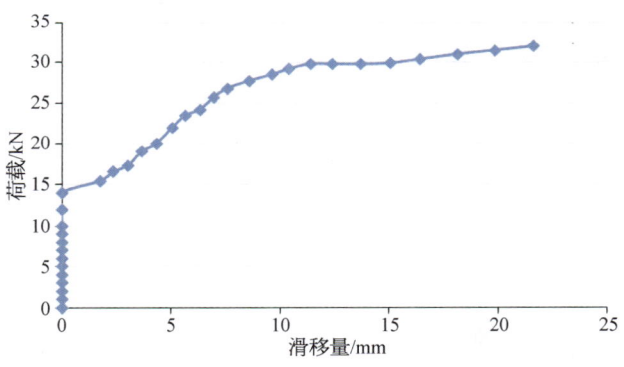

图 10‑346　波折型钢‑混凝土组合板荷载‑滑移曲线

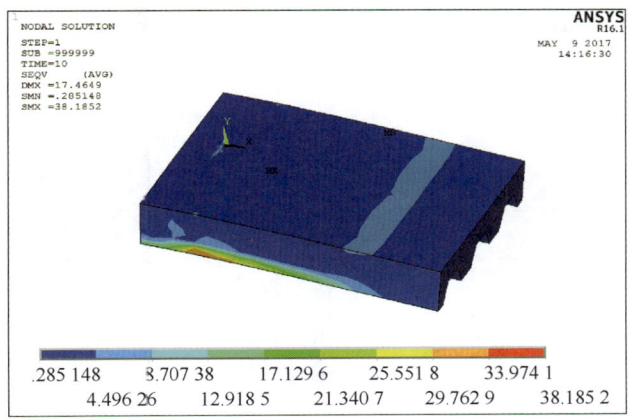
(a)混凝土应力云图

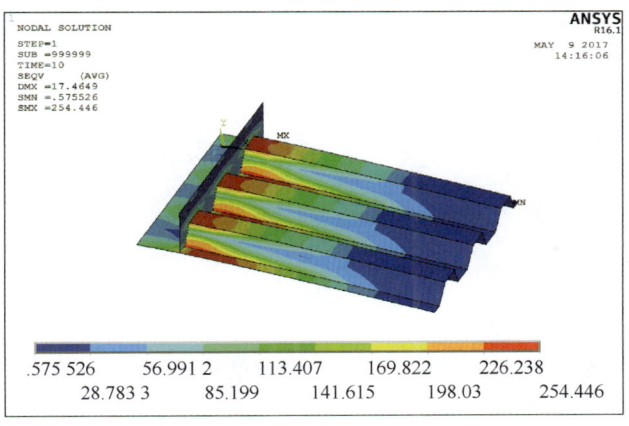
(b)波折底钢板应力云图

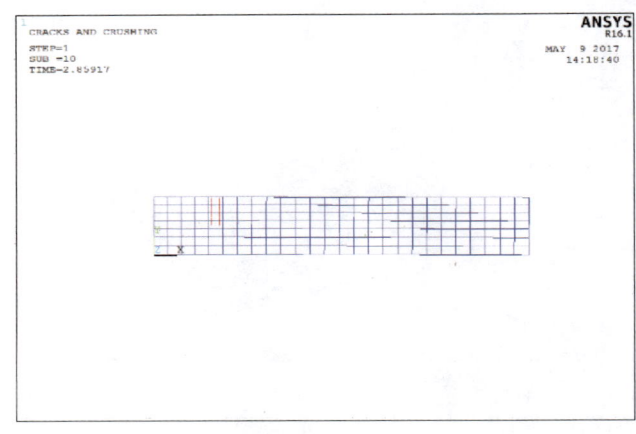
（c）初始裂缝分布图

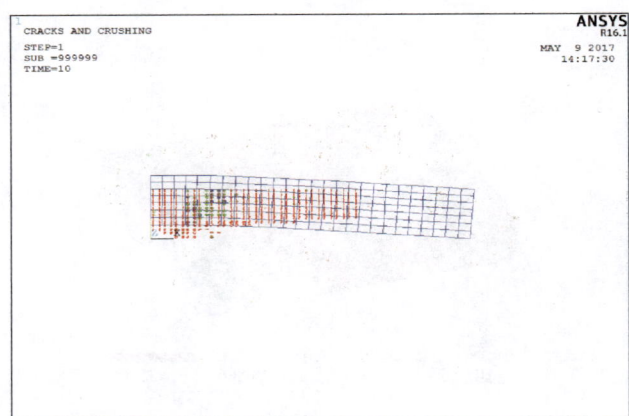
（d）极限荷载下裂缝分布图

图 10‑347　BF‑12r 模型计算结果

10.3.4.4　有限元结果分析

各试件的极限承载力、屈服荷载和挠度的有限元计算值与试验值对比结果见表 10‑50。P_{ura} 表示有限元计算得到的极限承载力，P_{ure} 表示模型试验得到的极限承载力，P_{ya} 表示有限元计算得到的屈服荷载，P_{ye} 表示模型试验得到的屈服荷载。

表 10‑50　有限元模型分析与试验结果比较

承载力及其比值	BF‑12q	BF‑12r
P_{ura}/t	59	56
P_{ure}/t	51.2	52.4
P_{ura}/P_{ure}	1.15	1.07
P_{ya}/t	45	42
P_{ye}/t	40	38
P_{ya}/P_{ye}	1.13	1.11

各试件的荷载‑跨中挠度曲线如图 10‑348、图 10‑349 所示。

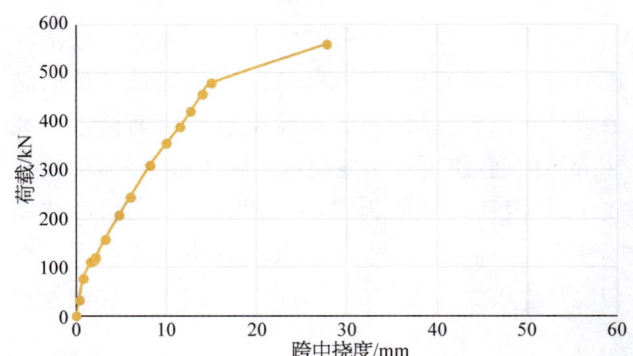

图 10‑349　试件 BF‑12r 非线性滑移模型荷载‑挠度曲线

10.3.5　模型试验与有限元计算结果对比

由前述可知，本节共采取 2 种接触模型进行有限元分析：无滑移模型、非线性滑移模型。考虑混凝土开裂的 2 种接触模型计算结果与试验结果对比见表 10‑50、荷载‑跨中挠度曲线对比如图 10‑350、图 10‑351 所示。

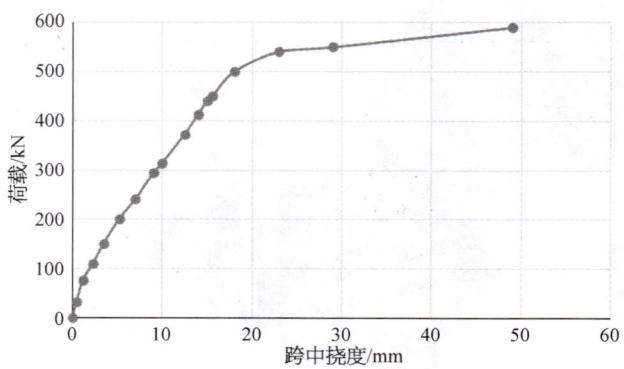

图 10‑348　试件 BF‑12q 无滑移模型荷载‑挠度曲线

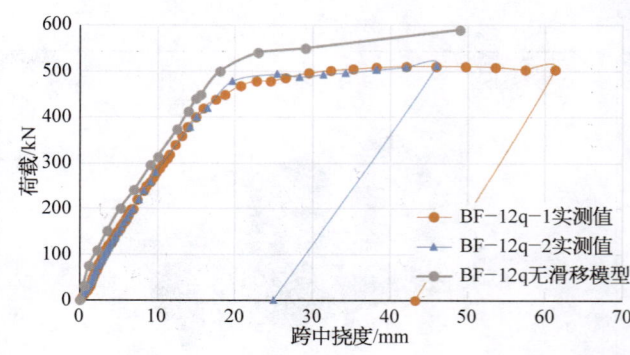

图 10‑350　试件 BF‑12q 计算值与实测值荷载‑挠度曲线对比图

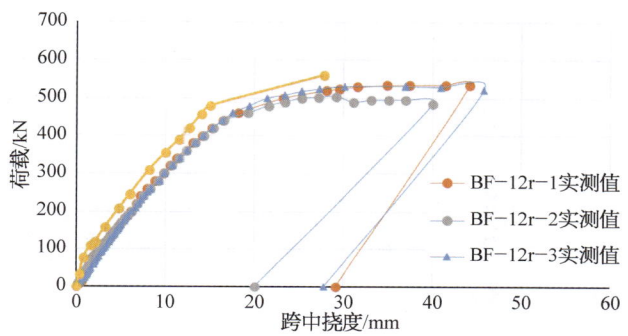

图10-351 试件BF-12r计算值与实测值荷载-挠度曲线对比图

由上述曲线可以看出,计算结果与实测结果吻合良好,拟合度较高,说明有限元分析结果与实测数据可信;有限元计算中,强焊试件采用无滑移模型,弱焊试件采用非线性滑移模型,说明两种模型对组合板的受力过程能较好地模拟。

10.3.6 结果与展望

10.3.6.1 结果

本节通过对波折型钢-混凝土组合桥面板负弯矩静力加载试验、有限元数值仿真模拟及理论分析,深入研究了波折型钢-混凝土组合桥面板的力学性能。主要的研究内容及结果如下。

(1) 完成了5块承受负弯矩作用的波折型钢-混凝土组合桥面板试件的跨中单点加载试验,在加载初始阶段采用荷载控制的方法,当试件发生屈服后转为位移控制,以此得到了试件变形的全过程曲线。试验结果表明以下四点。

① 从试件破坏形态及荷载-挠度曲线规律可知:5块试件均呈现出典型的弯曲破坏模式,其受力全过程可近似划分为四个阶段:弹性阶段、带裂缝工作阶段、屈服阶段、破坏阶段。

② 综合5块试件的试验结果可见,在其余设计参数相同的前提下,强焊试件与弱焊试件的抗弯刚度和承载力几乎一样,可见强、弱焊对试件的影响没有承受正弯矩的试件明显。

③ 从荷载-滑移曲线可知:5块承受负弯矩试件在极限荷载前几乎不产生滑移。

④ 观察荷载-裂缝分布情况,裂缝发展规律同承受正弯矩试件基本一致。

(2) 有限元模型能较准确地模拟波折型钢-混凝土组合桥面板试件加载全过程的受力行为,更全面地了解其受力特点,弥补试验中测点不足的问题,成为试验研究的有力补充。本节利用有限元软件ANSYS对所有试件进行了非线性仿真模拟研究,主要结论有如下两点。

① 通过建立的两种接触方式对波折型钢-混凝土组合桥面板进行有限元分析,分别为无滑移模型与非线性滑移模型,分别模拟强焊试件和弱焊试件的受力行为,验证了忽略混凝土开裂会对模型的极限荷载、屈服荷载的计算产生较大误差,因此建模时必须考虑混凝土开裂。

② 将有限元计算结果同试验结果进行对比分析,讨论波折型钢-混凝土组合桥面板的非线性变形性能。由对比数据及曲线可知,计算结果同试验结果吻合良好,说明强焊试件建立无滑移模型,弱焊试件建立非线性滑移模型的准确性,证明了计算结果的可靠性。

10.3.6.2 展望

本节完成了波折型钢-混凝土组合桥面板的试验研究,对其在静载作用下的负弯矩受力行为进行了理论探讨,取得了一定的成果。但对于这种新型的桥面体系的研究还不完善,如下几个方面仍有待于继续深入研究。

(1) 波折型钢-混凝土组合桥面板的设计参数研究。本试验参数比较单一,仅考虑了混凝土板钢筋大小和负弯矩作用,在后续的深入研究中,应考虑更多的设计参数,如:波长、波高、混凝土板板厚、混凝土材料、钢材材料、钢筋布置等。

(2) 波折型钢-混凝土组合桥面板的非线性性能研究。探索滑移、掀起等非线性因素对组合桥面板极限承载力的影响。

(3) 混凝土的收缩、徐变及温度效应对组合桥面板受力行为的影响。

10.4 疲劳模型试验研究

10.4.1 试验目的和依据

10.4.1.1 试验目的

模型试验研究是获取复杂结构各种性能的一种比较直观的科学研究方法,通过模型试验,既可以达到验证设计计算分析方法正确性的目的;还可以弥补理论计算不可避免的模型简化所带来的偏差。本试验最核心的目的是:研究波折型钢-混凝土组合板正、负弯矩试件的疲劳性能。

通过上述对波折型钢-混凝土组合桥面板的优化设计,力争满足工程设计和施工的实际需要,建立科学、合理的理论分析模型,进一步提高该结构在桥梁工程桥面板中应用的可行性。

10.4.1.2 试验研究内容

本试验项目通过对设计的波折型钢-混凝土组合桥面板试件进行疲劳加载,重点研究其在相同直径钢筋与波折底钢板强焊时,正、负弯矩作用下波折型钢-混凝土组合桥面板的疲劳性能。

本试验方案设计组合板的主要变量见表10-51。

表 10-51　试验方案主要变量

加载方案	正弯矩加载	负弯矩加载
钢筋直径	12 mm	12 mm
焊接方式	强焊	强焊

10.4.1.3 试验依据

(1)《公路桥涵设计通用规范》
(2)《公路桥涵钢结构及木结构设计规范》
(3)《普通混凝土配合比设计规程》
(4)《金属材料室温拉伸试验方法》
(5)《钢-混凝土组合桥面板技术规程》

10.4.2 试验概况

10.4.2.1 试件设计

通过参数分析,本试验设计的波折板构件参数如下:尺寸取为 2 500 mm×900 mm,计算跨度为 2 400 mm,波折底钢板以上混凝土厚度 120 mm,钢筋直径取 12 mm,同时设计波折形底钢板厚度为 4 mm,负弯矩试件主梁顶板厚度取为 12 mm。

本试验共设计 2 块试件,具体尺寸见表 10-52。

表 10-52　组合板构件尺寸表　　　　　　　　单位:mm

序号	试件编号	长×宽×厚	波折板以上混凝土厚	底板厚	钢筋直径	计算跨度
3	BZ-12q-p	2 500×900×220	120	4	12	2 400
12	BF-12q-p	2 500×900×220	120	4	12	2 400

注:表中试件编号规则为"加载类型-钢筋直径及焊接强弱-试件号",其中加载类型"BZ"表示组合板正弯矩加载,"BF"表示组合板负弯矩加载,"p"表示组合板正负弯矩的疲劳加载试件,例如"BZ-12q-p"代表组合板钢筋直径为12 mm且采用强焊的正弯矩疲劳加载试件。

10.4.2.2 模型制作

模型加工制作各阶段如图 10-352～图 10-356 所示。

10.4.2.3 测点布置

波折型钢-混凝土组合板,根据分析计算和受力特点,板中心截面即纯弯段是应力应变测试的对象。试件采用 3 mm×80 mm 应变单片(混凝土)、3 mm×5 mm 应变单片(波折底钢板)及 3 mm×80 mm 应变花测量。

正弯矩试件布置 30 个应变单片及 2 组应变花。其中,跨中截面沿板厚方向布置 5 个混凝土应变测点,支座附近剪跨区截面各布置 1 组应变花,顶面布置 5 个混凝土应变测点;底钢板跨中布置 5 个纵向应变测点、5 个横向应变测点,4 分点处布置 5 个纵

图 10-352　制造成型的波折形底钢板

图 10-353　模型钢筋的绑扎

图 10-354　模型混凝土模板的架设

图 10-355　模型混凝土的浇筑

图 10-356　浇筑成型后的组合板

负弯矩试件布置 25 个应变单片及 2 组应变花。其中,跨中截面沿板厚方向布置 5 个混凝土应变测点,支座附近剪跨区截面各布置 1 组应变花,顶面布置 5 个混凝土应变测点;底钢板跨中布置 5 个纵向应变测点,4 分点处布置 5 个纵向应变测点、5 个横向应变测点、5 个横向应变测点。

每块试件布置 3 个百分表测试竖向挠度,1 个百分表测试横向位移,4 个千分表测试钢板与混凝土之间的滑移。具体测点布置如图 10-357～图 10-359 所示。

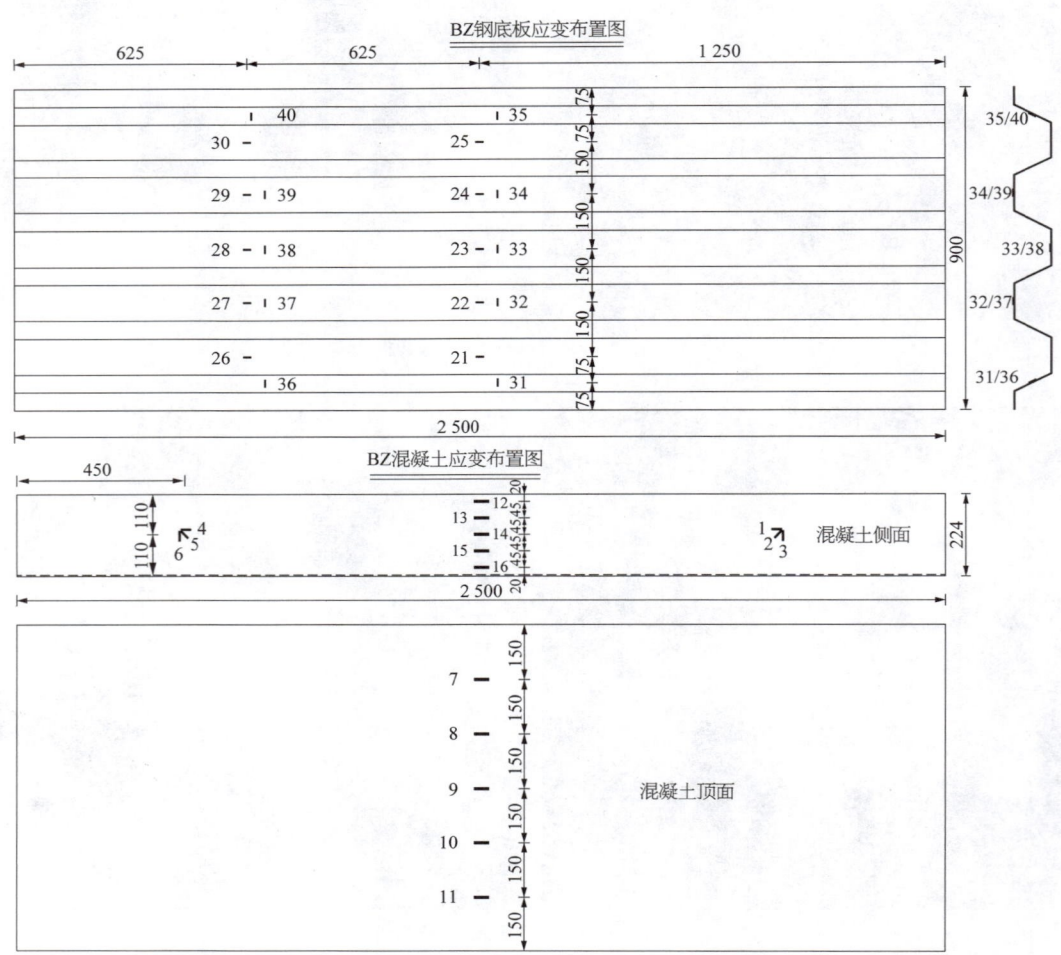

图 10-357　组合板正弯矩应变测点布置图（单位:cm）

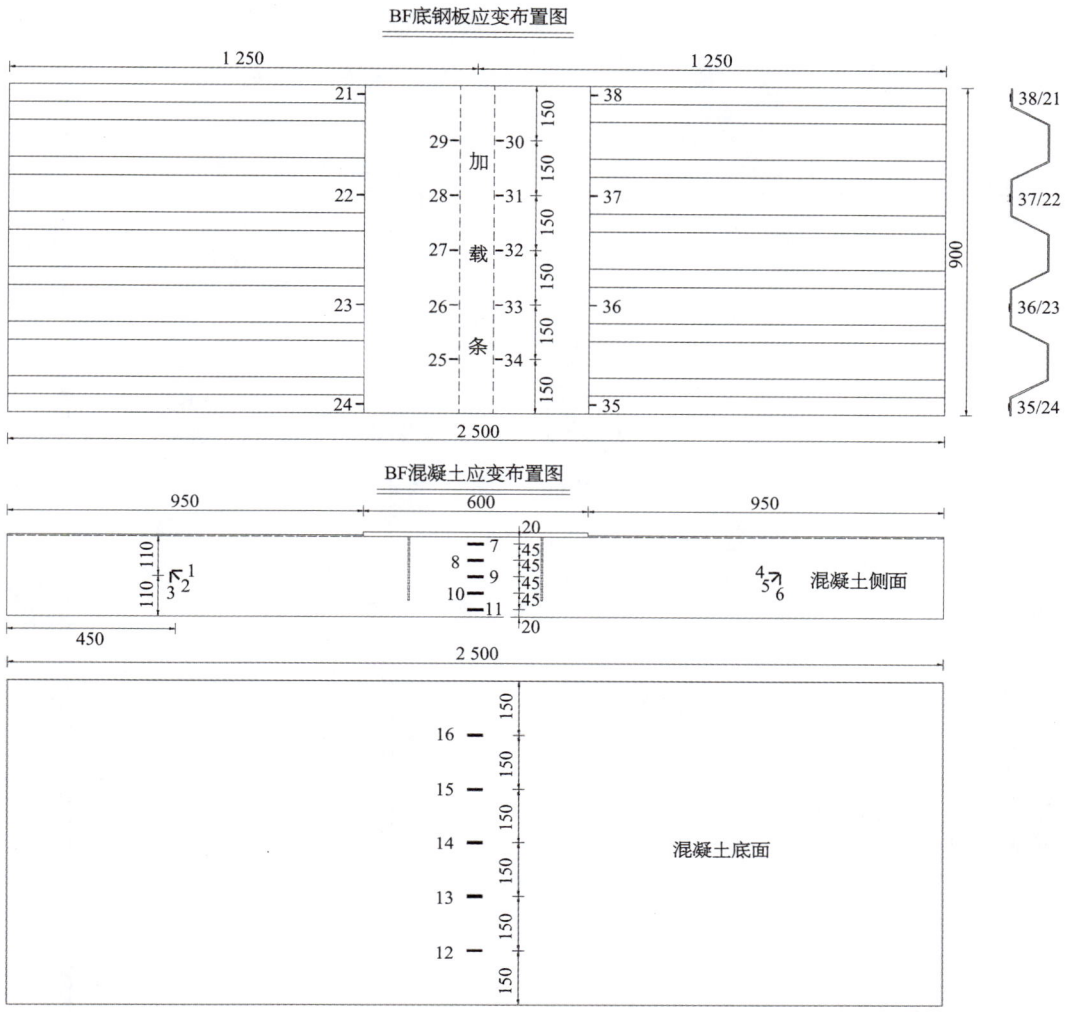

图 10-358　组合板负弯矩应变测点布置图（单位：mm）

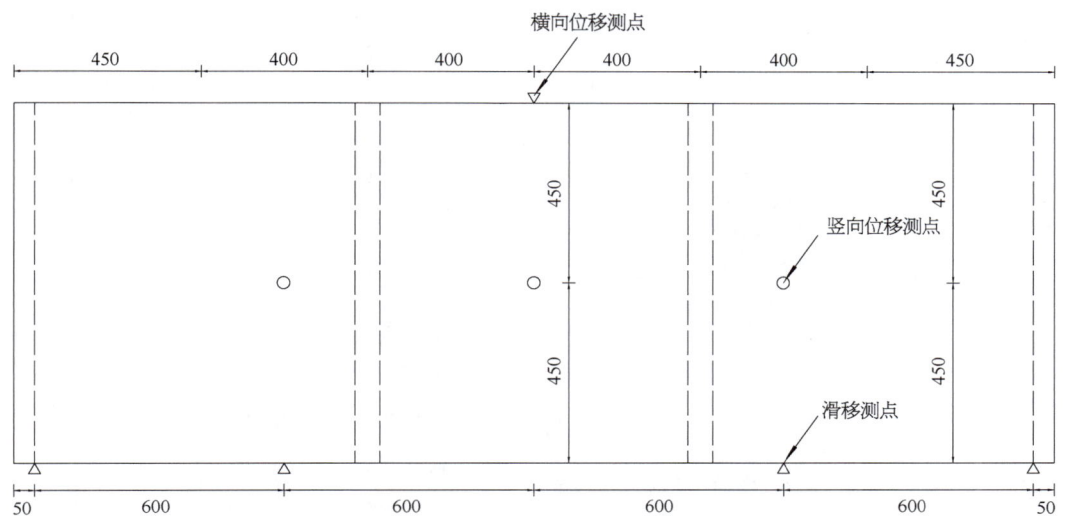

图 10-359　组合板位移测点布置图（单位：mm）

10.4.2.4　疲劳加载方式

试验加载设备采用 MTS 液压加载系统，组合板正弯矩试件静力加载均采用两点（3 分点）对称集中加载模式，如图 10-360 所示，通过刚性分载梁实现荷载平均分配。组合板负弯矩静力加载试件采用单点(跨中)集中加载模式,如图10-361所示,通过倒置负弯矩系列试件,考察其承受负弯矩的作用。加载分级见表10-53。

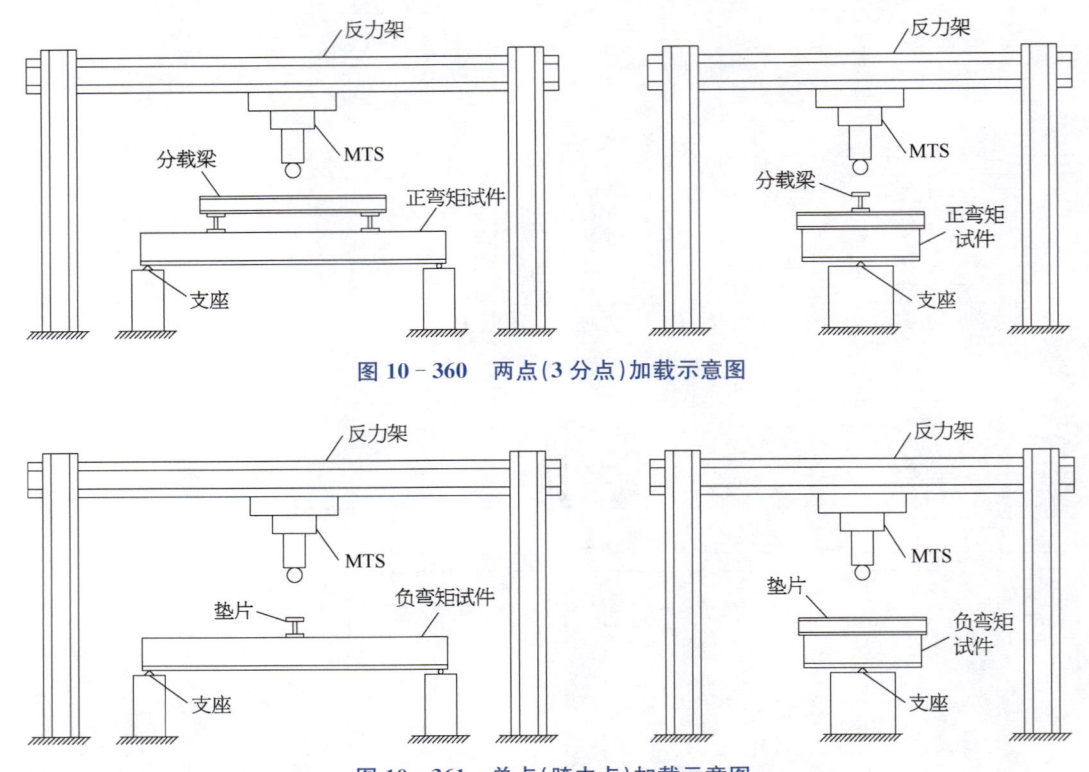

图10-360 两点(3分点)加载示意图

图10-361 单点(跨中点)加载示意图

表10-53 加载分级参考表

结构类型	静载加载/t	疲劳次数/(万次·Hz^{-1})	疲劳荷载限值/t	应力幅/MPa
波折板-正弯矩	1.0→2.0→3.0→4.0→ 5.0→6.0→6.5→7.0→ 7.5→8.0	10/7 90/7 50/7 50/7 10/7	低:3.50~6.00 中:3.50~6.50 高:3.50~7.00 极:3.50~7.50 最:3.50~8.00	低:13.10 中:15.72 高:18.34 极:20.96 最:23.58
波折板-负弯矩	1.0→2.0→3.0→4.0→ 5.0→6.0→6.5→7.0→ 7.5→8.0	10/7 90/7 50/7 50/7 10/7	低:3.50~6.00 中:3.50~6.50 高:3.50~7.00 极:3.50~7.50 最:3.50~8.00	低:3.15 中:3.78 高:4.41 极:5.04 最:5.67

10.4.3 试验结果与分析

10.4.3.1 材料性能

1) 混凝土

本试验设计配制C40混凝土,所用原材料选择如下。

(1) 水泥:四川省星船城水泥股份有限公司销售的P·O52.5水泥。

(2) 砂:宜宾佳昌建材经营部销售的0~4.75河沙。

(3) 粗集料:自贡富顺河坝砂石厂销售的4.75~16 mm/16~26.5 mm卵碎石。

(4) 外加剂:成都巨力建材有限公司销售的聚羧酸减水剂。

(5) 粉煤灰:四川威远县金龙建材有限公司销售的Ⅰ级粉煤灰。

(6) 水:自来水。

混凝土的配合比是在利用现有的设计规范《普通混凝土配合比设计规程》及已有文献的配合比作

为参考进行试配,通过强度指标和工作性能的测试,判断其是否符合设计要求。如需进行配合比调整,则通过改变水胶比的方式实现。最终选用的配合比见表 10-54。

表 10-54　混凝土每方用量　　单位:kg

混凝土强度等级	水泥	水	砂	石子	外加剂	粉煤灰	水胶比	砂率
C40	366	155	632	1 227	4.7	65	0.36	34%

在施工同时浇筑尺寸为 150 mm×150 mm×150 mm 的立方体试块,采用弧形钢垫板并加柔性纤维垫片的方式进行混凝土的强度试验,具体见表 10-55。

表 10-55　混凝土强度实测值　　单位:MPa

组数	第一个	第二个	第三个	平均值
第一组	47.7	49.1	50.0	48.9

2) 钢筋

本试验所需的纵向受力钢筋、孔中的贯穿钢筋,以及横向分布钢筋均采用统一规格,为成渝钒钛科技有限公司销售的直径为 12 mm 的 HRB335 热轧螺纹钢筋。测试普通钢筋力学性能的试验按照《金属材料室温拉伸试验方法》中的规定进行,试验结果见表 10-56。

表 10-56　钢筋性能测定结果

直径/mm	屈服强度/MPa	破坏强度/MPa	屈强比	弹性模量/GPa
12	405	560	0.72	192

3) 钢板

本试验试件设计采用厚度为 4 mm 的钢板,强度为 Q235。测试钢板力学性能的试件按照《金属材料室温拉伸试验方法》中的规定制作,具体尺寸如图 10-362 和表 10-57 所示,试验结果见表 10-58。

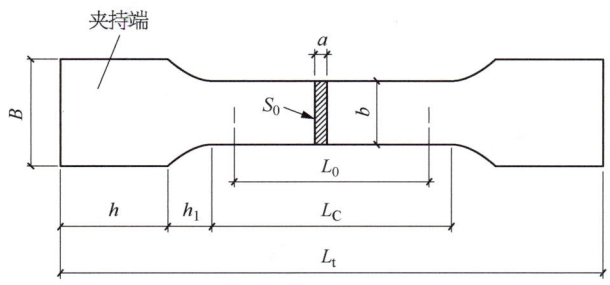

图 10-362　钢板拉伸试件形状

表 10-57　钢板拉伸试件尺寸表　　单位:mm

试件板厚	a	b	h	L_0	L_c	L_t
4	4	30	50	60	90	$L_t=L_c+2h+2h_1$

表 10-58　钢板材料试验结果

板厚/mm	屈服强度/MPa	破坏强度/MPa	屈强比
4	291	430	0.67

10.4.3.2　疲劳试验结果

1) 循环次数-刚度衰减曲线

试件 BF-12q-p、BZ-12q-p 分别经过 200 万次与 220 万次的疲劳加载试验,其跨中下缘的荷载-挠度曲线如图 10-363、图 10-364 所示。

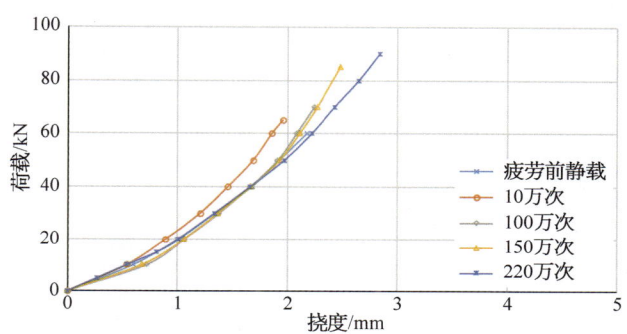

图 10-363　试件 BF-12q-p 循环次数-刚度衰减曲线

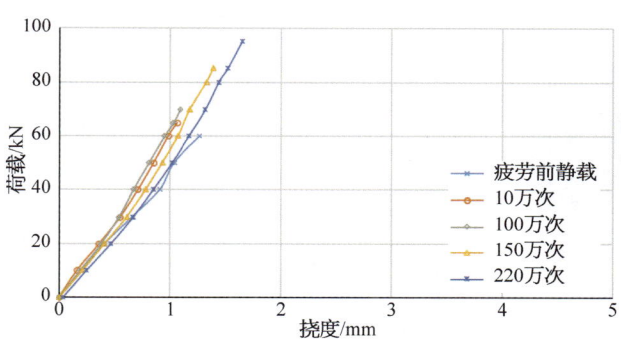

图 10-364　试件 BZ-12q-p 循环次数-刚度衰减曲线

由图 10-365、图 10-366 可以看出:各个曲线基本呈直线,说明此时试件处于弹性阶段,BF-12q-p 中 1t 以前线段有弯曲,可能是预压时没压实试件导致,随着疲劳次数的增加,各曲线斜率呈降低趋势,说明试件刚度随着疲劳次数的增加而呈降低趋势。疲劳加载前静载加载过程中,由于预压未压实,导致试件挠度偏大,从而导致荷载-挠度曲线的斜率偏小。

2) 循环次数-应力衰减曲线

对于试件 BF-12q-p,以上缘钢板跨中中间位置两个测点为研究对象,随着疲劳荷载的增加,跨中上缘钢板压应变降低(图 10-365);而对于试件 BZ-12q-3,取下缘跨中中间波峰处两个测点为研究对象,同负弯矩组合板一样,随着疲劳次数的增加,其应变也呈降低趋势(图 10-366),说明在同等荷载作用下,随着疲劳次数的增加,试件的应力降低。

3) 循环次数-滑移增加曲线

加载到 6 t 时,试件 BF-12q-p、BZ-12q-3 均未发生滑移。

10.4.4 结果与展望

10.4.4.1 结果

本节通过对波折型钢-混凝土组合桥面板正负弯矩下疲劳试验,验证了波折型钢-混凝土组合桥面板在疲劳荷载作用下,其抗弯刚度和关键点应力随着疲劳加载次数的增加而降低。

10.4.4.2 展望

本节完成了波折型钢-混凝土组合桥面板的试验研究,对其在疲劳荷载作用下的正负弯矩受力行为进行了探讨,取得了一定的成果。但对于这种新型的桥面体系的研究还不完善,如下几个方面仍有待于继续深入研究。

(1) 波折型钢-混凝土组合桥面板的动力性能研究,尤其在承受车辆等动荷载作用下,桥面板的整体工作性能、疲劳问题等。

(2) 波折型钢-混凝土组合桥面板的耐久性研究,提出寿命评价模型,计算其使用年限。

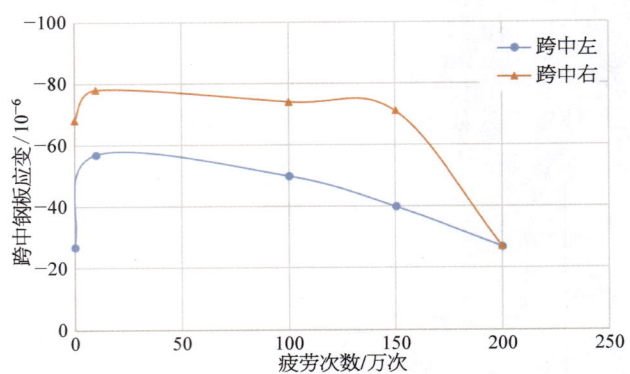

图 10-365　试件 BF-12q-p 循环次数-应力衰减曲线(6 t 静载作用下测得)

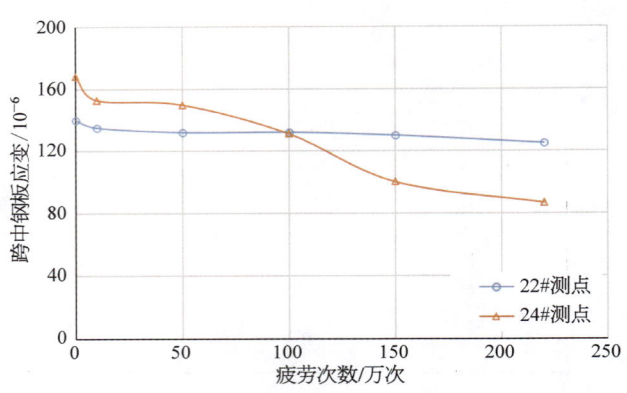

图 10-366　试件 BZ-12q-3 循环次数-应力衰减曲线(6 t 静载作用下测得)

第 11 章

波折型钢-混凝土组合桥面板工程应用

11.1 在梁桥的应用

11.1.1 内威荣高速立交桥

11.1.1.1 设计概况

威远枢纽互通位于内威荣高速公路 K41+236.1 处，与成自泸高速公路相交，B 匝道跨越成自泸高速公路，B 匝道桥第二联原设计方案为桥长 105 m，匝道桥标准宽度 10.5 m，桥孔布置形式为一联(20+2×32.5+20)m 顶推施工现浇预应力混凝土等高连续箱梁，桥孔布置如图 11-1 所示，下部桥墩采用双柱式桥墩(图 11-2)，桩基为钻孔灌注桩，在墩顶和桩顶各设置一道系梁。对于中间的 4#墩，由于位于成自泸高速的中分带上，因此设置为单支点，如图 11-3 所示。

为了更快、更好地建成该桥，完成 2015 年底通车的目标，根据业主要求，将 B2 匝道桥第二联顶推施工预应力混凝土连续梁变更成钢箱梁，如图 11-4 所示。由于 4#墩顶横向为单支点，故钢箱梁断面设计为单箱双室的整体箱型结构，以满足横向的受力要求。

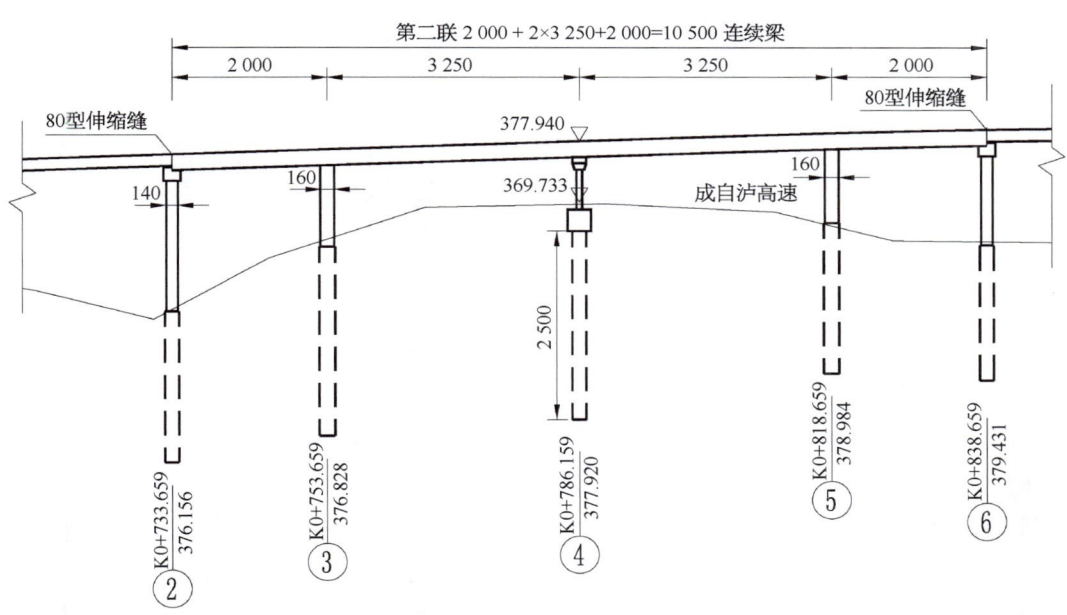

图 11-1 B 匝道桥第二联总体布置图(单位：cm)

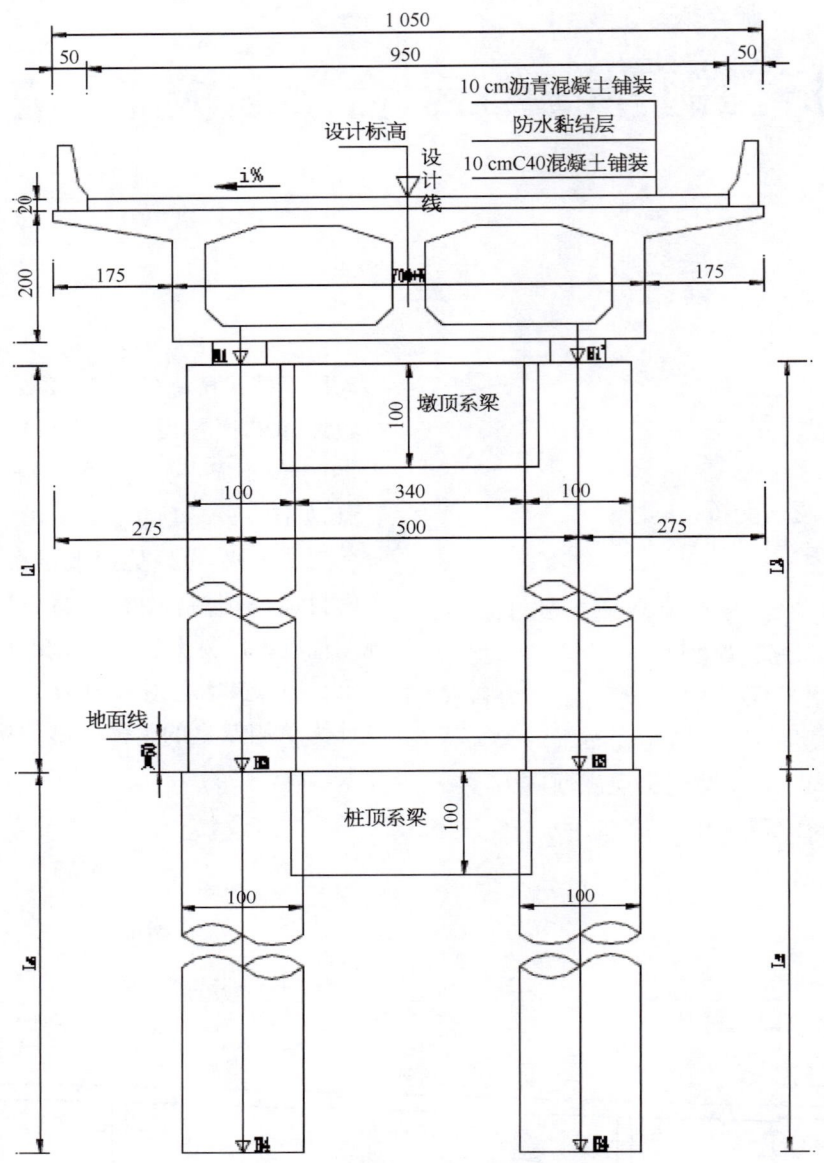

图 11-2 原设计断面布置图(一)(单位: cm)

11.1.1.2 结构设计

上部结构梁体采用钢箱-混凝土组合梁,由钢箱梁体和钢-混凝土组合桥面板结合构成。钢箱梁为单箱双室结构,顶板宽 10.5 m,底板宽 7 m,钢箱梁高 1.7 m,挑梁悬臂长 1.75 m。钢箱梁顶板为 10 mm 钢板,通过 PBL(带孔板)剪力键和剪力钉与现浇的钢纤维混凝土形成钢-混凝土组合桥面板。钢箱梁腹板为 12 mm(边腹板)和 16 mm(中腹板)钢板,沿高度设置四道加劲肋,腹板在支座附近位置加厚为 16 mm(边腹板)和 24 mm(中腹板)。底板为 20 mm 钢板,间隔 42 cm 设置加劲肋。普通横隔板间距 3 m 左右设置一道,厚度 12 mm,支座位置横隔板厚度为 20 mm。在相邻两道横隔板之间另外设置 T 形加劲肋作为横联,使桥面板成为单向受力板,在横隔板和 T 形加劲肋对应位置均设置挑梁,如图 11-5 所示。

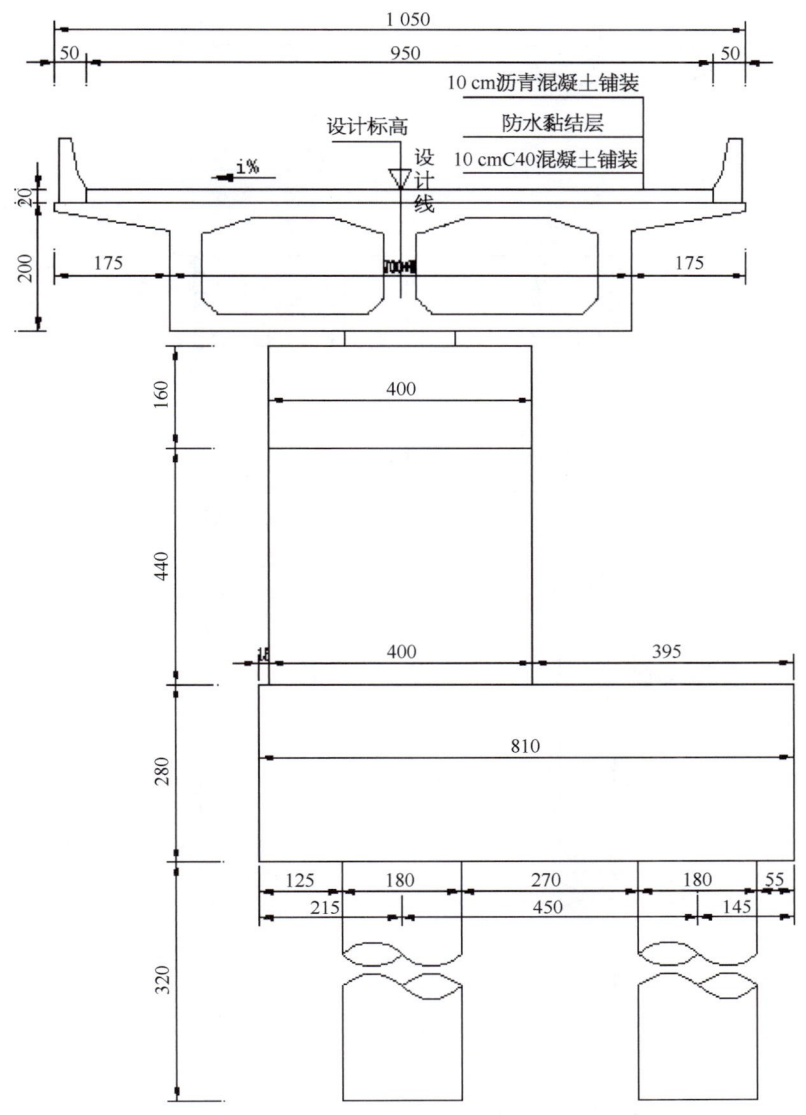

图 11-3 原设计断面布置图(二)(单位：cm)

钢箱主体材料采用 Q345C；箱梁顶板混凝土采用 C50 钢纤维混凝土，在 C50 钢纤维混凝土上铺设 10 cm 沥青混凝土铺装层。

钢-混凝土组合梁桥面混凝土采用 C50 钢纤维混凝土，钢纤维为钢锭铣削型，掺入钢纤维量为 60 kg/m³。

11.1.1.3 施工

根据桥位的自然条件、架设时间安排、运输设备、起吊设备等因素对节段进行划分。本桥设计考虑吊装能力为 70 吨，纵、横向均划分为 4 个节段，最大节段长度为 33.1 m，纵、横向分段如图 11-6、图 11-7 所示。对于横向，分段为两个挑梁、一个闭合箱形梁和一个开口箱形梁，两个挑梁和开口箱形梁由于抗扭刚度较差，在运输过程中应确保各支撑点均匀受力，并采取临时措施确保结构不发生局部失稳。由于纵、横向均分段，因此吊装施工时应搭设临时支架，吊装采用从小桩号到大桩号的顺序进行。钢箱梁梁段间均采用焊接连接，节段连接在厂内匹配组装时应采用定位连接件，以便在工地的安装和焊接。

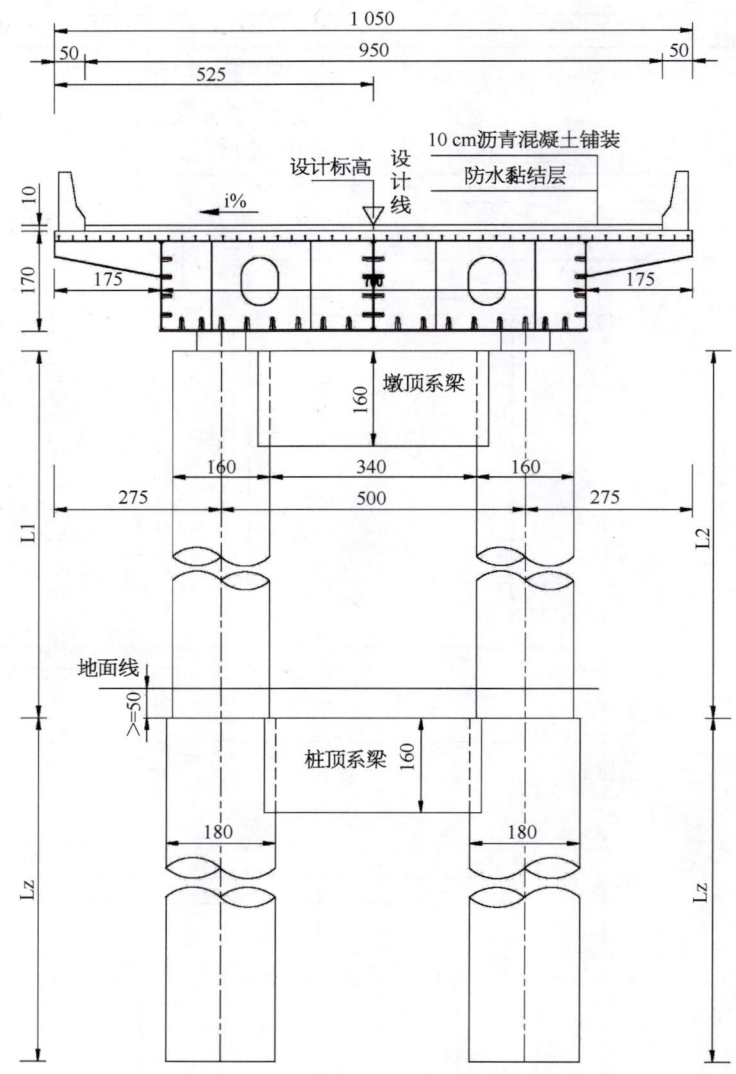

图 11-4 钢箱梁断面布置图(单位：cm)

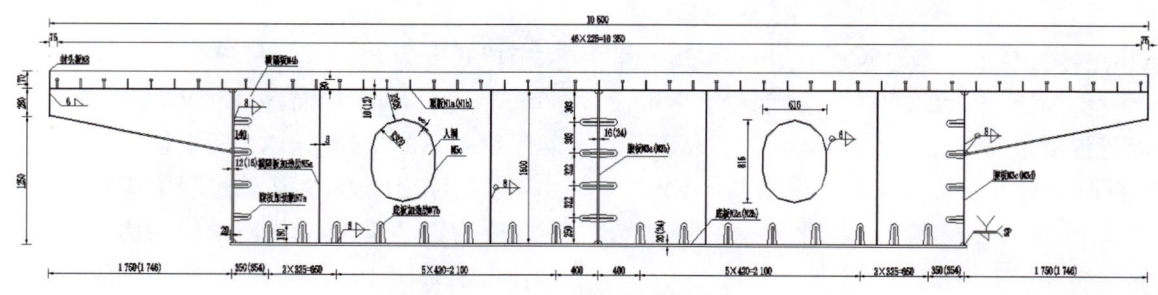

图 11-5 钢箱梁断面布置图(单位：mm)

形成纯钢断面连续梁后，就可进行混凝土桥面板浇筑。为控制负弯矩区混凝土的裂缝发展，混凝土桥面板采用间断法浇筑，浇筑顺序为：先浇筑跨中区，后浇筑支座区，从跨中向支座依次推进。

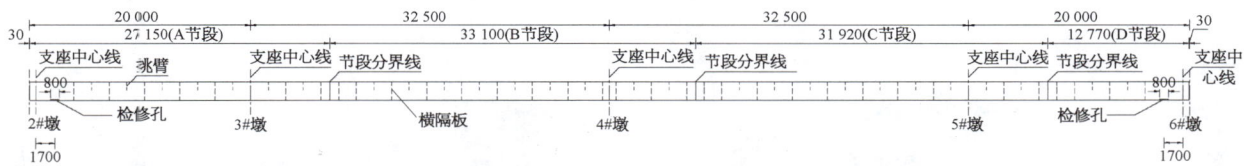

图 11-6 钢箱梁纵向节段划分图(单位：mm)

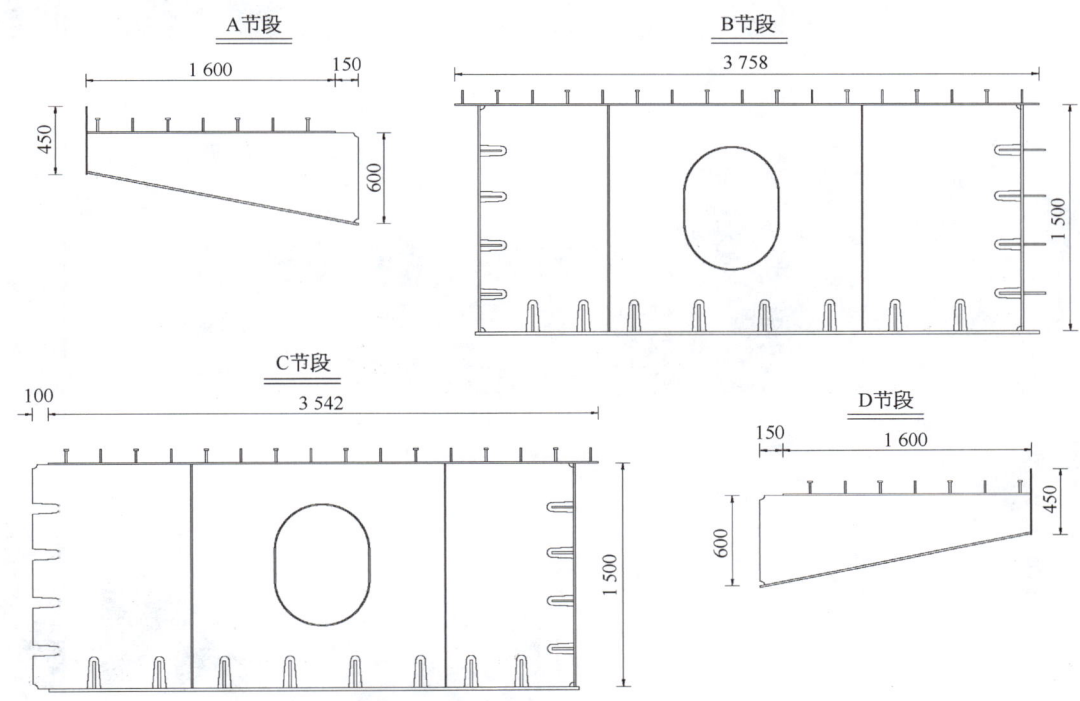

图 11-7 钢箱梁横向节段划分图(单位：mm)

11.1.1.4 施工照片

施工现场照片如图 11-8 所示。

图 11-8 施工现场照片

11.1.2 中小跨度组合钢梁桥

成洛互通 F 匝道第四联桥为跨越绕城高速的钢板组合梁桥。其布置如图 11-9 所示。

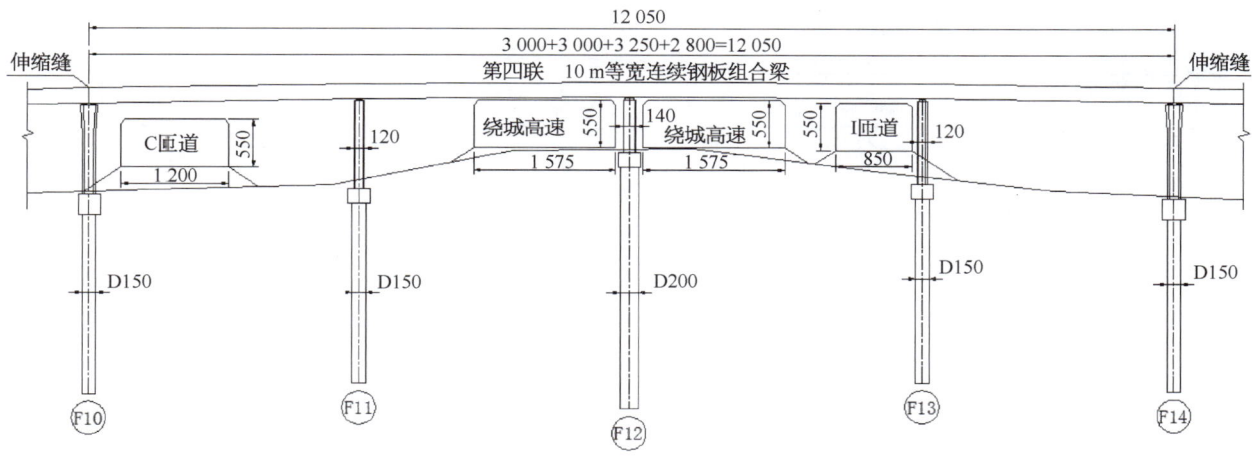

图 11-9 桥型布置图(单位: cm)

1) 上部结构

桥梁上部结构采用 10 m 等工字钢-混凝土组合连续梁(图 11-10),梁高 1.65 m。10 m 宽度范围内布置 2 片工字钢,工字钢横向中心间距 6.4 m,悬臂段 1.8 m,工字钢板梁底板厚 36~44 mm,腹板厚 24~28 mm,顶板厚 28 mm。

图 11-10 工字钢组合梁

支点位置及桥跨中部均设置横向连接,其中单支点处桥墩位置采用双腹板工字梁横联,其余支座处横联为 H 形工字梁形式,支座间横联采用 T 形隔板。隔板设置间距在 4.5 m 左右。

组合桥面板采用 C40 钢纤维混凝土,标准厚度 15 cm,在纵横钢梁处局部设置承托变化到 35 cm。混凝土板底部设 10 mm 厚底钢板,钢结构与混凝土之间利用剪力连接件键及剪力钉连接。

桥面板设置横向预应力钢束,采用 ϕ15.24 mm 低松弛钢绞线,规格包含 15-2、15-3、15-4 三种,其中 15-2 及 15-3 为扁锚,15-4 采用圆锚。15-3、15-4 钢束主要用于满足中间墩单支点横向受力要求。

2) 下部结构

F10#、F14# 交界墩采用花瓶式独柱实心墩,桥墩顺桥向底部宽 2.0 m,墩顶部位由 2.0 m 变化为 2.8 m;横桥向底部宽 3.0 m,墩顶部位变化到 8.4 m。F10#、F14# 交界墩盖梁设置横向预应力钢束,规格 15-12,采用两端张拉。

F11#、F13# 桥墩采用双柱式钢管混凝土墩,钢管直径 1.2 m,壁厚 24 mm,管内灌注 C55 自密实微膨胀混凝土,钢管墩与桩基之间设置桩帽过渡并设置横系梁。桩帽及系梁采用 C30 混凝土。

F12# 桥墩采用独柱钢管混凝土墩,钢管直径 1.4 m,壁厚 24 mm,管内灌注 C55 自密实微膨胀混凝土,钢管墩与桩基之间设置桩帽过渡。桩帽采用 C30 混凝土。

墩底基础均采用桩基础。

桥墩处横断面布置如图 11-11 所示。

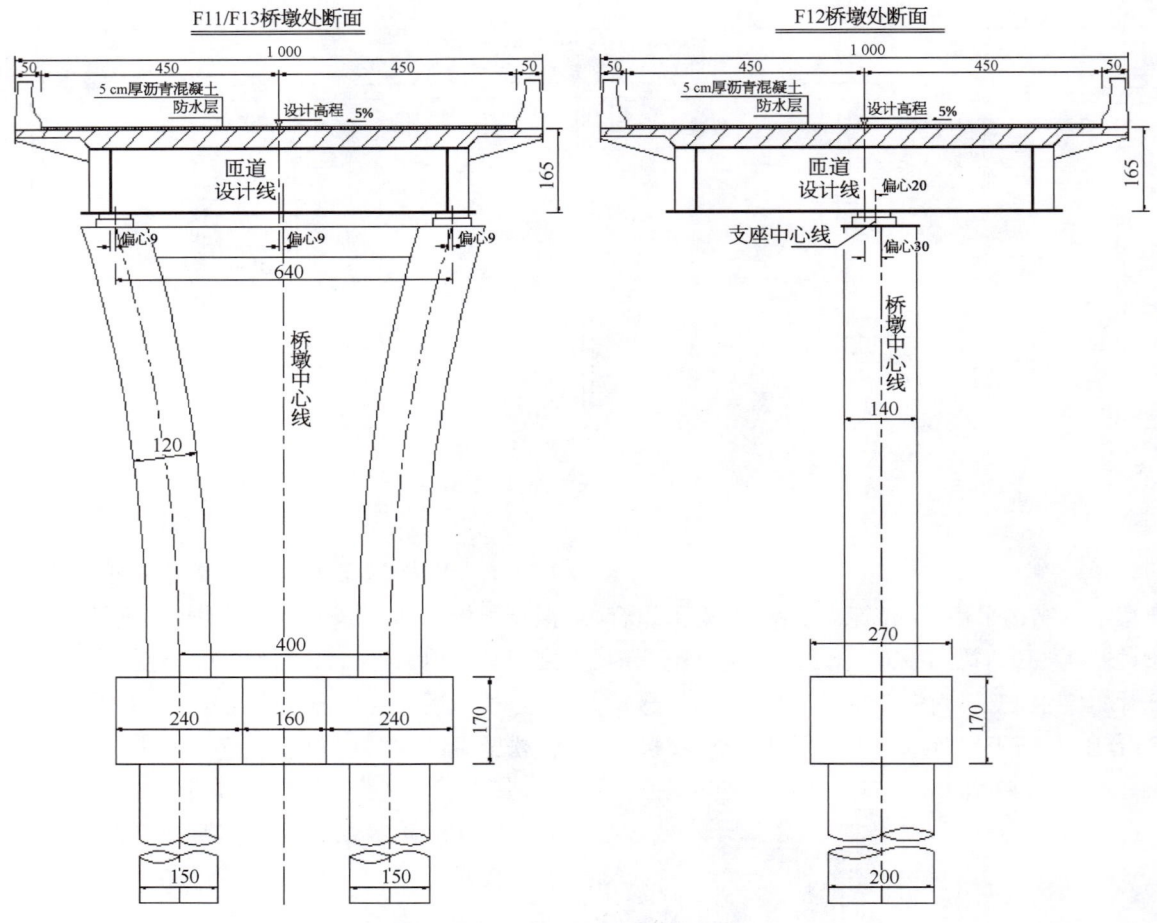

图 11-11 桥梁横断面图(单位：cm)

3) 施工方式

(1) 下部结构施工。

桩基础采用钻孔灌注施工；交界墩为混凝土桥墩，采用搭架现浇的方式施工；中间墩为钢管混凝土桥墩，独柱墩的所有钢结构在工厂内制作成整体，运至现场后直接安装；双柱墩根据现场运送情况，可将所有钢结构在工厂内制作成整体，亦可分为两部分进行现场拼接，拼接完成后再整体安装。待桥墩精确定位后浇筑桩帽混凝土，并灌注钢管内微膨胀混凝土。

(2) 上部结构施工。

上部组合梁钢结构按照纵、横向分块，在工厂内加工成节段，运至现场后，将横向分块构件拼接成整体，根据纵向分段依次吊装并焊接纵向节段焊缝。上部钢结构施工完成后，绑扎桥面板钢筋，预埋预应力管道，浇筑桥面板钢纤维混凝土并张拉横向预应力束。

11.1.3 重庆云阳东互通立交桥

为实现重庆云阳工业园区的外环大道与上海至重庆高速间的快速交通转换，在重庆云阳互通与重庆云阳红狮互通间，增加设置云阳东互通立交桥，该立交桥总体布置如图 11-12 所示。

受地形地物建设条件限制，重庆云阳东互通的交通组织设计为匝道桥，在黄岭工业园与重庆较大交通流方向，布设左转定向 A 匝道，该匝道下穿沪渝高速公路现有桥梁；在黄岭工业园与上海交通流方向，布设定向右转 B 匝道；在沪渝高速公路上海方向与黄岭工业园交通流方向，布设定向右转 C 匝道；在沪渝高速公路重庆方向与黄岭工业园较大交通流方向，布设定向右转 D 匝道。该互通立交桥匝道布设紧凑、占地较少，部分结构示意和现场施工照片如图 11-13～图 11-18 所示。

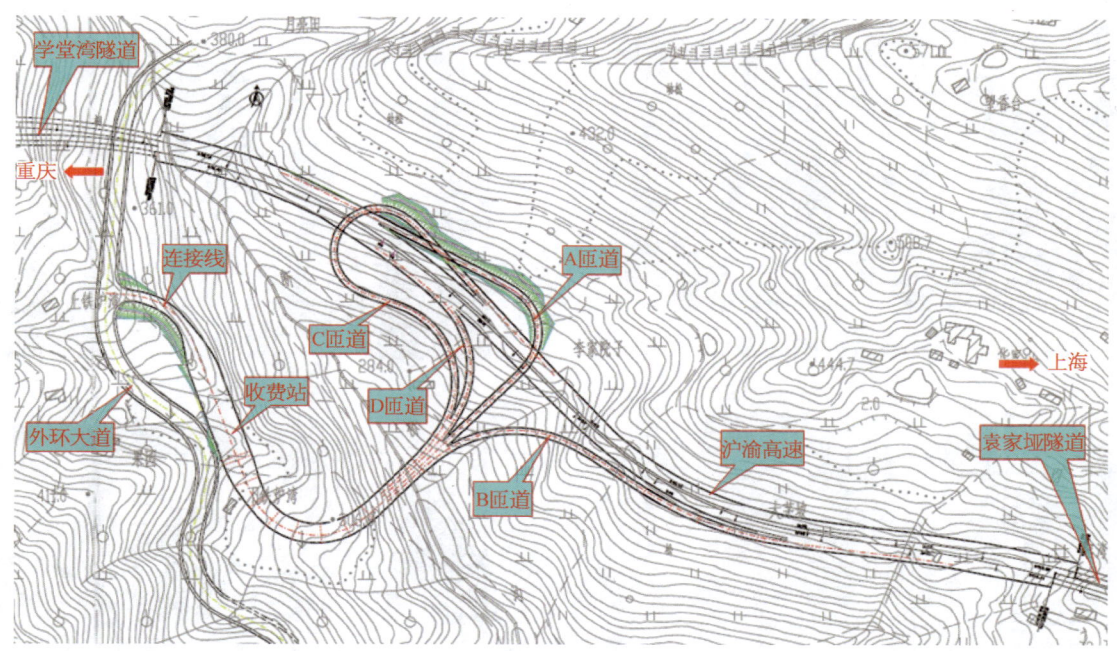

图 11-12　重庆云阳东互通总体布置

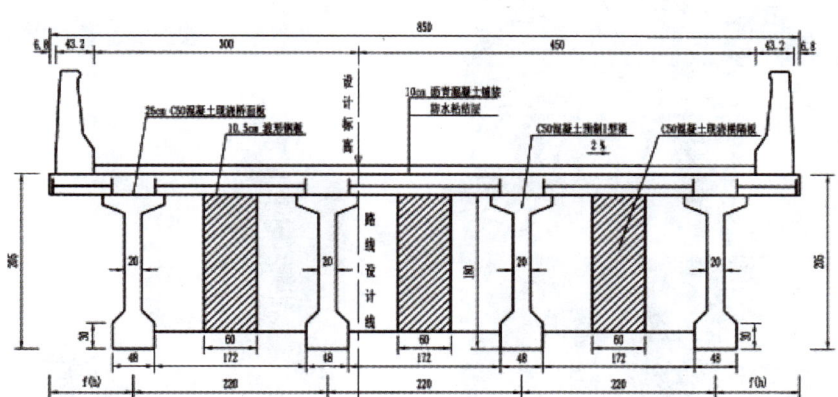

图 11-13　跨中断面构造示意图

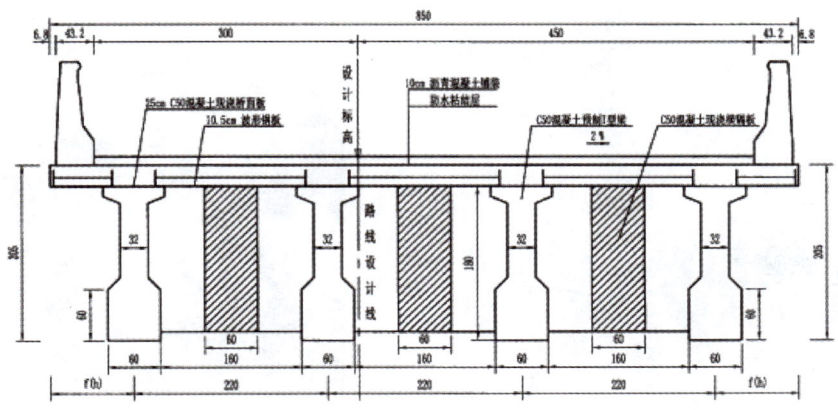

图 11-14　梁端断面构造示意图

图 11-15　I 形梁间波折底钢板安装

图 11-16　桥面板内钢筋安装

图 11-17　波折底钢板、梁体预埋钢板及封端钢板间连接

（a）混凝土浇筑

（b）混凝土振捣

（c）混凝土整平

（d）混凝土覆盖塑料薄膜养生

图 11-18　混凝土施工

11.2 在拱桥的应用

11.2.1 四川泸州车辋大桥

四川泸州车辋大桥位于四川泸州车辋镇,该桥为四川渡口改桥梁工程。该桥全长 260.5 m,主桥为净跨径 220 m 的钢管混凝土中承式拱桥,吊杆间距 8 m。主桥主跨 220 m,净矢高 55 m,净矢跨比 1/4。主拱采用左右双拱肋形式,单拱肋为等截面悬链线无铰拱,拱轴系数为 1.5。拱肋截面高 4.5 m,截面宽 2.2 m,如图 11-19 所示。

主拱拱肋是由钢管混凝土主管和钢管腹杆组成的桁架结构,主拱拱肋由四根主管规格为 800×12~16 mm 的 C70 钢管混凝土通过 450×10 mm 的钢管腹杆连接而构成桁架结构,左右侧主拱拱肋中心间距为 14.3 m,如图 11-20 所示。

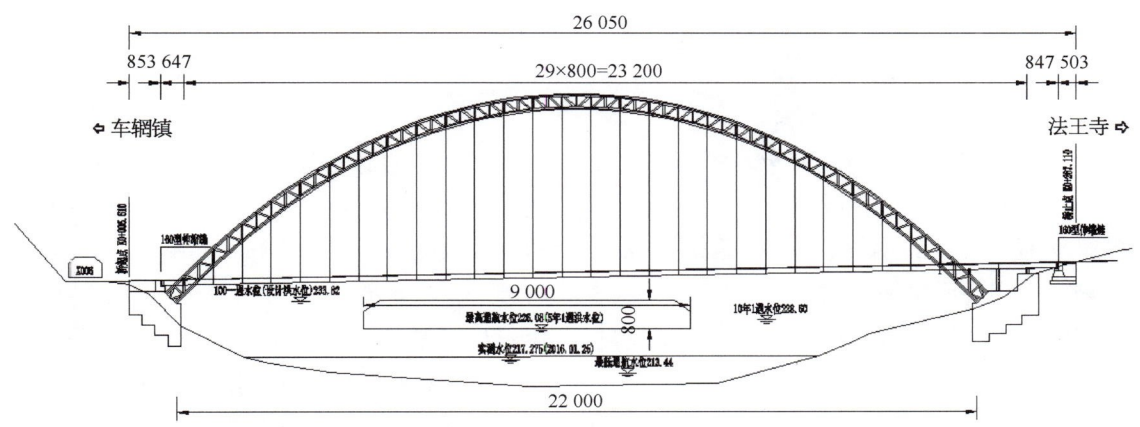

图 11-19 桥型布置图(单位:cm)

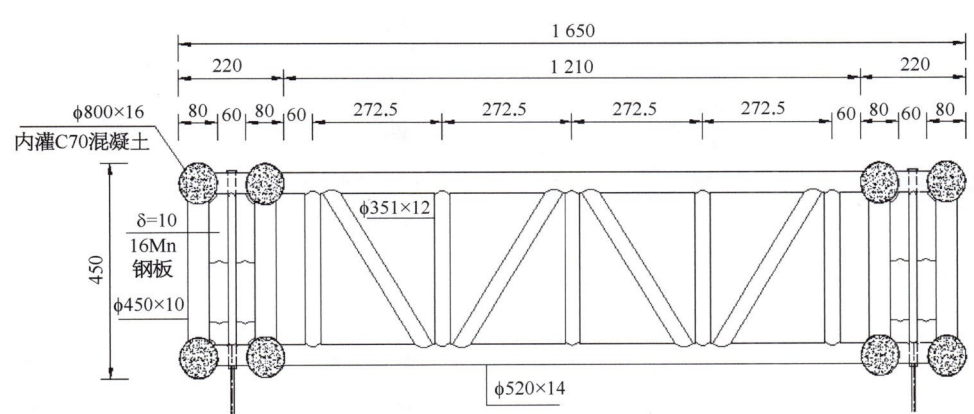

图 11-20 拱肋标准断面(单位:cm)

吊杆纵桥向间距 8 m,采用 12φ15.2 环氧喷涂钢绞线挤压成吊杆索体,两端采用冷铸墩头锚分别锚固在主拱上弦上缘和主横梁的下翼缘,钢绞线极限抗拉强度为 1860 MPa,桥面以上的吊杆外套哈弗管保护和装饰。

主桥桥面梁采用钢格子梁的波折型钢-混凝土组合桥面,标准段桥面钢格子梁由两道主纵梁、一道次纵梁与吊索处的主横梁及主横梁间两道次横梁组成;钢格子梁均采用工字形截面。其中主横梁桥面中心处高 1.3 m,次横梁中心处高 0.8 m,次纵梁高 0.8 m,主纵梁高 1.0 m,如图 11-21 所示。

波折型钢-混凝土组合桥面板的构造,由底部的波折型钢板、V 形抗剪连接键、钢筋混凝土板共同结合而成。桥面板波峰处高 220 mm,波谷处高 120 mm,

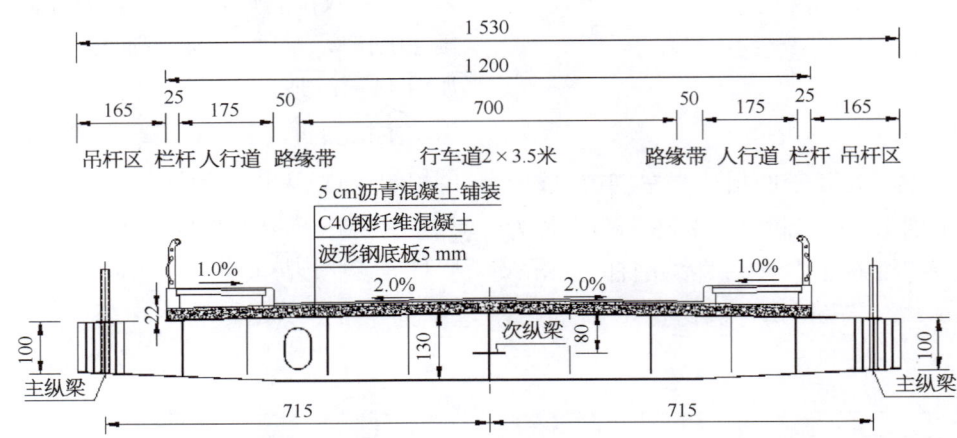

图 11-21 波折型钢-混凝土组合桥面的主梁断面图(单位：cm)

如图 11-22 所示。波折型钢板的厚度为 4 mm、波折高 100 mm、波峰与波谷平直段长 100 mm，在主梁纵梁与横梁顶面设置抗剪锚固钉，再浇筑钢筋混凝土与主梁钢格子相连成整体式桥面板，如图 11-23 所示。该桥面板的混凝土采用 C40 多锚点型钢纤维混凝土。

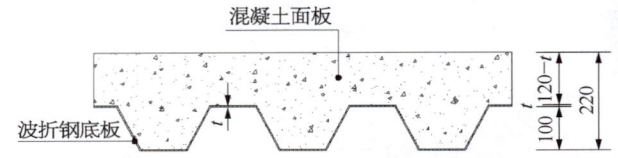

图 11-22 组合桥面标准断面图(单位：mm)

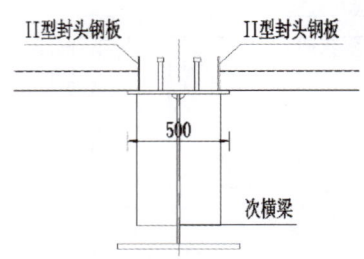

图 11-23 组合桥面板与横梁连接构造(单位：mm)

波折型钢-混凝土组合桥面板除了通过抗剪连接键将底钢板与钢筋混凝土锚固连接，形成共同受力的组合桥面板外。桥面板施工中，将波折底钢板压模成型、焊接剪力键，按照工艺要求进行施工安装，根据设计文件要求绑扎钢筋，再浇筑混凝土；浇筑混凝土时，波折底钢板和钢筋等结构充当浇筑桥面板混凝土的模板，避免桥梁桥面预制和安装，或者现浇模板运输、安装和拆卸等施工工序；波折底钢板代替平面型的底钢板，利用波折形的凹凸肋和抗剪连接 V 形钢筋，不再需要焊接带孔钢板进行加劲和抗剪连接等工艺，施工更加简单。主梁纵横格子梁处组合桥面承受负弯矩区，且波折底钢板在底面与纵横格子梁连接而为非连续结构，通过端头焊接横向贯通竖钢板、钢板间绑扎钢筋和超筋配置钢筋的钢纤维混凝土等技术，提高组合桥面纵横格子梁处负弯矩承载能力。

该桥于 2017 年 3 月年开工建设，2019 年 12 月建成通车。

11.2.2 沿江高速瓦石窝大桥

四川雷波沿江高速瓦石窝大桥位于沿江高速公路雷波县帕哈乡境内，跨越磨石村隧道和马鞍山隧道间的深沟峡谷，沟深超过 120 m、沟口宽度仅为 90 m，是一座典型的深切峡谷隧间桥梁。桥位地形如图 11-24 所示。

图 11-24 瓦石窝大桥桥位地形图

该桥建设施工便道的辅助工程费用超过桥梁建设费用的3倍,且破坏环境、施工工期长,常规桥梁结构构造和施工方案无法满足两侧隧道建成后再建桥梁的要求。根据隧道建设的工期安排,隧道贯通后,进行隧道内剩余施工作业的工期一般不会超过10个月,因此隧道间的桥梁施工周期不能超过10个月。根据该桥主跨95 m的跨越要求,设计尽量全部工厂制造、小构件运输至两侧隧道洞口处、快速安装和浇筑混凝土。采用单主管、成品吊索和主横梁体系的波折型钢-混凝土组合桥面的钢管混凝土拱桥方案,现场施工作业只有隧道贯通前可施工的拱座、隧道贯通后的主拱和桥面梁安装及主拱和桥面混凝土浇筑等施工作业。该桥总体布置如图11-25所示。

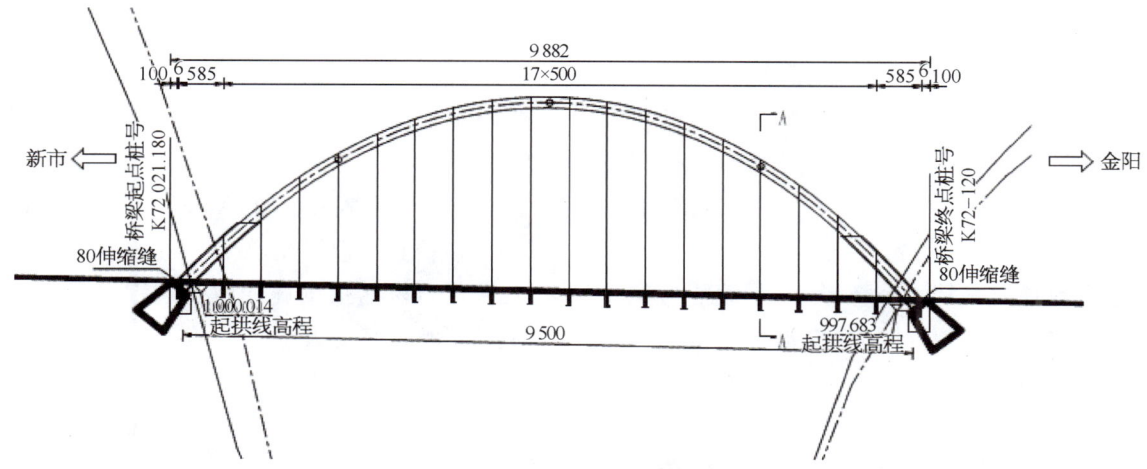

图 11 - 25　瓦石窝大桥桥梁总体布置图(单位：mm)

主拱拱肋为钢管混凝土单管结构,净跨95 m,净矢跨比为1/3.5,拱轴系数1.5。钢管直径1500 mm×22 mm(拱脚段壁厚26 mm),管内灌注C60混凝土。吊杆(立柱)间距为5 m。在拱脚段外套直径1950 mm的钢管进行主拱截面加强,拱脚内外钢管间灌注C60混凝土。

主拱拱肋中距为16.15 m,全桥共设置3道一字形钢管横撑,横撑规格为930 mm×14 mm。

吊索采用φ15.2环氧喷涂钢绞线挤压成型的吊杆索体,极限抗拉强度为1 860 MPa,上端锚固在主拱上弦上缘,采用定型耐久性锚具,下端与主横梁的上翼缘叉耳式铰接。

为了减少桥面板安装工序,采用主横梁体系的工字钢横梁和总厚度达到35 cm的波折型钢-混凝土组合桥面板,波折底钢板厚8 mm、波高17 cm、波宽16 cm,再浇筑总厚度不超过35 cm的钢纤维混凝土,形成波折型钢-混凝土组合桥面板,桥面铺装为8 cm厚的改性沥青混凝土。波折型钢-混凝土组合桥面与主横梁采用端部加强型抗剪带孔钢板、超筋设置负弯矩钢筋和钢纤维混凝土的强劲横梁与桥面板的连接构造,满足吊索断裂后桥面梁不坍落的设计目标要求。

本篇小结

波折型钢-混凝土组合桥面板是一种由波折底钢板、钢筋剪力键、混凝土板和纵横向钢筋共同形成的钢-混凝土组合结构。针对新型"波折型钢-混凝土组合桥面板"开展研究，旨在探索这种新型桥面板在荷载作用下应变、裂缝、破坏形态、承载能力和变形发展等基本受力机理。同时，根据试验数据进行理论分析，分析组合结构的应力状态、承载能力及力学性能，为下一步的工程应用打下基础。

（1）本节通过对波折型钢-混凝土组合桥面板正负弯矩静力加载试验、疲劳试验、有限元数值仿真模拟及理论分析，深入研究了波折型钢-混凝土组合桥面板的力学性能，提出了受力全过程可近似划分为弹性阶段、带裂缝工作阶段、塑性阶段和破坏阶段四个阶段。

（2）利用有限元软件 ANSYS 对所有试件进行了非线性仿真模拟研究，较准确地模拟了波折型钢-混凝土组合桥面板试件加载全过程的受力行为，更全面地了解了其受力特点，为更安全、经济地制定结构构造提供了重要支持。

（3）根据大量模型试验和依托工程建设成果，参考相关领域规范，借助数学和力学模型，提出了波折型钢-混凝土组合桥面板的计算方法，为推广其应用提供了理论支持。作者团队获国家发明专利 3 项，省部级科技奖 2 项。

参考文献

[1] 四川省交通运输科技项目.钢-混凝土组合桥面板国家专利技术推广应用研究报告[R].项目编号：2014-C-6.
[2] 四川省交通运输科技项目.新型等效厚度钢-混凝土组合桥面板技术开发研究报告[R].项目编号：2017-A-02.
[3] 四川省交通运输科技项目.基于强劲组合桥面铺装的最佳结构厚度及材料技术研究报告[R].项目编号：2018-A-06.
[4] 四川省交通运输科技项目.长效轻型钢-混凝土组合桥面系的结构与材料技术开发研究报告[R].项目编号：2019-D-10.
[5] 四川省交通运输科技项目.钢-混凝土组合桥面板技术规程编制报告[R].项目编号：2015发字第4号(总第42号).
[6] 四川省交通运输科技项目.桥面铺装整平层复合强化技术规程编制报告[R].项目编号：2015发字第4号(总第42号).
[7] 四川省交通运输科技项目.雅泸高速公路桥隧路面铺装耐久性研究报告[R].项目编号：2007D9-1.
[8] 四川省交通运输科技项目.钢-混凝土组合正交异性桥面板的技术开发与应用研究报告[R].项目编号：2009B1-1.
[9] 四川省交通运输科技项目.桥面铺装整平层复合强化技术及工程应用研究报告[R].项目编号：2012B3-1.
[10] 曹泓.桥面铺装的合理结构研究[D].西安：长安大学,2014.
[11] 陈军刚.钢-混凝土组合桥面板设计方法初探[D].成都：西南交通大学,2004.
[12] 陈亮,钱炜.钢-混组合结构在桥梁中的若干应用[J].工程建设与档案,2005,19(5)：414-416.
[13] 陈炜,张德平.武汉二七长江大桥结构体系方案研究[J].桥梁建设,2011(1)：1-4.
[14] 陈扬.钢桁腹-混凝土组合梁桥力学性能与设计方法研究[D].南京：东南大学,2011.
[15] 池田尚治等(日本).钢-混凝土组合结构设计手册[M].李先瑞,耿花荣,译.北京：地震出版社,1992.
[16] 樊健生,聂建国.钢-混凝土组合桥梁研究及应用新进展[J].建筑钢结构进展,2006,8(5)：35-39.
[17] 范立础.桥梁工程[M].北京：人民交通出版社,2001.
[18] 国家市场监督管理总局,中国国家标准化管理委员会.金属材料拉伸试验(第3部分：低温试验方法)：GB/T 228.3-2019[S].北京：中国标准出版社,2019.
[19] 胡建华,叶梅新,黄琼.PBL剪力连接件承载力试验[J].中国公路学报,2006,19(6)：65-72.
[20] 胡少伟,涂启华.钢-混凝土叠合板组合梁的非线性分析[J].钢结构,2007,22(90)：33-35.
[21] 黄广华.PVA纤维与钢纤维对高性能纤维增强水泥基复合材料力学性能影响的试验研究[D].北京：北京交通大学,2010.
[22] 江见鲸.钢筋混凝土非线性有限元分析[M].西安：陕西科学技术出版社,1994.
[23] 康清梁.钢筋混凝土有限元分析[M].北京：中国水利水电出版社,1996.
[24] 劳埃·扬.钢-混凝土组合结构设计[M].张培信,译.上海：同济大学出版社,1991.
[25] 雷昌龙.钢-混凝土组合桥中新的剪力连接器的发展与试验[J].国外桥梁,1999(2)：64-68.
[26] 李力强,刘文会,张云龙,等.预应力钢-混凝土组合梁桥受弯极限承载能力计算[J].吉林建筑工程学院学报,2006,23(2)：27-30.
[27] 李庆华.材料力学[M].成都：西南交通大学出版社,1994.
[28] 李伟.钢桁架-混凝土板组合梁桥桥面板预应力分析[D].天津：河北工业大学,2011.
[29] 林传金.体外预应力钢-混凝土组合梁非弹性研究[D].福州：福州大学,2006.
[30] 刘文会.预应力钢-混凝土组合梁桥结构行为研究[D].长春：吉林大学,2005.
[31] 刘玉擎,周伟翔,蒋劲松.开孔板连接件抗剪性能试验研究[J].桥梁建设,2006(6)：1-4.
[32] 刘玉擎.组合结构桥梁[M].北京：人民交通出版社,2005.
[33] 卢彭真,赵人达,任剑.大跨钢桁拱钢-混组合桥面板极限承载力试验[J].中国公路学报,2012,25(4)：83-89.
[34] 卢彭真.钢-混凝土组合箱梁空间分析理论与应用研究[D].成都：西南交通大学,2009.

[35] 罗桑,钱振东,HARVEY J. 环氧沥青混合料疲劳衰变特性试验[J]. 中国公路学报,2013,26(2):20-25.
[36] 毛学明. 钢-混凝土组合梁界面特性分析与加劲钢板-混凝土组合板荷载分布宽度试验研究[D]. 成都:西南交通大学,2006.
[37] 聂建国. 钢-混凝土组合梁结构[M]. 北京:科学出版社,2005.
[38] 聂建国. 钢-混凝土组合梁结构——试验、理论与应用[M]. 北京:科学出版社,2005.
[39] 冉嵬. 体外预应力钢-混凝土组合梁受弯性能理论分析与试验研究[D]. 南京:东南大学,2006.
[40] 任剑. 钢-混凝土组合结构疲劳性能试验研究[D]. 成都:西南交通大学,2006.
[41] 邵旭东,胡建华. 钢-超高性能混凝土轻型组合桥梁结构[M]. 北京:人民交通出版社,2015.
[42] 盛黎,叶青,鲍永涛,等. 混凝土有效弹性模量计算模型的探讨[J]. 混凝土,2003(8):10-12.
[43] 王海波. 聚乙烯醇纤维(维纶)增强砂浆性能的研究[D]. 北京:北京工业大学,2003.
[44] 王景全. 组合梁桥及体外预应力组合梁桥基本性能研究[D]. 南京:东南大学,2006.
[45] 王军. 预应力钢-混组合箱梁受力分析及设计参数优化研究[D]. 西安:长安大学,2008.
[46] 王忠彬,杨进,周平. 鹦鹉洲长江大桥钢-混结合梁悬索桥方案研究[J]. 桥梁建设,2010,(4):52-56.
[47] 吴诗金,许敦颐. 压型金属板的新发展[J]. 工业建筑,1992(7):24-28.
[48] 项海帆. 高等桥梁结构理论[M]. 北京:人民交通出版社,2001.
[49] 项长生,朱彦鹏. 钢板-混凝土板组合桥面挠度公式[J]. 甘肃科技,2005,21(6):138-139.
[50] 小西一郎(日本). 钢桥[M]. 宋慕兰,董其震,译. 北京:人民铁道出版社,1980.
[51] 徐楠,王威强,李乃根. 基于矩法的应力疲劳寿命可靠性曲线分析方法[J]. 应用力学学报,2009,26(1):186-189.
[52] 杨义东,李涛. 钢-混凝土组合结构桥在日本的发展趋势[J]. 国外桥梁,1998(4):39-42.
[53] 杨勇,祝刚,周丕健,等. 钢板-混凝土组合桥面板受力性能与设计方法研究. 土木工程学报,2009,42(12):135-141.
[54] 姚辉瑞. 预应力钢-混凝土组合梁挠度变形分析和计算理论研究[D]. 西安:长安大学,2005.
[55] 姚振纲,刘祖华. 建筑结构试验[M]. 上海:同济大学出版社,1996.
[56] 英国标准协会(BSI). 钢桥混凝土桥及结合桥(BS5400,1978—82版)[M]. 峨眉:西南交通大学出版社,1986.
[57] 余同希. 塑性力学[M]. 北京:高等教育出版社,1989.
[58] 余小红,许伟,程祎辉. 钢-混凝土组合梁非线性分析在 ANSYS 中的实现[J]. 四川建筑,2007,27(4):101-102.
[59] 袁少洋. 大跨径钢-混凝土组合连续梁桥预应力效应分析[D]. 西安:长安大学,2011.
[60] 占玉林,赵人达,毛学明,等. 钢-混凝土组合桥面板试验研究与理论分析[J]. 西南交通大学学报,2006,41(3):360-365.
[61] 张南. 体外预应力对钢箱-混凝土组合连续梁桥受弯性能的影响分析[J]. 公路交通科技,2007,24(8):57-62.
[62] 张卫红. 预应力钢-混凝土组合梁非线性分析及优化设计[D]. 成都:西南交通大学,2008.
[63] 张晓勇. 体外预应力混凝土连续梁的结构行为研究[D]. 成都:西南交通大学,2003.
[64] 张雄,吴科如. 矿物外加剂作用机理及其关键技术[J]. 同济大学学报(自然科学版),2004,32(4):494-498.
[65] 赵朝华. 温度和干缩对钢桥面铺装层受力的影响[J]. 重庆交通大学学报(自然科学版),2013,32(2):187-189.
[66] 赵鸿铁. 钢与混凝土组合结构[M]. 北京:科学出版社,2001.
[67] 赵永翔,王金诺,高庆. 估计三种常用疲劳应力-寿命模型 P-S-N 曲线的统一经典极大似然法[J]. 应用力学学报,2001,18(1):83-90.
[68] 郑则群,房贞政,宗周红. 预应力钢-混凝土组合梁非线性有限元解法[J]. 哈尔滨工业大学学报,2004,36(2):218-222.
[69] 中国工程建设标准化协会. 钢管混凝土加劲混合结构技术规程:T/CECS 663-2020[S]. 北京:中国建筑工业出版社,2020.
[70] 中国工程建设协会. 纤维混凝土试验方法标准:CECS13-2009[S]. 北京:中国计划出版社,2010.
[71] 中华人民共和国交通部. 公路桥涵钢结构及木结构设计规范:JTJ 025-86[S]. 北京:人民交通出版社,1987.
[72] 中华人民共和国交通运输部. 公路钢筋混凝土及预应力混凝土桥涵设计规范:JTG 3362-2018[S]. 北京:人民交通出版社股份有限公司,2018.
[73] 周起敬,姜维山,潘泰华. 钢与混凝土组合结构设计施工手册[M]. 北京:中国建筑工业出版社,1994.
[74] 周小蓉,陈世鸣,顾萍,等. 体外预应力钢-混凝土组合梁[J]. 钢结构,2005,20(79):9-11.
[75] 朱聘儒. 钢-混凝土组合梁设计原理[M]. 北京:中国建筑工业出版社,1989.
[76] 宗周红,车惠民,房贞政. 预应力钢-混凝土组合梁有限元非线性分析[J]. 中国公路学报,2000,13(2):48-51.
[77] 宗周红,郑则群,房贞政,等. 体外预应力钢-混凝土组合连续梁试验研究[J]. 中国公路学报,2002,15(1):44-49.
[78] ADEBAR P, LEEUWEN J V. Flexural behaviour of concrete-steel hybrid bridge girders [J]. Canadian Journal of Civil Engineering, 1998,25(1):104-112.
[79] BUEKNER C D, VIEST I M. Composite construction in steel and concrete [M]. New York: American Society of Civil Engineers Composite Construction in Steel and Concrete, 1988.

[80] CHEN H J, YEN T, LIA T P, et al. Determination of the dividing strength and its relation to the concrete strength in lightweight aggregate concrete [J]. Cement and Concrete Composites, 1999, 21(1): 29 – 37.

[81] CHEN Y Z, Wang H X, Ma Z Y, et al. The Properties of Cement Mortars Modified by Emulsified Epoxy and Micro-fine Slag [J]. Journal of Wuhan University of Technology-Mater, 2003, 18(3): 83 – 85.

[82] CLIMENHAGA J J, JOHNSON R P. Local buckling in Continuous Composite beams [J]. The Structural Engineering, 1972, 50(9): 367 – 374.

[83] DALL'ASTA A, DEZI L. Nonlinear behavior of externally prestressed composite beams: analytical model [J]. Journal of Structural Engineering, 1998, 124(5): 588 – 597.

[84] EASTERLING W S, YOUNG C S. Strength of Composite Slabs [J]. Journal of Structural Engineering, 1992, 118(9): 2370 – 2389.

[85] FABBROCINO G, MANFREDI G, COSENZA E. An-alysis of continuous composite beams including partial interaction and bond [J]. Journal of Structural Engineering, 2000, 126(11): 1288 – 1294.

[86] JOHNSON R P, LEE L H. Composite Structure of steel and concrete [J]. Journal of Engineering Materials and Technology, 1977, 99(2): 189.

[87] LI W L, ALBRECHT P, SAADATMANESH H. Strengthening of composite steel-concrete bridge [J]. Journal of Structural Engineering, 1995, 121(12): 1842 – 1849.

[88] RAGAN R S, KRAHL N W. Behaviour of Prestressed Composite Beams [J]. Journal of Structural Division, 1967, 93(6): 87 – 108.

[89] ROISKY M S. Prestressed Steel Bridge [M]. New York: Von Nostrand Reinhold, 1990.

[90] SAADATMANESH H, ALBRECHT P, AYYUB B M. Analytical Study of Prestressed Composite Beams [J]. Journal of Structural Engineering, 1989, 115(9): 2364 – 2381.

[91] SAPOUNTZAKIS E J, KATSIKADELIS J T. Interface forces in composite steel-concrete structure [J]. International Journal of Solids and Structures, 2000, 37(32): 4455 – 4472.

[92] SCHUSTER R M. Composite Steel-Deck Concrete Floor Systems [J]. Journal of the Structural Division, 1976, 102(5): 899 – 917.

[93] YEN J Y R, LIN Y, LAI M T. Composite Beams Subjected to Static and Fatigue Loads [J]. The Journal of Structural Engineering, 1997, 123(6): 765 – 771.

[94] ZHANG J, LI V C. Monotonic and fatigue performance in fiber-reinforced engineered cementitious composite in overlay system [J]. Journal of Cement and concrete Research, 2002, 32(3): 415 – 423.